Björn Hofmeister

Anwalt für die Diktatur. Heinrich Claß (1868–1953)

Björn Hofmeister

Anwalt für die Diktatur. Heinrich Claß (1868–1953)

Sozialisation – Weltanschauung – alldeutsche Politik

DE GRUYTER
OLDENBOURG

ISBN 978-3-11-134074-6
e-ISBN (PDF) 978-3-11-134100-2
e-ISBN (EPUB) 978-3-11-134120-0

Library of Congress Control Number: 2023946626

Bibliografische Information der Deutschen Nationalbibliothek
Die Deutsche Nationalbibliothek verzeichnet diese Publikation in der Deutschen Nationalbibliografie; detaillierte bibliografische Daten sind im Internet über http://dnb.dnb.de abrufbar.

Einbandabbildung: Harzburger Tagung vom Oktober 1931, © SZ Photo

www.degruyter.com

Werner Hofmeister
(1943 – 2021)

Dank

Die vorliegende Biographie zu Heinrich Claß entstand im Zusammenhang mit der im November 2022 bei der Historischen Kommission bei der Bayerischen Akademie der Wissenschaften in München in der Reihe „Deutsche Geschichtsquellen des 19. und 20. Jahrhunderts“ erschienenen Edition „Heinrich Claß. Politische Erinnerungen des Vorsitzenden des Alldeutschen Verbandes 1915–1933/36“, die am Friedrich-Meinecke-Institut der Freien Universität Berlin entstand und von der Deutschen Forschungsgemeinschaft gefördert wurde. Uwe Puschner hat das Editionsprojekt sowie die daraus hervorgegangene Biographie zu Heinrich Claß mit großer Umsicht unterstützt.

Das Verhältnis von Heinrich Claß und dem Alldeutschen Verband zur radikalen Rechten zwischen Kaiserreich und Nationalsozialismus beschäftigte mich hingegen länger und ich konnte Interpretationsansätze dankenswerter Weise auf Tagungen und in Colloquien an der Freien Universität, der Humboldt-Universität, am Zentrum für Antisemitismusforschung der Technischen Universität Berlin, der Albert-Ludwigs-Universität Freiburg, der Université Paris-Sorbonne, der Universität Innsbruck, der London School of Economics (Conference of the Association of the Study of Ethnicity and Nationalism/ASEN) sowie auf der Annual Conference der German Studies Association in Milwaukee/Wisconsin vorstellen. Für ihre Unterstützung sowie für wertvolle Hinweise danke ich Larry Eugene Jones, Roger Chickering, John C.G. Röhl, Wolfram Pyta, Ulrich Herbert, Michael Wildt, James Shedel, Arnd Bauerkämper, Hermann Beck, Shelley Baranowski, Jürgen Falter, Uwe Lohalm, William L. Patch, Michael Wladika, Stefan Frech, Sven Fritz, Johannes Leicht, Michael Schellhorn und Daniela Gasteiger. Nicht zuletzt möchte ich Sophie Wagenhofer, Anne Rudolph, Benedikt Krüger, Annika Padoan und Sabina Dabrowski vom Verlag De Gruyter für die sehr freundliche Aufnahme und unkomplizierte Drucklegung des Manuskripts danken.

Das Buch ist Brigitte und Werner Hofmeister gewidmet.

Björn Hofmeister

Berlin im Juni 2023

https://doi.org/10.1515/-001

Inhalt

Einleitung

Heinrich Claß war einer der zentralen Akteure der außerparlamentarischen radikalnationalistischen Rechten im Übergang vom Wilhelminischen Kaiserreich in die Weimarer Republik und die Zeit des Nationalsozialismus. Insgesamt 42 Jahre seiner politischen Biographie gehörte er dem Alldeutschen Verband an, der von 1891 bis 1939 existierte. Claß trat 1897 in den Verband ein, stieg 1898 zum Mitglied des Geschäftsführenden Ausschusses auf, wurde 1900 Mitglied der Hauptleitung, 1904 stellvertretender Vorsitzender und leitete aufgrund des unverhofften Todes Ernst Hasses 1908 den Verband bis zu dessen Auflösung im Frühjahr 1939 als Vorsitzender. Claß war eine der wichtigsten Figuren der „nationalen Opposition". Er selbst prägte diesen Begriff für die seit den 1880er Jahren aufstrebenden völkischen, patriotischen und nationalen Interessenverbände im Jahr 1904.[1] Zugleich versuchte er den Alldeutschen Verband als Führungszentrum des Radikalnationalismus auszubauen und suchte mit ihm seit dem Vorabend des Ersten Weltkrieges sein größtes politisches Ziel zu erreichen, die Diktatur als Vorbedingung für den Aufbau eines autoritär-völkischen Staates.

Der Alldeutsche Verband gilt innerhalb der Geschichtswissenschaft als der bedeutendste außerparlamentarische Verband der politischen Rechten im entstehenden „politischen Massenmarkt" des Kaiserreichs.[2] Er entstand aus der Kolonialbewegung der 1880er Jahre und hatte mit 10.000 bis 39.000 Mitgliedern seine Milieuverankerung vor allem im protestantischen Bildungsbürgertum sowie im gehobenen Mittelstand in den urbanen Zentren Mitteldeutschlands. Der rasante Aufstieg kolonialpolitischer Verbände wie des Deutschen Kolonialvereins (1882) und der Gesellschaft für deutsche Kolonisation (1884/85), die sich in der Deutschen Kolonialgesellschaft (1887) zusammenschlossen, sowie nationalistischer Verbände wie des Deutschen Schulvereins (1881, ab 1908 Verein für das Deutschtum im Ausland), des Allgemeinen Deutschen Sprachvereins (1886), des Deutschen Ostmarkenvereins (1894) oder des Deutschen Flottenvereins (1898) galt einerseits als Fortführung der bildungsbürgerlich-mittelständischen Emanzipationsbewegung des 19. Jahrhunderts.[3] Andererseits verkörperten diese Verbände ein enormes Mobilisierungspotenzial außerparlamentarischer Interessengruppen jenseits des Reichstags. Sie beeinflussten die öffentliche Meinung für eine forcierte „Deutschtumspolitik" zum Schutz und zur Zusammenfassung aller kulturell und ethnisch definierter Deutscher innerhalb und außerhalb des deutschen Nationalstaats von 1871, den Otto von Bismarck als „kleindeutsche Lösung" bezeichnet hatte. Zudem traten

1 Werbeanzeige Koehler-Verlag, Leipzig, Claß: „Wider den Strom" [1932], in BA-Berlin, R 8048, Bd. 323, Bl. 104.

2 Rosenberg: Große Depression und Bismarckzeit, S. 123. Siehe dazu auch die Studien zur Mobilisierungspolitik des Alldeutschen Verbandes im Gefüge der „nationalen Verbände" und deren Konkurrenz und Kooperation mit den Massenparteien des Kaiserreichs v. a. von Eley: Reshaping the German Right, Stegmann: Die Erben Bismarcks, Chickering: We Men, Shevin-Coetzee: The German Army League und Grießmer: Massenverbände und Massenparteien sowie Diziol: Der Deutsche Flottenverein.

3 Chickering: We Men, S. 303.

https://doi.org/10.1515/-002

sie für ein Zurückdrängen des Repräsentationsanspruchs der aufstrebenden Sozialdemokratie und des katholischen Zentrums und nicht zuletzt für eine forcierte Rüstung als Voraussetzung für eine imperiale und koloniale deutsche „Weltpolitik“ ein.

Die Alldeutschen verknüpften eine von ständischer Ordnung, staatlicher Autorität und monarchischer Führung geprägte konservative Politik mit klassisch liberalen Denkmustern wie Individualität und geistiger Führung eines einheitlichen Volkes durch gebildete Experten des Bürgertums. Autoritäre Innenpolitik, „Weltpolitik“, territoriale Reichserweiterung in Europa sowie sozialdarwinistische Überzeugungen brachten diese Elemente in einer geschlossenen alldeutschen Weltanschauung zusammen, die der Verband zu einer fundamentalen Kritik an den Beschränkungen des Wilhelminischen Kaiserreichs nach dem Rücktritt Bismarcks 1890 entwickelte.[4]

Claß’ Vorgänger als Vorsitzender des Alldeutschen Verbandes von 1893 bis 1908, Ernst Hasse, forderte ein deutsch-dominiertes „Mitteleuropa“ und ein „Großdeutschland“ unter Einschluss aller ethnischen Deutschen in Europa. Die kleindeutsche Reichsgründung Bismarcks von 1871 war demnach nicht der saturierte Endpunkt deutscher Nationalstaatsbildung, sondern vielmehr Ausgangspunkt einer großdeutschen Reichsausdehnung. Hasse fasste vor der Jahrhundertwende diese alldeutsche Vision als ein „Mitteleuropa“ unter der Vorherrschaft eines großdeutschen Reiches zusammen.[5]

Claß übernahm als neues Mitglied des Verbandes ab 1897 die völkischen Visionen der Alldeutschen eines zukünftigen Deutschlands in „Mitteleuropa“, das zugleich führende Großmacht werden sollte. Seine ersten Politisierungen gründeten auf der großväterlichen Treitschke-Verehrung und führten ihn während seiner Gießener Studienjahre an die antisemitische Böckel-Bewegung heran. Beides machte ihn anschlussfähig für die imperialistische und rassistische Weltanschauungspolitik des Alldeutschen Verbandes, die er 1903 in seiner „Plauener Rede“ bündelte. In seinen Reden und Pamphleten zur Kritik am „Neuen Kurs“ der Reichsregierung standen zunächst außenpolitische Forderungen nach Weltpolitik, forcierter Kolonialpolitik und aggressiver Rüstung im Vordergrund. Die „Plauener Rede“ zeigte bereits erste Hinweise auf die Diktatur als Ausweg aus den Beschränkungen des „Neuen Kurses“, jedoch blieb auch die folgende Broschüre vornehmlich eine Anklage der vermeintlich verfehlten außenpolitischen Möglichkeiten des Deutschen Reiches.[6] Die beiden Denkschriften zu den Marokkokrisen 1904 und 1911 bezogen sich ebenfalls noch auf konkrete Forderungen, das Deutsche Reich möge den Zugriff auf Handels-, Ressourcen- und Siedlungsgebiete in Marokko gegen den Widerstand Frankreichs und Großbritanniens auch um den Preis eines Angriffskrieges wagen. Forderungen nach einer völkischen Siedlungspolitik klangen hier bereits 1904 an.[7]

4 Hofmeister: Radikaler Nationalismus und Weltanschauung.
5 Siehe [Hasse]: Großdeutschland und Mitteleuropa.
6 Claß: Die Bilanz des neuen Kurses.
7 Ders.: Marokko verloren? und Ders.: West-Marokko deutsch!

Im „Kaiserbuch“, das er unmittelbar nach der Reichstagswahl 1912 verfasste und (noch unter Pseudonym) veröffentlichte, formte Claß nun seine außenpolitischen Forderungen zu einer umfassenden Kritik nicht nur am „Neuen Kurs“, sondern bettete sie in kulturkritische Angriffe auf die sich rasant ausdifferenzierende moderne deutsche Gesellschaft sowie in innenpolitische Grundsatzforderungen ein, die seinen Antisemitismus und seinen Rassismus mit antiliberalen Forderungen zusammenbrachten und Konzepte von „Weltpolitik“ und homogenem Rassestaat nun dezidiert mit der Diktaturforderung verknüpften.[8]

Der Krieg galt Claß in diesen Ordnungskonzeptionen nicht nur als notwendiger Weg aus den Begrenzungen einer zu enthaltsamen „Weltpolitik“ der Reichsregierung gegenüber den Großmächten, sondern auch als gewaltsamer Ausbruch aus der Reformunwilligkeit in eine zivilisatorische Erneuerung gegen die vermeintlichen Verwerfungen der Moderne, wie das Stadt-Land-Ungleichgewicht, das eine anonyme und politisch verführte Massengesellschaft hervorgebracht habe, oder beschleunigte sozialen Dynamiken, die vor allem zum Anwachsen der Arbeiterschaft geführt und somit soziale und politische Ordnungsvorstellungen von Ungleichheit destabilisiert habe.[9] Vor allem „fremdvölkische“ internationalistische Ideologien wie Liberalismus oder Sozialismus seien durch Juden hervorgebracht und in der deutschen Politik entgegen den vermeintlich wahren Interessen des deutschen Volkes vertreten worden. All diese Wahrnehmungen kritisierte Claß entlang kulturpessimistischer Zeitströmungen als gesellschaftliche Pathologien, die zu überwinden seien. Die patriotische Integration der Arbeitermassen und die Befriedung der Ansprüche nach demokratischer Repräsentation seien vielmehr durch ein deutsches Weltreich, gesteigerte Industrieproduktion, Welthandel, Export, Siedlungsland in der kolonialen Peripherie sowie in „Mitteleuropa“ anzustreben.

Im Ersten Weltkrieg widmete Claß dem Diktaturgedanken in seinen Kriegszielen dann erste konkrete Realisierungsplanungen. Er stellte seine Forderungen unmittelbar nach Kriegsausbruch zusammen und versandte sie im Dezember 1914 als Handschrift an zahlreiche Politiker, militärische Entscheider und Personen des öffentlichen Lebens. Zu den für die deutsche Zukunft sicherzustellenden „Kriegszwecken“ zählte er unter anderem die Annexion von Territorien in Westfrankreich, Belgien und dem Russischen Reich. Mit flexibler Abstufung sollte hier durch die Einrichtung diktatorischer Besatzungsregime die „fremdvölkische“ Bevölkerung unter Verwehrung ziviler Bürgerrechte dem „Fremdenrecht“ unterworfen werden, während die „Ausräumung“ der Gebiete und die Ansiedlung ethnisch deutscher Einwohner forciert werden sollte. Im Übergang zum Erwerb von „Land frei von Menschen“ vor allem in den französischen und russischen Annexionsgebieten sollte ein zivil-militärisches Diktaturregime die Verwaltung und Unterdrückung der „Fremdvölkischen“ organisieren.[10] Als der „Burgfrieden“ ab 1917

---

8 Ders. (Pseudonym Daniel Frymann): Wenn ich der Kaiser wär'.

9 Breuer: Ordnungen der Ungleichheit. Siehe auch Eley: Origins, Post-Conservatism, and 1933.

10 Claß: Denkschrift, S. 28–35 und 37–54.

sichtlich an der politischen Polarisierung zwischen Kriegsgegner und Annexionisten gescheitert war und die imperiale Kriegsführung des Deutschen Reiches durch gesellschaftliche Revolutionsdynamiken gefährdet schien, sollte die Strategie antisemitischer Mobilisierung, die im Verband nun zum Druchbruch kam, die fragmentierte Kriegsgesellschaft durch die Propagierung eines gemeinsamen innen- wie außenpolitischen „Feindes", dem Juden, einen und die verfehlte autoritäre Einhegung der Forderungen nach demokratischer Repräsentation überdecken helfen.[11]

Mit dem Zusammenbruch der Ordnung des Kaiserreichs verfolgte Claß offen seine strategische Politik für die Errichtung einer Rechtsdiktatur. Zahlreiche Verbindungen zu den paramilitärischen Verbänden der jungen Weimarer Republik sollten zwischen 1919 und 1923 einen zivil-militärischen Putsch gegen die Regierung ermöglichen. Nach dem gescheiterten Hitler-Putsch vom 9. November 1923 verfolgte Claß, wie die meisten Anhänger der radikalen Rechten in den Parteien und Verbänden, eine Legalitätsstrategie, über das Parlament die Demokratie auszuhöhlen und zu zerstören. Zwischen Ende 1925 und Oktober 1928 stellte er sich mit dem Alldeutschen Verband gezielt hinter eine groß angelegte Kampagne zur Übernahme der DNVP, die in diesen Jahren Deutschlands größte Partei der konservativ-nationalen Rechten war, durch das alldeutsche Gründungsmitglied Alfred Hugenberg. Ziel dieser Kampagne war die Einsetzung Hugenbergs als Parteivorsitzender durch den völkisch-radikalen Flügel der Partei, was auf der DNVP-Parteivertretertagung in Berlin am 20. Oktober 1928 gelang, als Hugenberg mit knapper Mehrheit gewählt wurde, um die DNVP als Führungszentrum für die Sammlung der Rechten umzugestalten und Hugenberg als Kandidaten für eine Ernennung zum Reichskanzler durch den Reichspräsidenten zu positionieren.

Der Machtumschwung innerhalb der Rechten, der zwischen 1930 und 1932 durch die gleiche Legalitätsstrategie und den damit verbundenen Aufstieg der NSDAP in den Reichstagswahlen bewirkt wurde, verhinderte jedoch den von Claß erhofften Ausbau von Hugenbergs neuer Machtstellung als Führer der „nationalen Opposition" und als Reichskanzler einer zukünftigen Rechtsdiktatur. Der unbedingte Machtanspruch Adolf Hitlers auf die Führung der radikalen Rechten erschwerten im Grundsatz ein Rechtskabinett unter Führung des DNVP-Vorsitzenden. Die unübersehbaren politischen Konflikte um Stil und Taktik sowie Konkurrenzen um Führung und Macht innerhalb der Organisationen der „nationalen Opposition" enttäuschten Claß letztlich, sodass er sich wiederum im Oktober 1932 öffentlich von Hitler distanzierte und Ende des Jahres mit einem „Sofortprogramm" eigene Wege für eine zivil-militärische Diktatur als Vorstufe für die Errichtung des „völkischen Staates" suchte.

Hoffte Claß noch zu Jahresende auf die Ausrufung des „Staatsnotstandes" durch den Reichspräsidenten, der eine Rechtsregierung mit Hugenberg in führender Position ernennen würde, so war der alldeutsche Verbandsführer letztlich überrascht, dass Hugenberg den eingeschlagenen Pfad der Umsetzung eines durch den Reichspräsidenten berufenen Rechtskabinetts, auch unter Verzicht auf seine eigene Reichskanzlerschaft,

11 Hofmeister: Weltanschauung, Mobilisierungsstrukturen, Krisenerfahrungen.

zu Ende ging. Die Umsetzung des Diktaturgedankens durch das Hitler-Papen-Hugenberg-Seldte Kabinett hegte letztlich die lang gehegten Hoffnungen auf politische Führung und eine bildungsbürgerliche Expertendiktatur unter Zähmung der Nationalsozialisten auf Seiten der Honoratioren der „nationalen Opposition" ein. Die rapide und kompromisslose Umsetzung der Diktatur ließ den Minister Hugenberg in einer schwachen Machtstellung zurück, die bereits im Sommer 1933 zu seinem Scheitern und zur Auflösung auch der DNVP führen sollte, während Claß den Führungsanspruch der Nationalsozialisten im Zuge der Umsetzung zentraler Forderungen auch seines Diktaturprogramms anerkannte.

Biographie: Strukturen und Individuum

Eine Biographie zu Claß ist aufgrund des engen Zusammenhangs zwischen Weltanschauung sowie politischer und sozialer Mobilisierung zugleich auch eine Verbandsgeschichte des radikalen Nationalismus zwischen Kaiserreich und Nationalsozialismus, die den Übergang vom „alten" zum „neuen" Nationalismus der politischen Interessenverbände des ausgehenden 19. Jahrhunderts bis hin zu den Deutungskämpfen und politischen Konkurrenzen mit den paramilitärischen Organisationen und nicht zuletzt der NS-Bewegung in der Weimarer Republik in den Blick nimmt. Es ist in der Biographieforschung zu Recht darauf hingewiesen worden, dass die Trennung zwischen Struktur und Individuum methodisch nicht sinnvoll erscheint, sondern das Verhältnis von Strukturanalyse und Biographie vielmehr auf gegenseitiger Rückbindung beruhen sollte, um Prozesse von Kontinuität und Umbruch analysieren zu können.[12]

Eine Biographie zu Claß sollte den Vorsitzenden des Alldeutschen Verbandes auch in die Sozialgeschichte des modernen Wandels und die politische Kulturgeschichte des Kampfes um rivalisierende Ordnungsvorstellungen von Gesellschaft einbetten.[13] So entsprach der Diktaturgedanke, den Claß seit der Jahrhundertwende in seiner politischen Arbeit im Alldeutschen Verband als Vorstufe zum „völkischen Staat" entwickelte, seit dem Ersten Weltkrieg offen vertrat und in der Weimarer Republik zum Kern seiner politischen Ziele machte, einem radikalen bürgerlichen Ordnungsmodell, das auf die Sicherung und den Ausbau bürgerlicher Machtverhältnisse abzielte, die durch „Bildung

---

12 Etzemüller: Biographie und Berghahn/Lässig: Between Biography between Structure and Agency. Siehe auch Schulze: Ego-Dokumente und Depkat: Lebenswenden und Zeitenwenden und zum klassischen Hinweis auf die Gefahr des Biographen, der „biographischen Illusion" einer kontinuierlichen „Lebensgeschichte" des zu untersuchenden Subjektes zu erliegen Bourdieu: Die biographische Illusion (L'illusion biographique). Zur Asymmetrie zwischen „Erfahrungsraum" und „Erwartungshorizont" siehe Koselleck: Vergangene Zukunft, S. 349–375.

13 Gestrich: Sozialhistorische Biographieforschung, in Ders./Knoch/Merkel (Hrsg.): Biographie – sozialgeschichtlich, S. 8–9. Siehe auch Hardtwig: (Hrsg.): Ordnungen in der Krise, Graf: Die Zukunft der Weimarer Republik, Nolte: Die Ordnung der Gesellschaft, Mergel: Überlegungen zu einer Kulturgeschichte der Politik, Ders.: Führer, Volksgemeinschaft und Maschine und Raphael: Ordnungsmuster der „Hochmoderne".

und Besitz“ strukturiert sein und sich den modernen Demokratisierungsansprüchen der „Massen“ entgegenstellen sollten.

Die Studie soll Claß biographisch in sein soziales Umfeld, seiner frühen weltanschaulichen Entwicklung und berufliche Prägung einordnen, um in der erweiterten Perspektive einer politischen Biographie seine Entwicklung und Wirkung innerhalb der Rechten im engen Wechselspiel mit der Geschichte des von ihm geführten Alldeutschen Verbandes und in Verbindung mit den Interessengruppen, Verbänden und Parteien der politischen Rechten zwischen Kaiserreich und Nationalsozialismus zu verstehen.

Die Strukturen des organisierten radikalen Nationalismus und seiner Mobilisierung sind ohne die individuelle Dimension seiner Akteure nicht hinreichend zu erfassen, da die Verbände und Parteien der Rechten einem dichten Netzwerk persönlicher Beziehungen unterworfen waren. Der politische Aufstieg (wie auch der Abstieg) innerhalb der Organisationen war sowohl von Engagement und Expertise als auch von Charisma und Führungsstil abhängig. Dem Ideal der Persönlichkeit, das durch Lebensführung, akademische Bildung sowie durch Besitz zur vollen Entfaltung kommen sollte, lag gerade im Bürgertum die Ansicht zugrunde, dass sozialer Aufstieg sowie Statuserhalt durch persönliche Leistung und individuelles Wirken in engen Zirkeln kultiviert würden, jenseits populärer Unterstützung der Massen. Claß politischer Lebensweg wird daher in enger Anlehnung an die Entwicklung des Alldeutschen Verbandes betrachtet, um die Wechselbeziehungen zwischen der prozesshaften Verständigung über politische Radikalisierungen innerhalb der Organisation und den persönlichen Erfahrungen von Krisen und Umbrüchen, aber auch von Möglichkeiten und Chancen auf politischen Einfluss und Macht auszuleuchten.

Die biographische Studie vereint mehrere analytische Perspektiven: Sie untersucht Claß' Sozialisation im rheinhessischen Juristenmilieu und seine Profession als Rechtsanwalt als Antriebskräfte seines politischen Denkens und Handelns, in deren Zentrum der Wunsch nach einer autoritären Diktatur stand. Der Zusammenhang zwischen Sozialisation, Weltanschauung, juristischer Ausbildung, Rechtsdenken sowie politischem Handeln ist bei Claß bisher nicht für weitergehende Deutungen genutzt worden. Der spätere Vorsitzende des Alldeutschen Verbandes wurde als Phänomen des aufsteigenden radikalen Nationalismus um die Jahrhundertwende beschrieben, aber nicht als Persönlichkeit begriffen, die bis ins frühe Erwachsenenalter eng in den schwer erkämpften sozialen Aufstieg der eigenen Familie ins protestantische Bürgertum und, daraus folgend, in das Juristenmilieu Rheinhessens eingebunden war. Die bisher in der Literatur behandelten weltanschaulichen Perspektiven von „Weltpolitik“ und Rassismus sollen in Claß' Rechtsanschauung eingebettet werden.

Die von Claß angestrebte Diktatur war nicht nur ein weltanschauliches, sondern in ihrer Umsetzung ein politisches Ziel auf dem Weg in den „völkischen Staat“. Somit ist Claß' Verständnis organisierter Interessenpolitik, das er in seiner Rolle als Vorsitzender des Alldeutschen Verbandes entwickelte, zu konturieren. Anhand seiner Biographie lässt sich der Funktionswandel des außerparlamentarischen Interessenverbandes, dem Öffentlichkeit und Politik im Kaiserreich bedeutenden Einfluss zusprachen, hin zu einer an Bedeutung verlierenden Gruppe bildungsbürgerlicher Honoratioren zwischen Weimarer Republik und Nationalsozialismus nachzeichnen.

Die Studie verbindet die biographischen Dimensionen von individuellen Orientierungsmustern der Weltwahrnehmung und -deutung und den größeren Bezügen von Claß' Wirkmächtigkeit bei der Gestaltung des Alldeutschen Verbandes und dessen Ort in der Geschichte des „alten" bürgerlichen Nationalismus in der Auseinandersetzung mit „neuen" radikalen Bewegungen der politischen Rechten zwischen Erstem Weltkrieg und Nationalsozialismus.[14] Am Beispiel von Claß lässt sich der relative Verlust an Deutungsmacht der bildungsbürgerlichen Eliten beschreiben, die nach 1918 als Honoratioren wahrgenommen wurden und nur noch für symbolische Traditionsbezüge der „neuen" radikalen Bewegungen einbezogen werden sollten. Der biographische Blick auf Claß macht deutlich, dass die Zäsuren von 1914/18, 1923, 1928/30 und 1932/33 fundamentale weltanschauliche und politische Rückwirkungen auch auf die Alldeutschen hatten.

Sozialisation und Profession

Die vorliegende Biographie setzt Claß' politische Forderungen nach einer völkisch-alldeutschen Diktatur in den Zusammenhang von biographischer Sozialisation und weltanschaulicher Prägung in Familie, Jugend und Studium. Die auch für seine Zeitgenossen herausstechende Radikalität von Claß' politischem Programm gründete einerseits in patriotisch-nationalistischen biographischen Dispositionen, war aber letztlich Entwicklungen unterworfen, die aufgrund zentraler Erfahrungswirkungen von Umbrüchen und Zäsuren vielmehr als Prozess beschrieben werden sollte.[15]

Eines der wesentlichen Motive für Claß' Wirken im Alldeutschen Verband war eine umfassende kulturkritische Deutung der modernen gesellschaftlichen Wandlungsprozesse um die Jahrhundertwende, die Claß einerseits als generelle Kulturkrise wahrnahm und die mit ihren Herausforderungen andererseits auch auf seine individuelle Biographie zurückwirkten. Die Forderung nach einer autoritär-bürgerlichen Regierung, die die Massen aufgrund akademischer Expertise erziehen und führen sollte, speiste sich zudem sowohl aus einem in der Familie und in der Jugend sozialisierten nationalistischen Selbstbewusstsein, als auch aus möglichen Ängsten vor dem eigenen sozialen und politischen Abstieg als Rechtsanwalt. Claß wurde zwar in das gesetzte bürgerliche

---

14 Zum Zusammenhang von Mikro- und Makrogeschichte sowie von individuellen Mentalitäten als Orientierungsmuster und sozialem Handeln siehe auch Herbst: Komplexität und Chaos, S. 175–205. Ulrich Herbert verstand dahingehend seine biographische Studie zu Werner Bests Persönlichkeit, „Überzeugungswelt" und politische Sozialisation sowie dessen „ideologische Aufladung" als „privilegierten Zugangsweg, als eine Sonde, die es ermöglicht, das Funktionieren der Apparate ebenso wie das Handeln und Denken der Protagonisten aus der Nähe zu studieren" und somit den „Motivationen und Perspektiven" des Führungspersonals des Reichssicherheitshauptamtes näherzukommen. Herbert: Best, S. 15 und 25.

15 Siehe auch Hofmeister: Weltanschauung, Mobilisierungsstrukturen und Krisenerfahrungen.

Familienleben einer rheinhessischen Juristenfamilie hineingeboren, das ihn mit all den finanziellen Sicherheiten und der Statusanerkennung als Kind und Jugendlicher prägte. Die Familienidylle hatte jedoch sowohl in der väterlichen wie auch in der mütterlichen Linie eine rasante Aufstiegserzählung zur Grundlage, denn der mühsame soziale und bildungsbürgerliche Status war erst zwei Generationen zuvor erworben worden. Beide Familienzweige der Eltern stammten ursprünglich aus dem Handwerker- und Bauerntum. Die gesellschaftliche Position der Großeltern und der Eltern war keine über Generationen gefestigte Lebensrealität, sondern machte sowohl die Erschwernisse des Aufstiegs wie auch die Herausforderung des „Obenbleibens“ in einer selbstgewissen Bürgerlichkeit für Claß offenkundig.

Claß’ Ausbildungshintergrund als Rechtsanwalt sowie sein daraus resultierender lebensweltlicher Zusammenhang waren für ihn von prägender Bedeutung und stellten ihn in die noch junge familiäre Tradition des Juristenberufes. Der Berufsstand des Rechtsanwalts stand im 19. Jahrhundert für Liberalisierung und Verbürgerlichung, wobei letztere auch den Aufstieg aus kleinbürgerlichen Verhältnissen in die politische Elitefunktion des Advokaten ermöglichte.[16] Der berufliche und soziale Aufstieg von Claß’ Familie, der im 19. Jahrhundert seit der Generation der Großeltern aus armen bäuerlichen oder handwerklichen Verhältnissen gelang, belegt diese Entwicklung eindrucksvoll für den Eintritt seiner Großväter und seines Vaters in den Staatsdienst beziehungsweise in das staatlich verliehene Notariat.

Die Etablierung beider Großväter und des Vaters im Juristenstand schien die Verpflichtung auf die eigene juristische Ausbildung präjudiziert zu haben. Öffentliche Reden, auch im Gerichtssaal, lagen Claß jedoch sichtlich nicht. Vielmehr schienen ihn Kunst, Literatur, Theater und Geschichte zu fesseln. Dies waren Themen, die auch in seinen kulturpessimistischen Reformpamphleten beständig im Zusammenhang mit einem von ihm wahrgenommenen Kulturverfall und seinen Schuldzuweisungen gegen Juden, Sozialdemokraten und Liberale diskutiert wurden. Auch in seiner schriftstellerischen Tätigkeit als Buchautor und Zeitungsherausgeber schien die Beschäftigung mit dem geschriebenen und veröffentlichten Wort von zentraler Bedeutung. Mag Claß in seiner Jugend auch andere Leidenschaften etwa für die Geschichtswissenschaft gehegt haben, die Entscheidung für die juristische Profession prägte sein Handeln und Denken über die berufliche Praxis hinaus. Sie schuf in seinem Selbstverständnis auch die Grundlagen für sein späteres Wirken im Alldeutschen Verband.

Der Anwaltsberuf bestimmte zudem seinen Lebensrhythmus und seinen Arbeitsalltag, der nicht nur durch die Gerichtsferien strukturiert war, sondern ihn auch am Wochenende in Anspruch nehmen konnte. Als Rechtsanwalt nahm sich Claß der ganzen Bandbreite des Berufs an und hatte somit beruflich mit Rechtsvertretungsansprüchen zu tun, die in der anwaltlichen Vertretung immer Kampf um Deutungshoheit sowie Auseinandersetzungen um die Interessen des Mandanten bedeuteten. Der Profession des Juristen lag die praktische Ausdeutung von Rechtsbegriffen zugrunde, die über

16 So Siegrist: Bürgerliche Berufe, S. 34–36 und Ders.: Public Office or Free Professions?

Unschuld, Schuld oder Mitschuld entschied, darüber hinaus vorweg soziale Konstellationen zwischen den Prozessbeteiligten beurteilte, konkrete moralische Verantwortlichkeiten definierte und Ordnungszusammenhänge von sozialem Handeln ausleuchtete.

Während der Richter das Urteil sprach und somit auf normativer Rechtsauslegung beharrte, hatte der Anwalt die Interessen des Mandanten im Blick und somit auch den eigenen Sieg in der juristischen Auseinandersetzung. Claß deutete seine anwaltliche Tätigkeit in seinen 1932 veröffentlichten Erinnerungen idealtypisch als normativen Dienst an der Sache. Damit war „Dienst am Recht" gemeint.[17] Die zentrale Bedeutung des Rechtsanwalts im Gefüge der Rechtsordnung leitete sich seit dem frühen 19. Jahrhundert aus dem Anwaltszwang ab, die es nur dem Anwalt erlaubte, Anträge vor Gericht zu stellen. Die jeweilige Interessenpartei war dazu nicht berechtigt, genauso wenig wie Dritte. Der Kern des Anwaltsberufs lag *sui generis* in der Stellvertretung von Interessen, in der umkämpften Deutung von Recht, die Gerechtigkeit als Ideal verfolgen sollte, aber letztlich immer Kampf um Interessen mit den Mitteln des Rechts bedeutete. Insofern war der Charakter der Anwaltsvertretung immer auch dem subjektiven Mandat geschuldet, einzig die Interessen des Mandanten zu schützen und zu vertreten.[18]

17 Claß beschrieb seinen Berufsstand in dem 1932 erschienen ersten Band seiner Erinnerungen (bis 1915) so: „Es ist schon damals – ungerecht verallgemeinernd – viel Unfreundliches über den anwaltlichen Beruf geredet und geschrieben worden. Gewiß hatten wir Leute unter uns, mit denen man nicht gern zu tun hatte, – aber das ändert nichts an dem Grundsätzlichen, daß der Beruf des Anwalts, vornehm und gewissenhaft ausgeübt, Dienst am Rechte ist, wie der des Richters, und daß es keine Tätigkeit gibt, in der man Gelegenheit hat, so viel Gutes zu stiften, so viel Menschenkenntnis zu erwerben, wie in ihm. Dazu kommt, daß der Anwalt – wenn er nicht im Banne der Geldgier oder des Ehrgeizes steht – ein unabhängiger Mann ist, der niemanden über sich hat als sein Gewissen, und der deshalb – Selbstlosigkeit, Sachlichkeit und fehlendes Strebertum vorausgesetzt – in besonderem Maße zu nützlicher politischer Arbeit berufen erscheint." Claß: Wider den Strom, S. 29.

18 Diese Aushandlungsprozesse vor Gericht, aber auch im zivilrechtlichen Alltag außerhalb des Gerichts, berührten immer Deutungsfragen und waren folglich auch immer Machtfragen. Beim Alldeutschen Verband stellten Anwälte, Notare und Justizräte eine der größten Erwerbsgruppen innerhalb der freien Berufe. Allein 1908, nachdem Claß den Verbandsvorsitz übernommen hatte, gehörten dem Geschäftsführenden Ausschuss die Rechtsanwälte Gustav Pezoldt aus Plauen, Ferdinand Putz aus München und Erich Stolte aus Berlin an. Im Vorstand saßen die Rechtsanwälte M. Adler aus Döbeln, K. Scheidt aus Mönchengladbach und Fritz Giessing aus Duisburg, Amtsrichter Philipp Bonhard aus Wöllstein, Oberlandesgerichtsrat Otto Strecker aus (Celle), der Geheime Justizrat Professor F. Jahn aus Breslau und Professor Theodor Fischer aus Marburg, der Geheime Regierungsrat Dr. Groos aus Konstanz, der Vortragende Rat im Justizministerium, Walter Simons aus Lichterfelde, Landgerichtsdirektor Richard Stephan aus Darmstadt sowie der Rechtsprofessor Ludwig Kuhlenbeck, der zu der Zeit in Lausanne lehrte. Des Weiteren leitete Amtsgerichtsrat a. D. Luckenbach den Gau Linker Niederrhein und Rechtsanwalt Gustav Pezoldt den Vogtländischen Gauverband. Rechtsanwälte standen den Ortsgruppen Barmen, Braunschweig, Celle, Crimmitschau, Eibenstock, Essen, Hannover, Hof, Jena, Mügeln und Trostberg vor. Die Ortsgruppen Elmshorn, Husum und Itzehoe wurden von Justizräten geleitet. Darunter war auch Hermann Hugenberg, Ehrenvorsitzender der Ortsgruppe Osnabrück und Onkel von Alfred Hugenberg. Amtsgerichtsräte standen den Ortsgruppen Bochum, Hoyerswerda, Kattowitz, Krefeld, Nienburg, Siegen und Uelzen vor. Unter den 33 alldeutschen Reichstagsabgeordneten im Jahre 1908 waren Rechtsanwalt

Claß ist somit auch aus seiner Sozialisation im Juristenmilieu heraus zu verstehen, die Machtansprüche und die legitime politische „Selbstermächtigung“[19] zur späteren außerparlamentarischen Opposition im Alldeutschen Verband beförderte. Der Beruf des Rechtsanwalts sollte idealtypisch zum rationalen Denken, zur Anerkennung normativ-institutioneller Regulierungen als Grundlage von Recht und zur Verbindung sittlicher und rechtlicher Anschauungen befähigen, Qualitäten, die sich in der Persönlichkeit des Anwalts spiegeln sollten.

Diese Qualifikationen und Selbstbilder öffneten den Beruf des Anwalts seit dem 19. Jahrhundert verstärkt für die Betätigung in der Politik. Nicht nur bei den Nationalliberalen, den Deutsch-Konservativen oder den nationalen Verbänden des Kaiserreichs, sondern auch beispielsweise beim Zentrum und, wenngleich in geringerem Maße, bei den Sozialdemokraten, spielten politische Akteure, die aus dem Anwaltsberuf kamen, zunehmend eine Rolle. Der freiberufliche Jurist drang bereits seit der Mitte des 19. Jahrhunderts verstärkt in den politischen Raum und bestimmte im Kaiserreich die Kämpfe zwischen Parteien und Interessenverbänden entscheidend mit.

Der Rechtsanwalt war als politische Figuration in nahezu allen Fraktionen vertreten. Unter anderem saßen für das Zentrum Carl Joseph Bachem, Karl Trimborn und Konstantin von Fehrenbach im Reichstag, für die Fortschrittliche Volkspartei Konrad Haußmann und Friedrich von Payer, für die Nationalliberalen Fritz von Calker, Max von Forckenbeck, Eduard Lasker sowie Ernst Bassermann, Ludwig Frank für die Sozialdemokraten und Karl Liebknecht für den revolutionären linken Flügel der Partei. In der Weimarer Republik gehörten der Nationalversammlung von 1919 unter anderem die Rechtsanwälte Johannes Bell und Otto von Brentano di Tremezzo für das Zentrum, Hugo Sinzheimer für die SPD, Oskar Cohn und Hugo Haase für die USPD und Conrad Haußmann für die DDP an. In späteren Legislaturperioden des Reichstags erreichten auch andere Anwälte wie Julius Curtius oder Eduard Dingeldey für die DVP, Reinhold Quaatz für die DVP/DNVP oder Friedrich Everling für die DNVP parlamentarische Mandate. Die Politisierung des Berufsstandes erreichte mit der wachsenden Bedeutung des Parlaments im Kaiserreich zusehends neue Wirkungskreise, die in der Weimarer Republik immens zunahmen.

Auch Claß ging diesen Schritt vom Anwalt zum Politiker, um seine sozial und weltanschaulich gebundenen Interessen und seinen Machtanspruch sowie deren Sicherung durchzusetzen. Die gescheiterte Bewerbung für ein nationalliberales Mandat im hessischen Landtag 1902 und für den Reichstag ein Jahr später schärften seine politische Grundeinstellung, in die er nicht nur das nationale Pathos der Familie übernahm, sondern die er zudem um die „Kompromisslosigkeit“ seiner jüngeren Generation gegen den Altliberalismus der Väter und Großväter in der außerparlamentarischen

---

Ernst Bassermann (Mannheim), Landgerichtsdirektor Dr. Karl Rudolf Heinze (Loschwitz), Oberjustizrat Dr. Ernst Giese (Oschatz), die Amtsgerichtsräte Dr. Wilhelm Görck (Heide) und Wilhelm Lattmann (Schmalkalden), Oberregierungsrat Freiherr Karl von Gamp-Massaunen (Berlin) und Landrichter Dr. Eduard Wagner (Dresden). Handbuch des Alldeutschen Verbandes 1908.

19 Breuer: Die Völkischen in Deutschland, S. 134.

Opposition weiterentwickelte. Fragen von Ordnung und Autorität sowie die juristische Expertise des Berufsstandes des Rechtsanwalts entsprachen Claß' Anspruch auf politische Machtausübung. Macht war hier nicht nur Selbstzweck, sondern folgte dem Gesetz, dass „der Staat Macht ist" und „Macht schafft Recht", wie Claß selbst schrieb.[20]

Rechtsanschauung, Erziehung, Macht. Die Diktatur als bürgerliches Ordnungsmodell

Die Perspektive auf Claß' Sozialisation und Profession soll um den analytischen Schwerpunkt seines Rechtsdenkens konkretisiert und vor allem an das politische Engagement für die Diktatur zurückgebunden werden, das seit der Jahrhundertwende sein Ordnungsdenken bestimmte. Die vorliegende Biographie nimmt vor allem Claß' Doppelidentität als Politiker und Jurist in den Blick, die ihn zum „Anwalt für die Diktatur" werden ließ und über die Thematisierung seiner Rechtsanschauung neue Einblicke in sein politisches Denken und Handeln eröffnet. Deren Zentrum liegt im Zusammenhang von Weltanschauung und Rechtsanschauung, das ihm erlaubte, auf dem Rechtsfeld des Diktaturdenkens originär für die radikale Rechte mit ihren autoritären, imperialen und völkisch-rassischen Ordnungsvorstellungen gleichsam voranzudenken, politisch zu gestalten und den Diktaturgedanken frühzeitig zu popularisieren.

Bisher ist weder bei der ideengeschichtlichen Verortung von Claß noch bei den zahlreichen rechtswissenschaftlich ausgebildeten Beamten und Anwälten der Führungsgruppe des Alldeutschen Verbandes innerhalb der weltanschaulichen Entwicklung der radikalen Rechten zwischen Kaiserreich und Nationalsozialismus die Binnenrationalität ihres Rechtsdenkens einbezogen worden. Der spezifische Rechtsbegriff der Alldeutschen war jedoch die Grundlage für einen Gesellschaftsbegriff, der den Kampf um Interessen als zweckgebundenes Motiv menschlichen Zusammenlebens verstand. Weltanschauliche Elemente wie Rassismus, Antisemitismus, Antiliberalismus und Antikommunismus waren spezifische weltanschauliche Überzeugungen, die in der alldeutschen Verbandspolitik politisch wirksam wurden.

Der subjektiven Dimension des rechtsanwaltlichen Berufs ging der objektive Anspruch voraus, dass Recht allgemeingültig sei. Ab der Mitte des 19. Jahrhunderts dachte die soziologische Rechtsschule die grundsätzlichen Fragen nach der Entstehung von Recht, nach dessen gesellschaftlichen Kontexten und Zeitgebundenheit sowie nach den sich daraus ableitenden Normen und den wechselseitigen Beziehungen zwischen Individuum, Gesellschaft und Rechtsgefüge neu. Die akademische Ausbildung zum Juristen konfrontierte Claß mit diesen zeitgenössischen Debatten um eine Erneuerung des Rechtsbegriffs, der sich nicht mehr am Römischen Recht orientierte, sondern zunehmend soziologisch den komplexen Gegebenheiten moderner Gesellschaften entsprechen sollte. Rudolf von Jhering (1818–1892) galt seit der Mitte des 19. Jahrhunderts als

20 Alldeutsche Blätter 30.4.1921 und 18.9.1926. Siehe auch Leicht: Heinrich Claß, S. 68.

Repräsentant dieser neuen Rechtsanschauung, der sich Claß in seiner radikalen Rechtsdeutung und seinem politischen Kampf für die Diktatur explizit anschloss. Er trug somit in historischer Perspektive auch zu der „Mißdeutung" des „freiheitlich-evolutionären" sowie pragmatisch-undoktrinären Rechtsdenkens Jherings bei, die letztlich ein „Wechselbad der Einschätzungen" und den Vorwurf gegenüber Jhering nach sich zog, das „Recht der bloßen Macht ausgeliefert zu haben", wie Okko Behrends formulierte.[21]

Dem modernen Rechtsdenken Jherings lag die Überlegung zugrunde, nicht mehr ein mystischer Volksbegriff habe als Grundlage kultureller Rechtsentwicklung zu gelten, sondern die Ansicht, dass ein zweckgerichteter Kampf um Interessen die Auseinandersetzung zwischen Individuen und Kollektiven bestimmte. Deshalb sei ein konkreter Rechtsbegriff zu entwickeln, dem eine eigenständige Rationalität zugrunde liegen sollte.[22] Freiheit und Entfaltung des Einzelnen blieben in diesem dynamischen Universalismus erhalten und zielten nicht auf eine „neoidealistische" Sicht, die mit der Reichsgründung 1871 Zwecksetzung von Recht zunehmend vom Nationalstaat her dachte, oder auf völkische Denker, die sozialdarwinistisch die Formel vom Kampf um Interessen und Macht biologistisch rezipierten.[23] Dieser konkrete Rechtsbegriff, der die Interessengegensätze zwischen den Verhandlungsparteien als Grundlage historischer Entwicklung anerkannte, bestimmte zunehmend die Rechtsanschauung einer jüngeren Generation von Juristen, die zumal wie Claß als Rechtsanwälte in der täglichen Auseinandersetzung um die Interessenvertretung von Mandanten standen und damit ihren Lebensunterhalt verdienten.

Antisemitismus, Sozialdarwinismus, Rassismus, Antiliberalismus und Antikatholizismus sowie expansive Reichspolitik und Kriegsbegeisterung entsprachen als Weltanschauungskomponenten letztlich einer weiter gefassten Rationalität, die den Kampf um Interessen und somit um Macht in allen Bereichen des Lebens zur Grundlage erhob.[24] Im Gegensatz zur Klassenkampfideologie des historischen Materialismus oder dem revolutionären Ansatz des französischen Nationalismus beispielsweise entsprach der richtungs- und ergebnisoffenere Ansatz Jherings als realpolitisches Modell einer zeitgenössischen Gesellschaftsauffassung, die Macht nicht nur durch Kampf zwischen sozioökonomischen Klassen und Krieg zwischen Nationen oder Imperien, sondern durch Recht begründete.

Der Kampf um zweckgebundene Interessen lag auch in Claß' Rechtsverständnis dem expliziten politischen Kampf für eine autoritäre zivil-militärische Diktatur jenseits parlamentarischer Repräsentation des Volkes und Parteiendemokratie zugrunde. Der Übergang vom Rechtsanwalt zum Verbandspolitiker als Beruf, der sich mit dem politischen Engagement im Deutschbund und im Alldeutschen Verband vor der Jahrhun-

---

21 Behrends: Rudolf von Jhering, der Rechtsdenker der offenen Gesellschaft, in Ders.: Rudolf von Jhering, S. 8 und 9.

22 Siehe zur Argumentationsentwicklung u. a. Jhering: Der Geist des römischen Rechts, Ders.: Der Kampf ums Recht und Ders.: Der Zweck im Recht.

23 Behrends: Rudolf von Jhering, S. 9.

24 Hofmeister: Radikaler Nationalismus und Weltanschauung.

dertwende bereits angedeutet hatte, beschreibt nicht zwei aufeinanderfolgende biographische Abschnitte in Claß' Leben, vielmehr war beides aufeinander bezogen und bedingte einander.

Aus der biographischen Doppelidentität von Jurist und Politiker resultierte bei Claß die enge Verbindung zwischen Recht und Diktatur in seinem Rechts- und Ordnungsverständnis. Er wird in der vorliegenden Darstellung als „Anwalt für die Diktatur" verstanden, der für eine autoritäre politische Ordnung kämpfte, die den bildungsbürgerlichen Eliten in einer ständischen Gesellschaft eine Machtposition verschaffen und diese durch eine zivil-militärische Kooperation zwischen einem ständischen Parlament und dem Militär absichern wollte. Dieses Diktaturmodell als Vorstufe zum „völkischen Staat" wurde mit einer erzieherischen Komponente legitimiert, die auf der Annahme beruhte, dass die vermeintlich ungebildeten Volksmassen und auch die Regierenden zur vernünftigen Entscheidung aufgrund fehlender Expertise nicht fähig seien und somit gleichsam „von oben" erzogen, angeleitet und geführt werden müssten.

Paul de Lagarde vertrat diesen Ansatz prominent und legte den Grundstein für eine breite bildungsbürgerliche Rezeption um die Jahrhundertwende.[25] Claß zollte Lagarde in dessen verschiedenen Rollen als Kulturkritiker, Antisemit und „Großdeutscher" in seinen Schriften immer wieder Bewunderung, der festhielt: „Politik ist meines Erachtens nicht allein den Völkern, sondern auch den Fürsten und Staatsmännern gegenüber nichts anderes als Pädagogik. [...] Die Staatsmänner unserer Tage sind völlig unbedeutend: unter den Fürsten sind einige offenbar fähige, andere, die nur den faltigen Purpur aufschürzen und sich an die Arbeit zu machen brauchen, um arbeiten zu können. Aber auch die meisten Fürsten bedürfen der Lehrer, und was sie selbst den Völkern gegenüber zu üben haben, muß gegen sie geübt werden, eine latente Diktatur: Hauptwort und Eigenschaftswort betone ich in diesem Ausdrucke gleich stark", so Lagarde.[26]

Deutungslinien und Diskussionsfelder. Anmerkungen zum Forschungsstand

In Claß' forcierter Radikalisierung des Alldeutschen Verbandes spiegelte sich innerhalb der Kaiserreich-Forschung entweder geradezu sinnbildlich eine allgemeine Radikalisierung der deutschen Gesellschaft wider, die in imperialer Weltpolitik, Heeres- und Flottenrüstung und letztlich im Risiko des Ersten Weltkrieges ihren Ausdruck fand. Oder aber der Vorsitzende und sein Verband repräsentierten eher einen radikalen Kern des deutschen Bürgertums, das mit seinen expansionistischen Kriegszielen sowie seinem Antisemitismus und Rassismus zur ambivalenten Moderne Deutschlands um die Jahrhundertwende gehörte. In beiden Diskussionslinien erschien Claß als ein sich und den

25 Siehe Paul: Paul Anton de Lagarde, Dies: Paul Anton de Lagardes Rassismus und Dies: Paul Anton de Lagarde und „die Juden" und Sieg: Die Sakralisierung der Nation.

26 Lagarde: Über die gegenwärtigen Aufgaben der deutschen Politik [1891], in Ders.: Deutsche Schriften. Gesamtausgabe letzter Hand, S. 32.

Alldeutschen Verband stetig radikalisierender Verbandspolitiker, der seine Forderungen schließlich im „Kaiserbuch" von 1912 und dann in der Kriegszieldenkschrift von 1914 wirkungsvoll zusammenfasste. Weitere Stationen seines sich stetig radikalisierenden politischen Weges waren nach dem Ersten Weltkrieg die alldeutsche „Bamberger Erklärung" von 1919 als Kampfansage an die Weimarer Republik, die Zweiggründung des radikal-antisemitischen Deutschvölkischen Schutz- und Trutzbundes 1919/20, Putschplanungen zwischen 1920 und 1923 sowie aufgrund der öffentlichen Putschgerüchte auch noch 1926 und schließlich die systematische Kooperation mit Hitlers NSDAP, die bereits 1920 begann und dann zwischen 1929 und 1933 ihren Abschluss fand. Claß' „Kampf für Hugenberg" als Vorsitzender der DNVP führte nach dessen Übernahme des Parteivorsitzes im Oktober 1928 in den nächsten Jahren die letzte konservative Sammlungspartei in die Allianz mit der NSDAP.

In dieser Erzählung erscheint Claß' politischer Weg zwischen Jahrhundertwende und Machtübernahme als geradlinige Entwicklung, wesentliche Kernpunkte seines radikalen Programms aus dem Kaiserreich sind demnach im „Dritten Reich" lediglich eingelöst worden. Diese Sichtweise erleichtert ein lineares biographisches Narrativ, verkennt jedoch zugleich, dass sich auch Claß an den Zäsuren und Umbrüchen des 20. Jahrhunderts orientieren und seine Erfahrungen entsprechend den eigenen Erwartungen und Zielutopien anpassen musste.

Hinzu kommt, dass die rasante Entwicklung des politischen Massenmarktes Bedingung wie auch Herausforderung alldeutscher Politik war und essenzielle Ambivalenzen bereithielt. Was die Alldeutschen, und auch Claß, grundsätzlich von den späteren Nationalsozialisten beispielsweise unterschied, war die elitäre Ablehnung der organisierten Mobilisierung und Beteiligung der Massen sowie des Kultes der Gewalt.[27] Eine notwendige strukturelle Analyse der weltanschaulichen und politischen Überschneidungen sowie der Abgrenzungen zwischen „alten" und „neuen" Organisationen der politischen Rechten mahnte zuletzt Stefan Breuer mit seinen ideengeschichtlichen Untersuchungen der deutschen Rechten an.[28] Ohne die vielfältigen Verbindungen zwischen „alten" und „neuen" Bewegungen zu unterschätzen, deuten die Machtkämpfe zwischen führenden Vertretern der Rechten und ihren Organisationen auf ein komplexeres Bild der „nationalen Opposition" zwischen Kaiserreich und Nationalsozialismus hin. Sammlungsversuche und Zersplitterungsprozesse charakterisierten sowohl die fluiden Bündniskonstellationen wie auch die vielfältigen Abgrenzungsbewegungen innerhalb der politischen Rechten. Obwohl Roger Chickering bereits in seiner 1984 erschienenen Studie zum Alldeutschen Verband von den 1880er Jahren bis 1914 in einem Ausblick feststellte, dass der Alldeutsche Verband bis zur Machtübernahme der Nationalsozialisten 1933 bereits wegen seines elitären Honoratiorencharakters für die radikale Rechte grundlegend an Bedeutung verloren hatte, wurde dieser Hinweis zur ge-

27 Siehe auch Retallack: Habitus and Hubris, in Ders.: The German Right, S. 35–75.

28 Breuer: Grundpositionen, Ders.: Ordnungen der Ungleichheit, Ders.: Die Völkischen in Deutschland und Ders.: Die radikale Rechte.

nauen Standortbestimmung einzelner nationalistischer Verbände nach dem Ersten Weltkrieg innerhalb der Forschung nur zögerlich unter sozial-, politik- und kulturhistorischen Fragestellungen weiterverfolgt.[29]

Die Geschichtswissenschaft hat für das Kaiserreich zahlreiche Studien zu den Grundlagen der sozialen und kulturellen Mobilisierung, Weltanschauung und sozialen Herkunft der Mitglieder des Alldeutschen Verbandes sowie dessen politischen Strategien bis 1914 und zur Kriegszieldiskussion 1914/15 vorgelegt.[30] Erste zeitgenössische Untersuchungen dazu erschienen bereits in den 1920er und 1930er Jahren im Kontext der frühen amerikanischen Forschung zum Nationalismus[31], waren zur Selbstdarstellung des Alldeutschen Verbandes verfasst oder hatten seine politisch motivierte Beschreibung als „alten" bildungsbürgerlichen Elitenverband aus dem Kaiserreich durch nationalsozialistische Autoren zum Ziel.[32]

In seiner 1954 erschienenen Gesamtdarstellung zur Geschichte des Alldeutschen Verbandes versuchte Alfred Kruck zunächst den für die 1950er Jahre in Westdeutschland nicht überraschenden Nachweis zu führen, dass die Alldeutschen mit ihrer radikalen Propaganda für autoritäre Innenpolitik und Weltmachtpolitik nur eine radikale Minderheit im deutschen Bürgertum darstellten und der Nationalsozialismus als radikalisierter Endpunkt dieser Minderheitenposition zu begreifen sei. Bei aller inhaltlichen Deutlichkeit über das stete Bemühen der Alldeutschen um eine autoritäre Regierungsform und ein imperial ausgreifendes Deutsches Reich reduzierte er die Bedeutung des Verbandes auf ein Maß, das eine Beschäftigung auch mit Claß kaum zu rechtfertigen schien und angesichts der Verdrängungsleistung der westdeutschen Nachkriegsgesellschaft die Machtübernahme der Nationalsozialisten 1933 wie einen Sonderfall in der deutschen Geschichte erscheinen ließ.

Die Publikation stellt selbst einen methodischen Sonderfall der Historiographie zu den Alldeutschen dar. Als Dissertation an der Universität Kiel eingereicht und verteidigt, gab Kruck seine Quellengrundlage für die Darstellung von 1915 bis 1939 weder durch Nennung in den Fußnoten noch im Literaturverzeichnis preis. Die zweite Hälfte der Gesamtdarstellung beruhte weitestgehend auf einer Paraphrasierung des zweiten Teils

29 Chickering: We Men, S. 299–305.

30 Siehe v. a. Wertheimer: The Pan-German League, Husmann: Der Alldeutsche Verband, Freisel: Das Bismarckbild der Alldeutschen, Kruck: Geschichte des Alldeutschen Verbandes, Broberg von Seggern: The Alldeutsche Verband, Hartwig: Zur Politik und Entwicklung des Alldeutschen Verbandes, Walther: Ärzte und Zahnärzte, Peters: Der Alldeutsche Verband, Chickering: We Men, Kolditz: Rolle und Wirksamkeit und Hering: Konstruierte Nation. Zur Kriegszieldiskussion siehe Geiss: Der polnische Grenzstreifen, Pogge von Strandmann/Geiss: Die Erforderlichkeit des Unmöglichen sowie Jarausch: Die Alldeutschen und die Regierung Bethmann Hollweg. Die Diskussion um die ausgreifende Kriegszieldebatte der Alldeutschen ist vor allem durch Fritz Fischer und seine Studien zur Kriegszielpolitik des Kaiserreichs in den 1960er Jahren angestoßen worden. Fischer: Deutsche Kriegsziele, Ders.: Griff nach der Weltmacht, Ders.: Krieg der Illusionen und Fischer: Bündnis der Eliten.

31 Wertheimer: The Pan-German League.

32 Bonhard: Geschichte des Alldeutschen Verbandes, Sontag: Nationalisten, Wehner: Der Alldeutsche Verband und Jung: Der Alldeutsche Verband.

der umfangreichen und bis dahin unveröffentlichten politischen Erinnerungen von Claß, die er Ende 1936 im Wesentlichen abgeschlossen hatte und unter dem Arbeitstitel „Wider den Strom II" als Abschrift an seine Tochter vererbt hatte.[33]

Die westdeutsche Historiographie betonte im Zuge der Fischer-Kontroverse um die Kriegsschuld Deutschlands seit den 1960er und 1970er Jahren zunehmend die Bedeutung des Alldeutschen Verbandes für die kontinuierliche Formierung einer nationalistischen Sammlungsbewegung im Ersten Weltkrieg und einer antirepublikanischen Rechten in der Weimarer Republik, die letztlich zur nationalsozialistischen Machteroberung 1933 unter Einschluss konservativer Eliten geführt hatte.[34] Dieser Prozess des Übergangs vom „alten" Nationalismus zum „neuen" Nationalsozialismus hatte eine große Anziehungskraft in den historiographischen Debatten um die Kriegsschuld Deutschlands 1914 sowie den Aufstieg des Nationalsozialismus.

Innerhalb der sich erneuernden bundesdeutschen Sozialgeschichtsschreibung galt das Interesse seit den 1970er Jahren wesentlich den methodischen Ansätzen zur Analyse „sozialimperialistischer" Mechanismen von Herrschaftseliten zur Einhegung liberaler Fortschrittsideen und zur Bekämpfung sozialistischer Demokratisierungsforderungen, ohne allerdings die städtischen und ländlichen Eliten selbst einer biographischen und erfahrungsgeschichtlichen Analyse zu unterziehen. „Sonderwege" deutscher Modernisierung wurden als leitendes Theorem vor allem in der Analyse des Kaiserreichs eng an Defizite von Bürgerlichkeit, eine verhinderte Parlamentarisierung, nationalistische Anfälligkeiten des Liberalismus und die den Status quo verteidigenden Herrschaftsstrategien alter Eliten geknüpft. Einzelstudien innerhalb dieser „Sonderwegshistoriographie"[35], die sich immer auch auf die Entstehung des Nationalsozialismus bezog, gingen jedoch trotz des Anspruchs, langfristige Strukturen zu erklären, nur zaghaft über die Epochengrenzen von 1914/18 hinaus. Somit blieb beispielsweise die Forschung zum Adel und der politischen Radikalisierung „vom König zum Führer" in der Sozialgeschichte weitgehend ausgeklammert, wie Stephan Malinowski beklagte.[36] Vielmehr interessierte die politische Formveränderung von Konservatismus und Nationalliberalismus im Kaiserreich mit der Integration völkischer Weltanschauungselemente und populistischer Mobilisierungsstrategien, um prototypische Traditions- und Entwicklungslinien zum späteren Nationalsozialismus herauszustellen.[37] Die Bielefelder Studien zum radikalen Nationalismus im Kaiserreich blieben trotz des ursprünglich sozialgeschichtlichen Ansatzes im Zuge der kulturgeschichtlichen Erweiterung

33 Siehe dazu Hofmeister: Zur Quelle, in Ders. (Hrsg.): Heinrich Claß. Politische Erinnerungen, S. 73–78.

34 Zur Historisierung der Fischer-Kontroverse siehe Sywotteck: Die „Fischer-Kontroverse", Geiss: Zur „Fischer-Kontroverse", Große-Kracht: Die Fischer-Kontroverse und Mombauer: The Fischer Controversy. Siehe auch Afflerbach/Stevenson: An Improbably War? und Clark: Sleepwalkers.

35 Torp/Müller: Das Bild des Deutschen Kaiserreichs.

36 Malinowski: Vom König zum Führer.

37 Siehe auch Schildt: Konservatismus in Deutschland.

erstaunlicherweise einer eher eng angelegten Diskurs- und Ideengeschichte verpflichtet.[38]

Diskussionen um die Wirksamkeit der rechten Verbände im Kaiserreich konzentrierten sich auf die demagogische Propaganda zur Mobilisierung der Massen für die Stabilisierung von Klasseninteressen im Zusammenspiel mit staatlichen Instanzen. Die Frage nach dem Potenzial der Selbstmobilisierung der radikalen Rechten als außerparlamentarische Opposition „von unten“ schien in den 1970er und 1980er Jahren in der Diskussion um die *peculiarities* deutscher Geschichte auf.[39] Die Frage, inwieweit das „Kartell der schaffenden Stände“ von 1913 als Interessenverbund von Großindustrie und Landwirtschaft nicht nur im Reichstag zur Blockierung sozialdemokratischer Initiativen, sondern auch für eine zunehmend außerparlamentarische Politik über die Verbände wie den Bund der Landwirte erfolgreich war, dominierte die Forschung.[40]

Während Geoff Eley für den Deutschen Flottenverein und die gesamte nationale Rechte des deutschen Verbandswesens eine solche Selbstmobilisierung des Bürgertums und der mittelständischen Schichten als Ausdruck einer grundlegenden Frustration über die gescheiterte Krisenbewältigung einer zunehmenden sozialen Desintegration durch den Aufstieg der Sozialdemokratie und über die Grenzen der Honoratiorenpolitik der Konservativen und der Nationalliberalen hinaus nachzuweisen versuchte, betonte Chickering für den Alldeutschen Verband die enge Verbindung führender Funktionäre mit gesellschaftlichen Eliten wie Professoren, Pastoren sowie Adel und Militär.[41] Die politische Einbindung in die Nationalliberale Partei, die Deutsch-Konservative Partei, die Reichspartei oder antisemitische Parteien wie die Reformpartei oder die Christlich-Soziale Partei bestätigten die enge Einbindung in den Staat.[42]

Für die Zeit der Weimarer Republik war der Alldeutsche Verband jedoch auffällig selten Gegenstand der systematischen Nationalismus- und Verbandsforschung. Zu organisatorischen Zweiggründungen des Verbandes wie dem Deutschen Wehrverein (1912–1935), dem Deutschvölkischen Schutz- und Trutzbund (1919–1922/23) sowie zur Mitarbeit in der Deutschen Vaterlandspartei (1917–1918) liegen Studien vor.[43] Die Gesamtdarstellung zur Geschichte des Alldeutschen Verbandes von Rainer Hering behandelt die Weimarer Zeit überblicksartig.[44] Hering griff die kulturgeschichtlichen Diskussionen der 1990er Jahre um Benedict Andersons Konzept der *imagined communities* und die Bedeutung von Intellektuellen bei der Popularisierung solcher kulturellen

38 Siehe zuletzt Müller: Die Nation als Waffe und Walkenhorst: Nation – Volk – Rasse.

39 Siehe Blackbourn/Eley: The Peculiarities of German History.

40 Siehe Stegmann: Die Erben Bismarcks und Puhle: Agrarische Interessenpolitik und preußischer Konservatismus.

41 Siehe Eley: Reshaping the Radical Right und Chickering: We Men.

42 Handbuch des Alldeutschen Verbandes 1913, S. 35 und Dass. 1917, S. 41–42.

43 Chickering: Der Deutsche Wehrverein, Coetzee: The German Army League, Lohalm: Völkischer Radikalismus, Jochmann: Gesellschaftskrise und Judenfeindschaft und Hagenlücke: Deutsche Vaterlandspartei. Siehe auch Scheck: Alfred von Tirpitz.

44 Kruck: Geschichte des Alldeutschen Verbandes und Hering: Konstruierte Nation.

Vergemeinschaftungen auf.[45] Entsprechend versuchte er den grundsätzlichen Konstruktionscharakter des alldeutschen Nationenbegriffs und die Einbettung des Verbandes in das Netzwerk der „nationalen Opposition“ mit einem Schwerpunkt der lokalen Mobilisierungspolitik in der Hamburger Ortsgruppe herauszuarbeiten.

Die beiden auf breiter Quellengrundlage erarbeiteten unveröffentlichten Dissertationen von Willi Krebs von 1970 und Brewster S. Chamberlain von 1972 boten aus der marxistischen Perspektive der DDR beziehungsweise aus der Perspektive der amerikanischen Politikgeschichte erste wichtige Studien zu politischen Stationen des Verbandes nach 1918.[46] Insgesamt erschien der Alldeutsche Verband innerhalb der DDR-Geschichtsschreibung für die Zeit nach 1917/18 als unattraktiver Forschungsgegenstand, da die Weimarer Republik lediglich als Zwischenstufe zum Imperialismus des Nationalsozialismus begriffen wurde und die Verbindungslinie zwischen „alten“ und „neuen“ Organisationen der Rechten sowie zwischen Bürgertum, Industrie und NS-Bewegung als zentrale Grundannahme für die Interessenkoalition traditioneller Eliten nicht in Frage gestellt wurde.[47]

Noch zu Claß' Lebzeiten legte der Ost-Berliner Wirtschaftshistoriker Jürgen Kuczynski 1950 die erste Studie zum Alldeutschen Verband innerhalb einer umfassender angelegten Untersuchung zur Geschichte der „imperialistischen Demagogie“ vor.[48] Entsprechend der marxistischen Interpretation politischer Repräsentation in konservativen und nationalistischen Parteien und Verbänden als Manipulationsmedien der Öffentlichkeit sowie der breiten „Massen“ vor allem für die Interessen der Schwerindustrie schienen die Alldeutschen auch hier „zugleich die Mutterorganisation oder der Initiator zahlreicher anderer Verbände des Monopolkapitals zur Anpassung der Ideologie bedeutender Teile des deutschen Volkes an die Ziele des deutschen Imperialismus“ gewesen zu sein.[49]

In Claß bündelten sich daher exemplarisch „die Forderungen der aggressivsten Kreise der herrschenden Klasse“.[50] Die annexionistische deutsche Kriegszielpolitik des

45 Anderson: Imagined Communities.

46 Krebs: Der Alldeutsche Verband und Chamberlain: The Enemy on the Right. Siehe auch Hartwig: Zur Politik und Entwicklung des Alldeutschen Verbandes und Fricke: Die Bürgerlichen Parteien.

47 Siehe Klein: Deutschland und Ruge: Weimar sowie Petzold: Claß und Hitler und Ders.: Die Demagogie des Hitlerfaschismus, S. 88–128. Siehe auch Hahn/Kaiser: Die Arbeitsgruppe zur Geschichte der bürgerlichen Parteien. Auf ein vergleichbares Interessenkartell von Industrie, Bürokratie, Armee und Landwirtschaft wies Franz L. Neumann in seiner 1941 fertiggestellten und zuerst 1942 erschienenen Studie „Behemoth“ hin. Der Alldeutsche Verband galt hier als einer der „nationalistischen Vorläufer des Nationalsozialismus“, um für die „imperialistischen Kreise der deutschen Gesellschaft“ im Verbund mit der NSDAP „die nötige Massenbasis zu gewinnen“. Neumann: Behemoth, S. 232 und 241. Der Verband war somit letztlich eine Propagandaorganisation dieser autoritären und imperialen Interessengemeinschaft der vier Machtgruppen, die im Nationalsozialismus durch die NSDAP neue polykratische Machtdynamiken ausbildete. Ebd., S. 241–259.

48 Kuczynski: Studien zur Geschichte des deutschen Imperialismus, Bd. II, S. 9–116.

49 Ebd., S. 9.

50 Gutsche/Klein/Petzold: Von Sarajevo nach Versailles, S. 64.

Ersten Weltkrieges wurde demnach in Absprache mit den „Geheimbündler[n] um Claß" gemacht, die „Monopolbourgeoisie und Junkertum" strategisch zum Interessenausgleich zwischen Industrie und Landwirtschaft zusammenführten.[51] Für die einsetzende Weimar-Forschung der DDR war Claß damit ein Vertreter der „Katastrophenpolitik" der Republik, die eine beständige Krise für die Zuspitzung der Klassengegensätze beschworen und letztlich in ihren Interessen und Strategien „borniert und verblendet" waren.[52] Claß trug stellvertretend für die „reaktionäre Großbourgeoisie" die „historische Verantwortung" für den Aufstieg des Nationalsozialismus, der letztlich nur eine „ideologische Tochter des Alldeutschen Verbandes" war.[53]

Diese marxistische Geschichtsinterpretation bestimmte die DDR-Forschung zur deutschen Geschichte bis zu ihrem Ende. Aber sie erhielt auch vereinzelt Impulse für eine differenziertere Betrachtung der politischen Interessen und der praktischen Kooperation innerhalb der radikalen Rechten. So ging Joachim Petzold in seinen umfassenderen Studien zu den Völkischen und Jungkonservativen auch davon aus, dass der Aufstieg des Alldeutschen Verbandes ein „Produkt der allgemeinen Krise des Kapitalismus" gewesen sei, die sich durch die fehlende sozio-ökonomische und politische Integrationsleistung der Arbeiterschaft beschreiben ließ.[54] Claß hatte „chauvinistische" Schriften verfasst, 1914 „maßlose Annexions- und Kontributionsforderungen" aufgestellt und war somit „ein besonders rücksichtsloser Verfechter imperialistischer Unterdrückungs- und Expansionspläne", der jedoch nur als „Instrument des deutschen Monopol- und Agrarkapitals" fungierte.[55]

Petzold erkannte auch die grundlegenden Konflikte und Konkurrenzen innerhalb der „nationalen Opposition" nach 1918, die gerade aufgrund unterschiedlicher Interessen und verschiedener Zugänge zur Einbindung der „Massen" zu oft aneinander vorbei agierte. Dem Machtanspruch, aber auch der erfolgreichen Propagandamaschinerie der NS-Bewegung war der Alldeutsche Verband letztlich nicht gewachsen und wich auf den Antisemitismus als Mobilisierungsstrategie aus, um die Abkehr vom Ständestaatsmodell zu umgehen.[56] Petzold verwies nach dem Zusammenbruch der DDR auf deren „dogmatische Geschichtsauffassung" und betonte stattdessen, dass Alldeutsche und Nationalsozialisten in einem Spannungsverhältnis zueinander gestanden hatten und auch die NSDAP daher nicht nur als „Instrument des Monopolkapitals" gesehen werden könne.[57]

Während zahlreiche Studien zu den Alldeutschen vorliegen und gerade die Politik des Verbandes im Kaiserreich weitgehend untersucht ist, sind Fragen zu dessen An-

---

51 Ruge: Hindenburg, S. 372 und Kaulisch: Alfred von Tirpitz, S. 187.

52 Gossweiler: Ökonomie und Politik, S. 161. Siehe auch Ruge: Das Ende von Weimar.

53 Pätzold/Weißbecker: Hakenkreuz und Totenkopf, S. 19 und Kuczynski: Studien zur Geschichte des deutschen Imperialismus, Bd. II, S. 38.

54 Petzold: Die Demagogie des Hitlerfaschismus, S. 37. Siehe auch ebd., S. 94.

55 Ebd., S. 99 und 113 und Petzold: Wegbereiter des deutschen Faschismus, S. 42 und 47.

56 Ders.: Wegbereiter des deutschen Faschismus, S. 178, Ders: Claß und Hitler und Ders.: Parteinahme wofür?, S. 275–282.

57 Ders.: Wegbereiter und Ders.: Parteinahme wofür, S. 279.

ziehungskraft sowie zu den genauen Dynamiken von politischer Mobilisierung und Einflussnahme auf die öffentliche Meinung und die staatlichen Instanzen für den Untersuchungszeitraum des Ersten Weltkrieges, der Weimarer Republik und des Nationalsozialismus weiterhin wichtige Forschungsbereiche. Einerseits sind gerade für die Zeit nach 1923 zentrale politische Entwicklungen im sich beständig verändernden Feld der „nationalen Opposition" und vor allem das Verhältnis zur NS-Bewegung noch ungeklärt. Andererseits wurde die biographische Kontinuität von Claß' weltanschaulichem Denken bisher zu einseitig auf seine zahlreichen programmatischen Schriften reduziert, vor allem auf sein „Kaiserbuch" von 1912 und auf die Kriegszielforderungen von 1914. Claß' politische Biographie war einerseits durch Rassismus, Antisemitismus, Machtstaatspolitik und einen völkischen Nationsbegriff sowie einen imperialistischen Reichsbegriff charakterisiert. Chickering hatte in seiner Geschichte des Alldeutschen Verbands bereits auf die zentrale Bedeutung von Kultur als symbolische Organisation sozialer Erfahrung herausgestellt und mit Konzepten der sozialen Psychologie auf die Dimensionen von Emotionalität und Ängsten im Zusammenspiel mit Vorurteilen und Machtstaatspolitik hingewiesen.[58] Die Verbindung zwischen Politik, Propaganda und Mobilisierung liegt demnach in den gegenseitigen Wirkungen von sozialer Erfahrung, Weltanschauung und politischem Handeln.

Die konzise Überblicksstudie zum Alldeutschen Verband in der Weimarer Republik von Barry Jackisch geht dahingehend über den Kenntnisstand von Kruck und Chamberlain ebenfalls nur bedingt hinaus.[59] Jackisch erhellt vor allem das Verhältnis des Alldeutschen Verbandes zur DNVP bis zur Übernahme des Parteivorsitzes durch Hugenberg am 20. Oktober 1928, erkennt den elitären Charakter alldeutscher Politik an und betont erneut die zentrale Rolle des Alldeutschen Verbandes für die Formierung der antirepublikanischen Rechten. Die Untersuchung kann Fragen nach langfristigen Veränderungen innerhalb des Verbandes jedoch nicht klären. Der Autor konzentriert sich auf die Jahre zwischen 1918 und 1926/28 und vergibt die Chance, die *longue durée* in der Entwicklung des Alldeutschen Verbandes in den Blick zu nehmen, sowohl zurück in die Erfahrungswelten der Alldeutschen im Kaiserreich als auch über die Schwelle der Übernahme der DNVP durch Hugenberg 1928 hinaus.

Auch die Wirkungen der Revolution von 1918 und der Niederlage im Ersten Weltkrieg bleiben in ihrer Krisenhaftigkeit sowie in der Führererwartung und Gewalterfahrung für das nationalistische Bürgertum trotz wichtiger Studien zum Bürgertum insgesamt im Umbruch vom Kaiserreich zur Weimarer Republik weiterhin ein wichtiges Forschungsfeld.[60] Bürgerkriegsfurcht, soziale Abstiegsängste, aber auch der Verlust

58 Chickering: We Men, S. 16–17.

59 Jackisch: The Pan-German League.

60 Siehe u. a. Heinemann: Die verdrängte Niederlage, Mommsen: Die Auflösung des Bürgertums, Weisbrod: Gewalt in der Politik, Lehnert/Megerle: Problems of Identity and Consensus, Albertin: Die Auflösung der bürgerlichen Mitte, Schumann/Wirsching: Violence and Society, Schildt: Der Putsch, Föllmer: Die Verteidigung der bürgerlichen Nation, Barth: Dolchstoßlegenden, Gailus/Lehmann: Nationalprotestantische Mentalitäten und Mergel: High Expectations – Deep Disappointments.

politischer Deutungshoheit blieben nicht nur im liberalen und konservativen Bürgertum prävalente Motive von weltanschaulicher und politischer Unsicherheit um 1918. Auch für die alldeutschen Verbandsfunktionäre wirkten diese Umbrucherfahrungen ganz entscheidend auf ihre politischen Strategien und weltanschaulichen Lernprozesse.

Uta Jungcurt hat dahingehend versucht zu zeigen, dass dieser „alldeutsche Extremismus" letztlich als „Wegbereiter" für den Aufstieg der Nationalsozialisten in der Weimarer Republik zu interpretieren sei.[61] Trotz der vielfältigen Übereinstimmung von rassistischer Weltanschauung, antiparlamentarischen Diktaturbestrebungen und autoritären Machtinteressen bleibt auch weiterhin genauer zu analysieren, von welchen Traditionsbeständen der NS-Bewegung gesprochen werden kann, die ihre nationalistischen und völkischen Wurzeln im alldeutschen Radikalismus haben.[62] „Wegbereiter" oder „Vorreiter" sind in diesem Zusammenhang Metaphern, die einerseits ideologische Kontinuitätslinien von Rassismus, Gewalt und Krieg andeuten sollen, sich jedoch ebenso auf die Selbstbeschreibung der Alldeutschen als „Vorkämpfer" oder „Rufer" beziehen, als der Verband seine Führungsrolle in der aufkommenden Konkurrenz mit den „neuen" Organisationen der Rechten zu behaupten versuchte.[63] Nach 1933 wurde dieser vor allem weltanschauliche Anspruch verstärkt vorgetragen, um die Nationalsozialisten daran zu erinnern, dass es die Alldeutschen gewesen seien, die sowohl den völkischen Staat schon unter Bismarck gedacht und politisch bereits seit dem Kaiserreich die „nationale Opposition" geführt hätten.[64] Wilhelm Freiherr von Müffling, der seit 1919 in enger Verbindung zu Claß stand und Mitglied des Alldeutschen Verbandes, des Deutschvölkischen Schutz- und Trutzbundes und dann der NSDAP war, macht die Verbindung zwischen Alldeutschen und Nationalsozialisten mit einer unmittelbar 1933 herausgegebenen Schrift „Wegbereiter und Vorkämpfer für das neue Deutschland" deutlich, indem er einen großen weltanschaulichen und politischen Bogen unter anderem von Arthur de Gobineau, Lagarde, Houston Stewart Chamberlain über Hasse und Claß zu Hitler und den führenden Vertretern der NS-Bewegung durch eine Aneinanderreihung von Porträts der einzelnen Personen spannte und somit eine Einheitlichkeit zwischen „alten" und „neuen" Vordenkern und Praktikern des radikalen Nationalismus suggerierte, die einer genaueren Analyse bedarf.

Studien zu organisatorischen Konkurrenzen konservativer Verbände mit den Nationalsozialisten innerhalb der mittelständischen und bildungsbürgerlichen Milieus haben die grundlegende ambivalente Haltung „alter" Organisationen zu den Mobilisierungstechniken und Radikalisierungen von Gewalt als legitimem politischen Mittel

61 Jungcurt: Alldeutscher Extremismus.

62 Siehe auch Schildt: Konservatismus in Deutschland, S. 182–183 und Retallack: The German Right.

63 Siehe auch Erbar: Dr. Heinrich Claß – ein Wegbereiter des Nationalsozialismus? und für den Alldeutschen und späteren Nationalsozialisten Theodor Reismann-Grone den eher fragenden Titel der Biographie von Stefan Frech: Wegbereiter Hitlers?

64 Siehe unter anderem die Glückwunschtelegramme von Artur Dinter, Max Wundt, Rüdiger Graf von der Goltz oder Hanno Konopacki-Kanopath von der DNVP zu Claß' 25. Jahrestag des Eintritts in die Hauptleitung am 9.12.1925 in BA-Berlin, R 8048, Bd. 311.

der „neuen“ Massenbewegungen der radikalen Rechten herausgestellt.[65] Die aktive Hinwendung der Alldeutschen zur Parteienpolitik, die mit den forcierten Bemühungen für eine Unterwanderung der DNVP durch die Eroberung der Landesverbände zwischen 1925 und 1928 Gestalt annahm, bedarf noch weiterer lokaler Studien. Die Übernahme des DNVP-Parteivorsitzes durch Hugenberg 1928 signalisierte eine Forcierung alldeutscher Oppositionspolitik über das Parlament. Die Geschichte der DNVP als größte konservative Sammlungspartei auch für alldeutsche Mitglieder bleibt dahingehend gerade für die Zeit von 1928 bis 1933 ein auffälliges Forschungsdesiderat.[66]

Alldeutsche Biographien

Obgleich das biographische Genre innerhalb der Geschichtswissenschaft in den letzten Jahren durch die Analyse des Zusammenhangs zwischen generationellen Prägungen nationalsozialistischer Tätereliten der zwischen 1900 und 1910 Geborenen und einem von kompromissloser, kühler und zweckgebundener Rationalität gekennzeichneten politischen Handlungsstil innerhalb der Vernichtungspolitik des Nationalsozialismus an methodischer Vielfalt gewonnen hat[67], bilden gerade frühere Alterskohorten der „Reichsgründergeneration“, der „Wilhelminischen Generation“[68] oder der „1860er“[69] weiterhin eine Forschungslücke in der Geschichte des radikalen Nationalismus zwischen Kaiserreich und Nationalsozialismus.

Johannes Leicht hat 2012 die erste Biographie zu Claß vorgelegt.[70] Die am Zentrum für Antisemitismusforschung der Technischen Universität Berlin angesiedelte Dissertation geht ausführlich auf Claß’ weltanschauliche Prägungen (Antisemitismus, Rassismus und radikaler Nationalismus) ein und positioniert ihn mit seinen politischen Forderungen nach einer radikalen Reichsreform, imperialen Annexionen und der Diktatur als alldeutschen Verbandsführer im Gefüge des organisierten radikalen Na-

65 Siehe u. a. Koshar: Social Life, Heilbronner: Der verlassene Stammtisch, Bösch: Das konservative Milieu, Jones: Nationalists, Beck: Konflikte, Ders.: The Fateful Alliance, Schumann: Gewalt als Methode sowie auch Berghahn: Der Stahlhelm und Hoffstadt: Frontgemeinschaft?

66 Siehe v. a. Hiller von Gaertringen: Die Deutschnationale Volkspartei, Jonas: Die Volkskonservativen, Chanady: Disintegration, Gemein: Die DNVP in Düsseldorf, Behrens: Die Deutschnationalen in Hamburg, Stupperich: Volksgemeinschaft und Arbeitersolidarität, Mergel: Das Scheitern des deutschen Tory-Konservatismus, Mergel: Parlamentarische Kultur, Kittel: Zwischen völkischem Nationalismus und gouvernementaler Taktik und Ders.: „Steigbügelhalter“. Es fehlt immer noch eine Gesamtdarstellung, welche die DNVP in die grundlegenden Veränderungsprozesse ab 1928 einbettet und den strukturellen Einfluss der alldeutschen Mitglieder in der Partei des Alldeutschen Verbandes herausstellt.

67 Siehe zu diesen Alterskohorten u. a. Herbert: Generation der Sachlichkeit, Ders.: Best, Wildt: Die Generation des Unbedingten, Mallmann/Paul (Hrsg.): Karrieren der Gewalt und Heinemann: Rasse, Siedlung, deutsches Blut.

68 Siehe zu diesen Generationenkonzepten immer noch die Skizzen von Doerry: Übergangsmenschen sowie auch Peukert: Die Weimarer Republik, S. 25–31.

69 Hofmeister: Realms of Leadership and Residues of Mobilization.

70 Leicht: Heinrich Claß.

tionalismus zwischen Kaiserreich und Weimarer Republik.[71] Während sich Leicht vor allem auf die genannten weltanschaulichen Säulen konzentriert, unterschätzt er die strukturelle Bedeutung von Claß' Sozialisation im juristischen Milieu seiner Familie, seiner juristischen Ausbildung und seines Rechtsdenkens, die die Grundlage für seinen gesamten Denkentwurf zu Erziehung, Autorität, Ordnung und Diktatur ausmachen. Trotz der umfassenden Darstellung seiner Biographie für das Kaiserreich und für die erste Hälfte der Weimarer Republik verliert die Studie ab 1926/28 an Dichte und vernachlässigt eine genauere Analyse der Kooperationen und Konkurrenzen zwischen Alldeutschen und Deutschnationalen einerseits und der NSDAP Hitlers andererseits, die ab 1929 in ihrer Mobilisierungs- und Sammlungspolitik aufeinander zurückgriffen und seit den Reichstagswahlen 1930 in Machtkämpfen um das Führungszentrum der Rechten sowie um die Positionierung Hugenbergs als DNVP-Parteivorsitzender oder Hitlers als NSDAP-Führer um das Amt des Reichskanzlers standen. Insgesamt fällt die Beschreibung der Verbindung zwischen Claß und Hugenberg eher kursorisch aus, obwohl die Etablierung Hugenbergs als Kandidat für eine Rechtsdiktatur die strategische Einlösung von Claß' Rechtsdenken und seines politischen Taktierens darstellte, die letztlich nicht nur seine Bemühungen zur Bekämpfung der Weimarer Republik, sondern auch der seit der Vorkriegszeit angeprangerten Entwicklungen moderner Massenrepräsentation bestimmten.

Eine der wichtigsten Wegbegleiter des alldeutschen Verbandsvorsitzenden ist bisher nur kursorisch erforscht worden. Claß stand seit seinem Aufstieg zum Verbandsvorsitzenden immer in gewisser Weise im Schatten von Hugenberg. Claß verdankte die Unterstützung seines Vorgängers im Amt, Hasse, vornehmlich dem Umstand, dass Hugenberg das Angebot ausgeschlagen hatte, den Verbandsvorsitz als Nachfolger Hasses zu übernehmen, sodass Claß das Führungsvakuum selbst zu füllen begann. Nach der Übernahme des Vorsitzes waren es auch die Beziehungen Hugenbergs zur Schwerindustrie des Ruhrgebiets, durch die eine finanzielle Fundierung des Verbandes immer wieder durch Sonderzahlungen und Sammlungen sichergestellt werden konnte. Die Verwirklichung von Claß als Herausgeber der *Deutschen Zeitung*, die von 1917 bis 1934 im Besitz der alldeutschen Neudeutschen Verlagsgesellschaft war, wurde ebenfalls nur möglich, weil Hugenberg immer wieder finanzielle Zuschüsse leistete. Das galt auch für das journalistische Zwischenspiel in Österreich, wo sich Claß ab 1919 durch die Herausgabe der *Deutschösterreichischen Tageszeitung* versuchte, die jedoch aufgrund chronischer Finanzprobleme 1927 an die NSDAPÖ verkauft wurde. Hugenberg wird in dieser biographischen Studie zur Claß vor allem seit Ende der zwanziger Jahre einen wichtigen Platz einnehmen, da Hugenberg letztlich die zentrale Figur für seine Diktaturpläne werden sollte. Die Perspektive des Parteiführers der Deutschnationalen wird zur Zeit von Michael Schellhorn in einer umfassenden Biographie zu Hugenberg erforscht und die Frage nach der Bedeutung Hugenbergs für die Radikalisierung des

71 Siehe ausführlicher Hofmeister: Rezension Johannes Leicht.

deutschnationalen Parteimilieus und somit nach seiner Verantwortung für den Aufstieg der NSDAP und den Zusammenbruch der Weimarer Republik weiter diskutieren.[72]

In den letzten Jahren sind, was die Mitglieder des Alldeutschen Verbandes angeht, die Biographie zu Theodor Reismann-Grone, der bis zu seinem Austritt 1915 Mitglied des Geschäftsführenden Ausschusses war, und zu dem jüngeren alldeutschen Führungsmitglied der DNVP, Otto Schmidt(-Hannover), hinzugekommen, während Uwe Lohalm und Martin Ulmer zum Zeitpunkt der Drucklegung der vorliegenden Studie noch an einer Biographie zu Alfred Roth arbeiteten.[73]

Die biographische Forschung zu den Alldeutschen lässt noch zahlreiche Akteure außen vor. Zum Verbandsgründer und Kolonialaktivisten Carl Peters liegt eine biographische Studie sowie zum engen Berater von Claß und Hugenberg, Paul Bang, eine Untersuchung zu dessen Weltanschauung und Wirtschaftsauffassung vor.[74] Die biographischen Desiderata erstrecken sich auch auf zentrale Figuren des Alldeutschen Verbandes, die in das weitere Umfeld der Kolonialbewegung des Kaiserreichs, der völkischen Bewegung oder auch der antisemitischen Bewegung hineinwirkten. Umfassende Biographien zu führenden Vertretern des Verbandes auf lokaler und nationaler Ebene wie Ernst Hasse, Adolf Lehr, Karl Klingemann, Eduard von Liebert, August Keim, Konstantin von Gebsattel, Leopold von Vietinghoff-Scheel, Gertzlaff zu Hertzberg-Lottin, Paul Tafel, Hertha Schemmel, Otto Fürst zu Salm-Horstmar und Axel Freiherr von Freytagh-Loringhoven oder zu dem Verleger Theodor Weicher und dem einflussreichen Schwerindustriellen Emil Kirdorf stehen beispielsweise noch aus.

Diese biographischen Forschungslücken korrespondieren oft mit der ungünstigen Überlieferungslage von Nachlässen. Die Überlieferung alldeutscher Zeugnisse ab 1930 und vor allem ab 1932/33 ist spärlich. Das gilt auch für Claß, der in einer biographischen Studie daher gerade für die Zeit ab 1930 auch über die Politik derer beschrieben werden muss, die Claß in leitenden Funktionen sehen wollte oder die für ihn und den Alldeutschen Verband agierten. Das trifft vor allem auf Hugenberg zu, der sich zwar nicht von Claß seine politischen Entscheidungen diktieren ließ und auch mit Übernahme des DNVP-Parteivorsitzes im Oktober 1928 gewohnt selbstbewusst und nur allzu oft eigensinnig auftrat, jedoch für Claß ab 1925/26 die zentrale Figur in den Planspielen für den Kampf gegen die Weimarer Republik und für die Diktatur sowie für die Umsetzung von

---

72 Leopold: Alfred Hugenberg. Siehe auch Hoepke: Alfred Hugenberg, Guratzsch: Macht durch Organisation, Wernecke/Heller: Der vergessene Führer und Holzbach: Das „System Hugenberg". Zu Hugenberg ist zur Zeit eine umfassende Biographie von Michael Schellhorn in Bearbeitung. Schellhorn: Alfred Hugenberg. Biographie 1865–1951 (Diss. Universität Potsdam). Zur Diskussion um die Radikalisierung der DNVP und dem Kollaps des deutschnationalen Milieus zwischen 1928 und 1932/33 siehe auch Mergel: Das Scheitern des deutschen Tory-Konservatismus und Ziblatt: Conservative Parties sowie zu Hugenbergs Vorgänger Kuno Graf von Westarp auch Jones/Pyta: „Ich bin der letzte Preuße" und Gasteiger: Kuno von Westarp..

73 Frech: Theodor Reismann-Grone und Terhalle: Deutschnational in Weimar sowie Lohalm: Alfred Roth (in Bearbeitung). Siehe auch Lohalm/Ulmer: Alfred Roth.

74 Perras: Carl Peters und Niederstedt: Rechtsradikale Wirtschafts- und Gesellschaftsvorstellungen.

politischen Zielen im nationalsozialistischen Staat während der kurzen Phase von dessen Ministerzeit 1933 darstellte.

Auch für diese Studie war zunächst das umfangreiche alldeutsche Verbandsarchivs im Bundesarchiv-Berlin (Bestand R 8048) von zentraler Bedeutung, das Claß nach der Auflösung des Alldeutschen Verbandes im Frühjahr 1939 gerade für entscheidende politische Umbruchphasen wie 1918/19, 1920, Sommer 1923 oder ab 1932/33 gesäubert hatte, bevor er Archivbestände 1942 an das Reichsarchiv abgab, das die Übernahme in seine Bestände forciert hatte.[75] Im November 1943 wurde Claß' Berliner Wohnung in der Keithstraße ausgebombt, was zum zusätzlichen Verlust von verbliebenen Verbandsbeständen führte, die Claß noch im Keller aufbewahrt hatte. Der an das Reichsarchiv überführte Archivbestand überstand das Kriegsende unbeschadet, wurde im Zentralarchiv der DDR zur Benutzung verwahrt und letztlich in das Bundesarchiv-Berlin überführt.

Das grundsätzliche Problem fehlender Überlieferungen wird oft ergänzt durch Schwierigkeiten bei der Dechiffrierung des bewusst konspirativ gehaltenen Kommunikationsstils der Alldeutschen sowie durch eine honoratiorenhafte Organisation des brieflichen Austauschs, was bereits die Zeitgenossen vor Probleme des geregelten Austauschs von Briefen, Karten oder Dokumenten stellte. Die vor allem auf private Kontakte beruhenden weitgespannten Netzwerke der Alldeutschen in das Milieu konservativer und nationalistischer Verbände und Parteien, aber auch in Kreise des Militärs und in das Umfeld der Regierung beförderten eine Kommunikationsweise, die auch auf die Sprachverwendung in den überlieferten Briefen zurückwirkte. Zusammenhänge oder Namen sind so oft nur angedeutet oder es wurde auf zuvor stattgefundene persönliche Gespräche zwischen den Briefpartnern hingewiesen, an die dann angeknüpft wurde. Vertraulichkeit war zudem ein wichtiger Grundsatz im alldeutschen Milieu, der die Dechiffrierung von Andeutungen zusätzlich erschweren kann, da beispielsweise die Gegenüberlieferung von Briefen nicht nur fehlenden archivalischen Überlieferungen geschuldet ist, sondern auch durch die gezielte Vernichtung von Dokumenten hervorgerufen sein kann. Zudem wurden Briefe hin- und hergeschickt, zuweilen wurde ein Duplikat für die eigenen Akten angefordert, während teilweise um die vertrauliche Weiterleitung von Originaldokumenten an Dritte gebeten wurde, was wiederum die Ermahnung zur Rücksendung der Materialien an den ursprünglichen Absender zur

75 Siehe dazu auch Hofmeister: Zur Edition, in Ders. (Hrsg.): Heinrich Claß. Politische Erinnerungen, S. 91–98. Claß ließ bereits nach Auflösung des Alldeutschen Verbandes 1939 veranlassen, dass die vermutlich im Keller seiner Berliner Privatwohnung aufbewahrten Akten im Umfang von acht von zehn Schränken „eingestampft" wurden. Anmerkungen von Wolfgang Lesch nach einem Besuch bei Claß, 2.2.1942, in BA-Berlin, R 1506, Bd. 198, Bl. 5. Claß wohnte von 1939 bis zur Ausbombung 1943 in der in der Keithstraße 42. Er nutzte noch bis Ende 1941 die vorhandenen Akten für die Überarbeitung seines zweiten Bandes der Erinnerungen. Nach der Aktensäuberung durch Claß fehlen beispielsweis die Akten des Allgemeinen Schriftwechsels nach 1930 und auch die Sitzungsprotokolle des Geschäftsführenden Ausschusses sind für den Sommer 1923 und ab Ende 1932 nur noch mit Anwesenheitsliste und Themenverzeichnis, aber nicht mehr im Wortlaut überliefert.

Folge haben konnte, die dann unter Umständen für die geordnete archivalische Ablage nicht erfolgte. Ohnehin kam es erst unter Claß' Vorsitz zur Einrichtung eines geordneten Verbandsarchivs, das mit zahlreichen Überlieferungslücken zur Frühgeschichte der Alldeutschen eingerichtet worden war.

Die in dieser Studie verwendeten archivalischen Quellen sind durch Nachlässe führender Persönlichkeiten im Umfeld des Verbandes ergänzt worden. Von Claß' engen Vertrauten August Gebhard, Hugenberg, Leo Wegener, Schmidt(-Hannover), Reinhold Quaatz, Magnus von Levetzow, Wilhelm von Dommes oder Gebsattel sind wichtige Überlieferungen zugänglich. Zudem konnte Johannes Leicht einen kleinen Teilnachlass von Claß' persönlichen Dokumenten aus dem privaten Bestand der Claß-Enkelin Friedel Dürrschmidt in das Bundesarchiv überführen (N 2368).[76] Ein umfassender Claß-Nachlass ist darüber hinaus nicht überliefert.

Nur wenige führende Verbandsmitglieder haben autobiographische Schriften hinterlassen, darunter Keim, Liebert, Ludwig Schemann, Dietrich Schäfer, Hugenberg, Julius F. Lehmann, Elard von Oldenburg-Januschau oder Fabian von Schlabrendorff, die zumeist noch zu Lebzeiten und mit dem Anspruch der politischen Rechtfertigung veröffentlicht wurden.[77] Claß' 1932 publizierte Autobiographie „Wider den Strom", die 1915 endet, sowie der zwischen 1933 und 1936 verfasste und 1944 mit Korrekturen versehene zweite Band der zu Lebzeiten unveröffentlichten politischen Erinnerungen, die 1915 anschließen und bis 1933 reichen, sind vorbehaltlich quellenkritischer Analyse wichtige Dokumente zur Selbsteinordnung von Claß.[78] Zwar liegen die „Heroisierungstendenzen" gerade im Genre der Autobiographie in vielen Fällen offen zutage.[79] In Claß' politischer Lebensbeschreibung jedoch bleibt die Krisenhaftigkeit der politischen Umbrüche sowie der Konkurrenzen innerhalb der Rechten nicht ausgespart. Vielmehr macht sowohl der 1932 erschienen erste Band seiner Erinnerungen „Wider den Strom", aber auch der zweite Teil der Erinnerungen ein grundlegendes Narrativ deutlich, das das Selbstbild des Autobiographen betont, der gegen die Widrigkeiten und Unbeständigkeiten der gesellschaftlichen Moderne das Modell von Autorität und Ordnung verteidigt habe. Das Leitmotiv eines ‚gelungenen' Lebens liegt in Claß' Erzählung daher nicht unbedingt im Durchsetzen eigener Ordnungsvorstellungen als vielmehr im beständig geführten Kampf für diese Ordnungskonzepte. Solche avantgardistischen „Selbststilisierungen" legen Selbstbilder des biographischen Subjekts frei und lassen Interpretationsräume für

---

76 NL Gebhard, in Stadtarchiv Friedberg, NL Hugenberg, in BA-Koblenz, N 1231, NL Leo Wegener, in ebd., N 1003, NL Schmidt(-Hannover), in ebd., N 1211, NL Quaatz, in ebd., N 1247, NL Dommes, in BA-Freiburg, N 512, NL Gebsattel, in BA-Berlin, N 2089 und NL Claß, in ebd., N 2638.

77 Keim: Erlebtes und Erstrebtes, Schemann: Lebenserfahrungen, Liebert: Aus einem bewegten Leben, Schäfer: Mein Leben, Hugenberg: Streiflichter, Lehmann: Verleger J. F. Lehmann, Oldenbourg-Januschau: Erinnerungen und Schlabrendorff: Begegnungen.

78 Claß: Wider den Strom und Hofmeister (Hrsg.): Heinrich Claß. Politische Erinnerungen.

79 Holdenried: Biographie vs. Autobiographie, S. 38. Siehe zur autobiographischen Selbstinszenierung am Beispiel des Adels auch Funck/Malinowski: Geschichte von oben und Diess.: The Strategic Use of Memory.

den Biographen, dem „Individuum innerhalb struktureller Zusammenhänge" nahezukommen.[80] Claß' Autobiographie ist trotz einer erstaunlich detailreichen Offenheit für die Darlegung der strukturellen Schwierigkeiten seiner politischen Bemühungen für eine autoritäre Diktatur im Gefüge der sich beständig wandelnden radikalen Rechten zwischen Kaiserreich und Nationalsozialismus letztlich auch durch die Wahrnehmung des Autors weltanschaulich und gesellschaftlich „gerahmt" und sozial konstruiert. Somit verweist die autobiographische Erzählung auf „Prozesse sozialer Orientierung" sowie auf die enge Verflechtung des Individuums mit der „Herstellung, Aufrechterhaltung oder Infragestellung" der jeweiligen Ordnung.[81]

Im Zentrum dieser Biographie steht der Zusammenhang zwischen Claß' Sozialisation, Welt- und Rechtsanschauung sowie seinem politischen Handeln im Kampf für eine bildungsbürgerliche Expertenregierung jenseits demokratischer Repräsentationen im Parlament. Das Konzept der Diktatur wurde am Vorabend des Ersten Weltkrieges zum festen Bestandteil von Claß' politischem Denken und Handeln, jedoch agierte auch er seit 1918 in einem sich fundamental verändernden Politikmilieu. Der Prozess der Herausbildung von „neuen" Organisationen vor allem der paramilitärischen Rechten wurde begleitet von dem Prozess der weltanschaulichen Adaption und Radikalisierung alldeutscher Kernelemente wie Antisemitismus und autoritäre antidemokratische Politik durch diese „neuen" Bewegungen. Persönlichkeit und Führererwartung blieben auch in der Weimarer Republik bei den Alldeutschen klassische Konstanten bildungsbürgerlicher Politik. Jedoch blieb der Anspruch nach Macht immer an „Besitz und Bildung" gebunden. Die Überforderung durch die „neuen" Massenorganisationen wie der NS-Bewegung war auch ein Ergebnis grundsätzlicher Beschränkungen der Alldeutschen und des nationalistischen Bürgertums insgesamt.

---

80 Fetz: Biographisches Erzählen sowie Ders.: Die Biographie.

81 Goffman: Rahmen-Analyse und Berger/Luckmann: Die gesellschaftliche Konstruktion der Wirklichkeit, Depkat: Autobiographie und Kretschmann: Biographie und Wissen. Zitat ebd., S. 76.

1 Sozialisation und Weltwahrnehmung: Personen, Regionen und Institutionen

1.1 Jurisprudenz, Beamtentum, Konfession: Konturen einer rheinhessischen Aufstiegsfamilie

Der soziale Aufstieg der Familie Claß in das bürgerliche Milieu Rheinhessens war über den Berufsstand des Juristen in zweiter Generation vollzogen, als Heinrich Claß am 29. Februar 1868 in Alzey geboren wurde. Die Stadt war wie auch andere Städte Rheinhessens, Mainz, Worms und Bingen, 1816 dem Großherzogtum Hessen angegliedert worden. Rheinhessen vereinte mit Ingelheim, Oppenheim, Bingen, Mainz und Alzey traditionsreiche Zentren des deutschen Weinanbaus und war zur Jahrhundertwende eine der bevölkerungsreichsten Regionen des Deutschen Reiches. Die Gegend besaß eine überdurchschnittliche Eisenbahninfrastruktur und verzeichnete zudem anteilig das höchste Vermögenssteueraufkommen in ganz Hessen. Handel, Industrie und Landwirtschaft waren in den Städten unterschiedlich verteilt. Die Industrie machte in Mainz noch 1909 lediglich 9,3 Prozent aus, während sie in Alzey mit 48,4 Prozent vertreten war. Insgesamt lag der Anteil von Industrie und Handel in Rheinhessen um 1907 bei 59 Prozent, bei einer engen Verzahnung mit der Landwirtschaft, die 26 Prozent umfasste.[1]

Das aufstrebende Zentrum Rheinhessens war Mainz. Die Stadt wurde zuerst 1792 von den Franzosen besetzt, dann erneut 1797, was ihre Verbürgerlichung vorantrieb. *Mayence* war nun *Département*-Sitz und verlor mit der Neuordnung des Großherzogtums Hessen, dem das linksrheinische Rheinhessen zugesprochen worden war, seinen Residenzstatus. Es wurde mit geteiltem Oberkommando Preußens und Österreichs Bundesfestung und blieb auch nach dem Deutsch-Österreichischen Krieg von 1866 Festungsstadt. Zwischen 1867 und 1910 stieg die zivile Bevölkerung von 43.140 auf 102.634 Einwohner, wobei immer zwischen 8.000 und 8.500 Angehörige der Garnison hinzukamen.[2]

Claß wuchs in dieser Stadt auf, wo sein Vater August Claß im September 1870 zum Großherzoglichen Notar ernannt worden war und fortan als einer von fast dreißig Notaren der Provinz Rheinhessen arbeitete.[3] Das staatlich verliehene Notariat war nach der geradezu inflationären Entwicklung der Zulassungen, die in den 1820er und 1830er Jahren in der Regel an jeden Rechtsanwalt ergingen und geringere Erwerbsmöglichkeiten boten, seit der Jahrhundertmitte wieder eine gesicherte Einkommensquelle und

1 Siehe dazu Meesmann: Eine Studie über den Weinbau und den Weinhandel, S. 17.

2 Adreßbuch der Provinzialhauptstadt Mainz 1884, S. VIII, Hartmann: Mainzer Stadtgeschichte, S. 113 und Kläger: Mainz auf dem Weg zur Großstadt, S. 433.

3 Großherzoglich-Hessisches Regierungsblatt, 10.10.1870, S. 595 sowie Auszug aus dem Großherzoglichen Regierungsblatt Nr. 47 von 1870, in HSTA Darmstadt, G 18, 21/1, Bl. 20. Siehe auch Hof- und Staatshandbuch der Rheinprovinz Hessen für 1876, S. 247.

https://doi.org/10.1515/-003

ermöglichte auch der Familie Claß ein bescheidenes, aber gesichertes Auskommen.[4] Der Vater hatte sich im April 1853 an der Universität Gießen immatrikuliert, um Rechtswissenschaft zu studieren, und wechselte zum Mai 1854 an die Universität Heidelberg.[5] Nach Claß' Erzählung schlug sich der Vater nach dem Studium bei schmalem Gehalt als Akzessist bei einigen Notaren und als Hilfsrichter in Worms und Alzey durch. August Claß war anschließend im Großherzogtum Hessen als Gerichtsakzessist in Bingen und ab 1865 als Ergänzungsrichter am Friedensgericht in Alzey tätig, das als Sitz eines hessischen Kreisamtes fungierte und nach französischem Recht einem Bezirksgericht gleichgestellt war.[6] Hier führte der Großvater mütterlicherseits, Heinrich Fischer, das Bezirksgericht, wobei Claß zufolge einige „große Anwälte" durch die „Alzeyer Schule" dieses Präsidenten gegangen seien.[7]

Abb. 1: August Claß.

Die Familie hatte bis zur Übersiedelung nach Mainz von einem überschaubaren Jahresgehalt von achthundert Gulden gelebt.[8] Der Vater mietete im neuen Wohnort eine

---

4 Siehe dazu Siegrist: Anwalt, Bürger und Staat, S. 235.

5 Kössler: Register 1851–1900, S. 35, Toepke/Hintzelmann: Die Matrikel 1846–1870 und Claß: Wider den Strom, S. 3.

6 Hof- und Staatshandbuch des Großherzogtums Hessen für das Jahr 1865, S. 395, ebd. für das Jahr 1869, S, 409, ebd. für das Jahr 1874, S. 245 und ebd. für das Jahr 1879, S. 454.

7 Claß: Wider den Strom, S. 3.

8 So ebd., S. 3–4. Eine Mark entsprach 24 1/2 Gulden. Zum Vergleich: Die Anwaltskammer Mainz bezifferte das Jahreseinkommen eines Advokat-Anwalts 1850/51 bereits mit ca. 1.000 Gulden, das auch seiner

Amtsstube in der zentral gelegenen Stadthausstraße 13. Das Geld für den Erwerb des zukünftigen Familienbesitzes und der Notariatskanzlei in der Stadthausstraße 11 musste sich August Claß 1871 von seinem Vater, Peter Claß, leihen, der zum 12. April desselben Jahres durch „Seine Königliche Hoheit" in den Ruhestand versetzt worden war.[9] Peter Claß war 1834 als Anwaltsclerk aus Mainz die Kreisgerichtsbotenstelle im Kanton Bingen übertragen worden. Seit 1841 war er als Gerichtsbote tätig gewesen und hatte ab 1859 als einer von zwei Gerichtsvollziehern in Bingen Dienst getan.[10] Während August Claß als Notar „Im Namen des Großherzogs" die ordnungsgemäße Beurkundung von Dokumenten und Rechtsgeschäften wie dem privaten Häuserverkauf sicherstellen musste, hatte Peter Claß vielfältige Arten individueller Schuldverhältnisse wie Pachtrückstand oder Ausgleichszahlungen von Geschäftsverlusten überwacht. All diese Vorgänge konnten vor das Friedensgericht gebracht werden, wofür unter anderem durch Eidspruch und Zeugenvernehmung klare verfahrenstechnische Regeln existierten, die bis hin zum Widerspruch gegen das Urteil entsprechend der bürgerlichen Prozessordnung reichten.[11] Das Amt des Gerichtsvollziehers war neben der Eintreibung von Schulden mit weitreichenden Befugnissen ausgestattet. Dazu gehörten die polizeiliche Festsetzung „selbst mittels körperlicher Haft" und Überführungen in das Schuldgefängnis in Mainz oder das Bezirksgefängnis in Bingen.[12]

Nicht nur die Ausführung solcher körperlichen Ordnungsbefugnisse verwiesen darauf, dass die Rechtsordnung und ihre Verfahren in der Familie hochgehalten wurden.[13] Die Durchsetzung von Ordnung sowie die Berufung auf die Autorität des Juristenstandes bestimmten den Berufsalltag der Familie und setzten auch den Orientierungsrahmen für Claß' Sozialisation. Die eng geknüpften sozialen Kontakte in

---

Zeit als zu niedrig kritisiert wurde. Die Clercs, die bei den Advokat-Anwälten tätig waren, verdienten 1850/51 zwischen 120 und 300 Gulden im Jahr. Krug: Die Advokat-Anwälte, S. 75–77.

9 Großherzoglich-Hessisches Regierungsblatt, 23.5.1871, S. 189. Siehe auch Mainzer Journal, 28.9.1871, S. 133.

10 Siehe Großherzoglich-Hessisches Regierungsblatt, 11.10.1834, S. 480, ebd., 1841, S. 338–339, 13.9.1964, S. 331, ebd. 1867, S. 253–254, ebd. 1869, S. 412 sowie Hof- und Staatshandbuch für 1859, S. 320–321.

11 So nach dem Akt des Gerichtsvollziehers Peter Claß vom 23.2.1864 betr. Durchführung des Jagdverpachtungsprotokolls vom 5.2.1863 in der Civilsache gegen den Cassationsbeklagten Kertell (Urteil vom 14.1.1867), in Sammlung der Entschließungen des Großherzoglichen Cassationsgerichts 1867, S. 6–18.

12 So nach dem Urteil vom 17.10.1857 und der Durchführung am 5.3.1859 in der Civilsache gegen Metzger Wolfgang Geisenheimer (Urteil vom 9.1.1860), in Sammlung der Entschließungen des Großherzoglichen Cassationsgerichts 1860, S. 4–13.

13 Diese Rechtsordnung schloss auch die Durchsetzung eigener Gerechtigkeitsvorstellungen mit ein. So machte Peter Claß selbst gegenüber seinen Amtskollegen in privaten juristischen Auseinandersetzungen Gebrauch von seinem zivilrechtlichen Klagerecht. In jungen Jahren, als er gerade Kreisgerichtsbote in Bingen war, ging er gerichtlich gegen den Friedensrichter zu Bingen, Karl zu Rhaunen, vor, den er auf die Rückabwicklung eines Pferdetauschs verklagte, da der eingetauschte Gaul zum Zeitpunkt des Tausches bereits mit der Rosskrankheit belastet gewesen sei, was zur Schlachtung des Tieres geführt haben soll. Nach 18 Monaten Verhandlung wurde die Klage jedoch abgewiesen und Peter Claß musste die gesamten Prozesskosten tragen. Archiv für das Civil- und Criminal-Recht der königlich-preußischen Rheinprovinzen 1840, S. 63–70.

Rheinhessen und besonders in Mainz verdichteten diese Erfahrungen für den jungen Claß, der die sozialen Vorteile des hohen Ansehens des Vaters und der beiden Großväter, Peter Claß und Heinrich Fischer, täglich zu spüren bekam.

Auch aus diesen Gründen schätzte er Mainz sein Leben lang und blieb der Stadt zudem aufgrund seines Hausbesitzes in der Stadthausstraße sowie des Gartenhauses in Finthen verbunden, das lediglich sieben Kilometer vom Mainzer Stadtzentrum entfernt war. In seinen Erinnerungen beschrieb er Mainz und sein rheinhessisches Umland in romantisierender Verklärung als Ort geborgener Kindheit sowie seiner frühen Identitätsbildung.[14] Mainz war für Claß jedoch mehr als nur familiäre Idylle, sondern versprach in seiner Geschichtsinterpretation den Anschluss an regionale und geopolitische Grenzlagen, die der Region besondere historische wie auch politische Bedeutung zukommen ließ. Er beschrieb zudem Mainz als stolzes Machtzentrum Rheinhessens, das eine feste Größe in den preußisch-österreichischen Konkurrenzen um die Vorherrschaft in Mitteleuropa war. Mainz verstand sich demnach als Hauptstadt des Kurfürstentums als „die zweite Stadt des alten Reiches“ neben Wien. Dass „der Kurfürst als Erzkanzler für Deutschland nächst dem Kaiser der erste Reichsfürst gewesen“ sei, schrieb Claß in seinen Erinnerungen, lasse „Preußen als Emporkömmling erscheinen“. Den Habsburgern sei bis zur Übernahme der Stadt durch die Preußen 1866 „nachgetrauert“ worden und bis zur Jahrhundertwende sei „die Masse“ den „Preußen gegenüber kalt und ablehnend“ gewesen.[15] Borussianismus war in Mainz eine umkämpfte Haltung, was sich auch durch die Konfessionsverhältnisse der Stadt erklären ließ. Die Konfessionsstruktur in der katholischen Bischofsstadt veränderte sich durch eine sich stetig vergrößernde protestantische Gemeinschaft, die von der Regentschaft des protestantischen Großherzogs profitierte. Ihr Anteil an der Bevölkerung stieg von 14,3 Prozent 1849 auf 36,9 Prozent im Jahr 1901, während derjenige der Katholiken im Zuge der insgesamt steigenden Bevölkerungszahl im gleichen Zeitraum von 78,6 auf 58,6 Prozent sank. Auch die jüdische Gemeinschaft verkleinerte sich von 6 auf 3,7 Prozent.[16] Um 1910 zählte Mainz zwei Drittel katholische, ein Drittel protestantische und 4.000 jüdische Einwohner.[17]

Die Familie spiegelte die protestantisch-katholisch gemischten Verhältnisse der Stadt wider. Die Großmutter väterlicherseits, Karoline Wagner, war katholisch, der Großvater Peter evangelisch. Die Hochzeit fand 1831 in der katholischen Pfarrei Sankt Stephan statt. Die Kinder wurden evangelisch erzogen. Anders verliefen die konfessionellen Entscheidungen bei dem Urgroßvater mütterlicherseits. Samuel Fischer war evangelisch, jedoch setzte seine katholische Ehefrau, Dorothea Dahlem, die aus einer Fischereifamilie aus Lorch am Rhein stammte, die katholische Erziehung der Kinder

14 Siehe zur bürgerlichen Romantisierung häuslicher Orte der Kindheit sowie der bereinigten Erinnerung an die Familie als idealisierter Gemeinschaftsverband der eigenen kindlichen Sozialisation als Drang nach emotionaler Stabilität und Kontrolle über die eigene autobiographische Erzählung Tebbe: Landscapes of Remembrance.

15 Claß: Wider den Strom, S. 41.

16 Ebd.

17 Siehe auch Führer durch Mainz, S. 31.

durch.[18] Ihr Sohn, Heinrich Fischer, wurde daher wenige Tage nach der Geburt in der Pfarrkirche Sankt Ignaz in Mainz katholisch getauft. Er heiratete 1837 die drei Jahre ältere Henriette Gebhard, die in Ober-Ingelheim geboren und evangelisch getauft war. Heinrich Fischer selbst trat nie zum evangelischen Glauben über. Als strenger Bismarck-Anhänger vollzog er in seinem Amt vielmehr während seiner juristischen Laufbahn zur Zeit des Kulturkampfes überzeugt und pflichtbewusst die Einhegung der katholischen Kirche in Rheinhessen. Claß zufolge leitete er mehrere Strafverfahren gegen „den unbotmäßigen“ Mainzer Bischof Wilhelm Emanuel Ketteler ein und ließ sich bei seiner Amtspolitik gegen die katholische Kirche auch nicht vom General-Staatsprokurator Dr. Julius Hermann Schalck oder dem Neffen Kettelers, Bischof Maximilian Gereon Graf von Galen, umstimmen.[19] Der Jurist und Theologe Ketteler war der selbstbewusste Gegenspieler Bismarcks und dessen Kulturkampfmaßnahmen. Er repräsentierte wirkungsvoll die Stärkung des Katholizismus zwischen dem Ende der 1830er Jahre und der Zeit des Kulturkampfes von 1871 bis 1878.[20] Claß’ Großvater legte sich zudem mit einer der Führungsfiguren der Zentrumspartei an, deren Mitbegründer Ketteler neben Ludwig Windthorst war. Ketteler saß von 1851 bis 1877 in der Ersten Kammer der Landstände des Großherzogtums Hessen und war von 1871 bis 1872 Reichstagsabgeordneter.

In Claß’ Augen bedeutete die evangelische Taufe der Mutter, dass die Konfessionskonflikte innerhalb des protestantischen Elternhauses des Vaters und des gemischtkonfessionellen Elternhauses der Mutter zu einem Abschluss kamen. Das Ereignis komplettierte sein Selbstbild einer Aufsteigerfamilie, denn nun „war unser Haus rein evangelisch“.[21] In beiden Linien habe man durch Arbeit und Disziplin den sozialen und finanziellen Aufstieg nicht nur erreicht, sondern auch verdient, betonte Claß in seinen Erinnerungen. Damit griff er den zeitgenössischen Diskurs des protestantischen Bürgertums auf, das sich selbst als moderne Avantgarde der Rationalisierung verstand. Stolz stellte er sich in die genealogische Linie des väterlichen Familienzweiges, dessen Mitglieder im 16. Jahrhundert aus den Niederlanden nach Rheinhessen übergesiedelt und zuvor zum reformierten Glauben übergetreten waren.[22] Ökonomische Gründe sowie Glaubensverfolgungen hatten im 16. und 17. Jahrhundert zu Migrationswellen aus den Niederlanden, aber auch aus Frankreich und Belgien geführt. Die bäuerliche Claß-Familie habe sich für „Jahrhunderte“ auf weniger als eine Handvoll kurpfälzische Dörfer in der Provinz Rheinhessen verteilt, deren Bevölkerung „kunterbunt den drei christlichen

18 Claß: Wider den Strom, S. 4, 5 und 7.

19 Ebd., S. 9 und 12.

20 Bereits 1867 prägte er den dezidiert negativ konnotierten Begriff eines weit gefassten und historistisch-mythisch anmutenden „Borussianismus“, der unter anderem als eine „fixe Idee über den Beruf Preußens, eine unklare Vorstellung einer Preußen gestellten Weltaufgabe“, als eine Überhöhung preußischer Bürokratie sowie bei den Protestanten als ein Glauben an „die Verbreitung des Protestantismus unter Führung des preußischen Königthums“ verstanden werden könnte. Siehe auch Hardtwig: Von Preußens Aufgabe. Zitat in Neugebauer: Der Kampf ums politische Telos, S. 271.

21 Claß: Wider den Strom, S. 7.

22 Ebd., S. 1.

Glaubensbekenntnissen“ angehört habe, zu denen Claß Katholiken, Lutheraner und die kurpfälzisch Reformierten zählte.[23] Die Familie Claß gehörte den Reformierten an.

Die prägendste Persönlichkeit für Claß war Heinrich Fischer, der Großvater mütterlicherseits. Zusammen mit dem Großvater väterlicherseits, Peter Claß, begründete er die Tradition einer Juristenfamilie, die der Vater August und Heinrich Claß fortsetzten. Der Aufstieg der Großväter gelang aus äußerst schlichten Verhältnissen. Claß' Urgroßvater Samuel Fischer kam aus dem Handwerk. Er war Schreinermeister und heiratete Dorothea Dahlem aus Lorch am Rhein, die aus einer Fischereifamilie stammte.[24] Die bescheidenen Lebensverhältnisse übertrugen sich zunächst auf Heinrich Fischer, der während seiner Anstellung als Hilfsrichter am Friedensgericht gerade einmal 400 Gulden Jahresgehalt mit in die Ehe brachte.[25] Karge Lebensführung, die Claß in seinen Erinnerungen zur Tugend erklärte, indem er den Großeltern „Fleiß, Geschick und Geschmack“ attestierte, begrenzte die Möglichkeiten des Haushalts.[26]

Claß' Großvater, als zweiter Sohn 1811 geboren, wird als geistig „begabt“ und nicht unbedingt physischer handwerklicher Arbeit zugeneigt beschrieben. Er brach aus den ärmlichen Lebensverhältnissen aus und investierte in seinen akademischen Bildungsaufstieg. Eigentlich war für ihn das katholische Priesteramt vorgesehen, das sowohl Auskommen als auch Bildung garantiert hätte.[27] Der Weg sollte vom Mainzer Konvikt an das Katholische Seminar der Priesterausbildung führen, das später zwischen 1851 und 1859 von der Universität Gießen nach Mainz übersiedelte.[28] Claß deutete die Episode als grundsätzlichen religiösen Konflikt innerhalb der Familie, da sich der Großvater angesichts der Berufsaussichten als Priester seiner eigentlichen Glaubensbestimmung als Protestant bewusst geworden sei, bevor er an der „Vergewaltigung seiner Seele“ durch die katholische Lehre und seiner Priesterausbildung „irre“ zu werden drohte.[29] Ein solcher Weg in das Theologiestudium war gerade für Bauern- und Handwerkersöhne nicht ungewöhnlich, die eine überwiegende Mehrheit der Studenten beispielsweise im Rheinland stellten, denn Stipendien ermöglichten ein billigeres Studium.[30] Seit Jahrhunderten wählten „aufstiegsmotivierte“ Söhne aus ärmeren Schichten das Theologiestudium, für das mehrheitlich die universitären Stipendien reserviert waren.[31] Der soziale Aufstieg vollzog sich Peter Moraw zufolge meist über Generationen und über die

23 Ebd., S. 2.
24 Ebd., S. 4.
25 Ebd., S. 6.
26 Ebd., S. 3.
27 Mergel: Zwischen Klasse und Konfession, S. 158–161.
28 Siehe Moraw: Die Universität von den Anfängen bis zur Gegenwart, S. 457.
29 Claß: Wider den Strom, S. 4.
30 Siehe für das Rheinland der 1830er Jahre Mergel: Zwischen Klasse und Konfession, S. 51–55. Ebenso ließ sich ein hoher Studienwunsch der Rechtswissenschaften unter Katholiken feststellen, jedoch gab es große soziale Unterschiede zwischen den meist wohlhabenderen Bürgerkindern, die Jurisprudenz studierten, und dem Studium der Theologie oder auch Philologie, das vielfach ärmeren Familien vorbehalten blieb. Moraw: Die Universität von den Anfängen bis zur Gegenwart, S. 449.
31 Turner: Universitäten, S. 240.

Ausübung sogenannter Plattformberufe aus dem Handwerk. Demnach wurde der Handwerkersohn eventuell Volksschullehrer und dessen Sohn studierte dann an der Universität Fächer für das Lehramt oder Theologie.[32]

Der Großvater hingegen verließ das katholische Seminar und verzichtete somit als „Abtrünniger" auf die Förderung.[33] Er übersprang gleichsam mindestens eine Stufe des Bildungsaufstiegs und immatrikulierte sich 1830 für das Studium Camerale in Gießen. Den Unterhalt verdiente er sich durch Nachhilfe und „Abschreiben von Kollegheften für wohlhabende Kommilitonen" und graduierte schließlich mit einem „glänzenden Abgangszeugnis".[34] Claß deutete in seinen Erinnerungen an, dass sein Großvater von seinen tiefreligiösen Eltern gleichsam verstoßen wurde, da sie ihm die Ablehnung der katholischen Priesterausbildung nie verziehen hätten. Somit habe er aus nächster Nähe den Katholizismus als „zum Teil hart und fanatisch" kennengelernt.[35] Claß erkannte im selbst gewählten Kameralistik-Studium des Großvaters die Aufstiegschancen an, die sich durch die staatswissenschaftliche Ausbildung in Verwaltung und Ökonomie ergaben. Die spezifische Verbindung von Aufstieg und Fortschritt waren für ihn in erster Linie protestantische Tugenden, und sein Großvater schien den Ausbruch aus der vermeintlich katholischen Enge geradezu heroisch zu verkörpern. Nicht zuletzt stand der Großvater damit für die Herausbildung eines selbstbewussten Bildungsbürgertums im 19. Jahrhundert, für das Bildung und Besitz, aber auch der „Kulturstaat" zentrale Säulen bürgerlicher Ordnungsentwürfe bedeuteten. Bis zum Ausgang des 19. Jahrhunderts beruhte der „gesamtgesellschaftliche Einfluss" des Bildungsbürgertums „auf der Chance", so M. Rainer Lepsius, den „Geltungsanspruch des Bildungswissens in konkrete Ordnungen zu übersetzen und diese selbst zu verwalten".[36] Claß sollte an diesem Anspruch auch noch angesichts der erodierenden Bedeutung des Bildungsbürgertums um die Jahrhundertwende festhalten. Statt einer entpolitisierten Sozialisation des Bildungsbürgertums anheimzufallen, das Lepsius zufolge Bildungswissen über Herrschaftswissen stellte, sollte er jedoch politisieren und moralisieren, um schließlich sein politisches Leben dem Kampf um diesen „Geltungsanspruch" und dessen Umsetzung in „konkrete Ordnungen" zu widmen.[37] Der Beginn der familiären Zugehörigkeit zur bildungsbürgerlichen Deutungselite lag für Claß beim Großvater.

Die nun Schwung aufnehmende Karriere von Heinrich Fischer war in der Tat beeindruckend. Bereits zu Studienbeginn gehörte er zu den nur durchschnittlich 15.158

32 Moraw: Die Universität von den Anfängen bis zur Gegenwart, S. 454. Auch die „jungen Wissenschaften", die aus der Kameralistik des 18. Jahrhunderts hervorgingen, wie die Forstwirtschaft und Veterinärmedizin, öffneten sich für Bildungsaufsteiger auf ihrem Weg zum Verwaltungsbeamten. Moraw: Geschichte der Universität Gießen, S. 154.

33 Claß: Wider den Strom, S. 5.

34 Siehe Kössler: Register 1807–1850, S. 47. Zitat Claß: Wider den Strom, S. 5.

35 Claß: Wider den Strom, S. 7.

36 Lepsius: Bildungsbürgertum als ständische Vergesellschaftung, S. 314. Siehe auch Budde: Blütezeit des Bürgertums, Conze/Kocka: Bildungsbürgertum im 19. Jahrhundert, 4 Bde., Vondung: Das wilhelminische Bildungsbürgertum und Hettling/Hoffmann (Hrsg.): Der bürgerliche Wertehimmel.

37 Lepsius: Bildungsbürgertum als ständische Vergesellschaftung, S. 310.

Studenten, die zwischen 1826 und 1830 an allen deutschen Universitäten studierten, und zu den insgesamt 425 Studenten, die im gleichen Zeitraum jährlich an der protestantischen Universität in Gießen immatrikuliert waren.[38] Fischer ging nach dem Studium in den hessischen Staatsdienst. Er stieg vom Akzessisten beim Kreisgericht Mainz 1837 zum dortigen Ergänzungsrichter auf. Gleichzeitig wurde ihm „die Function eines unter eigener Verantwortlichkeit arbeitenden Gehülfen des Untersuchungsrichters für den Bezirk des Kreisgerichts Mainz“ übertragen.[39] Er wurde Friedensrichter, 1848 Richter beim Kreisgericht und später Bezirksgerichtspräsident in Alzey, wo er auch zum Wahlcommissär für die Wahl zur Ersten landständischen Kammer 1849 und 1850 für den Wahlbezirk Wöllstein und Alzey und für die Zweite Kammer für den Wahlbezirk Alzey bestellt wurde.[40] Fischer wurde Bezirksgerichtsrat, 1859 zum Vizepräsidenten und schließlich im August 1860 zum Präsidenten am Bezirksgericht Alzey ernannt.[41] Seit 1868 war er Ministerialrat im Großherzoglich-Hessischen Ministerium der Justiz und wechselte 1872 in das Ministerium des Innern mit der gleichzeitigen Übernahme des Vorsitzes der Ober-Medicinal-Direction, nachdem ihm im selben Jahr der Titel „Geheimrat“ verliehen worden war.[42] Geheimrat Fischer war darüber hinaus von 1871 bis 1874 außerordentliches Mitglied des Staatsrates und wurde 1872 zum „Landesherrlichen Kommissär für die erste Kammer“ ernannt.[43] Er erhielt von Großherzog Ludwig III. 1867 den allgemeinen Verdienstorden Phillipps des Großmütigen I. Klasse und 1875 im Zuge seiner Versetzung in den Ruhestand das Ritterkreuz I. Klasse des Großherzoglich Hessischen Ludewigs-Ordens als Ehrenkreuz.[44]

Der soziale und berufliche Aufstieg des Großvaters Heinrich bestimmte Claß' frühe Motivationen, selbst in den Juristenstand zu treten. Er machte den Aufstieg seines Großvaters zum Maß aller Dinge und den eigenen Erfolg zum Maßstab des sozialen „Obenbleibens“. Der biographische Anschluss nach unten wird deutlich, wenn Claß stolz die Herkunft seines Großvaters aus ärmlichen Verhältnissen schilderte. Die Armut der Großeltern wurde in ihrer strebsamen Überwindung zur Tugend erklärt. Handwerk und Bauernstand einerseits und juristischer Staatsdienst sowie bürgerlicher Lebensstil andererseits wurden als spannungsreicher Bogen der eigenen Biographie präsentiert. Claß idealisierte zeit seines Lebens die Aufsteigerbiographie des Großvaters und nutzte sie für seine eigene Verortung innerhalb dieser Aufstiegserzählung. Bescheidenheit und die Erfahrung karger Lebensführung hätten ihn, Claß, charakterlich gestärkt und demütig gegenüber den Leistungen seiner Vorfahren gemacht.[45] Er nutzte auch die beruflichen

---

38 Turner: Universitäten, S. 230 und 224.

39 Großherzoglich-Hessisches Regierungsblatt, 29.6.1837, Bl. 351.

40 Ebd., 29.1.1848, Bl. 23 und ebd., 25.9.1849, S. 508 und 511.

41 Ebd., 26.5.1859, S. 222 und ebd. 12.9.1860, 295.

42 Ebd., 24.10.1868, S. 1182 und ebd., 24.9.1872, Bl. 338 sowie ebd., 29.6.1850, S. 268 und 271.

43 Ebd., 16.1.1871, S. 9–10, ebd., 5.1.1872, S. 3–4, ebd., 14.1.1873, S. 1–2, ebd., 15.1.1874, S. 1–2 und ebd., 12.12.1872, S. 454.

44 Ebd., 26.9.1867, S. 428–429 und ebd., 22.2.1875, S. 98 und 100.

45 Claß: Wider den Strom, S. 4–12.

Auseinandersetzungen des Großvaters während des Kulturkampfes, um seine Weltanschauung mit Blick auf die eigene spätere politische Karriere zu begründen. Es seien vor allem die aufreibenden Kämpfe mit Fischers „Gegner in der ersten Kammer“, Ketteler, gewesen, die den Großvater so überanstrengt haben sollen, dass er 1875 in den Ruhestand ging.[46]

Heinrich Fischer war für Claß ein prägendes intellektuelles und weltanschauliches Zentrum seiner frühen Sozialisation. Claß war nicht nur stolz auf seinen Großvater. Die Großeltern galten ihm in seinen stilisierten Kindheitserinnerungen als emotionaler Anker, denn sie boten Geselligkeit und behüteten ihren Enkel liebevoll.[47] Nachdem die Großeltern von Darmstadt nach Mainz zu Claß und seinen von ihm sehr geliebten Eltern August und Anna gezogen waren, bildeten sie bis zum Tod des Großvaters kurz nach Claß' Abiturprüfung im April 1887 und dem der Großmutter im Jahr darauf den „Mittelpunkt unseres Lebens“.[48] Den Großvater Peter sah er hingegen nur selten in Bingen oder bei dessen Besuchen in Mainz. Peter Claß verstarb bereits am 23. Januar 1874 kurz vor Claß' sechstem Geburtstag[49], sodass die Erinnerungen an ihn fragmentarisch blieben. Die Schüchternheit und Menschenscheu, die Claß wohl bis zum achten Lebensjahr von Gleichaltrigen isolierten, banden ihn eng an seine Mutter sowie an seine Schwester Frieda, bei denen er auftaute und aus sich herausging.

Claß besuchte das Großherzogliche Gymnasium in Mainz und hatte zuvor Hausunterricht beim Großvater Heinrich, dem er wohl sehr gerne nachkam. Vom strukturierten Schulunterricht war Claß hingegen nicht angetan: „Ein braver Schüler war ich leider nicht; der Unterricht, wie er uns geboten wurde, war durchweg langweilig; ich suchte einen seelischen Ausgleich in allerhand Streichen, die des Humors nicht entbehrten.“[50] Insgesamt schien der Besuch des Gymnasiums die häusliche Idylle zu unterbrechen. Claß gelang es nur bedingt und mit großen Schwierigkeiten, sowohl das organisierte Lernen als auch die soziale Einordnung in den Schulalltag anzunehmen. Von „der Ober-Sekunda an“ ging er dann „dem Brauch des geheimen Kneipens“ nach und wurde nach dem ersten Erwischtwerden vom Direktor mit „zwei Stunden Karzer“ bestraft, in denen er „zweihundert Verse Homer auswendig lernen sollte“.[51] Vermutlich gehörte er einer Schülerverbindung an, die den studentischen Verbindungen nachgebildet war und wiederholt von der Obrigkeit verboten worden war.[52] Ihm wurde ein Jahr später kurz vor der Reifeprüfung das *consilium abeundi* ausgesprochen[53], was jedoch

46 Ebd., S. 8. Der eigentliche Ruhestand des Geheimrats und Ministerialrats Heinrich Fischer schien jedoch „auf sein Nachsuchen“ amtlicherseits erst zum 4. November 1885 erfolgt zu sein. Großherzoglich-Hessisches Regierungsblatt, 19.11.1885, S. 199.

47 Claß: Wider den Strom, S. 10.

48 Ebd., S. 7 und Großherzoglich-Hessisches Regierungsblatt, 24.8.1887, S. 182.

49 Großherzoglich-Hessisches Regierungsblatt, 21.2.1874, S. 104.

50 Claß: Wider den Strom, S. 10.

51 Ebd., S. 11.

52 Ich danke Uwe Puschner für diesen Hinweis.

53 So Claß: Wider den Strom, S. 11.

wohl nicht den direkten Rauswurf bedeutete, sondern nur dessen Androhung als Disziplinarmaßnahme bei erneuten Verfehlungen. Neben „guten Leistungsnoten" bekam Claß daher in „Betragen" die „schlechteste" Note. Der Direktor sah für ihn „eine schwarze Zukunft" voraus.[54] Der so Gescholtene hingegen kokettierte später auffällig freimütig mit seiner rebellischen Disziplinlosigkeit gegenüber der Schule als Institution, die er als verstaubt und überzogen autoritär ansah. Beim Vater schien er damit hingegen in jungen Jahren auf Wohlwollen gestoßen zu sein. Jedenfalls drohte ihm innerhalb der Familie kein großer Ärger wegen seines aufsässigen Fehlverhaltens.

Die wohlwollende Milde des Vaters gegenüber seinem Sohn stiftete familiäre Geborgenheit, die nach dem Tod des Vaters 1893 eine Leerstelle hinterließ. Auch Claß' Vetter August Gebhard verlor seinen Vater Wilhelm bereits mit 21 Jahren, seine Mutter Elisabeth starb 1919, als er dann bereits 42 Jahre alt war. Die familiäre Verbindung und die späteren politischen Übereinstimmungen, aber auch dieser frühe Verlust des eigenen Vaters brachte die Vetter August und Heinrich für den Rest ihres jeweiligen Lebens auf engste Weise zusammen. Gebhard suchte und fand familiäre Anbindung an die Familie Claß, und er idealisierte diese Verbindung mit Beschreibungen tiefster Verbundenheit, Fürsorge und bürgerlicher Tugenden. So charakterisierte er Claß' Vater Jahrzehnte später in gefälligen Worten als einen Menschen, der seinem Sohn „seine vorbildliche Ordnungsliebe, seinen unermüdlichen Fleiß, aber auch die vornehme Großherzigkeit gütigen Verstehens alles Menschlichen" nahegebracht habe.[55]

Die Konfessionsgliederung der Stadt Mainz zeigte sich auch in der Schülerschaft des Großherzoglich-Hessischen Gymnasiums. Im Schuljahr 1870/71 stellten die katholischen Schüler mit 226 gegenüber 61 evangelischen und 46 Schüler jüdischen Glaubens eine eindeutige Mehrheit, die jedoch bis 1887 zunehmend aufgrund des stetigen Zuwachses an Abiturienten schwand.[56] Die Gesamtzahl der Schüler nahm zwischen 1883 und 1887 von 752 auf 831 zu. Claß' Abiturjahrgang 1886/87 umfasste 371 katholische Schüler (inklusive der Vorschule) gegenüber 296 evangelischen und 152 jüdischen Schülern, hinzu kamen 12 Freireligiöse.[57] Der Anteil katholischer Schüler von 43 bis 45 Prozent und protestantischer Schüler von 38 beziehungsweise 36 Prozent sowie jüdischer Schüler von 19 beziehungsweise 18 Prozent verweist auf stabile Konfessionsverhältnisse am Mainzer Gymnasium, solange Claß dort unterrichtet wurde.[58] Dies änderte sich erst in einem längeren Verlauf bis zur Jahrhundertwende. Während zwischen 1883 und 1900 der Anteil katholischer Schüler am Gymnasium von 43 auf 49 Prozent noch zunahm und

54 Ebd.

55 August Gebhard auf der Feier zu Claß' 70. Geburtstag auf der Tagung des Weiteren Rates am 6.3.1938, in Alldeutsche Blätter 20.3.1938.

56 Programm des Großherzoglich-Hessischen Gymnasiums zu Mainz 1870/71, S. 49.

57 Dass. 1886/87, S. 27.

58 Siehe Programme des Großherzoglich-Hessischen Gymnasiums zu Mainz 1883/83–1886/87.

der evangelische Anteil von 37 auf 39 Prozent nur leicht wuchs, nahm der Anteil jüdischer Gymnasiasten im gleichen Zeitraum schließlich von 19 auf 12 Prozent ab.[59]

Claß legte im März 1887 sein Abitur ab. Die Noten waren durchschnittlich. In Deutsch und Religionslehre schnitt er mit „gut" ab, in Latein, Griechisch, Französisch, Mathematik und Naturkunde mit „im ganzen gut". Lediglich in Geschichte und Geographie schloss er mit „sehr gut" ab.[60] Von insgesamt elf Abiturienten seines Jahrgangs gehörte er zu den drei Absolventen, die Rechtswissenschaften studieren wollten.[61] Inwieweit er zu diesem Zeitpunkt Leidenschaft für das juristische Studium entwickelt hatte, bleibt fraglich. Ludwig Ebermayer, der von 1921 bis 1926 Oberreichsanwalt in Leipzig war und in dieser Funktion 1924 über Claß im Seeckt-Prozess urteilen sollte, gab in seinen Erinnerungen Auskunft über zeitgenössische Motivationen für die Aufnahme eines Studiums der Rechtswissenschaft. Ebermayer wollte zunächst Philologie studieren und wechselte schließlich zur Rechtswissenschaft, nachdem ihm das Philologiestudium wegen „schulmeisterlicher Pedanterie" vergällt worden sei. Mit Leidenschaft habe eine solche Wahl des Studienfaches bei den meisten jedoch nichts zu tun, erklärte der 1858 geborene Ebermayer, sondern wohl eher mit „häuslicher Tradition", oder weil man sich am Ende der Schulzeit zu keinem der anderen klassischen Berufe wie Arzt, Techniker oder Geistlicher hingezogen fühlte.[62] Auch Claß entschied sich gegen seine Leidenschaft für die Geschichte. So soll zwar der Großvater Heinrich seine Geschichtsinteressen äußerst umsichtig gefördert haben, und doch habe Claß sich letztlich anders entschieden: „Daß ich wie Urgroßvater, Großvater und Vater Jurist wurde, stand fest, obgleich mich alles zur Geschichte zog. Aber ich hatte vom Großvater eine so hohe Meinung von der Rechtswissenschaft und von der Erhabenheit des Richterberufes beigebracht bekommen, daß ich meine Neigung unterdrückte und mich für die Juristerei entschied."[63]

Für Claß war die „häusliche Tradition" der entscheidende Beweggrund, Rechtswissenschaft zu studieren, schließlich stammte er in dritter Generation aus einer stolzen Juristenfamilie. Gleichzeitig wollte Claß die Bürgerlichkeit seiner Eltern und Großeltern mit der Profession des Juristen verstetigen. Er war im Bildungsbürgertum angekommen und durch den bürgerlichen Lebensstil der Eltern und Großeltern materiell weitgehend unabhängig aufgewachsen. Dem juristischen Studium lag demnach zunächst eine rationale Entscheidung zugrunde. Die beruflichen Leidenschaften waren jedoch noch nicht so klar entwickelt und lagen beim jungen Claß, entsprechend seines Temperaments, zu Studienbeginn oftmals außerhalb des Hörsaals. Das im Studium ausgiebig gelebte *Laisser-faire* und die fehlende Disziplin in der Selbstorganisation

59 Siehe die jeweiligen Übersichten zur Schülerzahl in Programme des Großherzoglich Hessischen Gymnasiums zu Mainz 1883–1900.

60 Auszug aus dem Abiturzeugnis (Abschrift), 26.3.1887, in Acten des Großherzoglichen Ministeriums des Innern und der Justiz betreffend Heinrich Claß, Zulassung zur Rechtsanwaltschaft 1891–1920, in HSTA Darmstadt, Abt. G 21 B, Fasz. 919.

61 Programm des Großherzoglich-Hessischen Gymnasiums zu Mainz 1886/87, S. 29.

62 Ebermayer: Fünfzig Jahre Dienst am Recht, S. 12 und 13.

63 Ebd., S. 13.

entsprachen weniger einem ziellosen Charakter als vielmehr einem zunächst ehrgeizlos verfolgten Berufsziel. Claß idealisierte den Aufstieg seiner Familie über den Beruf des Juristen, aber die familiären Traditionen des Vaters und der beiden Großväter wirkten in der Praxis des Studiums anfangs wie ein Zwang, der seinem Drang nach Selbstverwirklichung in letzter Konsequenz nur bedingt zu entsprechen schien. Mögen Karrierefrustrationen auch zahlreiche Alldeutsche in den Verband geführt haben[64], so war für Claß die Frage nach dem geeigneten Berufsfeld grundsätzlicherer Natur, die mit der Entscheidung für das rechtswissenschaftliche Studium noch längst nicht hinreichend beantwortet war.

1.2 Recht und Geschichte: Studienjahre in Berlin, Freiburg und Gießen

Claß absolvierte sein Studium von 1888 bis 1891 in großen Teilen zusammen mit seinem Vetter Gebhard, der sich zunächst in Würzburg und Leipzig eingeschrieben hatte, aber dann mit Claß nach Berlin und Freiburg gegangen war, bevor er die Universitätsausbildung wegen Tuberkulose für mehrfache Kuren unterbrechen musste. Gebhard immatrikulierte sich erst 1892 wieder in Gießen für neuere Philologie, ein Jahr, nachdem Claß bereits seinen Abschluss hatte.[65] Claß begann sein Studium an der Berliner Universität, die seit Mitte des 19. Jahrhunderts auch bei Juristen zunehmend an Ansehen gewonnen hatte und für das Studium der Rechtswissenschaft eine begehrte Ausbildungsstätte war. Auch Bismarck hatte im Anschluss an seine Göttinger Zeit in Berlin studiert, bevor er 1835 sein Erstes Staatsexamen abgelegt hatte, und Karl Marx hatte hier ein Jahr später die Pandekten bei dem Begründer der Historischen Rechtsschule und Mitglied des Preußischen Staatsrats Friedrich Carl von Savigny gehört.[66] Noch um die Jahrhundertwende kamen führende Rechtsprofessoren nach Berlin, wie 1898 Franz von Liszt, der zuvor in Halle/Saale gelehrt hatte und als einer der Gründungsväter des Alldeutschen Verbandes 1891 in dessen Vorstand eingetreten war.[67] Liszt übernahm als führender Vertreter der soziologischen Rechtserneuerung das Ordinariat für Strafrecht und sollte bis 1916 in Berlin wirken.

Claß besuchte im Sommersemester des „Dreikaiserjahres" 1888 die beiden Vorlesungen von Heinrich von Treitschke zur Geschichte der Reformation sowie zu Politik und Geschichte der Staatenbünde.[68] Treitschke, den sein Großvater Heinrich so verehrt habe, sei einer der hauptsächlichen Beweggründe für sein Studium in Berlin gewesen,

64 So Chickering: We Men, S. 128 und 215.

65 Kössler: Register, S. 69. August Gebhard legte in Gießen die Lehramtsprüfung für Deutsch, Englisch, Französisch und Geschichte ab und wurde Professor und Oberstudienrat in Friedberg.

66 Engelberg: Bismarck, S. 29–43 und Stedman Jones: Karl Marx, S. 62–68.

67 Aufruf! (Alldeutscher Verband), 24.4.1891, in BA-Berlin, R 8048, Bd. 1, Bl. 46–47.

68 Zu den besuchten Lehrveranstaltungen siehe Universitätsarchiv Humboldt-Universität zu Berlin, UA Rektor und Senat. 01, Abgangszeugnisse, Nr. 868–1 (Heinrich Claß 1888/89).

so Claß. Heinrich Fischer habe ihm mit Treitschke „eine ausgesprochene nationale Gesinnung, verbunden mit der schärfsten Betonung der staatlichen Autorität" beigebracht. Auch der Vater habe sich deshalb für Berlin ausgesprochen.[69]

Ein Jahr vor Claß' Studienbeginn zum Sommersemester 1888 war Heinrich Fischer verstorben. Claß pilgerte nun nach dem Tod des geliebten Großvaters regelrecht zum sakral überhöhten Treitschke, der sich im Antisemitismusstreit von 1879 durch seine scharfen Auseinandersetzungen um seine antisemitischen Positionen mit seinem liberalen Kontrahenten Theodor Mommsen gleichsam die Stellung eines „öffentlichen Intellektuellen" der kleindeutsch-protestantischen Nationalen erarbeitet hatte.[70] Treitschke beklagte 1879 unter anderem einen „gefährlichen Geist der Ueberhebung in jüdischen Kreisen" sowie ein „Uebergewicht des Judenthums in der Presse". Er machte deutsche Juden für den „schnöden Materialismus unserer Tage" verantwortlich und forderte von „israelitischen Mitbürger[n]", dass sie Deutsche werden sollten, „denn wir wollen nicht, daß auf die Jahrtausende germanischer Gesittung ein Zeitalter deutsch-jüdischer Mischcultur folge", während der „polnische Judenstamm" durch Einwanderung aus dem Osten nach Deutschland komme und „erfahrungsgemäß dem europäischen und namentlich dem germanischen Wesen ungleich fremder gegenüber" stehe als die „Israeliten des Westens und des Südens".[71]

Treitschke war von 1871 bis 1884 Abgeordneter im Reichstag gewesen, zeitweilig für die Nationalliberalen. Er war in die frühe Kolonialbewegung eingebunden und suchte immer wieder die Abgrenzung gegen Großbritannien, aber auch gegen Katholiken und Juden. Noch zu Claß' Zeiten in Berlin war er Redakteur der angesehenen *Preußischen Jahrbücher*, die er neben seinen zahlreichen historischen Publikationen als Podium für seine borussische und nationalistische Geschichtsbetrachtung nutzte, bevor er die Redaktion aufgrund von Auseinandersetzungen mit dem Mitherausgeber Hans Delbrück 1889 aufgab.[72] Im selben Jahr erschien der vierte Band seiner „Deutschen Geschichte im 19. Jahrhundert", die als Gesamtwerk 1894 mit dem fünften Band abgeschlossen wurde und die Bedeutung Preußens und der Hohenzollern für die Entwicklung der deutschen Geschichte von den Wirkungen des Westfälischen Friedens 1648 bis zur Revolution 1848 herausstellte.[73]

Claß besuchte Treitschkes Vorlesungen zusammen mit seinem Vetter Gebhard, der die Veranstaltungen später als unvergessliche Erfahrung idealisieren sollte. Eine Vorlesung sei durch ein „Dahinbrausen" von Treitschkes Stimme, „die wie ein Sturm der Leidenschaft herdonnerte, alles sich ihr Entgegenstehende wegfegend und wie mit der Macht einer unwiderstehlichen Naturgewalt überwältigend gewesen". „Schwer ver-

69 Claß: Wider den Strom, S. 9 und 13.

70 Siehe auch Charles McClelland: Öffentlicher Raum und politische Kultur, in Tenorth/Ders.: Geschichte der Universität Unter den Linden, S. 589–612, Krieger: Der „Berliner Antisemitismusstreit" und Jensen: Gebildete Doppelgänger, S. 197–268.

71 Treitschke: Unsere Aussichten (Zitate ebd., S. 573–576) sowie Ders.: Noch einige Bemerkungen.

72 Siehe u. a. Langer: Heinrich von Treitschke.

73 Treitschke: Deutsche Geschichte im 19. Jahrhundert, Bd. 4.

ständlich" sei Treitschke aufgrund seiner Schwerhörigkeit zwar im Sommersemester 1888 schon gewesen. „Satz- und Sinnpausen gänzlich mißachtend" habe er einen Vortrag gehalten, der immer wieder „Zusammengehöriges durch Stockungen tiefster Erregung auseinanderriß". Man habe sich jedoch der „quellfrischen Unmittelbarkeit" Treitschkes nicht entziehen können.[74]

Bei aller Neugierde auf Treitschke gliederte Claß beide Veranstaltungen in sein reguläres Lerndeputat ein. Hinzu kamen Vorlesungen zur deutschen Rechtsgeschichte bei dem Genossenschaftsrechtler und Anhänger einer organischen Staatstheorie, Otto von Gierke. Über Institutionen des römischen Rechts hörte er bei Alfred Pernice, der Mitglied der Preußischen Akademie der Wissenschaften war und dem Liberalen Theodor Mommsen nahestand. Die Geschichte des *corpus juris civilis* lehrte ihm Rudolf von Gneist, der von 1868 bis 1884 nationalliberales Mitglied des Reichstags, Unterstützer von Bismarcks Kulturkampf gegen die katholische Kirche und 1872 Mitbegründer und Vorsitzender des Vereins für Socialpolitik war. Mit dem Freiburger Philosophen Heinrich Rickert gründete er 1890 den Verein zur Abwehr des Antisemitismus, dem auch Mommsen und der Berliner Privatdozent für Öffentliches Recht, Hugo Preuß, angehörten. Weiter besuchte Claß die Vorlesung zur Verfassungsgeschichte Deutschlands im 19. Jahrhundert beim Staats-, Völker- und Kirchenrechtler Ludwig Karl Aegidi, führender Burschenschafter, von 1871 bis 1877 auf Wunsch Bismarcks Vortragender Rat im Auswärtigen Amt sowie von 1873 bis 1893 freikonservatives Mitglied des Reichstages.[75] Im folgenden Wintersemester 1888/89 belegte Claß erneut Vorlesungen bei Gneist (Deutsches Staatsrecht sowie Reformen der Preußischen Staatsverwaltung), Gierke (Ueber den Entwurf eines deutschen Civilgesetzbuches) und Pernice (Pandekten) sowie bei Otto Dambach (Deutsches Strafrecht und zur Geschichte des deutschen Strafrechts), der auch zu Patent- und Urheberrecht gearbeitet und wesentlich das Reichspostgesetz von 1871 mitverfasst hatte.

Die besuchten Veranstaltungen entsprachen den Anforderungen für den Studienanfänger der Rechtswissenschaft, jedoch war Claß im Hörsaal „ein seltener Gast".[76] Die schon auf dem Gymnasium aufgefallene Haltung des *Laisser-faire* setzte sich im Studium fort. Er schrieb später in seinen Erinnerungen, dass er zwar nicht „faul" gewesen sei, aber die Vorlesungen doch „mit bedenklicher Regelmäßigkeit" eher „schwänzte".[77] Für das Bestehen der Prüfungsleistungen war er als Student letztlich selbst verantwortlich. Das Privileg der Lernfreiheit mit dem Prinzip der individuellen Bildung führte bei Studenten oft zu verschlafenen Vorlesungsbesuchen und langen Eingewöhnungsphasen in den ersten Semestern, die erst am Ende des Studiums mit dem Blick auf die anstehenden Abschlussprüfungen in ernsthaftere Lernphasen übergingen. Im Abgangszeug-

74 August Gebhard: Heinrich von Treitschke, in Alldeutsche Blätter 25. 8. 1934.

75 Aufstellung der besuchten Vorlesungen 1888–1891, in Acten des Großherzoglichen Ministeriums des Innern und der Justiz betreffend Heinrich Claß, Zulassung zur Rechtsanwaltschaft 1891–1920, in HSTA Darmstadt, Abt. G 21 B, Fasz. 919.

76 Claß: Wider den Strom, S. 14.

77 Ebd., S. 16.

nis wurde bei Claß festgehalten: „Hinsichtlich seines Verhaltens auf der hiesigen Universität ist Nachtheiliges nicht zu bemerken."[78]

Zusammen mit Gebhard wechselte Claß für das Sommersemester 1889 nach Freiburg, wo die Rechtswissenschaft an der Universität auch andere junge Jurastudenten anzog, die später eine politische Laufbahn einschlagen und für den Reichstag kandidieren sollten. Ernst Bassermann sowie der nationalliberale Liszt-Schüler und spätere Doktorvater von Carl Schmitt, Fritz van Calker, hatten unter anderem in Berlin und Freiburg studiert. Den Studienortswechsel ins Nordbadische hatte bereits der Vater vollzogen, als Peter Claß von Gießen in das dem Großherzogtum Hessen nahe gelegene Heidelberg gegangen war. Aber akademische Gründe waren für Claß nicht ausschlaggebend. Er ging nach eigenen Aussagen wohl vornehmlich der Erkundung des Schwarzwaldes wegen in den Südwesten.[79] Später sollte er neben seinen üblichen Kuraufenthalten in Bad Kissingen oder Bad Blankenburg in Thüringen wiederholt ins Glottertal zur Erholung reisen und die großen Waldluftbäder mit den langen Wanderrouten besuchen, um seine psychosomatischen Schlafstörungen zu behandeln.[80]

Freiburg schien für eine Zwischenstation während des Studiums aber auch attraktiv, da er und Gebhard kostenlose Unterkunft bei der Familie einer Freundin von Claß' Schwester genossen.[81] Sie wohnten bei der wohlhabenden Apothekerfamilie Franck. Josef Franck hatte in Freiburg die Münster-Apotheke geführt, war als ehemaliger 1848er-Demokrat aus Rastatt dann Freiburger Stadtverordneter geworden und hatte sich nunmehr zur Ruhe gesetzt. Zumindest Gebhard könnte hier und da Anknüpfungspunkte für Gespräche gefunden haben, denn sein Großvater väterlicherseits, Philipp August, betrieb vor seinem Tod 1874 eine Apotheke in Meisenhain am Glan. Die Verbindung von Weinhandel und der oftmals gleichzeitigen Produktion von Essig legte häufig den Grundstein für eine Apothekertätigkeit. Ohnehin war die Pharmazie in der Familie Gebhard ein oft ergriffener Teilzweig der selbständigen Erwerbsarbeit. Gebhards Onkel mütterlicherseits, Johann Heinrich Curschmann, hatte eine Apothekertochter geheiratet. Claß hingegen schien der Familie Franck während des kurzen Semesters in Freiburg weitgehend aus dem Weg zu gehen und lehnte vor allem die liberalen Grundüberzeugungen Francks und dessen Kritik an Bismarck kategorisch ab.[82]

In Freiburg ließ sich Claß eher treiben, erkundete lieber die Stadt und machte oft Landschaftsausflüge in die Umgebung.[83] Um „Fachvorlesungen" an der Universität schien er sich erneut wenig zu kümmern. Im Abgangszeugnis war immerhin der übliche

78 Abgangszeugnis Claß, 7.3.1889, in Universitätsarchiv Humboldt-Universität zu Berlin, UA Rektor und Senat. 01, Abgangszeugnis, Nr. 868–1 (Heinrich Claß 1888/89).

79 Claß: Wider den Strom, S. 18–19.

80 Siehe Claß an Magnus von Levetzow, 4.7.1930 und 11.8.1930, in BA-Freiburg, N 239, Bd. 80, Bl. 110 und 111.

81 Großherzoglich Badisches Staats- und Regierungsblatt 1830, S. 101.

82 Claß: Wider den Strom, S. 18–19.

83 Ebd.

Eintrag zu finden: „Hinsichtlich des Betragens ist nichts Nachteiliges zur Anzeige gekommen.“[84] Eingeschrieben war er für die Vorlesung beim freisinnig-antiklerikalen Kirchenrechtler Karl von Amira zu Handelsrecht (mit Seerecht) und Wechselrecht. Er hörte bei Fridolin Eisele, Mitglied des Preußischen Abgeordnetenhauses zunächst für das Zentrum und dann für die Nationalliberalen, zu den Pandekten und Römischer Rechtsgeschichte.[85] Wie schon mit Gneist in Berlin kam Claß auch in Freiburg mit zahlreichen führenden Vertretern der damaligen Sozialreform wie dem Privatdozenten für Nationalökonomie Heinrich Herkner in Kontakt. Bei Herkner besuchte Claß eine Vorlesung zur Sozialpolitik und Arbeiterfrage. Herkner war Schüler des „Kathedersozialisten“ und Mitbegründers des Vereins für Socialpolitik, Lujo Brentano, der 1912 auf Wunsch des Nationalökonomen Gustav Schmoller dessen Nachfolger in Berlin wurde.[86] Für Herkner sollte Sozialpolitik nicht autonom im Wirtschaftsprozess wirken, sondern Bedingung für wirtschaftlichen Fortschritt sein. Der Ausgleich zwischen Landwirtschaft, die ebenfalls zu reformieren war, und Industrie stand bei Herkner im Zentrum seiner versöhnenden Reformforderungen.[87] Zudem ging es ihm um die soziale und geistige Integration des Industriearbeiters in die Gesellschaft, die nicht nur über soziale Reformen, sondern auch über eine seelisch befriedigende Sinnstiftung erfolgen müsse.

Eugen Philippovich von Philippsburg bot kurze Zeit Verwaltungslehre in Freiburg an. Claß hörte bei ihm allgemeine Nationalökonomie, bevor er 1893 nach insgesamt fünf Jahren in Freiburg nach Wien ging.[88] Philippovich war einer der wenigen österreichischen Mitglieder des Vereins für Socialpolitik und galt als Vermittler zwischen der Deutschen Historischen Schule und der Wiener Schule der Nationalökonomie. Er erweiterte den Ansatz der sozialen Integration der Arbeiter durch soziale Reformen wie Arbeitsschutz und Beseitigung des Wohnungselends sowie durch grundsätzliche staatliche Eingriffe für den Ausgleich ökonomischer Ungleichheit. Er vertrat jedoch auch eine Kolonialpolitik, die durch eine gelenkte Auswanderungspolitik zum Ausgleich sozialer Ungleichheit beitragen sollte.[89]

---

84 Studien- und Sitten-Zeugnis Claß der Großherzoglich-Badischen Albert-Ludwigs-Universität Freiburg, Sommer-Semester 1889, 19. [Oktober] 1889, in UAF, B0044 0019.

85 Zum folgenden siehe ebd.

86 Siehe auch Bruch: Weder Kommunismus noch Kapitalismus, S 72–82. Alfred Hugenberg, Mitbegründer des Alldeutschen Verbandes, sollte sich später als Schüler Lujo Brentanos bezeichnen, den er in Berlin gehört hatte. Siehe auch Holzbach: Das „System Hugenberg“, S. 23–27. Alfred Hugenberg studierte nach seinem Referendarexamen 1886 dann bei Friedrich Georg Knapp in Straßburg Nationalökonomie, bei dem er 1888 promovierte. Hugenberg: Die Besiedlung der norddeutschen Moore.

87 Siehe Herkner: Die sociale Reform und Ders.: Die Arbeiterfrage.

88 Max Weber, Mitglied des Alldeutschen Verbandes von 1893 bis 1899, folgte ihm als Professor in Freiburg.

89 Eugen von Philippovich war 1888 im Vorstand des Deutschen Kolonialvereins in Freiburg und suchte zu der Zeit auch die Nähe zur Gesellschaft für Deutsche Kolonisation von Carl Peters. 1886 gehörte Philippovich unter anderem mit Peters, Felix Dahn, Ernst Haeckel, Karl von der Heydt, Julius von Mirbach-Sorquitten, Friedrich Lange, Otto Arendt oder Otto Pfleiderer zu den Unterzeichnern des Aufrufs zum Allgemeinen Deutschen Kongress in Berlin, aus dem später der Allgemeine Deutschen Verband (ab

Bei Heinrich Rosin hörte Claß Deutsches Privatrecht. Rosin war Schüler von Gierke, den Claß in Berlin erlebt hatte und der in der jüdischen Gemeinde Freiburgs aktives Mitglied war. Er war von 1888 bis 1908 Oberrat der Israeliten Badens, erster jüdischer Ordinarius für Staatsrecht, der in Deutschland berufen wurde, und dann 1897/98 erster jüdischer Rektor einer deutschen Universität.[90] Inwiefern die Vorlesung bei dem jüdischen Staats- und Verwaltungsrechtler Rosin Claß' prägte, bleibt offen. Zumindest entwickelten sich Claß' antisemitische Einstellungen wohl erst nach seiner Berliner und Freiburger Studentenzeit, wo sie im Studentenmilieu in Gießen dann auf eine dezidierte antisemitische Grundierung traf.[91]

Für das Fakultätsexamen kam für Claß nach dem Auftakt in Berlin und dem Intermezzo in Freiburg am Ende „nur Gießen in Betracht", schließlich hatten sein Großvater und sein Vater dort studiert.[92] Die Stadt zählte zu dieser Zeit gerade einmal 20.571 Einwohner (1890).[93] Die Universität hatte jedoch eine traditionsreiche Geschichte, denn sie zählte neben Jena zu den revolutionären Zentren des Vormärz. Die Juristen wiederum schauten auf eine lange Rechtstradition zurück, die im 17. Jahrhundert nach der Universitätsgründung begann. Die Berufung des Chemikers Justus von Liebig und die Einrichtung seines Laboratoriums 1824/25 erweiterten das Forschungs- und Lehrprofil der Universität hin zu den modernen Naturwissenschaften. Wilhelm Conrad Röntgen wurde 1879 Ordinarius für Physik. Im April 1885 wurde das Juristische Seminar gegründet und fünf Jahre später die neue Medizinische und Frauenklinik eröffnet.

In Gießen belegte Claß Veranstaltungen bei Gustav Ferdinand Kretschmar über Römisches Recht, bei Konrad Cosack zu Handelsrecht, bei Hans Bennecke zu Straf- und Zivilprozessrecht und bei Paul Jörs zur Rechtsgeschichte des Römischen Reiches. Zwischen 1895 und 1896 war Jörs Mitglied der Ersten Kammer der Landstände des Großherzogtums Hessen.[94] Bei Arthur Benno Schmidt hörte Claß Deutsches Recht und Kirchenrecht, bei Reinhard Frank Strafrecht und bei Étienne Laspeyres Praktische Nationalökonomie.[95]

Geschichte und Geographie waren die Fächer, in denen Claß auf dem Gymnasium am besten abgeschnitten hatte, aber Geschichte hatte er in seiner frühen Jugend am leidenschaftlichsten verfolgt. Über den Hausunterricht las Claß mit großer Wertschätzung die Klassiker von Mommsen, aber auch von Wilhelm von Giesebrecht und Leopold

1894 Alldeutscher Verband) hervorgehen sollte. Deutsche Kolonialzeitung 6.5.1887 und Aufruf zum 13.9.1886, in IfL, Centralverein für Handelsgeographie und Kolonialpolitik/Zweigverein Leipzig (Handakten E. Hasse), K 428/2. Siehe auch Chickering: We Men, S. 44–53.

90 Hollerbach: Jurisprudenz in Freiburg, S. 235–251 und Ders.: Heinrich Rosin.

91 Siehe zur gesellschaftlichen Kontinuität des Antisemitismus auch Volkov: Antisemitismus als kultureller Code.

92 Claß: Wider den Strom, S. 19.

93 Brake: Auf dem Weg zur modernen Stadt, S. 185.

94 Götz/Rack: Hessische Abgeordnete, S. 78.

95 Siehe Heinrich Claß: Zeugnis der juristischen Fakultätsprüfung 25.4.1891, in HSTA Darmstadt, Abt. G 21 B, Fasz. 919 und Universitätsarchiv Gießen, Jur O 9_Index Candidatorum 1820–1937 [1891].

von Ranke.[96] Alle drei Historiker hätte er bei Studienantritt 1889 nicht mehr erleben können. Mommsen las nur bis 1885 in Berlin, Giesebrecht lehrte als Nachfolger von Heinrich von Sybel seit 1862 in München und starb 1889. Der Begründer des Historismus, Ranke, lehrte bereits seit 1871 nicht mehr und starb 1886. Die während seiner Zeit in Berlin Geschichte lehrenden Professoren wie der freikonservative Mitherausgeber der *Preußischen Jahrbücher*, Hans Delbrück, schienen Claß ebenso wenig interessiert zu haben wie der Mediävist Wilhelm Wattenbach oder der noch junge Erich Marcks.[97] Treitschke hingegen integrierte Claß in die verbreitete humanistische Bildungsidee, wonach man über sein Fachstudium hinaus Vorlesungen der Philosophischen Fakultät besuchte.

Auch in Freiburg trieb ihn die Geschichte als Fachwissenschaft nicht mehr um, nachdem er in Berlin nun den vielverehrten Treitschke erlebt hatte. Geschichte als populärwissenschaftliche Disziplin für ein Laienpublikum verbunden mit großer öffentlichkeitswirksamer Reichweite, wie bei dem Gelehrtenpolitiker Treitschke, schien ihn hingegen zu faszinieren. So verschmähte Claß Vorlesungen bei den am Freiburger Institut lehrenden Professoren wie dem Althistoriker Ernst Fabricius, der Mitglied der Freiburger Ortsgruppe des Vereins für das Deutschtum im Ausland war, dem Mediävisten Bernhard von Simson, Ranke-Schüler und Herausgeber der *Einhard-Annalen*, oder Hermann Eduard von Holst, der die Geschichte der Vereinigten Staaten von Amerika lehrte.[98] In Gießen war zudem bis zu seiner Emeritierung 1900 Wilhelm Oncken als Ordinarius tätig, der während Claß' Studienzeit Vorsitzender der dortigen Ortsgruppe des Alldeutschen Verbandes war. Er dominierte hier die Lehre der Historischen Wissenschaften und deckte sie bis zur Antike ab. Als nationalliberaler Abgeordneter saß er von 1873 bis 1875 für den Wahlbezirk Gießen-Stadt im Hessischen Landtag, nachdem eine Reichstagskandidatur für die Nationalliberalen 1871 gescheitert war.[99] Entsprechend der historistischen Geschichtsinterpretation lehrte Oncken die Reichsgründung 1871 als Endpunkt deutscher Geschichte, dem der innere Ausbau des Deutschen Reiches nun folgen müsse. Diese Position deckte sich mit der Treitschkes, der auch eine koloniale Reichsausweitung forderte und somit eine radikal-nationalistische Position einnahm, die den Übergang zu Claß' „neuem" radikalen Nationalismus bereits andeutete.[100] Auch der jüngere Ferdinand Werner studierte ab 1896 vier Jahre in Gießen Geschichte, Römische Sprachen und Germanistik und könnte unter anderem Oncken noch vor dessen Emeritierung (1900) gehört haben.[101] Werner trat dem Alldeutschen

96 Rebenich: Theodor Mommsen, Schieffer: Wilhelm von Giesebrecht und Duchhardt: Der alte Ranke sowie Henz: Leopold von Ranke.

97 Klein: „Der Prophet des Staatsgedankens", Nordalm: Historismus und moderne Welt, Krill: Die Ranke-Renaissance und Bruch: Wissenschaft, Politik und öffentliche Meinung.

98 Siehe Zmarzlik: Die Geschichtswissenschaft an der Univerrsität Freiburg und auch Palatschek: Geisteswissenschaften in Freiburg.

99 Ruppel/Groß: Hessische Abgeordnete, S. 202. Siehe auch Berding: Wilhelm Oncken.

100 Siehe dazu auch Breuer: Ordnungen der Ungleichheit, S. 70 – 74 und 157– 166.

101 Kürschners Deutscher Reichstag 1912 – 1917, S. 339.

Verband bei, war führend für dessen antisemitischen Flügel aktiv und unterhielt Anfang der 1930er Jahre enge Kontakte zur hessischen NSDAP.

Die in Claß' Erinnerungen betonten Leidenschaften für Geschichte waren keineswegs übersteigerte Selbstinszenierung, sondern entsprachen einem genuinen Interesse, das sich später auch in der Niederschrift seiner „Deutschen Geschichte" niederschlug. Der „Einhart" von 1909 war jedoch eine Mischung aus reich bebilderter Volksausgabe einer deutschen Geschichte und politischem Manifest für einen völkisch-großdeutschen Machtstaat. Wissenschaftlich behandeln wollte Claß seinen Geschichtsstoff nie. Andere Zeitgenossen, mit denen er im Laufe seines politischen Weges zu tun haben sollte, nahmen ihre Interessen ernster als Claß, wie der zehn Jahre jüngere Gustav Stresemann, der zunächst seiner Passion für Geschichte und Literatur folgte. Stresemann, der bis 1918 Mitglied des Alldeutschen Verbandes war und 1907 als jüngstes Mitglied für die Nationalliberalen in den Reichstag gewählt wurde, studierte beide Fächer mit dem Wunsch, Journalist zu werden, bevor er sich dann in Berlin und Leipzig auf die Nationalökonomie konzentrierte. Allein in seinem ersten Semester in Berlin belegte Stresemann mit Verve 1897 zehn Lehrveranstaltungen, davon die Hälfte zu Geschichte und Germanistik.[102] Auch der fünf Jahre jüngere Eduard David folgte seinen Interessen konsequenter und studierte als Claß' Kommilitone in Gießen Germanistik, Geschichte und Philosophie, bevor er sein Studium nach vier Jahren 1890 abschloss und anschließend promovierte. Er wurde Gymnasiallehrer und nach seinem Eintritt in die SPD 1893 aus dem Staatsdienst entlassen. David wurde 1896 in den Hessischen Landtag gewählt und war von 1903 für den Wahlkreis Mainz-Oppenheim bis zum Ende des Ersten Weltkrieges Mitglied des Reichstags. Er durchbrach den Berufsweg seines konservativen Vaters, der verbeamteter Preußischer Rechnungsrat war, und hatte eine kaufmännische Lehre in Berlin beendet, bevor er sein Studium begann.[103]

Für Claß kam bei aller eigensinnigen Berufung auf individuelle Leidenschaften für die historische Schriftstellerei eine Abkehr von der noch jungen familiären juristischen Berufstradition, die erst in den beiden Generationen zuvor den sozialen Aufstieg der Familie ermöglicht hatte, letztlich nicht in Frage. Zumindest die akademische Ausbildung und der Einstieg in die juristische Laufbahn sollten gelingen, ohne jedoch die Möglichkeiten der eigenen beruflichen Weiterentwicklung einzuschränken. Die Passion für Geschichte blieb aber zeit seines Lebens bestehen und vom 1909 niedergeschriebenen „Einhart" zehrte Claß bei der Ausarbeitung seiner historisierenden Eröffnungsansprachen für die alldeutschen Verbandstage, die sich gerade nach dem Bedeutungsverlust des Alldeutschen Verbandes nach 1933 zunehmend zu seitenlangen historischen Vorträgen auswachsen sollten.

---

102 Kolb: Gustav Stresemann, S. 17–18.

103 Siehe Miller: Einleitung und Ruppel/Groß: Hessische Abgeordnete, S. 84.

1.3 Rechtsanschauungen: Wille, Interessen, Zweck und Kampf ums Recht

Während sich Claß für Geschichte faszinieren konnte, begeisterte ihn das Jurastudium kaum. Neben Treitschke blieben ihm nur die Vorlesungen von Gneist und Aegidi in Erinnerung.[104] Ein Rechtstheoretiker beeindruckte Claß hingegen nach seinem Studium nachhaltig und bestimmte maßgeblich sein Rechtsdenken. In seinen zu Lebzeiten unveröffentlichten Erinnerungen bezog er sich bei seinen Rechtsentwürfen für einen rechtsschöpferischen Staatsnotstand am Ende der Weimarer Republik explizit auf Rudolf von Jhering.[105] Persönlich lernte Claß Jhering nicht kennen, aber seinem Vater könnte er die Pandekten unterrichtet haben, als er zwischen 1852 und 1868 in Gießen lehrte, wo August Claß von April 1853 bis Mai 1854 immatrikuliert gewesen war.

Jhering gilt als einer der bedeutendsten Modernisierer der Rechtswissenschaft. Mit seinen beiden Hauptwerken über den „Geist des römischen Rechts“ und den „Zweck im Recht“ stellte er die Historische Rechtsschule in ihrer begrifflichen Systemgeschlossenheit („Begriffsjurisprudenz“[106]) in Frage. Er verwies auf die Notwendigkeit, dass sich Rechtsbegriffe aus der Wirklichkeit ableiten müssten und nicht umgekehrt die Wirklichkeit abstrakten Rechtsbegriffen unterworfen werden sollte.[107] Er richtete sich gegen eine dogmatische Anwendung des Römischen Rechts, das vor der Einführung des Bürgerlichen Gesetzbuches im Januar 1900 für das fehlende einheitliche Zivilrecht in Deutschland durch das partikular eingesetzte „gemeine Recht“ („römisch-kanonisches Recht“) auf der Grundlage des *Corpus Iuris Civilis* angewendet wurde. Savigny und Georg Friedrich Puchta, der neben Friedrich Rudorff als Gutachter für Jherings Habilitationsverfahren 1843 in Berlin auftrat, hatten führend an der systematischen Grundierung der deutschen Zivilrechtswissenschaft durch die Historische Rechtsschule mitgewirkt. Die befand sich jedoch bereits um 1850 in einer Krise, als eine jüngere Generation von Rechtsgelehrten die Unzulänglichkeiten ihrer Methoden für die sich beständig verändernde moderne Gesellschaft kritisierte und ein praktisches, an der konkreten Wirklichkeit orientiertes Verständnis des Rechtsbegriffs forderten.[108]

Jhering sah in der historischen Gewordenheit von Recht nicht die Wirkung eines sich abstrakt aus einem „Volksgeist“ entwickelnden Rechtsbegriffs. Rechtsordnung wurde vielmehr als der stetig gewachsene Kulturausdruck eines „Volkes“ begriffen. Gottfried Wilhelm Friedrich Hegels Geschichtsphilosophie hatte die von Jhering kritisierten Vorstellungen entscheidend geprägt, wonach sich aufeinander folgende „Volksgeister“ als Ausdruck eines absoluten „Weltgeistes“ manifestierten und somit eine

104 Ebd., S. 14.

105 Hofmeister (Hrsg.): Heinrich Claß. Politische Erinnerungen, Kapitel 8.7. Rudolf von Jhering lebte von 1818 bis 1892.

106 Jhering: Scherz und Ernst in der Jurisprudenz, S. 337.

107 Ders.: Der Geist und Ders.: Der Zweck, 2 Bde. Siehe auch Haferkamp: Die historische Rechtsschule.

108 Kunze: Lieber in Gießen, S. 15–18.

Abb. 2: Rudolf von Jhering.

Geschichte der Selbstverwirklichung der Vernunft repräsentierten.[109] Dieser Idealismus wirkte auch auf Savigny, der die doppelte Natur von Recht betonte. Recht sei weder rein naturrechtlich durch Vernunft erzeugt, noch erfahre es Geltung lediglich durch positivistische Setzung. Jedes Volk sei vielmehr individuell historisch geworden.[110]

Jhering lernte im Laufe seiner Beschäftigung mit dem Rechtsbegriff einen solchen abstrakten „Volksgeist" nicht als natürlichen Grund für Recht zu verstehen, sondern kritisierte am idealisierenden und zugleich mystifizierenden Konzept des „Volksgeistes" dessen starren Charakter. Diese Vorstellung blende die Möglichkeit einer Verzerrung von Rechtsanschauungen durch „fremde" Rechtsideen aus, die dazu führen könnten, dass ein Volk sein Recht nicht mehr verstehe. Zudem problematisierte Jhering, dass die Aneignung des Rechts nur durch den Juristen, aber nicht durch die Volksmehrheit stattgefunden habe.[111] Er verstand im logischen System rechtswissenschaftlicher Begriffe nur die Grundlage der sich in praktischen Fällen unterschiedlich ausprägenden Realität, auf die die Jurisprudenz in einer modernen, sich wandelnden Gesellschaft mit einem dynamischeren Rechtsbegriff einzugehen habe. Rechtswissenschaft sollte sich

109 Siehe Hegel: Grundlinien der Philosophie des Rechts und Ders.: Vorlesungen über die Philosophie der Geschichte.

110 Siehe dazu auch Rückert: Idealismus, Jurisprudenz und Politik sowie Lahusen: Alles Recht geht vom Volke aus.

111 Siehe dazu Mecke: Begriff des Rechts, S. 52.

der Lebenswirklichkeit annähern, anstatt ewig wahre Prinzipien des Römischen Rechts zu lehren, die sich in Entwicklungsstufen verwirklichen und einem logischen Systemmodell von Rechtsbegriffen folgen würden.

Entgegen dem römischen Rechtsbegriff, dem der Ansatz zugrunde lag, dass sich der Mensch vom Tier durch den Willen unterscheide und von der Natur unabhängig machen konnte, indem er Recht und Moral als Ausdruck des menschlichen Willens interpretierte, vertrat Jhering die Position, dass der Mensch in seiner Persönlichkeit nicht unabhängig von Sinn und Erfahrung sei und demnach spezifische Interessen verfolge. „Die Rechte sind nicht dazu da, um die Idee des abstrakten Rechtswillens zu verwirklichen, sondern um den Interessen, Bedürfnissen, Zwecken des Verkehrs zu dienen. In diesen Zwecken findet sie, findet der Wille sein Maß und Ziel." Ein „praktisches Verständnis" von Recht billige dem „Nutzen" die „Substanz des Rechts" zu.[112]

Jhering sah folglich die Notwendigkeit, Recht an die modernen Lebensbedürfnisse einer Industrie- und Massengesellschaft anzupassen.[113] In den beiden Bänden „Der Zweck im Recht" entwarf er 1877 und 1883 gegen die „Konstruktionsmethode" der durch die historischen Rechtsschule geprägten Pandektenwissenschaft verstärkt eine Rechtstheorie, die nicht von einem „objektiven" Rechtsbewusstsein eines Volkes, sondern von einer historischen „Subjektivität" des Rechts ausging. Wirklichkeit und geltende Rechtsbegriffe konnten für Jhering, entgegen der Annahmen Savignys von sich „objektiv" aus einem „Volksgeist" entwickelnden Rechtsbegriffen, immer auch bereits historisch im Gegensatz stehen, ohne dass es dazu einer „willkürlichen" Gesetzesauslegung in der vielmehr als dynamischer „Organismus" verstandenen historischen Rechtsauslegung bedurft hätte.[114] Das rechtliche Bewusstsein der Zeitgenossen, einschließlich der Juristen, war somit immer „subjektiv" und vom „Vorstellungs- und Reflexionsvermögen" der jeweiligen Epochen abhängig.[115] Recht im „subjectiven Sinn" erkenne den Zweck als „Hebel" der gestaltenden Kraft des Willens, der durch Interessen gelenkt werde.[116] Interessen seien wiederum durch letztliche Zwecke definiert, die es umzusetzen oder zu erreichen gelte. Das Recht unterliege in seiner Ausformung eben diesen interessengeleiteten Zwecksetzungen. Somit sei „der Zweck der Schöpfer des gesamten Rechts".[117]

---

112 Jhering: Der Geist, Bd. III/I, S. 316.

113 Von konkreten Rechtsberatungen hielt er sich jedoch stets fern und überließ dies anderen Vertretern des soziologischen Rechtsbegriffs, wie die neue Lehrmeinung genannt wurde. Sein Mitstreiter eines an den praktischen Bedürfnissen ausgerichteten römischen Rechts, Bernhard Windtscheid, nahm jedoch bis 1883 wesentlich an der ersten Beratungskommission zum Bürgerlichen Gesetzbuch teil, das 1900 in Kraft trat und das auch Claß später als „Krönung" des „Ausgreifen[s] der Gesetzgebung" zur Verfestigung der inneren Reichseinigung bezeichnete, das „in den Reichsgrenzen Wohnenden denselben sämtliche Beziehungen des bürgerlichen Lebens umfassenden Rechtssätzen unterstellte". Zu Bernhard Windscheid siehe Falk: Ein Gelehrter wie Windscheid und Klein: Bernhard Windscheid. Zur grundsätzlichen Wertschätzung der Leistungen des BGB siehe Claß: Deutsche Geschichte von Einhart (1909), S. 308 (Zitat).

114 Siehe dazu Mecke: Begriff des Rechts, S. 97–133, bes. S. 107–111.

115 Ebd., S. 107. Siehe auch Wagner: Rudolf von Jherings Theorie des subjektiven Rechts.

116 Jhering: Der Zweck, Bd. I, S. V und 25.

117 Ebd., S. VI.

Jhering gab in seinen Betrachtungen zur zweckgebundenen Rechtsentwicklung dem Zusammenspiel von Recht und „Sittlichkeit" als zwei Ordnungen, die sich gegenseitig bedingten, einen zentralen Stellenwert. Demnach gebe es kein Volk, das nur durch Recht oder ohne jegliches Recht existiert habe.[118] Es bedürfe einer Verbindung von Rechtsetzung und Volk durch den Staat und folglich einer Rechtsgeltung entsprechend der sozialen Wirklichkeit. Der „Geist des Rechts" war somit immer abhängig vom „Geist der Zeit".[119] Auch die Natur des Rechtsgefühls, das selbst historisch geworden und in seiner Substanz nur durch „Egoismus" und „Selbsterhaltungstrieb" charakterisiert sei, spiegele sich im Rechtssystem. Sie war für Jhering eine historisch gewachsene Manifestation sich beständig ausgleichender Interessen.[120] Er gab dem „Rechtsgefühl", das dem geltenden Recht als „praktisches Bedürfniß" entgegenstehen konnte, eine zentrale Bedeutung. Somit verstand Jhering Recht als „organische Entwicklung von innen heraus".[121] Durch einen unklaren Wertmaßstab wurden Wille und Interesse jedoch selber wieder zu spekulativen Elementen, da für Jhering Vernunft den triebhaften Egoismus der Selbsterhaltung des Individuums (auch im Kollektiv eines „Volkes") nicht ersetzte.[122] Egoismus und nicht Humanität bestimmten demnach den Zweck des Rechts.[123]

In Gießen kam Claß in den Seminaren und Vorlesungen mit dem Jhering'schen Rechtsbegriff unausweichlich in Kontakt. Bennecke lehrte von 1886 bis 1890 in Gießen als Schüler Liszts, des Vertreters der soziologischen Strafrechtslehre, der wiederum selbst ein Schüler Jherings war und bis 1902/03 dem Vorstand des Alldeutschen Verbandes angehörte, bevor er sich parteipolitisch an die Linksliberalen band und sich auch für eine Annäherung zwischen Liberalen und Sozialdemokraten aussprach.[124] Jörs, der von 1888 bis 1896 in Gießen lehrte und in der 1892 erschienenen Festschrift für Jhering einen Beitrag zu „Untersuchungen zur Gerichtsverfassung der Römischen Kaiserzeit" beitrug, beschäftigte sich leidenschaftlich mit der Geschichte des römischen Rechts.[125] Frank, der als Nachfolger von Bennecke 1890 nach Gießen kam und bis zu seiner Berufung 1900 nach Halle/Saale als Nachfolger seines Doktorvaters Liszt in Gießen lehrte, wurde durch seinen 1907 eingeführten normativen Schuldbegriff be-

118 Ebd., S. 182 und 183.

119 Jhering: Der Geist, Bd. I, S. 34.

120 Siehe dazu ebd., S. 31–33.

121 Siehe Jhering: Der Kampf, S. 13 sowie Mecke: Begriff des Rechts, S. 20.

122 Siehe dazu auch Wertenbruch: Versuch, S. 53–68.

123 Jhering: Der Zweck, Bd. I, S. 234.

124 Werbe- und Merkbüchlein des Alldeutschen Verbandes 1899, S. 11 und Dass. 1902/03, S. 19 und Stäcker: Die Franz von Liszt-Schule, S. 112–114. Franz von Liszt hatte von 1879 bis 1881 in Gießen gelehrt und Jherings „Zweck im Recht" in seinen Schriften auf das Strafrecht übertragen. Liszt: Der Zweckgedanke im Strafrecht.

125 Jörs: Untersuchungen zur Gerichtsverfassung. Die Dogmatik des römischen Privatrechts interessierte Paul Jörs hingegen weniger.

rühmt.[126] Die Debatten um eine Rechtserneuerung wurden demnach in der Gießener Juristischen Fakultät breit geführt.[127]

Claß stellte sich über vierzig Jahre später selbst in eine Traditionslinie mit der Jhering'schen Rechtserneuerung: „Als ich um die Wende der achtziger auf die neunziger Jahre die Rechte studierte, war es selbstverständlich, dass, wer tiefer in die Rechtslehre eindringen wollte, Rudolf von Iherings zweibändiges Werk ‚Der Zweck im Recht' durcharbeitete, eine der edelsten Gaben der deutschen Rechtswissenschaft, die hoffentlich auch heute noch die Jünger des Rechts über die Alltäglichkeiten ihres Berufs hinaushebt."[128] Im Spätsommer 1932, als er explizit Bezug auf Jhering nahm, verfolgte Claß die Durchsetzung eines Notstandsrechts durch die autoritäre Regierung Franz von Papens. Dabei bezog er sich auf Jherings Begrifflichkeit vom „Zweck im Recht", dem Claß einen „Zweck im Staatsnotstand" folgen ließ, der die Ausschaltung des demokratisch gewählten Parlamentes und eine zivil-militärische Minderheitsregierung gestützt auf den Artikel 48 der Weimarer Reichsverfassung rechtfertigen sollte.[129] Claß hielt dabei seine politische Anwendung des Rechtsbegriffs fest: „Das Recht ist Mittel zum Zweck, zum Bestehen der Gesellschaft; zeigt sich das Recht nicht imstande, die Gesellschaft zu retten, so greift die Gewalt ein und tut, was geboten ist; das ist dann die ‚rettende Tat der Staatsgewalt' und der Punkt, wo das Recht in die Politik und die Geschichte mündet."[130]

Der soziologische Denkansatz machte Jhering zu einem umstrittenen Rechtsgelehrten. Jherings „soziologischer Pragmatismus" ist auch als „naiver Realismus" kritisiert worden.[131] Die normative Offenheit der Zweckfunktionalität machte deutlich, dass „Zweck" im Recht letztlich immer eine „abhängige Variable rechtstheoretischer Entwürfe" war.[132] Auch Claß dachte Jhering für seine politischen „Zwecke" rechtspragmatisch weiter und griff dessen Verständnis von Kampf und Verwirklichung von Recht durch Widerstand gegenüber herrschenden Rechtsnormen auf, indem er die Funktionsfähigkeit des Staates zum Zweck allen Rechtes machte und den Erhalt des Staates durch Gewaltanwendung legitimierte. „Es liegt im Gedankengang von Jhering, wenn

---

126 Entsprechend dieses Strafrechtsverständnisses wurde Schuldzurechnungsfähigkeit als gängige Schuldvoraussetzung relativiert und ihr lediglich eine Eigenständigkeit als ein zu berücksichtigenden Schuldelement, zusätzlich zu Vorsatz oder Fahrlässigkeit sowie Umständeentschuldigung, zugerechnet. Schuld war für Frank somit vor allem „Vorwerfbarkeit" und somit von konkreten Konstellationen der Tat abhängig. Frank: Über den Aufbau des Schuldbegriffs, S. 529.

127 Auch Konrad Cosack stellte sich in seinen Werken zum Handelsrecht gegen die herkömmliche Begriffsdogmatik.

128 Hofmeister (Hrsg.): Heinrich Claß. Politische Erinnerungen, Kapitel 8.7. Unterstreichungen im Original.

129 Heinrich Claß: Der Zweck im Staatsnotstand, in Deutsche Zeitung, 24.8.1932 (Abendausgabe, 37. Jg., Nr. 198b). Der Beitrag erschien unmittelbar nach Erscheinen auch als Sonderdruck der Deutschen Zeitung. Siehe Deutsche Zeitung 28.8.1932. Siehe auch Ders.: Träger und Umfang des Staatsnotstandes, in Deutsche Zeitung, 30.8.1932.

130 Jhering: Der Zweck, Bd. II, S. 251.

131 Wieacker: Jhering.

132 Wischmeyer: Zwecke im Recht, S. 53–94.

man an die Stelle des von ihm gebrauchten Wortes Gesellschaft den Staat setzt, der Gesellschaft, Volk und seine eigene Ordnung zu betreuen hat. Dann darf man mit allem Fuge im Sinne des grossen Rechtslehrers sagen: zeigt sich das Recht nicht imstande, den Staat zu retten, so greift die Gewalt ein; dann ist die rettende Tat der Staatsgewalt geboten. Damit stösst man auf die Frage, ob es für den Staat ein Notstandsrecht geben kann, und wenn ja, welches der Zweck dieses Notstandsrechts ist.“[133]

Dass Claß dem Jhering'schen Rechtsbegriff eine weitgehende Staatsausrichtung und Gewaltbereitschaft unterstellte, verfehlte allerdings den eher beschreibenden Charakter des soziologischen Rechtsbegriffs, der keinen normativen Endpunkt der Rechtsentwicklung unterstellte. Jhering sah im Recht zunächst einen Zweckbegriff, der verschiedene Interessen und deren kampfhafte Auseinandersetzung als natürliche Dynamik im Zusammenleben von Individuen und Kollektiven bezeichnete: „Das Recht ist die Politik der Gewalt“.[134] Aus Gewalt und „blutigen Thaten“ sei Recht hervorgegangen und Mittel zur Rechtsdurchsetzung sei der Kampf „der Völker, der Staatsgewalt, der Stände, der Individuen“.[135]

Trotzdem erkannte Jhering die „Sittlichkeit“ von Recht. Die bürgerliche Gesellschaft sollte jedoch durch eine Selbstbeherrschung der Gewalt nicht nur die Ärmeren und Schwächeren schützen, sondern auch dem Interesse aller dienen.[136] Jhering sah in den natürlichen Interessenskämpfen und deren potenzieller Eskalation einen einhegenden Ausgleich durch den Zweck der Gerechtigkeit: „Das Schwert ohne die Waage ist die nackte Gewalt, die Waage ohne das Schwert die Ohnmacht des Rechts.“[137] Das wiederum ändere aber nichts an dem beständigen Kampf um die „Verjüngung des Rechts“ und den sich „gegenüberstehenden Kräften“, die in ihrer jeweiligen Zeit und aufgrund ihrer divergierenden Interessen in einem Machtverhältnis zueinander stehend um ihr Recht rangen.[138] Denn für Jhering stand andererseits eben auch fest: „Alles was entsteht, ist wert, daß es zugrunde geht.“[139]

Für Jhering mündete letztlich der individuelle Egoismus in die Zweckmäßigkeit des Staates als Garant von Rechtsetzung und Rechtsgeltung, da ihm die Mittel zu deren Durchsetzung gegeben seien. Egoismus und „Sittlichkeit“ schlossen sich jedoch nicht automatisch aus. Der Zweck des Staates war demnach die Sicherung des Gemeinwohls und die Verwirklichung von Gerechtigkeit, deren Wert das Individuum anerkennen würde. Problematisch blieben bei einer solchen Betonung des Staates hingegen dessen eigene Interessen, die dem Staatswillen eigene Zwecke zuschrieben und die Machtmittel der Gewalt zur Durchsetzung dieses Staatswillens definierten. Sicherung und Erweiterung von Macht waren Staatsinteressen, die das Individuum nicht nur gegen andere

133 Hofmeister (Hrsg.): Heinrich Claß. Politische Erinnerungen, Kapitel 8.7.
134 Jhering: Der Zweck, Bd. I, S. 255.
135 Siehe ebd., S. 373. Zitat Ders.: Der Kampf, S. 7 und 12.
136 Jhering: Der Zweck, Bd. I, S. 246.
137 Zitate bei Jhering: Der Kampf, S. 7.
138 Ebd., S. 10.
139 Ebd., S. 13.

Individuen stellten, sondern auch die Auseinandersetzung mit dem Staat notwendig machten.[140]

Das Prinzip der Machtausübung durch die Mehrheit stellte für Jhering noch keine zwangsläufige Gerechtigkeit dar. Solange der Staat physische Gewalt als Zwangsmittel zur Verfügung hatte und der psychologische Zwang der Einordnung oder der Unterordnung nicht griff, war staatlicher Zwang gegebenenfalls gegenüber der Mehrheit des Volkes ein legitimes Mittel. Denn Zwang ging für Jhering immer dem Inhalt des Rechts voraus. Er war Gewalt, die wiederum ein Staatsmonopol war und zu Recht wurde, „indem sie die Norm aus sich erzeugt".[141] Recht wiederum war nur, was den Staat in der Sicherstellung der Rechtszwecke schützte.[142] Daher war der Staat der Willensträger und nicht die Norm, die der Staat durch seine subjektiven Interessen erst schuf.[143] Jhering sprach einem gedachten Staatswillen somit eine zentrale Bedeutung im Prozess der Rechtsetzung und Rechtsdurchsetzung zu. So sah er auch die notwendige Begrenzung und Überwachung von Vereinen als Voraussetzung gegen die Unterwanderung des Staates durch „Partikularinteresse und die blosse Privatmacht".[144]

Im Rechtsdenken Jherings scheinen daher auch Öffnungen für autoritäre Staatskonzepte auf, die Claß später radikal für seinen Diktaturgedanken weiterentwickelte und für seine Staatsstreichüberlegungen am Ende der Weimarer Republik dienstbar machte. Denn Jhering dachte bereits den Staatsnotstand voraus, der in seinen Augen als gewaltsame Auflösung zunehmender Interessenkämpfe rechtsschöpferisch wirken konnte, wenn der Staat in seiner Sicherheit bedroht war.[145] Den Rechtswiderstand durchzusetzen, war dann für Jhering eine „moralische Luftreinigung".[146] Dies bezog den umgekehrten Weg des Staatsstreichs gegen den Widerstand des Volkes mit ein. Der Kampf ums Recht wirkte jedoch in verschiedene Richtungen und beförderte Initiativen zur Rechtsetzung aus verschiedenen Lagern der Interessenvertretung. Demnach waren die individuelle „Nothwehr" sowie die kollektive Revolution im Grundsatz ein legitimer Weg zur Durchsetzung von Rechtsordnung.[147] Bei beiden Durchsetzungsprozessen von Recht lag die „sittliche" Berechtigung für Jhering in der Bewahrung des „Wertvolleren", im „Akt der nationalen Selbsterhaltung".[148] Historisch notwendige „rettende Thaten der Staatsgewalt" durch einzelne „Persönlichkeiten", die sich lediglich vor der Geschichte zu rechtfertigen hätten, galten als Maßstab für legitimes Handeln, solange die angewendete Gewalt „eine an Regeln sich bindende, also die disciplinierte Gewalt" sei.[149] Berechti-

---

140 Siehe dazu auch Wertenbruch: Versuch, S. 53–73.

141 Jhering: Der Zweck, Bd. I, S. 321.

142 So Jhering in ebd., S. 313–321.

143 Wertenbruch: Versuch, S. 76–81.

144 Jhering: Der Zweck, Bd. I, S. 313. Rudolf von Jhering verstand unter Rechtszwecke zusammengefasst Person, Familie, Eigentum, Vertrag. Ebd., S. 323.

145 Dazu zusammenfassend Mecke ebd., S. 157–172.

146 Ders.: Der Kampf, S. 47.

147 Ders.: Der Zweck, Bd. I, S. 255–259 und 312–318.

148 Ders.: Der Geist, Bd. II/1, S. 75.

149 Ders.: Der Zweck, Bd. I, S. 252 und Ders.: Der Geist, Bd. I, S. 105.

gung zu dieser Anwendung von Gewalt sei das individuelle Rechtsgefühl, das dem „Gefühl der eignen Berechtigung, gestützt auf die Bewährung der eignen Kraft und gerichtet auf die Resultate derselben", vorausgehe.[150] Dieses subjektive „Rechtsgefühl" war für Jhering eine Äußerung eines „moralischen Organismus", der sich im „Affekt" des „Schmerzes" über gefühltes Unrecht unmittelbaren Ausdruck verschaffte.[151] Verstand und Einsicht könnten das Rechtsgefühl als „Urquell alles Rechts" jedoch nicht einhegen. Vielmehr sei Gewalt als Reaktion dieses Rechtsgefühls der „Prüfstein seiner Gesundheit" und die entschlossene Tat das „Wesen" des „gesunden Rechtsgefühls".[152]

Die Jhering'sche rechtsphilosophische Erweiterung der Persönlichkeit durch die Ästhetik und Performanz des Individuums entsprach ganz und gar Claß' Vorstellungen vom kämpferischen Anwalt, der sich in der Erweiterung seiner Gestaltungskraft für die Durchsetzung der vermeintlichen Interessen des ‚deutschen Volkes' selbst zum Richter der wahren Rechtsgrundsätze machte. Hielt Jhering noch fest, „der Kampf ums Recht ist die Poesie des Charakters"[153], und meinte damit eine Abkehr vom sich stetig friedvoll entwickelnden Recht, das einem ebenso stetig gewachsenem „Volksgeist" nach Savigny, Puchta oder auch Hegel entsprungen sein soll, so erklärte Claß später den „Kampf ums Recht" zum Dogma seines politischen Wirkens. Der heroische Ansatz dieser Selbstbeschreibung konnte aus Jherings Argumentationszusammenhang von moralischer Sittlichkeit und bürgerlicher Widerstandspflicht gegen rechtliche Willkür durchaus auch für Claß abgeleitet werden. Jhering hatte schließlich Widerstand gegen Willkür oder dauerhaft nicht ausgeübtes Recht, das zum Untergang konkreten Rechts führe, zur „Pflicht" des Bürgers ausgerufen, der die „sittliche Eigenschaft" besitze, an die „Heiligkeit" von Recht zu glauben und im Kampf für das subjektive und konkrete Recht gegen „die Unvollkommenheit der Rechtseinrichtungen" zum „Märtyrer seines Rechtsgefühls" zu werden.[154] Denn schließlich sei die „Kraft eines Volkes" gleichbedeutend mit der „Kraft seines Rechtsgefühls".[155]

Der Jhering'sche Rechtsgrundsatz schien Claß die funktionale Rechtfertigung an die Hand gegeben zu haben, seinen engen Rechtsbegriff mit einer Mischung aus subjektivem Rechtsbewusstsein, Selbstverwirklichung seiner Persönlichkeit und der Einlösung einer ständisch verfassten Gesellschaft als Garant bürgerlicher Ordnung und Macht zum Wohle einer deutschen „Volksgemeinschaft" mit allen politischen Mitteln durchzusetzen. Das schloss für Claß seit dem Vorabend des Ersten Weltkrieges den Staatsstreich und in der Endphase der Weimarer Republik die Ausrufung des Staatsnotstandes für die Errichtung einer völkischen Diktatur mit ein.

Jherings Zweck- und Kampfbegriff seiner soziologischen Rechtsphilosophie sind in der jüngeren Privatrechtsgeschichte auch als „materialistisch-darwinistische" Rechts-

150 Ders.: Der Geist, Bd. I, S. 252.
151 Ders.: Der Kampf, S. 36.
152 Ebd., S. 37. Siehe dazu auch bereits Ders.: Der Geist, Bd. II/1, S. 24–47.
153 Ders.: Der Kampf, S. 37.
154 Ebd., S. 52 und 53.
155 Ebd., S. 59.

theorie kritisiert worden, die nachfolgenden Generationen an Juristen für völkische Gesellschaftsentwürfe und für rassische und autoritäre Erweiterungen selbst zweckmäßig erschien.[156] Jhering nahm solche Diskussionen schon mit auf. Bei ihm fanden sich auch Ausfälle gegen Juden, die dem christlichen Antisemitismus des 19. Jahrhunderts nicht entgingen.[157] Als Anteilszeichner der Gesellschaft für deutsche Ansiedlung in Südamerika „Hermann", wozu auch Ernst Hasse gehörte, beteiligte sich Jhering ganz praktisch an den kolonialen Siedlungsunternehmen, wie sie durch die koloniale Bewegung propagiert wurden.[158] Zur Zeichnung hatte der Präsident der Deutschen Kolonialgesellschaft, Hermann Fürst zu Hohenlohe-Langenburg, aufgerufen.[159] Die Verheißungen des deutschen Kolonialismus wirkten ebenfalls auf den ältesten Sohn des Rechtsgelehrten, Hermann von Jhering, der als studierter Geologe und Zoologe von 1880 bis 1920 in Brasilien lebte und für die Deutsche Kolonialgesellschaft Studien erstellte.[160] Hermann von Jhering, der vor seiner Zeit in Brasilien als Privatdozent in Erlangen und Leipzig gelehrt hatte, reihte sich in die wissenschaftlichen Zirkel einer seit der Jahrhundertwende zunehmend völkisch und biologistisch arbeitenden Raum- und Grenzforschung ein. Über seine kolonialpolitische Avantgardestellung in Brasilien wirkte er in Verbindung mit dem vom Kartographen Paul Langhans zwischen 1902 und 1914/15 herausgegebenen Periodikum *Deutsche Erde. Zeitschrift für Volkskunde* unter anderem zusammen mit dem Statistiker und Volks- und Kulturbodenforscher Hasse, dem Kultur- und Universalhistoriker Karl Lamprecht, dem Zoologen und Rassenhygieniker Ernst Haeckel, dem Historiker Dietrich Schäfer, dem Geographen, Geologen und Volks- und Kulturbodenforscher Albrecht Penck, dem Archäologen Gustav Kossinna, dem Historiker Ernst Seraphim, dem Statistiker Georg von Mayr und dem Rechtswissenschaftler und Historiker Felix Dahn.[161] Bis auf Jhering und Penck gehörten sie alle dem Alldeutschen Verband an.

In Jherings Rechtstheorie ist der Ansatz, der den Menschen nicht mehr als höchsten historisch gewordenen Ausdruck des Rechts betrachtete, sondern umgekehrt als dessen Grundlage, mit dem Verweis auf diese Jhering'schen antisemitischen und nationalistischen Züge sowie auf die kolonialpolitischen Interessen von Vater und Sohn wiederum auch nicht ganz erfasst. Sie standen einem Prinzip von Gleichheit und Freiheit des

---

156 Siehe den Hinweis bei Lipp: Rudolf von Jhering.

157 Siehe dazu Mecke: Begriff des Rechts, S. 374–375.

158 Aufruf zu „Herrmann". Gesellschaft für deutsche Ansiedlung in Südamerika, 13.12.1885, in IfL Centralverein für Handelsgeographie und Kolonialpolitik/Zweigverein Leipzig (Handakten E. Hasse), K 428/2.

159 Rundschreiben Präsident der Deutschen Kolonialgesellschaft, Hermann Fürst zu Hohenlohe-Langenburg, 15.12.1885, in ebd.

160 Jhering/Langhans: Das südliche Kolonialgebiet und Deutsche Kolonialzeitung 1.4.1887. 1926 wurde Hermann von Jhering o. Honorarprofessor für Zoologie und Paläontologie an der Universität Gießen.

161 Siehe den Herausgeberkreis von *Deutsche Erde* 1902–1914/15 (unter Mitwirkung der Zentralkommission für wissenschaftliche Länderkunde von Deutschland). Michael Fahlbusch nannte Die Zeitschrift auch das „wissenschaftliche Beiblatt" zu den *Alldeutschen Blättern.* Ders.: Die Stiftung für deutsche Volks- und Kulturbodenforschung, S. 54.

Einzelnen gegenüber, das bei Jhering Rechtsvoraussetzung blieb, der unter „Volk" immer eine Gemeinschaft von Individuen verstand. Der Kampf um Raum und Macht schien zwischen „Völkern" wiederum legitim und eröffnete Spielräume für eigene biographische Verwirklichungen in der kolonialen Peripherie des nach Weltgeltung und Weltmacht strebenden Deutschen Reiches.

Die Ambivalenzen des Jhering'schen Rechtsbegriffes sind offenkundig. So blieb Jherings Rechtstheorie unvollständig beziehungsweise aufgrund des nicht fertiggestellten dritten Bandes von „Zweck im Recht" unvollendet. Es fehlte eine normative Ausdeutung des Interessenbegriffs, der über die verfahrenstechnische Begründung von Rechtsbildung und -durchsetzung im staatlichen Gesetzesrecht im Vergleich zum Gewohnheitsrecht des „Volksgeistes" hinausgeht.[162]

Trotz Jherings Überlegungen zu Gerechtigkeit und gegen Willkür blieb sein Ansatz, dass der von der Gesetzgebung mit der Norm verfolgte Regelungszweck der Kern des Rechts sei[163], jedoch weitgehend abhängig von der interessengeleiteten Auslegung des Rechtszwecks und somit anfällig für die Herausforderungen eines autoritären Zeitgeistes. Jhering stellte den „Geist der Zeit" dem „Geist des Volkes" als eigenständigen Entwicklungsfaktor der Rechtsentstehung zur Seite.[164] Er erkannte selbst die Geschichtlichkeit aller Rechtsquellen und wollte über die Legitimitätsvorstellungen jeweils herrschenden Rechts nicht urteilen.[165] Er gilt angesichts der notwendigen Weiterentwicklung des Rechtsbegriffs für die Notwendigkeiten der modernen Gesellschaft folglich als „Kind seiner Zeit".[166]

Ging es Jhering um die Entmystifizierung des „Volksgeistes" der Historischen Schule, so war seine soziologische Erweiterung um die Kategorien Willen, Interessen, Zweck und Kampf ums Recht als Grundprinzipien der Rechtsentstehung und -durchsetzung auch für nachfolgende Generationen von Juristen wie Claß prägend, die dem „Volk" nun rassisch-sozialdarwinistische Grundprinzipien zuschrieben und sich durch

---

162 Siehe auch Wertenbruch: Versuch, S. 67–69 und Rüthers/Fischer/Birk: Rechtstheorie, S. 339–341. Der sozialdemokratische Rechtsprofessor und zweimalige Justizminister der Weimarer Republik, Gustav Radbruch, der als Schüler Franz von Liszts das republikanische Ideal des Rechtsstaates vertrat, notierte in seiner 1932 erschienen „Rechtsphilosophie" kritisch über Jhering: „[...] nur noch eines Schrittes hätte es für Jhering bedurft, um von der Soziologie zur Rechtsphilosophie fortzuschreiten: sobald er sich nicht nur als kontemplativen Zuschauer fremder Zwecksetzung, sondern als selbst zwecksetzender Akteur der Rechtsentwicklung ins Auge faßte, hätte er nicht eine tatsächliche Zwecksetzung, sondern den fordernden Zweck selbst vor sich sehen, die Konfrontation der empirischen Rechtswirklichkeit mit einem normativen Rechtsmaßstabe erleben, den Dualismus der Rechtswirklichkeits- und Rechtswertbetrachtung einsehen und schließlich den Utilitarismus partieller Zwecksetzungen in einer letzten absoluten Zweckidee überwinden müssen." Radbruch: Rechtsphilosophie, S. 28–29. Entwickelte er auch erst nach dem Zweiten Weltkrieg die „Radbruchsche Formel" über die Verwerfung ‚ungerechter Gesetze', so machte er unmissverständlich auf die Gefahr der offenen Richtung von Jherings „Zweck im Recht" aufmerksam.

163 So Rüthers: Methodenfragen als Verfassungsfragen, S. 367.

164 Jhering: Geist, Bd. I, S. 34 und 36. Siehe auch Mecke: Begriff des Rechts, S. 75.

165 Mecke: Begriff des Rechts, S. 138.

166 Wertenbruch: Versuch, S. 1 und 2.

die biologistische Erweiterung des Rechtsbegriffs als Vollender der soziologischen Rechtsmodernisierung verstanden, welche die krisenhafte historische Methode auch praktisch überwinden wollten.[167]

In seinem politischen Wirken nutzte Claß Jhering für eine hybride Rechtsanschauung, die „Zweck" wieder mit einer Art abstraktem und idealisiertem „Geist" verband und normativ für eigene Machtinteressen, ungeachtet der Mehrheitsverhältnisse, auflud. Über Jherings pragmatischen Rechtsbegriff des „Zwecks" gelangte Claß letztlich wieder zurück zum Konzept des mystischen „Volksgeistes", dem er nun erneut eine kulturelle Grundierung zuschrieb, die er aber biologistisch beziehungsweise über die Kategorie der „Rasse" gleichsam zu objektivieren und somit ihrer spekulativen Natur zu entkleiden versuchte. Sozialdarwinismus war in dieser Gedankenwelt eine biologistisch-lebensphilosophische Perspektive, die jedoch mit dem Historismus nicht brach, um ihn abzulösen, sondern ihn auf neue Art restabilisieren sollte, indem sie mit ihm verbunden wurde.

Somit wurde dem Recht eine weitere Ordnungsebene hinzugefügt. Neben der historistischen Gewordenheit einer idealisierten deutschen Kultur nahm die biologistische Perspektive auf der Grundlage von „Rasse" Eingrenzungen und Abgrenzungen von Rechtsordnungen vor, die in den politischen Auseinandersetzungen der Moderne zusätzliche rechtsschöpferische Umgestaltungen durch Ausgrenzung legitimieren sollten. „Rasse" stieg Ende des 19. Jahrhunderts als „neue[s] Differenz verbürgende[s] Ordnungskriterium" auf.[168] Die geschichtliche Gewordenheit von Recht sollte gegen den Demokratisierungsdruck der modernen Massen geschützt werden, indem behauptet wurde, dass es eine wahre deutsche Rechtsordnung gebe, die sich im Kampf gegen Rechtskulturen anderer Völker historisch durchgesetzt habe und nun im Kampf gegen innere Reichsfeinde geschützt werden müsse, die falschen Ideen des Internationalismus aufgesessen seien.

Sozialdarwinismus als rassistischer Strukturzusammenhang des Lebens war hier Mittel zum Zweck, an dessen Anfang und Ende die Verwissenschaftlichung des Spekulativen und somit die „vermeintliche Evidenz" der Objektivierung der eigenen Interessen standen.[169] Claß führte dieses Denken später nicht in den Alldeutschen Verband ein, baute aber auf den bereits gebräuchlichen Begrifflichkeiten vom „Zweck" des Verbandes, den „Mitteln" zur Durchsetzung der Verbandsziele, der „Bekämpfung aller der nationalen Richtung entgegengesetzten Richtungen" sowie der „Förderung einer thatkräftigen deutschen Interessenpolitik in Europa und Übersee" auf.[170] Der Anspruch des Alldeutschen Verbandes, für den gesamten „Volkswillen" zu sprechen und die wahren

---

167 Siehe zur Ablösung auch Schnädelbach: Philosophie in Deutschland, S. 179–181 und die Einordnung in Diskussionen um ein „deutsches Recht" von 1939 von Wolf: Große Rechtsdenker, S. 491–540.

168 Goschler: Rudolf Virchow, S. 114.

169 Zitat zum Komplex Rassenanthropologie, Objektivierung und „Pseudowissenschaft" bei Etzemüller: Auf der Suche nach dem nordischen Menschen, S. 9.

170 Satzung des Alldeutschen Verbandes vom 3.4.1897, in Alldeutsches Werbe- und Merkbüchlein 1899, S. 5.

Interessen des deutschen Volkes zu erkennen und zu vertreten, löste die Alldeutschen von allen traditionellen Zusammenhängen von Autorität und erlaubte die Inszenierung als Avantgarde jenseits von Volk oder Monarchie.[171] Die Vertretung der wahren Volksinteressen wurde über den Zusammenhang von Rasse und moralischer Obligation begründet. Ethnische Zugehörigkeit sei demnach die Grundlage für eine „nationale Religion" aus Christentum und „Deutschtum".[172] „Deutschtum" war demnach das Ergebnis von Rasse, aus der Kultur und Normen hervorgingen und gleichzeitig auf sie zurückwirken sollten. Diese Mystik des „Deutschtums" konnte man dem spekulativen „Volksgeist" der historischen Rechtsschule an die Seite stellen, jedoch sollte die Spekulativität des Wirkungszusammenhangs von ethnischer Zugehörigkeit, „Volk" und Kultur durch ihre Biologisierung vermeintlich präzisiert und somit naturwissenschaftlich bestimmbar und vorhersagbar gemacht werden. Verfall, Regeneration und Wiedergeburt erlaubten im Konzept des sozialdarwinistischen Kampfes ums Überleben auch den beständigen Kampf um Interessen, zu deren Durchsetzung Jhering den Ansatz der legitimen Ermächtigung bereitgestellt zu haben schien.[173]

Ludwig Schemann, ab 1909 Ortsgruppenvorsitzender in Freiburg und dann Mitglied des Gesamtvorstandes des Alldeutschen Verbands, wurde von Claß später während seines Verbandsvorsitzes in seinem Anliegen in großem Umfang gefördert, die bis dahin in Deutschland wenig beachteten Rassenlehren Arthur de Gobineaus durch Übersetzungen zu popularisieren und somit dem deutschen Volk die Bedeutung von Rasse zu lehren und es zu erziehen.[174] Dies sollte vor allem durch die 1894 erfolgte Gründung der Gobineau-Vereinigung geschehen, zu der Schemann durch Richard Wagner angeregt wurde. Claß trat der Vereinigung 1901 bei, die ein Jahr zuvor im Juli 1900 noch 144 Mitglieder zählte, zum Februar 1902 aber bereits fünfzig neue Mitglieder registrierte.[175] Der Zuwachs war auch Claß zu verdanken, der rührig um neue Mitglieder in seinem Umfeld in Rheinhessen warb. Er kam hier unter anderem mit den Wagner-Vertretern aus Bayreuth zusammen, die zunächst die Führung der Vereinigung für sich beanspruchten. Doch dann sei „die eigentliche Kernschar der wirklichen Deutschen" gekommen, so Schemann rückblickend, wie der Alldeutsche Verband unter Claß' späterer Führung, aber auch die Gesellschaft für Rassenhygiene oder der Deutschbund, die

171 Chickering: We Men, S. 232.

172 Ebd., S. 235.

173 Zum Sozialdarwinismus und Rassismus um die Jahrhundertwende siehe auch Weingart/Bayertz/Kroll: Rasse, Blut und Gene, Geulen: Wahlverwandte, Etzemüller: Auf der Suche nach dem Nordischen Menschen, Puschner: Sozialdarwinismus und Herbert: Traditionen des Rassismus.

174 Siehe u. a. Schemann: Gobineaus Rassenwerk und Gobineau. Eine Biographie, 2 Bde. sowie die drei Bände Die Rasse in den Geisteswissenschaften. Siehe Köck: Ludwig Schemann und die Gobineau-Vereinigung, Breuer: Ordnungen der Ungleichheit, S. 47–76, Leicht: Heinrich Claß, S. 85–93 und Chickering: We Men, S. 237–238.

175 Schemann: Fünfundzwanzig Jahre Gobineau-Vereinigung, S. 6. Die Gobineau-Vereinigung wurde 1894 mit 58 Mitgliedern gegründet und zählte kurz vor Kriegsausbruch 1914 dann 348 Mitglieder. Siehe auch Köck: Ludwig Schemann.

in engste Beziehungen zur Vereinigung traten.[176] Von den wichtigsten Vertretern der „deutschen Bewegung" sei der Alldeutsche Verband unter Hasse und Claß seit der Jahrhundertwende als erstes unter dem „aktiven Gros der deutschen Bewegung" für Gobineaus Rassentheorien zu nennen, neben den Deutsch-Sozialen unter Max Liebermann von Sonnenberg, dem Deutschbund von Friedrich Lange und den antisemitischen Hammer-Gemeinden von Theodor Fritsch.[177]

Die Anziehungskraft des Alldeutschen Verbandes für Naturwissenschaftler wie Ernst Haeckel und Max von Gruber oder die Nähe von Alfred Ploetz, Wilhelm Schallmayer und Ernst Rüdin zur 1910 gegründeten Deutschen Gesellschaft für Rassenhygiene verweisen auf das Synthesepotenzial der alldeutschen Weltanschauung sowie der alldeutschen Rechtsanschauung, wie sie etwa Ludwig Kuhlenbeck repräsentierte. Kuhlenbeck studierte unter anderem in Göttingen Rechtswissenschaft, lehrte von 1902 bis 1908 in Lausanne und verstand sich als ein Schüler Jherings. Er schrieb unter anderem im Auftrag des Deutschen Anwaltsvereins die Erläuterung für das Einführungsgesetz zum Bürgerlichen Gesetzbuch von 1900 und war bis in den Ersten Weltkrieg hinein Mitglied des Vorstandes des Alldeutschen Verbandes sowie Mitglied des Deutschbundes.[178] Kuhlenbeck übertrug biologistische Denkansätze der Rassen- und Deszendenztheorie in das rechtswissenschaftliche Denken und erteilte der Gleichbehandlung von Rechtssubjekten eine Absage. Gerade gegen Juden müsse im Rahmen eines „lebendigen Rechts" ein „Kulturkampf" geführt werden, um die Entstehung einer Massengesellschaft zu verhindern und stattdessen eine sozialaristokratische Führungsschicht aufzubauen.[179]

Jherings auch als „Sachlichkeit" beschriebene Hinwendung zur naturwissenschaftlichen Rationalität von Wille, Interessen, Zweck und Kampf ums Recht[180] kenn-

---

176 Claß an Ludwig Schemann, 9.9.1901, in Universitätsarchiv Freiburg, NL Schemann, N 12, Bd. 1669, Bl. 1. Schemann: Fünfundzwanzig Jahre Gobineau-Vereinigung, S. 31–32. Seine „Festschrift" von 1919 widmete Schemann „Heinrich Claß in herzlicher Gesinnungsgemeinschaft". Ebd. Vorsatzblatt. Siehe auch Schemanns Laudatio zu Claß' 50. Geburtstag in Alldeutsche Blätter 2.3.1918. Cosima Wagner war erstes Mitglied der Gobineau-Vereinigung, Claß war später auch führendes Vorstandsmitglied der Vereinigung und schlug Schemann 1916 vor, die Arbeiten an Gobineaus Werk, ungestört von den Aufgaben des Verbandsvorsitzes, weiterzuführen und dafür, ohne die Verbindung zu ausländischen Anhängern, eine ‚deutsche Gobineau-Vereinigung' zu gründen, die durch den Alldeutschen Verband finanziell unterstützt wurden wäre. Claß an Schemann 14.7.1916, in ebd., S. 60. Nach Kriegsende und den schwierigen Verbindungen zum Gobineau-Archiv in der Universitäts- und Landesbibliothek Straßburg erfolgte 1920 erneut auf Anregung von Claß die Gründung der Neuen Gobineau-Vereinigung. Siehe Alldeutsche Blätter 30.10.1920. Siehe dazu auch Leicht: Heinrich Claß, S. 85–93.

177 Schemann: Gobineaus Rassenwerk, S. 255.

178 Kuhlenbeck: Das Einführungsgesetz.

179 Siehe Kuhlenbeck: Natürliche Grundlagen und Ders.: Rasse und Volkstum sowie Szemerédy: Ludwig Kuhlenbeck und Puschner: Die völkische Bewegung, S. 88–91. Zur Rezeption im Nationalsozialismus siehe Lemmel: Ludwig Kuhlenbeck und Ders.: Die Volksgemeinschaft. Herbert Lemmel wurde nach der Habilitation in Berlin 1939 an der Berliner Universität Privatdozent.

180 Siehe Wolf: Große Rechtsdenker, S. 523, der 1939 Jherings „unbedingten Willen zur Sachlichkeit" betonte, der die „Natur der Sache" in ihrem „historischen Entwicklungsgesetz" jenseits eigener „Wert-

zeichnete den Übergang in ein neues Zeitalter der Rechtsbegriffe in der zweiten Hälfte des 19. Jahrhunderts. Sein Ansatz wurde in der ersten Hälfte des 20. Jahrhunderts durch selbsternannte Schüler wie Claß um eine „Sachlichkeit" der politischen Durchsetzung von Zwang und Gewalt mittels des rechtsschöpfenden Staatsnotstandes praktisch ergänzt. Somit wurde die dauernde Wandlung des Rechts durch gesellschaftliche Erfahrung und sich verändernde Interessen der Mehrheit wieder rückgängig gemacht, indem erneut ein absoluter Charakter des Volkswillens unterstellt wurde, der sich jedoch nicht am Aufstieg der „Massen", sondern an den Interessen einer exklusiven Minderheit des besitzenden Bildungsbürgertums orientieren sollte. Als Maßstab wurden soziale und politische Faktoren zusammengedacht und für ein völkisches beziehungsweise spezifisch deutsches Recht absolut gesetzt. Eine als historisch gewachsene sowie kulturell und geographisch verstandene „Volksgemeinschaft" wurde über das Konzept „Rasse" ethnisiert und als „Organismus" idealisiert.[181]

1.4 Weltanschauungen: Bismarck, Parlamentarismus, Antisemitismus und Rassismus

Das politische Umfeld seiner Familie ermöglichte Claß eine Sozialisierung, die sich an Grundwerten der altliberalen Nationalbewegung maß und vor allem Einheit und Freiheit vertrat. Claß verwarf in seinen Erinnerungen mit großer Geste die Gedankenwelt der 1848er-Revolution jedoch als kleingeistig, da sie die Opposition zum Staat als Aufgabe nicht begriffen hätten, als es darum gegangen sei, übergeordnete Interessen wie die Reichseinigung auch gegen den Widerstand der Krone durchzusetzen. Sein Großvater Heinrich habe ihm die „Lächerlichkeiten der Revolutionshelden" geschildert, was ihn nachhaltig geprägt habe.[182]

Die Revolution von 1848/49 markierte für Claß ein zweifaches Scheitern, sowohl des Revolutionsparlaments als auch der preußischen Monarchie.[183] König Friedrich Wilhelm IV., der die ihm vom Frankfurter Parlament angetragene Kaiserkrone ausgeschlagen hatte, ließ für Claß jegliches politische und historische Gespür vermissen, das für eine deutsche Reichseinigung nötig gewesen wäre. Deren kleindeutsche Ausgestaltung sei „ohne die Millionen Deutschen Österreichs keine endgültige Lösung der deutschen Frage" gewesen, sie müsse durch eine entsprechende „Form" angesichts der „Schwierigkeit, die sich aus dem dortigen Volksgemisch" ergebe, gestaltet werden.[184] In

setzungen" darstellen wollte. Zu Wolf siehe auch Mehring: Rechtsidealismus zwischen Gemeinschaftspathos und kirchlicher Ordnung.

181 Siehe auch Walkenhorst: Nation – Volk – Rasse.

182 Claß: Wider den Strom, S. 10.

183 Siehe hingegen u. a. Hardtwig (Hrsg.): Revolution in Deutschland und Europa, Hein: Die Revolution von 1848/49, Müller: Die Revolution von 1848/49 und Canis: Konstruktiv gegen die Revolution.

184 Claß: Deutsche Geschichte von Einhart (1909), S. 234. Siehe auch Hirschmüller: Die Revolution von 1848/49.

seinem 1909 erschienenen Buch zur deutschen Geschichte beschrieb er seine Vorbehalte ausführlicher. Die 1848er-Revolution war für ihn Ausdruck der „Sehnsucht der besten im Volke nach der politischen Einheit", jedoch sei „das Leben im Parlament entartet" gewesen, als im Frühsommer 1849 das „Rumpfparlament" nach Stuttgart verlegt wurde und man „sich in nutzlosen Kundgebungen" verlor, deren „Torheit nur durch die Machtlosigkeit dieser Versammlung überboten wurde".[185] Das Parlament habe demnach ebenso versagt wie der preußische König, der nicht nur die Kaiserkrone allein durch die Fürsten annehmen wollte, sondern auch einen folgenden Krieg mit Österreich und Russland fürchtete, für den er jedoch aufgrund eigenen Versagens nicht gerüstet gewesen sei.

Der Freiburger Apotheker Josef Franck, aber auch der 82-jährige Geheime Justizrat Adolf Lippold, der 1870 als Advokatanwalt in Mainz begann, zuletzt Oberlandesgerichtspräsident in Darmstadt war und in enger Freundschaft zum Großvater Heinrich und zu den Eltern gestanden hatte, warnten Claß' vor seinen sich verfestigenden antiliberalen Überzeugungen.[186] Lippold, der von 1903 bis 1910 katholisches Mitglied der Ersten Kammer des Großherzoglich-Hessischen Landtages war, hatte selbst im Mai und im Juni 1849 beim Bamberger Pfälzer-Aufstand zur Verteidigung der Frankfurter Reichsverfassung vom 28. März gegen die Ablehnung des bayerischen Königs Maximilian II. teilgenommen, die eine erbliche konstitutionelle Monarchie vorsah, deren angebotene Kaiserkrone der preußische König abgelehnt hatte.[187] Claß hatte für den Altliberalismus nur Verachtung übrig. Die Nähe Lippolds zu Ludwig Bamberger verstärkte seine Ablehnung nur noch. Bamberger, der aus einer jüdischen Bankiersfamilie stammte und von 1868 bis 1874 für den Wahlkreis Mainz und von 1874 bis 1890 für den Wahlkreis Bingen-Alzey im Reichstag saß, führte die linksliberale Sezession von den Nationalliberalen und die Gründung der Liberalen Vereinigung 1880 an, da er sich wie viele andere der Sezessionisten von den Nationalliberalen auch aufgrund von Bismarcks Steuer- und Militärfinanzierungspolitik entfernt hatte. Bamberger verkörperte durch seinen Wechsel zur Liberalen Vereinigung und deren Verschmelzung 1884 mit der Freisinnigen Volkspartei zur neu gegründeten Deutsch-Freisinngen Partei die Zersplitterung der Partei sowie die Wechselhaftigkeit der Mehrheiten im Reichstagswahlkreis Bingen-Alzey, den Claß später selbst versuchte, für die Nationalliberalen zu gewinnen.[188]

Die Ablehnung der Revolution von 1848 als Episode der demokratischen Mitbestimmung und eines Nationalismusverständnisses der Altliberalen, das sich mit den Leitbegriffen „Patriotismus, Toleranz, Humanität" beschreiben lasse, habe ihn, Claß, als Vertreter einer jüngeren Generation von Nationalisten abgeschreckt.[189] Vielmehr faszinierte ihn als Angehöriger der Reichsgründergeneration nicht mehr die nationale

185 Ebd., S. 235.

186 Siehe Ders.: Wider den Strom, S. 18 und 36.

187 Die revolutionären Verbände führten unter anderen Ludwig Bamberger und Gustav Struve, deren Adjutanten auch Carl Schurz, Friedrich Engels und Wilhelm Liebknecht waren.

188 Siehe Koehler: Ludwig Bamberger, S. 213–256 und Reibel: Handbuch, S. 1350.

189 Claß: Wider den Strom, S. 17.

Einigung, sondern deren Ausbau nach außen und Vollendung nach innen. Bismarcks Politik gegen „Reichsfeinde“ der Sozialdemokratie, des Katholizismus und der ethnischen Minderheiten wie Polen, Franzosen und Dänen wurden Leitlinien für Claß’ Weltanschauung. Treitschke und Bismarck waren bereits zwei Säulen der borussischen Erzählung des Großvaters gewesen. Als Einschnitt in seine politische Sozialisation wirkte für Claß, wie für eine ganze Generation späterer nationalistischer Politiker, der Rücktritt Bismarcks 1890.[190]

Bismarck avancierte als Kanzler der Reichsgründung schon zu Amtszeiten zum Mythos und wurde nicht nur bei den Studentenschaften, sondern auch im akademischen Milieu der Universitätsprofessoren verehrt. Kurz vor Claß’ Wechsel von Freiburg nach Gießen wurde Bismarck von der Theologischen Fakultät der Universität Gießen am 10. November 1888 die Ehrenpromotion zum „Dr. theol.“ verliehen.[191] Bismarck wurden darüber hinaus in Halle/Saale, Göttingen, Erlangen, Tübingen und Jena Ehrendoktorwürden zuteil.[192] In Göttingen, wo er von 1831 bis 1832 selbst Rechtswissenschaft studiert hatte, erhielt der Reichskanzler am 25. März 1885 die Ehrenpromotion, die ihm Jhering als Dekan der Juristischen Fakultät zum 70. Geburtstag in Berlin überreichte. Seit Jahren hatte Jhering „keinen größeren Wunsch“, als Bismarck einmal persönlich kennenzulernen, und fühlte sich „doch gehoben durch den Gedanken, daß ein Akt in seinem Leben mit meinem Namen verknüpft sei“.[193] Dem Bismarck-Verehrer Jhering sollte auch Claß’ zukünftiger wichtigster politischer Wegbegleiter während seines Studiums begegnen. Zwei Jahre zuvor hatte Alfred Hugenberg, Mitbegründer des Alldeutschen Verbandes, die Vorlesungen von Jhering zur Römischen Rechtsgeschichte als begeisterter Student in Göttingen gehört.[194]

Die praktische Politisierung, die Claß vom Hörsaal auf die Straße führte, fand kurz nach seinem Wechsel nach Gießen zum Wintersemester 1889/90 statt und brachte ihn in den Wahlkampf des antisemitischen Schriftstellers und Verlegers Otto Böckel. Claß hatte bereits den politischen Aufstieg des Berliner Hofpredigers Adolf Stoecker und seiner antisemitischen Bewegung in Berlin genau beobachtet. Diesen „Partei-Antisemiten“ konnte Claß nichts abgewinnen, denn er konnte den „eiskalten“ Stoecker als öffentli-

---

190 Auch der ehemalige Mitarbeiter der Monumenta Germaniae Historica und Studienrat Horst Kohl (1855–1917), der zahlreiche Veröffentlichungen zu Otto von Bismarck nach dessen Rücktritt 1890 vorgelegt hatte, war Mitglied des Alldeutschen Verbandes. Alldeutsche Blätter 19.5.1917. Siehe auch Epkenhans: Horst Kohl.

191 Siehe Otto von Bismarck an Dekan [Ferdinand] Kattenbusch (Gießen) 22.11.1888, in Otto von Bismarck. Gesammelte Werke, Abt. III: 1871–1898, Bd. 8, S. 314, Kohl: Fürst Bismarck-Gedenkbuch, S. 192–193 und Chronik der Universität Gießen, S. 406.

192 Siehe Pflanze: Bismarck, Bd. 1, S. 547.

193 Battermann: Rudolf von Jhering über seinen Besuch bei Otto von Bismarck, S. 143 und 146. Siehe auch Poschinger: Bismarck und Jhering.

194 Alfred Hugenberg hörte während seines Studiums in Göttingen im Sommersemester 1883 und Wintersemester 1883/84 persönlich bei Jhering zu Römischer Rechtsgeschichte, Römischem Sachenrecht und Römischem Obligationsrecht. Abschlusszeugnis Alfred Hugenberg 7.3.1884, in Universitätsarchiv Göttingen, Abschlusszeugnisse 102/1884. Dazu Schellhorn: Alfred Hugenberg.

chen Redner nicht ausstehen.[195] Es war aber vermutlich zu dieser Zeit, dass Claß' Antisemitismus seine erste strukturelle Form erhielt, die er dann zum gefestigten Weltanschauungsprogramm weiterentwickelte. Zuvor schien Claß Juden nicht als „Volks- und Rassefremde" wahrgenommen zu haben, denen man als „undeutsche und deutschfeindliche Bevölkerungs-Bestandteile" das Wahlrecht und, bis auf „sittlich und geistig hochstehende[n] jüdische[n] Familien", das Bürgerrecht entziehen sollte, wie es Claß zwanzig Jahre später forderte.[196]

Zu Schulzeiten schien Claß noch kein radikaler Antisemit gewesen zu sein. Die katholische Dominanz in seinem Gymnasium hatte Claß bei Weitem mehr beschäftigt als der Anteil jüdischer Schüler. In seinen Erinnerungen arbeitete er sich folglich für die frühen Jahre seiner Sozialisation vielmehr beständig am Katholizismus ab. Auch für die Militärzeit beim 3. Großherzoglich Hessischen Infanterie-Regiment Nr. 117 in Mainz, in das er als Einjähriger am 1. April 1887 eintrat und das er als Unteroffizier der Landwehr Ostern 1888 verließ, erwähnte Claß zwar explizit jüdische Rekruten, jedoch ohne antisemitische Konnotationen.[197] Ungeachtet des nationalistisch geprägten Hausunterrichts seines Großvaters Heinrich und seiner Begeisterung für die Treitschke-Vorlesungen sind antisemitische Äußerungen oder Haltungen von Claß auch für die Studienzeit in Berlin und Freiburg nicht überliefert.[198] Vielmehr vollzog sich die konkrete Heranführung an antisemitische Positionen wohl nun während seiner Gießener Studienzeit.

Claß unterstützte zusammen mit Studienfreunden im Frühjahr 1890 den Reichstagswahlkampf von Böckel im großherzoglich-hessischen Gießen.[199] Das Engagement hielt sich insgesamt wohl in Grenzen, aber der erste Kontakt mit Wahlkampfpolitik war hergestellt. Der Kandidat selbst trat im Wahlkreis Marburg-Frankenberg in der Provinz Hessen-Nassau an. Im Gegensatz zu Stoecker schien Claß Böckels volkstümlicher Wahlkampfstil zu interessieren, der sich nah an den Interessen der hessischen Bauern mit einer Melange aus Agrarromantik, Sozialreform und radikaler Oppositionspolitik orientieren sollte.

Führende Vertreter der völkischen Bewegung standen Böckel teils kritisch gegenüber, wie Theodor Fritsch, Gründer des antisemitischen Reichshammerbundes und des Germanenordens sowie späteres Mitglied des Deutschvölkischen Schutz- und Trutzbundes (DvSTB) und Weimarer Reichstagsabgeordneter für die Nationalsozialistische Freiheitspartei. Fritsch hielt Böckel für einen, der sich als „Prophet" mit einem „über-

---

195 Claß: Wider den Strom, S. 16.

196 Claß: Deutsche Geschichte von Einhart (1909), S. 277–281 und 290–294. Zitat ebd., S. 292.

197 Claß: Wider den Strom, S. 12–13, Lebenslauf Heinrich Claß, in Acten des Großherzoglichen Ministeriums des Innern und der Justiz betreffend Heinrich Claß 1891–1920, in HST Darmstadt Abt. G21 B, Bd. 919. Zum Regiment, das 1887/88 eine Stärke von 559 Mann hatte und davon 495 Gefreite und Füsiliere zählte, siehe Keim: Geschichte des Infanterie-Leibregimentes, S. 386 sowie zur Bataillonsaufstellung Adreßbuch der Provinzialhauptstadt Mainz 1889, S. 385.

198 Claß sollte sich später als „Schüler Treitschkes" bezeichnen. So auch in seiner Rede auf dem westpreußischen Gautag in Danzig, 12.10.1918, in Alldeutsche Blätter 19.10.1918.

199 Siehe dazu Claß: Wider den Strom, S. 29 und Leicht: Heinrich Claß, S. 61–65.

mäßige[n] Selbstgefühl" sah, der zwar mit einer „durch Leidenschaft bestechende[n] Redegabe" die Massen „hypnotisiert" habe, jedoch seit seiner Wahl 1887 im Reichstag nichts habe ausrichten können, ein „stiller Mann" geworden und am Ende seines Lebens „in kümmerlichen Verhältnissen" gestorben sei. „Die Hoffnungen, die er einst weckte, hat er nicht erfüllt, denn er war kein Geist von Bedeutung. Er wiederholte nur mit leidenschaftlicher Gebärde die Schlagworte, die andere Vorkämpfer vor ihm geprägt hatten. Eigene Ideen besaß er nicht, auch keine organisatorischen Talente und vor allem nicht die Fähigkeit der Einordnung und harmonischen Zusammenarbeit mit anderen. Dennoch haben ihn viele als Genie und kommenden Staatsmann verehrt."[200] Wenn Claß wiederum im Rückblick festhielt, Böckels „Art" habe ihn seinerzeit nicht sonderlich beeindruckt und er habe wohl nur aus „Mitleid für den damals hart angegriffenen Wahlbewerber" mitgearbeitet, so bleibt eine solche leidenschaftslose Einschätzung seiner Wahlkampfunterstützung für Böckel doch fraglich und schien eher aus der Rückschau auf den Gescheiterten motiviert.[201]

Abb. 3: Otto Böckel.

200 Theodor Fritsch: Zum Führerstreit, in Die völkische Bewegung. Beiblatt zum Reichswart 3.4.1926 [zuerst erschienen in Der Hammer, Nr. 533 von 1924 und Nr. 571 von 1926].

201 Claß: Wider den Strom, S. 29. Wenige Jahre später stellte er Otto Böckel in eine Reihe mit Rednern wie dem Schönerianer der Alldeutschen Vereinigung, Karl Hermann Wolf, die beide seiner Ansicht nach Adolf Hitler in ihrer öffentlichen Redekunst und charismatischen Performanz weit überlegen waren. Hofmeister (Hrsg.): Heinrich Claß. Politische Erinnerungen, Kapitel 9 (Anhang von 1936).

Agrarischer Antisemitismus, wie ihn Böckel vertrat, erreichte Hessen als Wahlkampfthema Anfang der 1880er Jahre. Er spielte in den Reichstagswahlen 1884 eine geringere Rolle, um 1887 in einzelnen Wahlkreisen wie in Marburg-Frankenberg, wo Böckel mit einem Wahlkampf mit Fackelzügen und Musikkapellen unter den Revolutionsfarben von 1848 antrat, große Mobilisierungserfolge zu verzeichnen.[202] Böckels Wahlkampf war 1887 bestimmt von dessen Propaganda über die Ausbeutung der Bauern durch das mobile Kapital und den Zwischenhandel der Juden. Er hatte die Antisemitische Volkspartei, die in Deutsche Reformpartei umbenannt wurde, mit einem dichten Netzwerk von Vereinen gegründet und nutzte den Wahlkampf 1890, um sich als Opfer übertriebener Propaganda gegen seine Person darzustellen.[203] Er inszenierte sich im Wahlkampf 1890 als „Bauernkönig" gegen „Juden, Junker und Pfaffen".[204] Böckel gewann mit 64,8 Prozent im ersten Wahlgang gegen den Sammelkandidaten der Nationalliberalen, der Deutsch-Konservativen und der Reichspartei, den freikonservativen Geheimen Oberregierungsrat Heinrich Steinmetz.[205]

Das „Kartell" aus Nationalliberalen, Deutsch-Konservativen und der Reichspartei entstand aus der Annäherung der Parteien für einen gemeinsamen Bismarck-Kurs im Parlament. Entsprechend des Heidelberger Programms von 1884 banden sich die Nationalliberalen nach Bismarcks Bruch mit der Partei im Zuge der „konservativen Wende" 1879 erneut an den Reichskanzler und suchten die verstärkte Kooperation mit den Deutsch-Konservativen und der Reichspartei. Drei Jahre später ging diese Annäherung in dem Kartell auf, das Bismarck erneut eine Mehrheit im Reichstag verschaffte. Das Kartell zerbrach jedoch 1890 an unterschiedlichen Ansichten der Parteien zur Schutzzollpolitik, den Sozialgesetzen Bismarcks, der anstehenden Verlängerung der „Sozialistengesetze" sowie der punktuellen Einbindung des Zentrums in die Verabschiedung von Gesetzesvorlagen, die gerade die Nationalliberalen ablehnten.

Der Wahlkampf verschaffte Claß frühe Eindrücke über Taktiken und Strategien moderner Wahlkampfführung, denn er stand 1890 bereits im Zeichen der Fragilität des Kartells. Dies rief entsprechende Gegenbewegungen bei Linksliberalen, Zentrum und SPD gegen die antisemitische Propaganda hervor, die gerade bei den Deutsch-Konservativen, aber auch bei Nationalliberalen verfing. Die beiden Kandidaten von Zentrum und SPD gewannen zusammen knapp über 10 Prozent. Böckel konnte insgesamt vier

---

202 Siehe White: The Splintered Party, S. 134–142 und Grießmer: Massenverbände und Massenparteien, S. 44–45.

203 Mack: Otto Böckel und die antisemitische Bauernbewegung in Hessen.

204 Pfahl-Traughber: Antisemitismus, Populismus und Sozialprotest. Otto Böckel war ein Ehemaliger der Universität Gießen, wo er sich 1879 für Rechtswissenschaft immatrikuliert hatte. Kössler: Register 1851–1901, S. 21. Er studierte auch Nationalökonomie in Heidelberg und promovierte in neuere Sprachen in Marburg.

205 Reibel: Handbuch, S. 807 und 810. Heinrich Steinmetz unterzeichnete im Januar 1891 den Gründungsaufruf des Vereins zur Abwehr des Antisemitismus unter anderem zusammen mit Theodor Mommsen, Franz von Liszt sowie dem freisinnigen Professor für abendländische Sprachen und Literatur, Edmund Max Stengel, bei dem Böckel noch 1882 in Marburg promoviert hatte. Mehnert: Der Verein zur Abwehr des Antisemitismus.

weitere Antisemiten in den Reichstag bringen, die in der Fraktionsstärke von insgesamt 16 Abgeordneten jedoch weitgehend ohne Einfluss agierten. Vor allem in Oberhessen etablierte Böckel eine antisemitische Genossenschaftsbewegung, die durch die Sozialdemokratie und den Verein zur Abwehr des Antisemitismus bekämpft sowie von den hessischen Behörden beobachtet wurde.[206] Ihren Höhepunkt erreichte die Bewegung bei den Reichstagswahlen 1893, bevor dann ein rascher Niedergang auch wegen der polizeilichen Überwachung in Hessen einsetzte.[207] Ein Jahr später schlossen sich die Deutsche Reformpartei und die Deutsch-Soziale Partei zur Deutsch-Sozialen Reformpartei zusammen. Böckel schied nach seiner Wiederwahl 1898 im Wahlkreis Marburg-Frankenburg fünf Jahre später aus dem Reichstag aus.[208]

Claß fand in Böckels Wahlkampf einen ersten Anschluss an die antisemitische Bewegung. Er formte seine Weltanschauung bis zur Jahrhundertwende zu einer Synthese sozialdarwinistischer Rasseutopien und eines ethnischen Volks-Begriffs.[209] Dabei berief er sich neben Otto Ammon, Ludwig Woltmann, Ludwig Wilser und Eugen Dühring auch auf Paul de Lagarde, Gobineau und Houston Stewart Chamberlain.[210] Die radikale Zurückweisung der jüdischen Emanzipation des 19. Jahrhunderts war Kern dessen, was Claß unter Verweis auf Treitschke später in seinen Erinnerungen von 1932 als Absage an „Patriotismus, Toleranz, Humanität“ im elterlichen Haus und „Ablehnung des Judenthums“ durch ihn selbst seit seiner Studienzeit beschrieb.[211]

Der Wahlkampf für die Reichstagswahl am 20. Februar 1890 markierte Claß’ Eintritt in die Reichspolitik. Sein politisches Engagement wurde durch die Zäsur von Bismarcks Rücktritt als Reichskanzler am 20. März noch verstärkt. Der unstete Kaiser Wilhelm II. nahm nach grundsätzlichen Differenzen über die Führung im Reich an diesem Tag Bismarcks Entlassungsgesuch an und setzte seine Forderung, sein ‚eigener Kanzler‘ sein zu wollen, letztlich um. 13 Jahre später sollte Claß dieses Datum zum Erweckungser-

206 Siehe auch Peal: Anti-Semitism, S. 140–197.

207 Siehe Berding: Moderner Antisemitismus, S. 99–110 sowie auch Levy: The Downfall of Anti-Semitic Parties.

208 Die Alldeutschen sollten 1911 schließlich einen eigenen Kandidaten aufstellen. Der Antisemit Ferdinand Werner, später führendes antisemitisches Mitglied im Alldeutschen Verband und des DvSTB, zog im Großherzogtum Hessen als Vorsitzender der Deutschsozialen Partei für den Wahlkreis Gießen in den Reichstag ein.

209 Siehe dazu Leicht: Heinrich Claß, S. 52–61.

210 Claß: Wider den Strom, S. 50–51 und 87–88, Ders.: Deutsche Geschichte von Einhart (1909), S. 294 und 389–391. Siehe auch Chickering: We Men, S. 230–252 und Leicht: Heinrich Claß, S. 85–93. Ludwig Wilser gehörte dem Gesamtvorstand und Otto Ammon dem Geschäftsführenden Ausschuss des Alldeutschen Verbandes an. Houston Stewart Chamberlain trat 1916 dem Alldeutschen Verband bei. Ludwig Woltmann gründete 1902 die Politisch-Anthropologische Revue, die zum Organ eines „pseudowissenschaftlichen Rassismus“ wurde. Sieferle: Rassismus, S. 443. Otto Reche, Rasseanthropologe und Ethnologe an der Universität Leipzig und Mitglied des späteren DvSTB sowie im Vorstand der Deutschen Gesellschaft für Rassenhygiene und der Deutschen Gesellschaft für Rassenforschung, gab einzelne Woltmann-Schriften wie die 1903 entstandene Politische Anthropologie in drei Bänden 1936 erneut heraus. Reche: Woltmanns Werk. Zu Reche siehe Geisenhainer: Rasse ist Schicksal.

211 Claß: Wider den Strom, S. 17.

lebnis stilisieren, als er im Alldeutschen Verband das erste Mal einen Rundumschlag gegen die Reichspolitik von Bismarcks Nachfolger, Leo von Caprivi, wagte.[212] In seinen Erinnerungen verherrlichte er über vierzig Jahre später das Ereignis zu seiner eigentlichen politischen Taufe: Dies war demnach „der Tag, an dem ich bewußt zur nationalen Opposition überging, die den neuen Kurs ablehnte".[213]

Der Reichskanzler opponierte seit dem Thronantritt des jungen, erratischen Wilhelm II. gegen dessen Ambitionen, sein eigener Reichskanzler sein zu wollen, und wurde nach seiner Entlassung zu einem alternativen Machtzentrum für die nationalistische Bewegung von Interessenverbänden, Burschenschaften und Kriegervereinen im Wilhelminischen Kaiserreich gegen den „Neuen Kurs" von Bismarcks Nachfolger Caprivi. Vermutlich pilgerte er im Zusammenhang mit den Offerten der Nationalliberalen 1892 und 1893 für zwei Wallfahrten zu Bismarck nach Bad Kissingen, wo er ihn als Redner inmitten der Besuchermassen zu sehen bekam.[214] Nachdem die Nationalliberalen in Hannover Bismarck bereits 1891 für eine Nachwahl hatten nominieren wollen, erreichte der neue Bismarck-Mythos, der sich um den ehemaligen Reichskanzler als symbolisches Macht- und Oppositionszentrum zum „neuen Kurs" rankte, auch die süddeutschen Nationalliberalen, die im Juli 1892 eine Abordnung zu Bismarck nach Bad Kissingen sandten. Die neue Annäherung an Bismarck überdeckte die seit der „Konservativen Wende" von 1879 bestehende Brüchigkeit des Bündnisses zwischen Nationalliberalen und konservativen Junkern. Im April 1894 ging eine letzte nationalliberale Delegation nach Friedrichsruh, um Bismarck zum Geburtstag zu gratulieren.[215] Claß sah Bismarck noch ein weiteres Mal. Eine flüchtige nähere Begegnung mit Bismarck hoch zu Ross ereignete sich Jahre später durch Zufall bei dessen gewohntem Ritt durch den Berliner Tiergarten.

Die Einbindung in die lokalen Parteikämpfe Hessens setzte sich für Claß nach der Reichstagswahl von 1890 fort. Als er 1893 im Kreisamt Mainz seinen Vorbereitungsdienst tat, war sein Vorgesetzter Ernst Albrecht Braun, knapp zehn Jahre älter als Claß, der sich nach seinem Studienbeginn in Heidelberg 1877 in Gießen für Rechtswissenschaft immatrikuliert hatte.[216] Braun war später von 1906 bis 1907 Präsident des Innenministeriums, von 1907 bis 1910 Innenminister und von 1910 bis zu seinem Tod 1916 Finanzminister von Hessen. Er bat Claß 1893 um Unterstützung bei seiner Aufstellung für die Nationalliberalen im Reichstagswahlkampf. Brauns Wahlkampf führte jedoch nicht zum Sieg und war für Claß später ein Ausweis parteipolitischer Taktiken, denen der

212 Ders.: Die Bilanz des Neuen Kurses, S. 5.

213 Ders.: Wider den Strom, S. 22.

214 Siehe ebd., S. 22–23.

215 Siehe White: The Splintered Party, S. 155–156.

216 Koessler: Register 1851–1901, S. 25. Claß absolvierte seine Referendarszeit „vom 24ten Juni 1892 bezw. 24ten Dezember 1892 und 24ten Juni 1893" am Großherzoglichen Landgericht der Provinz Rheinhessen, beim Großherzoglichen Kreisamt Mainz und beim Rechtsanwalt Dr. Alexander Hugo Struve, bis er dann zum 24.6.1894 für die juristische Staatsprüfung beurlaubt wurde. Claß an das Großherzogliche Ministerium des Innern und Justiz, 7.9.1894, in HSTA Darmstadt, Abt. G 21 B, Fasz. 919.

Kandidat zum Opfer gefallen sei. Braun soll nach Claß' Erzählung aufgrund politischer Schiebereien innerhalb der Mainzer Nationalliberalen Partei, die er „ganz in jüdischen Händen" sah, bei den Reichstagswahlen gescheitert sein, was ihn umso mehr in seiner „Einstellung dem Judentum gegenüber durch alles Miterlebte und Erfahrene bestärkt" habe. Darüber hinaus hätten die Vorgänge ihn politisch desillusioniert, da er gegenüber der Nationalliberalen Partei „jedes Vertrauen verloren" habe, es aber keine andere Partei gegeben hätte, „in der ich mich hätte nützlich machen können".[217] Worauf Claß in seinen Erinnerungen genau anspielt, bleibt unklar und verstärkt die nachträgliche antisemitische Deutung der eigenen Niederlage. Braun hatte angesichts des Aufschwungs der SPD im Wahlkreis Mainz ohnehin einen schweren Stand.

Für die Reichstagswahlen verabredeten die Nationalliberalen mit dem Bund der Landwirte und den Deutsch-Konservativen ein Wahlbündnis für den nationalliberalen Kandidaten Braun, der im ersten Wahldurchgang auch auf den schlecht abschneidenden Böckel von der Deutschen Reformpartei traf und mit 24,3 Prozent in die Stichwahl kam.[218] Braun verlor den Wahlkreis an den sozialdemokratischen Schreiner und Fabrikanten Franz Jöst mit nur 2.500 Stimmen im zweiten Wahlgang und erreichte 43,4 Prozent.[219] Jöst hatte als Kandidat der SPD für den Wahlkreis Mainz-Stadt (I) schon zuvor Geschichte geschrieben, als er und Carl Ulrich als Kandidat für den Wahlkreis Mainz-Stadt (II) 1885 als erste SPD-Abgeordnete in den hessischen Landtag gewählt wurden. Nun waren sie erneut die einzigen beiden sozialdemokratischen Abgeordneten im Reichstag und konnten die Mandate von 1890 gegen die sich auflösende nationalliberale Dominanz der hessischen Reichstagsabgeordneten verteidigen. Auch Ulrich schlug 1893 den nationalliberalen Kandidaten, Kreisrat Wilhelm Haas, im Wahlkreis Offenbach ebenfalls knapp im zweiten Wahlgang. Insgesamt verloren die Nationalliberalen im Reich über drei Prozent gegenüber der Reichstagswahl von 1890 und vereinten insgesamt 13 Prozent der Wählerstimmen auf sich.

Claß' Kritik an Brauns Niederlage bezog sich auf den umkämpften Machtanspruch der Nationalliberalen Partei, die in Hessen die Landespolitik dominierte, sich jedoch dem massiven sozialen Wandel nach der Reichsgründung und dem selbstbewussten Zentrum sowie der Sozialdemokratie in den drei Wahlbezirken Rheinhessen, Starkenburg und Oberhessen stellen musste. Der Kulturkampf und die „Sozialistengesetze" von 1878 bis 1890 forderten die Nationalliberalen in ihren seit 1867 bestehenden politischen Bindungen an Bismarck heraus. Bismarcks „Konservative Wende" von 1878/79, die nach dem wirtschaftlichen Abschwung 1873 einen Kurswechsel in der Freihandelspolitik sicherstellen sollte, ging einher mit dem Verlust der nationalliberalen Schlüsselstellung für eine rechte Mehrheit im Reichstag ein Jahr zuvor. Daraufhin erhielt das Zentrum für Bismarcks Schutzzollpolitik neue Bedeutung für die Mehrheitsbildung im Parlament und stimmte mit den Deutsch-Konservativen.

217 Claß: Wider den Strom, S. 30.

218 Reibel: Handbuch, S. 1353 und 1355.

219 Eckhardt: Arbeiterbewegung und Sozialdemokratie, S. 420 und Reibel: Handbuch, S. 1355.

Diese Entwicklungen führten zur strukturellen Schwächung der Nationalliberalen und provozierten 1880 die „Sezession" des linken Flügels der Nationalliberalen. Bei den Reichstagswahlen 1884 hoffte Bismarck auf einen Wahlsieg des „Kartells" aus Nationalliberalen und Deutsch-Konservativen, um seine Gesetze für ein Septennat und eine weitere Heeresverstärkung durchzubekommen, die durch die „Kartellwahlen" 1887 gerade noch erreicht werden konnte. Die Nationalliberalen waren hingegen weiterhin uneinig über die Unterstützung der Bismarck'schen Schutzzollpolitik, die nur mit Zustimmung des Zentrums im Reichstag zu bekommen war.

Auf lokaler Ebene zeigten sich die Nationalliberalen äußerst flexibel dabei, ihre dominante Stellung im Großherzogtum Hessen zu verteidigen. Eine vom Landtag (zweite Kammer) 1872 und 1875 angestrebte Angleichung des landständischen Wahlrechts an das Reichstagswahlrecht konnte aufgrund des nachzuweisenden Steuerkapitals als Voraussetzung des aktiven und passiven Wahlrechts nicht verdecken, dass es zwar kein Dreiklassenwahlrecht wie in Preußen gab, aber in Hessen bei den Landtagswahlen zwischen 1884 und 1899 nur zwischen 18 und 19 Prozent der Bevölkerung stimmberechtigt waren und die Wahlbeteiligung zwischen 16,4 und 31,8 Prozent lag.[220] Die Nationalliberalen kämpften einerseits nach der Abspaltung der Fortschrittspartei gegen die 1884 gegründete Deutsch-Freisinnige Partei, während Sozialdemokratie und Zentrum ihre Stellung verstetigten. Allein zwischen den Legislaturperioden 1884/87 und 1890/93 ging die Zahl der Sitze für die Nationalliberalen von 39 auf dreißig zurück. Der Einbruch sollte sich bis 1902 fortsetzen, als die Partei 18 Sitze erreichte und sich auf diesem Niveau bis 1914 stabilisierte.[221]

Im Mainzer Stadtrat versuchten die Nationalliberalen während der Sozialistengesetze mit wechselnden pragmatischen Wahlbündnissen mit dem Zentrum und dem Freisinn ihre Stellung zu verteidigen. Auch hier waren die Nationalliberalen wiederum sehr wendig in ihrer Strategie der Wahlbündnisbildung. Im Jahr 1880 gingen sie dann ein erstes Bündnis gegen das Zentrum und 1901 und 1904 ein zweites und drittes Bündnis sogar mit den Sozialdemokraten gegen das Zentrum ein.[222] Im Fall Braun schlossen die Nationalliberalen in Mainz für die Stichwahl 1893 wiederum mit dem Zentrum im Wahlkreis Oppenheim ein Bündnis. Sie sprachen sich zudem für eine ähnlichen Unterstützung eines zukünftigen Zentrumskandidaten aus, falls es zu einer vergleichbaren Stichwahl mit der SPD komme.[223] Genützt hatte diese strategische Allianz wenig, denn der Wahlverein des Zentrums favorisierte bereits im Vorfeld eine Wahlenthaltung.

Diese strategischen Überlegungen und taktisch sehr flexiblen Bündnisbestrebungen standen einer klaren politischen Linie entgegen, wie sie Claß bevorzugte. Sie verstärkten seine Skepsis gegenüber dem Parteiensystem mit seinen pragmatischen Logiken von Kompromiss und Kalkül und öffneten die Perspektive für außerparlamentarisches En-

---

220 Kalkoff: Nationalliberale Parlamentartier, S. 405.

221 Ebd., S. 25.

222 Siehe Kläger: Mainz auf dem Weg zur Großstadt, S. 456.

223 Reibel: Handbuch, S. 347.

gagement in Interessenverbänden, die sich konkreten Zielen verschrieben. Die Auseinandersetzungen mit Böckels Antisemitismus und den nationalliberalen Kämpfen gegen die Sozialdemokratie beeindruckten Claß nachhaltig und führten ihn in das nationalistisch-völkische Verbandswesen Hessens.

Verbindungen zu einzelnen Persönlichkeiten sollten sich hier als entscheidend erweisen. Während der Gießener Studienzeit war Claß mit Karl Berger befreundet, der aus Mainz stammte, sich 1885 in Gießen für klassische Philologie immatrikuliert hatte und nach einem Amerikaaufenthalt nun an einer Promotion in Philologie arbeitete.[224] Berger machte ihn mit Friedrich Lange bekannt, der mit führenden Kolonialaktivisten wie Peters 1884 die Gesellschaft für deutsche Kolonisation gegründet hatte und dessen *Tägliche Rundschau* Claß bereits abonniert hatte. Es war Berger, der Claß in die Mainzer Deutschbundgemeinde einführte, die den eigentlichen Auftakt für dessen eigene politische Karriere legen sollte.[225] Sein Vater August, der selbst im beschaulichen Büdesheim geboren worden war, lebte ihm bereits die Einbindung in das Mainzer Verbandsmilieu vor und zeigte dem Sohn durch seine Mitgliedschaft im Vorstand des Mainzer Zweigvereins der Gustav-Adolf-Stiftung die ausgeprägte protestantische Gesinnung der Eltern.[226]

Nun wurde Claß selbst aktiv. Er fand sich schnell in die Verbandsarbeit eingebunden und war bereits bei der Gründungstagung („Weihefest") des Deutschbundes am 18. Oktober 1894 abgesandtes Mitglied der Mainzer Deutschbundgemeinde.[227] 1897 übernahm Claß den Vorsitz des Deutschbundes, nachdem Berger wegen antisemitischer Behandlung jüdischer Schüler am Ludwig-Georgs-Gymnasium in Darmstadt versetzt worden war, wo er als Professor und Gymnasialoberlehrer unterrichtet hatte.[228] Mit Berger blieb Claß lange Jahre befreundet, der auch noch für die *Deutsche Zeitung* zum 25-jährigen Bundes-Jubiläum 1921 Artikel schrieb.[229]

Im Februar 1897 nahm Claß bei der Formierung des „Deutsch-Kartells" der Rechtsparteien für die anstehenden Reichstagswahlen teil. Bei den Verhandlungen dazu stieß Claß auf Adolf Lehr vom Alldeutschen Verband.[230] Diese Begegnung sollte Claß' weitere Karriere entscheidend bestimmen. Denn es war Lehr, ein entfernter Vetter von

224 Siehe ebd. und Kössler: Register 1851–1901, S. 14.

225 Siehe Gossler: Friedrich Lange.

226 Siehe Adreßbuch der Provinzialhauptstadt Mainz 1884, S. 382.

227 Siehe Lohalm: Völkischer Radikalismus, S. 33–34 und Leicht: Heinrich Claß, S. 70.

228 Siehe zu Karl Berger und dem Deutschbund auch Hufenreuter: Völkisch-religiöse Strömungen im Deutschbund sowie Claß: Wider den Strom, S. 30–32. Berger war bekannter Biograph Friedrich Schillers und verfasste zahlreiche patriotische und nationalistische Schriften. Er war Mitarbeiter in Güntter/Wittkowski (Hrsg.): Schillers sämtliche Werke, Berger: Schiller und Ders.: Vom Weltbürgertum zum Nationalstaatsgedanken.

229 Karl Berger: Friedrich Lange, dem Begründer der „Deutschen Zeitung" zum Gedächtnis, in Deutsche Zeitung 1.4.1921. Gegründet wurde die Deutsche Zeitung 1896 bereits mit finanzieller Unterstützung Georg von Stössels, der führend in den Leitungsgremien des Alldeutschen Verbandes werden sollte. Lohalm: Völkischer Radikalismus, S. 34.

230 Claß: Wider den Strom, S. 35.

Claß aus Wiesbaden, der ihn zur Arbeit im Alldeutschen Verband überredete und von dem Claß zu seiner „Schande gestehen“ musste, dass er zu diesem Zeitpunkt „so gut wie nichts“ wusste.[231] Der 1890 mit dem Aufruf „Deutschland, wach auf!“ gegründete Allgemeine Deutsche Verband entstand in Opposition zum „Neuen Kurs“ Wilhelms II. und Caprivis. Er profilierte sich im Bündnis von Vertretern der Schwerindustrie und der „Schweizer Gruppe“ als Gründungsväter des Verbandes, die für eine schärfere Oppositionspolitik gegen die Reichsregierung und für eine aggressivere Außenpolitik eintraten.[232] Die im Juli 1894 von Allgemeiner Deutscher Verband in Alldeutscher Verband umbenannte Interessenorganisation vertrat bereits einen aggressiven Grundton, zählte aber auch noch zahlreiche liberale Mitglieder, die zu einer Fundamentalopposition gegenüber der Reichsregierung nicht bereit waren. Als Gründungsmitglieder waren mit Emil Kirdorf, Theodor Reismann-Grone und vor allem Hugenberg, der Claß unbekannt gewesen war, wichtige Akteure im Verband aktiv. Zwischen 1890 und 1897 hatte sich Claß' politische Weltanschauung durch die praktische Betätigung in der Lokalpolitik Hessens verfestigt. Der Kontakt zum Alldeutschen Verband begünstigte dann die Entscheidung, sich vom juristischen Beruf langsam zu lösen und sich verstärkt der Politik als Beruf zuzuwenden.

1.5 Recht als Profession: Rechtsanwalt als Beruf

Eine Verwaltungslaufbahn schien Claß sowohl mit Blick auf zu erwartende Einkünfte als auch auf seine eigenen politischen Leidenschaften und auf sein noch eingehegtes Temperament nicht zu entsprechen. Das zeichnete sich bereits mit seinen politischen Aktivitäten für Böckel und Braun ab. Der Anwaltsberuf war für Claß mit der Aussicht auf bürgerliche Selbstständigkeit attraktiv, da er ihn nicht an die Regelhaftigkeiten des öffentlichen Dienstes oder an staatliche Abhängigkeiten band. Daher folgte er später nicht seinem Vater und verzichtete im Gegensatz zu vielen seiner Kollegen darauf, die staatliche Zulassung zum Notar zu beantragen.[233] Später hielt Claß nüchtern fest: „Diener ist der Beamte, nicht in wegwerfendem Sinne, sondern so, daß er die Angelegenheiten der Allgemeinheit übernommen hat und ihnen mit seiner Person zur Verfügung steht. In der Bürokratie lebt der Geist, der oben herrscht.“[234] Auch der zusätzliche Einkommensgewinn des Notariats war für Claß keine Motivation für den Eintritt in den Berufsstand.

Die juristische Fakultätsprüfung bestand Claß im April 1891 mit Prädikat, nachdem die schriftliche Prüfung mit „sehr gut“ und die mündliche Prüfung mit „gut“ bewertet

231 Ebd., S. 32–33.

232 Ebd., S. 102.

233 Siehe auch Siegrist: Anwalt, Bürger und Staat, S. 566–569.

234 Claß (Pseudonym Daniel Frymann): Wenn ich der Kaiser wär', S. 113.

worden war.[235] Im Oktober 1894 kam hingegen ein mäßiges Staatsexamen („befriedigend") hinzu. Claß erhielt beispielsweise in den Prüfungen zum Zivilrecht sowie zum Handels- und Wirtschaftsrecht eine 3 und in Zivilprozeßrecht eine 3/4. Die Antworten für den staatlichen Dienst zeigten „nur genügende Kenntnis". In der mündlichen Prüfung habe Claß „meist richtig geantwortet". Er sei zwar „eine tüchtige Persönlichkeit", die jedoch „im praktischen Leben von geistiger Gesamtheit" wohl noch entfernt sei und seine Fähigkeiten, „ins Breite zu arbeiten", noch ausbauen solle, so die Einschätzung der Großherzoglichen Prüfungskommission.[236]

Das Zweite Staatsexamen befähigte den Absolventen grundsätzlich zum Richteramt. Mit seiner Rückkehr nach Gießen für den Studienabschluss signalisierte Claß seine grundsätzliche Bereitschaft, den großherzoglichen Qualifikationsanforderungen an Richter zu entsprechen. Das Richtergesetz von 1879 legte ein sechssemestriges Studium der Rechtswissenschaft sowie zwei Prüfungen fest, von denen die erste Prüfung an der Juristischen Fakultät in Gießen absolviert werden musste.[237] Der zwischen den beiden Prüfungen stehende „Akzeß" dauerte verordnungsgemäß drei Jahre und umfasste Referendariatsstationen bei einem Amtsgericht, einem Rechtsanwalt, je ein halbes Jahr bei einem Landgericht oder der Staatsanwaltschaft sowie bei einem Kreisamt.[238] Die vergleichsweise schlechten Noten der zweiten Prüfung eröffneten Claß jedoch keine glänzenden Berufsaussichten auf ein Richteramt. Die begrenzten Aufstiegsperspektiven erleichterten ihm daher zusätzlich den Weg in den freien Berufsstand als Rechtsanwalt. Hinzu kam bei seinem eigensinnigen Charakter eine grundsätzliche Abneigung gegen die dienstliche Weisungsgebundenheit des Richters, die bis 1879 im Großherzogtum weitgehend durch Gesinnung und Verhalten bestimmt war. Im Zweifel konnte die Pensionierung des Richters angeordnet werden. Das folgende Gesetz zu den Rechtsverhältnissen des Richters sah weitgehende Disziplinargerichtsbarkeiten durch das Justizministerium vor, von der Pensionierung bis zur Versetzung von Richtern, auch wenn den Präsidenten des Oberlandesgerichts und des Landgerichts die Dienstaufsicht über das jeweilige Kollegium und die untergeordneten Gerichte übergeben wurde.[239]

Claß selbst erklärte sein schlechtes Abschneiden in den Abschlussprüfungen mit seiner Entscheidung gegen den juristischen Staatsdienst, die wiederum durch persön-

235 Zeugnis der juristischen Fakultätsprüfung 25.4.1891, gez. Professor Jörs, in Acten des Großherzoglichen Ministeriums des Innern und der Justiz betreffend Heinrich Claß, Zulassung zur Rechtsanwaltschaft 1891–1920, in HSTA Darmstadt, Abt. G 21 B, Fasz. 919. Im Verzeichnis der Fakultätsprüfungsergebnisse ist für die Prüfung vom 25.5.1891 hingegen verzeichnet, dass Claß die mündliche Prüfung mit einer 2 und die mündliche Prüfung mit einer 3 bestand, sodass die Gesamtnote der Fakultätsprüfung noch mit 2 bewertet wurde. Universitätsarchiv Gießen, Jur O 9_Index Candidatorum 1820–1937 [1891].

236 Bericht der Großherzoglichen Prüfungs-Commission für das Justiz- und Verwaltungs-Fach an Großherzogliches Ministerium des Inneren und der Justiz, Sektion für Justizverwaltung betreffend die Staatsprüfung des Gerichtsassistenten Heinrich Claß aus Mainz, Darmstadt am 11. November 1894, in HSTA Darmstadt, Abt. G 21 B, Fasz. 919.

237 Ormond: Richterwürde und Regierungstreue, S. 210–213.

238 Ebd., S. 211.

239 Ebd., S. 93–107 und 204–225.

liche Rückschläge angesichts einer engen Abfolge von Todesfällen und Krankheiten in seiner Familie befördert worden sei. Am Ende seines Referendariats war die Leichtigkeit des unbeschwerten Studentenlebens in der Tat umgehend vorbei. Claß war zeit seines Lebens engstens mit seiner Familie verbunden und wurde auch selbst ein fürsorglicher Ehemann und Vater seiner beiden später geborenen Kinder. Im August 1893 verstarb sein Vater mit nur 58 Jahren infolge eines Schlaganfalls nach drei Jahren häuslicher Pflege, in die Claß selbst eingebunden war. Seit dem Frühjahr 1894 war auch noch Claß' Bruder Wilhelm, der an Gelenkrheumatismus litt, erneut schwer erkrankt und wurde zu Auslandskuren geschickt. Er starb im darauffolgenden März in Italien. Claß organisierte die Rückführung des Leichnams nach Mainz. Der Bräutigam seiner Schwester Frieda war bereits zuvor an einer Magenblutung gestorben. All dies führte zu einem überstrapazierenden „Nervenverbrauch".[240] Diese Reihe an Krankheiten und Trauerfällen in der Familie zwischen 1891 und 1895 hinterließ sichtliche Spuren bei Claß und beeinflusste ohne Zweifel die mäßige Staatsprüfung in Darmstadt im Oktober 1894.

Claß versuchte, seine Mutter nach dem Tod des Vaters weitgehend zu unterstützen. Der Vater starb vor seinem Ruhestand, hatte sich aber 1870 in der Witwen-Pensionskasse angemeldet und regelmäßig die Beiträge für seine Frau sowie die drei Kinder Paula Henriette Caroline (geboren 1866), Friedericke Wilhelmine Anna (geboren 1869) und Heinrich gezahlt, die zu diesem Zeitpunkt noch unter zwanzig Jahre alt waren und somit anspruchsberechtigt gewesen wären.[241] Die ausbezahlte Witwenpension von jährlich 1011,84 Mark erleichterte, zusätzlich zu den Häuserbesitzungen in Finthen und Mainz, den Lebensabend von Anna Charlotte, die 1911 starb.[242]

Weit bessergestellt war der Großvater Heinrich Fischer, der ein „pensionsfähiges Gehalt" von jährlich 6.800 Mark verdiente. Mit dem Ausscheiden aus dem Staatsdienst zum Februar 1875 zählte er 38 Dienstjahre und gehörte mit einer großzügigen „Civil- und Hofpension" zum gehobenen Besitzbürgertum. Er erwarb ein Jahr später 1876 mit einer Pension von 5.984 Mark das Haus in Finthen bei Mainz, sodass der junge Heinrich Claß noch engere Beziehungen zu den Großeltern pflegen konnte.[243] Das ursprünglich doch eher bescheiden wirkende Gartenhaus baute Claß dann um 1905/06 mit einer Investition von 8.000 Mark und einer Erweiterung um zwei ganze Etagen großzügig zu einer Villa aus.[244]

Die Familie war durch den Häuserbesitz wie andere Rechtsanwaltsfamilien in Deutschland besitzbürgerlich geprägt und kann daher als Repräsentantin „eines allge-

240 Claß: Wider den Strom, S. 21.

241 Aufnahmebescheid der Großherzoglich Hessischen Civildiener-Witwenkasse-Commission, 7.11.1870, in HSTA Darmstadt, G 18, 28/1, Bl. 13.

242 Siehe Bescheid der Großherzoglich Hessischen Civildiener-Witwenkasse-Commission, 18.9.1893, in ebd., Bl. 1–3.

243 Bescheid des Großherzoglichen Ministeriums des Innern, 10.2.1875, in HSTA Darmstadt, G 31 P 4354 (Nr. 1547).

244 Ich danke Johannes Leicht für diese Information.

Abb. 4: Die spätere Villa Claß in Finthen (um 1904).

meinen Besitz und Bildung verbindenden Bürgertums“ verstanden werden.[245] Durch die Zulassung zum Oberlandesgericht hätte Claß bei regulärer Anwaltstätigkeit 1912/13 im Durchschnitt 7.000 Mark im Jahr verdienen und somit zu den oberen 23 Prozent der bestverdienenden Rechtsanwälte in Deutschland gehören können.[246] Er hätte die schmale Pension der Mutter jederzeit ausgleichen können, wenn er seine Mandatstätigkeit ausgeschöpft hätte. Die anfänglich bescheidenen Amtsgehälter des Großvaters Fischer und auch noch des Vaters ließen sich mit diesen Gehaltsklassen nicht mehr vergleichen und waren mit Blick auf Rechtsanwaltsgehälter im Großherzogtum Hessen der 1840er Jahre, als das Jahresgehalt durchschnittlich bei 2.500 bis 3.000 Mark gelegen hatte, äußerst niedrig gewesen.[247] Der rechtsanwaltliche Lebensstil war nun, als Claß in den Berufsstand eintrat, am Aufstieg der Familie orientiert. Wie bei anderen Rechtsanwaltsfamilien auch näherten sich häusliche Repräsentationsansprüche aufgrund der familiären Verbindung zu Beamten und wegen des eigenen Besitzes eher dem reichen Bürgertum an.[248] Der finanzielle Wohlstand der Familie stand nach dem frühen Tod des Vaters durch Claß' Beruf und den Familienbesitz nicht ernsthaft zur Disposition.

Claß' Kindheit und Jugend war nicht nur getragen von familiärer Idylle, sondern auch geprägt durch enge berufliche Netzwerke im juristischen Berufsmilieu der Großväter und des Vaters, die eine zusätzliche gesellschaftliche Einbindung in die rheinhessischen Honoratiorenkreise zwischen Mainz, Bingen und Worms sowie in die Ver-

245 Siegrist: Anwalt, Bürger und Staat, S. 841.

246 Ebd., S. 618–623.

247 Ebd., S. 254–260.

248 Siehe auch ebd., S. 873.

eins- und Parteipolitik bis nach Darmstadt und Gießen ermöglichten. Bei der Entscheidung für den zukünftigen Berufsweg nach dem Examen hätten Claß diese Kontakte in die juristischen Kreise des Vaters nützen können. An seinem 50. Geburtstag berichtete Claß, dass sein Vater ihn eigentlich als Staatsanwalt gesehen habe.[249] Für dieses Amt fehlte Claß jedoch das entsprechende Examen. Das Angebot des Familienfreundes und Präsidenten des Landgerichts der Provinz Rheinhessen in Mainz, Dr. Adolf Lippold, eine Stelle als stellvertretender Staatsanwalt in Gießen anzutreten, verwarf Claß demnach mit der Begründung, sich in Zukunft politisch frei betätigen zu wollen.[250] Der 28 Jahre ältere Lippold, Sohn eines Mainzer Weinwirts und Absolvent der Rechtswissenschaft sowie Doktorand der Universität Gießen, wird dies verstanden haben, bewegte er sich doch selbst zwischen juristischem Staatsdienst, historischer Wissenschaft sowie höchsten politischen Ämtern. Er wurde 1871 als Advokat-Anwalt in Mainz bei den Gerichten zugelassen, vertrat von 1894 bis 1906 als Vorsitzender unter anderem mit den Gelehrtenpolitikern Rudolf Virchow und Theodor Mommsen den Gesamtvorstand des 1852 gegründeten Römisch-Germanischen Zentralmuseums in Mainz und wurde 1907 Mitglied der Historischen Kommission für das Großherzogtum Hessen.[251] Er war zudem von 1905 bis 1910 Mitglied der Ersten Kammer des Landtags des Großherzogtums Hessens auf Lebenszeit.[252]

Auch Ministerialrat Dr. Paul Angelus Schlippe wollte Claß trotz des mäßigen Zweiten Staatsexamens beim Einstieg in den Staatsdienst unterstützen. Der katholische Staatsanwalt und Ministerialbeamte Schlippe war ein früher Schüler Jherings, der in den 1860er Jahren als Advokat in der Kanzlei der beiden führenden Mainzer Nationalliberalen (bis in die 1880er Jahre Hessische Fortschrittspartei) Joseph Görz und Karl Wilhelm Jung angestellt war.[253] Er wurde 1866 zum Ergänzungsrichter am Friedensgericht Bingen, ein Jahr später an das Bezirksgericht Mainz und 1884 als Erster Staatsanwalt beim Landesgericht der Provinz Rheinhessen zum Oberstaatsanwalt am Oberlandesgericht Darmstadt berufen.[254] Von 1898 bis 1901 übernahm er das Direktorium der Prüfungskommission für das Justiz- und Regierungsfach. Diese Justizprüfungskommission in Darmstadt, die 1832 für alle drei Provinzen Rheinhessens eingerichtet worden war, übernahm die Vorbereitung der Zweiten Staatsprüfung und unterstand dem Ministerium des Innern und der Justiz.[255] Schlippe war Geheimrat und als Mitglied des Staatsministeriums für Justiz auch Rat in den Sektionen innere Verwaltung und Jus-

---

249 Bericht Carl Caesar Eiffe an Konstantin von Gebsattel (über die Feier zum 50. Geburtstag und Claß' Tischrede), 2.3.1918, in BA-Berlin, N 2089, Bd. 5, Bl. 117–119.

250 Claß: Wider den Strom, S. 21.

251 Siehe Hase: Zur Frühgeschichte des Römisch-Germanischen Zentralmuseums und Schumacher: Das Römisch-Germanische Central-Museum.

252 Götz/Rack: Hessische Abgeordnete, S. 91.

253 Ormond: Richterwürde und Regierungstreue, S. 535–546.

254 Siehe Jade: Rudolf von Jherings Pandekten-Vorlesung, S. 10–12 und Hildebrandt: Generalstaatsanwalt, S. 8–9.

255 Ruppel: Prüfungskommission, S. V–VI.

tizverwaltung des Großherzogtums. Sowohl Lippold als auch Schlippe muss die Nähe zu Claß' Vater zu dieser fürsorglichen Hilfe bewogen haben.[256]

Claß absolvierte ab Juni 1891 seine dreijährige Referendarszeit beim Amtsgericht Mainz, beim Großherzoglichen Landgericht der Provinz Rheinhessen in Mainz und beim Kreisamt Mainz. Die letzte Station war bei dem Rechtsanwalt Dr. Alexander Hugo Struve. Struve war im Mai 1858 in Gießen promoviert worden und seit November 1869 in Mainz als Advokat-Anwalt zugelassen. Ihm war der Titel „Geheimer Justizrat" verliehen worden.[257] Er war bis kurz vor seinem Tod 1910 als Rechtsanwalt tätig. Als langjähriges Mitglied des Vorstandes der Anwaltskammer repräsentierte Struve an entscheidender Stelle die Selbstorganisation des Berufsstandes in Hessen. Die Kammern klärten nicht nur Verfahren wie die rechtmäßige Abrechnung oder mögliche Umgehungen des Werbeverbotes für Rechtsanwälte. Beim Ehrengerichtshof der Rechtsanwaltskammer in Leipzig wurde höchstrichterlich über die Zulassung bestimmter Verhaltensweisen im Amt oder den Ausschluss von Anwälten aufgrund von Fehlverhalten entschieden.[258] Solche Streitpunkte berührten zutiefst moralische Fragen oder gesundheitliche Aspekte und betrafen gegebenenfalls das Privatleben des Beklagten.[259] Die ständische Selbstverwaltung der Anwälte sollte für eine beständige Einhaltung von Ordnungsprinzipien innerhalb des Berufsstandes sorgen und verstärkte somit die Rückbindung ethischer Grundsätze wie Vertrauen, Redlichkeit, Gesetzestreue und Vorbildcharakter an den Anwalt selbst. Die Anwaltskammern sowie die Ehrengerichte sorgten daher für die Durchsetzung dieses Ideals der Berufsausübung. Sie sollten durch Prinzipien von Eigengerichtsbarkeit und Selbstverwaltung vor staatlichen Eingriffen schützen.[260]

Familiäre Verbindungen zum Bruder Dr. Joseph Struve, der Oberamtsrichter in Bingen war, erleichterten Claß zusätzlich die berufliche und gesellschaftliche Einführung in die Kreise der rheinhessischen Honoratioren. Die Verbindungen seines Vetters Gebhard in das Juristenmilieu Rheinhessens halfen ihm ebenfalls bei den Karriereplanungen. Die Familie Gebhard stammte aus einem „uralten rheinfränkischen Bau-

256 Lippolds Vater Andreas war 1827 Notariatsgehilfe in Mainz, wurde dann Notar in Alzey, 1836 zum dritten Ergänzungsrichter am Kreisgericht Alzey ernannt und 1841 an das Friedensgericht berufen, bevor er dann drei Jahre später die neu errichtete Notariatsstelle in Mainz besetzt hatte und 1874 als Notar und Ergänzungsrichter am Oberlandesgericht der Provinz Rheinhessen in den Ruhestand ging.

257 Siehe Claß an das Großherzoglichen Ministeriums der Justiz, 14.6.1893, in HSTA Darmstadt Abt. G21 B, Bd. 919, Großherzoglich-Hessisches Regierungsblatt Nr. 2, 26.1.1859, S. 17, ebd., Nr. 55, 2.12.1869, S. 896 und Hof- und Staatshandbuch des Großherzogtums Hessen 1909/10, S. 247.

258 Siehe die Entscheidungen des Ehrengerichtshofs für deutsche Rechtsanwälte Bd. 1: 1880/84 bis Bd. 27: 1933 (ab 1934/35 dann Entscheidungen des Ehrengerichtshofs der Reichs-Rechtsanwalts-Kammer).

259 Verhandlungssachen an den Rechtsanwaltskammern betrafen Fragen wie die Drohung gegenüber der Gegenpartei mit der Einschaltung der Presse, die verfehlte Einhaltung von Bearbeitungsfristen und liegengelassener Schriftverkehr aufgrund von Depression oder die Beurteilung von Vorwürfen zu Ehebruch oder Affären mit Mandantinnen. Abrechnungsfragen, Lokalisierungsgebote oder das umgangene Verbot der Werbung für die eigene Kanzlei stellten ebenfalls gängige Themenfelder der korporativen Rechtsprechung der Anwaltskammer dar.

260 Siehe auch Siegrist: Anwalt, Bürger und Staat, S. 659–665.

erngeschlecht“, von denen zahlreiche Angehörige schließlich zwischen Ende des 18. und Mitte des 19. Jahrhunderts den Aufstieg in die kaufmännischen und juristischen Berufe geschafft hatten.[261] Aus diesen Verbindungen speisten sich auch Claß' berufliche Kontakte wie zu Friedrich Franz Conradi, der 1892 Senatspräsident am Oberlandesgericht Darmstadt wurde, von 1900 bis 1905 als dessen Präsident amtierte und mit der Familie Gebhard verwandt war.[262]

Auf den verschiedenen Stationen des Referendariats übte Claß nicht nur die juristische Praxis ein, sondern machte auch seine ersten beruflichen Autoritätserfahrungen als angehender Jurist. Zudem verinnerlichte er das soziale Prestige der juristischen Profession nunmehr durch eigenes Erleben.[263] Nach dem Referendariat beantragte er Ende Dezember 1894 seine Ernennung zum Gerichtsassessor sowie seine Zulassung bei den Mainzer Gerichten, zu denen das Landgericht Mainz als eine von drei zweitinstanzlichen Landgerichten in Rheinhessen neben Darmstadt und Gießen gehörte.[264] Mit fast 27 Jahren lag er einige Jahre über dem durchschnittlichen Examensalter der Absolventen von 23 Jahren.[265] Er gehörte nun der Berufsgruppe der ungefähr 5.597 in Deutschland zugelassenen Anwälte an.[266] Der Schlüssel für den Eintritt in die exklusive Schicht von Rechtsanwälten lag in seiner Zulassung zum Oberlandesgericht in Darmstadt, die am 15. Januar 1895 erfolgte.[267] Dort waren 1910 dann insgesamt 266 Rechtsanwälte zugelassen. Diese Zulassung zu den höchsten Gerichten war das entscheidende Distinktionsmerkmal innerhalb des Berufsstandes. Von den insgesamt 10.203 Anwälten in Deutschland wurden dort lediglich 1.483 anwaltlich zugelassen.[268] Der Zugang zu den höchsten Gerichten erweiterte den Vertretungsanspruch für die Mandantenschaft und somit die Einkommensmöglichkeiten.

Dennoch blieb Claß der Konkurrenzdruck innerhalb der Anwaltschaft keineswegs verborgen. Der Berufsstand sah sich zu dieser Zeit bereits einer Überfüllungsdiskussion ausgesetzt, die aufgrund von Proletarisierungsängsten nicht unbegründet war.[269] Ende

261 So die Darstellung zum 70. Geburtstag von August Gebhard in den Alldeutschen Blättern 20.7.1937.

262 Friedrich Franz Conradi, Absolvent der Rechtswissenschaft in Gießen und Heidelberg sowie von 1875 bis 1879 nationalliberaler Abgeordneter im Hessischen Landtag für den Wahlkreis Alzey, war der Bruder von Elisabeth Katharina Conradi, die Johann Heinrich Curschmann geheiratet hatte; dem Bruder wiederum von August Gebhards Mutter, Elisabeth Curschmann. Siehe auch Ruppel/Groß: Hessische Abgeordnete, S. 82. Die Tochter von Johann Heinrich und Katharina Curschmann, Julia Maria Curschmann, war mit dem Juristen und Bürgermeister der Stadt Alzey, Heinrich Sutor, verheiratet, der das Bürgermeisteramt 1893 antrat und 1917 auf Lebenszeit verliehen bekam. Sutor starb 1920.

263 Zitat Siegrist: Advokat, Bürger und Staat, S. 560.

264 Siehe Ruppel: Hessisches Ortsverzeichnis, S. 18–19.

265 Siegrist. Advokat, Bürger und Staat, S. 564.

266 Ebd., S. 591, Douma: Deutsche Anwälte, S. 212 und auch Jarausch: The Unfree Professions, S. 238.

267 Claß an das Großherzogliche Ministerium für Justiz, 19.12.1894 und 27.12.1894, in Hessisches Staatsarchiv Darmstadt Abt. G21 B, Bd. 919 und Großherzoglich-Hessisches Regierungsblatt 31.1.1895, Beilage 1, S. 4. Siehe dazu auch Leicht: Heinrich Claß, S. 65–70.

268 Siegrist: Anwalt, Bürger und Staat, S. 611–613.

269 Bis zum Ende des 19. Jahrhunderts vollzog sich ein massiver Wandel in der sozialen Rekrutierung der Studenten mit zunehmenden Zahlen aus dem Mittelstand, der durch die Zulassung zum Studium von

des 19. Jahrhunderts kam es zu dem Versuch, in die freie Advokatur einzugreifen, beispielsweise in Preußen, wo Zulassungsbeschränkungen durch die Anwaltskammern und die liberalen Parteien im Reichstag verhindert werden konnten.[270] Immerhin stieg die Zahl zugelassener Anwälte in Deutschland von 4.091 im Jahr 1880/81 auf 6.814 um die Jahrhundertwende und schließlich 13.051 im Jahr 1915, bis sie im Ersten Weltkrieg auf 12.030 (1919) zunächst zurückging und dann bis 1933 wieder auf 19.500 anstieg.[271] Auch die Studentenzahlen erhöhten sich von 4.855 im Jahr 1885 auf 6.687 im Jahr 1890 und auf 11.817 15 Jahre später, bevor sie bis 1915 kontinuierlich auf 8.463 fielen. 1930 waren es dann fast 23.000 Studenten.[272]

Im Großherzogtum Hessen kamen um 1910 ungefähr 5.500 Einwohner auf einen Anwalt. Das waren fast doppelt so viele zugelassene Anwälte wie in Elsass-Lothringen oder Pommern, Schlesien, Posen, der Provinz Hannover und sogar im Oberlandesgerichtsbezirk Kassel/Hessen-Nassau mit jeweils um die 9.000 Einwohner pro Anwalt.[273] Claß fiel es zunächst äußerst schwer, sich in der „Mittelstadt" Mainz gegenüber den anderen vierzig zugelassenen Anwälten durchzusetzen. Struve, bei dem er eine Station seines Referendariats absolvierte, traf bei seiner Zulassung 1869 noch auf 19 praktizierende Anwälte in Mainz.[274] Diese Zahl erhöhte sich zehn Jahre später bereits auf 31, lag zwischen 1896 und 1907 weiterhin bei um die 40, erhöhte sich 1909 auf 51 und zum Kriegsausbruch auf 59.[275] Zudem musste Claß sich „dazu zwingen", „rednerisch aus mir herauszugehen", woran er sich letztlich gewöhnte.[276] Gewandtheit vor Gericht und die Kunst der Rede waren nicht Gegenstand der juristischen Ausbildung. Staatsjuristen galten oftmals als weitschweifend und unsachlich.[277] Das Studium der Rechtswissenschaft bereitete den angehenden Juristen in erster Linie auf den Staatsdienst vor, jedoch nicht auf die Selbstständigkeit als Anwalt, für deren berufliche Selbstverwaltung Anwaltskammern existierten.[278]

Öffentliches Auftreten blieb somit einem in der Praxis eingeübten Selbststudium überlassen. Die freie Konkurrenz innerhalb der Anwaltschaft verstärkte den Impuls,

---

Abiturienten von Realgymnasien und Oberrealschulen befördert worden war, aus dem Ausland, und, wenngleich immer noch im geringen Maß, aus der Arbeiterschaft. McClelland: Inszenierte Weltgeltung einer prima inter pares?. Siehe auch Titze: Der Akademikerzyklus, S. 229–299, Jarausch: Universität und Hochschule und Bruch: Universitätsreform als soziale Bewegung.

270 Siehe Douma: Deutsche Anwälte, S. 52–54 und Ostler: Die deutschen Rechtsanwälte, S. 62–65. Ob Claß mit seinem mäßigen Abiturzeugnis bei einer Einführung des erst später 1894 im preußischen Justizministerium diskutierten *numerus clausus* in Berlin sein Studium hätte beginnen können, muss dahingestellt bleiben.

271 Siegrist: Advokat, Bürger und Staat, S. 591.

272 Ebd.

273 Ebd., S. 595.

274 Hof- und Staatshandbuch für 1870, S. 423.

275 Hof- und Staatshandbuch für 1879, 1896, 1897, 1900, 1902, 1904, 1905, 1907, 1909, 1912 und 1914.

276 Claß: Wider den Strom, S. 29.

277 Siegrist: Advokat, Bürger und Staat, S. 213.

278 Douma: Deutsche Anwälte, S. 37–38.

nicht nur juristisches Berufswissen zu pflegen, sondern über kulturelle Einbindung in städtische Lebenszusammenhänge und das gesellschaftliche Auftreten berufliche und soziale Kompetenz zu verbinden. Dazu gehörte, passende Verhaltensweisen zu erproben sowie die eigene Persönlichkeit auf dem Markt der Rechtsvertretung zu schärfen. Das Werbeverbot, das nach der Rechtsanwaltsordnung von 1878 als „gewohnheitsrechtliche Bestimmung“ und Ausdruck des fehlenden Gewerbecharakters des Anwaltsberufes galt, verstärkte die Konkurrenz untereinander und erhöhte den Druck, als Persönlichkeit zu gelten, um Rechtsvertretungen angetragen zu bekommen.[279]

Im elterlichen Haus in der zentral gelegenen Stadthausstraße 11, wo auch Claß' Mutter noch wohnte, hatte Claß seine Kanzlei. Trotz der Dichte an Anwaltskanzleien im Großherzogtum hatte er sich nach zwei Jahren wohl einen „sicheren Stamm“ an Klienten erarbeitet und sah sich letztlich in „angesehener Stellung innerhalb der Mainzer Anwaltschaft“.[280] Claß nahm sich der gesamten Breite des Berufs an: von Ehescheidungen und zivilrechtlichen Vertretungen in Beleidigungsprozessen bis hin zur Anhörung von Zeugen und der Begutachtung von Schauplätzen, die strafrechtlich für den jeweiligen Fall relevant waren. Er übernahm auch öfters für die Mainzer Eisenbahndirektion Mandate.[281]

Aber nicht nur er war sich unsicher, ob er als Anwalt etwas taugen würde. Auch der Geheime Justizrat Lippold, der immerhin ein langjähriger Mainzer Kollege von Claß' Referendariatsanwalt Struve war, äußerte ernsthafte Zweifel daran, ob Claß überhaupt für den Rechtsanwaltsberuf geeignet sei.[282] Diese Zweifel, die Claß freimütig in seinen späteren Erinnerungen ausbreitete, erscheinen keineswegs als nachträgliche Stilisierung des eigenen Unvermögens, seine berufliche Karriere zu verfolgen. Sie sind wohl auch Hinweise auf seine Suche nach einer geeigneten Profession, die sich mit seinen Leidenschaften und dem Anspruch nach Selbstverwirklichung deckte. Claß sollte gegen Ende seiner politischen Laufbahn sehr pathetisch das Streben nach dem „selbstverantwortlichen“ und „unabhängigen, stolzen deutschen Staatsbürger“ als den Kern seiner politischen Aufgabe bezeichnen, womit er vor allem sich selbst meinte.[283] Die Profession des Rechtsanwalts war als berufliche Vorstufe zur politischen Betätigung hier insofern naheliegend, als dass die freie Advokatur den Anwalt neben der Richterschaft als zweite Säule der Rechtspflege etablierte, ihm durch die mündlich-öffentliche Verhandlung die Deutung von Gesetzen erlaubte und die Gleichberechtigung in der Diskussionsführung ermöglichte.[284]

Die anwaltliche Unabhängigkeit war in der ersten Hälfte des 19. Jahrhunderts in den Ländern noch unterschiedlich geregelt. Im Großherzogtum Hessen wie auch in Lippe,

279 Zum „Werbeverbot“ siehe Siegrist: Anwalt, Bürger und Staat, S. 607–608.

280 Claß: Wider den Strom, S. 29.

281 Siehe Hofmeister (Hrsg.): Heinrich Claß. Politische Erinnerungen, Kapitel 9 (Anhang von 1936).

282 Claß: Wider den Strom, S. 21.

283 Claß auf der Festveranstaltung des Alldeutschen Verbandes am 26.2.1933, in Alldeutsche Blätter 11.3.1933.

284 Huffmann: Geschichte der rheinischen Rechtsanwaltschaft, S. 136.

Württemberg und Sachsen-Weimar war die Stellung des Advokaten im Laufe des 19. Jahrhunderts eindeutig geklärt, in Mecklenburg-Schwerin und Mecklenburg-Strelitz bereits seit Beginn des Jahrhunderts, während in Baden und Sachsen-Coburg-Gotha eine Änderung in den 1860er Jahren erreicht wurde. Anders war die Situation in Bayern und in Preußen, wo sich die Stellung der Anwälte als Beamte bis zur Reichseinigung hielt.[285] Der Anwalt stand im Großherzoglichen Hessen seit Jahrzehnten in keiner „staatsdienerlichen Stellung". Demnach war hier bereits die „richterliche Disziplinargewalt" entfallen, als Claß in den Berufsstand eintrat, mittels der die staatstreue Gesinnung des Advokaten eingefordert werden konnte, um eine erfolgreiche Verhandlungsführung zu erreichen. Die Anwälte setzten mit der Reichsgründung im gesamten Reich eine Stellung durch, die „zwischen Staatsdienern und Staatsbürgern in der Mitte stehend angesehen" wurde, bei der sie von den Advokatenkammern und den im Sommer 1871 durch den preußischen und bayerischen Anwaltverein gegründeten Deutschen Anwaltverein unterstützt wurden.[286] Mit der Rechtsanwaltsordnung von 1878 war der Rechtsanwalt nicht mehr als staatlicher Beamter eingestuft.[287] Das Berufsideal der „freien Advokatur" und der „unabhängigen" Zwischenstellung im Rechtssystem als Freiberufler und Nicht-Beamter, der gleichzeitig „amtsähnliche" Stellungen im Gerichtsverfahren sowie „öffentlich-rechtliche Funktionen" wahrnahm, wies dem Rechtsanwalt eine vieldeutige Rolle als „Organ der Rechtspflege" zu.[288] Selbstorganisation des Berufsstandes, eigene Berufsgerichtsbarkeit und berufliche Selbstverwaltung charakterisierten die neue Zwischenstellung zwischen Staat und Markt. Anwaltskammer und Ehrengericht wurden die wichtigsten Institutionen des Berufsstandes, in denen sich Berufsethos sowie berufliches Selbstverständnis abbildeten und verteidigt wurden.

Auch politisch änderte sich die Anwaltschaft um die Jahrhundertwende. Liberale Prinzipien erodierten zunehmend in den freien Professionen wie der des Rechtsanwalts, der sich eben nicht mehr wie der Staatsbeamte einer Überparteilichkeit verpflichtet fühlte und die prozedural verbürgte Rechtssicherheit durch Verfahren herausforderte.[289] Eine „postliberale" Einstellung, die zwischen dem „illustren Erbe des Liberalismus" und „akademischem Illiberalismus" oszillierte und in der radikalen Variante vom rechten bis ins linke Spektrum reichte, erfasste den Berufsstand im ausgehenden Kaiserreich.[290] Nachdem die staatliche Kontrolle über die Rechtsanwälte nach 1880 abnahm und sich die Anwälte nicht mehr in Opposition gegen eine quasi-absolutistische Vereinnahmung sehen mussten, sahen sie ihren Beruf zunehmend als „Dienst am Staat".[291]

285 Ders.: Kampf um die freie Advokatur, S. 72–75 und 92–106.
286 Ebd., S. 18, 63 und 70.
287 Ebd., S. 103–108.
288 Siehe dazu Douma: Deutsche Anwälte, S. 11–34.
289 Siehe auch Ledford: German Lawyers, S. 87–117 und 245–299.
290 Jarausch: The Unfree Professions, S. 24.
291 Siegrist: Anwalt, Bürger und Staat, S. 652–653.

Von der Anwaltschaft in die Politik und somit von der freiberuflichen Verpflichtung zur politischen Unabhängigkeit schien es nur ein kurzer Weg zu sein. Auch Paul Bang, Absolvent der Rechtswissenschaft in Leipzig und Berlin und späterer Wirtschaftsexperte des Alldeutschen Verbandes, sowie Gertzlaff von Hertzberg-Lottin, Absolvent der Rechtswissenschaft in Lausanne, Göttingen und Greifswald, der den späteren antisemitischen DvSTB mitorganisierte, stehen für eine kompromisslose politische Verfolgung ihrer Ziele. Beide quittierten nach der Novemberrevolution den Staatsdienst, um sich als im Ersten Weltkrieg neu gewonnene Mitglieder im Alldeutschen Verband politisch gegen die Weimarer Republik zu betätigen.[292] Auch Alfred Hugenberg wechselte 1907 nach vierjähriger Tätigkeit als Vortragender Rat im preußischen Finanzministerium in die Direktion der Frankfurter Berg- und Metallbank, womit der führende Alldeutsche in der Privatwirtschaft angekommen war, die ihm eigenständigere Handlungsspielräume ermöglichte.[293] Das Motiv freien politischen Spielraums ist auch für Claß daher nicht abwegig, wenngleich die anwaltliche Berufspraxis, die ein charismatisches Auftreten im Gerichtssaal in Vertretung der Interessen der Mandanten für den juristischen Erfolg unabdingbar machte, seinen Begabungen zunächst wenig entsprach. Seine Erklärung, der öffentliche Auftritt habe ihm nie gelegen und selbst als Rechtsanwalt habe er sich erst dazu überwinden müssen, beschreibt bereits früh sein späteres Problem, als Redner vor großen Massen nur bedingt mitreißend zu wirken.[294]

1.6 Kunst, Kultur und Wein: Zwischen Weltläufigkeit und rheinhessischer Provinz

Die Lebensläufe von Claß' Vater und seiner beiden Großväter repräsentierten soziale Aufstiegsbiographien, die aus bescheidenen Verhältnissen in den verbeamteten juristischen Staatsdienst führten. Claß hingegen lehnte den Staatsdienst kategorisch ab. Die Choreographie der gerichtlichen Verhandlung, die ein Ringen um Wahrheit auf beiden Seiten der Anklage und der Verteidigung zuließ, schien ihn im Grundsatz zu faszinieren. Doch machte es ihm seine Abneigung gegen die dazugehörigen Verwaltungsakte, die er als eher „würdelos" und „geschäftsmäßig" empfand, unmöglich, der klassischen juristischen Profession des Richters den gebührenden Respekt entgegenzubringen. Er fand die charismatische und autoritäre „Würde" des Amtes, von der ihm sein Großvater erzählt hatte, in seinen eigenen Erfahrungen nicht wieder, als er als Gerichtsschreiber den ersten Verhandlungen beiwohnte. Die glanzlose Routine des Gerichtsbetriebes habe ihn stattdessen schon frühzeitig „krank" gemacht.[295]

292 Paul Bang schied 1919 aus dem Sächsischen Finanzministerium und Gertzlaff von Hertzberg-Lottin 1921 aus der Landwirtschaftskammer für Pommern aus.

293 So auch die idealisierende Darstellung zu Alfred Hugenbergs 70. Geburtstag in den Alldeutschen Blättern 29.6.1935.

294 Siehe Claß: Wider den Strom, S. 22.

295 Ebd.

Den Zusammenhang zwischen sozialem Status und beruflichem Handeln ordnete Claß für sich also neu. Er verweigerte sich den strengen Ritualen, die den Beamtenstand definierten. Zwar musste er als Anwalt der geschäftlichen Routine des Berufs präzise folgen, jedoch wollte er die Freiräume nutzen, die ihm die Profession erlaubte. Es war die Aussicht auf Selbstständigkeit, soziales Prestige und einen bürgerlichen Beruf mit Autoritätserfahrung, die Claß zum Dasein als Rechtsanwalt hinzog. Nicht zuletzt habe der Anwaltsberuf den Weg offengelassen, „als ganz unabhängiger Mann politisch der eigenen Überzeugung rückhaltlos folgen zu können".[296]

Die Anwaltschaft führte Claß auch ins Ausland, wobei sich zeigte, dass die eigene Weltläufigkeit, die er später im Alldeutschen Verband politisch mit Forderungen nach Weltpolitik und Schutz des „Auslandsdeutschtums" vertrat, Grenzen hatte. In jungen Jahren ging er eher aus Verpflichtung ins Ausland. Die weitgehend für Deutschland geplante Hochzeitsreise mit Mathilde führte ihn 1896 noch nach Kopenhagen. Berufliche Vertretungen brachten ihn später nach London, wo er nach eigenen Angaben zwei bis drei Wochen blieb und von dort aus mit Oxford, Warwick, Kenilworth, Stratford-upon-Avon und Windsor die Stätten englischer Kultur, Geschichte und Bildung besuchte, was ihn überaus faszinierte. Er hatte seinen Erinnerungen zufolge wohl auch an Parlamentssitzungen und Gerichtsverhandlungen teilgenommen, bevor er von Dover nach Ostende zurückfuhr.[297] Den modernen Sprachen neigte Claß nur bedingt zu, was auch der üblichen schulischen Ausbildung geschuldet war. Französisch las und sprach er ausgezeichnet. Englisch hatte er auf dem Gymnasium entsprechend des Lehrplans nur zwei Jahre (Oberprima bis Untersekunda). Letztlich standen klassischerweise Latein und Griechisch im Zentrum der Sprachausbildung.[298]

Die Überführung seines verstorbenen Bruders Wilhelm brachte Claß über Mailand und Rom nach Neapel, von wo er mit dem Ostafrika-Dampfer über die Biscaya zurück nach Hamburg fuhr. Immerhin kultivierte er Kontakte zur „Oberschicht der Bürger" der USA, etwa zu einer Admiralsgattin, die seine Schwester Frieda auf einer Erholungskur in Meran kennenlernte und Claß vorstellte.[299] Irritierte ihn an diesen Begegnungen zunächst eine vermeintliche amerikanische Geschichtslosigkeit und die Aufwertung Großbritanniens in der Wahrnehmung gegenüber Deutschland, so hegte Claß gleichzeitig großen „Neid über die glücklichere Entwicklung Englands" mit Wohlstand und kulturellem Reichtum.[300] Auch ein Vetter von Claß' Vater, Georg Claß, hielt sich für längere Zeit in Amerika auf und kehrte schließlich nach Blödesheim in Rheinhessen zurück. In der alldeutschen Ortsgruppe, die Claß dort um die Jahrhundertwende gründete, wurde auch Georg Claß führend tätig, bevor er 1910 starb. Mit dem „Amerikaner Onkel" stand Claß in Kontakt, vermutlich erhielt er von ihm ausführliche Berichte

296 Ebd. Zum Berufsbild der „freien Advokatur" siehe Siegrist: Anwalt, Bürger und Staat, S. 557–566.
297 Claß: Wider den Strom, S. 23–24.
298 Siehe Programm des Großherzoglich-Hessischen Gymnasiums zu Mainz 1870/71, S. 41.
299 Claß: Wider den Strom, S. 27.
300 Ebd., S. 25.

über Amerika.[301] Ein kurzer Besuch in Paris, der wieder vor allem beruflich motiviert war, fand in seinen später veröffentlichten Erinnerungen nur knappe Erwähnung. Paris habe ihm in keiner Weise gefallen und nur seine Ablehnung Frankreich gegenüber zementiert. Bis zum Ausbruch des Weltkrieges habe er „niemals" die „geringste Neigung" verspürt, für einen längeren Aufenthalt nach Frankreich zu gehen.[302]

War das Deutsche Reich Zentrum von Claß' Weltanschauungspolitik, so war Rheinhessen sein heimatliches Umfeld und Mainz sein Lebensmittelpunkt. Seine spätere Tätigkeit als alldeutscher Verbandsvorsitzender führte ihn dann in nahezu alle Regionen des Deutschen Reiches. Nach dem Ersten Weltkrieg besuchte er im Zuge der Gründung des Alldeutschen Verbands in Graz und des Erwerbs der *Deutschösterreichischen Tageszeitung* verstärkt und regelmäßig Österreich. Wiederkehrende Kuren brachten ihn in die klassischen Erholungsgebiete wie Meran in Südtirol, wo seine Frau weilte, oder zu Wanderungen in die Schweiz.[303] Claß wusste also aus eigenem Reiseerleben um die grundsätzliche Vielfältigkeit von Kulturen und nationalen Identitäten in Europa, die er dann seiner weltanschaulichen Grundkonstante vom kulturell-ethnisch einheitlichen „Deutschtum" unterwarf.

Lebensweltlicher Mittelpunkt blieben bis zum Ende des Ersten Weltkrieges jedoch Mainz und die rheinhessische Umgebung. Die größte Stadt Hessens, in der jeder vierte Bewohner des Großherzogtums lebte, hatte jedoch keine Industrie, lebte vom Handwerk und vom Handel. Gegen die bedeutsameren Handelsplätze Frankfurt am Main und Mannheim konnte sich die Stadt aber schon seit den 1880er Jahren kaum durchsetzen.[304] Mainz sollte sich als Zentrum für Claß' politische und soziale Netzwerke und Verbindungen erweisen. Aus der Stadt kamen einige zukünftige alldeutsche Funktionäre, die sich Claß gegenüber immer wieder auf die gemeinsame rheinhessische Herkunft bezogen, wie August Keim, General Wilhelm Mootz, Dr. Heinz Kupferberg, Sohn des Sektkellereibegründers, oder eben der Vetter Gebhard.

Der jüngste Sohn von Alexander Struve, bei dem Claß sein Referendariat abgelegt hatte, wurde 1908 ebenfalls Mitglied des Vorstandes des Alldeutschen Verbandes.[305] Hermann Struve war nur fünf Jahre jünger als Claß und blieb dem Verband treu verbunden. Auch Claß' Kanzleisozius, sein Neffe Eduard Lucius (der Jüngere), gehörte zum Mainzer Juristenstand und späteren alldeutschen Verbandsmilieu der Stadt. Lucius folgte seinem Vater in die gemeinsame Kanzlei mit Claß, dem 1913 verstorbenen Mainzer Rechtsanwalt und Notar Justizrat Dr. Eduard Lucius, der wiederum aus der Pfarrers- und Weingutsfamilie Lucius in Jugenheim abstammte, 1874 in Gießen in

301 Zu Georg Claß siehe Ludwig Claß an Claß, 21.2.1937, in BA-Berlin, N 2368, Bd. 7.

302 Claß: Wider den Strom, S. 27–28.

303 Claß: Wider den Strom, S. 73–74. Claß schien leidenschaftlich spazieren zu gehen, so auch im Sommer von seinem Anwesen in Finthen zu seinem sieben Kilometer entfernten Büro in der Mainzer Innenstadt. Ebd., S. 91.

304 Siehe White: The Splintered Party, S. 20.

305 Siehe Handbuch des Alldeutschen Verbandes (1908), S. 6 und Familienregister Dr. Alexander Hugo Struve, in StA Mainz, FR 16551.

Rechtswissenschaft promoviert worden war und zahlreiche Ortsgruppen des Alldeutschen Verbandes im Rhein-Main-Gau gründen sollte.[306] Claß' Vater war zudem ein Vetter des staatlichen Bauinspektors Paul Lucius, der von Claß später die Mainzer Ortsgruppe des Alldeutschen Verbandes übernehmen sollte.

Auch Otto Bonhard gehörte zur jüngsten Generation im Verband. Er wurde 1893 in Mainz geboren, schrieb 1920 die erste Geschichte des Verbandes und wurde daraufhin bis 1939 Schriftleiter der *Alldeutschen Blätter*.[307] Der Anhänger des radikal-antisemitischen Flügels der Alldeutschen war ein Vetter des ebenfalls in Mainz 1870 geborenen Philipp Bonhard.[308] Mit ihm studierte Claß für ein Jahr von 1889 bis 1890 zusammen Rechtswissenschaft in Gießen. Claß ließ ihn zum Januar 1901 zum Vorstand und drei Jahre später in den Geschäftsführenden Ausschuss des Alldeutschen Verbandes hinzuwählen.[309] Bonhard war Amtsrichter in Wöllstein, als er unter anderem für seine nationalliberale Tätigkeit im Wahlausschuss im Reichstagswahlkreis Alzey-Bingen 1903 eine Disziplinierung durch das Justizministerium erfuhr, das ihm einen Rückzug aus der aktiven Politik nahelegte. Ermahnungen ergingen an Bonhard als nationalliberalen Sprecher des Wahlausschusses und führendes Mitglied der Nationalliberalen im Kreis Wöllstein noch die nächsten drei Jahre. Der Aufstieg zum Oberamtsrichter in Wöllstein gelang ihm 1910, und er hatte das Amt bis 1924 inne.[310] Andere führende Nationalliberale wie der Gerichtsassessor und Amtsanwalt Philipp Winkler kamen einer Versetzung und einem Disziplinarverfahren der Staatsanwalt zuvor. Winkler bat 1905 um seine Entlassung, ließ sich als Rechtsanwalt in Oppenheim nieder und wurde im gleichen Jahr als Vertreter der Ortsgruppe Worms in den Vorstand des Alldeutschen Verbandes gewählt.[311]

Die personellen Verflechtungen mit Bonhard reichten für Claß bis in die Mainzer Deutschbundgemeinde, aus der er auch Eduard Lucius und Landgerichtsdirektor Richard Stephan mitgenommen hatte, die für den späteren Ausbau der Führungsgremien des Alldeutschen Verbandes wichtig wurden. Bonhard saß von 1902 bis 1907 im Geschäftsführenden Ausschuss des Verbandes. Auch der Sozius der Mainzer Handelskammer, Paul Meesmann, war ein Studienfreund von Claß. Sein Sohn Otto Meesmann sollte als enger politischer Mitarbeiter über ihn an Hugenberg weitervermittelt werden und zuletzt eine Rede bei Claß' Beerdigung in Mainz halten.

Mainz wurde endgültig zu einer Drehscheibe alldeutscher Verbandsarbeit, als Claß im Sommer 1909 die Hauptgeschäftsstelle von Berlin hierher verlagerte, wo sie bis zur

306 Nachruf von Claß in Alldeutsche Blätter 11.1.1913.

307 Siehe Kössler: Register, S. 23, Leicht: Otto Bonhard, Bonhard: Geschichte des Alldeutschen Verbandes und Bonhard (Pseudonym Otto Kernholt): Vom Ghetto zur Macht, Ders.: Deutschlands Schuld und Sühne und Ders.: Jüdische Geld- und Weltherrschaft.

308 Siehe Hofmeister (Hrsg.): Heinrich Claß. Politische Erinnerungen, Kapitel 5.3.

309 Alldeutsches Werbe- und Merkbüchlein 1901 und 1902, S. 2 und Werbe- und Merkbüchlein des Alldeutschen Verbandes 1904, S. 15.

310 Ormond: Richterwürde und Regierungstreue, S. 544–545 und 584.

311 Ebd., S. 359 und 544 und Handbuch des Alldeutschen Verbandes 1905, S. 10.

erneuten Verlegung nach Berlin 1916/17 verblieb. Auch nach dem Umzug in die Hauptstadt strahlte Claß' Wirkung zurück nach Rheinhessen. Werner Best, der mit 15 Jahren als Gymnasiast der Mainzer Ortsgruppe des DvSTB beitrat, suchte beispielsweise den Kontakt zu Claß, nachdem er zum Wintersemester 1923/24 zum Studium der Rechtswissenschaft an die Universität Gießen gewechselt war und 1925 als Referendar am Amtsgericht Mainz gearbeitet hatte.[312] Best war da noch in der Mainzer Deutschnationalen Volkspartei (DNVP) aktiv, schätzte Claß als einen der „orthodoxen Bismarckianer" sowie dessen Betrachtungen zur Bedeutung des Krieges in der nationalen Entwicklung Deutschlands.[313] Best stand zu diesem Zeitpunkt am Beginn seiner Karriere als Verfechter eines völkischen „heroischen Realismus", einer „kühlen" Umsetzung geradezu naturgesetzlicher Interessen des eigenen Volkes.[314]

Auch Claß' freundschaftliche Verbindungen zu Lorenz Adlon hielten seit gemeinsamen Mainzer Tagen bis zum Tod des Restaurant-, Großweinhandels- und Hotelbesitzers. Die Alldeutschen trafen sich nicht nur im Berliner Hotel Adlon zu formellen Sitzungen sowie informellen Begegnungen. Adlon besorgte Claß für private Geschäftsessen in Berlin gerade in der unmittelbaren Nachkriegszeit trotz schwieriger Verkehrsverbindungen und Versorgungsschwierigkeiten erlesene Weine aus dem Rheinland.[315] Der Bezug zum Wein war Claß gleichsam in die Wiege gelegt. Er wuchs im unternehmerischen Milieu der rheinhessischen Weinhändler auf. Großvater Peter Claß verließ seinen Beruf als verbeamteter Gerichtsvollzieher, um im rheinhessischen Bingen Weinhändler zu werden.[316] Die Stadt hatte einen ausgeprägten Weinhandel und veranstaltete in zunehmender Zahl jährliche Weinversteigerungen. Peter Claß' Sohn Friedrich, der Onkel von Claß, war ebenfalls Weinhändler in Ober-Ingelheim und heiratete 1866 Rosalie Wilhelmina, eine Tochter des Apothekers, Essigfabrikanten und Weinhändlers in Ober-Ingelheim, Philipp August Gebhard. Auch der Bruder von Rosalie Wilhelmina und Vater von August Gebhard, Wilhelm, wurde Weinhändler in Ober-Ingelheim, wo mehrheitlich Rotwein angebaut wurde.[317]

Rheinhessen war eines der wichtigsten deutschen Zentren für Weinbau und Weinhandel. Die Rebfläche in Rheinhessen stieg beständig von ca. 8.000 Hektar im Jahr

---

312 Siehe Werner Best an Claß, 28.3.1926 und 29.12.1925, in BA-Berlin, R 8048, Bd. 212, Bl. 215 und 600.

313 Herbert: Best, S. 59.

314 Ebd., S. 101–114. Zitat ebd., S. 114.

315 Siehe Hofmeister (Hrsg.): Heinrich Claß. Politische Erinnerungen, Kapitel 4.4.

316 Siehe Claß: Wider den Strom, S. 2.

317 Die genealogische Verbindung zwischen den Familien Claß und Gebhard sowie die juristischen und Weinhandels-Traditionen gingen sogar über die mütterliche Linie. Claß' Großmutter war Henriette Gebhard, Schwester von Philipp August und jüngste Tochter des Notars und Regierungskommissars im Kanton Göllheim bei Ingelheim, Johann Jakob Gebhard. Sie heiratete 1837 den so verehrten Großvater Heinrich, dessen sich ihr Vater auf seinem beruflichen Weg vom Schreiner zum Staatsjuristen annahm. Siehe Hof- und Staatshandbuch des Großherzogtums Hessen für 1879, S. 399, ebd. für 1890, S. 218, und Claß: Wider den Strom, S. 6 und 13–14.

1865 auf 11.111 Hektar im Jahr 1891.[318] Mainz war zwischen Reichsgründung und Jahrhundertwende mit dem Einzelhandel, der zwischen 1880 und 1900 für 1/3 des deutschen Weinexports verantwortlich war, „Haupthandelsplatz Deutschlands".[319] In der Provinz Rheinhessen betrug die Zahl der Weinbaubetriebe nach der Betriebszählung vom Juli 1907 fast 23.500. Mainz galt im Kaiserreich als „die Metropole des mittelrheinischen Weinhandels".[320] Die Zahl der Mainzer Weinhändler stieg von 1860 bis 1870 von 160 auf 279. Um 1907 zählte Mainz 871 Betriebe mit Wein- und Spirituosenhandel (von 977 in Rheinhessen und 1.217 in Gesamthessen).[321] Der regionale Umsatz im Weinhandel war beträchtlich und erzielte 1904 45,7 Millionen Mark für Importe und 32,9 Millionen Mark für Exporte bei einem Gesamtvolumen von 142,9 Millionen Mark.[322] Das einträgliche Geschäft des Weinhandels wurde ergänzt durch die Sektkellerei, die Weinhändler selbst betreiben konnten, die jedoch ihren Aufstieg im 19. Jahrhundert großen Kellereien verdankte. Seit 1855 gehörten die Sektkellereien Kupferberg sowie Henkell zu den insgesamt neun ansässigen Sektkellereien in Mainz.[323] Claß knüpfte später enge Beziehungen zum Hause Kupferberg. Friedrich (Heinz) Kupferberg, Sohn des Kellereigründers Christian Adalbert, war ab März 1916 langjähriger Vorsitzender der alldeutschen Ortsgruppe Mainz und trat 1917 dem Vorstand des Verbandes bei.[324]

Weinhandel lebte von Geselligkeit und Genuss, die in der Familie Claß einen hohen Stellenwert hatten. Claß selbst galt bei seinen späteren Freunden im Alldeutschen Verband als äußerst gesellig, trank erlesene Weine und rauchte gelegentlich Zigaretten dazu. Weinkenntnisse und Beziehungen zum Weinhandel erhöhten Claß' kulturelles

318 Meesmann: Eine Studie über den Weinbau und den Weinhandel, S. 21 sowie Die Rheinweine Hessens, S. XIV–XV. Im Vergleich lag Hessen mit 11.032 ha im Jahr 1893 hinter Preußen mit 17.257 ha, Württemberg mit 17.256 ha und Baden mit 17.715 ha. Ebd., S. 8.

319 Meesmann: Eine Studie über den Weinbau und den Weinhandel, S. 129 und Dohm: Die Weinstadt Mainz, S. 78–79.

320 Die Rheinweine Hessens, S. XVI und 119.

321 Meesmann: Eine Studie über den Weinbau und den Weinhandel, S. 130, Mainzer Wegweiser 1870, S, 52–53 und Dohm: Die Weinstadt Mainz, S. 78–79.

322 Meesmann: Eine Studie über den Weinbau und den Weinhandel, S. 76. Das Fass Weißwein (1.200 Liter) erzielte in guten Jahrgängen bei Auktionen, wie im benachbarten Gau-Algesheim bei dem alldeutschen Weingutsbesitzer Richard Avenarius, zwischen 400 und 750 Mark und für „Halbstücke" Ingelheimer Rotwein ebenfalls zwischen 400 und 780 Mark. Ingelheimer Zeitung 24.3.1900, in Diehl: Ingelheimer Chronik, S. 18. Damit gehörte Avenarius zu dem einen Prozent an Weinproduzenten, die ihre Weine zur Versteigerung brachten, da fast alle Bestände in Gau-Algesheim freihändig verkauft wurden. Die Rheinweine Hessens, S. 68.

323 Anna Elisabeth Henkell, Tochter des Gründerenkels Otto Henkell, der ein Jahr jünger als Claß war und von 1877 bis 1885 ebenfalls auf dem Großherzoglichen Gymnasium in Mainz war, heiratete 1920 den Import- und Exportkaufmann Joachim von Ribbentrop. Der arbeitete daraufhin als Generalvertreter der Sektkellerei seines Schwiegervaters in Berlin und machte ein Vermögen mit Wein- und Spirituosenhandel, bevor er 1932 in die NSDAP sowie 1933 in die SS eintrat, enger Freund Heinrich Himmlers, Berater Adolf Hitlers und 1938 Außenminister wurde. Michalka: Ribbentrop und die deutsche Außenpolitik, S. 25.

324 Alldeutsche Blätter 11.3.1916 und Handbuch des Alldeutschen Verbandes 1917. Claß' Kanzleisozius Eduard Lucius d.J. wurde Ende des Krieges als Soldat eingezogen. Baurat Paul Lucius und Kaufmann Robert Roesener wurden im März 1916 erneut in den Vorstand der Mainzer Ortsgruppe gewählt.

Kapital, das außerdem durch Verbindungen zur Musik und Kunst ergänzt wurde. Insofern bedeutete auch die Heirat mit der gerade 18-jährigen Mathilde Manefeld im Juli 1896 eine Erweiterung der sozialen Verbindungen der Familie Claß, denn die Verbindung brachte zusätzliche Verflechtungen in das Bürgertum Rheinhessens. Für Claß war die Eheschließung der Beginn einer langjährigen Beziehung, die ihn nicht nur privat, sondern auch beruflich sehr geprägt hat, denn Mathilde Claß erteilte ihm Rat und sah seine Manuskripte durch. In seinen 1932 veröffentlichten Erinnerungen, die er seiner Frau widmete, sprach er ganz unumwunden davon, sie sei sein „zweites Ich" gewesen.[325]

Abb. 5: Mathilde Claß.

Über einen bekannten Berufskollegen, den Rechtsanwalt Dr. Kuhn, lernte Claß seinen zukünftigen Schwiegervater Johann Manefeld kennen. Manefeld war im Sommer 1870 in Gießen an der Philosophischen Fakultät promoviert worden und war seit Mai 1872 „Großherzoglicher Reallehrer" in Mainz, wo er Englisch, Französisch, Deutsch sowie Geschichte und Geographie unterrichtete.[326] Er arbeitete auch als Übersetzer und Autor. Zum Februar 1885 ließ er sich als Lehrer am Realgymnasium und der Realschule zu

325 Claß: Wider den Strom, S. 75.

326 Ebd., S. 37–38 und Großherzoglich Hessisches Regierungsblatt vom 16.3.1871, S. 117 sowie ebd., 4.6. 1872, S. 226. Siehe auch Programm der Großherzoglichen Realschule I. und II. Ord. zu Mainz.

Mainz mit einem „pensionsfähigem Gehalt" vom 3.200 Mark und einer Pension von 1.696 Mark nach anerkannten zwölf Dienstjahren in den Ruhestand versetzen, um sich den eigenen Zeichnungen zu widmen.[327] Er fertigte Radierungen, die vom Verein für Originalradierungen München in die Jahresmappen der Mitglieder 1892 und 1893 aufgenommen wurden.[328] Auch die Maler Wilhelm Leibl oder Friedrich August von Kaulbach waren Mitglieder des Vereins sowie Max Liebermann.[329] In der Münchener Jahres-Ausstellung im Glaspalast war Manefeld 1894 ebenfalls vertreten.[330]

Manefelds Kunstfertigkeit sprach Claß unmittelbar an. Kunst und Kultur waren Felder biographisch-familiärer Selbstvergewisserung über die er sich definierte. In seinen Erinnerungen schrieb er mit Stolz, dass sein Urgroßvater väterlicherseits, Andreas Wagner, um 1800 Maler bei der kurmainzischen Porzellan-Manufaktur zu Höchst gewesen war.[331] Auch Großvater Heinrich ging über den handwerklichen Horizont seiner Eltern hinaus. Er neigte dem kulturellen „Wertehimmel" des Bürgertums[332] zu, indem er sich seiner Leidenschaft, der Musik widmete. Claß zufolge sei er der „geistige Mittelpunkt für die Gesellschaft der kleinen Stadt" Alzey gewesen, nicht zuletzt durch seinen Vorsitz des Kulturveranstaltungen organisierenden „Casino"-Gesangvereins, den 1864 der Dirigent und spätere Universitäts-Musikdirektor, Gustav Adolf Felchner, gegründet hatte. [333] Musikalisches Talent hatte auch Claß' Vater August, der als wohl begabter Tenorsänger bei Konzertaufführungen und Theatervorstellungen mitwirkte.[334] Er trat in den Alzeyer „Casino"-Verein ein, wo er die Tochter des Gerichtspräsidenten und Claß' spätere Mutter, Anna Fischer, kennenlernte.

Auch Claß' Freund und Vetter Gebhard war durch den sozialen Aufstieg der Mutter Elisabeth Curschmann geprägt, die den Weinhändler Wilhelm Gebhard heiratete. Gebhard wich mit seinen philologischen Studien allerdings sowohl der Familientradition des Vaters und Großvaters, die im Gewerbe der Gerber, Kupferschmiede und Eisenhändler gearbeitet hatten, als auch derjenigen der mütterlichen Familie, dem

---

327 Bescheid des Großherzoglichen Ministeriums des Innern und der Justiz, 9.2.1885, in HStA Darmstadt, G 31 P 4362 (Nr. 3200), in und Großherzoglich-Hessisches Regierungsblatt vom 13.3.1885, Beilage 4, S. 31. Zu Johann Manefelds literarischen Arbeiten und seinen Zeichnungen siehe Miles Standish's Brautwerbung von H.W. Longfellow, übersetzt von J. Manefeld, Mainz 1867 sowie das in der Dieterich'schen Verlagsbuchhandlung des Alldeutschen Theodor Weicher veröffentlichte Buch mit zwölf seiner Zeichnungen: Mentor. Erfahrungen eines alten Landschafters, wie man nach der Natur malen lernt (1913).

328 Johann Manefeld: Radierungen auf Bütten „Alte Sagemühle" („Vecchio mulino"), „Obstbäume" und „Am Nordenstadter Weg", München 1892, 1893 und 1894. Siehe dazu https://www.britishmuseum.org/collection/term/BIOG37017. Zu Johann Manfeld siehe auch Claß: Wider den Strom, S. 38–39 sowie Lüdtke: Nekrolog zu Kürschners Literatur-Kalender, S. 442.

329 Die Literatur. Monatsschrift für Literaturfreunde 26. Jg. (Oktober 1923–Oktober 1924), S. XXVII. Siehe zu lokalen Zeichnungen Manefelds Das Buch für alle, Heft 19 (1888), Der Johannesberger Grund im Rheingau und und Jubiläums-Festzug des Mainzer Carnevalls-Vereins 1838–1888.

330 Münchener Jahres-Ausstellung 1894, S. 81.

331 Claß: Wider den Strom, S. 2.

332 Hettling/Hoffmann (Hrsg.): Der bürgerliche Wertehimmel.

333 Claß: Wider den Strom, S. 3. Siehe auch Musikalisches Wochenblatt 1 (1870), S. 316.

334 Siehe Claß: Wider den Strom., S. 3.

Weinhandel, aus. Gebhard verehrte die Familie Claß, die den Aufstieg über den juristischen Beamtenstand bereits früher als seine eigene Familie vollzogen hatte. So bewunderte er neben der „Verstandesklarheit", dem „humorvollen Sinn" sowie der materiellen „Bescheidenheit" der Mutter auch den ausgleichenden „strengen Ordnungssinn", den „unermüdlichen Fleiß", die „peinliche Pünktlichkeit" und den „Sinn für Kunstgeschichte und Musik" des Vaters. Alle jene Tugenden dieses „westdeutschen Bürgertums" hätten Claß' „rheinhessische Abkunft" wesentlich geprägt, eine „edle Geselligkeit" in das Elternhaus gebracht und insgesamt ein „harmonisches Familienleben" ermöglicht.[335]

Die Beschaulichkeit der Weinregion des Kreises Mainz, zu dem auch das kleinere Weißweinanbaugebiet Finthen gehörte, ermöglichte tiefe lokale Identitätsprägungen, stellte aber gleichzeitig die Kulisse für Claß' nationalistischen und antisemitischen Weltanschauungskanon. Die Mitwirkung am Reichstagswahlkampf 1890 war ein früher Versuch, dieser janusköpfigen Gesinnung einen politischen Ausdruck zu verleihen und sich mit der Böckel'schen Formel gegen „Juden und Junker" den vermeintlichen Interessen der Bauern zu verschreiben, die hier als Ikonen lokaler Identität und harter Arbeit, aber auch als Opfer kapitalistischer Wirtschaftsentwicklungen inszeniert wurden. Idylle und Antisemitismus lagen nicht weit auseinander. Bei Claß bedingten sich lokaler Patriotismus und Nationalismus geradezu.

Claß' spätere Erzählung von seiner ländlichen Verbundenheit durch eine gleichsam „volkstümliche" Erdung an Grund und Boden lässt sich schwer von seinen kulturellen und künstlerischen Neigungen trennen, die ihn für die bildungsbürgerlichen Werte- und Genusswelten empfänglich machten und für die Kreise der lokalen Honoratioren Rheinhessens empfahlen. Die Bindung an die Stadt Mainz und das Land Rheinhessen bestimmte seine Sozialisation. Auch die Großeltern lebten bis zuletzt auf dem Familiengut in Finthen, sodass gemeinsame Ausflüge in die Natur und Theaterbesuche in Mainz möglich waren.

1.7 Bürgerliche Selbständigkeit und politische Selbstverwirklichung

Die Einbindung in das kulturelle Milieu des Mainzer Bildungsbürgertums machte Claß anschlussfähig für Verbindungen zu den etablierten Honoratioren der Stadt. Aus der Zuneigung zu Kunst und Kultur ging auch Claß' erste Verbandsaktivität im Sommer 1897 bei den Alldeutschen in Mainz hervor, als er mit dem Mainzer Oberbürgermeister Heinrich Gaßner die Vorbereitung für eine Nationalfeststätte auf dem Niederwald für „große Massen" als Sportfest mit Gesang, Dichtung und Musik besprach.[336] Gaßner

335 August Gebhard: Jugend und Bildungsgang von Heinrich Claß, in Alldeutsche Blätter 12.12.1925.
336 Claß an Heinrich Gaßner 8.7.1897, in StA Mainz, 17–15200.

schrieb selbst Theaterkritiken und wirkte in der 1831 gegründeten Mainzer Liedertafel, der auch die Familien Kupferberg und Bamberger angehörten, als Sänger mit.[337]

Der Drang nach Kunst und Kultur sowie individueller Autonomie und Verfestigung der bürgerlichen Zugehörigkeit durch zunächst überschaubare, aber ausreichende Besitzverhältnisse unterschieden ihn beispielsweise von Kuno Graf von Westarp. Der Deutsch-Konservative und spätere Partei- und Fraktionsvorsitzende der DNVP besaß weder Grundbesitz noch Vermögen und versuchte durch einen aufopferungswilligen preußischen Verwaltungsethos und eine ausgeprägte Bindung an Staat und König sein Leben lang eigenes soziales „Obenbleiben“ zu praktizieren.[338] Während Westarps Aufstieg trotz aller Bemühungen letztlich nie aus dem „Kleinadel“ hinausführte und er seine „Verwalterpersönlichkeit“ nie weiterentwickelte[339], vertrat Claß selbstbewusst seinen Anspruch auf den sozialen Aufstieg der Familie, den er in dritter Generation zu verstetigen und zu erweitern zu suchte. Machte Westarp den „Kult der Kargheit“ nicht nur zum Referenzpunkt seiner materiell beschränkten Möglichkeiten, sondern auch zu einem habituellen Bestandteil seiner Persönlichkeit[340], so sah Claß die Armut seiner Großeltern mütterlicherseits als Ausgangspunkt des Aufstiegs seiner Familie, die der Selbstverwirklichung jedoch nicht mehr existenzbedrohend im Wege stehen sollte. Auch Stresemann arbeitete sich sein ganzes Leben an seiner kleinbürgerlichen Herkunft ab, aus der auszubrechen seine Ambitionen für die gesamte berufliche und politische Karriere bestimmten, was ihn letztlich in persönlicher Unsicherheit und Heimatlosigkeit zurückließ.[341]

Claß war von derlei Ambivalenzen nicht geplagt, obwohl er um die Fragilität der finanziellen Grundlagen seines Berufsstandes wusste und die armen Verhältnisse seiner Urgroßeltern nie aus dem Blick verlor. Er inszenierte sich aber selbstbewusst zugleich als Aufsteiger und Angekommener, dem es ohne Selbstzweifel zustehe, auf mehreren Ebenen politischer Macht mit entsprechenden Ressourcen agieren zu dürfen, wobei er gleichzeitig immer im Schatten des Rednerpults verharrte.

Hugenberg wiederum konnte mit den unterdrückten Identitätsbildern eines Westarp oder Stresemann genauso wenig anfangen wie Claß. Als Gründungsmitglied des Alldeutschen Verbands und seit 1928 Nachfolger Westarps als DNVP-Parteivorsitzender, kam er mit seinem ins Großbürgerliche reichenden Familienhintergrund nicht einmal ansatzweise aus vergleichbar prekären materiellen Verhältnissen wie Westarp. Nach seinen Anstellungen bei der Frankfurter Metallbank und dann bei Krupp ab 1909 übertraf er einerseits Claß' weitgehende finanzielle Unbeschwertheit und gab ande-

---

337 Siehe Peth: Geschichte des Theaters und der Musik, S. 178 und Neue Zeitschrift für Musik, Nr. 118 (1957), S. 290.

338 Gasteiger: Kuno von Westarp, S. 4 und 24–30. Zitat ebd., S. 23.

339 Ebd., S. 45.

340 Ebd., S. 33 sowie Malinowski: Vom König zum Führer, S. 90–103.

341 So Pohl: Gustav Stresemann, besonders S. 12–16.

rerseits dem Drang nach professioneller Vertiefung seiner juristischen und nationalökonomischen Expertise nach.[342]

Die Bedeutung des kreativen Potenzials im individuellen Lebensweg, die Claß immer betonte, sei es in Form der musikalischen Ader der Großeltern oder seiner eigenen späteren schriftstellerischen Tätigkeit, verweist darauf, wie sehr er die bürgerlichen Ressourcen von Bildung und Besitz mit dem Ideal von Leistung verknüpfte. Diese Kombination begründete den Anspruch, nicht nur soziale und ökonomische Macht auszuüben, sondern auch politische Legitimität zu begründen, die sich aus einem unbedingten Willen zur Herrschaftsausübung sowie aus der Befähigung zur eigenständigen Lebensgestaltung zu speisen habe. Da für Claß der Wesenskern von Politik nicht nur in der Verwaltung, sondern in der schöpferischen Durchsetzung eigener Interessen lag, schien die charakterliche Befähigung zum Kampf im Zusammenspiel mit bürgerlicher Selbstständigkeit die einzig legitime Machtressource, die er anerkannte. Die Befähigung zur Macht bündelte sich letztlich im Willen zur Macht und entsprach für Claß vor allem dem politischen Vorbild Bismarcks, der seinen Willen zur Interessendurchsetzung im preußischen Verfassungskonflikt von 1862/63 um die Aufrüstung des Heeres gegen die Liberalen geltend gemacht hatte und schließlich zur politischen Führungsfigur aufstieg.[343]

Dieser Aufstiegsanspruch durch Leistung erklärte Claß' kämpferische Ablehnung des Katholizismus, dem er Modernisierungsleistungen grundsätzlich nicht zubilligte. Anders stand es um den revolutionären Arbeiterstand, der sich in der Sozialdemokratie organisierte. Hier schien sich der Aufstiegswille nicht in individueller Leistung und dem Einfügen in das soziale System niederzuschlagen, sondern in dem Wunsch nach einem „Umsturz" von unten. Der Anspruch wirkte zwar berechtigt, bedrohte aber die Gesamtordnung, so Claß. Bei den Juden erfasste Claß dann vollends der geballte Hass, da hier der individuelle Aufstieg sehr wohl über bürgerliche Tugenden und letztlich auch über „Bildung und Besitz" gegen massive Widerstände innerhalb der deutschen Gesellschaft erfolgte. Die Bedrohung schien jedoch massiver, da Juden den Berufsständen angehörten, die für Claß den Kern von Bürgerlichkeit ausmachten. Bildung und Kunst waren in seinen späteren Pamphleten Felder, in denen er beständig antisemitische Propaganda betrieb, wonach Juden aus der kulturellen Einrichtungen und Verlagen vollständig verbannt werden sollten. Hinzu kamen die Berufe, in denen Juden besonders erfolgreich vertreten waren, wie Ärzte, Rechtsanwälte oder Journalisten.

Claß' klare Formulierung eines zweckgerichteten Gestaltungsanspruchs sowie der radikale Antisemitismus, wie er ihn seit jungen Jahren vertrat, verwiesen auf die generationellen Spaltungen innerhalb der alldeutschen Verbandsführung. Claß betonte immer wieder in seiner Selbsthistorisierung, wie sehr doch die alten Honoratioren der alldeutschen Gründergeneration am altliberalen Modell gehangen hätten, sodass die Durchsetzung jeglicher Oppositionspolitik mit und nicht gegen die Regierung verhindert

---

342 Dazu demnächst Schellhorn: Alfred Hugenberg.

343 Kraus: Ursprung und Genese.

worden sei.[344] In dieser Erzählung sah Claß sich berufen, den Generationenwandel im Alldeutschen Verband gleichsam selbst zu verkörpern und den Politikstil der Alldeutschen durch „uns Jüngere“ grundlegend einem „heiligen Eifer“ und einer „unbedingte[n] Selbstlosigkeit“ zu öffnen.[345] Claß' Politikansatz schloss eine grundlegende Oppositionspolitik gegen die Regierung ebenso mit ein wie einen breiteren Anspruch auf Führung innerhalb der nationalen Rechten, die unbedingten persönlichen Einsatz und zumindest Bemühungen, als charismatische Erscheinung in die Öffentlichkeit hinein zu wirken, voraussetzte. Führung bezog sich demnach auf die Persönlichkeit des Verbandsvorsitzenden, der Politik als Selbstverwirklichung verstand. Er sollte nicht nur Vorhandenes bürokratisch verwalten, sondern das enge bildungsbürgerliche Milieu der Alldeutschen für neue Wege der politischen Wirksamkeit in die Öffentlichkeit öffnen.

Claß' Vorgänger im Alldeutschen Verband, Hasse, war Sinnbild des Expertengelehrten, der seine eigenen Grenzen, performativ in der Öffentlichkeit zu glänzen, sehr wohl erkannt hatte und nach dem Verlust seines nationalliberalen Reichstagsmandats gegen einen Sozialdemokraten 1903 wohl auch erkennen musste. Hasse kam aus der kolonialen Bewegung, gründete 1878 in Leipzig den „Verein für Handelsgeographie und Förderung deutscher Interessen im Ausland“, dessen Vorsitzender er auch war, und schloss sich 1896 der Deutschen Kolonialgesellschaft an. Er beriet das Auswärtige Amt im 1890 gegründeten Kolonialrat und saß für die Nationalliberalen zwischen 1893 und 1903 im Reichstag.

Während sich Claß in seinen Erinnerungen ohne Scheu in die Traditionslinie des opulenten künstlerischen Habitus seiner Großeltern und Eltern stellte, blieb Hasse letztlich immer Leipziger Ordinarius für Statistik und Kolonialpolitik sowie Gelehrtenpolitiker, der sich nur mit Mühe und Widerwilligkeit der Verbreitung seiner alldeutschen und kolonialpolitischen Ideen durch öffentliche Verbandsarbeit widmete. Die Anstellung beim Statistischen Amt der Stadt Leipzig verstärkte die Züge einer professoralen Verwaltungspersönlichkeit, die eine konzentrierte Führung des Alldeutschen Verbandes mit Verve scheute. Er kam aus dem sächsischen Pfarrhaushalt seines gelehrsamen Vaters Hermann Gustav, Theologe und Superintendent, der kirchengeschichtliche Werke verfasste und sich bescheiden in der Komposition von Weihnachtsliedern versuchte, die sein Sohn dann in schmaler Auflage und nur innerhalb seiner Familie verteilte.[346] Hasse kümmerte sich intensiv um die Verbesserung der sozialen Wohnungsbedingungen in Leipzig und vor allem in seinem Wohnort Gohlis. Zudem nahm er die Lehren der Sozialreform sehr ernst, ohne jedoch den Aufstieg der Sozialdemokratie zu tolerieren. Dass Treitschke Hasses Onkel 2. Grades war, mag sowohl

344 Claß: Wider den Strom, S. 17–18.

345 Ebd., S. 43.

346 Siehe Ernst Hasse an Verlag Breitkopf & Härtel Leipzig, 8.2.1906, in Stadtarchiv Leipzig, 21081, Nr. 5400.

seine politische Arbeit befördert als auch seine Schriften zur „Deutschen Politik" beeinflusst haben.[347]

Hasse fehlte als typischer Honoratiorenpolitiker nicht nur Charisma, er verkörperte zudem die Zerrissenheit der Nationalliberalen, die einerseits exklusive Machtpolitik im alten Stile Bismarcks betreiben wollten, sich andererseits aber bewusst waren, dass eine soziale Einbindung der Massen notwendig geworden war. Haderte Claß zu Beginn seiner Anwaltstätigkeit mit öffentlichen Auftritten im Gerichtssaal und fühlte sich zeit seines Lebens nur bedingt für die großen öffentlichen Massenkundgebungen der Rechten, wie sie dann in der Weimarer Republik zelebriert wurden, als Redner gemacht, so lagen zwischen Hasse und Claß doch noch einmal Welten. Bei aller habitueller Sperrigkeit und zur Schau getragener honoratiorenhafter Gelehrsamkeit sollte Hasse immerhin Claß' Führungstalent und dessen Willen zur Machtübernahme im Alldeutschen Verband erkennen und für einen geordneten Generationswechsel in der Verbandsleitung und somit für eine Modernisierung der Verbandsstrukturen im Sinne hierarchischer Führung sorgen.

Der junge Claß konnte das Organisations- und Mobilisierungsdilemma der alten Honoratioren für seinen eigenen Aufstieg in das strategische Zentrum des Alldeutschen Verbandes nutzen. Sein Drang nach Bedeutung und Entscheidungsmacht trat früh zutage. Wurde ihm eine Organisation zu eng, bewegte er sich in dem sich ausdifferenzierenden System völkischer und radikal-nationalistischer Netzwerke einfach weiter. Nachdem Claß beispielsweise aufgrund der deutschreligiösen Ausrichtung 1899/1900 aus dem Deutschbund ausgeschieden war, wechselte er in die 1901 vom Alldeutschen Schemann gegründete Gobineau-Vereinigung. Ihr sollte er bis über den Ersten Weltkrieg hinaus die organisatorische Treue halten.[348]

Aber erst der Eintritt in das politische Tagesgeschäft des Alldeutschen Verbandes sollte Claß' Suche nach Selbstverwirklichung jenseits des halbherzig ausgeübten Rechtsanwaltsberufes beenden. Gleichzeitig ist seine Tätigkeit als Rechtsanwalt in den nächsten Jahren, aufgrund seiner stärkeren Einbindung in die alldeutschen Verbandsgeschäfte, bis zur Aufgabe seiner Zulassung nach dem Ersten Weltkrieg nicht überliefert, vor allem durch seinen Sozius beim Großherzoglichen Ministerium des Innern und der Justiz stellvertretend erfolgt. Er sah den Anwaltsberuf ohnehin „in

---

347 Heinrich von Treitschke (1834–1896) war als Onkel 2. Grades mit Ernst Hasse verwandt. Treitschke war der Neffe von Ernst Hasses Großmutter, Marianne Friedericke (1785–1823, geborene Treitschke), die mit Traugott Leberecht Hasse (1775–1853) verheiratet und dessen zweite Ehefrau war. Deren Sohn, Hermann Gustav Hasse (1811–1892), war Ernst Hasses Vater.

348 Unter Rückgriff auf Arthur de Gobineaus Rassentheorien der Rassendifferenz und der Rassenprädestination sah er die höchste Rassenstufe in der deutschen oder „arischen" Rasse, wobei der Staat berufen sei, deren ethnische Reinheit und generative Höherentwicklung sicherzustellen, indem „Rassenvermischung" vermieden werde. In dieser Interpretation stand er dem Gobineau-Forscher Schemann sehr nahe. Er setzte sich später auch für die finanzielle Unterstützung von dessen Stelle als Bibliothekar in Freiburg ein. Siehe auch Breuer: Ordnungen der Ungleichheit, S. 48–64, Puschner: Die völkische Bewegung, S. 77–82 und Köck: Ludwig Schemann und die Gobineau-Vereinigung.

besonderem Maße zu nützlicher politischer Arbeit berufen".[349] Die Rechtsanwaltschaft ruhte jedoch lediglich nach der Abmeldung beim Hessischen Justizministerium 1920 und Claß behielt sich immer wieder vor, politische Mandate anzubieten, wie im Fall von Hermann Ehrhardt, den er nach dessen Verhaftung Ende November 1922 wegen der Anklage aufgrund seiner Teilnahme am Kapp-Putsch vor dem Leipziger Reichsgericht verteidigte. Für juristische Fälle wie diesen reaktivierte er auch seine Zulassung.[350]

---

349 Claß: Wider den Strom, S. 29.

350 Siehe Hofmeister (Hrsg.): Heinrich Claß. Politische Erinnerungen, Kapitel 6.13. Hermann Ehrhardt war nach der Ermordung von Walther Rathenau (24.6.1922) nach Ungarn geflohen und wurde dann am 30.11.1922 in München festgenommen. Siehe Vorwärts 1.12.1922.

2 Wege zur Macht

2.1 Heinrich Claß im Alldeutschen Verband um die Jahrhundertwende

Der Weg in die politische Verbandsarbeit begann bei Claß 1894, als er am 18. Oktober an der Gründung des von Friedrich Lange errichteten Deutschbundes teilnahm, der um die Jahrhundertwende als ein elitäres Führungszentrum der völkischen Bewegung galt und vor allem Rassismus, Antisemitismus und den Kampf gegen die Sozialdemokratie als Ziele verfolgte.[1] Lange hatte Philologie und Philosophie studiert und 1884/85 zusammen mit dem späteren Gründungsmitglied des Alldeutschen Verbandes, Carl Peters, die Gesellschaft für deutsche Kolonisation ins Leben gerufen. Außerdem war er führendes Mitglied der 1885 von Peters gegründeten Deutsch-Ostafrikanischen Gesellschaft und langjähriger Redakteur der *Täglichen Rundschau*.

Die Aufnahme in den elitären Deutschbund erfolgte durch Meldung beim Bundeswart, sofern man sich „berufen" fühlte. Dem schloss sich eine Einladung durch den Obmann des jeweiligen Ortes an, mit weiteren „Weisungen" zur „Theilnahme an Wort, That und Gesinnung des Bundes". Der Beitritt fand in „ernsten Formen" statt und umfasste strikten Ehrvorstellungen gehorchend ein Gelöbnis und einen „Handschlag" vor allen anderen „Brüdern", die dafür zweimal im Jahr zum Hermannsfest und zum Weihefest zusammenkamen. Bei Ausschluss oder Austritt verpflichteten sich die „Brüder" vorab zum „strengsten Stillschweigen" sowie dazu, „nicht über von dem Bunde und seinen Brüdern" im Nachhinein zu reden oder zu schreiben.[2]

Die Satzung des Deutschbundes legte die Prinzipien der Mitgliedschaft fest, die religiöse Züge trug, da man nicht nur Mitglied war, sondern „des Deutschbundes sei". Eine solche metaphysische Zugehörigkeit sollte einen Glauben an die „Volksseele" und „die Liebe zum Deutschthum" als „oberstes Maß alle[n] Werthes" bezeugen. Im Deutschbund komme man daher auch jenseits von „Reichthum und Armut", „Rang und Stand" oder die trennende „Kluft der christlichen Bekenntnisse" zusammen. Aus der Grundüberzeugung eines als heilig erklärten „Deutschtums" leiteten sich Prinzipien weltanschaulichen Handelns ab. Den „Kampf" mit anderen Völkern scheuten die „Brüder und Schwestern" demnach nicht, „sondern heiligen ihn mit freudiger Bereitschaft als unser höchstes Opfer an der Volksseele". „Höher" gelte die „Pflicht, Eigenes zu bewahren, als Fremdes zu dulden". Daher sei das „Volk der Juden", ein „Spott der Völker

1 Siehe Friedrich Lange: Was ist und was will der Deutschbund?, 18.10.1894, Sonderdruck der Deutschbund-Blätter und Leicht: Heinrich Claß, S. 70–75. Demnach schien Claß bei der Gründungsversammlung am 9.5.1894 im „Spatenbräu" in der Friedrichstraße in Berlin nicht anwesend gewesen zu sein. Von den 200 Mitgliedern des Deutschbundes bei Gründung waren zu der Versammlung auch nur insgesamt vierzig bis fünfzig Mitglieder erschienen. Bericht über die begründende Versammlung des Deutschbundes am 9.5.1894, in BA-Berlin, N 2165, Bd. 17, Bl. 25.

2 Verfassung des Deutschbundes [1894/95], in ebd., Bl. 32–33.

https://doi.org/10.1515/-004

und von jeher eine Plage“ wie „Unkraut auf jede[m] Acker“, „mit allen Mitteln der Gesetze und eines beständigen Willens“ grundsätzlich „abzuwehren“, damit „seine List nicht mehr finde, womit er uns überliste, noch seine Macht, womit er uns übermöge, noch sein Blut, womit er uns vermische und entarte“.[3]

Bei Gründung zählte der Deutschbund zweihundert Mitglieder und sollte bis zum Kriegsausbruch 1914 auf ungefähr 1.500 Anhänger anwachsen.[4] Die von Claß selbst geführte Ortsgruppe in Mainz gehörte zu den wichtigsten „Gemeinden“. Es war der bürgerliche Anspruch, die Massen des Volkes durch dieses „Offizierskorps des Deutschbewegung“ zu einer Gesinnung „reinen Deutschtums“ und „die zu religiöser Glut verklärte[n] Deutschidee“ zu erziehen, wie es der Alldeutsche Lange formulierte. Diese Idee sollte Claß am Deutschbund wie auch später an der Gobineau-Vereinigung und am Alldeutschen Verband anziehen.[5] Hier mischte sich die Verbreitung deutscher Kunst als Ausdruck höchster Kultur, wie in den vom Deutschbund herausgegebenen Anthologien unter anderem von Johann Wolfgang von Goethe, Theodor Storm, Gottfried Keller oder Theodor Körner, mit rassenbiologischen Theorien und antisemitischer Propaganda für ein „reines Deutschtum“ gegen den „Wahn eines Weltbürgertums“ sowie gegen einen „von der Sozialdemokratie geforderten Staatssozialismus“.[6] Enge Verbindungen bestanden zu zahlreichen Organisationen der nationalistischen und völkischen Bewegung wie dem Deutschen Sprachverein, dem Schulverein, dem Ostmarkenverein, dem Gustav Adolf Verein und dem Flottenverein. Verbindungen zum Alldeutschen Verband wurden nicht zuletzt über Paul Langhans und Georg von Stössel gepflegt. Langhans saß in den Führungsgremien des Alldeutschen Verbandes und Stössel war mit Lange 1896 in engste geschäftliche Verbindungen getreten, als dieser die *Deutsche Zeitung* erwarb, nachdem er seine von 1882 bis 1895 dauernde Tätigkeit als Redakteur der *Täglichen Rundschau* wegen interner Auseinandersetzungen hatte aufgeben müssen.[7] Stössel wurde 1905 in den Geschäftsführenden Ausschuss und 1910 bis 1915 in den Vorstand des Alldeutschen Verbandes gewählt.[8]

Claß' eigentliche Politisierung fand 1897 mit seinem Eintritt in den Alldeutschen Verband statt, in dem er schnell als junger Rechtsanwalt Karriere machen sollte. Bereits

---

3 Satzung des Deutschbundes [1894/95], in ebd., Bl. 38–39.

4 Bericht über die begründende Versammlung des Deutschbundes am 9.5.1894, in ebd., Bl. 25 und Fricke: Deutschbund, S. 517. Siehe zur Soziographie des Deutschbundes auch Puschner: Die völkische Bewegung im wilhelminischen Kaiserreich, S. 379–381.

5 Zitat in Hufenreuter: Friedrich Lange, S. 453 und Lange: Reines Deutschtum, S. 351. Siehe auch Arbeitsplan des Deutschbundes für das Jahr 1894/95, in BA-Berlin, N 2165, Bd. 17, Bl. 34–35.

6 Lange, Aus deutschem Herzen und Ders.: Der Deutschbund, in Ders.: Reines Deutschtum, S. 353, 354 und 365. Siehe auch Grosser: Friedrich Lange.

7 Friedrich Lange: Wie die „Deutsche Zeitung“ entstand, abgedruckt zum 25-jährigen Jubiläum in Deutsche Zeitung 1.4.1921.

8 Siehe Fricke: Der „Deutschbund“, S. 333 und Ders.: Deutschbund, S. 518–519. Paul Langhans war zudem 1907–1942 Bundeswart des Deutschbundes und wurde 1942/43 durch das langjährige Mitglied des Alldeutschen Verbandes, Ferdinand Werner, abgelöst, der auch der Deutschsozialen Partei, der Deutschvölkischen Partei, dem DvSTB sowie der DNVP angehörte.

zum Dezember 1898 wurde er in den Geschäftsführenden Ausschuss und Ende 1900 in die Hauptleitung gewählt.[9] Claß konnte Eduard Lucius und Landgerichtsdirektor Richard Stephan, der ebenfalls in Gießen Rechtswissenschaft studiert hatte, für die Organisation der Mainzer Ortsgruppengründung des Verbandes am 9. Mai 1897 gewinnen.[10] Stephan wurde bereits 1900 Mitglied des Geschäftsführenden Vorstandes und 1910 Mitglied des Vorstandes der Reichsleitung des Alldeutschen Verbandes. Auch Richard Avenarius wurde von 1901 bis 1917 als Mitglied des Vorstandes bestätigt und verstärkte zusammen mit Philipp Bonhard, Amtsrichter aus Wöllstein, der von 1902 bis 1907 dem Geschäftsführenden Ausschuss angehörte, den rheinhessischen Flügel um Claß in den Leitungsgremien.[11]

Wie schon zuvor beim Deutschbund, wo Claß den Gründer, Journalisten und Kolonialagitator Lange sehr schätzte und von ihm als Mitglied des Geschäftsführenden Ausschusses des Alldeutschen Verbandes gefördert wurde, waren es erneut persönliche Beziehungen, diesmal zum Vorsitzenden des Alldeutschen Verbandes, die Claß bei seinen politischen Karriereplanungen zugutekamen. Claß achtete den von 1893 bis 1908 amtierenden Verbandsvorsitzenden Ernst Hasse, Leipziger Professor für Statistik und Kolonialpolitik, obwohl er zu Beginn seiner Verbandskarriere keine einzige von dessen akademischen Arbeiten gelesen hatte.

Ein erster persönlicher Schriftwechsel war 1897 erfolgt, nachdem Claß Adolf Lehr sowie Hasse als Vertreter des Alldeutschen Verbandes Anfang des Jahres bei einer Tagung der „Bewegung für Vaterländische Kampfspiele“ in Berlin kennengelernt hatte.[12] Claß war im selben Jahr führend bei der Organisation der Bewerbung der Stadt Mainz für die Reichfestspiele tätig, die im nächsten Jahr jedoch an Rüdesheim vergeben worden sind.[13] Die zu errichtenden Anlagen hatten „monumentale“ Ausmaße mit einem auf den „Kampfplatz“ ausgerichteten Amphitheater mit einem Durchmesser von 100 bis 150 Meter.[14] Das Stadion selbst hatte eine Länge von 500 Metern mit eigenen Bahnen für Radfahrwettbewerbe, Dauerlauf und Pferderennen. Volksspiele, Fußball, Tennis und

9 Bonhard: Geschichte des Alldeutschen Verbandes, S. 269 und 271.

10 Peters: Der Alldeutsche Verband, S. 55. Siehe auch Kössler: Register, S. 240.

11 Später kamen u. a. noch sein Neffe August Gebhard (Vorstand des ADV 1913–1917) und sein Schwager Robert Roesener sowie Hans Kupferberg (beide im ADV–Vorstand 1917–1918) hinzu. Roesener wurde im März 1916 als Mitglied des Vorstandes der Mainzer Ortsgruppe bestätigt, während Kupferberg zum Vorsitzenden der Ortsgruppe gewählt worden war.

12 Siehe Ernst Hasse an Claß, 24.6.1897, in BA-Berlin, R 8048, Bd. 184, Bl. 1–2 und Claß: Wider den Strom, S. 35.

13 Claß: Die Reichfestspielstätte und Ders.: Wider den Strom, S. 34–36. Siehe auch dazu Leicht: Heinrich Claß, S. 76–78. Claß bezog sich bei den Planungen für „die Alldeutschen Feste des neuen Reichs“ auf den Schriftsteller Grävell von Jostenoode (1856–1932) aus Brüssel, der auf das „Reichsfest Kaiser Friedrich des Rotbarts im Jahre 1184“ auf der Rheinebene bei Kastell gegenüber von Mainz verwies. Claß: Die Reichfestspielstätte, S. 1. Zu dem repräsentativen Hoffest zu Mainz versammelte Friedrich I. („Barbarossa“) zu Pfingsten 1184 u. a. Heinrich der Löwe, zahlreiche Erzbischöfe, Bischöfe, Herzöge, Markgrafen, Pfalzgrafen und Ministerialen sowie mehrere zehntausend Menschen. Siehe auch Keupp: Die erste Hühnerfarm zu Mainz.

14 Claß: Die Reichsfestspielstätte, S. 13.

Lanzenwerfen sowie Armbrustschießen sollten im Amphitheater mit 20.000 bis 30.000 Zuschauer stattfinden. Um den Parcours herum sollten insgesamt bis zu 100.000 Zuschauer Platz finden. Eine Festhalle und ein Festspielhaus sollten in einem Gebäude vereint werden. Die Austragung von Ruderwettkämpfen war auf dem Rheinarm zwischen Kastel und Biebrich vorgesehen. Seine führende Rolle bei der öffentlichen Vertretung des Ortsausschusses für Deutsche Nationalfeste, der von der Mainzer Ortsgruppe des Alldeutschen Verbandes zusammengesetzt worden ist, rückte ihn enger in das Honoratiorennetzwerk der Stadt.[15] Das schloss führende katholische Amtsträger mit ein, deren Unterstützung Claß gerne annahm. So der katholische Mainzer Oberbürgermeister und Sozialreformer, Staatsanwalt Gaßner, sowie der Reichstags- und Landtagsabgeordnete für die Zentrumspartei, Rechtsanwalt Adam Joseph Johann Schmitt, welche die Planungen für die Festspielstätte in den städtischen Gremien unterstützten.

Claß positionierte sich in kürzester Zeit als Gestalter vor Ort. Dieses Engagement zeigte sich in der Organisation des nationalistischen und antisemitischen Vereinsmilieus, das er zunehmend auf seine Vorstellungen hin zuschnitt. Er überführte die von ihm ins Leben gerufene Mainzer Deutschbund-Gemeinde zeitgleich in den Alldeutschen Verband und nutzte sein antisemitisches Engagement, um sich als Sammlungspolitiker der elitären völkischen Rechten vorzustellen. Solche Querverbindungen zeigten sich häufiger, wie beim Rechtsanwalt H. Geßner, der nicht nur die alldeutsche Ortsgruppe in Darmstadt leitete, sondern auch führendes Mitglied im Deutschbund war. In enger Zusammenarbeit mit dem Gymnasiallehrer Karl H. Berger drängte die „Gemeinde Mainz und Umgebung“, der auch Claß’ Vertraute Avenarius und Bonhard angehörten, auf vermehrte Mitbestimmung der einzelnen „Brüder“ bei Abstimmungsangelegenheiten, etwa bei Abwesenheit einzelner Mitglieder, die durch vorab angemeldeten Einspruch gehört und wahrgenommen werden sollten.[16]

Bis zum Sommer 1900 schien es jedoch zu erheblichen Spannungen zwischen Lange und Claß gekommen zu sein, die letztlich zum Bruch führten. Claß’ Vetter August Gebhard intervenierte bei Lange für die Mainzer „Gemeinde“ und für Claß. Nachdem er den Briefwechsel der beiden durchgesehen hatte, kam er zu dem Ergebnis, dass Lange durch überspitzte Eitelkeiten Claß derart vor den Kopf gestoßen habe, dass auch er, Gebhard, einen Rückzug Claß’ aus dem Deutschbund „in seiner gegenwärtigen Erscheinungsform“ sehr gut nachvollziehen könne.[17] Die offensichtliche Entfremdung zwischen Claß und Lange in Auseinandersetzungen um Form und Gestalt des Deutschbundes habe aufgrund von Claß’ Einfluss in Mainz zur Entfremdung „einer ganzen Gemeinde“ geführt, die eigentlich „vom treuen Eifer für die deutsche Sache“ gelenkt sei. Lange schien die enge Verknüpfung der Mainzer Deutschbund-Gemeinde

15 Dem Ortsausschuss gehörten neben Claß und Rechtsanwalt Eduard Lucius, Direktor Dr. Schön, Kgl. Baurat Rettig, Bauunternehmer Minthe, Prof. Dr. Schädel, Landgerichtsrat Stephan und Assessor Altendorf sowie die Bürgermeister von Kastel, Heinrich Löffelholz, und von Kostheim, Herr Weckbacher, an.
16 Siehe Antrag Mainzer Gemeinde (Dr. Berger) auf dem Bundestag in Leipzig, in Bericht des Bundeswarts, 2.11.1895, in BA-Berlin, N 2165, Bd. 17, Bl. 48.
17 Siehe zum folgenden August Gebhard an Friedrich Lange, 14.7.1900, in ebd., Bl. 59–60.

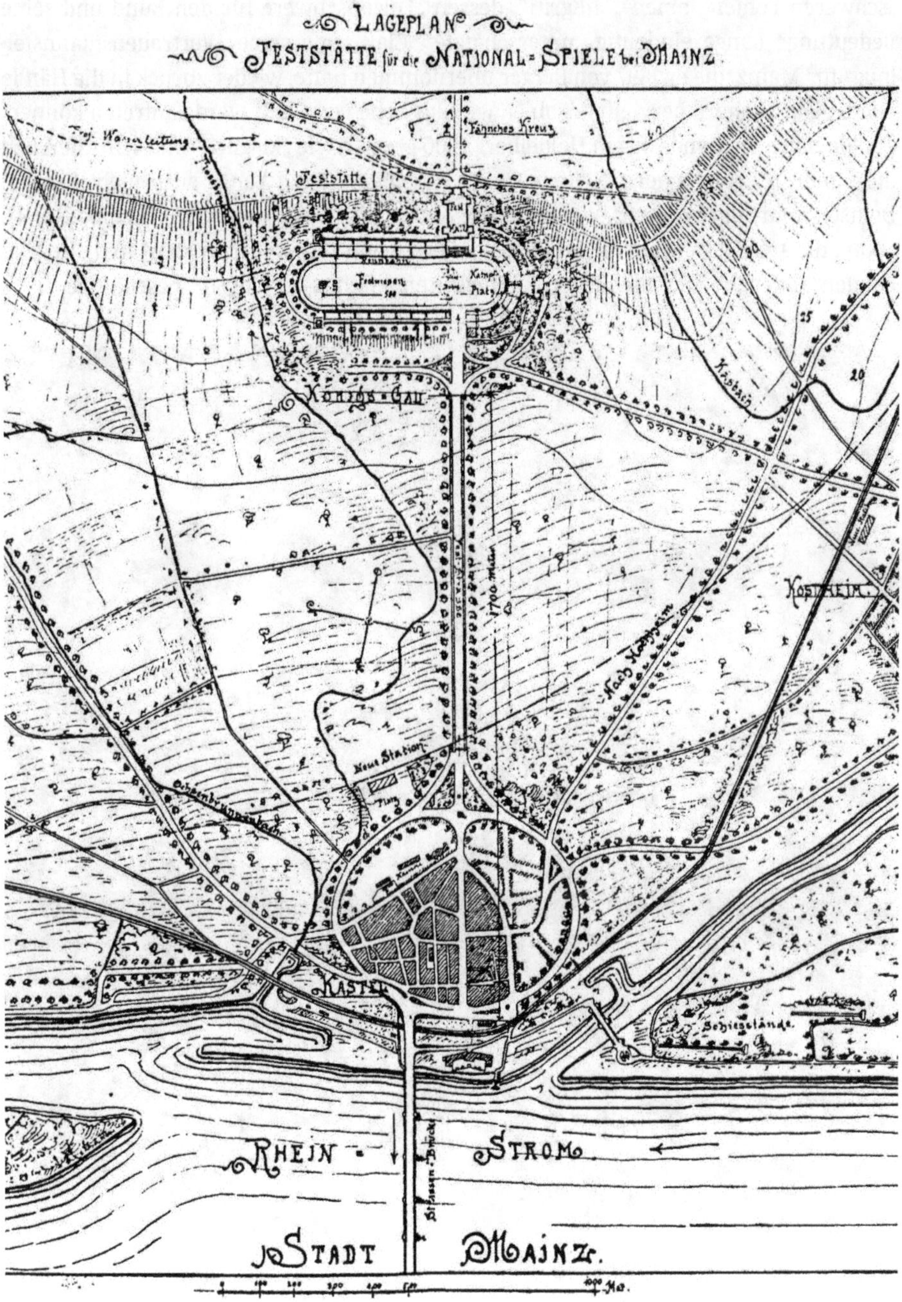

Abb. 6: Der Plan für die Errichtung einer Mainzer Festspielstätte auf der Rheinebene bei Kastel 1897.

mit dem Alldeutschen Verband massiv gestört zu haben. Gebhard wiederum hielt treu zu Claß als Vertrauensmann und kritisierte die Angriffe auf seinen Vetter als einen

„schweren Fehler", einen „Mißgriff", dessen „Folgenschwere für den Bund und seine Bedeutung" Lange eindeutig „unterschätzte". Claß legte seine „Vertrauensmannstellung" für Mainz, die er 1897 von Berger übernommen hatte, wieder zurück in die Hände von Lange. Gebhard bezweifelte, ob Lange „das Erbe von Claß" werde antreten können. Zudem habe der Bundestag in Heidelberg 1900 gezeigt, wie „kläglich" und selbstherrlich die Bundesführung agiere. Nennenswerte Aufgaben könne Lange auch nicht für den Deutschbund „nachweisen", wenn man sich mit „Kinkerlitzchen" wie „Turmballspiel", „Damenkränzchen", „gemütliche Biedermeierei beim Dämmerschoppen" und „Hegelabenden", oder „wie die niedlichen Kleinigkeiten alle heißen mögen", beschäftige.[18]

Abb. 7: Heinrich Claß und August Gebhard (rechts) am Niederwalddenkmal in Rüdesheim (24. Mai 1893).

18 Ebd., S. 60.

Die Auseinandersetzung zwischen Claß und Lange lief Gefahr, wie bereits von Gebhard angedeutet, vor der Bundeskammer des Deutschbundes entschieden zu werden.[19] Zufrieden schien jedenfalls auch Lange nicht mit den Richtungsstreitigkeiten innerhalb des Bundes gewesen zu sein, wenn es noch nicht einmal möglich war, sich auf ein Wirtschaftsprogramm zur Förderung des Mittelstandes als Zentrum eines „echten kernhaften Deutschtums" festzulegen, um mit eigener christlich-sozialer Politik gegen die Sozialdemokratie wirken zu können und somit die Reichweite des Deutschbundes zu erweitern.[20] Er kritisierte bereits auf der Vertrauensmännerversammlung im Juni 1897, die er ein Jahr zuvor eingerichtet hatte, dass der Deutschbund „nicht das geleistet hatte, was man von ihm nach dreijährigem Bestehen verlangen könne". Mitglieder seien trotz der „feierlichen Form des Eintritts" aus „nichtigen Gründen" ausgetreten, ganze Gemeinden seien „lau" geworden und auch die Arbeit der Frauen im Bund „habe nicht immer günstig gewirkt".[21] Claß war als Mainzer Vertrauensmann anwesend und hörte sich die anderthalbstündige Rede Lange's an, der seit Übernahme der *Deutschen Zeitung* wenige Jahre zuvor beständig über Finanzierungsprobleme und überschaubare Abnehmerzahlen klagte, obwohl die Verbreitung des Blattes durch die Deutschbundmitglieder eigentlich gefördert werden sollte.[22] Auch in dieser Hinsicht schien die Rechnung für Lange nur unbefriedigend aufzugehen, obwohl er den Deutschbund nach eigener Erinnerung als „Gesinnungsgemeinschaft", die eher „im [S]tillen wirken" sollte, gegründet hatte.[23] Die „Burschenschaft der Erwachsenen", die Lange im Deutschband sah, war letztlich doch nur ein „Philisterverband".[24]

Der Deutschbund wurde Claß aufgrund dieser sich zuspitzenden Streitigkeiten mit Lange, in denen es um die organisatorische Randständigkeit als sektiererischer „Bruderbund" ging, schlichtweg zu eng. Hatte er noch zu Beginn seiner Bruderschaft kleinere Tätigkeiten übernommen wie die Schriftführerschaft beim Bundestag in Mainz im Mai 1896, schien ein Verbleib im Deutschbund unter diesen Bedingungen Selbstzweck zu sein. Größere Mobilisierungserfolge waren nicht zu erwarten, sein eigener Einfluss auf die Bundesführung war nicht gesichert.[25] Lange berichtete später noch mit Stolz, dass der Deutschbund sich der Werbung neuer Mitglieder ganz enthalte und nur freiwillig auf den Bund zukommende Anwärter nach einer halbjährigen „Probezeit" aufnehme,

19 Siehe zu den Auseinandersetzungen auch die Briefe von Friedrich Lange an Claß, 9.7. und 14.7.1900 sowie an die Deutschbund-Gemeinde Mainz (z. Hd. Eugen Ledig), 23.7.1900, in BA-Berlin, N 2165, Bd. 14, Bl. 396–398, 404 und 408–410.

20 Lange: Der Deutschbund (Ein nationales Wirtschaftsprogramm), in Ders.: Reines Deutschtum, S. 357–369. Friedrich Lange sprach dabei 1895 u. a. von berufsständischen Zwangsgenossenschaften, Schutzzöllen, Abwehr der Konkurrenz gegenüber den Warenhäusern, Einrichtung nur eines Arbeitgeberverbandes und verbindlichen Tarifverträgen.

21 Bericht über die Vertrauensmännerversammlung auf dem Eisenacher Bundestag des Deutschbundes am 12.6.1897, in Deutschbund-Blätter 15.7.1897.

22 Siehe auch Lange: Deutsche Zeitung, in Ders.: Reines Deutschtum, S. 415–429.

23 Ders.: Der Deutschbund, in ebd., S. 347.

24 Ders.: Aufruf zur Gründung des Deutschbundes, 1.4.1894, in ebd., S. 350 und 351.

25 Siehe Deutschbund-Blätter, Juli 1896, in BA-Berlin, N 2165, Bd. 18, Bl. 17–22.

„um die Festigkeit seines inneren Zusammenhanges nicht zu gefährden".[26] Claß hingegen sah die Grenzen der Mobilisierung in seinen später veröffentlichten Erinnerungen darin, dass sich „die Gefolgschaft" im Deutschbund „trotz aller Bemühungen nicht steigern lasse, so daß die Gemeinden in Gefahr gerieten, kleine Grüppchen zu werden und aus der großen politischen Arbeit ausgeschaltet zu bleiben".[27] Als führende Figur der Alldeutschen in Rheinhessen wollte er mehr. Nicht zuletzt zählte Hessen um 1901 insgesamt über 1.400 Mitglieder und war hinter dem Rheinland und Sachsen der drittstärkste Landesverband.[28] Zudem war Claß mittlerweile Vater geworden und wollte seiner bürgerlichen Persönlichkeitsbildung einen bedeutungsvolleren Wirkungsrahmen geben. Zwei Jahre zuvor war seine Tochter Anna Elisabeth zur Welt gekommen. Zum Zeitpunkt seines Austritts aus dem Deutschbund im Sommer 1900[29] war seine Frau Mathilde mit dem Sohn Wilhelm schwanger, der im Juli 1901 zur Welt kam.

Claß hielt sich nach außen an die satzungsgemäßen Absprachen bei Austritt einzelner „Brüder" und überzog Lange nicht mit harscher Kritik. Selbst als er im Zuge der Gründung der Neudeutschen Verlags- und Treuhandgesellschaft zum 1. April 1917 die *Deutsche Zeitung* übernahm, wurde Lange, der im gleichen Jahr starb, in Leitartikeln beständig als Begründer des Deutschbundes und als ehemaliger Herausgeber des Blattes geehrt.[30] Die Verbindung zwischen dem Verband und dem Deutschbund blieben weiterhin eng. So gründete Lange 1904 mit den beiden alldeutschen Deutschbundmitgliedern, Emil Theodor Förster und Robert Gerstenhauer, den Deutschvölkischen Kolonialverein als Abspaltung von der Deutschen Kolonialgesellschaft, um den von Friedrich Ratzel popularisierten Begriff vom „Lebensraum" durch eine völkisch-rassische Siedlungspolitik zur Durchsetzung zu verhelfen.[31] Auch als er die Arbeiter im Verbund mit dem 1904 durch den Alldeutschen Eduard von Liebert gegründeten Reichsverband gegen die Sozialdemokratie in nationale Arbeitnehmerorganisationen einbinden wollte, war ihm die grundsätzliche Unterstützung Claß' sowie Alfred Hugenbergs sicher.[32] Um

26 Lange: Der Deutschbund, in Ders.: Reines Deutschtum, S. 374. Friedrich Lange sah auch eher in der Mobilisierung von Deutschbund-Brüdern in einzelnen Gemeinden eine Stärkung anderer nationaler Verbände wie des Alldeutschen Verbands. Bestehende Ortsgruppen des Deutschbundes hätten demnach zur Gründung auch alldeutscher Ortsgruppen geführt: „Der Alldeutsche Verband hat das mehr als einmal dankbar anerkannt." Ebd.

27 Claß: Wider den Strom, S. 33.

28 Siehe Der Alldeutsche Verband im Jahre 1901, S. 20.

29 Claß: Wider den Strom, S. 37.

30 Deutsche Zeitung 1.4.1921.

31 Siehe dazu auch Puschner: Die völkische Bewegung im wilhelminischen Kaiserreich, S. 151–155.

32 Siehe Claß' Unterschrift unter den Aufruf des Ausschusses zur Förderung der Bestrebungen vaterländischer Arbeitervereine, o. D. [1910], in BA-Berlin, N 2165, Bd. 31, Bl. 2 und Alfred Hugenberg an Friedrich Lange (betreffend Hauptausschuss nationaler Arbeiterverbände), 3.12.1912, in ebd., Bd. 35, Bl. 35. Dem Führungsgremium des Ausschusses zur Förderung der Bestrebungen vaterländischer Arbeitervereine gehörte auch der Alldeutsche Professor Hugo Grell aus Potsdam an, der zudem erster Vorsitzender der Ortsgruppe Potsdam des Reichsverbandes gegen die Sozialdemokratie war. Alfred Hugenberg wollte sich jedoch aufgrund seiner Stellung im Direktorium bei Friedrich Krupp und mit Blick

Langes umtriebige Bemühungen zu fördern, die nationalen Verbände 1903 in einem Reichswahlverband gegen die Sozialdemokratie sowie in einem 1905 gegründeten „Ausschuss für nationale Politik" zu vereinigen, gingen führende Alldeutsche wie Stössel und Liebert in den Vorstand.[33]

Trotzdem zeitigten die verschiedenen Vorstellungen vom Zweck des Deutschbundes genau die Auswirkungen, vor denen Gebhard Lange zuvor gewarnt hatte, denn Claß nahm die gesamte „Gemeinde" Mainz mit in den Alldeutschen Verband und hinterließ für den Deutschbund vor Ort für die nächsten Jahre gleichsam verbrannte Erde.[34] Zukünftige Anwärter trafen in Mainz auf keine effizient organisierte Struktur mehr, da dort von nun an keine „Gemeinde" mehr existierte und auch nicht mehr eingerichtet wurde. Stattdessen mussten sich Anwärter an die Kanzlei des Deutschbundes wenden, um einer „Gemeinde" zugeteilt zu werden.[35]

Nach seinem Austritt aus dem Deutschbund arbeitete sich Claß verstärkt in die Gremien des Alldeutschen Verbandes ein. Für die von ihm mit 39 Mitgliedern gegründete Mainzer Ortsgruppe konnte er schnell lokale Honoratioren wie den „Oberlandesgerichtspräsident[en] a. D. Exzell." Dr. Joseph Görz gewinnen, der als Ortsgruppenvorsitzender vor Claß geführt wurde.[36] Claß selbst blieb bis zur Übernahme der Ortsgruppe nach dem Tode von Görz 1900 Stellvertretender Vorsitzender.[37] Der 87-jährige Katholik hatte in Gießen Rechtswissenschaft studiert und war unter anderem nationalliberales Mitglied des Landtags gewesen, von 1878 bis 1879 nationalliberaler Reichstagsabgeordneter sowie Mitglied der Ersten Kammer der Landstände. Seine politische Nähe zum Verband war offensichtlich. Alldeutsche Kolonialinteressen deckten sich nicht zuletzt mit den Unternehmungen von Görz' Sohn Adolf als Großgrubenbesitzer und Bankier in Südafrika. Görz, der als junger Jurist am Friedensgericht Mainz als Ergänzungsrichter gearbeitet hatte, kannte während seiner Tätigkeit als Anwalt in Mainz zwischen 1841 und 1873, dann als Obergerichtsrat am Mainzer Obergericht und als Präsident des Oberlandesgerichtes sicherlich Claß' Vater sowie seine beiden Großväter. Die Einbindung solcher Honoratioren erleichterte Claß' eigenen Aufstieg zum Verbandspolitiker.

---

auf die dort organisierten Arbeiter mit seiner Unterstützung des Hauptausschusses öffentlich zurückhalten.

33 Satzung des Ausschusses für nationale Politik, o. D. [1905], in BA-Berlin, N 2165, Bd. 19, Bl. 7–9. Auch Claß wurde zur konstituierenden Sitzung eingeladen. Siehe Liste der bisher eingeladenen Gäste zur Gründung des Nationalen Ausschusses, 1905, in ebd., Bl. 4. Siehe auch Grießmer: Massenverbände und Massenparteien, S. 69–88 und Eley: Reshaping the German Right, S. 246–251.

34 So auch Leicht: Heinrich Claß, S. 75–85.

35 Was ist und was will der Deutschbund? [1.7.1914], in BA-Berlin, N 2165, Bd. 17, Bl. 135–137.

36 Zur Mitgliederzahl und seinen Austrittsmotiven aus dem Deutschbund siehe Claß: Wider den Strom, S. 32–33. Zur Ortsgruppe Mainz siehe Alldeutsches Werbe- und Merkbüchlein 1899, S. 17.

37 Claß an Heinrich Gaßner, 8.7.1897, in StA Mainz, 17–15200, Alldeutsches Werbe- und Merkbüchlein 1899, S. 17 und Dass. 1901/02, S. 11.

Die Verbindung zwischen verschiedenen Verbänden potenzierte Claß' Wirkungskreis.[38] „Maßgebend war für mich der Eindruck, daß wir uns im Alldeutschen Verbande in höherem Maße nützlich machen könnten als beim Deutschbund, der sich trotz allen Eifers in gewissem Sinne bei uns totgelaufen hatte“, schrieb Claß rückblickend.[39] Im Juli 1897 suchte er die Einbindung in die weitere nationalistische Bewegung und trat in die Deutsche Kolonialgesellschaft ein, der auch Hasse und Lehr in führenden Positionen angehörten.[40] Hasse überführte den von ihm bereits 1878 gegründeten Verein für Handelsgeographie und Kolonialpolitik in die Leipziger Abteilung der Gesellschaft und wurde später Mitglied des Vorstandes der Kolonialgesellschaft. Nachdem Lehr, der in Leipzig bei Hasse promoviert worden war, 1894 Geschäftsführer und Mitglied der Hauptleitung des Alldeutschen Verbandes geworden und daraufhin von Jena nach Berlin gezogen war, avancierte er 1897 zunächst zum Dritten und schließlich zum Zweiten Vorsitzenden der gesamten Abteilung Berlin.[41]

Die Kolonialgesellschaft war Ende der 1890er Jahre mit 18.000 Mitgliedern und 256 organisierten Abteilungen trotz Mitgliederfluktuationen und wieder aufgelösten Ortsgruppen in den meisten deutschen Städten präsent. Jedoch führte die fehlende kohärente Organisation dazu, dass weitere 3.000 Mitglieder ohne Ortsverband waren. Die Vertrauensmänner der Gesellschaft sammelten Mitgliederbeiträge ein und verteilten die *Deutsche Kolonialzeitung*, während sie selbst teilweise gar keinen Status als Mitglied hatten. Sie waren oftmals Buchhändler, in deren Geschäften die Organisation vor Ort gleichsam kommissarisch durchgeführt wurde.[42] Ein Aufstieg des jungen Rechtsanwalts Claß wäre in den Leitungsgremien der Abteilungen und Ortsgruppen der Kolonialgesellschaft in Rheinhessen genauso gern gesehen gewesen wie im Alldeutschen Verband. Immerhin gehörte das Rheinland zwischen Koblenz und Stuttgart mit Mainz, Bingen und Wiesbaden neben dem Ruhrgebiet und dem mitteldeutschen Dreieck Hannover-Erfurt-Dresden zu den drei Mobilisierungszentren der kolonialen Bewegung.[43] Für Claß bot der Alldeutsche Verband jedoch aufgrund der breit gestreuten Interessenpolitik das vielversprechendste Potenzial. Das System von Netzwerken und Hinterzimmerpolitik war auch aufgrund seiner eingeschränkten rednerischen Talente eine attraktive Bühne seines politischen Wirkens.

Claß erkannte schnell die Gestaltungsfreiräume innerhalb des noch jungen Alldeutschen Verbandes. Bis Ende 1898 wurde er Vorsitzender des alldeutschen Rhein-Main-Gaus, der 3.600 Mitglieder zählte.[44] Im Dezember 1900 erfolgte bereits die Wahl in die Hauptleitung. Claß sollte den im Januar verstorbenen Augsburger Oberbürger-

---

38 Die Mainzer Ortsgruppe des Alldeutschen Verbandes hatte ihn noch in der ersten Sitzung dem Deutschbund als korporatives Mitglied angeschlossen. Siehe Claß: Wider den Strom, S. 32–37.

39 Ebd., S. 33.

40 Mitgliedskarte Claß für die Deutsche Kolonialgesellschaft, 27.7.1897, in BA-Berlin, R 8048, Bd. 184, Bl. 4.

41 Siehe Deutsche Kolonialzeitung 16.10.1897 und 21.11.1901.

42 Siehe die Berichte in ebd. 9.10.1897 und 23.10.1897.

43 Siehe ebd. 9.10.1897.

44 Claß: Wider den Strom, S. 34.

meister und nationalliberalen Reichstagsabgeordneten für den Wahlkreis Oberfranken (Bayreuth), Ludwig von Fischer, ersetzen, um „Süddeutschland" zu repräsentieren. Der katholische Jurist Fischer war seit 1891 in den führenden Gremien des Verbandes vertreten gewesen, sei jedoch nie durch eigene Initiativen auffällig in Erscheinung getreten, so Claß.[45] Zeitgleich vollzog sich in den Führungsgremien des Alldeutschen Verbandes ein Generationswechsel. Jüngere Radikale wie Claß, der für eine schärfere Politik Deutschlands gegenüber England im Burenkrieg (1899–1902) eintrat, besetzten nunmehr ebenfalls Positionen. Bei den Verbandstagen 1900 hielt sich Claß mit Zwischenmeldungen und Referaten noch zurück und war auch nicht immer anwesend. Ende 1900 begann er jedoch, sich innerhalb der Verbandsgremien als Vertreter einer jüngeren, radikaleren Generation von Alldeutschen zu positionieren, die den Konflikt nicht nur mit dem „neuen Kurs" des Kaisers und der Reichsregierung, sondern auch mit den Honoratioren des Verbandes selbst suchten.

In seinen Erinnerungen beschrieb Claß ausführlich diese generationellen Deutungskämpfe um die Schärfe und das Ausmaß der alldeutschen Kritik an der Regierung, die vor allem für die älteren Mitglieder Grenzen hatte und nicht uneingeschränkt gegen Kaiser, Kanzler und Regierung vorgebracht werden dürfe, um sich als „nationale Opposition" zu profilieren. Der Zweck alldeutscher Propaganda war für Claß jedoch weiter gefasst und ging über eine „Erziehung" zu nationalem Bewusstsein und eine beratende, überparteiliche Funktion für die Regierung hinaus. Er sah im Alldeutschen Verband zum einen die eigentliche Wirkungsstätte für seine persönliche politische Zukunft. Rückblickend schien sich dieses Ziel geradezu kontinuierlich erfüllt zu haben: „Je länger ich im Alldeutschen Verbande mitarbeitete, genauer gesprochen: je länger meine Zugehörigkeit zum Geschäftsführenden Ausschusse und dann zur Hauptleitung dauerte, um so mehr verstärkte sich das Gefühl in mir, hier an die rechte Stelle gekommen zu sein, an der sich meine leidenschaftliche Anteilnahme an dem Schicksal unseres Volkes auswirken lassen konnte." Nicht nur die nationale „Einweisung" seines Großvaters Fischer, sondern auch die Einflüsse Heinrich von Treitschkes sowie des Zivilrechtlers Rudolf von Gneist und des Kirchenrechtlers Aegidi, die er während seiner Berliner Studienzeit gehört hatte, hätten ihm einen geraden Weg in seine Stellung im Alldeutschen Verband ermöglicht.[46]

Claß wollte den Verband zum anderen zu einem Führungszentrum der gesamten außerparlamentarischen nationalen Rechten ausbauen, dem weniger die Mobilisierung der „Massen", sondern vielmehr die geistige Führung zukommen sollte: „Ich habe sehr oft das Gefühl gehabt, daß es wohl keine Tätigkeit gebe, in der von den Führern mehr verlangt würde, als im Alldeutschen Verbande. Dieser war immer mehr zu einer Vereinigung von Männern geworden, in der nichts weniger als die Gesamtheit aller nationalen Notwendigkeiten betreut werden sollte und tatsächlich auch betreut wurde. Man mag irgendein politisches Gebiet der inneren und äußeren, der Kultur- und der

45 Ebd., S. 55.
46 Ebd., S. 89.

Wirtschaftspolitik berühren – keines, das der Alldeutsche Verband nicht zu bearbeiten bemüht war."[47]

Seine Stellung im Verband war jedoch keineswegs unumstritten. Seine Zukunft hing ganz entscheidend vom Verbandsvorsitzenden Hasse und einer Gruppe jüngerer Mitglieder ab, die seinen radikalen Kurs verteidigten und seine persönliche Stellung in der Leitung des Verbandes schützten. Claß' später Vorwurf, zu Hasses Lebzeiten sei es „ausgeschlossen gewesen, den Alldeutschen Verband zum Träger einer völkischen Politik zu machen", sodass „wir Jüngeren" hätten „Geduld" haben müssen und froh sein konnten, dass man den Alldeutschen Verband „zur schärfsten nationalen Kampfgenossenschaft ausgestaltete" und zum „Träger" der „nationalen Opposition" machte, war nur durch Claß' Undankbarkeit gegenüber Hasse zu erklären, um die eigenen Verdienste um die Radikalisierung des Verbandkurses zu überhöhen. Hasse selbst repräsentierte in der frühen Phase des Alldeutschen Verbandes dessen unabhängige Stellung zum Parlamentsgefüge, als die Verbandsleitung um Karl von der Heydt sowie Peters 1893 den Verband aufgeben wollten, um eine Nationalpartei zu gründen, die als Sammlungspartei von Nationalliberalen, Konservativen und Liberalen ins Leben gerufen werden sollte.[48] Nicht nur Hermann Credner, Gründungsmitglied des Alldeutschen Verbandes sowie Professor an der Universität Leipzig und Doyen der Sächsischen Geologischen Landesuntersuchung, nannte eine solche Nationalpartei ein „todtgborenes Kind", die nicht zu einer Vereinigung der Nationalliberalen und Deutsch-Konservativen führen werde.[49] Theodor Reismann-Grone und Hugenberg, die zur jüngeren Gruppe des „Schweizer" Gründungsflügels von Auslandsdeutschen und völkischen Reichsdeutschen um Adolf G. Fick gehörten, stellten sich ebenfalls gegen eine solche Sammlungspartei. Vor allem Reismann-Grone, der aktiv im Ruhrgebiet alldeutsche Ortsgruppen gegründet hatte, forcierte eine personelle Neuaufstellung des Verbandes.

Hasse übernahm 1893 nach seiner Wahl die Position des Geschäftsführenden Vorsitzenden des Präsidiums des Alldeutschen Verbandes. Er sicherte somit den Fortbestand des unter akutem Mitgliederschwund und unsteten Finanzgrundlagen leidenden Verbandes, der sich später unter Claß als Avantgarde der selbsternannten „nationalen Opposition" gegen die Reichsregierung in Stellung bringen sollte. Hasse bewahrte den Verband durch seine Wahl vor dem Untergang, ließ sich jedoch nur unter klar formulierten Bedingungen, wie die Entlastung durch einen bezahlten Geschäftsführer und die Wahl für zunächst nur ein Jahr, zu dem Amt überreden. Die Wahl Lehrs im Frühjahr 1894 erfüllte Hasses Wünsche, die auch die Forderung nach einem regelmäßigen und finanziell gesicherten Erscheinen der *Mittheilungen des Allgemeinen Deutschen Verbandes* umfassten und letztlich nicht ohne Androhung seines Rücktritts eingelöst wur-

47 Ebd.

48 Aufruf zur Gründung einer Nationalpartei, gez. Karl von der Heydt und Wilhelm Schroeder-Poggelow, 23.1.1893, in BA-Berlin, R 8048, Bd. 3, Bl. 10–11.

49 Hermann Credner an Ernst Hasse, 19.1.1893, in ebd., Bl. 7.

den.[50] Darüber hinaus wurde Reismann-Grone durch Hugenberg im Geschäftsführenden Ausschuss unterstützt, der von seiner Position im Vorstand, dem er seit Verbandsgründung angehörte, gleichsam eine Stufe aufrückte, bis er sich dann zehn Jahre später aus den Führungsgremien wieder zurückzog, um im Hintergrund zu wirken.[51]

Unter Hasses Führung gelang eine verstärkte Mitgliederwerbung. Hasse hielt in den folgenden Jahren durch mühsame Konsolidierung den rapiden Verfall des Verbands auf, dessen Mitgliederzahlen in kürzester Zeit von 20.000 auf 2.000 gefallen waren. Ein Jahr nach seiner Amtsübernahme, 1894, stabilisierte sich die Lage bei 5.600 Mitgliedern, 27 Ortsgruppen und 2.200 Beziehern der *Alldeutschen Blätter.* 1901 wurden 22.300 Mitglieder, 187 Ortsgruppen und 8.298 Bezieher der Verbandszeitschrift verzeichnet.[52]

Claß' spätere Kritik an Hasses Verbandsführung seit seinem Eintritt in die Führungsgremien war insofern zutreffend, als dass Hasse durch sein nationalliberales Reichstagsmandat zwischen 1893 und 1903 parlamentarisch gebunden war. Trotzdem nahmen die Radikalität des Verbandes und die Projektion völkisch-rassischer Themen unter Hasses Verbandsvorsitz beständig zu. Der Gegensatz zwischen rationaler „Sachlichkeit" und „Nüchternheit", die Claß Hasse zuschrieb, und seiner eigenen emotionalen „Leidenschaft", die ein avantgardistisches Vorwärtsdrängen aller alldeutschen „Jüngeren" seiner Generation „nach nationaler Opposition" suggerieren sollte, war mehr als ein Stilmittel, um die eigene retrospektive Erzählung vom Überwinden nicht nur äußerer, sondern auch innerer Hindernisse auf dem Weg zur Macht im Verband zu rahmen.[53] Denn in der Tat verschärften sich die Gegensätze zwischen Claß und den Honoratioren des Verbandes, da Claß das Verhältnis zur Regierung bei seiner eigenen Positionierungspolitik innerhalb der Verbandsführung um die Jahrhundertwende wenig kümmerte. Rücksichten musste er keine nehmen, da ihm die parlamentarische Verantwortlichkeit fehlte, anders als das bei den Nationalliberalen Hasse und Lehr oder seinen Kritikern wie dem Nationalliberalen Udo Graf von Stolberg-Wernigerode und dem Freikonservativen Traugott Hermann Graf von Arnim-Muskau der Fall war.[54]

Als Claß 1897 zum Alldeutschen Verband stieß, stand der Schutz kulturell-sprachlicher Vorherrschaft des „Deutschtums" in Österreich-Ungarn auf der Agenda, denn dieser schien durch die Badenischen Sprachverordnungen und die im ersten Entwurf festgelegte doppelte Regelung für Deutsch und Tschechisch als gleichberechtigte Amtssprachen vor allem in Böhmen und Mähren gefährdet.[55] Die Aufrüstung der deutschen Flotte war ein zweiter Akzent der alldeutschen Verbandsarbeit um die Jahrhundertwende. Alfred von Tirpitz konnte die deutsche Flottenrüstung, die er wesentlich in den

---

50 Sitzung des Vorstandes des ADV, 30.1.1894, in ebd., Bl. 90–92 und Rundschreiben des Vorstandes des ADV, 10.11.1893, in ebd., Bl. 70.

51 Sitzung des Vorstandes des ADV, 10.12.1893, in ebd., Bl. 72–73.

52 Siehe Alldeutsches Werbe- und Merkbüchlein 1902/03, S. 16 und Wertheimer: The Pan-German League, S. 54.

53 Claß: Wider den Strom, S. 90 und 91.

54 Zu den Konflikten siehe Leicht: Heinrich Claß, S. 100–107.

55 Chickering: We Men, S. 53–62.

1890er Jahren vor allem gegen die britische Seeherrschaft mit vorangetrieben hatte, mit dem ersten Flottengesetz 1898 für den Bau einer umfangreichen Schlachtflotte umsetzen. Zur Beeinflussung der öffentlichen Meinung gründete sich im selben Jahr der Deutsche Flottenverein, der den Gedanken einer „Risikoflotte", die eine weitere englische maritime Aufrüstung nach sich ziehen und auf Jahrzehnte hin große finanzielle Investitionen notwendig machen würde, für die deutsche Bevölkerung auch jenseits bürgerlich-mittelständischer Schichten attraktiv machen sollte. Die Alldeutschen sahen den Aufbau einer deutschen Schlachtflotte als notwendige Voraussetzung für die imperiale Expansion im Wettlauf um Marktzugänge und Siedlungsgebiete in der kolonialen Peripherie, vor allem in Afrika.

Beide Felder, Deutschtumspolitik als ethnisch-kulturelle Schutzpolitik gegenüber deutschen Minderheiten im Ausland und imperiale „Weltpolitik" vor allem in Konkurrenz zum britischen und französischem Weltreich in der kolonialen Peripherie, kamen für die Alldeutschen im Zweiten Burenkrieg zwischen 1899 und 1902 zusammen. Claß ergriff die Möglichkeit für eine thematische Profilierung sowie eine strategische Positionierung in den Führungsgremien des Verbandes. Britische Kolonialinteressen in Afrika waren an strategischen Utopien ausgerichtet, deren Ziel ein möglichst zusammenhängendes Kolonialgebiet von Ägypten bis nach Südafrika war. Hinzu kamen für die Briten ökonomische Interessen der Ressourcenausbeute gegenüber den beiden Burenrepubliken, dem Orange Free State und der sich nördlich anschließenden South African Republic (Transvaal), deren Unabhängigkeit sie 1854, beziehungsweise 1852 nach der Auswanderung der Buren im Great Trek aus der 1814 von den Niederländern übernommenen britischen Cape Colony, anerkannt hatten.[56] Der in den 1830er Jahren nach Nordosten erfolgte Auszug ging vor allem auf die Abschaffung der Sklaverei in der Cape Colony, und die Durchsetzung von Englisch als Amtssprache gegenüber dem Niederländischen zurück.

Der Alldeutsche Verband initiierte eine umfangreiche Burensammlung, um die eigenen Anhänger für die Unterstützung des Unabhängigkeitskampfes der Buren gegen die Briten zu mobilisieren. Finanzielle Ressourcen flossen später auch in die vom Verband unterstützte Neue Südwest-Afrikanische Siedlungsgesellschaft (1902), um praktische Politik für den Zweck der völkischen Siedlung zu betreiben und somit entsprechend des Programms koloniale Agitation zu praktischen Ergebnissen zu führen. Die alldeutsche Burenagitation zahlte sich aus. 1901 hatte der Verband über 22.000 Mitglieder. Das Interesse flaute in den folgenden Jahren aber wieder ab und der hohe Wert der Jahrhundertwende sollte erst im Laufe der nationalistischen Welle im Ersten Weltkrieg 1916/17 erneut übersprungen werden.[57]

Ohm Krüger, der Präsident der südafrikanischen Politik, befand sich im November 1900 in Deutschland, um die Unterstützung der deutschen Regierung gegenüber den Briten zu erhalten. Wie bereits im Vorfeld des Ersten Burenkrieges (1880–1881), als

56 Siehe Smith: The Origins of the South African War 1899–1902.
57 Siehe Anhang 2.

Abb. 8: Burenagitation des Alldeutschen Verbandes (Postkarte von 1901).

Krüger nach London gereist war, um letztlich vergeblich von Queen Victoria empfangen zu werden, begab er sich nach erneuten britischen Überfällen an der Grenze der Burenrepubliken und seiner Kriegserklärung an Großbritannien im Oktober 1899 ein Jahr später wieder nach Europa, um vom niederländischen Königshaus sowie von Wilhelm II. empfangen zu werden. Solche Hoffnungen waren mit Blick auf den deutschen Kaiser nicht unbegründet, deren Erfüllung jedoch von dessen sprunghaftem Gemüt und erratischer außenpolitischer Linienführung abhing. Es galt, „Weltpolitik" zu betreiben, zugleich sollten aber die kriegsgefährlichen Herausforderungen dieser Politik gegenüber Großbritannien als Risikopolitik einkalkuliert werden, ohne von einer Verständigung mit den Briten abzurücken. So ließ sich der Kaiser 1896 noch vor Beginn des Konflikts zu einer Grußadresse hinreißen, dem Krüger-Telegramm, mit dem er die Buren gegen den versuchten Umsturz durch britische Interventionen (Jameson Raid) unterstützen wollte. Daraufhin musste er sich angesichts drohender Konflikte mit Großbritannien, das sich durch die einsetzende deutsche Flottenrüstung massiv herausgefordert sah, zurechtweisen lassen.[58] Nun, im November 1900, wollte die deutsche Reichsleitung, der Kaiser eingeschlossen, die Briten nicht weiter provozieren, indem man Krüger empfangen würde.

Für die Alldeutschen war der Widerspruch zwischen forscher „Weltpolitik" und nachholendem Appeasement nur ein weiteres Zeichen für den unklaren Kurs der

58 Die Krüger-Depesche, 3.1.1896, in Lepsius (Hrsg.): Die große Politik, Bd. 11, S. 31–32. Siehe auch Röhl: Wilhelm II., Bd. 2, S. 871–887.

Reichsleitung. Der gouvernementale Flügel der Verbandsleitung jedoch, der sich unter anderem um den Münchener Verleger Julius F. Lehmann sammelte, opponierte gegen Initiativen jüngerer und radikalerer Verbandsmitglieder, die wie Reismann-Grone, Vorsitzender des „Niederdeutschen Ausschusses" des Verbandes, für einen Empfang der Gesandtschaft der Südafrikanischen Republik um Krüger eintraten. Reismann-Grone organisierte am 30. November 1900 schließlich einen triumphalen Empfang der Delegation in Köln, wo Krüger von über 10.000 Menschen bejubelt wurde.[59] Auch Claß gehörte zu dieser Gruppe, die Krüger ungeteilte Unterstützung zukommen lassen wollte und sich somit offen gegen die Reichsleitung stellte. Er reiste nach Köln, um bei dem Empfang anwesend sein zu können. Aus der Gesandtschaft kamen nun Bitten um alldeutsche Sympathiebekundungen, die nach einer Übergabe in Den Haag, wo Krüger eigentlich weilte, als Druck auf die deutsche Regierung genutzt werden sollten, um doch noch einen Empfang Krügers zu erreichen.

Als der Geschäftsführende Ausschusses am 8. Dezember abstimmte, ob eine Grußadresse an Ohm Krüger überbracht werden sollte, stellten sich führende Alldeutsche wie Arnim-Muskau, Stolberg-Wernigerode oder Wilhelm von Kardorff-Wabnitz gegen die Risikopolitik von Claß und Reismann-Grone gegenüber der Reichsleitung und sprachen sich gegen die kompromisslose Burenagitation der Jüngeren aus.[60] Claß ließ es jedoch drauf ankommen und gewann die Diskussion um die Entsendung einer Abordnung nach Den Haag, der letztlich der junge Rechtsanwalt selbst und der Verbandsvorsitzende angehörten.[61]

Reichskanzler Bernhard von Bülow griff die Burenagitation der Alldeutschen im Reichstag scharf an und stempelte sie als „Bierbankpolitik" ab.[62] Hasse war damit nun direkt im Reichstag kritisiert worden, stutzte Claß aber nicht in seinen Ambitionen für weitere Unterstützungsaktionen für die Buren zurecht. Zusammen mit Reismann-Grone trat Claß im Januar 1901 für eine umfassende Agitationstätigkeit für die Buren ein.[63] Seine Forderung nach einer scharfen regierungskritischen Verbandspolitik vertiefte die Gräben zur Reichsregierung. Sie eröffnete aber auch Handlungsräume für sein eigenes Fortkommen innerhalb der Verbandsgremien, wollte er doch an den entscheidenden Stellen mitwirken.

Mit seinem Übertritt vom Geschäftsführenden Ausschuss in die Hauptleitung zum Januar 1901 stellte er sich auf den folgenden Verbandstagen verstärkt in den Vordergrund und übernahm zunehmend formelle Aufgaben. Claß verfolgte die Unterstützung der Buren bis zur Niederlage im Konflikt gegen die Briten im Mai 1902 beständig weiter

59 Frech: Wegbereiter Hitlers?, S. 149.

60 Siehe dazu Leicht: Heinrich Claß, S. 100–107.

61 Siehe Sitzung des Geschäftsführenden Ausschusses des Alldeutschen Verbandes (Vorstandssitzung) 8.12.1900, in BA-Berlin, R 8048, Bd. 23, Bl. 7. Die Abstimmung für die Grußadresse zum 10.12.1900 ging mit 9:5 Stimmen aus.

62 Stenographische Berichte des Reichstags, X. Legislaturperiode, 12.12.1900, S. 475.

63 Siehe Sitzung des Geschäftsführenden Ausschusses des Alldeutschen Verbandes (Vorstandssitzung) 12./13.1.1901, in BA-Berlin, R 8048, Bd. 24, Bl. 5–11 und Alldeutsche Blätter 19.1.1901.

und arbeitete konsequent gegen die Widerstände im Geschäftsführenden Ausschuss, wenn es um symbolische Ehrungen für Burengeneräle oder die finanzielle Investition in Siedlungsunternehmungen in Südafrika ging.[64] Er begann auch, politische Forderungen zu formulieren, die bereits umfassende Kritik an der Reichsregierung durchblicken ließen. Er griff nicht mehr nur die Regierungspolitik, sondern auch die schwache Haltung alldeutscher Reichstagsmitglieder an, beispielsweise in der Germanisierungspolitik gegenüber den Polen, wofür er kein Verständnis in den Ortsgruppen ausmachte und eine schärfere Berichterstattung in den *Alldeutschen Blättern* forderte.[65]

2.2 Führungsstruktur und Mobilisierungspolitik

Die Umwandlung des Verbandes in eine Partei war nicht in Claß' Sinne. Er sprach sich entschieden gegen solche Überlegungen aus, wie sie zuerst 1893 und nun erneut von Reismann-Grone auf die Tagesordnung gesetzt worden waren.[66] Die Vorteile der Verbandspolitik lagen für Claß auf der Hand. Die außerparlamentarische Opposition eröffnete Freiräume für öffentlich vorgetragene Kritik, die an die politischen Stellen gelangte, ohne dass Claß selbst ein politisches Mandat im Parlament erringen musste. Die Struktur des Verbandes folgte weniger starren Vorgaben und richtete sich nicht nach Konkurrenzkämpfen um Wählerstimmen.

Claß lag diese Art von Politik zweiter Ordnung. Sie erlaubte die eigene Profilierung und ließ ihm gleichzeitig die politische Option offen, später doch noch eine Kandidatur für das Parlament zu wagen. Zudem bot die Kleinteiligkeit alldeutscher Verbandsorganisation ein umgrenztes Experimentierfeld für die eigenen politischen Begabungen. Indem er die lokalen Interessen der Ortsgruppen gegenüber der hierarchisch gegliederten Verbandsleitung auf Reichsebene zu wahren versuchte, präsentierte sich Claß „oben" als Vertreter der Mitglieder von „unten". Damit empfahl er sich als geerdetes, aber engagiertes Mitglied aus der Ortsgruppe Mainz und des Rhein-Main-Gaus für höhere Aufgaben. Seine Forderung nach gezielterer Werbung und Mobilisierung auf dem „platten Land" war im Anspruch nicht weniger als eine vertikale Integration des Verbandes als soziale Bewegung ‚von unten nach oben', als deren Repräsentant Claß selbst stehen und mit der er gleichzeitig seinen eigenen schnellen Aufstieg aus der Provinz in die Zentrale salonfähig machen wollte.[67] Auch die Forderung nach vermehrten dezen-

64 Siehe u. a. Sitzung des Geschäftsführenden Ausschusses des Alldeutschen Verbandes 27./28.9.1902, in BA-Berlin, R 8048, Bd. 34, Bl. 1–2.

65 Siehe Claß auf der Sitzung des Geschäftsführenden Ausschusses des Alldeutschen Verbandes 15.3.1901, in BA-Berlin, R 8048, Bd. 26, Bl. 1–2.

66 Siehe Sitzung des Geschäftsführenden Ausschusses des Alldeutschen Verbandes (Vorstandssitzung) 12./13.1.1901, in BA-Berlin, R 8048, Bd. 24, Bl. 7. Siehe dazu auch Alldeutsche Blätter 19.1.1901.

67 Entsprechend der am 10.5.1903 vom Vorstand beschlossenen und am 1.10.1903 in Kraft getretenen Satzungsänderung wurde der Alldeutsche Verband durch den Vorstand, den Geschäftsführenden Ausschuss, die Hauptleitung und den Verbandstag, der zur Wahl in die Gremien berechtigte, leitend re-

tralen Ortsgruppengründungen ließ Claß gegenüber den Vertretern der Verbandsgremien als Interessenvertreter der einfachen Mitglieder erscheinen. Er stellte sich somit als Kümmerer dar, der seine politische Sozialisation im Mainzer Milieu der kurhessischen Provinz nicht vergessen hatte, sich ernsthaft Gedanken um Mitgliederwerbung machte und somit die Basis des Verbandes mitzunehmen vermochte.[68]

Dieser quasi-demokratisierende Impuls zur integrativen sozialen Bewegung blieb jedoch später unter Claß' Verbandsführung größtenteils „Fassade“, da weiterhin nur ein halbes Dutzend Vertraute des Vorsitzenden den inneren Führungszirkel des Vorstandes ausmachten. Der exklusive Zugang zu diesen kleinen korporativen Machtkreisen wurde durch enge Bindungen an den Vorsitzenden verstetigt.[69] Das Problem alldeutscher Mobilisierungslethargie hatte Claß erkannt und offen benannt. Hasse versuchte noch, eine gewisse Dezentralisierung der Mitbestimmung und der gezielten Anwendung der Verbandssatzung durchzusetzen. Demnach sollten die Ortsgruppen von ihrem Grundrecht auf Delegierung von Mitgliedern in den Vorstand, aus dem sich dann das eigentliche Entscheidungsgremium des Geschäftsführenden Ausschusses bildete, Gebrauch machen.

Auch Claß schätzte diesen Mechanismus, die Alldeutschen in den Peripherien des Landes einzubinden, jedoch blieb die Autoritätsausübung letztlich von oben nach unten für ihn bestimmend. Die unterschiedlichen regionalen Interessen einzelner Ortsgruppen sollten die einheitliche Verhaltenserwartung an ein geschlossenes und zweckgebundenes Auftreten der Verbandsführung nicht zerfasern.[70] Denn auch Hasse wusste um die Fragilität des Verbandes. Die alldeutschen Mitgliederzahlen beeindruckten im Vergleich mit anderen Massenorganisationen wie dem Deutschen Flottenverein mit über einer Million Einzel- und Korporativmitgliedern niemanden im Milieu der „na-

präsentiert. Der Vorstand bestand aus den Ehrenmitgliedern, den Vertretern der Ortsgruppen und den Zugewählten. Abhängig von der satzungsgemäßen Beitragszahlung und -überweisung wählten die Ortsgruppen ihre Vertreter bis zum 1. Dezember des Jahres für das folgende Geschäftsjahr. Für jedes volle Hundert an Mitgliedern (entsprechend der abgerechneten Mitgliedsbeiträge) wählten die Ortsgruppen jeweils einen weiteren Vertreter. Der Vorstand wiederum wählte alle drei Jahre „nicht mehr als hundert Mitglieder zu“. Vertrauensmänner, die eine noch nicht existierende Ortsgruppe als Ansprechpartner vor Ort im In- und Ausland vertraten, sollten bei den Wahlen besonders berücksichtigt werden. Zudem wählte der Vorstand jährlich zwanzig Mitglieder in den Geschäftsführenden Ausschuss für das folgende Geschäftsjahr, dem auch die Mitglieder der Hauptleitung sowie Zugewählte (leitende Beamte des Alldeutschen Verbandes sowie einzelne Vorstandsmitglieder für Unterausschüsse) angehören konnten. Alle drei Jahre wählte der Vorstand aus seinen Reihen die Hauptleitung von mindestens drei und höchstens sechs Mitgliedern. Satzung des Alldeutschen Verbandes §§ 25–30, in Werbe- und Merkbüchlein des Alldeutschen Verbandes 1905, S. 27–28.

68 Claß auf der Sitzung des Geschäftsführenden Ausschusses des Alldeutschen Verbandes 1./2. 2.1902, in BA-Berlin, R 8048, Bd. 32, Bl. 2–3.

69 Siehe Chickering: We Men, S. 172–175.

70 Siehe dazu auch die organisationssoziologischen Überlegungen von Luhmann: Funktion und Folgen, S. 54–73, 89–108 und 137–155.

tionalen Opposition" – ein Begriff, für den Claß für sich in Anspruch nahm, ihn 1904 gegen den außenpolitischen „neuen Kurs" der Regierung geprägt zu haben.[71]

So sehr sich die Alldeutschen in ihrem politisch-kulturellen Wertesystem auf Ordnungsvorstellungen und Autoritätskonzepte beriefen, so weit war die Verbandsorganisation von Effizienz und klar abgegrenzten Arbeitsbereichen in der Verwaltungsordnung entfernt. Der Autoritätsanspruch der Verbandsführung unter Hasse führte in der Spitze zu Dissonanzen und Machtkämpfen zwischen einzelnen Persönlichkeiten, die eine geordnete Führung beständig in Frage stellten, weil Hasse es nicht vermochte, eine funktionale Machtvertikale zu implementieren, um die verschiedenen Stimmen im Verband zu kanalisieren. Das Prinzip der autoritären Führung durch Persönlichkeiten war das strukturbildende Fundament alldeutscher Machtpolitik, jedoch beschnitt sich der Verband durch seine bildungsbürgerliche Führerauslese in seinen Verbreitungsmöglichkeiten und vermochte es nicht, charismatische und aktive Führung gezielt in allen wichtigen urbanen Zentren im protestantischen Mitteldeutschland, wo der Verband am stärksten mobilisieren konnte, sicherzustellen.

Dieses Grunddilemma alldeutscher Mobilisierung konnte Hasse nicht lösen und auch Claß sollte in späteren Jahren daran scheitern. Denn trotz aller Werbung und Mobilisierungsbemühungen war und blieb der Verband von seinem eigenen System der personalen Führung durch einzelne Autoritäten abhängig. Der Erfolg der Ortsgruppen war einzig und allein an lokale Ortsgruppenführer geknüpft. Dieses hochgradig personalisierte Mobilisierungssystem führte zu auffälligen Verwerfungen. Ortsgruppen wie in Plauen, Rostock, Lübeck, Remscheid oder Potsdam hatten dank ihrer aktiven führenden Mitglieder, gemessen an ihrer städtischen Einwohnerzahl, ein Übergewicht an Mitgliedern und Einfluss in den Verbandsgremien. Ortsgruppen in größeren Städten wie Erfurt, Hannover und Stuttgart spielten hingegen insgesamt eine untergeordnete Rolle oder mussten sich wie in Berlin, Leipzig und Bremen gegen zahlreiche andere nationalistische Verbände in einem dicht gewobenen Netz von Mehrfachmitgliedschaften in patriotischen Vereinen behaupten. Die Metropole Hamburg, aber auch Essen und Dresden verdankten ihre Bedeutung innerhalb der Verbandsstruktur ebenfalls vor allem dem persönlichen Engagement ihrer Ortsgruppenführungen. Während beispielsweise in Friedberg eine der aktivsten Ortsgruppen bestand, versank der Verband im nahegelegenen Frankfurt am Main aufgrund dort fehlender Führungspersönlichkeiten in der Bedeutungslosigkeit. Diese starke Personengebundenheit machte die Ortsgruppen zudem strukturell abhängig vom Charakter der einzelnen Verbandsführer sowie ihren persönlichen Lebenswegen. Zog sich ein Ortsgruppenvorsitzender aus privaten Gründen zurück oder verstarb, verfielen die jeweiligen Ortsgruppen oftmals oder lösten sich auf. Ebenso konnte dieses Führungsprinzip zu individuellen Streitigkeiten mit dem Verbandsvorsitzenden führen, die schnelle Lähmung und letztlich den Zerfall der Verbandsstruktur vor Ort zur Folge hatten.

71 Siehe Werbeanzeige Koehler-Verlag Leipzig Claß: „Wider den Strom" [1932], in BA-Berlin, R 8048, Bd. 323, Bl. 104.

Die hochpersonalisierte Führungsstruktur des Verbandes erleichterte Claß jedoch die Übernahme führender Positionen. Hasse, der 1893 eigentlich ohnehin nur für ein Jahr als Übergangsvorsitzender fungieren wollte, hatte bereits „seit Jahren“ erklärt, den Verbandsvorsitz niederlegen zu wollen. Schon um die Jahrhundertwende klagte er darüber, täglich vier Stunden für den Verband zu arbeiten, zuweilen auch mehrere Tage hintereinander. Das Lamento des Vorsitzenden erfasste nach der Jahrhundertwende nahezu alle Bereiche seiner beruflichen Tätigkeiten. Lediglich im Interesse des Alldeutschen Verbandes habe er bereits eine Wiederwahl für die Nationalliberalen in den Reichstag 1898 angenommen, um Verbandsinteressen im Parlament durchzusetzen. Er führe seine Lehrtätigkeit zur Kolonialpolitik an der Universität Leipzig fort, obwohl ihn dies die Hälfte des Jahres von seiner Familie und seinem eigentlichen Beruf als Leiter des Statistischen Amtes in Leipzig weghalte und ihm auch sonst „Opfer“ in „Hülle und Fülle“ auferlege. Dauernde Anfragen nach Reisen in die alldeutschen Ortsgruppen könne er schließlich nicht erledigen und müsse aufgrund eigener Beschränkungen und zu seiner Entlastung auf eine ihm sonst sehr verhasste Dezentralisierung des Verbandes drängen. Das hieße, so Hasse, „Agitationsreisen“ anderen Rednern wie Paul Samassa oder Alfred Geiser zu überlassen, die ohnehin „bessere Redner sind als ich selbst“.[72]

Die gesundheitliche Labilität des Verbandsvorsitzenden heizte zudem Gerüchte an, die Alldeutschen seien führungslos. Anfang 1900 ging die Schlagzeile durch die Tagespresse, Hasse sei an einer Blinddarmentzündung schwer erkrankt, was von der Geschäftsführung auf ein „durchaus unbedenkliches“ Magenleiden und Gallenbeschwerden reduziert wurde.[73] Hasse galt in der Öffentlichkeit bereits als gesundheitlich derart angeschlagen, dass der Verband umgehend dementieren musste, um nicht Gerüchte um das mögliche Ableben des Vorsitzenden und den folglichen Zerfall des Alldeutschen Verbandes zu befeuern.

Auch Lehr, der 1900 vom Geschäftsführenden Ausschuss in die Hauptleitung aufgestiegen war, klagte beständig über „Arbeitsüberhäufung“, bevor sich sein Gesundheitszustand verschlechterte. Das Leiden Lehrs zog sich über das Jahr 1901 hin, dennoch starb er auch für Hasse überraschend im November. Kurz zuvor wollte er Hasse noch die dringend notwendige Reform des Kassenwesens des Verbandes übertragen.[74] Die alleinige Führung des Verbandes zermürbte Hasse nach Lehrs Tod. Er verlor jetzt öfters die Nerven, beispielsweise wenn ihm die Geschäftsstelle in Berlin umfangreiche Schriftstücke nach Leipzig zukommen ließ und er dann unmissverständlich klarstellte, dass der Verband für ihn keine Priorität habe: „Man scheint in der Geschäftsstelle der Meinung zu sein, dass ich weiter nichts zu thun habe, als für den A.D.V. zu arbeiten und für ihn jede Minute verfügbar sein müsse.“[75]

72 Ernst Hasse an N. N., 20.10.1900, in BA-Berlin, R 8048, Bd. 183, Bl. 24–26. Zitat ebd., Bl. 24.

73 Alldeutsche Blätter 4.2.1900.

74 Adolf Lehr an Claß, 9.11.1897, in BA-Berlin, R 8048, Bd. 184, Bl. 8–9. Zitat ebd., Bl. 9, Ernst Hasse an Claß, 31.7.1901, in ebd., Bd. 185, Bl. 96 und Ernst Hasse an Direktor Wagner, 7.8.1901, in ebd., Bl. 109.

75 Ernst Hasse an Geschäftsstelle des Alldeutschen Verbandes, 3.10.1901, in BA-Berlin, R 8048, Bd. 185, Bl. 152.

Aufgrund der Gemengelage, die sich aus der ruppigen Art der Verbandsführung ergab und auch nicht durch die beiden Honoratioren der Hauptleitung, Arnim-Muskau und Stolberg-Wernigerode, oder durch die Geschäftsführung eloquent aufgefangen wurde, stand immer öfter in Frage, ob anstehende Angelegenheiten bewältigt werden könnten. In diesem zunehmenden Verwaltungsvakuum gelang Claß die Übernahme grundlegender Alltagsgeschäfte, denn er war im Zuge der Wahlen im Dezember 1900 als fünftes Mitglied in die Hauptleitung aufgenommen worden. Im November 1901 übernahm er den Vorsitz für die im Mai auf dem Kasseler Verbandstag beschlossene Kommissionsgründung zur Ausarbeitung eines Verbandsaufrufes. Der bisher verwendete Werbeaufruf wurde weithin als veraltet anerkannt. Lehrs Krankheit, Hasses Überarbeitung und auch Stolberg-Wernigerodes Betonung seiner „Überlastung mit Geschäften" drängten Claß geradezu in den Kommissionsvorsitz.[76] Er war nun auch in die Überlegungen zu einer Förderlotterie für den Verband und die Überarbeitung der Gehälter der Verbandsfunktionäre eingebunden und nutzte die offenen Felder innerhalb der Verbandsführung, getreue Freunde zu installieren. Seinen Vetter Gebhard konnte Claß bereits im Zuge des Ausbaus der Verbandsstrukturen in der Geschäftsstelle unterbringen.[77] Er hatte schon als junger Lehramtsassessor zum 15. Februar 1899 für ein Jahr eine Vertretungsstelle als Assistent von Lehr angetreten, die ihn in der Funktion als Zweiter Geschäftsführer mit über 3.000 Mark Jahresgehalt neben Lehr, Samassa und Geiser zu einem der vier bestbezahlten Funktionäre der Geschäftsstelle machte.[78] Gebhard konnte sich als langjähriger Alldeutscher empfehlen, da er noch vor Claß dem Alldeutschen Verband beigetreten war, als er 1890 sein Studium für eine Kur in Davos unterbrechen musste und die Gründung der dortigen Ortsgruppe miterlebte.[79]

An eine Massenmobilisierung war angesichts der beschriebenen Deprivationen in den Verbandsstrukturen nicht zu denken. Die marode Beitragskultur der Mitglieder machte zudem eine gesicherte Grundfinanzierung immer wieder schwierig. Im Dezember 1901 hielt Hasse in einem eigenen Antrag fest: „Die an sich wünschenswerte Gewinnung von Massen führt, wie eine zehnjährige Erfahrung lehrt, zu fortgesetzten Zubußen, die nur durch höhere Beiträge einer Minderheit von Mitgliedern beglichen werden können. Es ist ein unwürdiger Zustand, wenn die Bedürfnisse des Verbandes auf die Dauer nicht durch die Gesamtheit der Mitglieder aufgebracht werden."[80] Die Gründer des Verbandes hätten die Beiträge sowie die Bezugsgelder für die *Alldeutschen*

---

76 Claß: Bericht des Unterausschusses zur Ausarbeitung eines Aufrufs, 3.11.1901, in Stadtarchiv Pirna, F.V–XVII, Nr. 1, o. Bl.

77 August Gebhard wurde auf dem Verbandstag des Alldeutschen Verbandes in Kassel im Oktober 1917 schließlich in den Geschäftsführenden Ausschuss gewählt. Alldeutsche Blätter 13. 10. 1917.

78 Siehe Alldeutscher Verband: Denkschrift über die Gehälter im Alldeutschen Verband, 15.10.1901, in ebd.

79 Alldeutsche Blätter 20.7.1937.

80 Antrag Ernst Hasse (Teile b und c) auf der Sitzung des Vorstandes des ADV, 8.12.1901, in BA-Berlin, R 8048, Bd. 7, Bl. 3.

Blätter zu niedrig angesetzt. Daran leide die Verbandskasse immer noch.[81] Das verpflichtende Abonnement der *Alldeutschen Blätter* wurde verworfen und sollte wegen des befürchteten Verlusts an Mitgliedern aufgrund erhöhter Zahlungen bis in den Ersten Weltkrieg verschoben werden. Erhöhte freiwillige Spenden langjähriger treuer Mitglieder in einen separat einzurichtenden Betriebsschatz sollten stattdessen die Defizite zunächst beheben.

Als das Duumvirat der beiden nationalliberalen Reichstagsabgeordneten in der Hauptleitung des Alldeutschen Verbandes, Hasse und Lehr, 1901 zerbrach, eröffnete das dem jungen, freiberuflichen Außenseiter Claß völlig neue Chancen, die auch einen anderen politischen Stil beförderten. Er benannte den grundsätzlichen Unterschied zwischen ihm und der Führung von Hasse/Lehr in seinen Erinnerungen klar als generationelles Problem, dem ein völlig anderes Verständnis von Verbandspolitik und politischem Stil zugrunde lag. Wenngleich Claß sich in seinen Erinnerungen als Avantgarde einer jüngeren Generation stilisierte, so blieb der Unterschied zwischen dem jüngeren Seiteneinsteiger und den Honoratioren der ersten Generation des Verbandes offensichtlich:

> Im Gegensatz zu Hasse war Lehr ein Mensch von Schwung und Phantasie. Beide Männer ergänzten sich in glücklicher Weise, beide waren aber trotz der Unabhängigkeit ihrer Lebensstellung zu sehr Kinder ihrer Zeit, um nicht der allgemeinen Auffassung der nationalen Kreise jener Tage entsprechend das Bedürfnis zu fühlen, in steter Anlehnung an die Regierenden vorzugehen. Daß nationale Männer nötigenfalls auch gegen die Regierung stehen müßten, ging ihnen gegen die Natur. So fiel es Hasse sehr schwer, mitzumachen, als wir Jüngeren zur „nationalen Opposition" drängten, während Lehr schon im Herbst 190[1] starb, so daß ihm eine Umstellung erspart blieb. Bei ihm wäre sie noch schwerer geworden, als bei Hasse.[82]

Claß bemühte sich, das Verwaltungsvakuum in der Verbandsspitze durch eigenen Einsatz in den Gremien zu füllen. Zwar führte Hasse als Vorsitzender noch den Verband, aber er dachte bereits an einen Nachfolger. Nach Lehrs Tod hatte er jedoch nicht Claß, sondern einen ganz anderen Kandidaten als seinen Nachfolger im Sinn, der sich schon bei der Gründung des Verbandes 1890/91 hervorgetan hatte und ihn bei der Abfassung der Abschnitte zur inneren Kolonisation und Siedlung in seiner „Deutschen Politik" beraten hatte: Hugenberg.[83] Ende 1901 machte sich Hasse ernsthafte Sorgen um die

81 Ernst Hasse auf der Sitzung des Vorstandes des ADV, 8.12.1901, in ebd., Bl. 4.

82 Claß: Wider den Strom, S. 45.

83 Siehe auch Ernst Hasse an Julius F. Lehmann, 9.2.1903, und Ernst Hasse an Alfred Hugenberg, 7.3.1905, in BA-Berlin, R 8048, Bd. 369, Bl. 83–84 und 126–128. Claß korrigierte auch 1905 kurze Fahnenabzüge für Hasses „Deutsche Politik", die Lehmann wiederum überprüfte. Siehe BA-Berlin, R 8048, Bd. 369, Bl. 94 und 95, Ernst Hasse an Julius F. Lehmann, 3.3.1905, in ebd., Bl. 113–115 und Claß an Ernst Hasse, 8.3.1905, in ebd., Bl. 129–130. Zur Gründung des Alldeutschen Verbandes siehe auch den Aufruf „Deutschland wach auf", Zürich 24.6.1890, in BA-Berlin, R 8048, Bd. 1, Bl. 14, Verteilungsanschreiben Alfred Hugenberg (Hannover Siegesstraße 13 I) vom Aufruf „Deutschand wach auf", 1.8.1890, in ebd., Bl. 26 sowie vom 1.12. 1890, in ebd., Bl. 37 sowie Verzeichnis der konstituierenden Versammlung des Alldeutschen Verbandes

Führung des Verbandes, da er selbst das Amt loswerden wollte, Lehr aber nicht mehr arbeitsfähig war und Claß gerade erst ein Jahr zuvor in die Hauptleitung gewählt worden war. Ein Umbau der Gremien schien dringend notwendig und wurde durch die satzungsgemäße dauernde Zuwahl von Mitgliedern in die Hauptleitung, den Geschäftsführenden Ausschuss und den Vorstand erleichtert. Die Mitglieder in den jeweiligen Gremien erklärten immer wieder ihren Rückzug aus persönlichen Gründen der Überarbeitung, wegen ihres hohen Alters sowie aus politischen Gründen, sodass eine permanente Fluktuation stattfand. Hasse wollte diese Mechanismen für eigene Rochaden nutzen und den Verleger Lehmann in die Hauptleitung aufnehmen, den er für „besonders geeignet" hielt, der aber absagte. Stattdessen sollte nun Hugenberg in die Hauptleitung gewählt werden, schließlich „erblicke ich in ihm den künftigen Geschäftsführenden Vorsitzenden des A.D.V.".[84] Jedoch sei Hugenberg zu diesem Zeitpunkt als Verbandsdirektor der Raiffeisen-Genossenschaften in Posen weit entfernt von den Zentren der Politik und mit anderer Arbeit überlastet gewesen, so Hasse.

Hugenberg hielt sich auch weiterhin aus „persönlichen Gründen" von öffentlichen Veranstaltungen des Alldeutschen Verbandes fern und musste im Dezember 1903 zunächst ohnehin satzungsgemäß aus dem Geschäftsführenden Ausschuss ausscheiden.[85] Er wollte vielmehr unauffällig für den Verband wirken und sich auf seine Position als Geheimer und Vortragender Rat im preußischen Finanzministerium konzentrieren, die er bis 1907 innehatte. Dass Hugenberg aus dem Hintergrund heraus arbeiten wollte, bestimmte sein gesamtes weiteres Engagement für den Alldeutschen Verband, den er zeit seines Lebens als wesentliches Mittel zum Zweck für die Propagierung seiner politischen Ziele sah. Er verfolgte die Erziehung des deutschen Volkes zu Patriotismus, völkischem Nationalismus, Kolonialismus und mitteleuropäischer Machtstellung des Deutschen Reiches. Ebenfalls auf seiner Agenda stand wdurch die Anerkennung einer bildungsbürgerlichen Elitenherrschaft über die Massen, die über Weltmachtanspruch und sozialen Ausgleich durch Arbeit in den industriellen Zentren und ländlich-genossenschaftlich strukturierte Siedlung im Osten des Landes zu befrieden seien.[86]

Aus dem Hintergrund war Hugenberg zudem für Hasse und Lehr bei Weitem wertvoller als in der ersten Reihe des Interessenverbandes, in der sich die Vorsitzenden alltäglichen politischen Auseinandersetzungen und kleinteiliger Organisationsarbeit widmen mussten, was Hasse bereits von Anfang an zermürbt hatte. Hugenberg blieb für Hasse darüber hinaus ein wertvoller Ratgeber gerade in der Deutschtums- und Ansiedlungspolitik im Osten. Er war hier der eigentliche Stichwortgeber für die pro-

9.4.1891, in ebd., Bl. 43. Die erste Sitzung des Geschäftsführenden Ausschusses fand am 18.4.1891 in Berlin statt. Die Geschäftsstelle befand sich 1891 in der Kaiserin-Augusta-Straße 71 in Berlin.

84 Ernst Hasse an Dr. Ellenbeck (Rheinisch-Westfälische Vertrauensmänner Düsseldorf), 12.10.1901, in BA-Berlin, R 8048, Bd. 185, Bl. 175–176.

85 Siehe Alfred Hugenberg auf der Sitzung des Geschäftsführenden Ausschusses des Alldeutschen Verbandes, 23./24.5.1902, in BA-Berlin, R 8048, Bd. 33, Bl. 5 und 7 und Protokoll der Sitzung des Geschäftsführenden Ausschusses des Alldeutschen Verbandes 12./13.12.1903, in BA-Berlin, R 8048, Bd. 41, Bl. 6.

86 Siehe dazu demnächst Schellhorn: Alfred Hugenberg.

grammatische Ausrichtung des Verbandes. Hasse war zudem regelrecht auf Hugenbergs Expertise angewiesen, um seine entsprechenden Kapitel in den Schriften seiner „Deutschen Politik" überhaupt verfassen zu können, die in den nächsten Jahren (zwischen 1905 und 1908) im Lehmanns Verlag erscheinen sollten.[87] Hasse gestand gegenüber Hugenberg freimütig ein, „daß in der Ostmarkenpolitik meine ganze Wissenschaft eigentlich von Ihnen abgeleitet ist und ich daher nicht gern wesentliche Abweichungen von Ihrer Meinung verlautbaren möchte".[88]

Hasses Wahl fiel nun auf den ehrgeizigen Claß, der nur drei Jahre jünger als Hugenberg war, aber mit seiner Rechtsanwaltstätigkeit bei Weitem nicht so ausgelastet. Hasse formulierte Claß sein Anliegen kurz und deutlich: „Ich darf und muß es auch heute Ihnen gegenüber aussprechen, daß die Zukunft des A.D.V. auf Ihnen steht."[89] Claß nahm Hasses Avancen nur zu gerne an. Die Hauptleitung wurde durch die Wahlen im November 1902 schließlich neu strukturiert. Dies ermöglichte Claß einen wesentlichen Schritt zur Konsolidierung seiner Macht in diesem Gremium, nachdem Hugenberg als Hasses Nachfolger abgesagt und auch Lehmann als weiterer Kandidat abgelehnt hatte. Hugenberg wäre eine ernsthafte Konkurrenz für Claß geworden und auch Lehmann hätte ihm seine zukünftige Stellung sehr erschwert, denn bis zur Übernahme des Vorsitzes 1908 sollte der Verleger ihn für seine Radikalisierungspolitik im Geschäftsführenden Ausschuss scharf kritisieren. Neben Claß und Hasse wurden Richard du Moulin-Eckart und, auf Wunsch von Claß, Reismann-Grone zugewählt. Reismann-Grone trat 1903 wieder aus und Moulin-Eckart wollte 1904 die Hauptleitung verlassen. Hasse war bis 1903 das einzig verbliebene Reichstagsmitglied in der Hauptleitung und mit über zwanzig Jahren Altersunterschied zu Claß der Älteste im Gremium. Der schleichende Bedeutungsverlust alldeutscher Parlamentsabgeordneter nach den Verlusten bei den Reichstagswahlen 1903 erleichterte Claß die Ausrichtung der Verbandsleitung auf einen zunehmend radikaleren Kurs gegen die Reichsregierung.

Claß band auch seine Familie in seine erweiterten Werbungen um Anerkennung und Stellung innerhalb des Verbandes ein. Seine Frau Mathilde, seine Schwester Frieda, seinen Schwager Robert Roesener sowie dessen Frau, Claß' ältere Schwester Paula Henriette, brachte er bereits zu den Sitzungen auf die Verbandstage mit, um sich mit seiner Mainzer Familie zu präsentieren.[90]

87 Die Reihe „Deutsche Politik" von Ernst Hasse sollte u. a. seine kolonialpolitischen Vorlesungen an der Universität Leipzig zusammenfassen und in einem ersten Band „Heimatpolitik" mit fünf Heften, einem zweiten Band „Weltpolitik" mit ebenfalls fünf Heften und einem dritten Band „Kolonialpolitik" mit insgesamt neun Heften erscheinen. Das ehrgeizige Projekt wurde durch Hasses Tod 1908 unterbrochen.

88 Ernst Hasse an Alfred Hugenberg, 7.3.1905, in BA-Berlin, R 8048, Bd. 369, Bl. 126–128. Zitat ebd., Bl. 127.

89 Ernst Hasse an Claß, 13.12.1901, in BA-Berlin, R 8048, Bd. 321, Bl. 3–4. Zitat ebd., Bl. 3.

90 So auf dem Verbandstag des Alldeutschen Verbandes in Eisenach 25.5.1902. Siehe Verhandlungsbericht, in Stadtarchiv Pirna F.V–XVII, Nr. 1, o. Bl.

2.3 Reichstagswahlniederlage und Plauener Verbandstag: Das Wendejahr 1903

In der Sitzung des Geschäftsführenden Ausschusses im März 1903 zeigte sich die abzeichnende Machtposition von Claß, als er als einziger der Hauptleitung anwesend war. Besprochen wurde erstmalig der von ihm mitinitiierte Entwurf zur Satzungsänderung, der die Forderung nach der „rassenmässigen und kulturellen Zusammengehörigkeit aller deutschen Volksteile" ins Programm aufnahm.[91] Zuvor hatte Hasse bereits ausdrücklich gewünscht, dass Claß für den Reichstag kandidieren sollte. Der Tod von Lehr war noch keine zwei Jahre her und andere Reichstagsabgeordnete wie Arnim-Muskau und Stolberg-Wernigerode kündigten ihr Ausscheiden aus der Hauptleitung an.[92] Hasse selbst kandidierte in Leipzig für seine eigene Wiederwahl in den Reichstag.[93] Claß trat daraufhin im Wahlkreis Bingen-Alzey für die Nationalliberalen an, damit Hasse wenigstens einen weiteren Reichstagsvertreter in der Hauptleitung haben würde. Die Reichstagskandidatur 1903 war aber auch persönlichen Eitelkeiten geschuldet. Claß wollte trotz aller radikaler Oppositionspolitik das parlamentarische Machtspiel erproben. Schließlich war er der Nationalliberalen Partei beigetreten, um mit deren Rückendeckung im Strom der Kartellpolitik für höhere Ämter zu kandidieren. Diese Aspirationen begann er ein Jahr vor den Reichstagswahlen in der rheinhessischen Provinz zu verfolgen.

Die Forderung, dass sich die Mobilisierungsbemühungen des Verbandes auch auf das „platte Land" erstrecken sollten, nutzte Claß ganz konkret für sein eigenes politisches Fortkommen. Ein Jahr vor seiner Reichstagskandidatur versuchte er die Zuwahl in die II. Kammer des Großherzogtums Hessen zu erreichen. Der 31. Landtag endete zum 11. Juli 1902 und Claß stellte sich als Mitglied der Nationalliberalen Partei für den Wahlbezirk Ober-Ingelheim auf. Der Weinhändler Philipp August Gebhard aus der Familienlinie seiner Mutter hatte zuvor in diesem rheinhessischen Wahlbezirk für die Nationalliberalen ein Mandat gewonnen und von 1849 bis 1850 sowie erneut von 1869 bis zu seinem Tod 1874 im Hessischen Landtag gesessen.[94]

Die politische Vertretung durch Rechtsanwälte im Landesparlament war im Großherzogtum Hessen wie auch in Sachsen, der Provinz Hannover oder Bayern durch die Garantie des passiven Wahlrechts für diesen Berufsstand möglich. Preußen machte

---

91 Siehe Sitzung des Geschäftsführenden Ausschusses des Alldeutschen Verbands, 28./29.3.1903, in BA-Berlin, R 8048, Bd. 38, Bl. 4.

92 Udo Graf zu Stolberg-Wernigerode war für die Deutsch-Konservative Partei Mitglied des Reichstags 1877–1881, 1884–1893 und 1895–1910. Zuvor waren auch andere Reichstagsmitglieder wie Traugott Hermann Graf von Arnim-Muskau (Deutsch-Konservative Partei 1887–1907 für die Deutsche Reichspartei) und Julius Graf von Mirbach-Sorquitten (Deutsch-Konservative Partei sowie im Parteivorstand und Bund der Landwirte) aus der Hauptleitung ausgeschieden. Siehe Leicht: Heinrich Claß, S. 107 und Julius Graf von Mirbach-Sorquitten an Ernst Hasse, 18.10.1902, in BA-Berlin, R 8048, Bd. 186, Bl. 12.

93 Siehe Ernst Hasse an Otto Bonhard, 5.1.1903, in BA-Berlin, R 8048, Bd. 187, Bl. 12a–12b und Ernst Hasse an Richard Avenarius, 9.1.1903, in ebd., Bl. 13c.

94 Kalkoff: Nationalliberale Parlamentarier, S. 410.

hingegen das passive Wahlrecht für Rechtsanwälte von der königlichen Erlaubnis abhängig. Auch in Mecklenburg und Sachsen-Gotha hatten Rechtsanwälte nur erschwerten Zugang zum Landesparlament.[95] Im restriktiveren Preußen hatten die Nationalliberalen zudem ohnehin größere Hindernisse zu überwinden, da noch um die Jahrhundertwende nur konservative Amtsträger im Staatsdienst als zuverlässig galten.[96] Die liberalere politische Kultur und das gelockerte Wahlgesetz in Hessen erlaubten Claß, sich mit dem ersten Schritt über die Verbandspolitik hinaus auch auf regionaler Ebene einen Namen zu machen. Die in den 1870er Jahren weggefallene zusätzliche Vermögensqualifikation sowie die Verringerung des nachzuweisenden Vermögenskapitals der Wahlmänner erleichterten darüber hinaus seine Zulassung für die Kammerwahlen.[97]

Das alldeutsche Vorstandsmitglied Kommerzienrat Avenarius aus Gau-Algesheim, einer Nachbargemeinde von Ingelheim, führte Claß über die Initiative zum Bau eines Bismarckturms in Ingelheim in die konkrete Lokalpolitik des Wahlbezirkes ein, der unmittelbar westlich von Mainz lag. Die Strategie, den Bau des Bismarckturms vor Ort anzuregen, um alldeutschen Lokalpolitikern über die engen Grenzen der Ortsgruppe hinaus Aufmerksamkeit zu verschaffen, war in zahlreichen anderen Orten seit der Jahrhundertwende bereits erfolgreich praktiziert worden. Man forcierte die Besetzung der entsprechenden Ausschüsse mit Alldeutschen, in denen sie dann im Schatten des Bismarck-Mythos glänzen konnten. Claß brauchte diese Aufmerksamkeit im Grunde nicht mehr, denn er war längst als Vorsitzender des alldeutschen Rhein-Main-Gaues bekannt. Der Gau hatte bereits kurz nach seiner Übernahme 1898 siebenhundert Mitglieder mit der Ortsgruppe Mainz und insgesamt 3.600 Mitglieder in Rheinhessen mobilisiert.[98] Im Jahr 1901 zählte der Gau insgesamt 15 Ortsgruppen.[99]

Bereits im April 1902 wurde der Bismarckturm-Ausschuss mit Claß als Mitglied gegründet.[100] Bis 1903 sollte der Bau ursprünglich fertiggestellt sein.[101] Die Planungen orientierten sich an dem Entwurf „Götterdämmerung“ von Wilhelm Kreis, der auf der nördlichen Rheinseite von Ingelheim geboren und ein Schüler von Paul Wallot war. Der Entwurf gewann die Ausschreibung der Deutschen Studentenschaft 1899 und wurde 47-mal für die Errichtung anderer Bismarcktürme umgesetzt.[102] Claß stand auch dem von ihm im Juni 1905 gegründeten Rheinhessischen Bismarck-Verein vor, um den Standort gegen häufige Klagen der katholischen Bevölkerung durchzusetzen. Auch aus diesem

95 Siehe dazu Siegrist: Anwalt, Bürger und Staat, S. 903.

96 Suval: Electoral Politics in Wilhelmine Germany, S. 43.

97 Siehe Ruppel/Groß: Einleitung, in Dies.: Hessische Abgeordnete, S. 14–15.

98 Siehe Claß: Wider den Strom, S. 34.

99 Alldeutsches Werbe- und Merkbüchlein 1901/02, S. 16. Zum Rhein-Main-Gau gehörten Alzey, Darmstadt, Dieburg, Flonheim, Frankfurt am Main, Gießen, Höchst am Main, Mainz, Marburg, Monsheim, Offenbach, Sprendlingen, Wiesbaden, Wöllstein und Worms.

100 Bielfeld/Büllesbach: Bismarcktürme, S. 142–143.

101 Nerdinger/Mai: Wilhelm Kreis, S. 228.

102 Siehe Bielefeld/Büllesbach: Bismarcktürme, S. 45–56.

Grund zog sich die Grundsteinlegung noch bis zum August 1907 hin. Der Turm wurde letztlich erst im Mai 1912 eingeweiht.[103]

Im Oktober 1902, einen Monat vor der Landtagswahl, organisierte ein Ausschuss von fünf Mitgliedern die Aufstellung eines „unabhängigen parteilosen Kandidaten" im Wahlkreis Ingelheim-Finthen. Die Kandidatur sollte Claß angetragen werden.[104] Er wurde als Alldeutscher gezielt nominiert, doch schien die Vorstellung als überparteilicher Kandidat von Beginn an in der Öffentlichkeit zweifelhaft. Die *Ingelheimer Zeitung* berichtete schließlich über die Gerüchte einer Parteibindung des Kandidaten: „Im Laufe der Auseinandersetzungen vor der Wahl mußte der Rechtsanwalt zugeben, daß er der nationalliberalen Partei angehört."[105] Claß war nicht nur deren Kandidat, sondern auch Mitglied der Partei und vertrat sie im Wahlkampf, der erst kurz vor der Wahl am 8. November 1902 an Fahrt aufnahm und vornehmlich zwischen lokalen Anwälten ausgetragen wurde. Es bewarben sich neben Claß noch der Mainzer Rechtsanwalt Ferdinand Börckel für die Freisinnige Volkspartei, der Mainzer Redakteur Eduard David für die SPD sowie der Mainzer Rechtsanwalt Ignaz Frenay für das Zentrum.

Für die Wahl in den Landtag reichte Claß' Engagement letztlich nicht. Der Wahlbezirk lag zwischen 1872 und 1884 noch wesentlich in nationalliberaler Hand, jedoch bestimmte zwischen 1884 und 1896 der Freisinn die Wahlen. 1896 löste Frenay vom Zentrum Oskar Lichtenstein ab und gewann bis 1910 die Wahlen in Ober-Ingelheim.[106] Das Wahlmännersystem führte bereits vor dem eigentlichen Wahltermin dazu, dass die Wiederwahl Frenays gesichert war, nachdem in Ingelheim-Finthen die Stimmverteilung mit 26 Zentrumswahlmännern, 14 gemeinsamen Wahlmännern von SPD und Freisinn und schließlich fünf nationalliberalen Wahlmännern als gesichert galt. Das Ergebnis wich von diesen Prognosen kaum ab. Frenay erhielt 25 Stimmen, Börckel 14 Stimmen und Claß lediglich vier Stimmen von den „nationalen" Wahlmännern.[107]

Claß' schlechtes Wahlergebnis überraschte kaum und stand stellvertretend für die Krise der Nationalliberalen im Großherzogtum, die zusätzlich durch die Konkurrenz mit der antisemitischen Bewegung unter politischen Druck gerieten. Die Hälfte der hessischen Landtagsmitglieder wurde 1902 neu gewählt. Während die Nationalliberalen von 22 Sitzen vier Mandate verloren, gelang dem antisemitischen Hessischen Bauernbund, der 1899 aus dem 1890 gegründeten Mitteldeutschen Bauernverein Otto Böckels hervorgegangen war, mit 13 Sitzen der Sprung in den Landtag.[108] Die Agitation auf dem Lande brachte 1902 der antisemitischen Bauernbewegung in ihrer Hochburg in Hessen beträchtliche Mobilisierungsgewinne.

Weniger als ein Jahr später trat Claß erneut für die Nationalliberalen an und kandidierte nun für die Reichstagswahlen am 16. Juni 1903. Die Auswahl des Wahl-

103 Siehe Bismarck-Bund (1912), S. 78.
104 Ingelheimer Zeitung 9.10.1892, in Diehl: Ingelheimer Chronik, S. 28.
105 Ebd.
106 Siehe Ruppel/Groß: Hessische Abgeordnete, S. 43.
107 Ingelheimer Zeitung 1.11.1902 und 11.11.1902, in Diehl: Ingelheimer Chronik, S. 28.
108 Siehe Kalkoff: Nationalliberale Parlamentarier, S. 405.

kreises Bingen-Alzey zeigte erneut die enge Verbundenheit der Familie zur Region aufgrund der Diensttätigkeiten des Großvaters und des Vaters. Bereits zehn Jahre zuvor war auch Avenarius 1893 als Kartellkandidat für die Nationalliberalen im Wahlkreis Bingen-Alzey angetreten und hatte in der Stichwahl mit 38,6 Prozent der Stimmen gegen Albert Traeger vom Freisinn verloren, der dann sein anderes gewonnenes Mandat in Jever-Westerstede annahm und damit Nachwahlen einen Monat später auslöste, bei denen Avenarius nicht mehr antrat.[109]

Die Auswahl des rheinhessischen Wahlkreises Bingen-Alzey lag also nahe, versprach aber keine besseren Chancen als Ingelheim-Finthen ein Jahr zuvor, da die Kartellparteien hier keine wesentlichen Erfolge verbuchen konnten. Der in Mainz geborene Jurist Ludwig Bamberger hatte zwischen 1874 und 1881 zwar den Wahlkreis für die Nationalliberalen gewonnen. Bei den Reichstagswahlen 1884, 1887 und 1890 war er für die Deutsch-Freisinnigen wieder erfolgreich. Danach ging der Reichstagssitz 1893 und 1898 jedoch an den Kandidaten der Fortschrittlichen Volkspartei, Kommerzienrat Reinhart Schmidt, der seinen seit 1887 gehaltenen Wahlkreis Remscheid 1893 nach Bingen-Alzey verlegt hatte. Dort waren letztlich Linksliberale und Zentrum-Kandidaten die Hauptkonkurrenten um das Wahlkreismandat. Die SPD errang hier bis 1912 nicht mehr als knapp 10 Prozent.

Claß' Plan, die linksliberale Bastion Bingen-Alzey zu bezwingen, ging nicht auf. Bereits die Wahlabsprachen im Vorfeld machten die Unterstützung seiner Kandidatur durch die Kartellparteien unklar. Der Bund der Landwirte (BdL) wollte zunächst eine Wahlabsprache mit dem Zentrum erreichen und unterstützte den nationalliberalen Kandidaten Claß erst, als der Zentrumskandidat den Funktionären des BdL nicht zusagte. Die Unterstützung durch das Kartell war Claß also nicht sicher. Im ersten Wahlgang erreichte der Linksliberale Unternehmer Reinhardt Schmidt 5.337 Stimmen, Claß erhielt 5.286 Stimmen und der Zentrumskandidat Otto von Brentano di Tremezzo, Offenbacher Rechtsanwalt und Notar sowie Mitglied des Hessischen Landtags, gewann 6.078 Stimmen.[110]

Somit verpasste Claß nur sehr knapp die Stichwahl, was ihn maßlos kränkte, wie er gegenüber Hasse in einem Brief im April 1903 darlegte:

> Endlich komme ich nach all der Arbeit und Unruhe dazu, Ihnen ein paar Zeilen schreiben zu können.
>
> Wenn auch das Wahlergebnis amtlich noch nicht festgestellt ist, so scheint doch festzustehen, dass ich hinter dem Freisinn mit 32 Stimmen zurückgeblieben bin, also nicht in die Stichwahl komme, da das ungeheuer angewachsene Zentrum die meisten Stimmen erhalten hat. Wäre ich in die Stichwahl gekommen, einerlei mit wem, so wäre ich sicher gewählt worden.
>
> Dass ich hinter dem Freisinn um lumpige 32 Stimmen zurückgeblieben bin, statt ihn um 500 zu schlagen, ist auf die allzugrosse Siegesgewissheit unserer Freunde zurückzuführen, die es nach meinen letzten glänzenden Erfolgen im Wahlkampf für ausgemacht hielten, dass wir siegen wür-

109 Reibel: Handbuch, S. 1349.
110 Ebd., S. 1350.

den, und zu sorglos wurden. Jetzt gehen die Herren mit gesenktem Kopf herum und machen sich Vorwürfe – zu spät.

Der Misserfolg ist am letzten Ende darauf zurückzuführen, dass ich im Februar – also ehe mir die Kandidatur angeboten war – den Bruder des Bürgermeisters eines rein nat.-lib. Orts verklagt habe; zur Strafe führte der Bürgermeister 63 Stimmen dem Freisinn zu, der Wackere! Davon hängt beim gleichen, allgemeinen Wahlrecht der Ausgang eines ernsthaften politischen Kampfes ab.

Der Wahlkampf wurde von uns in vornehmster, ritterlichster Weise geführt, während der Freisinn mit allen Mitteln der Lüge und Verleumdung arbeitete. Die Juden waren Tag und Nacht gegen uns auf den Beinen. Wenn wir trotzdem dem Erfolg so nahe kamen, ja ihn nur durch die Treulosigkeit nationalliberaler Wähler aus der Hand geben mussten, so beweist das, wie ich gearbeitet habe. Unsere Feinde sind sprachlos – und sie haben recht, wenn man bedenkt, dass das Zentrum den Natlib. [sic] etwa 1500 Stimmen abgenommen hat, für die ich Ersatz schaffen musste.

Die ungeheure körperliche und geistige Arbeit, die ich zu leisten hatte, ist nicht vergebens; ich bin der anerkannte Führer der nationalen Bewegung in Rheinhessen, vor dessen Erfolgen jetzt auch die Feinde die Anerkennung nicht versagen. Diese Kandidatur wird mir jederzeit zur Verfügung stehen, wenn ich sie haben will.

Dabei habe ich viel gelernt und bedaure keinen Augenblick, die Kandidatur angenommen zu haben. Die Bevölkerung des Wahlkreises ist aufgerüttelt; die nationalen Kreise haben gesehen, dass man siegen kann, wenn man arbeitet – kurz, ich glaube, der Wahlkreis wird für uns bei nächster Gelegenheit nahezu sicher sein, wenn alle Kräfte wirklich angespannt werden.

Von Ihnen lese ich mit Besorgnis, dass die Entscheidung bei der Stichwahl durchaus nicht sicher sei. Nun, ich hoffe, dass unsere Freunde ihre Pflicht tun werden! Traurig genug, wenn der deutsche Reichstag nationale Männer unserer Richtung nicht haben soll – ein Schimpf aber, wenn ein Mann, wie Sie, ihm fern bleiben müsste!

Aber mir kommt es so vor: bei uns muss alles ad absurdum geführt werden, ehe es besser werden kann – der Kaiser, der Reichskanzler, der Reichstag, die Parteien, das wählende Volk! Je schlimmer es wird, um so höher müssen wir das nationale Banner aufrichten, dass es von überall her gesehen wird, und in der schwersten Not den Sammelpunkt zeigt, wo alle ernsten Freunde unseres Volkes sich treffen müssen.

Indem ich Ihnen für die Wahl viel Glück wünsche, bleibe ich, wie immer unentmutigt und arbeitsfroh

Ihr getreuer

gez. Claß. [...].[111]

Hasse unterlag letztlich selbst in seinem Wahlkreis in Leipzig-Gohlis, was die Führungskrise im Alldeutschen Verband nur noch verstärken sollte, da sich der Verlust des Reichstagsmandats beim Verbandsvorsitzenden zu einer Sinn- und Motivationskrise und zu einem schleichenden Rückzug von der Gelehrtenpolitik auswachsen sollte. „Unentmutigt" ging auch Claß keineswegs aus diesem Wahlkampf in Rheinhessen. Bei aller Bekanntheit seines Namens als führender Alldeutscher in der Region überhöhte er

111 Claß an Ernst Hasse, 21.4.1903, in BA-Berlin, R 8048, Bd. 321, Bl. 5–6. Auf welche Klage Claß hier anspielte bleibt unklar.

in seinem Schreiben noch seine Stellung innerhalb der Nationalliberalen Partei, die auch zukünftig keineswegs so geschlossen auftreten sollte, wie es Claß hier prophezeite. Die Probleme lagen tiefer und verwiesen auf eine grundlegende Skepsis gegenüber modernen Wahlkämpfen der Massenparteien. Mit Verweis auf seine frühen politischen Erfahrungen für Böckels Reichstagswahlkampf 1890, den er als Student in Gießen begleitet hatte, erklärte Claß, er sei nun selbst „Opfer" des politischen Massenmarktes geworden und habe den „Wahnwitz des allgemeinen gleichen Wahlrechts" ertragen müssen.[112] Er war sich noch sicher, dass er in einer Stichwahl „einerlei mit wem" ganz „sicher gewählt worden" wäre.[113] Bei der Stichwahl zwischen Zentrum und Freisinn sprachen sich dann zahlreiche Nationalliberale für den Zentrumskandidaten Brentano di Tremezzo aus, während die Nationalliberalen in Alzey sich wiederum zur Unterstützung des Freisinnigen Schmidt durchrangen.[114] Schmidt, der auch dem Preußischen Landtag angehörte, gewann schließlich die Stichwahl gegen Brentano di Tremezzo mit 53,8 Prozent und saß dann bis 1907 für den Wahlbezirk im Reichstag.[115]

Die Niederlage im Reichstagswahlkampf wurde für Claß zum Wendepunkt seiner politischen Radikalisierung, in deren Zentrum nun unverrückbar die Ablehnung des parlamentarischen Systems stand. Nicht nur persönliche Eitelkeiten führten zu dieser Sicht, sondern auch die Enttäuschung über die Nationalliberalen, die zu unentschieden agiert hätten.[116] Bei den Reichstagswahlen 1887 (22 Prozent) verlor die Partei in der Tat beständig an Einfluss und konnte sich bei den Wahlen 1903 sowie später 1907 und 1912 mit einem Ergebnis zwischen 13,6 Prozent und 14,5 Prozent stabilisieren.[117] Die Aufstellung alldeutscher Reichstagskandidaten für regionale Kartellbündnisse, wie sie ursprünglich 1887 gegen die Sozialdemokratie und das Zentrum verabredet worden war, verdeutlichte eine breite Überparteilichkeit der Alldeutschen innerhalb der Rechtsparteien. Diese strategische Offenheit übersetzte sich jedoch nur bedingt in Wahlerfolge, da auch die anderen Kartellparteien wie die Deutsch-Konservativen, die Deutsch-Sozialen oder die Christlich-Sozialen Wahlverluste zu verzeichnen hatten.

Auch der BdL war als größter konservativer Interessenverband durch seine weitgefächerte Spannbreite an Interessenvertretung vom Kleinbauern im Westen bis zum Junker östlich der Elbe für die Nationalliberalen, aber auch für die konservativen Parteien äußerst volatil in seinem Wahlverhalten. Die BdL-Funktionäre hielten sich oft strategische Spielräume frei und sprachen sich zuweilen für den lokalen Zentrumskandidaten aus.[118] Claß sah in dieser Taktik einen weiteren Grund für seine Wahlnie-

112 Ebd., Bl. 5 und Claß: Wider den Strom, S. 75.

113 Claß an Ernst Hasse, 21.4.1903, in BA-Berlin, R 8048, Bd. 321, Bl. 6. Unterstreichung im Original.

114 Siehe dazu Reibel: Handbuch, S. 1347.

115 Die Wahlen in Bingen-Alzey gingen 1907 an den Bund der Landwirte und von 1912 bis 1918 vertrat dann Jacob Becker den Wahlkreis für die Nationalliberalen im Reichstag.

116 Claß: Wider den Strom, S. 76.

117 Ritter: Wahlgeschichtliches Arbeitsbuch, S. 40–42. Siehe auch Suval: Electoral Politics, Anderson: Practicing Democracy und Fairbairn: Democracy in the Undemocratic State.

118 Siehe auch Suval: Electoral Politics in Wilhelmine Germany, S. 58 und 97–106.

derlage, da der BdL ihn zuerst mit „auf den Schild gehoben" habe und am Wahltag aber dann Plakate habe anschlagen lassen, auf denen eine unentschiedene Wahlempfehlung abgegeben wurde. Protestantische Wähler sollten demnach Claß und die katholischen Wähler den Zentrumskandidaten wählen.[119] Angesichts dieser geteilten Wahlempfehlung bleibt es zweifelhaft, ob Claß in einer Stichwahl gegen Brentano di Tremezzo gewonnen hätte, da er dafür Stimmen aus dem Lager der Fortschrittlichen Volkspartei und des BdL gebraucht hätte.[120]

Wenige Jahre später fasste Claß die Verbitterung über die Nationalliberalen und Deutsch-Konservativen in der schlichten Formel zusammen, dass beide Parteien seit Bismarcks Entlassung „Haltung und Selbständigkeit" hätten vermissen lassen; „es war, als sei ihnen das Rückgrat gebrochen".[121] Immerhin blieben die Nationalliberalen aufgrund ihrer frühen Bismarckverehrung für Claß die einzige Partei, die ihre historische Größe ausgefüllt habe. Es sei „ein unverjährbares Verdienst des gemäßigt liberalen, gebildeten deutschen Bürgertums, wie es in der nationalliberalen Partei vertreten war, daß es von manchen Irrungen und Schwankungen abgesehen, doch dem großen Reichsgründer Gefolgschaft leistete und ihm den Ausbau seines Werkes ermöglichte".[122] In der praktischen Politik habe die Partei seitdem hingegen versagt.

Die Alldeutschen waren auch weiterhin vor allem in der Nationalliberalen Partei gebunden. Von den insgesamt 38 alldeutschen Reichstagsmitgliedern, die der Verband 1902 zählte, gehörten 21 Mitglieder der Fraktion der Nationalliberalen Partei an, sechs der Deutsch-Konservativen Partei, fünf der Reichspartei, drei der Reform-Partei. Christian Diederich Hahn vom Vorstand des BdL war parteilos.[123] Die rückläufigen Wahlergebnisse gerade der Nationalliberalen waren nicht nur auf die von Claß kritisierte Flexibilität der Wahlabsprachen der Kartellparteien und die Uneinigkeit der Nationalliberalen in der Durchsetzung eindeutiger und unverwechselbarer Wahlbündnisse innerhalb der Kartellstrategie zurückzuführen. Sie gingen letztlich auch Hand in Hand mit dem Aufstieg der SPD einher, die nach dem Auslaufen der „Sozialistengesetze" 1890 freier agieren, selbstbewusster auftreten und ihre Anhänger unbefangener mobilisieren konnte. Für Claß stand fest, dass es nicht nur bei den Nationalliberalen der jüdische Einfluss gewesen sein müsse, der zu seiner politischen Niederlage geführt habe: „Die Sozialdemokratie wäre ganz gewiß ohne ihre jüdischen Führer, ohne

119 Claß: Wider den Strom, S. 76.

120 Wie schwierig eine Revitalisierung der Kartellabsprachen von 1887 nach der Jahrhundertwende war, zeigte sich auch im Wahlkreis Mainz-Oppenheim, als der Mainzer Rechtsanwalt Friedrich A. Pagenstecher von den Nationalliberalen 1903 bei den Reichstagswahlen im ersten Wahlgang nur 18,3 Prozent der Stimmen erhielt und die Stichwahl letztlich zwischen SPD und Zentrum ausgetragen wurde. Der Aufruf zur Wahl des Zentrumskandidaten Max König war dann für den Landesausschuss der Nationalliberalen Partei Hessens das kleinere Übel. Aufruf Nationalliberale Partei, 1903, in StA Mainz, ZGS D 7/4.

121 Claß: Deutsche Geschichte von Einhart (1909), S. 311.

122 Ebd., S. 284.

123 Alldeutsches Werbe- und Merkbüchlein 1902/03, S. 32–33. Der völkische Antisemit Christian Diederich Hahn wirkte zunächst von 1893–1903 als Hospitant der Nationalliberalen und später von 1907 bis 1912 für die Deutschkonservativen.

ihre Zusammenhänge mit dem Judentum und seinen Geldmitteln nie so schnell groß geworden. Die Verwirrung der Begriffe von Recht und Unrecht, Ehrbarkeit und Betrug, wie sie in der Gründerzeit hervorgetreten waren, wäre nie so traurig und entwürdigend geworden, wenn das Gift des jüdischen Geistes nicht seine Wirkungen schon getan hätte."[124]

In den Wahlkreisen, in denen Wahlabsprachen funktionierten, kamen bei der Reichstagswahl 1903 auch andere alldeutsche Kartellkandidaten zunehmend unter Druck. Arnim-Muskau musste in seinem Wahlkreis Rothenburg-Hoyerswerda, den er seit 1887 wiederholt gewonnen hatte, das erste Mal in die Stichwahl. Auch Hasse verlor 1903 seinen Leipziger Wahlkreis gegen die aufstrebende Sozialdemokratie. In der Stichwahl erhielt Julius Motteler 54,9 Prozent.[125] Schon bei seinem Einzug in den Reichstag 1893, als Hasse der gemeinsame Kandidat von Nationalliberalen und Deutsch-Konservativen gewesen war, hatte er sich zuvor der Stichwahl gegen den SPD-Kandidaten Karl Pinkau stellen müssen, die er mit 16.241 zu 14.223 Stimmen knapp gewonnen hatte.[126] Pinkau war während der „Sozialistengesetze" mehrfach verhaftet worden, arbeitete mit SPD-Führern wie Wilhelm Liebknecht eng zusammen und zog dann 1906 bis 1907, 1912 bis 1918 und 1919 bis 1922 in den Reichstag ein. Die Stichwahl 1898 gewann Hasse noch mit 54,2 Prozent gegen den SPD-Kandidaten. 1907 und 1912 ging der Wahlkreis wieder an die Nationalliberalen. Adolf Lehr konnte seinen sächsischen Wahlkreis Döbeln bei den Wahlen 1898 noch in der Stichwahl mit 52,8 Prozent gegenüber dem Sozialdemokraten Carl Friedrich Grünberg gewinnen, obwohl es keine Wahlabsprachen der Nationalliberalen mit den Deutsch-Konservativen gegeben hatte, die einen eigenen Kandidaten aufstellten. 1903 ging der Wahlkreis dann mit 50,8 Prozent an Grünberg und der nationalliberale Kandidat Paul Wilhelm Vogel erhielt in der Hauptwahl lediglich 26,2 Prozent.[127] Hasse hatte mit seiner ihm vom nationalliberalen Parteivorstand Sachsens angetragenen Reichstagskandidatur für die Wahlen 1907 im Wahlkreis Oschatz/Grimma dann mit Widerständen von Seiten der Deutsch-Konservativen und des BdL zu kämpfen, die seine Wählbarkeit als Professor gerade auf dem Lande angesichts der massiven Konkurrenz mit den Sozialdemokraten im „roten Sachsen" grundlegend anzweifelten. Hasse wurde fallengelassen und durch den liberaleren Fabrikbesitzer Max Langhammer ersetzt.[128]

Es gab aber auch alldeutsche Wahlerfolge wie für den Deutsch-Konservativen Stolberg-Wernigerode, der in seinem Wahlkreis Sensburg-Ortelsburg in Ostpreußen weiterhin überwältigende Mehrheiten erzielen konnte, oder Otto Arendt, der für die

---

124 Claß: Deutsche Geschichte von Einhart (1909), S. 294.

125 Reibel: Handbuch, S. 1162.

126 Siehe die Wahlkampfbroschüre Hasse als Politiker. Reichstagswahl 1898, S. 41. Im ersten Wahlgang erreichte Karl Pinkau 11.784 Stimmen, Ernst Hasse für die Kartellparteien 10.826 Stimmen, Kandidat Enke für die Deutsche Reformpartei 7.077 Stimmen und Kandidat Richter für die Deutsche Fortschrittspartei 698 Stimmen.

127 Siehe dazu Reibel: Handbuch, S. 1153–1154.

128 Retallack: Red Saxony, S. 422.

Abb. 9: SPD-Postkarte zur Reichstagswahl 1903.
Die roten Fahnen im Hintergrund repräsentieren 22 von insgesamt 23 sächsischen Wahlkreisen, die von SPD-Kandidaten gewonnen wurden. Die schwarze Fahne rechts verweist auf den antisemitischen Abgeordneten Heinrich Gräfe (Deutsche Reformpartei). Auf den Kranzschleifen am Grabe „Auf Nimmer-Wiedersehen" stehen auch die alldeutschen Kandidaten Professor Ernst Hasse (Nationalliberale Partei) und Gutsbesitzer Gustav Gäbel (Deutsche Reformpartei).

Reichspartei erneut den Wahlkreis Mansfelder See- und Gebirgskreis gewonnen hatte. Oberamtmann Anton Eugen Beck gewann für die Nationalliberalen die Stichwahl in Bretten-Sinsheim gegen das Zentrum, während Eugen Heinrich von Brockhausen als gemeinsamer Kandidat von Deutsch-Konservativen und BdL sein Wahlergebnis in Neustettin auf 74 Prozent im ersten Wahlgang erhöhen konnte.[129] Auch Karl von Gamp-Massaunen verteidigte seinen Wahlkreis Deutsch-Krone/Marienwerder für die Reichspartei in der Stichwahl gegen das Zentrum. Max Liebermann von Sonnenberg, Mitbegründer der antisemitischen Deutsch-Sozialen Partei, verlor in Eschwege-Schmalkalden Stimmen, gewann aber immer noch mit 67,8 Prozent im ersten Wahlgang.[130] Ludwig von Staudy erreichte für die Deutsch-Konservativen mit der Unterstützung des BdL in Oletzko/Lyck/Johannisburg in Ostpreußen bereits in der Hauptwahl 83,1 Prozent, wobei er seinen Stimmanteil 1907 noch auf 94,6 Prozent steigern konnte.[131]

Claß' grundsätzliche Kritik am gleichen und geheimen (Männer-)Wahlsystem für den Reichstag spiegelte die Gekränktheit eines Wahlverlierers gegenüber einem ande-

129 Reibel: Handbuch, S. 246.
130 Ebd., S. 799 und 800.
131 Ebd., S. 50.

ren Wahlverlierer, denn das Gesamtergebnis für die alldeutschen Reichstagsmitglieder fiel 1903 weniger dramatisch aus, als Claß es aus der Sicht seiner persönlichen Erfahrung des Scheiterns glauben machen wollte. Immerhin stellte der Verband nach den Wahlen noch 28 Reichstagsmitglieder, 1907 immerhin 33. Bei den Wahlen 1898 erreichten alldeutsche Kandidaten in nur 23 Wahlkreisen ein Mandat, konnten aber die Gesamtzahl bis 1901 durch Ergänzungswahlen auf 39 erhöhen. Die eigentliche Niederlage erfolgte später bei den Wahlen 1912, als die Alldeutschen auf 15 Sitze im Reichstag und somit auf das Ergebnis von 1893 zurückfielen.[132]

Als Lehre aus den Wahlkämpfen machte Claß seine zuvor geforderte Werbeparole „in Landstädten und auf dem flachen Lande" zum Grundsatz für zukünftige Wahlkampagnen. Das Beispiel der Mobilisierung der Böckel-Bewegung hatte ihn offensichtlich inspiriert, ähnliche Taktiken anzuwenden. Denn „wirklich alldeutsche Abgeordnete" seien 1903 nicht in den Reichstag gewählt worden, beschwerte sich Claß gegenüber Hasse, und eine „Verfechtung unserer Auffassung von der Reichstagstribüne" sei jetzt grundsätzlich nicht mehr möglich. Daher müsse verstärkt die nationale Presse mobilisiert werden. „Nationale Wahlen" würden in Industriestädten aufgrund der massiv angewachsenen Wählerschichten, vor allem der sozialdemokratisch orientierten Arbeitermassen, nicht mehr im Sinne alldeutscher Interessen zu gewinnen sein, vor allem wenn alldeutsche Reichstagskandidaten aus kleinstädtischen oder ländlichen Wahlkreisen aufgestellt würden. Der Verbandsapparat ermögliche auch keine moderne Wahlkampfunterstützung, da die finanziellen Mittel schlichtweg fehlten.[133]

Die Einstellung von Wanderrednern schien dem Geschäftsführenden Ausschuss nun notwendig, um die öffentliche Wirkung des Verbandes gerade auf dem Lande zu verstärken.[134] Hasse musste zugeben, dass dies schon „ein halb Dutzend mal beschlossen" worden sei. Es fehlte an Geld und geeigneten Bewerbern, Ausschreibungen in der nationalen Presse hätten zu nichts geführt. Auch aus den Reihen des Vorstandes seien keine Vorschläge zur Einrichtung eines Wanderrednersystems gemacht worden.[135] Die Gründung neuer Ortsgruppen in ländlichen Gebieten ging ebenso wenig voran und machte das strukturelle Defizit alldeutscher Mobilisierung deutlich, die sich auch nach 1903 auf den mitteldeutschen, protestantisch-urbanen Raum konzentrierte.

Ein schneller Weg in die nationale Politik blieb Claß durch das Scheitern bei den Reichstagswahlen 1903 verwehrt und erleichterte ihm die Entscheidung, zukünftig im Alldeutschen Verband politisch aktiv zu sein und sich nicht mehr den nationalliberalen Wahlkämpfen zu unterwerfen. Die Aussicht auf eine zukünftige Kontrolle der überschaubaren Machtstrukturen des Verbandes machten ihm die Verbandsarbeit zusätzlich attraktiv, im Gegensatz zur Aussicht, in langwierigen Flügelkämpfen führende Po-

132 Siehe Hofmeister: Between Monarchy and Dictatorship, S. 498.

133 Claß an Ernst Hasse 22.7.1903, in BA-Berlin, R 8048, Bd. 187, Bl. 98.

134 Siehe Sitzung des Geschäftsführenden Ausschusses des Alldeutschen Verbandes, 11.9.1903, in BA-Berlin, R 8048, Bd. 187, Bl. 113–115.

135 Ernst Hasse an Prof. Dr. Feustner, 10.10.1913, in BA-Berlin, R 8048, Bd. 187, Bl. 174–175.

sitionen bei den Nationalliberalen einzunehmen und zu behaupten sowie die fragmentierte Partei in Rheinhessen für eine geeinte Kartellpolitik zu ordnen.

Eitelkeit und Ehrgeiz sowie die Angst, seinen Aufstieg durch Niederlagen zu gefährden, verbanden sich bei Claß in besonderer Weise mit seiner politischen Kritik und seinen radikalen Reformforderungen. Auf dem Plauener Verbandstag am 11./12. September 1903 stellte er seine Politik und seine Persönlichkeit erstmals einer größeren alldeutschen Öffentlichkeit vor. Das Grundmotiv seiner Rede war seine Kritik am politischen System, die er als Generalabrechnung mit dem „neuen Kurs" präsentierte. Zweifel an dieser Ausrichtung kamen jedoch innerhalb des Verbandes früh auf. Viele hielten Claß für einen jungen Redner, der den schon unter Reichskanzler Bülow 1898 erworbenen Ruf, eine süffisant-aggressive „Bierbankpolitik" zu betreiben, nur noch verstärken würde.[136] Bevor Claß seine Rede in Plauen hielt, hatte Hasse zu bedenken gegeben, dass sich der Verband auf scharfe Kritik, ernsthafte Verstimmung von alldeutschen Mitgliedern gerade in Norddeutschland und einen „Sturm der Presse" einstellen müsse. Claß stellte daraufhin vorab Milderungen seines Textes vor allem in der Beurteilung des Kaisers in Aussicht, wie sie beispielsweise der Jurist und Senator aus der Lübecker Bürgerschaft Johann Neumann forderte.[137]

Claß' eigentliches Referat mit dem angekündigten Titel „Wandlungen in der Weltstellung des Deutschen Reiches seit dem Jahre 1890" dauerte ganze zwei Stunden und verknüpfte die Kritik an einer gescheiterten und erratischen Außenpolitik mit den politischen Strukturen einer schwachen und selbstherrlichen Reichsregierung nach dem Abgang Bismarcks.[138] Der Bismarck'sche Dreibund mit Österreich-Ungarn und Italien war demnach ein „Hort des Weltfriedens" gewesen, während Russland durch den Rückversicherungsvertrag gebunden, Frankreich isoliert und England in seiner *splendid isolation* weiter gefangen gewesen sei.

Trotz der gegnerischen Politik der „Reichsfeinde" sei der innere Ausbau bis 1890 weiter vorangetrieben worden. Das „reiche Erbe" Bismarcks sei dann durch die Nachfolger Leo von Caprivi, Chlodwig zu Hohenlohe-Schillingsfürst und Bernhard von Bülow sowie durch den Anspruch Wilhelms II., sein eigener Reichskanzler sein zu wollen, verspielt worden. Der Kaiser müsse seit seinem Eintritt in die Reichspolitik auch persönlich die Verantwortung für die Erfolge und Misserfolge seiner politischen Eingriffe tragen. Die Alldeutschen stünden auf dem Boden der Verfassung und dort sei der Reichskanzler allein für die Politik zuständig. Die Angriffe auf den Kaiser seien somit durch Wilhelms Verfassungspraxis eines „persönlichen Regiments" gerechtfertigt, so Claß. Zuvor habe man nur die Reichskanzler kritisiert. Dies sei aber nach der Aufkündigung des Rückversicherungsvertrages mit Russland 1890 und einer vermeintli-

136 So Landrichter Simons auf der Sitzung des Geschäftsführenden Ausschusses des Alldeutschen Verbandes 9.5.1903, in BA-Berlin, R 8048, Bd. 39, Bl. 8. Siehe auch Bülow: Denkwürdigkeiten, Bd. 1, S. 476.

137 Siehe Ernst Hasse und Claß auf der Sitzung des Geschäftsführenden Ausschusses des Alldeutschen Verbandes 11./12.9.1903, in BA-Berlin, R 8048, Bd. 40, Bl. 2.

138 Siehe zum folgenden Claß: Die Bilanz des neuen Kurses (Sitzung des Geschäftsführenden Ausschusses des Alldeutschen Verbandes 12.9.1903), in BA-Berlin, R 8048, Bd. 187, Bl. 125–126.

chen toleranten Polenpolitik des Kaisers gegenüber der polnischen Reichstagsfraktion, die eine Abkehr von der Bismarck'schen Germanisierungspolitik in Preußen bedeute, nicht mehr gegeben. Nur die „ruhige Hand" Bismarcks habe im schwierigen Kampf mit dem „Panslawismus" standhalten können.

Durch Russlands Annäherung an Frankreich habe man nun an zwei Fronten Feinde zu erwarten und die für Deutschlands „weltpolitische Stellung unentbehrliche Rückendeckung" im Osten verloren. Zudem habe Deutschland die Hauptlasten des Dreibundes getragen. Eine aktive Kolonialpolitik sei nach 1890 nicht mehr betrieben worden. Auch mit Großbritannien habe man sich in der kolonialen Peripherie ohne eine langfristige Strategie auseinandergesetzt und, wie im Burenkrieg zuvor, statt einen „langen Kampf" zu führen, übereilt Politik betrieben. Somit habe man sich zum „Hauptgegner" gemacht, den die Engländer mit Blick auf Welthandel, Kolonien und Deutschlands Stellung auf dem europäischen Kontinent ohnehin bereits im Deutschen Reich ausgemacht hätten.

Nach langen Exkursen über eine verfehlte Weltpolitik seit Bismarcks Abgang führte Claß' Rede zum Kern seiner emotionalen Kritik an Reichsregierung und Monarchie. Die Reichstagswahlen lagen gerade einmal drei Monate zurück und Claß waren die Verletzungen über seine gescheiterte Kandidatur offensichtlich noch anzumerken. Sein eigenes Scheitern sowie die Wahlniederlagen der Kartellparteien schnürte er nun zu einer grundsätzlichen Ansprache gegen die Regierung zusammen: „Es ist nichts, aber nichts geschehen, um das Deutsche Reich zu einem Nationalstaat auszugestalten, weil man sich vom Zentrum und Sozialdemokratie regieren läßt, statt wie Bismarck 1863 bis 1867 wenn nötig gegen Mehrheiten im Reichstag und Landtag kräftige deutsche nationale Politik zu treiben. Die Macht des Ultramontanismus ist auf dem Höhepunkt angekommen, die der Sozialdemokratie in schnellem Wachsen."[139]

Vielmehr solle man sich an das Vorbild der Auseinandersetzungen um die preußische Heeresreform erinnern. Gemeint war der Verfassungskonflikt, der von 1860 bis 1866 zwischen liberaler Mehrheit, Militär und Krone über das im Abgeordnetenhaus zu bewilligende Budget ausgebrochen war. Im Verlauf der Kontroverse befürwortete Bismarck nach seinem Amtsantritt als Ministerpräsident 1862 die Prärogative des Königs, der auch gegen die Mehrheit des Parlamentes entscheiden könne. In der Konsequenz wollte Bismarck als preußischer Ministerpräsident gegen das Parlament regieren, machte sich aber gleichzeitig für das gleiche Wahlrecht stark, um den Einfluss der Linksliberalen zu brechen.[140] Die Lückentheorie Bismarcks, wonach das Verhältnis zwischen Abgeordnetenhaus und Krone nicht endgültig geklärt sei, übernahm Claß nun pragmatisch als Vorbild für seine Forderung, das Verhältnis zwischen Reichstag und

139 Claß: Die Bilanz des Neuen Kurses, S. 40.

140 Siehe dazu Kraus: Ursprung und Genese, Hering: „Dem besten Steuermann Deutschlands" und Freisel: Das Bismarckbild der Alldeutschen.

Kaiser über einen erweiterten Ansatz der pragmatischen Regierung ohne parlamentarische Unterstützung neu zu ordnen.[141]

Claß deutete die Notwendigkeit einer Diktatur von Reichskanzler und Kaiser 1903 erstmals mit einem Verweis auf Bismarcks Politik an. Als historisches Vorbild für ein solches harmonisches Zusammenwirken sollte das Treuebündnis von Bismarck und Wilhelm I. gelten. Die Reichsverfassung, die auf Bismarcks dominante Rolle als Reichskanzler im Verfassungsgefüge zugeschnitten war, sollte als weiterzuentwickelnde Verfassung dienen. Der fehlende Grundrechtskatalog der Verfassung von 1871 war die Konsequenz aus Bismarcks Ablehnung einer liberalen Verfassungsordnung. Diese Leerstelle schien Claß' Planspiele zu befördern, die Verfassung mit ihren preußisch-dominanten und auf Kaiser und Reichskanzler zugeschnittenen sowie die Befugnisse des Parlaments einhegenden Grundzügen in der Konsequenz für diktatorische Optionen zu öffnen.

Claß schloss seine Plauener Denkschrift mit der Forderung, dass es „verkehrt und unwürdig“ sei, „alle Hilfe von oben zu erwarten“. Vielmehr gelte: „Selbst ist das Volk“ und jeder „Volksgenosse“ sei mitverantwortlich für den weiteren Ausbau des Reiches. Einziges Vorbild sei der Reichsgründer Bismarck, „der im Geiste unser Herzog ist und uns zum Sieg führen wird“.[142] Für Claß hatten der Kaiser sowie Bismarcks Nachfolger Caprivi, Hohenlohe-Schillingsfürst und Bülow ihre führende Rolle dahingehend längst verspielt.

Die Rede führte auf dem Verbandstag zu Begeisterungsstürmen, denen keine Aussprache folgte. Sie wurde anschließend in den *Alldeutschen Blättern* und durch einen eigenen Druck publiziert. In der Öffentlichkeit verhallte sie aber weitgehend ungehört. Hasse beschwerte sich, dass der Vortrag „von Freund und Feind nahezu totgeschwiegen wird“.[143] Zur Verbreitung in der Öffentlichkeit, unter den Reichstagsmitgliedern und innerhalb des Alldeutschen Verbandes regte Hasse den Druck von 50.000 Exemplaren an, die eigentlich im Lehmanns Verlag in München erscheinen sollten. Lehmann empfahl Abmilderungen am Text. Hasse hielt das nicht für nötig, er bat aber Claß um die gewünschten Überarbeitungen, damit die Broschüre bei Lehmann im Verlag erscheinen

---

141 Auch in der rigiden preußischen Polenpolitik sah Claß in Bismarck das historische Vorbild eines Diktators, der sich über Prinzipien von Rechtsstaat und Staatsbürgerschaftsrecht hinwegsetzen würde. Bismarck habe mit Blick auf die Minderheitenpolitik in Preußen „ausgesprochen, daß ein Ausnahmezustand Ausnahmegesetze rechtfertige und daß er vor der Expropriation der Polen im Notfalle nicht zurückschrecken werde“. Claß: Die Bilanz des Neuen Kurses, S. 7. Siehe auch Hofmeister (Hrsg.): Heinrich Claß. Politische Erinnerungen, Kapitel 8.7. Claß bezog sich hier auf die im Preußischen Abgeordnetenhaus am 28.1.1886 in einer Rede geäußerten Gedanken Bismarcks zur „Expropriation des polnischen Adels“ durch Ankauf von Gütern durch den preußischen Staat. Rede Otto von Bismarck im Preußischen Abgeordnetenhaus, XVI. Legislaturperiode, I. Session, 28.1.1886, in Reden des Fürsten von Bismarck, Fünfter Band, S. 243–298. Zur preußischen Polenpolitik siehe Volkmann: Die Polenpolitik des Kaiserreichs, Eddie: The Prussian Settlement Commission und Stienen: Das verkaufte Vaterland.

142 Claß: Die Bilanz des Neuen Kurses, S. 42.

143 Ernst Hasse an Julius F. Lehmann, 2.10.1903, in BA-Berlin, R 8048, Bd. 187, Bl. 143.

könne.[144] Lehmann war in der Tat das publizistische Rückgrat des Alldeutschen Verbandes und für Werbung und Vertrieb gab es nur wenige Verlage, die den Alldeutschen eine vergleichbare verlegerische Professionalität anbieten konnten. In Lehmanns Verlag erschienen nicht nur alle Flugschriften des Verbandes, Hasses mehrbändige und immer fortlaufende „Deutsche Politik" sowie das Alldeutsche Werbe- und Merkbüchlein, sondern auch die Schriftenreihe „Der Kampf um das Deutschtum", die ebenfalls vom Verband herausgegeben wurde. Ohne Lehmanns Zustimmung zum Text schien der Verbandsfrieden gestört.

Claß ignorierte diese Zurufe und ließ sich von Hasses Empfehlungen, den leichteren Weg der Publikation über Lehmann zu gehen, nicht schrecken. Vielmehr nutzte er die Gelegenheit, sich entgegen allen Ratschlägen in dieser Sache von seinem schärfsten Kritiker im Verband unabhängig zu machen. Schließlich ging es um die Verbreitung seiner Rede, die entscheidende Weichen für seine zukünftige Verbandspolitik stellen sollte. Auf Drängen der Düsseldorfer Vereinigung rheinisch-westfälischer Vertrauensmänner und der westdeutschen Gauverbände des Alldeutschen Verbandes waren die Finanzen für den Druck von 50.000 Exemplaren inzwischen gesichert. Über traditionelle Loyalitäten und Verfahrensweisen sowie grundsätzliche Bedenken an seiner Kritik an der Reichspolitik ging Claß hinweg und ignorierte Hasses Warnung vor möglichen juristischen Konsequenzen wegen „Majestätsbeleidigung". Claß hielt dem selbstbewusst entgegen: „Majestätsbeleidigung liegt selbstverständlich nicht vor. Eine Verfolgung halte ich für völlig ausgeschlossen. Sollte sich doch ein Staatsanwalt an mir die Sporen verdienen wollen: Vogue la galère!"[145]

Die Schrift erschien im Oktober unter dem Titel „Die Bilanz des Neuen Kurses" in eher bescheidener Form im Selbstverlag des Alldeutschen Verbandes als Heft 16 der Flugschriften.[146] Der Vertrieb lag am Ende doch bei Lehmann in München, aber den Druck gönnte Claß ihm nicht. Versendet werden sollte die Rede an alle Mitglieder des Reichstags (außer der SPD), des Bundesrates, des Preußischen Landtages, der Ersten und Zweiten Kammer des Sächsischen Landtages, des Bayerischen Landtages, der Landtage in Hessen und Württemberg, alle vortragenden Räte und Hilfsarbeiter im Auswärtigen Amt sowie den Vorstand, den Geschäftsführenden Ausschuss, die Hauptleitung und auf Vorschlag an weitere Gremien des Alldeutschen Verbandes.[147]

---

144 Ernst Hasse an Julius F. Lehmann, 7.10.1903 und Ernst Hasse an Claß, 16.10.1903, in ebd., Bl. 144 und 212–213.

145 Claß' handschriftliche Antwortnotiz, 14.11.1903, auf den Brief von Ernst Hasse an Claß, 3.11.1903, in BA-Berlin, R 8048, Bd. 187, Bl. 268.

146 Die Bilanz des neuen Kurses. Vortrag von Rechtsanwalt Claß in Mainz, Mitglied der Hauptleitung des „Alldeutschen Verbandes", gehalten auf dem alldeutschen Verbandstag in Plauen i. V. am 12. September 1903, Berlin. Im Selbstverlag des Alldeutschen Verbandes. 1903 (Flugschriften des Alldeutschen Verbandes Heft 16), 42 Seiten.

147 Ernst Hasse an die Geschäftsstelle des Alldeutschen Verbandes, 3.11.1903, in BA-Berlin, R 8048, Bd. 187, Bl. 272–273.

Die Erwartungen an eine breite Rezeption des Textes waren jedoch zu hoch. Claß' selbstbewusster Ehrgeiz hatte seinen Preis. Die gedruckten 50.000 Exemplare waren für Hasse kurz nach Erscheinen eine Belastung, denn der Verband wurde sie in dieser Menge schlichtweg nicht los. Er musste sich eingestehen, dass er den Druck so nicht noch einmal genehmigen würde. Bis Ende 1903 waren gerade einmal knapp über 7.100 Exemplare abgesetzt.[148] Auch die Vernichtung der überzähligen Exemplare wurde erwogen. Hasse entschied sich am Ende dafür, die Exemplare lieber zu Selbstkosten innerhalb der Ortsgruppen zu verteilen, als sie einstampfen zu lassen.[149]

Die von Claß erhoffte Wirkung der Veröffentlichung blieb demnach aus und er schien wegen der mangelnden Resonanz erneut schwer verletzt gewesen zu sein. Dem nächsten Verbandstag im Dezember 1903 blieb er fern. Hasse hielt jedoch weiter zu ihm. Claß hatte aufgrund seiner Verwaltungstätigkeit großen Eindruck auf ihn gemacht. Hasse lobte den Jüngeren dafür, dass er den ganzen Sommer als Stellvertreter des Verbandsvorsitzenden und in Vorbereitung auf den Plauener Verbandstag „Uebermenschliches für den A.D.V. geleistet" habe und sich nun dringend schonen müsse.[150]

Während sich Claß zunächst zurückzog, verstärkte sich die Führungskrise, denn Hasses fehlender Arbeitswille ließ den kläglichen Zustand der Verbandsführung immer deutlicher zutage treten. Nach Verlust seines nationalliberalen Reichstagsmandates 1903 bedauerte Hasse lautstark, dass er sich aufgrund der weggefallenen Privilegien bei den Eisenbahnen der Länder nicht mehr so frei im Land bewegen und er nicht mehr durch regelmäßige Besuche in Berlin die Geschäftsstelle „überwachen" könne.[151] Er verspürte immer weniger Ehrgeiz, sich nach dem Ende seiner politischen Karriere in Berlin dem kleinteiligen Geschäft des Alldeutschen Verbandes zu widmen. So wurde sein Ton gegenüber dem Geschäftsführer Geiser immer rauer, wenn es um die Aufgabenverteilung zwischen Leipzig und Berlin ging. Er verspürte sogar immer weniger die Neigung, Briefe zu lesen, die ihn nicht interessierten. Aufbrechende Diskussionen, die er längst für erledigt hielt, wollte er ebenso wenig moderieren.

Hasse hielt diese Auffassung des *Laisser-faire* einerseits für gerechtfertigt, da sich schließlich nicht die ganze Arbeit bei ihm anzuhäufen habe. Andererseits musste er anderen gegenüber eingestehen, dass der Verband eigentlich gerade keinen Geschäftsführer habe, da Geiser als Werberedner laufend unterwegs sei und selbst bei seiner Anwesenheit in Berlin „nach seiner Natur auch ohne wesentliche Initiative" sei,

---

148 Siehe Leicht: Heinrich Claß, S. 115.

149 Ernst Hasse an Dr. Ellenbeck (Vertrauensmänner des Alldeutschen Verbandes Düsseldorf), 10.11. 1903, in BA-Berlin, R 8048, Bd. 187, Bl. 300–302.

150 Ernst Hasse an Adolf Fick, 2.10.1903, in ebd., Bl. 145–145b. Zitat ebd., Bl. 145b.

151 Ernst Hasse auf der Sitzung des Geschäftsführenden Ausschusses des Alldeutschen Verbandes, 20.2. 1904, in BA-Berlin, R 8048, Bd. 42, Bl. 5. Der Verband zahlte für die Ausstattung der Berliner Geschäftsstelle 1903 insgesamt Gehälter von 21.585 Mark für die Schriftleitung der *Alldeutschen Blätter*, Geschäftsführer, Kanzleivorstand, drei Abteilungsvorstände, zwei Stenographen und einen Aushilfsbeamten: Bericht 1903 der Geschäftsstelle des Alldeutschen Verbandes, in BA-Berlin, R 8048, Bd. 188, Bl. 367–401.

die Geschäftsführung anzugehen.[152] Stattdessen half Samassa aus, jedoch sei die „prompte Geschäftsführung in der Geschäftsstelle" Geisers Aufgabe, warnte Hasse. Samassa habe damit nichts zu tun.[153]

Ersatzstrukturen über Aushilfen wurden von Hasse selbst torpediert und verfehlten das Ziel einer über Umwege gesicherten Effizienz der bürokratischen Verwaltung in der Geschäftsstelle. Auch die offenen Streitigkeiten nahmen zu. Der Beschluss des Vorstandes vom 10. Mai 1903, im Schriftverkehr alle Höflichkeitsformeln fallen zu lassen, sollte eigentlich engere Vertrautheit zur Verbandsführung vermitteln. Seit 1903 stand dieser Hinweis gedruckt auf jeder Korrespondenz der Geschäftsstelle. Letztlich schien diese Regelung die oftmals sehr persönlichen Beschimpfungen innerhalb der Verbandsführung nur noch zu befördern oder im besten Fall zu überdecken. Hasse erklärte seine eigene Kritikunfähigkeit und Überreiztheit damit, dass der Verband „durch tausend Nadelstiche es erst dahin gebracht hat, mich nervös und grob zu machen und dass nun [auf] sonderbarer Weise Alldeutsche sich darüber wundern, wenn ich es bin".[154]

Die nervöse Vermeidung von Arbeit und Verantwortung sowohl bei Hasse in Leipzig wie auch in der Geschäftsstelle in Berlin lähmte den Verband. Entsprechende taktische Interventionen von Claß, Hasse zur Niederlegung seiner Anstellungen in Leipzig zu bewegen und sich in Berlin ganz dem Alldeutschen Verband zu widmen, lehnte Hasse frühzeitig ab. Ein solcher Rückzug auf Raten entsprach nicht seinem Wunsch nach unmittelbarer Entlastung. Er wollte sich stattdessen ganz zurückziehen.[155] Claß sah sich zu diesem Zeitpunkt jedoch noch nicht als Nachfolger von Hasse, der nach der Macht greifen wollte. Die verfehlte öffentliche Rezeption der Plauener Rede und die Reichstagswahlniederlage wirkten nach. Daher versuchte er noch, Hasse im Amt zu halten. Lediglich die zugesicherte weitere Entlastung vom Alltagsgeschäft innerhalb der Hauptleitung durch Claß und Liebert konnte Hasse 1904 vom sofortigen Rücktritt abhalten.[156]

Das Verwaltungschaos ging aber weiter. Zusendungen wurden nicht immer fristgerecht gesichtet und in der Geschäftsstelle stapelten sich die Briefe. Der hierarchische Zuschnitt der Verbandsverwaltung auf die Hauptleitung und die Geschäftsstelle führte dazu, dass sich die Probleme bei einem Dutzend Personen bündelten und bei deren

---

152 Ernst Hasse an Dr. Ellenbeck, 10.11.1903, in BA-Berlin, R 8048, Bd. 187, Bl. 300–302. Zitat ebd., Bl. 301.

153 Ernst Hasse an Alfred Geiser, 2.1.1903, in ebd., Bl. 7–9. Zitat ebd., Bl. 9.

154 Ernst Hasse an Lutz Korodi, 30.11.1903, in ebd., Bl. 371.

155 Siehe Sitzung des Geschäftsführenden Ausschusses des Alldeutschen Verbandes, 20.2.1904, in BA-Berlin, R 8048, Bd. 42, Bl. 7.

156 Siehe Sitzung des Geschäftsführenden Ausschusses des Alldeutschen Verbandes, 27.5.1904, in BA-Berlin, R 8048, Bd. 44, Bl. 6. Hasses schleichender Rückzug aus der Verbandsorganisation wurde immer eigensinniger, als er sich beispielsweise durch kurze Notizen in den *Alldeutschen Blättern* zur jährlichen Kur nach Karlsbad im April einfach abmeldete, keine Anschrift hinterließ und mitteilte: „Ich bitte deshalb noch dringlicher, als bisher, wenn auch bisher vergebens, alldeutsche Schriftstücke lediglich an den Alldeutschen Verband in Berlin W 35 zu richten und weder an mich, noch sonst an Jemanden persönlich. Die Geschäftsstelle wird sie schon derjenigen Person übermitteln, die zu ihrer Bearbeitung berufen ist." Ernst Hasse: „Bitte", in Alldeutsche Blätter 25.3.1905.

Ausfall sich große Interpretationsspielräume für die eigentlichen Zuständigkeiten eröffneten. Klar Zuteilungen von Verantwortlichkeiten hatten schon bei Hasse nicht durchgesetzt werden können. Eindeutig definierte Kompetenzen an Bevollmächtigte und satzungsgemäße Stellvertreter, die effizientere Verwaltungsabläufe hätten sicherstellen können, wurden kaum vergeben, weil umfassendes Engagement und ausreichende Ressourcen fehlten.

Claß beobachtete diese Selbstparalyse der Verbandsführung zunächst mit Ruhe. Der Zustand mochte ihn an seine eigene Faulheit in Schule und Studium erinnert haben. Bei der Organisation seiner politischen Leidenschaften entsprach ein solcher Stillstand nicht seinem Temperament. Er nutzte vielmehr das allein auf Hasse zugeschnittene Führungsmodell für eigene Profilierungen und bereitete sich im Schatten von Hasses Verwaltungslethargie auf zukünftige Entscheidungskämpfe um die politische Radikalisierung des Verbandes und die damit zusammenhängende Übernahme des Vorsitzes vor. Während Hasse den Mandatsverlust von 1903 nie verwinden konnte, konzentrierte sich Claß nach seiner verlorenen Reichstagswahl nun auf zukünftige Möglichkeiten, zentrale Funktionen im Verband zu übernehmen. Anders als Hasse, der im Dezember 1906 noch einmal stolz eine nationalliberale Wahlkreiskandidatur in Sachsen annahm, um sie aufgrund interner Streitigkeiten der Kartellparteien wieder zu verlieren, nahm Claß nach 1903 keine Kandidatenaufstellung für eine Reichstagswahl mehr an oder ließ sich für parteipolitische Ämter ernsthaft empfehlen.

Innerhalb des Alldeutschen Verbandes kämpfte Claß nun verstärkt um die Anerkennung seiner Position durch die Mitglieder des Geschäftsführenden Ausschusses, wie Lehmann oder auch Neumann, der ihm noch skeptisch gegenüberstand. Dabei sah er sich mit seiner weitreichenden Kritik gegen die Reichsregierung auf dem Plauener Verbandstag und seinen radikalen Forderungen in der Marokkokrise 1904 weiterhin Diskussionen um die Ausrichtung des Verbandes sowie um seinen Einfluss auf Hasse ausgesetzt. Zentrale weltanschauliche Überzeugungen Claß', wie der Antisemitismus, den er in seinen Beiträgen einstreute, fanden auch jetzt noch keineswegs Mehrheiten im Verband. Zu dieser Zeit stand selbst Lehmann dem Antisemitismus noch unentschiedener gegenüber und wehrte sich gegen Vorwürfe, der Alldeutsche Verband betreibe „Judenhetze". Vielmehr wolle man jüdischen Einfluss in Politik und Kultur „so viel wie nur irgend möglich" ausschließen.[157] Lehmann nahm erst nach 1908/09 verlegerisch und weltanschaulich verstärkt radikale Rassetheorien auf. Dabei kämpfte er in erster Linie noch gegen den Katholizismus, für die Los-von-Rom-Bewegung und die Evangelisierung des Auslandsdeutschtums in Österreich-Ungarn, die im Alldeutschen Verband nicht zuletzt von Hasse sehr gefördert wurde. Hasse war wie Lehmann Mitglied im Evangelischen Bund und zudem im Ausschuss zur Förderung der evangelischen Bewegung in Österreich.[158]

157 Julius F. Lehmann an Houston Stewart Chamberlain, 26.2.1904, in NA Bayreuth, NL Chamberlain, Mappe 197, o. Bl.

158 Siehe auch Mario Heidler: Biographische Skizze der Familie Lehmann/Spatz, in Stöckel: Die „rechte Nation", S. 20–21 und Ders.: Die Zeitschriften des J. F. Lehmanns Verlages bis 1945, in ebd., S. 53.

Für eine Übernahme des Verbandsvorsitzes durch Claß schienen die Mehrheiten zu diesem Zeitpunkt noch sehr unsicher verteilt. Stattdessen schärfte Claß Hasses Führungsposition als Verbandsvorsitzender innerhalb der nationalen Verbandsgremien und setzte sich beständig für das Recht auf alleinige Entscheidung des Vorsitzenden in wesentlichen Verfahrensfragen ein, beispielsweise bei der Durchführung von Verbandstagen, die nicht ausdrücklich in der überschaubaren Satzung des Alldeutschen Verbandes geregelt waren.[159]

Hasse fand es „unerträglich, den unbesoldeten Geschäftsführer“, den „Erlediger bürokratischer Kleinigkeiten“ zu geben. Er sehnte sich danach, „auf meine alten Tage alles geschäftsmäßige mir überhaupt vom Halse zu schaffen und mich ausschließlich der Wissenschaft und der Politik zu widmen“, um somit seinen oftmals „verbitterten Stimmungen“ zu entfliehen.[160] Bereits um 1904 reduzierte er seine Aktivitäten in den über fünfzig Vereinen, denen er angehörte, um sich „auch finanziell“ auf den Alldeutschen Verband zu konzentrieren.[161] Hasse zog sich zunehmend vom Tagesgeschäft zurück und besuchte ab 1905 die Verbandstage nicht mehr regelmäßig, deren Leitung er zunehmend seinem Stellvertreter Claß überließ. Zudem, so fügte Hasse später hinzu, müsse er nach dem Ausscheiden aus dem Reichstag nun für jede Dienstreise Urlaub bei seinen Arbeitgebern der Stadt Leipzig und der Leipziger Universität beantragen und wolle voraussehbare Ablehnungen nicht noch befördern.[162]

Claß nutzte diese allgemeine Führungskrise zum Umbau der Gremien und forderte die Verschlankung von Verwaltungswegen, um Entscheidungsprozesse zu beschleunigen. Er empfahl, die Häufung von Vorstandsmitgliedern aus bestimmten aktiven Ortsgruppen zu vermeiden, da sie den Vorstand durch ihre Aktivität dominieren würden. Eine radikale Verkürzung der Zuwahllisten sollte „freien Raum für die kommenden

159 Siehe z. B. Claß auf Sitzung des Geschäftsführenden Ausschusses des Alldeutschen Verbandes, 27.5. 1904, in BA-Berlin, R 8048, Bd. 44, Bl. 24–25. Gleichzeitig sicherte Claß die satzungsmäßigen Rechte der Ortsgruppen, um sie gegen Versuche „einer Knebelung der Redefreiheit“ durch den Geschäftsführenden Ausschuss zu schützen. Siehe Claß auf Sitzung des Geschäftsführenden Ausschusses des Alldeutschen Verbandes, 21./22.10.1905, in BA-Berlin, R 8048, Bd. 50, Bl. 7. Auch umschmeichelte Claß die aktiven Ortsgruppen wie seine eigene aus Mainz, indem er sich gegen den Widerstand von Ernst Hasse dafür starkmachte, dass ihr Beitragsrückstände erlassen würden, denn ein zu schroffes Vorgehen bei der Beitragseintreibung durch die Geschäftsstelle würde nur dazu führen, dass sich die Schatzmeister der Ortsgruppen „verletzt fühlen“. Claß in ebd., Bl. 4. Zitat Claß auf der Sitzung des Geschäftsführenden Ausschusses des Alldeutschen Verbandes, 14./15.12.1907, in ebd., Bd. 62, Bl. 26. Hasse lehnte jedoch ein Religionsbekenntnis für alldeutsche Mitglieder ab und verwies auf alldeutsche Katholiken wie Theodor Reismann-Grone, Paul Samassa und Richard Graf du Moulin-Eckart. Ernst Hasse an Ortsgruppe Altenkirchen, 26.4.1904, in ebd., Bd. 188, Bl. 313–316.

160 Ernst Hasse an die Hauptleitung und den Geschäftsführenden Ausschuss des Alldeutschen Verbandes, 4.5.1905, in BA-Berlin, R 8048, Bd. 189, Bl. 1–2. Zitate ebd., Bl. 1 und 2.

161 Ernst Hasse an den Turnverein Jahn, 28.3.1904, in BA-Berlin, R 8048, Bd. 188, Bl. 236.

162 Ernst Hasse auf der Sitzung des Geschäftsführenden Ausschusses des Alldeutschen Verbandes, 24.2. 1906, in BA-Berlin, R 8048, Bd. 53, Bl. 5.

Jahre“ ermöglichen.[163] Vorausschauend wollte sich Claß Spielräume für personelle Besetzungen sichern und rückte selbst schon 1904 zum Stellvertretenden Vorsitzenden auf. Hasse setzte im Frühsommer 1904 Claß nun „die Pistole auf die Brust“ und bat ihn, das Amt des Geschäftsführenden Vorsitzenden des Alldeutschen Verbandes zum 1. Oktober 1904 oder zum 1. Januar 1905 anzunehmen: „Sie wissen auch, dass ich mit der Niederlegung meines Amtes bisher nur gewartet habe, bis Sie erklären würden, Sie seien zu meiner Nachfolge bereit. Denn ich wüsste z. Zt. niemanden der mich ersetzen könnte.“[164]

2.4 „Volksbesiedlungsgebiet“, Ressourcenmarkt und Flottenstützpunkt: Marokko 1904/05

Mit der schützenden Hand Hasses war Claß angesichts einer fehlenden organisierten Opposition innerhalb der Führungsgremien des Verbandes bereits 1904 in der Hauptleitung unersetzlich. Zudem hatte Hasse sein politisches Schicksal engstens mit dem von Claß verbunden. Angriffe gegen diesen seien zunehmend auch Angriffe gegen ihn selbst, so Hasse. Sein lang ersehnter Abgang sollte daher einer bestimmten Machtgenealogie folgen. Die moralischen Hürden für Widerstände gegen Claß' Führungsübernahme waren hoch. Gegenwehr würde eine Missachtung von Hasses letztem Willen bedeuten, dem der Alldeutsche Verband seine Existenz nach der strukturellen Organisationskrise von 1892/1893 überhaupt erst verdankte.

Bei aller Wertschätzung Hasses war Claß doch im Grunde nur die zweite Wahl des noch amtierenden Verbandsvorsitzenden. Für Hasse stand weiter Hugenberg im Zentrum der Beratungen über die zukünftige Ausrichtung des Alldeutschen Verbandes. Aus dem Hintergrund könne Hugenberg schließlich ohnehin „unserer Bewegung noch mehr nützen“.[165] Hasse besprach sich im Frühjahr 1904 mit Hugenberg und berichtete Claß über die strategischen Diskussionen, obwohl er sich Claß gegenüber eigentlich „gar nicht bevollmächtigt“ fühlte.[166] Claß wollte auf dem Verbandstag in Esslingen Ende März selbst über die „Aufgaben alldeutscher Politik“ sprechen. Daher wollte Hasse ihn wenigstens über die Grundlinien der Hugenberg'schen Überlegungen informieren. Demnach empfahl Hugenberg ein verstärktes Eintreten für die Ansiedlungspolitik sowie eine verstärkte Flottenpropaganda des Verbandes, denn aufgrund der militärischen Schwäche Russlands und auch Österreich-Ungarns brauche Deutschland „mit Hinblick auf England und Frankreich sowie die Vereinigten Staaten von Nordamerika mindestens eine Verdoppelung der Flotte und zwar bald“.[167] Zur Finanzierung der Flotten-

163 Claß auf der Sitzung des Geschäftsführenden Ausschusses des Alldeutschen Verbandes, 20. 2. 1904, in BA-Berlin, R 8048, Bd. 42, Bl. 3.

164 Ernst Hasse an Claß, 21. 5. 1904, in BA-Berlin, R 8048, Bd. 188, Bl. 337–338. Zitat ebd., Bl. 337.

165 Ernst Hasse an Theodor Reismann-Grone, 30. 9. 1903, in BA-Berlin, R 8048, Bd. 187, Bl. 139.

166 Ernst Hasse an Claß, 1. 3. 1904, in BA-Berlin, R 8048, Bd. 188, Bl. 156–158.

167 Ebd.

rüstung solle der Abfluss nationalen Kapitals in das Ausland verstärkt besteuert werden, außerdem müssten die Abgaben auf Bier, Branntwein und Tabak erhöht werden.

Hasse überließ Claß das Feld für die Ausarbeitung alldeutscher Forderungen zur imperialen und kolonialen Raumkonzeption deutscher Weltpolitik, damit sich sein Nachfolger auch auf außenpolitischem Gebiet als Machtpolitiker beweisen konnte. Claß verfasste zu diesem Zweck eine Broschüre mit dem Titel „Besitzergreifung West-Marokkos", die eine interne Handreichung für eine „praktische deutsche Weltpolitik" sein sollte, aber auch für Regierungskreise gedacht war.[168] Die Denkschrift, die am 12. März 1904 veröffentlicht worden war, zirkulierte innerhalb der Verbandsgremien und wurde in hundert Exemplaren an führende Regierungsstellen verschickt.[169]

Claß schrieb in dieser Denkschrift, dass Marokko als „weltpolitische Operationsbasis" gegenüber Frankreich zu fordern sei, um die eingeschlossene Stellung der deutschen Flotte in der Nordsee zu erweitern und an der Westküste des Landes eine geopolitische Ausgangsbasis für deutsche Aspirationen in „Nord-, Süd-Amerika, Westeuropa, West- und Südafrika" einzurichten. Vor allem Südamerika sei für die „Volksbesiedlung" eines „Neu-Deutschland" zukünftig für „Millionen von Volksgenossen" im Blick zu behalten.[170] Großbritannien werde diesem deutschen Machtzuwachs „nicht im Wege sein", so Claß. Man werde sich nur mit den Vereinigten Staaten „auseinanderzusetzen haben" und „für diesen Krieg ist der Besitz der atlantischen Küste Marokkos unentbehrlich".[171]

Der am 8. April 1904 erfolgte Abschluss der britisch-französischen *Entente Cordiale* veranlasste die Alldeutschen zur Forderung nach einer deutschen Machtdemonstration, um auf das Bündnis zu reagieren, das Deutschland der Möglichkeit beraubte, die Rivalitäten zwischen Frankreich und Großbritannien für eigene Interessen auszuspielen. Zudem beendete die *Entente* das deutsche Kalkül einer Flottenrüstung, die der Logik der Risikostrategie folgte, indem Großbritannien durch die forcierte maritime Rüstung herausgefordert, in Schach gehalten und zur Neutralität gegenüber Deutschland verpflichtet werden sollte. Die Alldeutschen forderten von Reichskanzler Bülow die Errichtung eines deutschen Flottenstützpunktes an Marokkos Atlantikküste, um Frankreich herauszufordern und die territoriale Inbesitznahme Marokkos zu forcieren.[172] Der Russisch-Japanische Krieg, der im Februar 1904 begonnen hatte, sei für eine deutsche Initiative in Marokko ein günstiger Zeitpunkt, da Frankreich und Großbritannien „in Ostasien [N]ächstbeteiligte" seien und „jeden Augenblick in den Krieg hereingezogen werden" könnten.[173] Großbritannien hatte zwei Jahre zuvor eine Anglo-Japanische Allianz abgeschlossen, die Japan ermutigt hatte, Russland anzugreifen. Die Marokkofrage verstärkte letztlich die Annäherung zwischen Frankreich und Großbritannien im Zu-

168 Claß: Die Besitzergreifung West-Marokkos.

169 Siehe Sitzung des Geschäftsführenden Ausschusses des ADV 9./10.4.1904, in BA-Berlin, R 8048, Bd. 43.

170 Claß: Die Besitzergreifung West-Marokkos, S. 10.

171 Ebd., S. 11.

172 Siehe auch Walkenhorst: Nation – Volk – Rasse, S. 192–198.

173 Claß: Die Besitzergreifung West-Marokkos, S. 12.

sammenschluss der *Entente*, die sich auch hinsichtlich ihres jeweiligen kolonialen Einflusses in Afrika verständigten. Marokko wurde Frankreich zugesprochen und Ägypten zur britischen Einflusszone erklärt.

Nach diesen Verständigungen, die Großbritannien zunehmend aus der traditionellen *splendid isolation* heraus- und gegen Deutschland gerichtet an Frankreich heranführten, fand am 9. und 10. April die planmäßig angesetzte Sitzung des Geschäftsführenden Ausschusses in Gotha statt. Claß sah die „günstige" Ausgangslage für eine deutsche Initiative durch die *Entente* im Grundsatz erschwert. Auch Hasse hatte bereits Ende 1903 gefordert, wegen der bevorstehenden Vereinbarungen zwischen Frankreich und Großbritannien über Marokko „mehr Dampf" zu machen und die öffentliche Meinung zu nutzen, um die Regierung zu drängen, „uns mindestens eine internationale anerkannte Interessensphäre in dem südlichen Teile der atlantischen Hälfte von Marokko" zu sichern. Hasse betonte hingegen immer wieder, dass er es „nicht für zweckmässig" halte, diesen öffentlichen Angriff unter seinem Namen zu führen, da er sich keine größere Wirkung von seiner Autorenschaft versprach.[174]

Claß ergriff diese Gelegenheit, verfasste eine erste Version der Denkschrift und drängte nun auf eine umgearbeitete Fassung für die Öffentlichkeit. Er griff die Regierung ohne Rücksicht an und sah die „Konjunktur" für einen Krieg gegen Frankreich und Großbritannien zur Zeit sehr „günstig". Zudem forderte er die Massenverbreitung einer alldeutschen Denkschrift zur Marokkofrage sowie die Möglichkeit einer persönlichen Audienz beim Reichskanzler, die der ehemalige Gouverneur von Deutsch-Ostafrika, Eduard von Liebert, vermitteln sollte.[175] Liebert, der zusammen mit Hasse und Claß Mitglied der Hauptleitung des Verbandes und Vorsitzender des Reichsverbandes gegen die Sozialdemokratie war, lehnte jedoch ab. Stattdessen ging am 11. April „eine kürzere Eingabe" an den Reichskanzler, von dem man eine Klärung der deutschen Position verlangte. Die Eingabe wurde fünf Tage später in den *Alldeutschen Blättern* veröffentlicht.[176] Um die Konfrontation mit den neuen Bündnispartnern der *Entente* voranzutreiben, legte man auf eine Antwort des Reichskanzlers bereits keinen größeren Wert und drängte stattdessen auf eine umgearbeitete Marokko-Flugschrift für die Öffentlichkeit, die in einer zweiten Fassung zügig erscheinen und als Veröffentlichung des Alldeutschen Verbandes deutlich erkennbar sein sollte.[177]

Der Inhalt der ersten Denkschrift wurde weitestgehend übernommen und um ein Nachwort erweitert. Es fehlte in der veröffentlichten Flugschrift jedoch die Passage, in der eine deutsche Präsenz in Marokko als Ausgangspunkt für globale Erwerbungen vor allem in Südamerika gefordert worden war. Die Auseinandersetzungen um eine „Politik

174 Ernst Hasse an Paul Samassa, 27.11.1903, in BA-Berlin, R 8048, Bd. 187, Bl. 365–366.

175 Claß auf der Sitzung des Geschäftsführenden Ausschusses des Alldeutschen Verbandes 9./10.4.1904, in BA-Berlin, R 8048, Bd. 43, Bl. 52. Eduard von Liebert war von 1896 bis 1901 Gouverneur der deutschen Kolonie Deutsch-Ostafrika.

176 Alldeutsche Blätter 16.4.1904.

177 Beschluss auf der Sitzung des Geschäftsführenden Ausschusses des Alldeutschen Verbandes 9./10.4.1904, in BA-Berlin, R 8048, Bd. 43, Bl. 52.

der offenen Tür“ für einen handelspolitischen Zugang zu Marokko nutzte Claß im Nachgang zum Beschluss des Geschäftsführenden Ausschusses vom 12. April 1904 nun für die Forderungen, West-Marokko als Siedlungsland, Rohstoffbasis für Baumwollproduktion sowie zum generellen imperialen Landerwerb für Flottenstützpunkte zu erwerben, jedoch „auf friedlichem Wege ohne Eroberungskriege gegen europäische Großmächte“.[178] Hatte Hasse noch von einem Affront gegenüber Frankreich gewarnt und den Erwerb der Küste bis zum Atlas angedachte, so griff Claß in der Denkschrift nach der ganzen Küste und konnte, bis auf Lehmann, den gesamten Geschäftsführenden Ausschuss von dieser Forderung überzeugen.[179] Vor allem bei den Jüngeren fand Claß mit dem neuen Ton der kompromisslosen Opposition gegen die Reichsregierung Unterstützung. Karl Itzenplitz, Heinrich Calmbach, Georg von Stössel, Walter Simons, Gustav Pezoldt, Reismann-Grone oder Samassa schlossen sich seiner Meinung an.[180]

Die erste Marokko-Krise 1905 spielte Claß in die Hände. Auch Reichskanzler Bülow drängte den Kaiser zur klaren Positionierung, um deutsche Ansprüche in Marokko geltend zu machen. Der Besuch des Kaisers in Tanger im März 1905 endete in der Verkündung der Souveränität Marokkos und brachte die europäischen Mächte bis zur internationalen Konferenz von Algeciras im Januar 1906 an den Rand eines Weltkrieges. Claß nutzte die Krise mit Frankreich über den wirtschaftlichen und kolonialpolitischen Zugang zu Marokko, um seine Flugschrift „Die Bilanz des Neuen Kurses“ inhaltlich abzurunden und seine außenpolitische Kompetenz zu schärfen.

Claß verstand seine schmale Flugschrift „Marokko verloren?“ als eine erweiterte Anklage gegen die außenpolitische Zurückhaltung des Deutschen Reiches. In Anlehnung an die Gründung des Alldeutschen Verbandes am 1. Juli 1890 sah er jetzt nicht weniger als ein „drittes Sansibar“[181] heraufziehen, nachdem man 1898 bei dem Delagoa-Abkommen mit Großbritannien über die Aufteilung der portugiesischen Besitzungen in Afrika zurückgestanden habe. Als Siedlungsland sei West-Marokko das einzig verbliebene Territorium, das noch nicht zwischen den Weltmächten verteilt sei. Es sei klimatisch besiedelbar, an Erzen und Baumwolle ressourcenreich sowie mit Einheimischen nur „dünn bevölkert“.[182] Claß sah den stetigen Bevölkerungszuwachs des Deutschen Reiches und die Auswanderungswellen des 19. Jahrhunderts als einen Widerspruch, der nur durch Expansion zu überwinden war. Weder Emigration noch Verbleib der Bevölkerungsmassen im Reich sowie eine verfehlte Germanisierungspolitik, die letztlich nur eine „Rassenverschlechterung“ durch „Vermischung von unseren Ansiedlern mit den alten Einwohnern“ wie den Polen bedeute, würden die von Claß gewünschte völ-

178 In Claß: Marokko verloren?, S, 14–15.

179 Siehe Ernst Hasse an Paul Samassa, 27.11.1903, in BA-Berlin, R 8048, Bd. 187, Bl. 365–366 und Claß auf der Sitzung des Geschäftsführenden Ausschusses des Alldeutschen Verbandes 27.5.1904, in ebd., Bd. 44, Bl. 4.

180 Siehe Chickering: We Men, S. 217.

181 Claß: Marokko verloren?, S. 15–16; Zitat ebd., S. 16.

182 Ebd., S. 6.

kische Ausbreitung befördern.[183] Keine der deutschen Kolonien sei für Siedlungen oder ausgedehnten Ackerbau geeignet, während West-Marokko für eine deutsche Ansiedlung bei gleichzeitiger Rassentrennung sowie wirtschaftlich und geopolitisch auch für Kohle- und Kabelstationen geeignet wäre, wie sie Deutschland bisher nur in Kiautschou habe.[184] Wolle man einen „Eroberungskrieg in Europa“ für den „deutschen Bevölkerungsüberschuss“ vornehmlich in Südosteuropa vermeiden, müsse man das trotz französischer Schutzherrschaft eigentlich „herrenlose“ West-Marokko Deutschland überlassen.[185] Gelinge eine Einigung mit Frankreich nicht, sei ein Krieg nicht zu scheuen.

Die Regierungskritik des Alldeutschen Verbandes, die sich zur ausgemachten Regierungsopposition unter Claß steigerte, wurde trotz der Unterstützung Hasses auch scharf kritisiert. Lehmann, Neumann und Liebert ging der konfrontative Kurs erneut zu weit.[186] Claß wiederum drohte selbstbewusst mit der Niederlegung seiner Ämter.[187] Im Frühsommer 1905 kam es zur Aussprache über Claß' Rhetorik sowie über die Stellung des Verbandes zur Marokko-Politik der Regierung.[188] Beiden Themen lag letztlich die Frage zugrunde, wie weit die Alldeutschen bei ihren imperialen Forderungen gehen sollten. Der Punkt konnte wieder nicht abschließend geklärt werden. Claß wandte sich angesichts der grundsätzlichen Kritik an seiner Haltung gegenüber der Regierung innerhalb des Geschäftsführenden Ausschusses auf der Sitzung in Göttingen am 16. April 1905 an Hasse. Er bat wegen der einstimmigen Ablehnung seiner Haltung zur deutschen Politik einer „territorialen Selbstlosigkeit“ in Marokko und zum deutschen Streben nach einer vermittelnden Konferenz um seine Entlassung aus dem Geschäftsführenden Ausschuss und der Hauptleitung. Hasse stellte sich jedoch schützend vor ihn. Er warnte die Verbandsgremien vor der aufreibenden und „unnötigen“ Kraft, die ihn wiederum die „Bekämpfung derartiger Frictionen“ koste. Schließlich solle man Claß als seinen „Stellvertreter und Nachfolger betrachten und behandeln“, denn Hasse habe „nicht mehr die Kraft, von vorn anzufangen und irgend jemanden in die Geschäfte des Alld. Verbandes einzuweihen“.[189]

---

183 Ebd., S. 6. „Das deutsche Volk“ brauche „Neuland für seinen Bevölkerungsüberschuß“, so Claß, sowie Wirtschaftsmärkte, „um vom Ausland unabhängig zu werden“. Claß: Zur marokkanischen Frage (1904), in Alldeutscher Verband: Zwanzig Jahre, S. 251–253.

184 Claß: Marokko verloren?, S. 6 und 7.

185 Ebd., S. 8, 11 und 13.

186 Eduard von Liebert wurde 1904 und Johann Neumann 1905 in die Hauptleitung gewählt. Neumann rückte freiwillig nach seiner Ablehnung der scharfen Kritik des Alldeutschen Verbandes am Reichskanzler 1907 in den Geschäftsführenden Ausschuss zurück.

187 Siehe Tagebucheintrag Theodor Reismann-Grone vom „April 1905“, in StA Essen, N 652, Tagebücher, Bd. 1, Bl. 2.

188 Siehe Sitzung des Geschäftsführenden Ausschusses des Alldeutschen Verbandes, 15.4.1905, in BA-Berlin, R 8048, Bd. 48, Bl. 2–4.

189 Ernst Hasse an die Hauptleitung und den Geschäftsführenden Ausschuss des Alldeutschen Verbandes, 4.5.1905, in BA-Berlin, R 8048, Bd. 189, Bl. 1–2.

Claß suchte nun die offene Konfrontation und wollte seine Position durch Vertraute in den Leitungsgremien absichern. Die von ihm geforderte Zuwahl von Reismann-Grone in den Vorstand stieß auf entschiedenen Widerspruch und er konnte aufgrund von Differenzen mit Lehmann nur mit Mühen im Geschäftsführenden Ausschuss gehalten werden, indem die rheinisch-westfälischen Vertrauensmänner des Alldeutschen Verbandes als Repräsentanz aller dortigen Ortsgruppen vereinigt wurden.[190] Die Mitglieder des Geschäftsführenden Ausschusses wie der Vorsitzende der Dresdener Ortsgruppe von 1901 bis 1911, Friedrich Eugen Hopf, verstanden das als satzungswidrige Erpressung. Hasse lehnte solche Vorwürfe ab. Claß habe schließlich „dornenvolle" Ämter im Verband übernommen und Rückendeckung erwartet. Dieses Vertrauen sei zerstört und Claß sei nur nach einem persönlichen Gespräch mit Hasse in Mainz noch zu halten gewesen, für das Hasse seine dringend zur Erholung benötigte Kur in Karlsbad und Baden-Baden hatte unterbrechen müssen.[191]

Der Machtkampf um die Ausrichtung des Verbandes wurde durch private Schicksalsschläge überlagert. Bereits ein Jahr zuvor hatte Claß gegenüber Hasse erwogen, seine Stellung in der Hauptleitung abzugeben, weil seine Frau Mathilde an Folgeerkrankungen einer Eklampsie litt, die während der Geburt des Sohnes Wilhelm im Jahre 1901 aufgetreten war.[192] Von nun an sei sie „aufs Krankenlager geworfen und fast ein volles Vierteljahrhundert hindurch aus der Welt geschieden", so Claß.[193]

Eklampsie steht eigentlich im direkten Verlaufszusammenhang einer Schwangerschaft beziehungsweise Geburt. Zeitgenössische Darstellungen verwiesen unter anderem darauf, dass Eklampsie zu Krampfanfällen bei häufigen Vorsymptomen wie Ödemen und Bluthochdruck führe. Leber- und Nierenversagen wurden als unmittelbare Symptome beschrieben, aber auch neurologische Spätschäden wie Verwirrtheit, Erbrechen, Sehbehinderungen oder motorische Einschränkungen bei der Mutter. Gesteigerter Hirndruck und Hirnödeme als Auslöser der epileptischen Anfälle wurden diskutiert, ebenso wie verschiedene Vergiftungsursachen im Zusammenhang mit dem veränderten Stoffwechsel während der Schwangerschaft. Die Anfälle konnten zu Nierendysfunktion führen und nach den Krämpfen Lebernekrose, Nierendegeneration, Thrombenbildung und Nekrose der Muskelfasern des Herzens hervorrufen.[194] Um die Jahrhundertwende wurde von einer Letalitätsrate von bis zu 20 Prozent bei den betroffenen Müttern und 50 Prozent bei den Kindern berichtet.[195] Morphium- oder

190 Siehe Ernst Hasse an Julius F. Lehmann, 21.10.1903, in BA-Berlin, R 8048, Bd. 187, Bl. 228–229.

191 Siehe Friedrich Eugen Hopf an Ernst Hasse, 16.5.1905 und 20.5.1905 sowie Ernst Hasse an Friedrich Eugen Hopf, 18.5.1905, in BA-Berlin, R 8048, Bd. 189, Bl. 3–4. Das Gespräch fand am 25.4.1905 statt.

192 Siehe Ernst Hasse an Claß, 2.1.1904, in BA-Berlin, R 8048, Bd. 188, Bl. 2–4.

193 Claß: Wider den Strom, S. 40. Mathilde Claß blieb wohl bis zu ihrem Tod 1927 gesundheitlich massiv beeinträchtigt.

194 Siehe Bumm: Eklampsie und Zangemeister: Die Lehre von der Eklampsie, S. 20–32.

195 Ebd., S. 645. Spätere Studien aus dem Jahre 1927, als Mathilde Claß mit nur 49 Jahren starb, weisen immer noch auf eine Mortalität bei Müttern von durchschnittlich 25,7 Prozent und bei den Kindern von 37,9 Prozent, bei abwartender Therapie auch bis zu 75,4 Prozent, auf. Siehe Rieder: Behandlung der Eklampsie, S. 20–22. Zur differenzierteren zeitgenössischen Diagnostik mütterlicher Mortalitätsraten ab-

Chloroformtherapien galten seinerzeit als mögliche Behandlungsansätze, die eine Auflösung der Symptome des gestörten zentralen Nervensystems unmittelbar nach den Anfällen herbeiführen und innerhalb weniger Tage zur Genesung beitragen sollten.[196] Nacherkrankungen wie Amnesie, posteklamptische Psychosen, Pneumonien, chronische Nephritis, Sehstörungen und jahrelange Nervenleiden wie Schwindel, Kopfschmerzen und „Erregbarkeit" wurden ebenfalls beschrieben, wobei Lähmungen (Hemiplagie) als eher selten galten.[197]

Für Claß und seine Frau blieben diese Geburtsanfälle sicherlich eine einschneidende Erfahrung. Inwieweit die Eklampsie von 1901 auf die Gesundheit von Mathilde Claß in den folgenden Jahren gewirkt haben soll, bleibt unklar. Reismann-Grone, selbst ein aufreibender und zugleich aufgeriebener Charakter, notierte schließlich schon ein Jahr vor der eklamptischen Geburt des Sohnes nach einem Besuch im Juni 1900 zum Abendessen bei Claß in Mainz: „Seine kränkliche Frau, etwas hysterisch, lag seit Jahren zu Bett".[198]

Ihr Zustand schien Mathilde Claß nicht davon abgehalten zu haben, ihrem Mann lebenslang zuzuarbeiten. Sie las und korrigierte häufig seine Manuskripte und Briefentwürfe, außerdem bewertete und kommentierte sie seine politischen Kontakte.[199] Während Claß' Verbandsvorsitz war allgemein bekannt, dass er mit seiner Frau ausführlich politische Angelegenheiten besprach und sie „in jeder Beziehung über seine Anschauungen u. Wünsche auf das Genaueste unterrichtet" war.[200] Als Claß später im Frühjahr 1916 selbst einen schweren Nervenzusammenbruch erlitt und Wochen als Verbandsvorsitzender ausfiel, nannte sein Stellvertreter Konstantin von Gebsattel Mathilde Claß nach folgendem Briefverkehr eine „prächtige ‚Weggenossin'".[201] Claß erwiderte, sie sei „eine grosse, starke Natur u. könnte von ihren Eigenschaften manches an Männer zur Aushilfe abgeben. Sie können sich denken, wie es trotz allem auf mich drückt, diese Frau zum Kranksein verurteilt zu sehen. Aber wir sagen uns oft zum Troste: Wer kann sagen, ob sie mir das geworden wäre, wenn sie ‚ein Leben in der Welt' hätte führen können."[202]

Trotz der Sorgen um den Zustand seiner Frau[203] lag es nahe, dass Claß bei seinen strategischen Manövern im Alldeutschen Verband mit dem Hinweis auf die angeschlagene Gesundheit seiner Frau auch politisch ausloten wollte, inwieweit er sich auf

---

hängig vom Zeitpunkt der Entbindung nach der Anzahl der jeweiligen Anfälle sowie der Stunden nach den Anfällen siehe auch Zangemeister: Die Lehre von der Eklampsie, S. 32–43.

196 Bumm: Eklampsie, S. 643.

197 Zangemeister: Die Lehre der Eklampsie, S. 32.

198 Tagebucheintrag Theodor Reismann-Grone von „Anfang Juni 1900", in StA Essen, N 652, Tagebücher, Bd. 1, Bl. 5.

199 Siehe dazu Hofmeister (Hrsg.): Heinrich Claß, Politische Erinnerungen, Kapitel 8.8.

200 Johann Neumann an Konstantin von Gebsattel, 21.4.1916, in BA-Berlin, N 2089, Bd. 3, Bl. 177.

201 Konstantin von Gebsattel an Claß, 17.4.1916, in ebd., Bl. 186.

202 Claß an Konstantin von Gebsattel, 18.4.1916, ebd., Bl. 171.

203 Siehe auch Theodor Reismann-Grone an Claß, 15.1.1904, in BA-Berlin, R 8048, Bd. 188, Bl. 30–31 und Ernst Hasse an Claß, 18.1.1904, in ebd., Bl. 35.

Hasses Unterstützung für sein weiteres Fortkommen innerhalb des Alldeutschen Verbandes verlassen konnte. Diese Unterstützung erhielt er unwidersprochen, obgleich Hasse auch Claß' Wünsche nach personeller Verstärkung durch Reismann-Grone nicht teilte und in den Auseinandersetzungen innerhalb der Verbandsgremien zuweilen auf der Seite Lehmanns stand. Schließlich war es Hasse leid, fortwährend Darlegungen über den Charakter seines möglichen Nachfolgers zu erhalten, ohne jedoch einen Namen genannt zu bekommen, der ihn oder seinen Kandidaten Claß ersetzen könnte. Im Sommer 1905 erklärte Claß schließlich, er wolle auf seine Kritiker zugehen, nicht zuletzt, um ein Ausscheiden von Hasse aus der Hauptleitung zu vermeiden. Lehmann, der Claß bereits 1898 in Mainz das erste Mal begegnet war, gab ihm noch mit, seine Kritik sei für den Verband noch wertvoller, wenn er „weniger schwarz sähe", worauf Claß erstaunt retournierte, er sei doch eigentlich eher „Enthusiast als Schwarzseher".[204]

2.5 Machtpolitik 1905 – 1907

Die Deutungshoheit über seine politischen Überzeugungen ließ sich Claß von Lehmann nicht nehmen und erreichte trotzdem einen gewissen Burgfrieden innerhalb der Verbandsführung. Im Juni 1905 verfasste der Gesamtvorstand schließlich eine Vertrauenserklärung für Claß. Er nutzte die ihm gegenüber geäußerte Ambivalenz innerhalb des Verbandes geschickt für immer provokantere Ausdeutungen seiner Regierungspolitik. Der Kaiser habe sich selbst seit 1890 einen politischen Platz in der Öffentlichkeit zugestanden und sei daher auch politisch zu bewerten.[205] Wilhelm II. habe seine verfassungsmäßige Stellung durch persönliches politisches Eingreifen in der Vergangenheit derart überschritten, dass er „Träger und alleiniger Urheber" der weltpolitischen Schwäche des Kaiserreichs ist und es daher unmöglich sei, nach dessen „persönliche[m] Hineinsteigen in die politische Arena" sich „im Kampfe ihm gegenüber zurückzuhalten". Nur Bülow als Reichskanzler für alles verantwortlich zu machen, sei ohnehin politisch nicht lange durchzuhalten. Der Verband müsse nun aus dem „ununterbrochenen Warten" auf weitere Ereignisse heraustreten und „unabhängige und selbstständige Vertreter" bei den kommenden nationalen Wahlen fördern. Der Reichstag sei immer noch der Ort, „wo offen und ungehindert gesagt werden könne", was notwendig sei.[206]

Diesen Ansatz zur forcierten parlamentarischen Opposition brachte Claß bei seinen Kritikern im Geschäftsführenden Ausschuss erneut nicht durch. Gesucht wurde ein Kompromiss, der den offenen Kampf gegen Reichsregierung und Kaiser zunächst erneut

204 Zitate auf der Sitzung des Geschäftsführenden Ausschusses des Alldeutschen Verbandes 15./16.6. 1905, in BA-Berlin, R 8048, Bd. 49, Bl. 8 und 9. Siehe auch Claß an Melanie Lehmann, 26.3.1935, in BHStA München, NL Julius F. Lehmann, Bd. 2, Nr. 2.

205 Siehe dazu Claß auf der Sitzung des Geschäftsführenden Ausschusses des Alldeutschen Verbandes 21./22.10.1905, in BA-Berlin, R 8048, Bd. 50, Bl. 15.

206 Ebd.

zurückstellte.[207] Ein Jahr später forderte Claß nunmehr eine Audienz beim Kaiser sowie die Verteilung eines Verbandsaufrufes, der Kritik an der „persönlichen Politik" Wilhelms II. üben sollte.[208] Innerhalb der Verbandsleitung war eine solche Annäherung an den Kaiser aber ebenfalls umstritten. Auch Hasse warnte vor einer Audienz. Man würde das „persönliche Regiment" des Kaisers verurteilen und es gleichzeitig durch solche Gesuche anerkennen.[209] Stattdessen solle man sich auf die Kritik gegenüber dem Reichskanzler konzentrieren, so Hasse, der als Verbandsvorsitzender letztlich allein einen offenen Brief an Bülow unterzeichnete, während Claß einen entsprechenden Aufruf über die Mainzer Ortsgruppe organisierte.[210]

Claß' Radikalisierungspolitik war eng mit seinen Machtambitionen als zukünftiger Nachfolger von Hasse verbunden. Als zu Hasses 60. Geburtstag am 25. Februar 1906 die *Alldeutschen Blätter* daran erinnerten, dass bei seiner Übernahme des Verbandsvorsitzes am 5. Juli 1893 der „Allgemeine Deutsche Verband" in einem „kritischen Augenblick" nahezu „der Auflösung anheim" gefallen wäre[211], habe Hasse mit Claß nun einen Nachfolger aufbauen können, der der erneuten dauerhaften Krise des Verbandes ein Ende bereiten könne. Hasse offenbarte in seiner Rolle in düsterem Ton, dass er im Gegensatz zu den Gründern nie an den Alldeutschen Verband als Massenbewegung geglaubt habe. Eine seiner größten Enttäuschungen sei, dass sich das „Auslandsdeutschtum" nicht dem Verband angeschlossen habe. Zudem sei der Alldeutsche Verband keine „Lebensgemeinschaft", sondern nur eine „Zweckgemeinschaft" geworden, „wie viele andere Gebilde des öffentlichen Lebens".[212] Die Einsicht, dass Hasse aufgrund seines Führungsstils an dieser Lethargie wesentlichen Anteil hatte, schien ihm nicht zumutbar. Claß leitete als Hasses Kronprinz bereits die Festveranstaltung und betonte, dass Hasse „der Eitelkeit, dem Bedürfnis hervorzutreten, sich bewundern zu lassen und zu bewundern, keine Stätte bietet". „Sachliche Arbeit" werde in den Körperschaften des Verbandes geleistet und keinerlei „Personenkultus" betrieben.[213] Schmeichelhafter hätte Claß den uncharismatischen Führungsstil Hasses nicht beschreiben können. Respekt vor dem universitären Experten und ehemaligen Reichstagspolitiker, der in den 1890er Jahren die Verbandsauflösung abgewehrt hatte, war das Fundament für Hasses Legitimität als Führungspersönlichkeit. In eigener „Sachlichkeit" beschwor Claß zu-

207 Siehe ebd., Bl. 19.

208 Claß auf der Sitzung des Geschäftsführenden Ausschusses des Alldeutschen Verbands 17./18.11.1906, in BA-Berlin, R 8048, Bd. 57, Bl. 6 – 9.

209 Ernst Hasse auf der Sitzung des Geschäftsführenden Ausschusses des Alldeutschen Verbands 17./18.11.1906, ebd., Bl. 11. Zum Konzept des „persönlichen Regiments" des Kaisers siehe und Röhl: Kaiser, Hof und Staat, Ders. (Hrsg.): Der Ort Wilhelms II. in der deutschen Geschichte und Ders.: Wilhelm II., Bde. II. und III. sowie Mommsen: War der Kaiser an allem schuld?.

210 Siehe Aufruf Ortsgruppe Mainz des Alldeutschen Verbandes, November 1906, in BA-Berlin, R 8048, Bd. 58, Bl. 1.

211 Alldeutsche Blätter 10.2.1906.

212 Rede Ernst Hasse 25.2.1906, in Alldeutsche Blätter 3.3.1906.

213 Rede Claß, 25.2.1906, in ebd.

gleich, dass man auch in Zukunft von „leerem Personenkultus, der Ehren erweist, weil er Ehren erwartet", fernbleiben wolle, um seine Kritiker im Verband zu beruhigen.[214]

Claß nutzte die Wirren der Arbeitsverteilung zwischen den Beamten und die Überbelastung des Geschäftsführers Geiser aufgrund seiner Werbetätigkeit, die ihn gut die Hälfte des Jahres zu Reisen zwang, um die Teilverlegung der Geschäftsstelle nach Mainz durchzusetzen. Ein entsprechender Antrag wurde bereits 1907 gestellt.[215] Entscheidend war das gestörte Verhältnis zwischen Hasse und Geiser als Geschäftsführer in Berlin, durch das Itzenplitz zufolge ein „Riss" ging.[216] Selbst Lehmann erkannte die Notwendigkeiten einer strukturellen Reform und hoffte auf eine Entlastung Hasses als politischer Führer des Verbandes, indem Claß Verwaltungsgeschäfte übernehme und Liebert oder Stössel die Geschäftsstelle in Berlin ordnen sollten. Hasse lehnte jedoch eine weitere Einbindung dieser beiden ab, da der eine mit dem programmatischen Kampf gegen die SPD und der andere mit der Revision der Verbandskasse bereits ausgelastet sei.[217] Daher bleibe nur Claß, der ja bereits eine Nebenstelle in Mainz eingerichtet habe. Den Antrag, Geiser von seinen Werbereisen zu entbinden, sodass er die Geschäfte ordnen könne, lehnte der Verbandsvorsitzende kategorisch ab. Claß bekam daraufhin einen eigenen Schreiber in Mainz als Unterbeamten zugesichert.[218]

Anträge auf einen vollständigen Umzug der Geschäftsstelle nach Mainz wurden letztlich noch für ein Jahr zurückgestellt.[219] Als Claß auf dem Verbandstag in Eisenach im August 1907 die laufende Geschäftsführung in Mainz übernahm, wurde der Rückzug Hasses vom Verbandsvorsitz faktisch vollzogen.[220] Claß griff nun regelrecht nach dem Amt und sorgte auch dafür, dass Anträge abgelehnt wurden, Geiser doch von der umfangreichen Werbetätigkeit abzuziehen, um die Geschäftsleitung in Berlin besser vertreten zu können. Zum Abschluss der Sitzung des Geschäftsführenden Ausschusses in Berlin am 14./15. Dezember 1907 wurden die Pläne von Hasse und Claß zur Konzentration der Geschäftsführung in Mainz nun bereits in Abwesenheit von Geiser und Kanzleivorstand H. B. Fischer „vertraulich" besprochen; ein Verfahren, das auf den folgenden Verbandstagen bei der Diskussion der Finanzlage und der Arbeit der Geschäftsstelle beibehalten wurde.[221]

---

214 Ebd.

215 Siehe Protokoll der Sitzung des Geschäftsführenden Ausschusses des Alldeutschen Verbandes 3./4. 8. 1908, in BA-Berlin, R 8048, Bd. 60, Bl. 1–3.

216 Carl Itzenplitz auf der Sitzung des Geschäftsführenden Ausschusses des Alldeutschen Verbandes 3./ 4. 8. 1908, in ebd., Bl. 2.

217 Siehe Julius F. Lehmann und Ernst Hasse auf der Sitzung des Geschäftsführenden Ausschusses des Alldeutschen Verbandes 3./4. 8. 1907, in ebd., Bl. 1–3.

218 Siehe ebd., Bl. 3.

219 Siehe Anträge Ernst Hasse und Claß für Vorstandssitzung am 7. 9. 1907 sowie Beschluss Anlage B, in Protokoll der Sitzung des Geschäftsführenden Ausschusses des Alldeutschen Verbandes 3./4. 8. 1907, in ebd., Bl. 7–8.

220 Siehe auch Alldeutsche Blätter 10. 8. 1907 und 17. 8. 1907.

221 Siehe Protokoll der Sitzung des Geschäftsführenden Ausschusses des Alldeutschen Verbandes 14./ 15. 12. 1907, in BA-Berlin, R 8048, Bd. 62, Bl. 30.

Hasse stimmte den personellen Besetzungsvorschlägen für die Hauptleitung zur Verstärkung von Claß' Position zu, wenngleich Reismann-Grone absagte und nur Karl Klingemann 1908 (bis zur Ernennung zum Superintendenten der Rheinprovinz 1912) hinzugewählt wurde, den Hasse jedoch sehr schätzte.[222] Obwohl Hasse nach dem Verlust seines Reichstagsmandats 1903 weiterhin die Bedeutung der alldeutschen Vertreter in den nationalen Parteien betonte, die „nach Lage der Sache doch noch zum mindesten für ein Jahrzehnt das politische Leben beherrschen werden", jedoch die „Arbeit hinter den Kulissen" in Ausschüssen, im persönlichen Verkehr mit Regierungsstellen, in Landtagen und Stadtverordnetenvertretungen nun in den Vordergrund stellte, wollte er doch Claß für die Reichstagswahlen 1907 erneut aufgestellt sehen.[223] Claß sagte eine eigene Kandidatur aber umgehend ab.[224]

Den Reichstagswahlkampf 1907 führte der Verband entschieden als einen „Kampf gegen die schwarze und rote Internationale", gegen „Zentrum, Polen und Sozialdemokraten", gegen Parteiinteressen und für eine „nationale Reichstagsmehrheit".[225] Die Wahlen brachten einen massiven Verlust alldeutscher Mandate im Reichstag. Es blieben dem Verband nunmehr 33 Sitze. Die Zahl sollte bis 1912 weiter auf 15 Sitze zurückgehen, da sich die nationalliberalen und deutsch-konservativen Mandate halbiert hatten.[226] Der kontinuierliche Rückgang nationalliberaler und deutsch-konservativer Sitze und der gleichzeitige Aufstieg der SPD bei gestärkter Sitzverteilung für das Zentrum führten die Alldeutschen immer weiter weg vom parlamentarischen System. So begründete der Geschäftsführer des Alldeutschen Verbandes in Berlin, Dr. Hermann Gerhard, Ende 1908

222 Ernst Hasse an Claß, 10.12.1906, in BA-Berlin, R 8048, Bd. 190, Bl. 8 – 9.

223 Siehe Ernst Hasse an Claß, 15.12.1906, in BA-Berlin, R 8048, Bd. 190, Bl. 12. Zitate in Ernst Hasse auf der Sitzung des Geschäftsführenden Ausschusses des Alldeutschen Verbandes 10.4.1904, in BA-Berlin, R 8048, Bd. 43, Bl. 51. Hasse hielt 1907 zahlreiche Kandidaturen von Alldeutschen für umso wahrscheinlicher, da seit den letzten Reichstagswahlen Diäten eingeführt worden waren. Er hoffte vor allem auf die Kandidaturen von Eduard von Liebert, Joachim Graf von Pfeil, Richard Graf du Moulin-Eckart, Wilhelm Lattmann sowie, neben seiner eigenen erneuten Kandidatur, von Friedrich Eugen Hopf, Robert Hundsdiecker, Karl Klingemann, Theodor Reismann-Grone, Wilhelm Schroeder-Poggelow, Georg von Stössel, Ludwig Viereck und Karl Itzenplitz. Paul Samassa und Alfred Geiser sollten alldeutsche Wahlkampfkandidaturen als Redner unterstützen. Siehe ebd. Von Hasses Wunschliste schafften von den insgesamt 33 alldeutschen Reichstagsabgeordneten nach der Wahl 1907 lediglich Wilhelm Lattmann für die antisemitische Deutsch-Soziale Partei (1903 – 1912) und Eduard von Liebert für die Deutsche Reichspartei den Einzug ins Parlament (1907–1914).

224 Siehe Ernst Hasse an Claß, 18.12.1906, in BA-Berlin, R 8048, Bd. 190, Bl. 13.

225 Aufruf Ernst Hasse, in Alldeutsche Blätter 22.12.1906.

226 Der Alldeutsche Verband hatte nach den Wahlen 1907 für die Reformpartei vier, die Nationalliberale Partei sechs, die Deutsch-Konservative Partei drei und die Christlich-Soziale Partei einen Parlamentarier im Reichstag. Cornelius Freiherr Heyl zu Herrnsheim war fraktionslos, stand aber den Nationalliberalen nahe. 1912 waren vier alldeutsche Mitglieder für die Deutsche Reichspartei, drei für die Reformpartei, 13 für die Nationalliberale Partei, sechs für die Deutsch-Soziale Partei und sechs für die Deutsch-Konservative Partei im Reichstag. Heinrich Stauffer II vom BdL gehörte der Fraktion der Wirtschaftlichen Vereinigung an. Siehe Handbuch des Alldeutschen Verbandes 1908, S. 21 und Handbuch des Alldeutschen Verbandes 1913, S. 35 sowie Wertheimer, The Pan-German League, S. 136.

seine Ablehnung einer Wahlaufstellung damit, dass ihm die taktischen Absprachen zwischen Zentrum, dem BdL und den Nationalliberalen in einem ihm vermutlich zugedachten zentrumsgeführten Wahlbezirk keine Chance lassen würden.[227]

Claß verurteilte solche taktischen Interessen des politischen Geschäfts ebenfalls und lehnte erneut für den Wahlkreis Alzey-Bingen eine an ihn herangetragene Kandidatur ab. Die Verhältnisse seien dort „völlig verfahren", an der Spitze der Nationalliberalen stehe ein „getaufter Jude, dem es nicht übel zu nehmen ist, wenn er Leute unserer Färbung fernzuhalten sucht". Schließlich würde sich das Zentrum zusammen mit dem BdL im Falle der Stichwahl für die Unterstützung eines geeigneten nationalliberalen Kandidaten entscheiden: „Es ist Tiefstand, schlimmster Tiefstand". Er sei sich „doch zu gut dazu", sich in „eine so hoffnungslose Sache einzumischen".[228] Um den Verband in diesen verschärften parteipolitischen Auseinandersetzungen nicht zu desavouieren, wurde der schon vor den Wahlen 1907 erlassene Grundsatz, die seit 1905 zurückgehenden Mitgliederzahlen nicht mehr zu veröffentlichen, immer wieder erneuert.[229] Damit gebe man den „Gegnern nur Waffen in die Hand".

Der Alldeutsche Verband befand sich nach den Wahlen im Januar 1907 in einer fundamentalen Krise. Flügelkämpfe, Mitgliederverluste, weitere Wahlniederlagen alldeutscher Reichstagskandidaten und eine von Lethargie und Stagnation geprägte Führung Hasses ließen ihn zunehmend in die politische Bedeutungslosigkeit abgleiten. Die Kritik Lehmanns an Claß ertrug Hasse nun auch nicht mehr. Lehmann warf Claß vor, dass seine Angriffe auf den Freisinn und seine Kritik am „Byzantinismus" Wilhelms II. an der Hauptaufgabe des Verbandes vorbeigingen. Dieser müsse sowohl den Freisinn national beeinflussen als auch den Kaiser in alldeutsche Richtungen bringen.[230] Hasse forderte stattdessen mehr Harmonie und weniger Angriffe auf Claß, den man „regierungsfähig" machen müsse.[231] Auch Claß war die beständigen Kämpfe leid. Er habe undankbare Verwaltungsaufgaben zur Entlastung des Vorsitzenden übernommen und wollte schließlich politisch Einfluss ausüben können. Er forderte, die Hauptleitung des Geschäftsführenden Ausschusses zu befragen, ob Lehmanns Position eine Mehrheit gegen ihn finden würde.[232]

---

227 Hermann Gerhard an Claß, 29.12.1908, in BA-Berlin, R 8048, Bd. 192, Bl. 563.

228 Claß an Heinrich Pohl, 6.1.1909, in BA-Berlin, R 8048, Bd. 193, Bl. 13.

229 Siehe Claß auf der Sitzung des Geschäftsführenden Ausschusses des Alldeutschen Verbandes 11./12.5.1907, in BA-Berlin, R 8048, Bd. 59, Bl. 23. Die Mitgliederzahlen von 1905 (19.168) gingen bis 1912 (17.000) bzw. 1913 (15.700) und 1914 (18.000) beständig zurück und stiegen bis 1916 auf über 22.000. Siehe Hofmeister: Between Monarchy and Dictatorship, S. 485.

230 Julius F. Lehmann an Ernst Hasse 8.11.1907, in BA-Berlin, R 8048, Bd. 321, Bl. 15–17. Lehmann bezog sich hier auf Ernst Graf zu Reventlows Buch „Kaiser Wilhelm und die Byzantiner" (1906). Siehe dazu auch Kohlrausch: Der Monarch im Skandal, S. 166–168 und Malinowski: Vom König zum Führer, S. 172–173.

231 Ernst Hasse an Julius F. Lehmann, 15.8.1907, in BA-Berlin, R 8048, Bd. 321, Bl. 8–10.

232 Claß an Ernst Hasse, 15.11.1907, in ebd., Bl. 13–14.

Auf dem Verbandstag am 14. und 15. Dezember 1907 kam es zur endgüktigen Entscheidung.[233] Hasse warnte die Anwesenden, der Konflikt berge die ernsthafte „Gefahr einer Krisis". Lehmann rechtfertigte sich und machte deutlich, dass er eine Radikalisierung Hasses durch Claß befürchte, nachdem Lehr bis zu seinem Tod 1901 als ausgleichendes Element auf Hasse gewirkt habe. Claß sei nun ein Viertel radikaler als Hasse und all dies sei nicht im Interesse des Verbandes. Ihm sei es insgesamt „widerwärtig", eine solche Aussprache zu seiner Person abhalten zu müssen. Hatte Lehmann mit seinen Anschuldigungen recht, so müsste Claß eigentlich aus dem Verband entfernt werden. Die folgende Abstimmung entschied den offen schwelenden Machtkampf. Bei Enthaltungen von Claß und Lehmann stimmten zwölf Mitglieder, unter ihnen Neumann, eindeutig für Claß. Hasses Nachfolger versuchte angesichts dieses eindeutigen Votums die Streitigkeiten um seine politische Haltung mit einer Erklärung zu mildern, in der er die Hoffnung zum Ausdruck brachte, dass Lehmann ihm in Zukunft „ohne Voreingenommenheit" gegenübertreten werde.[234]

Der Konflikt zwischen Claß und Lehmann um die Radikalisierung des Verbandes wurde klar zu Gunsten des stellvertretenden Vorsitzenden entschieden. Auch Lehmanns Interventionen als Verleger von Hasses Schriften zur „Deutschen Politik" konnten diesen nicht bewegen, zu „einer milden Form des Ausdrucks" zu finden, die Passagen mit der „schroffen Stellungnahme gegen den Kaiser" zu ändern und sich vom Claß'schen Einfluss zu entfernen.[235] Lehmanns symbolisches und finanzielles Kapital als Gründungsmitglied und führender Verleger des Alldeutschen Verbandes sowie als Begründer des auf dem Plauener Verbandstag im September 1903 ins Leben gerufenen Wehrschatzes zur freiwilligen Selbstbesteuerung und Spendenkoordination der Verbandsmitglieder für die Verwendung für „deutschnationale Bestrebungen" konnten Claß' Charisma und Führungsdrang nicht aufwiegen.[236] Hasse erkannte, dass der Verband bereits allmählich zu einer Honoratiorenvereinigung geworden war, deren Überleben von einem Generationswechsel in der Führungsspitze sowie von einer politischen Dynamisierung der Oppositionsrolle sowie einer Professionalisierung der Verwaltung abhing.

233 Siehe dazu Sitzung des Geschäftsführenden Ausschusses des Alldeutschen Verbandes, 14./15.12.1907, in BA-Berlin, R 8048, Bd. 62, Bl. 31–33.

234 Erklärung Claß auf der Sitzung des Geschäftsführenden Ausschusses des Alldeutschen Verbandes, 14./15.12.1907, in ebd., Bl. 17.

235 Julius F. Lehmann auf der Sitzung des Geschäftsführenden Ausschusses des Alldeutschen Verbandes, 14./15.12.1907, in ebd., Bl. 13.

236 Beschluss und Aufruf des Vorstandes des ADV zum Wehrschatz vom 11.9.1903, in Werbe- und Merkbüchlein des Alldeutschen Verbandes 1904, S. 11–13. Zudem stellten Ernst Hasse und Claß ein Stammkapital von jeweils 10.000 Mark für die auf Beschluss des Vorstandes vom Mai 1903 gegründete Vermögensverwaltung des Alldeutschen Verbandes als Gesellschaft mit beschränkter Haftung zur Verfügung, um das Verbandsvermögen effizient und rechtlich gesichert treuhänderisch zu verwalten. Gesellschaftsvertrag der Vermögensverwaltung des Alldeutschen Verbandes vom 3.11.1903, in ebd., S. 9–11.

3 Führungswille und Oppositionspolitik

3.1 Machtübernahme: Die Führungskrise um Ernst Hasse 1907/08

Hasse gab Claß gegenüber Ende 1907 erneut zu verstehen, dass er endlich in Pension gehen und somit auch den Vorsitz abgeben wolle. Er hatte bereits große Probleme, die lange geplanten ersten drei Hefte der „Deutschen Politik" 1904/05 für den Lehmanns Verlag fertigzustellen und seine Arbeitsverpflichtungen in Leipzig mit seiner zusehends erodierenden Gesundheit und den alljährlich notwendigen Kuren in Karlsbad zu vereinbaren.[1] Zeit, Gesundheit und Nerven waren für ihn zusehends knappe Ressourcen, die er nicht mehr für den Alldeutschen Verband verbrauchen wollte. Die Arbeit an der „Deutschen Politik", die in gewisser Weise Hasses Vermächtnis als alldeutscher Gelehrtenpolitiker sein sollte, empfand er als einen „Alp der Pflichten" gegenüber seinem Verleger Julius F. Lehmann.[2] Sein ganzer Ausbildungs- und Berufsweg sei, so rechnete Hasse nun zusehends mit seinen ihm völlig unzureichend vorkommenden Lebensumständen ab, von Unfreiheiten und Nöten gekennzeichnet gewesen. Selbst die akademische Tätigkeit an der Universität Leipzig, die Direktorenstelle am Statistischen Amt der Stadt Leipzig und die Reichstagstätigkeit für die Nationalliberalen hätten sein Streben nach „Freiheit und Rücksichtslosigkeit" immer schon behindert. Seine Pensionsansprüche seien unter Anrechnung seiner Militärzeit nach 43 Dienstjahren jetzt ohnehin erreicht: „Nur der A.D.V. ist es noch, der meine Freiheit in unerträglicher Weise beschränkt."[3]

Auch Lehmanns beständige und zuweilen kleinteilige Interventionen in die Verbandsgeschäfte strapazierten Hasses Nerven. Ein Ausweg aus dem gespannten Verhältnis zwischen beiden schien bis zuletzt kaum möglich. Noch im Dezember 1907 kam es zur erneuten Kollision. Für Hasse ging es zwar nur um einzelne Formulierungen Lehmanns im letzten Ausschussprotokoll vom 14./15. Dezember 1907, die sich auf Adolf Lehr bezogen und die Hasse in Bezug auf seinen „Mentor" und „Moderator" nicht gefielen.[4] Er verbat sich ausdrücklich jegliche Einmischung Lehmanns in die öffentliche Verbandsarbeit, die stattdessen ins Privatgespräch verlagert werden sollte, sonst könne Lehmann, den er sonst immer schätze, in Zukunft nur noch mit Hasses Ablehnung rechnen.[5] Hasses Wunsch nach unbedingter Loyalität und Harmonie in der Verbandsleitung zum selbstgewählten Ende seiner Amtszeit stand Lehmanns andauernde Kritik entgegen, der nach Hasses endgültiger Intervention nun aber isoliert mit seiner Ablehnung von Claß' Radikalisierungskurs dastand.

1 Siehe Ernst Hasse an Julius F. Lehmann, 13.3.1905, in BA-Berlin, R 8048, Bd. 369, Bl. 132–134.

2 Ebd., Bl. 137.

3 Ernst Hasse an Claß, in BA-Berlin, 28.12.1907, in ebd., Bd. 191, Bl. 9–12. Zitat ebd., Bl. 12.

4 Ebd., Bl. 170.

5 Siehe ebd.

https://doi.org/10.1515/-005

Im Januar 1908 vollzog sich der Übergang von Hasse zu Claß notgedrungen sehr schnell. Hasse nahm noch am Verbandstag am 14./15. Dezember 1907 in Berlin teil und half Claß, den grundsätzlichen Konflikt mit Lehmann über die radikale Oppositionspolitik gegen Kaiser und Regierung zu klären. In den nächsten drei Wochen verschlechterte sich Hasses Gesundheitszustand dramatisch. Bereits seit Jahren begleiteten ihn immer wieder chronische Anfälligkeiten für Influenza und Podagra (Gichtentzündungen im Fuß), die ihn regelmäßig zur Kur nach Karlsbad führten, während seine Frau wegen Asthma an die Riviera fuhr.[6] Hasse schrieb seinen letzten Brief an Claß am 4. Januar 1908, bevor ihn der Typhus zwang, in eine Privatklinik zu gehen. Die bakterielle Infektionskrankheit bewirkt nach einer durchschnittlichen Inkubationszeit von circa zwei Wochen vor allem Muskelschmerzen, Mattigkeit, Husten, Bauchschmerzen und nicht zuletzt Durchfall, der zu einer massiven Dehydrierung und gegebenenfalls zu Blutverlust führt.

Die Typhusmortalität betrug kurz nach der Jahrhundertwende weniger als vier Fälle auf 100.000 Einwohner, nachdem vor allem die urbanen Hygienestandards durch den Ausbau der Abwasserkanalisation seit den 1870er Jahren im Deutschen Reich verbessert worden waren.[7] Typhus konnte über eine sogenannte Schmierinfektion auf vielfältige Weise und vor allem durch Nahrungsaufnahme in den Körper gelangen. Der Krankheitsverlauf hielt zudem zahlreiche Komplikationen wie Thrombosen, Bronchopneumonie, Milzruptur oder Darmperforation bereit. Die genaue Ursache und detaillierte Symptome sind bei Hasse nicht bekannt, aber noch im Dezember sehnte er sich nach uneingeschränkter Ruhe vor den Verbandsquerelen der letzten Jahre und betonte nach all den Kämpfen für Claß, wie sehr er doch zuletzt „einen förmlichen Heisshunger auf Freiheit und Rücksichtslosigkeit bekommen [habe] und gedenke[,] davon in der nächsten Zeit ausgiebigsten Gebrauch zu machen".[8]

Dazu kam es nicht mehr. Hasse war völlig arbeitsunfähig. Er ließ Claß gerade noch „im Flüsterton" die letzten Anweisungen diktieren, wonach dieser unter anderem keinen besonderen Schriftleiter anstellen, den neuen Kanzleivorstand zunächst nur provisorisch mit geringerem Gehalt verpflichten und den nächsten Verbandstag für 1908 absagen sollte, „und zwar unter ausdrücklichem Hinweis auf die hohen Spesen".[9] Hasse starb am 12. Januar 1908 mit 62 Jahren. Er wurde drei Tage später in der Universitätskirche zu St. Pauli in Leipzig festlich verabschiedet und dann auf dem Gohliser Friedhof bestattet.[10]

Der unerwartete Tod Hasses eröffnete völlig neue Spielräume für Claß, der nun ganz gezielt nach der Macht griff. Die Deutungshoheit über den anstehenden Füh-

6 So Ernst Hasse an Alfred Hugenberg, 7.3.1905, in BA-Berlin, R 8048, Bd. 369, Bl. 126–128.

7 Ewald: Soziale Medizin, S. 378–422.

8 Ernst Hasse an Julius F. Lehmann, 29.12.1907, in BA-Berlin, R 8048, Bd. 369, Bl. 169–170. Zitat ebd., Bl. 169.

9 L. Zweck – Sekretär der Geschäftsstelle des Alldeutschen Verbandes (i. A. Ernst Hasse) an Claß, 9.1.1908, in BA-Berlin, R 8048, Bd. 192, Bl. 5–6. Zitat ebd., Bl. 5.

10 Siehe Traueranzeige Emma Hasse, geborene Gottschald, 12.1.1908, in BA-Berlin, R 8048, Bd. 369, Bl. 171 und Alldeutsche Blätter 18.1.1908 und 15.2.1908.

rungswechsel wollte er sich nicht streitig machen lassen und die Vorbereitungen für die offizielle Trauerfeier des Alldeutschen Verbandes „selbst überwachen".[11] Sie sollte am 9. Februar im Künstlerhaus in Berlin stattfinden. Hasses Frau Emma und sein Sohn Hermann sowie weitere Familienangehörige wurden von ihm eingeladen. Claß nahm die Organisation zügig in die Hand. Bei der selbstbewussten Kontrolle des Festaktes ging es für ihn schließlich um eine symbolische Machtübertragung, die nun im Verband endgültig vollzogen werden sollte. Das über Jahre durch Streitereien und bürokratische Ineffizienz entstandene Machtvakuum in der Führung wirkte nun vorteilhaft für Claß' Ambitionen. Hasses Tod hinterließ für viele Führungsmitglieder eine unübersehbare Orientierungslücke. So war Theodor Reismann-Grone nach dem Tod Hasses „ganz niedergeschlagen". Das Gründungsmitglied des Alldeutschen Verbandes sah zunächst keine klare politische Zukunft, „denn ich weiss nicht, was nun kommen soll und kommen wird".[12] Er befürchtete, dass Hasses Tod eine „Lücke" im Verband reißen würde, die nie geschlossen werden könne.[13] Claß sei zudem zwar „klug, vorsichtig und ein alter Alldeutscher", aber eben auch ziemlich „eitel".[14]

Claß selbst sprach in der Todesanzeige, die er allein als Stellvertretender Vorsitzender unterzeichnete, mit Bescheidenheit von der „Lücke", die Hasses Tod „reißt", jedoch müsse man im „Geiste des Verstorbenen" jetzt „die Reihen enger schließen".[15] In seiner Trauerrede an Hasses Grab formulierte Claß dann seine Kritik wie folgt: „Und doch hat in ihm ein starker Wille zur Macht, zur Betätigung seiner Kraft gelebt – er war gewiß keine weiche, keine nachgiebige Natur – um so höher zu achten [ist] jene selbstlose Unterordnung unter den Willen anderer, die seinem Pflichtgefühl entsprang. So kalt und vielleicht ablehnend dieser Mann dem Fremden vorkommen mochte – er war ein Feuergeist, der sich zu dem Anschein gewisser äußerer Ruhe gezwungen hatte [...]."[16]

Da Claß die Geschäfte des Verbandes praktisch ohnehin schon seit geraumer Zeit für Hasse führte, lief die Wahl zum Verbandsvorsitzenden am 8. Februar 1908 dann doch ohne die Friktionen ab, die den Verband bisher belastet hatten. Claß nutzte den Umstand, dass er zunächst als einziger Kandidat zur Verfügung stand, und forderte eine rückhaltlose Klärung der Verstimmungen, die sich auf seinen politischen Stil und seine politische Ausrichtung bezogen, damit er des „Rückhalts einer grossen Mehrheit" als zukünftiger Vorsitzender absolut sicher sein könne.[17] Von 17 abgegebenen Stimmen entfielen 14 auf Claß, zwei auf den noch aufgestellten weiten Kandidaten Georg von

11 Claß an Emma Hasse, 24.1.1908 und 4.2.1908, in ebd., Bl. 175 und 179. Zitat ebd., Bl. 179.
12 Theodor Reismann-Grone an Claß, 13.1.1908, in ebd., Bl. 174.
13 Tagebucheintrag Theodor Reismann-Grone vom 8.1.1908, in StA Essen, N 652, Tagebücher, Bd. 1, Bl. 2.
14 Tagebucheintrag Theodor Reismann-Grone vom 7.2.1908, in ebd., Bl. 3.
15 Alldeutsche Blätter 18.1.1908.
16 Ebd. 25.2.1908.
17 Claß auf der Sitzung des Geschäftsführenden Ausschusses des Alldeutschen Verbandes, 8.2.1908, in BA-Berlin, R 8048, Bd. 63, Bl. 3.

Stössel, eine Karte blieb „weiß“.[18] Stössel wurde, um ihn in das zukünftige Machtgefüge einzubinden, als Kandidat für Claß' Stellvertretung genannt. Er hatte Claß in den vorhergehenden Diskussionen zwar weitgehend unterstützt, war jedoch auch für offene Diskussionen über die Richtung des Verbandes eingetreten. Claß konnte dafür mit einer zurückhaltenden Empfehlung den in seinem Sinne zuverlässigeren Karl Klingemann mit 12 von 17 Stimmen durchbringen, während Stössel, zusammen mit Claß' Freund Paul Samassa, in die Hauptleitung gewählt wurde.[19]

Claß machte umgehend deutlich, dass er kein Programm entwickeln müsse, da man seine politischen Auffassungen kenne, „meine Bestrebungen, meine Art, mich zu betätigen“.[20] Gleichzeitig ging er auf seine Kritiker zu und betonte, er habe niemals grundsätzliche Oppositionspolitik betrieben, sondern die Regierung in der Vergangenheit immer nur gezielt bei konkreten Themen angegriffen. Zudem sei er eher ein „Enthusiast“ und kein pessimistischer Kritiker.[21] Auch habe er sich gegen den Verbandsvorsitz immer gewehrt, „bis ich erkennen mußte, daß mir ein Ausweg nicht bleibe“.[22] Er habe Hasse auf dessen Drängen immer mit „Nein“ geantwortet, weil er ihn so lange wie möglich im Amt habe sehen wollen.

Diese Deutung befreite Claß von jeglicher Verantwortung und hob seine Position nahezu ins Sakrale, wenn er die Anwesenden drohend erinnerte, dass er sich gleichsam für den Verband aufopfere: „Aber das bitte ich für alle Zukunft unserer Zusammenarbeit vor Augen zu halten: nicht ich habe die Ehren dieses Amtes von Ihnen erbeten, sondern Sie haben mich durch Ihren einstimmigen [sic] Beschluß dazu berufen. Für Ihren Beschluß, für meine Berufung zum Amte tragen Sie die Verantwortung und meine Verantwortung vor dem Verbande wird sich darin erschöpfen, daß ich in jedem Augenblicke nach dem Maße meiner Kräfte und meines Erkennens meine Pflichten erfülle.“[23]

Die Führungsgremien des Alldeutschen Verbandes waren somit dem Verbandsvorsitzenden im Grunde ausgeliefert, der sich darauf berief, dass Hasse ihn zum Nachfolger auserwählt hatte und er „trotz aller Bedenken“ vor allem wegen der ihm nun doch entgegengebrachten Sympathie und einem generellen Wohlwollen gegenüber seiner Person das Amt bereitwillig annehme. Er verlange von jedem, der ihm seine Stimme gegeben habe, in Zukunft eine reibungslose Zusammenarbeit.[24] Diesem ausgesprochenen Druck zum Konformismus entzog sich niemand der Anwesenden. Auch

18 Siehe Protokoll der Sitzung des Geschäftsführenden Ausschusses des Alldeutschen Verbandes, 8.2.1908, in ebd., Bl. 4.

19 Ebd., Bl. 5.

20 Claß auf der Vorstandssitzung am 9.2.1908, in Alldeutsche Blätter 15.2.1908.

21 Ebd.

22 Ebd.

23 Ebd.

24 Ebd. Claß erinnerte auch noch zum Ableben von Julius F. Lehmann (1935), dass der Verleger erst nach Hasses Tod für Claß als Verbandsvorsitzender eingetreten sei. Siehe Claß: Julius Friedrich Lehmann und der Alldeutsche Verband.

Lehmann verpflichtete sich angesichts des klaren Votums für Claß nun ausdrücklich, den neuen Vorstand, „soweit es meine Kräfte erlauben, treu unterstützen zu wollen", während Claß auch auf seinen einstigen Kritiker Friedrich Eugen Hopf von der Dresdener Ortsgruppe zuging und ihn „herzlichst" um Unterstützung bat.[25] Lehmann fiel im Spätsommer 1908 schließlich aufgrund einer ernsthaften Tuberkuloseerkrankung und eines langen Kuraufenthaltes in Davos als Claß' Gegenspieler für längere Zeit aus, was ihn zudem dazu zwang, nach elf Jahren sein Amt im Geschäftsführenden Ausschuss niederzulegen und seine Aktivitäten als Verleger zunächst zu drosseln.[26]

Von Hasses eigentlichem Wunschkandidaten für das Amt des Verbandsvorsitzenden erhielt Claß nach seiner Wahl umgehend Unterstützung. Alfred Hugenberg erneuerte seinen Wunsch, weiterhin in Zukunft „in Stille" arbeiten zu wollen und von führenden Ämtern des Verbandes ausgeschlossen zu bleiben, nachdem er vom Geschäftsführenden Ausschuss zurückgetreten war. Auch in den nächsten Jahren bat er darum, von weiteren Anfragen für die Übernahme von Führungsämtern verschont zu bleiben. Er war Anfang 1908 gerade dabei, sich bei der Berg- und Metallbank von Wilhelm Merton in Frankfurt am Main in neue Aufgaben der Trust- und Kapitalanlagenwirtschaft einzuarbeiten. Am 1. Oktober 1909 vollzog er einen erneuten Fachwechsel und wurde Direktoriumsmitglied der Friedrich Krupp AG. Hugenberg war durch seine Anstellung bei der Raiffeisen-Bank bereits Experte für Genossenschaftsbankwesen und verband sein Wissen mit der praktischen Umsetzung der preußischen „Germanisierungspolitik" in den östlichen Provinzen. Er wollte sein beständiges Engagement für die Politik der Enteignungen polnischer Güter durch seine neue Beschäftigung im Großbankenwesen erweitern und hinter den Kulissen für eine umfassende alldeutsche Wirtschafts- und Finanzpolitik wirken.[27] So wie er die Enteignungspolitik über Jahre immer wieder angeregt habe, so wolle er in Zukunft in seiner „Eigenschaft als alldeutscher Bazillenzüchter" mit seinen neuen Kenntnissen aus der internationalen Kapitalwirtschaft weitere konkrete Vorschläge zur praktischen Politik entwickeln können, ohne als Verbandsfunktionär in der Öffentlichkeit zu stehen.[28]

Hasses einstiger Wunschkandidat für seine Nachfolge trat gegenüber Claß also erneut in den Hintergrund und unterstützte stattdessen den neuen Vorsitzenden. Der Antrag von Lehmann, Hugenberg kurz nach Hasses Tod durch die Verleihung der Ehrenmitgliedschaft wenigstens symbolisch gegenüber Claß aufzuwerten, wurde im Geschäftsführenden Ausschuss zurückgezogen, damit Hugenberg „öffentlich nicht als Alldeutscher abgestempelt wird".[29] Hugenberg wäre das dritte Ehrenmitglied des Ver-

---

25 Julius F. Lehmann an [Claß], 21.2.1908, in BA-Berlin, R 8048, Bd. 192, Bl. 66–68. Zitat ebd., Bl. 67 und Claß an Friedrich Eugen Hopf, 24.2.1908, in ebd., Bl. 78.

26 Siehe Julius F. Lehmann an Claß, 8.8.1908, in Lehmann: Verleger J. F. Lehmann, S. 109–110. Siehe auch ebd., S. 34–36.

27 Siehe dazu demnächst Schellhorn: Alfred Hugenberg.

28 Alfred Hugenberg an Claß, 8.3.1908, in BA-Berlin, R 8048, Bd. 395, Bl. 30–32. Zitat ebd., Bl. 31.

29 Sitzung des Geschäftsführenden Ausschusses des Alldeutschen Verbandes 4./5.4.1908, in BA-Berlin, R 8048, Bd. 64, Bl. 7. Alfred Hugenberg wurde dann auf dem Verbandstag am 19.5.1935 zum Ehrenmitglied

bandes gewesen. Bismarck nahm den Titel 1895 an und Hasse erhielt kurz nach seinem Tode anlässlich seines 60. Geburtstages am 14. Februar 1908 die Ehrenmitgliedschaft. Die Macht- und Aufgabenverteilung zwischen Claß und Hugenberg war also freundlich geordnet. Ein Konkurrent erwuchs Claß durch Hugenberg nicht, ganz im Gegenteil. Vielmehr spendete Hugenberg Ende 1908 eine stattliche Summe an den Verband, um den neuen Verbandsvorsitzenden bei der finanziellen Neuordnung zu unterstützen.[30]

Claß sorgte nun für taktische Personalbesetzungen in den Leitungsgremien. Zuvor hatte er noch seine rheinhessischen Verpflichtungen an ergebene Vertraute übergeben. Richard Avenarius übernahm von Claß die Leitung des Rheinhessischen Bismarck-Vereins. Das Denkmal in Waldeck sollte erst vier Jahre später eingeweiht werden können und die Kosten des 1907 angenommenen Entwurfes von Wilhelm Kreis von 70.000 Mark mussten noch verwaltet und öffentlich vertreten werden.[31] Die Ortsgruppe Mainz des Alldeutschen Verbandes leitete nun Claß' Vertrauter Baurat Paul Lucius, der den Germanenorden (Loge Mainz) mitbegründet hatte, zum radikalen antisemitischen Flügel des Verbandes gehörte und später im Beirat des DvSTB sitzen sollte.[32] Claß wurde Ehrenvorsitzender der Mainzer Ortsgruppe. Den Rhein-Main-Gau übernahm der Chemiker Gotthold Fuchs, der damals führend unter anderem zu neuronalen Psychopharmaka und Schlafmitteln für die Firma Kalle & Co. in Wiesbaden-Biebrich forschte.[33] Die lokalen Verhältnisse übergab der neue Verbandsvorsitzende somit in vertrauensvolle Hände und baute nunmehr die Leitungsgremien um.

Die regelmäßigen, in der Satzung festgelegten Zu- und Abwahlen allein für den Vorstand, der mit bis zu hundert Personen, die individuell für drei Jahre gewählt wurden, Spielräume für eine strategische Personalpolitik ließ, erleichterte eine Besetzung der nationalen Leitungsgremien mit loyalen Mitarbeitern. Die Vorstandssitze wurden ohnehin nicht immer voll besetzt, da sich vertretungsberechtigte Ortsgruppen, sehr zum Missfallen der Hauptleitung, oft nicht beteiligten. Der Einfluss der Ortsgruppen im Vorstand war abhängig von Mitgliederstand und Beitragszahlungen. So schickten Ortsgruppen mit mehr als hundert Mitgliedern die meisten Vertreter in die Hauptleitung.[34] Insofern waren die aktivsten Ortsgruppen im Vorstand vertreten, die

des Alldeutschen Verbandes ernannt, da er „damals durch sein entschlossenes Eingreifen, im Bunde mit älteren Männern die [nationale] Bewegung von neuem belebt und ihr durch seinen Aufruf [zur Förderung der ursprünglichen Gründung des Alldeutschen Verbandes vom 24.6.1890 durch Otto Lubarsch, Adolf Fick, Walther Felix und Albert Müller durch die Gründung eines Nationalvereins zur Förderung kolonialpolitischer Interessen] die Richtung zur nationalen Opposition gewiesen" habe. Siehe Urkunde der Ehrenmitgliedschaft 19.5.1935, in BA-Berlin, R 8048, Bd. 395, Bl. 221.

30 Siehe Paul Simons an Claß, 23.12.1908 in BA-Berlin, R 8048, Bd. 192, Bl. 551 und Claß an Alfred Hugenberg, 6.1.1909, in ebd., Bd. 193, Bl. 12.

31 Siehe auch Ingelheimer Zeitung 23.3.1912 und 14.5.1912, in Diehl: Ingelheimer Chronik, S. 67 und 68.

32 Siehe Lohalm: Völkischer Radikalismus, S. 48. Paul Lucius starb mit 69 Jahren in Gonsenheim bei Mainz im April 1920. Alldeutsche Blätter 15.5.1920.

33 Handbuch des Alldeutschen Verbandes 1908, S. 7.

34 Siehe Satzung des Alldeutschen Verbandes Januar 1906, IV. Leitung, §§ 24–45, in BA-Berlin, R 8048, Bd. 69, Bl. 2–5.

Abb. 10: Anzeige zur festlichen Einweihung des Bismarck-Denkmals in Waldeck.
Die Errichtung des Denkmals wurde 1902 durch die rheinhessischen Ortsgruppen des Alldeutschen Verbandes initiiert, durch den Rheinhessischen Bismarck-Verein unter Vorsitz von Heinrich Claß (bis 1908) und dann durch den Alldeutschen Richard Avenarius fortgeführt.

aber weiterhin nicht aus den größten urbanen Zentren Deutschlands kommen mussten. Auch der Geschäftsführende Ausschuss wurde mit zwanzig Mitgliedern alljährlich neu gewählt. Mit der neuen Hauptleitung war Claß' Stellung zunehmend unangreifbar. Zu ihr gehörten nun Klingemann, Stössel und Eduard von Liebert, der Ende 1908 seine Rücktrittsgedanken zurückstellte, sowie Reismann-Grone, der sich Ende 1908 zuwählen ließ. Mit Claß, Klingemann und Liebert stellten nun drei Reichstagswahlverlierer von 1903 die Mehrheit in der Verbandsleitung.

Claß machte sich umgehend an die Synchronisierung der Verbandsgeschäfte, die er zunächst noch in Koordination mit der Berliner Geschäftsstelle in der Steglitzer Straße 77 III organisierte und die zukünftig effizienter verwaltet und auf die Bedürfnisse des Vorsitzenden zugeschnitten werden sollten. Er regte darüber hinaus die Einrichtung eines Archivs des Alldeutschen Verbandes an, um die Schriftführung der Geschäftsstelle zu vereinheitlichen. Dieses Vorhaben gelang jedoch aufgrund der geteilten Zuständigkeiten zwischen Mainz und Berlin bis zum Umzug der Geschäftsstelle nicht durchgehend. Um die Neubesetzung der Berliner Geschäftsstelle mit Dr. Hermann Gerhard, der im November 1908 zum neuen Geschäftsführer ernannt wurde, kümmerte sich Claß persönlich und suchte die verstärkte Bindung zu den nationalen Verbänden. Er ließ umgehend Treffen mit der Deutschen Kolonialgesellschaft und dem krisengeschüttelten Deutschen Flottenverein in Berlin auf seiner Durchreise für eine zehntägige Dienstreise nach Wien organisieren.[35] Die Auseinandersetzungen innerhalb des Flottenvereins nach dem Rücktritt von August Keim weckten Hoffnungen auf eine engere Anbindung von Mitgliedern des Vereins, die Claß gerne in den Alldeutschen Verband aufnehmen wollte. Gerhard kam vom Flottenverein als ehemaliger Wanderredner und Geschäftsführer unter Keim zur alldeutschen Geschäftsstelle.[36]

Der neue Verbandsvorsitzende bemühte sich vor allem, die 20.000 Mark Schulden signifikant abzubauen, die er von Hasse übernommen hatte und die vor allem aus 80.000 Mark entgangenen Mitgliedsbeiträgen seit 1904 resultierten.[37] Allein im Jahr 1907 lief ein Fehlbetrag von 9.000 Mark auf, der nur durch Anleiheumschichtungen bei verbandsinternen Stiftungen gedeckt werden konnte.[38] Hasse hatte sich zuweilen vorwerfen lassen müssen, man bemesse den Patriotismus der Verbandsmitglieder lediglich „nach der Länge des Geldbeutels“. Er hatte daraufhin entgegnet, dass sich für ihn eine politische Gesinnung auch in der finanziellen Opferwilligkeit zeige, die er vor allem bei Arbeitern schätze, die nur kleine Pfennigbeträge für Sammlungen spendeten.[39] Claß

35 Claß an Ernst Graf zu Reventlow, 26.9.1908, in BA-Berlin, R 8048, Bd. 192, Bl. 383–384. Claß schrieb am 26.9.1908 (Samstag), er sei die folgende Woche Sonntag oder Montag dafür in Berlin.

36 Siehe Carl Itzenplitz an Claß, 27.10.1908, in BA-Berlin, R 8048, Bd. 192, Bl. 405–406.

37 Claß an Prof. Dr. Dieckmann, 29.1.1910, in BA-Berlin, R 8048, Bd. 194, Bl. 69–71. Otto Helmut Hopfen sprach später auch von 40.000 Mark Schulden. Ders. an Paul Graf Hoensbroich, 26.5.1917, in BA-Berlin, R 8048, Bd. 391, Bl. 283.

38 Siehe Claß auf der Sitzung des Geschäftsführenden Ausschusses des Alldeutschen Verbandes 4./5.4. 1908, in BA-Berlin, R 8048, Bd. 64, Bl. 2.

39 Ernst Hasse an Hans Fabricius, 1.10.1901, in BA-Berlin, R 8048, Bd. 185, Bl. 136–139. Zitat ebd., Bl. 137.

wusste aufgrund der überschaubaren Zahlungsmoral seiner Mainzer Ortsgruppe, dass alldeutscher „Patriotismus" und geringe Spendenfreudigkeit Hand in Hand gingen. Dies hatte einerseits mit den Einkommensunterschieden zwischen den Mitgliedern zu tun, die auch im Alldeutschen Verband sichtbar waren. Jahrzehntelange Diskussionen, ob die *Alldeutschen Blätter* für einen erhöhten Beitrag verpflichtend von allen Mitgliedern abonniert werden mussten, wie durch gestaffelte Mitgliedsbeiträge untere Schichten angesprochen werden könnten sowie die spätere große Preisstaffelung bei vorreservierten Unterkünften für die Verbandstage verdeutlichten ein Bewusstsein für die unterschiedlichen finanziellen Ressourcen der Mitglieder, die vom Hochadel über den Professor, Sanitätsrat, Apotheker und Eisenbahndirektor bis zum Rentner, Postinspekteur oder prekär beschäftigten Schriftleiter durchaus ganz verschiedene Einkommenslagen mitbrachten. Claß reagierte auf diese Schichtenunterschiede mit feinerem Gespür als der Beamte Hasse, und versuchte zunächst eine straffere und rentablere Geschäftsführung zu organisieren.[40]

Die chronische Finanznot, die vor allem aus der geringen Zahlungsmoral zahlreicher Mitglieder und dem Missmanagement vieler Ortsgruppen resultierte, bot Claß die Möglichkeit zur eigenen Profilierung durch straffere Organisation und Professionalisierung der Verbandsgeschäfte. Wie Hasse einmal 1903 betonte, habe er seit Übernahme des Verbandsvorsitzes 1893 Geldanweisungen von „mehr als 1 Million Mark fremden und eigenen Geldes für nationale wohltätige und gemeinnützige Zwecke" über seinen Schreibtisch gehen sehen.[41] Zur langfristigen finanziellen Konsolidierung des Alldeutschen Verbandes hatte seine Finanzverwaltung zu Lebzeiten jedoch nicht beigetragen. Die 170.000 Mark an Privatvermögen[42], die Hasse nach seinem Tod dem Verband hinterließ, trugen dann zur Stabilisierung der Finanzen bei, während Claß ehrenamtlich für den Verband mit eigenen Rücklagen aus der Anwaltskanzlei und aus dem Besitz dreier Häuser in Mainz und Finthen arbeitete.

Seit der Gründung am 10. Mai 1903 war Claß bereits Geschäftsführer der Vermögens-Verwaltung des Alldeutschen Verbandes, die mit einem Stammkapital von 20.000 zu gleichen Teilen einerseits von Hasse durch Überlassung der Verlagsrechte der *Alldeutschen Blätter* und andererseits durch Bareinzahlung von Claß ausgestattet wurde. Sie verhalf somit dem Alldeutschen Verband zum Status einer juristischen Rechtsper-

---

40 Claß setzte sich schon 1902 für die volle Erstattung von Fahrtkosten für alle Mitglieder des Geschäftsführenden Ausschusses ein, damit nicht nur Mitglieder aus der den Verbandstag ausrichtenden Ortsgruppe und der Umgebung sowie diejenigen mit ausreichenden Finanzen anwesend seien und die Bildung eines führenden „Generalstabes" des Verbandes überhaupt erst ermöglicht werde. Claß auf der Sitzung des Geschäftsführenden Ausschusses des Alldeutschen Verbandes 7.12.1901, in BA-Berlin, R 8048, Bd. 31, Bl. 3. Ernst Hasse sorgte für die Ablehnung des Vorschlags.

41 Ernst Hasse an Lutz Korodi, 25.11.1903, in BA-Berlin, R 8048, Bd. 187, Bl. 363–364. Zitat ebd., Bl. 363.

42 Ernst Hasse vererbte dem Alldeutschen Verband entsprechend der Selbstbesteuerung nach Tod 1 Prozent des gesamten Nachlasses in Höhe von 1.700 Mark (nach Erbschaftssteuer 935 Mark). Siehe Protokoll der Sitzung des Geschäftsführenden Ausschusses des Alldeutschen Verbandes 4./5.4.1908, in BA-Berlin, R 8048, Bd. 64, Bl. 8 und Kanzleivorstand Hartwig auf der Sitzung des Geschäftsführenden Ausschusses des Alldeutschen Verbandes 27.6.1908, in BA-Berlin, R 8048, Bd. 65, Bl. 8.

Abb. 11: Ernst Hasse mit Ehefrau Emma, geborene Gottschald, und Sohn Hermann Julius Wolfgang (um 1906).

son.[43] Zumindest war dies nach dem Gesellschaftervertrag der Fall. Jedoch wurde intern darauf verwiesen, dass „die in der Eröffnungsbilanz verzeichneten Vermögenseinlagen ja lediglich eine Fiktion, tatsächlich aber Vermögensstücke des ADV sind, dessen Vermögen und dasjenige der ihm unterstellten Einrichtungen zu verwalten der Daseinsgrund und die einzige Aufgabe der Vermögensverwaltung ist".[44] Solche juristischen Winkelzüge halfen dem Verband aus dem Bankrott. Die Kassenstände betrugen 1902 10.393 Mark und 1903 3.837 Mark, während die summierten Außenstände 1901 und 1902 über 13.000 Mark und 1903 über 15.000 Mark betrugen, die vor allem den fehlenden Beitragszahlungen von 64 größeren Ortsgruppen mit mehr als fünfzig Mitgliedern zuzuschreiben waren.[45] Dringender Bedarf an einer effizienteren Buchführung des Verbandes hatte bereits Anfang 1902 zur Folge, dass ein gesonderter Finanzausschuss aus Mitgliedern des Geschäftsführenden Ausschusses Reformvorschläge ausarbeiten sollte.

---

43 Siehe Gesellschaftervertrag der Vermögensverwaltung des Alldeutschen Verbandes GmbH, 10.5.1903, in ebd., Bl. 84–85 und Ernst Hasse an Geschäftsstelle des Alldeutschen Verbandes, 4.11.1903, in ebd., Bl. 274.

44 H. B. Fischer an Hauptleitung des Alldeutschen Verbandes, 21.11.1903, in ebd., Bl. 344–345. Zitat ebd., Bl. 344.

45 Siehe Ernst Hasse an Karl Braun, 17.6.1901, in BA-Berlin, R 8048, Bd. 185, Bl. 54, Ernst Hasse an die Geschäftsstelle des Alldeutschen Verbandes, 9.1.1904, in ebd., Bd. 188, Bl. 11 und Bemerkungen H. B. Fischer von der Geschäftsstelle zum Kassenabschluss 1903, in ebd., Bl. 12.

Vorgesehen war auch, über den Ausbau der Abteilungsvorstände Arbeitserleichterungen zu schaffen.[46]

All dies führte jedoch zu keinen Ergebnissen. Im August 1907 hatte Claß dann die Dienstaufsicht der Geschäftsstelle übertragen bekommen.[47] Paul Simons, Mitbegründer sowie langjähriges Mitglied des Geschäftsführenden Ausschusses sowie des Vorstandes, der schon 1893 zur Gruppe um Reismann-Grone zur Absetzung der Verbandsführung gehört hatte, wurde daher von Claß Ende 1908 letztlich Prokura erteilt, die Verbandsfinanzen unter Vorlage aller Finanzberichte und Finanzaufstellungen für ein Vierteljahr zu führen und den Januar 1909 dafür in der Geschäftsstelle zu verbringen, was dort für Unruhe und Ärger sorgte.[48] Simons wollte sich für die alldeutschen Vertrauensmänner, die im Rheinland und in Westfalen Gelder für den Alldeutschen Verband sammeln wollten, ein eigenes Bild über die Buchführung des Verbandes machen, damit sichergestellt sei, dass man „keine Personalverschwendung" betreibe.[49] Widerstände gegen die Überprüfung der Finanzgeschäfte durch die Vereinigung Rheinisch-Westfälischer Vertrauensmänner des Alldeutschen Verbandes in Düsseldorf wurden von Claß mit dem Hinweis beseitigt, dass jede Zurückstellung dieser Überprüfung ein „Interesse" der Großindustrie an der Förderung des Verbandes behindern und die Gefahr eines „Bankrotts" beschleunigen würde.[50]

3.2 Programmatische Geschichtspopularisierung: Der „Einhart" 1909

Neben der Konsolidierung der Verbandsgeschäfte bemühte sich Claß um die intellektuelle Anschlussfähigkeit an Hasse, dessen auf mehrere Bände angelegtes Werk „Deutsche Politik" zur Kolonial-, Nationalstaats-, Geo- und Rassenpolitik des Deutschen Reiches nach dem Tod des Autors ein Torso blieb.[51] Lehmann regte die Weiterführung und

46 Siehe Sitzung des Geschäftsführenden Ausschusses des Alldeutschen Verbandes, 1./2. 2. 1902, in BA-Berlin, R 8048, Bd. 32, Bl. 1–2.

47 Siehe Ernst Hasse an Claß, 10. 8. 1907, in BA-Berlin, R 8048, Bd. 321, Bl. 11.

48 Claß an die Geschäftsstelle des Alldeutschen Verbandes, 15. 12. 1908, in BA-Berlin, R 8048, Bd. 192, Bl. 507. Siehe auch Ernst Graf zu Reventlow an Claß, 19. 12. 1908, in ebd., Bl. 520

49 Claß an Georg von Stössel, 21. 12. 1908, in ebd., Bl. 536.

50 Claß auf der Sitzung des Geschäftsführenden Ausschusses des Alldeutschen Verbandes, 21. 11. 1908, in BA-Berlin, R 8048, Bd. 68, Bl. 5.

51 Ernst Hasse: 1. Bd.: Heimatpolitik – Heft 1: Das Deutsche Reich als Nationalstaat, Heft 2: Die Besiedelung des deutschen Volksbodens, Heft 3: Deutsche Grenzpolitik, Heft 4: Die Zukunft des deutschen Volkstums; 2. Bd.: Weltpolitik – Heft 1: Weltpolitik, Imperialismus und Kolonialpolitik, München 1905–1908. Lehmann plante die Vervollständigung mit folgenden Heften und Bänden: 2. Bd., Heft 2: Das Deutschtum im Auslande, Heft 3: Der deutsche Weltverkehr, Heft 4: Der mitteleuropäische Zollverein, Heft 5: Die amtliche Vertretung des Deutschen Reiches im Auslande; 3. Band: Kolonialpolitik – Heft 1: Die älteren kolonialen Unternehmungen des deutschen Volkes, Heft 2: Die Erwerbung der Kolonien durch das Deutsche Reich seit 1884, Heft 3: Die Unzulänglichkeit des jetzigen Kolonialbesitzes, Heft 4: Die Koloni-

somit die Vollendung der geplanten Bände an und wandte sich an Claß, der wiederum sich selbst ins Spiel brachte, sofern es seine neue Verbandstätigkeit zulasse.[52] In den sechs Kisten Verbandsregistratur, die im April 1908 bei Claß in Mainz eintrafen, befand sich auch der Restnachlass zu den Hasse-Manuskripten, die Claß nach Rücksprache mit der Witwe Emma Hasse und dem Testamentsvollstrecker überlassen wurden.[53] Claß sah sich selbst jedoch erst in zwei bis drei Jahren zu der Fertigstellung des geplanten zweiten Bandes zur „Weltpolitik" in der Lage. Er schickte das Hasse-Material schließlich zur Prüfung an Lehmann, behielt sich aber eine Rücksendung bei Nichteinigung über die Fortführung des Hasse-Werkes vor.[54] Lehmann ließ die Hasse-Aufzeichnungen zunächst liegen und Claß sagte wegen Überanstrengung seiner „geistigen und körperlichen Kräfte" für den Verband letztlich eine Bearbeitung als Herausgeber oder als Bearbeiter ab.[55] Vereinzelt hatte Claß seinerzeit bereits Passagen von Hasses Texten korrigiert[56], jedoch reizte ihn eine akademisch angelegte Ausarbeitung des Stoffes von Weltpolitik, Siedlungspolitik und Kolonialpolitik nicht. Immerhin wurden die Bände in einer Gesamtauflage von 3.500 vertrieben, wovon Lehmann tausend Freiexemplare an Büchereien und vierhundert weitere Exemplare an die Presse schickte.[57]

Ohne den verpflichtenden Ballast des Hasse-Erbes ging Claß schließlich eigene schriftstellerische Wege, denn er wollte von einer breiteren Öffentlichkeit wahrgenommen werden. Dafür nutzte er die ihm zur Verfügung stehenden Verbandsressourcen für seine eigenen Schriften. Nachdem die Machtübergabe an ihn weitgehend erfolgt und die bürokratische Neuaufstellung von Personal, Geschäftsstelle und Finanzierung in geordnetere Bahnen überführt worden war, zog er sich zur Erholung und für die Abfassung des „Einhart" zurück, ein Werk, das einen populären Überblick über die deutsche Geschichte geben sollte.[58] Claß kokettierte später damit, dass er nie vorgehabt habe, eine solche Geschichte zu schreiben. Vielmehr sei es „Frechheit" gewesen, die ihn aus einem „reinen Zufall" zur Abfassung des „Einhart" getrieben habe, erinnerte sich

---

alverwaltung, Heft 5: Der Verkehr in und mit den Kolonien, Heft 6: Die Landfrage in den Kolonien, Heft 7: Die Bevölkerungsfrage in den Kolonien, Heft 8: Die wirtschaftliche Verwertung in den Kolonien und Heft 9: Besonderes der einzelnen Kolonien. Siehe Anzeige J. F. Lehmann München (1909), in BA-Berlin, R 8048, Bd. 193, Bl. 347–348.

52 Julius F. Lehmann an Claß, 11.4.1908, in BA-Berlin, R 8048, Bd. 192, Bl. 145–146.

53 Siehe Claß an Julius F. Lehmann, 13.4.1908, in ebd., Bl. 147–149. Dass Claß seine frühen Jahre nicht dem Alldeutschen Verband gewidmet hatte, zeigt die Anordnung von Claß an Ernst Hasses ehemaligen Sekretär, Herrn Zweck, vom Statistischen Amt Leipzig, ihm die gebundenen Jahrgänge der *Alldeutschen Blätter*, aber vor allem die frühen Jahrgänge von 1890–1895 nach Mainz zu schicken. Auf die lege er vor allem Wert, während die losen Nummern zum Einstampfen verkauft werden sollten. Claß an Herrn Zweck, 15.2.1908, in BA-Berlin, R 8048, Bd. 369, Bl. 181–182.

54 Claß an Julius F. Lehmann, 25.4.1908 und 29.4.1908, in BA-Berlin, R 8048, Bd. 192, Bl. 162 und 167.

55 Julius F. Lehmann an Claß, 6.7.1908, in ebd., Bl. 323–325 und Claß an Julius F. Lehmann, 8.7.1908, in ebd., Bl. 333.

56 Siehe Korrekturen Claß, o. D. [Februar 1905], in BA-Berlin, R 8048, Bd. 369, Bl. 94.

57 Julius F. Lehmann an Ernst Hasse, 6.3.1905, in ebd., Bl. 119–121.

58 Claß an Ad. Döbler, 11.12.1908, in BA-Berlin, R 8048, Bd. 413, Bl. 60 und Ernst Hasse an Claß, 10.12.1906, in ebd., Bd. 190, Bl. 8–9.

Magnus von Levetzow an Claß' Einschätzungen zu seinem patriotisch-völkischen Geschichtsbuch fast zwanzig Jahre später.[59] Im Hauptausschuss des Verbandes hatte man bereits 1907 angeregt, einen Preis von 10.000 Mark für ein Buch zur deutschen Geschichte auszuloben, jedoch hatte Hasse seinerzeit gleich eingeworfen, dass eine solche populäre Geschichte nicht von einem Historiker geschrieben werden sollte, da sie zu wissenschaftlich ausfallen würde. Claß habe sich gegen solche Einwände ausgesprochen, da der Gedanke der Förderung eines solchen Werkes doch großartig sei. Stattdessen würden immer Bedenken den Geist des Verbandes bestimmen.

Auf den Zwischenruf hin, er solle doch selbst eine solche Geschichte schreiben, sagte Claß unmittelbar zu. Seine Frau lag da bereits seit vier Jahren im Bett und Claß hoffte, dass Mathilde, „die mit einem besonders klaren, fast männlichen Verstand und einem warmen Herzen begnadet war, durch ihre Mitarbeit an dem Werke von traurigen Gedanken abzulenken" sein würde. Als „politisch denkender Laie" habe er sich dann „Abend für Abend hingesetzt" und immer acht Seiten verfasst. Als „einziges Hilfsbuch" habe ihm der Ploetz seiner beiden Kinder zur Verfügung gestanden. Seine Frau habe dann das Manuskript „stilistisch vervollkommnet" und auf der Basis eigener „geschichtliche[r] Studien" bearbeitet.[60] Bei den Passagen zur deutschen Staatsbürgerschaft, der Zusammenfassung und Bindung des „Deutschtums" im Ausland und den Forderungen nach einem größeren Deutschen Reich lieh sich Claß wie auch bei seinen späteren Schriften offenkundig aus Hasses Publikationen die inhaltlichen Kernpunkte für eine ethnische Homogenisierung, eine deutsche Reichserweiterung in einem deutsch-dominierten „Mitteleuropa" und eine forcierte Kolonialpolitik für eine deutsche Weltmachtstellung.[61]

Claß wollte das Manuskript für den „Einhart" bis Ende 1908 fertiggestellt haben und ließ sich dafür im Dezember 1908 vom Vorsitz durch Vertretung Klingemanns freistellen.[62] Als Auftakt zur Übernahme des Verbandsvorsitzes wollte Claß seine Plauener Rede von 1903, die damals als Bewerbung für höhere Ämter gedacht gewesen war, entstauben und nun als frühes politisches Manifest der Öffentlichkeit durch eine erweiterte Neuausgabe zugänglich machen. Um den „Einhart" fertigstellen zu können, bestellte er Ernst Graf zu Reventlow als Autor, den Chefredakteur der *Alldeutschen Blätter*. Zusammen mit Claß sollte er die Schrift „Bilanz des neuen Kurses" von 1903 im Frühjahr 1909 in einer erweiterten Neuauflage unter dem Titel „Reinertrag der Reichspolitik seit 1890" im Berliner Verlag Karl Curtius herausbringen.[63] Reismann-Grone hatte bereits zusammen mit Hasse und Samassa bei der Zusammenstellung des Materials für die Rede von 1903 geholfen. Die ursprünglich 42 Seiten umfassende Schrift wurde auf 86 Seiten erweitert und war „Dem Gedenken des Fürsten Bismarck ge-

59 Siehe dazu Johann Bernhard Mann an Magnus von Levetzow, 24.11.1927, in BA-Freiburg, N 239, Bd. 80, Bl. 95–97. Zitate ebd., Bl. 96.

60 Ebd., Bl. 96 und 97.

61 Siehe u. a. [Hasse]: Großdeutschland und Mitteleuropa.

62 Claß an Karl Klingemann, 25.11.1908, in BA-Berlin, R 8048, Bd. 192, Bl. 434–435.

63 Siehe Claß an Julius F. Lehmann, 19.1.1909, in BA-Berlin, R 8048, Bd. 193, Bl. 71.

weiht“.[64] Reventlow übernahm den zweiten Teil der erweiterten Neuauflage, der von 1903 bis zur „schwarzen Woche“ der *Daily-Telegraph*-Affäre des Kaisers 1908 reichte (Seiten 58 – 86).[65] Ausgewiesen war die Auflage der Schrift als eine sich nahtlos an den Druck von 1903 anschließende „erweiterte und vermehrte Auflage“ von nunmehr 51.–55. Tausend.

In dem bis auf zwei Stellen unveränderten Nachdruck des Originaltextes wiederholte Claß die Kritik, dass der fehlende „Kolonialenthusiasmus“ Leo Graf von Caprivis eine verfehlte Kolonial- und Besiedlungspolitik zur Folge gehabt habe, die durch zu nachsichtige Handelsverträge unter anderem mit Russland und Kolumbien sowie mit Kolonialverträgen wie dem Kamerun-Abkommen mit Frankreich 1894 dazu geführt habe, „daß wir mit vollen Händen schenkten“. Dabei sei das Deutsche Reich strategisch derart geschwächt worden, dass selbst dem Dreibund die deutsche Führung gefehlt habe, da Österreich-Ungarn, das sich mit Russland im „näheren Orient“ über Interessen verständigte und gleichzeitig keinerlei Garantien für das „Deutschtum“ im Vielvölkerstaat ausspreche, sich allmählich an die Spitze gesetzt habe und Italien sich Frankreich anzunähern begann.[66] Caprivis Nachfolger, Chlodwig zu Hohenlohe-Schillingsfürst und Bernhard von Bülow, hätten ebenso „greisenhaft“ und unentschieden Außenpolitik betrieben, sodass wesentliche Verschiebungen in der europäischen Bündnis-, Handels- und Kolonialpolitik zur Bedrohung Deutschlands geworden seien.[67] Auch den Vereinigten Staaten von Amerika stelle sich Deutschland nicht als selbstbewusste Großmacht entgegen, sondern lasse sich, vergleichbar mit Großbritannien, eher kleinmütig in den Schatten stellen. Die Politik während des Burenkrieges habe „den Engländern Südafrika ausgeliefert“, in Marokko habe man ebenfalls Chancen auf einen gesicherten Zugang gegenüber Frankreich verpasst. Insgesamt hielt Claß bereits 1903 fest:

> Der Dreibund hat in seiner Bedeutung verloren und erlaubt die Knebelung und Bekämpfung des Deutschtums in Österreich und Ungarn. Wir haben weder Flotten-, noch Kohlen-, noch Kabel-Stationen gewonnen und sind über die Anfänge der Weltkabel nicht hinausgekommen. Wir haben weder Petroleumquellen noch Baumwollfelder – vor allem keine wirklichen Siedlungsgebiete gewonnen. Bei alledem haben wir uns die steigende Feindseligkeit Englands und Amerikas zugezogen, sehen Frankreich in alter Unversöhnlichkeit, Rußland mißtrauisch und sind auf den Dreibund angewiesen, d. h. auf uns allein.[68]

Die „relative Deprivation“, die Claß für das Deutsche Reich im internationalen Vergleich des modernisierenden Wandels konstatierte, sollte zur Steigerung der Rangstellung im internationalen Konkurrenzsystem mit anderen Mächten auffordern und gleichzeitig das „interne[n] Ungleichgewicht[s]“ der politischen Gruppen und sozialen Milieus mi-

64 Claß/Reventlow: Reinertrag der Reichspolitik seit 1890.

65 Siehe Vorwort von Claß in ebd., S. 7 – 8.

66 Claß/Reventlow: Reinertrag der Reichspolitik seit 1890, S. 20 – 22, 36 – 37 und 44 – 45.

67 Zitat ebd., S. 24.

68 Ebd., S. 53.

nimalisieren.[69] Innenpolitisch sei die Reichseinigung nicht vorangekommen, da man nicht, wie noch unter Bismarcks Reichskanzlerschaft, gewillt sei, auch gegen Mehrheiten zu regieren: „Das Zentrum ist die regierende Partei geworden, deren Willen sich die Regierung willenlos beugt; und die Sozialdemokratie vereinigt alle Enttäuschten und Unzufriedenen um ihre Fahnen und benützt sie zum Kampf gegen die bestehende Ordnung."[70] Dem sei eben nur durch eine Bismarck'sche Umgehung des Parlaments zu beizukommen, um Sozialisten und Katholiken in ihrer wachsenden Bedeutung einzuhegen.[71] Und die ostpreußische Ansiedlungspolitik könne trotz großer Investitionssummen für deutsche Siedler das Anwachsen polnischen Grundbesitzes nicht aufhalten.

Reventlow nahm den Faden ab 1903 nun in seiner Erweiterung auf. Er hatte bereits 1906 die kritische Polemik „Kaiser Wilhelm II. und die Byzantiner" veröffentlicht und aus nationalistischer Perspektive ein „persönliches Regiment" des Kaisers als Hybris kritisiert.[72] Reventlow, der durch zahlreiche Publikationen zur Marinepolitik hervorgetreten war und für eine englandfeindliche Außenpolitik stand, malte in seinem zweiten Abschnitt der Neuauflage von Claß' Plauener Rede ein buntes Bild außenpolitischer Fehlleistungen der Reichsregierungen. Von der Marokko-Krise 1904 über eine zu tolerante Haltung gegenüber britischer Interessenpolitik im Mittelmeer und in Asien habe sich die deutsche Politik „der ganzen Entwicklung der Dinge nicht gewachsen gezeigt. Sie habe das eine wie das andere über sich ergehen lassen" und die öffentliche Meinung zudem noch „getäuscht", während Annäherungschancen an die Vereinigten Staaten von Amerika vertan sowie die Verständigung zwischen Frankreich, England und Russland zugelassen worden war.[73] Die Flottenrüstung sei zu langsam vorangebracht worden, das Verhältnis zu Österreich-Ungarn sowie dem Osmanischen Reich sei vernachlässigt worden und lediglich auf dem Gebiet der preußischen Siedlungspolitik seien die langjährigen Forderungen des Alldeutschen Verbandes gegen die Polen umgesetzt worden, so Reventlow. Wilhelm II. sei jedoch ebenso wenig allein für die Verfehlungen der Reichspolitik verantwortlich wie der Reichskanzler oder die Minister. Vielmehr sei die Reichspolitik die Angelegenheit aller „Mächte unseres öffentlichen Lebens", denn die „konstitutionelle Monarchie" beruhe auf der Mitwirkung aller am „Verhältnis des Herrschers zu den Staatsbürgern". Daher müsse man den „monarchischen Gedanken" durch Kritik „untergraben" dürfen, da dies sonst „Wasser auf die Mühle" der Sozialdemokratie bedeuten würde. Der „erste große Missgriff" des Kaisers sei die Entlassung

69 So Lepsius: Demokratie in Deutschland, S. 23 über den Zusammenhang zwischen demokratisierender Modernisierungspolitik und Verflechtungsdynamiken zwischen Außen- und Innenpolitik.

70 Claß/Reventlow: Reinertrag der Reichspolitik seit 1890, S. 51.

71 Ebd., S. 55.

72 Reventlow: Kaiser Wilhelm II. Der linksliberale Historiker und Pazifist Ludwig Quidde kritisierte in seiner 1894 erschienen Schrift „Caligula. Eine Studie über römischen Cäsarenwahn" in Anspielung auf Wilhelm II. dessen Selbstherrlichkeit und riskierte dafür eine dreimonatige Haft wegen Majestätsbeleidigung sowie seine Isolierung innerhalb der Geschichtswissenschaft. Siehe auch Kohlrausch: Der Monarch im Skandal.

73 Claß/Reventlow: Reinertrag der Reichspolitik seit 1890, S. 70.

Bismarcks gewesen, der dem Kaiser nicht wie seine Nachfolger wohlwollend geschmeichelt habe und den Monarchen vor gefährlichen Alleingängen und Fehleinschätzungen immer bewahrt habe.[74] Abschließend stellte Reventlow die rhetorische Frage, ob hinsichtlich dieser „Mitarbeit" an der politischen Führung „nicht diejenige der nach Bildung und Besitz führenden Schichten im Volke" genügen würde.[75]

Die Schrift ging im Januar 1909 in den Druck und begleitete die parallel anlaufende Veröffentlichung des „Einhart", denn im selben Monat befand sich Claß mit dem letzten Kapitel bereits „am Abschluß". Im April wurde ihm „das erste fertige Stück der Geschichte als Probestück" vom Verlag zugeschickt.[76] Claß kokettierte gegenüber Houston Stewart Chamberlain später unter welch ungünstigen Umständen er die „Deutsche Geschichte" habe schreiben müssen und welch Wagnis er damit eingegangen sei: „Ich war ganz junger Vorsitzender des Alldeutschen Verbandes geworden, und mußte den mit Schulden überlasteten Verband davon befreien und an Hilfskräften das Äußerste einsparen. Das hieß, eine Menge subalterner Arbeit selbst übernehmen, dazu kam meine gerade damals ausgedehnte anwaltliche Tätigkeit, und zwischen beiden habe ich mir die Zeit gestohlen, den ‚Einhart' zu schreiben". Er habe ein solches Buch für notwendig gehalten und, wie Claß in eitler Verstiegenheit resümierte, „diese Arbeit rein aus dem Kopfe niedergeschrieben – nur eine Geschichtstabelle habe ich der Jahreszahlen wegen benutzt".[77] Später lobte er seine Frau Mathilde für ihre redaktionelle Mitarbeit an dem Buch, das er vor allem geschrieben haben wollte, damit sie durch ihre Mitarbeit „einen neuen Lebenszweck in ihrer Krankheit" habe.[78] Claß widmete das Werk, das in einer Erstauflage von 10.000 Exemplaren gedruckt wurde, schließlich seiner Mutter zum 70. Geburtstag.

Im „Einhart" legte Claß nun seine grundlegenden Vorstellungen von der deutschen Geschichte als dynamischem Fortschrittsprozess dar, die in Anlehnung an den Historismus bis zur Reichsgründung durch Bismarck 1871 als ein beständiger Aufstieg hin zum kleindeutsch-protestantisch-preußischen Machtstaat erschien. Fragen beispielsweise nach der Integration der Deutsch-Österreicher des Habsburgerreiches sowie nach der machtvollen politischen Unterdrückung der „Reichsfeinde" (Sozialdemokraten, Katholiken und ethnische Minderheiten wie die Polen, Dänen und Franzosen im Reich) seien jedoch unbeantwortet geblieben.

Beginnend mit den Germanen und der Völkerwanderung zeichnete Claß eine Geschichte der Staatswerdung bis 1871, die sich in ihrer historischen Entwicklung wesentlich über die Kategorie des „Volkes" definiert habe. Die Reformation erschien in dieser Erzählung als der Beginn einer deutschen Heilsgeschichte, die in Martin Luther ihren Helden fand und durch den „faulen" Augsburger Religionsfrieden (1555) zunächst

74 Ebd., S. 82–86.

75 Ebd., S. 85.

76 Claß an Staatsminister a. D. Hentig, 5.1.1909, in BA-Berlin, R 8048, Bd. 193, Bl. 9–10. Zitat ebd., Bl. 9 und Claß an Paul Simons, 6.4.1909, in ebd., Bl. 238.

77 Claß an Houston Stewart Chamberlain, 1.3.1917, in BA-Berlin, R 8048, Bd. 315, Bl. 18.

78 Claß auf der Festveranstaltung zu seinem 70. Geburtstag, 6.3.1938, in Alldeutsche Blätter 20.3.1938.

eingedämmt worden war. Der Kampf zwischen Protestantismus und Katholizismus sei zwar zunächst beendet worden, so Claß, jedoch „war kein Zustand geschaffen, der des Volkes würdig war, das die Reformation hervorgebracht und eine wunderbare geistig-sittliche Erhebung erlebt hatte“.[79] Das „siegreiche Vordringen“ der Reformation, das zu einer konfessionellen Homogenisierung des „deutschen Volkes“ hätte führen können, sei verhindert worden. Die Religionsspaltung sei damit der Beginn der folgenden geistigen sowie „sittlichen“ Spaltung gewesen, die im Dreißigjährigen Krieg das Volk an den „Abgrund“ gebracht habe. Luthers Werk sei jedoch „geborgen“ geblieben, um als „Grundlage zur politischen Umgestaltung unseres Vaterlandes“ zu dienen.[80] Der Aufstieg Preußens seit dem 17. und 18. Jahrhundert habe dann den Aufstieg Deutschlands ermöglicht. Es sei aber erst der Krieg gegen Napoleon gewesen, der „Vaterlandsliebe“ und den „Traum von der deutschen Einheit“ entfacht habe.[81]

Preußens Zögern bei der Führung um die Errichtung eines deutschen Staates habe jedoch einen „unendlichen Schaden für die deutsche Einheitsbewegung“ bedeutet. Das Scheitern des 1848er-Parlaments in der Paulskirche habe durch die Ablehnung der Kaiserkrone durch König Friedrich Wilhelm IV. von Preußen die Reichseinigung erneut verzögert.[82] Erst Wilhelm I. von Preußen als sein Nachfolger habe durch die Berufung Bismarcks der historischen Entwicklung die entscheidende Wendung ermöglicht. Die Bedeutung des Hohenzollern-Königs habe vor allem darin bestanden, dass er „die weltgeschichtliche Größe Bismarcks neben sich wachsen sah, ohne der Krankheit der Könige zu verfallen, die Eifersucht, der Furcht, durch den Ruhm des Dieners in den Schatten gestellt zu werden“.[83] Bismarck habe vor allem durch seinen Kampf für den „Verfassungsbruch“ in der Auseinandersetzung um die Heeresreform die pragmatische Durchsetzung von „Staatsnotwendigkeit“ bewiesen, denn es habe grundsätzlich derjenige Recht, „der das *Notwendige* tut, nicht wer das geschrieben Recht vertritt“.[84]

Die Reichsgründung 1871 habe schließlich den Prozess der Staatsgründung zunächst vollendet, die Übereinstimmung von Volk und Reich aber nicht erreicht. Claß verwies hierbei nicht nur auf Hasse oder Paul de Lagarde als Vordenker, sondern unter anderem auch auf Friedrich List, der in den 1840er Jahren in seinen nationalökonomischen Schriften zum Zollbund einen mitteleuropäischen Binnenmarkt gefordert hatte.[85] Bereits die Vertreter der kleindeutschen Lösung in der Revolution von 1848/49 hätten zwar erkannt, „daß der österreichische Kaiserstaat das Hindernis der deutschen Einheit sei, denn das zukünftige deutsche Reich wollte und durfte die Slawen und Madjaren

79 [Claß]: Deutsche Geschichte von Einhart (1909), S. 106.
80 Ebd., S. 134 und 135.
81 Ebd., S. 208.
82 Siehe zur Deutung der 1848/49er Revolution u. a. Hardtwig (Hrsg.): Revolution in Deutschland und Europa, Müller: Die Revolution von 1848/49 und zuletzt Clark: Revolutionary Spring.
83 [Claß]: Deutsche Geschichte von Einhart (1909), S. 251.
84 Ebd., S. 254.
85 Ebd., S. 226–227 und 390. Siehe auch [Hasse]: Großdeutschland und Mitteleuropa, List: Das nationale System der politischen Ökonomie und Lagarde: Deutsche Schriften.

Österreichs gewiß nicht aufnehmen". Jedoch wiesen die Großdeutschen „mit Recht" darauf hin, „daß ein deutsches Reich ohne die Millionen Deutschen Österreichs keine endgültige Lösung der deutschen Frage sei, und wollten die Schwierigkeit, die sich aus dem dortigem Volksgemisch ergab, nicht als entscheidend gelten lassen".[86] Die völkische Homogenisierung von Staatsterritorium und Staatsvolk sollte durch Bismarcks Politik gegen die „Reichsfeinde" einerseits in Angriff genommen werden und andererseits durch eine ausgreifende Weltmachtpolitik erweitert werden. Claß sah einen Umschwung der Gleichgewichtspolitik Bismarcks durch den Beginn der ersten kolonialen Erwerbungen in den 1880er Jahren.[87]

Mit der Reichsverfassung, die auf Bismarck als Reichskanzler und Wilhelm I. als Kaiser zugeschnitten war und die Dominanz Preußens im Bundesrat festschrieb, war für Claß „endlich die Form gegeben, in der die Kraft des Deutschtums sich bestätigen konnte". Die Reichsverfassung von 1871 ging aus dem Norddeutschen Bund als „Mischverfassung" hervor, welche die Hegemonie Preußens durch die Formel des Fürstenbundes gewährleisten und die Exekutive vor dem Parlament sichern sollte.[88] Für Claß erschien sie „verwickelt und schwerfällig", jedoch „so glatt und einfach wirkt sie in der Ausübung, wenn ihre Organe – der Kaiser, der Bundesrat, der Reichskanzler, der Reichstag – erfüllt sind von dem Gedanken der Einheit und Zusammengehörigkeit, wenn sie geleitet sind von lebendigem Volks- und Staatsbewußtsein".[89] Bismarck habe es meisterlich verstanden, so Claß, aufgrund der „echten Bescheidenheit" des alten Kaisers Wilhelm I., die Bundesstaaten für das Reich zu gewinnen. Nicht nur der wirtschaftliche Aufschwung sei durch den Übergang vom Freihandel zum Schutzzoll gelungen, sondern auch die Herstellung von Rechtseinheit durch ein Strafgesetzbuch, die Einführung eines Handelsgesetzbuches, das Gesetz zur Reichsangehörigkeit, das aber deren Verlust nur „mangelhaft" abgesichert habe, sowie durch die Reichsjustizgesetze wie das Zivil- und Strafprozessrecht und das Konkursrecht. Ein Bürgerliches Gesetzbuch, das dann 1900 eingeführt worden war, wurde unter Bismarck bereits vorbereitet.[90]

Innenpolitisch hätten sich hingegen „weite Kreise des Volkes" nach 1871 „abseits vom Reiche, ja feindlich zu ihm" gestellt, so Claß. Immerhin sei es „unverjährbares Verdienst des gemäßigt liberalen, gebildeten deutschen Bürgertums, wie es in der *nationalliberalen Partei* vertreten war, daß es, von manchen Irrungen und Schwankungen abgesehen, doch dem großen Reichsgründer Gefolgschaft leistete und ihm den Ausbau seines Werkes ermöglichte".[91] Sozialdemokratie, katholisches Zentrum und „doktrinärer Freisinn" würden hingegen als „Schädlinge des deutschen Reiches" wirken. Es sei zudem gerade mit Blick auf „die Polen- und Juden-Gefahr" „Selbstmord für den Staat",

86 [Claß]: Deutsche Geschichte von Einhart (1909), S. 234.
87 Ebd., S. 294–297.
88 Haardt: Bismarcks ewiger Bund, S. 154–211.
89 [Claß]: Deutsche Geschichte von Einhart (1909), S. 281.
90 Ebd., S. 283.
91 Ebd., S. 284.

wenn er solchen vom „Rassestandpunkt" als nicht-deutsch definierten Minderheiten „verfassungsmäßig verbürgte Rechte" als Staatsbürger verleihen würde.[92]

Neben der historischen Aufstiegserzählung des „deutschen Volkes" zum Deutschen Reich liest sich der „Einhart" als eine Folie für die autobiographische Aufstiegserzählung von Claß, der sich in seinen Erinnerungen später durch familiäre Bezüge zu Reformation und Glaubenskampf dezidiert in ein deutsches Fortschrittsnarrativ einordnen sollte. Der soziale Aufstieg der eigenen Familie folgte in der Dramaturgie dem Aufstieg Deutschlands zum Reich, der über Generationen im Kampf um staatliche Einheit und in Auseinandersetzungen um Religion und einzelstaatliche Macht habe errungen werden müssen. Würde der äußeren Einheit des Reiches nicht die politische und völkische Einheit beim Ausbau des Reiches im Innern folgen, dann hätten die „äußeren Feinde" ein leichtes Spiel und der nächste Krieg sei ein „Blutbad des Kampfes", der „innerliche Läuterung" des gespaltenen Volkes und letztlich einen „neuen Bismarck" hervorbringen würde.

Den „Einhart" beschloss Claß mit den Worten „Erkennen ist viel – der Wille aber ist alles!"[93] Sehnsucht nach einem charismatischen Führer, das Verständnis der kathartischen Wirkung von Krieg und der Wille als Antrieb für die Durchsetzung von Interessen scheinen hier als Grundelemente von Claß' politischem Verständnis auf. Rassische Ausgrenzung von Minderheiten, vor allem von Juden, Bekämpfung politischer „Reichsfeinde" und imperiale Ausdehnung des kleindeutschen Reiches wurden zu praktischen Zielen zukünftiger Reichspolitik erklärt.

Der „Einhart" erschien zunächst ohne Nennung des eigentlichen Verfassers. Claß war als Autor der breiten Leserschaft, die sein Buch kaufen und große Auflagen bescheren sollte, noch weitgehend unbekannt. Insofern lässt sich seine deutsche Geschichte nur bedingt als politisches Programm des Alldeutschen Verbandes lesen. Sie stellt vielmehr eine Synthese von Claß' Weltanschauung, Geschichtsinterpretation und Politikverständnis dar, die auch einen Blick auf sein Selbstverständnis als Verbandspolitiker erlaubt, der für sich in Anspruch nahm, diese Geschichte politisch entscheidend mitzugestalten. Claß verwob seinen eigenen noch jungen Lebensweg mit der Aufstiegserzählung des Deutschen Reiches und kannte keine Bescheidenheit in der selbstbewussten Anspielung auf seine bisherigen biographischen Stationen, die er in den Kapiteln zur kulturell-wissenschaftlichen Größe Deutschlands ganz offen einstreute. So zählte er die Universitäten in Berlin, Freiburg und Gießen selbstverständlich zu den wichtigsten akademischen Lehrstätten, maß der antisemitischen Bewegung in Kur- und Oberhessen (Otto Böckel) eine maßgebliche Bedeutung für den Aufstieg des Antisemitismus bei und verklärte seinen Amtsvorgänger Hasse mit seinen Schriften zur „Deutschen Politik" zum Vordenker der „alldeutschen Bewegung, d. h. jener Bestre-

92 Ebd., S. 290, 291 und 293.

93 Ebd., S. 410 und 411.

bungen, die die unzerreißbare kulturelle Einheit aller Deutschen ohne Rücksicht auf die Staatsgrenzen vertreten und daraus politisch wohl berechtigte Forderungen ziehen".[94]

Schließlich widmete Claß den „Auslandsdeutschen" in Übersee lange Kapitel und zählte insgesamt 14.536.000 ethnisch definierte Deutsche außerhalb der Reichsgrenzen von 1871, davon alleine zwölf Millionen in den Vereinigten Staaten, 565.000 in Südafrika, 500.000 in Frankreich, 440.000 in Brasilien und 360.000 in Kanada.[95] Um Forderungen nach einem mitteleuropäischen Zusammenschluss aller Deutschen, die vor allem durch sprachliche Abstammung bestimmt wurden, Nachdruck zu verleihen, legte Claß im Anhang eine Karte über „Deutsches Siedlungs-Gebiet in Mitteleuropa" bei, die einerseits die Minderheiten (Polen, Franzosen und Dänen sowie Wenden) aufzeigen und andererseits die ausgreifenden Sprachengrenzen des Hochdeutschen und des Niederdeutschen bis in die Schweiz, Österreich, Ungarn, Polen als Teil des Russischen Reiches, Slowenien sowie die Niederlande und Belgien verdeutlichen sollte.[96] Claß bemerkte, „bei richtiger Betrachtung lehrt die Karte die Bedeutung des geschlossenen deutschen Siedlungsgebietes hoch- und niederdeutscher Zunge, in- und außerhalb des deutschen Reiches", und sie „zeigt die Zusammenhänge mit dem Vorposten im Nord- und Süd-Osten".[97] Juden wurden im farbigen Index als Nicht-Deutsche, unabhängig von der Sprache, gesondert angeführt – „ohne Farbe", da sie „über das ganze Gebiet zerstreut" seien.

Die Markierung von Juden als nicht-deutsche Angehörige des deutschen Volkes erfolgte auch bei Claß im Zuge einer zunehmend biologistisch-völkischen Auslegung der methodischen Diskussionen um Volkszugehörigkeit in den statistischen Bevölkerungserfassungen vor allen im Osten des Deutschen Reiches. Das von Richard Böckh seit den 1860er Jahren etablierte Kriterium der Muttersprache als zentrales Merkmal nationaler Zugehörigkeit wurde 1890 gerade in den „ethnisch hybriden Grenzräumen" im Osten des Reiches nun erweitert durch die zusätzliche Erhebung von Konfession, um die ethnische Zugehörigkeit von Deutschen, Polen und Juden sowie anderen Gruppen unterscheidbarer zu machen.[98] Hasse hatte sich bei seinen Beiträgen zu dieser Diskussion für eine Identifizierung von Juden als eigenständige Gruppe unabhängig von ihrer Muttersprache ausgesprochen, nicht nur mit ethnisierendem Blick auf den deutschen „Volksboden", der als geschlossenes deutsches Sprach- und Siedlungsgebiet verstanden

94 Ebd., S. 293 und 389–390. Zitat ebd., S. 390.

95 Ebd., S. 317–374. Die Zahlen bezogen sich auf Paul Langhans (Hrsg.): Deutsche Erde von 1906.

96 Als „Hochdeutsche" galten deutschsprachige Bewohner im Deutschen Reich, in Österreich, Ungarn, in der Schweiz und in Luxemburg. Als „Niederdeutsche" galten die Bewohner der Niederlande und des flämischen Teils von Belgien. Die Verteilung des deutschen Volkes auf die Staaten, in Handbuch des Alldeutschen Verbandes, 1908, S. 64.

97 [Claß]: Deutsche Geschichte von Einhart (1909), S. 420.

98 Siehe dazu Kröger: Das vermessene Volk, S. 40–61. Zitat ebd., S. 88. Philipp Kröger verweist auf die Schwierigkeiten der statistisch angestrebten Eindeutigkeit der erweiterten Kriterienzuschreibung, die letztlich „Ambivalenzen" nicht ausschließen konnte und eine „Synthese von Kultur- und Abstammungsgemeinschaft" auch schon bei der Definition nationaler Zugehörigkeit über die Muttersprache versuchte. Ebd., S. 89–99.

wurde, sondern vor allem mit biopolitischem Blick auf einen hybriden deutschen „Kulturboden", der aufgrund seiner kulturellen Zugehörigkeit bei gleichzeitigem Einschluss fremdsprachiger Völker als zukünftig zu „germanisierender" Raum verstanden wurde.[99] Für Hasse stand fest: „Für die Politik ist das Glaubensbekenntnis der Juden nur eines ihrer Rassemerkmale und die Juden sind eine besondere Rasse [...]."[100] Die Zuschreibung von konfessioneller Zugehörigkeit als Merkmal eigenständiger und somit nicht-deutscher nationaler Zugehörigkeit von Juden hatte Claß für seine Weiterführung der antisemitischen Ausgrenzung von Hasse übernommen.

Neben diesen antisemitischen Markierungen von Juden als gesonderte ethnische Gruppe, die ungeachtet von Staatsbürgerschaft und Sprachgemeinschaft als nicht-deutsch herausgestellt wurde, entsprachen Claß' Exkurse in das „Auslandsdeutschtum" in Europa und in der Welt ebenfalls den Ausführungen von Hasse, die er unter anderem in den Heften der „Deutschen Politik" veröffentlicht hatte. Im Handbuch des Alldeutschen Verbandes für 1908 fand sich die seit einigen Jahren immer wieder erneuerte „Statistik des Deutschtums", in der in entsprechenden Zählungen oder Schätzungen zufolge „Deutsche" aufgeführt wurden, die in den Ländern der Welt residierten. Somit sollte das „Deutschtum in der Zerstreuung" aufgezeigt werden, das durch eine direkte territoriale Umfassung oder eine wirtschaftliche Anbindung in Mitteleuropa einem erweiterten Deutschen Reich einzugliedern war. Den „Auslandsdeutschen" außerhalb Europas wiederum sollte trotz deren Auswanderung[101] die deutsche Staatsbürgerschaft weiter gewährt werden, während Unterstützung für die deutschen Minderheiten in anderen Staaten und Regionen durch „Volkstumsarbeit" zu leisten war. So führte die Statistik 1908 fast 25 Millionen Deutsche an, die in Europa außerhalb der Grenzen des Deutschen Reiches lebten. Hinzugezählt wurden über 130.000 Deutsche in Asien, 624.000 in Afrika (einschließlich 602.000 in Britisch-Südafrika), über elf Millionen in Amerika (davon zehn Millionen in den USA, 500.000 in Britisch-Nordamerika und 440.000 in

---

99 Siehe Hasse: Die statistische Ermittlung der Deutschen sowie Ders.: Die Besiedelung des deutschen Volksbodens und Ders.: Das Deutsche Reich als Nationalstaat. Siehe auch Leicht: Biopolitik, Germanisierung und Kolonisation.

100 Hasse: Die Zukunft des deutschen Volkstums, S. 61. Ernst Hasse sprach sich für das „Ausscheiden" fremder Volksteile aus und befürwortete für „nicht aufsaugungsfähige Rassefremde" spezielle „Sondergebiete (Reservationen) mit Sonderrechten". Ders.: Das Deutsche Reich als Nationalstaat, S. 41 und Ders.: Die Zukunft des deutschen Volkstums, S. 59. Die ethno-politische Intention und Praxis der 1886 gegründeten Preußischen Ansiedlungskommission zur Zurückdrängung polnischen Einflusses bei der Siedlung und Bewirtschaftung ländlicher Güter in den östlichen Regionen Preußens rezipierte nicht nur Hasse für seine eigenen Planungen für eine staatliche Siedlungspolitik. Siehe Kröger: Das vermessene Volk, S. 134–152. Zur Preußischen Ansiedlungskommission siehe u. a. Eddie: The Prussian Settlement Commission, Stienen: Verkauftes Vaterland und Volkmann: Die Polenpolitik des Kaiserreichs. Zusätzlich forderte Hasse eine Forcierung einer staatlich gelenkten Ein- und Auswanderungspolitik, die bei einer früher erfolgten Schließung der Ostgrenze gegen jüdische Einwanderung zu einer „natürlichen" Entwicklung der Juden in Deutschland geführt haben würde, denn „so wären die Juden allmählich aus Deutschland verschwunden". Hasse: Die Zukunft des deutschen Volkstums, S. 64.

101 Aufgeführt wurden zwischen 1821 und 1900 insgesamt 5.262.000 deutsche Auswanderer nach Übersee. Handbuch des Alldeutschen Verbandes, 1908, S. 64.

Brasilien) sowie 124.000 in Australien, Neuseeland und in der Südsee.[102] Die Alldeutschen maßen das Deutsche Reich und seine Kolonien in Afrika und Übersee an den anderen „Weltreichen" USA, Frankreich, Russland, China und Großbritannien und standen mit 68,8 Millionen Einwohnern und einer Fläche von 3,1 Millionen Quadratkilometern am Schluss dieser Reihe, die das British Empire mit 398 Millionen Einwohnern und 29 Millionen Quadratkilometern anführte.[103]

Claß übernahm diese Grundsätze imperialer Konkurrenz um territorialen und handelspolitischen Weltmachtstatus sowie die Prinzipien einer alldeutschen „Deutschtumspolitik" in verknappter Form auf den letzten Seiten des „Einhart". Er schloss sein Buch als Vertreter einer jungen Generation radikaler Nationalisten, die Bismarcks Erbe als Reichsgründer und Reichskanzler wachhalten und innen- wie außenpolitisch alldeutsch erweitern wollte, und schloss daran die Forderung nach einem großdeutschen Reich in „Mitteleuropa" und der ethnischen Homogenisierung des deutschen „Volkes" an. Der „Einhart" war somit eine fundamentale Kritik an der begrenzten Materialisierung des Reichsgedankens im kleindeutschen Nationalstaat von 1871, der lediglich Ausgangspunkt und nicht saturiertes Ende deutscher Nationalstaatsbildung sein sollte.[104]

Der im „Einhart" noch viel gepriesene Hasse spielte bei Claß' weiteren Karriereplanungen unmittelbar nach seinem Tod keine Rolle mehr. Nach der Absage von Otto Hoetzsch, der an der Königlichen Akademie in Posen Osteuropäische Geschichte lehrte, und des Marburger Geographen und Begründers der Marokko-Gesellschaft, Theobald Fischer, die ausstehenden Bände der „Deutschen Schriften" aus dem Nachlass Hasses weiter herauszugeben, spielte Claß kurz mit dem Gedanken, mit gebührender Zeit das Hasse-Werk doch noch selbst zu vollenden, was aber letztlich nicht geschah. Stattdessen erklärte sich Felix Hänsch zwei Jahre später dazu bereit und wurde für die Bearbeitung seines Buches von Claß vom Vorsitz der Dresdener Ortsgruppe freigestellt.[105]

Der „Einhart" war Claß wichtiger. Die Werbung für das Buch organisierte er teilweise selbst, indem er umfangreiche Mittel für die Abnahme vom Verlag teilweise über

---

102 Statistik des Deutschtums, in ebd., S. 62–63.

103 Ebd., S. 63.

104 Die Erzählung vom Aufstieg der Deutschen zum Reich kann auch als eine Erzählung von der Verfestigung des sozialen Aufstiegs von Claß ins nationale Bürgertum, das nach Gestaltungs- und Deutungshoheit strebte, gelesen werden. Bereits mit knapp vierzig Jahren arbeitete Claß mit dieser Veröffentlichung als neuer Verbandsvorsitzender der Alldeutschen an seiner öffentlichen Selbsthistorisierung, die er mit dem ersten Band seiner Erinnerungen „Wider den Strom" 1932 und der Arbeit am unveröffentlichten zweiten Teil der Autobiographie bis 1936 beständig weiterführen sollte. Claß: Wider den Strom und Ders.: „Wider den Strom II", in BA-Berlin, N 2638 (zuvor BA-Koblenz, Kleine Erwerbungen F 499) – hrsg. von Hofmeister: Heinrich Claß. Die politischen Erinnerungen des Vorsitzenden des Alldeutschen Verbandes 1915–1933/36.

105 Siehe Claß an Julius F. Lehmann, 10.3.1909, in BA-Berlin, R 8048, Bd. 193, Bl. 183 Claß an Felix Hänsch, 24.10.1912, in ebd., Bd. 196, Bl. 120 und Felix Hänsch an Claß, 21.11.1912, in ebd., Bl. 174. Felix Hänsch schloss mit Julius F. Lehmann den Vertrag im November 1912 ab und veröffentlichte dann 1917 das Buch: An der Schwelle des größeren Reiches.

den Wehrschatz bereitstellte, um bis Juni 1910 von der 1. und 2. Auflage alleine über 950 Exemplare an Auslandsorganisationen wie den Bund der Deutschen Südmährens, den Verein Südmark in Graz oder den Deutschen Volksrat für Böhmen kostenlos für die Weiterleitung in Büchereien zu übersenden.[106] Diese Bereitstellung von Schriften entsprach einerseits dem alldeutschen Verbandszweck der „Weckung und Pflege des Bewußtseins der rassenmäßigen und kulturellen Zusammengehörigkeit aller deutschen Volksteile" in der Welt sowie dem Anspruch, an einer „Lösung der Bildungs-, Erziehungs- und Schulfragen im Sinne des deutschen Volkstums" zu arbeiten.[107] Claß hatte mit seinem eher populärwissenschaftlichen „Einhart" die schwere Lektüre von Hasses Schriften zur „Volkstumspolitik" ersetzt, die sich nun als statistische Beilagen zum „Auslandsdeutschtum" bis zum Ersten Weltkrieg in verkürzter Form in den Verbandssatzungen wiederfanden. Im Sommer 1910 überarbeitete Claß den „Einhart" bereits für die 3. Auflage. Er wollte noch im Frühjahr 1910 seinen Namen als Verfasser geheim halten und bat Vertraute um „weiteres Stillschweigen".[108] Gleichzeitig war er mit der Quellensammlung zur zwanzigjährigen Geschichte des Verbandes beschäftigt, die bis zum Verbandstag in Karlsruhe am 9. September 1910 erscheinen sollte.[109]

3.3 Machtkonsolidierung: Die Umstrukturierung des Alldeutschen Verbandes: 1908 – 1910

Parallel zur Festigung seiner Stellung als Verbandsvorsitzender schickte Claß alle vorhandenen Redner hinaus in die Ortsgruppen, um eine Werbeoffensive zu starten. Insgesamt wurden 21 führende Alldeutsche vom Verleger Lehmann in München, dem Historiker Hoetzsch in Posen, dem Schriftsteller Paul Dehn in Berlin, dem Kartographen Paul Langhans in Gotha, Wanderlehrer Josef Hoyer in Graz oder dem Rechtsanwalt Erich Stolte, Ortsgruppenvorsitzender in Berlin, zur Buchung für Vorträge beworben.[110] Gleichzeitig musste Claß die Finanzen in Ordnung bekommen. Er gewann den 90-jährigen Altersvorsitzenden und Mitbegründer des Alldeutschen Verbandes, Direktor August Diederichs aus Bonn, für eine großzügige Spende zur Umgestaltung der *Alldeutschen Blätter*, sodass die Verschuldung des Verbandes durch dieses Projekt nicht

106 Theodor Bassler (Dieterich'sche Verlagsbuchhandlung/Theodor Weicher) an Claß, 16.6.1910, in BA-Berlin, R 8048, Bd. 322, Bl. 33.

107 Satzung des Alldeutschen Verbandes § 1 und § 2 Abs. 2 (beschlossen am 10.5.1903 und abgeändert am 16.4.1905), in Handbuch des Alldeutschen Verbandes 1913, S. 6 und 7.

108 Claß an Robert Krause, 22.2.1910, in BA-Berlin, R 8048, Bd. 194, Bl. 129.

109 Siehe Claß an Carl Itzenplitz, 9.8.1910, in BA-Berlin, R 8048, Bd. 194, Bl. 291 und Claß an Max von Klitzing, 9.8.1910, in ebd., Bl. 292. Gemeint ist die Schrift: Zwanzig Jahre alldeutscher Arbeit und Kämpfe, hrsg. vom Alldeutschen Verband, Leipzig 1910. Die Schrift erschien nicht im Lehmanns Verlag, sondern wie schon 1909 die Deutsche Geschichte von „Einhart" in der Dieterich'schen Verlagsbuchhandlung/Theodor Weicher.

110 Siehe Redner-Liste des All-Deutschen Verbands für 1909/10, in StA Pirna, F.V–XVII, Nr. 1, o. Bl.

zusätzlich in die Höhe getrieben werden musste.[111] Die Bezieherzahl der *Alldeutschen Blätter* blieb auch in den nächsten Jahren weit hinter den Erwartungen zurück. Claß regte bei Karl Itzenplitz, der seit 1907 im Geschäftsführenden Ausschuss saß, Sammlungsbemühungen bei der „Großindustrie" an, um die Verbandsfinanzen als seine „größten Sorgen" in den Griff zu bekommen.[112] Itzenplitz wiederum mahnte Claß eindringlich, weitere Sparmaßnahmen bei Werbereisen und Ortsgruppengründungen sowie bei der Haushaltsführung der Geschäftsstelle zu ergreifen, wo man sich auf die nötigsten Ausgaben konzentrieren sollte.[113] Bis auf die Besetzung des Kanzleivorstandes sollte die Geschäftsstelle jedoch im bisherigen Umfang aufrechterhalten bleiben, so der Beschluss des Geschäftsführenden Ausschusses. Claß drängte daher darauf, man müsse „bestrebt sein, nach Möglichkeit zu sparen".[114]

Die erratischen Finanzverhältnisse erschwerten Claß eine durchgreifende Umstrukturierung des Verbandes. Die *Nationale Korrespondenz* musste im Frühjahr 1909 schließlich aufgegeben werden, nachdem die Fortführung bereits 1903 in Frage gestanden hatte.[115] Claß wollte dringend Einnahmen und Ausgaben im Gleichgewicht halten, jedoch verhinderten sowohl die säumige Zahlungsmoral der Ortsgruppen als auch die überschaubaren Mitgliederzahlen von 16.039 im Jahr 1909 „jede finanzielle Bewegungsfreiheit".[116] Die Zahlen gingen von 22.036 im Jahr 1901 beständig auf 16.171 im Jahr 1908 zurück und erreichten auch noch 1912 nur 17.000 und 1913 lediglich 15.700 registrierte Mitglieder.[117] Claß warnte, dass diese Verhältnisse, die er „ganz unhaltbar" fand, „zu tragen meine Gesundheit auf die Dauer nicht aushalten wird".[118] Eine Neuordnung von Finanzen und Personal schien unausweichlich, sonst wollte Claß bei der nächsten Vorstandssitzung sein Amt niederlegen.

Als erste Maßnahmen wurden die Gehaltszahlungen ab Februar 1909 vom Anfang auf das Ende des jeweiligen Monats verlegt, die Kündigung des Geschäftsführers Hermann Gerhard besprochen und der Umzug der Geschäftsstelle innerhalb Berlins in eine kleinere Wohnung von 4 – 5 Zimmern in Aussicht genommen.[119] Alfred Geiser, der unter Hasse bereits vor der Jahrhundertwende zum Geschäftsführer bestellt worden war,

111 Siehe Claß an Dr. Schmiedt, 25.11.19108, in BA-Berlin, R 8048, Bd. 192, Bl. 436.

112 Siehe Claß an Carl Itzenplitz, 26.11.1908, in ebd., Bl. 441 und Claß an Georg von Stössel, 9.12.1908, in ebd., Bl. 495.

113 Carl Itzenplitz an Claß, 8.1.1909, in BA-Berlin, R 8048, Bd. 193, Bl. 27 – 33.

114 Claß an Hermann Gerhard, 19.1.1909, in ebd., Bl. 69.

115 Rundschreiben Emil Junghans, 24.4.1909, in ebd., Bl. 275 sowie Sitzung des Geschäftsführenden Ausschusses des Alldeutschen Verbandes 12./13.12.1903, in ebd., Bd. 41, Bl. 11.

116 Claß an Arthur Korn, 13.3.1909, in ebd., Bl. 190.

117 Siehe Hofmeister: Between Monarchy and Dictatorship, S. 485.

118 Claß an M. von Klitzing, 13.2.1909, in BA-Berlin, R 8048, Bd. 193, Bl. 148 – 149. Zitat ebd., Bl. 148 und Claß an Karl Klingemann, 12.2.1909, in ebd., Bl. 143.

119 Claß an Georg von Stössel, 13.2.1909, in ebd., Bl. 150 – 151.

kündigte, zum „Bedauern“ von Claß, zum September 1908, blieb aber zunächst im Geschäftsführenden Ausschuss und rückte im November 1908 in die Hauptleitung auf.[120]

Zum 1. Juli 1909 wurde die Geschäftsstelle des Verbandes schließlich nach Mainz in die Flachsmarktstraße 28 verlegt, um Miete für den Verband zu sparen. Auf dem Verbandstag am 17. April 1909 wurde der Umzug als Folge der Empfehlungen der Geschäftsüberprüfung durch Paul Simons dringend empfohlen, da die bisherigen finanziellen Missstände auch aus der räumlichen Trennung zwischen Berlin und Leipzig resultierten.[121] In Mainz verlangte der Vermieter nur 175 Mark für die Geschäftsräume berechnet auf drei Monate, das waren 200 Mark weniger als für die Berliner Büros.[122] Mit einer personell verschlankten Geschäftsstelle sollten die Verbandsgeschäfte direkt vor Ort „von unten herauf, aus kleinsten Anfängen und genau in Bezug auf die Bedürfnisse überwacht, in die Wege“ geleitet werden.[123] Nicht wenige wie Justizrat Erich Stolte hielten den Umzug des Verbandes nach Mainz für gleichbedeutend mit einer Auflösung, da man sich aus der Hauptstadt in die Provinz zurückziehe und bedeutendem Personal wie Gerhard und Reventlow kündigen müsse.[124]

Die Geschäftsstelle musste wegen Mietvertragsklauseln noch bis 1910 die Wohnung in Berlin als Repräsentanz fortführen, jedoch errechnete Claß eine Reduzierung der laufenden Ausgaben von derzeit 20.040 Mark in Berlin auf 8.760 Mark in Mainz, wo zunächst neben Claß nur ein weiterer Beamter, zwei Unterbeamte sowie eine Hilfskraft angestellt werden sollten.[125] Die zukünftige Finanzberechnung, die auf Budgeteinsparungen hinauslief, war nur ein Grund für die Verlegung, denn Reventlow sollte zukünftig für ein Festgehalt von 2.400 Mark den Verband in Berlin vertreten sowie ein festes Zeilenhonorar der gleichen Summe für seine Beiträge in den *Alldeutschen Blättern* zugestanden bekommen.[126] Er sollte zunächst die Geschäftsstelle in der Steglitzer Straße, wo auch die Vermögensverwaltung GmbH bis zur endgültigen Verlegung aller Geschäftsräume nach Mainz 1911 noch verblieb, weiter betreuen und als politischer Vertreter der Hauptleitung den Verband in Berlin-Charlottenburg (Berlinerstraße 74) repräsentieren. Dies geschah bis zu seiner Entfremdung mit Claß im Spätsommer 1910, als Reventlow seine Stellung ersatzlos aufgab. Gerhard sollte ebenfalls gehalten und als bezahlter Wanderredner tätig werden, während die Verwaltung des Wehrschatzes und die Schriftleitung sowie der in Mainz preiswertere Verlag der *Alldeutschen Blätter* Claß

---

120 Siehe Protokoll der Sitzung des Geschäftsführenden Ausschusses des Alldeutschen Verbandes, 4.9. 1908, in BA-Berlin, R 8048, Bd. 66, Bl. 7.

121 Siehe Protokoll der Sitzung des Geschäftsführenden Ausschusses des Alldeutschen Verbandes, 17.4. 1909, in BA-Berlin, R 8048, Bd. 69, Bl. 20.

122 Siehe Aufstellung Claß, 6.4.1909, in BA-Berlin, R 8048, Bd. 193, Bl. 240.

123 Antrag von Adolf von Nahmer 22.3.1909, in BA-Berlin, R 8048, Bd. 193, Bl. 198. Siehe auch Claß an Hauptleitung und Geschäftsführenden Ausschuss des Alldeutschen Verbandes, 16.3.1909, in ebd., Bl. 209.

124 Erich Stolte an Claß, 17.3.1909, in ebd., Bl. 195.

125 Siehe Claß an Hauptleitung und Geschäftsführenden Ausschuss des Alldeutschen Verbandes, 6.4. 1909, in ebd., Bl. 240.

126 Ebd.

direkt vor Ort unterstellt wurden.[127] Im Januar 1910 verwaltete Claß die Mainzer Geschäftsstelle zunächst nur mit zwei Unterbeamten und stellte ihm genehme Mitarbeiter ein. Erst 1912 kamen Emil Junghans und Claß' Neffe Eduard Lucius sowie vier weitere Mitarbeiter für die Schriftleitung der *Alldeutschen Blätter* hinzu.[128] Lucius wurde 1913 ehrenamtlicher Schatzmeister und Verwalter des Wehrschatzes in Mainz.[129]

Am 28. Oktober 1909 wurde der alldeutsche Wehrschatz neu aufgestellt, der finanzielle Rücklagen für die Förderung von Verbandsinteressen flexibel bündeln sollte.[130] Auch diese Ressourcen blieben jedoch begrenzt. Bis zum Anfang des Jahres 1911 registrierte man jährliche Einnahmen für den Wehrschatz von 12.000 Mark, die hingegen schnell erschöpft waren, sodass Claß bei Emma Hasse erneut anfragen ließ, ob sie dem Verband nicht aus ihrem umfangreichen Vermögen spenden könnte, dass sie von ihrem Vater, dem Leipziger Kaufmann und Importeur Julius Otto Gottschald, geerbt hatte und mit dem sie zuvor die Förderung sozialer Wohnungsprojekte in Leipzig-Gohlis ermöglicht hatte.[131] Gottschald besaß eine umfangreiche Gemäldesammlung niederländischer Maler des 16. und 17. Jahrhunderts von Rembrandt bis van de Velde, die er nach seinem Tod 1903 dem Leipziger Museum für bildende Künste stiftete.[132] Nach Ernst Hasses Tod spendete die Familie dem Verband noch 15.500 Mark. Emma Hasse sagte nun aber weitere Spenden ab und überwies lediglich 100 Mark.[133]

Zur weiteren finanziellen Entlastung des Verbandes forcierte Claß vor allem Verbindungen zur rheinisch-westfälischen Industrie. Er scheute jedoch noch im Februar 1910 den Kontakt mit Emil Kirdorf, der in den folgenden zwanzig Jahren zu einem der wichtigsten Förderer des Verbandes werden sollte. Claß ging schließlich im April auf ihn zu und bat um ein baldiges persönliches Treffen, das am 5. Mai auf Kirdorfs Streithof in

---

127 Siehe Claß an die Geschäftsstelle des Alldeutschen Verbandes, 23.4.1909, in ebd., Bl. 274.

128 Siehe Claß an A. Wilke, 25.1.1910, in BA-Berlin, R 8048, Bd. 194, Bl. 52, Protokoll der Sitzung des Geschäftsführenden Ausschusses des Alldeutschen Verbandes, 22.4.1911, in ebd., Bd. 79, Bl. 2 –3, Dass., 9.12. 1911, in ebd., Bd. 590, Bl. 17 und Claß an Karl Klingemann, 18.3.1912, in ebd., Bd. 413, Bl. 74.

129 Siehe Leicht: Heinrich Claß, S. 128.

130 Siehe auch Wertheimer: The Pan-German League, S. 79 – 84 und Hering: Konstruierte Nation, S. 119 – 120.

131 Claß auf Sitzung des Geschäftsführenden Ausschusses des Alldeutschen Verbandes, 28.1.1911, in BA-Berlin, R 8048, Bd. 78, Bl. 25 und Claß an Sanitätsrat Dr. Ernst Schmied (für Magen- und Darmkrankheiten Leipzig), 27.10.1913, in ebd., Bd. 197, Bl. 352. Siehe zu dem Interesse von Ernst und Emma Hasse (1852 – 1928) an Wohnungsreformen auch Adam: Bying Respectability, S. 142 – 145. Julius Otto Gottschald war Miteigentümer des 1872 gegründeten Unternehmens Günther & Gottschald, das Häute und Fettwaren aus „Ostindien" importierte. Siehe Mitgliederverzeichnis des Leipziger Zweigvereins des Centralvereins für Handelsgeographie und Kolonialpolitik, 1882, in IfL, Centralverein für Handelsgeographie und Kolonialpolitik/Zweigverein Leipzig (Handakten E. Hasse), K 426.

132 Kunstchronik 14 (1902/1903) vom 3.4.1903, S. 337– 338.

133 Siehe Ernst Schmied an Claß, 12.11.1913, in BA-Berlin, R 8048, Bd. 197, Bl. 366 und Kanzleivorstand Herr von Hartwig auf der Sitzung des Geschäftsführenden Ausschusses des Alldeutschen Verbandes, 27.6. 1908, in ebd., Bd. 65, Bl. 8.

Mühlheim/Ruhr-Speldorf stattfand.[134] Diese Begegnung war finanziell eine zweite Geburtsstunde für den Alldeutschen Verband, denn der eigensinnige Kirdorf unterstützte Claß fortan durch großzügige Spenden.[135] Itzenplitz, der diese Begegnung vermittelt hatte, konnte als Obmann der Vereinigung Rheinisch-Westfälischer Vertrauensmänner des Alldeutschen Verbandes in Düsseldorf Claß die versammelte „Anerkennung für die tatkräftige und wirkungsvolle Vertretung der Bestrebungen des Verbandes" aussprechen.[136] Dieses neue Bündnis mit Kirdorf wurde durch dessen Zuwahl zum Vorstand am 8. Oktober besiegelt.[137]

Eine umfassende Finanzprüfung durch Simon, der Claß im Frühjahr 1909 auf Wunsch der Vereinigung zustimmte, konnte demnach eine förderungswürdige Zukunftsfähigkeit des Alldeutschen Verbandes bescheinigen. Im August berichtete Claß nicht ohne Stolz an Simon, dass zum 1. Juli der Jahresbedarf bereits völlig gedeckt sei und man mit einem Überschuss bis Jahresende von 6.000 bis 12.000 Mark rechne.[138] Bis 1911 war die Finanzorganisation weitgehend geordnet und man registrierte einen Finanzüberschuss von 20.000 Mark. Bis Ende 1913 war die Finanznot „völlig genesen".[139]

Die Unterstützung der Ruhrindustrie führte den Alldeutschen Verband einerseits näher an die schwerindustriellen Interessen heran und machte ihn andererseits abhängig von seinen Förderern, die über Auseinandersetzungen innerhalb des Verbandes genauestens unterrichtet werden wollten. Dies war für Claß jedoch kein Hindernis, da bereits Hasse den Zuspruch der Düsseldorfer Vertrauensmänner gesucht und auch Claß schon 1897 die erste Einladung nach Düsseldorf erhalten hatte.[140] Claß erstattete Itzenplitz, der die Radikalisierung des Verbandes bereits ab 1906 als Gast des Verbandstags unterstützte und als Verbindungsmann zu Kirdorf fungierte, regelmäßig Bericht, um sich die Unterstützung der Vereinigung Rheinisch-Westfälischer Vertrauensmänner zu erhalten. Die Zuwahl von Itzenplitz in die Hauptleitung Ende 1911 sicherte dann sowohl den Einfluss der Ruhrindustrie auf den Verband als auch Claß' Zugang zu den finanziellen Ressourcen der Schwerindustrie.

Trotz der Mainzer Repräsentanz der alldeutschen Geschäftsstelle konnte sich Claß auch weiterhin nicht um alles kümmern. Er war aber zuversichtlich, dass, wenn „erst einmal das Personal so im Schuß ist[,] wie ich es haben will", bürokratische Unstim-

134 Siehe Claß an Carl Itzenplitz, 26.2.1910, in BA-Berlin, R 8048, Bd. 194, Bl. 61 und Carl Itzenplitz an Emil Kirdorf, 16.4.1910 und 18.4.1910, in ebd., Bl. 222 und 224–225. Im Mai 1910 erreichte die Verbandsführung auch die Erbschaftszuweisungen des Dresdener Vorsitzenden des Deutschen Ostmarkenvereins, Rittmeister Kruse, der dem Alldeutschen Verband zwischen 75.000 und 80.000 Mark testamentarisch überließ. Claß an Friedrich Eugen Hopf, 7.5.1910, in ebd., Bl. 231.

135 Chickering: We Men, S. 227–230.

136 Carl Itzenplitz an Claß, 13.5.1910, in BA-Berlin, R 8048, Bd. 194, Bl. 239.

137 Siehe Protokoll der Sitzung des Geschäftsführenden Ausschusses des Alldeutschen Verbandes 8.10.1910, in BA-Berlin, R 8048, Bd. 76, Bl. 3.

138 Claß an Paul Simon, 9.8.1910, in BA-Berlin, R 8048, Bd. 194, Bl. 290.

139 Alldeutsche Blätter 13.8.1910 und 20.9.1913. Zitat ebd.

140 Einladung Rheinisch-Westfälische Vertrauensmänner des Alldeutschen Verbandes an Claß, 8.10.1897, in BA-Berlin, R 8048, Bd. 184, Bl. 5.

migkeiten vermieden würden.[141] Persönliche Konflikte mit Reventlow und Gerhard veranlassten Claß noch im Juli 1909 gegenzusteuern und Samassa für die Hauptleitung vorzuschlagen.[142] Nachdem Reventlow zum Frühjahr 1910 wieder auf eine loyale Linie gebracht worden war, unterstützte Claß dessen Zuwahl in den Geschäftsführenden Ausschuss. Reventlow kündigte jedoch aufgrund persönlicher Überwerfungen mit dem Geschäftsführenden Ausschuss im Herbst 1910 als politischer Vertreter in Berlin, in dessen Amt er vor allem Kontakte zum Reichsmarineamt pflegte, wo er in Fragen der Flottenrüstung sehr geschätzt wurde. Seine Stelle blieb danach unbesetzt.[143] Reventlow blieb aber einer der wichtigsten Verbindungsmänner des Verbandes in Berlin. Seine Funktion als Vorsitzender des Verbands Nationaler Vereine von Groß-Berlin, in dessen Gebäude in der Bernburger Straße 15 – 16 auch die Ortsgruppenleitung des Alldeutschen Verbandes von Berlin ihre Geschäftsstelle hatte, sollte diese Aufgabe am Vorabend des Weltkrieges erleichtern. Liebert wiederum bat zum Frühjahr 1910 um seine Entlassung aus der Hauptleitung, da er nun zunächst doch für den Kaiser und den Reichskanzler eintreten wolle, sich in der „Rolle der Opposition" nicht gefalle und nun der einzige mit dieser Haltung in der Verbandsleitung sei, in der es aber sinnvoller sei, wenn mit geeinter Stimme gesprochen würde.[144]

Der Führungswechsel 1910 brachte Keim in die Hauptleitung, nachdem Claß ihn schon 1908 für den Vorstand empfohlen hatte. Keim stärkte neben Claß, Klingemann und Stössel den zunehmenden militärischen Einfluss in der Verbandsführung, die Claß zum „Generalstab" ausbauen wollte.[145] Bereits Ende 1909 wurde auf die „Vertraulichkeit" der Aussprachen im Geschäftsführenden Ausschuss gedrängt.[146] Ein Jahr später mahnte Claß, die Mitgliederentwicklung des Verbandes nicht mehr zu veröffentlichen, sondern stattdessen nur noch gesondert im Ausschuss vorzulesen.[147] Um die Kontrolle über die schriftliche Verbreitung der Verbandsdiskussionen nicht übermäßig aus der Hand geben zu müssen, fertigte Claß das Sitzungsprotokoll des Geschäftsführenden Ausschusses des Öfteren selbst an.[148] Ende 1911, nach dem öffentlichen Scheitern der Marokkopolitik des Verbandes, nahm Claß für sich in Anspruch, die Protokolle der ohnehin vertraulichen Besprechungen selbst zu redigieren und zu entscheiden, was innerhalb des Verbandes in Umlauf gelangen sollte.[149]

Claß brachte seit 1908 verstärkt Ordnung in die Verwaltung des Verbandes und richtete die Entscheidungsstrukturen zunehmend auf die Zentrale der Hauptleitung aus.

141 Claß an Professor Sittmann, 10.2.1910, in BA-Berlin, R 8048, Bd. 194, Bl. 101.
142 Siehe Claß an Paul Samassa an 19.7.1909, in BA-Berlin, R 8048, Bd. 193, Bl. 302.
143 Claß an Carl Caesar Eiffe, 24.1.1911, in BA-Berlin, R 8048, Bd. 195, Bl. 29.
144 Siehe Stellungnahme Eduard von Liebert, o. D. [März 1910], in BA-Berlin, R 8048, Bd. 413, Bl. 38.
145 Claß: Wider den Strom, S. 131.
146 Protokoll der Sitzung des Geschäftsführenden Ausschusses, 27./28.11.1909, in BA-Berlin, R 8048, Bd. 72, Bl. 14.
147 Claß auf der Sitzung des Geschäftsführenden Ausschusses, 9.9.1910, in BA-Berlin, R 8048, Bd. 75, Bl. 22.
148 Claß auf der Sitzung des Geschäftsführenden Ausschusses, 8.10.1910, in BA-Berlin, R 8048, Bd. 76, Bl. 2.
149 Claß auf der Sitzung des Geschäftsführenden Ausschusses, 9.12.1911, in BA-Berlin, R 8048, Bd. 82, Bl. 13.

Diese Hierarchie beschnitt die Ortsgruppen und Gauverbände zwar nicht in ihrer Mitbestimmung, verkleinerte aber durch gezielte Personalrekrutierung die konzentrischen Kreise der Machtverteilung, die von der Verbandsführung (Hauptleitung, Geschäftsführender Ausschuss, Vorstand) bis hinunter in die Gauverbände und Ortsgruppen reichten.[150] Der Verband wurde mit diesen hochgeradig personalisierten Strukturen immer abhängiger von Claß, der mit seiner Eitelkeit die Spannkraft des neuen Systems der Machtfülle testete. Kaum im Amt, kokettierte er mit gesundheitlicher Überlastung und seinem Rücktritt. Er „gebe den dringenden Rat[,] sich bei Zeiten nach einem Ersatz für mich umzusehen".[151] Seine anwaltliche Tätigkeit ließ er, entgegen so mancher Andeutung seiner Arbeitsüberlastung, weitgehend ruhen und übernahm nur ausgewählte Fälle zur Verteidigung, zumal sein Sozius Lucius das Alltagsgeschäft der gemeinsamen Kanzlei in Mainz weitgehend übernommen hatte.

3.4 Das Dilemma der Oppositionspolitik: Strategien und Entscheidungen 1908–1910

Die sich festigende Stellung von Claß als Verbandsvorsitzender brachte eine Milderung in der Oppositionsrhetorik mit sich. Als Verbandsvorsitzender wollte er nun auf die Reichsregierung in einzelnen Fragen strategisch zugehen.[152] Er stand seit April 1908 mit dem Chef der Reichskanzlei, Arnold Wahnschaffe, in engeren Kontakt. Die Initiative dafür ging im Februar von Claß aus. Über Reventlow suchte der Verband zusätzlich zur Reichskanzlei vertrauliche Verbindungen zum Auswärtigen Amt, um bei sich deckenden Interessen für die „Sache vorzuarbeiten".[153] Die fundamentale Krise der Monarchie, die mit der *Daily-Telegraph*-Affäre um ein Zeitungsinterview Wilhelms II. mit einem englischen Journalisten um die außenpolitischen Interessen des Deutschen Reiches gegenüber Großbritannien fast zur Abdankung des Kaisers geführt hätte, brachte auch Claß in die Bredouille. Innenpolitisch schien sich der Verband in Einzelfragen einig mit der Reichsregierung. Das Ansiedlungs- und Enteignungsgesetz entsprach in vielerlei Hinsicht den Forderungen der Alldeutschen und auch das Reichsvereinsgesetz von 1908

---

150 1908 bestand die Hauptleitung aus fünf Mitgliedern (Heinrich Claß, Karl Klingemann, Eduard von Liebert, Joachim Graf von Pfeil und Georg von Stössel), der Geschäftsführende Ausschuss aus 21 Mitgliedern und der Vorstand aus 88 Mitgliedern. Es bestanden 14 Gauverbände (Bergischer Gau, Mark, Ruhr und Lippe, Linker Niederrhein, Rhein-Main, Thüringen, Bayern, Vogtland, Rhein-Sieg, Nordelbe, Mittelsachsen, Oberrhein, Württemberg und Brandenburg-Altmark) sowie 226 Ortsgruppen. Handbuch des Alldeutschen Verbandes 1908, S. 4–20. Siehe auch Chickering: We Men, S. 172–182.

151 Claß an Wilhelm Niemann, 25.11.1908, in BA-Berlin, R 8048, Bd. 192, Bl. 437. Als Friedrich Lange in einem Rundschreiben andeutete, er habe einen Nachfolger für den Verbandsvorsitzenden in Aussicht, kritisierte Claß dieses „Schriftstück von unerträglicher, schwülstiger Heuchelei" und fragte beleidigt: „Darf man wissen, wer das sein soll?" Claß an Georg von Stössel, 27.11.1908, in BA-Berlin, R 8048, Bd. 192, Bl. [440].

152 Siehe dazu Leicht: Heinrich Claß, S. 132–136.

153 Siehe Bericht Ernst Graf zu Reventlow an Claß, 15.10.1908, in BA-Berlin, R 8048, Bd. 581, Bl. 1–4.

wurde vom Verband unterstützt.[154] Die außenpolitische „Risikostrategie" des Kaisers, Großbritannien nicht nur durch die Flottenrüstung in seiner maritimen Weltstellung herauszufordern, sondern durch Provokationen näher an Deutschland als aufstrebende Großmacht zu bringen, deckte sich zwar weitgehend mit den Interessen der Alldeutschen, jedoch sollte diese ambivalente Strategie der Reichsregierung überlassen bleiben.

Insofern war der Sturm der öffentlichen Entrüstung im Zuge der *Daily-Telegraph*-Affäre für die Alldeutschen schwierig zu kommentieren. Man müsse nun zusammenstehen und auf den Reichstag als letzten „Träger deutscher Hoffnung" bauen, der den Untergang der Monarchie verhindern sollte.[155] Ende 1908 drängte Claß den Geschäftsführenden Ausschuss zur klaren Positionierung gegen den Reichskanzler und den Kaiser. Alle Mitglieder der Hauptleitung waren jedoch weiterhin skeptisch, inwieweit der Alldeutsche Verband überhaupt einflussreich genug sei, auf Kanzler und Kaiser zu wirken. Claß wollte den Verband endgültig auf die Forderung nach einem entschiedenen Systemwechsel der deutschen Politik festlegen. Dabei sei es ihm gleichgültig, ob er durch eine radikalere Politik Mitglieder verliere oder nicht. Er „müsse unbeirrt das tun, was er für richtig halte".[156] Sein Vorschlag einer Verbandsresolution mit der Forderung nach der Absetzung Bülows wurde aber mit acht gegen sieben Stimmen abgelehnt. Stattdessen erhielten gemäßigtere Anträge eines Immediatgesuches an den Kaiser, eines Aufrufes an das Volk und der Einberufung eines außergewöhnlichen Verbandstages Zustimmung.[157]

Die Immediateingabe an den Kaiser vom 10. November 1908 wurde zur ersten Nagelprobe für die Durchsetzungsfähigkeit des neuen Verbandsvorsitzenden. Claß nutzte diese Gelegenheit zur Festigung seiner neuen Machtstellung. Zunächst wurde eine im Ton schärfere Eingabe mit direkten Angriffen auf Wilhelm II. formuliert, die dann von Claß aus taktischen Erwägungen abgemildert wurde. Der Vorwurf blieb aber im Raum, der Kaiser habe durch sein persönliches Eingreifen in Deutschlands auswärtige Angelegenheiten „Verwirrung der Verantwortlichkeit herbeigeführt", sodass ihm jetzt die „sachliche Verantwortung" zukomme und sich eine „Einbuße an der Geltung der Kaiserlichen Person" mit einem „Zwiespalt" zwischen Kaiser und Volk ergeben habe.[158]

Das Leitmotiv der alldeutschen Verbandsgründung kam bei diesen radikalen Positionen erneut zum Vorschein. Für Claß lag der Kern der politischen Legitimität des Verbandes in der Kritik am Monarchen, dessen verfassungsmäßige Stellung in Zukunft auf repräsentative Aufgaben beschränkt werden sollte, während der Reichstag durch

154 Siehe auch Leicht: Heinrich Claß, S. 134 – 135.

155 Aufruf der Hauptleitung des Alldeutschen Verbandes an die Mitglieder des Reichstages, 6.11.1908, in BA-Berlin, R 8048, Bd. 581, Bl. 5.

156 Claß auf der Sitzung des Geschäftsführenden Ausschusses des Alldeutschen Verbandes 4./5.11.1908, in BA-Berlin, R 8048, Bd. 67, Bl. 38.

157 Siehe Protokoll der Sitzung des Geschäftsführenden Ausschusses des Alldeutschen Verbandes 4./5.11. 1908, in ebd., Bl. 40 und Aufruf des Alldeutschen Verbandes, 10.11.1908, in ebd., Bl. 52.

158 Eingabe des Alldeutschen Verbandes an Wilhelm II., 10.11.1908, in BA-Berlin, R 8048, Bd. 581, Bl. 6 – 7.

ein Ständewahlrecht reformiert und Expertengremien, wie der Alldeutsche Verband, politische Führung und Beratung übernehmen sollten.

Von den 41.000 gedruckten Exemplaren der ersten Version der Immediateingabe wurden die noch nicht verschickten 20.000 zurückbehalten. Veröffentlicht wurde dann die neue Version mit scharfer Kritik an der gesamten Reichsleitung mit einer Auflage von fast einer Million (708.400 gingen an Zeitungen und 223.095 an die Ortsgruppen zur Verteilung).[159] Claß plädierte auf einem außerordentlichen Verbandstag am 21. November 1908 zudem für eine Entschließung, in welcher der Verband gegen eine in diesen Tagen verstärkt geäußerte Forderung nach Änderung der Reichsverfassung zugunsten einer Stärkung der Rechte von Kaiser und Kanzler Stellung nehmen sollte, um „die Gefahr partikularistischer Rückbildung zu Gunsten der Bundesstaaten" auszuschließen.[160] Gleichzeitig nutzte man die Entschließung angesichts der ernsthaften Erschütterung der Stellung des Kaisers nach der *Daily-Telegraph*-Affäre, um „die vom Verbande seit 18 Jahren beklagten Missstände des persönlichen Regiments einer offenen und rückhaltlosen Erörterung" zu unterziehen, wie sie im Reichstag und durch die deutsche Presse kritisch erfolgte.[161] In Zukunft müssten aber auch die Auswirkungen des „neuen Kurses" auf die Innenpolitik schärfer in den Blick genommen werden, es dürften nicht nur die außenpolitischen Wirkungen kritisiert werden. Der Vorwurf, das „persönliche Regiment" Wilhelms II. sei eine grundsätzlich verfehlte Amtsführung des Kaisers, begleitete die Politik des Verbandes bis in den Ersten Weltkrieg.[162]

Claß hegte nach dem Rücktritt Bülows und der Düpierung des Kaisers zunächst große Hoffnungen auf den neuen Reichskanzler als einhegendes Gegengewicht zu Wilhelm II. Man solle jetzt nicht „vorhandene Möglichkeiten verspielen" und Theobald von Bethmann Hollweg „nicht schon in der Uebergangszeit Schwierigkeiten" machen, da sich die Regierung erst neu orientieren müsse.[163] Die „Beseitigung" von Bülow hielt Claß für eine „Notwendigkeit", da der 1907 gegen Zentrum und Sozialdemokratie im Reichstag geschlossene Bülow-Block aus Konservativen, Nationalliberalen und Linksliberalen letztlich über die Frage der Finanzierung von Flottenrüstung und Sozialausgaben durch eine Reichsfinanzreform gescheitert und in den Rücktritt des Reichskanzlers gemündet war. Claß wollte die Berufung des nächsten Reichskanzlers daher als Voraussetzung für eine neue Sammlung der „nationalen Parteien" und Verbände in einem „nationalen Block" abwarten und zunächst alles vermeiden, was auf eine Ver-

159 Siehe Kanzleivorstand Hartwig auf der Sitzung des Geschäftsführenden Ausschusses des Alldeutschen Verbandes 21.11.1908, in BA-Berlin, R 8048, Bd. 68, Bl. 2.

160 Claß auf der Sitzung des Geschäftsführenden Ausschusses des Alldeutschen Verbandes, 21.11.1908, in ebd., Bl. 2. Zitat ebd., Bl. 3.

161 Entschließung des Alldeutschen Verbandes [21.11.1908], in ebd., Bl. 7.

162 Siehe auch Röhl: Wilhelm II., 3 Bde.

163 Siehe Claß auf der Sitzung des Geschäftsführenden Ausschusses des Alldeutschen Verbandes 3.9. 1909, in BA-Berlin, R 8048, Bd. 71, Bl. 8.

tiefung der Parteigegensätze und gegen ein erneutes Wahlbündnis hinauslaufen könnte.[164]

Er ließ sich vom Geschäftsführenden Ausschuss die Vollmacht erteilen, die notwendigen Schritte zur „praktischen Betätigung" des Verbandes in dieser Übergangszeit einzuleiten. Er ging auf den neuen Reichskanzler zu, lud ihn zum nächsten Verbandstag am 3. September 1909 ein, stellte ein Audienzgesuch für eine zukünftige „gedeihliche Zusammenarbeit" und kündigte eine „selbstlose Unterstützung" des Verbandes für die Interessen des Reiches an. Trotz seines „lebhaften Interesses" an der Arbeit des Verbandes sah der neue Reichskanzler Bethmann Hollweg zunächst davon ab, auf Claß' Avancen einzugehen, bevor er die Audienz infolge seiner Verstimmung wegen alldeutscher Angriffe auf Herzog Johann Albrecht zu Mecklenburg in der Welfenfrage im September 1909 zurückstellte.[165]

Statt einer Immediateingabe an den Kaiser forcierte Claß nun die Kernthemen der Alldeutschen. Eine Verfassungseinführung im 1871 zugeschlagenen Reichsland Elsass-Lothringen sei eine „Gefahr für das Deutschtum" im gesamten Deutschen Reich, Elsass-Lothringen müsse Preußen „einverleibt" werden. Schärfere Enteignungsgesetze gegenüber den Polen im Osten Preußens sollten die Germanisierungspolitik vorantreiben. Gleichzeitig empfahl Claß, sich mit Angriffen auf den Reichskanzler aber zurückzuhalten.[166] Er wollte sich mit Bethmann Hollweg zu diesem Zeitpunkt auf keinen Fall „dauerhaft" überwerfen und bat bei ihm sogar für einen Entschluss des Geschäftsführenden Ausschusses um Entschuldigung, der gegen seine Außenpolitik in Marokko gerichtet war.[167] Es ging Claß aber gleichzeitig darum, nach der anfänglichen Zurückweisung durch Bethmann Hollweg jeden Eindruck eines „Bussganges" der Verbandsleitung zum Auswärtigen Amt, zum Kaiser oder zum Reichskanzler zu vermeiden.[168] Mit eigenmächtigen Kundgebungen sollten sich die Ortsgruppen zurückhalten und auf Genehmigung durch die Hauptleitung warten, so Claß' Anordnung, die schlichtweg übersah, dass die Hauptleitung satzungsgemäß keine Anordnungen, sondern nur Empfehlungen an die Ortsgruppen geben durfte.[169]

---

164 Siehe Rundschreiben Friedrich Lange, 16.9.1909, in BA-Berlin, N 2165, Bd. 20, Bl. 4 und Claß an Friedrich Lange, 2.10.1909, in ebd., S. 27 – 28.

165 Siehe Claß an Theobald von Bethmann Hollweg 19.8.1909, in BA-Berlin, N 2089, Bd. 6, Bl. 494 – 495, Theobald von Bethmann Hollweg an Claß (mit Bitte um Verschiebung nach dem 15.9.1909), 26.8.1909, in ebd., Bl. 496 und Claß an Theobald von Bethmann Hollweg 18.10.1909 (mit Vorschlag eines Treffens am 25.10. oder 5.11.1909), in BA-Berlin, R 8048, Bd. 585, Bl. 10 sowie Claß: Wider den Strom, S. 144. Siehe zu Herzog Johann Albrecht zu Mecklenburg Hofmeister (Hrsg.): Heinrich Claß. Politische Erinnerungen, Kapitel 1.4.

166 Siehe Claß auf der Sitzung des Geschäftsführenden Ausschusses des Alldeutschen Verbandes, 28.1. 1910, in BA-Berlin, R 8048, Bd. 78, Bl. 24.

167 Alldeutsche Blätter 12.2.1910.

168 Claß auf der Sitzung des Geschäftsführenden Ausschusses des Alldeutschen Verbandes, 6.2.1910, in BA-Berlin, R 8048, Bd. 73, Bl. 6.

169 Ebd.

Abb. 12: Herzog Johann Albrecht zu Mecklenburg (3) und Wilhelm II. (7) im Oktober 1910 bei der Jahrhundertfeier der Berliner Universität mit seiner zweiten Gemahlin Prinzessin Elisabeth von Stolberg-Roßla (5), Kaiserin Auguste Viktoria (1), Prinz August Wilhelm (2), Prinzessin Viktoria Luise (4) und dem Rektor der Universität, dem Literaturwissenschaftler Erich Schmidt (6). Herzog Johann Albrecht zu Mecklenburg wurde 1907, nach dem Tod Albrecht von Preußens ein Jahr zuvor, zum Regenten des Herzogtums Braunschweig ernannt bis 1913 der Herzog Ernst August (von Cumberland) auf den Thron der Welfen unter Verzicht auf Ansprüche auf den Königsthron in Hannover zurückkehrte. Er war 1891 Gründungsmitglied des Alldeutschen Verbandes, trat 1909 aufgrund von beleidigender Kritik, die Claß nicht teilte, aus den alldeutschen Reihen aus. Der Kontakt zu Claß wurde im Zuge des Erhalts von dessen Kriegszieldenkschrift im Frühjahr 1915 enger, sodass Claß den Herzog ein Jahr später als Vorsitzenden eines zu gründenden „Deutschen Volksrats" ins Visier nahm, der jedoch als Vorsitzender der Deutschen Kolonialgesellschaft (1895 – 1920) Widerstände aus den eigenen Reihen gegen einen solchen Plan befürchtete und ablehnte. Er wurde 1917 dann Ehrenvorsitzender der Deutschen Vaterlandspartei.

Die Stellung des Verbandsvorsitzenden war zu diesem Zeitpunkt derart gefestigt, dass Claß im April 1910 einstimmig in die Hauptleitung wiedergewählt wurde.[170] Als die

170 Siehe Sitzung des Geschäftsführenden Ausschusses des Alldeutschen Verbandes 2.4.1910, in BA-Berlin, R 8048, Bd. 74, Bl. 2.

„beste Selbstrechtfertigung des Verbandes“ initiierte er bereits die Selbsthistorisierung der Alldeutschen unter seiner Führung, indem Otto Bonhard beauftragt wurde, für den Verband als „Wegebahner“ eine Geschichte der letzten zwanzig Jahre zu veröffentlichen, die eine Dokumentensammlung aus Positionen, Entwürfen, Eingaben und Aufsätzen enthalten sollte.[171] Die forcierte politische Zurückhaltung des Verbandes zeigte Wirkung, als im Juni 1910 Alfred von Kiderlen-Wächter Staatssekretär im Auswärtigen Amt wurde und in einem ersten Treffen am 23. August 1910 in der erneuten außenpolitischen Auseinandersetzung mit Frankreich um den Zugang zu Marokko die Nähe zu den Alldeutschen suchte.[172]

3.5 Imperiale Raumpolitik und Angriffskrieg gegen Frankreich: Die Marokko-Krise 1911

Claß verstand die Begegnung mit Kiderlen-Wächter als ein unmissverständliches Angebot zur „Arbeitsteilung“ mit dem Alldeutschen Verband.[173] Eine solche Einschätzung entsprach dem Selbstverständnis des Verbandes und nahm vergleichbare Formulierungen beispielsweise bei der Annäherung zu Bethmann Hollweg vom September 1909 auf. Andererseits wollte Claß nun nicht wieder die Initiative ergreifen. Auch ein Jahr später schien es ihm wichtig, alles zu vermeiden, was danach aussehen konnte, als würde sich der Verband an die Regierung „herandrängeln“.[174]

Welche konkreten Absprachen zur Beeinflussung der öffentlichen Meinung durch den Verband getroffen wurden, blieb dem Wissen von Claß und Kiderlen-Wächter vorbehalten. „Minutiöse“ Absprachen erfolgten mit dem Auswärtigen Amt während der folgenden Pressekampagne des Verbandes.[175] Ein weiteres Treffen Ende Oktober 1910 erweckte bei Claß den Eindruck, der Verband sei eine gesuchte einflussreiche Interessenvertretung für das Auswärtige Amt, und er vergaß zunehmend seine anfängliche Reserviertheit gegenüber Kiderlen-Wächter.[176] Weitere Treffen folgten im Januar und Februar 1911 und verstärkten Claß' Wahrnehmung, dass der neue Staatssekretär strategische Einschätzungen und vertrauliche kolonialpolitische Informationen zu dem Zweck teilte, um Expertise und Beratung von ihm zu erhalten. Gleichzeitig befürchteten die in die Gespräche Eingeweihten des Geschäftsführenden Ausschusses sowie der Hauptleitung eine taktische Beruhigung des Verbandes und folglich eine Abschwächung seiner öffentlichen Propaganda.

---

171 Alldeutscher Verband: Zwanzig Jahre. Zitate Claß auf der Sitzung des Geschäftsführenden Ausschusses des Alldeutschen Verbandes 6.2.1910, in BA-Berlin, R 8048, Bd. 73, Bl. 6.

172 Siehe Peters: Der Alldeutsche Verband am Vorabend des Ersten Weltkrieges, S. 111–193.

173 So Claß: Wider den Strom, S. 177–178.

174 Claß auf der Sitzung des Geschäftsführenden Ausschusses des Alldeutschen Verbandes 9.9.1910, in BA-Berlin, R 8048, Bd. 75, Bl. 20.

175 Peters: Der Alldeutsche Verband am Vorabend des Ersten Weltkrieges, S. 111–139.

176 Siehe dazu auch Leicht: Heinrich Claß, S. 136–141.

Im März 1911 schien der Aufstand von Berberstämmen in Westmarokko und die auf Wunsch des Sultans Mulai Abd al-Hafiz folgende Besetzung von Fes und Rabat durch französische Truppen die Anerkennung der Algeciras-Akte von 1906 in Frage zu stellen.[177] Der seinerzeit gewährte Einfluss Frankreichs in Marokko war bereits 1906 von Claß massiv kritisiert worden. Er sah Deutschland durch diese internationale Übereinkunft außenpolitisch völlig „vereinsamt". Die Beziehung Frankreichs zu Großbritannien sei lediglich zementiert worden und die deutsche Diplomatie müsse im Grunde wieder von vorne anfangen, da seit Bismarck der „Wille" zur forcierten Weltpolitik fehle. Die deutsche Kolonialpolitik spiegele nach dem „Misserfolg" in Marokko die ganze Schwäche der wilhelminischen Regierung sowie die „Verständnislosigkeit" des Reichstages wider.[178]

Gemäßigtere Ortsgruppen wie die in Karlsruhe hatten 1906 noch den scharfen Ton gegen die Regierung abgelehnt und mit Auflösung gedroht. Fünf Jahre später schien die Konfliktpropaganda der Alldeutschen von der Regierung aus taktischen Erwägungen zur Mobilisierung der öffentlichen Meinung wohlwollend in Anspruch genommen zu werden. Nun fragte Kiderlen-Wächter nach der Übersendung der Marokko-Denkschrift von 1904, auf die er sich bei seinen Gesprächen mit Claß wohl bezogen hatte.[179] Er hatte jedoch in erster Linie diplomatische Verhandlungen mit Frankreich im Sinn und wollte durch eine alldeutsche Marokko-Propaganda zur deutschen Besetzung vor allem Westmarokkos bessere Rahmenbedingungen aushandeln. Es folgten weitere Treffen am 19. April und am 1. Juli 1911, auf die Claß immer enthusiastischer reagierte. Endlich würde er der Regierung nach der Entsendung des Kanonenbootes „Panther" am 1. Juli eine befreiende Politik gegenüber Frankreich zutrauen, die auf eine Kolonisierung Marokkos hinauslaufe und nur der Anfang für weitere Forderungen nach deutscher Festsetzung sein sollte. Claß sah nun keinerlei Gefahr für ein „Umfallen" der Regierung und bewertete die Provokationen der deutschen „Kanonenbootdiplomatie" als einen „gewaltigen moralischen und politischen Erfolg des A.D.V.".[180] Ohnehin sei in Zukunft die

177 Mitglieder der Hauptleitung und des Geschäftsführenden Ausschusses waren in die Besprechungen des Verbandes mit dem Auswärtigen Amt ebenso eingebunden (u. a. Generalleutnant a. D. Hans von Wrochem am 14.7.1911 oder Eduard von Liebert am 28.8.1911) wie die Mannesmann-Brüder, die vor allem wegen der Förderrechte von Erzen in Marokko für eine forcierte Marokkopolitik eintraten, im März 1909 das Marokko-Minen-Syndikat gegründet hatten und kompromisslos durch den Alldeutschen Verband unterstützt wurden. Siehe auch Claß auf der Sitzung des Geschäftsführenden Ausschusses des Alldeutschen Verbandes 17.2.1912, in BA-Berlin, R 8048, Bd. 83, Bl. 8 sowie zu Mannesmann Peters: Der Alldeutsche Verband am Vorabend des Ersten Weltkrieges, S. 113–114 und Pogge-Strandmann: Unternehmenspolitik, S. 57–75.

178 Claß auf der Sitzung des Geschäftsführenden Ausschusses des Alldeutschen Verbandes 2.9.1906, in BA-Berlin, R 8048, Bd. 56, Bl. 36 sowie auch Dass. 5./6.5.1906, in ebd., Bd. 54, Bl. 13.

179 Siehe Prof. Dr. Boeser an Claß, 28.10.1906, in BA-Berlin, Bd. 57, Bl. 1, Claß an Alfred Hugenberg, 13.4. 1911, in BA-Koblenz, N 1231, Bd. 10, Bl. 288 und Claß an Gustav Buchholtz 27.10.1913, in BA-Berlin, R 8048, Bd. 197, Bl. 351.

180 Claß auf der Sitzung des Geschäftsführenden Ausschusses des Alldeutschen Verbandes, 2.7.1911, in BA-Berlin, R 8048, Bd. 80, Bl. 3.

gesamte Atlantikküste aus wirtschaftlichen Gründen und für eine deutsche Ansiedlung zu fordern. Für Claß war klar: „Wir gehen nicht mehr hinaus aus diesem Lande."[181]

Kiderlen-Wächter teilte am 1. Juli hingegen Vertretern der Wirtschaft und der Presse mit, man plane keinerlei Annexionen in Marokko. Unterstaatssekretär Arthur Zimmermann informierte Claß über den bevorstehenden „Panther-Sprung", der diese Andeutungen als Hinweise auf eine geplante Eskalation der deutschen Außenpolitik interpretierte. Warnungen von Reismann-Grone, Zimmermann sei die Marokko-Angelegenheit keinen Krieg wert, ignorierte er und konzentrierte sich auf eine umfangreiche Werbekampagne für eine deutsche Aggressionspolitik in Marokko.[182] Der „Panther" in Agadir sei nur ein „Versuchsballon" gewesen und der Kaiser für die Verschärfung seiner persönlichen Tonlage gegenüber Frankreich in der Marokko-Krise öffentlich zu loben.[183]

Die einsetzenden Verständigungsverhandlungen zwischen dem Deutschen Reich und Frankreich überraschten Claß, da die deutschen Forderungen nach der Abtretung Französisch-Kongos als Ausgleich zunächst von Großbritannien als unterstützendem Allianzpartner Frankreichs zurückhaltend beurteilt wurden. Ende Juli 1911 folgten die ersten scharfen öffentlichen Protestresolutionen wie die der Rheinisch-Westfälischen Vertrauensmänner unter Itzenplitz gegen Kompensationsbemühungen der deutschen Regierung für ein Zurückweichen aus Marokko.[184] Kurz zuvor hatte Claß am 21. Juli 1911 seine Broschüre „West-Marokko deutsch!" veröffentlicht, deren Korrekturfahnen für den Lehmanns Verlag in München am 14. Juli 1911 dem Auswärtigen Amt vorlagen und harsche Kritik erfuhren, woraufhin Kiderlen-Wächter auf die Einstellung der alldeutschen Propaganda drängte.[185]

Claß war darüber völlig überrascht. In der ersten (ungekürzten) Fassung seiner Broschüre stellte er noch einen möglichen deutschen „Angriffskrieg" in Aussicht, der den deutschen Interessen zuwiderlaufenden Absprachen bei den gegenwärtigen Auseinandersetzungen um Marokko folgen würde.[186] Bekomme Deutschland nicht Marokko als Kolonie, dann sei dies ein Kriegsgrund auf dem europäischen Festland gegenüber Frankreich. Als deutsches Kriegsziel für ein solches Angriffsszenario wurde die Abtretung von Nancy über Toul und Verdun bis zur Somme-Mündung und von Nancy bis Toulon gefordert, „wobei vom Rhônetal mitzunehmen wäre, was militärisch notwendig erscheint". Dieser Landstreifen müsste zudem „frei von Menschen" übernommen

181 Ebd., Bl. 4.

182 Leicht: Heinrich Claß, S. 141.

183 Claß auf der Sitzung des Geschäftsführenden Ausschusses des Alldeutschen Verbandes, 8.9.1911, in BA-Berlin, R 8048, Bd. 81, Bl. 20.

184 Peters: Der Alldeutsche Verband am Vorabend des Ersten Weltkrieges, S. 124.

185 Ebd., S. 122.

186 Claß: West-Marokko deutsch!, S. 29.

werden.[187] Die dahinterstehenden Forderungen „ethnischer Deportation" waren immer wieder im Alldeutschen Verband gefallen und bezogen sich bei Claß auf seine grundlegende Kritik an der „Germanisierungspolitik" gegenüber ethnischen Minderheiten im Deutschen Reich. Jedoch rechnete der Verbandsvorsitzende bei diesem Punkt bereits mit harscher Kritik, die dann im Geschäftsführenden Ausschuss auch geäußert wurde.[188]

Claß forderte nicht nur die Umsetzung radikaler völkischer Siedlungspolitik in den zu annektierenden Gebieten südwestlich des Reichslandes Elsass-Lothringen, sondern verlagerte zudem den Konflikt aus der kolonialen Peripherie nach Europa und forcierte damit den Gedanken eines deutschen Angriffskrieges gegen Frankreich und somit letztlich gegen die *Entente.* Die Forderung nach dem kolonialen Erwerb Marokkos hatte daher eine doppelte Zielsetzung. Bei erfolgreicher Einverleibung Marokkos hätte Deutschland Frankreichs Einfluss in der Region zurückgedrängt und sei vor allem England gegenüber strategisch gut aufgestellt, da man einen deutschen Zugang zum Mittelmeer erhalte. Scheiterten diese kolonialen Forderungen, dann sei dies ein Kriegsgrund, der zum eigentlichen Ziel die Zurückdrängung Frankreichs in Europa durch territoriale Abtretungen an Deutschland hatte.

Ob eine Kolonie in Marokko oder ein erweitertes Reichsland auf französischem Boden: Claß wollte 1911 die machtpolitische Entscheidung gegenüber Frankreich auch um den Preis eines möglichen Weltkrieges. Er rechtfertigte später seine Kriegszielpläne Frankreich gegenüber mit strategischen Überlegungen, die Hasse bereits bei der ersten Marokko-Krise 1904 geäußert hatte. Hasse war trotz mancher machtpolitischer Zurückhaltung im Grundsatz überzeugt, dass zukünftig „alle kolonialen Fragen in Europa, und zwar hoffentlich auf französischem Boden entschieden werden". England sei die imperiale Macht der See, Deutschland auf dem Lande und Frankreich habe historisch ohnehin immer den Preis für eine solche Machtaufteilung zahlen müssen, so Hasse.[189] Die Streichung der entsprechenden Frankreich-Passagen aus den Druckfahnen der Broschüre erfolgte letztlich auf Claß' Anordnung beim Lehmanns Verlag. So wie 1904 die Forderungen nach deutschen Erwerbungen in Südamerika um den Preis eines Krieges gegen die USA gestrichen worden waren, so verzichtete Claß 1911 noch auf die veröffentlichte Forderung nach einem Angriffskrieg gegen Frankreich, bei dem die Auseinandersetzungen um Marokko nur als Anlass für territoriale Erwerbungen im Südosten Frankreichs dienen sollten.

Marokko wurde von Claß zusätzlich instrumentalisiert, um eine alldeutsche Kriegsstimmung für die militärische Lösung der grundsätzlichen Konkurrenz um weltpolitische Geltung zu befeuern, nachdem die Bismarck'sche Strategie der außenpolitischen Isolation Frankreichs mit der französisch-britischen *Entente* gescheitert war.

---

187 Die Passagen sind nicht in der gedruckten Fassung der Broschüre wiedergegeben, aber in der Erstfassung. Siehe BA-Berlin, R 8048, Bd. 515, Bl. 134–135. Zitiert auch in Peters: Der Alldeutsche Verband am Vorabend des Ersten Weltkrieges, S. 123.

188 Siehe dazu Leicht: Heinrich Claß, S. 143.

189 Zitiert in Claß an Gustav Buchholtz, 11.11.1913, in BA-Berlin, R 8048, Bd. 197, Bl. 365.

Claß hielt die *Entente* von 1904 auch im Rückblick noch als die „allerunwahrscheinlichste" Entwicklung, die dafür sorge, dass Deutschland in Marokko von Verhandlungen ferngehalten und auf eine Stufe mit Spanien „herabgedrückt" werde.[190] Die gesamte atlantische Küste Marokkos müsse aufgrund ihrer günstigen klimatischen Bedingungen für deutsche Siedlungsplanungen sowie für die Erweiterung wirtschaftlicher Absatzmärkte und der Baumwollproduktion gefordert werden, nachdem Frankreich seinen kulturellen, politischen und wirtschaftlichen Einfluss seit der Algeciras-Akte 1906 und dem deutsch-französischen Abkommen vom Februar 1909 zur Anerkennung besonderer französischer Interessen bei gleichzeitiger wirtschaftlicher Politik der „offenen Tür" strategisch ausgebaut habe.[191]

Das Marokko-Abkommen vom 4. November 1911 legte einen imperialen Ausgleich zwischen Deutschland und Frankreich fest, um den deutschen Verzicht auf Ansprüche in Marokko durch die Übertragung von Gebieten im Kongo verbindlich zu machen. Die Reichsregierung stellte die Verhandlungen als Erfolg dar. Kiderlen-Wächter machte öffentlich, dass die Alldeutschen mit ihrer überzogenen Propaganda erst eine gefährliche Kriegsstimmung erzeugt und schließlich Warnungen nicht anerkannt hätten. Claß hingegen verstand die innen- und außenpolitischen Wendungen als Affront, hielt aber den Kaiser diesmal für unschuldig an den Ausgleichsverhandlungen, da Wilhelm II. nach seiner Kenntnis eher für einen Krieg gewesen sei, sich aber von seinen Ministern habe umstimmen lassen.[192] Claß wehrte sich auf breiter Front gegen die Anschuldigungen Kiderlen-Wächters vom 24. November, die auch in der Verbandsführung zu Misstrauen gegen ihn führten.[193] „Ich bleibe dabei und habe überzeugende Beweise dafür, dass Kiderlen mindestens in Südwest-Marokko festen Fuß fassen wollte", so der Verbandsvorsitzende.[194]

Claß bot angesichts seiner Fehleinschätzung der Kriegsbereitschaft der Regierung im Dezember 1911 seinen Rücktritt vom Verbandsvorsitz an, um sich von der Blamage freizumachen und gleichzeitig die Führung fester an sich zu ziehen.[195] Sein Rücktritt wurde auf der Sitzung des Geschäftsführenden Ausschusses im Dezember 1911 umgehend abgelehnt. Man wollte aber weitere Angriffe gegen die Regierung zunächst bis nach den Reichstagswahlen im Frühjahr 1912 zurückstellen, da die Parteien aller Lager Kiderlen-Wächter gegenüber ruhig geblieben seien und der Verband seine „Verhandlungsfähigkeit" nicht durch weitere Aktionen diskreditieren wollte.[196] Werde Kiderlen-Wächter aufgrund seiner Aussagen über eine Zusammenarbeit mit den Alldeutschen

---

190 Claß: West-Marokko deutsch!, S. 5.

191 Ebd., S. 6–12 und 32. Claß forderte bei einer zukünftigen Aufteilung Marokkos die Atlantikküste über Agadir bis Casablanca und Rabat. Siehe ebd. die Karte (Anhang).

192 Claß an Adolf Fick, 6.10.1911, BA-Berlin, R 8048, Bd. 195, Bl. 349.

193 Siehe Leicht: Heinrich Claß, S. 146–151.

194 Claß an Paul Simons, 6.10.1911, BA-Berlin, R 8048, Bd. 195, Bl. 348.

195 Siehe Entschließung des Alldeutschen Verbandes, Dezember 1911, in BA-Berlin, R 8048, Bd. 82, Bl. 31.

196 Siehe Sitzung des Geschäftsführenden Ausschusses des Alldeutschen Verbandes, 9.12.1911, in BA-Berlin, R 8048, Bd. 82, Bl. 21–24.

zum Rücktritt gezwungen, würde auch der Verband stürzen. Die Marokko-Krise wurde zur ernsthaften Verbandskrise. Deshalb betonte Claß immer wieder, dass Kiderlen-Wächter bei den ersten beiden Treffen die „Fußfassung" in Marokko entschlossen verkündet habe und der Wunsch zur Zusammenarbeit vom Auswärtigen Amt gekommen sei, zum ersten Mal im Mai 1908 noch unter Reichskanzler Bülow.[197]

Auch Johann Neumann warnte Claß vor unkontrollierter „persönlicher Revanche", sodass er sich letztlich für strategisches Schweigen entschied.[198] Dies entsprach Claß' Gemütszustand, als er vom 12. Oktober bis zum 8. November 1911 aufgrund der „nervenverbrauchenden Arbeit" erkrankte und von seinem Arzt verordnet bekam, sich mit „keinerlei Verbands- und Berufsgeschäften" zu befassen.[199] Er ging auf 14-tägige Kur nach Baden-Baden, während im Verband nach dem „Versagen der nationalen Parteien" in der Marokko-Krise die Gründung einer eigenen Partei angeregt wurde.[200] Solche Planungen wurden letztlich genauso verworfen wie Überlegungen für einen Deutschen Volksrat als Sammelgremium für die „nationale Opposition".[201]

Für Claß' Verhältnis zur Reichsregierung bedeutete die Marokko-Krise einen endgültigen Wendepunkt zur grundsätzlichen Opposition, wie er sie bereits 1903 skizziert und aus strategischen Gründen zwischen 1909 und 1911 zurückgestellt hatte. Auch die Kolonialgesellschaft und der Deutsche Flottenverein zeigten sich von der Regierung in der Marokko-Angelegenheit am „Gaumen gekitzelt" und angesichts der nationalistischen Rhetorik, der keine Taten folgten, enttäuscht.[202] Bethmann Hollweg wurde nun endgültig für Claß zur zentralen Figur, die für das strukturelle Scheitern des politischen Systems der Nach-Bismarck'schen Ära verantwortlich gemacht wurde: „B. H. [Bethmann Hollweg] hat sich so sehr in das Gefühl der Ueberlegenheit hineingelebt, dass die technischen Res[s]orts von ihm vollständig ausgeschaltet sind; im Reich[s]marineamt und im Kriegsministerium herrscht die helle Empörung über diesen bis zum Grössenwahn hochmütigen Bürokraten."[203] Das Ergebnis der anstehenden Reichstagswahlen sollten die Konfrontationen mit dem Reichskanzler zementieren.

---

197 Claß auf der Sitzung des Geschäftsführenden Ausschusses des Alldeutschen Verbandes, 9.12.1911, in ebd., Bl. 20.

198 Johann Neumann auf der Sitzung des Geschäftsführenden Ausschusses des Alldeutschen Verbandes, 9.12.1911, Bl. 22 und Entschließung des Alldeutschen Verbandes, 9.12.1911, in BA-Berlin, R 8048, Bd. 590, Bl. 18.

199 Siehe Paul Simons an Karl Klingemann, 26.10.1911, in BA-Berlin, R 8048, Bd. 195, Bl. 388 und Stellungnahme Claß, 20.10.1911, in ebd., Bl. 379.

200 Eduard Lucius an Ludwig Kuhlenbeck, 29.10.1911, in ebd., Bl. 392 und Theodor Reismann-Grone an Claß (Anregung zur Diskussion der Gründung einer neuen Partei auf dem nächsten Verbandstag) 6.11. 1911, in ebd., Bl. 394. Dieser Verbandstag wurde wegen Claß' Erkrankung verschoben. Siehe Eduard Lucius an W. Pathe 7.11.1911, in ebd., Bl. 398.

201 Entsprechende Gespräche von Claß mit Adolf Bartels, Theodor Fritsch und Paul Langhans in Weimar scheiterten, da man u. a. auch kein Personal für die Organisation bereitstellen wollte. Siehe Claß auf der Sitzung des Geschäftsführenden Ausschusses des Alldeutschen Verbandes, 17./18.2.1912, in BA-Berlin, R 8048, Bd. 83, Bl. 16.

202 Siehe Blackbourn: Demagogie in der Politik des Kaiserreichs, S. 164–165. Zitat ebd., S. 165.

203 Claß an Albrecht von Gröling, 14.12.1911, in BA-Berlin, R 8048, Bd. 195, Bl. 444.

3.6 Wahlrecht, Diktatur, Antisemitismus: „Wenn ich der Kaiser wär'" als radikale „Reichs-Reform" 1912

Die Reichstagswahlen vom 12. Januar 1912 brachten erneut leichte Stimmenverluste für die Nationalliberalen und die Deutsch-Konservativen von fast einem Prozent sowie für die Antisemitenparteien und die konservative Deutsche Reformpartei. Die SPD hingegen gewann fast 6 Prozent dazu und stellte nach den letzten Wahlen vor dem Ersten Weltkrieg mit 34,8 Prozent und 110 von insgesamt 397 Sitzen die stärkste Fraktion im Reichstag. Der Versuch Bethmann Hollwegs, durch eine „Politik der Diagonale" mit wechselnden Parteiallianzen Mehrheiten jenseits der Sozialdemokratie zu erreichen, lähmte fortan das Parlament. Der Wählerumschwung nach links war für Claß ein klares Zeichen für eine grundlegende und seit 1890 andauernde kulturelle Krise, für die seit seinem Amtsantritt vor drei Jahren nun Bethmann Hollweg verantwortlich gemacht werden müsse.

Die Bloßstellung nach der Marokko-Krise und der Verlust der konservativen und nationalliberalen Wähler bei gleichzeitigem Aufstieg der Sozialdemokratie bedeutete für den Alldeutschen Verband nicht nur eine beispiellose Zuspitzung der „Schwäche der Regierung, ihre[r] Ziel- und Willenlosigkeit"[204]. Vielmehr wurde damit auch die eigene politische Krise akuter. Eduard von Liebert vom Geschäftsführenden Ausschuss saß für die Freikonservative Partei im Reichstag, während von den verbliebenen 15 alldeutschen Reichstagsabgeordneten lediglich Ferdinand Werner als Vorsitzender der antisemitischen Deutschvölkischen Reichspartei führende Ämter im Verband ausübte.[205] Bei den vorherigen Reichstagswahlen von 1907 hatten noch 34 alldeutsche Reichstagsabgeordnete ein Mandat gewinnen können.[206]

Dieser politische Bedeutungsverlust im Parlament korrespondierte mit einer fundamentalen weltanschaulichen Krise, da die Politik der „nationalen Opposition" anscheinend zunehmend gegen das eigene „Volk" gemacht werden müsste. Die Legitimität des eigenen Anspruchs, für das deutsche „Volk" zu sprechen und dessen vorgeblich wahren Willen zu repräsentieren, erodierte zusehends und schnitt den Verband gleichsam von der Quelle ab, aus der er seine symbolische Autorität bezog.[207] Insofern erschienen die Alldeutschen durch die Regierung „von oben" isoliert und durch die Massenmobilisierung „nach unten" immer mehr entfremdet. Der Ansatz einer ständestaatlichen Gesellschaftsordnung, in der gebildete Experten wirtschaftlich und politisch die Massen führen und verwalten sollten, während der Kaiser lediglich symbolisch repräsentieren solle, schien angesichts des Aufstiegs der Arbeiterschaft, des Beharrungsvermögens der ethnischen Minderheiten auf ihrer kulturellen Eigenständigkeit dem von Claß verstärkt vorgetragenen vermeintlichen Einfluss von Juden in der Sozi-

---

204 Alldeutsche Blätter 20.1.1912 (Zitat von Heinrich Claß – „V.": Nach der Wahl).

205 Siehe auch Leicht: Heinrich Claß, S. 205.

206 Siehe Hofmeister: Between Monarchy and Dictatorship, S. 498.

207 So Chickering: We Men, S. 232.

aldemokratie und in den liberalen Parteien sowie der Stabilität des katholischen Zentrums in Frage gestellt.

Abb. 13: Theobald von Bethmann Hollweg auf dem Weg zur Stimmenabgabe bei der Reichstagswahl am 12. Januar 1912.

Claß schrieb seine grundlegenden Vorwürfe an das gegenwärtige Gesellschaftssystem des Kaiserreichs in einem umfassenden „Reformprogramm" nieder. Jahre später erklärte er, er sei nach den Reichstagswahlen vom Januar 1912 „seelisch krank" gewesen. Nach den „Judenwahlen" habe er „sich freischreiben" müssen. Er habe für das Verfassen des Pamphlets gerade einmal vier Wochen gebraucht und keine Zeile für die Drucklegung geändert.[208] Das im April 1912 unter Pseudonym veröffentlichte Buch „Wenn ich der Kaiser wär'. Politische Wahrheiten und Notwendigkeiten" ging bis 1919 mit insgesamt 30.000 Exemplaren in die 6. Auflage.[209] Das „in einem Zuge" verfasste Buch war nicht als Programmschrift des Alldeutschen Verbandes gedacht.[210] Lediglich Stössel und

208 So Claß auf der Feier zu seinem 70. Geburtstag auf der Tagung des Weiteren Rates des Alldeutschen Verbandes am 6.3.1938, in Alldeutsche Blätter 20.3.1938.

209 Das Buch erschien bei Theodor Weicher in der Dieterich'schen Verlagsbuchhandlung in Leipzig 1912 in 3. Auflage (11.–15. Tausend) und durchlief 1913, 1914, 1919 und 1925 (31.–35. Tausend) weitere Auflagen. Zuletzt erschien das Buch 1935 in der 8. Auflage (36.–38. Tausend) im Verlag der Vermögensverwaltung des Alldeutschen Verbandes Berlin.

210 Claß auf der Festveranstaltung zu seinem 70. Geburtstag, 6.3.1938, in Alldeutsche Blätter 20.3.1938.

Hugenberg, sowie ein Jahr später auch Konstantin von Gebsattel, wussten um Claß' Autorenschaft, die er erst nach 1918 öffentlich machte.[211]

Claß nahm in seiner Schrift Forderungen nach einem starken Führer auf, die er bereits in seiner „Deutschen Geschichte" von 1909 formuliert hatte. Insofern war das „Kaiserbuch" einerseits eine kondensierte und zugespitzte Zusammenfassung seiner kulturkritischen Zeitdiagnosen sowie seiner außen- und innenpolitischen Forderungen, die er bereits zuvor publiziert hatte. Andererseits ging er nun vor allem in zweierlei Hinsicht über den „Einhart" hinaus. Er forderte eine radikale Ausgrenzung der Juden in Deutschland, die unter anderem über eine Fremdengesetzgebung den zukünftigen Staatsbürgerschaftsstatus aus der Emanzipation des 19. Jahrhunderts herausholen sollte. Zudem verklärte er sich selbst als Förderer der Demokratie, wenn er den seit 1908 geschwächten Kaiser in seiner funktionalen Stellung als symbolische Führungsfigur im Verfassungsgefüge weiterhin in die zweite Reihe verweisen wollte, während er gleichzeitig ein zukünftig durch ein Mehrfachstimmenwahlrecht zu wählendes und reformiertes Parlament in seiner ‚volkstümlichen' Legitimität aufwerten wollte. Einleitend kokettierte Claß daher:

> Das sei gesagt – ich bin kein ‚Parteimann' und mit Parteipolitik und -interessen hat diese Schrift nichts zu tun; die Angehörigen der Rechten werden mich mangels an Respekt vor der Obrigkeit zeihen und in manchen den Demokraten wittern; die der Linken mögen in mir den roten Reaktionär und unmodernen Junker erblicken – ich bin aber nichts als ein selbständiger Mann, der sein Urteil frei hält vom Parteibefehl [....].[212]

Diese Präsentation seiner politischen Unabhängigkeit verschwieg seine frühere nationalliberale Parteibindung, die nach den Wahlerfahrungen 1903 zwar in harsche Kritik gegenüber der „eigentlichen Reichspartei" umschlug, jedoch eine völlige „Unabhängigkeit nach allen Seiten"[213] nur mit Blick auf seinen Vorsitz des Alldeutschen Verbandes gerechtfertigt erscheinen ließ. Schließlich seien die Nationalliberalen selbst nach dem Abgang Bismarcks „entartet" und „zusammengeklappt" sowie dem „zersetzenden Einfluß der Juden" ausgesetzt gewesen.[214]

Der Titel des Buches war insofern irreführend, als dass Claß zwar den Kaiser als oberste Persönlichkeit im Verfassungsgefüge des Deutschen Reiches anerkannte, seine eigentliche politische Anmaßung hingegen auf Bethmann Hollweg als Reichskanzler zielte. „Wenn ich der Reichskanzler wär'" hätte den Duktus des Pamphlets vermutlich besser getroffen. An Bethmann Hollweg arbeitete sich Claß nun als zentrale Figur der Reichspolitik ab, nachdem er nach dessen Amtsantritt 1909 zunächst vorsichtig abgewartet hatte, ob der neue Kanzler sich nicht doch noch bewähren würde.

Claß ging es in dem „Kaiserbuch" um nicht weniger als um eine grundsätzliche „Reform" von Wirtschaft, Gesellschaft, Kultur und dem gleichen Männer-Wahlrecht für

211 Siehe auch Leicht: Heinrich Claß, S. 153.
212 [Claß]: Wenn ich der Kaiser wär', S. VIII.
213 Ebd., S. 200 und IX.
214 Ebd., S. 202.

den Reichstag. Das Pamphlet machte zudem bereits damals Geschichte, weil es von einem rassisch-biologistischen Antisemitismus durchzogen war, der die Juden nicht nur als verschworene, die Öffentlichkeit manipulierende Minderheit in Deutschland beschrieb, sondern ihre kompromisslose Verdrängung aus der deutschen Gesellschaft mit klar bezeichneten rechtlichen Schritten forderte. Bis heute gilt die Schrift als ein wichtiger ideologischer Schritt hin zum radikalen Rassenantisemitismus, der die völligen Entgrenzungen der nationalsozialistischen Rassenpolitik nach 1933 antizipierte.[215]

Claß richtete sich außerdem gegen Sozialismus, Liberalismus, Pazifismus und die sozialen Folgen der kapitalistischen Hochmoderne. Er forderte eine Umwandlung des allgemeinen Wahlsystems in ein Klassenwahlrecht für Männer über 25 Jahre.[216] Bereits im „Einhart" hieß es: „Mit deutscher Gerechtigkeit wurden auch die undeutschen und deutschfeindlichen Bevölkerungs-Bestandteile mit dem Wahlrecht ausgestattet, wie Polen, Dänen und bald auch die Französlinge Elsaß-Lothringens: man dachte nicht daran, das wichtigste Bürgerrecht dadurch vor Mißbrauch zu bewahren, daß man es Reichsfeinden versagte; so konnte es kommen, daß diese Feinde des deutschen Reiches durch ihre Vertreter im deutschen Reichstage eine deutschfeindliche Politik treiben konnten."[217] Nicht nur seien ethnische Minderheiten ungerechtfertigterweise in den Reichstag gelangt, auch die katholische Zentrumspartei vertrete keine „Volksinteressen", sondern richte ihre Politik nach „den Belangen einer außerhalb des eigenen Volkes stehenden Macht, wie es das Papsttum und nach denen einer Gemeinschaft, wie es die katholische Kirche ist", aus.[218]

Die „schlimmere Gefahr" sei jedoch in der Sozialdemokratie zu sehen. Die habe ihren Ursprung in Frankreich, wo sich mit dem Aufstieg von Industrialisierung und „Großkapital" nicht nur die Massenproduktion in Fabriken etabliert habe, sondern sich auch „Menschenmassen" herausgebildet hätten, präziser ein „Heer von Arbeitern", die den Gefahren der Wirtschaftszyklen „ausgesetzt waren" und „von der Hand in den Mund lebten". Auf diese Weise habe sich das „Proletariat" herausgebildet, auf das die „sog. sozialistische Bewegung" mit ihrer „umstürzlerischen Lehre" mit ihren „Wahngedanken" einwirke.[219] Claß zeigte volles Verständnis sowohl für die Entfremdungstendenzen der Arbeiter in diesen anonymisierten Erwerbsabhängigkeiten, wie sie Karl Marx auf den Punkt gebracht hatte:

> Es ist begreiflich, daß dies Heer von Besitzlosen die Grausamkeit seiner Lage bitter empfand; es ist auch verständlich, daß es den Staat und die Gesellschaft, die sich nicht um es kümmerten, für seine Not verantwortlich machte[,] und daß der Übergang von der Unzufriedenheit zu Umsturzbestrebungen bald vollzogen war. In diesen Massen des Fabrikproletariats fanden die Lehren des menschenbeglückenden Sozialismus Eingang und wurden um so begeisterter aufgenommen, je mehr die großkapitalistische und industrielle Entwicklung fortschritt. Sie mußte bei den Massen um so ge-

215 Siehe auch Leicht: Heinrich Claß, S. 151–164.

216 Siehe zur Wahlrechtsdiskussion Hering: Konstruierte Nation, S. 319–344.

217 Claß: Deutsche Geschichte, S. 280.

218 Ebd., S. 285.

219 Ebd., S. 287–288.

fährlicher wirken, als ihre geistige Ausbildung ihnen nicht erlaubte zu erkennen, daß solche Lehren Wahngedanken waren.[220]

Mit Marx und Ferdinand Lassalle sowie ab den 1860er Jahren mit Wilhelm Liebknecht und August Bebel seien „entschlossene und fähige Vorkämpfer" für die sozialistische Bewegung aufgetreten, „die den ‚Zukunftsstaat' auf ihre Fahne schrieben; das Eigentum sollte beseitigt, die Gütererzeugung vergesellschaftet werden; jeder Zwanzigjährige sollte wahlberechtigt sein und alle Ämter, soweit sie nötig waren, sollten mit Gewählten besetzt werden, endlich sollte das Volk selbst durch Volksabstimmung das Recht der Gesetzgebung ausüben", so Claß in seiner Anklage im „Einhart". „Damit war das Proletariat [als] ‚der vierte Stand' im deutschen Reiche erwacht und betrat die politische Bühne; unter dem Einfluß einer verhetzenden, rohen und gewissenlosen Presse und wüster Massenversammlungen nahmen seine Anhänger rasch an Zahl zu […]."[221] Mit der „Gründerzeit", die ein „Tanz ums goldene Kalb" gewesen sei, und dem folgenden Gründerkrach sei die „Stickluft" bereitet worden, die der Sozialdemokratie Auftrieb für ein „offen umstürzlerische[s]" Auftreten gab.[222]

Im „Kaiserbuch" nahm Claß diese Argumentationen erneut auf. Der Vorwurf gegen Wilhelm II. und seine Regierungen nach Bismarck, aufgrund der Nicht-Verlängerung der „Sozialistengesetze" 1890 ihrer Pflicht der Abwehr nicht genügt zu haben, werde im historischen Rückblick deutlich werden.[223] Nach dem Abgang Bismarcks hatte nach alldeutscher Lesart eine allzu liberale Integrationspolitik des Kaisers die „Reichsfeinde" in ihrem politischen Aufstieg begünstigt. Versuche einer nachholenden Repression liefen für Claß bereits früh ins Leere, wie bei der zur Unterdrückung der Sozialdemokratie angelegten Umsturzvorlage von 1894, die der Reichstag aufgrund ihrer unbestimmten Straftatbestände des „Umsturzes" oder der Anstiftung dazu u. a. in Presse und Militär im Mai 1895 abgelehnt hatte.[224] Auch die im Juni 1899 im Reichstag eingebrachte Zuchthausvorlage, die sich vor allem gegen Streikaktivitäten der Gewerkschaften richten sollte, scheiterte letztlich am Widerstand der SPD, der Liberalen und des Zentrums und machte ausgesprochen repressive Maßnahmen gegen die Sozialdemokraten ab der Jahrhundertwende unmöglich.[225] Zu sehr waren Parlament, Gewerkschaften und die Öffentlichkeit in die Auseinandersetzungen um Bismarcks repressives Vorgehen gegen „Reichsfeinde" eingebunden gewesen, sodass eine Mehrheit für die Unterdrückung der SPD wie zu Zeiten der „Sozialistengesetze" von 1878 bis 1890 schwer zu mobilisieren

---

220 Ebd., S. 288.

221 Ebd.

222 Ebd. 288 und 289.

223 [Claß]: Wenn ich der Kaiser wär', S. 40–42.

224 Entwurf eines Gesetzes, betreffend Änderungen und Ergänzungen des Strafgesetzbuches, des Militärgesetzbuches und des Gesetzes über die Presse (1894), in Huber: Dokumente zur deutschen Verfassungsgeschichte, Bd. 2, S. 429–434.

225 Entwurf eines Gesetzes zum Schutz der gewerblichen Arbeitsverhältnisse [„Zuchthausvorlage"] (1899), in Steitz (Hrsg.): Quellen zur deutschen Wirtschafts- und Sozialgeschichte, S. 222–225.

war.[226] Die europaweit durch die Russische Revolution hervorgerufene „Krisenschwelle von 1905“[227] beförderte den weiteren Aufstieg sozialdemokratischer Bewegungen und Parteien sowie Debatten um eine Demokratisierung des Wahlrechts. Gleichzeitig stärkte die Bekämpfung von Streikwellen und die Angst vor revolutionären Unruhen die Mobilisierungspolitik nationalistischer Gegenbewegungen, wie den im Mai 1904 gegründeten Reichsverband gegen die Sozialdemokratie, dem der Alldeutsche Liebert vorsaß.[228]

Die Reichsverfassung Bismarcks stehe in Frage und es bedürfe daher einer grundsätzlichen Wahlrechtsreform, so Claß im „Kaiserbuch“.

> Das allgemeine gleiche Wahlrecht ist immer eine Unwahrheit gewesen, da es eine Gleichheit der Menschen voraussetzt, die sich niemals verwirklichen lassen wird. Es ist unmoralisch, indem es den Würdigen, Fähigen, Reifen genau so behandelt, wie den Unwürdigen, Unfähigen, Unreifen. Es ist endlich ungerecht, indem es tatsächlich durch die Gewalt der Masse, die Massenstimmenzahl, die Gebildeten und Besitzenden entrechtet. [...] Wollte man der Sozialdemokratie noch nicht direkt durch staatliche Kampfmaßregeln entgegentreten, so mußte doch alles geschehen, um die aristokratischen Elemente der Verfassung zu stärken, mindestens zu erhalten, damit ein Gegengewicht gegen die Radikalisierung da sei. [...] Die Auslese auf der bürgerlichen Seite hat so gelitten, daß die politischen Köpfe zu zahlen sind, womit das parlamentarische Tohuwabohu erklärt ist.[229]

Claß machte für seine Forderungen gedankliche Anleihen unter anderem bei dem von ihm verehrten Treitschke, der in seinem Kampf gegen Sozialdemokratie, Katholizismus und Juden auch das demokratische Wahlrecht scharf ablehnte, denn „niemals kann die Masse des Volkes soweit gebildet werden, daß sie die verwickelten Gesetze des socialen Lebens wirklich versteht“.[230] Hinter den „grimmigen Klagen des Socialismus“ stehe letztlich nur der „Neid kleiner Seelen“, denn es sei nur konsequent, dass sich die „Klassenherrschaft“ oder die „Klassenordnung“ „ebenso nothwendig aus der Natur der Gesellschaft“ ergebe „wie der Gegensatz von Regierenden und Regierten aus der Natur des Staates“.[231] Für Treitschke war die Demokratie lediglich eine Kraft, welche die metaphysische Ordnung und Stetigkeit des Staatswesens zerstöre: „Monarchie und aristokratische Staaten überragen die reine Demokratie durch ruhige Entwicklung und nachhaltige Lebenskraft. Denn sie wissen die vorhandene aristokratische Gliederung zu schonen und für den Zweck des Staates nutzbar zu benutzen, während die Demokratie sie zu zerstören trachtet und daher leicht jede Stetigkeit der politischen und sittlichen Ueberlieferungen verliert und durch den wilden Kampf der Aemterjagd zuletzt das Edle dem Gemeinen unterwirft.“[232]

226 Siehe auch Caruso: Blut und Eisen, S. 28 – 29.
227 Ebd., S. 46.
228 Siehe dazu Grießmer: Massenverbände und Massenpolitik, S. 69 – 88.
229 Caruso: Blut und Eisen, S. 43 – 44.
230 Treitschke: Der Socialismus und seine Gönner, S. 97.
231 Ebd., S. 94 und 83.
232 Ebd., S. 88.

Claß' Ausführungen, die auch auf einem „konservativen Liberalismus" beruhten, wie er in Treitschkes Verständnis vom sozial ungleichen Macht-Staat zum Vorschein kam, legten den Führungsanspruch bildungsbürgerlicher Eliten dar, die der Masse die Legitimation zur Macht wegen fehlender Qualifikation absprechen wollten.[233] Die schiere Anzahl von Mehrheitsgemeinschaften in politischen Machtverhältnissen bedeutete ein strukturelles Scheitern der bürgerlichen Minderheit im Kampf um Macht und Interessen. Dieses Ringen war für Claß' antagonistisches Gesellschaftsmodell grundlegend. Die zahlenmäßige Unterlegenheit des Bürgertums sollte gegenüber den Massen der Arbeiterschaft durch Eingriffe in die Wahlordnung und damit die politische Repräsentation im Reichstag aufgehoben werden. Damit unterlief Claß den Grundsatz eines gleichberechtigten Kampfes um Interessen, indem er die Ausgangsbedingungen der konkurrierenden Parteien strukturell verschieden ausrichten wollte, sodass der Kampf von vorneherein von ungleichen Voraussetzungen geprägt war. Das Wahlrecht würde allgemein bleiben, aber ungleich werden.[234] Wer politische Herrschaft ausüben durfte, sollte durch ein Wahlsystem ähnlich dem preußischen Dreiklassenwahlrecht unter Berücksichtigung von „Besitze und Bildung" bestimmt werden. Claß wollte damit mehr als nur einen Ausweg aus der Paralyse des Reichstags nach den Wahlen von 1912 schaffen.[235] Die Forderungen nach einer Änderung des Wahlsystems durchziehen den gesamten Text und erheben dezidiert Anspruch auf Gültigkeit für zukünftige Wahlen. Sie verweisen auf eine Selektion der Erfahrensten und Besten aus einem neuen Führungsadel, der sich jedoch offen für erbrachte Leistungen von Amtsträgern zeigen sollte, die aber auch weiterhin über ihre Steuerabgaben zu klassifizieren seien.[236] Frauen sollten weiterhin vom Wahlrecht ausgeschlossen bleiben.[237]

In Erweiterung des ungleichen preußischen Dreiklassenwahlrechts wollte Claß ein weiter ausdifferenziertes ungleiches Fünfklassenwahlrecht einführen:

> Als Hauptmerkmal käme nach wie vor die Steuerleistung in Betracht; unabhängig davon würden z. B. in eine höhere Klasse, als sie Ihrer Steuerleistung entspricht, eintreten:
> Männer von gesteigerter Verantwortlichkeit, wie kaufmännische und technische Leiter von Unternehmungen, die eine größere Zahl von Angestellten zu betreuen haben;
> ländliche Grundbesitzer entsprechend der Größe ihres Besitzes und der Zahl der von ihnen beschäftigten Arbeiter;
> ehrenamtlich in der Selbstverwaltung tätige Bürger;
> höhere Beamte und akademisch Gebildete, entsprechend ihrem Wirkungskreise und der Zahl der ihnen Unterstellten;

233 Siehe Breuer: Ordnungen der Ungleichheit, S. 79–84. Zitat ebd., S. 81. Zwar stand Claß den Bestrebungen der nationalen Berufsverbände für die Erziehung („Hebung") und Bildung der Arbeiter innerhalb eines deutschen Nationalismus gegen die Sozialdemokratie aufgeschlossen gegenüber, ging aber über bürgerliche Bildungsprivilegien im Zusammenspiel mit außergewöhnlichem Leistungsstreben für den Einzelnen nicht hinaus.

234 So Caruso: Blut und Eisen, S. 46.

235 Ebd.

236 Siehe auch Gerstner: Neuer Adel.

237 [Claß]: Wenn ich der Kaiser wär', S. 51.

> Gewerbetreibende mit fremden Arbeitskräften usw. [...]
> Darauf sollte bestanden werden, daß, wer gar keine Steuern zahlt, auch kein Wahlrecht hat.[238]

Claß ging durch die Hinzufügung des Leistungsprinzips nicht nur auf das liberale Konzept der Bedeutung von „Persönlichkeit“, sondern auch auf das liberale Versprechen individueller Lebensgestaltung und Belohnung von Anstrengung ein, das einer verfestigten, allein auf Herkunft basierenden ständischen Machtstruktur entgegenstand beziehungsweise sie aufweichen sollte. „Bildung und Besitz“ blieben aber die zentralen Säulen legitimer Herrschaftsrepräsentation, die die „Massen“ *sui generis* ausschlossen. Das Leistungsprinzip, hier als Verantwortungsprinzip umschrieben, erkannte die Dynamik moderner Aufstiegsbiographien wie die von Claß’ Familie nicht nur an, sondern erlaubte in begrenztem Maße den Zugang zur Macht durch vergleichbare Lebenswege, wie etwa den sozialen Aufstieg von untersten Handwerkerklassen in bürgerliche Berufe durch Ausbildung und Anstrengung. Nationale Gesinnung und protestantische Lebensführung rundeten solche Biographien ab. Claß ging über die Ungleichheit der Stimmenabgabe entsprechend den Prinzipien Bildung, Besitz und Verantwortung hinaus und hoffte auf die Ausbildung eines „nationalen Willens“, der letztlich die Interessengegensätze der Wähler durch Erziehung und Überzeugung aufheben und den nationalen und konservativen Parteien Mehrheiten bescheren würde. Aus diesem Grunde sprach er sich gegen ein rein berufsständisches Parlament aus:

> Dieser Vorschlag hat manches für – aber ein wesentliches Bedenken gegen sich: die Verewigung der Interessenkämpfe der einzelnen Stände und ihre Erhebung zur Grundlage des politischen Lebens zur Nation. [...] Die berufsständische Vertretung aber würde es nicht nur in den Niederungen des Vorteils einzelner Gruppen halten, sondern das Volk dauernd in solche Gruppen spalten. Wir sind ein Volk, brauchen eine Volksvertretung, die diesem Gedanken entspricht, und lehnen daher ein System ab, das eine neue Art von Ständevertretung bedeuten würde.[239]

Durch die Änderung des Wahlrechts wäre „ein Parlament gesichert“, so Claß, „in dem Bildung und Besitz den gebührenden Einfluß haben; ein solches Parlament wird zur Mehrheitsbildung fähig sein und Männer in sich haben, die zur obersten Staatsleitung fähig sind.“[240]

Diese begrenzte Öffnung des ständischen Modells für das Prinzip der Verantwortung und Leistung machte die Alldeutschen zwei Dekaden später in mancher Hinsicht anschlussfähig für die Diktatur der Nationalsozialisten, die das Ausmaß sozialer Ungleichheit nicht aufhoben, aber entsprechend ihrer Volksgemeinschaftspropaganda neben politischer Zuverlässigkeit und rassischer Zugehörigkeit auch meritokratische Grundsätze von Arbeit und Leistung für einen sozialen Aufstieg versprachen.

---

238 Ebd., S. 46–47.
239 Ebd., S. 50–51.
240 Ebd., S. 57.

Claß verfolgte mit einer Wahlrechtsreform zur Verschärfung des seit 1871 geltenden allgemeinen Männerwahlrechts für den Reichstag zwei Ziele, mit denen er eine neue, „wahre“ Form der ‚Demokratisierung‘ initiieren wollte, da der Schwerpunkt der Macht vom Kaiser hin zum Parlament verlagert werden müsse: „Die politische Geltung der Besitzenden und Gebildeten wird durch die vorgeschlagene Reform nach zwei Richtungen gehoben werden; Der Masse gegenüber durch die Änderung des Wahlrechts, der Krone gegenüber durch den Übergang zur parlamentarischen Staatsform; sie werden dem Staate und der Gesamtheit dafür Gegenleistungen zu machen haben, durch die ihr Erwerb höherer Rechte von vornherein seine sittlich-politische Berechtigung vertieft.“[241]

Um die Legitimität der grundbesitzenden Schichten gegenüber den „Massen“ zu heben, müssten die Landreformforderungen umgesetzt werden, die Hugenberg bereits seit seiner Zeit bei der Ansiedlungskommission in Posen zwischen 1894 und 1899 gefordert hatte.[242] Wesentliches Ziel sollte eine forcierte Germanisierung des Ostens sein, um die Ausbreitung und vor allem den Zuzug von Polen aus dem Russischen Reich zu verhindern und deutsche Siedler gezielt zu fördern. Dazu sollte die Grenze im Osten geschlossen werden. Claß’ grundlegende Kritik am Rentengütergesetz der preußischen Regierung von 1891, das zum Zweck der Förderung der Ansiedlung Gelder auch an polnische Antragsteller vergab und somit selbst zum „Polonisator“ wurde, stand im Zentrum seiner Forderungen nach einer Germanisierungspolitik im Osten, der sich der Alldeutsche Verband in den 1890er Jahren besonders widmete.[243] Um die Binnenmigration vom Land in die Stadt aufzuhalten, die nur zu ungesunden Lebensverhältnissen in urbanen Großräumen und zur Verführung der Massen für die Ziele der Sozialdemokratie führte, sollte der „seßhafte Bauernstand“ durch Binnenkolonisation bei gleichzeitiger Verdrängung polnischer Bauern durch Parzellierung von Rentengütern und finanzielle Staatsunterstützung gefördert werden. Letztlich berge die Landflucht „die Gefahr der Rassen-Entartung in sich“, so Claß bereits in seiner „Deutschen Geschichte“.[244]

Für die „Größt-Industrie“ hingegen hielt er eine Zerschlagung von Konzernen wie Krupp nicht für gerechtfertigt, da es sich hier, im Gegensatz zu den unrentablen Gütern östlich der Elbe, um „organisch Gewachsenes“ handele.[245] Nicht nur Hugenberg, der bei Krupp im Aufsichtsrat saß, wurde hier geschont, auch die Blohm & Voss-Werft in Hamburg wurde von Zerschlagungsforderungen explizit ausgenommen, deren Konzernverantwortliche wie Rudolf Blohm Mitglieder des Alldeutschen Verbandes waren. Die Alldeutschen waren keineswegs Antikapitalisten und sahen die Lösung aller zivili-

241 Ebd., S. 58.

242 Siehe dazu Schellhorn: Alfred Hugenberg.

243 [Alfred Hugenberg]: Der preußische Staat als Polonisator, in Alldeutsche Blätter, 15.4.1891, [Ders.]: Nochmals der preußische Staat als Polonisator, in ebd., 19.8.1894 und [Ders.]: Eine neue Polenpolitik?, in ebd., 14.10.1894.

244 Claß: Deutsche Geschichte, S. 396.

245 [Claß]: Wenn ich der Kaiser wär’, S. 60.

sationskritischen Probleme immer in den „Händen der sozialen Führungsgruppen des Kaiserreichs", so Stefan Breuer.[246] Anders sah es hingegen mit den Privatbanken aus, die Claß im „öffentlichen Interesse" durch „Staatskommissare" überwachen lassen wollte, nicht zuletzt, um zukünftige Kriegsfinanzierungen sowie den Abfluss von „inländischem Geld" an „unsolide" ausländische Unternehmungen sicherzustellen.[247] Wie schon in der „Deutschen Geschichte" festgehalten, forderte Claß erneut die „völlige Unterdrückung der Warenhäuser", die zum „Ruin für die mittleren und kleineren Spezialgeschäfte geworden sind, also die gefährlichsten Feinde des Mittelstandes".[248]

Zusammenfassend hielt Claß fest, dass er mit diesem Reichsreformprogramm ein „einheitliches Ganzes" vorlege; „Ersatz des allgemeinen gleichen Wahlrechts durch ein geeignetes Klassen- oder Mehrstimmenwahlrecht bei gleichzeitigem Übergang zum parlamentarischen System unter persönlichen Gegenleistungen der Gebildeten und Besitzenden auf dem Gebiete der politischen Arbeit."[249] Solche Überlegungen zirkulierten bereits seit der Jahrhundertwende innerhalb des Alldeutschen Verbandes, gewannen aber nun innerhalb der Diskussionen um eine grundlegende „Reform" der deutschen Gesellschaft an Gewicht.[250]

Letztlich formulierte Claß für den Fall, dass die nationale Erziehung der Massen und die Einrichtung eines Mehrstimmenwahlsystems im Reich scheitern würden, einen klaren Ausweg, der Innen- und Außenpolitik eng verzahnte: „das Dazwischentreten ausländischer Verwicklungen".[251] Claß hoffte auf den Krieg mit Frankreich und England als Erziehungsmittel für die Massen, der „die Krisis der jetzigen Krankheit beschleunigen" würde und sich als „Erwecker aller guten, gesunden und starken Kräfte im Volke" erweisen würde.[252] Bei einem Sieg würden die Massen die Notwendigkeit einer Wahlrechtsreform im Claß'schen Sinne durch „die Erhebung der Seelen" erkennen. Bei einer Niederlage würde „die heutige innere Zerrissenheit sich zum Chaos steigern, das nur durch den machtvollen Willen eines Diktators zur Ordnung zurückgebracht werden kann. Die Diktatur wird, gestützt auf das Heer und die Zustimmung aller Staatstreuen, die notwendige Verfassungsreform durchführen, wobei gleichfalls die Krone und die oberen Schichten ihre politischen Opfer auf dem Altar des Vaterlandes bringen müssen."[253] Komme es nicht zu einem Krieg, müsse die „Reform" trotzdem durchgeführt werden. Wenn „alle verfassungsmäßigen Mittel erschöpft sind, dann heißt es durchhalten, und der Staatsstreich muß helfen". [254] Das System Wilhelms II. habe für diesen notwendigen Prozess hinreichend versagt, und der Übergang zu einem durch Wahl-

246 Breuer: Die Völkischen in Deutschland, S. 63.
247 [Claß]: Wenn ich der Kaiser wär', S. 62. Siehe auch Claß: Deutsche Geschichte, S. 398.
248 [Claß]: Wenn ich der Kaiser wär', S. 63. Siehe auch Claß: Deutsche Geschichte, S. 398–399.
249 Ebd., S. 64.
250 Siehe zur Wahlrechtsdiskussion innerhalb des ADV Hering: Konstruierte Nation, S. 319–344.
251 [Claß]: Wenn ich der Kaiser wär', S. 53.
252 Ebd.
253 Ebd., 54.
254 Ebd., S. 55.

rechtsreform veränderten Reichstag würde auf parlamentarischem Wege zu einer Neuausrichtung der Monarchie durch Machtbeschränkung des Kaisers führen, der durch verantwortliche „Führer des Volkes“ aus den gebildeten „oberen Schichten“ in seinem „persönlichen Regiment“ eingehegt werden würde.[255]

Das gleiche Prinzip der Diktatur sah Claß auch für Österreich-Ungarn vor, dem in seinen politischen und sozialen Auseinandersetzungen um Verfassungsausgleich, Sprache und Nationalismus im Vielvölkerstaat „nur im Wege der Diktatur geholfen werden kann“. Da die politische Paralyse für Claß in der Verfassungsstruktur des Vielvölkerstaates angelegt war und sich seit der Jahrhundertwende verstärkt gegen die politische Dominanz des Deutschtums im Reich wende, sei es „die Aufgabe des Herrscherdiktators, sie mit Waffengewalt zu erzwingen und jeden Widerstand niederzuwerfen“, denn „Reichsparlamente, die nicht einmal in Lebensfragen der Monarchie die nötige Disziplin bewähren; Landtage, die sich durch Obstruktion selbst ausschalten, haben kein Daseinsrecht“, so Claß.[256]

Die „Reichsfeinde“ der Sozialdemokratie waren für Claß in doppelter Hinsicht gefährlich, da sie nicht nur auf eine sozialistische Revolution hinwirkten, sondern zugleich als Agenten eines internationalen Judentums agierten, die eine nationale Erziehung der Deutschen nicht nur verhindern, sondern auch durch die Manipulation mit „fremde[n]“ Ideen verzerren würden. Der „geistige Kampf den Massen gegenüber ist und bleibt ein Wahn“, da „die Massenvergiftung deutscher Wähler ohne die Mitwirkung des Judentums gar nicht möglich gewesen wäre“. Claß weiter: „Sozialdemokraten machen wie die österreichischen unter jüdischer Führung Ernst mit ihrem Internationalismus [...]. Die Reichsverfassung ist von den Sozialdemokraten ernstlich bedroht [...].“[257]

Juden waren für Claß seit seiner weltanschaulichen Sozialisation in der antisemitischen Bewegung Böckels sowie im Deutschbund die ersten „Reichsfeinde“, auf deren Bekämpfung und Ausgrenzung sich sein weiteres weltanschauliches und ordnungspolitisches System aufbaute. Im „Einhart“ von 1909 kennzeichnete er die Juden als eine der „inneren Gefahren“, „Schädlinge des deutschen Reiches“ und „fremde[s], auf dem deutschen Reichsboden ansässige[s] Volkstum“.[258] Mit der Emanzipation seien die Juden als „Unterdrückte“ und „Andersgläubige“ gesehen worden, jedoch nicht als „Volks- und Rassefremde“.[259] Somit sei es ein Fehler gewesen,

> nicht mit der Verleihung der Bürgerrechte an die vorhandenen Juden die Grenzen zu schließen und die Einwanderung neuer Massen aus dem sittlich, wirtschaftlich und kulturell tiefstehenden Osten zu verhindern. Das war ein Unrecht gegen unser Volk, ein Unrecht schließlich auch gegen die in Deutschland wohnenden Juden. [...] Die Zuwanderung hinderte die länger ansässigen daran, im deutschen Volke aufzugehen, zu verschwinden; sie erinnerte immer von neuem an das Vorhandensein eines gesondert und trotzig unter den Völkern dastehenden jüdischen Volkes; sie wirkte

---

255 Ebd., S. 56 und 58.
256 Ebd., S. 161.
257 Ebd., S. 43.
258 Claß: Deutsche Geschichte, S. 290. Siehe auch Hering: Antisemitismus.
259 Claß: Deutsche Geschichte, S. 292.

> durch ihre Massen auf das Selbstgefühl und die Zusammengehörigkeit der Juden und gab dem deutschen Gastvolke einen Zuwachs, den es nicht verarbeiten konnte.[260]

Letztlich hätten die Schriftsteller, Ärzte und Rechtsanwälte die Liberalen gewählt und somit zur Vertiefung der politischen Spaltung beigetragen. Die antisemitische Bewegung habe dann entschieden den „Rassenstandpunkt" vertreten, „d. h. sie zeigte, daß die Juden – ohne ihre Schuld – als Glieder der semitischen Rasse andere Anschauungen haben, als die arisch-germanischen Deutschen; daß diese Anschauungen, über die wichtigsten sittlichen Begriffe, ihnen im Daseinskampfe den Deutschen gegenüber Vorteile gewähren[,] und daß der Deutsche, wenn er nicht unterliegen will, Gefahr läuft jüdisches Verfahren anzuwenden – sittlich-geistig zu verjuden".[261] Claß spielt hier auf die liberale Presse, die Theater und den Büchermarkt an, die er als Bereiche des öffentlich-kulturellen Lebens als jüdisch beeinflusst beschrieb. Aber vor allem sei es die Sozialdemokratie, die mit „ihren jüdischen Führern" das „Gift des jüdischen Geistes" in die politische Öffentlichkeit gebracht habe.[262]

Im „Kaiserbuch" forderte Claß die radikale Ausgrenzung der Juden aus der deutschen Gesellschaft durch die Zurücknahme der Emanzipation und der rechtlichen Stellung als Ausländer:

> Die Forderung muß sein: die landansässigen Juden werden unter Fremdenrecht gestellt. Die Vorfrage lautet: wer ist Jude, und schon sie muß mit Härte beantwortet werden, indem man zwar den Glauben als ursprüngliches Erkennungszeichen ansieht, aber die Rassenzugehörigkeit ins Auge faßt und auch vom jüdischen Glauben Abgewandte als Juden behandelt, gleichzeitig auch für die Nachkommen von Mischehen an dem alten germanischen Grundsatze festhält, daß sie dem altgermanischen Prinzip der ‚ärgeren Hand' folgen.[263] Man müßte, um durchzuschlagen, bestimmen: Jude im Sinne des geforderten Fremdenrechts ist jeder, der am 18. Januar 1871 der jüdischen Religionsgemeinschaft angehört hat, sowie alle Nachkommen von Personen, die damals Juden waren, wenn auch nur ein Elternteil jüdisch war oder ist. […] Als Jude würde also nach dem obigen Vorschlage behandelt z. B. der Enkel eines im Jahre 1875 zum Protestantismus übergetretenen Juden, dessen Tochter einen Nichtjuden, z. B. Offizier[,] geheiratet hatte. Das klingt im Sinne unserer bisherigen Nachgiebigkeit unerhört, ist es aber den Tatsachen gegenüber nicht: denn die Erfahrung lehrt, daß solch ein Kind rassig wirklich der ärgeren Hand folgt.[264]

Durch die Festlegung von jüdischer Religion als „Rasse" würden konfessionelle Übertritte strukturell verboten und machten eine Zugehörigkeit Angehöriger der jüdischen Religion für Claß auf ewig unmöglich. Er verkünde damit lediglich, so Claß, was die Juden für sich selbst über den Zionismus anerkannt hätten. Die Zionisten gründeten demnach ihre Forderung nach einem jüdischen Staat auf dieselbe Ansicht: „[…] sie bekennen offen und ehrlich, daß ihr Volk ein Volk für sich ist, dessen Grundeigen-

260 Ebd., S. 292 und 293.
261 Ebd., S. 293.
262 Ebd., S. 295.
263 Siehe dazu auch Gosewinkel: Einbürgern und Ausschließen, S. 305–306.
264 [Claß]: Wenn ich der Kaiser wär', S. 75–76.

schaften unerschütterlich sind [...] Die Zionisten bestätigen durchaus, was die auf dem Standpunkt der Rasse stehenden Gegner der Juden längst behaupten, und wenn sie auch im Verhältnis zur Gesamtheit ihrer Rassegenossen eine kleine Schar sind – die Wahrheit, die sie verkünden, kann nicht mehr mundtot gemacht werden."[265]

Claß nutzte das Argument des Zionismus für seine eigene rassisch begründete Ausgrenzung der Juden aus der deutschen Gesellschaft, ohne die Aussiedlung der deutschen Juden in einen eigenen Staat zu fordern, wie dies Theodor Herzl in seiner Schrift „Der Judenstaat" von 1895/86 auch in Reaktion auf den wachsenden rassischen Antisemitismus in Europa getan hatte.[266] Bei der praktischen Exklusion von Juden aus der deutschen Gesellschaft wurde er konkreter:

> Im vollen Bewußtsein dessen, was damit verlangt ist, wird diese Begriffsbestimmung vorgeschlagen, ja gerade im Hinblick auf die verhängnisvolle Rolle der Halbblütigen, durch deren Vermittlung der jüdische Geist, jüdische Gesinnung als Naturfolgen jüdischen Blutes in die obersten Schichten unseres Volkes eingedrungen sind und einzubringen drohen [...]. Sonach stünde fest, wer Jude ist und unter Fremdenrecht gestellt werden soll; was aber soll das Fremdenrecht bestimmen? Es soll den Strich zwischen Deutschen und Juden ziehen und die Möglichkeiten einschränken, eine volksschädigende Wirkung auszuüben. Dahin gehören folgende Maßnahmen:
> Den Juden bleiben alle öffentlichen Ämter verschlossen, einerlei ob gegen Entgelt oder Ehrenamt, einerlei ob für Reich, Staat und Gemeinde.
> Zum Dienst im Heer und Flotte werden sie nicht zugelassen.
> Sie erhalten weder aktives, noch passives Wahlrecht. Der Beruf der Anwälte und Lehrer ist ihnen versagt; die Leitung von Theatern desgleichen.
> Zeitungen, an denen Juden mitarbeiten, sind als solche kenntlich zu machen; die andern, die man allgemein „deutsche" Zeitungen nennen kann, dürfen weder in jüdischen Besitz stehen, noch jüdische Leiter und Mitarbeiter haben.
> Banken, die nicht rein persönliche Unternehmen einzelner sind, dürfen keine jüdischen Leiter haben.
> Ländlicher Besitz darf in Zukunft weder in jüdischem Eigentum stehen, noch mit solchen Hypotheken belastet werden.
> Als Entgelt für den Schutz, den die Juden als Volksfremde genießen, entrichten sie doppelte Steuern wie die Deutschen.[267]

Die Radikalität dieser Forderungen erkannte auch Claß. Deshalb versuchte er bereits den Horizont für eine kompromisslose Umsetzung dieser Ausgrenzungsmechanismen zu zeichnen, indem er sachliche Rationalität und Gefühlskälte einforderte. Es kenne letztlich jeder, „der im öffentlichen Leben steht, einen oder mehrere einwandfreie Juden", „das Mitleid mit ihnen macht ihn schwach". Das sei „menschlich begreiflich – aber, wo es um die Zukunft unseres Volkes geht, müssen wir die Schwachheit von uns tun".[268]

265 Ebd., S. 78.
266 Herzl: Der Judenstaat. Siehe auch Beller: Theodor Herzl, Laqueur: Der Weg zum Staat Israel und Brenner: Geschichte des Zionismus.
267 [Claß]: Wenn ich der Kaiser wär', S. 76.
268 Ebd., S. 78.

Der Schlüssel zur Vermeidung dieser Gefühle sei die „Ausschaltung" „jüdischen Einflusses" auf allen Gebieten des gesellschaftlichen Lebens, um die „Zersetzung durch jüdisches Blut und jüdischen Geist" zu umgehen.[269] Juden waren in Deutschland auszugrenzen und als eigene „fremdstämmige Rasse" zu diffamieren, nicht mehr nur über den Grenzschluss im Osten gegen jüdische Einwanderung, sondern indem sie unter Fremdenrecht gestellt und aktiv ausgewiesen werden sollten. Zuvor seien ihnen die deutschen Staatsbürgerschaftsrechte, die unter anderem das Wahlrecht und die Wahrnehmung öffentlicher Ämter beinhalteten, zu nehmen.

Diese Forderungen waren bereits durch die frühen Antisemitenparteien sowie im Deutschbund popularisiert worden. Auch Hasse hatte bereits in den Juden keine gleichberechtigten Staatsbürger, sondern im Kampf der Völker um „Masse" und „Menschenmaterial" eine „besondere Rasse" sehen wollen, die über eine gesteuerte „Wanderungspolitik" aus dem Volk ausgeschieden werden sollte.[270] In seinen „Deutschen Schriften" hatte Hasse die staatliche Unterbindung einer „Masseneinwanderung minderwertiger und rassefremder Menschenmassen" sowie eine staatlich organisierte „Zwangswanderung" in „Zwangssiedlungsgebiete" gefordert, um als Ziel einer „deutschen Rassepolitik" folglich „möglichst viele fremde Volksbestandteile durch Auswanderung auszuscheiden", „also Semiten, Mongolen und Finnen".[271] In einer solchen erweiterten Siedlungspolitik wurden „Fremde" rechtlose Objekte einer staatlich-rassischen Volkspolitik. Um eine weitere „Blutsmischung" zu verhindern, müssten zudem „alle noch vorhandenen Reste des ursprünglichen germanischen Rasseadels im geschlossenen mitteleuropäischen deutschen Siedlungsgebiet" festgehalten werden. Den „allzufern stehenden, nicht aufsaugungsfähigen Rassefremden, deren Zusammenfassung im deutschen Nationalstaat der Zukunft nötig werden sollte", waren „Sondergebiete (Reservationen) mit Sonderrechten" einzuräumen.[272]

Die Forderungen nach einer Fremdengesetzgebung und der Ausweisung von Juden fanden sich schon früher im Programm der von Max Liebermann von Sonnenberg, Paul Förster und Theodor Fritsch 1889 gegründeten Deutsch-Sozialen Partei, welche die Deutsche Reformpartei Böckels einband und die wirtschaftliche Vereinigung als Sammlungsfraktion bis zum BdL 1903 ins Leben rief. Abgewandelt erschienen diese Punkte erneut in einem Entwurf der Deutschsozialen Reformpartei von 1899 zur Einführung einer „Judenmatrikel durch die Reichsgesetzgebung", mit der „man den Juden die erforderliche Sonderbehandlung zu Teil werden lassen kann ohne irgendeine Verfassungsänderung".[273] Die Antisemitische Reformpartei unter der Leitung von Böckel

269 Ebd., S. 74 und 35.

270 Hasse: Die Zukunft des deutschen Volkstums, S. 19, 21 und 60.

271 Ebd., S. 45 und 59.

272 Ebd., S. 59.

273 Mommsen/Frantz (Hrsg.) Die deutschen Parteiprogramme, Heft 2, S. 14–18 und Zitat in: Giese: Die Judenfrage, S. 42–45.

und Hermann Ahlwardt hatte bereits 1885 die Forderung nach einem „judenfreie[n] Deutschland“ ins Parteiprogramm aufgenommen.[274]

Das „Kaiserbuch“ spitzte völkische Grundpositionen der radikalen Rechten zu und trat kompromisslos für ihre politische Durchsetzung ein. Es enthielt bereits zentrale Forderungen von Claß’ späterer Kriegszieldenkschrift vom Herbst 1914.[275] Als wesentlicher Bestandteil der radikalen Bevölkerungspolitik fungierte in dem Pamphlet jedoch der Antisemitismus, dessen Mobilisierungsfähigkeit in der Verbandsgeschichte bereits lange diskutiert worden war. Claß’ weltanschaulicher Antisemitismus hatte im Alldeutschen Verband allerdings bis 1917 keine mehrheitsfähige Basis, nachdem der Streit in den Ortsgruppen Berlin und Hamburg um die Erhebung des Antisemitismus zur offiziellen Politik 1892 durch ein Machtwort von Carl Peters zunächst beendet worden war.[276] Noch um die Jahrhundertwende erging der Beschluss des Geschäftsführenden Ausschusses, sich in der „Judenfrage“ auch weiterhin nach außen neutral zu verhalten. Zuvor gab es immer wieder Auseinandersetzungen mit antisemitischen Führern wie Liebermann von Sonnenberg, der sich mit Hasse im Reichstag über die Bedeutung des Antisemitismus stritt.[277]

War der Antisemitismus noch nicht mehrheitsfähig im Verband, so verschärfte die 1903 erfolgte Satzungsänderung bereits die allgemeinen Ziele hin zur „rassenmässigen und kulturellen Zusammengehörigkeit aller deutschen Volksteile“.[278] Auch Hasse radikalisierte seit der Jahrhundertwende zusehends seine Haltung und wies Juden in seinen Schriften Juden eine eigenständige Rassenzugehörigkeit außerhalb des „Deutschtums“ zu.[279] Für Hasse waren Juden „meinem Volkstum doch noch viel fremder“ als „Tschechen, Magyaren oder gar Italiener“.[280] Hinzu kam, dass der Alldeutsche Verband mit führenden Figuren der antisemitischen Bewegung durchsetzt war. Friedrich Lange vom Deutschbund wurde 1900 in den Vorstand gewählt und der Rassenanthropologe Otto Ammon wurde im selben Jahr Mitglied des Geschäftsführenden Ausschusses. Ammon sowie andere führende Antisemiten, wie Liebert vom Reichsverband gegen die Sozialdemokratie, Ludwig Schemann und Richard du Moulin-Eckart, saßen von 1903/04 bis 1906 im Vorstand. Paul Langhans wurde 1904 in den Geschäftsführenden Ausschuss gewählt. Führende Alldeutsche des organisierten politischen Antisemitismus waren zudem im Reichstag vertreten und mobilisierten über die antisemitischen Parteien

---

274 Siehe auch Fricke: Die antisemitischen Partien 1879–1918, in Ders. (Hrsg.): Die bürgerlichen Parteien, Bd. I, S. 36–40, Pötzsch: Antisemitismus in der Region und Schell die Entwicklung des politischen Antisemitismus.

275 Siehe dazu Kapitel 4.2.

276 Siehe dazu Chickering: We Men, S. 230–245.

277 Siehe Alldeutsche Blätter 9.8.1896.

278 Siehe Satzung des Alldeutschen Verbandes (beschlossen durch den Vorstand am 10.5.1903), in Werbe- und Merkbüchlein des Alldeutschen Verbandes 1904.

279 Siehe Hasse: Das Deutsche Reich als Nationalstaat, S. 139–146.

280 Ernst Hasse an Michael Hainisch, 17.5.1904, in BA-Berlin, R 8048, Bd. 188, Bl. 326–328. Zitat ebd., Bl. 327.

Anhänger und Wähler.[281] Liebermann von Sonnenberg vertrat den Alldeutschen Verband bis zu seinem Tod 1911 im Reichstag und war ab 1908 gelegentlich als Werberedner für den Verband aktiv. Fritsch hatte bereits zur Zeit der Verbandsübernahme mit der Herausgabe des *Hammer* Einfluss auf die antisemitische Mobilisierung der alldeutschen Studentenschaft.[282] Claß sollte Fritsch später als ersten „voll bewussten" „Vorkämpfer der völkischen Bewegung" bezeichnen.[283] Ludwig Werner, zusammen mit Böckel führender Antisemit in Kurhessen, saß von 1890 bis 1918 für die Deutsche Reformpartei im Reichstag. Sie vereinigte sich im März 1914 mit der Deutsch-Sozialen Partei unter dem Vorsitz der Alldeutschen Wilhelm Lattmann und Ferdinand Werner zur Deutschvölkischen Partei. Diese personellen Netzwerke zwischen Verband und antisemitischer Bewegung kennzeichneten das alldeutsche Gefüge organisatorischer Verflechtungen und Mehrfachmitgliedschaften.

Nachdem Claß den Verbandsvorsitz übernommen hatte, lehnte er die Behandlung der „Rassenfrage" in den Verbandsgremien noch aus taktischen Gründen ab.[284] Mit dem „Kaiserbuch" reihte sich Claß in die Ahnengalerie der völkischen Bewegung, wie sie unter anderem durch Houston Stewart Chamberlain, Fritsch, Lange oder Otto Schmidt-Gibichenfels repräsentiert worden war, ein und wurde als „Frymann" von Rasseantisemiten wie Schemann entsprechend gewürdigt.[285] Jedoch wurde der Alldeutsche Verband noch nicht zum Träger der Claß'schen Forderungen. Die Wahl des Pseudonyms „Daniel Frymann" durch Claß' Frau Mathilde[286] – angelehnt an die Figur des Zimmermeisters Frymann aus dem Stück „Das Fähnlein der sieben Aufrechten" von Gottfried Keller – erfolgte auch mit der Überlegung, aufgrund des anmaßenden Titels nicht wegen Majestätsbeleidigung angeklagt zu werden. Erst nach dem Ersten Weltkrieg wurde die wahre Autorenschaft der Öffentlichkeit bekannt. Gleichzeitig wurde das Buch unmittelbar nach der Veröffentlichung ganzseitig in den *Alldeutschen Blättern* mit entsprechenden Pressestimmen, die auf den immensen erzieherischen Wert für alle Schichten des Volkes („wes Standes und Berufes er sei") hinwiesen, als „politisches Zeitdokument" beworben.[287]

Das „Kaiserbuch" steht für die verstärkte politische Ideologisierung von Claß' Weltanschauung, die untrennbar mit kompromisslosen politischen Forderungen zur praktischen Umsetzung verbunden wurde. Taktische Überlegungen und strategische Planungen zur Einbindung des Alldeutschen Verbandes in die Regierungspolitik waren ab 1911/12 hinfällig geworden. Die Radikalisierung des Verbandes in den folgenden

281 Siehe auch Chickering: We Men, S. 233–234.

282 Siehe Claß an Theodor Fritsch, 19.1.1909, in BA-Berlin, R 8048, Bd. 193, Bl. 74.

283 Claß auf der Sitzung des Geschäftsführenden Ausschusses des Alldeutschen Verbandes 10.4.1926, zit. in Alldeutsche Blätter 27.10.1927.

284 Claß in der Sitzung des Geschäftsführenden Ausschusses des Alldeutschen Verbandes 2.4.1910, in BA-Berlin, R 8048, Bd. 74, Bl. 5.

285 Scheman: Paul de Lagarde, S. 248 und 253.

286 Siehe Claß: Wider den Strom, S. 234–235.

287 Alldeutsche Blätter 25.5.1912. Zitat ebd. aus Deutsche Zeitung 18.5.1912.

Jahren führte ihm neue Mitglieder zu, die wie Gebsattel, Karl Lohmann, Alfred Breusing, Karl Ferdinand von Grumme-Douglas oder August Thomsen führende Positionen in der Verbandsleitung und vertrauliche Stellungen bei Claß einnehmen sollten.[288]

Claß machte sich mit dem „Kaiserbuch", das bereits ein Jahr nach Erscheinen in der vierten Auflage (16.–20. Tausend Exemplare) zu erwerben war[289], zusehends daran, den diskursiven „Ballast" der Auseinandersetzungen um altliberale Werte sowie um konkrete gesellschaftliche Ordnungsentwürfe und imperiale Interessen innerhalb des Verbandes zusehends abzuwerfen. Die öffentliche Aufmerksamkeit half ihm indirekt dabei, denn die Autorenschaft blieb auch innerhalb des Verbandes weitestgehend unbekannt. Das „Kaiserbuch" war eine umfassende Synthese von Claß' radikalen Forderungen, die 1903 mit der Plauener Rede ihren Anfang genommen hatten. Sie waren um die Jahrhundertwende beständig um Aspekte der Welt- und Kolonialpolitik sowie innenpolitisch um Überlegungen zu einer Reichsreform erweitert worden. Gesellschaftskritik wurde hier in einer grundsätzlichen kulturkritischen Diagnose der Moderne vereint und beständig mit antisemitischen Erklärungen verknüpft. Claß' antisemitische Forderungen entsprachen im Grunde den „gängigen" Haltungen der radikalen Rechten.[290] Bereits Lange hatte zahlreiche Punkte mit dem Deutschbund aufgegriffen. Auch der dezidiert biologistisch aufgeladene Antisemitismus der völkischen Bewegung fügte sich in Claß' Ängste einer ethnischen Rassenmischung, einer vermeintlich folgenden Degeneration der deutschen „Volksgesundheit" und einer „Schwächung deutscher Volkskraft" ein.[291] Claß formulierte in seinem „Kaiserbuch" pointierte Beschreibungen der von ihm kritisierten gesellschaftlichen Entwicklungen und erreichte später eine hohe öffentliche Aufmerksamkeit durch seine radikalen Forderungen, die sich auf nahezu alle Gebiete deutscher Politik und Kultur bezogen. Nicht zuletzt haftete dem Pamphlet allein schon aufgrund des Titels eine verruchte Anmaßung von Majestätsbeleidigung an, was die Verbreitung nur beförderte.

Innenpolitisch hatte Claß im „Kaiserbuch" die Gegner erneut klar benannt: Sozialdemokratie und die Zentrumspartei. Das Zentrum sah Claß zwar wie Bismarck als „Reichsfeinde", aber sie standen hinter Juden und Sozialdemokraten an dritter Stelle. Er gestand der politischen Vertretung des Katholizismus, anders als den revolutionär auftretenden Sozialdemokraten, zumindest zu, Autorität im Grundsatz anzuerkennen. Zudem pflege das Zentrum einen „latenten Antisemitismus" und habe keine Juden in seinen Reihen, im Gegensatz zur SPD, aber auch den Nationalliberalen, die Claß für die eigentlich legitime Regierungspartei hielt.[292] Eine Bekämpfung des Zentrums sei daher wirkungslos, und lediglich eine Erziehung hin zu einem patriotischen „Nationalgefühl"

---

288 Siehe Claß: Wider den Strom, S. 237–243.

289 Anzeige in Alldeutsche Blätter 15.3.1913. Es erschienen insgesamt acht Auflagen des Buches. Die letzte Auflage von 1935 erreichte 38.000 Exemplare. Siehe zu den Auflagen von Claß' Schriften in Hofmeister (Hrsg.): Heinrich Claß. Politische Erinnerungen, S. 975 (Anhang 5).

290 Herbert: Woher kam der Judenhass?, S. 61.

291 [Claß]: Wenn ich der Kaiser wär', S. 22–25.

292 Ebd., S. 192–200. Zitat ebd., S. 198.

jenseits eines ultramontanen Internationalismus führe zur „Überwindung" der katholischen Oppositionspolitik gegen kolonialpolitische Entscheidungen, Ostmarkenpolitik oder die Tolerierung der Sozialdemokratie.[293]

Das „Kaiserbuch" begründete in der Rückschau Claß' Bedeutung für die langfristige programmatische Ausrichtung des Verbandes. Zum 25. Jahrestag von Claß' Eintritt in die Hauptleitung erklärte Liebert 1925 die politische Bedeutung des neuen Verbandsvorsitzenden: „Mit dem Namen Claß kam neuer Schwung in die Tätigkeit des Verbandes. Die bis dahin recht verschwommenen Ziele wurden scharf bestimmt, die verfahrene auswärtige Politik scharf unter die Lupe genommen, bald darauf der Kampf gegen Sozialdemokratie und Judentum aufgenommen."[294] Paul Bang fügte hinzu, mit Claß habe die Hauptleitung „ihre staatspolitische Vertiefung, ihre klare Linie, ihre zielsichere Bestimmtheit" erfahren.[295] Sozialdarwinistische Rassentheorien und ein rassisch begründeter Antisemitismus wurden unter Claß verstärkt zur Weltanschauungsgrundlage alldeutscher Ordnungspolitik. Am Vorabend des Ersten Weltkrieges erklärte auch Lehmann gegenüber Claß, dass er „die Rassenhygiene nun als besonderes Arbeitsgebiet" in seinen Verlag aufgenommen habe und das Programm in den nächsten Jahren auf diese „neue Wissenschaft" ausrichten wolle.[296]

Mit der breiten Mobilisierung des Antisemitismus hielt man sich innerhalb des Verbandes aber weiterhin noch zurück und es war Claß selbst, der ganz bewusst zur Mäßigung mahnte. Im September 1912, als auf der Sitzung des Geschäftsführenden Ausschusses vereinzelt die Forderung erhoben wurde, der Verband möge sich den Antisemitismus als offizielle Leitlinie auch öffentlich auf die Fahnen schreiben, lehnte Claß trotz aller radikaler Frymann-Forderungen entschieden ab. Im Protokoll wurde festgehalten, er sei der Ansicht, „daß dies nicht geschehen soll, daß man [das] vielmehr dem Einzelnen überlassen müsse, wie er sich betätigen wolle. Legen wir uns auf den Antisemitismus fest, so verlieren wir manche Wirkungsmöglichkeit. Es ist aber gar nicht nötig, daß der Alldeutsche Verband von Amtswegen antisemitisch wird, da ja besondere Parteien und Vereinigungen vorhanden sind, die dieser Richtung dienen. Wir sind die schärfste nationale Gruppe und stehen auf dem Boden der Rasse. Daraus ergibt sich ganz von selbst unsere sachliche Stellung in dieser Frage – eine förmliche Festlegung ist unnötig und wäre schädlich."[297] Es folgte eine allgemeine Zustimmung. Auch ein Jahr später umging man die Frage einer offiziellen antisemitischen Propaganda durch die Verbandsleitung, indem man der Förderung einer gesonderten antisemitischen Organisation nicht im Wege stehen wolle. Der Verband selbst wolle jedoch zunächst weiter

293 Ebd., S. 196–197. Zitat ebd., S. 200.

294 Tischrede Eduard von Liebert auf der Sitzung des Geschäftsführenden Ausschusses des Alldeutschen Verbandes, 12.12.1925, in Deutsche Zeitung 14.12.1925.

295 Rede Paul Bang auf der Sitzung des Geschäftsführenden Ausschusses des Alldeutschen Verbandes, 13.12.1925, in Ebd.

296 Julius F. Lehmann an Claß, 19.8.1913, in BA-Berlin, R 8048, Bd. 197, Bl. 294.

297 Claß auf der Sitzung des Geschäftsführenden Ausschusses des Alldeutschen Verbandes, 6.9.1912, in BA-Berlin, R 8048, Bd. 86, Bl. 8–9.

nur zur „Aufklärung des deutschen Volkes darüber, wie sehr sein geistiges Leben bereits in jüdischen Händen sei", beitragen und in ein „unermüdliches Wirken dafür, dass Deutschlands Grenzen unverzüglich gegen weitere jüdische Einwanderung gesperrt würden", investieren.[298] Bei dieser Haltung blieb sowohl Claß wie auch die Mehrheit im Verband bis zum Krisenjahr 1917, als man die Einrichtung eines „Judenausschusses" im Gesamtvorstand forderte. Antisemitismus erhielt dann die Bedeutung einer funktionalen Mobilisierungsressource, um eine Massenanhängerschaft gegen Bestrebungen zu gewinnen, über Reformen und ein schnelles Kriegsende die Gesellschaft zu demokratisieren und zu befrieden.

Weltanschaulich durchzog der Antisemitismus seit der Jahrhundertwende Claß' Grundsatzprogramme und seine politischen Schriften. Seit dieser Zeit, als er vor allem über den Deutschbund und vor allem über Schemanns Gobineau-Vereinigung zunehmend in Kontakt mit den Rassetheorien Arthur de Gobineaus kam, war sein Antisemitismus dezidiert davon bestimmt, Juden als eigenständige „Rasse" zu beschreiben. Verbunden mit der Annahme, Juden dominierten wichtige Institutionen in Gesellschaft, Kultur und Politik, um ‚undeutsche' und internationale Interessen durchzusetzen, was sich politisch vor allem bei den Sozialdemokraten und den Liberalen manifestiere, hatte der Antisemitismus in Claß' Weltbild eine fundamentale Bedeutung für die rationalisierte Strukturierung von Feindbildern. Juden waren in Claß' Anklage, die moderne Entwicklungen als Verfallserzählung hin zur Massengesellschaft fasste, aktives Subjekt der Geschichte, indem sie ihre vermeintlich einheitlichen Interessen einer nicht-jüdischen Mehrheit in Deutschland durch ihre Dominanz in Presse und Kultur sowie durch die Infiltration politischer Parteien und die Manipulation der Massen aufzudrücken schienen. Claß wiederum wollte Juden in dieser zugeschriebenen Rolle ihre vermeintliche Handlungsmacht nehmen, sie ihrer Rechte berauben und sie als auszuweisende „fremde" rassische Volksgruppe ihrer Selbstbestimmung entledigen.

Dafür galt es, einen modernen Staatsbürgerschaftsbegriff ethnisch durch das Prinzip des *Ius Sanguinis* einzuhegen, für das sich bereits Hasse als nationalliberaler Reichstagsabgeordneter ab 1894/95 im Zusammenhang mit einer Reform des Ein- und Auswanderungswesens und einer gleichzeitig geforderten „Abänderung des Gesetzes vom 1. Juni 1870 über Erwerb und Verlust der Bundes- und Staatsangehörigkeit" starkgemacht hatte.[299] Der Alldeutsche Verband verfolgte das Thema seitdem mit großer Leidenschaft und eröffnete 1908 eine erneute Kampagne zusammen mit dem Verein für das Deutschtum im Ausland, die in Eingaben an die Reichsregierung mündete, wonach die Reichsangehörigkeit nicht durch den Erwerb einer anderen Staatsangehörigkeit

---

298 Siehe Protokoll der Sitzung des Geschäftsführenden Ausschusses des Alldeutschen Verbandes, 5.9. 1913, in BA-Berlin, R 8048, Bd. 90, Bl. 49.

299 Rede Ernst Hasse im Reichstag, 6.2.1894, in Stenographische Berichte über die Verhandlungen des Reichstags, IX. Legislaturperiode, II. Session 1893/94, S. 1027–1029. Zitat ebd., S. 1029. Siehe auch Vorstand des ADV: Entwurf eines Gesetzes über die Erwerbung und den Verlust der Reichs- und Staatsangehörigkeit (1.6.1894), in Zwanzig Jahre, S. 24–27. Siehe dazu Gosewinkel: Einbürgern und Ausschließen, S. 278–294.

verloren und der Wiedererwerb der deutschen Staatsangehörigkeit auf Antrag erleichtert werden sollte.[300]

Claß, der nun im Frühjahr 1912 sein „Kaiserbuch“ anonym veröffentlicht hatte, hielt sich in den Diskussionen, die angesichts des am 7. Februar 1912 durch die Regierung vorgestellten Gesetzentwurfs zur Änderung des Staatsbürgerschaftsrechts im Alldeutschen Verband aufbrachen, auffällig zurück. Walter Simons, Bruder von Paul Simons und Legationsrat im Auswärtigen Amt, wurde zur Sitzung des Geschäftsführenden Ausschusses am 18. Februar 1912 eingeladen, um über den eingebrachten Entwurf zum Staatsbürgerschaftsrecht zu sprechen. Er hatte dem Ausschuss früher selbst angehört. In der folgenden Diskussion stimmte man zahlreichen Passagen des Gesetzentwurfs der Regierung zu, wie der zentralen Verwaltung eingehender Staatsbürgerschaftsanträge durch das Reichsamt des Innern. Simons kritisierte die unklaren Bestimmungen hinsichtlich des Erwerbs der deutschen Staatsangehörigkeit scharf: „Man hat Bedenken erhoben, dass dieser Paragraph nicht weit genug gehe, man müsse das auch auf die Rasse ausdehnen, aber der Abschluss ist von einer ausserordentlichen Weitherzigkeit. Es können Auswanderer aus den frühesten Zeiten, auch aus denen, wo das Deutsche Reich noch nicht bestand, wieder eingedeutscht werden.“ Ein „Ausländer, der dem deutschen Reichsgebiet überhaupt nichts angeht“, wiederum könne nur „eingedeutscht“ werden, wenn er „schon alte Beziehungen“ nachweisen könne.[301] Bei aller Kritik solle man jedoch den Gesetzesentwurf nicht weiter durch Anträge gefährden, so Simons.

Claß bestimmte, bei aller Zustimmung zu diesen Einschätzungen, dass die Ausführungen an Liebert weitergereicht werden sollten, der im Reichstag im Ausschuss für die Novellierung des Staatsbürgerschaftsrechts saß und die alldeutschen Interessen auch im Zusammenspiel mit Petitionen der Deutschen Kolonialgesellschaft sicherstellen wollte. Zusätzlich wollte Claß die Anregungen in einer Denkschrift zusammenfassen und dem Reichstagsausschuss sowie einzelnen Mitgliedern zukommen lassen.[302] Öffentlich lobte man jedoch den Gesetzentwurf der Regierung, da „manche Vorschläge des Entwurfs fast wörtlich unseren Eingaben entnommen sind“ und „der Entwurf eine höchst erfreuliche Besserung gegenüber dem bestehenden Zustande bringen wird“.[303]

Das dann am 22. Juli 1913 verabschiedete Gesetz, das einerseits das Abstammungsprinzip festschrieb, aber gleichzeitig den Erwerb der deutschen Staatsbürgerschaft durch Einbürgerungsverfahren grundsätzlich weiter ermöglichte[304], kommentierte Liebert im Geschäftsführenden Ausschuss dann so: „Alles in allem genommen könne man doch sagen, dass ein modernes Gesetz zustande gekommen sei, wenn auch

300 ADV: Forderungen zur Reichs- und Staats-Angehörigkeit (1909). Siehe dazu auch Walkenhorst: Nation – Volk – Rasse, S. 149–165. Siehe auch Alldeutsche Blätter 11.9.1908.

301 Walter Simons auf der Sitzung des Geschäftsführenden Ausschusses des ADV, 18.2.1912, in BA-Berlin, R 8048, Bd. 83, Bl. 18–19.

302 Claß auf der Sitzung des Geschäftsführenden Ausschusses des ADV, 18.2.1912, in ebd., Bl. 20.

303 Alldeutsche Blätter 24.2.1912.

304 Gosewinkel: Einbürgern und Ausschließen, S. 324–327.

tief bedauert werden müsse, dass dasselbe nach 18 jähriger Vorbereitungszeit ausgerechnet vor diesen Reichstag gekommen sei.“[305]

Claß hatte im Verband vor der Gesetzesannahme rassenbiologisch angelegte Eingaben an die Reichsregierung zu den bereits bestehenden Verboten von „Mischehen“ in den Kolonien durchgesetzt, die dahingehend verschärft werden sollten, „Abkömmlinge[n] von Weißen und Farbigen durch Geburt“ den Erwerb der deutschen „Reichsangehörigkeit“ grundsätzlich zu verweigern.[306] Auch sollte die preußische Verwaltung über die Beeinflussung der Deutsch-Konservativen Partei zur Schließung der Grenze gegen ostjüdische Einwanderung aufgefordert werden, um somit gegen „polnische Juden“ einen „Schutzdamm aufzurichten“.[307] Das Staatsbürgerschaftsgesetz von 1913 entsprach mit der Stärkung des Prinzips des *Ius Sanguinis* der alldeutschen Forderung nach dem Ausschluss von Zuwanderern aus Osteuropa.[308] Die praktische Umsetzung der rechtlichen Ausgrenzung von deutschen Juden aufgrund rassenbiologischer Zuschreibungen durch eine Fremdengesetzgebung forderte Claß innerhalb der Verbandsgremien hingegen noch nicht.

Trotz dieser selbst auferlegten taktischen Zurückhaltung kamen nun radikale Antisemiten wie Gebsattel zum Verband, der als einer der Wenigen von der wahren Autorenschaft des „Kaiserbuchs“ wusste.[309] Im August 1913 traf er mit Claß zusammen und verfasste einen Monat später seine eigene radikale Reformdenkschrift an den Kaiser, in der er die Ausweisung aller Juden forderte, was Wilhelm II. als Idee eines „seltsamen Schwärmers“ abtat.[310] Kronprinz Wilhelm suchte nun den Kontakt zum Verband und sympathisierte mit den Diktatur- und Staatsstreichgedanken der Alldeutschen, die Claß in engem Verbund mit Gebsattel weiterentwickelte.[311]

Gebsattel, der in seiner Denkschrift neben einem Staatsstreich gegen das Parlament umfassende Reformen vor allem für ein geändertes Reichstagswahlrecht nach ständischem Vorbild forderte, um den Einfluss von Sozialdemokraten, Linksliberalen und Juden einzudämmen, machte sich nun zum Fürsprecher bei Wilhelm II. sowie bei

---

305 Eduard von Liebert auf der Sitzung des Geschäftsführenden Ausschusses des ADV, 3.7.1913, in BA-Berlin, R 8048, Bd. 89, Bl. 63. Bereits ein Jahr zuvor wollte man „keinesfalls durch allzu schroffe Betonung unserer unerfüllten und zum Teil derzeit sicherlich unerfüllbaren Forderungen die Annahme des Gesetzes gefährden.“ Justizrat Ferdinand Putz auf dem Verbandstag des ADV, 17./18. 2.1912, in Alldeutsche Blätter 24. 2.1912.

306 Alldeutscher Verband an den Reichskanzler, 25.10.1912, in BA-Berlin, RDI, Nr. 8014. Siehe dazu auch Gosewinkel: Einbürgern und Ausschließen, S. 305–306.

307 Protokoll der Sitzung des Geschäftsführenden Ausschusses des ADV, 13.4.1913, in BA-Berlin, R 8048, Bd. 88, Bl. 10.

308 Gosewinkel: Einbürgern und Ausschließen, S. 324.

309 Siehe dazu den Schriftwechsel zwischen Claß und Konstantin von Gebsattel, 27.5.–5.6.1913, in BA-Berlin, N 2089, Bd. 1, Bl. 1–12.

310 Zitiert in Peters: Konstantin von Gebsattel, S. 181.

311 Chickering: We Men, S. 283–291 und Stegmann: Die Erben Bismarcks, S. 368–381 und 421–430.

Bethmann Hollweg.[312] Er drang jedoch weder beim Reichskanzler noch beim Kaiser mit seinen Gedanken zur Stärkung der Kartellparteien in den Auseinandersetzungen mit dem Reichstag durch. Zusammen mit der Diktatur sollte der Grundgedanke einer bildungsbürgerlichen Expertenregierung mit der Gründung des Bundes der Letzten 1913 realisiert werden, der als elitäres Zentrum innerhalb der „nationalen Opposition" agieren sollte. Weitere alldeutsche Planungen sahen nationale Stammrollen von ausgewählten politisch Zuverlässigen und einen Deutschen Volksrat als elitäre Führungsriege einer zukünftigen nationalen Rechten vor.[313] Nachdem Claß' Vertrauter Lucius zum 1. Oktober 1913 sein Amt in der Geschäftsstelle in Mainz aufgegeben hatte, um sich ganz seiner Rechtsanwaltskanzlei zu widmen, rekrutierte Claß weitere treue Mitarbeiter, die wie Leopold von Vietinghoff-Scheel eine wichtige und konstante Rolle in der Verbandsverwaltung sowie der politischen Ausrichtung der Alldeutschen spielen sollten.

Auch politisch bedeutete für Claß das „Kaiserbuch" eine Zäsur, denn es enthielt eine scharfe Kritik an den Nationalliberalen, als deren natürliche Verbündete sich die Alldeutschen lange gesehen hatten.[314] Die Parteiführer hätten jedoch das Ausmaß des Kulturbruchs seit Bismarcks Abgang 1890 nicht richtig verstanden, so Claß im „Kaiserbuch", und es nicht vermocht, imperialen Fortschrittsglauben mit konservativem Ausgleich und autoritärem Selbstbewusstsein gegen die Liberalisierungseffekte des „neuen Kurses" zu vertreten. Ernst Bassermann und Gustav Stresemann galten Claß als Vertreter eines „Rucks nach links" innerhalb der Nationalliberalen.[315] Die Kritik an Bassermann führte zu dessen weiteren Distanzierung vom Verband. Er hatte bereits im Sommer 1908 sein Austrittsgesuch einreichen wollen, konnte aber durch Claß' Einwirken über Stresemann noch davon abgehalten werden.[316]

Am Vorabend des Ersten Weltkrieges waren die Alldeutschen fest in die Sammlungspolitik der Rechten eingebunden. Der Verband verabredete mit dem BdL 1913 eine regionale Arbeitsteilung und verstärkte somit die außerparlamentarische Oppositionsarbeit.[317] Claß ging es dabei um nichts weniger, als „gegen die zunehmende Demokratisierung und Atomisierung eine Sammlung aller staatserhaltenen Kräfte" zu erreichen.[318] Diese Entscheidung zur Kooperation mit dem BdL stand in einer nunmehr zehnjährigen Tradition, Sammlungspolitik gerade nach den Wahlerfahrungen von 1903

312 Konstantin von Gebsattel: Gedanken über einen notwendigen Fortschritt in der inneren Entwicklung Deutschlands, in BA-Berlin, R 8048, Bd. 355, Bl. 47–53. Siehe dazu auch Hering: Konstruierte Nation, S. 339–343.

313 Siehe Claß an Wilhelm Hübbe-Schleiden, 23.9.1913, in BA-Berlin, R 8048, Bd. 197, Bl. 320 sowie Claß an Max von Klitzing, 27.9.1913, in ebd., Bl. 325. Dazu auch Chickering: We Men, S. 283–291.

314 Siehe dazu [Claß]: Wenn ich der Kaiser wär', S. 40–57.

315 Ebd., S. 205.

316 Siehe Sitzung des Geschäftsführenden Ausschusses des Alldeutschen Verbandes 27.6.1908, in BA-Berlin, R 8048, Bd. 65, Bl. 8.

317 Chickering: We Men, S. 277–283.

318 Claß auf der Sitzung des Geschäftsführenden Ausschusses des ADV, 5.9.1913, in BA-Berlin, R 8048, Bd. 90, Bl. 9.

über außerparlamentarische Kartellverbindungen zu organisieren. Der 1904 gegründete Reichsverband gegen die Sozialdemokratie unter dem Vorsitz von Liebert stellte eine der wichtigsten Mobilisierungsorganisationen dar, die aus Nationalliberalen, Konservativen und auch Freikonservativen entstanden war und weitere Initiativen wie den Nationalen Reichswahlverband aufnahm, den Lange vom Deutschbund zur Gründung einer „Deutschpartei" gegen SPD und Zentrum ins Leben gerufen hatte.[319] Weitere Einzelthemen wurden in spezielle Interessenorganisationen wie den Evangelischen Bund zur weiteren Bearbeitung ausgelagert. Die ersten Besprechungen führten im Sommer neben Claß dann Johann Neumann und Breusing für die Alldeutschen mit Konrad Freiherr von Wangenheim vom BdL. Claß hoffte, dass die Verbände ihre Unabhängigkeit behielten, jedoch die Alldeutschen gleichsam als „Sauerteig" unter den 400.000 Mitgliedern des BdL wirken und darüber hinaus auf die Deutsch-Konservative Partei, den Centralverband deutscher Industrieller und die Mittelstandsvereinigung ausstrahlen würden, um praktisch die Sammlungspolitik von Schwerindustrie und Landwirtschaft im „Kartell der schaffenden Stände", das seit den Wahlen von 1912 gegen die Sozialdemokratie entstanden war, beeinflussen zu können.[320]

Eine betonte Unabhängigkeit des Alldeutschen Verbandes war Claß bereits bei Keims Planungen für einen Nationalen Bund 1908 wichtig, die dieser noch aus dem Deutschen Flottenverein heraus angestrengt hatte. Auch als Lange 1909 einen Nationalen Block organisieren wollte, kehrte Claß dem Projekt den Rücken, da er eine zu breit aufgestellte Einigungsbewegung, die den konservativ-liberalen „Bülow-Block" beleben sollte, ablehnte. Axel Grießmer betonte, dass sich mit den Reichstagswahlen 1907 die nationalen Verbände wie der Alldeutsche Verband oder der Reichsverband gegen die Sozialdemokratie zunehmend aus der Wahlpolitik zurückzogen und sich vom „praktischen Parlamentarismus" verabschiedeten.[321]

3.7 Kriegserwartungen und Rüstungsforderungen

Seit der Marokko-Krise von 1911 war für Claß die Expansion des Deutschen Reiches in die koloniale Peripherie lediglich ein zusätzliches Mittel für eine deutsche Weltmachtgeltung. Die eigentliche imperiale Imagination galt nun endgültig Europa und konzentrierte sich in erster Linie auf einen Gebietserwerb für koloniale Siedlung und landwirtschaftliche Produktion im Osten sowie auf industrielle Zentren in Frankreich und Belgien. Anders als Hasse oder dessen Vorgänger, Joachim Graf von Pfeil, kam Claß nicht aus der Kolonialbewegung der 1880er Jahre. Während Hasse noch bis zu seinem Le-

319 Siehe Grießmer: Massenverbände und Massenparteien, S. 140–198. und Eley: Reshaping the Radical Right, S. 246–247.

320 Claß auf der Sitzung des Geschäftsführenden Ausschusses des Alldeutschen Verbandes, 5.9.1913, in BA-Berlin, R 8048, Bd. 90, Bl. 9–20. Siehe auch Leicht: Heinrich Claß, S. 167–169.

321 Siehe dazu Grießmer: Massenverbände und Massenparteien, S. 278–291. Zitat ebd., S. 291.

bensende mit seiner Gesamtschau deutscher Kolonial- und Siedlungspolitik beschäftigt war, dachte Claß in größeren Linien.

Claß, der seit 1912 selbst als Kriegsgerichtsrat der Reserve geführt wurde, setzte nicht mehr darauf, in der Bearbeitung der öffentlichen Meinung mit der Reichsregierung abgestimmt zu kooperieren. „Praktische Staatskunst" war mit der Regierung Bethmann Hollweg nicht mehr zu betreiben, so Claß, und der „Fehlschlag" in der Marokkoangelegenheit 1911 habe gezeigt, dass die Ziele der amtlichen Politik zum „Misserfolg" verdammt seien.[322] Die Reichstagswahlen im Januar 1912 schienen dies auch innenpolitisch zu bestätigen. Sammlungsbemühungen für einen nationalen Volksrat lehnte Claß ab und sah den Alldeutschen Verband als die eigentliche Dachorganisation der Rechten, die er durch einen neuen Zweckverband zur Heeresverstärkung ausbauen wollte.

Die alldeutsche Gründung des Deutschen Wehrvereins 1912 ist in der Forschung als Folge sowohl der Radikalisierung innerhalb des Flottenvereins, die den Austritt der Radikalen um Keim und deren Übertritt in den Alldeutschen Verband 1908 mit sich brachte, als auch der Kriegserwartungen der Alldeutschen interpretiert worden, die sich nach der Erfahrung der Marokko-Krise 1911 verstärkt auf einen zukünftigen europäischen Landkrieg konzentrierten.[323] Im Herbst 1911 begann Keim mit den Vorbereitungen für die Gründung einer regierungsunabhängigen Propagandaorganisation, die sich für die Heeresverstärkung und den forcierten Ausbau der Armee durch die Verabschiedung entsprechender Heeresvorlagen im Reichstag für die zukünftige „Kriegsbrauchbarkeit" starkmachen sollte.[324] Auch der Alldeutsche Verband machte sich diese Propaganda zu eigen und wollte über die Öffentlichkeit „aus dem Volke heraus" eine Erweiterung der Heeres- und Flottenvorlagen erreichen.[325] Keims Agitation zielte vor allem auf die Kriegsfähigkeit Deutschlands gegenüber Frankreich und Russland, die durch ein Ausschöpfen der Rekrutenkontingente, eine Reform der Ausbildung und eine Restrukturierung der Kavallerie- und Infanterieeinheiten erreicht werden sollte.[326] Das Bestehen auf der Wehrpflicht war bereits bei der Reform des Staats- und Reichsangehörigkeitsgesetzes ein wesentlicher Bestandteil der Diskussionen um den Verlust der Staatsangehörigkeit von Auslandsdeutschen.[327]

Die beiden Heeresvorlagen der Regierung 1912 und 1913 wurden vom Deutschen Wehrverein massiv unterstützt, ganz im Sinne der Regierung, die sich eine Beeinflussung der öffentlichen Meinung für die Heeresverstärkung unter anderem angesichts der beiden Balkankriege der Staaten des Balkanbundes gegen das Osmanische Reich 1912/13 wünschte. Auch der Gesamtvorstand des Alldeutschen Verbandes dankte zunächst „der

322 Claß: Wider den Strom, S. 227.

323 Siehe Chickering: Der Deutsche Wehrverein, S. 31–64.

324 August Keim: Ein Wehrverein, in Die Post 19.12.1911.

325 Entschließung des ADV zu den Berichten zur Heeres- und Flottenvorlage. Anlage, Sitzung des Geschäftsführenden Ausschusses des ADV, 13./14.4.1912, in BA-Berlin, R 8048, Bd. 84, Bl. 38.

326 Siehe Chickering: Der Deutsche Wehrverein und Coetzee: The German Army League.

327 Siehe auch Alldeutsche Blätter 24.2.1912.

Regierung für die Einbringung der Wehrvorlage" und hoffte auf die Annahme durch den Reichstag.[328] Jedoch ging die beständige Propaganda des Wehrvereins für „ein Volk in Waffen" weit über die Pläne des Kriegsministeriums zur Erhöhung der Heeresstärke hinaus.[329]

Erst im Sommer 1913 entschärfte sich die öffentliche Debatte um die Wehrfähigkeit der deutschen Armee mit der zweiten Heeresvorlage, die eine Rekrutierung von 250.000 zusätzlichen Soldaten und 5.000 Offizieren vorsah. Roger Chickering betonte, dass es dem Wehrverein letztlich gelang, „zusammen mit den radikalen Verfechtern der Heeresvorlagen im Generalstab, dem Kriegsminister und dem Reichskanzler eine Armeereform aufzuzwingen", die durch das Zusammenspiel von Rüstungsplanung und öffentlicher Meinungslenkung die Kompetenz der Armee in Frage stellte und das klassische Ressort aristokratischer Macht dem Einfluss der öffentlichen Meinung unterwarf.[330]

Die Reichweite einer durch den Alldeutschen Verband geprägten Öffentlichkeit wurde mit Kriegsausbruch in Frage gestellt.[331] Der Verband selbst stagnierte mit seiner Mitgliedermobilisierung am Vorabend des Ersten Weltkrieges. Vietinghoff-Scheel beklagte im Sommer 1914, man komme an „zwei Drittel unserer Mitglieder überhaupt nicht heran" und müsse die Werbearbeit mit dem Zwangsbezug der *Alldeutschen Blätter* ab 1. Januar 1915 verstärken, da dies die „wichtigste Ursache für den seit Jahren zu beobachtenden Stillstand der Mitgliederbewegung" darstelle.[332] Trotz anhaltender Probleme bei der Mitgliedermobilisierung wähnte sich Claß am Vorabend des Ersten Weltkrieges als Führer nicht nur des Alldeutschen Verbandes, sondern der ganzen außerparlamentarischen Rechten. Gegenüber Kirdorf als einem der wichtigsten Financiers des Verbandes erklärte er stolz:

> Wir sitzen mitten im Bau, in dem alle Fäden zusammenlaufen – Sie würden Ihre Freude haben, wenn Sie im Einzelnen hörten, wie es auf allen Gebieten voran geht, die wir bearbeiten, und wie bedeutsame Verbindungen in der Richtung der Nationalisierung unseres Volkslebens angeknüpft sind. Zweierlei haben wir zu bekämpfen: die Demokratie mit ihren Machtgelüsten und der Herabziehung des ganzen politischen Lebens, der Entrechtung der tragenden Volksschichten und der Entfremdung des Volkes von allem Nicht-Materiellen – und gleichzeitig die Unfähigkeit der Regierenden einschließlich der Herrscher, ihre Selbstsucht, ihren Mangel an Nationalgefühl. Also eine Art

328 Erklärung Gesamtvorstand auf der Sitzung des Geschäftsführenden Ausschusses des ADV, 13.4.1913, in BA-Berlin, R 8048, Bd. 88, Bl. 6.

329 Aufruf des Deutschen Wehrvereins, 8.3.1913, in Alldeutsche Blätter 15.3.1913.

330 Chickering: Der Deutsche Wehrverein.

331 Korporative Anschlüsse wie der des Deutschnationalen Handlungs-Gehilfenverbandes mit ungefähr 160.000 Mitgliedern sind in ihrer Reichweite schwer zu bemessen und schienen für die alldeutsche Verbandsführung auch nur bedingt in die eigenen strategischen Mobilisierungsplanungen eingerechnet worden zu sein.

332 Leopold von Vietinghoff-Scheel auf der Sitzung des Geschäftsführenden Ausschusses des Alldeutschen Verbandes, 4.7.1914, in BA-Berlin, R 8048, Bd. 95, Bl. 3.

> Kampf nach zwei Fronten – aber er ist aufgenommen worden. Freilich kann er zunächst erst hinter den Kulissen geführt werden, bis die gesammelten Kräfte hinreichend stark sind.[333]

Claß verband die politische und weltanschauliche Radikalisierung des Verbandes mit der Stärkung seiner Führungsposition durch zentralisiertere Entscheidungsstrukturen, die bereits intern als „Diktatur" bezeichnet wurden.[334] Er konnte sich mit der Verfestigung seines loyalen Mitarbeiterstabes durch bewährte Vertraute nicht nur in den Ausschüssen auf weitgehende Unterstützung seiner Person verlassen. Die Mitglieder, die sich auf nationaler Ebene in den Machtzirkeln des Verbandes befanden, sicherten die notwendigen Loyalitäten in den Gauen und Ortsgruppen. Bewährte Mitglieder wie Gustav Pezoldt aus Plauen machten das Vogtland zu einer wichtigen Machtbasis. Neumann aus Lübeck, Karl Grunert aus Bremen, Hugenberg und (bis 1915) Reismann-Grone in Essen, Gebhard, der nun an der Augustinerschule in Friedberg angestellt war, die Münchener Repräsentanten wie Lehmann und Max von Gruber sowie die Vertreter der Dresdener Ortsgruppe, zu denen Bang gehörte, waren zentrale lokale Stützen für Claß. Durch neue Mitarbeiter wie Gebsattel, der 1913 zu Claß fand, oder Richard Pretzell in Pommern verbreitete sich Claß' Einfluss in die Peripherie alldeutscher Mobilisierung, so auch in die katholischen und die agrarisch geprägten Regionen, die sich der Alldeutsche Verband in der Zeit zwischen dem Bündnisabschluss mit dem BdL von 1913 bis zum Ende des Ersten Weltkrieges erschloss. Landgerichtsrat Ernst Joerges aus Rostock half in Mecklenburg-Schwerin und Mecklenburg-Strelitz den Einfluss in den mecklenburgischen Adel und in weite Kreise der junkerlichen Rittergutsbesitzer hinein zu sichern. Claß' Führungsposition sollte jedoch erst durch die verbandsinterne Kriegszieldiskussion 1914 endgültig gefestigt werden. Der Leitspruch, den Claß noch auf der Gedenkrede zur „alldeutschen Jahrhundertfeier" im Zuge der Einweihung des Völkerschlachtdenkmals in Leipzig zum 18. Oktober 1913 hielt, sollte sich im kommenden Krieg als Illusion und als ungewollte Voraussagung von Bürgerkrieg und Revolution erweisen: „Ein Staat lebt und stirbt, steht und fällt aber mit dem Willen und der Macht der Staatsgewalt und der Selbstlosigkeit seiner Bürger der Gemeinschaft gegenüber."[335]

---

333 Claß an Emil Kirdorf, 19.2.1914, in BA-Berlin, R 8048, Bd. 411, Bl. 17–18.

334 Siehe Leicht: Heinrich Claß, S. 174–175.

335 Rede Claß in Leipzig, 17.10.1913, in Alldeutsche Blätter 18.10.1913. Zur Feier siehe auch ebd., 25.10.1913.

4 Kriegszielpolitik und der Primat des Staates

4.1 Mobilisierung, Nerven und Tod: Kriegserfahrungen

Den Kriegsausbruch am 1. August 1914 bejubelten die *Alldeutschen Blätter* als die „heilige Stunde“ des „furor teutonicus“: „[W]ir wollen, wir müssen siegen“.[1] Claß begrüßte die „großartige Stimmung“ und zeigte sich erstaunt, er habe „etwas derartiges von unserer Bevölkerung niemals für möglich gehalten. [...] Wir sind alle guter Hoffnung und glücklich, daß es so gekommen ist. Ich habe das feste Gefühl, daß wir eine gewaltige Zeit erleben und meine, daß es unsere Pflicht ist, wenn wir nicht im offenen Kampf vor dem Feind stehen können, dafür zu sorgen, daß der Kampfespreis den ungeheuren Einsatz lohnt.“[2] Kriegsbegeisterung mischte sich aber auch mit Skepsis und vor allem mit frühen Befürchtungen, dass bei einer Kriegsniederlage grundsätzliche gesellschaftliche Veränderungen drohen würden, die sich mit dem Aufstieg der SPD seit Bismarcks Abgang angedeutet hatten. Die Hoffnung auf einen umfassenden Sieg sowie auf eine die politischen Fragmentierungen überwindende Kriegsanstrengung überdeckte aber noch die Revolutionsgefahren, deren sich sowohl Claß wie auch Konstantin von Gebsattel und Leopold von Vietinghoff-Scheel von der alldeutschen Verbandsspitze sehr wohl bewusst waren. Zuversichtlich ließ auch Eduard von Liebert zunächst die Arbeit des Vereins gegen die Sozialdemokratie mit Kriegsausbruch in der Hoffnung ruhen, dass nach dem Krieg ein Kampf gegen die SPD nicht mehr notwendig sein würde.

Der Verband reihte sich nun demonstrativ in die deutsche Kriegsgesellschaft ein und verkündete stolz die eigene standesübergreifende Kriegsmobilisierung vor allem unter den jüngeren Mitgliedern: „Vom General bis zum schlichten Gemeinen, allen Ständen und Berufen entstammend, in den verschiedensten Lebensaltern stehend, so entsendet der Alldeutsche Verband seine Getreuen zum Volksheer, und er ist heute schon sicher, daß er auf sie wird stolz sein können.“ Der Militärdienst sei „ein stolzes Los“, so die *Alldeutschen Blätter.*[3] Führende Alldeutsche meldeten sich freiwillig zum Militärdienst, scheiterten aber häufig am Alter oder an gesundheitlichen Gebrechen. Theodor Weicher, ein Verlegerfreund von Claß, wurde auf dem Bezirkskommando abgewiesen, da er neun Jahre zuvor als Invalide kurz vor der Beförderung zum Hauptmann entlassen worden war.[4] Gebsattel wurde bereits 1910 wegen Asthma zur Disposition gestellt.

Claß drängte hingegen nicht an die Front, wollte sich aber als Kriegsgerichtsrat, als der er bis 1912 in Reserve geführt worden war, oder für die höhere Verwaltung zur

1 Alldeutsche Blätter 3.8.1914.

2 Claß an Alfred Breusing, 4.8.1914, in BA-Berlin, R 8048, Bd. 309, Bl. 60. Siehe auch Sontag: Wir Alldeutschen und der Weltkrieg.

3 Alldeutsche Blätter 8.8.1914.

4 Theodor Weicher an Claß, 6.8.1914 und 10.8.1914, in BA-Berlin, R 8048, Bd. 198, Bl. 163–164 und 168–169.

https://doi.org/10.1515/-006

Verfügung stellen.[5] Den Gouverneur von Mainz habe er deshalb mehrfach um Verwendung gebeten. Er wurde jedoch nicht einberufen und es „schmerzte“ ihn, nicht dabei sein zu können. Als Kriegsgerichtsrat sei er auch schon die letzten beiden Jahre, seitdem er den Titel führte, nicht berufen worden.[6] Stattdessen müsse es nun „unsere Aufgabe sein, dem Kriege sein politisches Ziel zu setzen und dafür zu sorgen, daß die Feder nicht verdirbt, was das Schwert erwirbt“.[7]

Claß war zu Beginn der Julikrise, als sich die diplomatischen Konfrontationen in Europa nach der Ermordung des österreichischen Thronfolgers Franz Ferdinand durch serbische Nationalisten am 28. Juni 1914 in Sarajewo zuspitzte, wie jedes Jahr mit seiner Familie auf Norderney. Seine Schwester Friedericke (Frieda) gelangte mit seinem Sohn Wilhelm Anfang August 1914 nur „unter Abenteuern“ nach Mainz zurück – „einen Tag später und es wäre nicht mehr gegangen“, so Claß.[8] Abgesehen von solchen Alltagsproblemen bei Kriegsausbruch blieb die Familie Claß vom Krieg weitgehend verschont. Der 1901 geborene Wilhelm war zu jung für den Militärdienst. Claß' Neffe August Roesener wurde als Freiwilliger nicht genommen, kaufte sich aber übereifrig selbst ein Motorrad, um als Meldefahrer einzutreten.[9] Paul Lucius begab sich zunächst zum Etappenhauptort Montmédy.[10] Eduard Lucius jr., der den Wehrschatz seit 1913 ehrenamtlich verwaltete, wurde am 10. August eingezogen, war zunächst in Antwerpen stationiert und wurde im Oktober 1914 nach Ostende versetzt.[11]

Auch August Keim, seit 1911 Mitglied der Hauptleitung des Alldeutschen Verbandes und Vorsitzender des Deutschen Wehrvereins, meldete sich mit siebzig Jahren zur militärischen Verwendung beim Kriegsministerium, befürchtete aber, dass die „Paragraphenmenschen“ ihn wegen seiner „Verstümmelung“ gar nicht mehr haben wollten.[12] Die nationalistische Selbstmobilisierung erreichte bei ihm einen geradezu grenzenlosen Überschwang. Er intervenierte nicht nur für seine Verwendung persönlich bei Helmuth von Moltke, sondern auch für den raschen Einsatz seines erstgeborenen Sohnes, der aufgrund von Magenbluten nicht gleich eingezogen wurde: „Das größte Unglück für mich und meine Familie.“[13] Der Sohn kam letztlich Ende 1914 als Major im Generalstab nach Ypern. Keims zweitgeborener Sohn marschierte hingegen gleich Anfang August

5 Leicht: Heinrich Claß, S. 181.

6 Claß an August Keim, 4.8.1914, in BA-Berlin, R 8048, Bd. 406, Bl. 149. Siehe auch Claß an Alfred Breusing, 4.8.1914, in ebd., Bd. 309, Bl. 60.

7 Claß an Theodor Weicher, 10.8.1914, in ebd., Bd. 198, Bl. 170.

8 Claß an August Gebhard, 10.8.1914, in ebd., Bl. 167. Siehe auch Claß an Alfred Hugenberg, 9.7.1914, in ebd., Bl. 117.

9 Claß an August Gebhard, 10.8.1914, in ebd., Bl. 167.

10 Paul Lucius war 1912 Gründer der Loge Mainz des Germanenordnens. Ende 1918 trat er dem „Judenausschuss“ des Alldeutschen Verbandes bei und wurde Beiratsmitglied des DvSTB. Siehe Zirlewagen: Biographisches Lexikon, Bd. 1, S. 521.

11 Claß an Baurat Eduard Lucius, 21.10.1914, in BA-Berlin, R 8048, Bd. 198, Bl. 203. Im selben Monat wurde Eduard Lucius' Sohn geboren.

12 August Keim an Claß, 8.8.1914, in BA-Berlin, R 8048, Bd. 406, Bl. 151.

13 Ebd.

1914 als Kompaniechef mit dem Garde-Dragoner Regiment in Darmstadt aus und wurde später an der Westfront bei Amy schwer verwundet, während Keims Schwiegersohn als Major und Bataillonskommandeur an der russischen Front eingesetzt wurde.[14] Die beiden Söhne des Historikers und Mitglieds des Alldeutschen Verbandes, Dietrich Schäfer, dienten im Krieg und auch seine vier Schwiegersöhne hatten „das Trommelfeuer gründlich kennengelernt".[15] Einer von ihnen wurde bereits im August 1914 schwer verwundet und war nicht mehr einsatzfähig. Karl Lohmann, Vorsitzender Richter am Landgericht in Hamburg-Altona und Vorstandsmitglied des Preußischen Richtervereins[16], suchte verstärkt den Kontakt zu Claß, nachdem er im Herbst 1914 einen Sohn verloren hatte, und wurde 1915 Mitglied des Geschäftsführenden Ausschusses des Verbandes. Karl Klingemanns Sohn fiel im September 1915. Ende 1915 erhielt Heinrich Rippler, Mitherausgeber der *Alldeutschen Blätter*, die Nachricht, dass sein Sohn ums Leben gekommen war. Lutz Korodis Neffe starb 1917 in Italien und Julius F. Lehmanns Sohn fiel im Frühjahr den Kämpfen an der Somme zum Opfer.[17] Paul Samassas einziger Sohn wiederum, der sich als Kriegsfreiwilliger gemeldet hatte, verstarb im Mai 1918 nach langer Kriegsverletzung im Rang eines Unteroffiziers eines Feldartillerie-Regiments.[18] Admiral Max von Grapow, 1916 bis 1918 Mitglied der Hauptleitung, beklagte im Januar 1917 den Tod seines Bruders.[19]

Diese persönlichen Verluste schwächten die eigenen nervlichen Ressourcen und verstärkten gleichzeitig die Gemeinschaftsbindung innerhalb der Verbandsführung. Der Kriegsausbruch erleichterte daher die weitere enge Verzahnung zwischen Hauptleitung und Verbandsführung um Claß, der noch im August weitreichende Vollmachten zugestanden bekam, als der Ausschuss beschloss, „den Vorstand nicht zusammenzurufen", und dem Verbandsvorsitzenden „die Vollmacht" erteilte, „alles den Zeitverhältnissen und der weiteren Entwicklung [E]ntsprechende zu tun und anzuordnen, auch über die dazu erforderlichen Mittel aus dem Verbandsvermögen zu verfügen".[20]

Gebsattel wurde nach Alfred Breusings Tod im Oktober 1914 Claß' Stellvertreter und avancierte im Zuge der im Januar 1915 einsetzenden Postsperre gegen Claß zu dessen potenziellem Nachfolger.[21] Gebsattels Bedeutung für die Verbandsführung wuchs auf-

---

14 August Keim an Claß, 31.12.1914, in ebd., Bl. 166–167.

15 Dietrich Schäfer an Herr Hofmann, 30.12.1916, in ABBAW, NL Dietrich Schäfer, Bd. 1, Bl. 314/1–4. Zitat ebd., Bl. 314/1.

16 Ormond: Richterwürde und Regierungstreue, S. 609.

17 Siehe Hofmeister: Between Monarchy and Dictatorship, S. 71–73.

18 Alldeutsche Blätter 8.6.1918.

19 Max von Grapow an Konstantin von Gebsattel, 17.1.1917, in BA-Berlin, N 2089, Bd. 3, Bl. 530.

20 Siehe Sitzung des Geschäftsführenden Ausschusses des Alldeutschen Verbandes, 28.8.1914, in BA-Berlin, R 8048, Bd. 96, Bl. 40.

21 Siehe Claß an Konstantin von Gebsattel, 30.12.1914 und 2.1.1915, in BA-Berlin, N 2089, Bd. 1, Bl. 350–351 und 357. Siehe zur Postsperre 1915 Hofmeister (Hrsg.): Heinrich Claß. Politische Erinnerungen, Kapitel 1.1. Claß übergab die Amtsgeschäfte an Konstantin von Gebsattel, der sein Büro in Bamberg entsprechend mit Schreibgeräten ausbauen sollte, um Durchschläge von Briefen zu erstellen, da die Maßnahmen gegen Claß auch auf Drahtungen und Telegramme ausgedehnt wurden, die somit oftmals mit 36 Stunden

grund des Krieges schnell, da er für den Verband zahlreiche Kontakte in führende politische und militärische Kreise pflegen konnte. Gebsattel war General und Inspekteur der Kavallerie und hatte, wie auch Lehmann in München, gute Beziehungen zum bayerischen Kriegsministerium, in dem er sprichwörtlich ein und aus ging. Philipp von Hellingrath, bayerischer Kriegsminister von 1916 bis 1918, war Gebsattels Vetter. Er pflegte zudem gute Kontakte zu König Ludwig III., zum Kronprinzen Wilhelm von Preußen, zu Arthur Zimmermann im Auswärtigen Amt sowie zu Alfred von Tirpitz, Erich von Falkenhayn, Erich Ludendorff, Paul von Hindenburg, dem Generalgouverneur von Belgien, Freiherr Moritz von Bissing, dem deutsch-konservativen „Mentor“[22] des Kaisers, Hans Jasper von Maltzahn, und dem Generalinspekteur der Marine und Oberbefehlshaber der Ostseestreitkräfte, Großadmiral Prinz Heinrich von Preußen. Die enge Bindung Gebsattels an seine Brüder Hermann, Generalmajor der Kavallerie, und Ludwig, General der Kavallerie, erleichterten den Zugang zu militärischen Lageeinschätzungen und Berichten über den militärischen Kriegsverlauf aus erster Hand. Claß wähnte sich dank Gebsattels Beziehungen in den ersten Kriegsjahren stets sehr gut über die Einschätzungen der Heeresleitung, der Offiziere und Mannschaften unterrichtet.[23]

Dass Gebsattel Claß nach drei Jahren Kriegspolitik als alleinigen Führer bezeichnete, hatte auch mit Claß' führender Rolle bei der Kriegszieldebatte zu tun.[24] Schließlich sah der Vorsitzende im Alldeutschen Verband den „politische[n] Stoßtrupp des nationalen Willens“, der durch die Propaganda und die Mobilisierung der öffentlichen Meinung so starkgemacht werden sollte, dass „er den Mangel daran bei den Maßgebenden ausglich“, so Claß rückblickend. Im Aufzeigen zukünftiger „Aufgaben“ „unsere[s] prächtigen Volkes“ sah er das wirksamste „Mittel zur Aufrechterhaltung jenes Geistes, der sich so herrlich gezeigt hatte“, als der Kaiser im Reichstag den „Burgfrieden“ der Parteien eingefordert hatte.[25] Der Krieg war in der alldeutschen Weltanschauung ein Mittel zum Zweck, eine geradezu eschatologische Konstante der Menschheitsgeschichte, die sowohl einen sozialdarwinistischen Kampf der Völker entscheiden wie auch gesellschaftliche Verwerfungen der Moderne durch forcierte „Reformen“ berei-

Verspätung zugestellt wurden. Siehe Claß an Konstantin von Gebsattel, 22.1.1915, in BA-Berlin, R 8048, Bd. 635, Bl. 14–160 und Mathilde Claß an Konstantin von Gebsattel, 10.1.1915, in ebd., N 2089, Bd. 1, Bl. 362.

22 Lerman: Wilhelm's War, S. 256.

23 So Claß an Seminarlehrer Hölscher, 14.4.1915, in BA-Berlin, R 8048, Bd. 199, Bl. 129.

24 Konstantin von Gebsattel an Freifrau Auguste von Dungern am 11.5.1917: „Class ist der Verband. Dieser steht und fällt mit seiner Person. Seine Leistungen in den letzten 3 Jahren sind übermenschlich.“ In BA-Berlin, N 2089, Bd. 4, Bl. 233.

25 Claß: Wider den Strom, S. 318. Claß ging in seinen Erinnerungen mit Blick auf die eingeforderte Rückstellung der Aktivitäten des Reichsbundes gegen die Sozialdemokratie des Leitungsmitglieds Eduard von Liebert sowie die schnell aufgekommenen Forderungen nach einer Demokratisierung des preußischen Dreiklassenwahlrechts nach dem Krieg weiter: „All diese Umstände machten es zur Pflicht, das Äußerste zu tun, was uns möglich sei, um einen Sturm zu entfachen, der die ganzen Flaumacher wegfege oder mindestens zum Schweigen bringe.“ Ebd., S. 321.

nigen sollte.[26] Das Kriegsziel sollte sich demnach mit den radikalen Expansions- und Reformforderungen decken, die Claß bereits in den Jahren zuvor entwickelt hatte.

4.2 Innenpolitische Reformen, Annexionen und „völkische Flurbereinigung" als „Kriegszwecke": Die Kriegszieldenkschrift 1914/15

Unmittelbar nach Kriegsausbruch rief Claß eine Sitzung des Geschäftsführenden Ausschusses ein, um das alldeutsche Kriegsziel zu besprechen und festzulegen. Er wollte rechtzeitig an der Spitze der Kriegszieldiskussion stehen und sich den entsprechenden Rückhalt der Verbandsgremien sichern. Neben der Durchsetzung des „Burgfriedens" für die nationale Kriegsanstrengung ging es bei Claß' Vorschlägen, die er zuvor mit Alfred Hugenberg und Vietinghoff-Scheel ausführlich besprochen hatte, vor allem um die territorialen Ausmaße einer deutschen Expansion, welche die geopolitischen, wirtschaftlichen und ethnischen Interessen abbilden sollte, wie sie die Alldeutschen vertraten.[27] Claß griff eine der zentralen Forderungen imperialer Besatzungspolitik auf, die er bereits in seiner Marokko-Denkschrift von 1904 angeführt hatte, die aber seinerzeit keine große Beachtung gefunden hatte. Die Losung im Kampf um Territorien in Europa könne nur sein, „Land frei von Menschen" im Westen wie im Osten zu fordern.[28]

Am 28. August 1914 trat der Geschäftsführende Ausschuss zusammen und diskutierte die Forderung einer „ethnischen Flurbereinigung".[29] In mehr als sieben Stunden wurde über die Formel der „Ausräumung" der zu besetzenden Territorien diskutiert, da einige Ausschussmitglieder nicht nur an der praktischen Umsetzung zweifelten, sondern auch Stimmen laut wurden, die gerade für Belgien nach einer finanziellen Kompensation fragten, die für die Forderung nach einer Enteignung von Betrieben und Häusern aufzubringen sei.[30] Vor allem der Berliner Historiker Dietrich Schäfer konnte sein Entsetzen über die Forderung, „Land frei von Menschen" erwerben zu wollen, kaum in Worte fassen, und führte auch für die Polen an, dass hier eigenständige Kulturräume völlig missachtet und somit vernichtet würden.[31] Trotz Claß' Zugeständnis, die

26 Siehe Chickering: Die Alldeutschen erwarten den Krieg.

27 Claß: Wider den Strom, S. 319.

28 Claß an August Gebhard, 10.8.1914, in BA-Berlin, R 8048, Bd. 198, Bl. 167. In seinen Erinnerungen von 1932 hielt Claß dann fest: „Damals war das Wort ‚Volk ohne Raum' noch nicht geprägt, aber sein sachlicher Inhalt wurde von uns Alldeutschen längst vertreten." Claß: Wider den Strom, S. 322. Der Begriff wurde 1926 durch Hans Grimm popularisiert, mit dem Claß auch in Beziehung stand. Siehe Kapitel 13.

29 Zum Begriff siehe auch die spätere Denkschrift von Alfred Hugenberg, 13.3.1915, in GStA PK I. HA, Rep. 89, Bd. 32425, Bl. 69–71.

30 Siehe zur Sitzung des Geschäftsführenden Ausschusses des Alldeutschen Verbandes, 28.8.1914, BA-Berlin, R 8048, Bd. 96, Bl. 17 ff.

31 Zur Diskussion siehe Heinrich Claß an Dietrich Schäfer, 1.9.1914, in BA-Berlin, R 8048, Bd. 455, Bl. 18–19.

Umsiedlungen würden nicht in aller Schärfe durchgeführt werden, verließ Schäfer im September zunächst den Geschäftsführenden Ausschuss.

Die Herrenmentalität gegenüber den zu besetzenden Gebieten, mit der Claß die Diskussion führte, reflektierte einerseits seine rassistische Weltanschauung. Andererseits wurde sie durch die Befürchtung bestärkt, dass auch die militärischen Gegner Deutschlands, vor allem Russland, eine ethnische Ausgrenzungspolitik gegenüber deutschen Minderheiten initiieren würden.[32] Claß beklagte gegenüber dem Hohenheimer Agrarwissenschaftler Franz Waterstradt, der seine Forderungen nach einem von Einwohnern geräumten „Grenzschutzstreifen" uneingeschränkt teilte und auf seine Bitte im September 1914 eine eigene Denkschrift zu dieser Frage vorgelegt hatte, der Gedanke „Land frei von Menschen" sei den „maßgebenden Herren noch nicht in den Kopf gekommen und muß Ihnen eingepflanzt werden".[33] Claß ging es darum, die Prinzipien einer kompromisslosen völkisch-ethnischen Germanisierungspolitik durchzusetzen, die er in der Praxis für die innere Kolonisationspolitik in Preußen sowie wie für die deutsche Kolonialpolitik der Vorkriegszeit für weitgehend gescheitert ansah.

Mit der von ihm geforderten Verbindung von Siedlungs- und Kolonialisierungspolitik in „Mitteleuropa" konnte er sich auch auf Ernst Hasses frühere Schriften zur Kolonial- und Siedlungspolitik berufen.[34] Hasse hatte in sein Nationskonzept Denkansätze von Friedrich List für eine mitteleuropäische, deutsch dominierte Zollunion übernommen sowie Friedrich Ratzels Überlegungen von „natürlichen" geographischen „Lebensräumen", außerdem Heinrich von Treitschkes Auslassungen zum Umgang mit ethnischen Minderheiten im Reich und seine Kritik an der kleindeutschen Staatsgründung und auch Paul de Lagardes Forderungen nach einer forcierten Erziehung der Massen zum nationalen Standpunkt und einer entsprechenden gesellschaftlichen Führungsschicht.[35] Vor allem in seiner anonym „von einem Alldeutschen" verfassten Schrift „Großdeutschland und Mitteleuropa" von 1895 entwickelte Hasse einen umfassenden Plan, wie sein Konzept eines Nationalstaates umzusetzen sei.

---

32 So Heinrich Claß: Erklärung zur Denkschrift über die Kriegsziele, 22.12.1914, in Politisches Archiv des Auswärtigen Amtes IA Deutschland 169, R 2558, Bd. 16375. Siehe auch Schwarz: Ethnische „Säuberungen" in der Moderne, S. 25–61, Lohr: Nationalizing the Russian Empire, Gatrell: A Whole Empire Walking, S. 15–32 sowie zur Radikalisierung der Politik „ethnischer Säuberung" zu Beginn des 20. Jahrhunderts Mann: The Dark Side of Democracy, S. 55–69 und Weitz: A Century of Genocide, S. 8–52 und zur Praxis der „zivilen Internierung" im Ersten Weltkrieg u. a. Stibbe: Civilian Internment und Bauerkämper: National Security and Humanity.

33 Claß an Franz Waterstradt, 5.9.1914, in BA-Berlin, R 8048, Bd. 198, Bl. 184. Zur Denkschrift von Franz Waterstrat siehe Geiss: Der Polnische Grenzstreifen, S. 50–51 und Leicht: Heinrich Claß, S. 194–195.

34 Siehe z. B. Hasse: Die Besiedelung des deutschen Volksbodens, S. 125–144 und [Hasse]: Großdeutschland und Mitteleuropa.

35 Siehe u. a. Friedrich List: Das nationale System der politischen Ökonomie, Friedrich Ratzel: Politische Geographie und Ders.: Der Lebensraum. Eine biogeographische Studie, Heinrich von Treitschke: Deutsche Geschichte im 19. Jahrhundert. 5 Bde. und Ders.: Politik. Vorlesungen gehalten an der Universität zu Berlin, hrsg. von Max Cornicelius und Paul de Lagarde: Deutsche Schriften. Siehe auch Walkenhorst: Nation – Volk – Rasse, S. 48–59. Friedrich Ratzel war, wie auch Ernst Hasse, Professor an der Universität Leipzig und 1890/91 Gründungsmitglied des Alldeutschen Verbandes.

> Das Deutsche Reich ist weder ein „deutsches" Reich, noch ist es „das" Deutsche Reich. Im heutigen Deutschen Reiche wohnen neben 47 Millionen Deutschen 4 Millionen Undeutsche, und außerhalb dieser schwarzweißroten Grenzpfähle wohnen allein in Europa auch noch 21 Millionen Deutsche, davon 2 Millionen in der Schweiz, 10 Millionen in Oesterreich-Ungarn, 1 Million in Rußland und 8 Millionen Niederdeutsche in Belgien und den Niederlanden. Daraus ergibt sich für uns Deutsche ohne weiteres die Notwendigkeit einer staatlichen Entwicklung in der Richtung der Herstellung der Uebereinstimmung zwischen Sprachgebiet und Staatsgebiet, zunächst die Verwandelung des jetzigen Staatsgebietes des Deutschen Reiches in ein Nationalgebiet durch Germanisierung aller innerhalb desselben lebenden Sprachfremden und Rassenfremden – und für später die Verwandelung des jetzigen deutschen Sprachgebietes innerhalb und außerhalb der Reichsgrenzen in ein deutschvolkliches Staatsgebilde.[36]

Sein Ziel war „eine volle Uebereinstimmung zwischen den Staatsgrenzen und den Siedelungsgebieten derjenigen Nation, die diesen Staat errichtet hat oder für die dieser Staat geschaffen worden ist".[37] Hasse wandte sich damit einem ethnisch definierten Volksbegriff und Vorstellungen von Migration und Kolonisation zu, welche die „Germanisierung" von Territorien durch eine forcierte Siedlungspolitik einschlossen.[38] Den Abschluss einer solchen mitteleuropäischen Expansion und die endgültige Entwicklung hin zu einem „deutschvolkliche[n] Staatsgebilde" sah Hasse um das Jahr 1950 erreicht. Deutschland sei um 1895 weder ein „deutsches" Reich noch „das" Deutsche Reich, da allein im Reich 47 Millionen „Deutsche" und 4 Millionen „Undeutsche" und in Europa weitere 21 Millionen „Deutsche" außerhalb der Reichsgrenzen lebten.[39] Deutschland sei gleichsam nach den Einigungskriegen 1864–1870/71 „auf halbem Wege stehen geblieben".[40]

Die „staatliche Zusammenfassung des gesamten mitteleuropäischen jetzigen Deutschtums in *einen* Bundestaate" sei vor allem durch einen freiwilligen Beitritt zu einem „bundesstaatlichen Großdeutschland" auch ohne Eroberungskriege mit Blick auf die Schweiz, Österreich oder die Niederlande zu erwarten.[41] Während die Niederlande als gleichberechtigtes Mitglied in einen „Großdeutschen Bundesstaat" und in einen mitteleuropäischen Zollverein aufgenommen werden sollten (keine eigene Kriegsflotte, aber selbständiges Armeekorps; Niederdeutsch in Gesetzgebung, Verwaltung, Staat, Kirche und Schule; Hochdeutsch als Amtssprache in Bundesangelegenheiten), sah Hasse in Belgien aufgrund der kulturellen und politischen Dominanz der französischsprachigen Wallonen die Notwendigkeit, dass der „niederdeutsche Stamm der Vlamingen" sich auf seine Zugehörigkeit zu „Alldeutschland" besann. Daraus folge eine notwendige „staatliche Trennung zwischen den beiden Volksstämmen".[42]

---

36 [Hasse]: Großdeutschland und Mitteleuropa, S. 5–6.

37 Ebd., S. 20–21 und 29–31. Zitat Ernst Hasse: Das Deutsche Reich als Nationalstaat, München 1905, S. 14.

38 Siehe Mantz: Constructing a German Diaspora, S. 68–97 und Sweeney: Pan-German Conceptions of Colonial Empire.

39 [Hasse]: Großdeutschland und Mitteleuropa, S. 5.

40 Ebd., S. 9.

41 Ebd., S. 10.

42 Ebd., S. 13.

Hasse forderte als „künftiges Großdeutschland" einen Zusammenschluss des kleindeutschen Reichs von 1871, Luxemburgs, der Niederlande (Holland und Belgien), der „deutschen [S]chweizer Eidgenossenschaft" und des österreichischen Kaiserreichs. Dieses Gebilde sollte wiederum einen „großdeutschen Zollverein" unter Zusammenführung des „großdeutschen Bundes" mit den baltischen Fürstentümern und den Königreichen Polen, Ruthenien, Rumänien und „Großserbien" bilden. Im Osten plante Hasse neben der Abtretung eines militärstrategischen „Grenzstreifens" die Schaffung mehrerer selbständiger „Pufferstaaten" (Königreich Polen und Königreich Ruthenien), um die Russifizierungsbestrebungen für einen Übergang des Russischen Reiches vom „Territorialstaat" zu einem „Nationalstaat" zu blockieren.[43] Für die Umsetzung einer „rein deutschen Besiedelung" wie in Bessarabien schlug Hasse bereits einen „Bevölkerungsaustausch" neben entsprechenden Grenzanpassungen für die ethnische Homogenisierung ganzer Regionen vor.[44]

Zur inneren Ausgestaltung dieses mitteleuropäischen Zollvereins unterschied Hasse zwischen einem einzurichtenden „Staatenhaus" und einem „Völkerhaus", die sich für die Bundesgesetzgebung jeweils aus 58 Mitgliedern des Deutschen Bundesrates und Vertretern der Niederlande, Österreichs und der Schweiz zusammensetzen sollten.[45] Er stellte in seiner Schrift aber auch deutlich die Hierarchisierung innerhalb des Verbundgefüges heraus, als er die Umsetzung einer „neuen Rechtsanschauung" bei deutschen Staatsangehörigen (bisherige Angehörige der deutschen Bundesstaaten) und „volldeutschen Bürgern" („die vor der oberen Verwaltungsbehörde sich als Deutsche bekennen und den Nachweis führen, daß sie die deutsche Sprache in Wort und Schrift beherrschen") ankündigte. Das „volldeutsche Bürgerrecht" ginge zukünftig nicht mehr durch Wegzug verloren, könne aber wegen „volklicher Unwürdigkeit" gerichtlich entzogen und nur durch Genehmigung des „Staatenhauses" freiwillig abgegeben werden.[46] Die Einwanderung aus dem Ausland und dem übrigen Zollgebiet sei nur für Kandidaten möglich, welche die Voraussetzung für den Erwerb des „volldeutschen Bürgerrechts" mitbringen würden (aktives und passives Wahlrecht; das Recht, in Heer und Flotte zu dienen und Richterstellen zu bekleiden; das Recht, Grundbesitz nicht nur durch Erbe, sondern auch durch Kauf und Tausch zu erwerben).[47] Wer bis zur Vollendung des 21. Lebensjahres das „volldeutsche Bürgerrecht" nicht erworben hatte, sollte den doppelten Steuersatz zahlen.[48]

Die Hierarchie zwischen ethnisch Deutschen und „Fremdstämmigen" wurde in der Gewährung aller Bürgerrechte an die einen und der Vorenthaltung zivilrechtlicher Gleichberechtigung gegenüber den anderen festgeschrieben. Diese Unterscheidung

43 Siehe ebd., S. 39–41.

44 Ebd., S. 36.

45 Ebd., S. 44. Das Präsidium des „Großdeutschen Bundes" sollte der Deutsche Kaiser leiten und auch den Vorsitz im „Staatenhaus" sollte ein „Großkanzler" innehaben.

46 Ebd., S. 46.

47 Ebd.

48 Ebd.

sollte in den späteren alldeutschen Planungen am Vorabend des Krieges explizit mit dem Diktaturgedanken und einer „Fremdengesetzgebung" verschärft werden, die auf die in einem Krieg zu annektierenden Territorien und Volksgruppen auszuweiten war. Schon Hasse forderte damit von den Deutschen ein Bewusstsein, „Herrenvolk" sein zu wollen und den jährlichen Geburtsüberschuss von einer Million Menschen vor allem im Osten und Südosten anzusiedeln, während die „unter ihnen lebenden Fremden für die niederen Handarbeiten" vornehmlich in der Industrie eingesetzt und im ganzen Reich verteilt werden sollten. Das würde zu einem forcierten Stadt-Land-Ausgleich führen und den ambivalenten Herausforderungen der modernen Industriegesellschaft generell entgegenzuwirken, indem eine erfolgreiche Binnenkolonisation deutscher Bauern im agrarischen Osten sowie erhöhte Löhnen für die Arbeiter erreicht werden und somit letztlich soziale Unruhen und innenpolitische Umsturzgefahren entschärft würden.[49] Für Hasse wäre bei Errichtung der beiden vorgeschlagenen wirtschaftlichen und politischen Verbundsysteme ein weiteres wesentliches Ziel der Alldeutschen erreicht: „Der großdeutsche Bund ist ein deutscher Volksstaat, der die große Mehrheit der in Europa zusammenlebenden Deutschen umfasst, der nicht ausschließlich von Deutschen bewohnt, aber ausschließlich von Deutschen beherrscht wird."[50]

Hasse wollte in diesen Raumplanungen nach eigenen Aussagen keinen zukünftigen Krieg herbeireden, sah ihn aber vor allem im Osten gegen Russland unweigerlich kommen.[51] Ihm ging es darum, die deutsche Weltmachtstellung neben den anderen Großmächten und in einem mitteleuropäischen Zollverein verwirklicht zu sehen, der den wirtschaftlichen „Träger der deutschen Weltmacht" darstellen und die „angrenzenden Zwischenländer aufsaugen" sollte.[52] Eine „deutsche Rassepolitik" solle „möglichst viele fremde Volksbestandteile durch Auswanderung ausscheiden" und bei der Einwanderung „Rassefremde" fernhalten. „Nichtaufsaugungsfähige Rassefremde" sollten in „Sondergebiete (Reservationen) mit Sonderrechten" abgeschoben werden.[53]

Hasse hatte durch seine Schriften zu einem mitteleuropäischen Zollverband und zu einem Großdeutschen Reich bereits die Leitlinien für die geopolitische Deutschtumspolitik des Alldeutschen Verbandes vorgegeben. Zu Kriegsbeginn wusste sich Claß vor allem mit Hugenberg einig, der am 18. August 1914 eine von seinen Vertrauten Leo Wegener und Ludwig Bernhard verfasste Kriegszieleingabe an den Reichskanzler mit unterstützte, in der im Osten ein „germanisierter Grenzstreifen" durch Aussiedlung von Polen und Juden bei gleichzeitiger Ansiedlung ethnisch Deutscher gefordert wurde.[54]

49 Ebd., S. 48.
50 Ebd., S. 47.
51 Ebd., S. 10.
52 Ebd., S. 64–65.
53 Ebd., S. 59.
54 Siehe zur Denkschrift Leo Wegener/Ludwig Bernhard: Die Ostgrenze, datiert vom 18.8.1914, Guratzsch: Macht durch Organisation, S. 153–163 sowie die 16 Punkte umfassende „Denkschrift" von Alfred Hugenberg, für eine öffentliche Rede konzipiert und datiert vom 12.3.1915, in GStA PK I. HA, Rep. 89, Bd. 32425, Bl. 69–71. Alfred Hugenberg verfasste auch Anmerkungen zur Wegener-Bernhard-Denkschrift,

Die territorialen Pläne sowie die Vorstellungen einer forcierten Siedlungspolitik gingen sowohl bei Hasse in seinen „Deutschen Schriften“ als auch bei Claß’ Pamphleten auf die grundsätzlichen Überlegungen Hugenbergs zurück, der die beiden Verbandsführer in Bezug auf den Osten nicht nur beriet, sondern ihnen gleichsam die Feder führte. Hasse übernahm Hugenbergs Kommentare teilweise wörtlich und musste ihm gegenüber zugeben, dass in der Ostmarkenpolitik „meine ganze Wissenschaft eigentlich von ihnen abgeleitet ist“.[55] Auch bei Claß war die inhaltliche Anlehnung an Hugenberg offenkundiger, obwohl Hugenberg in seinen Schriften nicht explizit erwähnt wurde.

Eine imperiale Zukunft des Deutschen Reiches lag für Claß seit spätestens der Marokkokrise 1911 nicht mehr in der kolonialen Peripherie, sondern in Europa. Hier folgte er im wesentlichen Vordenkern wie List, Lagarde und Hasse.[56] Für die Durchsetzung einer ethnischen Homogenisierung war für ihn nur eine radikale Ausweisungspolitik ethnischer Volksgruppen aus den zu besetzenden Gebieten möglich. Ein deutsch-dominiertes „Mitteleuropa“ sollte nach Claß das Deutsche Reich endgültig als europäische Hegemonialmacht etablieren und mit konzentrischen Kreisen wirtschaftliche Abhängigkeiten durch Zollbündnisse sowie politische Machtverhältnisse schaffen, die sowohl Russland als auch Frankreich als Großmächte verdrängen sollten.[57]

---

die anonym und undatiert überliefert sind. Wilhelm von Gayl erhielt sie am 12.5.1915 von Hugenberg in Münster und leitete sie an die Reichskanzlei mit der Beschriftung ‚Bernhard‘ weiter. Siehe ebd., Bl. 90–94. Die Denkschrift Wegener/Bernhard hatte auch Einfluss auf den Chef der Reichskanzlei, Arnold von Wahnschaffe, der die Denkschrift an den Reichskanzler Ende 1914 weiterleitete. Hugenberg schrieb am 3.10.1914 an Bernhard: „Ihr Gedanke, betr. Land ohne Menschen, ist sehr gut, und ich würde mich freuen, wenn sie ihn ausführten.“ Am 8.10.1914 fügte er gegenüber Bernhard hinzu: „Zu dem Gegenstande Land ohne Menschen möchte ich noch bemerken, daß dabei natürlich auch großer Wert auf die Darlegung zu legen wäre, weshalb Land nötig ist, welche Rolle die Landwirtschaft als Erneuerungsquelle für die Bevölkerung, ferner für die Volksernährung usw. spielt[,] und daß die Erweiterung dieser wichtigsten gesundheitlichen, militärischen, politischen und wirtschaftlichen Grundlage unseres Volkslebens überhaupt die wichtigste Aufgabe ist, die es zu lösen gilt.“ Zitiert in Guratzsch: Macht durch Organisation, S. 154.

55 Ernst Hasse an Alfred Hugenberg, 7.3.1905, in BA-Berlin, R 8048, Bd. 369, Bl. 146–149. Zitat ebd., Bl. 147. Hasse bezog sich auf den 1905 erschienenen Band Die Besiedlung des deutschen Volksbodens. Siehe dazu auch Schellhorn: Alfred Hugenberg.

56 List: Das nationale System der politischen Ökonomie, Lagarde: Deutsche Schriften und [Hasse]: Großdeutschland und Mitteleuropa.

57 Siehe auch Vermeiren: The First World War and German National Identity, S. 145–182. Franz von Liszt, Gründungsmitglied des Alldeutschen Verbandes und freisinniges Mitglied des Preußischen Abgeordnetenhauses sowie des Reichstags, legte 1914 seine Schrift „Ein Mitteleuropäischer Staatenverband“ vor, in der er unter Ausschluss Frankreichs, Spaniens und Portugals einen den einzelstaatlichen ‚Eigenarten‘ entsprechenden Staatenverband als Gegengewicht zu Großbritannien, Russland und Japan sowie völkerrechtlich als den USA ebenbürtigen Staatenverband etabliert sehen wollte. Ausgangspunkt solle die wirtschaftliche Verschmelzung Deutschlands und Österreich-Ungarns sein, dem auch eine gemeinsame Militärkonvention folgen sollte. Wollten Deutschland und Österreich-Ungarn diesen Staatenverband leiten, so müsse man als gleichberechtigtes Mitglied eines erweiterten Staatenverbandes auf die Forderung nach Hegemonie verzichten. Liszt: Ein Mitteleuropäischer Staatenverband. Zur alldeutschen Kritik siehe Alldeutsche Blätter 9. 1. 1915 und 16. 1. 1915.

Im Westen ging es Claß vor allem um die direkte Angliederung der wirtschaftlichen Zentren Nordwestfrankreichs mit 4,39 Millionen Einwohnern. Bereits im „Kaiserbuch" hatte er den Ansatz aufgenommen, dass kleinere Staaten im Konkurrenzkampf großer Reiche keine Souveränität über Volk und Territorium haben dürften, wenn sie sich nicht militärisch mit entsprechenden Massen an Soldaten verteidigen könnten: „[...] denn nur der Staat kann das Recht auf Selbständigkeit geltend machen, der es mit dem Schwerte in der Hand durchsetzen kann." Daher sei es beispielsweise „nicht Blutsverwandtschaft, sondern das egoistisch betrachtete Interesse", das Belgien und auch Holland „an unsere Seite führen" solle.[58] Zur Sicherung der eigenen strategischen Interessen gegen Frankreich und Großbritannien würde der „Zuwachs" durch Belgien und die Niederlande hingegen „in keinem Falle Freude machen", denn die „Bevölkerung der Niederlande ist durch jahrhundertelange Kleinstaaterei geistig so verödet und engherzig geworden und zum großen Teile unter dem gedankenlosen Krämerregiment so zuchtlos", dass eine Erziehung zu „Ordnung, Zucht und Opferwilligkeit" fraglich und somit ihre „Aufnahme in ein näheres Verhältnis zum Reiche nicht erwünscht" sei.[59]

Ähnlich lautete Claß' Einschätzung zu Belgien, das katholisch geprägt war und vom 15. bis zum 18. Jahrhundert unter der Herrschaft der Habsburger gestanden hatte. Demnach sei in Belgien „kein Menschenmaterial, das als Zuwachs in irgendeiner Form willkommen wäre".[60] Die flämische Bewegung, welche die Alldeutschen für eine Bindung der Flamen an das Deutsche Reich unterstützten, sei unzureichend für eine enge völkische Bindung der Flamen an das Deutsche Reich gewesen.[61] Daher sei es der „Zwang der Notwendigkeit", Belgien wie auch Holland anzugliedern, wobei sie im Kriegsfall ein Optionsrecht für eine staatliche Selbständigkeit im Gefüge der deutschen Bundesstaaten erhielten. Andernfalls sollten sie durch Annexion Preußen angegliedert werden, die Kolonien würden der Reichsverwaltung unterstellt.[62]

Entsprechend der Kriegszieldenkschrift sollten nun die „Massen feindlich gesinnter Franzosen" für den „Kriegszweck" der zur „strategischen Sicherung notwendige[n] Landnahme" erforderlichen „Ausräumung" „an eine andere Stelle ihres alten Vaterlandes" umgesiedelt werden.[63] Claß forderte eine „Grenzberichtigung", die in „westnordwestlicher Richtung vom äußersten Vorsprung der [S]chweizer Grenze über den Doubs in sanfter Krümmung bis zur Mündung der Somme gezogen" werden sollte.[64] Der

58 Claß: Wenn ich der Kaiser wär', S. 153.

59 Ebd., S. 154.

60 Ebd.

61 Siehe zur alldeutschen Unterstützung der flämischen Bewegung u. a. Dolderer: Deutscher Imperialismus und belgischer Nationalitätenkonflikt und Frech: Wegbereiter Hitlers?, S. 141–158 und 213–228. Die flämische Sprachbewegung und der flämische Nationalismus waren bereits seit 1893 Elemente einer frühen und umfassenden Grenzlandpolitik im Westen, die sich von Beginn an auf Belgien, die Niederlande und Nordfrankreich bezog. Müller: Imaginierter Westen, S. 126–152.

62 Claß: Wenn ich der Kaiser wär', S. 154–155.

63 Ders.: Denkschrift, S. 30 und 31.

64 Claß konkretisierte seine Forderung: „Unsere neue Grenze gegen Frankreich würde dann von der [S]chweizer Ecke über Mömpelgaard (Montbeliard), Bessert (Velford) an die Mosel gehen, ihr über Spinal

„Zweck" der Gebietsabtretungen an Deutschland sei nur erreicht, wenn das „Land ohne Bewohner" erworben werde und diese für ihre Übersiedelung nach Frankreich von Paris entschädigt würden.[65] Das zu übernehmende französische Gebiet sollte als „Westmark" eine neue „Militärgrenze" bilden, die diktatorisch verwaltet und mit Siedlern aus Deutschland (gedienten Soldaten, Unteroffizieren und Offizieren sowie den Familien von Gefallenen als „Belohnung für die geleisteten Kriegsdienste") bevölkert werden sollte.[66] Eine „Fußfassung auf bisher französischem Boden am Ärmel-Kanal" mit dem entsprechenden Hinterland sei notwendig, so Claß, damit man „die Meerenge" hinter sich habe und in einem Kampf mit Großbritannien „Dover von zwei Seiten fassen" könne. Zudem sei im Mittelmeer um Toulon ein von Frankreich abzutretender Seestützpunkt für die deutsche Marine einzurichten.[67]

Hinzu kam die Forderung nach der Angliederung Belgiens an das deutsche Wirtschaftsgebiet mit 7,49 Millionen Einwohnern unter direkter Reichsverwaltung durch den Kaiser. Strategisch sollte vor allem die belgische Küste als Sprungbrett dienen, „um England an den Leib zu können".[68] Großbritannien war für Claß der „Urheber" des Weltkrieges, da sich die Briten im Wettlauf um globalen Einfluss von Russland und Frankreich in ihrem „Hass" sowie aufgrund von „Furcht und Neid" gegen Deutschland hätten in die *Entente* hineinziehen lassen, sodass man sich nun gegenüberstehe und die „Weltherrschaft dieses Volkes" durch weitere deutsche Flottenrüstung gebrochen werden müsse.[69] Für Claß stand außer Frage, dass Deutschland ein legitimes und völkerrechtlich verbrieftes Recht zum „Durchmarsch" durch Belgien habe, da Belgien seit den Konsultationen zwischen dem belgischen Generalstab und britischen Militärattachés 1906 und 1912 über Belgiens Neutralität bei Verletzung durch Deutschland („*consultations anglo-belges*") in engere Verbindung mit den Entente-Mächten getreten sei und dadurch seine Neutralität verwirkt habe.[70]

In Belgien stünden den Besatzungstruppen „8 Millionen preußenfeindliche, teils sozialistisch, teils in höchstem Masse jesuitisch beeinflusste Belgier" gegenüber, und müsse sich Deutschland gegenüber Wallonen und Flamen zum „Herrenvolke" endgültig „herauspauken".[71] Eine „allmähliche Verdrängung" der Wallonen durch Flamen sollte

bis Tull (Toul) folgen, dann in die Maas herüberspringen, sie über Verdun, Sedan bis Charleville begleiten, dann über St. Quentin unter Vermeidung von Amiens zum Unterlauf der Somme ziehen und schließlich bei Cayeur den Ärmel-Kanal erreichen." Ebd., S. 29.

65 Ebd., S. 30.

66 Ebd., S. 32 und 33.

67 Ebd., S. 33–34.

68 Ebd., S. 23.

69 Ebd., S. 35.

70 Heinrich Claß: Einhart 1914–1919 [Sonderdruck aus Einhart: Deutsche Geschichte 1918], Leipzig 1920, S. 56–61. Siehe auch Alldeutsche Blätter 3.4.1915 und für den Kontext die zeitgenössische Völkerrechtsschrift des Hans-Kelsen-Schülers Kunz: Das Problem von der belgischen Neutralität.

71 Claß auf der Sitzung des Geschäftsführenden Ausschusses des ADV, 28.8.1914, in BA-Berlin, R 8048, Bd. 96, S. 30, 32 und 33. Siehe zum folgenden auch Hofmeister: Belgien in den imperialen und völkischen Mitteleuropaplänen des Alldeutschen Verbandes.

ermöglicht werden, so Claß, jedoch gab er zu bedenken: „So wünschenswert nämlich die völlige und schleunige Aussiedlung der Wallonen" sei, so würde das bei der „äussersten Dichte der Bevölkerung" sowie angesichts der „gewaltigen Industrie des Landes" die Beschaffung der „erforderlichen Arbeitskräfte" unmöglich machen.[72]

Claß lehnte die Formulierung der Maßnahmen, die zur Durchsetzung deutscher Herrschaft in den besetzten Gebieten angewendet werden müssten, an eine Auslegungsvariante des konkreten interessengeleiteten und zweckgerichteten soziologischen Rechtsbegriffs an. Er forderte, dass „jede Schablone, jedes Verfahren nach wissenschaftlichem System vermieden wird". Vielmehr werde „die lebendige Wirklichkeit" und „die Notwendigkeit" das „Wort zu führen haben", ganz nach dem „Bedürfnis des deutschen Volkes". Eine „Elastizität" der „zu wählenden Angliederungsmaßnahmen" müsse angedacht werden und eine „Anpassung an die Zwecke und Aufgaben der verschiedenen für die Abtretung an uns ins Auge zu fassenden Gebiete" erfolgen.[73]

Grundsätzlich sei Belgien „reichsunmittelbar" mit direkter Unterstellung unter den Kaiser Deutschland anzugliedern, bevor es in die flämische und die wallonische „Mark" aufgeteilt werde. Sie sollten durch die Einsetzung von nur dem Kaiser unterstellten Beamten „diktatorisch" unter Ausschluss politischer Rechte nach dem historischen Vorbild der „Provinzen" im „[R]ömischen Reiche" beherrscht werden.[74] Flamen und Wallonen sollten so für eine zeitlich nicht bestimmte Dauer in das Deutsche Reich hinein „erzogen" werden. Claß machte bezüglich der Angliederung und Unterwerfung Belgiens unmissverständlich klar:

> Wir wollen Herren in dem mit dem Blute der Gefallenen und Ermordeten erworbenen Lande nicht nur werden, sondern bleiben – beides geschieht nur, wenn die Bewohner politisch rechtlos bleiben, sagen wir es ruhig und klar: Unterworfene werden. Wer sich nicht fügen will, erhält das Recht, binnen kurzer Frist nach Beendigung des Krieges auszuwandern – wer da bleibt, hat sich zu fügen.

---

72 Claß auf der Sitzung des Geschäftsführenden Ausschusses des ADV, 28.8.1914, in BA-Berlin, R 8048, Bd. 96, S. 8–9.

73 Claß: Denkschrift, S. 24.

74 Ebd., S. 24–25. Bereits Hasse legte in seiner Schrift „Großdeutschland und Mitteleuropa" fest: „Im Gebiete des deutschen Bundes wird unterschieden zwischen Staatsangehörigen und volldeutschen Bürgern. Die Staatsangehörigen des deutschen Bundes sind die Staatsangehörigen (Reichsangehörigen) der bisherigen Bundesstaaten. Die volldeutschen Bürger sind solche Staatsangehörige, die vor der oberen Verwaltungsbehörde sich als Deutsche bekennen und den Nachweis führen, daß sie die deutsche Sprache in Wort und Schrift beherrschen. Das volldeutsche Bürgerrecht geht durch den Aufenthalt außerhalb des Bundes nicht verloren. Auch kann es nur mit Genehmigung des Staatenhauses freiwillig aufgegeben werden. Doch wird es wegen volklicher Unwürdigkeit durch die Gerichte aberkannt. Innerhalb des Bundes besteht Freizügigkeit. Die Einwanderung aus dem übrigen Zollgebiet und aus dem Auslande ist in der Regel nur denen gestattet, die die Vorbedingungen für die Erwerbung des volldeutschen Bürgerrechts erfüllen. Nur volldeutsche Bürger haben in Zukunft a) das aktive und passive Wahlrecht in allen Vertretungen (Gemeinde, Staat, Reich, Bund usw); b) das Recht, in Heer und Flotte zu dienen; c) das Recht, Richterstellen zu bekleiden; d) das Recht, Grundbesitz auf andrem Wege, als im Erbgange, zu erwerben (Kauf, Tausch usw.). Wer bis zu seinem 21. Lebensjahr nicht das volldeutsche Bürgerrecht erworben hat, zahlt das Doppelte an allen direkten öffentlichen Abgaben." [Hasse]: Großdeutschland und Mitteleuropa, S. 45–47.

> Insofern werden beide Marken, die vlämische und die wallonische, gleich behandelt – für die Folgen wären verschiedenartige Maßnahmen ins Auge zu fassen.[75]

Belgien wurde damit zu einem siedlungspolitischen Experimentierfeld für alldeutsche Großraumplanungen und ethnische Homogenisierungsutopien in Mitteleuropa.[76] Die „volksfremden" Wallonen sollten als „entartetes Volk" daher „dauernd Unterworfene" bleiben.[77] Sie waren als Arbeitskräftereservoir in den Industriezentren Südbelgiens und Frankreichs vorgesehen, um der „in dem bisherigen Belgien und Französisch-Lothringen" sich zukünftig entwickelnden deutschen Großindustrie „Massen von Arbeitern" zur Verfügung zu stellen.[78] Gleichzeitig sollten deutsche Siedler nicht erneut in die Arbeiterschaft zur Aufrechterhaltung der Industrie gedrängt, sondern stattdessen als Siedlungsbauern für die abzutretenden Landgüter rekrutiert werden.

Die Flamen wiederum seien als „Blutsverwandte" anzusehen. Sie müssten jedoch erst durch „Zucht" unter Beibehaltung ihrer Sprache in Schule, Universität, Kirche und Presse erzogen werden[79] und durch Heeresdienst zu „gleichwertige[n] Mitgliedern des größeren deutschen Reiches" gemacht werden. Erst dann seien ihnen die Rechte eines Vollbürgers zu gewähren,[80] während Land und Güter nach der Eingliederung in das deutsche Wirtschaftsgebiet einem deutschen Vorkaufsrecht und industrielle Anlagen einem Enteignungsrecht unterstellt werden sollten,[81] um somit den „Einfluß der alten Oberschicht zu brechen."[82]

---

75 Claß: Denkschrift, S. 25.

76 Hofmeister: Belgien in den imperialen und völkischen Mitteleuropaplänen des Alldeutschen Verbandes.

77 Claß: Denkschrift, S. 25.

78 Ebd., S. 35.

79 Siehe auch Alldeutsche Blätter 27. 1.1915.

80 Claß, Denkschrift, S. 25.

81 Ebd., S. 26–27. Das „Reichsland Elsaß-Lothringen" wurde ohne eigene Verfassung und eigenen Landesherrn unmittelbar durch einen dem deutschen Kaiser unterstehenden Reichsstatthalter regiert. Kommunal- und Reichstagswahlrecht wurden den Bewohnern zugestanden. Bis 1872 konnten sich die französischen Bewohner für die französische Staatsbürgerschaft entscheiden und sollten dann nach Frankreich übersiedeln. Erst 1911 erhielt Elsaß-Lothringen wie die anderen Bundesstaaten eine Verfassung, einen eigenen Landtag und drei Abgesandte für den Bundesrat. Siehe u. a. Wehler: Elsaß-Lothringen und Fischer: Alsace to the Alsatians? „Erziehung" war für die Alldeutschen auch ein Mittel zur Integration und Bildungsentwicklung der Massen für eine zivilisatorisch-völkische Höherentwicklung des Deutschen Reiches. Hasse nannte als „Maßregeln" für die „Volkskräfte" für eine deutsche „Ausdehnungspolitik in Europa" unter anderem: „Erhebung des deutschen Volkes zu einem Herrenvolke über niedriger stehende Völker in Europa und über die Naturvölker in den Kolonialgebieten. Zu diesem Zweck: Fortsetzung der heutigen über die Bedürfnisse des eigenen Wirtschaftslebens hinausgehenden obligatorischen Volksschulbildung der großen Massen, fakultative, hohe gewerbliche, technische Ausbildung des Mittelstandes und höchste Bildung einer leistungsstarken Minderheit, die Wissenschaften und Künste um ihrer selbst willen, nicht nur für den Broterwerb betreibt, und diese in den Dienst des Volkes auch außerhalb des deutschen Staates stellt." [Hasse]: Großdeutschland und Mitteleuropa, S. 8.

82 Claß: Denkschrift, S. 27.

Die Unterscheidung zwischen „Staatsbürger" und „Vollbürger" wurde während der Kriegszieldiskussion innerhalb des Alldeutschen Verbandes immer ausgeprägter vorgebracht.[83] Vietinghoff-Scheel hatte im August 1914 als Geschäftsführer der alldeutschen Geschäftsstelle in der Diskussion um Claß' Kriegsziele betont, dass der Status eines „Vollbürgers" nur denen vorbehalten sein sollte, deren „Blut" sie als Mitglied des „Volkes" ausweise. Nur diese Gruppe machte wiederum den Staat aus.[84] Hasses Forderungen nach einer „organischen Differenzierung aller öffentlichen Rechte" und der Verleihung dieser Rechte nur an „Vollbürger" („die sich als Deutsche fühlen und Deutsche sein wollen") entsprechend des Grundsatzes, „gewisse Teile des Reichsgebietes anders zu behandeln als die große Masse" und eine „unterschiedliche Behandlung seiner Bewohner" durchzusetzen, klangen hier erneut durch.[85]

In die nach dem Krieg zu erwartende „völlige Neuordnung dieser Erde" schloss Claß auch Luxemburg mit ein, dem die Aufnahme in den Bundesrat unter Gewährung gleicher Rechte in Aussicht gestellt werden sollte, während der Niederlande der „Beitritt Hollands zum Deutschen Reiche" angeboten werden sollte.[86] Die „Überlassung des vlämischen Teils" sollte der Niederlande auch als „Lohn für ihre Neutralität" nicht zugestanden werden, da dies ein „schwerer Mißgriff" wäre und die Flamen zunächst erzieherisch „eine harte Schule, einen strengen Herrn" bräuchten.[87] Die Schweiz wiederum sollte in ihrem Neutralitätsstatus nicht gefährdet und durch die Unterstützung von französischen Gebietsüberlassungen in Ober-Savoyen sowie durch „verkehrspolitische Vorteile" enger an das Deutsche Reich gebunden werden.[88]

Das Zentrum von Claß' Kriegszielforderungen lag jedoch im Osten, da hier das Siedlungsland lag, das als Schlüssel zur innenpolitischen und völkischen „Gesundung" des deutschen Volkes gesehen wurde. Die „Gefahren des großstädtischen und industriellen Lebens" sollten durch zwei Maßnahmen aufgehoben werden, die Finanzierung ausreichenden Wohnraums für die deutsche Stadtbevölkerung nach dem Krieg sowie die Entzerrung der städtischen Massen durch Ansiedlung auf landwirtschaftlichen Gütern in den zu annektierenden Gebieten.[89] Zu diesen als Gefahr wahrgenommenen Entwicklungen zählten für Claß in seiner zivilisationskritischen Programmatik auch

> Entvölkerung des flachen Landes, und der Landstädte, Arbeitermangel auf dem Lande, Notwendigkeit der Einführung fremdvölkischer Landarbeiter, Gefährdung der deutschen Landwirtschaft und Infragestellung der Ernährung des Volkes […], Überbevölkerung der Städte, Ansammlung von Arbeitslosen bei jedem Schwanken der wirtschaftlichen Lage, Gefährdung der Volksgesundheit im städtischen und industriellen Leben, außerordentlicher Menschenverbrauch, Gefahr für die

83 Alldeutscher Verband (Hrsg.): Eine Aufklärungsschrift, S. 6–14.

84 Leopold von Vietinghoff-Scheel auf der Sitzung des Geschäftsführenden Ausschusses des ADV, 28.8. 1914, in BA-Berlin, R 8048, Bd. 96, S. 33–34.

85 Ernst Hasse: Das Deutsche Reich als Nationalstaat, München 1905, S. 51, 53 und 54.

86 Claß: Denkschrift, S. 59 und 60.

87 Ebd., S. 60.

88 Ebd.

89 Ebd., S. 16 und 17.

> Volkskraft, d.h. für die Wehrhaftigkeit und Verteidigungsfähigkeit des Vaterlandes, alles zusammengefasst unter dem Begriffe der drohenden Entartung des deutschen Volkes.[90]

All diese Probleme sollten durch staatliche Eingriffe aufgehalten und umgekehrt werden, so Claß. Die umfassende Lösung sei dabei der Landerwerb in Europa als eigentlicher „Kriegszweck", nachdem die bisherige Politik der Binnenkolonisation sowie die unzureichende Kolonialpolitik nur unbefriedigende Ergebnisse gebracht hätten. Claß dachte vor allem an die Übernahme von Rentengütern für „reichsdeutsche Landwirte" in Frankreich und Russland – auch durch einen „Eroberungskrieg zur Befriedigung des Landhungers".[91]

Das Vielvölkerreich Russland sollte mit seinen 170 Millionen Einwohnern ebenso wie Frankreich und Großbritannien durch den Krieg als Großmacht für die Zukunft dauerhaft geschwächt werden und auf die Grenzen „bis zu Peters des Großen Zeit" gleichsam „zurückgeworfen" werden, als Russland vor der Hinwendung nach Europa ein „völlig asiatischer Staat" gewesen sei.[92] So sei ein „Neu-Polen" aus dem Russischen Reich herauszulösen, das, nach den polnischen Teilungen des 18. Jahrhunderts, mit „Kongresspolen" als „Kern" errichtet und von Österreich-Ungarn in Personalunion mit den Habsburgern verwaltet werden solle.[93] Die Ostseeprovinzen Kurland, Livland und Estland müssten nicht zuletzt unter „völkischen Gesichtspunkten" dem Deutschen Reich angegliedert werden, um die „700 Jahre" währenden Kämpfe der Deutschbalten in ihrem „Vorpostendienst" zu einem Ende zu führen.[94] Auch eine Abtrennung Finnlands

90 Ebd., S. 13.

91 Ebd., S. 34, 15 und 16.

92 Ebd., S. 37 und 38.

93 Ebd., S. 39. Nach Claß' Vorstellungen sollte eine Grenzveränderung im Osten zu Polen hin Grenzgebiete an das Deutsche Reich angliedern: „[...] vor der Festung Thorn ist das deutsche Gebiet aus strategischen Gründen zu erweitern, landwirtschaftliche Gründe bedingen den Anfall einiger weiterer Striche an Deutschland, und die Südweststrecke um Bendzin bildet die notwendige, kaum entbehrliche Ergänzung zum schlesischen Bergbaugebiet." Die Warthe sollte „auf erheblich langer Strecke" zur „neuen Staatenscheide" gemacht werden, die nun „von Soldau über Wloslawek nach Kolo, dann die Warthe aufwärts bis zu ihrem Knie, und weiterhin gleichlaufend mit der alten Grenze, unter Vermeidung von Tschenstochai, im Bogen auf die heutige russisch-galizische Grenze, die sie nördlich von Trzebinia trifft", verlaufen sollte. Es sei darüber hinaus „unerläßlich, daß das Gouvernement Suwalki, obwohl zu Kongreßpolen gehörig, Deutschland zufällt, sonst bleibt die Landbrücke nach den neuen deutschen Gebieten hin immer noch zu schmal, und die deutsch-polnische Grenze gewänne auch sonst dort eine völlig widersinnige Gestalt. [...] Dafür erhielte aber Polen das Gouvernement Grodno, das nicht zu Kongreßpolen gehört, und dies große, reiche und reichbesiedelte Gouvernement bietet so vollkommen Ersatz für die genannten Landabtrennungen, rundet Polen nach Norden hin so trefflich ab, daß der Tausch keinerlei Verlust bedeutet; außerdem erhielte der neue polnische Staat, wie oben gesagt, noch das ganze Gouvernement Minsk und einen Teil von Mohilew." Ebd., S. 41.

94 Claß machte klar, dass die Ostseeprovinzen „geographisch nur auf wenige Kilometer mit Alt-Deutschland" zusammenhingen, sodass noch Litauen als „Landbrücke" gewonnen werden sollte. Es sollte darüber hinaus noch eine „gute natürliche Grenzen" hinzugefügt werden: „Die drei Ostseeprovinzen und die beiden litauischen Gouvernements fänden aber eine solche nach Rußland hin nur in ihrem nördlichen Teile (Narwafluß und Peipussee), in ihrem südlichen hingen sie sozusagen in der Luft. Es muß also

vom Russischen Reich sei, gegebenenfalls unter Angliederung an Schweden, zu verfolgen, während im Süden Russland „am besten hinter den Dnjepr zurückweicht", womit es „den wichtigsten Teil der Schwarzmeerküste" verlieren würde „und also auch im Süden das Gesicht völlig von Europa, dort im besonderen von der Balkanhalbinsel, abgewendet erhält".[95] Die „nördliche Hälfte von Serbien" sollte als „unruhestiftende[s] staatliche[s] Gebilde" an Österreich-Ungarn abgetreten und die „südliche Hälfte" an den Verbündeten Bulgarien angegliedert werden.[96]

Insgesamt sei mit sieben Millionen Menschen in den von Deutschland im Osten zu besetzenden Gebieten zu rechnen, so Claß, und es sei angesichts einer solchen „Völkerkarte von buntestem Gemisch" zu fragen, ob „diese gemischte Menge" zu „deutschen Staatsbürgern gemacht" werden könne, ohne „ewigen Unfrieden" und „politischen Hader" hervorzurufen und den „Charakter des Deutschen Reiches als Nationalstaat" zu mindern, was „ja schließlich sogar die rassische Grundlage des deutschen Volkes ernstlich bedrohen würde".[97]

Bei der Besatzungsverwaltung sollten die Bewohner der zu annektierenden Gebiete, die als „Stämme und Volkssplitter" auf dem „Neulande" einer völkischen Siedlungspolitik unterstellt würden, Claß zufolge in drei Gruppen aufgeteilt werden.[98] Zunächst sollten Einwohner, „deren Stammvölker über ein geschlossenes, eigenes Staatsgebiet – sei es seit alters her, sei es jetzt neu gebildet – verfügen", entsprechend des „Austauschgedankens", der „seine volle Kraft und Wirksamkeit" entfalten sollte, umgesiedelt werden. Hierunter zählte Claß „Weißrussen, Großrussen, Kleinrussen (die beiden letztgenannten nur in geringer Zahl) und Polen". Die eine Million Deutsche, die dann noch in Russland verblieben, sollten durch eine steuernde Reichsbehörde über Jahre „herausgezogen" werden, während Russland Bedingungen „auferlegt" werden sollten, „die auf unserem Neuland sitzenden Weiß- und Großrussen an sich zu ziehen, wofür wir uns verpflichten, die Deutschen aus Rußland zu übernehmen".[99] Der ethnische Bevölkerungsaustausch sollte sich auch auf die deutschen Bevölkerungsgruppen

diesem Teile eine natürliche Grenze weiter nach vorwärts gesucht werden; sie ist leicht gefunden. – Am südlichen Ende des Peipussees, in dem sog. Pleskauer (Pskower) See, mündet die Welikaja. Geht man diese aufwärts bis zur Quelle, so hat man damit die Wasserscheide erreicht, welche die Stromgebiete der Welikaja und Düna trennt, und, um zu letzterem Gebiete zu gelangen, braucht die Grenze nur etwa 20 Kilometer weit über Land geführt zu werden; dann steht man am See Uschtscha, erreicht, dem gleichnamigen Flusse folgend, alsbald die Drissa, und diese ergießt sich in die Düna an einer Stelle, wo das Gouvernement Wilna an sie herantritt, also das litauische Gebiet, dessen Erwerb schon vorgesehen war. [...] Die Grenzführung deckt sich nun im wesentlichen überall mit jener Grenze, die Rußland vor Peter dem Großen nach Westen hatte; sie wird aufs neue Rußlands Westgrenze [...]." Ebd., S. 30–41.

95 Ebd., S. 42. Claß ergänzte: „[...] weite kleinrussische Kreise streben von Rußland ab, wollen ein ukrainisches Reich aufrichten, und zwar auch unter Habsburgs Zepter in Personalunion mit dessen anderen Ländern. Bessarabien ist dabei als an Rumänien zurückfallend gedacht". Zudem beanspruche Österreich „einen erheblichen Teil Serbiens, sowie Montenegros". Ebd.

96 Ebd., S. 58.

97 Ebd., S. 43.

98 Ebd., S. 46.

99 Ebd.

aus der Ukraine beziehen, „einerlei, ob sich im Laufe des Krieges oder in seiner Nachwirkung ein ukrainisches Reich bildet oder ob die Ukraine bei Rußland bleibt“, so Claß in seinen völkisch-imperialen Planspielen, die jedoch am ehesten ein „neue[s] selbständige[s] ukrainische[s] Reich“ durch „Personal-Union mit den alten Bundesländern und Ungarn unter Habsburgs Herrschaft“ zusammen mit einem „wiedererstandene[n] Polen“ vorsahen.[100]

Der gleiche Austausch werde zwischen Polen und der Ukraine sowie mit Blick auf die ruthenischen „Stammesgenossen“ aus Galizien durchgeführt werden müssen, die in ukrainisches Gebiet umgesiedelt werden sollten, so Claß.[101] Aus Polen seien letztlich die „deutschen Stammesgenossen“ herauszuziehen, „und zwar nicht nur aus Kongreßpolen, dem Gouvernement Grodno und den übrigen, ehemals russischen Gebieten, sondern auch aus Galizien“, bei gleichzeitiger „Übernahme“ von Polen aus den deutsch besetzten Gebieten einschließlich des „Landstreifen[s], der sich von Soldau bis nach der Südspitze Oberschlesiens zieht“. Dieser „Landstreifen“ sollte vergleichbar dem Grenzstreifen im Westen als neue „Militärgrenze“ dienen und seiner „überwiegend strategischen Bedeutung wegen rein deutsch besiedelt sein“.[102] Die Polen in der preußischen Provinz Posen sollten nicht „gegen ihren Willen“ „ausgebürgert“ werden, während hingegen „die Möglichkeit des Austauschs des großen Grundbesitzes“ bestehe, der „in Kongreßpolen wohnenden Deutschen gehört, gegen solchen, der im Eigentum von in Posen lebenden Polen steht“.[103]

In eine zweite Gruppe von Einwohnern der zu besetzenden Gebiete ordnete Claß „Völker“ ein, die „gar nicht staatlich zusammengeschlossen sind, deren Stammessitze aber insgesamt gerade in dem Neuland, das erworben werden soll, liegen“.[104] Darunter zählte er Litauer, Letten und Esten. Der „Austauschgedanke“ schien für Claß „auf den ersten Blick nur schwer umsetzbar zu sein, es sei denn, daß man Rußland auch zur Übernahme dieser Völker nötigte“. Das sei aber nur unter „Härte“ durchführbar, „da man diese Völker – sie von ihren Stammsitzen lösend – heimatlos in die Fremde triebe, und eine solche Härte muß, wenn es irgend angeht, vermieden werden“.[105] Die Litauer sollten daher aufgrund historischer und konfessioneller Bindungen („Staatsgemeinschaft“ und „Stammesgemeinschaft“) staatlich an Polen gebunden werden, dem auch das „Gouvernement Minsk“ angeschlossen werden sollte. Für die Esten und Litauer gebe es nur zwei Wege: „Überweisung an Rußland oder Belassung im Lande.“ Die zu treffenden Entscheidungen und Maßnahmen würden „in hohem Maße von dem Verhalten dieser Völker gegenüber den dortigen Deutschen während des gegenwärtigen Krieges

100 Ebd., S. 47 und 58. Siehe auch die beiden Anlagen von Emil Stumpfe: Vorschläge für den dem Deutschen Reiche notwendigen Landerwerb und Friedrich Eduard Lezius: Bemerkungen zur osteuropäischen Frage zur Kriegszieldenkschrift von Claß [1914], in BA-Berlin, R 8048, Bd. 633, Bl. 151–183.

101 Claß: Denkschrift, S. 47.

102 Ebd.

103 Ebd.

104 Ebd., S. 47–48.

105 Ebd., S. 48.

abhängen", so Claß. Als Hintergrund verwies er auf die Auswirkungen der Revolution von 1905, die sich gegen deutsche Gutsbesitzer und die deutsche Oberschicht gerade in Kurland gerichtet hatte. Darüber hinaus sei an eine „Einschiebung starker deutscher Siedlergruppen" zu denken, die auf Staatsdomänen untergebracht werden und somit durch Siedlungsbewirtschaftung die deutsche Vorherrschaft in den zu besetzenden Ostgebieten konsolidieren sollten.[106]

Claß betrachtete die jüdische Bevölkerung in den zu annektierenden Gebieten als eine eigene ethnische Gruppe, da sie nach seiner antisemitischen Weltanschauung „weder staatlich noch ihrem Sitze nach zusammengeschlossen, sondern überallhin verstreut sind". Er schätzte die Zahl der Juden, die in den Gebieten lebten, die von den deutschen Truppen erobert werden sollten, auf eine Million. Die „jüdische Frage im Neulande des Ostens" bereite daher „ganz besondere Schwierigkeiten".[107] Die Mehrheit der Juden in diesen Gebieten befinde sich „auf einer Stufe tiefster Armut und Unkultur" und an eine Aufnahme in das Deutsche Reich sei nicht zu denken. Daher sei eine Übernahme der Juden aus den deutschen Besatzungsgebieten durch Russland „anzustreben" und eine Schließung der Ostgrenze durch einen „sicheren Wall gegen die Überflutung des deutschen Reichsgebietes durch das jüdische Proletariat des Ostens" durchzusetzen.[108]

Sei ein solcher Weg durch Widerstände Russlands nicht möglich, so sei eine „Lösung" anzudenken, „die dem östlichen Judentum willkommen ist" und „dem Gedanken der nationalen Sammlung" mit Blick auf den „Mangel einer völkischen Heimstatt" entsprechend die „jüdische Frage an der Wurzel fassen" würde.[109] Unter Verweis auf die zionistische Bewegung trat Claß für die Schaffung eines jüdischen Staates ein, allerdings mit Blick auf das von ihm nach rassisch-völkischen Kriterien entworfene Gesamtgefüge einer umfassenden Reorganisation der Bevölkerungsstruktur in Zentraleuropa und der Aussiedlung von Juden aus den von Deutschland zu besetzenden Gebieten. „Jetzt oder nie ist die Gelegenheit, dies Ziel zu verwirklichen, indem Juden der von Rußland abzutretenden Gebietsteile ein eigenes Gebiet zugewiesen wird; dies ist bei der zu erwartenden Neuordnung der Welt sehr wohl möglich."[110]

Das antisemitische Ziel der Unterstützung zionistischer Siedlung war stets, zukünftige jüdische Einwanderung zu verhindern oder umzulenken sowie die Juden aus einem imperial zu erweiternden Deutschen Reich herauszudrängen.[111] Zu diesem Zweck sollten sich die deutsche und die österreichische Regierung bei der türkischen Regierung dafür einsetzen, dass „Palästina unter türkischer Oberhoheit dem nationalen

106 Ebd.
107 Ebd., S. 49.
108 Ebd. S. 50.
109 Ebd., S. 49.
110 Ebd.
111 Siehe auch Vogt: Subalterne Positionierungen, S. 360–367.

Judenstaat zur Verfügung gestellt" werde.[112] „Dann hätten die Juden endlich eine Heimat gefunden, ihre alte Heimat, und sie hätten die Möglichkeit, sich in weitgehender Selbständigkeit wieder zu einem ,Volk' zu sammeln und zusammenzuwachsen." Zur Durchführung dieser Pläne müsse „im deutschen Ost-Land" eine „umfassende, auf Jahre verteilte Tätigkeit zur Überführung der Juden in die neue Heimat in Angriff genommen werden, wobei den Führern der Juden von deutscher Seite weitgehende Unterstützung geleistet werden müßte".[113]

Die zu annektierenden Gebiete im Osten sollten nach Claß' Vorstellungen Preußen angeschlossen werden, das als „altes Kolonialland" besonders „geschult" sei und die Hauptlast des Krieges gegen Russland zu tragen haben werde, sodass die Angliederung zur territorialen Erweiterung als ,Siegespreis' anzusehen sei.[114] An die Verleihung „aller preußischen, staatlichen und staatsbürgerlichen Rechte an Land und Leute" sei auch in den Gebieten des Ostens nicht zu denken, vielmehr müssten diese „ganz allmählich zu einem vollberechtigten Teile Preußens hinaufgestaltet" werden.[115] Es sei zum Zweck der „wirklichen inneren Verwachsung und Verschmelzung mit Preußen-Deutschland" daran zu denken, eine sich durch die ansässige deutsche Oberschicht selbst verwaltende „baltische[n] Mark" mit „Litauen, Suwalki, Kurland, Livland und Estland" zu gründen sowie eine „Ostmark", der „Wilna und de[m] Rest des Neulandes zuzuweisen wären" und die wie die „Westmark" in „der Hauptsache ausgeräumt sein wird und also erst fast ganz neu besiedelt werden muß". Diese „Ostmark" würde „auf lange Zeit diktatorischer Verwaltung unterliegen".[116] Die Verleihung politischer Rechte sollte ausschließlich an die deutsche „Haus-, Kirchen- und Umgangssprache" gekoppelt sein: „[D]ies trifft naturgemäß für die bisherigen Bewohner deutscher Abstammung und die neuen deutschen Ansiedler zu und wird das denkbar beste Mittel zur Eindeutschung der etwa zugelassenen oder sitzengebliebenen Nichtdeutschen sein."[117]

Insgesamt werde der deutsche Großgrundbesitz, so Claß, durch die Angliederungen im Osten eine „gewaltige Wertsteigerung" erhalten, da das für die Ansiedlung notwendige freie Land durch die Abtretung von Gütern an das Reich oder durch die Verpflichtung von Großgrundbesitzern zum Einsatz von Erbpächtern auf ihren Gütern bereitgestellt werden sollte. Es werde „an der Ostsee und im Binnenland ein reiches deutsches Leben aufblühen".[118] Durch die Grenzverschiebungen und die Aufrichtung eines selbständigen oder Österreich-Ungarn anzugliedernden Polen verkürze man mit

---

112 Claß: Denkschrift, S. 50. Palästina sollte aus dem Osmanischen Reich unter türkischer „Oberherrschaft, aber sonst unter weitestgehenden Selbstverwaltungsrechten überlassen" werden. Ebd., S. 61.

113 Ebd., S. 50.

114 Ebd., S. 51.

115 Ebd.

116 Ebd. Claß fügte hinzu: „Der vor Polen liegende Streifen Soldau, Kolo, Warthe, Bendzin (Neu-Posen) müßte unter allen Umständen an Preußen fallen – die baltische Mark und die Ostmark hingegen würden, wenn die Einverleibung in Preußen nicht beliebt wird, reichsunmittelbar werden, also dem Kaiser direkt unterstellt sein." Ebd., S. 51–52.

117 Ebd., S. 52.

118 Ebd.

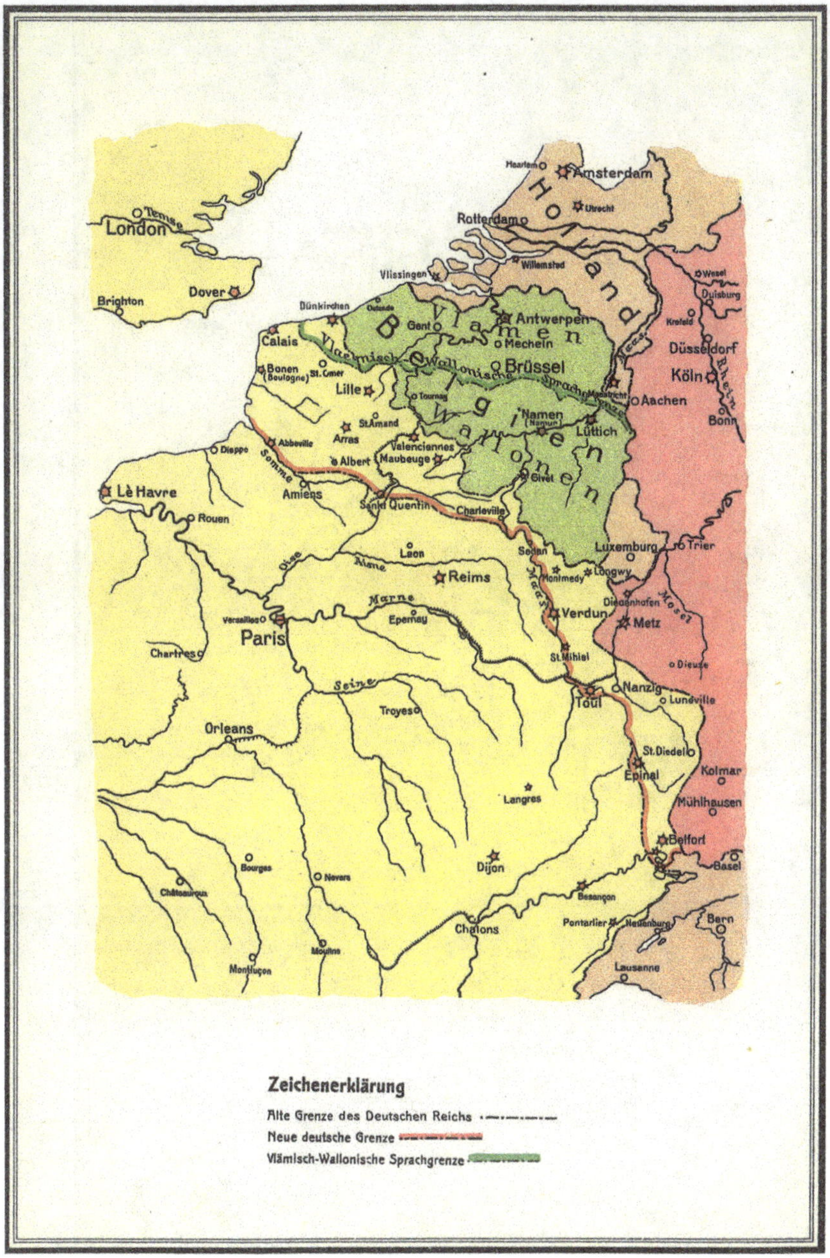

Abb. 14a: Heinrich Claß’ Kriegsziele (zwei Landkarten) 1914.
Die zu annektierenden Gebiete im Osten sollten nach Claß’ Berechnungen auf Grundlage der Volkszählung von 1897 über sieben Millionen Menschen in das Deutsche Reich überführen und mit den Gebieten Livland, Kurland, Estland, Suwalki, Wilna, Kowno sowie Teilen von Witebsk und Pskow einen territorialen Landzuwachs von über 220.000 Quadratkilometer sicherstellen. Für eine erweiterte Druckschrift der Kriegszieldenkschrift wurde von Claß zu dem Anhang eine dritte Karte beigegeben, die die Forderung des Autors Emil Stumpfe (Oberregierungsrat

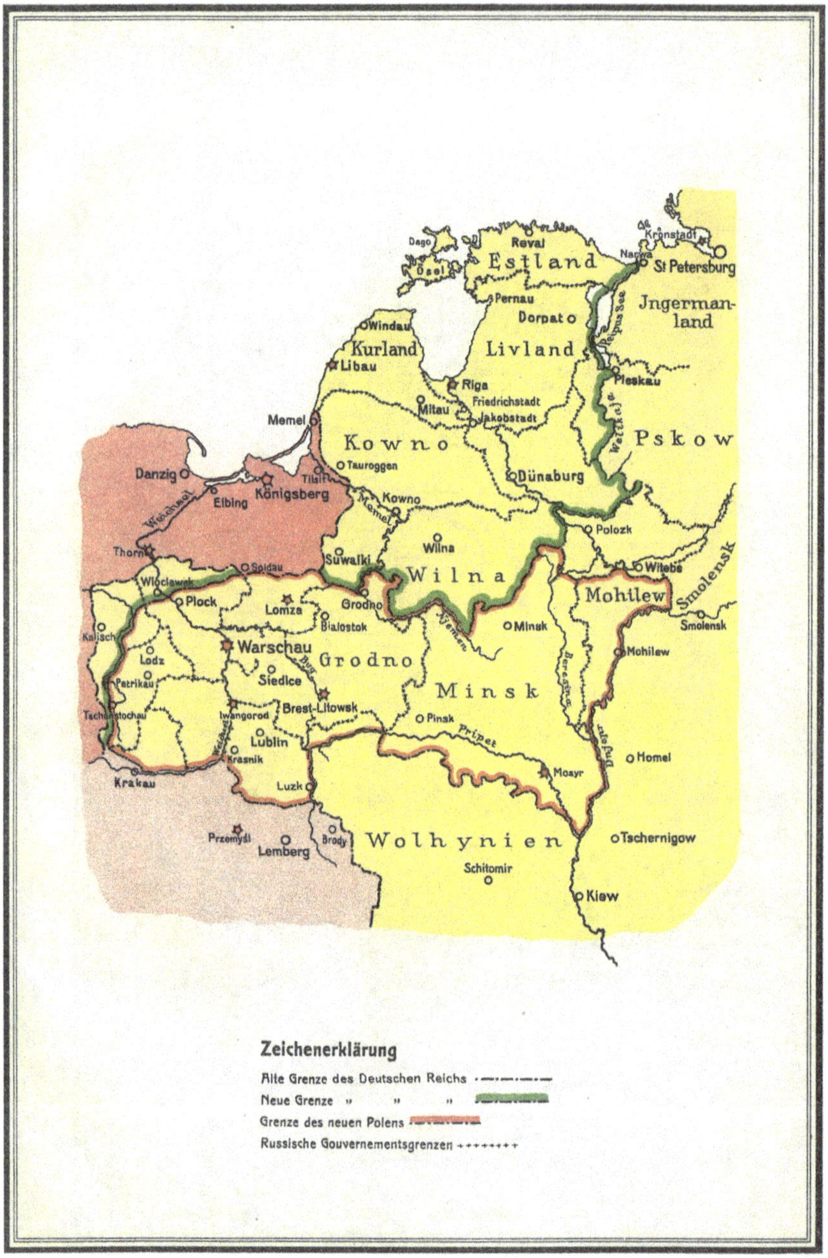

Abb. 14b:

im preußischen Landwirtschaftsministerium) für eine staatliche Selbstständigkeit des „Zartums Ukraina" widerspiegelt, der Claß weitgehend zustimmte: „Für sehr bedeutsam ha[l]te ich den Vorschlag des Verfassers bezl. der Behandlung der Ukraine, wenn es dazu kommt, daß dieses Gebiet vom [R]ussischen Reiche getrennt wird; ich schließe mich seiner Ansicht an, daß in diesem Falle ein selbstständiger ukrainischer Staat anzustreben sein wird." Vorbemerkung von Claß in seiner Kriegszieldenkschrift [1914].

den Planungen zudem den Grenzverlauf zu Russland und könne diesen Feind im Osten nach einer Niederwerfung im Krieg geopolitisch effizienter einhegen. Claß sah dauerhafte Konflikte mit Russland auch nach einem siegreichen Friedensschluss voraus, da es „mit seinen Menschenmassen" von „außen nicht zu vernichten" sei, „wenn es nicht innerlich zerfällt".[119]

Russland kam für Claß aber auch eine geopolitisch-psychologische Bedeutung zu. Für zukünftige Kämpfe um die Vorherrschaft wäre ein vollständiger Zerfall Russlands von innen her „kein Glück", denn man brauche „starke wehrfähige Mitbewerber um die Güter der Erde, nicht nur jenseits der Meere, sondern auch in Europa." Dem sozialdarwinistischen Denken von imperialer Raumpolitik und dem Kampf ungleicher „Menschenrassen" entsprechend sei zu bedenken: „Rußland soll uns bedrohen, soll unser Feind sein – das wird uns zum Glücke ausschlagen!" Denn die Konkurrenz mit den Großmächten, zu denen Claß zwar Russland, aber nicht mehr ein leicht niederzuwerfendes Frankreich oder ein mit militärischem Glück auf einen „unbedeutsamen Inselstaat" reduziertes Großbritannien zählte, gewährleiste auch in Zukunft die Kriegserwartung und die Kriegsbereitschaft in der deutschen Gesellschaft, sodass „allein die Wehrhaftigkeit, der Zwang zu ihr" die „Gesundung unseres Volkes" sicherstellen werde.[120] Schließlich habe der gegenwärtige Kriegsausbruch als eine Provokation der *Entente*-Mächte schicksalshaft „die Aussicht auf wirksame Stillung des deutschen Landhungers" in „unserer unmittelbaren Nachbarschaft" „vor unseren Toren" ermöglicht.[121]

Ein koloniales „Mittelafrika" würde nach einem Sieg über Großbritannien und Frankreich zudem wirtschaftliches Hinterland sichern, die deutschen Kolonien territorial verbinden und als wirtschaftlicher Ergänzungsraum ein vergleichbares Infrastrukturkonzept zu „Mitteleuropa" in der kolonialen Peripherie bilden.[122] Von den französischen Kolonien in Afrika sollten Deutschland „ganz" Marokko, „Senegambien" und der Kongo zugeschlagen werden. Ägypten sollte von britischem Einfluss „befreit" werden, während die britischen Kolonien in Afrika „ihrem Schicksal" überlassen blei-

119 Ebd., S. 53.

120 Ebd., S. 54.

121 Ebd., S. 15.

122 Europäische und koloniale Raumpolitik waren bei Claß bereits vor dem Kriegsausbruch eng verzahnt und verwiesen auf die Infragestellung belgischer Souveränität als Kernpunkt zukünftiger deutscher Machtpolitik auf dem Kontinent. Er sah 1912 den „Anschluss der belgischen Politik an die deutsche" als notwendig an und verstand darunter „ein deutsch-belgisches Wirtschaftsgebiet, dazu ein deutsch-belgisches Zollbündnis als erster Schritt zu einem mitteleuropäischen Zollbunde", dem die „Schaffung eines solchen Einflussgebietes" unter dem Schlagwort „Mittelafrika-deutsch" mit der Übernahme Kongos zu folgen habe, ohne dass man dies als eine Ersatzpolitik für den Verlust Marokkos oder eine solche territoriale Machtverschiebung als „Vergewaltigung Belgiens" deuten könne. Claß auf der Sitzung des Geschäftsführenden Ausschusses des ADV, 8.6.1912, in BA-Berlin, R 8048, Bd. 85, Bl. 17. Blieben solche Forderungen auch innerhalb des Verbandes noch umstritten, so waren die Kriegsziele in Claß' Denkschrift deutlich ausgesprochen. Zur Diskussion siehe u. a. Sitzung des Geschäftsführenden Ausschusses des ADV, 6.9.1912, in BA-Berlin, R 8048, Bd. 86, Bl. 5–6.

ben sollten.[123] Claß hoffte auf eine Selbständigkeit Südafrikas von britischer Herrschaft unter niederdeutscher Führung, wollte die portugiesischen und spanischen Kolonien ihrem Niedergang überlassen und über die Zukunft der anderen französischen Besitzungen in Übersee nach dem Krieg entscheiden.[124]

Im völkischen Sinn sollte der Krieg darüber hinaus zu einer „germanischen Gemeinbürgschaft“ mit den „germanischen Staaten des Nordens, deren Bevölkerung die germanischen Rassenwerte am reinsten bewahrt“ habe, führen.[125] Den skandinavischen Ländern Dänemark, Schweden (das gegebenenfalls Finnland aufnehmen sollte) und Norwegen sollte durch ein „Schutz- und Trutzbündnis“ ein „Bund der germanischen Staaten“ unter deutscher Führung angeboten werden, der „den kleineren, bisher im Verhältnis zu den großen Mächten schwachen Staaten des Nordens“ die „Gewähr des Fortbestehens“ sichere und die „edelrassigen Menschen der skandinavischen Länder“ dem „Strom eines mächtig flutenden politischen Lebens“ zuführen würde.[126]

Als „Nebenforderungen“ verlangte Claß für „Fremdblütige“ die „Beschränkung der Freizügigkeit“, wie er es schon im „Kaiserbuch“ gefordert hatte. Das bezog sich auch auf die Litauer, Esten und Letten, die zunächst für den forcierten Prozess ihrer sogenannten Germanisierung unter Fremdenrecht gestellt werden sollten, sodass im „Falle der Unbrauchbarkeit oder Unverdaulichkeit dieser Stämme das Recht der Ausweisung etwa für die Frist von 25 Jahren vorbehalten“ bleibe.[127] „Farbige“, auch aus deutschen Kolonien, würden auf dem „Boden des Reiches“ nicht „geduldet“, und an deutschen Universitäten dürften sich nur „Deutsche“ und „Ausländer germanischer Abstammung“ immatrikulieren. „Fremdlinge werden nur zugelassen, wenn besondere politische und wirtschaftliche Umstände es rechtfertigen.“[128] Völkische Kulturpolitik sei zudem durch die Einrichtung eines „Reichssprachamtes“ für die „Reinigung und Reinhaltung“ der deutschen Sprache durchzusetzen. Städtenamen müssten gerade im Osten des Reiches zukünftig deutsch geschrieben werden. Ausländische Erziehungsanstalten dürften nur in einem gegenüber ausländischen Kultureinflüssen „widerstandsfähige[n] Alter“ besucht werden und deutsche Kleidung sei jenseits von „im Ausland aufgebrachter Moden“ zu tragen. Nicht zuletzt sollten sich die deutschen Adelsgeschlechter daran halten, nur Deutsche zu heiraten.[129]

Moderne Entwicklungen, die durch Industrialisierung, Urbanisierung und Massengesellschaft hervorgerufen würden, sollten eben unter anderem durch eine forcierte

---

123 Claß: Denkschrift, S. 55 und 56. Als weitere deutsche Stützpunkte erwähnte Claß in zeitgenössischer Nennung zusätzlich zu Toulon und Tanger noch Bizerta und Damiette, Djibuti, „vielleicht unter Hinzunahme von französisch Somali-Land“, Goa, Ceylon, Sabang, Saigon, die Azoren, die Kapverdischen Inseln und Diego Suarez auf Madagaskar. Ebd., S. 57.

124 Ebd., S. 55.

125 Ebd., S. 63.

126 Ebd., S. 64.

127 Ebd., S. 65.

128 Ebd.

129 Ebd., S. 66 und 67.

Ansiedlung in den zu besetzenden Räumen in Ost- und Westeuropa aufgehoben werden, um eine Entzerrung des Stadtlebens zu erreichen. Bei aller Kulturkritik an den Dynamiken zivilisatorischen Fortschritts seit der Jahrhundertwende erkannte Claß dennoch die Urbanisierung grundsätzlich an und gestand den Großstädten „mit einem pulsenden Leben" eine schöpferische Leistung zu, die durch die „Ansammlung von Willen und Tatkraft" und „mit ihren Anregungen und Verfeinerungen des Daseins" sowohl kulturell wie auch wertschöpfend wirke. Auch sei die wachsende Industrie nicht nur ein zivilisatorisch verderblicher Wirtschaftszweig für die Massen, sondern „schlechthin unentbehrlich geworden" und der „stärkste Träger unserer Volkswirtschaft neben der Landwirtschaft".[130] Die Angehörigen der freien Berufe, Techniker, Kaufleute und Unternehmer, würden durch einen forcierten Weltmachtstatus Deutschlands zukünftig bedeutende Aufgaben, unter anderem im öffentlichen Verwaltungsdienst, zugewiesen bekommen. Sie würden somit als „Intelligenz" nicht nur gebraucht, sondern als teilweise prekär angestellte Berufsgruppen vom Schicksal eines „gebildeten Proletariats" befreit werden.[131] Durch die staatliche Vergabe von Aufträgen an die Industrie sowie aufgrund der vermehrten Heeres- und Flottenrüstung sagte Claß gerade in den Sektoren der Infrastruktur, wie Eisenbahn-, Brücken- und Festungsbau, einen Aufschwung der deutschen Nachkriegswirtschaft „von den Mittelpunkten aus" voraus, der „nach allen Seiten" konjunkturbelebend wirken werde.[132]

Kriegsentschädigungen seien darüber hinaus zu fordern als „Vergütung für die Ermordeten, dauernde Bezüge für die Hinterlassenen, desgleichen für die Invaliden und ihre Angehörigen, auch ebenso für die an Hab und Gut durch Ausweisung oder Beraubung zu Nachteil Gekommenen – sodann Ersatz der eigentlichen Kriegskosten des Reiches und Bereitstellung der Mittel für die Sicherung der neuen Grenze und die Erneuerung seiner Rüstung zu Land und Meers".[133] Die Aussicht auf einen einzurichtenden Invalidenfonds sollte Klassengesellschaft und Wohlfahrtsstaat zusätzlich im Krieg versöhnen und zur Befriedung sozialer Gegensätze in der Nachkriegsgesellschaft beitragen. Claß sah großzügige, jährlich auszuschüttende Erwerbsunfähigkeitsbezüge, eine Entschädigung für Kriegsfolgen sowie Kinderzulagen und Zuschüsse für Verheiratete vor, besonders mit Blick auf Beamte, Offiziere und den gebildeten Mittelstand.[134] Als Belohnung für den Kriegseinsatz sei als „Maßnahme der sozialen Fürsorge" eine „Herabsetzung des Alters für den Rentenbezug bei der Altersversicherung [vom 70. auf das 65. Lebensjahr] und die Erhöhung der Altersrenten" vorzunehmen, um eine „bedeutsame Besserung der Lage der Arbeiterschaft herbeizuführen".[135] Innenpolitische Befriedung gesellschaftlicher Gegensätze und Ausgleich zwischen Stadt und Land durch

130 Ebd., S. 16.

131 Ebd., S. 22. Claß hatte selbst die Überfüllungskrise des rechtsanwaltlichen Berufsstandes kennengelernt.

132 Ebd., S. 62.

133 Ebd., S. 18.

134 Ebd., S. 67. Siehe auch Kocka: Klassengesellschaft im Krieg und Klein: Deutschland 1897/98–1917.

135 Claß: Denkschrift, S. 19.

das räumlich-imperiale Ausweichen auf Territorium nach Osten und Westen in Europa waren bei Claß' zwei Seiten ein und derselben Medaille: „[D]eshalb sollten grundsätzlich die Mittel aus den Kriegsentschädigungen in der Hauptsache zur Lösung öffentlicher, gemeinnütziger Aufgaben, zur Befriedigung von Bedürfnissen des Volksganzen verwendet und damit dem ganzen deutschen Volkes dienstbar gemacht werden."[136]

Die Kriegszielforderungen machten ihre Veröffentlichung so brisant, da nicht nur ein Sieg über die außenpolitischen Gegner, sondern auch der Fortbestand der Reichsregierung von einem „Siegfrieden" abhängig gemacht wurde. Die „Vorschläge allgemeiner und besonderer Art" seien „durch ihre Zusammenhänge, ihr Aufeinanderangewiesensein – für mich wenigstens – zu etwas wie einem organischen Ganzen geworden", so Claß.[137] Er sprach von einer „Gesinnungsgemeinschaft", die durch den von ihm lange vorausgesagten „Daseinskampf" des deutschen Volkes nun entstehen möge.[138] Daher seien radikale Kriegsforderungen von Territorium und Besatzungsherrschaft „kaltblütig und ruhig" zu stellen und nicht an völkerrechtlichen Gesetzmäßigkeiten zu messen, die den Sicherheitsinteressen des deutschen Volkes entgegenstünden.[139]

„Schwung und Willen der öffentlichen Meinung" wolle Claß befördern, damit „die Eierschalen unserer ‚politischen Objektivität'" abgestreift würden, um die „gesunde und berechtigte Selbstsucht" der Deutschen gegenüber „de[m] ewige[n] Rücksichtnehmen auf fremde Völker und ihre Anschauungen" im Krieg zu überwinden.[140] Entsprechend den sozialdarwinistischen Konkurrenzen zwischen den Völkern sei „alle weltbürgerliche Gesinnung" abzulegen und die „Selbsterhaltung" eines Volkes als „sein oberstes Gesetz" zu erkennen:

> Daraus ergibt sich das Recht und die Pflicht, das Verhalten fremden Völkern gegenüber einzurichten, und es ergibt sich, nach siegreich überstandenem aufgezwungenem Kampfe, Recht und Pflicht, den Siegpreis zu bemessen allein nach dem Bedürfnis des eigenen Volkes, ohne Rücksicht auf die Wünsche oder die Stimmung der besiegten Völker. Wir wollen sie nicht mehr hören, die matten Redensarten von den „Humanitätsrücksichten", von den „Kulturforderungen", von der Wahrung der „historischen Entwicklung" zugunsten der anderen.[141]

Claß mahnte mit juristisch geschulter Rationalität eine kalte Sachlichkeit bei der Formulierung und Durchsetzung der „Kriegszwecke" an. Schließlich seien die „staatlichen Dinge" eben „keine Beschäftigung für Nervenschwache und Gefühlsmenschen". Sie seien vielmehr „ein hartes Geschäft, das so besorgt sein will, daß das eigene Volk dabei am besten fährt". Denn niemand habe „das Recht, um einer edelmütigen Gefühlswal-

136 Ebd., S. 12.
137 Ebd., S. 8.
138 Ebd., S. 5.
139 Ebd., S. 10.
140 Ebd., S. 6.
141 Ebd., S. 9–10.

lung zu folgen, sein Volk zu schädigen".[142] Folge man dem Kriegsziel einer zukünftigen Sicherung deutscher imperialer, territorialer und völkischer Interessen, sei nur der Grundsatz „Not bricht Eisen" zur Grundlage der Diskussionen um die Zwecke und die daraufhin anzuwendenden Mittel anzulegen.[143] Die anzustrebende Besatzungspraxis sah Claß dadurch bestimmt, die notwendige „völkische[n] Flurbereinigung" und eine „Umwandlung aller Staaten in möglichst reine Nationalstaaten" umzusetzen. Auf diesem Weg der planmäßigen Aus- und Ansiedlungspolitik sollten ethnisch homogene Völker erschaffen werden, die im Kampf um „unser Recht aufs Dasein" mit anderen Völkern ihre inneren Konfliktherde überwinden könnten.[144]

Claß war mit seinen territorialen Forderungen keineswegs sehr weit weg vom „Septemberpogramm" der Regierung Bethmann Hollweg, das mit dem Mitteleuropa-Programm wesentlich von Walther Rathenau von der AEG, Karl Helfferich und Arthur von Gwinner von der Deutschen Bank beeinflusst war.[145] Reichs- und Heeresleitung, Wirtschaftsverbände, politische Rechtsparteien und Verbände standen in gewisser Konkurrenz zueinander, was die inhaltlichen Forderungen und den Zeitpunkt der Veröffentlichung betraf, während Theobald von Bethmann Hollweg zugleich nach außen den Anschein zu wahren versuchte, trotz seiner außenpolitischen Risikostrategie keine eigenständige Kriegszielkampagne zu führen.[146] Die „hypertrophen Vorstellungen" der Alldeutschen, wie eine „völkische Flurbereinigung", fanden später Eingang in Ludendorffs Pläne für den Osten, die „schließlich jeden vernünftigen Rahmen" sprengten, so Michael Epkenhans.[147]

Die Kriegsziele, die Claß nach der Gewährung „diktatorischer" Vollmachten im Anschluss an die in der Sache zunächst weitgehend ergebnislos verlaufende Sitzung des Geschäftsführenden Ausschusses vom 28. August 1914 in kurzer Zeit zusammenfasste und in kleineren Besprechungen unter anderem mit Hugenberg weiterentwickelte[148], bündelten seine bisherigen politischen und weltanschaulichen Forderungen. Sie wiesen

142 Ebd., S. 31.

143 Ebd.

144 Ebd., S. 45. Peter Walkenhorst hat für den radikalen Nationalismus im Kaiserreich bereits darauf hingewiesen, dass nicht nur der Volksbegriff einer „Polyvalenz" zwischen Staatsvolk (*demos*) und „Abstammungsgemeinschaft" (*ethnos*) unterliege, sondern auch „einer spezifischen instrumentellen Rationalität auf der Grundlage einer nationalistischen Wertvorstellung, für die der nationale Zweck letztlich jedes Mittel rechtfertigte". Walkenhorst: Nation – Volk – Rasse, S. 87 und 307. Über der völkischen Politik der Alldeutschen, die sich auf eine ethnisch-kulturelle Gleichheit und Verbundenheit aller Deutschen stützte, stand letztlich der Primat des Staates, dessen zweckhafte Interessendurchsetzung eine flexible Auslegung des völkischen Ansatzes erlaubte, die Claß mit der radikalen Formel „Flurbereinigung" andeutete.

145 Fischer: Griff nach der Weltmacht, S. 93–94 sowie für Polen Geiss: Der polnische Grenzstreifen, S. 23–28 und Conze: Polnische Nation und deutsche Politik im Ersten Weltkrieg, S. 46–77.

146 Siehe auch Leonhard: Der überforderte Frieden, S. 32–33 und Jarausch: Enigmatic Chancellor, S. 148–228.

147 Epkenhans: Der Erste Weltkrieg, S. 122.

148 Siehe Sitzung des Geschäftsführenden Ausschusses des ADV 28.8.1914, in BA-Berlin, R 8048, Bd. 96. Siehe auch Leicht: Heinrich Claß, S. 183.

jedoch durch die radikalen Ausweisungspläne, die auch auf alle Juden in den zu besetzenden Gebieten zielten, neue Dimensionen alldeutschen Ordnungsdenkens auf.[149]

Als der Krieg länger andauerte und die militärischen Erfolge stockten, argumentierte Claß zunehmend, dass die alldeutschen Kriegsziele letztlich nur auf die „Sicherung“ der eigenen „Volksinteressen“ gerichtet seien.[150] Die Forderung nach einer imperialen Reichserweiterung unter Umfassung aller ethnisch definierten Deutschen in Europa entsprang jedoch dem Wesenskern des Alldeutschen Verbandes. Insgesamt rechnete man bei den Alldeutschen am Vorabend des Ersten Weltkrieges entsprechend mit 100,6 Millionen Deutschen weltweit, von denen über 28 Millionen in anderen europäischen Staaten und elf Millionen allein in den USA siedelten, während ca. sechzig Millionen, unter Ausschluss ethnischer Minderheiten, im Deutschen Reich lebten.[151] Claß bezog sich auch auf 500.000 ausgewanderte Deutsche in Brasilien sowie „700.000 Niederdeutsche [in Belgien und den Niederlanden] und 40.000 in Südafrika“, die als „Volksgenossen“ aufgrund einer „gemeinsamen Abstammung und Sprache“ eng an Deutschland gebunden bleiben sollten. Jedoch seien die Alldeutschen keine „Vertreter des sog. deutschen Weltherrschaftsgedankens; wir wissen aus der Geschichte, daß dieser Gedanke unnatürlich und undurchführbar ist, und wir lehnen ihn ab, indem wir uns realpolitisch beschränken auf das Maß zur Sicherung der Zukunft unseres Volkes Notwendigen“.[152]

Bedeutsamer war hingegen Claß’ kontinuierliches Interesse an dem strategisch und realpolitisch begründeten Erhalt des Vielvölkerreiches der Habsburger als verlässlicher Bündnispartner für einen Hegemonialkrieg in Europa. Bereits 1901 trat er für die Alldeutsche Vereinigung als Nachfolgeorganisation der Deutsch-Radikalen Partei in Österreich ein und bekräftigte seit 1908 die Bedeutung der näheren Zusammenführung der Deutschen in Österreich mit dem Deutschen Reich.[153] Unmittelbar mit Übernahme des Verbandsvorsitzes intensivierte Claß seine Verbindungen zu Österreich und hielt gleich im Gründungsjahr des Deutschen Klubs, der 1908 von Alldeutschen in Wien gegründet wurde und nach dem Ersten Weltkrieg die wichtigsten Vertreter der deutschnationalen Bewegung zusammenbrachte, eine Rede.[154]

Das sogenannte Auslandsdeutschtum zu fördern, war Grundsatz des Alldeutschen Verbandes. Die Unterstützung des Deutschen Schulvereins im kulturellen Kampf für die Interessen der Deutschen in Österreich-Ungarn führte zu einer regelrechten Arbeits-

149 Siehe demnächst dazu Schellhorn: Alfred Hugenberg.

150 Claß: Der Alldeutsche Verband, S. 1143.

151 So die tabellarischen Darstellungen in Handbuch des Alldeutschen Verbandes 1914, S. 73–75.

152 Claß: Der Alldeutsche Verband, S. 1146. Siehe dazu Neitzel: Weltmacht oder Untergang, S. 118–126, 319–325 und 365–366.

153 Siehe Sitzung des Geschäftsführenden Ausschusses des Alldeutschen Verbandes, 30.8.1901, in BA-Berlin, R 8048, Bd. 29, Bl. 8–10 und Entschließung des Alldeutschen Verbandes [21.11.1908], in ebd., Bd. 68, Bl. 7.

154 Siehe Huber/Erker/Taschwer: Der Deutsche Klub, S. 36–37.

teilung zwischen beiden Verbänden.[155] Während Hasse immer für die Trennung der beiden Reichshälften Österreich und Ungarn eingetreten war, da Österreich als traditionelles „deutsches Kolonialland“[156] betrachtet und in ein mitteleuropäisches Zollbündnis eingegliedert werden müsste, war Claß gegen eine solche parteipolitische Schwächung des Habsburgerreiches. Gleichzeitig plädierte er für eine Zusammenfassung des „Deutschtums“ dort, um dessen Führungsrolle in den Auseinandersetzungen mit Tschechen, Ungarn und anderen slawischen Minderheiten im Reich zu stärken.[157]

Unter Claß wurden die Beziehungen zu den alldeutschen Vertrauensmännern in Österreich ausgebaut. So war beispielsweise der Führer des Deutschtums in Ungarn, Edmund Steinacker, gern gesehener Gast bei den Sitzungen des Geschäftsführenden Ausschusses, ebenso der Mitbegründer und Obmann der Deutschen Arbeiterpartei in Böhmen, Hans Knirsch, mit dem Claß seit 1908 in Kontakt stand und der führend in der Hauptleitung des Alldeutschen Verbandes tätig war.[158]

Claß betonte in seiner Kriegszieldenkschrift 1914, dass Österreich-Ungarn erwartbar „unser einziger sicherer Bundesgenosse sein werde“ und daher einen Anspruch auf reichliche Entschädigung habe. Neben höchsten Kriegsentschädigungen Russlands gegenüber Österreich-Ungarn, die durch Bürgschaften Großbritanniens und Frankreichs gesichert sein müssten, seien dies vor allem territoriale Annexionen:

> An Landgewinn haben wir oben das wiederauferstandene Polen und, wenn es dazu kommt, das neue selbständige ukrainische Reich vorhergesehen, die in Personal-Union mit den alten Bundesländern und Ungarn unter Habsburgs Herrschaft treten würden; dazu käme die nördliche Hälfte von Serbien. Dieses unruhestiftende Gebilde muß aufhören zu bestehen, und seine Bewohner müssen gebändigt werden. Die südliche Hälfte Serbiens wird Bulgarien überlassen. So sähe das neue Habsburger Reich aus, ein nach Osten hineinwachsendes Groß-Österreich, wie es in dieser Gestalt auch nicht die kühnste Einbildungskraft der geschworenen ‚Großösterreicher‘ vorgeahnt hat.[159]

Um die Vorherrschaft der Deutschen in Cisleithanien („West-Österreich“) zu festigen, sollte die „deutsche[n] Staatssprache“ eingeführt und Deutsch als alleinige Unterrichtssprache in den „deutschen Kronländern“ eingesetzt werden. Ziel war, die Badenischen Sprachgesetze von 1908 aufzuweichen. In Böhmen sollte ein eigener „Ausgleich“ gefunden werden. Für den Reichsrat und die „gemischt-sprachigen Kronländer“ war

155 Siehe auch Schmidt: Kampf um das Deutschtum, S. 56–81 sowie Judson: Guardians of the Nation.

156 Ernst Hasse auf der Sitzung des Geschäftsführenden Ausschusses des Alldeutschen Verbandes, 4.3.1905, in BA-Berlin, R 8048, Bd. 47, Bl. 4.

157 Siehe auch Claß auf der Sitzung des Geschäftsführenden Ausschusses des Alldeutschen Verbandes, 30.11.1912, in BA-Berlin, R 8048, Bd. 87, Bl. 12 sowie Braunschweiger Erklärung des Alldeutschen Verbandes zur Unterstützung Österreich-Ungarns im Balkankrieg vom 30.6.1913, in ebd., Bd. 89, Bl. 80 und Alldeutsche Blätter 12.7.1913.

158 Siehe dazu Hofmeister (Hrsg.): Heinrich Claß. Politische Erinnerungen, Kapitel 7 und Ders.: Der Alldeutsche Verband in Österreich 1919–1935, in ebd.

159 Claß: Denkschrift, S. 57 und 58. „West-Galizien“ sollte an Polen gehen und „Ost-Galizien“ Teil der Ukraine werden, während die Deutschen Galiziens, „dem Gesetze der völkischen Sammlung entsprechend, zurückgezogen und an anderer Stelle des Reiches angesiedelt“ werden sollten. Ebd., S. 58–59.

geplant, ein Wahlrecht durch „Oktroi" zu schaffen, das entsprechend der „Zahl der einem jeden Stamme zustehenden Abgeordneten nach der Steuerleistung berechnet würde".[160]

Die Ausrichtung auf Österreich-Ungarn erreichte unter Claß eine neue Intensität und war innerhalb des Verbandes keineswegs unumstritten. Theodor Reismann-Grone, der 1915 wegen persönlicher Differenzen mit Claß über die Ausrichtung der alldeutschen Kriegsziele aus dem Verband austrat, kritisierte den Vorsitzenden seit 1908 für seine unumschränkte Unterstützung des Vielvölkerstaates. Er warnte vor einer „schwarz-gelben Politik" des Verbandes gegenüber dem bald zusammenfallenden „Slawenstaat" und mahnte ein engeres Zusammengehen mit Russland an.[161] Auch Claß sah die ambivalente Stellung Österreich-Ungarns im alldeutschen Gefüge einer „mitteleuropäischen" Machtvision und umging klare Entscheidungen für eine Spaltung des Habsburgerreiches, wie am Beispiel der Forderungen Walter Riehls zu sehen ist. Das deutschnationale Mitglied der 1903 in Böhmen gegründeten Deutschen Arbeiterpartei bat Claß, seinen engen Vertrauten, während der Julikrise, Mittel und Wege zu finden, der Reichsregierung gegenüber Österreich-Ungarn weitreichende politische, wirtschaftliche und kulturelle Sicherungen für die Deutschen im Habsburgerreich abzuverlangen. Claß wollte zwar „alle nur möglichen Schritte" tun, jedoch sei dies aus Gründen der Kriegsraison erst gegen Ende des Krieges möglich.[162] Claß formulierte in seinen Kriegszielen daher einerseits radikale Ordnungskonzeptionen mit dem Ziel klarer imperialer Ausdehnung und ethnischer Homogenisierung, blieb aber gleichzeitig in der Frage nach einem mitteleuropäischen Zollverband, der Österreich-Ungarn einschließen sollte, noch 1914 unentschieden.[163]

Die endgültige Lösung dieser geopolitischen und strategischen Fragen stellte Claß ebenso hintenan wie die einvernehmliche Klärung der Forderung „Land frei von Menschen" innerhalb der Verbandsgremien. Nur die Umsiedlung der einheimischen Bevölkerung sowie eine mögliche Entschädigungszahlung für den verlorenen Besitz, die

160 Ebd., S. 59.

161 Siehe Reismann-Grone: Der Erdenkrieg der Alldeutschen und Sitzung des Geschäftsführenden Ausschusses des Alldeutschen Verbandes, 3.7.1913, in BA-Berlin, R 8048, Bd. 89, Bl. 66–75. Siehe auch Theodor Reismann-Grone an Max Baumann (Vorsitzender der Ortsgruppe Köln des Alldeutschen Verbandes), 9.6.1916: Claß sei „ein Phantast und er hat leider bei vielen, vielen guten Eigenschaften eine zweite schlechte Eigenschaft, d. h. er ist ehrgeizig und lässt sich von klugen Leuten einfangen. So ist es möglich gewesen, dass Herr Samassa, der im Gegensatz zu einem früheren Jahrzehnte in habsburgischen Grössenwahnsinn macht, Class in Wien geräuschvoll gefeiert und zu einem guterzogenen Habsburg-Patrioten umgeschaffen hat. Seit dieser Zeit (etwa seit sechs Jahren) schwimmt der Alldeutsche Verband hinter dem Hause Habsburg her und sträubt alle Stacheln gegen Russland". In StA Essen, N 652, Bd. 7, o. Bl. Reismann-Grone befürchtete bei einer Umsetzung alldeutscher Kriegsziele ein riesiges katholisches „Kolonialland", das zu einem „katholischen Zentraleuropa" führen würde. Theodor Reismann-Grone an Emil Kirdorf, „Januar 1917", in ebd., Bd. 159, o. Bl.

162 Walter Riehl an Claß, 29.7.1914, in BA-Berlin, R 8048, Bd. 627, Bl. 1 und Claß an Walther Riehl, 31.7.1914, in ebd., Bl. 4.

163 Siehe Claß: Denkschrift, Bl. 57–59.

wiederum durch Reparationen an Deutschland gezahlt beziehungsweise damit verrechnet werden sollte, waren in diesen Planungen angedacht. Neben solchen Unklarheiten standen noch näher zu klärende Zukunftsplanungen mit Blick auf zu besetzende Gebiete. So wollte Claß keine Angliederung Belgiens an Preußen, da, anders als in Elsass-Lothringen, das „Rassegefüge" mit acht Millionen „preussenfeindliche[n], teils sozialistisch, teils in höchstem Masse jesuitisch beeinflusste[n] Belgiern" einer preußischen „Einverleibung" entgegenstehen würde.[164] Auch eine „Ausräumung" Belgiens wäre langfristig zu planen, die Frage nach einem „Optionsrecht" sei daher in der Denkschrift vom September 1914 nicht behandelt worden, da er, Claß, nur die „allerwichtigsten Leitgedanken" niedergeschrieben habe.[165] Die Grundsätze der „Ausräumungspolitik" vor allem gegenüber den Wallonen wurden weiter diskutiert und blieben für Claß bis 1915 Ideal zukünftiger Volkstumspolitik. Schließlich stellte er eine vollständige „Ausräumung" langsam zurück und wollte auch den Flamen in der kulturellen Angliederung an das Deutsche Reich „entgegenkommen", indem der „grunddeutsche, flämische Volksstamm sich möglichst schnell freiwillig dem Reichsgedanken annähert".[166]

Auch das genaue Kriegsziel gegenüber Polen veränderte sich im Laufe des Krieges. Zunächst verlangte Claß den Erwerb bestimmter polnischer Gebiete unter anderem als geostrategische Landbrücke zu den baltischen Provinzen. Mit einem günstigeren Kriegsverlauf im Osten plädierte er für die Angliederung an Preußen, wobei noch zu klären sein sollte, ob die neuen Territorien den Status eines „Reichslandes" wie Elsass-Lothringen erhalten würden.[167] Zum Ende des Krieges forderte er schließlich eine „austro-polnische Lösung". Ein aus dem Russischen Reich herauszulösendes Polen war an Österreich-Ungarn anzugliedern, da sich Deutschland nicht mit den polnischen Einwohnern „belasten" sollte und stattdessen das Vielvölkerreich Österreich-Ungarn letztlich aus ethnischer und imperialer Überdehnung „schmerzlos" auseinanderfallen sollte.[168]

164 Claß auf der Sitzung des Geschäftsführenden Ausschusses des Alldeutschen Verbandes, 28.8.1914, in BA-Berlin, R 8048, Bd. 96, Bl. 32.

165 Claß auf der Sitzung des Geschäftsführenden Ausschusses des Alldeutschen Verbandes, 24.10.1914, in BA-Berlin, R 8048, Bd. 97, Bl. 13. Leopold von Vietinghoff-Scheel blieb in diesen Kriegszielforderungen deutlicher, forderte 1915 einen „Nationalitätenaustausch" und die „Übersiedlung staatsfremder Staatsangehöriger in das Gebiet des Volkes, zu dem sie gehören, nicht nur [zu] erleichtern, sondern planmäßig mit allen Mitteln [zu] fördern". Es sollte kein „Scheinrecht der Option" geben, sondern praktisch eine „Versklavung" realisiert werden. Ders.: Die Sicherheiten der deutschen Zukunft, S. 23 und 25.

166 Claß (Büro) an August Diederichs, 30.4.1915, in BA-Berlin, R 8048, Bd. 199, Bl. 135. Siehe zum Abflauen der Diskussion um die „Ausräumung" zwischen 1915 und 1917 generell auch Bischoff: Kriegsziel Belgien, S. 148–153.

167 Siehe Claß auf der Sitzung des Geschäftsführenden Ausschusses des Alldeutschen Verbandes, 25.3.1916, in BA-Berlin, R 8048, Bd. 104, Bl. 29–42. Auch Dietrich Schäfer beklagte in seinen beiden Denkschriften vom August 1915 und April 1916 die österreichischen Forderungen nach einem polnischen Anschluss, die die Neuordnungspläne erschweren würden. Siehe Ders.: Mein Leben, S. 197–201.

168 Claß auf der Sitzung des Geschäftsführenden Ausschusses des Alldeutschen Verbandes, 13.9.1918, in BA-Berlin, R 8048, Bd. 120, Bl. 24. Andere, wie Leo Wegener, waren gegen eine Aufgabe deutscher Ansprüche auf Polen, da mit einem deutschen Schutzstaat Polen zusammen mit einem Zollverein die Ge-

Claß war trotz der Radikalität seiner Forderungen keineswegs der einzige Kriegspropagandist, der ethnische „Säuberungen" forderte, und zahlreiche Pamphlete von bürgerlichen Privatpersonen, nationalistischen Verbänden sowie industriellen, mittelständischen und landwirtschaftlichen Interessengruppen überschwemmten regelrecht einen sich umgehend formierenden Markt von Kriegszielwettbewerbern.[169] Ausgreifende Territorialforderungen, aber auch radikale Deutschtumspolitik, die auf kompromisslosen Siedlungsprogrammen und politischer Entrechtung der einheimischen Bevölkerung aufbauten, waren in vielen dieser Denkschriften Konsens. Sie spiegelten breitere Diskussionen der Vorkriegszeit, die bis zum Ersten Weltkrieg auch Deportationsplanungen nicht nur im Deutschen Reich zum „*standard military thinking*" erhoben hätten, so Isabel V. Hull.[170] Jedoch half die öffentliche Diskussion um Claß' Kriegszieldenkschrift unzweifelhaft bei der Verbreitung des als alldeutsch wahrgenommenen und von seinen Verbandsvertretern propagierten Schlagwortes „Land frei von Menschen".[171]

Die beiden territorialen Kernforderungen der Claß'schen Kriegszieldenkschrift, die Angliederung Belgiens und die Wiedererrichtung Polens, wurden mit dem ethnischen „Ausräumungsgedanken" einerseits radikal ausformuliert, ließen aber die genauen Vorstellungen zur staatsrechtlichen Angliederung unklar. Eine eindeutige Festlegung machte Claß letztlich vom Kriegsverlauf abhängig, gleichzeitig versuchte er aber, die Verbandsgremien in diese Diskussionen einzubinden und ihre Unterstützung einzuholen, ohne gleichzeitig die Kontrolle über seine Kriegszieldenkschrift aufzugeben. Er wollte die Schrift der Öffentlichkeit gegenüber als sein Werk präsentieren und den Verband dabei weitgehend außen vor lassen, auch um weitere Diskussionen um die Veröffentlichung in den Ortsgruppen und Gauverbänden zu umgehen.[172]

Hinzu kam, dass Claß fest von einem schnellen Sieg Deutschlands überzeugt war. Deshalb wies er am 2. September Julius F. Lehmann als Verleger der Kriegszieldenkschrift in aller Eile an, mit dem Druck sofort zu beginnen („Volldampf voraus!") sowie das Kartenstechen unverzüglich in Angriff zu nehmen, denn er habe die Kartenvorlagen „in einem jüdischen Geschäft geliehen bekommen und muss sie wieder zurückgeben".[173] Probeabzüge sollten unter anderem an die Mitglieder der Hauptleitung und des Geschäftsführenden Ausschusses verschickt werden, damit sich Claß die Unterstützung der Gremien sichern konnte.[174]

---

schichte einer „tausendjährigen Ostwanderung" zum Abschluss kommen könnte. Auch persönliche Gründe spielten bei Wegener eine Rolle, da er bis zu seiner späteren Übersiedelung nach Kreuth in Bayern 1925 in Posen verwurzelt blieb. Ebd., Bl. 25.

169 Siehe dazu Schwartz: Ethnische „Säuberungen" in der Moderne, S. 25–61.

170 Hull: Absolute Destruction, S. 277.

171 Siehe Leicht: Heinrich Claß, S. 193–194.

172 Siehe Claß an Max Adler, 1.10.1914, in BA-Berlin, R 8048, Bd. 634, Bl. 36 und Claß auf der Sitzung des Alldeutschen Verbandes, in ebd., Bl. 38.

173 Claß an Julius F. Lehmann, 2.9.1914, in BA-Berlin, R 8048, Bd. 634, Bl. 1.

174 Rundschreiben Claß, 5.9.1914, in ebd., Bl. 2.

4.3 Hausdurchsuchung, Zensur und der Kampf um die öffentliche Meinung

Am 5. September 1914 war die Denkschrift fertiggestellt, sollte aber noch „gründlich überprüft“ werden, da sie Claß zufolge von ihm „in einem Zuge hingeworfen“ worden sei.[175] Die Schrift sollte nach dem Abschluss des Autorenvertrages mit Lehmann am 14. September an zwei- bis dreitausend Persönlichkeiten „hinausgeworfen“ werden.[176] Um der Gefahr zu begegnen, dass nach einem Verbot der Denkschrift durch die Reichsbehörden der Alldeutsche Verband stellvertretend „völlig ausgeschaltet“ werde, sollte sie in „grösstem“ Maßstab verschickt werden, um zu sehen, wie die Zensur reagiert.[177] Die Denkschrift wurde aber zunächst nur an alle Vorstandsgremien und in die Ortsgruppen zur vertraulichen Diskussion versandt. Anfang Oktober folgte eine fast zehnstündige vertrauliche Vorstandssitzung mit 270 Anwesenden. Die Wirkung der weitgesteckten Forderungen im Ausland könne großen Schaden anrichten, mahnten einige Stimmen, zumal man nicht in diesen aufgezwungenen Krieg hineingegangen sei, „um Beute zu machen“. Die Losung „Land frei von Menschen“ sei zudem neu und müsse den Menschen erst „verständlich gemacht werden“, fasste Gebsattel zusammen.[178] Am 25. Oktober dankte der Gesamtvorstand Claß für die Denkschrift und ermächtigte ihn, gemeinsam mit dem Geschäftsführenden Ausschuss alle weiteren Schritte zu geeigneter Zeit zu tun.[179]

Claß selbst hingegen zögerte nun mit der Veröffentlichung, da die anfänglichen militärischen Erfolge gerade an der Westfront schnell in einen Stellungskrieg mündeten. Hinzu kam die Befürchtung einer Zensur durch die Militärbehörden aufgrund des in Kraft gesetzten Belagerungszustandes von 1851, was eine Beschlagnahmung sehr wahrscheinlich machte.[180] Erst Mitte November veranlasste Claß den Druck von 1.900 Exemplaren, die am 19. Dezember 1914 als „Handschrift“ letztlich in zwei Sendungen von 840 und 1.074 Exemplaren durch Lehmann an einflussreiche Personen des politischen, wirtschaftlichen und öffentlichen Lebens verschickt wurden.[181] Neben zahlreichen

175 Claß an Julius F. Lehmann, 7.9.1914, in ebd., Bl. 4.

176 Ebd.

177 Claß an Heinrich Pohl, 5.9.1914, in ebd., Bl. 3.

178 Konstantin von Gebsattel an Graf Podewils, 18.1.1915, in BA-Berlin, N 2089, Bd. 1, Bl. 389 und 392.

179 Entschließung Gesamtvorstand des Alldeutschen Verbandes, 25.10.1914, in BA-Berlin, R 8408, Bd. 634, Bl. 47.

180 Siehe dazu auch Leicht: Heinrich Claß, S. 186–194.

181 Claß: Denkschrift betreffend die national-, wirtschafts- und sozialpolitischen Ziele des deutschen Volkes sowie Ders.: Denkschrift über die Kriegsziele. Anlagen: 1. Bemerkungen zur osteuropäischen Frage, 2. Vorschläge für den dem Deutschen Reiche notwendigen Landerwerb, 3. Zahlentafeln betr. die Bevölkerung Belgiens und des Nordens und Westens von Frankreich, 4. Kartenskizze des [R]ussischen Reiches, o. D. [„Handschrift“, Dezember 1914], in BA-Berlin, R 8048, Bd. 633 und auch in Archiv der Stadt Lübeck, NL Neumann, Bd. 13. Siehe auch Rechnung Julius F. Lehmann an Claß, 29.12.1914, in BA-Berlin, R 8048, Bd. 634, Bl. 186. Gedruckt wurden insgesamt 2.020 Exemplare. Zur Empfängerliste siehe auch An-

Vertretern der Landesregierungen, des Militärs oder der Wirtschaftsverbände bedachte Claß auch langjährige Bekannte aus seiner rheinhessischen Berufspraxis als Anwalt. Unter ihnen war Georg Best, der ebenfalls in Gießen Rechtswissenschaft studiert hatte. Er war Anwalt sowie zwischen 1885 und 1894 Staatsanwalt in Mainz und Darmstadt und wurde 1900 zum Ministerialrat und 1906 zum Geheimrat und Staatsrat im rheinhessischen Justizministerium ernannt.[182]

Der Versand der Denkschrift bis in die Spitzen von Regierungen, Monarchien, Militär, Öffentlichkeit, Wirtschaft und Verwaltung machte den Versand von Claß' Denkschrift zu einer hochpolitischen Affäre. Anfang Januar 1915 erfolgte schließlich die von Claß befürchtete und durch die offene und umfassende Verteilung im Grunde provozierte Beschlagnahmung der Denkschrift. Veranlasst wurde sie durch Staatssekretär Arthur Zimmermann vom Auswärtigen Amt, der sich der vollen Unterstützung durch Reichskanzler Bethmann Hollweg sicher sein konnte.[183] Am 2. Januar führten ein Kriminalkommissar und zwei Schutzpolizisten eine Hausdurchsuchung von Claß' Wohnung und Büroräumen in der Stadthausstraße 11 in Mainz durch, die am Folgetag wiederholt wurde. Die am 3. Januar verhängte Postsperre verzögerte schließlich die Zustellung der durch die Behörden zurückgehaltenen und geöffneten Briefe an den Verbandsvorsitzenden.[184] Claß nutzte daraufhin zunächst eine Deckadresse über seinen Schwiegervater, Oberlehrer Dr. Johann Franz Manefeld in Mainz. Der Zugriff der Behörden auf Claß wurde im Januar 1915 verstärkt, vor allem, um von ihm Auskünfte über die Versandlisten seiner Kriegszieldenkschrift zu erhalten sowie Restexemplare zu beschlagnahmen. Der Druck der Behörden wuchs und man nahm wenig Rücksicht auf Claß' Befindlichkeiten nach seiner Rückreise von der Kriegszielbesprechung mit Vertretern der Industrie, des BdL und der Deutsch-Konservativen Partei am 7. Januar in Berlin. Als er wegen Influenza für einige Tage krank im Bett lag und nicht zur Festung Mainz zur angeordneten Befragung kommen konnte, suchte der Militär-Polizeimeister von Mainz Claß persönlich auf und wollte ihn in seinem Schlafzimmer sprechen.[185]

Die Untersuchungen erstreckten sich auch auf Gebsattel. General Karl Freiherr von Gall vom Stellvertretenden Kommando XVIII hoffte, dass der nach der Briefsperre gegen Claß als stellvertretender Vorsitzender des Verbandes eingesetzte Gebsattel die Liste der

merkungen in Hofmeister (Hrsg.): Heinrich Claß. Politische Erinnerungen, Kapitel 1.1 sowie die Auflistungen in R 8048, Bd. 634.

182 Direktor der Provinz Rheinhessen, Geheimrat Best (Visitenkarte), an Claß, o. D. (Dezember 1914/Januar 1915), in BA-Berlin, R 8048, Bd. 634, Bl. 223. Georg Best war 1916–1924 Präsident am Oberlandesgericht Darmstadt und 1924–1930 zunächst für die DNVP und dann für die Völkische Arbeitsgemeinschaft Mitglied des Reichstags sowie 1927–1931 Landtagsmitglied des Volksstaates Hessen.

183 Siehe Hofmeister (Hrsg.): Heinrich Claß. Politische Erinnerungen, Kapitel 1.1 und Claß: Wider den Strom, S. 345–415.

184 Siehe Claß an Theobald von Bethmann Hollweg, 15.1.1915, BA-Berlin, R 8048, Bd. 635, Bl. 53–57. Beschlagnahmt wurden laut Protokoll am 2.1.1915: sieben Briefe, 19 Denkschriften, zehn Anlagen und 52 Begleitschreiben sowie am 3.1.1915: 54 Briefe, elf Karten und ein Handbuch des Alldeutschen Verbandes. Protokoll Polizeikommissar Kramer (Mainz), 3.1.1915, in ebd., Bl. 10.

185 Siehe dazu Mathilde Claß an Konstantin von Gebsattel, 10.1.1915, in BA-Berlin, N 2089, Bd. 1, Bl. 362.

Empfänger herausgeben werde, damit die Denkschrift „aus den Tornistern und Bagagen der Herrn Offiziere verschwindet“, da man unbedingt „verhüten“ müsse, dass „sie in Feindeshand fällt“.[186] Gebsattel lehnte ab und die rigide angewandten Zensurmaßnahmen gegen Claß wurden zum endgültigen Wendepunkt im Verhältnis zwischen Alldeutschem Verband und Reichsregierung.

Die *Alldeutschen Blätter* wurden nun ebenfalls unter „Präventivzensur“ gestellt, sodass sogar ihre gänzliche Einstellung im Ausschuss angedacht wurde.[187] Heinrich Rippler schlug aufgrund der Präventivzensur sowie dem Einzug des Schriftleiters Franz Sontag zum Militärdienst vor, die Redaktion der *Alldeutschen Blätter* nach München zu verlegen, um ihre Umstrukturierung zu erleichtern.[188] In Bayern hoffte Rippler aber vor allem auf eine liberalere Auslegung der Zensur. Personelle Engpässe in der Redaktion machten solche Pläne allerdings schnell obsolet. Sontag, der im Frühjahr 1914 zur Entlastung von Vietinghoff-Scheel angestellt worden war, wurde trotz eines Freistellungsgesuches von Claß vom Dezember 1914 Anfang Februar 1915 nach Berlin zum Dienst im Kriegsministerium eingezogen.[189] Daher verblieb die Redaktion der *Alldeutschen Blätter* zunächst bei der Geschäftsstelle des Verbandes in Mainz.[190] Die Postsperre wurde nun auf Telegramme und Drahtungen ausgeweitet. Claß rechnete Anfang Januar 1915 mit Festungshaft und ging mit umfangreichen Beschwerdeschreiben gegen die Maßnahmen vor.[191] Er benutzte nun auch die Deckadressen von Vietinghoff-Scheel (Adamsallee 51 in Wiesbaden) und seinem Schwager Robert Roesener (Schulstraße 11 in Mainz).[192]

Claß und Gebsattel nutzten die öffentliche Aufmerksamkeit und machten den Fall zum Politikum. Sie schickten Bittschriften wegen der Zensur an den Reichstag, an das Preußische Abgeordnetenhaus, an das hessische Staatsministerium, den hessischen Territorialkommissar, den Staatssekretär des Reichspostamtes sowie den Oberbürgermeister von Mainz.[193] Im Reichstag nahmen „sich meiner Sache“ vor allem zwei Nationalliberale an: der Mannheimer Rechtsanwalt Ernst Basserman vom Parteivorstand und der Leipziger Rechtsanwalt Johannes Junck, der seit 1907 für den Wahlkreis 12

---

186 General Karl Freiherr von Gall an Konstantin von Gebsattel, 20.1.1915, in ebd., Bl. 423–424.

187 Siehe Anlage Leopold von Vietinghoff-Scheel zur Sitzung des Geschäftsführenden Ausschusses des Alldeutschen Verbandes 6.2.1915, in BA-Berlin 8048, Bd. 98, Bl. 32–38.

188 Heinrich Rippler auf der Sitzung des Geschäftsführenden Ausschusses des Alldeutschen Verbandes, 6.2.1915, in ebd., Bl. 11–12.

189 Siehe Franz Sontag an Konstantin von Gebsattel, 29.5.1915, in BA-Berlin, N 2089, Bd. 1, Bl. 705–708.

190 Anlage Leopold von Vietinghoff-Scheel zum Protokoll der Sitzung des Geschäftsführenden Ausschusses des Alldeutschen Verbandes, 6./7.2.1915, in BA-Berlin, R 8048, Bd. 98, Bl. 32–38.

191 Claß an August Keim, 4.1.1915, in BA-Berlin, R 8048, Bd. 99, Bl. 1–2.

192 Siehe Claß an Konstantin von Gebsattel, 22.1.1915 und Konstantin von Gebsattel an Heinrich Pohl, 27.1.1915, in ebd., Bl. 402–405 und 444.

193 Siehe Claß an Staatsminister Dr. von Hentig, 30.1.1915, in BA-Berlin, R 8048, Bd. 199, Bl. 18 und Rundschreiben Claß an Hauptleitung und Geschäftsführenden Ausschuss des Alldeutschen Verbandes, 15.1.1915, in ebd., Bl. 7–8.

(Leipzig-Stadt) im Reichstag saß, den einst Hasse vertreten hatte.[194] Als Fürsprecher im Preußischen Abgeordnetenhaus nannte Claß vor allem den Fraktionsvorsitzenden der Freikonservativen Partei, Octavio Freiherr von Zedlitz-Neukirch, der den Haushaltsausschuss für die Forderung zur Rücknahme von „Verstössen der Militärbefehlshaber" beeinflusst habe. Hinzu kam der Alldeutsche Karl Ferdinand von Grumme-Douglas, der sich für die Rücknahme der Maßnahmen gegen Claß aussprach. In seiner Bittschrift an das Preußische Herrenhaus vom 3. Februar legte Claß selbst ein Gutachten gegen die Rechtmäßigkeit der Zensurbestimmungen vom Berliner Professor für Staats- und Verwaltungsrecht, Conrad Bornhak, vom 16. Februar bei.[195] Der Kontakt zu Bornhak wurde durch Lohmann vermittelt, der Claß verlässlich in den wichtigsten juristischen Angelegenheiten beriet.

Vertrat Claß bereits im Januar 1915 die Auffassung, dass das für das gesamte Reich zu geltende Gesetz über den Belagerungszustand vom Juni 1851 zum Zeitpunkt der postalischen Verteilung der Denkschrift im Dezember 1914 noch nicht gänzlich weder in Preußen noch in Hessen gegolten habe, so verfolgte Bornhak in seinem Gutachten die gleiche Argumentation.[196] Erst am 21. Januar 1915 seien durch die Verfügung des Stellvertretenden Generalkommandos die entsprechenden Bestimmungen über die freie Meinungsäußerung in der hessischen Verfassung (§§ 18–36) und in der preußischen Verfassung (§§ 5–7, 27–30 und 36) aufgehoben worden. Rückwirkend könnten diese Verfügungen jedoch nicht gelten, sodass in diesem Fall „die sonst die Zivilverwaltung bindende Rechtsordnung bestehen" blieb.[197] Darüber hinaus sei die Denkschrift als „Handschrift" gedruckt und als „private Meinung" verteilt worden, die sich an kein breites Publikum gerichtet und zudem auch keine konkreten „militärischen Vorgänge" öffentlich gemacht habe.[198] Zudem sei selbst nach dem 21. Januar 1915 nur die „vollziehende, nicht die richterliche Gewalt" auf die Militärbehörden übergegangen, sodass eine Durchsuchung der bei Claß beschlagnahmten Papiere lediglich einem Richter oder anderen Behörden nur nach Zustimmung des Betroffenen zugestanden hätte.[199] Die

---

194 Claß: Wider den Strom, S. 392–393 und Verhandlungen des Hauptausschusses des Reichstags 1915–1918, Bd. 1, S. 55.

195 Conrad Bornhak wurde 1885 in Göttingen bei dem Kirchenrechtler Otto Mejer promoviert. Rudolf von Jhering nahm an seiner mündlichen Prüfung teil. Universitätsarchiv Göttingen, Akte Prom. 9404 (Conrad Bornhak 1885). Bornhaks Promotion wurde als erster Band seiner Geschichte des Preußischen Verwaltungsrechts (1884–1886) veröffentlicht. Jhering lehrte in Göttingen nach seinem Wechsel von Wien 1872 noch bis zu seinem Tod 1892. Bornhak war seit 1896 Professor in Berlin und arbeitete auch dem Preußischen Ministerialdirektor Friedrich Althoff bei dessen Umgestaltungspolitik des Hochschulwesens zu. Er wurde 1926 wegen republikfeindlicher Äußerungen als Professor an der Berliner Universität emeritiert. Siehe auch Grüttner: Die Universität in der Weimarer Republik, S. 106–107. Beide Bittschriften und Bornhaks Gutachten sind abgedruckt in Claß: Wider den Strom, S. 367–385. Dass., in BA-Berlin, R 8048, Bd. 635, Bl. 412–421. Siehe darüber hinaus Claß an Hauptleitung des Alldeutschen Verbandes, 15.1. 1915, in BA-Berlin, R 8048, Bd. 199, Bl. 7–8.

196 Dazu Leicht: Heinrich Claß, S. 192.

197 Gutachten Conrad Bornhak, 16.2.1915, in Claß: Wider den Strom, S. 378.

198 Ebd., S. 381–382.

199 Ebd., S. 383.

Außerkraftsetzung der Gesetze über das Post- und das Telegraphenwesen seien ebenfalls nur in „schwebenden Straf- oder Konkursverfahren" als Mittel der „Rechtspflege" zu umgehen. „Doch selbst wenn die Militärbehörde zur Verhängung der Postsperre befugt gewesen wäre", so Bornhak, „so doch wiederum nur zu einem erlaubten Zwecke. Auch hier würde das Mittel gesetzwidrig werden, wenn es der Zweck ist."[200] Das träfe „aber in diesem Fall zu, da die private freie Meinungsäußerung grundsätzlich nicht unterbunden werden darf."[201]

Bornhak riet Claß aus seiner Rechtsperspektive dazu, sich auch an Bethmann Hollweg als den „Hüter der Verfassung" sowie an den Kaiser in seiner verfassungsrechtlichen Stellung als Oberster Kriegsherr zu wenden und an beide entsprechende Bittschriften gegen die Zensurmaßnahmen zu richten.[202] Dies war bereits Mitte Januar geschehen. Der Kaiser erhielt ein Gesuch, dem zufolge Claß die Denkschrift am 22. Dezember 1914 durch Immediat-Eingabe eigentlich ihm als erstem Empfänger habe in die „Hände legen" wollen. Er müsse sich nun an ihn wenden, da ihm „der Rechtsweg verschlossen" sei und nur die persönliche Intervention bliebe.[203] An Bethmann Hollweg als „oberste[n] Wahrer der Reichsverfassung" und somit „Hüter der den Reichsbürgern zugehenden Rechte" richtete Claß nun ein „Gesuch um Rechtsschutz".[204]

Zeitgleich erwog Claß eine umfassende juristische Anfechtung der Maßnahmen, die gegen ihn gerichtet waren, und zog dafür alle Möglichkeiten der Strafantragstellung

---

200 Während des Hitler-Prozesses im Frühjahr 1924, der gegen Adolf Hitler und weitere Angeklagte wegen Hochverrats geführt wurde, zitierte einer der Verteidiger der Angeklagten, Walter Luetgebrune, erneut Conrad Bornhak und seine Bewertungen des Hochverrats. Demnach sei eine Verurteilung wegen „Hochverrats" auf der Grundlage der Weimarer Verfassung nicht verhandelbar, sondern lediglich nach den Grundlagen der alten Reichsverfassung von 1871 legitim und somit legal. Die Weimarer Verfassung sei selbst auf dem „Hochverrat der Revolution" und nicht auf „gesetzmäßigem Weg" zustande gekommen. Zit. nach Verteidigung Walter Luetgebrune am Verhandlungstag am 26.3.1924, in Der Hitler-Prozess, Bd. 4, S. 1509. Die gesamte Rede von Luetgebrune u. a. mit der Ankündigung der Überreichungen weiterer Gutachten, u. a. von Bornhak, ebd., S. 1491–1522. Siehe auch Niess: Der Hitlerputsch, S. 239–255.

201 Gutachten Conrad Bornhak, 16.2.1915, in Claß: Wider den Strom, S. 585.

202 Nach Conrad Bornhak habe der Kaiser innerhalb seiner „selbständigen Monarchie" nicht nur für die Gesetzesausführung zu sorgen, sondern sei entsprechend einer spezifisch deutschen konstitutionellen Theorie immer auch „Quell der Rechtsprechung". Insofern war der „Staatsbegründer" auch die wichtigste Institution für die Herausformung der gesetzgebenden Gewalt, dessen „Willensentscheidung" den „vernünftigen Staatszweck" repräsentiere. Bornhak: Die Entwicklung der konstitutionellen Theorie, S. 600, 602 und 613. Als getreuer Monarchist, der als „Quelle aller staatlichen Gewalt" zwar das „Volk" anerkannte, jedoch das Klassenwahlrecht und den Ausschluss unterer Schichten vom Wahlzugang forderte, war Bornhak Anhänger einer ungleichen Gewichtung der Gewaltenteilung zwischen Kaiser, Parlament und Bundesrat. Der Reichskanzler, so Bornhak, sei wiederum der „Prüfstein für das Verhältnis der drei verfassungsmäßigen Organe zu einander". Bornhak: Wandlungen der Reichsverfassung, S. 382. Ihm komme demnach eine zentrale Bedeutung nach dem Vorbild Bismarcks zu. Ebenso behalte schließlich auch der Kaiser, trotz verfassungsmäßiger Limitierung, ein gewohnheitsmäßiges Initiativrecht für Gesetze, was ihm einen steigenden Einfluss im Verfassungsgefüge der staatlichen Gewalten zukommen lasse, zu dem auch der an Einfluss steigende Reichstag gehöre.

203 Claß an Wilhelm II., 15.1.1915, in BA-Berlin, R 8048, Bd. 635, Bl. 74–75. Zitat ebd., Bl. 75.

204 Claß an Theobald von Bethmann Hollweg, 14.1.1915, in ebd., Bl. 52–54. Zitat ebd., Bl. 52 und 57.

gegen die Militärbehörden in Mainz und Koblenz sowie beim Reichs-Militärgericht in Berlin in Betracht.[205] Gall hatte Claß gegenüber erklärt, dieser habe die Militärbehörden „in völliger Verkennung seiner patriotischen Pflichten" umgangen und mit der Versendung der Denkschrift „den mühsam aufrecht erhaltenen Burgfrieden der Parteien stören" wollen. Damit könnte die schließlich „schwankende Haltung des neutralen Auslandes in einem für Deutschland ungünstigen Sinne beeinflußt werden".[206] Claß stellte Strafanträge gegen Gall, die er erfolglos bis zum Reichs-Militärgericht verfolgte, sowie gegen den Gouverneur der Festung Mainz, General Theodor Otto von Bücking.[207] Sie wurden begleitet durch Interventionen beim Staats- und Justizminister des Großherzogtums Hessen, Carl von Ewald, und Oberbürgermeister Karl Emil Göttelmann als Vorgesetzten der Polizeibehörden, denen die Ausführung ungesetzlicher Amtsaufgaben wie der Hausdurchsuchung durch das Gouvernement untersagt werden sollte, sowie beim Großherzoglichen Territorialkommissar für die Reichsfestung Mainz, Provinzialdirektor Geheimrat Dr. Wilhelm Best.[208]

Claß wandte sich ebenfalls an den Staatssekretär des Reichspostamts in Berlin, Geheimrat Reinhold Kraetke. Dieser erhielt eine Beschwerde, da die Postsperre vor allem die Arbeit von Claß als Rechtsanwalt rechtswidrig behindere. „Die Angelegenheit ist für mich im höchsten Maße dringlich, weil fortgesetzt auch noch berufliche Briefe zurückgehalten werden, wodurch gegebenenfalls die Interessen meiner Klienten geschädigt werden [...]."[209] An das Königliche Gouvernement gerichtet machte Claß deutlich:

> Ich hafte als Anwalt de[r] Parteien, die mich mit der Wahrung ihrer Interessen betrauen, für die ordnungsgemäße Erledigung und kann schadensersatzpflichtig gemacht werden, falls die Parteien durch Nichtbesorgung ihrer Angelegenheiten zu Schaden kommen. [...] Sollte infolge der Postsperre einer meiner Klienten zu Schaden kommen und mich verantwortlich machen, so müsste ich meinen Schadens-Rückgriff gegen diejenigen Personen nehmen, die für die Verhängung der Postsperre verantwortlich sind.[210]

---

205 Siehe Strafantrag Claß gegen Gouverneur von Mainz, General der Artillerie von Bücking, 25.1.1915, in ebd., Bl. 23–24, Rechtsbeschwerde Claß beim Gericht des VIII. Armee-Korps Koblenz, 3.4.1915, in ebd., Bl. 508–509 und Antrag auf gerichtliche Entscheidung von Heinrich Claß an das Reichs-Militärgericht Berlin, 3.5.1915, in ebd., Bl. 546–549.

206 General Karl Freiherr von Gall an Konstantin von Gebsattel, 20.1.1915, in ebd., Bl. 143–144. Auch abgedruckt in Claß: Wider den Strom, S. 399–400.

207 Antrag auf Strafverfolgung gegen den General der Artillerie z. D. v. Bücking, Gouverneur der Festung Mainz, in BA-Berlin, R 8048, Bd. 635, Bl. 23–24 und Claß: Wider den Strom, S. 393 sowie ebd., S. 398–404 (Schriftwechsel Karl von Gall mit Konstantin von Gebsattel 20.1.–1.2.1915).

208 Claß an Karl Göttelmann, 13.1.1915, in BA-Berlin, R 8048, Bd. 635, Bl. 50–51, Claß an Carl von Ewald, 15.1.1915, in ebd., Bl. 69–72 und Anmerkung/Vermerk von Claß zum „Rechtsschutzgesuch" an Wilhelm Best, o. D. [Mitte Januar 1915], in ebd., Bl. 49.

209 Claß an Reinhold Kraetke, 14.1.1915, in ebd., Bl. 58–59. Zitat ebd., Bl. 59.

210 Claß an das Königliche Gouvernement Mainz, 15.1.1915, in ebd., Bl. 89.

Der Verleger Lehmann wiederum kämpfte mit eigenen Rechtsgutachten gegen die Beschlagnahme der Kriegszieldenkschrift in Bayern und verfocht den Standpunkt, dass es sich um einen „Verfassungsbruch" handele, zumal zahlreiche andere Denkschriften zu Kriegszielen kursieren dürften. Hier werde „mit zweierlei Mass gemessen".[211] Zudem habe er den Eindruck, dass man im bayerischen Kriegsministerium nicht überall die Maßnahmen befürworte und „nur auf Druck" des Reichskanzlers („R.K.B.H.") „nachgegeben habe".[212] König Ludwig III. werde es auch nicht zulassen, „dass die bayerische Verfassung unter seiner Regierung auf Befehl eines preussischen Gouverneurs vergewaltigt wird", schrieb der alldeutsche Verleger.[213]

Lehmanns Bemühungen in München, Claß' eigene Immediateingaben bei Kaiser und Kanzler sowie die Beschwerdeführung gegen militärische und zivile Behörden, die nach seiner Rechtsauffassung rechtswidrig zusammengearbeitet hatten, reichten Claß nicht aus. Er reiste zum 5. Februar für drei Tage selbst nach Berlin, um persönlich bei den in Frage kommenden Rechtsparteien für seine Interessen der Zensuraufhebung zu werben, und die Kriegszieldiskussion vor allem mit den Konservativen und Nationalliberalen gemeinsam führen zu können. Ende Februar 1915 notierte er, seine „Sache" sei im Preußischen Abgeordnetenhaus „glänzend geführt worden" und der nationalliberale Reichstagsabgeordnete Wilhelm Hirsch habe ihm mitgeteilt, dass Zedlitz-Neukirch sowie der Fraktionsvorsitzende der Deutsch-Konservativen, Ernst von Heydebrand und der Lasa, „ausgezeichnet gesprochen hätten u. dass die Regierungsvertreter einfach im Wurstkessel gewesen wären".[214] Claß wollte sich nach der „Fühlung mit Bassermann" am 25. Februar in Mannheim Anfang März erneut mit diesem zur Besprechung der Kriegszielfrage treffen und sich auch mit Grumme-Douglas zur Beeinflussung im Preußischen Herrenhaus sowie zur Kontaktaufnahme mit dem deutsch-konservativen Landrat von Rügen, Maltzahn, in Berlin austauschen.[215] Das Treffen mit Bassermann war letztlich kurz gehalten, er konnte zwischen zwei Sitzungen nur wenig Zeit aufbringen. Er versicherte Claß noch einmal schriftlich seine verbindliche Unterstützung zu.[216] Claß besprach sich zudem mit Hugenberg, Emil Kirdorf, Gebsattel, Lohmann und dem Bremer Kaufmann und Reisepublizisten Andreas Gildemeister, dessen Adresse zu den Kriegszielen später ebenfalls beschlagnahmt werden sollte.[217]

Claß hoffte in seiner Sache auch auf das Parlament. Der Reichstag trat nach der 3. Sitzung am 2. Dezember 1914 erst wieder zur 4. und 5. Sitzung am 10. März 1915 zu-

211 Julius F. Lehmann an Claß [I], 18.1.1915, in ebd., Bl. 115–119. Zitat ebd., Bl. 115.

212 Julius F. Lehmann an Claß [II], 18.1.1915, in ebd., Bl. 102–103. Zitat ebd., Bl. 102.

213 Julius F. Lehmann an Claß [I], 18.1.1915, in ebd., Bl. 115–119. Zitat ebd., Bl. 115.

214 Claß an Konstantin von Gebsattel, 25.2.1915, in BA-Berlin, N 2089, Bd. 1, Bl. 506–507. Zitat ebd., Bl. 507.

215 Siehe Claß an Konstantin von Gebsattel, 27.2.1915, in BA-Berlin, N 2089, Bd. 1, Bl. 508–509, Claß an Emil Kirdorf, 27.2.1915, in BA-Berlin, R 8048, Bd. 199, Bl. 32 und Claß an Karl Ferdinand von Grumme-Douglas, 2.3.1915, in ebd., Bl. 38.

216 Claß an Karl Lohmann, 18.3.1915, in ebd., Bl. 69. Siehe auch Leopold von Vietinghoff-Scheel an Claß, 24.3.1915, in ebd., Bl. 80–83.

217 Claß an Konstantin von Gebsattel, 4.3.1915 und an Karl Klingemann, 11.3.1915, in ebd., Bl. 39 und 48.

sammen. Die öffentliche Debatte im Parlament über die Zensurmaßnahmen im Deutschen Reich verlief nur bedingt in Claß' Sinne. Eine allgemeine Freigabe der Kriegszieldiskussion hatte nämlich bei den Nationalliberalen und Deutsch-Konservativen keine parlamentarische Mehrheit. Kuno Graf von Westarp, Fraktionsvorsitzender der Deutsch-Konservativen Partei, verteidigte Claß aber während der Zensurmaßnahmen und beklagte die fehlende politische Schulung der Zensoren. Jedoch erkannte er noch im Frühjahr 1915 grundsätzlich die Notwendigkeit der Zensur für die Zeit des „Burgfriedens" an und verwies stattdessen unter anderem auf das fehlende Reichsgesetz zum Verfassungsartikel § 68 zur Erklärung des Kriegszustandes, was eine Unsicherheit über die aufzuhebenden Verfassungsparagraphen befördere.[218]

Claß legte trotz der letztlich erfolgten Aufhebung der Postsperre zum 15. März 1915 am 3. April erneut Rechtsbeschwerde wegen der Zensurmaßnahmen gegen Gall ein.[219] Es folgte ein Schriftwechsel zwischen Gebsattel und Bethmann Hollweg, in dem die grundsätzlichen Differenzen zwischen Alldeutschem Verband und Regierung zur Sprache kamen. Bethmann Hollweg gestand dem Verband vor dem Krieg durchaus eine erwünschte öffentliche „Hebung des nationalen Machtwillens" zu, wenngleich die alldeutsche Propaganda für die Außenpolitik des Reiches nicht immer förderlich gewesen sei. Mit der Kriegszieldiskussion sei aber der „Mangel an politischer Einsicht" des Verbandes unübersehbar geworden.[220] Gebsattel, der als Stellvertreter für Claß mit dem Reichskanzler in die erbitterte schriftliche Auseinandersetzung ging, hatte Bethmann Hollweg gewarnt, dass notwendige militärische Erfolge Voraussetzung für einen halbwegs belastbaren innenpolitischen „Burgfrieden" seien. Ein kompromissloser Friedensschluss führe unmittelbar zur Revolution und zur Abdankung der Monarchie. Schließlich liege es an der Regierung, dies zu verhindern, da „bei festem Willen und unerschütterlichen Nerven wir militärisch alles erreichen können und werden, was politisch erstrebt werden muss".[221]

Die Zensurmaßnahmen gegen Claß beendeten schnell seinen Glauben an einen „Burgfrieden", den in seinen Augen die Regierung mit seinen Restriktionen vor allem gegen die nationalen Interessenverbände und ihre expansionistischen Kriegsziele richtete. Noch in der Kriegszieldenkschrift schrieb er einleitend zu „Anlaß und Absicht" seiner Ausführungen, sie wollten in „knappster Form" die „Wünsche und Vorschläge im Falle des wohl als sicher anzunehmenden günstigen Ausgang des Weltkrieges" denje-

218 Rede Kuno Graf von Westarp im Reichstag 19.3.1915, in Verhandlungen des Reichstags, Bd. 306, S. 92–94. Siehe zu Westarp und der Kriegszieldiskussion 1914–1915 Gasteiger: Kuno von Westarp, S. 63–76. Zur Debatte über den Belagerungszustand im Frühjahr 1915 siehe auch die Aussprache im Reichstag am 20.3.1915, in Verhandlungen des Reichstags, Bd. 306, S. 97–108. Zum Schriftwechsel zwischen Theobald von Bethmann Hollweg und Claß 31.3. und 20.4.1915 siehe BA-Berlin, R 8048, Bd. 635, Bl. 520–521.

219 Siehe Claß' Rechtsbeschwerde, 15.3.1915, in BA-Berlin, R 8048, Bd. 635, Bl. 508–509.

220 Theobald von Bethmann Hollweg an Konstantin von Gebsattel, 13.5.1915, in BA-Berlin, R 8048, Bd. 627, Bl. 213.

221 Konstantin von Gebsattel an Theobald von Bethmann Hollweg, 5.5.1915, in ebd., Bl. 170–171.

nigen „Kreise[n] unseres Volkes“ vortragen, die „man vor dem 1. August 1914 in ihrer vorgeschrittenen völkischen Gesinnung als alleinstehend ansah, die aber jetzt nicht weniger als nahezu alle Deutschen durch die Macht der Tatsachen zu Gesinnungsgenossen gewannen“.[222] Weder war mittlerweile ein schneller deutscher Sieg absehbar, noch schien „die Macht der Tatsachen“ mehrheitlich eine geeinte Kriegsgesellschaft und eine kompromisslos auf einen „Siegfrieden“ ausgerichtete Reichsregierung zu formen.

Die Befürchtung, der Reichskanzler sei ein „Flaumacher“, herrschte auch bei Hugenberg, der am 19. Januar 1915 gegenüber Claß in einem von der Zensur leicht abzufangenden Brief „mein und der anderen industriellen Herren volles Einverständnis mit Ihren Ausführungen und Forderungen“ in der Kriegszieldenkschrift Ausdruck verlieh. Zugleich zeigte er sich wegen der Maßnahmen gegen Claß „beschähmt“ und meinte, dass „nie zuvor solche Zerfahrenheit, gegenseitige Verachtung und Befeindung geherrscht hat, wie jetzt während des Kriegs“. Zu viele „Salondiplomaten und Din[n]ergeneräle (letzteres glücklicherweise nur im geringen Umfange)“ seien „an die Stellen gesetzt“ worden, „wo wir jetzt gerade die harten, eckigen, bei dem System der letzten Zeit unterdrückten, herausgedrängten, in die Ecke geschobenen Naturen brauchen!“. Man werde „von Leuten regiert“, die „wegen ihrer Unfähigkeit und Schwäche“ ein „Weiterwursteln“ ermöglichten, „statt den großen nationalen Schwung der Massen“ in die „richtigen Bahnen“ zu leiten. Der Kaiser, so Hugenberg, müsse jetzt eingreifen, um einen „schmählichen Frieden“ zu vermeiden, da auch die Monarchie sonst gefährdet sei, und am Ende eine Hungerkatastrophe das Land beherrschen würde.[223]

Seit November 1914 organisierte Hugenberg verstärkt Gespräche mit den Verbänden der Wirtschaft und der Landwirtschaft sowie der Deutsch-Konservativen Partei, bei denen unter anderem Kirdorf, Hugo Stinnes und Westarp anwesend waren und auch Claß seine Kriegsziele vortrug. Im Dezember notierte Claß nach einer größeren Besprechungsrunde Übereinstimmung bei den Kriegszielen in Frankreich mit dem Erwerb unter anderem der Gebiete um Verdun. Gewonnen werden sollten die Maaslinie, Briey und die Kohlebecken im Départment Nord-Pas-de-Calais mit Optionen für die Angliederung des Hinterlandes. Belgien sollte Preußen angegliedert werden. Bei Polen gab es keine klare Einigung, jedoch sollte unter Zurückstellung kolonialer und überseeischer Fragen ausreichender Landerwerb zur Sicherung deutscher Interessen im Osten und im Westen als Kriegsziel ausgerufen werden.

---

222 Claß: Denkschrift, S. 5.

223 Alfred Hugenberg an Claß, 19.1.1915, in BA-Berlin, R 8048, Bd. 634, Bl. 256–258. Zitat ebd., Bl. 256. Abgedruckt in Claß: Wider den Strom, S. 353–354. Alfred Hugenberg war Anfang Dezember 1914 mit dem Schwerindustriellen und Kriegslieferanten Hugo Stinnes (u. a. Besitzer der Deutsch-Luxemburgischen Bergwerks- und Hütten AG und Dortmunder Union sowie Aufsichtsratsvorsitzender bei RWE), und Konrad Freiherr von Wangenheim, Jurist und Vorsitzender des BdL, beim Reichskanzler, um wirtschaftliche Forderungen zu besprechen. Dies sei aber ein „absoluter Misserfolg“ gewesen, so Wangenheim. Konrad von Wangenheim an Konstantin von Gebsattel, 14.1.1915, in BA-Berlin, N 2089, Bd. 1, Bl. 372–373.

Die „Versagung politischer Rechte" der „fremden Untertanen" sei insgesamt unterstützt worden, jedoch beklagte Claß, dass außer bei Hugenberg und dem deutschkonservativen Reichstagsabgeordneten und Mitbegründer des BdL, Konrad Freiherr von Wangenheim, kein „tieferes Verständnis für unsere nationalpolitischen Bestrebungen" vorherrsche. Vor allem die industriellen Vertreter vom Centralverband Deutscher Industrieller (CDI) und vom Bund der Industriellen (BdI) wie Stinnes, Hirsch, Ferdinand Schweighoffer, Max Rötger und Paul Reusch seien „nationalpolitisch ganz unbeschriebene Blätter", die lediglich ihre eigenen Interessen verfolgten, während sie von „Nationalpolitik" sprächen.[224] Zum Jahresende 1914 stünden der CDI und der BdI dennoch in wesentlichen Punkten der Kriegsziele auf seiner Seite, ebenso der BdL und führende Vertreter der Nationalliberalen, der Deutsch-Konservativen, der Freikonservativen sowie einige Mitglieder der Zentrumsfraktion im Reichstag, so Claß voller Zuversicht.[225] Nach der Hausdurchsuchung bei Claß Anfang Januar 1915 zogen sich nun hingegen einige Nationalliberale wie Gustav Stresemann von ihrer umfassenden Unterstützung zurück. Auch Heydebrand und der Lasa nahm die Deutsch-Konservativen vom Kriegszielbündnis zunächst aus.[226]

Die Wirtschaftseingabe von BdL, Deutschem Bauernverband, CDI, BdI, Hansabund und Reichsdeutschem Mittelstandsverband an die Regierung vom 10. März 1915 sah Claß dann auch „von uns gemacht" und hoffte auf weiteres Drängen der Verbände auf die Freigabe der Kriegszieldiskussion.[227] Am 20. Mai 1915 folgte eine weitere Eingabe an den Reichskanzler für einen forcierten Krieg und gegen einen „lauen Frieden".[228] Zur Propagierung allgemeiner Kriegsziele zur „Sicherung" deutscher Interessen veröffentlichte Vietinghoff-Scheel eine eigene Denkschrift, die im Druck erschien, da sie keine genauen territorialen Forderungen enthielt.[229] Claß gingen die Pläne einer Enteignung von Betrieben und Besitz sowie einer „Ausräumung" der einheimischen Bevölkerung aber nicht weit genug. Er dachte bereits an die Mobilisierung der Intelligenz gegen „Flaumacher" und „Börsenprofessoren"[230], deren Vorarbeiten bis zum April 1915 beendet sein sollten.

---

224 Siehe dazu Claß an Konstantin von Gebsattel, 16.12.1914, in BA-Berlin, N 2089, Bd. 1, Bl. 331–336.

225 Claß an Direktor Dr. Dieter, 22.12.1914, in BA-Berlin, R 8048, Bd. 198, Bl. 256 und Claß an Karl Klingemann, 11.3.1915, in ebd., Bd. 199, Bl. 48. Siehe auch Leicht: Heinrich Claß, S. 194–198.

226 Siehe auch Konstantin von Gebsattel an Julius F. Lehmann, 11.1.1915, in BA-Berlin, N 2089, Bd. 1, Bl. 364. Gustav Stresemann verteidigte hingegen Claß gegen die Zensurmaßnahmen der Regierung. Man spreche dahingehend auch mit einer gemeinsamen Stimme innerhalb der Nationalliberalen Partei. Gustav Stresemann an Claß, 18.3.1915, in ebd., R 8048, Bd. 635, Bl. 494.

227 Claß an Johann Neumann, 18.3.1915, in BA-Berlin, R 8048, Bd. 199, Bl. 64. Eingabe der sechs Wirtschaftsverbände an Theobald von Bethmann Hollweg,10.3.1915, in BA-Berlin, R 8048, Bd. 627, Bl. 156–157.

228 Eingabe von BdL, BdI, CDI, Westfälischem Bauernverein, Deutschem Bauernbund und Reichsdeutschem Mittelstandsverband an Theobald von Bethmann Hollweg, 20.5.1915, in BA-Berlin, R 8048, Bd. 627, Bl. 156–157.

229 Vietinghoff-Scheel: Die Sicherheiten der deutschen Zukunft.

230 Claß an Franz von Reichenau (Verein für das Deutschtum im Ausland), 20.3.1915, in BA-Berlin, R 8048, Bd. 199, Bl. 70.

Die im Berliner Künstlerhaus von Professoren, Diplomaten und Regierungsbeamten schließlich als vertraulich verabschiedete „Intelligenzeingabe" vom 20. Juni 1915 war eine Antwort auf eine kleinere Gruppe von Intellektuellen um den Berliner Historiker Hans Delbrück, welche die Reichsleitung in ihrer moderateren Kriegszieldiskussion unterstützte. Die Eingabe an den Reichskanzler forderte deutsche „Weltgeltung" vor allem gegenüber Großbritannien, die Unterwerfung Belgiens, einen „Grenzwall" gegen Russland als Siedlungsland für deutsche Bauern und ein deutsch-dominiertes „mittelafrikanisches" Kolonialreich. Die Eingabe sollte ein „Gegengewicht" zu der liberalen Professorenschaft um Delbrück bilden und gleichzeitig gegen die auf finanzielle Spekulationsgewinne zielende „Bankleute" gerichtet sein.[231]

Die Eingabe, in der ein weitreichendes Kriegszielprogramm gefordert wurde, war eine Zuspitzung der mit Kriegsbeginn einsetzenden Mobilisierung von Professoren und Gelehrten, die mit einer Adresse des Historikers und Kritikers des Alldeutschen Verbandes Delbrück ihre Gegenbewegung für moderatere Kriegsziele fand.[232] Der Theologe Adolf von Harnack hatte die Rede zum „Burgfrieden" für den Kaiser formuliert, in der dieser am 4. August 1914 alle Parteien zum Ruhenlassen der Streitigkeiten während des Krieges aufforderte. Der Philologe Ulrich von Wilamowitz-Moellendorf wiederum rief am 16. Oktober 1914 in einer von 4.400 Hochschullehrern unterzeichneten Erklärung zum Sieg des deutschen „Militarismus" auf und reihte sich somit in eine Gelehrtenbewegung ein, die bereits zuvor am 4. Oktober mit dem veröffentlichten „Aufruf an die Kulturwelt" von 93 Professoren, Schriftstellern und Künstlern einen breiten Konsens für einen deutschen „Siegfrieden" zu repräsentieren schien.[233]

Da Claß wegen der Zensur und der gegen ihn verhängten Postsperre, die erst im März 1915 aufgehoben worden war, bis dahin aus der Öffentlichkeit herausgehalten werden wollte, bereitete Gildemeister mit Unterstützung von Vietinghoff-Scheel die Mobilisierung der nationalistischen Intelligenz vor. Nach einem ersten Treffen mit Gildemeister Ende Februar 1915 in Berlin reichte Claß diesen für eine koordinierte Abstimmung gleichsam an Vietinghoff-Scheel weiter, der die Ausarbeitung der Grundsätze für einen öffentlichen Aufruf zum „Siegfrieden" wesentlich vorantrieb.[234] Für Claß selbst sei ein öffentliches Auftreten kurz nach dem Kampf um die Zensur und die

231 Zur Intelligenzeingabe oder Intellektuellen-Adresse („Seeberg-Adresse") siehe Schwabe: Ursprung und Verbreitung, Ders. Wissenschaft und Kriegsmoral, Flasch: Die geistige Mobilmachung und Bruendel: Volksgemeinschaft oder Volksstaat, S. 88 – 102. Zur Kritik am Bankwesen siehe Claß an Paul Lucius, 24.3.1915, in BA-Berlin, R 8048, Bd. 199, Bl. 88 – 89. Claß selbst arbeitete u. a. mit dem Bankhaus von der Heydt, der Darmstädter Bank, der Disconto-Gesellschaft und auch der Mainzer Volksbank zusammen, die den Wehrschatz verwaltete.

232 Eingabe an Theobald von Bethmann Hollweg von Hans Delbrück, Bernhard Bernburg, Wilhelm Kahl, Adolf von Harnack und Fürst von Hatzfeld-Trachenberg, 9.7.1915, in BA-Berlin, R 8048, Bd. 627, Bl. 288 – 289. Zu den 141 Unterzeichnern gehörten Albert Einstein, Ludwig Quidde, Ferdinand Tönnies, Walther Schücking und auch Franz von Liszt.

233 Ungern-Sternberg (Hrsg.): Der Aufruf „An die Kulturwelt".

234 So Andreas Gildemeister: Entstehungsgeschichte meiner Denkschrift, 7.10.1915, in BA-Berlin, R 8048, Bd. 638, Bl. 105.

Postsperre nervlich „viel zu anstrengend“. Er müsse „bei den jetzigen Anforderungen wirklich haushalten“.[235]

Die nationalistische Selbstmobilisierung der deutschen Gelehrten war im Frühjahr 1915 noch in vollem Gange und Claß wollte diese Bewegung durch die Initiativen von Gildemeister kanalisieren. Einige Wochen nach der ersten Zusammenkunft folgte Gildemeister einer Einladung zu einem größeren Treffen im Berliner Habsburger Hof mit zwölf Teilnehmern, dem der in Riga geborene Berliner Theologieprofessor Reinhold Seeberg vorsaß und bei dem Leitlinien beraten wurden, die Vietinghoff-Scheel ausgearbeitet hatte.[236] Gildemeister fügte nach eigenen Angaben seine eigenen Grundsätze hinzu, sodass mit einer abgestimmten Gesamtfassung für erste Unterschriften geworben wurde. Zu sondierenden Gesprächen kamen auch Wangenheim sowie Kirdorf und die Alldeutschen Hans von Liebig, Sohn des Gießener Chemikers Justus von Liebig, und Professor Friedrich Lezius aus Königsberg hinzu, die einzelne Punkte berieten. In den Vordergrund sollte am Ende nur Kirdorf treten. Hugenberg sagte selbst zunächst seine Unterschrift ab, da die Aktion sonst als „die Mache [...] wie Sache der Schwerindustrie“ interpretiert werden könnte. Das sollte vermieden werden.[237]

Zum vorbereitenden Ausschuss für die Eingabe gehörten neben Gildemeister und den Alldeutschen Kirdorf und Grumme-Douglas auch Paul Fuhrmann als Fraktionsvorsitzender der Nationalliberalen Partei im Preußischen Abgeordnetenhaus, der aus dem „Posener Freundeskreis“ aus gemeinsamen Tagen bei der Preußischen Ansiedlungskommission stammende Hugenberg-Vertraute und Regierungspräsident von Frankfurt an der Oder, Friedrich Wilhelm Ludwig von Schwerin, und der Kaiserliche Gesandte in Argentinien, Franz von Reichenau, der im Oktober die Leitung des Vereins für das Deutschtum im Ausland (Deutscher Schulverein) übernehmen sollte. Hinzu kamen der Rechtshistoriker Otto von Gierke, die Historiker Friedrich Meinecke, Hermann Oncken, Otto Hintze, Dietrich Schäfer, der Bonner Nationalökonom Hermann Schumacher und Seeberg.[238]

Vietinghoff-Scheel sah die Alldeutschen bei der Ausarbeitung der Denkschrift von Gildemeister nach der Veröffentlichung der Eingabe am 20. Juni 1915 wieder als „Vortrupp“ der Mobilisierung, um eine „einmütige öffentliche Meinung“ herzustellen.[239] Claß wollte ursprünglich Schäfer als Aushängeschild für die Eingabe, der jedoch noch

235 Claß an Erich Stolte, 3.4.1915, in BA-Berlin, R 8048, Bd. 199, Bl. 105.

236 Gildemeister: Entstehungsgeschichte meiner Denkschrift, 7.10.1915, in BA-Berlin, R 8048, Bd. 638, Bl. 106.

237 So Andreas Gildemeister an Reinhold Seeberg, 16.7.1915, zit. in Schwabe: Ursprung und Verbreitung, S. 126.

238 Rundschreiben des Vorbereitenden Ausschusses, 9.6.1915, in BA-Berlin, R 8048, Bd. 638, Bl. 47. Siehe zur Seeberg-Adresse Böhme (Hrsg): Aufrufe und Reden, S. 125–135. Claß stand im Laufe des Ersten Weltkrieges dann in scharfer Opposition zu Friedrich Meinecke, sodass er in seinen Erinnerungen mit Erstaunen feststellen musste, dass Meinecke „merkwürdigerweise auch“ in den vorbereitenden Ausschuss berufen worden sei. Claß: Wider den Strom, S. 395.

239 So Leopold von Vietinghoff-Scheel auf der Sitzung des Geschäftsführenden Ausschusses des Alldeutschen Verbandes, 4.9.1915, in BA-Berlin, R 8048, Bd. 101, Bl. 11.

unter dem Eindruck der Auseinandersetzungen um „Land frei von Menschen“ ablehnte, sodass Seeberg dafür gewonnen werden konnte, der schließlich der Eingabe auch den Namen „Seeberg-Adresse“ gab. Sie wurde von 1.347 Personen unterzeichnet.[240] Über die eigentliche Autorenschaft gab es Zänkereien unter den Beteiligten. Grumme-Douglas berichtete Claß im November 1915 in einem Brief über die problematischen Eingriffe in den Text und Schumachers Forderung, unbedingt als Verfasser der Adresse genannt zu werden, „trotzdem Sie, Herr Vietinghoff und Herr Gildemeister doch die eigentlichen Verfasser“ seien.[241]

Zahlreiche Alldeutsche unterstützten namentlich die Eingabe, neben Claß selbst unter anderem die Historiker Eduard Meyer, Otto Hoetzsch und eben Schäfer, der Schriftsteller Fritz Bley, der Landwirt Carl Caesar Eiffe, Fabrikbesitzer Max Wildgrube, Senator Johann Neumann, Justizrat Wilhelm Schlüter, Lohmann, Rechtsanwalt Gustav Pezoldt, Lyzealdirektor Lutz Korodi, (Wehr-)Geologe Professor Hans Scupin, Professor Philipp von Heck oder Dr. Karl Grunert. Vertraute Hugenbergs wie Erich Keup, Geschäftsleiter der 1912 gegründeten Gesellschaft zur Förderung der inneren Kolonisation und Berater für Besiedlungspläne bei der Militärverwaltung OberOst, Oberregierungsrat Dr. Emil Stumpfe vom preußischen Landwirtschaftsministerium, Wolfgang Kapp als Generaldirektor der sich selbst verwaltenden Ostpreußischen Landschaft und Professor Lezius standen auf der Liste, die allesamt für expansive Kriegsziele, umfassende deutschtumspolitische Siedlungsprogramme und nicht zuletzt eine grundlegende agrarische Neuaufstellung der Rentengüter im zu besetzenden Osten eintraten.[242] Auch der Mainzer Oberbürgermeister Göttelmann unterzeichnete die Eingabe.[243]

Im Nachgang der „Intelligenz-Eingabe“ hatte Seeberg ebenfalls Hausdurchsuchungen zu befürchten. Vietinghoff-Scheel berichtete Claß, dass Seeberg gegenüber den Staatsautoritäten wohl „nicht ganz fest geblieben“ sei.[244] Claß hatte sich bereits in guter Gesellschaft mit Seeberg gewähnt: „Schade! [W]ie schön hätte es in d[as] Bild dieser Zeit gepasst, wenn der Vorsitzende eines solchen vornehmen parteilosen Unternehmens verfolgt worden wäre. Aber wie sieht es in den Köpfen dieser Regierenden aus!“[245]

Die öffentliche Zustimmung zu einem „Siegfrieden“ war für die Legitimität des alldeutschen Anspruchs, die gesamten Interessen des deutschen Volkes zu vertreten, essenziell und machte das Überleben des Verbandes unmittelbar abhängig von einem

---

240 Claß: Wider den Strom, S. 394–398. Siehe zu Reinhold Seeberg auch Brakelmann: Protestantische Kriegstheologie.

241 Karl Ferdinand von Grumme-Douglas an Claß, 6.11.1915, in BA-Berlin, R 8048, Bd. 638, Bl. 113.

242 Liste der Unterstützer, o. D. [Juni 1915], in BA-Berlin, R 8048, Bd. 638, Bl. 49–58. Siehe auch Geiss: Der polnische Grenzstreifen.

243 Siehe u. a. Liste der Unterstützer, o. D. [Juni 1915], in BA-Berlin, R 8048, Bd. 638, Bl. 49–58. Auch Houston Steward Chamberlain, der im August 1916 dem Alldeutschen Verband beitreten sollte, und Siegfried Wagner, der seit 1917 dem Verband angehörte, konnten von Claß zur Unterschrift bewegt werden. [Claß] an Reinhold Seeberg, 13.7.1915, in ebd., Bl. 59. Siehe zu Chamberlain zuletzt Fritz: Rassenwahn und Welterlösung.

244 So Claß an Konstantin von Gebsattel, 24.7.1915, in BA-Berlin, N 2089, Bd. 2, Bl. 176.

245 Ebd.

siegreichen Ausgang des Krieges. Die Zensurmaßnahmen der Regierung machten deutlich, dass ein Konsens über expansionistische Kriegsziele mit der Reichsregierung, aber auch mit den konservativen Parteien keineswegs auf einfachem Wege herzustellen oder durch zügig formulierte und publizierte Forderungen durchzusetzen war. Das galt besonders nach der gescheiterten Westoffensive, als die Front bereits frühzeitig festgefahren war, und angesichts der Tatsache, dass Bethmann Hollweg der Regierung im Nachgang des Septemberprogramms strategische Optionen für einen Friedensschluss gegenüber den Alliierten offenhalten wollte. Gebsattel warnte bereits explizit vor einer möglichen Revolution, sodass Claß die Richtung vorgab, den Reichskanzler für eine nationale Regierung zu stürzen, auch wenn dafür nur „mittelbare Wege zur Verfügung" stünden.[246]

4.4 „System"-Kämpfe: Alldeutscher Verband und Theobald von Bethmann Hollweg

Bethmann Hollweg missbilligte im Dezember 1914 die Versendung der Kriegszieldenkschrift „auf das Entschiedenste", da es jedem „Patrioten", der nicht an der Front stehe, möglich sein sollte, „seine persönlichen Anschauungen" zurückzustellen.[247] Die Aufhebung der Postsperre gegen Claß hatte er zwar persönlich ermöglicht, jedoch ließ er Claß wissen, dass er bei der Zurückhaltung der Kriegszieldenkschrift nichts machen könne. Gebsattel hingegen bestätigte Claß, dass er nach seinen Besuchen im bayerischen Kriegsministerium den Eindruck habe, dass man dort zwar ebenfalls die Sicht des preußischen Kriegsministeriums zur Beschlagnahme der Denkschrift teile, aber viele es dort anders sähen und sich wohl vor allem einem spürbaren Druck des Reichskanzlers gefügt hätten.[248] Claß machte hingegen deutlich, dass er einer Regierung, die bereits vor 1914 vor jeder Kriegsgelegenheit zurückgescheut sei, nicht vertraue, den gegenwärtigen Krieg siegreich zu führen.[249] Die Antworten des Reichskanzlers auf Claß' Immediateingaben vom Januar schienen den Verbandsvorsitzenden in seiner Klage über fehlenden Kriegszieleifer der Regierung im Grunde zu bestätigen. Dem Volk sei ein „Burgfriede" von der Regierung gleichsam aufgezwungen worden, so Claß, der keine klare Richtung beinhalte und schon gar keine umfassenden Kriegsziele. Der Reichskanzler sei letztlich nicht der „politische Meister", der den Anforderungen der gegenwärtigen Regierungsführung gewachsen sei.[250]

---

246 Konstantin von Gebsattel und Claß auf der Sitzung des Geschäftsführenden Ausschusses des Alldeutschen Verbandes, 12.6.1915, in BA-Berlin, R 8048, Bd. 100, Bl. 8 und 9–10.

247 Theobald von Bethmann Hollweg an Claß, 31.3.1915, in BA-Berlin, R 8048, Bd. 635, Bl. 504–505. Auch abgedruckt in Claß: Wider den Strom, S. 388–389.

248 Konstantin von Gebsattel an Claß, 18.1.1915, in BA-Berlin, R 8048, Bd. 635, Bl. 102–103.

249 Claß an Theobald von Bethmann Hollweg, 20.4.1915, in ebd., Bl. 517–519.

250 Ebd., Bl. 519.

Claß kämpfte im Zuge der Zensurmaßnahmen nun ganz persönlich gegen Reichskanzler und Militärbehörden, während er den Verbandsvorsitz ruhen ließ und Gebsattel ihn für einige Wochen notgedrungen vertrat.[251] Er war andererseits zuversichtlich, dass die öffentliche Aufregung um seine Kriegszieldenkschrift ihm und dem Verband nützen werde und er zudem als Rechtsanwalt durch die Postsperre Schadensersatz wegen vermeintlich versäumter Fristen beantragen könne.[252] Auf den Einwand von Gebsattel, ob man bei einem Kanzlerwechsel nicht mit einer Verschlechterung der personellen Auswahl durch den Kaiser rechnen müsse, entgegnete Claß mit einer grundsätzlichen Antwort über seinen kompromisslos geführten Kampf gegen Bethmann Hollweg:

> Von den Anfängen meiner politischen Tätigkeit an, habe ich für richtig gehalten, einen untauglichen Kanzler bekämpfen zu helfen, seine Beseitigung anzustreben – ohne Rücksicht auf das, was nachkommt. Ich habe es aber immer und immer wieder erlebt, dass die „Taktiker“ der Politik gesagt haben „das darf man nicht, solange man nicht weiss, ob ein [B]esserer nachkommt“. Da nun die Taktiker dasjenige in der Hand hatten, was man „politischen Einfluss“ nennt, waren die traurigen Nachfolger Bismarcks ihres ungefährdeten Daseins sicher und konnten ungehindert ihr verderbliches Wesen treiben. [...] Es ist bergab gegangen – politisch – bei diese[m] taktischen Zuschauen und Sich-Fügen, in jeder Beziehung, auch in persönlicher: Von Kanzler zu Kanzler wurden politisch Untauglichere berufen. [...] Besser kann es erst werden, wenn jeder unfähige Kanzler in der Doppelform der Kritik und der Besserungs-Vorschläge so geführt werden, dass der mangelnden Menschenkenntnis des Monarchen nachgeholfen wird durch das, was seine besten Freunde, eben die Gegner seines Kanzlers oder seiner unbrauchbaren Minister an Beweisstoff zusammentrugen und der Oeffentlichkeit so unterbreiteten, dass es dem Monarchen bekannt werden muss. [...] Bethmann ist nichts, und aus nichts kann nichts werden. Ein unbedingt unpolitischer Mensch wird nicht politisch, auch wenn er 50 Jahre lang „leitender Staatsmann“ bleiben darf. Möglich, dass ein solcher Kanzler durch drohende oder tatsächliche Einwirkung von der oder jener Torheit abgebracht wird – vielleicht sogar, dass er zu jener oder dieser brauchbaren Einzelmassregel veranlasst werden kann: Politik wird er nicht machen können, d. h. Politik in unserem Sinne, aus einer festen Anschauung von Wesen und Notwendigkeiten seines Volkes heraus. Im grossen Zuschnitt, auf das Dauernde, Wesentliche gehend.
>
> Damit ist Herr von Bethmann Hollweg als Gegenstand der politischen Geduld oder der Beeinflussung von Fall zu Fall für mich erledigt, obgleich ich geradezu davon überzeugt bin, dass er in letzter Zeit wiederholt im Sinne unserer Politik beeinflusst worden ist: aber das kann nur Stückarbeit geben, und wir brauchen ganze Arbeit.
>
> Ich bin also der Ansicht, dass dieser Unmann bekämpft werden muss ohne Rücksicht auf seine Nachfolger. Wird das [Erich von] Falkenhayn, und taugt er auch nichts, so wird er auch bekämpft: ist er auch persönlich minderwertig, wie behauptet wird, so wird der Kampf um so rücksichtsloser sein müssen. Wir müssen eben so lange kämpfen, bis ein Kanzler da ist, wie ihn unser Volk, zumal in solcher Zeit, verlangen kann.[253]

---

251 Claß an Konstantin von Gebsattel, 15.1.1915, in ebd., Bl. 73.

252 Rundschreiben Claß an die Hauptleitung und den Geschäftsführenden Ausschuss des Alldeutschen Verbandes, 15.1.1915, in BA-Berlin, R 8048, Bd. 635, Bl. 88 und Claß an Kgl. Generalgouvernement Mainz, 15.1.1915, in ebd., Bl. 89.

253 Claß an Konstantin von Gebsattel, 11.7.1915, in BA-Berlin, N 2089, Bd. 2, Bl. 98–101. Zitat ebd., Bl. 98–100.

Kaiser Wilhelm II., an dem Gebsattel nicht zuletzt als getreuer Anhänger der Wittelsbacher ohne Zweifel festhielt, dem Claß aber jegliche politische Kenntnis in Bezug auf seine Reichskanzler absprach, wurde nun für die Alldeutschen verstärkt zu der staatlichen Instanz, von der sie sich persönliche Interventionen zugunsten ihrer inneren und äußeren Kriegszielforderungen erhofften. Der einstige Vorwurf des „persönlichen Regiments", wie er von Claß in der *Daily-Telegraph*-Affäre von 1908 in die Öffentlichkeit gebracht worden war, wurde nun zur Hoffnung auf einen monarchischen Gestaltungswillen jenseits von Parlament und Reichskanzler. Anfragen wurden aber beständig abgewiesen, sodass Claß vor allem den Reichskanzler, aber auch den Chef des Generalstabes, Falkenhayn, den Chef des Geheimen Zivilkabinetts, Rudolf von Valentini, und den Chef des Marinekabinetts, Admiral Georg Alexander von Müller, dafür verantwortlich machte, dass der Kaiser von allen Audienzgesuchen ferngehalten werde, die „nicht ihres Sinnes" wären.[254] Bereits im November 1914 hatte Claß beim Kaiser um Gehör gebeten, erhielt aber drei Wochen später eine Absage vom Unterstaatsekretär im Auswärtigen Amt, Zimmermann.[255]

Claß war sich bereits Anfang 1915 keineswegs sicher, ob die deutsche Kriegsgesellschaft als eine die innenpolitischen und sozialen Spannungen überlagernde völkische „Gesinnungsgemeinschaft" siegreich aus den Kämpfen an militärischer und „Heimatfront" herausgehen würde. Nachdem er Gebsattel Ende Februar von dessen stellvertretendem Verbandsvorsitz wieder abgelöst hatte, zeigte er sich im März noch überzeugt, dass „wir uns mit unseren Forderungen durchsetzen werden, falls sich die militärische Lage entsprechend gestaltet". „Zweifel" würden diese Hoffnungen zwar trüben, aber in Bezug auf England, Frankreich und Russland, die „innerlich zermürbt werden" müssten, heiße es schließlich: „durchhalten!"[256] Ein schneller Sieg war auch für Claß zu Kriegsbeginn Hoffnung und Bedingung zugleich. Die neue Kriegszieleingabe von Gebsattel im Namen des Gesamtvorstandes des Verbandes an den Reichskanzler vom 5. Mai 1915 forderte weit gesteckte Kriegsziele, erwähnte die ursprüngliche Forderung „Land frei von Menschen" aber zunächst nicht mehr.[257]

Der öffentliche Kampf gegen Bethmann Hollweg wurde verstärkt über Flugschriften geführt, wie die von Franz Sontag (Junius Alter) oder Hans von Liebig, in denen die Autoren die grundsätzliche Systemfrage stellten und die Verbandspolitik in konfrontative Opposition zur Regierung stellten.[258] Die Anfrage von Lehmann, ob Claß nicht an seine „Bilanz des neuen Kurses" anknüpfen und daran weiterschreiben wolle, um eine entsprechende Schrift zu veröffentlichen, hatte Claß abgelehnt und stattdessen Liebig

---

254 Claß auf der Sitzung des Geschäftsführenden Ausschusses des Alldeutschen Verbandes, 4.9.1915, in BA-Berlin, R 8048, Bd. 101, Bl. 10.

255 Claß an Wilhelm II., 15.11.1914, in Politisches Archiv des Auswärtigen Amtes, IA Deutschland 169, R 2558 und Arthur Zimmermann an Claß, 8.12.1914, in BA-Berlin, R 8048, Bd. 594, Bl. 3.

256 Claß an Eduard von Liebert, 24.3.1915, in BA-Berlin, R 8048, Bd. 199, Bl. 84.

257 Eingabe Konstantin von Gebsattel an Theobald von Bethmann Hollweg, 5.5.1915, abgedruckt in Alldeutsche Blätter 9.12.1916 und Handbuch des Alldeutschen Verbandes 1917, S. 55–59.

258 Siehe Hofmeister (Hrsg.): Heinrich Claß. Politische Erinnerungen, Kapitel 1.1.

für ein solches Unternehmen vorgeschlagen.[259] Der Gießener Chemieprofessor Liebig stellte in seiner Schrift das alldeutsche Politikmodell („A-System") dem von Bethmann Hollweg („B-System") gegenüber und behauptete zudem in antisemitischer Pose, dass der Kaiser mit Juden zusammen einen „faulen Frieden" erzielen wolle. Bethmann Hollweg war für ihn einfach ein „Kanzler des deutschen Judentums", der sich durch liberale und pazifistische Strömungen beeinflussen lasse, die lediglich einem sogenannten international agierenden Finanzjudentum zuspielen und einem deutschen Kriegsnationalismus entgegenstehen würden.[260] Die Schrift wurde von Claß, Lehmann und Gebsattel Seite für Seite geprüft und kommentiert, bevor sie im November 1915 erschien.

Claß behauptete in seinen späteren Erinnerungen, er habe bereits im Frühjahr 1915 an die Einsetzung eines Militärdiktators gedacht, jedoch sei an den Kaiser aufgrund von dessen Festhalten an Bethmann Hollweg genauso wenig zu denken gewesen wie an Hindenburg oder Ludendorff, die beide noch im Kriegsdienst standen.[261] Zu dem Zeitpunkt setzte Claß aber vor allem auf die Beeinflussung der öffentlichen Meinung durch das Lagarde'sche Ideal der „Erziehung" von Volk und Regierung, indem er programmatische Flugschriften wie die von Liebig initiierte und über die ebenfalls unter Zensur stehenden *Alldeutschen Blätter* publizistisch wirkte. Die Sammlung nationaler Persönlichkeiten wie in der „Intelligenzeingabe" war ein weiteres Betätigungsfeld.

Zudem bemühte sich Claß mit vollen Kräften, über verschiedene Kanäle politische Interessen in der Kanzlersturzbewegung gegen Bethmann Hollweg vertreten zu lassen, die schließlich im Sommer 1916 ihr Zentrum in München hatte. Lehmann und Max von Gruber waren in diesen annexionistischen Zirkeln der Kanzlergegner exponierte Vertreter des Verbandes.[262] Claß hoffte bereits im Dezember 1914 auch den bayerischen König Ludwig III. durch „aktiven Widerstand" gegen Bethmann Hollweg sowie den Kronprinzen Wilhelm von Preußen im Frühjahr 1915 mit Hilfe von Gebsattel für die Kanzlersturzbewegung zu gewinnen.[263]

Die Fronten zwischen Verband und Regierung hatten sich bis zur Freigabe der Kriegszieldiskussion im November 1916 völlig verhärtet.[264] Die ambivalente Strategie der Regierung zur maritimen Seekriegsführung gegenüber Großbritannien und eine unklar wirkende Linie bezüglich des uneingeschränkten U-Boot-Krieges verstärkten die

---

259 Siehe ebd.

260 Liebig: Die Politik von Bethmann Hollweg, S. 404. Siehe auch Bruendel: Volksgemeinschaft oder Volksstaat, S. 52–53 und Zechlin: Die deutsche Politik und die Juden im Ersten Weltkrieg, S. 519.

261 Siehe Hofmeister (Hrsg.): Heinrich Claß. Politische Erinnerungen, Kapitel 1.1.

262 Puschner: Wissenschaft und Weltanschauung. Siehe auch Stöckel (Hrsg.): Die „rechte Nation" und ihre Verleger sowie Lehmann (Hrsg.): Der Verleger J.F. Lehmann.

263 Siehe dazu Hofmeister (Hrsg.): Heinrich Claß. Politische Erinnerungen, Kapitel 1.7. sowie Claß an Konstantin von Gebsattel, 22.12.1914, in BA-Berlin, N 2089, Bd. 1, Bl. 343–344 und Konstantin von Gebsattel an Kronprinz Wilhelm, 27.4.1915, in ebd., Bl. 589–590.

264 Siehe Rundschreiben Theobald von Bethmann Hollweg an sämtliche Staatsminister und Staatssekretäre, 23.11.1916, in ABBAW, NL Dietrich Schäfer, Bd. 1, Bl. 282.

alldeutschen Zweifel an der Kriegsentschlossenheit des Reichskanzlers.[265] Die Entlassung von Tirpitz am 15. März 1916 nach grundsätzlichen Meinungsverschiedenheiten über den uneingeschränkten U-Boot-Krieg gegen die Alliierten wirkte noch einmal verschärfend auf die alldeutsche Oppositionspolitik. Claß nahm die eigene Ratlosigkeit zum Anlass, um nun die „nationale Opposition" durch den Alldeutschen Verband zu einen, da selbst die Parlamentarier unter Zensur stünden und die an Zuspruch und Bedeutung gewinnende Sozialdemokratie „künstlich zu dem Machtbewusstsein herauf gezüchtet" worden sei. Den Parteien selbst seien „die Hände gebunden".[266] Auch der alldeutsche Einfluss im Parlament hatte sich seit der Jahrhundertwende stetig verringert. Nach Ausbruch des Krieges waren noch 15 Mitglieder des Alldeutschen Verbandes im Reichstag vertreten.[267]

Der wiederholte Bruch zwischen Alldeutschem Verband und Regierung klärte die Bedingungen, unter denen Claß agierte und agieren wollte. Neue persönliche Kontakte wie die zum deutsch-konservativen Mitglied des Westfälischen Provinzial-Landtages und führenden Vertreter des radikal-antisemitischen Flügels innerhalb des Alldeutschen Verbandes, Otto Fürst zu Salm-Horstmar, eröffneten Claß zudem mehr Spielraum für gezielte Immediateingaben sowie für Audienzgesuche an Wilhelm II., um die Salm-Horstmar sich noch im Frühjahr 1916 mit seiner im Auftrag von Claß verfassten „Salm-Eingabe" an den Kaiser sowie als Bittsteller bei der Kaiserin vergebens bemüht hatte.[268] Auch Gruber hatte bereits im August 1915 bei König Ludwig III. in München mit einer Abordnung vorgesprochen, um gegen die Politik von Bethmann Hollweg Stimmung zu machen.[269] Ende des Jahres 1916 hielt Claß fest: „Was getan werden konnte, um den Kaiser aufzuklären, ist geschehen, aber der Erfolg ist gleich null."[270] Die „Ziellosigkeit" Wilhelms II. während des Krieges sowie die erratischen politischen Interventionen des nervösen Monarchen blieben auch Claß nicht verborgen.[271]

---

265 Siehe dazu ausführlich Hofmeister (Hrsg.): Heinrich Claß. Politische Erinnerungen, Kapitel 2.1.

266 Claß auf der Sitzung des Geschäftsführenden Ausschusses des Alldeutschen Verbandes 25.3.1916, in BA-Berlin, R 8048, Bd. 104, Bl. 25.

267 Siehe Handbuch des Alldeutschen Verbandes 1914, S. 38 und Dass. 1916, S. 39. 1901 zählten die Alldeutschen noch 39 Reichstagsmitglieder aus ihren Reihen und 1905 noch 27 Reichstagsabgeordnete. Alldeutsches Werbe- und Merkbüchlein 1901, S. 16–17 und Handbuch des Alldeutschen Verbandes 1905, S. 24–25.

268 Die sogenannte Salm-Eingabe an Wilhelm II., 26.1.1916, in BA-Berlin, N 2089, Bd. 2, Bl. 435–442 und [Entwurf], 26.1.1916, in BA-Berlin, R 8048, Bd. 453, Bl. 169–171. Der handschriftliche Entwurf von Claß, o. D., in ebd., Bl. 139–141. Die Eingabe vertrat Otto Fürst zu Salm-Horstmar für Claß.

269 Siehe dazu Hofmeister (Hrsg.): Heinrich Claß. Politische Erinnerungen, S. 143–144. In Bayern sollte für Claß neben Konstantin von Gebsattel auch Kasper von Preysing-Lichtenegg-Moos als zentraler Verbindungsmann agieren.

270 Geschäftsführer des Alldeutschen Verbandes (Julius Schöne) an Dr. Kunert (Breslau), 9.12.1916, in BA-Berlin, R 8048, Bd. 201, Bl. 308. Siehe Hofmeister (Hrsg.): Heinrich Claß. Politische Erinnerungen, Kapitel 1.2.

271 Ebd., Kapitel 2.9. Zitat Afflerbach: Auf Messers Schneide, S. 36. Zur begrenzten Einflussnahme des Kaisers siehe auch Ders.: Kaiser Wilhelm II. als Oberster Kriegsherr.

Claß konzentrierte sich auf die Stärkung der außerparlamentarischen Rechten und suchte im Laufe des Jahres 1916 eine Verbindung zu Tirpitz, der zum 15. März seinen Rücktritt eingereicht hatte, weil er den beschränkten Einsatz der Kriegsflotte nicht mittragen wollte und die Diskussion um den uneingeschränkten U-Bootkrieg zu zögerlich fand. Auch zu Ferdinand Graf von Zeppelin nahm Claß Kontakt auf, dessen Flugschiffe aus Sicht der Alldeutschen ebenfalls zu sparsam für den notwendigen Kriegseinsatz gegen die Großstädte der Alliierten verwendet werden sollten.[272] Claß teilte die Hoffnung, in diesen Persönlichkeiten alternative Machtzentren zu Kaiser und Kanzler gefunden zu haben, so wie sich Bismarck nach seinem Rücktritt 1890 als Sammelpunkt nationaler Kreise gegen Wilhelm II. angeboten hatte. Er gab den Glauben daran, dass seine grundlegenden Reformforderungen unter dem Kaiser durchzusetzen sein würden, nicht gänzlich auf. Alles werde sich über die zukünftige Figur des Reichskanzlers klären, der im Gegensatz zu Bethmann Hollweg ein „Mann“ sein müsse. Bereits 1913 hatte Claß auf einen Kanzlerwechsel zu Großadmiral Tirpitz gehoffte: „Der wäre unser Mann!“[273]

Claß ließ durch seinen engen Vertrauten Admiral Max von Grapow, der 1915 zum Alldeutschen Verband gekommen war, die Bereitschaft der nationalen Verbände für eine solche Sammlung sondieren, die in die Gründung eines Deutschen Volksrates münden sollte. So hatten Hans von Köster als Vorsitzender des Deutschen Flottenvereins, Franz von Reichenau vom Verband für das Deutschtum im Ausland sowie Johann Albrecht zu Mecklenburg, Vorsitzender der Deutschen Kolonialgesellschaft, zusammen mit insgesamt siebzig Verbänden ihre Unterstützung für einen solchen Deutschen Volksrat zugesagt.[274] Dieser sollte als Legislativgremium und gleichsam als Vorstufe zu einer Diktaturregierung sowie als Gegenbewegung der Rechten zur Reichsregierung wirken, nachdem im Frühjahr 1915 die Gründung einer eigenständigen „Nationalpartei“ verworfen worden war.[275] Dieser Plan wurde großzügig von den industriellen Vertretern unterstützt, die bei den vom Alldeutschen Verband initiierten Deutsch-Österreichischen Tagungen mit Politikern und Vertretern der Industrie und Landwirtschaft für die verstärkte mitteleuropäische wirtschaftliche Zusammenarbeit eintraten.[276]

Mecklenburg lehnte den Vorsitz des Volksrates letztlich ab, denn er befürchtete Konflikte innerhalb der Kolonialgesellschaft wegen der Aufgabe der eigenen politischen Überparteilichkeit. Auch Tirpitz entschied sich nach einem persönlichen Treffen mit Claß am 1. August 1916 gegen die Übernahme des Vorsitzes, um sich nicht dem Vorwurf

---

272 Siehe Hofmeister (Hrsg.): Heinrich Claß. Politische Erinnerungen, Kapitel 1.4 sowie 2.1.

273 Claß an Konstantin von Gebsattel, 29.10.1913, in BA-Berlin, N 2089, Bd. 1, Bl. 59 – 61. Zitat ebd., Bl. 60.

274 Hofmeister (Hrsg.): Heinrich Claß. Politische Erinnerungen, Kapitel 1.4.

275 Siehe Konstantin von Gebsattel an Alfred Hugenberg 2.2.1915, in BA-Berlin, N 2089, Bd. 1, Bl. 461 – 462.

276 Siehe ebd., Kapitel 2.2. sowie Erklärung zur Mittelwerbung zur Zusammenfassung der nationalen Verbände im Nachgang zur Deutsch-Österreichischen Tagung am 25.1.1916 in Berlin von Wilhelm Beukenberg, W. Beumer, Ernst von Borsig, Ernst Fromm, Konstantin von Gebsattel, Otto Helmut Hopfen, Emil Kirdorf, Paul Krückmann, Prinz Friedrich zu Löwenstein-Wertheim-Freudenberg, Paul Reusch, Anton von Rieppel, Otto Fürst zu Salm-Horstmar, Otto Schrey, Februar 1916, in BA-Berlin, R 8048, Bd. 453, Bl. 197.

auszusetzen, er wolle sich nach seiner Entlassung an Bethmann Hollweg rächen und die von einem preußischen Offizier erwartete unpolitische Rolle im Ruhestand verletzen.[277]

Claß Bemühungen zur Zusammenfassung aller „nationalen Verbände" in einer Organisation waren damit zunächst gescheitert und setzten sich in kleinteiligen Kooperationen innerhalb der Rechten fort. Alldeutsche wirkten etwa in den Gremien der im August 1915 gegründeten Auskunftsstelle der Vereinigten Vaterländischen Verbände (VVVD), während sich Claß hier weitgehend zurückhielt. Der von Schäfer im Juli 1915 aus der Taufe gehobene Unabhängige Ausschuss für einen deutschen Frieden fand hingegen umfassende alldeutsche Unterstützung. Claß sowie Kirdorf und Grumme-Douglas waren führend vertreten.[278] Trotz der weiten lokalen Präsenz, die sich bei der Gründung in über vierhundert Vertrauensmännern und zweihundert Orten spiegelte, konnte der Ausschuss keine signifkanten Massen für eine konzertierte Eroberungspropaganda mobilisieren.[279]

Mehrfachmitgliedschaften alldeutscher Verbandsmitglieder verstärkten die Zusammenarbeit mit der Auskunftsstelle und dem Unabhängigen Ausschuss hingegen in den Ortsgruppen und Landesverbänden und verdichteten somit das nationale Milieu politischer Mobilisierung auf regionaler Ebene. Ebenso bedeutend war die praktische Sammlungsbewegung, die sich auf die kontinuierliche Weiterverfolgung der völkischen Siedlungspolitik aus der Vorkriegszeit bezog. Der Alldeutsche Verband trat der Vereinigung für deutsche Siedlung und Wanderung bei, die im Sommer 1916 gegründet wurde und die Kolonialgesellschaft, den Ostmarkenverein, die Gesellschaft zur Förderung der inneren Kolonisation, den Verein für das Deutschtum im Ausland und den Fürsorgeverein deutscher Rückwanderer institutionell zusammenbrachte. Diese Verbindungen vergrößerten den Wirkungskreis der alldeutschen Diskussionen um Annexionen und Siedlungspläne in nationalistischen Interessengruppen und verstärkten das außerparlamentarische Gegengewicht zur Reichsregierung. Im November 1916 wurden diese Machtbalancen durch die am 3. August eingesetzte 3. Oberste Heeresleitung (OHL) unter Hindenburg und Ludendorff weiter verschoben, da die Regierung wirtschafts-, innen-, außen- und besatzungspolitische Entscheidungen zunehmend von der OHL abhängig machte. Sie erweckte damit den Eindruck, eine versteckte „Militärdiktatur" zu befördern sowie eine innenpolitische Polarisierung zwischen den Parteien im Parlament voranzutreiben.[280]

Mit der Hoffnung auf die Stabilisierung einer solchen „Militärdiktatur" ging Claß auf den preußischen Kriegsminister zu. Vermutlich in der zweiten Novemberwoche wurde ihm eine Audienz bei General Hermann von Stein gewährt, der erst im Oktober zum preußischen Kriegsminister ernannt worden war und bis zum Oktober 1918 in diesem Amt verbleiben sollte. In der Besprechung mit Stein betonte Claß, dass die

277 Hofmeister (Hrsg.): Heinrich Claß. Politische Erinnerungen, Kapitel 1.4.

278 End.

279 Siehe Sitzung der Hauptleitung des Unabhängigen Ausschusses für einen deutschen Frieden am Historischen Seminar der Berliner Universität, 6.4.1916, in ABBAW, NL Meyer, Bd. 326, o. Bl.

280 Siehe Deist: Verdeckter Militärstreik und Ders.: Voraussetzungen innenpolitischen Handelns.

„reichsfeindlichen“ Parteien die politische Führerlosigkeit, die seit Beginn des Krieges herrsche, im Reichstag zu ihren Zwecken nutzten. Dem könne „nur durch die Aufrichtung der Diktatur entgegengewirkt werden“ und „nur ein General“ könne „Inhaber dieser obersten verantwortlichen Stelle sein“.[281] Steins Antwort ließ hingegen keinen Zweifel daran, dass er „keinen preussischen General kenne, der Diktator werden könnte“, wobei dahingestellt sei, „ob Ihre Meinung von der Notwendigkeit der Militärdiktatur richtig ist“. Er selbst stehe für ein solches Amt ohnehin nicht zur Verfügung.[282]

4.5 „Weltvolk“, „Weltmacht“ und „Neuordnung der Erde“: Die Kriegszieldenkschrift 1917

Bereits vor der Hausdurchsuchung im Januar 1915 hoffte Claß auf eine baldige Aufhebung der Zensur, um seine Kriegszieldenkschrift nach notwendigen Überarbeitungen „in einer Massenauflage hinausgehen“ zu lassen.[283] Nach der Freigabe der Zensur im November 1916 drängte Lehmann Claß auf die Überarbeitung der Kriegszieldenkschrift von 1914. Die damaligen Lettern seien aber eingeschmolzen worden, daher solle sich Claß schnell an die Überarbeitung machen, um einer der ersten Autoren zu sein, deren Kriegszielforderungen nun durch den Druck ihrer Denkschriften weite öffentliche Verbreitung finden würden. Er habe schließlich den „ganzen Kriegszielen seinerzeit die Wege gewiesen“.[284] Claß zweifelte noch Anfang Dezember 1916, ob auch seine Kriegsziele nun freigegeben würden, „da es verboten ist, Gebiete zu verlangen, die von deutschen Truppen noch nicht besetzt sind“.[285] Lehmann aber war zuversichtlich, dass er beim bayerischen Kriegsministerium die Freigabe der Denkschrift für die Veröffentlichung sowie die Herausgabe der beschlagnahmten Denkschrift vom Frühjahr 1915 erreichen würde.[286]

Claß schlug nun defensivere Töne an und unterstrich vielmehr die Rationalität seiner Kriegszielforderungen. In einem Beitrag für das jährlich an die Mitglieder verteilte „Handbuch des Alldeutschen Verbandes“ mit dem Titel „Die Wahrheit über das alldeutsche Kriegsziel“ betonte Claß Anfang 1917, dass die äußeren Kriegsziele des Verbandes lediglich defensiv aufgestellt und die inneren präventiv ausgerichtet seien. Diese „von uns für notwendig erachteten Zukunftssicherungen“ gegen die alliierten Großmächte seien aber missverstanden worden. Mit „Annexionswut“ oder „Machthunger“, wie von den politischen Gegnern vorgeworfen, hätten sie „nicht das geringste“ zu tun.[287] Vielmehr gehe es außenpolitisch aufgrund von Deutschlands „ungünstiger

281 Hofmeister (Hrsg.): Heinrich Claß. Politische Erinnerungen, S. 192–193.

282 Ebd., S. 183.

283 Claß an Berthold Körting, 2.1.1915, in BA-Berlin, R 8048, Bd. 634, Bl. 231.

284 Julius F. Lehmann an Claß, 30.11.1916, in BA-Berlin, R 8048, Bd. 201, Bl. 239.

285 Claß an Julius F. Lehmann, 8.12.1916, in ebd., Bl. 304.

286 Julius F. Lehmann an Claß, 29.12.1916, in ebd., Bl. 48.

287 Claß: Die Wahrheit über das alldeutsche Kriegsziel, S. 55.

militär-geographische[r] Lage“ um die dauerhafte Schließung einer der beiden offenen „Flanken“, die vor allem über eine veränderte „Grenzgestaltung“ durch Annexion und entsprechende Enteignungsmaßnahmen im Westen gegenüber Belgien und Frankreich erreicht werden müsse. Zudem sei für eine zukünftige „Unabhängigkeit vom Auslande“ ein „freier Wirtschaftsverkehr über See“ zur Sicherstellung wichtiger „tropischer und halbtropischer“ Rohstoffressourcen notwendig, um die „Brechung der englischen Willkürherrschaft“ im maritimen Welthandel zu erreichen sowie die Erweiterung militärischer Stützpunkte zur Absicherung des kolonialen Hinterlandes.[288]

Nach Osten sei der Erwerb von Siedlungsland „zur Verbreiterung der landwirtschaftlichen Grundlage unseres Volkes und unserer Volkswirtschaft“ vor allem im polnischen Grenzstreifen, den „russisch-lettischen Gouvernements“ sowie den „Ostseeprovinzen“ geboten. Solcher „Landerwerb“ sei für die „Sicherheit der Zukunft des deutschen Volkes“ geradezu „unerlässlich“.[289] Um die deutsche Vorherrschaft in den zu besetzenden Ostgebieten machtpolitisch durchzusetzen, müsse dafür gesorgt werden, dass, ähnlich wie in Belgien und den zu annektierenden Gebieten Frankreichs, „nicht nur Eisenbahnen, Kanäle und dergleichen, sondern auch wichtige industrielle Unternehmungen, sowie der größere ländliche Besitz in deutsche Hand gebracht und andererseits den nicht deutschen Landesbewohnern kein Einfluß auf die politischen Geschicke des Reiches gewährt werde“. Die Kosten für die „Überführung der wirtschaftlichen Machtmittel in deutsche Hand, also der Entschädigung der Vorbesitzer, sind möglichst in vollem Umfange Rußland aufzuerlegen, das eine größere bare Kriegsentschädigung auch gar nicht zu leisten imstande sein dürfte“. Ein „Sonderfrieden“ mit Russland, in dem diese Sicherungsgarantien nicht festgeschrieben würden, sei nicht weniger als eine „Gefährdung der deutschen Zukunft“.[290]

Schließlich sei Claß zufolge die „Grundbedingung für die Sicherheit eines Volkes“, dass „es sittlich, geistig und leiblich gesund ist, über ein zahlreiches, geschlossenes und wuchsfreudiges Volkstum“ verfüge. Denn das Schlagwort vom notwendig zu erwerbenden „Lebensraum“[291] repräsentiere die „gesunde Entwicklung“ des „deutschen Volkskörpers“ durch das Hinauswachsen über die räumliche „natürliche Erwerbsgrundlage“. Aufgrund „verhältnismäßig unzureichender Kolonien“, „Landnot für den bäuerlichen Nachwuchs, Wohnungsnot in den Großstädten, Geburtenrückgang etc.“, was als „Ursachen der sozialen Kämpfe“ gesehen werden müssten, sei der stetige und ausgewogene Entwicklungsprozess des deutschen „Volkes“ aus dem „Gleichgewicht“

288 Ebd., S. 58 und 59.

289 Ebd., S. 57.

290 Ebd.

291 Friedrich Ratzel (1844–1904), Mitbegründer des Alldeutschen Verbandes, studierter Zoologe und Geologe sowie Professor für Geographie in München und Leipzig, prägte das Schlagwort 1901 in seinen Studien zu einer human- oder anthropo-geographischen Deutung territorialer Räume und deren Besiedlung entsprechend eines sozialdarwinistischen und rassisch begründeten Wissenschaftsverständnisses der Geographie. Ratzel: Politische Geographie und Ders.: Der Lebensraum. Siehe auch Schultz: Friedrich Ratzel, Jureit: Das Ordnen von Räumen und Dies./Chiantera-Stutte (Hrsg.): Denken im Raum.

geraten. Die Bemühungen der inneren Kolonisation, der Siedlungspolitik innerhalb Deutschlands durch Urbarmachung von Land zu Besiedlungszwecken, reichten für die Beseitigung dieser modernen Verwerfungen gesellschaftlicher Dynamiken und die gleichzeitige Entwicklung des Deutschen Reichs zur Großmacht nicht aus.[292]

Die eigentliche Freigabe der Claß'schen Denkschrift verzögerte sich letztlich. Erst im Mai 1917 wurde die Beschlagnahmung der Denkschrift von 1914 aufgehoben, während die Ausfuhr weiterhin verboten blieb.[293] Claß brachte die Überarbeitung der Denkschrift bis Ende Mai für die Veröffentlichung bei Lehmann zu Ende. Die Broschüre erreichte bis Oktober 1917 eine Auflage von 30.000 Exemplaren. Obwohl die Nachfrage „bescheiden“ war, erhoffte sich Lehmann einen günstigen Absatz zum Jahresende, wenn die Denkschrift noch einmal als Weihnachtsgeschenk gefragt sein könnte.[294] Der Verleger kümmerte sich ebenfalls um die kostenlose Verteilung, wie bei etwa 1.000 Aufklärungsoffizieren im Heer.[295] Ebenso gezielt war Claß' „Einhart“ zuvor erfolgreich in Lazaretten verteilt worden.[296]

Claß änderte für die Neuaflage der Denkschrift wenig an den grundsätzlichen Kriegszielen. Die meisten Passagen wurden wortwörtlich übernommen, jedoch nicht ohne Beratschlagung. Auch Hugenberg las wie schon 1914 akribisch die überarbeiteten Entwürfe und kommentierte nicht nur einzelne Passagen zur territorialen Neuordnung vor allem im Osten mit detaillierten Änderungswünschen. Er gab Claß den Hinweis, dass einige Forderungen inzwischen „Gemeingut weitester Kreise“ geworden seien.[297] Aber die „Schärfe“, der „provokatorische“ Ton oder die „leicht abstoßende apodiktische Art“ mancher „dilettantischer“ Formulierung sowie einige „schnoddrige Bemerkungen“ und eine zuweilen „gesuchte Brutalität der Ausdrucksweise“ seien nicht zielführend, sodass er mahnte: „Es kommt doch auf die schließliche Wirkung der Flugschrift an!“[298]

Claß stellte daher in seiner veröffentlichten Kriegszieldenkschrift von 1917 erneut umfassende Kriegszielforderungen auf. Er wiederholte innenpolitische Reformforderungen, die nun aber die innenpolitischen Polarisierungen angesichts der Forderung nach Demokratisierung und einem Verständigungsfrieden weitgehend reflektierten. Der politische Zusammenhang zwischen militärischen Siegen und innenpolitischer Befriedung wurde nunmehr deutlich formuliert und in völkische Erneuerungsutopien eingebettet. Das „politische Ziel des Krieges“ sei „nach außen Sicherung unserer Zukunft vor ähnlichen Überfällen durch Niederkämpfung und Schwächung unserer Feinde –

292 Claß: Die Wahrheit über das alldeutsche Kriegsziel, S. 56.
293 Verfügung General Theodor Otto von Bücking, 15.5.1917, in BA-Berlin, R 8048, Bd. 635, Bl. 730.
294 Julius F. Lehmann an Claß, 5.8.1917, in BA-Berlin, N 2368, Bd. 1, o. Bl.
295 Julius F. Lehmann an Claß, 28.9.1917, in BA-Berlin, R 8048, Bd. 202, Bl. 663–664.
296 Wilhelm Schlüter auf der Sitzung des Geschäftsführenden Ausschusses des Alldeutschen Verbandes 23.10.1915, in BA-Berlin, R 8048, Bd. 102, Bl. 7.
297 Alfred Hugenberg an Claß, 10.7.1917, in BA-Berlin, R 8048, Bd. 395, Bl. 168–172. Zitat ebd., Bl. 169.
298 Ebd., Bl. 168, 169 und 170.

nach innen die Gesundung unseres Volkes, die Gewährleistung seiner körperlichen und sittlichen Gesundheit für alle Zeit".[299]

Um die Massen für die weitere Kriegsführung und die Verlängerung des militärischen Belagerungszustandes zu gewinnen, forderte Claß erneut sozialpolitische und wohlfahrtsstaatliche Reformen. Dazu gehörten die Herabsetzung des Rentenalters bei gleichzeitiger Heraufsetzung der Rentenbezüge für die ländliche und städtische Arbeiterschaft, eine städtische Wohnungsreform durch Bau von Kleinwohnungen, die von den Mietern mittels finanzieller Förderung aus den Kriegsentschädigungszahlungen der Alliierten rasch erworben werden sollten, der Ausbau der Landwirtschaft und siedlungspolitische Förderung der inneren Kolonisation durch Gebietsgewinne. Kriegsentschädigungen sollten nach dem Krieg „zur Befriedigung von Bedürfnissen des Volksganzen verwendet" werden. Diese Lockungen an die Arbeiterschaft sollten „Dankbarkeit" erzeugen, aber auch zu einer Entschärfung der Forderungen nach einer Demokratisierung des preußischen Dreiklassenwahlrechts führen.[300] Die Arbeiter könnten auf Verbesserungen ihrer wirtschaftlichen Stellung hoffen, während der zukünftige Landgewinn zudem das „gebildete Proletariat" in seinen begrenzten Aussichten auf Anstellung und Auskommen absichern würde. Schließlich bedürfe es zukünftig verstärkt der „Intelligenz", um die „übersteigerte Zahl von Studierten aller Art, auch von Anwärtern aller Art auf öffentliche Stellen", durch den Ausbau von Verwaltungs- und Planungsaufgaben in einem größeren Deutschen Reich zu versorgen.[301]

In Belgien hielt Claß nun die Angliederung von Land und Bevölkerung für selbstverständlich, nicht zuletzt in Bezug auf die Wallonen, da sie als Arbeitskräfte für die deutsche Industrie zur Verfügung stehen sollten.[302] Grundlegende Prinzipien zukünftiger Verwaltung blieben bestehen. Nach der Spaltung in zwei Teile sollten Flamen und Wallonen diktatorisch verwaltet werden. Das Land sollte Deutschland mit „elastischen" Modellen weiterhin angegliedert werden, wobei keine starren „Verfahren nach theoretischen Systemen" angewendet werden sollten.[303] Aufrührerische Wallonen sollten des Landes verwiesen und Flamen als „Blutsverwandte" durch rigide „Erziehung" eingegliedert werden. Wirtschaftlich sollte Belgien weiterhin eng an Deutschland gebunden werden und der Staat das Vorkaufsrecht für Industrieanlagen erhalten, damit der Einfluss der „alten Oberschicht" gebrochen werden könne.[304] Mit der Übernahme Belgiens sei die Einverleibung des Kongo verbunden.[305]

Frankreich sollte es bei einem erfolgreichen Sieg weiterhin härter treffen. Eine Verschiebung der Westgrenze bis zum Ärmel-Kanal sollte als durchgängiges Gebiet eine

299 Claß: Zum deutschen Kriegsziel, S. 12.
300 Ebd., S. 18–25. Zitat ebd., S. 24.
301 Ebd., S. 28.
302 Siehe auch Sitzung des Geschäftsführenden Ausschusses des Alldeutschen Verbandes, 25.10.1914, in BA-Berlin, R 8048, Bd. 634, Bl. 42–47.
303 Claß: Zum deutschen Kriegsziel, S. 30 und 31.
304 Ebd., S. 34.
305 Ebd., S. 62.

Militärgrenze bilden, aber vor allem die Kohlenbecken in Nordfrankreich und in Lothringen sichern. Die Erhöhung der Bodenschatzressourcen wurde hier mit einer geostrategischen Verbesserung der militärischen Ausgangslage für einen zukünftigen Krieg gekoppelt. Der gegenwärtige Krieg sei als „Kampf um Leben und Tod am letzten Ende ein Wirtschaftskrieg“, so Claß.[306] Für die im Westen zu annektierenden Gebiete beharrte er auf der Forderung, dass „wir das Land ohne Bewohner erwerben, d. h. im Friedensvertrag mit Frankreich wäre auszumachen, daß dieses die Bewohner der abgetretenen Landstriche in sein verbleibendes Gebiet übernimmt, dort wiederum seßhaft macht und auf französische Kosten entschädigt“.[307] Gediente deutsche Soldaten, Unteroffiziere und Offiziere kämen als Ansiedler in Betracht.[308] Völkerrechtlichen Bedenken gegen Ausweisungen und Vorwürfen der inhumanen Härte hielt Claß wie schon in seiner Denkschrift von 1914 entgegen, dass eine solche Machtpolitik nun einmal nichts für „Nervenschwache und Gefühlsmenschen“ sei.[309]

Claß sah als ein wesentliches Kriegsziel die dauerhafte Schwächung Frankreichs und forderte weiterhin ganz Marokko. Auch die belgischen kolonialen Besitzungen sowie noch weiter zu klärende portugiesische Gebiete sollten an Deutschland fallen. Zypern und Ägypten waren unter noch näher zu bestimmenden Voraussetzungen von Großbritannien zu „befreien“, während Gibraltar Spanien zurückgegeben werden sollte. Südafrika würde sich gegebenenfalls unter „niederdeutscher Führung“ bei einem deutschen Sieg unabhängig von Großbritannien entwickeln. Zusätzliche Stützpunkte für den Ausbau deutscher geopolitischer Präsenz, wie in Indien, seien darüber hinaus anzudenken und gegebenenfalls gegen Geldzahlungen zu erwerben. Großbritannien sollte als Welt- und Kolonialmachtebenfalls in seiner dominanten globalen Stellung dauerhaft geschwächt werden.[310] Claß unterschätzte in der Neuausgabe der Denkschrift fundamental die Folgen des Kriegseintritts der Vereinigten Staaten 1917, deren Bedeutung für die alliierte Ressourcenmobilisierung von Truppen und Material er völlig ignorierte.[311] Hugenberg hatte ihn vor Drucklegung zudem noch davor gewarnt, Großbritannien ebenfalls zu unterschätzen. Man habe schon 1914 „Englands Eingreifen vielfach auf die leichte Achsel genommen“ und es spreche „doch viel für die Wahrscheinlichkeit, daß schließlich das Schwergewicht Amerikas uns erdrückt“, wenn sich Rußland „gegen uns befestigt und der U-Boot-Krieg nicht sehr schnell wirkt!“.[312]

Stattdessen betonte Claß nun in der überarbeiteten Fassung, dass der Krieg „am letzten Ende ein Wirtschaftskrieg“ sei, „entfacht vom Neide Englands und seiner Angst vor dem deutschen Wettbewerb“ sowie englischen Bestrebungen zur „Vernichtung des

306 Ebd., S. 65.

307 Ebd., S. 37.

308 Ebd., S. 39–40.

309 Ebd., S. 38 und Claß: Denkschrift, S. 31.

310 Claß: Zum deutschen Kriegsziel, S. 62.

311 Siehe ebd., S. 43–44.

312 Alfred Hugenberg an Claß, 10.7.1917, in BA-Berlin, R 8048, Bd. 395, Bl. 168–172. Zitat ebd., Bl. 170.

deutschen Überseehandels".[313] Um „nach dem Kriege den gewaltigen Weltwirtschaftsgebieten Englands, Rußlands und der Vereinigten Staaten gegenüber dastehen zu können", müsse Deutschland unter anderem die „Kohlen- und Erzschätze" in den besetzten Gebieten Frankreichs und Belgiens behalten und mit Österreich-Ungarn einen „mitteleuropäischen Wirtschaftsverbund" eingehen.[314]

Claß forderte weiter die Zurückdrängung Russlands im Osten. Zusätzlich zur Herauslösung Finnlands und der Ukraine aus dem Russischen Reich wollte er eine „baltische Mark" mit Litauen, Suwalki, Kurland, Estland und Livland sowie eine „Ostmark" mit Wilna und den verbleibenden Territorien errichten, die „reichsunmittelbar" dem Kaiser unterstellt werden sollte, sofern der Plan einer direkten Angliederung an Preußen verworfen würde.[315] Die vor Posen liegenden Gebiete Soldau, Kolo, Warthe und Bendzin sollten Preußen angegliedert werden. Politische Rechte sollten nur an „die bisherigen Bewohner deutscher Abstammung und die neuen deutschen Ansiedler" verliehen werden.[316] Die Gebiete dieser „Ostmark" sollten ähnlich wie Belgien diktatorisch regiert und wie im Gebiet der neu zu errichtenden Westgrenze in Frankreich von den nicht-deutschen Bewohnern „in der Hauptsache ausgeräumt und also erst ganz neu besiedelt" werden.[317] „Es ist der Gedanke eigene Stammesangehörige gegen die Fremdstämmigen friedlich auszutauschen, sie nach festen Vereinbarungen herüber- und hinüberzuschieben, jede Nationalität dem Kern ihres Stammesvolkes zuzuführen. Also eine Art ‚völkischer Flurbereinigung', die nicht anderes ist als eine Politik der völkischen Sammlung um die eigentlichen Anziehungs- und Mittelpunkte der in Betracht kommenden Stämme."[318] „Menschenmassen" sollten aus dem Westen in das zu erweiternde Reichsgebiet „verpflanzt" werden, und Russland die Bedingungen „auferlegt" werden, unter welchen praktischen Verfahrensweisen die „auf unserem Neuland sitzenden Weiß- und Großrussen an sich zu ziehen" seien, während „die Deutschen aus Russland zu übernehmen" seien und auch aus der Ukraine und Polen „herausgezogen" werden sollten.[319] Während Claß auf diesem „Neuland" im Osten auf russischen Ansiedlungen jährlich bis zu 900.000 deutsche Bauern unterbringen wollte, hatte Hugenberg ihn davor gewarnt, „weitgehende Zerschmetterungsabsichten" gegenüber Russland zu formulieren, die mit der Herauslösung des Baltikums, Polens und der Ukraine auf die territoriale und finanzielle Reduzierung von Russlands Größe zielten: „Uns fehlen für Alles [...] so sehr die Menschen, daß nachgerade ein Sonderfrieden von dieser Seite (natürlich ein guter!) doch sehr erwünscht wäre, da müssen wir von den starken Ausdrücken jetzt doch zum mindesten absehen."[320]

313 Claß: Zum deutschen Kriegsziel, S. 65.
314 Ebd., S. 67.
315 Ebd., S. 52 und 53.
316 Ebd., S. 53.
317 Ebd.
318 Ebd., S. 47–48.
319 Ebd., S. 48 und 49.
320 Alfred Hugenberg an Claß, 10.7.1917, in BA-Berlin, R 8048, Bd. 395, Bl. 168–172. Zitat ebd., Bl. 170–171.

Die Juden in den Gebieten im Osten sollten weiterhin ein eigenes abzutretendes Territorium in Palästina erhalten. Nach Claß würde damit eine Hauptforderung der zionistischen Bewegung umgesetzt.[321] Eine „auf Jahre verteilte Tätigkeit zur Überführung der Juden in die neue Heimat" aus diesem „Ost-Neulande" des Deutschen Reiches müsse in Gang gesetzt werden, um die große Zahl von Juden, die Claß weiterhin auf eine Million schätzte, umzusiedeln und letztlich auch den größten Teil, der sich auf einer Stufe tiefster Armut und „Unkultur" befinde, nicht übernehmen zu müssen.[322]

Polen sollte nun als „Nebenstaat" oder „Schutzstaat" mit eigener innerer Verwaltung an das Deutsche Reich angegliedert, aber nicht „einverleibt" werden.[323] Claß hatte seine Position bereits im Mai 1916 geändert. Aus strategischen Gründen lehnte er die Teilung Polens zwischen dem Deutschen Reich und Österreich-Ungarn ab, nicht zuletzt aufgrund der Gefahr einer „Irredenta" sowie einer verstärkten slawischen Übermacht im Habsburgerreich, die sich gegen das „Deutschtum" im Vielvölkerstaat auswirken würde.[324] Militär-, verkehrs- und wirtschaftspolitisch sollte Polen von deutschen Behörden verwaltet werden, jedoch keine selbstständige Außenpolitik treiben und keine „Einflußnahme auf das politische Leben des Reiches" haben können. Ein „deutschbesiedelter Sicherungsstreifen" sollte zur Absicherung gegen den polnischen „Nebenstaat" errichtet werden.[325] „Dieser Sicherungsstreifen sollte sich in Gestalt der Sichel des abnehmenden Mondes von Soldau über Wloclawek nach Kolo, dann die Warthe aufwärts bis zu ihrem Knie und weiter gleichlaufend mit der bisherigen Grenze unter Vermeidung von Tschenstichau, im Bogen auf die bisherige russisch-galizische Grenze ziehen, nördlich von Trzebinia."[326] Mit der OHL wusste sich Claß bei solchen Forderungen Polen betreffend einig. Leo Wegener konnte bereits im Herbst 1916 berichten, Ludendorff verfolge im Zuge der Proklamation des Königreichs Polen am 5. November 1916 ähnliche

321 Claß: Zum deutschen Kriegsziel, S. 51.

322 Ebd., S. 51 und 50.

323 Ebd., S. 57.

324 Claß: Grundsätzliches zur polnischen Frage [Sonderabdruck aus den Alldeutschen Blättern 1916] als Beilage zum Rundschreiben von Claß an die Empfänger seiner Kriegszieldenkschrift von 1914 vom 20.5. 1916, in BA-Berlin, R 8048, Bd. 633, Bl. 184–185.

325 Claß: Zum deutschen Kriegsziel, S. 57.

326 Ebd., S. 58. Claß weiter: „Zur weiteren Erhöhung der Sicherheit würde dienen, daß im Osten des reinpolnischen [sic] Schutz- und Nebenstaates das weitere Gebiet liegt, daß wir Russland abgenommen haben. Dann läge zwischen Neu-Polen und dem verkleinerten Russland noch dieser Schutzstreifen, von dem ich vorgeschlagen habe, ihn als Militärgrenze auszugestalten. Auf diese Art wäre Neu-Polen von drei Seiten vom Reichsgebiet umfaßt und damit wäre nach menschlichem Ermessen jede Gefahr ausgeschlossen, die militärisch von da kommen könnte! Über die Einzelheiten der ganzen Frage wird später zu reden sein. Solange nicht abzusehen ist, ob – was wir alle wünschen und hoffen – die gesamten Ostseeprovinzen und vielleicht noch mehr von dem Westgebiet des unermeßlichen [R]ussischen Reichs zu unserer Siegesbeute gehören werden, solange wird man auch die polnische Frage in der Öffentlichkeit nur von den grundsätzlichen Gesichtspunkten aus erörtern." Ebd.

Pläne, die im Grunde darauf hinausliefen, „den ersten Claß'schen Entwurf zu verwirklichen, ein deutsches Land hinter Polen zu schaffen".[327]

Österreich-Ungarn sei „wegen seiner Übersättigung mit Slawen in schwieriger Lage", daher sei eine Verständigung über die deutsche Zuweisung Kongress-Polens, das 1916 verwaltungspolitisch zwischen Deutschland und Österreich-Ungarn aufgeteilt wurde, wohl möglich. Die Wiener Kriegsziele würden sich daher vermutlich auf Grenzberichtigungen und umfassende Kriegsentschädigungen beschränken lassen, meinte Claß nun drei Jahre nach Kriegsbeginn.[328] Die Interessen der „Bundesgenossen" Türkei und Bulgarien seien entsprechend der deutschen Interessen zu unterstützen, während für die deutschen „Mitteleuropa"-Pläne Luxemburg wohl selbst um Angliederung ersuchen würde. Wie schon in der Denkschrift von 1914 sollten die neutralen Niederlande ohne Druck an Deutschland weiter herangeführt werden. Der Schweiz waren verkehrspolitische Vorteile zu gewähren.[329]

Als „Nebenforderungen" führte Claß unter anderem weiterhin die Schließung der Grenze nach Osten an sowie die „Beschränkung der Freizügigkeit" für „Fremdblütige", die „noch kein Vollbürgerrecht" wie Wallonen, Litauer, Letten und Esten besäßen, das Verbot von „Farbigen" im Deutschen Reich, das Verbot von Studenten ohne eine „germanische Abstammung", die Errichtung eines Reichssprachamtes, die Vergabe lediglich von deutschen Namen für Städte und Personen, Zulagen für Verheiratete und „zeitlich begrenzte Kinderzulagen" sowie die Selbstverpflichtung der deutschen Einzelmonarchien, lediglich Deutsche als Thronfolger zu ernennen.[330] Dieses Programm der kulturellen, ethnischen und staatsbürgerlichen Homogenisierung unterstrich erneut die völkische Grundlage der Claß'schen Kriegszielforderungen.

Die Utopie einer in Staat, Territorium und Volk umgesetzten deutschen „völkischen Eigenart", die gegen jegliche „internationale Zukunft" gerichtet war, wie Claß es formulierte, ging längst an den politischen Entwicklungen in Deutschland vorbei.[331] Wenige Wochen vor der Fertigstellung der neugefassten Denkschrift hatte sich die SPD im April 1917 über die Frage der Kriegskredite und eines umgehenden Friedensschlusses in Unabhängige Sozialdemokraten (USPD) und Mehrheitssozialdemokraten (MSPD) gespalten. Ende März stimmte der Reichstag zu, einen Ausschuss einzusetzen, der Reformen zur politischen Neuordnung im Deutschen Reich vorbereiten sollte („Verfassungsausschuss"). Er ging auf die Initiative von SPD und Nationalliberalen zurück. Die

---

327 So Leo Wegener an Alfred Hugenberg, 6.11.1916, zitiert in Guratzsch: Macht durch Organisation, S. 157. Dieser Vorschlag war bereits in der Denkschrift Bernhard/Wegener vom August 1914 enthalten und wurde in Denkschriften des Regierungspräsidenten von Frankfurt (Oder), Friedrich von Schwerin, vom 25.3. und 31.12.1915 weiterentwickelt und von der Reichskanzlei aufgenommen. Siehe ebd., S. 157–158 und Geiss: Der polnische Grenzstreifen, S. 78–90.

328 Claß: Zum deutschen Kriegsziel, S. 64.

329 Ebd., S. 69–70.

330 Ebd., S. 70–74.

331 Ebd., S. 78.

„Osterbotschaft" des Kaisers vom 8. April 1917 kündigte schließlich halbherzig eine Reform des preußischen Dreiklassenwahlrechts für die Zeit nach dem Krieg an.[332]

Angesichts dieser Demokratisierungsbestrebungen von Parlament und Krone wandte sich Claß in einer Throneingabe am 7. Mai 1917 erneut an den Kaiser, um vor „zersetzenden und zerstörenden Kräften", die sich im Verfassungsausschuss zusammengefunden hätten, zu warnen. Ihnen sei die „Möglichkeit gegeben, ungehemmt Hand anzulegen an die Grundlagen, auf denen unser Vaterland aufgebaut ist: an die geschichtlich gewordene Machtstellung eines echten Volksherrschertums, wie es das deutsche Kaisertum ist – an jene gesunde, gerechte und bewährte Staatsgewalt, wie sie Preussen und die anderen Bundesstaaten des Reichs sich geschaffen haben – an die Stellung endlich, die Geschichte und eigenes Verdienst den Gebildeten und Besitzenden im Vaterlande mit Fug und Recht zugeteilt haben." Gehe die Demokratisierungspolitik über das Parlament so weiter, dann sei mit einem zunehmenden „entfesselte[n] Kampf aller gegen Alle im Innern des Vaterlandes" zu rechnen.[333] Der Empfang der Eingabe wurde vom Zivilkabinett freundlich bestätigt, das Schreiben sei weitergeleitet worden.[334]

Angesichts dieser innenpolitischen Demokratisierungsankündigungen nahm Claß den Rücktritt Bethmann Hollwegs am 13. Juli 1917 nach andauernden Konflikten mit der 3. OHL enthusiastisch entgegen: „Es ist erreicht: Wir sind den Reichsverderber los! Ueber dieses Hauptergebnis tritt alles andere dieser Tage zurück – auch jedes ‚wenn' und ‚aber', das die gefundene Lösung aufwirft." Vor allem Hindenburg und Ludendorff, die sich beide für die Zusendung der gedruckten Kriegszieldenkschrift bei Claß bedankt hatten, hätten für den Rücktritt gesorgt. Sein, Claß', Standpunkt sei nun, dass man bereit sei mitzuwirken, da „die Bahn frei für nützliche Arbeit" sei, und vor allem bei der Klärung des Kriegsziels Arbeit warte.[335] Die Friedensresolution des Reichstages vom 19. Juli 1917 durch die Mehrheitsparteien MSPD, Zentrum und Linksliberale für einen Frieden ohne Annexionen und Kontributionen besiegelte aber umgehend die engen Handlungsspielräume des innenpolitischen Machtwechsels, nachdem Georg Michaelis zum Reichskanzler ernannt worden war.[336] Riefen Hauptleitung und Geschäftsführender Ausschuss Michaelis noch am 20. Juli dazu auf, die „unendlich schweren Aufgaben" zu „meistern", so befürchteten Claß und die Mitglieder der Verbandsführung, dass die neue Mehrheit des Reichstages die Arbeit des Reichskanzlers erschweren und den

---

332 Ebd., S. 25. Siehe auch Claß: Volk und Krone.

333 Throneingabe Claß an Wilhelm II., 7.5.1917, in BA-Berlin, R 8048, Bd. 599, Bl. 7.

334 Hofmeister (Hrsg.): Heinrich Claß. Politische Erinnerungen, S. 303.

335 Claß an Konstantin von Gebsattel, 15.7.1917, in BA-Berlin, N 2089, Bd. 4, Bl. 398. Chef des Generalstabes des Heeres an Claß, 18.7.1917, in ebd., R 8048, Bd. 636, Bl. 41 und Erich Ludendorff an Claß in Finthen (Telegramm), 20.7.1917, in ebd., Bl. 43. Auch der Chef des Stellvertretenden Generalstabes der Armee, Hugo von Freytag-Loringhoven, bedankte sich für die Zusendung. Hugo von Freytag-Loringhoven an Julius F. Lehmann, 30.7.1917, in ebd., Bl. 59.

336 Friedensresolution des Reichstages, 19.7.1917, in Verhandlungen des Reichstages, Bd. 321, S. 1747.

Eindruck mehren würde, „als sei das deutsche Volk zermürbt und zusammengebrochen".[337]

Die innenpolitischen Verschärfungen machten Claß' Kriegszielforderungen auch bei den radikalsten Kriegsbefürwortern realpolitisch im Grunde obsolet. Sie lassen sich im Frühsommer 1917 eher als heroische Kampfprogrammatik eben jener kompromisslosen „Kriegsverlängerer" interpretieren, als welche die Alldeutschen von den Mehrheitsparteien im Reichstag bezeichnet wurden. Man sah sich nun als „Stoßtrupp", der „sich dem von allen Seiten andrängenden Feind entgegenwirft".[338] Vor allem die Politik der USPD, aber auch die der MSPD geißelte Claß als „reichsgefährliches Treiben der Sozialdemokratie", das weit in die Kriegsgesellschaft hineinwirke. Die USPD habe unter anderem zu den Munitionsstreiks im Frühjahr beigetragen, während die MSPD im Reichstag große Strahlkraft auf alle Parteien bis hin zur „Zersetzung der bürgerlichen Seite" habe.[339] Für Claß gingen innenpolitische Demokratisierungsforderungen und Kriegspolitik nicht zusammen: „Und in solcher Lage, wo wir trotz der ungeheuren Opfer den Sieg in der Hand hatten, erleben wir den politischen Wahnsinn, daß die internationalen Mächte des Umsturzes und des Geldes das deutsche Volk um den Preis des Daseinskampfes betrügen wollen, und daß als Dritte zu diesem verderblichen Bunde die Anhänger des Zentrums sich gesellen, mißleitet von den internationalen Strömungen, die für sie durch die Rücksicht des Papsttums und die Beziehungen zu ihm geschaffen werden."[340] Der „Burgfrieden" von 1914 war für Claß lediglich ein Manipulationsmittel Bethmann Hollwegs gewesen, der als „Bann" auf das öffentliche Leben gelegt worden sei, „der aber nichts anderes war, als ein Mittel, die seelische Widerstandskraft unseres Volkes planmäßig zu zermürben", „ohne Instinkt dafür, wie Menschenmassen in schwerer Zeit behandelt sein wollen".[341]

Die Veröffentlichung der Claß'schen Kriegszieldenkschrift wurde in der Öffentlichkeit kaum mehr wahrgenommen und die programmatischen Ausführungen spielten auch für die Kriegszieldiskussionen der Rechten keine zentrale Rolle mehr wie noch in ihrer ersten Fassung von 1914. Immerhin druckte Lehmann in kürzester Zeit mehrere Auflagen von insgesamt 35.000 Exemplaren, von denen bis Oktober 1917 dann 28.074 und bis Juni 1918 insgesamt 30.263 abgesetzt wurden.[342] Innenpolitisch hingegen spitzten sich die Auseinandersetzungen weiter zu und die fundamentalen innenpolitischen Umbrüche schufen mit dem Rücktritt Bethmann Hollwegs innenpolitische Möglichkeitsräume, gegen die die Kanzlergegner beständig hingearbeitet hatten.

---

337 Der Alldeutsche Verband zur Lage, 20.7.1917, in Alldeutsche Blätter 28.7.1917. Ausführlicher dazu Hofmeister (Hrsg.): Heinrich Claß. Politische Erinnerungen, Kapitel 2.7.

338 Alldeutsche Blätter 15.10.1917.

339 Claß auf der Sitzung des Geschäftsführenden Ausschusses des ADV, 5.10.1917, in Alldeutsche Blätter 13.10.1917.

340 Ebd.

341 Claß auf dem Verbandstag des ADV, 6.10.1917, in ebd.

342 Julius F. Lehmann an Claß, 17.10.1917 und 19.6.1918, in BA-Berlin, R 8048, Bd. 636, Bl. 95 und 113.

Der Sozialdemokrat Philipp Scheidemann, der am 9. November 1918 vom Balkon des Reichstagsgebäudes die Republik sowie die Abdankung der Monarchie ausrufen soll, hatte mit seiner Geschichtsinterpretation nicht unrecht, als er zum Abgang des Reichskanzlers erklärte, dass die Propaganda der Bethmann-Fronde zügellos gewesen sei, da sie sich von einem „Klassengenossen" in „ihren Klasseninteressen bedroht fühlte" und den Reichskanzler somit „doppelt haßte".[343] Die politische Sammlung der Mehrheitsparteien von Linksliberalen, Zentrum und MSPD habe mit ihren Forderungen nach einem Verständigungsfrieden und nach demokratischer Reform des preußischen Dreiklassenwahlrechts zur politischen Erosion beigetragen, gegen die nun forciert angegangen werden sollte. Eine Politik des Ausgleichs und der Verständigung, so Scheidemann, könne nicht ohne ein „freudiges Bekenntnis zum demokratischen Fortschritt" geschehen.[344]

Andererseits schien miltitärisch an der Front im Osten Bewegung in die Umsetzung der territorialen Ansprüche der Alldeutschen zu kommen, genauer im Zuge der Russischen Revolution zwischen dem Sturz des Zaren Nikolaus II. im März und der Proklamation der „Sozialistischen Räterepublik" durch den Rechtsanwalt Wladimir Iljitsch Lenin im Oktober 1917 sowie des folgenden Bürgerkrieges.[345] Die deutschen Gewinne weiterer Territorien, einschließlich der baltischen Provinzen Kurland und Livland, spielten den strategischen Forderungen von Claß nach einer Brückenfunktion ethnisch grundierter Bevölkerungspolitik für Siedlungsräume im Osten in die Hände. Der Deutsche Wehrverein sprach in einer Denkschrift an den Kaiser im Frühjahr 1916 von 2,5 Millionen Einwohnern in den baltischen Provinzen, die jedoch geschätzte 15 Millionen Einwohner bei einer effizienten Landwirtschaftspolitik aufnehmen könnten.[346] Somit waren die baltischen Provinzen zusammen mit Polen die Hauptgebiete für alldeutsche Siedlungspläne.

Der Alldeutsche Verband begleitete die Verhandlungen für den Friedensvertrag von Brest-Litowsk vom März 1918 mit Petitionen an Ludendorff, die eine grundlegende Neustrukturierung Osteuropas durch Umsiedlung einheimischer Bewohner und Ansiedlung ethnisch Deutscher forderten.[347] Das vom amerikanischen Präsidenten Woodrow Wilson im Januar 1918 in seinen „14 Punkten" geforderte Selbstbestimmungsrecht der Völker war für Claß nicht zuletzt auch deshalb abzulehnen, weil dieser in der Durchsetzung des Prinzips ethnisch-nationalstaatlicher Souveränität eine Gefahr für das „Deutschtum" in Livland und Estland sah, das als ethnische Minderheit weiteren Russifizierungsmaßnahmen ausgesetzt sein würde, wie sie Zar Nikolaus II. seit den 1890er Jahren und sein Vater, Zar Alexander III., ein Jahrzehnt zuvor begonnen hat-

---

343 Rede Philipp Scheidemann, 19.7.1917, in Verhandlungen des Reichstags, XIII. Legislaturperiode, II. Session, Bd. 310, S. 3576.

344 Ebd., S. 3577.

345 Siehe Figes: A People's Tragedy.

346 Denkschrift des Deutschen Wehrvereins, 27.1.1916, in BA-Berlin, R 43 Alte Reichskanzlei. Stammakten I. Parteien 11. Die Alldeutschen, Bd. 1, Bl. 244.

347 Alldeutsche Blätter 23.2.1918 und ebd., 16.3.1918. Siehe auch Conze: Polnische Nation, S. 332.

ten.[348] Auch die humanitäre Friedensinitiative von Papst Benedikt XV. vom 1. August 1917, in der er zu einer Verständigung der Nationen über einen Friedensschluss, eine Einigung zu strittigen territorialen Gebieten, eine Demilitarisierung und letztlich eine Anerkennung des Völkerrechts aufrief, wurde vom Alldeutschen Verband kategorisch abgelehnt, ohne die Minderheit der eigenen katholischen Mitglieder zu verschrecken.[349] Claß' „ministeriell bestellter Vertreter" an den Mainzer Gerichten, der katholische Gerichtsassessor und Alldeutsche Hubert Gürten, verwarf die Friedensbemühungen des Vatikans als „utopisch" und „undurchführbar".[350]

Für Claß war die deutsche Strategie einer territorialen Ausdehnung im Osten eine Forderung, die aus seiner Sicht mit einem legitimen imperialen „Machtanspruch" zu tun hatte, Deutschland nicht nur zu einer „Weltmacht" und zu einem „Weltvolk" zu machen, sondern auch eine in der Kriegszieldenkschrift geforderte forcierte „Neuordnung der Erde" angesichts des festgefahrenen Frontverlaufs im Westen wenigstens im Osten Europas zu erreichen.[351] Entscheidend war für Claß das „wesentliche Kriegsziel", und das sei im Osten durch den Separatfrieden mit Russland erreicht worden.[352] Für ihn stand Osteuropa im Zentrum seiner Kriegsziele: „Kolonialpolitik über Land ist die Losung! Und es scheint eine geradezu vom Schicksal uns gegebene Gelegenheit, die koloniale Bewegung nach Osten in Asien hineinzutragen [...]."[353]

4.6 Zentralisierungen der Macht: Personalpolitik und Modernisierung des Alldeutschen Verbandes 1914/17

Die anhaltende Zensur der Kriegszieldiskussion, die Auswirkungen der Kriegsmobilisierung innerhalb der Ortsgruppen und Gauverbände, die oftmals ohne lokale Führung dastanden und in den Handbüchern als „verfallen" geführt wurden, sowie die weiterhin chronisch unterfinanzierte Ausstattung machten die öffentliche Selbstdarstellung des Verbandes schwierig. So wurde beispielsweise der geplante zweite Quellenband „Alldeutscher Arbeit und Kämpfe" zum 25. Jahrestag der Gründung des Verbandes verworfen. Lediglich der Jahrestag am 28. September 1915 sollte „in stillem Gedenken" in „waffenklirrenden Zeiten" von „Blut und Tränen", aber auch von „unerhörten Waf-

348 Claß an Konstantin von Gebsattel, 14.12.1917, in BA-Berlin, N 2368, Bd. 1, o. Bl. Zur Politik der „Russifizierung" siehe u. a. Thaden (Hrsg.): Russification, Weeks: Nation and State und Lohr: Nationalizing the Russian Empire.

349 Alldeutsche Blätter 25.8.1917. Aschmann/Justenhoven-Heinz (Hrsg.): Dès le début.

350 Gürten: Um Deutschlands Zukunft, S. 11.

351 Claß: Gebot der Stunde, in Deutsche Zeitung 15.2.1918 und Ders.: Das deutsche Kriegsziel [1917], S. 75 und 76 sowie bereits in Ders.: Denkschrift [1914], S. 69 und 70.

352 Claß auf der Sitzung des Geschäftsführenden Ausschusses des Alldeutschen Verbandes, 13.4.1918, in BA-Berlin, R 8048, Bd. 118, Bl. 10.

353 Claß auf der Sitzung des Geschäftsführenden Ausschusses des Alldeutschen Verbandes, 29.6.1918, in BA-Berlin, R 8048, Bd. 119, Bl. 14.

fentaten“ gefeiert werden.[354] Die zum 1. April 1915 geplante Stiftung Bismarck-Dank[355] wurde ebenfalls zunächst zurückgestellt. Bereits seit 1913 plante der Verband eine große Feier zum 100. Geburtstag des Reichsgründers im Zusammenwirken mit dem Verein für das Deutschtum im Ausland. Claß wollte solche Festlichkeiten während des Krieges kleiner halten.[356] Am 1. April fand die Feier dann in Friedrichsruh mit fünfzig alldeutschen Vertretern der Ortsgruppen und angeschlossenen Hamburger Vereinen statt.[357]

Der Kampf um Bismarck als nationales Symbol wurde von den Alldeutschen mit limitierten Ressourcen geführt, jedoch umso mehr in den eigenen Kampf gegen die Regierung eingebunden. Bismarck war im Grunde die einende Figur der an kulturellen Verbandssymbolen eher armen Alldeutschen. So hatte die Hauptleitung die Vertonung und Verdichtung eines „Alldeutschen Bundesliedes“ schon 1910 abgelehnt.[358] Die alldeutschen Schatzmarken sowie die zu erwerbenden Anstecknadeln auf den Verbandstagen förderten keine nach außen tragfähige Gemeinschaftsbindung. Mehrfachmitgliedschaften machten eine eindeutige Zurechnung zu den Ortsgruppen zuweilen schwierig, und der einsetzende Zuwachs zwischen 1915 und 1918 führte zu extremen Mitgliederschwankungen.[359] Im Oktober 1917 zählte der Verband 28.000 Mitglieder, wobei in diesem Jahr 998 neue Mitglieder eingetreten waren, während gleichzeitig 1.453 Mitglieder wieder ausgetreten oder verstorben waren. Die schwache Zahlungsmoral führte zu Beitragsausfällen von bis zu 25.000 Mark, während weitere 10.000 Mark ohnehin als „uneinziehbar“ abgeschrieben wurden, da die Betreffenden ihren Austritt nicht amtlich gemacht hatten, aber noch in der Statistik geführt wurden.[360] Zu diesem strukturell fragilen Mitgliederumfeld in den Ortsgruppen des Verbandes kam eine „Trägheit“ und „Scheuheit vor dem Hervortreten“, die keineswegs der lautstarken Propagandapolitik der Verbandsführung entsprachen.[361] Das Mobilisierungsverhältnis zwischen eigener Anhängerschaft und Führung war auch innerhalb des Verbandes ein ausgesprochenes Problem, das in der Novemberrevolution vollends zum Kollaps vieler Ortsgruppen sowie zum weitreichenden Austausch der Mitglieder durch zahlreiche Austritte bei gleichzeitigen Neueintritten führen sollte.

---

354 Alldeutsche Blätter 25.9.1915.

355 Rundschreiben Hauptausschuss Bismarck-Dank 24.6.1915, in BA-Berlin, R 8048, Bd. 626, Bl. 125.

356 Siehe Sitzung des Geschäftsführenden Ausschusses des Alldeutschen Verbandes, 17.10.1913, in BA-Berlin, R 8048, Bd. 91, Bl. 48–49.

357 Alldeutsche Blätter 10.4.1915.

358 Siehe Alldeutscher Verband an Karl Adolf König, 27.6.1910, in BA-Berlin, R 8048, Bd. 75, Bl. 18 sowie Bl. 10–12.

359 Die Mitgliederzahlen stiegen von 18.000 im Jahr 1914 auf 22.058 im Jahr 1916, 32.322 im Jahr 1917 und 36.904 im Jahr 1918. 1916 sank die Mitgliederzahl auf 16.576. Hofmeister: Between Monarchy and Dictatorship, S. 485.

360 Siehe Sitzung des Geschäftsführenden Ausschusses des Alldeutschen Verbandes, 5.10.1917, in BA-Berlin, R 8048, Bd. 115, Bl. 19.

361 Siehe Sitzung des Geschäftsführenden Ausschusses des Alldeutschen Verbandes 14.4.1917, in BA-Berlin, R 8048, Bd. 113, Bl. 4–5.

Die Verbandstage blieben der eigentliche Ort politischer und geselliger Vergemeinschaftung. Claß bemühte sich, für unterschiedliche Einkommensgruppen Übernachtungs- und Menüpläne bereitzustellen. Als die Vorbereitungen der Verbandsgremien für seinen 50. Geburtstag im Frühjahr 1918 ihn erreichten, bat er angesichts der Kriegsumstände um eine preiswerte Teilnahmegebühr. Er habe ein „unangenehmes Gefühl" bei solchen Feierlichkeiten, da viele Verbandsangehörige des Mittelstandes vertreten seien, die vom Krieg finanziell besonders getroffen seien, so Gebsattel.[362] Ein großes Abendessen wurde am Ende abgesagt, dafür wurde in kleinerem Kreis im Anschluss an den Verbandstag in Berlin getafelt.[363] Die Ressourcenknappheit des Krieges wirkte auch auf die Verbandsmitglieder, während andere wie Kirdorf ihren Wohlstand mehren konnten. Er brachte den Großteil der zu Claß' 50. Geburtstag gesammelten Spende von insgesamt 266.000 Mark zur freien Verfügung des Verbandsvorsitzenden auf.[364] Üppige finanzielle Zuwendungen dieser Art überdeckten die kriegsbedingten materiellen Einschränkungen wie die allgemeine Lebensmittelknappheit, die selbst bei der Auswahl von Claß' Geburtstagsmenu Sonderwünsche nicht zuließ.

Der Krieg zeitigte alltägliche Beschaffungsprobleme, die auch durch finanzielle Vorteile nicht immer überdeckt werden konnten. Claß konnte etwa für die Außenstelle der Geschäftsstelle in Mainz 1917 bei Kirdorf keine Sonderlieferungen an Kohle zur Beheizung herausholen.[365] Die Kohlerestriktionen führten überall im Land zur erzwungenen Einschränkung der Ortsgruppensitzungen durch die lokalen Behörden.[366] Der Papiermangel hatte zur Folge, dass die Editoren der *Alldeutschen Blätter* die Leser bitten mussten, die Exemplare unter den politischen Freunden zirkulieren zu lassen und an die Redaktion zur weiteren Verteilung zurückzuschicken.[367]

Mit dem Umzug der Geschäftsstelle nach Berlin 1916/17 wurde die Hauptstadt zunehmend zum Versammlungsort der Verbandstage, auch um Beschwerden über die zunehmend schwieriger werdende Verkehrslage in Deutschland zu umgehen. Für die öffentliche Resonanz hielt Claß jedoch die größeren Gautage in Zukunft für wichtiger als interne alldeutsche Versammlungen.[368] All diese Einschränkungen standen aber in

---

362 Konstantin von Gebsattel an Carl Caesar Eiffe, 12.2.1918, in BA-Berlin, N 2089, Bd. 5, Bl. 80–81.

363 Carl Caesar Eiffe, der die Geburtstagsfeierlichkeiten im Beethovensaal des noblen Hotels Adlon für den 2.3.1918 mit vorbereitete und dafür Gelder auch wieder bei Kirdorf einsammelte, merkte an, dass Claß auch schon vorher immer wieder Mitgliedern der Ausschuss-Sitzungen für das Abendessen das Gedeck verbilligt habe anbieten können, weil er dafür aus ihm zur Verfügung stehenden Mitteln das Essen subventionierte, „ohne dass sie es wussten". Carl Caesar Eiffe an Konstantin von Gebsattel, 16.2.1918, in BA-Berlin, N 2089, Bd. 5, Bl. 95.

364 Sitzung des Geschäftsführenden Ausschusses des ADV, 2.3.1918, in BA-Berlin, R 8048, Bd. 117, Bl. 117 und Carl Caesar Eiffe an Konstantin von Gebsattel, 2.3.1918, in ebd., N 2089, Bd. 5, Bl. 117–119.

365 Emil Kirdorf an Claß, 17.7.1917, BA-Berlin, R 8048, Bd. 411, Bl. 59–60. Siehe auch die Sitzung des Geschäftsführenden Ausschusses des Alldeutschen Verbandes, 24.6.1916, BA-Berlin, R 8048, Bd. 640, Bl. 60d.

366 Siehe u. a. Richard du Moulin-Eckart an Paul Bang, 8.3.1917, in BA-Berlin, R 8048, Bd. 287, Bl. 17.

367 Alldeutsche Blätter 17.8.1918.

368 Claß auf der Sitzung des Geschäftsführenden Ausschusses des Alldeutschen Verbandes, 24.6.1916, in BA-Berlin, R 8048, Bd. 106, Bl. 26.

keinem Vergleich mit den Kriegswirkungen auf die Arbeiterschaft und die ärmeren Schichten in Stadt und Land. Schon vor 1914 hatte der Verband sich jedoch materiell einschränken und begrenzte finanzielle Spielräume akzeptieren müssen. Diese Lage war durch den Krieg verstärkt worden und hinterließ Spuren.

Im Ersten Weltkrieg fielen wichtige Entscheidungen, die den Alldeutschen Verband modernisieren und aus der beschaulichen Mainzer Idylle herausholen sollten, um seine öffentliche Wahrnehmung sowie seine Mobilisierungsbemühungen zu steigern. Bereits im Sommer 1915 regte Otto Helmut Hopfen eine grundlegende Strukturreform der Verbandsführung durch den Umzug der Geschäftsstelle zurück nach Berlin an.[369] Die Verlegung der Geschäftsstelle, die im Frühjahr 1916 begann und bis zum Mai 1916 nach Monaten der doppelten Geschäftsführung in Mainz und Berlin vollzogen werden konnte, war für Claß „angesichts des Ernstes der Zeitläufte" von „allerhöchster Wichtigkeit", da es angesichts der Zensur unmöglich sei, von Mainz aus so „etwas wie nationalen Schwung zu erzeugen".[370]

Durch finanzielle Zuwendung von Kirdorf und Hugenberg und weitere Sammlungen konnte die Eröffnung der Hauptgeschäftsstelle Am Karlsbad 28 möglich gemacht werden, jedoch gelang es nicht, eine weitere halbe Million Mark zusammenzubekommen, um den Verband selbst auf sichere Füße zu stellen.[371] Eine „Ehrengabe" zum 25-jährigen Bestehen des Alldeutschen Verbandes brachte der Hauptleitung ein über 62.000 Mark.[372] Knapp 115.000 Mark standen im Sommer 1916 im Anschluss an die Sammlung von Salm-Horstmar zur Verfügung, die eine ausgedehnte Verbandsarbeit sicherstellen sollte.[373] Im Januar 1916 hatte der Verband bereits eine Mobilisierungsoffensive zur Zusammenfassung aller nationalen Verbände ausgerufen, die von Berlin aus erfolgen sollte.[374]

Zu diesem Zeitpunkt war die öffentliche Verbandspolitik nicht zuletzt aufgrund der Kriegszieldenkschrift, die Claß in das öffentliche Scheinwerferlicht der radikalen Kriegszielbewegung gestellt hatte, bereits vollständig auf den Verbandsführer zugeschnitten, sodass dieser eitel bemerkte, er sei „das Inventarstück oder die wandelnde Überlieferung des Verbandes".[375] Diese Fixierung auf seine Person zehrte allerdings an Claß' Reserven und machte die Führung abhängig von der personell überschaubaren Geschäftsstelle und der Hauptleitung. Claß suchte sogar persönlich nach einer geeigneten Immobilie in Berlin, um den Umzug der Hauptgeschäftsstelle zur Miete zu organisieren. Zudem gingen die Auswirkungen der beständigen Oppositionspolitik auch

369 Leicht: Heinrich Claß, S. 206–207.

370 Claß auf der Sitzung des Geschäftsführenden Ausschusses des Alldeutschen Verbandes 27.1.1916, in BA-Berlin, R 8048, Bd. 103, Bl. 14.

371 Leicht: Heinrich Claß, S. 211–215.

372 Alldeutsche Blätter 22.7.1916.

373 Stegmann: Die Erben Bismarcks, S. 492–493 und Leicht: Heinrich Claß, S. 214.

374 Siehe Aufruf Alldeutscher Verband, 26.1.1916, in BA-Berlin, R 8048, Bd. 453, Bl. 195–197.

375 Claß auf der Sitzung des Geschäftsführenden Ausschusses des Alldeutschen Verbandes, 24.6.1916, in BA-Berlin, R 8048, Bd. 106, Bl. 8.

an ihm gesundheitlich und nervlich nicht vorbei. Er litt bereits vor dem Krieg an Erschöpfungszuständen und fuhr regelmäßig zu Kuren, unter anderem nach Bad Kissingen. Die schwindenden nervlichen Ressourcen führten mit zunehmenden politischen Belastungen zu Stellvertretersymptomen, die sich nicht nur in einem sich im Krieg anbahnenden chronischen Schlafmangel zeigten, der Claß bis weit in die 1930er Jahre belasten sollte. Im Nachgang zu den Zensurmaßnahmen im Frühjahr 1915 schrieb Claß bereits an Gebsattel, dem er sich wohl nicht zuletzt offen anvertraute, weil dieser selbst altersbedingte Gebrechen zeigte: „Ich habe mehr Arbeit wie eh und bin ganz herunten – aber an ein Ausruhen ist nicht zu denken."[376] Gebsattel erkannte Claß' schwindende Kräfte seit dem Sommer 1915. Schlimm sei es dann im Januar und Februar 1916 auf den Verbandstagen in Berlin und Bamberg geworden, als Gebsattel eine Verrohung im politischen Ton gegenüber dem Kaiser heraushören wollte, die von einer fahrigen Präsentation der sonst durchdachten und strukturierten Ausführungen auf dem Verbandstag begleitet gewesen seien.[377] Es fehlten Claß schlichtweg „die gewohnte Klarheit und der Schwung".[378]

Zu längeren Ausfällen kam es schließlich, als Claß nach einer sechstägigen „vollkommenen Schlaflosigkeit" Ende März 1916, die „ungemein quälend und aufreibend" war, derart arbeitsunfähig war, dass seine Frau Mathilde Gebsattel informieren musste, der ihn daraufhin in nahezu allen Verbandsangelegenheiten vertrat.[379] Gebsattel verbreitete die Nachricht vertraulich unter einzelnen Mitgliedern des Verbandes und gab auch Claß' Überlegung Ausdruck, ob man nicht angesichts der Politik Bethmann Hollwegs und der Reichstagsparteien, die „völlig versagt" hätten, mit der Verbandspolitik eine „Ruhepause" einlegen sollte.[380] Gegenüber Mathilde Claß zeigte sich Gebsattel besorgt, da Claß bereits vor der kurz zuvor angetretenen Reise nach Berlin angeschlagen gewesen war und dann kurz nach seiner Rückreise aus Berlin in Mainz zusammenbrach:

> Wir alle haben ja gesehen, welch ungeheure Arbeitskraft er besitzt; wenn er aber diese Arbeitskraft so überfordert, dass er mittags schon erschöpft ist und genötigt ist, am Nachmittag wieder auf dem Damm zu sein, ein paar Glas Champagner zu trinken, so ist das eine ungesunde Aufpeitschung der Nerven, die sich rächen muss. [...] Der schwere Zusammenbruch in Berlin ist ja auch vielleicht damit schlimmer geworden, dass der nur an hom[öo]patischen Medicinen gewöhnte Mann die Erkrankung abschneiden wollte und unvernünftig viel Aspirin genommen hat. Solche Gewaltkuren darf ein Mann, dessen Nerven ständig bis zum äussersten gespannt sind, nicht ungestraft unternehmen – das sage ich, der gelegentlich einer Gewaltkur an mir selbst gar nicht abgeneigt ist.[381]

376 Claß an Konstantin von Gebsattel, 29.7.1915, in BA-Berlin, N 2089, Bd. 2, Bl. 183.

377 Zur scharf geäußerten Kaiser-Kritik von Claß siehe Konstantin von Gebsattel an Mathilde Claß, 3.4.1916, in BA-Berlin, R 8048, Bd. 356, Bl. 122–125.

378 Konstantin von Gebsattel an Mathilde Claß, 10.4.1916, in BA-Berlin, R 8048, Bd. 356, Bl. 144.

379 Mathilde Claß an Konstantin von Gebsattel, 1.4.1916, in BA-Berlin, N 2089, Bd. 3, Bl. 113.

380 Konstantin von Gebsattel an Wilhelm Mootz, 3.4.1916, in ebd., Bl. 120.

381 Konstantin von Gebsattel an Mathilde Claß, 3.5.1916, in BA-Berlin, R 8048, Bd. 356, Bl. 306–307. Siehe auch Ders. an Max von Grapow, 16.1.1917, in ebd., N 2089, Bd. 3, Bl. 523–526.

Claß meldete sich bei seinem Stellvertreter Gebsattel nach knapp einer Woche Absenz aus dem nahegelegenen Bad Homburg: „Sie werden denken, die Erde habe mich verschluckt, aber es ist mir wirklich schlecht gegangen u. jetzt bin ich geistig u. körperlich so faul, dass ich mich gar nicht mehr kenne. Aber es wird wieder gut werden."[382] Mathilde Claß ergänzte, dass sich der Zusammenbruch ihres Mannes schon länger angekündigt habe: „Die Nerven wollten einfach nicht mehr." Die Arbeitsbelastung und die Sorgen um Verband und eigene Anwaltskanzlei hätten ihren Mann an den Rand seiner Möglichkeiten gebracht: „Mein Mann ist nicht krank, aber er hat auch keinen sehr starken Organismus. Seine grosse Arbeitsfähigkeit verleitete ihn, sich weit über das eigentlich Zulässige Arbeit und Verantwortung aufzuladen und dabei ist leider auch vieles, was ihm bei seiner ganzen Veranlagung recht wenig liegt. Dazu zähle ich z. B. die ganze Geldgebahrung des A.D.V. [,] die Sorge um den eigentlichen Geschäftsbetrieb, den taeglichen kleinen Ärger." Sie warnte darüber hinaus, dass Claß neben dem Verbandsvorsitz auch noch seine Kanzlei führen müsse: „Dabei kann er seinen Hauptberuf doch nicht vernachlässigen, er hat als Anwalt viel zu tun und seine geschulten Kanzleibeamten fehlen ihm sehr. Die zwei kleinen Schreiber, die übrig geblieben sind, arbeiten unselbständig und ohne Verantwortung."[383]

Ähnlich wie schon zuvor Hasse beschwerte sich nun Claß' Ehefrau über die Abläufe innerhalb des Verbandes, die Claß mit Geldsorgen sowie „Kleinkram" der Verwaltung aufhalten würden. Dies habe ihn angesichts der großen politischen Auseinandersetzungen während des Krieges gesundheitlich derart mitgenommen, dass die Ursachen für die psychische Zerrüttung im Grundsatz durch Arbeitserleichterung beseitigt werden müssten. Ihr Mann erwähne von diesen Sorgen zu Hause kaum etwas und versuche, die Probleme alleine zu bewältigen.[384]

Gebsattel hatte großes Verständnis für Claß' Entlastung, fehlte ihm doch „persönlich das Talent der Organisation".[385] Er selbst konnte den täglichen Briefverkehr in Bamberg nur mühsam bewältigen. So setzte er sich für die Übergabe der Finanzangelegenheiten an einen Kassenwart und die Anstellung eines „Geheimsekretärs" für Claß ein, der „ihm ausschließlich für den A.D.V. zur Verfügung steht".[386] Zudem musste auch Gebsattel anerkennen, dass Claß Inhaber einer „gutgehenden Anwaltskanzlei" war, die dieser zu Kriegszeiten alleine führen musste, da sein Neffe Lucius im Feld stand und als Sozius ausfiel.[387] Claß selbst wollte unmittelbar nach seiner Erholung in Bad Homburg sehen, ob er „zunächst die anwaltliche Tätigkeit wieder aufnehmen kann".[388]

---

382 Claß an Konstantin von Gebsattel, 8.4.1916, in BA-Berlin, N 2089, Bd. 3, Bl. 135.

383 Mathilde Claß an Konstantin von Gebsattel, 8./9.4.1916, in BA-Berlin, N 2089, Bd. 3, Bl. 139–143. Zitate ebd., Bl. 139–140.

384 Ebd., Bl. 140.

385 Konstantin von Gebsattel an Mathilde Claß, 10.4.1916, in ebd., Bl. 144.

386 Ebd.

387 Konstantin von Gebsattel an Emil Kirdorf, 15.4.1916, in ebd., Bl. 159–161. Zitat ebd., Bl. 159.

388 Claß an Konstantin von Gebsattel, 16.4.1916, in ebd., Bl. 165.

Claß sah aufgrund der Doppelbelastung von Anwaltstätigkeit und Verbandsvorsitz ein, dass er seinen alldeutschen Mitarbeiterstab in der Hauptgeschäftsstelle verstärkt einbinden und möglichst mit engen Vertrauten ausbauen musste. Das Anwachsen des Gesamtvorstandes von 99 auf 148 während des Krieges war nicht nur den steigenden Mitgliederzahlen insgesamt geschuldet, sondern sollte auch das Funktionieren der Gremien sicherstellen.[389] Vietinghoff-Scheel blieb mit Kriegsausbruch in Berlin als Hauptgeschäftsführer angestellt. Im Sommer 1916 drohte er aber aufgrund seines „Jahrzehnte getriebenen wahnsinnigen Lungenrauchens" ebenfalls „zusammenzuklappen". Er fiel schließlich bis zum Herbst weitgehend aus und musste bis zum Sommer 1917 immer wieder aussetzen – nach „3jähriger, fast ununterbrochener scharfer Arbeit, geleistet unter doch immer kümmerlicher werdenden Ernährungsverhältnissen".[390] Auch Schriftleiter Julius Dumcke, Geschäftsführer Major a. D. Freiherr von Schilling-Cannstatt und der Leiter der Werbeabteilung, Julius Schöne, der Kaiserlich Geheime Regierungsrat Georg Fries und Walter Schönrock waren weiterhin für die Geschäftsstelle tätig und sorgten für personelle Kontinuität. Cäcilie Pip-Oechsner wurde später 1919 als zusätzliche persönliche Sekretärin für Claß' Alltag in der Berliner Geschäftsstelle angestellt. Auch hier funktionierten Claß' Mainzer Bekanntschaften, denn sie war die Tochter von Blanka Luise Pip-Oechsner, Prokuristin bei der Neudeutschen Verlagsgesellschaft, die Claß für den Erwerb der *Deutschen Zeitung* 1916/17 gegründet hatte.[391] Die regionalen Verflechtungen ins Rheinhessische spielten eine wichtige Rolle bei der Personalauswahl von Vertrauten, denn Blanka Pip-Oechsner war wiederum eine Nichte von Georg Oechsner, der zwischen 1885 und 1894 Bürgermeister von Mainz gewesen war. Der in Alzey geborene Georg Fritz wiederum wurde Ende 1916 zum zweiten Geschäftsführer des Alldeutschen Verbandes ernannt. Er kannte Claß seit Jahren, war als führender alldeutscher Antisemit zuvor im Deutschbund aktiv gewesen und hatte seit der Jahrhundertwende lange Jahre als Beamter im Kolonialdienst gestanden. Obwohl er erst 1914 zum Verband gekommen war, hatte er immer wieder Vietinghoff-Scheel ersetzt.

Um Claß zu entlasten, wurde letztlich ein Privatsekretär angestellt. Der gebrechliche Gebsattel litt als Stellvertreter zunehmend an einer Vielzahl von Gebrechen von langjährigem Asthma über Kniegelenksentzündungen bis hin zu Nervenleiden, die ihn wiederholt ans Bett fesselten oder zur Kur fahren ließen, da er immer weiter „in den Zustand einer Ruine übergehe".[392] Gebsattel scheute zudem wesentliche Aufgaben des

389 Siehe Handbuch des Alldeutschen Verbandes 1914, S. 14–16 und Dass. 1918, S. 14–17.

390 Claß an Konstantin von Gebsattel, 19.8.1916, in BA-Berlin, N 2089, Bd. 3, Bl. 342, Dass., 16.11.1916, in ebd., R 8048, Bd. 201, Bl. 160 und Leopold von Vietinghoff-Scheel an Konstantin von Gebsattel, 17.7.1917, in ebd., Bd. 357, Bl. 82.

391 Siehe dazu ausführlich Hofmeister (Hrsg.): Heinrich Claß, Kapitel 2.4. und Leicht: Heinrich Claß, S. 225–235.

392 Siehe Konstantin von Gebsattel an Fritz Bley, 5.1.1918, in BA-Berlin, N 2089, Bd. 5, Bl. 4, Ders. an Freiherr von Lerchenfeld, 22.2.1918, in ebd., Bl. 104–195, Ders. an Claß, 13.3.1918, in ebd., Bl. 127 und Ders. an Claß, 13.6.1918, in ebd., Bl. 150–152. Zitat ebd., Bl. 152.

zweiten Vorsitzenden. Den anstehenden Verbandstag, den er im April 1916 in Berlin leiten sollte, wollte er am liebsten bis zur Rückkehr von Claß verschieben lassen, weil er sich dem Tagungsvorsitz „nicht gewachsen fühlte".[393] Gebsattel hatte deswegen unruhige Nächte, drang zudem gegenüber Mathilde Claß auf strengste Auskurierung des Verbandsvorsitzenden, damit er nicht zukünftig in die Bredouille gerate, Claß erneut ersetzen zu müssen.[394]

Claß wusste um Gebsattels chronische Gebrechen, sein hohes Alter und seine Abneigung, selbst den Verbandsführer zu spielen. Schon im März 1916 klagte Gebsattel über seine Anfälligkeit für Lungenentzündungen, die ihn drei Jahre zuvor massiv beschäftigt hatten und die er sich aufgrund der zugigen Verhältnisse bei seinen Bahnreisen immer wieder zunächst über einen harmloseren Bronchialkatarrh einzufangen schien.[395] Claß diktierte ihm daher nun stichpunktartig das zu haltende Einführungsreferat zur politischen Lage für den Verbandstag, sodass Mathilde Claß Gebsattel am Ende zu dem „ausgezeichneten Erfolg der Berliner Tagung" beglückwünschte.[396] Schonen wollte Claß Gebsattel hingegen auf Dauer aber nicht und kündigte an, sich auch in Zukunft von ihm „hie u. da" vertreten zu lassen, solange er als Anwalt nur wenige Tage auf politische Reisen für den Verband gehen könne und dann innerhalb von wenigen Tagen die liegengebliebene Kanzleiarbeit ohne personelle Hilfe bewältigen müsse.[397]

Die Verbandskasse übernahm schließlich die Kosten für die Anstellung einer Sekretärin in Bamberg, die mühsam die eingehenden Briefe für Gebsattels ganz eigene Ablageordnung abschreiben sowie den sonstigen Verwaltungsaufwand während seiner Stellvertretung bewältigen musste. Claß setzte nicht zuletzt aufgrund der exzellenten Kontakte zur bayerischen Krone und zum bayerischen Militär ohne Zweifel auf Gebsattel. Schon ein Jahr zuvor hatte er von bescheideneren Selbsteinschätzungen Gebsattels nichts wissen wollen, als der ihn aufgrund der Zensurmaßnahmen infolge der Verschickung der Kriegszieldenkschrift vertreten musste: „Sie nennen sich meine ‚erste Hilfskraft' – aber das ist nicht richtig. Ich sehe Sie als den unentbehrlichen und erfolgreichen <u>Mitarbeiter</u> an – nach den Leistungen den <u>wertvollsten</u>, den ich bisher gefunden habe. Ich segne die Stunde, die uns zusammengeführt hat und wüsste nicht, wie ohne sie fertig werden sollte."[398] Der 14 Jahre ältere General der Kavallerie, der aus Gesundheitsgründen Jahre vor dem Kriegsausbruch zur Disposition gestellt worden war, war nun von Claß zum wichtigsten Verbandsfunktionär der Alldeutschen ernannt worden.

Aber nicht nur Claß brach 1916 völlig zusammen. Auch weitere führende Verbandsmitglieder erreichten im Weltkrieg die Grenzen ihrer eigenen physischen und

---

393 Konstantin von Gebsattel an Mathilde Claß, 11.4.1916, in BA-Berlin, N 2089, Bd. 3, Bl. 148.

394 Siehe Konstantin von Gebsattel an Mathilde Claß, 3.4.1916, in ebd., Bl. 122–124.

395 Konstantin von Gebsattel an Claß, 13.3.1916, in ebd., Bl. 34.

396 Claß an Konstantin von Gebsattel, 23.4.1916, in ebd., Bl. 184–185 und Mathilde Claß an Konstantin von Gebsattel, 9.5.1916, in ebd., Bl. 202.

397 Claß an Konstantin von Gebsattel, 24.4.1916, in ebd., Bl. 185–186.

398 Claß an Konstantin von Gebsattel, 1.6.1915, in BA-Berlin, N 2089, Bd. 2, Bl. 20–21. Zitat ebd., Bl. 20.

psychischen Belastbarkeit. Die Ausnahmesituation, die der Krieg auch für sie jenseits aller Beschwörungen seiner reinigenden und heiligen Kraft bedeutete, testete ihr Durchhaltevermögen.[399] Allmählich ging zudem die Claß'sche Generation der in den 1860er Jahren Geborenen langsam in ein gesetzteres Alter über. Zu ihr gehörte Grapow (geb. 1861), während Karl Itzenplitz zu den Jüngeren (geb. 1870) zählte. Vor allem die Mitglieder der Hauptleitung zwischen 1914 und 1918 waren Vertreter der älteren Jahrgänge, wie August Thomsen (geb. 1840), Keim (geb. 1845), Kirdorf (geb. 1847), Liebert (geb. 1850), Breusing (geb. 1853), Georg von Stössel (geb. 1856) und nicht zuletzt Gebsattel (geb. 1854).

Zur effektiveren Mobilisierung wurden die Mitglieder nun stärker an die alldeutschen Verbandsveröffentlichungen gebunden. Der Bezug der *Alldeutschen Blätter* wurde 1915 verpflichtend für jedes Mitglied. Ab 1916 erhielten alle zudem das Handbuch des Verbands.[400] Die jahrelangen Diskussionen um Beitragserhöhungen und den dadurch befürchteten Verlust von Mitgliedern wurden angesichts des Zuwachses zwischen 1915 und 1916 verworfen. Der gleichberechtigte Eintritt von Frauen in den Verband wurde 1915 ebenfalls zugelassen. Sie mussten sich zuvor in gesonderten Frauengruppen organisieren. Claß verkündete zwar gleich mit Amtsantritt 1908, dass alle Frauen im Verband Männern gleichgestellt seien. 1910 erwirkte er eine entsprechende Satzungserweiterung.[401] Ein eigenes Stimmrecht blieb ihnen jedoch verwehrt. Dies entsprach Claß' Ablehnung des allgemeinen Wahlrechts für Frauen, was ihn zuweilen in Konflikt mit einer der führenden Frauenrechtlerinnen des rechten bürgerlichen Spektrums, Käthe Schirmacher, brachte.[402] Insgesamt zeigte sich Claß, entgegen zahlreicher anderer Stimmen, wie etwa der von Vietinghoff-Scheel, sehr offen für die Einbindung von Frauen in die Verbandsangelegenheiten.[403] Rechte Aktivistinnen wie Schirmacher unterstützte er sonst sehr wohlwollend. Er schätzte zudem nicht nur aus eigener Erfahrung die Mitarbeit von Mathilde Claß bei seinen Veröffentlichungen, die unter anderem selbst Kontakt zu Schirmacher pflegte.[404] Er respektierte auch die patriotische Selbsteinbin-

399 Siehe auch Hofmeister: Die Alldeutschen erfahren den Krieg.

400 Rundschreiben Claß für die Hauptleitung des Alldeutschen Verbandes 1916, in StA Dresden, 13.1., Bd. 42/1, Bl. 11.

401 Siehe Claß an Maria Jerrmann, 18.12.1908, in BA-Berlin, R 8048, Bd. 192, Bl. 524 und Claß auf der Sitzung des Geschäftsführenden Ausschusses des Alldeutschen Verbandes, 2.4.1910, in ebd., Bd. 71, Bl. 2–5.

402 Siehe auch Gehmacher/Heinrich/Hoesch: Käthe Schirmacher, S. 451–452. Claß' Schwester Frieda kannte Käthe Schirmacher bereits seit 1905, die wiederum 1911 nach der Lektüre des „Einhart" über den Verlag Kontakt zu Claß suchte.

403 Siehe Claß auf der Sitzung des Geschäftsführenden Ausschusses des Alldeutschen Verbandes 23.10. 1915, in BA-Berlin, R 8048, Bd. 102, Bl. 15, Sitzung des Geschäftsführenden Ausschusses des Alldeutschen Verbandes 5.10.1917, in ebd., Bd. 115, Bl. 7–10 und August Keim an Claß, 10.5.1917, in ebd., Bd. 406, Bl. 315.

404 Siehe ebd., S. 447.

dung alldeutscher Frauengruppen in die Aktivitäten des Verbandes sowie in das weite Netzwerk patriotischer Frauenvereinigungen wie den „nationalen Frauendienst".[405]

Der Weltkrieg bewirkte eine massive Planung für den Ausbau der Infrastruktur des Alldeutschen Verbandes, der ohne zusätzliche Geldsammlungen und finanzielle Zuschüsse durch die Ruhrindustrie nicht durchführbar gewesen wäre.[406] So wandte sich Gebsattel an Kirdorf mit der Bitte, Geld zur Arbeitsentlastung von Claß bereitzustellen, nachdem dieser im Frühjahr 1916 zusammengebrochen war, und stellte die Leitung des Verbandes damit überhaupt erst sicher. Denn für Gebsattel „steht und fällt im jetzigen Augenblick der Wert und die Wirksamkeit des A.D.V. mit der Person Claß. Ich habe noch niemand getroffen, von dem ich mir denken könnte, dass er ihn ersetzen könnte."[407] Claß wollte eine persönliche Anfrage bei Kirdorf vermeiden, um „unser[en] opferwilligste[n] u. tatbereiteste[n] Freund" mit seiner eigenen Entlastung nicht zu behelligen, „solange ich im A.D.V. noch arbeiten kann".[408] Auf der Sitzung des Geschäftsführenden Ausschusses, auf der auch Kirdorf als Mitglied der Hauptleitung anwesend war, wurde Ende April 1916 der Antrag von Gebsattel auf Anstellung einer ehrenamtlich arbeitenden Zusatzkraft für die Finanzgeschäfte sowie eines Privatsekretärs für Claß einstimmig angenommen.[409] Ende Mai hatte Claß wieder einen vollen Terminkalender unter anderem mit Besuchen alldeutscher Verbandsfunktionäre in Finthen, Reisen nach Berlin und ganztägigen Arbeitstagen am Oberlandesgericht. Beruhigend schrieb er an Gebsattel: „Eine schöne Speisekarte für die nächsten Tage, aber ich fühle mich dem allen gewachsen."[410]

Der Ausbau der Verbandsorganisation führte zu einer Erweiterung der eigenen Mitgliederbasis sowie zu Plänen, den Einfluss auf die bildungsbürgerliche Öffentlichkeit fociert zu verstärken. Claß ließ sich daher sehr gerne als Herausgeber für die Zeitschrift *Deutschlands Erneuerung* gewinnen. Die Idee zur Gründung kam von Houston Stewart Chamberlain, der sich Anfang 1916 mit Erich Kühn traf, über ihn an Lehmann herantrat und den alldeutschen Verleger für dieses Projekt begeisterte.[411] Der Herausgeberkreis umfasste bis zum Mai zunächst Wolfgang Kapp und Gruber, während Chamberlain mit seiner Gesundheit und seinem Wollen rang, sich ihnen anzuschließen. Er sollte nach der Gewährung der deutschen Staatsbürgerschaft und dem unmittelbar danach erfolgten Beitritt zum Alldeutschen Verband im August 1916 zusagen.[412] Bis November erklärten

405 Siehe auch Aufruf Frau M. Stolte (Frauenvereinigung Ortsgruppe Berlin), in Alldeutsche Blätter 22.8.1914.

406 Siehe dazu Claß an Konstantin von Gebsattel, 24.4.1916, in BA-Berlin, N 2089, Bd. 3, Bl. 185–186.

407 Konstantin von Gebsattel an Emil Kirdorf, 15.4.1916, in ebd., Bl. 159–161.

408 Claß an Konstantin von Gebsattel, 24.4.1916, in ebd., Bl. 185–186.

409 Sitzung des Geschäftsführenden Ausschusses des ADV, 29.4.1916, in BA-Berlin, R 8048, Bd. 105, Bl. 26.

410 Claß an Konstantin von Gebsattel, 22.5.1916, in BA-Berlin, N 2089, Bd. 3, Bl. 225.

411 Erich Kühn, der die Schriftleitung der neuen Zeitschrift übernahm, war von der Politik des Alldeutschen Verbandes zunehmend enttäuscht, sah wenig Hoffnung auf praktischen Einfluss und wollte durch *Deutschlands Erneuerung* in breitere Leserschaften wirken. Erich Kühn an Houston Stewart Chamberlain, 2.5.1916, in NA Bayreuth, NL Chamberlain, Rot 179.

412 Siehe auch Fritz: Rassenwahn und Welterlösung, S. 625–669.

sich auch Georg Schiele, Mitglied des Alldeutschen Verbandes und enger Mitarbeiter von Kapp, und Schwerin bereit, Herausgeber der Zeitschrift zu werden. Schwerin war nicht nur Regierungspräsident von Frankfurt an der Oder, sondern vor allem Mitglied von Hugenbergs „Posener Freundeskreis" und somit Vertreter einer „germanisierenden" Kriegszielpolitik im Osten.[413] Hinzu kamen noch Schäfer und der bereits früh angedachte Geschichtsprofessor Georg von Below. Auf Vorschlag von Schwerin reihte sich zudem der Hauptunterzeichner der „Intellektuellen-Adresse" von 1915, Seeberg, in den Kreis der Herausgeber ein, der auf Wunsch von Claß noch um Professor Rudolf Geyer, Obmann des großdeutschen Deutschen Klubs in Wien, erweitert wurde.[414]

Claß maß der Zeitschriftengründung „allergrösste Bedeutung" zu und Lehmann erhoffte sich durch die Einbindung auch eine finanzielle Förderung durch Claß' „ausserordentlich wichtige Verbindungen" in die Wirtschaft.[415] Der Verleger plante die erste Ausgabe bereits für Oktober 1916, wollte eine monatliche Ausgabe nach dem Vorbild der *Süddeutschen Monatshefte* herausbringen und träumte von 30.000 bis 40.000 festen Beziehern bis Ende des Jahres sowie weiteren 1,2 Millionen Abnehmern im freien Handel.[416] *Deutschlands Erneuerung* erschien zuerst im April 1917 und verzeichnete drei Monate später die übersichtliche Abonnentenzahl von 3.500.[417] Somit war von über einer Million Lesern, auf die Lehmann noch bei den Anfangsplanungen 1916 gehofft hatte, keine Rede mehr, und die Zeitschrift blieb politischen sowie nationalistischen akademischen Zirkeln verhaftet. Sie vergrößerte aber zweifellos durch die Mitherausgeberschaft von Claß, der auch eigene Beiträge verfasste und anregte, die öffentliche alldeutsche Reichweite, während der Verband gleichzeitig, als Resultat seiner Bezugsoffensive, die Auflage der *Alldeutschen Blätter* von 17.000 im Jahr 1916 auf 34.000 zwei Jahre später erhöhen konnte.[418]

Die Beiträge der ersten Ausgabe wurden in enger Abstimmung mit Claß verfasst und spiegelten unter anderem Lehmanns verstärktes Interesse an der völkischen Rassenkunde wider, die er während des Krieges zunehmend popularisieren wollte. Gebsattel zufolge führte der Verlust von Lehmanns Sohn, der am 11. Februar 1917 an der Somme gefallen war, bei dem Verleger zu einem erhöhten Arbeitspensum und einer radikalisierten rassistisch-antisemitischen Ausrichtung der neuen Monatsschrift, um die „Betäubung in doppelter vaterländischer Arbeit" zu suchen.[419] Lehmann wollte nun seinen Verlag „erst recht zum Mittelpunkt der nationalen Bewegung machen", damit

---

413 Erich Kühn an Houston Stewart Chamberlain, o. D. [November 1916], in NA Bayreuth, NL Chamberlain, Rot 179.

414 Siehe Erich Kühn an Houston Stewart Chamberlain, 1.12.1916 und 27.12.1916, in ebd.

415 Julius F. Lehmann an Houston Stewart Chamberlain, 19.6.1916, in ebd.

416 Siehe Julius F. Lehmann an Houston Stewart Chamberlain, 14.4.1916, in ebd.

417 Julius F. Lehmann an Houston Stewart Chamberlain, 19.7.1917, in ebd.

418 Siehe die Zahlen für 1916 in Sitzung des Geschäftsführenden Ausschusses des Alldeutschen Verbandes 30.8.1919, in BA-Berlin, R 8048, Bd. 125, Bl. 14 und für 1918 in Dass. 29./30.6.1918, in ebd., Bd. 119, Bl. 10.

419 Konstantin von Gebsattel an Philipp von Hellingrath, 2.4.1917, in BA-Berlin, N 2089, Bd. 4, Bl. 127.

das Leben seines Sohnes „nicht unnütz verausgabt" sei.[420] Der persönliche Verlust verstärkte seine antisemitisch-rassistische Weltanschauung, die in der deutschen „Rasse" eine „Blutsgemeinschaft" sah, in die Juden auch nicht durch Konvertierung assimiliert werden könnten.[421] Claß kommentierte Chamberlains Druckfahnen zu dessen Aufsatz zur „Deutschen Weltanschauung" daher mit der klaren Randbemerkung, „Juden gehören nicht zum deutschen Volk", während er selbst in seinem Beitrag zur „Deutschen Staatskunst" nicht nur von „arisch-germanischen" Volkszusammenhängen sprach, sondern daraus auch eine gemeinsame Kultur der politischen Unterordnung unter den Staat ableitete, der durch staatsmännische „Persönlichkeiten" geführt werden müsse.[422]

Deutschlands Erneuerung versammelte mit solchen Aufsätzen nicht nur führende völkische Vertreter des rassistischen Antisemitismus, sondern die Herausgeber und die weiteren Autoren traten auch als eine „Kampfgesellschaft gegen den Reichskanzler"[423] auf. Daher benutzten die bayerischen Behörden bei der in München erscheinenden Zeitschrift ausgiebig den „Rotstift der Zensur".[424] Claß plante daher eine eigenständige Tageszeitung, die er mit der Neudeutschen Verlags- und Treuhandgesellschaft steuern würde und die somit gleichzeitig die Politik des Alldeutschen Verbandes vertreten sollte.[425] Um größere Leserkreise für die alldeutsche Kriegspropaganda zu rekrutieren, müsse man sich „derselben Mittel bedienen, wie die Feinde des Vaterlandes", so Claß.[426]

Zusätzlich zu *Deutschlands Erneuerung* und dem endgültigen Umzug der Schriftleitung der *Alldeutschen Blätter* nach Berlin erschien zum 1. April 1917 die neu ausgerichtete *Deutsche Zeitung*. Bis zu ihrer forcierten Einstellung im Dezember 1934 muss sie als der wichtigste Versuch gewertet werden, den Alldeutschen Verband und seine Politik in der Öffentlichkeit durch eine als überparteilich-national ausgewiesene Zeitung zu vertreten und Claß neben seiner Funktion als Verbandsvorsitzender und Publizist auch als Herausgeber und Journalisten zu etablieren. Claß war die Übernahme der Zeitung, die durch Hugenberg angeregt und durch finanzielle Sammlungen unter anderem von Kirdorf ermöglicht worden war, eines der wichtigsten Anliegen, da er sich die Kontrolle über eine Tageszeitung erhoffte, die seinen weltanschaulichen und politischen Vorstellungen auf ganzer Linie entsprach.[427] Er wehrte sich zwar in den folgenden Jahren beständig gegen Behauptungen liberaler und sozialdemokratischer Redakteure, dass er

---

420 Julius F. Lehmann an Houston Stewart Chamberlain, 24.2.1917, in NA Bayreuth, NL Chamberlain, Rot 179.

421 Julius F. Lehmann an Houston Stewart Chamberlain, 20.6.1916, in ebd.

422 Siehe Julius F. Lehmann an Houston Stewart Chamberlain, 9.3.1917, in ebd. und Claß: Deutsche Staatskunst, in Deutschlands Erneuerung 1/1 (1917), S. 27–34. Zitat ebd., S. 27 und 31.

423 Erich Kühn an Houston Stewart Chamberlain, 1.12.1916, in NA Bayreuth, NL Chamberlain, Rot 179.

424 Konstantin von Gebsattel an Claß, 3.4.1917, in BA-Berlin, N 2089, Bd. 4, Bl. 131–132.

425 Siehe auch Leicht: Heinrich Claß, S. 225–235.

426 Claß auf der Sitzung des Geschäftsführenden Ausschusses des Alldeutschen Verbandes 14.4.1917, in BA-Berlin, R 8048, Bd. 113, Bl. 3.

427 Siehe dazu ausführlich Hofmeister (Hrsg.): Heinrich Claß. Politische Erinnerungen, Kapitel 2.4.

der eigentliche Chefredakteur der Zeitung sei. Aber auch ein Konstrukt von Treuhändern konnte nicht verdecken, dass er die Herausgabe ganz auf sich zugeschnitten hatte.

4.7 Sammlungs- und Erosionsprozesse. Zäsuren 1917/18

Das Jahr 1917 war nicht nur für den Ausbau der Publikationsarbeit des Verbandes eine Zäsur, sondern auch für Claß' Bemühungen, eine Sammlungsbewegung der „nationalen Opposition" gegen Reichsregierung und Parlament zu organisieren, die über die gescheiterte Gründung eines Deutschen Volksrates hinausgehen sollte. Claß bat Mecklenburg, der 1916 die ihm angetragene Führung eines Volksrates abgelehnt hatte, erneut um eine gemeinsame „Oberleitung" einer Bewegung, welche die Wirtschaftsverbände mit einschloss, denn es dürften „Bildung und Besitz nicht weiterhin der Entwicklung tatenlos zuschauen".[428] Andere, wie Keim, drängten Claß im Frühjahr 1917 zur Gründung einer „neudeutschen Partei", deren Kern er im Alldeutschen Verband sehe. Jedoch stellte Claß bei allen Planungen für eine solche Partei erneut fest, dass man „eine vollkommen selbstständige Politik" treiben wolle, um nicht in das Fahrwasser der Nationalliberalen oder aber der Konservativen zu kommen, die „in allen entscheidenden Augenblicken des Krieges versagt haben, wie auch vorher".[429] Vietinghoff-Scheel bemerkte Ende des Jahres zuversichtlich, dass „wir jetzt anfangen, eine Macht zu werden".[430] Claß nahm für den Alldeutschen Verband ohnehin in Anspruch, auch während des Kriegses das eigentliche Führungszentrum der „nationalen Opposition" zu sein und sah im Verband nichts weniger als einen „national-politische[n] Sauerteig zwischen Grossgrundbesitz, Industrie und den städtischen Interessen".[431]

Der Einfluss der Alldeutschen auf die nationale Rechte war zu diesem Zeitpunkt hingegen keineswegs unumkämpft, vor allem im Zuge der Gründung der Deutschen Vaterlandspartei (DVLP) am 2. September 1917 durch Tirpitz und Kapp mit Mecklenburg als Ehrenvorsitzendem. Die Vaterlandspartei weckte große Hoffnungen bei den radikalen Vertretern der bürgerlichen Rechten. Über eine Million gelistete Mitglieder (einschließlich korporativer Anschlüsse anderer Verbände) in 2.000 Ortsgruppen übertrafen in der Tat die erwarteten Möglichkeiten einer nationalistischen Sammelbewegung, die Claß zu organisieren versucht hatte. Für Hugenberg war die Vaterlandspartei sogar

428 Denkschrift Claß an Johann Albrecht zu Mecklenburg, April 1917, in BA-Berlin, R 8048, Bd. 598, Bl. 1–4.

429 August Keim an Claß, 22.3.1917, in BA-Berlin, R 8048, Bd. 406, Bl. 313 und Claß an August Keim, 3.5.1917, in ebd., Bl. 298.

430 Leopold von Vietinghoff-Scheel auf der Sitzung des Geschäftsführenden Ausschusses des Alldeutschen Verbandes, 8.12.1917, in BA-Berlin, R 8048, Bd. 116, Bl. 25.

431 Claß auf der Sitzung des Geschäftsführenden Ausschusses des Alldeutschen Verbandes 8.12.1917, in ebd., Bl. 26.

„die letzte Chance. Wenn die versagt, ist es vorbei."[432] Claß hingegen verhielt sich äußerst ambivalent gegenüber der neuen Partei und besonders gegenüber ihren Führern. Während er zu Kapp ein wohlwollendes Verhältnis pflegte, mit dem er sich unter anderem in der Kanzlersturzbewegung gegen Bethmann Hollweg einig gewusst hatte, verzieh er Mecklenburg vom Parteivorstand den Absprung von der Leitung des geplanten Deutschen Volksrates 1916 nicht und sah ein Scheitern der Vaterlandspartei voraus.[433] Kapp stand dem Alldeutschen Verband nahe, aber Tirpitz blieb trotz der umfassenden Unterstützung des Verbandes während seines Rücktritts 1916 moderater. Zudem wollte er der Vaterlandspartei breitere Anhängermassen ermöglichen, indem programmatisch bewusst auch Arbeiter angesprochen wurden. Ein Ausschluss von Juden aus der Partei kam für Tirpitz ebenfalls nicht in Frage.

Claß ließ sich schließlich nach eigenen Aussagen regelrecht zur Wahl in den Engeren Ausschuss bitten.[434] Gebsattel erkannte ebenfalls, dass man die Vaterlandspartei unterstützen müsse, auch wenn die Parteileitung sich nicht offen zum Alldeutschen Verband bekenne. Man dürfe daher zu Recht „gekränkt" sein, befinde sich aber aufgrund der großen Sammlungserfolge der Partei in einer „Notlage" und müsse sich fügen.[435]

Die politische Radikalisierung nach der Gründung der USPD im April 1917 und der Friedensresolution der Mehrheitsparteien des Reichstages am 19. Juli 1917 kündigte einen grundlegenden Strukturwandel der politischen Parteien an. Die innenpolitischen Polarisierungen nahmen weiter zu. Der Alldeutsche Verband wurde in der öffentlichen Wahrnehmung zunehmend zur letzten Bastion der kompromisslosen Interessenpolitik einer überschaubaren Elite mittelständischer und bildungsbürgerlicher Honoratioren, die sich gegen Verständigungsfrieden, Wahlrechtsreform und klassenübergreifende Demokratisierung richtete. Für den sozialdemokratischen *Vorwärts* ging es politisch längst um „Normaldeutsche gegen Alldeutsche".[436] Claß wiederum notierte: Die „Dinge spitzen sich immer mehr auf die Formel alldeutsch – un-deutsch zu".[437]

Claß hatte immer erklärt, dass seine innenpolitischen Reformforderungen von außenpolitischen Erfolgen an der Front abhingen. Das alldeutsche Programm einer ständisch-autoritären Gesellschaftsordnung schien nun angesichts der zunehmenden Forderungen nach einem Ende des Krieges und einem Verständigungsfrieden in sich zusammenfallen. Seine Warnung, vor allem das preußische Klassenwahlrecht in Zukunft dem allgemeinen demokratischen Wahlrecht zu opfern, da sich sonst die noch „nationalpolitisch zu durchtränkenden und zu erziehenden Wählermassen" als „zerrissene" Gruppen gegenüberstehen würden, war schwerlich eben jenen zukünftigen

432 Alfred Hugenberg an Claß, 16.9.1917, zitiert in Stegmann: Deutsche Zeitung, S. 280. Zur Geschichte der DVLP siehe Hagenlücke: Deutsche Vaterlandspartei.

433 Siehe Scheck: Alfred Tirpitz, S. 67.

434 Hofmeister (Hrsg.): Heinrich Claß. Politische Erinnerungen, Kapitel 2.8.

435 Konstantin von Gebsattel an Claß, in BA-Berlin, N 2089, Bd. 4, Bl. 476.

436 Vorwärts 7.11.1917.

437 Claß an Ferdinand von Grumme-Douglas, 10.10.1917, in BA-Berlin, R 8048, Bd. 202, Bl. 675.

Wählermassen zu vermitteln.[438] Claß wandte sich nun im Mai 1917 erneut an den Kaiser und warnte Wilhelm II., dass die Monarchie als Institution die einzig wahre Grundlage für ein „Volksherrschertum" sei und jegliche Debatte über eine Wahlrechtsreform die Stellung der gebildeten und besitzenden Schichten in Frage stelle.[439] Die sozio-ökonomische Unterscheidung nach Steuerklassen sowie die Trennung der Wählergruppen nach Bildung und Besitz bildete ja den Kern der alldeutschen Ablehnung der Reformversprechen zum preußischen Dreiklassenwahlrecht.

Die Zusammenarbeit mit der Deutschen Vaterlandspartei blieb für Claß trotz seiner Wahl in den Engeren Ausschuss von Beginn an eher Formsache. Zudem bestimmten seit der Gründung Konflikte um Posten und die politische Ausrichtung das Verhältnis zu den ebenfalls der Partei beigetretenen alldeutschen Mitgliedern wie Paul Bang, Gildemeister oder auch Ferdinand Eiffe, der zeitweilig als Geschäftsführer der Vaterlandspartei fungierte.[440] Die schnelle Ausbreitung der Partei in zahlreiche Ortsgruppen und Landesverbände ermöglichte jedoch durchaus Kooperationen mit dem Alldeutschen Verband auf lokaler Ebene. Gerade im Osten gelang 1918 eine erfolgreiche Mobilisierung. Mecklenburg und Pommern entwickelten sich im letzten Kriegsjahr kurzfristig zu neuen Zentren des Verbandes und auch in Brandenburg, Schlesien und Ostpreußen stiegen die Mitgliederzahlen. Waren diese Regionen traditionell dem BdL und dem Ostmarkenverein vorbehalten, so profitierten die Alldeutschen hier nunmehr von der Mobilisierungsfront der nationalen Verbände und der Vaterlandspartei.[441]

Die Vaterlandspartei zeigte in ihrer Mobilisierungspolitik hingegen schnell strukuturelle Grenzen. Die nationale Führung um Kapp, Tirpitz und dem Ehrenvorsitzenden Mecklenburg zeigte hingegen bereits zur Jahreswende 1917/18 eine auffällige Amtsmüdigkeit. Die Partei wurde zusehends unprofessionell geführt. Tirpitz war immer schwieriger für öffentliche Auftritte zu gewinnen, die länger als 15 Minuten dauerten. Kapp war kaum in Berlin zu erreichen und beklagte stattdessen ein „ungenügendes Funktionieren" der Geschäftsstelle, während sich Mecklenburg vor allem schriftlich auf seiner Burg Wiligrad bei Schwerin unterrichten ließ. Gleichzeitig wurde die Geschäftsstelle von Anfragen überflutet, die jedoch in die Ortsgruppen und Landesverbände zur dezentralen Bearbeitung abgeschoben wurden.[442]

Die Vaterlandspartei war demnach bereits zu ihrer Zeit vielmehr symbolischer Ort organisierter nationalistischer Bürgerlichkeit als geeinte und effiziente Sammlungspartei. Entscheidender waren die Mobilisierungseffekte, die vor allem auf lokaler Ebene in den protestantisch-urbanen Zentren des Reiches sowie im agrarisch geprägten Osten Preußens erreicht wurden.[443] Einen geeinten Mittelstands- oder Bürgerblock des na-

438 Claß an Theodor Fritsch, 19.11.1917, in BA-Berlin, N 2089, Bd. 1, o. Bl.

439 Claß an Wilhelm II., 7.5.1917, BA-Berlin, R 8048, Bd. 202, Bl. 237–238.

440 Siehe dazu Hofmeister (Hrsg.): Heinrich Claß. Politische Erinnerungen, Kapitel 2.8.

441 Hagenlücke: Deutsche Vaterlandspartei, S. 294–304.

442 Siehe Ferdinand Eiffe an Wolfgang Kapp 25.1.1918, in GStA PK NL Kapp, VI. HA, Bd. 511, Bl. 22–24 und Zitat Kapp in Alfred von Tirpitz an Johann Albrecht zu Mecklenburg, 15.3.1918, in ebd., Bl. 37–40.

443 Hagenlücke: Deutsche Vaterlandspartei, S. 180–187.

tionalen Lagers vermochte die Vaterlandspartei trotz nominell hoher Mitgliederzahlen aber nur schwerlich zu organisieren. Trotz der zahlreichen Präsenz alldeutscher Mitglieder in den Führungsgremien wie dem Reichsausschuss der Vaterlandspartei beklagte der Verband, dass eine alldeutsche Sammlung aller nationalen Verbände am Widerstand der Vaterlandspartei, aber auch der Kolonialgesellschaft, des Flottenvereins und des Vereins des Deutschtums im Ausland gescheitert sei. Eine Zusammenarbeit sei lediglich mit dem Wehrverein, dem Ostmarkenverein und dem Unabhängigen Ausschuss für einen deutschen Frieden möglich gewesen.[444]

Das Problem einer einigenden rechten Sammlungsbewegung in einer überspannenden Dachorganisation färbte von Beginn an auch auf die Vaterlandspartei ab. Sie bestand einerseits parallel zu den Deutsch-Konservativen und Nationalliberalen, agierte aber andererseits als Partei im außerparlamentarischen Raum und hatte ihre eigene Auflösung bereits bei den ersten zukünftigen Reichstagswahlen an ihrem Gründungstag beschlossen. Der Herausforderung des allgemeinen Wahlrechts bei den Reichstagswahlen auszuweichen und das Politische in den außerparlamentarischen Vorraum organisierter Interessenorganisationen zu verlagern, passte im Grundsatz zu Claß' Forderungen nach einer zivil-militärischen Diktatur. Diese begriff er als notwendige Bedingung für die Sicherstellung eines verschärften „Burgfriedens", um die deutsche Kriegsgesellschaft gewaltsam zu erziehen. Gebsattel sprach bereits im Frühjahr 1915 konkret von der Diktatur als letztem Mittel gegen demokratische Bewegungen und dachte dabei an Tirpitz, Falkenhayn als Chef des Generalstabes oder General Moritz von Bissing, Generalgouverneur von Belgien, als Diktatoren.[445] Das Element der Diktatur war nicht nur in Claß' Planspielen zu finden, sondern war bei der radikalen Rechten weit verbreitet. Auch Tirpitz und Kapp nutzten die Strategie der Beeinflussung von Hindenburg und Ludendorff für eine totale Kriegsführung nach innen und nach außen, die ebenfalls mit Diktaturelementen spielte und der „Hinterzimmerpolitik" der Alldeutschen nahestand.[446]

Claß war bereits nach dem Rücktritt Bethmann Hollwegs und der Enttäuschung über die Politik für einen Verständigungsfrieden seines Nachfolgers Michaelis für die Auslotung diktatorischer Potenziale gezielt auf die Führer der OHL zugegangen. Der „innere Zustand trieb zur Entscheidung", und alle Hoffnungen ruhten auf der Durchsetzung einer Militärdiktatur Hindenburgs und Ludendorffs.[447] Claß traf sich am 5. Oktober 1917 mit Ludendorff und dem Verbindungsmann der OHL zu den Parteien sowie zum Alldeutschen Verband, Max Bauer, in Bad Kreuznach und schlug ein „Kabinett in Uniform" vor. Hugenberg sollte für die Wirtschaft zuständig sein, während Neumann aus Lübeck, im Krieg Verwaltungsreferent und Hauptmann im Generalgouvernement Riga Abt. VI und Leiter der Pressestelle OberOst VIII, als Innenminister sowie Lohmann

444 Freiherr von Schilling-Cannstatt an Herrn Rüse (Elberfeld), 8.1.1918, in BA-Berlin, R 8048, Bd. 203, Bl. 39.

445 Konstantin von Gebsattel an Claß, 23.3.1915, BA-Berlin, R 8048, Bd. 356, Bl. 42–43.

446 Scheck: Alfred von Tirpitz, S. 35–64 und 82.

447 Hofmeister (Hrsg.): Heinrich Claß. Politische Erinnerungen, S. 305. Siehe auch ebd., S. 339.

als Justizminister vorgesehen waren. Zwei Vorgänge zeigten aus Claß' Sicht, dass ein „[I] mprovisieren" und politische Rücksichtnahmen auf Parteien und Gewerkschaften in Zukunft umgangen werden sollten: die von ihm als Verwässerung kritisierte Durchsetzung des „Hilfsdienstgesetzes" vom 5. Dezember 1916 zur umfassenden Rekrutierung von nicht zum Militärdienst eingezogenen Männern für die Rüstungsindustrie, das einen Einfluss der Gewerkschaften in den kriegswichtigen Betrieben zugestand, sowie das politische Lavieren in der Frage des uneingeschränkten U-Boot-Krieges. Ludendorff stimmte der Kritik am „[I]mprovisieren" zu, entgegnete Claß bei diesem Treffen aber lediglich, die „Militärdiktatur wäre ein Unglück", worauf dieser erwiderte: „Um Gottes willen, Exzellenz, dann geht der Krieg verloren!"[448]

Nachdem Bauer weder Ludendorff noch den Kronprinzen im Februar 1918 überzeugen konnte, nach der Berufung des bayerischen Katholiken Georg Graf von Hertlings zum Reichskanzler gegen den Kaiser Stellung zu beziehen, wurden die Pläne zunächst zurückgestellt. Im Frühjahr 1918 dachte Claß daher kurzzeitig an Gespräche mit dem Zentrum, der MSPD und den Linksliberalen für die Fortführung der innenpolitischen Kriegsanstrengungen. So könne man wenigstens auf die Gesprächsbereitschaft des Verbandes verweisen. Hugenberg wünschte Claß viel Glück in diesem „Löwenkäfig".[449] Solche Gespräche kamen nicht zustande und als die politischen Angriffe auf die Alldeutschen als kompromisslose Kriegsverlängerer zunahmen, gründete Claß eine eigene propagandistische Abwehrabteilung, die aber im Ergebnis kaum Wirkung zeigte.[450] Die politischen Ressourcen der Alldeutschen waren angesichts einer um sich greifenden gesellschaftlichen Mehrheit an Kriegsgegnern und -skeptikern längst verbraucht, als sich im Spätsommer ein erneuter Ämterwechsel ankündigte, der den Weg in den Friedensschluss beschleunigen sollte.

Auf dem alldeutschen Verbandstag, der vom 13. bis zum 15. September 1918 in Hannover stattfand, kam man das letzte Mal vor Ende des Krieges zusammen. Die ausbleibenden militärischen Erfolge nach den Offensiven im Frühjahr schienen nicht den Gebietsgewinnen im Zuge des Friedens von Brest-Litowsk im Osten zu entsprechen. Während der Kriegseintritt der USA im April 1917 von Claß und seinen alldeutschen Gesinnungsgenossen massiv unterschätzt und heruntergespielt wurde, scherte nun auch Österreich-Ungarn mit verstärkten eigenen Friedensinitiativen aus dem Verbund der Mittelmächte derart aus, dass Claß die Politik Kaiser Karls I. und seiner Regierung scharf kritisierte. Die außenpolitische Situation rückte einen militärischen Sieg der Mittelmächte in weite Ferne, jedoch sah Claß den Krieg eigentlich schon als gewonnen an, da doch immerhin große Gebietsgewinne im Osten wie auch im Westen (vor allem Belgien) sowie unter anderem die Niederwerfung Rumäniens und die „Freigabe" Livlands und Estlands durch die Sowjetregierung erreicht seien, der bald auch Litauen

---

448 Ebd., S. 340.
449 Alfred Hugenberg an Claß, 26.1.1918, in BA-Berlin, R 8048, Bd. 395, Bl. 161.
450 Claß an Paul Bang, 12.3.1918, BA-Berlin, R 8048, Bd. 287, Bl. 90.

folgen würde.[451] Was für einen notwendigen militärischen Sieg fehle, sei „die Führerkraft und -kunst eines Hindenburg und Ludendorff". Würden das alldeutsche „Kriegsziel nach innen", das in der „sittliche[n] Erneuerung unseres Volkes" bestehe, sowie der „gesunde politische und wirtschaftliche Wiederaufbau" nicht erreicht, warnte Claß vor der „Gefahr des innenpolitischen Zusammenbruch[s]".[452]

Am 30. September empfahl Hertling als sein Nachfolger Prinz Max von Baden, der am 3. Oktober zum Reichskanzler ernannt wurde und zwei Tage später ein Waffenstillstandsgesuch an den amerikanischen Präsidenten auf der Grundlage der „14 Punkte" sandte. Mit dem von Baden erzwungenen Rücktritt von Ludendorff am 26. Oktober 1918 waren Claß' Diktatur-Pläne für den Kriegszustand zunächst obsolet.[453] Auch neue Planspiele von Claß, nun General Hugo Karl Gottlieb von Kathen zum Berater Hindenburgs zu machen, lehnte dieser ab. Hindenburg hielt Claß politisch und weltanschaulich schlicht für zu radikal.[454]

Claß sah angesichts der Ernennung der Baden-Regierung, die der Alldeutsche Verband umgehend als „verfassungswidriges Kriegskabinett" diffamierte, eine düstere Zukunft voraus.[455] Er dachte bereits zu Jahresbeginn gegenüber den Verbandsgremien an Rücktritt. Er ahnte schwerwiegende politische Zuspitzungen voraus. Vor allem aber wollte er seine Stellung als Verbandsvorsitzender stärken. Dieser Schritt war also taktischer Natur, denn Claß suchte nach erneuter Bestätigung seiner eigenen diktatorischen Stellung, die er sich im Zuge der Kriegszieldebatte innerhalb des Verbandes im Herbst 1914 erkämpft hatte. Einen Herausforderer für den Vorsitz des Alldeutschen Verbandes gab es ohnehin nicht. Stattdessen sollte in diesem Szenario Gebsattel den Vorsitz übernehmen:

> Ich beabsichtige im Februar Ihnen mein „Port[e]feuille" zur Verfügung zu stellen – nicht um in solcher Zeit das Halfter auszustrecken, sondern um den A.D.V. die Freiheit der Entschliessung seiner Leitung gegenüber zu gewährleisten, eine über so lange Zeit ausgedehnte Führung eines politischen Verbandes durch ein u. dieselbe Persönlichkeit schliesst eine gewisse Gefahr in sich, der nur durch die sachliche Prüfung des Ereignisses dieser Führung begegnet werden kann u. dazu will ich den A.D.V. durch freiwilligen Rücktritt Gelegenheit bieten u. gleichzeitig zeigen, was ich unter recht verstandener Demokratie verstehe. Wählt man mich wieder, so werde ich mich nicht entziehen – jedenfalls kann mir dann niemand den Vorwurf machen, dass ich mich in dem Amte festgesetzt habe. Werde ich wiedergewählt, so wird dies der Oeffentlichkeit gegenüber eine Stärkung der alldeutschen Sache bedeuten.[456]

---

451 Claß auf der Tagung des Gesamtvorstandes des Alldeutschen Verbandes, 15.9.1918, in Alldeutsche Blätter 21.9.1918.

452 Claß auf dem Verbandstag des Alldeutschen Verbandes, 15.9.1918, in ebd.

453 Siehe Hofmeister (Hrsg.): Heinrich Claß. Politische Erinnerungen, Kapitel 3.10 und 3.12.

454 Siehe ebd., Kapitel 3.14.

455 Entschließung des Gauverbandes Westpreußen des Alldeutschen Verbandes, 12.10.1918, in Alldeutsche Blätter 19.10.1918. Claß war auf dem Gautag in Danzig als Redner anwesend.

456 Claß an Konstantin von Gebsattel, 18.1.1918, in BA-Berlin, N 2089, Bd. 5, Bl. 31–33. Zitat ebd., Bl. 32.

Gebsattel hatte gegenüber solchen Plänen schwerwiegende Bedenken. Er sei ohnehin nur bis April 1918 als Stellvertreter gewählt und würde doch aufgrund seiner „vielfachen Krankheiten", die ihn „bewegungsunfähig" machten und seit einem Jahr und noch bis April vom Besuch der Verbandstage abhielten, von einer möglichen Nachfolgeregelung abraten, die ihn einbezog.[457] Claß ließ sich gerne bitten, den Verbandsvorsitz weiterzuführen, und vermutlich brauchte er zu diesem Zeitpunkt genau diese Bestätigung seiner Unabkömmlichkeit.

Die anwaltliche Vertretung Chamberlains im Beleidigungsprozess gegen die *Frankfurter Zeitung* brachten Claß im Frühjahr 1918 weiter an die nervlichen Grenzen, bis er im April für sechs Wochen auf ärztlichen Rat wegen Krankheit ausfiel.[458] Chamberlain hatte der *Frankfurter Zeitung* vorgeworfen, in ausländischen Händen zu sein und die Interessen Englands zu vertreten. Der Prozess, der Claß noch einmal als Rechtsanwalt herausfordern sollte, zog sich bis zur Urteilsverkündung im August 1918.[459] Claß legte Widerspruch gegen das sehr milde Urteil gegen Chamberlain ein. Das Verfahren wurde im Zuge der Revolution und des Straffreiheitserlasses des Rats der Volksbeauftragten erst im Februar 1919 eingestellt.[460]

Claß hatte bis zum Herbst 1918 seine politischen Möglichkeiten ausgereizt. Weder gelang die Errichtung einer zivil-militärischen Diktatur mit den alldeutschen Verbandsvertretern Hugenberg, Neumann und Lohmann, wie unter anderem mit Kriegsminister Stein im November 1916 oder mit Ludendorff im Oktober 1917 besprochen, noch wirkte die Sammlungsbewegung der Vaterlandspartei, die unter der Führung von Tirpitz und Kapp auch ohne Claß agierte. Die Partei, die sich am 2. Dezember 1918 auflöste, um in der neugegründeten Deutschnationalen Volkspartei aufzugehen, wurde keine Zweigorganisation des Alldeutschen Verbandes.[461] Dessen Radikalisierung im Ersten Weltkrieg schuf stattdessen zahlreiche Möglichkeiten für die politischen Gegner, ihre Kritik am autoritären Nationalstaat des Kaiserreichs zu schärfen. Führende Nationalliberale wie Max Weber, der von 1893 bis 1899 selbst dem Alldeutschen Verband als Vertreter einer radikalen „Germanisierungspolitik" gegenüber den Polen im Osten Preußens angehört hatte, waren nunmehr selbstbewusste Kritiker des radikalen Nationalismus der Alldeutschen.[462] Im November 1917 entlarvte Weber die innenpolitischen Widerstände gegen die Demokratisierung des Wahlrechts als schiere Angst des besitzenden und gebildeten Bürgertums vor der Demokratie, das im Grunde auf die Entpolitisierung des Volkes zielte, das zu vertreten es vorgab.[463] Auch Publizisten aus

457 Konstantin von Gebsattel an Claß, 22.1.1918, in ebd., Bl. 52.

458 Siehe zum 50. Geburtstag, dem Chamberlain-Prozess und der Kampagne gegen Richard von Kühlmann Hofmeister (Hrsg.): Heinrich Claß. Politische Erinnerungen, Kapitel 3.4., 3.6., 3.8. und Freiherr von Schilling-Cannstatt an Pfarrer Hermann, 28.4.1918, in BA-Berlin, R 8048, Bd. 203, Bl. 713.

459 Siehe zum Urteil auch Deutsche Zeitung 17.8.1918.

460 Bermbach: Houston Stewart Chamberlain, S. 448–451.

461 So auch Hagenlücke: Deutsche Vaterlandspartei, S. 352.

462 Siehe Mommsen: Max Weber and German Politics, S. 35–67 und Radkau: Max Weber, S. 81–82.

463 Siehe Weber: Wahlrecht in Deutschland und Ders.: Gegen die alldeutsche Gefahr.

dem liberal-konservativen Umfeld von Hans Delbrück, wie Martin Wenck, Paul Rohrbach oder Martin Hobohm, legten Broschüren für den öffentlichen Meinungskampf gegen alldeutsche Kriegspropaganda vor.[464]

Die Vaterlandspartei gründete sich mit dem ausdrücklichen Ziel, nicht bei Reichstagswahlen antreten und sich mit Kriegsende auflösen zu wollen. Im Frühjahr 1918 hofften die Alldeutschen aber bereits auf die Gründung einer neuen „nationalen Partei", deren Kandidaten man bei zukünftigen Wahlen unterstützen wolle.[465] Claß warnte, dass die Schaffung einer „grossen nationalen Partei" zwar auch sein Interesse sei, „aber bis es dahin kommt, müssen die Konservativen noch wesentlich mehr gelernt haben und die Nationalliberalen durch ihren jüdischen Klüngel gesprengt sein".[466] Die Enttäuschungen über den konservativen Rückzug und die nationalliberale Reserviertheit gegenüber seinen Kriegszielen 1914/15 wirkten noch nach. Als Stresemann im Frühjahr 1918 aus dem Alldeutschen Verband austrat und ihm 17 weitere Nationalliberale folgten, nachdem er den verlorenen Krieg vorausgesehen und sich darauf auch realpolitisch eingestellt hatte, nahmen die Angriffe des Alldeutschen Verbandes auf die Partei zu, die Claß ohnehin im unaufhaltsamen Prozess der Auflösung sah.[467]

Die Vaterlandspartei bereitete im September und Oktober 1918 angesichts der „Demokratiekämpfe" und der bevorstehenden „Volkserhebung" die Gründung einer neuen Sammlungspartei vor.[468] Zu diesen Besprechungen waren alldeutsche Verbandsführer aber nicht mehr eingeladen. Auch Claß, der turnusgemäß mit fünfzig Jahren im August den „Justizrat" verliehen bekam, war daran nicht beteiligt.[469] Die Vaterlandspartei wollte nunmehr die parlamentarische Regierungsform anerkennen. Die bundesstaatliche Verfassung sollte wie die Monarchie bestehen bleiben, die öffentliche Ordnung aufrechterhalten werden. Die Partei forderte den sozialen Ausbau

---

464 Wenck: Alldeutsche Taktik, Rohrbach: Die alldeutsche Gefahr, später auch Hobohm/Rohrbach: Chauvinismus. Siehe auch Llanque: Demokratisches Denken, S. 141–142 und Heidler: Der Verleger Eugen Diederichs, S. 406–408. Otto Baumgarten, von Hause aus nationalliberal geprägt, führender Kulturprotestant und „leidenschaftlicher Alldeutscher" sowie seit dem Studium mit dem späteren Außenminister und Reichsgerichtspräsidenten Walter Simons und dem alldeutschen Elberfelder Unternehmer Karl Duncklenberg befreundet, reihte sich hier ein. Baumgarten: Das Echo der alldeutschen Bewegung in Amerika. Zitat in Ders.: Meine Lebensgeschichte, S. 49. Zur veränderten Kriegswahrnehmung siehe ebd., S. 266–355.

465 Freiherr von Schilling-Cannstatt an Herrn Ruska (DVLP Heidelberg), 6.4.1918, in BA-Berlin, R 8048, Bd. 203, Bl. 641–642.

466 Claß an Richard Pretzell, 9.7.1918, in BA-Berlin, R 8048, Bd. 204, Bl. 273.

467 Claß auf der Sitzung des Geschäftsführenden Ausschusses des Alldeutschen Verbandes, 13.4.1918, in BA-Berlin, R 8048, Bd. 118, Bl. 11–12. Gustav Stresemanns vorheriges Umschwenken auf Verfassungsreformen im März 1917 machte die Auseinandersetzung mit Claß bereits unausweichlich. Siehe dazu Wright: Gustav Stresemann, S. 82–115 und Pohl: Gustav Stresemann, S. 191–217.

468 Siehe Aufruf der DVLP an Wilhelm II., 24.9.1918, in ABBAW, NL Dietrich Schäfer, Bd. 2, Bl. 96, Rundschreiben der DVLP an die Landesvereine, 27.10.1918, in ebd., Bl. 102/1–8 und Rundschreiben Wolfgang Kapp, 6.11.1918, zur Einladung zum 12.11.1918 zur neuen Parteigründung, in ebd., Bl. 104.

469 Hessisches Regierungsblatt für das Jahr 1918, S. 15. Siehe zur Verleihung des Titels auch Siegrist: Advokat, Bürger und Staat, S. 993.

des Arbeiterrechts, die Erleichterung des sozialen Aufstiegs sowie die wirtschaftliche Sicherung aller Berufe. Sie ging gezielt auf Frauen und Arbeiter als potentielle Anhänger zu und besprach sich auch mit dem parteiübergreifenden und gemäßigteren Volksbund für Freiheit und Vaterland sowie dem Gewerkschaftsführer und sozialdemokratischen Reichstagsabgeordneten Carl Legien über den Abbau der Zwangswirtschaft und die zukünftige Stellung der Gewerkschaften.[470]

Die „Systemkämpfe", die Claß noch mit Bethmann Hollweg geführt hatte, waren längst grundsätzliche Kämpfe gegen die Alldeutschen geworden, die auch innerhalb der radikalen Rechten zunehmend isoliert dastanden. Gebsattel mahnte Claß Ende Oktober, dass man endlich die militärische Niederlage eingestehen und die „Vogelstraussart", sich vor der Wahrheit zu verbergen, aufgeben müsse, da Deutschland „an Zahl" an der Front nicht habe standhalten können und die notwendigen Nerven an der Heimatfront verloren habe.[471] Claß hatte ja selbst zuvor betont, dass es allein von den „Nerven" abhänge, ob die Alldeutschen „arbeitsfähig bleiben" und sich somit politisch letztlich durchsetzen würden.[472] Die Desillusionierung über die innenpolitische Erosion der deutschen Kriegsgesellschaft war bei Claß grenzenlos. Das „Volk", so Claß, sei nicht mehr zur „Vernunft" zu bringen, und die Massen der Demokratisierung und des Verständigungs- oder Verzichtsfriedens seien lediglich ein „Ansturm der Verzichtler".[473] Man könne angesichts der schnellen Veränderungen „nicht pessimistisch genug sein – und es gibt nur einen Trost, dass wir wenigstens an alledem unschuldig sind".[474] Zur Verbreitung dieser Exkulpationserzählung fuhr Claß noch Mitte Oktober 1918 auf eine Vortragsreise in die neuen Mobilisierungsgebiete des Verbandes nach Ost- und Westpreußen. Er nahm noch selbst am Gautag in Danzig teil, wo er erneut den Geist von Treitschke beschwor.[475]

Für Claß war der Untergang des Kaiserreichs am 9. November 1918, als Prinz Max von Baden die Abdankung des Kaisers verkündete und Friedrich Ebert zum Reichskanzler ernannte, eine nahezu notwendige Folge einer grundlegend verfehlten politischen Entwicklung seit dem Abgang Bismarcks 1890, dessen „Saat" mit der erzwungenen Abdankung Wilhelms II. nun aufgegangen sei.[476] Im Windschatten dieser Erzählung ließ sich auch die von Claß angemahnte zukünftige Bedeutung des Alldeutschen Verbandes als Avantgarde der „nationalen Opposition" mit neuen Funktionen über die Zäsur vom November 1918 hinaus klären. Zunächst überwog Ernüchterung, denn was Claß wohl

470 Siehe Sitzung von DVLP, Unabhängiger Ausschuss für einen deutschen Frieden und Volksbund für Freiheit und Vaterland in Berlin, 10.10.1918, in ABBAW, NL Eduard Meyer, Bd. 341, o. Bl.

471 Konstantin von Gebsattel an Claß, 20.10.1918, in BA-Berlin, N 2089, Bd. 5, Bl. 302–303.

472 Claß an Otto Helmut Hopfen, 21.6.1918, in BA-Berlin, R 8048, Bd. 391, Bl. 610.

473 Claß auf der Sitzung des Geschäftsführenden Ausschusses des Alldeutschen Verbandes, 13.9.1918, in BA-Berlin, R 8048, Bd. 120, Bl. 13–14.

474 Claß an Hauptschriftleiter Rösch, 3.10.1918, in BA-Berlin, R 8048, Bd. 204, Bl. 689.

475 Rede von Claß auf dem Gautag des Alldeutschen Verbandes in Westpreußen, 12.10.1918, in Alldeutsche Blätter 19.10.1918.

476 Claß an die Schriftleitung der Alldeutschen Blätter, 9.11.1918, in BA-Berlin, R 8048, Bd. 655, Bl. 1.

am meisten überraschte, war das „Wie“ des Umsturzes, das „Wie nach allen Seiten.“ Die Frage sei daher, ob der Verband noch eine „Daseins-Berechtigung und -Möglichkeit“ habe.[477] Claß legte für sich jedoch gleich fest, dass er den Alldeutschen Verband weiterführen müsse und eine große Zahl an Anhängern zusammenhalten wolle, die an eine weitere „Wiedergeburt“ glaubten.[478] Er sprach von einer angebrochenen „Märtyrerzeit“ und rechnete sogar damit, dass der Verband von der Regierung aufgelöst und er selbst demnächst „nicht mehr unter den Lebenden weilen“ könnte.[479] Mit dem Zusammenbruch des Kaiserreichs stehe man nun „am Grabe deutscher Hoffnungen“.[480]

477 Rundschreiben Claß, 15.11.1918, in BA-Berlin, R 8048, Bd. 122, Bl. 1.

478 Ebd.

479 Claß an Ludwig Schemann, 13.11.1918, in Universitätsarchiv Freiburg, NL Ludwig Schemann, Bd. 1669, o. Bl.

480 Aufruf Claß „An unsere Mitglieder!“, [15.11.1918], in Alldeutsche Blätter 23.11.1918.

5 Radikalisierungspolitik und Revolutionserfahrung

5.1 Ordnungskrisen und politische Orientierungen 1918/19

Revolution und Kriegsniederlage führten bei Claß zu heroisierten Ängsten über sein eigenes weiteres Leben sowie zu einer grundlegenden Weltanschauungskrise. An Ludwig Schemann schrieb er kurz nach der Revolution:

> Ich habe Anzeichen dafür, daß in des Wortes verwegen[d]ster Bedeutung jetzt die Märtyrerzeit für uns beginnt, und ich fürchte, daß [es] nicht sehr viele sind, die sich zur Rolle von Märtyrern geschaffen fühlen. [...] Wenn der ADV von der neuen Regierung aufgelöst werden sollte, so werden die greifbaren Mittel wohl dazu gebracht werden, die Beamten einigermaßen von der nächsten Not zu schützen. [...] Ihre beiden Wünsche will ich gerne erfüllen, indem ich in den Vorstand der Gobineauvereinigung eintrete und die mir zugedachte Widmung der Gobineau-Festschrift dankbar annehme – für den Fall, daß ich nicht mehr unter den Lebenden weilen sollte, mögen sie meinem Andenken gewidmet sein.[1]

„Ob und wie lange" er noch die Geschäfte des Alldeutschen Verbandes würde führen können, das wisse er, Claß, nicht, daher sei eine „unverzügliche" Antwort Schemanns geboten.[2] Er werde zwar steckbrieflich in Mainz und Finthen von der französischen Armee gesucht und seine Frau und Schwester, die dort geblieben seien, würden gleichsam von der Dorfbevölkerung aus der Villa in Finthen und aus der Stadt getrieben.[3] Er selbst war unversehrt nach Würzburg geflohen und seine Familie konnte letztlich nachkommen. Eine lebensbedrohliche Situation für ein heldenhaftes „Märtyrertum" war somit sicherlich nicht gegeben, ganz im Gegenteil. Claß wurde mit dem neuen Jahr bei der Neuaufstellung des Alldeutschen Verbandes umso umtriebiger, sodass er bereits im Sommer Schemann schreiben konnte, „wirklich nicht der Herr meiner Zeit" sein zu können.[4]

Die fehlenden strategischen Ordnungsalternativen sowie die eigenen ideologischen Imperative bestärkten Claß zum Februar 1919 umso mehr, seine radikalen Gesellschaftsentwürfe für die Zukunft konkret zu umreißen und sich gegen die Weimarer Republik zu positionieren. Am 9. November 1918 hatte er noch keine Strategie für den Alldeutschen Verband gehabt: „Eben kommt die Nachricht von der Abdankung des Kaisers und des Kronprinzen – was soll jetzt werden? Meines Erachtens muß der Alldeutsche Verband sich bei der jetzigen Sachlage rein abwartend verhalten und kann lediglich seine Mitglieder auffordern, ihre Kräfte in den Dienst der Ordnung zu stellen."[5] Wenige Tage später erließ Claß einen Aufruf an die Mitglieder des Vorstandes und des

---

1 Claß an Ludwig Schemann, 13.11.1918, in UAF, N 12, Nl Schemann, Bd. 633, Bl. 15.

2 Ebd.

3 Hofmeister (Hrsg.): Heinrich Claß. Politische Erinnerungen, Kapitel 4.1.

4 Claß an Ludwig Schemann, 22.7.1919, in UAF, N 12, Nl Schemann, Bd. 633, Bl. 2.

5 Claß an Konstantin von Gebsattel, 9.11.1918, in BA-Berlin, N 2089, Bd. 5, Bl. 345.

https://doi.org/10.1515/-007

Geschäftsführenden Ausschusses, in dem Resignation und Ungewissheit, aber auch Zuversicht über die Zukunft des Verbandes zum Ausdruck kamen:

> Niemand von uns wird überrascht sein, daß der Zusammenbruch kam, nach dem die Regierungen längst auf jede Führung unseres Volkes verzichtet hatten und sich trotz allen Mahnens auch nicht im letzten Augenblick aufgerafft haben [...]. Was uns – im Gegensatz zu der unter solchen Umständen vorhandenen Gewißheit des Zusammenbruchs – überrascht, ja sicherlich im Tiefsten getroffen, vielleicht gebrochen hat, ist das ‚Wie' des Umsturzes, das ‚Wie' nach allen Seiten. Wir werden uns zu fragen haben, ob unser Verband nach diesen Ereignissen noch Daseins-Berechtigung und -Möglichkeit hat, wie wir uns gegebenenfalls unsere Weiter-Arbeit denken und wie wir uns gegenüber der neuen Lage verhalten sollen."[6] Claß machte jedoch deutlich, dass er nicht an einen Rückzug denke und vielmehr die Aufmerksamkeit verstärkt nach Österreich und in das Baltikum lenken wollte. Sobald sich die Möglichkeit der Gründung einer „deutschen Nationalpartei" zeige, „müssen wir alle Kräfte in ihren Dienst stellen.[7]

Diese offensive Haltung resultierte aus der Einsicht, dass auch der Alldeutsche Verband den Krieg verloren hatte und eben jene politischen Kräfte und sozialen Klassen an Macht gewonnen hatten, die der Verband zuvor bekämpft oder paternalistisch-ständestaatlich hatte einhegen wollen. Diesen Kampf wollte Claß wieder aufnehmen beziehungsweise unter den Bedingungen der Republik weiterführen. Es fehlte ihm nicht an persönlichen Erfahrungen zur sozialen und wirtschaftlichen Sprengkraft verfehlter politischer Strategien und mangelnder militärischer Erfolge.

Die sozialen Kämpfe erreichten ihn auch in Mainz, als die Streikbewegungen im Frühjahr 1917 zunahmen. Er berichtete von Unruhen und Geschäftsplünderungen, die nur möglich waren, weil man den Belagerungszustand nicht gegen die Massen durchgesetzt habe und die „Zügel am Boden schleifen" lasse; „ein Schuss ist gegen dieses Gesindel nicht gefallen".[8] Im Zuge der Novemberrevolution nahmen diese Verlusterfahrungen von kollektiver Ordnung und sozialer Ruhe in seinem Umfeld zu. Claß erlebte die Umbruchsituation persönlich in Mainz und auf seinen Vortrags- und Besprechungsreisen Anfang November 1918.[9]

Um weitere Pläne für den Erhalt des Alldeutschen Verbandes zu klären, wurde zunächst ein Verbandstag am 4. Januar 1919 in Eisenach angedacht. Dagegen sprachen sich jedoch zahlreiche Mitglieder der Führungsgremien aufgrund der schwierigen Verkehrslage aus, sodass der Verbandstag für Februar in Bamberg organisiert wurde. Bamberg war von Würzburg aus, wo sich Claß noch auf Zwischenstation befand, leichter zu erreichen. Sein Aufenthalt im Würzburger Hotel „Rügmer" dauerte noch bis Anfang/Mitte Februar 1919. Er hatte dann eine feste Wohnadresse spätestens im März/April in

---

6 Aufruf Claß an den Vorstand und Geschäftsführenden Ausschuss des ADV, 15.11.1918, in StA Friedberg, NL Gebhard, Nr. 8, Bd. 3.

7 Ebd.

8 Claß an Konstantin von Gebsattel, 21.4.1917, in BA-Berlin, N 2089, Bd. 4, Bl. 186 und 187.

9 Siehe Hofmeister (Hrsg.): Heinrich Claß. Politische Erinnerungen, Kapitel 3.12.

Berlin in der Geschäftsstelle des Alldeutschen Verbandes Am Karlsbad 28, wohin der offizielle Briefverkehr seit Februar zugestellt wurde.[10]

Mainz blieb ihm nun versperrt. Mit Kriegsende hielt Claß es für unmöglich, für anwaltliche Vertretungen nach Mainz zurückzukehren, da „die französischen Behörden einer Rückreise der zur Zeit der Besetzung von Mainz außerhalb befindlichen Personen Schwierigkeiten bereiten“ würden.[11] Wenige Tage nach der Novemberrevolution wollte er sich für einen Monat nach Österreich absetzen, auch um sich dort mit politischen Freunden zu besprechen.[12] Er beantragte daher die rechtsanwaltliche Stellvertretung in Mainz durch den Gerichtsassessor Hubert Gürten, der sich mit 34 Jahren als jüngerer Vertreter der katholischen Rechtsanwaltschaft von Mainz noch 1918 für Claß' Kriegszielpolitik eingesetzt hatte. Gürten erhielt zum Januar die Zulassung vom Justizministerium, schied jedoch zum Sommer 1919 aus der Vertretung für Claß aus, nachdem Eduard Lucius wieder das Stellvertreteramt übernommen hatte.[13] Claß hatte sich bereits vor dem Krieg von Lucius vertreten lassen, wenn er auf Kur oder Geschäftsreisen für den Verband unterwegs war. Nach Lucius' Einberufung beantragte er die Stellvertretung zum April 1918 durch Gürten.[14] Dieses Arrangement war aufgrund der dauernden Abwesenheit von Mainz vor allem nach dem Umzug der Geschäftsstelle nach Berlin und dann nach dem Krieg aufgrund des französischen Haftbefehls zur Festnahme von Claß notwendig geworden.[15]

Claß befürchtete zudem den Verlust seines Immobilienbesitzes. Die Forderung nach Sozialisierung und Enteignung war nicht nur bei Gewerkschaftern populär. So fürchtete Konstantin von Gebsattel noch im Sommer 1919, seine Stadtwohnung in Bamberg verlieren zu können, weshalb er nicht ganzjährig auf seinem Gut in Gebsattel wohnen wollte. Auch Claß' Besitz in Finthen wurde beschlagnahmt, nachdem er unmittelbar nach der Novemberrevolution über Würzburg nach Berlin geflohen war und sich somit einem späteren Haftvollzug entziehen konnte.[16] In Berlin sorgte er schließlich für den Nachzug der Familie.[17] Zuvor vernichtete er noch in seiner Mainzer Stadtwohnung, die er als Nebenstelle der nach Berlin umgezogenen Geschäftsstelle weiterführte, Akten, die ihn als Kriegstreiber gegenüber den Franzosen hätten belasten können. Angst vor Verfolgung trieb auch andere führende Alldeutsche aus ihren Schreibstuben. Julius F. Lehmann floh im Frühjahr vor einer für den 5. April 1919 vorgesehenen Verhaftung aus München. Er wollte eigentlich zum Freikorps Epp, schloss sich aber der württember-

10 Alldeutsche Blätter 15.2.1919.

11 Claß an das Hessische Justiz-Ministerium, 27.12.1918, in HSTA Darmstadt Abt. G 21 B, Bd. 919.

12 Claß an das Hessische Justiz-Ministerium, 13.11.1918, in ebd.

13 Hessisches Ministerium für Justiz an Hubert Gürten, 29.1.1919 und 17.6.1919, in ebd.

14 Claß an das Großherzogliche Ministerium für Justiz, 20.4.1918, in ebd.

15 Siehe Claß an das Hessische Justiz-Ministerium, 13.11.1918, 27.12.1918 und 13.6.1919, in ebd.

16 Konstantin von Gebsattel an Claß, 19.5.1919, in BA-Berlin, R 8048, Bd. 357, Bl. 196 und Claß an Konstantin von Gebsattel, 14.5.1919, in ebd., Bl. 195.

17 Siehe Hofmeister (Hrsg.): Heinrich Claß. Politische Erinnerungen, Kapitel 4.1.

gischen Freikorps-Einheit Haas in Stadelheim an, die dann von Tübingen nach München zog und für die er Flugblätter und Aufrufe anfertigte und Vorträge hielt.[18]

Jenseits dieser persönlichen Wirkungen der Revolution hatte Claß' Erschütterung eine grundsätzliche weltanschauliche Komponente. Zwar rechnete er bei einem verlorenen Krieg mit einem sozialen Umsturz. Das „Kaiserbuch" von 1912 machte die gedanklichen Verbindungen von innenpolitischer, kultureller und ethnisch-rassistischer „Reform" und Kriegserwartung allzu deutlich. Die politischen Entwicklungen im Ersten Weltkrieg deuteten eine Demokratisierung spätestens ab 1917 an, der sich die OHL nicht mehr wirkungsvoll entgegenstellen konnte. Trotzdem widersprach der Umsturz dem grundlegenden Ansatz völkischer Politik und dem Anspruch des Alldeutschen Verbandes, für die Gesamtheit des deutschen „Volkes" zu sprechen. Ließ sich die Revolution von 1918 noch als legale Änderung der Staatsform interpretieren, die über die Abdankung des Kaisers, den Waffenstillstandsvertrag und Wahlen zur Nationalversammlung durch dezidierte Rechtsverfahren geordnet vollzogen wurde, so konnte Claß den Angriff auf die alte Staatsordnung des Kaiserreichs, die er ja nicht demokratisieren, sondern ins Autoritär-Diktatorische steigern wollte, nur über die Infragestellung der Legitimität des revolutionären Umsturzes vollziehen. Die Hoffnung auf einen dauerhaften „Burgfrieden", der die Massen nach einem militärischen Sieg durch eine deutsche imperiale Weltgeltung sowie wirtschaftliche Dominanz in „Mitteleuropa" befriedet und gleichzeitig entpolitisiert hätte, war durch die politische Forderung nach Mitbestimmung grundlegend als utopische Phantasie widerlegt worden.

Die Angst vor politischen Angriffen zur Jahreswende 1918/19 ließen Claß und Leopold von Vietinghoff-Scheel einen Umzug der Hauptgeschäftsstelle erwägen. Claß sprach sich für Gotha aus, das nicht wie Mainz unmittelbar von einer Besatzung durch die Alliierten bedroht war und zudem eine neue Nähe zum Hauptsitz des Deutschbundes und somit zu zahlreichen anderen völkischen Verbänden in Thüringen betont hätte.[19] Bessere Verkehrsanbindungen in der Mitte des Reiches hätten den Sitz zudem logistisch attraktiver gemacht und gleichzeitig bildungsbürgerliche und protestantische Kulturtraditionen durch die Nähe zum mittelalterlichen Weimar und zur Wartburg nahe Eisenach symbolisch anschlussfähig gemacht, was ganz der völkisch-romantischen Verklärung der Jahrhundertwende entsprach.[20] Vietinghoff-Scheel, der selbst aus Erfurt kam, bevorzugte Eisenach, sodass das mitteldeutsche Zentrum zwischen Werra und Saale sowie Harz und Main ein Zentrum alldeutscher Aktivitäten jenseits der hektischen und umkämpften Hauptstadt Berlin werden sollte.[21] Ende Januar 1919 entschied sich

18 Julius F. Lehmann an Houston Stewart Chamberlain, 7.6.1919, in NA Bayreuth, NL Chamberlain, Rot 179.

19 Siehe Herr Schön an die Schriftleitung der Frankfurter Zeitung, 5.6.1919, in BA-Berlin, R 8048, Bd. 604, Bl. 14–15.

20 Siehe auch Ulbricht: Wege nach Weimar, Mai: Thüringen in der Weimarer Republik, Kater: Weimar, S. 165–211 und Matthiesen: Bürgertum und Nationalsozialismus in Thüringen.

21 Leopold von Vietinghoff-Scheel auf der Sitzung des Geschäftsführenden Ausschusses des Alldeutschen Verbandes, 16./17.2.1919, in BA-Berlin, R 8048, Bd. 205, Bl. 249–250. Später bekannte Vietinghoff-Scheel bei

Claß gegen solche Umzugspläne, die erneut hohe Kosten verursacht hätten.[22] Dies änderte nichts an seiner Verurteilung Berlins als nervenaufreibende Metropole und zivilisatorischer Abgrund, jedoch war die politische Situation in den revolutionären Monaten 1918/19 auch in Thüringen alles andere als stabil.[23]

Diese Überlegungen wurden Anfang 1919 von Planungen für eine Namensänderung des Alldeutschen Verbandes begleitet.[24] Claß sprach sich für eine Umbenennung in Bismarck Verband aus, um einen Neubeginn und gleichzeitig ein Bekenntnis zu alldeutschen Wurzeln und politischen Überzeugungen zu signalisieren.[25] Dieser Bismarck Verband sollte erneut eine Sammlungsbewegung der gesamten Rechten unter alldeutscher Führung organisieren. Auf dem Bamberger Verbandstag am 16./17. Februar 1919 wurde der Gedanke verworfen und löste somit weiterhin nicht das Problem der zukünftigen Mobilisierung von Anhängern. Karl Itzenplitz kritisierte die Erneuerungsunwilligkeit als „Eigenbrödelei", die nach dem Krieg zunehmend alldeutsche Sektiererei und Vereinsmeierei ausstrahlte.[26]

Innenpolitisch stand Claß vor einem weiteren Deutungsproblem. Die Abdankung des Kaisers löste zwar einerseits das Problem mit der Person Wilhelms II., den Claß schlichtweg für „unzurechnungsfähig" hielt und als einen „politisch direktionslosen Mann" ansah.[27] Das politische Führungsvakuum blieb jedoch ungefüllt, da die im Januar 1919 gewählte Nationalversammlung für Claß keine anerkannte Instanz politischer Führung sein konnte. Daher hielt er an der Institution der Monarchie fest, da sie für das „Gemeinwesen" die „stärksten Bürgschaften gegen den Mißbrauch" bereitstelle.[28] Elitäre Führung blieb Kernbestand von Claß' Weltanschauung und der Alldeutsche Verband sollte auch weiterhin als bildungsbürgerlicher Expertenbund außerparlamentarisch Macht ausüben.

---

der Planung des Verbandstages für September 1932, dass Claß keine große Neigung für Erfurt habe und kleinere Städte Mitteldeutschlands bevorzuge, er hingegen Gotha und Weimar für „langweilige Nester" hielt, während Eisenach für einen alldeutschen Verbandstag im September noch zu sehr von „Fremden überflutet" sei und doch eher Jena, Friedrichroda, Meiningen, Saalfeld oder Rudolstadt, wo der Verbandstag dann stattfand, geeignete Orte seien. Ders. an Franziska von Porembsky, 13.4.1932, in ebd., Bd. 171, Bl. 2.

22 Rundschreiben Alfred Jacobsen, 4.2.1919, StA Friedberg, NL August Gebhard, Nr. 8, Bd. 3, o. Bl. und Claß an die Mitglieder der Hauptleitung und des Geschäftsführenden Ausschusses des Alldeutschen Verbandes, 27.1.1919, in ebd., o. Bl.

23 Claß auf der Sitzung des Geschäftsführenden Ausschusses des Alldeutschen Verbandes, 16./17.2.1919, in BA-Berlin, R 8048, Bd. 123, Bl. 44 sowie Dass. in ebd., Bd. 205, Bl. 250.

24 Siehe Sitzung des Geschäftsführenden Ausschusses des Alldeutschen Verbandes, 16./17.2.1919, in BA-Berlin, R 8048, Bd. 123, Bl. 45.

25 Claß an die Mitglieder der Hauptleitung und des Geschäftsführenden Ausschusses des Alldeutschen Verbandes, 27.1.1919, in STA Friedberg, NL August Gebhard, Nr. 8, Bd. 3, o. Bl.

26 Carl Itzenplitz auf der Sitzung des Geschäftsführenden Ausschusses des Alldeutschen Verbandes, 16./17.2.1919, in BA-Berlin, R 8048, Bd. 205, Bl. 246.

27 Claß an Konstantin von Gebsattel, 30.6.1918, in BA-Berlin, R 8048, Bd. 357, Bl. 205.

28 Claß an Friedrich Fick, 31.10.1919, in BA-Berlin, R 8048, Bd. 205, Bl. 379 und 380.

Das Festhalten an der Monarchie als Institution sollte diese Führungsprobleme überdecken. In der „Bamberger Erklärung" vom 16. Februar 1919, die als erstes öffentliches Auftreten des Alldeutschen Verbandes nach dem Krieg gewertet werden kann und wesentlich von Claß verfasst worden war, blieb der Monarchiegedanke weiterhin zentrale Ordnungsidee im alldeutschen Gesellschaftsbild.[29] Der Bezug auf die Monarchie war im Verband allerdings höchst umstritten. Nicht nur in Österreich habe die Erklärung „Entsetzen ausgelöst". Die Funktionäre, die die Gründung alldeutscher Gruppen vorbereiteten, befürchteten, man würde auch die Rückkehr der Habsburger fordern, die mit der Ausrufung der Republik am 12. November 1918 abgedankt hatten und mit Karl I., der am 24. März Österreich für das Exil in der Schweiz verließ, ihr formales Ende fanden.[30] Seit 1919 waren die Alldeutschen auch in Österreich mit einer eigenen Organisation vertreten. Bereits im Januar hatte Alfred Geiser im Auftrag der Berliner Hauptleitung erste Gespräche „mit den völkischgerichteten Kreisen Deutsch-Österreichs" zur Verbandsgründung geführt. Auf Beschluss vom Juni 1919 gründeten sich erste Ortsgruppen. Der Alldeutsche Verband nahm zum 1. April 1920 offiziell die Arbeit als eigenständige außerparlamentarische Oppositionsbewegung mit Sitz in Graz (ab 1927 in Wien) mit zunächst zwanzig Ortsgruppen und 4.000 Mitgliedern auf.[31]

Auch im Alldeutschen Verband in Deutschland kam es aufgrund der Monarchieforderung zu zahlreichen Austritten in den Ortsgruppen. Claß entgegnete solchen Berichten, er hoffe, dass diese Mitglieder „bald aus Ekel an der Republik zu uns zurückkehren" würden.[32] Er schickte im Sommer 1919 Eingaben an die Nationalversammlung, Wilhelm II. doch in Deutschland den dauerhaften Aufenthalt zu gewähren, da ihm hier kein „Haar gekrümmt" werde.[33] Wilhelm II. befand sich auf Schloss Amerongen in den Niederlanden im Exil, wo er am 28. November 1918 seine Abdankung unterzeichnete. Die Gestaltung der politischen Führung der zukünftigen Regierung blieb das zentrale Problem der Alldeutschen und sollte alle weiteren Ziel- und Methodenkonflikte des Verbandes bestimmen. Die Debatten kreisten um die Gewichtung der Herrschaftssäulen einer zivil-militärischen Diktatur, die personelle Besetzung des Führeramtes sowie der beratenden Gremien und letztlich die Einbindung der Massen in diesen autoritär-bildungsbürgerlichen Gesellschaftsentwurf. Verglichen mit der Weimarer Republik sei das Wilhelminische Kaiserreich trotz seiner beständigen Angriffe auf den Kaiser so rein und unbefleckt wie das Bismarck'sche Kaiserreich gewesen, formulierte Claß später.[34]

---

29 Siehe Alldeutscher Verband: Bamberger Erklärung, 16.2.1919, BA-Berlin, R 8048, Bd. 123, Bl. 49.

30 Alfred Geiser auf der Sitzung des Geschäftsführenden Ausschusses des Alldeutschen Verbandes 30.8.1919, in BA-Berlin, R 8048, Bd. 125, Bl. 24. Siehe auch Hofmeister: Der Alldeutsche Verband in Österreich 1919–1935.

31 Alldeutsche Blätter 17.4.1920.

32 Claß auf der Sitzung des Geschäftsführenden Ausschusses des Alldeutschen Verbandes 6./7.12..1919, in BA-Berlin, R 8048, Bd. 126, Bl. 25.

33 Claß auf der Sitzung des Geschäftsführenden Ausschusses des Alldeutschen Verbandes bezüglich Eingabe an die Nationalversammlung, die DNVP und die DVP, 11.5.1919, in BA-Berlin, R 8048, Bd. 124, Bl. 33.

34 Heinrich Claß: Volksgeist und Staatsform, in Deutsche Zeitung, 27.8.1922.

Die „Bamberger Erklärung" rief zum Kampf gegen Deutschlands erste Demokratie auf, in der die MSPD, die linksliberale Deutsche Demokratische Partei (DDP) und das Zentrum mit überwiegender Mehrheit nach den Wahlen zur Nationalversammlung am 19. Januar 1919 die „Weimarer Koalition" bildeten und in dem ab dem 13. Februar tagenden Kabinett unter Vorsitz des sozialdemokratischen Ministerpräsidenten Philipp Scheidemann zusammenfanden.[35] Zwei Tage zuvor war der Sozialdemokrat Friedrich Ebert zum Reichspräsidenten gewählt worden. Die alldeutsche Erklärung lehnte nicht nur diese demokratisch gewählte Regierung sowie die durch demokratische Wahlen zusammengesetzte und seit dem 6. Februar in Weimar tagende Nationalversammlung ab, sondern positionierte sich auch entschieden gegen den Gedanken eines dauerhaften Friedens und einer internationalen Weltordnung nach alliierten Vorstellungen. Stattdessen wurde eine forcierte deutsche Aufrüstung und eine Aufklärung der Massen für eine weitere notwendige Erneuerung der deutschen Gesellschaft gefordert, die an die innenpolitischen „Reformen" anschloss, die bereits vor dem Ersten Weltkrieg von Claß propagiert worden waren.[36] Die Erklärung war mit der Ausrufung der alldeutschen Grundopposition vor allem eine öffentliche Kampfansage an den Friedensschluss und die Revolution. Die außerparlamentarische Rolle des Verbandes sollte unbedingt beibehalten werden und eine Umformung in eine Partei stand für Claß weiterhin nicht zur Disposition. Auch Forderungen nach einer Parlamentskandidatur verwarf er mit Verve, da er selbst nicht am öffentlichen Pult des Reichstags politische Kompromisse diskutieren wollte.

Bereits Ende 1918 drängte Gebsattel Claß dennoch, ein politisches Mandat zu übernehmen. Er befürchtete, dass Claß „trotz aller unternommenen Schritte nicht auf die Liste der Anwärter zur Nationalversammlung zu bringen" sein werde.[37] Otto Fürst zu Salm-Horstmar, Karl Ferdinand von Grumme-Douglas, Gustav Pezoldt und Gertzlaff von Hertzberg-Lottin wollten Claß am liebsten über die im Dezember 1918 gegründete DNVP für die ersten Wahlen im Januar 1919 aufstellen und als „starke und hervorra-

---

35 Die DNVP als Nachfolgepartei der DVLP erhielt bei den Wahlen als konservative Sammlungspartei nur 10,3 Prozent.

36 Am 24.2.1919 begannen die Verfassungsratungen der Nationalversammlung auf Grundlage des im Dezember 1918 von dem Staatsrechtler, Mitbegründer der DDP und Staatssekretär im Reichsamt des Innern Hugo Preuß verfassten ersten Entwurfs, der eine starke Stellung des Reichspräsidenten sowie den Anschluss „Deutsch-Österreichs" vorsah. Veröffentlicht wurde der vor allem um einen Grundrechtskatalog erweiterte Entwurf am 10.1.1919. Die Weimarer Reichsverfassung wurde am 31.7.1919 verabschiedet und trat am 11.8.1919 in Kraft. Im Vergleich zur Verfassung von 1871 wurde der Reichstag entscheidend in seinen Befugnissen gestärkt, da er für die Reichsgesetzgebung zuständig war, die Exekutive kontrollierte und die Reichsregierung vom Vertrauen des Reichstags abhängig war. Der Reichspräsident hingegen wirkte verfassungsrechtlich als Gegengewicht zum Parlament, da er durch das Volk direkt gewählt wurde, die Regierung entlassen, den Reichstag auflösen und Volksentscheide anordnen konnte sowie Sonderbefugnisse durch Artikel 48 zugesprochen bekam, die ihm die Entscheidung über den „Ausnahmezustand" zubilligten.

37 Konstantin von Gebsattel an Claß, 30.12.1918, in BA-Berlin, R 8048, Bd. 357, Bl. 179.

gende Persönlichkeit“ auf einen möglichst sicheren Listenplatz setzen lassen.[38] Die DNVP wäre die einzige Partei, die politisch für Claß in Frage kommen würde. Sie stellte mit über einer Million Mitgliedern die größte konservative Sammlungspartei dar, die Ende November 1918 unmittelbar aus der Vaterlandspartei hervorgegangen war und nationalliberale sowie vor allem ehemalige deutsch-konservative Anhänger- und Wählermilieus bündeln konnte. Zahlreiche alldeutsche Mitglieder traten umgehend in die DNVP ein. Unter ihnen war Alfred Hugenberg der wichtigste unter Claß' Vertrauten, der zu Jahresende 1918 seine Position im Vorstand bei Krupp in Essen verließ. Der Tod des Syndikus der Handelskammer für Essen, Oberhausen und Mühlheim a. d. Ruhr, Wilhelm Hirsch, im Oktober verstärkte Hugenbergs Wunsch, ins politische Geschäft einsteigen zu wollen. Er wollte Hirsch entweder in den Preußischen Landtag nachfolgen, dem der Verstorbene seit 1901 angehört hatte, oder in den Reichstag, in dem er seit 1916 für die Nationalliberalen gesessen hatte.[39] In Absprache mit der Ruhrindustrie ging er im Januar 1919 zunächst nach Weimar, wo die Nationalversammlung tagte. Dort wohnte er im Hotel und bezog später eine eigene Dienstwohnung in Berlin. Hugenberg hielt sich jedoch innerhalb der DNVP-Fraktion mit eigenen Reden im Reichstag noch zurück.[40] Vietinghoff-Scheel von der Geschäftsstelle des Verbandes, Bang, Hertzberg-Lottin oder auch Axel Freiherr von Freytagh-Loringhoven traten der Partei ebenfalls bei.

Diese neue, noch sehr informelle Bindung des Alldeutschen Verbandes an die DNVP korrespondierte mit dem anhaltenden Umbruch seiner Mitgliederstruktur zwischen 1916 und 1923. Ein immenser Austausch von Anhängern festigte den Verband in seiner weltanschaulichen Ausrichtung und politischen Radikalisierung und eröffnete gleichzeitig neue politische Handlungsräume. Insgesamt stieg die Mitgliederzahl von 22.058 im Jahr 1916 auf 36.904 im Jahr 1918 und erreichte mit 39.000 im Jahr 1922 einen Höhepunkt der Mobilisierung.[41] Hinter diesem rasanten Anstieg, der eine Verdoppelung der Mitgliederzahl im Zuge des Ersten Weltkrieges bedeutete, standen sowohl hohe Ein- als auch Austrittszahlen. Allein im Jahr 1917 gab es 12.681 Zugänge und 2.354 Abgänge und ein Jahr später 9.623 Zugänge und 4.998 Abgänge.[42] Im ersten Halbjahr 1919 waren es dann 2.000 Ein- und 2.500 Austritte – davon alleine 1.000 Austritte aufgrund der „Bamberger Erklärung“.[43]

---

38 Siehe ebd. und Hauptschriftleiter des Alldeutschen Verbandes an Gustav Pezoldt, 23.12.1918, in BA-Berlin, R 8048, Bd. 321, Bl. 85. Zitat ebd.

39 Ich danke Michael Schellhorn für diesen Hinweis.

40 Siehe auch die Einschätzung von Otto von Feldmann, der 1920 zur DNVP kam und das hohe Ansehen Alfred Hugenbergs in der Partei beschrieb. Otto von Feldmann: Lebenserinnerungen, in GStA PK VI. HA, NL Feldmann, Bd. 1, S. 271.

41 Hofmeister: Between Monarchy and Dictatorship, S. 485.

42 Siehe Sitzung des Geschäftsführenden Ausschusses des Alldeutschen Verbandes 30.8.1919 (Notiz), in BA-Berlin, R 8048, Bd. 125, Bl. 14.

43 Leopold von Vietinghoff-Scheel auf der Sitzung des Geschäftsführenden Ausschusses des Alldeutschen Verbandes 11.5.1919, in BA-Berlin, R 8048, Bd. 124, Bl. 27 (die Zahlen beziehen sich auf den Zeitraum 1.1.–11.5.1919).

Der Umbruch 1918/19 klärte für viele Mitglieder ihre politische und weltanschauliche Position. Nicht alle langjährigen Angehörigen wollten angesichts der neuen politischen Situation im Verband bleiben, da sie unter Umständen Positionen im Staatsdienst innehatten, die sie nicht riskieren wollten, oder aber sie waren nicht bereit, die weitere Radikalisierung des Verbandes mitzumachen. Zahlreiche „Karteileichen" meldeten sich zudem jetzt ab, die zuvor lediglich als Ausdruck ihrer patriotischen und nationalen Gesinnung eine Verbandsmitgliedschaft führten. Allein im November 1918 standen kurzfristig 1.110 Abgängen nur 316 Zugänge und einen Monat später der gleichen Zahl an gezählten Abgängen nur 131 Zugänge gegenüber.[44] Im Herbst 1918 verlor der Verband insgesamt 5.000 Mitglieder. Dieser Mitgliederaustausch ging beständig weiter. Bis November 1919 gingen über 7.144 und 1920 insgesamt 7.000 Mitglieder, während die Gesamtmitgliedschaft weiter stieg.[45]

Diese Dynamik verstärkte das grundsätzliche Problem des Verbandes, dass nur ein verschwindend kleiner Teil der Mitglieder auch aktiv Politik betrieb. Vietinghoff-Scheel sprach dieses Phänomen 1921 deutlich an, wenn er beklagte, dass sich lediglich zehn Prozent aller Mitglieder überhaupt an der Verbandsarbeit auf nationaler Ebene und in den Gauen und Ortsgruppen beteiligten.[46] August Gebhard beschwerte sich später über eine alldeutsche „Konjunkturpolitik", die dem Verband im Zuge des Krieges eine Vielzahl opportunistischer Mitglieder beschert habe, die jedoch nach der Kriegsniederlage schnell wieder gegangen seien.[47] Diese Fluktuation betraf auch andere Organisationen der nationalistischen und konservativen Rechten. Erst nach 1922/23 versiegte der Zustrom an Neumitgliedern zum Alldeutschen Verband, sodass eine Verfestigung der Mitgliederstruktur einsetzte, die ihn in der Konkurrenz mit den „neuen" Organisationen der radikalen Rechten in der Weimarer Republik der Gefahr der Bedeutungslosigkeit aussetzte.

5.2 Antisemitische Mobilisierung 1917/23

Claß sah diese Gefahr bereits 1917, als die politischen Radikalisierungen der Linken und Rechten das Gefüge des „Burgfriedens" vollends erschütterten. Die organisierte Mobilisierung des radikalen Antisemitismus sollte den drohenden Bedeutungsverlust des Alldeutschen Verbandes in diesen Auseinandersetzungen verhindern. Die Diskussion um den Stellenwert des Antisemitismus schwelte beständig im Alldeutschen Verband

44 Leopold von Vietinghoff-Scheel auf der Sitzung des Geschäftsführenden Ausschusses des Alldeutschen Verbandes 16./17.2.1919, in BA-Berlin, R 8048, Bd. 123, Bl. 25.

45 Leopold von Vietinghoff-Scheel auf der Sitzung des Geschäftsführenden Ausschusses des Alldeutschen Verbandes 6./7.12.1919, in BA-Berlin, R 8048, Bd. 126, Bl. 35.

46 Leopold von Vietinghoff-Scheel auf der Sitzung des Geschäftsführenden Ausschusses des Alldeutschen Verbandes, 26.11.1921, in BA-Berlin, R 8048, Bd. 133, Bl. 20.

47 August Gebhard auf der Sitzung des Geschäftsführenden Ausschusses des Alldeutschen Verbandes, 12./13.2.1927, in BA-Berlin, R 8048, Bd. 149, Bl. 60.

und wurde zunächst 1892 durch Interventionen von Carl Peters zurückgestellt, ohne dass jedoch die antisemitischen Strömungen versiegten. Claß gehörte zu jenen, die um die Jahrhundertwende diesen Flügel stärkten und durch das „Kaiserbuch" Judenhass und antisemitische Vorurteile in ein umfassendes Programm radikaler gesellschaftlicher Veränderungen einwoben. Es stand außer Frage, dass für Claß Juden zu den Hauptgegnern im Kampf um politische, weltanschauliche, wirtschaftliche und kulturelle Meinungsführerschaft in Deutschland gehörten, da er ihnen einen überdurchschnittlichen Einfluss in Politik, Presse, Bildung und Wissenschaft sowie Kunst und Kultur zusprach. Claß verband die Juden nicht nur mit den politischen Strömungen des Pazifismus, des Liberalismus und Sozialismus, die er zutiefst ablehnte. Er kritisierte auch einen überdurchschnittlichen Bildungszugang von Juden und sah darin die Ursache für ihren Einfluss in Gesellschaftsbereichen, die er von völkisch-nationalistischen Eliten des Bildungsbürgertums dominiert sehen wollte.

Claß sah in den deutschen Juden schlichtweg soziale Hauptkonkurrenten um politische, weltanschauliche und soziale Macht und somit um die Herrschaft über die Deutungs- und Ausgestaltungskultur der deutschen Gesellschaft. Die Unterscheidung zwischen Juden und Deutschen erfolgte für ihn nicht nur über den Zugang zur Religion, sondern über die biologistische Zuschreibung unveränderlicher rassischer Differenz. „Rasse" sei ein „Quell der Gefahren", der die soziale Konkurrenz mit jüdischen Bildungsbürgern überdecke. Jüdische Religion war für ihn daher ein „Ausfluß der Rasse".[48] Die rassistische Exklusion von Juden übernahm Claß von anderen Vordenkern des Antisemitismus. Er entwickelte diesen rassistischen Antisemitismus jedoch weiter, indem er ihm eine dezidiert politische Richtung verlieh, ihn mit konkreten Forderungen einer radikalen Ausgrenzung von Juden aus der deutschen Gesellschaft verknüpfte und diese Konzepte über seine Schriften und die des Alldeutschen Verbandes popularisierte.

Die praktische Übersetzung der antisemitischen Schriften in Verbandspolitik blieb auch unter Claß' Vorsitz umstritten und kam nicht vor 1917/18 zum öffentlichen Durchbruch. Forderungen wie die von Eduard von Liebert am Vorabend des Ersten Weltkrieges, der „Judenfrage und Rassenfrage" mehr Aufmerksamkeit zu schenken, wurden seiner Zeit nicht nur von Claß, sondern auch von anderen wie Theodor von Reismann-Grone zurückhaltend behandelt, da sich diese Frage aus strategischen Gründen zur Festlegung nicht eigne.[49]

Mit der Erosion des „Burgfriedens" seit dem Frühjahr 1915 verstärkte Claß seine Vorwürfe, die Regierung sei angesichts ihrer Führungslosigkeit unter Bethmann Hollweg einer „jüdisch-demokratischen Politik" unterworfen, die durch Juden als „Herren im Reich" gemacht werde.[50] Die „Judenwahlen" von 1912 hätten gezeigt, wie sich Juden auch in der Politik hätten „festsetzen" können, daher sei bei der Kriegszieldiskussion die

---

48 Claß: Wenn ich der Kaiser wär', S. 38.

49 Siehe Sitzung des Geschäftsführenden Ausschusses des Alldeutschen Verbandes, 18.4.1914, in BA-Berlin, R 8048, Bd. 94, Bl. 56.

50 Claß auf der Sitzung des Geschäftsführenden Ausschusses des Alldeutschen Verbandes, 6./7.2.1915, BA-Berlin, R 8048, Bd. 98, Bl. 15 und Dass. 24.4.1915, in ebd., Bd. 99, Bl. 8.

Forderung nach der Schließung der Grenze gegen ostjüdische Einwanderung notwendig gewesen.[51] Der Krieg gegen Juden würde nach dem Ende des Weltkrieges ausbrechen, so Claß weiter.[52]

Im Frühjahr 1915 wurden im Alldeutschen Verband konkrete Pläne zum Grenzschluss gegen osteuropäische Einwanderung ausgearbeitet. Der Kaiserliche Geheime Regierungsrat Georg Fritz und Oberamtmann Dr. Wolfgang Heinze verfassten Schriften gegen eine befürchtete „Umwanderungsbewegung" und ein „Völkerchaos" in Europa durch ostjüdische Einwanderung, die die deutsche ethnische Zusammensetzung gefährden würden. Bei einem Grenzschluss komme es jedoch zum Aussterben der Juden in Deutschland innerhalb von vierzig bis fünfzig Jahren.[53] Gebsattel intervenierte im November 1915 bei der bayerischen Regierung gegen die unerwünschte Einwanderung von Ostjuden. Im Februar 1916 forderte der Geschäftsführende Ausschuss eine grundsätzliche Änderung der Einwanderungsgesetzgebung als Voraussetzung einer kontinentalen Volkstumspolitik für die Zeit nach dem Krieg.[54] Claß, Emil Kirdorf und Gebsattel sahen in einem zentralen Reichseinwanderungsamt die staatliche Institution, die Migration überwachen und steuern sollte.

Die alldeutsche Bekämpfung der Juden in Deutschland radikalisierte sich seit 1915. Es war erneut der radikal antisemitisch denkende Gebsattel, ein enger Vertrauter von Claß, der bei der Ausgrenzung von Juden strategisch plante.[55] Bereits im Oktober 1915 wollte er geklärt wissen, wie viele Juden im Heer und wie viele in der Etappe dienten und an der Front gefallen waren.[56] Der antisemitische Reichshammerbund schickte durch Theodor Fritsch und Alfred Roth eine Eingabe an den Kaiser, die Minister und einzelstaatlichen Regierungen, welche die Kriegsrohstoffabteilung, die durch Walther Rathenau gegründet worden war, sowie die Einkaufs-Genossenschaft für ausländische Lebensmittel als von Juden korrumpierte Kriegsinstitutionen diskreditierte.[57] Der alldeutsche Reichstagsabgeordnete und Vorsitzende der Deutschvölkischen Partei, Ferdinand Werner, initiierte im Juni 1916 eine Anfrage, die im Oktober 1916 zur „Judenzäh-

---

51 Claß: Wenn ich der Kaiser wär', S. 38 und Claß auf der Sitzung des Geschäftsführenden Ausschusses des Alldeutschen Verbandes, 24.4.1915, in BA-Berlin, R 8048, Bd. 99, Bl. 9.

52 Claß auf der Sitzung des Geschäftsführenden Ausschusses des Alldeutschen Verbandes, 24.4.1915, in BA-Berlin, R 8048, Bd. 99, Bl. 9.

53 Siehe Sitzung des Geschäftsführenden Ausschusses des Alldeutschen Verbandes, 28.8.1914, in BA-Berlin, R 8048, Bd. 96, Bl. 16, Heinze: Ostjüdische Einwanderung, Fritz: Die Ostjudenfrage, S. 4 und Georg Fritz auf der Sitzung des Geschäftsführenden Ausschusses des Alldeutschen Verbandes, 24.4.1915, in BA-Berlin, R 8048, Bd. 99, Bl. 8–9.

54 Siehe Jochmann: Die Ausbreitung des Antisemitismus, Alldeutsche Blätter 11.3.1916 und Gosewinkel: Einbürgern und Ausschließen, S. 333–334.

55 Gebsattel intervenierte auch für eine „Judenzählung" immer wieder bei seinem Vetter im bayerischen Kriegsministerium, der den Kampf gegen Juden nach dem Krieg für wichtiger und schwieriger hielt als den Kampf gegen die „rote Internationale". Siehe auch Konstantin von Gebsattel an Philipp von Hellingrath, 9.3.1917, in BA-Berlin, N 2089, Bd. 4, Bl. 96–101 und Philipp von Hellingrath an Konstantin von Gebsattel, 18.3.1917, in ebd., Bl. 106.

56 Konstantin von Gebsattel an Claß, 3.10.1915, in BA-Berlin, N 2089, Bd. 2, Bl. 253–254.

57 Siehe Leicht: Heinrich Claß, S. 223–224. Siehe auch Roth: Die Juden in den Kriegsgesellschaften.

lung" im deutschen Heer führte.[58] Auch Matthias Erzberger, Reichstagsabgeordneter für das Zentrum und bei Kriegsbeginn Befürworter weitreichender Annexionen, forderte im Oktober 1916 die statistische Erhebung über Beruf, sozialen Status und Religionszugehörigkeit der Angestellten bei den Kriegsrohstoffabteilungen. Der Nationalliberale Ernst Bassermann verlangte ebenso eine scharfe Begrenzung ausländischer Studenten an deutschen Universitäten vor allem aus Russland.[59]

Die „Judenzählung" durch Erlass des preußischen Kriegsministers Adolf Wild von Hohenborn vom 11. Oktober 1916 sowie die Zugänge, die sich für Antisemiten über die Nationalliberalen bis ins Zentrum in breitere politische Kanäle öffneten, bestärkten Gebsattel in seinen Interventionen gegenüber Claß. Er wollte einerseits Antisemitismus als politische Mobilisierungsstrategie gegen Demokratisierung und Kriegsmüdigkeit nutzen und den Alldeutschen Verband andererseits zur Dachorganisation für alle „judengegnerischen" Vereinigungen ausbauen.[60] Noch im Dezember 1916, als Fritsch den Beitritt des Verbandes in den Reichshammerbund anbot, erkannte Gebsattel jedoch, dass Claß zu dieser Erweiterung zur antisemitischen Sammlungsbewegung nicht bereit war, so wie auch die Mehrheit im Alldeutschen Verband noch nicht zu diesem Schritt zu bewegen waren.[61] Vielmehr überzeugte Gebsattel Fritsch von der Notwendigkeit, stattdessen sämtliche kleineren antisemitischen Vereinigungen in den Alldeutschen Verband zu integrieren.[62]

Erst 1917 änderte sich die Strategie bei Claß, der von Gebsattel, Vietinghoff-Scheel und Hertzberg-Lottin für eine Politik der antisemitischen Mobilisierung offensiv beeinflusst wurde. Der Aufbau der *Deutschen Zeitung*, der Monatsschrift *Deutschlands Erneuerung* und der Umzug der Redaktion der *Alldeutschen Blätter* nach Berlin waren zum 1. April 1917 abgeschlossen und Claß ließ die antisemitische Radikalisierung nun offen zu. Im Sommer waren er und Gebsattel in ihren antisemitischen Veröffentlichungen nicht mehr zu unterscheiden. Gebsattel wurde in die erste Reihe der alldeutschen Propaganda gegen Juden gestellt, um die neue Mobilisierungsstrategie zu verkörpern, während Claß in dieser Frage eher aus der zweiten Reihe agieren wollte, um sich vor Angriffen auf seine Person zu schützen. Der von ihm verfasste und von Gebsattel unterzeichnete Beitrag „Alldeutsch – vielleicht alljüdisch?" in der *Deutschen Zeitung* markierte mit der Dichotomisierung von Deutschen und Juden einen Wendepunkt in der antisemitischen Verbandspolitik, die sich insgesamt ausgehend von stra-

---

58 Siehe Zechlin: Die deutsche Politik und die Juden, S. 525, Angress: Das deutsche Militär und die Juden im Ersten Weltkrieg, Ders.: The German Army's „Judenzählung" of 1916, Jochmann: Gesellschaftskrise und Judenfeindschaft, S. 99–117 und Rosenthal: „Die Ehre des jüdischen Soldaten".

59 Siehe Zechlin: Die deutsche Politik und die Juden, S. 525.

60 Konstantin von Gebsattel an Claß, 20.4.1916, in BA-Berlin, R 8048, Bd. 356, Bl. 299–300.

61 Konstantin von Gebsattel an Claß, 23.12.1916, in BA-Berlin, R 8048, Bd. 661, Bl. 44.

62 Konstantin von Gebsattel an Rittmeister Baumann, 19.2.1917, in BA-Berlin, N 2089, Bd. 4, Bl. 45–50.

tegischer Zurückhaltung zum Kriegsausbruch hin zur offeneren Sammlung im Krisenjahr der politischen Radikalisierungen 1917 entwickelte.[63]

Gemessen an der öffentlichen Meinung wollte Claß die Sammlung der antisemitischen Strömungen hingegen vorsichtig und „Schritt für Schritt" vorbereiten, um den Verband nicht zu zersplittern oder zu schwächen.[64] Auch bisherige Gegner der antisemitischen Propaganda schwenkten nun in den radikaleren Kurs ein. Der Vorsitzende der Würzburger Ortsgruppe, Friedrich Fick, verabschiedete sich von seinem zuvor „ablehnenden Standpunkt" und erachtete die „Judenfrage" nun für wichtig, nachdem er den Tod seiner beiden Söhne im Feld und den seiner Schwester zu beklagen hatte.[65] Der Kampf fand nun „offen" statt und auch die „Renommierschulzen", die Gebsattel im Alldeutschen Verband befürchtete, hätten sich nicht zu Wort gemeldet. Nun könne man die „Führung gegen diese Rasse übernehmen", während man nur wenige Mitglieder verlieren und dafür „viele neue gewinnen" werde.[66] Trotzdem blieb Claß weiterhin strategisch vorsichtig und hielt im Sommer 1917 die „Judenfrage" für eine „reine Frage der Zweckmässigkeit", die „man sich selbst überlassen sollte".[67] Gleichzeitig regte er im Oktober 1917 an, die Satzungen des Verbandes zu ändern und die Mitgliedschaft an die konfessionelle Zugehörigkeit zu binden, sodass für Juden deutlich würde, dass sie im Verband nicht willkommen seien.[68]

Die Ernennung des bayerischen Zentrumspolitikers Georg Graf von Hertling zum Reichskanzler am 31. Oktober 1917, dem 400. Jahrestag der Reformation, machte die Deutungskrisen, die aus dem beschleunigten Wandel der deutschen Kriegsgesellschaft resultierten, für Claß immer schwerer. Hertling, der vor seiner Ernennung zum Vorsitzenden des bayerischen Gesamtstaatsministeriums 1912 noch Führer der Reichstagsfraktion des Zentrums gewesen war und sich ebenfalls gegen eine Wahlrechtsreform ausgesprochen hatte, weil er davon einen Aufschwung der Sozialdemokratie erwartete, schien durch seine rheinhessische katholische Herkunft den Kulturkampf, den Claß' Großvater Heinrich Fischer sehr persönlich gegen Bischof Wilhelm Emanuel Freiherr von Ketteler geführt hatte, auf Reichsebene unter umgekehrten Vorzeichen zu repräsentieren.[69] Er war Mitbegründer der Görres-Gesellschaft und Professor in München gewesen. Nach einem zufälligen Treffen 1913 schien Claß ihn noch zu schätzen, jedoch gingen die Meinungen über den außenpolitischen Kurs und die Heeresverstär-

63 Konstantin von Gebsattel [Heinrich Claß]: Alldeutsch – vielleicht alljüdisch?, in Deutsche Zeitung 18.7.1917.

64 Claß an Konstantin von Gebsattel, 4.7.1917, BA-Berlin, R 8048, Bd. 661, Bl. 47. Siehe auch Alldeutsche Blätter, 13.10.1917.

65 Konstantin von Gebsattel an Claß, 28.4.1917, in BA-Berlin, N 2089, Bd. 4, Bl. 208–210.

66 Zitate in Konstantin von Gebsattel an Claß, 12.6.1917, in BA-Berlin, R 8048, Bd. 357, Bl. 67 und Ders. an Rittmeister Baumann, 12.6.1917, in ebd., N 2089, Bd. 4, Bl. 324–325.

67 Claß auf der Sitzung des Geschäftsführenden Ausschusses des Alldeutschen Verbandes, 7.7.1917, in BA-Berlin, R 8048, Bd. 114, Bl. 12.

68 Claß auf der Sitzung des Geschäftsführenden Ausschusses des Alldeutschen Verbandes, 3.10.1917, in BA-Berlin, R 8048, Bd. 115, Bl. 5.

69 Siehe Claß: Wider den Strom, S. 8 sowie auch 313.

kung schnell auseinander. Claß erkannte in Hertling zudem während des Krieges einen unbedingten Unterstützer Bethmann Hollwegs. Demnach sei es „unvermeidlich, daß der Kampf gegen ihn aufs allerentschiedenste geführt wurde".[70]

Gebsattel drückte seine antisemitische Agenda nun forciert in die politischen Diskussionen innerhalb der Verbandsgremien. Er wolle sich jetzt „in die Bresche werfen", um gegen „Alljudentum" und vermeintlich von diesem abhängige Parteien wie MSPD und liberale Fortschrittspartei Stimmung zu machen, denn die Mehrheit der Deutschen sei lediglich zu „feige", einem organisierten Antisemitismus zu folgen.[71] Die antisemitische Gruppe um Gebsattel bearbeitete Claß zunehmend, der noch im Sommer 1918 wie gehabt strategisch vorgehen wollte. Er befürchtete eine Zersplitterung des Alldeutschen Verbandes in radikale und gemäßigte Flügel und meinte, es sei immer noch „der grösste Fehler, der jetzt begangen werden könnte, wenn wir uns aus Uebereilung zu Schritten hinreissen liessen, die die Sache im entscheidenden Augenblicke schwächen" würden.[72] Auch Landgerichtsrat Ernst Joerges vom Gau Mecklenburg hielt von einer alldeutschen „Judenfrage" nichts und schützte jüdische Mitglieder in seinen Reihen, die er weiterhin sehr schätzte und nicht bekämpfen wollte.[73]

Claß konzentrierte sich zu dieser Zeit auf die anwaltliche Vertretung Chamberlains im Beleidigungsprozess gegen die *Frankfurter Zeitung* als vermeintliche Agentin englischer Interessen. Er wollte das Verfahren nun als „eine gewaltige Anklageschrift gegen das Judentum" nutzen, um die „Judenfrage" in großem Umfang in der Öffentlichkeit zu präsentieren.[74] Die demagogische Nutzung des Antisemitismus als emotionale Mobilisierungsstrategie für politische Zwecke kam hier deutlich zum Ausdruck und wurde unmittelbar nach dem Weltkrieg auch zur alldeutschen Meistererzählung für den verlorenen Krieg und die Revolution.

Im September 1918 setzte sich der öffentliche Antisemitismus als politische und weltanschauliche Leitlinie des gesamten Verbandes endgültig durch. Zu diesem Zeitpunkt gründete Gebsattel zusammen mit Georg Fritz den „Judenausschuss" des Alldeutschen Verbandes. Er wurde selbst Vorsitzender.[75] Der „Judenausschuss" nahm jedoch nicht vor dem 19./20. Oktober 1918 seine eigentliche Funktion als Bestandteil der Verbandsgremien auf, als Claß auf dem Verbandstag den Ausspruch tat: „Schlagt Sie tot!

---

70 Ebd., S. 315. Ein Jahr vor Georg Graf von Hertlings Ernennung zum Reichskanzler zählte man noch das 500. Jubiläum des Herrschaftsbeginns der Hohenzollern-Monarchie in der Mark Brandenburg, während die „Osterbotschaft" Wilhelms II. die autoritäre Herrschaftsverfassung Bismarcks durch die angekündigte Demokratisierung des Dreiklassenwahlrechts in Preußen im Grundsatz zu erschüttern schien. Hofmeister: Protestantismus, deutsche Kriegsgesellschaft und Mobilisierungspolitik.

71 Konstantin von Gebsattel an Theodor [von Gebsattel], 16.1.1918, in BA-Berlin, N 2089, Bd. 5, Bl. 16–19.

72 Claß zitiert in Konstantin von Gebsattel an Friedrich von Bodelschwingh, 5.7.1918, in ebd., Bl. 365.

73 Ernst Joerges: Über die Stellungnahme des Alldeutschen Verbandes zur Judenfrage, 29.10.1918, in BA-Berlin, R 8048, Bd. 252, Bl. 34–36.

74 Julius F. Lehmann an Eva Chamberlain, 28.8.1918, in NA Bayreuth, NL Chamberlain, Rot 179. Siehe dazu Hofmeister (Hrsg.): Heinrich Claß. Politische Erinnerungen, Kapitel 3.8.

75 Siehe Sitzung des Geschäftsführenden Ausschusses des Alldeutschen Verbandes, 13.9.1918, in BA-Berlin, R 8048, Bd. 120, Bl. 22b sowie dazu Lohalm: Völkischer Radikalismus, S. 51–56.

Das Weltgericht fragt Euch nach den Gründen nicht."[76] Die rhetorische Radikalisierung war durch die Alldeutschen schon zuvor gesetzt. Noch im Sommer 1917 hatte Gebsattel den antisemitischen Propagandisten Heinrich Pudor, seit 1911 Mitglied des Alldeutschen Verbandes, als „törichten, durchgehenden Aussenseiter" kritisiert, bei dem er nicht davon ausgehen wollte, „dass er verrückt genug ist, einfach das Totschlagen der Juden in Aussicht zu nehmen". Nun nahm er diese Rhetorik des Radauantisemitismus selbst auf und wollte Juden die Funktion des „Blitzableiters" für die fehlende Geschlossenheit der Kriegsgesellschaft und die politischen und wirtschaftlichen Probleme zusprechen.[77]

Antisemitismus wurde nun zur umfassenden Krisenstrategie. Er sollte dafür sorgen, das innen- und außenpolitische Scheitern der Alldeutschen auf eine vermeintliche jüdische Macht abzuschieben, welche die völkische Geschlossenheit im Innern zerstört und einem nationalistischen Interessen widerstrebenden Internationalismus zugearbeitet habe.[78] Nachdem die Hoffnung auf territoriale Expansion trotz des Vertrages von Brest-Litowsk vom Frühjahr 1918 erst spät gescheitert war, nahmen die innenpolitischen Auseinandersetzungen um einen Verständigungsfrieden und eine Wahlrechtsreform die meisten Ressourcen von Claß in Anspruch. Der alldeutsche Volksbegriff wurde durch eine immer längere Liste von „Reichsfeinden" immer enger und selbst entlang völkischer Definitionslinien immer unschärfer. Der völkische Volksbegriff, der sich vor allem an kulturell-ethnischen Kriterien orientierte, stand einem politischen Volksbegriff gegenüber, der die Zugehörigkeit zum kulturell-ethnisch definierten „Volk" an den Interessen des Staates bemaß und entsprechend politisch unzuverlässige Gruppen ausgrenzte. Im Antisemitismus verbanden sich beide Stränge, indem Juden als „fremdvölkische" Rasse definiert wurden und ihnen über ihre vermeintlich „fremdvölkischen" Wirkungen in Kultur, Wirtschaft und Politik der Ausschluss in zweifacher Weise aufgezwungen wurde. Der völkische wie auch der staatszentrierte Kern des alldeutschen Volksbegriffs sollte durch die Exklusion von Juden in ihrer doppelten Ausgrenzung als „Volksfremde" und „Reichsfeinde" erhalten bleiben. Die Auflösung der Vision einer ethnisch und politisch homogenen Volksgemeinschaft sowie die umfassende und schnelle Erosion von Autorität und Ordnung wiederum sollten durch die

76 Für das verbreitete Manuskript ohne diesen Zusatz siehe Protokoll der Sitzung des Geschäftsführenden Ausschusses des Alldeutschen Verbandes, 19./20.10.1918, in BA-Berlin, R 8048, Bd. 121, Bl. 55–76. Für die Rohfassung des Protokolls mit der durchgestrichenen Passage siehe Sitzung des Geschäftsführenden Ausschusses des Alldeutschen Verbandes, 19./20.10.1918, in FZH [Kopiernummer 65008851, Bl. 44b]. Ich danke Heinrich August Winkler für diesen Hinweis. Auch zitiert in Lohalm: Völkischer Radikalismus, S. 76. Für die Kleist-Referenz siehe Minde-Pouet: Heinrich von Kleist. Der Kleist-Experte Minde-Pouet stand als Direktor der Städtischen Sammlung in Dresden (ab 1913) und ab 1917, als er mit dem weiteren Aufbau der 1912 gegründeten Deutschen Bücherei in Leipzig betraut wurde, im engen beruflichen Kontakt mit dem Historiker, Archivar und Gründer der 1897 eingerichteten alldeutschen Ortsgruppe Dresden, Georg Beutel.

77 Konstantin von Gebsattel an Claß, 19.6.1917, in BA-Berlin, N 2089, Bd. 4, Bl. 335–336.

78 Hofmeister: Weltanschauung, Mobilisierungsstrukturen und Krisenerfahrungen.

Erzählung einer kontinuierlichen Entfremdung und Unterwanderung durch „Reichsfeinde" aufgefangen werden.[79]

Claß entschied sich nun dafür, alle Bedenken fallenzulassen, und setzte mit dem Kriegsende die radikale antisemitische Mobilisierungsstrategie unter anderem zusammen mit Gebsattel und Vietinghoff-Scheel durch, der als Hauptgeschäftsführer der Berliner Geschäftsstelle ab dem Frühjahr 1919 in den Führungsgremien zahlreiche Anträge zur Satzungsänderung des Verbandes vorlegte. Vietinghoff-Scheel veröffentlichte in den nächsten Jahren ausführliche Programmschriften für eine „völkische Diktatur" und eine soziale und politische „Auslesepolitik" gebildeter und moralisch zuverlässiger Führungseliten.[80] Damit stellte auch er eine biopolitische Verbindung zwischen Rassismus und Standesprivilegierung entsprechend der Claß'schen Programmatik des „Kaiserbuches" her.[81] Selbst Artur Dinter, Autor der antisemitischen „Schundromane" wie „Die Sünde wider das Blut" (1917) und glühender Chamberlain-Verehrer, nannte Claß nun einen „fanatischen Doktrinär".[82]

So wie bereits Claß sein „Kaiserbuch" unter Pseudonym verfasst hatte, so griff auch Bang unter anderem unter dem Pseudonym „Wilhelm Meister" zur Feder und publizierte zahlreiche antisemitische Pamphlete. Eine seiner am breitesten rezipierten Schriften war „Judas Schuldbuch", das er bereits im März 1919 als antisemitische Kampfschrift zum vermeintlichen umfangreichen Einfluss der Juden auf alle Bereiche des politischen, wirtschaftlichen und gesellschaftlichen Lebens im Deutschen Volks-Verlag in München veröffentlichte.[83] Der antisemitische Verlag wurde 1919 von Ernst Boepple gegründet, einem Mitarbeiter Lehmanns. Boepple trat 1918 in den Alldeutschen Verband ein und war Gründungsmitglied der Deutschen Arbeiterpartei (DAP).[84] Innerhalb von zwei Jahren wurde Bangs Schrift in siebter und achter Auflage mit insgesamt 33.000 Exemplaren gedruckt. Bang versuchte unter anderem unter Rückgriff auf diffamierende antisemitische Pamphlete wie die von Alfred Roth, die dieser unter dem

79 Siehe auch Kuhlemann: „Protestantische Traumatisierungen".

80 Vietinghoff-Scheel: Grundzüge des völkischen Staatsgedankens und Ders.: Vom Wesen und -Aufbau des völkischen Staates.

81 Siehe Leopold von Vietinghoff-Scheel an Ortsgruppen des Alldeutschen Verbandes, 21.3.1919, in BA-Berlin, R 8048, Bd. 208, Bl. 353, Anträge auf Satzungsänderung [1919], in ebd., Bd. 125, Bl. 13, Grundriss des Aufbaus der praktischen, völkischen Arbeiten des ADV [Leopold von Vietinghoff-Scheel], o. D. [1919/1920], in StA Friedberg, NL August Gebhard, Nr. 8, Bd. 3, o. Bl. [Bl. 37] sowie die dann 1924 bzw. 1933 veröffentlichten Schriften Vietinghoff-Scheel: Grundzüge des völkischen Staatsgedankens und Ders.: Vom Wesen und Aufbau des völkischen Staates, deren Grundstrukturen bereits seit spätestens 1919 vom Autor ausgearbeitet wurden.

82 Artur Dinter an Houston Stewart Chamberlain, 11.12.1918, in NA Bayreuth, NL Chamberlain (EZ KP Dinter). Zitat in Bermbach: Houston Stewart Chamberlain, S. 516. Dinter: Die Sünde wider das Blut.

83 Bang (Pseudonym Wilhelm Meister): Judas Schuldbuch.

84 Ernst Boepple nahm 1923 am Hitler-Putsch teil, trat 1934 der SS bei, wurde 1937 stellvertretender Kultusminister in Bayern und 1941 zweiter Staatssekretär im Generalgouvernement und ab 1942 auch Stellvertreter von Hans Frank im Institut für Deutsche Ostarbeit. Siehe Schenk: Hans Frank, S. 172–174, 411 und 421.

Pseudonym „Otto Arnim" unter anderem zur „Judenzählung" von 1916 veröffentlichte[85], den Nachweis zu führen, dass es vor allem jüdischen Einflüssen zuzuschreiben sei, dass der Krieg verloren gegangen sei und die Revolution zum Umbruch geführt habe. Zudem knüpfte er an antisemitische Stereotype der „materialistischen Weltauffassung" und an rassistische Zuschreibungen der „Artfremdheit" an, die zur „Entartung" und zu einer „Seelenseuche" in der deutschen Gesellschaft geführt habe. Politische Träger dieser Erscheinungen seien vor allem die Sozialdemokratie und der Linksliberalismus.[86] Die Alldeutschen seien die einzigen gewesen, so Bang, die seit 1890 vor solchen Entwicklungen „alljüdischer" Übermacht in Theater, Kunst, Kultur, Presse, Finanzwesen und Wirtschaft gewarnt hätten, die auch der Kaiser nicht verstanden habe.[87]

Bang ließ sein Pamphlet mit den „Judenwahlen" von 1912 beginnen, denen mit dem Ausgang der Reichstagswahlen der „Judenkrieg" und der „Judensieg" gefolgt seien.[88] Somit schloss er nahtlos an Claß an und legte im Grunde eine aktualisierte Fortsetzung des „Kaiserbuchs" von 1912 vor. Bang meinte nun 1919 das eigentliche Motiv jüdischer Weltverschwörung erkannt zu haben: *„Die Weltrevolution ist Judas letztes großes und entsetzensvolles Mittel*, um endgültig zu seinem letzten Ziele, der jüdischen Weltrepublik zu gelangen, in der für die *Sklaven und nur für die Sklaven* allerdings der ‚Kommunismus' herrschen wird."[89] Bang formulierte Grundsätze einer „völkischen Politik" aus[90], die Claß 1912 angedeutet hatte und die nun zur weltanschaulichen Grundlage für die antisemitische Mobilisierung erhoben wurden.

Der Abschluss der „Bamberger Erklärung" des Alldeutschen Verbandes vom 16. Februar 1919 mit dem Aufruf „Deutschland den Deutschen" zeigte die schlagwortartige Vereinfachung der rassistischen und antisemitischen Politik nach dem Weltkrieg. Infolge der Beratungen auf dem Bamberger Verbandstag kamen die seit September 1918 laufenden Planungen für eine antisemitische Zweigorganisation, vergleichbar dem Deutschen Wehrverein von 1912, zum Abschluss, als eine Sammlung der antisemitischen Vereinigungen auf alldeutsche Initiative hin beschlossen wurde.[91] Am 18. Februar 1919 trat der Gründungsausschuss unter Claß, Gebsattel, Karl Lohmann und Fritz zusammen. Fritsch sowie die Alldeutschen Roth vom Reichshammerbund, Paul Langhans vom Deutschbund, Ferdinand Werner von der Deutschvölkischen Partei sowie der Deutschvölkische Bund und kleinere antisemitische Gruppen wie der Berliner Deutsche Volksbund schlossen sich der alldeutschen Gründung des zunächst Deutschvölkischer Schutz- und Trutzbund (DvSTB) genannten Verbandes an.

Die Finanzierung erfolgte aus der Sondersammlung, die für Claß' 50. Geburtstag durch Salm-Horstmar zur freien Verfügung des Verbandsvorsitzenden organisiert und

85 Roth (Pseudonym Otto Arnim): Die Juden im Heere.
86 Bang (Pseudonym Wilhelm Meister): Judas Schuldbuch, S. 11, 27, 46 und 66–69.
87 Ebd., S. 109 und 110–121.
88 Ebd., S. 7–21.
89 Ebd., S. 211.
90 Bang (Pseudonym Wilhelm Meister): Vorwort zur 5. und 6. Auflage, in ebd., S. 4.
91 Siehe dazu Lohalm: Völkischer Radikalismus, S. 19–26.

260.000 Reichsmark erbracht hatte. Claß verwendete von dieser Summe nun 100.000 Reichsmark für die Bund-Gründung und garantierte Roth als Vorsitzendem ein Jahresgehalt von 15.000 Reichsmark.[92] Trotz dieser engen Verbindung zum Alldeutschen Verband blieb der Trutzbund keine rein alldeutsche Organisation. Sie sollte zwar den lange diskutierten und umstrittenen Antisemitismus als hauptsächliches Mobilisierungsthema vertreten, ihn gleichzeitig aber aus dem Alldeutschen Verband herauslösen. Während die Bedingung für die Mitgliedschaft im DvSTB eine „deutsche Abstammung" sowie das Verbot der Eheschließung mit „volksfremden Personen" war, wurde die Satzung des Alldeutschen Verbandes erst 1924 durch die Einführung eines „Arierparagraphen" erweitert.[93]

Führungskonkurrenzen innerhalb des Trutzbundes erschwerten aber eine einheitliche nationale Leitung der 19 Gauverbände und über sechshundert Ortsgruppen in Deutschland und Österreich, was zu einem Rückzug alldeutscher Verbandsfunktionäre führte, wie dem des Gründungsmitglieds Gebsattel aus Bamberg und dem Alfred Jacobsens aus Hamburg. Gerade in Bayern wurden Autonomiekämpfe gegen die Bundesleitung unter Roth in Hamburg geführt, die eine große Mobilisierung in den Städten München, Hamburg, Berlin und Stettin sowie in den Gauverbänden in Schlesien, Hessen, Nord-Bayern, Thüringen, Sachsen und Brandenburg von 160.000 bis 180.000 Mitgliedern bis zur Auflösung im Sommer 1922 erreichte.[94]

Werner und Friedrich Wiggershaus vom Geschäftsführenden Ausschuss, aber auch Roth als Hauptgeschäftsführer machten sich zunehmend unabhängig vom Alldeutschen Verband, der im Beirat unter anderem mit Bang, Georg von Stössel, Lehmann, Pezoldt und den Claß-Vertrauten Gebhard sowie den Marburger Rechtsprofessor und ehemaligen Studienkollegen von Claß in Gießen, Erich Jung, vertreten war. Lehmann und Bang repräsentierten den Alldeutschen Verband in dessen 1920 erweiterten Vorstand, dem 54 weitere Mitglieder angehörten, jedoch machte der Trutzbund eine eigene, vom Verband unabhängige Mobilisierungspolitik.[95] Der Konflikt um den Zuschnitt von Führungszuständigkeiten, der mit Werner und Wiggershaus sowie mit Roth als Vorsitzenden ausgetragen wurden, ging bis weit über die Auflösung des Trutzbundes 1922 hinaus und bestimmte noch die Pläne zur Aufteilung der antisemitischen Bewegung in verschiedene Zweig- und Tarnorganisationen.[96] Auch Kritiker von Claß, wie Dinter, der dem

92 Ebd., S. 100.

93 Siehe ebd., S. 20 und Antrag auf Satzungsänderung auf der Sitzung des Gesamtvorstandes des Alldeutschen Verbandes, 30.8.1924, in BA-Berlin, R 8048, Bd. 139, Bl. 9.

94 Zu den Zahlen siehe Lohalm: Völkischer Radikalismus, S. 89–90, 118–122 und 361 sowie Vorläufiger Geschäftsbericht des Deutschvölkischen Schutz- und Trutzbundes, 1.6.1920, in FZH, 11/R28 Alfred Roth, Zeitungen, Zeitschriften, Vereinigungen, Sonstiges, o. Bl. Die Hauptgeschäftsstelle des DvSTB war 1922 in der Ferdinandstraße 5 in Hamburg (Zimmer 71) und persönliche Zuschriften gingen an den Geschäftsführenden Vorsitzenden in die Potsdamer Straße 121 in Berlin.

95 Siehe Sitzung des Engeren Ausschusses des Deutschvölkischen Schutz- und Trutzbundes, 15.6.1920, in BA-Berlin, R 8048, Bd. 253, Bl. 178–180.

96 Siehe Gertzlaff von Hertzberg-Lottin an Claß, 19.10.1922, in BA-Berlin, R 8048, Bd. 379, Bl. 21–22.

Vorstand des Alldeutschen Verbandes angehörte, waren in den Leitungsgremien des DvSTB aktiv und verfolgten ihre eigenen Interessen.

Die Platzierung Hertzberg-Lottins als Geschäftsführender Vorsitzender im Mai 1920 änderte an dieser Machtaufteilung nichts, in der Roth weitgehend selbstständig agierte und die Landesverbände großen Einfluss auf ihre eigene Mobilisierungspraxis vor Ort ausübten. Roth erkannte bereits 1920, dass diese Polykratie an Machtzentren zu einer sich blockierenden Entscheidungspraxis zwischen diktatorischer Bundesführung in Hamburg und dezentraler Politik in den Landesverbänden führte, wo Kooperationen mit Verbänden wie dem Jungdeutschen Orden oder dem Deutschvölkischen Arbeitsring an Bedeutung gewannen.[97] Claß wollte sich bei der Organisation nicht „um Einzelfragen kümmern", sah aber die strukturellen Führungsmängel.[98] Im Januar 1922 hoffte er noch, dass Roth und Hertzberg-Lottin den Trutzbund im Griff hätten, da er keinerlei Ambitionen hegte, die Bundesführung selbst zu übernehmen oder anderweitig in führende Positionen einzutreten.[99]

Die Auflösung des DvSTB erfolgte mit Ausnahmen der Gauverbände in Bayern und Württemberg im Zuge des Republikschutzgesetzes, das einen Monat nach der Ermordung von Walther Rathenaus am 24. Juni 1922 erlassen wurde. Der Staatsgerichtshof in Leipzig bezog sich ausdrücklich auf das Republikschutzgesetz vom 21. Juli und urteilte, dass der Trutzbund „systematisch Hetze" gegen Juden verbreite und somit erwiesenermaßen zum Umfeld der Mörder Rathenaus gehört habe.[100]

Die Durchsetzung des Verbots lag in Hessen in der Hand eines ehemaligen politischen Gegners von Claß. Der Zentrumspolitiker Otto von Brentano di Tremezzo, gegen den Claß bei den Reichstagswahlen 1903 angetreten war, amtierte von 1918 bis 1927 als Justizminister und ab 1919 auch als Innenminister im Volksstaat Hessen und bekämpfte während seiner Amtszeit die radikale Rechte mit allen Mitteln.[101] Brentano gehörte dem Kabinett des sozialdemokratischen Ministerpräsidenten Carl Ulrich an, der 1893 zusammen mit Franz Jöst für die Wahlkreise Mainz I und II in den Reichstag eingezogen war. Jöst hatte damals Ernst Albrecht Braun geschlagen, Claß' Vorgesetzten im Kreisamt Mainz, für den Claß während seiner Referendariatszeit den Wahlkampf organisierte.[102]

Die Verbotswelle radikaler, völkischer, antisemitischer und paramilitärischer Organisationen der Rechten erfasste in einzelnen Ländern wie Thüringen, Schaumburg-Lippe und Hamburg auch den Alldeutschen Verband. Die *Alldeutschen Blätter* wurden gerade in Thüringen unter der SPD/KPD-Regierung gezielt unregelmäßig von der Post zugestellt. Es fanden Hausdurchsuchungen bei Mitgliedern des Alldeutschen Verbandes

97 Siehe auch Alfred Roth an Geschäftsstellen des Deutschvölkischen Schutz- und Trutzbundes, 8.6.1920, in FZH, 412–1, Bd. 4, o. Bl. [196].

98 Claß an Arnold Ruge, 23.1.1922, in BA-Berlin, R 8048, Bd. 208, Bl. 61–62.

99 Claß an Gertzlaff von Hertzberg-Lottin, 23.6.1922, in FZH, 412–1, Bd. 9, o. Bl. [222] und Otto von Roeder an Arnold Ruge, 23.1.1922, in BA-Berlin, R 8048, Bd. 208, Bl. 61–62.

100 Siehe auch Urteil Staatsgerichtshof Leipzig vom 1.8.1922, in Deutsche Zeitung 10.8.1922.

101 Siehe Brunck: Otto von Brentano di Tremezzo.

102 Claß: Wider den Strom, S. 29–30.

Deutschvölkischer Schutz- u. Trutzbund
Ortsgruppe München.

Am **Freitag, den 2. September 1921,** abends 7 Uhr, wird im Saale der **Schwabinger-Brauerei,** Leopoldstraße 82, Herr **Landrichter Jenne,** Berlin, sprechen über:

Deutsches Recht

Im Laufe der Jahrhunderte und zuletzt durch die neuere deutsche Gesetzgebung sind dem deutschen Volke an Stelle der seiner geschichtlichen Entwicklung entsprechenden volkstümlichen Rechtsgesetze und rechtlichen Einrichtungen fremde, zumeist dem römischen Rechte entnommene Gesetzesbestimmungen durch römisch-rechtlich geschulte Männer der Wissenschaft und Praxis aufgezwungen worden. Nicht zum geringsten waren es jüdische Einflüsse und unter solchen stehende Juristen, auf welche diese Aenderungen im Laufe der Zeit zurückzuführen sind.

Gerade im Kampfe gegen das immer mehr sich **vordrängende Judentum,** gegen die **Versklavung des Volkes** unter der Herrschaft des in der Hauptsache jüdischen Bank- und Börsenkapitals, gegen das gesetzlich noch nicht hinreichend getroffene **Schieber- u. Wuchertum,** gegen das **Vorherrschen der Gewinnsucht** der einzelnen vor der Rücksichtnahme auf die **Notwendigkeiten des Gemeinwohls,** ist eine **Aenderung unserer Gesetzgebung** zur Herbeiführung von Gesetzen und Einrichtungen, welche der geschichtlichen Entwicklung des deutschen Volkes und dem deutschen Volksempfinden entsprechen, **dringend notwendig** geworden.

Die Widersprüche der bestehenden Gesetze zu dem Volksempfinden zeichnet treffend der Altmeister Goethe mit dem bekannten Worte:

Vernunft wird Unsinn, Wohltat, Plage
Weh Dir, daß Du ein Enkel bist, –
Vom Rechte, das mit uns geboren ist,
Von dem ist leider nie die Frage.

Von diesem Rechte, dem **deutschen Rechte,** wird Herr Landrichter Jenne am Freitag abend sprechen. Wir bitten alle Volksgenossen, diese Kundgebung für ein deutsches Recht durch zahlreichen Besuch zu einer **wuchtigen Veranstaltung** gegen die unnatürlichen Zustände zu gestalten, in denen wir gegenwärtig leben.

Die Ortsgruppe München des deutschvölkischen Schutz- u. Trutzbundes.

Justizrat von Zezschwitz
I. Vorsitzender.

Eintritt für Mitglieder 1.— Mk. Eintritt für Nichtmitglieder 2.— Mk.

Saaleröffnung 7 Uhr. **Juden haben keinen Zutritt.**

II/2

Abb. 15: Antisemitisches Flugblatt des Deutschvölkischen Schutz- und Trutzbundes (1921), in dem Juden einfach eine Schuld an den seit dem Mittelalter dominierenden Grundsätzen des antiken Römischen Rechts unterstellt wurde, das im 19. Jahrhundert durch die Anhänger der Historischen Rechtsschule vertreten und durch die Erneuerungsforderung der Vertreter des soziologischen Rechtsbegriffs kritisiert worden war. Der Unterzeichner dieses antisemitischen Aufrufs, Justizrat Willibald von Zezschwitz, war Ortsgruppenvorsitzender des DvSTB in München, Mitglied der NSDAP und enger Freund Dietrich Eckarts, der vor seiner Aufnahme in die NSDAP im Sommer 1919 Mitglied des DvSTB geworden war und 1920 der NSDAP beim Erwerb des zukünftigen *Völkischen Beobachters* mit eigenen Mitteln half. Auch Claß hatte Adolf Hitler auf dessen Wunsch hin bei der Finanzierung des Ankaufs des verschuldeten *Münchener Beobachters* durch Wechsel-Bereitstellungen aus dem Geschäftsvermögen der *Deutschen Zeitung* von insgesamt 30.000 Mark assistiert. Die Zeitung wurde von der NSDAP im Dezember 1920 übernommen. Eckart wurde von August 1921 bis März 1923 deren Chefredakteur, bevor er durch Alfred Rosenberg abgelöst wurde. Zezschwitz wiederum vertrat als Rechtsanwalt Hitler 1921 vor Gericht und trat 1924 als Verteidiger Erich Ludendorffs im Hitler-Prozess auf.

statt und zuweilen wurden alldeutsche Regierungsräte vom Staatsdienst suspendiert. Auch die *Deutsche Zeitung* wurde unter Zensur gestellt und von 1923 bis 1927 im besetzten Rheinland zunächst befristet und dann ganz verboten.[103]

Ein direkter Zusammenhang zwischen den Attentätern Rathenaus, die vor allem aus der Organisation Consul stammten, und Claß konnte nicht nachgewiesen werden. Jedoch reichten die Kontakte des Alldeutschen Verbandes aus, um ein rechtskräftiges Verbot zu erwirken, denn sie umfassten neben dem Germanenorden, der Thule-Gesellschaft, in der die Alldeutschen in München nach dem Weltkrieg eine wesentliche Rolle spielten, sowie dem Freikorps Oberland auch die Organisation Consul selbst.[104] Die Verbindungslinien ließen sich bis in den Trutzbund nach Mecklenburg verfolgen, wo der Gauvorsitzende eine Pistole an die Rathenau-Mörder weitergegeben haben soll, und darüber hinaus bis zu einem Berliner Händler namens Hoffmann, der Mitglied des Alldeutschen Verbandes und vermutlich an der Finanzierung der Rathenau-Mörder beteiligt war.[105] Pläne für einen Mord an Rathenau und radikale antisemitische Propaganda gehörten zudem zum Grundbestand politischer Diskussionen und konspirativer Praxis innerhalb des DvSTB.

Während Claß den Geschäftsführenden Ausschuss folglich zu noch strengerer Verschwiegenheit aufrief und zu bedenken gab, dass die Mitglieder ihre Zugehörigkeit zu anderen Organisationen mit ihrer „Gehorsamspflicht" gegenüber dem Verband zu vereinbaren hätten, berichtete sein Verbindungsmann zu den konspirativen Münchener Kreisen der radikalen Rechten, Paul Tafel, dass das Republikschutzgesetz in Bayern bereits „Judenschutzgesetz" genannt werde.[106] Claß sah in der Anwendung des Republikschutzgesetzes eine ernsthafte Gefahr für den Alldeutschen Verband. Dessen Beschwerden gegen seine Auflösung in den Ländern führten am 26. Januar 1923 zu einer Aufhebung der Verbote durch das Reichsgericht.[107] Wie das Gericht in seiner Urteilsbegründung betonte, sei es aufgrund von Claß' respektablem Charakter sowie der langen Geschichte des Alldeutschen Verbandes ausgeschlossen, dass ein gewaltsamer Umsturz durch Claß zu erwarten sei.

---

103 Siehe Reichspostminister an Claß, 23.10.1922, in BA-Berlin, R 8048, Bd. 671, Bl. 71, Abschrift Auflösungsbestimmungen Thüringen, 5.9.1922, in ebd., Bl. 79–84 und Deutsche Zeitung 31.8.1927.

104 Siehe Lohalm: Völkischer Radikalismus, S. 215–236 und Chamberlain: The Enemy on the Right, S. 147–167.

105 Siehe Deutsche Zeitung 2.5.1922, 3.4.1924 und 2.5.1925, Berliner Tageblatt 2.5.1922 und 3.5.1924 und Bergisch Märkische Zeitung 3.7.1925. Siehe dazu auch Sabrow: Die verdrängte Verschwörung, S. 136 und Lohalm: Völkischer Radikalismus, S. 220–231.

106 Claß und Paul Tafel auf der Sitzung des Geschäftsführenden Ausschusses des Alldeutschen Verbandes, 1.9.1922, in BA-Berlin, R 8048, Bd. 135, Bl. 3–6 und 12–13.

107 Claß auf der Sitzung des Geschäftsführenden Ausschusses des Alldeutschen Verbandes, 1.9.1922, in ebd., Bl. 7–8, Eingabe Alldeutscher Verband gegen Auflösung in Hamburg, 10.7.1922, in ebd., Bd. 671, Bl. 20, Eingabe Alldeutscher Verband gegen Auflösung in Schaumburg-Lippe, 12.7.1922, in ebd., Bl. 23, Eingabe Hauptleitung des Alldeutschen Verbandes gegen Verbot in Thüringen, 28.6.1922, in ebd., Bl. 13 und Beschluss Staatsgerichtshof zum Schutz der Republik Leipzig, 26.1.1923, in ebd., Bd. 671, Bl. 94b–94d.

Es mag bei diesen Entscheidungen geholfen haben, dass Reichsgerichtsrat Otto Strecker, der seit 1909 als Richter im Zivilsenat saß, gleichzeitig langjähriges Mitglied des Vorstandes des Alldeutschen Verbandes war.[108] Präsident des Reichsgerichts war seit dem 16. Oktober 1922 zudem Walter Simons, der mit Claß 1903 die Satzung des Alldeutschen Verbandes ausgearbeitete hatte, die im Grundsatz bis 1919 gültig blieb. Als Vortragender Rat und Referent im Reichsjustizamt war Simons bis zu seinem Eintritt als Legationsrat und Justitiar in die Rechtsabteilung des Auswärtigen Amtes 1911 ebenfalls Mitglied des Vorstandes des Alldeutschen Verbandes. Im Oktober 1918 wurde er zum Ministerialdirektor der Reichskanzlei unter Prinz Maximilian von Baden berufen und trat erst 1920 aus dem Alldeutschen Verband aus, als er von 1920 bis 1921 zum parteilosen Außenminister im Kabinett des Zentrumspolitikers Constantin Fehrenbach ernannt wurde.[109] Simons setzte sich bis zu seinem Rücktritt 1929 für eine Rechtseinheitlichkeit ein, die die Länderbefugnisse stutzen und die Auslagerung von Rechtsbereichen in Sondergerichte einhegen sollte. Eine Einheitlichkeit der Rechtsprechung schien Simons durch Sondergerichte wie den Reichsfinanzhof oder das Reichswirtschaftsgericht sowie durch die Angliederung des Staatsgerichtshofes zum Schutze der Republik oder des Ehrengerichtshofes für Rechtsanwälte an das Reichsgericht nicht gegeben.[110] Zwar lag die Justizhoheit bei den Einzelländern, aber das Reichsgericht blieb die oberste Revisionsinstanz im Verfahren um das Verbot des Alldeutschen Verbandes.

Claß betonte in seinen später verfassten Erinnerungen, dass es für den Verband zudem sehr hilfreich gewesen sei, dass dem Staatsgerichtshof Senatspräsident Heinrich Schmidt vorsaß, der „mich von Mainz her persönlich kannte: hatte er doch seine erfolgreiche Laufbahn am Landgericht Mainz begonnen, wo ich als Referendar unter ihm gearbeitet und nachher, als er Oberstaatsanwalt geworden war, ihm als Anwalt in grösseren Strafsachen öfters gegenübergestanden hatte". Schmidt kam 1905 zum Reichsgericht, wurde dort 1921 Senatspräsident und 2. Vorsitzender des Strafsenats, 1922 Stellvertretender Vorsitzender und 1923 bis zu seinem Ruhestand 1924 Vorsitzender des Staatsgerichtshofes. „Politisch" wirkte Schmidt auf Claß für einen „ausgesprochen politischen Obersten Staatsgerichts ursprünglich ganz gleichgültig". Immerhin habe Schmidt aber damals von Claß dessen „Bilanz des neuen Kurses" erbeten und ihm „nachher grosse Lobeserhebungen über den Inhalt gemacht". Der „Eifer" des Verbandsvorsitzenden, mit allen juristischen Mitteln das Verbot in den drei Ländern auf-

108 Werbe- und Merkbüchlein des Alldeutschen Verbandes 1904, S. 91, Gliederung des Alldeutschen Verbandes [Oktober 1921], in BA-Berlin, R 8048, Bd. 533, o. Bl. und Dass. [1924], in ebd., Bd. 5, Bl. 11–15.

109 Siehe auch Gründer: Walter Simons als Staatsmann, Jurist und Kirchenpolitiker, S. 17–18.

110 Siehe ebd., S. 224–251. Walter Simons stand in Distanz zum soziologischen Rechtsbegriff und vertrat eher die organisch-historische Rechtslehre vom „Volksgeist", die sich jedoch immer noch an der Rechtmäßigkeit von Gesetzen orientierte, die der Reichsverfassung entsprachen, und somit auch den „unpolitischen Richter" fordere. Zitate ebd., S. 235 und 238. Simons befürwortete hingegen einen „Rechtsformalismus und Rechtspositivismus" und griff auch die Sozialdemokratie für ihren „Klassenkampf" an. Ebd., S. 234. Die von Simons beklagte Trennung der Rechtseinheit sah er später mit der legalen Machtübernahme Adolf Hitlers und der Durchsetzung des nationalsozialistischen Rechtsgedankens hin zu einem „deutschen Volksrecht" seit 1933 schließlich aufgehoben. Ebd., S. 281.

heben zu lassen, schien am Ende angesichts derart hoher Gunst der Exekutive „in diesem Falle überflüssig“. Es zeige sich, „wie wichtig, ja gegebenenfalls entscheidend es ist, in gutem Ruf bei einem Gericht oder wenigstens bei einem Teile seiner Beisitzer zu stehen“. Claß hielt fest: „Auch als Anwalt hatte Schmidt offenbar einen guten Eindruck von mir.“ [111]

Der Staatsgerichtshof entschied also im Januar 1923, die Verbote des Verbandes zurückzunehmen, nachdem er bereits am 14. September 1922 die Wiederaufnahme des Verfahrens für zulässig erklärt und somit den Beschluss vom 1. August 1922 kassiert hatte, der die Auflösung für rechtens befunden hatte.[112] Für den Verband bedeutete die Verbots- und Überwachungszeit zwischen 1922 und 1923 zunächst ein politisches Desaster. Während Hertzberg-Lottin und Gebsattel die Abwicklung des Trutzbundes zu organisieren hatten, war der Alldeutsche Verband, auch infolge der Inflation und der Ruhrbesetzung im Frühjahr 1923, in einem völlig ungeklärten finanziellen und personellen Zustand. Von den 512 Ortsgruppen im April 1923 waren lediglich 74 vollständig organisiert, 91 waren „verfallen“, 61 waren ohne Ortsgruppenführung und die Situation in Thüringen und Schaumburg-Lippe blieb weiterhin ungelöst.[113] Insgesamt rechnete die Geschäftsführung in Berlin nur noch mit ungefähr siebzig von 512 Ortsgruppen, die verlässlich arbeiteten.

Immerhin hielten die Juristen dem Verband ihre Treue in den einzelnen Gliederungen. Theodor Thomsen, Senatspräsident a. D. am Hanseatischen Oberlandesgericht, gehörte weiter der Hauptleitung an, war aber bereits in Pension. Lohmann, Landgerichtsdirektor aus Altona, saß seit 1924 für die DNVP im Reichstag und hatte ohnehin parlamentarische Immunität als Mitglied des Geschäftsführenden Ausschusses des Verbandes. Dem Ausschuss gehörten weiterhin Justizrat Gustav Pezoldt und Justizrat Dr. Arthur Müller aus Plauen, Landgerichtsrat Konrad Pogge aus Prenzlau, Justizrat Schlüter aus Essen, Justizrat und Notar Erich Stolte, der als Rechtsanwalt bei den Landgerichten I, II und III in Berlin zugelassen war, sowie Rechtsanwalt Walbaum aus Göttingen an. Drei Jahre zuvor war noch Reichswirtschaftsgerichtsrat Dr. Ernst Joerges aus Berlin (zuvor Landgerichtsrat in Rostock) Mitglied der Hauptleitung.

Im Vorstand saßen neben Reichsgerichtsrat Strecker auch die Rechtsanwälte und Notare Max Adler aus Döbeln und Dr. Heinemann aus Remscheid, die Rechtsanwälte Alfred Jacobsen aus Hamburg, Dr. Ambrositsch aus Linz, Dr. Delp aus Leoben, die Justizräte Dr. Grützmacher aus Stettin, Meyer aus Tilsit, die Landgerichtsdirektoren Dr. Hildebrandt aus Braunschweig, Minde aus Bochum und Dr. Rieck aus Essen, die Amtsgerichtsräte Niederstein aus Bochum und Schneider aus Siegen, Landgerichtsrat Schrader aus Lübeck, Oberlandesgerichtsrat Ziegler aus Kempten und Oberstaatsanwalt Dr. Spatz vom Landgericht Stendal sowie weitere staatliche Amtsträger wie Regie-

111 Hofmeister (Hrsg.): Heinrich Claß. Politische Erinnerungen, Kapitel 5.11.

112 Siehe Lohalm: Völkischer Radikalismus, S. 248.

113 Siehe und Aufstellung Alldeutscher Verband von Leopold von Vietinghoff-Scheel, o. D. [Sitzung des Geschäftsführenden Ausschusses des Alldeutschen Verbandes 21./22.4.1923], in BA-Berlin, R 8048, Bd. 136, Bl. 1–2.

rungsrat Appelkamp vom Finanzamt Celle, Oberregierungsrat Flaig aus Stuttgart, Geheimer Oberregierungsrat Max Gerstenhauer aus Jena, Regierungsrat Grauer aus Tübingen, Geheimer Regierungsrat und Rektor der Universität Breslau, Max Koch oder Regierungsrat Schwarzkopf aus Stuttgart.[114] Hildebrand, Minde, Rieck, Niederstein, Schneider, Spatz, Appelkamp, Flaig, Grauer und Schwarzkopf wurden seit 1921 neu hinzugewählt. Im Vorstand saßen noch Justizrat Fritz Gissing aus Duisburg, Geheimer Regierungsrat Dr. Groos aus Karlsruhe, Rechtsanwalt Dr. Just aus Salzburg, Geheimer Regierungsrat Nieders aus Berlin, Notar Dr. Hans Rudolf Ratjen aus Hamburg und Geheimer Hofrat A. Sachs aus Stuttgart. Vier Gaue wurden 1921 von Justizräten, Landgerichtsräten oder Landesgerichtsräten geführt, während Amtsrichter drei Ortsgruppen vorstanden, Amtsgerichtsräte zehn Ortsgruppen leiteten und je eine Ortsgruppe von einem Amtsgerichtssekretär, einem Landrichter, einem Oberamtsrichter, einem Oberlandesgerichtsrat a. D., einem Staatsanwaltschaftsrat und einem Justizoberrentmeister geführt wurde. Justizräte standen an der Spitze von 15 alldeutschen Ortsgruppen, Rechtsanwälte an der von 16, und zwei Ortsgruppen saß ein Rechtsanwalt und Notar vor.[115]

Trotz des Mobilisierungserfolges des DvSTB war der Alldeutsche Verband, und somit auch Claß, der eigentliche Verlierer der Auflösung. Von der antisemitischen Mobilisierung konnte er nach 1922/23 nicht profitieren. Auch in Österreich, wo die Zweigorganisation Deutschösterreichischer Schutzverein/Antisemitenbund im Juni 1921 unter der Leitung von Leo Haubenberger gegründet wurde und bis 1923 knapp 17.000 Mitglieder gewonnen werden konnten[116], versiegte dieser Mobilisierungserfolg des Alldeutschen Verbandes kontinuierlich und zahlreiche Mitglieder der antisemitischen Organisation traten in andere radikale Verbände über. In Deutschland gingen ehemalige Mitglieder des Trutzbundes in die Deutschvölkische Freiheitspartei (DVFP), die sich 1922 von der DNVP abgespalten hatte, oder banden sich vollständig an die NSDAP wie Werner Best, Fritz Sauckel, Emil Gansser, Leonardo Conti, Julius Streicher oder Wilhelm Gustloff.[117] Auch Haubenberger wurde 1929 Mitglied der NSDAPÖ, obwohl der Schutzverein/Antisemitenbund mit Hauptsitz in Wien aufgrund des liberalen Vereingesetzes von 1867 in einzelnen Bundesländern wie der Steiermark noch weiterbestand. Er wurde im Dezember 1935 entgültig aufgelöst. Die systematische Propaganda gegen Juden, die das Reichsgericht 1922 zur Auflösung des DvSTB anführte[118], wurde nun zum zentralen Bestandteil von Weltanschauung und Politik nahezu aller Organisationen der radikalen

---

114 Gliederung des Alldeutschen Verbandes [1924], in BA-Berlin, R 8048, Bd. 5, Bl. 11–15.

115 Gliederung des Alldeutschen Verbandes [Oktober 1921], in BA-Berlin, R 8048, Bd. 533, o. Bl.

116 Siehe Anhang 2.

117 Siehe Lohalm: Radikaler Nationalismus, S. 311 und 444, Werner Best an Alfred Roth, 26.1.1939, in FZH, 11/R 25, Alfred Roth Briefe B, 1921–1939, o.Bl, Auerbach: Hitlers politische Lehrjahre, Lilla: Statisten in Uniform und Bauer: Nationalsozialismus, S. 91.

118 Siehe auch Reichskommissar für die Überwachung der öffentlichen Ordnung, 1.9.1922, in BA-Berlin, R 1507, Bd. 18, Bl. 55.

Rechten. Die Weisung der Leitung des Trutzbundes, sich nach Auflösung auch der NSDAP anzuschließen, beförderte diesen Prozess.[119]

119 Siehe auch Rede Gertzlaff von Hertzberg-Lottin auf der Festveranstaltung zum 65. Geburtstag von Claß, 26.2.1933, in BA-Berlin, R 8048, Bd. 332, Bl. 36.

6 Sammlungsversuche und Diktaturpolitik

6.1 Diktaturplanungen und Nationalsozialisten 1919/22

Das parlamentarische System Weimars war der Gegenentwurf zum alldeutschen Staat. Claß lehnte das gleiche aktive und passive Stimmrecht entschieden ab, ebenso wie die gleichberechtigte Konkurrenz der konservativen und nationalliberalen Parteien mit denen der sozialistischen, kommunistischen, linksliberalen und katholischen „Reichsfeinde". Er wollte deshalb nicht nach 1918 für den Reichstag kandidieren. In Frage wäre lediglich die DNVP als größte Sammlungspartei der Konservativen gekommen. Als direkte Nachfolgerin der Deutschen Vaterlandspartei vereinigte sie jedoch in führenden Positionen Persönlichkeiten, denen Claß eher aus dem Weg gehen wollte. Dies betraf beispielsweise Tirpitz, der die Vaterlandspartei von alldeutschen Einflüssen weitgehend hatte freihalten wollen. Auch Kuno Graf von Westarp, der als Repräsentant der Deutsch-Konservativen Claß' Kriegszielprogramm 1914/15 für zu weitgehend gehalten hatte, gehörte nicht zu seinen politischen Freunden. Die DNVP war zudem bei aller konservativer Oppositionspolitik zur Republikgründung weitgehend um gouvernementalen Konsens bemüht. Radikale Vertreter wie Claß hatten in der Partei noch kein mehrheitsfähiges Forum.

Claß bilanzierte daher im Sommer 1919, dass er sich auch in Zukunft nicht für den Reichstag bewerben werde.

> Abgesehen davon, daß die deutschnationale Volkspartei unser einen einmal nicht haben will, was ich bestimmt weiß, stehe ich nach wie vor auf dem Standpunkt, daß alles, was im Parlament geschieht, nebensächlich ist und für die große Entscheidung der Zukunft von sehr untergeordneter Bedeutung ist. Wer im Reichstag sitzt, ist für die Haltung seiner Partei mitverantwortlich, die Haltung dieser Partei wird so sein, daß keiner von uns die Verantwortung wird tragen können. Ich bin darüber recht gut unterrichtet und weiß, wie schwer die aufrechten Männer in der deutschnationalen Volkspartei zu kämpfen haben[,] um sich durchzusetzen – und die Schwachen haben doch immer die Oberhand.[1]

Ein Jahr später wurde ihm „von einem der sogenannten Führer gesagt, daß ich durch meine Kriegszielpolitik zu sehr belastet sei. Im übrigen hätte ich unter keinen Umständen ein Mandat angenommen, weil ich weiß, daß die Dinge sich nicht in den Parlamenten entscheiden, sondern ganz wo anders."[2]

Die Diktatur war für Claß weiterhin die einzige politische Alternative. Für eine zivilmilitärische Zusammenarbeit hatte er 1917 bereits Erich Ludendorff vergeblich zu gewinnen versucht, während Paul von Hindenburg Claß im Frühjahr 1919 persönlich absagte.[3] Ein volkstümlicher politischer Führer war nach dem endgültigen Scheitern

1 Claß an Gustav Pezoldt, 10.5.1919, in BA-Berlin, R 8048, Bd. 321, Bl. 100.
2 Claß an August Keim, 25.6.1920, in BA-Berlin, R 8048, Bd. 406, Bl. 396.
3 Siehe Hofmeister (Hrsg.): Heinrich Claß. Politische Erinnerungen, Kapitel 2.9. und 4.10.

https://doi.org/10.1515/-008

Wilhelms II. als legitimer Monarch für alle Schichten des Volkes auch für Claß Grundvoraussetzung für eine Diktatur, die in ihrer autoritären Durchsetzung den Massen vermittelbar sein müsse. Nach der Absage Ludendorffs und Hindenburgs als Ersatzmonarchen einer zivil-militärischen Diktatur sowie nach gescheiterten Gesprächen mit paramilitärischen Verbänden für einen Umsturz, welche die Alldeutschen Otto Helmut Hopfen in Bayern sowie Gertzlaff von Hertzberg-Lottin und Leopold von Vietinghoff-Scheel im Sommer 1919 unter anderem im Baltikum mit Vertretern der Eisernen Division führten[4], empfahlen sich jüngere Aktivisten der aufstrebenden paramilitärischen Rechten, die diese Hinwendung zum populären Zuspruch durch die Massen als Kernelement von Politik verstanden. Claß war sich nur zu gut bewusst, dass der Alldeutsche Verband nie zu einer Massenbewegung werden würde, selbst wenn die Alldeutschen diesen Schritt hätten gehen wollen.[5]

Die im Januar 1919 gegründete Deutsche Arbeiterpartei (DAP) wurde für die Alldeutschen in München zur verheißungsvollen Propaganda-Bewegung, die unmittelbar nach dem Krieg im völkischen Milieu der Thule-Gesellschaft durch Mitglieder wie Anton Drexler, Gottfried Feder, Dietrich Eckart und Alfred Rosenberg innenpolitisch aktiv wurde.[6] Der Münchener Verleger Julius F. Lehmann wirkte hier als Verbindungsmann zum Alldeutschen Verband und stand aufgrund seiner durch die Reichswehr finanziell unterstützten Publikationstätigkeit in engerer Beziehung zu Ernst Röhm. Sein Deutscher Volksverlag, den er im April 1919 gegründet hatte, wurde von dem frühen DAP-Mitglied Ernst Boepple geleitet und publizierte Schriften von Drexler und Rosenberg.[7] Auch Paul Tafel von den MAN-Werken in Nürnberg pflegte als alldeutscher Vertreter enge Kontakte zu Drexler und trat 1919 in die junge DAP ein.[8]

Es war jedoch vor allem der DvSTB, der zwischen Alldeutschem Verband und DAP/NSDAP personelle Verbindungen in den Gauverbänden Nord-Bayern und Süd-Bayern ermöglichte. Im Januar 1920, noch vor der Umbenennung der Partei in NSDAP einen Monat später, erging die Einladung an Adolf Hitler, im Kindl-Keller vor 7.000 Zuhörern zu sprechen.[9] Feder und Eckart stellten sich daraufhin ebenfalls als Redner dem Trutzbund zur Verfügung.[10] Während der DvSTB von den öffentlichen Auftritten der Nationalsozialisten profitierte, nutzte die NSDAP die Infrastruktur des Trutzbundes, um die Aus-

4 Siehe Hauptgeschäftsstelle des Alldeutschen Verbandes an Gertzlaff von Hertzberg-Lottin, 23.7.1919 und 25.7.1919, in BA-Berlin, R 8048, Bd. 378, Bl. 8 und 9 sowie Alldeutsche Blätter 6.12.1930.

5 Siehe Claß an Hauptleitung und Geschäftsführender Ausschuss des Alldeutschen Verbandes, 27.12.1918, in BA-Berlin, R 8048, Bd. 205, Bl. 90.

6 Siehe Kershaw: Hitler 1889–1936, S. 138–139, Maser: Der Sturm auf die Republik, S. 25 und 146–151, Pätzold/Weißbecker: Geschichte der NSDAP, S. 21 und Auerbach: Hitlers politische Lehrjahre.

7 Longerich: Hitler, S. 77.

8 Siehe dazu Gossweiler: Kapital, Reichswehr und NSDAP 1919–1924, S. 142, Pätzold/Weißbecker: Geschichte der NSDAP, S. 12 und Longerich: Hitler, S. 78.

9 Polizeibericht Oeffentliche Versammlung des Deutsch-Völkischen Schutz und Trutzbundes, 7.1.1920, in FZH, 412–1, Bd. 3, o. Bl. und Polizeibericht, 8.1.1920, in ebd.

10 Deutschvölkischer Schutz- und Trutzbund: Anlage zum Rundschreiben No. 62. Rednerverzeichnis, o.D., in FZH, 412–1, Bd. 4, o. Bl. [70].

weitung über die Grenzen Bayerns zu erproben. Das war beispielsweise in Stuttgart der Fall, als die Nationalsozialisten dort eine der wenigen Ortsgruppen außerhalb Bayerns nach einem Auftritt Hitlers im Mai 1920 gründeten.[11] Solche Adaptionen der Mobilisierungsstruktur führten auch zur frühen Konkurrenz zum Trutzbund, der bereits im Frühjahr 1920 die Parole ausgab, weitgehend unabhängig von anderen Organisationen wie der NSDAP zu sein.[12]

Nachdem Hitler bereits 1920 bei den Alldeutschen als „Trommler" der NSDAP den Ruf gehabt hatte, einen Führer-Mythos durch einen neuartigen, funktionalen, charismatischen Ansatz des „Künstler-Politikers" zu kultivieren, sah Claß zukünftiges Potential für eine Zusammenarbeit.[13] Das 25-Punkte-Programm der NSDAP vom 24. Februar 1920 reflektierte in der Synthese verschiedener radikaler politischer Forderungen auch rassistische und antisemitische Kernelemente wie das Fremdenrecht für Juden, die Claß im „Kaiserbuch" formuliert hatte und unter anderem durch den DvSTB weiter popularisiert worden waren.[14] Lehmann wollte daher den Kontakt zwischen Claß und Hitler vermitteln, indem er die überarbeitete Nachkriegsauflage des „Einhart", den Claß Ende 1919 mit Hilfe von Konstantin von Gebsattels Informationen über die militärischen Abläufe überarbeitet hatte, an den NSDAP-Führer schickte.[15]

Das erste Treffen zwischen Claß und Hitler fand daraufhin vermutlich im Februar 1920 oder Mitte März 1920 statt, als Hitler in Berlin durch Eckart unter anderem bei Ernst Graf zu Reventlow eingeführt wurde.[16] Bereits im Januar 1920 hatte Hitler Gebsattel kennengelernt.[17] Auch Walter Riehl von der österreichischen DNSAP, der in den 1920er Jahren Mitglied des Vorstandes des Alldeutschen Verbandes wurde, empfahl Hopfen, mehr auf Hitler als aufkommenden Führer der NSDAP zu achten. Hopfen war neben Lehmann schließlich der entscheidende Verbindungsmann zur DAP/NSDAP in Bayern. Er hatte zahlreiche Kontakte in das rechte paramilitärische Milieu, darunter Ludendorff, Hitler, Franz Ritter von Epp und Feder sowie der bayerische Kronprinz, Rupprecht von Bayern, und Karl Graf von Bothmer, Leiter der bayerischen Dienststelle der „antibolschewistischen" Propagandaorganisation Reichszentrale für Heimatdienst.

---

11 Siehe Streiflichter aus der Parteigeschichte: So begann die NSDAP den Kampf um das neue Reich. Die Partei in den Jahren 1920–1923, in Nationalsozialistische Partei-Korrespondenz (N.F. 44), 21.2.1935, in BA-Berlin, R 8048, Bd. 237, Bl. 148.

12 Reichshammerbund/Deutschvölkischer Schutz- und Trutzbund München an Hauptleitung Deutschvölkischer Schutz- und Trutzbund, 16.2.1920, in FZH, 11/R 28, Alfred Roth, Zeitungen, Zeitschriften, Vereinigungen, o. Bl.

13 Zitate Tyrell: Vom „Trommler" zum „Führer" und Herbst: Hitlers Charisma, S. 94. Siehe auch Herbst: Hitlers Charisma, S. 44–57 und 95–125 und Broszat: Die Machtergreifung, S. 15–28.

14 Siehe Feder: Das Programm der NSDAP, Orlow: The Nazi Party, S. 12 sowie Hofmeister (Hrsg.): Heinrich Claß. Politische Erinnerungen, Kapitel 9 (Anhang von 1936).

15 Siehe Ryback: Hitler's Private Library, S. 50–51 und Gassert/Mattern: The Hitler Library, S. 72. Siehe auch Claß an Konstantin von Gebsattel, 9.7.1919, in BA-Berlin, R 8048, Bd. 252, Bl. 251.

16 Hofmeister (Hrsg.): Heinrich Claß. Politische Erinnerungen, Kapitel 9 (Anhang von 1936). Siehe auch Leicht: Heinrich Claß, S. 285–291.

17 Chamberlain: The Enemy on the Right, S. 220.

Die Reichszentrale wiederum pflegte enge Beziehungen zu Feder. Auch zu Generalleutnant Otto von Lossow von der Reichswehr, der offene Sympathien für Hitler entwickelte und enge Verbindungen zum Generalstaatskommissar Gustav Ritter von Kahr hatte, pflegte Hopfen engen Kontakt. Hopfen berichtete früh von der Konkurrenz zwischen DvSTB und NSDAP, die den Trutzbund als „Mittelpunkt" der antisemitischen Bewegung ablehnte und ihm ohne eine herausragende Führungspersönlichkeit Ziellosigkeit vorwarf.[18]

In diese Münchener Kreise wurde Hitler nach seiner Übernahme als Propagandaredner durch seinen Vorgesetzten und Förderer, den Leiter der Propagandaabteilung in der Nachrichtenabteilung des Reichswehrgruppenkommandos, Karl Mayr, eingeführt, der die antisemitische und antisozialistische Schulung von Soldaten durch die Reichswehr für eine Gegenrevolution als seine Hauptaufgabe ansah.[19] Das gegenseitige Interesse hatte rationale Beweggründe. Während Claß die junge NS-Bewegung in die Sammlung der Rechten unter alldeutscher Führung einspannen wollte, suchte Hitler finanzielle Unterstützung für seine Auftrittsreisen nach Österreich, die ihm Hopfen mit 3.000 Mark im August 1920 auch zukommen ließ.[20]

Die Grundlagen des angespannten Verhältnisses zwischen Claß und Hitler sowie zwischen Alldeutschem Verband und NSDAP insgesamt waren hier bereits *en miniature* sichtbar und sollten sich nicht wesentlich ändern. Eine persönliche Sympathie zwischen Claß und Hitler entwickelte sich bei den ersten Begegnungen keineswegs. Während Claß bei seinem ersten Treffen einen neurotisch-unsicheren Charakter vor sich zu haben schien, der zu Claß' äußerstem Befremden fehlende Größe durch zwanghafte Monologe zu überdecken versuchte, konzentrierte sich Hitler auf das strategische Verfolgen von konkreten finanziellen Interessen bei den Honoratioren der radikalen Rechten, mit denen er in Bezug auf sozialen Status, bildungsbürgerliche Expertise, weltanschauliche Konsistenz und gewachsene Entwicklung seiner noch offenen Führungsrolle innerhalb der NSDAP noch nicht konkurrieren konnte. Vereinzelte Treffen schlossen sich am 20. Dezember 1920 und Ende Mai/Anfang Juni 1921 an, bei denen es vor allem um finanzielle Zuwendungen von 60.000 Mark zur Teildeckung der über 300.000 Mark Schulden des im Dezember 1920 von der NSDAP aus dem Besitz der Thule-Gesellschaft und des Germanenordens erworbenen *Völkischen Beobachters* (vormals *Münchener Beobachter*) ging.[21] Der Münchener Polizeipräsident, Ernst Pöhner, empfahl Hitler in einem Begleitschreiben an Claß und Paul Bang für das Treffen im Dezember mit den wärmsten Worten:

---

18 Otto Helmut Hopfen an Claß, 15.8.1920, in BA-Berlin, R 8048, Bd. 392, Bl. 137.

19 Longerich: Hitler, S. 67–72.

20 Siehe Hofmeister (Hrsg.): Heinrich Claß. Politische Erinnerungen, Kapitel 9 (Anhang von 1936), Holzmann: Die österreichische SA, S. 71 sowie Leicht: Heinrich Claß, S. 286.

21 Siehe dazu auch Mühlberger: Hitler's Voice, Maser: Sturm auf die Republik, S. 258–259, Krebs: Der Alldeutsche Verband, S. 129, Leicht: Heinrich Claß, S. 289–291 sowie Hofmeister (Hrsg.): Heinrich Claß. Politische Erinnerungen, Kapitel 9 (Anhang von 1936).

> Der Überbringer gegenwärtigen Briefes, Herr Hitler, ist Ihnen bereits von Ihrem Aufenthalt in München her bekannt. Ich selbst habe mit Herrn Hitler bereits eingehend längere Unterredungen gepflogen und mich dabei überzeugt, daß er ein außerordentlich geschickter und tatkräftiger Verfechter unserer gemeinsamen Ideen ist. Er ist eine organisatorische und agitatorische Kraft ersten Ranges und als der beste Redner der nationalsozialistischen Deutschen Arbeiterpartei in ganz Bayern bekannt. Die Versammlungen, in denen er spricht, sind stets überfüllt.[22]

Claß band Hitlers Forderungen nach finanzieller Unterstützung für die klamme Zeitung an Hitlers Bereitschaft, in Norddeutschland verstärkt als Redner aufzutreten. Im Gegensatz zum Alldeutschen Verband konnte Hitler bereits früh Massen erreichen und darüber hinaus als Verstärkung des Trutzbundes dienen. Vor allem sollte er aber als Ersatz für den Norddeutschen Ordnungsblock (NOB) einspringen, den Claß 1920 nach dem Verbot der Organisation Escherich gegründet hatte. Der NOB sollte, wie der Bayerische Ordnungsblock (BOB) unter Vorsitz von Tafel und Erwin Pixis, eine Sammlungsbewegung ermöglichen, die das rechte sowie völkisch-paramilitärische Milieu gerade im Zuge der linken Unruhen in Thüringen, Mecklenburg und im Ruhrgebiet ordnend zusammenführte. Der NOB erreichte jedoch keine Wirkung und blieb weit hinter Claß' Erwartungen zurück.[23] Bereits im Frühjahr 1921 berichtete Claß, dass der NOB „ruht", nachdem die Organisation rechtskräftig mit den Hinweisen aufgelöst worden war, dass sie gegen das Reichsvereinsgesetz von 1908 sowie gegen die Verordnung des Reichspräsidenten Friedrich Ebert vom 30. Mai 1920 zur Auflösung der Freikorps verstoßen habe.[24]

Die Organisation der radikalen Rechten war auch nach dem Krieg in ihren Diktaturbemühungen Konkurrenzen um politische Führung und finanzielle Ressourcen unterworfen. Claß erlebte die aufkommenden Organisationen der „neuen" Rechten einerseits als Gewinn, musste jedoch andererseits erkennen, dass keine dieser Bewegungen eine Beratergruppe wie die Alldeutschen brauchte, um Anhänger zu mobilisieren oder gewaltsame Umsturzaktionen selbst zu planen. Der Kapp-Putsch vom 13. März 1920 signalisierte die Eigenmächtigkeiten rechter Gruppierungen. Wolfgang Kapp und Walther Freiherr von Lüttwitz hatten mit der Unterstützung Ludendorffs einen Umsturz gegen die SPD-geführte Regierung Gustav Bauer geplant, nachdem Reichswehrminister Gustav Noske auf Order der Alliierten die Auflösung der Marinebrigade Ehrhardt angeordnet hatte. Die konkreten Putschplanungen bezogen Claß nicht

---

22 Ernst Pöhner an Claß, 11.12.1920, zitiert in Petzold: Die Demagogie des Hitlerfaschismus, S. 113.

23 Siehe auch Claß an Freiherr von Schilling-Cannstatt, 8.6.1920, in BA-Berlin, R 8048, Bd. 206, Bl. 30, Norddeutscher Ordnungsblock an Bayerischer Ordnungsblock, 24.7.1920, in ebd., Bd. 258, Bl. 50a und Rundschreiben Norddeutscher Ordnungsblock, 20.7.1920, in ebd., Bl. 43–45.

24 Claß an Andreas Gildemeister, 21.2.1921, in BA-Berlin, R 8048, Bd. 207, Bl. 100 und Urteil des Bezirksausschusses zur Klageabweisung des NOB, 11.1.1921, in ebd., Bd. 258, Bl. 34–39. Gertzlaff von Hertzberg-Lottin nahm seine Berufung gegen die Auflösung vom 31.1.1921 am 2.5.1921 zurück. Der NOB wurde im Sommer 1930 auf einer Mitgliederversammlung in der Geschäftsstelle des Alldeutschen Verbandes endgültig aufgelöst. Siehe Mitgliederversammlung des NOB 23.5.1930, in ebd., Bd. 259, Bl. 143–144 und Auflösungsbescheid Amtsgericht Potsdam 14.6.1930, in ebd., Bl. 145.

mit ein, jedoch spielten Alldeutsche wie Bang, der für das Amt des Reichsfinanzministers vorgesehen war, eine prominente Rolle.[25] Bang unterrichtete Claß im Vorfeld von dem Putschvorhaben. Claß warnte ihn vor einer Beteiligung, nicht zuletzt wegen persönlicher Antipathien gegenüber Kapp als ehemaligem Vorsitzenden der Vaterlandspartei.[26] Er hielt Kontakte zu Kapp für durchaus sinnvoll, war jedoch von der „frevelhaften" Durchführung des Putsches sowie den überhasteten Vorbereitungen letztlich „überrascht".[27] Andere Alldeutsche waren mittendrin in den Umsturzplanungen. Axel Freiherr von Freytagh-Loringhoven organisierte den Putsch in Oberschlesien und Alfred Jacobsen in Hamburg, während Ernst Joerges sein Haus in Rostock als Munitionsdepot zur Verfügung stellte.[28]

Der Kapp-Putsch ließ die Rechte nach seiner Niederschlagung in Folge des Generalstreiks zersplittert zurück. Der von Claß gegründete NOB konnte auch nicht als Ersatzorganisation für Kapps Nationale Vereinigung einspringen und es war vielmehr die Verlagerung des Zentrums der radikalen Rechten nach Bayern und zum BOB, der die Alldeutschen in Wirkung und Bedeutung für die gesamte Rechte zusätzlich schwächen sollte.[29] Die Topographie alldeutscher Mobilisierungszentren, mit Schwerpunkten in Mitteldeutschland und vor allem in Preußen, Sachsen und Thüringen, wurde dem neuen Gewicht Bayerns als „Ordnungszelle" der Rechten nicht gerecht, da der Verband hier bis auf München auffällig unterrepräsentiert war. Das Gewicht alldeutscher Funktionäre, wie das von Tafel im BOB, wurde zudem durch den Einfluss weiterer Organisationen, wie der Anhänger des Forstrats Georg Escherich oder der bayerischen Freikorpseinheiten Epps, sowie nicht zuletzt durch den allmählichen Aufstieg der NSDAP und den sich verfestigenden Führungsanspruch Hitlers seit dem Sommer 1921 immer wirkungsloser. Die bayerische Rechtsregierung von Gustav Ritter von Kahr ruhte bereits auf der Unterstützung durch Escherich und Epp, die sowohl auf breitere soziale Schichten als auch auf die Heimwehr in Österreich wirkte.[30] Claß wollte daher selbst aktiv werden, um Verbindungen nach München aufzubauen. Die Beziehungen zu den führenden Akteuren der „Ordnungszelle Bayern" und zu Ministerpräsident Kahr beschrieb Claß in seinen Erinnerungen mit Blick auf seine Versuche, einen autoritären Umsturz gegen die Republik zu organisieren, wie folgt:

25 Alldeutsche Blätter 27.3.1920.

26 Siehe Hofmeister (Hrsg.): Heinrich Claß. Politische Erinnerungen, Kapitel 5.5. und Chamberlain: The Enemy on the Right, S. 142–143.

27 Siehe Claß auf der Sitzung des Geschäftsführenden Ausschusses des Alldeutschen Verbandes, 19.6. 1920, in BA-Berlin, R 8048, Bd. 128, Bl. 7 und 8.

28 Siehe Krebs: Der Alldeutsche Verband, S. 63–64, Lohalm: Völkischer Radikalismus, S. 87 und Kasten: Herren und Knechte, S. 339.

29 Siehe auch Chamberlain: The Enemy on the Right, S. 146–156.

30 Siehe auch Otto Helmut Hopfen: Laßt Euch nicht verwirren!, in Deutsche Zeitung 3.5.1920.

> Durch die Vermittlung des Bay[e]rischen Ordnungsblocks[31] hatte ich engste Fühlung mit den beiden Männern gewonnen, die in der Zeit vom Frühjahr 1920 bis Frühherbst 1921 in Bayern massgebend geworden waren und das Land zum Sitze der Ordnung gemacht hatten. Es waren dies der Ministerpräsident D[r]. von Kahr und der Münchner Polizeipräsident Dr. Pöhner.[32] Es war mir gesagt worden, dass besonders dieser ein zu allem entschlossener Freund des Umsturzes sei und an nichts anderes denke, als an die Vorbereitung der Gegenrevolution; es war mir empfohlen worden, mit ihm ohne jeden Rückhalt zu sprechen. Bei meinem ersten Besuche auf dem Polizeipräsidium, den ich etwa im Herbst 1920 in Begleitung der beiden Vorsitzenden des Bay[e]rischen Ordnungsblocks[33] machte und zu dem Dr. Pöhner seinen politischen Sachbearbeiter Dr. Frick[34] hinzugezogen hatte, legte ich unsere Absichten und Vorbereitungen in vollster Eindeutigkeit klar und fand bei Pöhner unbedingte, ja begeisterte Zustimmung.

Pöhner stand demnach ganz hinter Claß und „erklärte sich bedingungslos zur Zusammenarbeit bereit und stimmte mir auch darin zu, dass in München, d. h. in Bayern nichts unternommen werden sollte, bevor wir in Berlin und Preussen ganz bereit seien. Pöhner meinte, da sei keine Gefahr, denn mit Escherich sei nichts zu machen und Hitler, der unbedingter Gegenrevolutionär sei, stehe erst am Anfang."[35] Daraufhin habe man gemeinsam verabredet, so Claß, „dass wir alle unsere gesetzgeberischen und verwaltungsmässigen Vorarbeiten den Münchner Bundesgenossen zur Ueberprüfung und gegebenenfalls zur Benutzung überlassen sollten und dass die allerengste Fühlung aufrecht erhalten werden müsse." Pöhner habe daraufhin einen Besuch bei Kahr empfohlen, den er als „einen tapferen und trefflichen Mann" bezeichnete, „der genauso dächte wie wir, aber schwer von Entschluss sei und einer seelischen und politischen Nachhilfe bedürfe". Hofrat Erwin Pixis vom Bayerischen Ordnungsblock habe erneut vermittelt und Claß zu Kahr begleitet.[36] Claß habe mit Kahr ganz offen geredet und

> bekam zu hören, dies alles entspreche den Ueberzeugungen und Ansichten des Ministerpräsidenten; er habe aber bisher keinen Weg gesehen, wie man zur Verwirklichung so grosser Pläne gelangen könne. Jetzt sehe er klar und werde Pöhner sagen, er sei damit einverstanden, dass dieser die

31 Der BOB wurde als Sammlungsorganisation für über vierzig nationalistische Vereinigungen (u. a. NSDAP, DvSTB und ADV) nach dem Kapp-Putsch Ende März 1920 gegründet und hatte ca. 50.000 Mitglieder. Gründer waren Erwin Pixis und der Alldeutsche Paul Tafel. 1922 wurden die VVVB unter Mitwirkung des BOB gegründet. 1923 ging der BOB in die Staatsbürgerliche Gesellschaft über.

32 Ernst Pöhner war an der Koordination der Zusammenarbeit zwischen ADV und dem BOB beteiligt.

33 Präsidenten des BOB waren 1920 der Bildhauer Fritz Behn und 1920–1923 Hofrat Erwin Pixis. Erster Vorsitzender war Paul Tafel.

34 Wilhelm Frick leitete die von Ernst Pöhner in der Polizeidirektion eingerichtete „politische Abteilung" zur Unterstützung antirepublikanischer Organisationen der Rechten.

35 Georg Escherich gründete im Mai 1920 die Organisation Escherich, die ca. 1 Million Mitglieder zählte. Es bestanden auch enge Beziehungen zu Gustav Ritter von Kahr. Im Sommer 1920 erließ jedoch der preußische Innenminister Carl Severing die Entwaffnung der Orgesch, die im Frühsommer 1921 verboten wurde, in verschiedene Teilverbände zerfiel und deren Waffen von der Schwarzen Reichswehr unter Ernst Bruno Buchrucker übernommen wurden.

36 Erwin Pixis war 1920–1923 Vorsitzender des leitenden Ausschusses des BOB zusammen mit Paul Tafel, dem auch der ADV und die NSDAP nach der Gründung in Folge des gescheiterten Kapp-Putsches vom 12./13.3.1920 beitraten.

> engste Verbindung mit uns halte und den gemeinsamen zu führenden Schlag vorbereite. Er selbst sei jederzeit zur Fortsetzung der Unterhaltung bereit, ja er lege Wert darauf, über den Fortgang unserer Arbeiten unterrichtet zu werden. Nur um klar zu machen, welchen Eindruck Hofrat Pixis, der der Besprechung nur als Einführender und als Zuhörer beigewohnt hatte, von dem Verlauf hatte, sei gesagt, dass er, als wir beim Weggehen auf dem Flur des Präsidialgebäudes waren, aus Freude einen Luftsprung tat und ausrief: „Jetzt haben wir Kahr ganz. Wie glücklich wird Pöhner sein, wenn ich alles sage."[37]

Claß habe daraufhin öfters in München Gespräche verfolgt, bei denen er vor allem von Bang begleitet worden war, da Bang unter anderem „die grossen Verfassungsentwürfe bearbeitete, und von Oberst a. D. [F]rantz, der unser militärischer Berater war, und von Ludendorff als sein fähigster Generalstabsoffizier bezeichnet wurde". Zu Ludendorff haben „in jener Zeit vertraute Beziehungen zu dem grossen Feldherrn bestanden, nicht minder zu Kapitän Ehrhardt und seinen Vertretern; auf Wunsch dieser Letzteren und Pöhners waren wir auch mit Sanitätsrat Dr. Pittinger, dem Nachfolger Escherichs in Verbindung. Diejenigen zu Hitler blieb[en] unterbrochen".[38]

6.2 Inflation 1920–1923

Für Claß war die Situation nach dem Kapp-Putsch „furchtbar ernst". Er sah in dem um fast fünf Prozent gesteigerten Ergebnis der DNVP auf 15 Prozent bei den Reichstagswahlen am 6. Juni 1920 ein Zeichen, dass die Partei in Zukunft auch für den Alldeutschen Verband an Bedeutung gewinnen würde.[39] Von nun an wurden alldeutsche Mitglieder innerhalb der DNVP verstärkt aktiv und übernahmen führende Rollen auf lokaler und nationaler Ebene sowie im Völkischen Reichsausschuss, der als Plattform für antisemitische, völkische und rassistische Strömungen diente.

Die Inflation machte dem Alldeutschen Verband zusätzlich zu schaffen und in seinen Bemühungen um Führung innerhalb der Rechten streckenweise manövrierunfähig. Trotz steigender Mitgliederzahlen bis 1923 zerrannen die finanziellen Ressourcen. Zusätzliche Sammlungen, Spenden und Sonderaufrufe sowie Zuschüsse durch alldeutsche Förderer, die zwar immer noch weitgehend über Emil Kirdorf oder Alfred Hugenberg aus der Ruhrindustrie kamen, jedoch zunehmend mittelständische Unternehmer etwa aus Sachsen mobilisierten, machten die Kleinteiligkeit der Verbandsarbeit in der Inflationszeit zwischen 1920 und 1923 mehr als deutlich. Die Inflation brachte den Verband in eine „bedrohliche Lage", so Vietinghoff-Scheel, da Beiträge von sonst zuverlässig zahlenden Mitgliedern ausblieben, Gehälter der Geschäftsstelle zurückgestellt

37 Hofmeister (Hrsg.): Heinrich Claß. Politische Erinnerungen, Kapitel 9 (Anhang von 1936), S. 874.

38 Ebd., S. 872–874. Paul Bang gestand später anlässlich seines 50. Geburtstages, das Jahr 1923 sei für den Verband ein „Ritt auf der Rasierklinge" gewesen. Paul Bang auf der Sitzung des Geschäftsführenden Ausschusses des Alldeutschen Verbandes, 19.1.1929, in BA-Berlin, R 8048, Bd. 157, Bl. 7.

39 So Claß auf der Sitzung des Geschäftsführenden Ausschusses des Alldeutschen Verbandes, 19.6.1920, in BA-Berlin, R 8048, Bd. 128, Bl. 7–9.

wurden, Papierkosten für die *Alldeutschen Blätter* sowie für die über die Neudeutsche Verlagsgesellschaft organisierte *Deutsche Zeitung* sowie die Auslagen für Werbung immens anstiegen.[40]

Claß legte zum 22. Februar 1920 seine Zulassungen an den Mainzer Gerichten und vor allem am Oberlandesgericht nieder.[41] Mit der Abmeldung beim Ministerium für Justiz in Darmstadt, dem als neuer Justizminister des Volksstaates Hessen sein einstiger politischer Konkurrent, Otto von Brentano di Tremezzo, vorstand, endete seine Tätigkeit als Rechtsanwalt. Er verzichtete somit auf eine weitere Vertretung beim Oberlandesgericht durch seinen Mainzer Rechtsanwaltskollegen Eduard Lucius. Den 1918 erhaltenen Titel des Justizrats führte er weiter und wurde auch so angesprochen, obwohl die Anrede in der Weimarer Republik als Teil einer Amts- oder Berufsbezeichnung eigentlich untersagt war, da er nur verliehen, aber nicht erworben oder im klassischen Sinn erarbeitet wurde. Zudem wurde der Titel vor der Novemberrevolution formal nur bei moralischer Integrität, Straffreiheit und einer politischen Gesinnung vergeben, die nachweislich nicht sozialdemokratisch war.[42]

Somit war Claß vollends zum hauptberuflichen Verbandspolitiker geworden, der mit zunehmenden finanziellen und organisatorischen Schwierigkeiten zu tun hatte. Bereits im November 1921 regierte im Verband eine „zunehmende Vereinsmüdigkeit" bei gleichzeitigem Anstieg der Mitgliederzahl auf 37.424, die jedoch mit dem Stichtag der Beitragseinziehung um 6.424 auf 31.000 Mitglieder sank. In diesem Jahr hatten ohnehin schon 2.863 Austritte 6.811 Eintritten gegenüberstanden, womit die Fluktuation im Mitgliederbestand seit dem Krieg andauerte.[43]

Die Verbandsleitung wusste somit kaum mehr, mit welchen Mitgliedern man vor Ort rechnen konnte und welche Aussagekraft diese Zahlen eigentlich hatten, wenn selbst die Beitragseinziehung nicht funktionierte. Im September 1920 standen für 1921 noch geplante Einnahmen von 325.000 Mark Ausgaben von 657.000 Mark gegenüber. Im Februar 1921 umfassten die Planungen lediglich 300.000 Mark an Einnahmen bei einer Ausgabensteigerung auf 860.000 Mark.[44] Die Ausgaben erreichten für 1921 letztlich 1,3 Millionen Mark, während man für das erste Halbjahr 1922 mit insgesamt 1,6 Millionen Mark rechnen musste und für 1923 einen Voranschlag mit 4,5 bis 5 und sowie mit zehn Millionen Mark ausarbeitete, je nachdem, wie sich vor allem die Produktionskosten für die *Alldeutschen Blätter* entwickelten, die alle sechs Wochen mit nur noch

40 Rundschreiben Leopold von Vietinghoff-Scheel an Hauptleitung und Geschäftsführenden Ausschuss des Alldeutschen Verbandes, 9.2.1921, in BA-Berlin, R 8048, Bd. 624, Bl. 14 – 16. Zitat ebd., Bl. 14.

41 Claß an das Hessische Justiz-Ministerium 22.2.1920, in HSTA Darmstadt Abt. G 21 B, Bd. 919.

42 Siehe dazu Siegrist: Anwalt, Bürger und Staat, S. 626 – 634.

43 Leopold von Vietinghoff-Scheel auf der Sitzung des Geschäftsführenden Ausschusses des Alldeutschen Verbandes, 26./27.11.1921, in BA-Berlin, R 8048, Bd. 133, Bl. 20.

44 Siehe Leopold von Vietinghoff-Scheel auf der Sitzung des Geschäftsführenden Ausschusses des Alldeutschen Verbandes, 26./27.11.1921, in BA-Berlin, R 8048, Bd. 133, Bl. 20 und Rundschreiben Leopold von Vietinghoff-Scheel an Hauptleitung und Geschäftsführenden Ausschuss des Alldeutschen Verbandes, 9.2.1921, in ebd., Bd. 624, Bl. 14 – 16. Zitat ebd., Bl. 14.

vier Seiten erscheinen sollten.[45] Für das letzte Quartal 1923 betrugen die Mitgliedsbeiträge dann eine Million Mark (für Familienmitglieder 1/20 und für Hochschüler 1/4), was genau der Herstellung eines Exemplars der *Alldeutschen Blätter* entsprach.

Diese finanziellen Belastungen, das volatile Mitgliederverhalten bei Engagement und Beitragszahlung sowie die erratischen Ein- und Austrittsverhältnisse, wobei letztere während der Inflationszeit zunehmend aus wirtschaftlichen Gründen erfolgten, schufen Planungsunsicherheiten, die auch Kritik am grundsätzlichen Mobilisierungsmodell des Alldeutschen Verbandes und am Führungsstil seines Vorsitzenden laut werden ließen. Der Vorwurf, der Verband sei eine Gruppe von Offizieren, hinter denen keine Mannschaft stehe, beantwortete Claß Ende 1922 mit dem Hinweis, dass er immer „sehr gerne die Mannschaft gehabt hätte. Aber zur Anwerbung gehöre Geld, und das sei leider niemals in halbwegs ausreichende[m] Maße vorhanden gewesen".[46] Einerseits taten sich die Alldeutschen ohnehin schwer, innerhalb des Verbandes aus „Furcht vor der Gasse" selbst Massen zu organisieren.[47] Das Problem einer zu geringen Anzahl an Werberednern blieb weiterhin bestehen. 1922 hatte der Verband lediglich vier Werberedner für über dreißig Gauverbände und über fünfhundert Ortsgruppen in Deutschland.[48] Diese Ressourcen mussten andererseits auch für den Alldeutschen Verband in Österreich reichen, der seine Mitgliederzahl von 5.679 im Jahr 1920 auf 9.762 1921 und 1922 auf 13.000 steigern konnte und dann 1923 mit 17.083 Mitgliedern den Höhepunkt seiner Mobilisierung erreichte.[49] Die Arbeit in Österreich erforderte bereits Zuschüsse von einer Million Mark und hatte nur zwei Angestellte für die Bearbeitung des gesamten Briefverkehrs zur Verfügung.

Selbst das jährliche Handbuch des Verbandes konnte nicht mehr gedruckt werden, nachdem bereits die Jubiläumsschrift von Otto Bonhard zur Geschichte des Verbandes nicht hatte kostenlos verteilt werden können. Darüber hinaus wurden Vorstandssitzungen gestrichen, obwohl man damit den Vorgaben der eigenen Satzungen nicht mehr entsprach.[50] Als Folge der Inflation sowie des einsetzenden Mitgliederschwundes wurden schließlich von Januar 1923 bis Dezember 1928 zwei Drittel der Geschäftsausgaben abgebaut. Gleichwohl wurde das chronische Finanzierungsproblem damit nicht grundsätzlich gelöst. Einnahmen von 160.000 Mark standen auch noch 1928 Ausgaben von 200.000 Mark gegenüber, die nur durch besondere Zuschüsse unter anderem aus der

45 Siehe Alldeutsche Blätter 22.9.1923 und Leopold von Vietinghoff-Scheel auf der Sitzung des Geschäftsführenden Ausschusses des Alldeutschen Verbandes, 1.9.1922, in BA-Berlin, R 8048, Bd. 135, Bl. 19–21.

46 Claß auf der Sitzung des Geschäftsführenden Ausschusses des Alldeutschen Verbandes, 1.9.1922, in BA-Berlin, R 8048, Bd. 135, Bl. 24.

47 Vorsitzender Harz-Gau Hannover-Kleeberg Generalmajor a. D. Breusing (mit Alfred Breusing verwandt) an Hauptleitung des Alldeutschen Verbandes, 4.3.1921, in BA-Berlin, R 8048, Bd. 624, Bl. 18/19.

48 Leopold von Vietinghoff-Scheel auf der Sitzung des Geschäftsführenden Ausschusses des Alldeutschen Verbandes, 27./28.5.1922, in BA-Berlin, R 8048, Bd. 134, Bl. 28–30.

49 Hofmeister: Between Monarchy and Dictatorship, S. 495.

50 Leopold von Vietinghoff-Scheel auf der Sitzung des Geschäftsführenden Ausschusses des Alldeutschen Verbandes, 27./28.5.1922, in BA-Berlin, R 8048, Bd. 134, Bl. 28–30.

Abb. 16: Postkarte Alldeutscher Verband Österreich (um 1924). Claß forcierte nach dem Ersten Weltkrieg die Gründung eines eigenen Alldeutschen Verbandes in Österreich, der 1919/20 in Graz ins Leben gerufen wurde und von 1927 bis zur Auflösung 1935 in Wien seine Geschäftsstelle hatte. Vorsitzende waren Alfred Geiser, Alfred Krauß und Julius Neukirch. Der Mitgliederhöchststand wurde 1923 mit über 17.000 Anhängern erreicht. Bereits im Frühjahr 1931 dachte Claß daran, sich aufgrund fehlender sozialer Mobilisierung und begrenzter finanzieller Ressourcen für den Verband, für den 1921 gegründeten Deutschvölkischen Schutz- und Trutzbund für Österreich sowie für die 1921 erworbene *Deutschösterreichische Tageszeitung*, die 1927 an die Nationalsozialisten verkauft wurde, aus Österreich zurückzuziehen. Ende 1933 stellte Claß die Zahlungen an die österreichische Geschäftsstelle in Wien ein. Neukirch nahm noch die Umbenennung (Germanischer Verband in Österreich) vor, um der Überwachung durch die austrofaschistischen Behörden aufgrund der Anschlussforderung zu umgehen. Die Auflösung erfolgte schließlich im Dezember 1935. In Österreich war der Alldeutsche Verband mit seiner Anschlusspolitik eine wichtige Verbindungsstelle zur Großdeutschen Volkspartei, die auch Kontakte zur DNVP unter Alfred Hugenberg pflegte, sowie zur Heimwehr, dem Deutschen Turnerbund und dem Verein Südmark.

Ruhrindustrie halbwegs gedeckt werden konnten.[51] Die Währungsreform durch die Einführung der Rentenmark im Oktober/November 1923 stabilisierte zunächst die inflationsgetriebenen Finanzen des Verbandes, der nun aber nach der nationalistischen Welle von 1914 bis 1923 beständig an Mitgliedern verlor.

51 Leopold von Vietinghoff-Scheel auf der Sitzung des Geschäftsführenden Ausschusses des Alldeutschen Verbandes, 1./2.12.1928, in BA-Berlin, R 8048, Bd. 156, Bl. 5.

6.3 Zwischenspiel: Diktatur und Führerprinzip im Alldeutschen Verband 1921

Der Beschluss des Geschäftsführenden Ausschusses vom 28. August 1914, Claß könne „alles den Zeitverhältnissen und der weiteren Entwicklung entsprechende" tun und anordnen sowie über die „dazu erforderlichen Mittel aus dem Verbandsvermögen" verfügen, war aus technischen Gründen erlassen worden, nachdem die Verkehrsverbindungen mit Berlin nach Kriegsausbruch erschwert gewesen waren. Im Frühjahr 1921 wurde dieser Beschluss mit einstimmiger Mehrheit erneuert und bestätigte das Führerprinzip im Alldeutschen Verband, das sich dort seit Kriegsbeginn durchsetzte.[52]

Die Diskussion über die Mittel zur Bekämpfung der Weimarer Republik spaltete die Verbandsführung. Doch 1920 machte Claß entschieden Druck für den Diktaturgedanken, wie er ihn seit dem „Kaiserbuch" von 1912 vertreten, im Kriegszielprogramm 1914 verdichtet und mit der innenpolitischen Fragmentierung ab 1917 noch entschiedener gefordert hatte. Ein klares Programm der Umsetzung lag jedoch nicht vor, auch wenn man auf die Reichsregierung schaute und eine „skrupellose" Ausübung der Diktatur der „Parteien der äußersten Linken" beklagte. Claß sprach deshalb 1921 zunächst von „homöopatischen Dosen", in denen der Diktaturgedanke in der Öffentlichkeit durch den Alldeutschen Verband propagiert werden müsse.[53] Die Regierung von Kahr in Bayern war für Claß ein entscheidendes Zentrum der Rechtsopposition. Er hoffte, dass man in Bayern das notwendige „Mass an Nervenkraft" für die dauerhafte Durchsetzung einer autoritären Regierung aufbringen würde.[54] Zwar entschied sich der Gesamtvorstand des Alldeutschen Verbandes mit zehn gegen fünf Stimmen für die Ablehnung eines öffentlichen Diktaturbeschlusses, da man Rückwirkungen auf den Verband befürchtete. Claß behauptete hingegen, dass ihn bei der „Diktaturparole" ein mögliches Verbot nicht schrecken würde.[55]

Im November 1921 hatte er den Gesamtvorstand so weit, dass bei einer Probeabstimmung nun von der Hauptleitung und vom Geschäftsführenden Ausschuss 14 Mitglieder für eine entsprechende Entschließung und nur noch vier dagegen stimmten.[56] Claß betonte, er habe in den letzten Monaten mit sich gerungen, wie man an einer Diktatur politisch vorbeikommen könnte, aber es gebe keine Alternative, da vor allem das politische Zentrum der Reichsregierung grundlegend verändert werden müsste.[57] Die endgültige Abstimmung des Gesamtvorstandes wurde letztlich weiter verschoben.

52 Siehe Sitzung des Geschäftsführenden Ausschusses des Alldeutschen Verbandes 5./6.2.1921, in BA-Berlin, R 8048, Bd. 130, Bl. 4–5.

53 Claß auf der Sitzung des Geschäftsführenden Ausschusses des Alldeutschen Verbandes 1./2.9.1921, in BA-Berlin, R 8048, Bd. 129, Bl. 8.

54 Ebd.

55 Ebd., Bl. 19.

56 Siehe Sitzung des Geschäftsführenden Ausschusses des Alldeutschen Verbandes 26./27.11.1921, in BA-Berlin, R 8048, Bd. 133, Bl. 26.

57 Ebd., Bl. 6–7.

6.4 Alldeutscher Verband und DNVP: 1919 – 1923

Die DNVP war seit ihrer Gründung im November 1918 für die Alldeutschen die einzige Partei mit politischem Potential für eine konservativ-völkische Sammlungspolitik. Vereinzelt wurden alldeutsche Verbandsmitglieder nach 1918 auch in der DVP und im Zentrum aktiv, jedoch erlaubte die föderale Struktur der DNVP mit über einer Million Mitgliedern bei Gründung und 12.000 Ortsgruppen (1928) immense Spielräume für politischen Einfluss.[58] Zahlreiche Alldeutsche wie Hugenberg, Ernst Oberfohren und Gustav Roesicke vertraten die DNVP von Beginn an im Reichstag. Max Kloss sowie Karl Klingemann, der den DNVP-Landesverband Koblenz-Trier leitete und 1928 seine Aktivitäten für den Alldeutschen Verband wieder verstärkt aufnahm, saßen für die Deutschnationalen im Preußischen Landtag. Auch Vietinghoff-Scheel, Kirdorf, Lehmann, Konrad Freiherr von Wangenheim, Bang und Otto Schmidt(-Hannover) sowie Hertha Schemmel, Irmgard Wrede und Franziska von Porembsky als die prominentesten Frauen des Verbandes waren während der Weimarer Republik in der Reichstagsfraktion oder in weiteren führenden Parteigremien der DNVP vertreten.

Auch DNVP-Landesverbände standen bereits früh unter alldeutscher Führung. Otto von Feldmann etwa kam 1919 als Geschäftsführer des Kreisvereins in Frankfurt am Main dazu. Er war zwei Tage nach seinem Ausscheiden aus der Reichswehr in die DNVP eingetreten, als deren Gesamtorganisation unter dem Vorsitz von Oskar Hergt in den „Kinderschuhen" steckte und noch äußerst „langweilige" Landesverbandstage hervorbrachte, um die Republik politisch zu bekämpfen, die „schon am Tage ihrer Geburt den Todeskeim in sich trug".[59] Feldmann führte zunächst den Landesverband Thüringen

58 Siehe Büttner: Weimar, S. 95 – 103, Dörr: Die Deutschnationale Volkspartei, S. 432 und Schildt: Konservatismus in Deutschland, S. 140 sowie Weiß: Organisation, in Ders.: Der nationale Wille, S. 363.

59 Otto von Feldmann: Lebenserinnerungen, in GStA PK VI. HA, NL Feldmann, Bd. 1, Bl. 266. Siehe auch ebd., Bl. 268 – 271. Feldmann wurde zum 1.9.1919 in der DNVP in Frankfurt am Main aktiv, wechselte dann am 15.2.1920 als Abteilungsleiter in die Thüringer Landesverbandsleitung in Erfurt, um persönlichen Konflikten in der DNVP in Frankfurt am Main auszuweichen und weil er „ausserdem an Frankfurt mit seinen vielen Juden keinen besonderen Geschmack gefunden" habe. Ebd., Bl. 272. Feldmann stieg am 12.3.1920 zum Landesgeschäftsführer und am 26.6.1920 (bis zum 23.3.1923) zum Landesverbandsvorsitzenden auf, wurde bald in den Erweiterten Vorstand der DNVP Thüringen gewählt und hatte mit beginnender Inflation nicht nur mit noch im Aufbau befindlichen Parteistrukturen, sondern vor allem mit chronisch knappen Finanzmitteln zu tun. Thüringens Bürgertum stand vornehmlich der DVP und der DDP nahe. Landwirte des Regierungsbezirkes Erfurt spendeten zwar umfangreich für die DNVP, gegenüber den „auf ihren Geldsäcken sitzenden Industriellen, die in Thüringen meist eine ganz besondere Sorte waren", war jedoch schwer klarzumachen, dass „sie in dem roten Thüringen doch lediglich unter dem Schutz der nationalen Bewegung ihre Verdienste weiter einheimsen konnten", so Feldmann. Siehe ebd., Bl. 276. 1919 war Feldmann dem Alldeutschen Verband beigetreten und hielt seine letzte Rede vor der Abreise nach Erfurt Anfang Februar 1920 in der Frankfurter Ortsgruppe. Aufgrund von Zwischenbemerkungen aus dem Publikum gegen Wilhelm II. während seiner Rede trat Feldmann aus dem Alldeutschen Verband aus, machte seine Entscheidung jedoch umgehend rückgängig, was er „nie bereut" habe. Ebd., Bl. 273. 1923 trat Feldmann als Landesvorsitzender zurück und ging für einige Monate zur Girozentrale nach Hannover, wo er in den Engeren Landesvorstand und am 23.5.1923 zum Landesverbandsvorsitzenden der DNVP

und dann von 1923 bis 1933 den Landesverband Hannover-Ost. Auch in zahlreichen Ortsgruppen wie in Düsseldorf, Plauen oder Dresden bestanden enge Verbindungen zwischen DNVP und dem Alldeutschen Verband.

Claß sah das Engagement von Alldeutschen innerhalb der DNVP zwar mit Wohlwollen, aber letztlich überwogen zunächst Ambivalenz und Skepsis. Das Konzept einer zivil-militärischen Diktatur stand dem Prinzip der Parteienmitgliedschaft nicht grundsätzlich entgegen, und Claß suchte beständig den Kontakt zu führenden Deutschnationalen, jedoch vertrat er zu Beginn der Republik weiterhin das Ideal der Abschaffung des parlamentarischen Systems. Die Erfahrungen mit der Vaterlandspartei 1917/18 verstärkten seine Ablehnung gegen das bürgerliche Einlassen auf das Prinzip der breiten politischen Partizipation und Repräsentation.[60]

Otto von Roeder von der alldeutschen Geschäftsstelle machte im Frühjahr 1920 deutlich, dass man keine eigenständige Parteigründung plane, sondern die DNVP als Brücke für die Alldeutschen in das rechte Parteiengefüge verstehe, sodass es am besten sei, wenn die Partei dafür auf „völkische[m] Boden“ stehen würde.[61] Nach dem Verbot des DvSTB und des Alldeutschen Verbandes in einzelnen Ländern im Sommer 1922 waren die politischen Möglichkeiten der Alldeutschen äußerst reduziert worden und erforderten neue organisatorische Einbindungen innerhalb der Rechten. Ludendorff, der sich mit Claß nach dem letzten Treffen Ende Juli 1921 wegen Differenzen über das eigenmächtige Engagement des Chefredakteurs der *Deutschen Zeitung*, Reinhold Wulle, als Reichstagsabgeordneter der DNVP zunächst überworfen hatte[62], besprach mit Claß Ende 1922 nun die mögliche Abspaltung des völkischen Flügels der DNVP oder die Gründung einer eigenständigen Partei unter Claß’ Vorsitz.[63] Claß blieb jedoch gegenüber einer neuen Partei skeptisch und sah darin eher eine Schwächung der Rechten. Er beklagte die Gründung der DVFP am 16. Dezember 1922 unter Führung von Albrecht von Graefe-Goldebee, welche die nord- und süddeutschen Dissidenten des völkischen Flügels der DNVP vereinigte, als einen „Kampf zwischen Verwandten, statt gegen die gegebenen Gegner“.[64] Graefe-Goldebee war zwar während des Weltkrieges dem Alldeutschen Verband beigetreten und fand Claß’ Wertschätzung als vorpreschender völkisch-antisemitischer Politiker der Deutsch-Konservativen und dann der Deutschnationalen.[65] Jedoch führte die Abspaltung der DVFP in der Praxis zur weiteren Fragmentierung der

---

gewählt wurde und dies für die nächsten zehn Jahre blieb. Die finanzielle Situation war hier genauso wie in Erfurt, sodass sich die Partei „das Geld für Briefporto von dem Kreisverein Hannover borgen musste“. Ebd., Bl. 287.

60 Siehe auch Otto von Roeder an Major Baumann, 10.1.1922, in BA-Berlin, R 8048, Bd. 208, Bl. 19–20.

61 Otto von Roeder an Major Baumann, 10.1.1922, in ebd., Bl. 19.

62 Siehe zu diesem Konflikt 1920/21 ausführlich Hofmeister (Hrsg.): Heinrich Claß. Politische Erinnerungen, Kapitel 5.2. und 6.20 und Leicht: Heinrich Claß, S. 291–297.

63 Siehe auch Hofmeister (Hrsg.): Heinrich Claß. Politische Erinnerungen, Kapitel 5.12.

64 Claß [an Erich Ludendorff] 19.1.1923, in BA–Berlin, R 8048, Bd. 423, Bl. 77. Siehe auch Thoss: Der Ludendorff-Kreis, S. 245.

65 Siehe auch Leicht: Heinrich Claß, S. 294 und Gasteiger: Kuno von Westarp, S. 115–117 sowie Hofmeister (Hrsg.): Heinrich Claß. Politische Erinnerungen, Kapitel 5.12.

radikalen Rechten. Die Kooperation zwischen ihr und der NSDAP seit Ende 1922 im Zusammenhang mit der Aufteilung der Mobilisierungsgebiete in Bayern für die Nationalsozialisten und im Rest Deutschlands für die Deutschvölkischen verstärkte zudem die Konkurrenz zu den Deutschnationalen und den Alldeutschen.

Die persönlichen Differenzen zwischen Claß und Wulle wegen dessen eigenmächtiger Aktivitäten für die DNVP machten eine Zusammenarbeit mit der DVFP, der Wulle nunmehr angehörte, ohnehin unmöglich.[66] Der Konflikt mit Wulle um dessen DNVP-Reichstagsmandat und die Vernachlässigung seiner Aufgaben als Chefredakteur der *Deutschen Zeitung* führte zum Zweck des Ausschlusses von Wulle im Alldeutschen Verband zur Einrichtung eines Ehrengerichts und eines Ehrenhofes durch Claß. Beide folgten dem Modell der Ehrengerichte, welche die Anwaltskammern als institutionellen Ausweis ihrer Selbstverwaltung sowie ihrer internen Konfliktschlichtung ins Leben gerufen hatten und die auch über den Ausschluss von Mitgliedern des Berufsstandes entschieden. Fragen von Ehre sowie Klagen zur Wiederherstellung individuellen Ansehens nach Beleidigung, Demütigung oder Diffamierung beherrschten im 19. Jahrhundert die Rechtskultur nach Sicherstellung oder Wiederherstellung bürgerlicher Integrität, die in der Duellforderung ihren umstrittensten Ausdruck fand, über das Bürgertum in andere soziale Schichten hinausstrahlte und in zahlreichen Privatklagen ihren Niederschlag fand.[67] Der Konflikt zwischen Claß und Wulle um dessen Verbandsausschluss wirkte somit auf die politische Organisation der Rechten insgesamt.

Im Dezember 1922, als in der DNVP der Völkische Reichsausschuss als völkisch-antisemitisches Diskussions- und Mobilisierungsgremium für die verbliebenen völkischen Parteimitglieder gegründet wurde, schenkte Claß den deutschnationalen Parteistrukturen nun größere Aufmerksamkeit. Der Reichsausschuss sollte nach der Abspaltung des völkischen Flügels und der Gründung der DVFP die DNVP zusammenhalten und die restlichen Radikalen dort binden.[68] Die Hälfte der 35 Gründungsmitglieder des Reichsausschusses gehörten dem Alldeutschen Verband an, dem mit Freytagh-Loringhoven, Vietinghoff-Scheel und Karl Grube von der alldeutschen Hauptgeschäftsstelle sowie Gebsattel und Alfred Roth vom DvSTB wichtiges Führungspersonal aus den Organisationsnetzwerken des Verbandes zur Verfügung stand.[69] Der Professor für Staats- und Völkerrecht aus Breslau Freytagh-Loringhoven, der 1920 zum Hauptgegner des DNVP-Parteivorsitzenden Hergt und dessen Bemühungen für gouvernementale Koalitionsgespräche wurde, leitete als führender Alldeutscher stellvertretend den Reichsausschuss und machte dieses Gremium zunehmend zu einer quasi-alldeutschen Parteigliederung. Die DNVP sollte aus Sicht Freytagh-Loringhovens in ein politisches

66 Siehe Hofmeister (Hrsg.): Heinrich Claß. Politische Erinnerungen, Kapitel 5.12.

67 Siehe Frevert: Ehrenmänner und Goldberg: Honor, Politics, and the Law in Imperial Germany, S. 37–80.

68 Siehe auch Walther Graef: Der Werdegang der Deutschnationalen Volkspartei 1918 – 1928, in Weiß: Der nationale Wille, S. 15 – 53 und Bernd: Die Beseitigung der Weimarer Republik.

69 Siehe Deutschvölkischer Reichsausschuss der DNVP, o. D., in BA-Berlin, R 8048, Bd. 223, Bl. 6 und 59 und Otto von Roeder an Arthur Dinter, 19.1.1923, in ebd., Bd. 226, Bl. 33.

Instrument für den Umsturz der Weimarer Republik umgeformt werden, wobei er seine Gedanken und Ziele als führendes Mitglied des antisemitischen Trutzbundes in Breslau bereits wirkungsvoll vertrat.[70]

Diese Unterwanderungsaktivitäten durch den völkisch-alldeutschen Flügel der DNVP wurden jedoch nicht von Claß oder der Geschäftsstelle des Alldeutschen Verbandes zentral geleitet, sondern waren Ausdruck einer gewissen Selbstmobilisierung alldeutscher DNVP-Mitglieder der Reichstagsfraktion, Landesverbände und Ortsgruppen, die sich dabei aber der wohlwollenden Beobachtung durch die Hauptleitung, die diese Netzwerkverbindungen schätzte und gegebenenfalls nutzen wollte, sicher sein konnten. Claß war über diese Aktivitäten nicht zuletzt durch Vietinghoff-Scheel oder Gebsattel bestens informiert, während Freytagh-Loringhoven offiziell dem Geschäftsführenden Ausschuss Bericht erstattete. Der Alldeutsche Walther Graef von der DNVP-Fraktion im Preußischen Landtag wurde 1923 Vorsitzender des Völkischen Reichsausschusses und agierte seit dem ersten Treffen des Ausschusses am 22. April 1923 ganz im Sinne einer alldeutsch-deutschnationalen Zusammenarbeit, indem programmatische Themen wie Antisemitismus, Antisozialismus und Forderungen nach rassischer Homogenität der deutschen Gesellschaft strategisch für kommende Wahlkämpfe platziert wurden.

Die DNVP blieb aber trotz dieser Radikalisierungstendenzen in den Händen der moderateren Parteivertreter. Die Alldeutschen und die Völkischen waren noch in der Minderheit. Jedoch zehrten die grundsätzlichen Flügelauseinandersetzungen zwischen Radikalen und Gemäßigten an der parteilichen Geschlossenheit. Die Fragmentierung der Deutschnationalen hielt nach der Abspaltung der DVFP unter der Führung von Wulle und Graefe-Goldebee weiter an und stärkte den antiparlamentarischen Flügel innerhalb der DNVP, in dem die Alldeutschen in der Partei zukünftig den Ton angeben sollten. Tirpitz, führendes Mitglied der DNVP und von 1924 bis 1928 Mitglied des Reichstags, hielt bei seinen umtriebigen Bemühungen um eine Sammlungspolitik, die an die Vaterlandspartei in der Kriegszeit anschließen sollte, unter anderem Hugenberg im Spätsommer 1923 für einen „Mann mit Wirklichkeitssinn, weitem Blick und vaterländischer Gesinnung", der am besten für die Zusammenführung und Leitung der rechten Einzelorganisationen geeignet sei.[71] Tirpitz hoffte zunächst, dass Hugenberg industrielle Führer, Politiker der Rechten und wirtschaftliche Interessengruppen zusammenbringen könnte, um Pläne für eine Diktatur in Bayern reichsweit zu unterstützen.[72] Hugenberg lehnte dies in dem heißen Sommer von 1923, in dem Diktaturplanungen innerhalb der Rechten breit diskutiert und auch von Claß organisiert wurden, noch entschieden ab, da

70 Siehe auch Freytagh-Loringhoven: Politik und Ders. an Kuno Graf Westarp, 20.6.1920, in Familienarchiv Freiherren Hiller von Gaertringen, NL Kuno Graf von Westarp, Bestand I, VN 25, Nr. 13.

71 Alfred von Tirpitz an Alfred Hugenberg, 14.9.1923, in BA-Freiburg, N 253, Bd. 192, Bl. 4–5. Zitat ebd., Bl. 5.

72 Siehe dazu Scheck: Alfred von Tirpitz, S. 95–113.

er trotz seiner Unterstützung für die Ziele einer Diktatur in Bayern viel geringere praktische Spielräume für eine solche Politik der Sammlung sehe als Tirpitz.[73]

6.5 Alldeutsche Diktaturpläne: Staatsstreich und „Notverfassungsentwurf" 1923

Als Deutschland am 9. Januar 1923 von den Alliierten für zahlungsunfähig erklärt wurde und am 11. Januar die Besetzung des Ruhrgebietes durch französische und belgische Divisionen zur Durchsetzung der Reparationsforderungen erfolgte, hoffte Claß auf eine entscheidende Rechtswendung: „Diese Stimmung muß mit allen Mitteln aufrecht erhalten werden und ich freue mich, daß unsere Gesinnungsgenossen dort bei der Arbeit hier hierfür hinter den Kulissen führend tätig sind. Wenn nicht ein zweiter Dolchstoß kommt, dann wird Essen zu einem zweiten Moskau der Franzosen werden und ich möchte daran erinnern, daß wir die Peripetie des deutschen Schicksals seit Jahren für die Zeitspanne zwischen Oktober-November 1922 und März-April 1923 vorhergesehen haben."[74] Der passive Widerstand, der von der Regierung Wilhelm Cuno ausgerufen worden war, sollte als Ausgangspunkt für einen grundsätzlichen Systemwechsel dienen.

Claß beteiligte sich daher im Frühjahr 1923 führend an Planungen für die Errichtung einer Diktaturregierung, die als Direktorium von Persönlichkeiten mit Rückhalt der Reichswehr und der paramilitärischen Verbände zur ersehnten Rechtswendung und zur Etablierung einer nationalen Regierung führen sollte. Seine konkreten Planungen für einen Regierungs- und Systemwechsel entwickelten sich dynamisch und prozesshaft abhängig von der aufgeheizten Umbruchstimmung des Jahres 1923. Seine Überlegungen oszillierten zwischen Staatsstreich und Putsch. Die zunächst verfolgten Staatsstreichpläne bauten auf den Rückhalt der Reichswehr sowie auf die Unterstützung der paramilitärischen Verbände als Grundlage für die vom Reichspräsidenten übertragene Gewalt zur Ausschaltung des Parlaments und für den systematischen Umbau der Reichsverfassung. Der Aktionsschwerpunkt bei den Putschplanungen, zu denen Claß je nach Lage der Absprachen mit Reichswehr, paramilitärischen Verbänden und führenden Persönlichkeiten aus Politik und Industrie tendierte, lag darin, dass die Reichswehr mit Unterstützung der paramilitärischen Verbände die Macht gewaltsam an sich reißen würde, ohne dass dies durch die Zustimmung der Verfassungsorgane gedeckt wäre.[75]

Mit dem sogenannten Ruhreinbruch verstärkten sich die Sammlungsbemühungen der Rechten gegen die Republik. Im Frühjahr 1923 entstand ein alldeutscher „Notverfassungsentwurf", der vermutlich von Bang ausgearbeitet wurde.[76] In dieser insgesamt dreißig Paragraphen umfassenden „Notverfassung", die unmittelbar nach einem Putsch

73 Ebd., S. 105.

74 Claß an Rudolf Blohm 1.2.1923, in BA-Berlin, R 8048, Bd. 209, Bl. 47.

75 Zur grundlegenden Unterscheidung siehe Longerich: Außer Kontrolle, S. 171.

76 Siehe zum folgenden „Notverfassungsentwurf", o.D. [1923], in Hofmeister (Hrsg.): Heinrich Claß. Politische Erinnerungen, S. 939–944.

als Übergangsverfassung des Ausnahmezustandes rechtswirksam werden sollte, wurden die Verfassung der Republik sowie die Länderverfassungen als ungültig erklärt. Folgen würde die Einsetzung eines Reichsverwesers, dem „das Recht der Gesetzgebung, Verwaltung und Vollstreckung“ als „Inbegriff der Staatsgewalt“ übertragen werden sollte und der die „oberste Befehlsgewalt“ selbstständig „nach Bedarf an nur ihm verantwortliche Amtsinhaber“ übertragen konnte (§ 2). Die Hierarchien der Verwaltungsmacht sollten nach dem Modell konzentrischer Kreise aufgebaut sein: Ausgehend vom Führungszentrum eines Reichsverwesers war vorgesehen, dass Landesverweser auf Länderebene regieren würden, die wiederum auf der Ebene von Provinzen, Bezirken, Kreisen und Gemeinden Amtsverweser einsetzen sollten (§ 5). Darüber hinaus sollten die Parlamente des Reiches und der Länder aufgelöst werden. Wer weiterhin an Sitzungen dieser „Körperschaften“ teilnahm, war mit dem Tode zu bestrafen (§ 3). Anstelle der Parlamente sollten „Beratungskörper“ einberufen werden, „die von den Landesverwesern und den Amtsverwesern nach ihrem freien Ermessen, ohne Rücksicht auf lokale oder private Interessen, lediglich nach Verdienst und Würdigung aus den fähigsten und charaktervollsten Männern ihres Zuständigkeitsbereiches zu ernennen und zu berufen sind“. Entsprechend einem ständischen Prinzip hatten diese „Räte [...] je nach Bedürfnis aus nicht weniger als drei und nicht mehr als 50 Personen“ zu bestehen. Berufungen in solche Gremien konnte man sich nicht entziehen, denn „Amtsverweigerung“ wurde auch hier „mit dem Tode bestraft“ (§ 6).

Diese Bestimmungen wurden durch Abschnitte zur politischen Verfolgung von „Amtsinhabern der Reichs-, Staats- und Selbstverwaltung“, die ihre Stellung „einer Parteizugehörigkeit verdanken“, ergänzt. Zudem seien „unzuverlässige und unfähige Beamte nach Ermessen des Reichs- und Landesverwesers zu entfernen“. Bei Zuwiderhandlung sei hier ebenfalls die Todesstrafe anzuwenden (§ 4). „Standgerichte“ sollten durch die Landes- und Amtsverweser eingerichtet werden (§ 10). Mit der Todesstrafe waren unter anderem Vergehen gegen die Verweser und die eingesetzte Regierung, Landesverrat, Hochverrat, Diebstahl, Wucher, Beamtenbestechung und Amtsunterschlagung zu ahnden sowie letztlich „alle Unternehmungen, welche auf Verhinderung, Umsturz oder gewaltsame Änderung der neuen Staatsordnung gerichtet sind“ (§ 25). Bei Verurteilung zum Tode sei das Vermögen des Verurteilten für die Reichskasse einzuziehen (§ 26). Der „Belagerungszustand“ nach den Bestimmungen des preußischen Gesetzes vom 4. Juni 1851 sollte, wie bei Ausbruch des Krieges 1914, ausgerufen werden, während für Bayern der „Kriegszustand“ zu erklären war (§ 8). Die eingesetzten Reichs- und Landesverweser erhielten das Recht, „alte Akte der Gesetzgebung, Verwaltung und Rechtsprechung, die seit dem Novemberverbrechen des Jahres 1918 ergangen sind, nach[zu]prüfen und ab[zu]ändern“, ohne dabei rechtlich gebunden zu sein (§ 30).

Es folgten unter anderem eine öffentliche Arbeitsdienstpflicht für alle 18- bis 30-Jährigen sowie eine Hilfspolizeidienstpflicht für alle von 18 bis 45 Jahren (§ 9), die Einschränkung der Pressefreiheit, einschließlich der entschädigungslosen Enteignung von unliebsamen Verlagen (§ 11), das Verbot jeglicher Versammlungen sowie aller Parteien und politischen Vereine, einschließlich der Beschlagnahmung ihres Vermögens (§ 12), sowie das Verbot von Arbeitsaussperrungen und Streiks (§ 13). Weitreichende

Einschränkungen ziviler Rechte waren durch eine Verkehrssperre, eine Bankensperre und das Verbot der Vermögensveräußerung vorgesehen (§ 18–20).

Die von Claß lange geforderte Einführung einer Fremdengesetzgebung für deutsche Juden sollte mit einer Bestimmung durchgesetzt werden, die auch die Beschlagnahmung des „gesamten bewegliche[n] und unbewegliche[n] Vermögen[s] der in Deutschland aufhältlichen Angehörigen des jüdischen Volkstums" (§ 14) sowie die „Überführung" aller „in Deutschland aufhältlicher Angehörigen des jüdischen Volkstums männlichen und weiblichen Geschlechts jeden Alters, Standes oder Berufs" zum „Zwecke ihrer eigenen Sicherheit" nach Anordnung der Amtsverweser in „geeignete Sammelstellen (abgeschlossene Räumlichkeiten oder Sammellager)" (§ 17) vorsah.

Dieser „Notverfassungsentwurf" aus dem Frühjahr 1923 sollte den umfassenden Ausnahmezustand im Zuge eines zivil-militärischen Putsches organisieren und fand zeitweise die Unterstützung führender Vertreter der Ruhrindustrie. Im März hatte Claß von Fritz Thyssen, Heinrich Thyssen von Bornemysza, Willi Scheidt und Generalleutnant a. D. Oskar Freiherr von Watter die Zusage für eine Zusammenarbeit erhalten. Während Watter bereits 1919 die Streikbewegungen im Ruhrgebiet blutig niederschlagen und während des Kapp-Putsches 1920 die Rote Ruhrarmee durch Standgerichte niederschießen ließ, erwarb Fritz Thyssen durch seine Weigerung im Januar 1923, die geforderten Kohlenlieferungen nach Frankreich und Belgien sicherzustellen, und die folgende Anklage durch die französische Militärverwaltung einen volkstümlichen Ruf als Vorkämpfer des Widerstandes gegen die Besatzer.[77] Kurz nach dem Beginn der Ruhrbesetzung hatte er zusammen mit Hugo Stinnes und Paul Reusch beim Chef der Heeresleitung Hans von Seeckt vorgesprochen, um eine stärkere Abwehr der Besatzung zu fordern, die er zuvor mit Reichskanzler Wilhelm Cuno und Reichspräsident Ebert diskutiert hatte.[78] Die Ruhrindustriellen erklärten sich bereit, aus eigenen Mitteln die Schaffung eines „nationalen Arbeiterheeres" von 95.000 Mann bestehend aus zusammengeführten Einzelverbänden zu finanzieren.[79] Zu diesem Zweck wurde eine Verbindungsstelle in Hamm eingerichtet, in der auch Offiziere angestellt waren, die dafür aus der Reichswehr ausgeschieden waren.[80]

Die gesamte Unternehmung einer Zusammenführung vereinzelter paramilitärischer Verbände scheiterte jedoch vornehmlich an der überspannten Selbsteinschätzung ihrer Führer, denen keineswegs wie angegeben Zehntausende an Freiwilligen unterstanden. Die ausgewiesenen militärischen Einheiten existierten teilweise überhaupt nicht. Wie illusionär die Angaben zu den Mannschaftsstärken waren, stellte sich im Sommer 1923 bei einem von Claß einberufenen Treffen mit den „Oberhäupter[n] der

77 Siehe dazu Hofmeister (Hrsg.): Heinrich Claß. Politische Erinnerungen, Kapitel 6.4.

78 Hallgarten: Hitler, Reichswehr und Industrie, S. 22. Im Mai 1923 sondierte Claß bei Hans von Seeckt die Bereitschaft und die Fähigkeit der Reichswehr, im Falle einer offenen kriegerischen Auseinandersetzung mit französischen Besatzungstruppen „standzuhalten". Siehe dazu Hofmeister (Hrsg.): Heinrich Claß. Politische Erinnerungen, Kapitel 6.8. Zitat ebd., Kapitel 6.7., S. 663.

79 Ebd., Kapitel 6.11., S. 673.

80 Ebd., Kapitel 6.7.

Wehrverbände und Freikorps“ in Berlin-Nikolassee heraus, an dem Bang und Vietinghoff-Scheel von der Geschäftsstelle teilnahmen sowie Oberst Rudolf Frantz. Ihn hatte Claß um 1920 noch in seiner Stellung als Oberstleutnant im Reichswehrministerium über einen Neffen, Assessor August Roesener, kennengelernt und später als Mitglied des Alldeutschen Verbandes in den Geschäftsführenden Ausschuss eingebunden.[81]

Dass Claß keineswegs Zugriff auf ein 100.000-Mann-Arbeiterheer hatte, führte nicht nur bei den Alldeutschen zu Desillusionierungen, sondern zum Rückzug der Ruhrmagnaten aus den geheimen Mobilisierungsplänen paramilitärischer Verbände. Sie blieben aber mit Claß weiterhin in Kontakt und besprachen mit ihm den Fortgang der Putschplanungen.[82] Claß hielt später in seinen Erinnerungen fest: „Die Sachlage war nun um die Mitte des Juni für uns so: das sogen. nationale Arbeiterheer hatte sich als Schwindel erwiesen; die angebliche Armee Watters betrug nach den Erklärungen seines Stabschefs gerade nur den dritten Teil der von ihm angegebenen Zahl, und auf eine sichere Zusammenarbeit mit dem Chef der Heeresleitung war nicht zu rechnen.“[83]

Claß konzentrierte sich nun auf Hermann Ehrhardt, den er regelmäßig in München besuchte. Den Kontakt hielt er nach dessen Anklage wegen Hochverrats im Zuge des Kapp-Putsches vor allem über die Verbindungsmänner Manfred von Killinger und Eberhard Kautter aufrecht. Die Anhänger der ehemaligen paramilitärischen Marine-Brigade wollten Claß für den geplanten Militärputsch nach den desaströsen Vorplanungen einbinden.[84]

Mit Hitler stand Claß ebenfalls in Kontakt, der trotz des seit dem Sommer 1922 in Preußen und weiteren deutschen Ländern wie Thüringen oder Baden ausgesprochenen Verbotes der NSDAP in Bayern ungehindert und durch die Regierung geschützt weiter agieren konnte. Auch er organisierte seine Bürgerkriegstruppen durch ein Zusammengehen mit Ludendorff in der Arbeitsgemeinschaft der Vaterländischen Verbände, die am 4. Februar 1923 gegründet wurde. Dieser Zusammenschluss von NSDAP, SA, Bund Oberland, Bund Unterland, Reichskriegsflagge und dem Gau Niederbayern des Bundes Bayern und Reich markierte eine Loslösung der Nationalsozialisten aus der rechten „Einheitsfront“ von Vertretern der bayerischen Regierung und von Wehrverbänden gegen die Ruhrbesetzung, die im November 1922 durch den ehemaligen Führer des Bundes Bayern und Reich in den Vereinigten Vaterländischen Verbänden Bayerns

81 Siehe ebd., Kapitel 6.6. und 5.1. Zitat ebd., Kapitel 6.12., S. 674.

82 Siehe ebd., Kapitel 6.7. und 6.10.

83 Ebd., Kapitel 6.11., S. 673.

84 Siehe ebd., Kapitel 6.13. Die Brigade Ehrhardt wurde 1921 aufgelöst, deren Anhänger in die Organisation Consul und dann weitgehend in den im Mai 1923 gegründeten Bund Wiking überführt wurden, dessen Vorsitzender Eberhard Kautter war, der während des Hitler-Putsches im November 1923 als Anhänger von Generalstaatskommissar Gustav Ritter von Kahr galt. Siehe Krüger: Brigade Ehrhardt. Manfred von Knillinger, ehemaliges Mitglied des DvSTB, gab 1921 als führendes Mitglied der Organisation Consul (Germanenorden) den Befehl für den Mord an Reichsfinanzminister Matthias Erzberger und wurde im Zuge der Mordermittlungen gegen Außenminister Walther Rathenau 1922 verurteilt, aber bis 1924 nicht verhaftet. Er führte die sächsische Abteilung des Bund Wiking und trat 1928 in NSDAP und SA ein.

(VVVB), Otto Pittinger, gegründet worden war. Diese „Einheitsfront" war nach dessen gescheiterten Staatsstreichplänen gegen die bayerische Regierung drei Monate zuvor durch den Reichswehr-Generalstabsoffizier und Führer des Reichskriegsflagge-Wehrverbandes Röhm als Führer des Bundes Bayern und Reich entmachtet worden.[85]

Die gegen die bayerische Regierung des Ministerpräsidenten Eugen von Knilling gerichteten Machtproben der Wehrverbände, die in der Arbeitsgemeinschaft zusammengefasst waren, der sich auch der Bund Wiking angeschlossen hatte, erreichten 1923 ihren Höhepunkt mit der Forderung nach einem gewaltsamen Verbot der Demonstrationen zum 1. Mai von Gewerkschaften und SPD, die in ihrer geplanten Durchführung unter anderem daran gescheitert waren, dass der Kommandeur der VII. Reichswehrdivision, Otto von Lossow, die Herausgabe von Waffen am Tag zuvor abgelehnt hatte und die Provokationen am Tag der Aufmärsche durch die Landespolizei unterbunden worden waren.[86]

Während Bayern seine Stellung als „Ordnungszelle" der Rechten festigte, hatte sich die Situation 1923 in Sachsen zugespitzt, als im März der Sozialdemokrat Erich Zeigner zum Ministerpräsidenten gewählt wurde. Er sicherte sich die Unterstützung der KPD und stimmte dafür der Aufstellung sogenannter proletarischer Hundertschaften zu, die als Gegengewicht zur Reichswehr dienen sollten, die wiederum aufgrund ihrer geheimen Kooperation mit rechten paramilitärischen Wehrverbänden als reaktionär und demnach belastet angesehen wurde.[87] Die Konfrontation mit der Reichsregierung und der Reichswehr zeichnete sich auch in Thüringen ab. Dort hatte sich eine Linksregierung entwickelt, nachdem der Sozialdemokrat August Frölich seit September 1921 einer aus SPD und USPD bestehenden Minderheitsregierung vorstand, die ebenfalls von der KPD toleriert worden war.[88] Das Verbot der proletarischen Hundertschaften in Preußen im Mai verschärfte den Konflikt vor allem zwischen Sachsen und Berlin.

In dieser Konfrontation zwischen den Linksregierungen in Sachsen und (in abgeschwächter Form) Thüringen und dem Reich einerseits sowie zwischen Bayern als ein sich zur Ordnungszelle formierender Rückzugsort der Rechten und dem Reich andererseits griff Claß nach weiteren Optionen für die Organisation eines Rechtsputsches. So wurde um Pfingsten 1923 zwischen Claß, Bang, dem ehemaligen Münchener Polizeipräsidenten und nunmehrigen Rat am Obersten Bayerischen Landesgericht, Pöhner sowie Wilhelm Frick von der Münchener Polizeidirektion und den alldeutschen Verbindungsmännern zur NSDAP, Pixis und Tafel, die alldeutsche „Notverfassung" als Grundlage für die Errichtung des Ausnahmezustandes besprochen.[89] Im Vorfeld dieser Beratungen traf Claß auf Vermittlung Pöhners am Pfingstsonntag (20. Mai 1923) Hitler in seiner Berliner Wohnung, den er vertrauensvoll in die umfassenden Planungen zur

85 Niess: Der Hitlerputsch, S. 88–90 und Longerich: Außer Kontrolle, S. 74–78.

86 Longerich: Außer Kontrolle, S. 79–80.

87 Pohl: Sachsen 1923 und Lapp: Revolution from the Right, S. 76–100.

88 Kachel: Ein rot-roter Sonderweg?

89 Siehe dazu Hofmeister (Hrsg.): Heinrich Claß. Politische Erinnerungen, Kapitel 9 (Anhang von 1936).

Errichtung eines Direktoriums sowie der Zusammenfassung paramilitärischer Einheiten in Norddeutschland einweihte.[90]

Claß fasste seine Planungen, die zu diesem Zeitpunkt auf einen Militärputsch hinauslaufen sollten, später so zusammen:

> Wir [...] überschlugen die Kräfte, die für den ersten Schlag zur Verfügung ständen, der gleichzeitig in Berlin und München geschehen müsse, wenn irgend möglich noch in wichtigen Städten wie Breslau, Dresden, Königsberg. In Bezug auf die Kräfte, die dafür nach den Angaben der Freikorpsführer bereit ständen, habe ich auch Zweifel, aber wir hätten doch beim Zusammengehen erlebt, mit wie geringer Zahl man sich die allgemeine und die örtliche Macht an sich reissen könne. Wir rechneten damit, dass nach dem ersten Schlag sich Massen früherer Offiziere und Soldaten auf unsere Seite schlagen würden, sodass zunächst die reine Militärdiktatur aufgerichtet werden könne, der später die politische Diktatur folgen solle. Für beide seien die notwendigen Männer gesichert und eine umfassende Notverordnung schaffe die Grundlagen für die Arbeit der Uebergangszeit. Gerade sie solle jetzt in München überprüft und endgültig festgestellt werden.[91]

Hitler habe nach Claß' Erinnerungen seiner Einbindung in die Mobilisierungspläne an jenem Pfingstsonntag noch zugestimmt, sich jedoch bereits bei den nur zwei Tage später in München angesetzten Beratungen durch den Führer der SA, Hermann Göring, vertreten lassen, seine Zusammenarbeit somit sichtbar aufgekündigt und nun eigene Putschpläne verfolgt.[92]

Es war dann vermutlich jene „Notverfassung“, die im Sommer 1923 auf Einladung Pöhners und des Oberlandesgerichtsrats und Hitler-Beraters Theodor von der Pfordten mit dem Historiker Karl Alexander von Müller, dem Wirtschaftstheoretiker der NSDAP, Feder, und Hitler besprochen und als mögliche Vorlage für die eigenständige NSDAP-Putschplanungen übernommen wurde.[93] Im Zuge des Hitler-Putsches am 9. November wurde sie bei dem getöteten von der Pfordten gefunden und geriet im Prozess gegen Hitler an die Öffentlichkeit.[94] Der Vorsitzende, Landgerichtsdirektor Georg Neidhardt, unterdrückte aber die Klärung der Herkunft der „Notverfassung“ mit aller Deutlichkeit, obwohl die Verteidigung des SA-Führers Wilhelm Brückner bereits auf Claß als Urheber oder Initiator dieser „Notverfassung“ für seine Pläne eines Losschlagens in Berlin und Norddeutschland hingewiesen und Max Bauer die Herkunft aus „Kreisen des [A]lldeutschen Verbandes“ bestätigt hatte.[95]

---

90 Siehe ebd.

91 Ebd., S. 877.

92 Ebd., S. 877–882.

93 Siehe zur Diskussion um die Herkunft zuletzt Niess: Der Hitlerputsch, S. 213 und 222, Jones: 1923, S. 321–323 und Kellerhoff: Der Putsch, S. 104–107.

94 „Notverfassungsentwurf“, o. D. [1923], Abschrift der Reichsanwaltschaft in Leipzig, 25.5.1926, in BA-Berlin, R 3001, Bd. 12008, 99–106. Auszüge in der Reichswart 26.5.1926 sowie in Heinz: Die Nation greift an, S. 218–222. Wieder abgedruckt in Hofmeister (Hrsg.): Heinrich Claß. Politische Erinnerungen, S. 939–944. Siehe auch Niess: Der Hitlerputsch, S. 213.

95 Verteidigung Karl Kohl und Aussage Max Bauer am Verhandlungstag des 15.3.1924, in Der Hitler-Prozess, Bd. 3, S. 1079.

Der Entwurf der „Notverfassung" war gedacht als Verfassungsdokument des militärischen Übergangs zur Diktatur sowie als eine Art Gründungsurkunde für ein geplantes Zusammengehen von norddeutschen paramilitärischen Verbänden (v. a. der Truppen von Hermann Ehrhardt), die Claß zu vereinen suchte, und der NS-Bewegung in Bayern gedacht. Er sollte als Auftakt für die Übertragung der Regierungsvollmachten auf einen Reichsverweser und die Errichtung einer späteren Diktaturregierung fungieren.

Claß befürwortete demnach bis zum Sommer 1923 ein Direktorium Kahr/Hitler/Pöhner, wie es bei den erwähnten Besprechungen zuvor diskutiert worden war.[96] Er unterhielt im Sommer 1923 Beziehungen zu Kahr, der in Norddeutschland mit General Otto von Below verhandelte. Below war ein gefeierter Kriegsheld der Rechten. Er hatte unter anderem in der Schlacht von Tannenberg und in der Schlacht von Karfeit gekämpft, war Mitglied des Alldeutschen Verbandes und eine führende Figur der VVVD, in deren Präsidium er saß.[97]

Claß verhandelte jedoch nicht nur in München, sondern auch auf Reichsebene mit dem Oberbefehlshaber der Reichswehr. So stand Seeckt, der am 5. Juni 1920 Nachfolger von Wolfgang Reinhart als Chef der Heeresleitung wurde, seit dem Frühjahr 1923 im Zusammenhang mit geheimen Aufrüstungsplänen der Reichswehr in Kontakt zu Forstrat Escherich, Gerhard Roßbach und Epp, um im Fall eines militärischen Konflikts deren Truppen in die Reichswehr zu überführen. Ludendorff und Hitler standen ebenfalls mit Seeckt im Februar/März 1923 in Verbindung, während Claß Ende Februar und Ende September in loser Gesprächsabfolge mit Seeckt versuchte, einen Rechtsputsch und ein Direktorium mit Unterstützung der Reichswehr zu organisieren.[98] Claß hatte Seeckt seit dessen Ernennung zum Chef der Reichswehr 1920 als politische Führungsfigur eigentlich abgelehnt und ließ sich erst durch die Vermittlung von Arnold Ritter von Möhl und Richard von Berendt auf Gespräche ein. An Seeckt kam man bei der militärischen Absicherung eines Umsturzes demnach nicht vorbei. Das sogenannte Seeckt-Severing-Abkommen vom 7. Februar 1923 legte jedoch fest, dass sich die Reichswehr bis zum 31. März 1923 von ihren Verbindungen zu privaten Organisationen lösen sollte, während ihr Abbau auf den festgelegten Höchstbestand von 100.000 Mann noch nicht erreicht war.[99] Bereits seit Ende 1922 forderte Carl Severing nach Rücksprache mit Friedrich Ebert, Otto Braun und Hermann Müller den Verzicht auf eine Zusammenarbeit zwischen Reichswehr und paramilitärischen Verbänden. Die Gespräche zwischen Reichswehr und Rechtsverbänden wurden aber weitergeführt, um eine „langsame Abwicklung" zu ermöglichen, so Severing.[100]

---

96 Hoegner: Der politische Radikalismus, S. 75. Siehe auch Gustav Ritter von Kahr: Lebenserinnerungen [verfasst 1925 bis zum Frühjahr 1928, vorgenommene Änderungen 1931], in BHSTA München, NL Kahr, Bl. 1040–1041.

97 Siehe auch Einem: Otto von Below.

98 Siehe auch Ludendorff: Auf dem Weg zur Feldherrnhalle, S. 28 und Kruck: Der Alldeutsche Verband, S. 129–148.

99 Siehe Vogelsang: Reichswehr, Staat und NSDAP, S. 33–34.

100 Severing: Mein Lebensweg, Bd. 1, S. 389.

Claß wollte nun erneut die Haltung Seeckts testen, nachdem der Chef der Reichswehr Claß bei einem ersten Treffen Ende Februar und bei einem weiteren Treffen, vermutlich im Mai, noch offen gegenübergetreten war. Claß schickte im Juni seinen Vertrauten Below zu Seeckt, der bei Claß aber nicht den Eindruck zerstreuen konnte, dass sich Seeckt im Zweifelsfall eher „von anderen die Kastanien aus dem Feuer holen lassen wolle".[101]

Nachdem die Regierung Wilhelm Cuno im August 1923 durch das Kabinett Stresemann aus DVP, Zentrum, DDP und SPD ersetzt worden war, befürchtete nicht nur Bruno Ernst Buchrucker vom Wehrkreiskommando III (Berlin), der als Organisator der verdeckten Heeresverstärkung durch die Schwarze Reichswehr mit Claß in engem Kontakt war, eine fehlende Unterstützung der Reichswehr durch die neue Reichsregierung und sah nun den Moment einer Entscheidung gekommen.[102] Auch für Claß blieb Stresemann der unverlässliche Opportunist, für den er ihn seit dessen Wendung zum Verständigungsfrieden im Sommer 1918 hielt. Der neue Reichskanzler verfolgte zwar trotz seines „Vernunftrepublikanismus" auch nach Kriegsende immer eine „latente Tendenz nach rechts", nahm im Kapp-Putsch 1920 eine „zwielichtige Rolle" ein und setzte sich später für die Amnestie der Putschteilnehmer ein.[103] Seinen Austritt aus dem Alldeutschen Verband 1918 hatte Claß ihm jedoch nie verziehen.

Anfang September trafen sich Claß und Bang mit Buchrucker und dessen militärischem Berater, Kurt Jahnke, der zugleich von Seeckt als Geheimagent für Sabotageakte im Ruhrgebiet instruiert worden war und den späteren SA-Chef Walther Stennes zu seinem Mitarbeiter berufen hatte, in Berlin.[104] Die Besprechungen für eine mögliche Zusammenarbeit mit Buchrucker und seinen Truppen scheiterten aber und endeten in allgemeiner Verwunderung, da Buchrucker für die Besetzung einer Diktaturregierung sich selbst als Reichskanzler, Chef der Heeresleitung sowie als Außenminister sah, während Bang, wie schon bei Kapp drei Jahre zuvor, Finanzminister werden sollte. Die übrigen Ministerposten sollten jedoch an Vertreter der christlich-nationalen Gewerkschaften, die mit dem Zentrum und der SPD zusammenarbeiteten, vergeben werden, was für die Alldeutschen untragbar gewesen wäre.[105]

Claß sprach bei einem weiteren Treffen, das am 24. September 1923 zustande gekommen war, mit Seeckt erneut über eine Diktatur, erhielt aber wieder eine Absage. Seeckt, der in den Tagen nach dem Abbruch des Ruhrkampfes von der nationalistischen Rechten des Öfteren zu Sondierungen über eine stärkere Rolle des Chefs der Reichswehr gebeten worden war, lehnte eine Beteiligung an einem Rechtsputsch ab und erklärte, er

101 Zu den Treffen zwischen Claß und Hans von Seeckt im Februar und Mai sowie zu dem Treffen Otto von Belows mit Seeckt im Juni 1923 siehe Hofmeister (Hrsg.): Heinrich Claß. Politische Erinnerungen, Kapitel 6.3., 6.8. und 6.11.

102 Buchrucker: Im Schatten Seeckts, S. 14–25.

103 Pohl: Gustav Stresemann, S. 271 und 273.

104 Hofmeister (Hrsg.): Heinrich Claß. Politische Erinnerungen, Kapitel 6.14.

105 Ebd.

würde auch auf „rechts" schießen lassen.[106] Einen Tag zuvor hatte er bereits auf das Angebot der Deutschnationalen Hergt und Westarp zurückhaltend reagiert, ihn als Militärdiktator einzusetzen.[107] Auch führenden Vertretern des Reichslandbundes gegenüber, die ihn für den Einsatz der Reichswehr gegen den Einfluss der Sozialdemokratie gewinnen wollten, verhielt er sich unbestimmt. Die konkreten Interessen Seeckts in diesen Gesprächen mit den Führern der Rechtsbewegung im Frühjahr 1923 bleiben unklar. Seeckt verfolgte seit 1920 bereits konkrete Ziele zur Bündnispartnerschaft mit der Sowjetunion, die unter anderem gegen Polen gerichtet und als Umgehung militärpolitischer Einsatz- und Rüstungsbeschränkungen im Deutschen Reich konzipiert waren.[108] Er suchte zudem einen engen Kontakt zu den Rechtsverbänden, um von ihren Mannschaften gegebenenfalls selbst Gebrauch machen zu können, entzog sich jedoch beständig den Versuchen einer Indienstnahme.[109]

Seeckt plante als Chef der Heeresleitung der Reichswehr, im Herbst 1923 selbst die Kanzlerschaft zu übernehmen oder zumindest eine einflussreiche Rolle innerhalb der Reichsregierung auszuüben, die ihm vom Reichspräsidenten übertragen werden sollte. Im September verfasste er zu diesem Zweck eine Art „Regierungsprogramm".[110] In dieser stichpunktartigen Aufführung außenpolitischer Zielsetzungen, zu denen die grundsätzliche Anerkennung der Reparationspflicht bei gleichzeitiger Ablehnung des Versailler Vertrages und eines Eintritts in den Völkerbund gehörte, waren ebenfalls innenpolitische Forderungen genannt, die sich teilweise von der alldeutschen „Notverfassung" vom Frühjahr 1923 nur wenig unterschieden und zentrale Elemente einer nationalistisch-völkischen Diktatur widerspiegelten.[111] Von einem Direktorium war hier aber nicht mehr die Rede. Vielmehr schien eine Zusammenarbeit mit Reichspräsident Ebert weiterhin die Grundlage für Seeckts Planungen zu sein. Für eine übereilte Änderung der Reichsverfassung war Seeckt diesem Programm zufolge jedoch nicht zu haben. Eine mögliche Verfassungsänderung sollte im Prozess des politischen Umbaus in Ruhe überlegt werden.

---

106 Carsten: The Reichswehr and Politics, S. 166.

107 Meier-Welcker: Seeckt, S. 374 sowie Tagebuchartige Notizen (Besucherlisten) Hans von Seeckt, 26.3.–25.6.1924, in BA-Freiburg, N 247, Bd. 19.

108 Geyer: Aufrüstung oder Sicherheit, S. 27–38 und Zeidler: Reichswehr und Rote Armee.

109 Vogelsang: Reichswehr, Staat und NSDAP, S. 35 und Geyer: Aufrüstung oder Sicherheit, S. 27–52.

110 Hans von Seeckt: Ein Regierungsprogramm [September 1923], in Akten der Reichskanzlei. Die Kabinette Stresemann I/II, Bd. 2, Anhang 2. Siehe dazu auch Kessel: Seeckts politisches Programm von 1923.

111 Zentrale Programmpunkte waren u. a.: „Niederwerfung aller gegen den Bestand des Reiches und gegen die ordnungsmäßige Reichs- und Staatsautorität gerichteten Bestrebungen durch Anwendung der Machtmittel des Reiches. Dazu nötigenfalls Verhängung des milit. Ausnahmezustandes. Erhaltung und Stärkung der Reichs-Oberhoheit, insbesondere der Vollzugsgewalt. [...] Einführung einer Reichs-Ständekammer, in welcher die Berufsvertretung durch Wahl erscheint, neben dem Reichstag. [...] Befreiung von lästigen Ausländern. [...] Entschlossene Absage an alle marxistischen Theorien und Maßnahmen, insbesondere Aufgabe aller Sozialisierungsbestrebungen. [...] Ersatz der Gewerkschaften durch Berufskammern. [...] Aufrechterhaltung und Erweiterung der Arbeiter-Schutzgesetzgebung und Stellung derselben unter den Gesichtspunkt der Volksgesundheit. [...] Einführung der Berufskammern, denen vor allem der Ausgleich der wirtschaftlichen Interessen zufällt. [...]" Seeckt: Ein Regierungsprogramm.

Seeckt arbeitete parallel eine das „Regierungsprogramm“ begleitende 16-seitige „Regierungserklärung“ aus, die weitreichende Überlegungen zur Verfassungsänderung, zur Absage an Sozialisierungsbestrebungen und zur Anwendung der „Machtmittel des Reiches“ gegen alle Bestrebungen, die gegen die „Reichs- und Staatsautorität“ gerichtet waren, enthielt.[112] Angesichts der politischen Zuspitzungen in Sachsen und Thüringen, wo der Eintritt der KPD in sozialdemokratisch geführte Landesregierungen erwogen oder schon mit entsprechenden Forderungen nach politischer Abgrenzung zu Berlin vollzogen wurde, sowie vor allem in Bayern, wo sich ein politischer Rechtsruck andeutete, erklärte Seeckt die Sicherstellung der Einheit des Reiches auf föderaler Grundlage zum Grundprinzip seiner „Regierungserklärung“, die gleichzeitig eine klare Absage an jegliche Planungen eines Staatsstreichs von links oder rechts darstellte.[113]

Die Situation verschärfte sich, als zum 26. September das Stresemann-Kabinett unter Vorsitz von Ebert eine Proklamation zum Ende des passiven Widerstandes und somit zum Abbruch des Ruhrkampfes veröffentlichte, in Bayern daraufhin am selben Tag der Ausnahmezustand verhängt und Kahr, der eineinhalb Jahre zuvor als Ministerpräsident zurückgetreten war, nun zum „Generalstaatskommissar“ mit diktatorischen Befugnissen berufen wurde. Die Wahl Kahrs war ein Zeichen des entschiedenen Widerstandes Bayerns gegen den Zugriff der Reichsregierung auf innenpolitische Belange. Kahr war 1921 bereits als Ministerpräsident im Zuge der Erosion der Koalition mit der Bayerischen Volkspartei (BVP) zurückgetreten, als es vor allem um die Frage der Abwehr des Exekutivrechts von Reichsregierung und Reichswehr gegenüber München ging.

In Sachsen wiederum verweigerte der Befehlshaber der Reichswehr, General Alfred Müller, die Teilnahme der Offiziere an der Verfassungsfeier der Landesregierung.[114] Als die Reichsregierung am 27. September einen Ausnahmezustand im ganzen Reich verhängte, ging die vollziehende Gewalt damit auf den Befehlshaber der sächsischen Reichswehr (Wehrkreis IV) und in Thüringen auf General Walther Reinhardt (Wehr-

112 Hans von Seeckt: Entwurf einer Regierungserklärung [September 1923], in Akten der Reichskanzlei. Die Kabinette Stresemann I/II, Bd. 2, Anhang 3. Siehe dazu auch Rabenau: Hans von Seeckt, S. 359–361.

113 So hieß es: „Wir werden gut tun, zur Stunde Wünsche, die auf Änderung der bestehenden Verfassung gehen, zurückzustellen bis zu ruhigerer Stunde. Dagegen nimmt die Regierung Anlaß zu erklären, daß sie die Erhaltung des Reiches auf föderalistischer Grundlage, im Sinne des großen Reichsgründers als ihre vornehmste Aufgabe ansieht und die Weiterentwicklung dieses Gedankens anstreben wird. Ob sich zu diesem Zweck eine Änderung der Verfassung als notwendig herausstellt, mag späterer Erwägung und Beschlußfassung vorbehalten werden. Wenn ich eingangs die Aufrechterhaltung der Staatsautorität als notwendig bezeichnete, so liegt darin die Unterdrückung aller Bestrebungen, welche auf einen Staatsstreich abzielen. Nur eine ordnungsmäßige Weiterentwicklung unserer inneren Verhältnisse kann zur Besserung führen.“ Seeckt: Entwurf einer Regierungserklärung. Seeckts spätere Reichstagskandidatur für die DVP 1930 sowie seine Enthaltung für eine Wahlempfehlung für Paul von Hindenburg bei den Reichspräsidentenwahlen 1932, um sich vermutlich bei der Rechten als eigener Kandidat zu empfehlen, legten Seeckts politische Ambitionen dann offen. So Brauweiler: Groener-Schleicher-Seeckt, S. 41.

114 Winkler: Von der Revolution zur Stabilisierung, S. 621.

kreises V) über.[115] In Sachsen wurden öffentliche Versammlungen und Umzüge verboten sowie ein hartes Durchgreifen zur Sicherstellung der öffentlichen Ordnung ausgerufen, in Thüringen erhielten Offiziere der Reichswehr polizeiliche Ordnungsbefugnisse, nachdem auch in Sachsen die Polizei der Reichswehr unterstellt worden war.[116] Die Zuspitzung zwischen Sachsen und der Reichsregierung wurde durch die Forderung des Reichswehrministers Otto Gessler verschärft, die sächsische Regierung abzusetzen, die wiederum als sozialdemokratisch-kommunistische Regierung unter Eintritt der revolutionären KPD die Verstärkung der eigens aufgestellten proletarischen Hundertschaften forderte. Sie wollte Sachsen wie auch Thüringen, wo die KPD am 16. Oktober in die Regierung eingetreten war, zu einem Bollwerk gegen die Rechtsbewegungen in Bayern machen. Das Verbot der proletarischen Hundertschaften in Sachsen am 13. Oktober durch General Müller führte zum Protest von Ministerpräsident Zeigner, woraufhin Kanzler Stresemann am 19. Oktober anordnete, Reichswehrtruppen nach Sachsen zur Sicherstellung der Ordnung zu schicken. Am 27. Oktober forderte Stresemann schließlich Zeigner auf, die Regierung zum Rücktritt zu bewegen.

Durch die Verordnung des Reichspräsidenten Ebert vom 29. Oktober wurde Stresemann letztlich ermächtigt, die sächsische Landesregierung ihrer Funktion zu entheben und neue Geschäftsträger einzusetzen. Diese Reichsexekution gegen Sachsen führte nur kurzzeitig zu einem Regierungswechsel. Der umgehend eingesetzte Reichskommissar und DVP-Reichstagsabgeordnete Rudolf Heinze wollte unter Ausschluss des Parlaments eine Rechtsregierung etablieren, was Stresemann unterband.[117] Am 30. Oktober wurde unter der Führung des Sozialdemokraten Alfred Fellisch ein Minderheitskabinett im zuvor vom Militär geräumten Landtag mit den Stimmen von SPD und DDP gewählt.

In Thüringen, wo die Reichswehr über geringeren Einfluss und weniger Garnisonen verfügte, erfolgte hingegen keine Reichsexekution wie in Sachsen.[118] Trotzdem marschierten am 6. November Reichswehrtruppen unter dem Befehl von General Reinhardt auf, um Ministerpräsident Frölich zur Trennung von den Kabinettsmitgliedern der KPD zu veranlassen, was auch am 12. November erfolgte und zu einer Minderheitsregierung wie in Sachsen führte.

Die Reichsexekution gegen Sachsen sowie die Eingriffe der Reichswehr in die innenpolitischen Entscheidungen der Regierung Frölich führten letztlich zum Ausscheiden der SPD aus der Stresemann-Regierung, nachdem bereits Anfang Oktober der verschärfte Konfrontationskurs der schwerindustriellen Gruppe um Hugo Stinnes und die DVP zur Aufhebung des Achtstundentages zu Brüchen in der Großen Koalition geführt hatte.[119] Im Zuge dieser Auseinandersetzungen um die Regelungen zur Arbeitszeit und des Widerstandes der SPD trat Stresemann zurück und wurde von Ebert zum

---

115 Pyta: Die Präsidialgewalt in der Weimarer Republik und Jones: The German Right, S. 191–206.

116 Zum folgenden Ullrich: Deutschland 1923, S. 149–168.

117 Siehe auch Voigt/Rudloff: Die Reichsexekution gegen Sachsen.

118 Mulligan: The Creation of the Modern Army, S. 175–188.

119 Hugo Stinnes wollte die SPD aus der Regierung drängen und die DNVP in die Koalition führen.

6. Oktober erneut mit den Regierungsgeschäften betraut. Unter Beibehaltung des Achtstundentages hatte der Reichstag am 13. Oktober jedoch einem Ermächtigungsgesetz zugestimmt, das der Reichsregierung weitgehende legislative Vollmachten vor allem für Erlasse im Arbeitsrecht einräumte.[120] Die Sozialdemokraten, die bis zuletzt gegen die Reichsexekution gegen Sachsen gekämpft hatten, die auch ohne Kabinettsbeschluss durch Stresemann vollzogen worden war, forderten die bürgerlichen Parteien der Großen Koalition auf, den militärischen Ausnahmezustand aufzuheben, die Reichswehr von rechten Elementen zu säubern und vor allem entschieden gegen den „Verfassungsbruch" Bayerns vorzugehen.[121]

In diesem Herbst der verstärkten Konfrontation zwischen Reichsregierung und Linksregierungen unter Einschluss der Kommunisten in Sachsen und Thüringen spielte die „Ordnungszelle" Bayern eine immer wichtigere Rolle bei den Aufmarschplänen der antirepublikanischen Rechten. Sie planten durch eine koordinierte Aktion paramilitärischer Verbände im Norden und im Süden eine Putschaktion in Bayern vor, wo die Stresemann-Regierung und die Reichswehr eine Reichsexekution wie in Sachsen oder ein Durchgreifen wie in Thüringen scheuten.

Auch Claß sah in Bayern nun die Aufmarschbasis für seine Putschabsichten. Hier waren die Planungen für eine Diktatur am weitesten fortgeschritten, nachdem Kahr unmittelbar nach Amtsantritt den Ausnahmezustand in Bayern ausgerufen, linke Organisationen und Zeitungen verboten sowie schließlich das Republikschutzgesetz eigenmächtig außer Kraft gesetzt hatte. Kahr hatte vom Ministerrat, dem er unterstand, weitgehend „freie Hand" zugesichert bekommen und schien als Generalstaatskommissar angesichts seiner strikten Abgrenzungspolitik gegenüber Reichsregierung und Reichswehrführung in Berlin für die Einsetzung eines Direktoriums über einen von München ausgehenden Putsch der geeignete Kandidat.[122] Dies umso mehr, nachdem ein Putsch von Berlin aus mit Unterstützung Seeckts nach dem für Claß enttäuschenden Gespräch vom 24. September nicht möglich schien. Die Einsetzung Kahrs als Generalstaatskommissar zwei Tage später eröffnete Alternativen für Direktoriumsentwürfe und Putschplanungen, die auch nach dem überstürzten Küstriner Putsch von Buchrucker am 1. Oktober, der in einer groß angelegten Aktion mit Truppen der Schwarzen Reichswehr Berlin besetzen und ein Direktorium einsetzen wollte, in Claß' Augen nun über Süddeutschland organisiert werden sollten.[123]

---

120 Winkler: Weimar, S. 218–225 und Mühlberger: Friedrich Ebert, S. 633–641.

121 Ullrich: Deutschland 1923, S. 166. Siehe auch Winkler: Zwischen Revolution und Stabilisierung, S. 659–664.

122 Longerich: Außer Kontrolle, S. 182–188. Gustav Ritter von Kahr sollte als „Exekutor eines neuen bayerischen Ausnahmerechts" wirken. Ebd., S. 184.

123 Siehe auch Leicht: Heinrich Claß, S. 325–328.

6.6 Alldeutscher Verband und Hitlerputsch

Kahr hatte Claß auf Empfehlung Pöhners seit dem ersten Besuch des Verbandsführers im Herbst 1920 öfters in München empfangen und besprach bereits im Dezember 1920 mit ihm die Finanzierung Hitlers für eine mögliche Ausdehnung der NS-Bewegung nach Norddeutschland.[124] Das Verhältnis zwischen Claß und Kahr wurde dabei von einer zwischen Abwarten und Hoffen changierenden Zuneigung seitens Claß' einerseits und ambivalenter Distanz seitens Kahrs andererseits getragen, auch bereits im Sommer 1922, als der Verbandsführer davon erfahren hatte, dass Kahr durch den Deutschnationalen und Gründer des Pommer'schen Landbundes, Johann Georg von Dewitz, der im Herbst 1923 als mögliches Mitglied eines Direktoriums gehandelt wurde, zur Übernahme des Amtes des Reichspräsidenten überredet werden sollte.[125]

Kahr hielt später über seine Kontakte mit Claß fest, dass der alldeutsche Verbandsführer bestens vernetzt gewesen war und äußerst umtriebig die Verbindungen in die rechten Netzwerke gesucht habe.

> Wenn die politischen Wogen hoch gingen traf auch Justizrat Klaß [sic] bei mir ein. […] K. [sic] machte den Eindruck eines klugen Mannes, der politischen Husarenstückchen [sic] ist. Er sprach sich [bei mir] für eine föderative Gestaltung des Reiches aus und war der Meinung, alle vaterländisch gesinnten Männer gleicher Richtung müssten sich vertrauensvoll zusammenschließen, da sonst Erfolge nicht erzielt werden könnten. Klaß [sic] glaubte weite Kreise hinter sich und seiner Führung zu haben, war aber doch bloß ein arbeitsamer Generalstabschef mit einem kleinen Generalstab, aber ohne Befehlshaber und ohne Truppen. Er gab sich als leidenschaftlichen Antisemiten und hatte dabei Gedankengänge, denen eine vernünftige praktische Politik niemals folgen kann.

Für Kahr war Claß hingegen so gut vernetzt und ins politische Milieu des radikalen Nationalismus eingebunden, dass der Alldeutsche über viele Absprachen und Gerüchte innerhalb der anti-republikanischen Szene unmittelbar Bescheid wusste:

> Justizrat Claß in Berlin hörte mit seinen tausend Ohren etwas von dem Plane und erzählte mir gelegentlich seines Besuches, es sei kürzlich ein Brief von mir gezeigt worden, – allerdings habe man nur die Unterschrift lesen lassen – und dabei sei behauptet worden, ich hätte in dem Brief erklärt, wenn ich Reichspräsident sei, würde ich Herrn von Dewitz zum Ministerpräsidenten machen. Das war eine verkappte Frage[,] die ich offen dahin beantwortete, daß ich kein Verlangen nach dem Posten des Reichspräsidenten hätte und auch nicht so kindisch sei[,] in Hypothese Ministerposten zu besetzen. Aber das[,] was er wissen wollte, den Inhalt der Besprechung[,] sagte ich ihm doch nicht.[126]

Ende September sollte entsprechend den süddeutschen Putschplänen, die Claß befürwortete, Hermann Ehrhardt mit seinen Truppen vor allem in Norddeutschland die

---

124 Ernst Pöhner an Claß 11.12.1920, in BA-Berlin, R 8048, Bd. 258, Bl. 198. Siehe auch Hofmeister (Hrsg.) Heinrich Claß, Kapitel 9 (Anhang von 1936) sowie Petzold: Claß und Hitler.

125 Siehe dazu Longerich: Außer Kontrolle, S. 240–241.

126 Kahr: Lebenserinnerungen, in BHSTA München, NL Kahr, Bl. 1044 und 1052.

militärische Seite abdecken. Die Männer sollten nach außen als Schutztruppen an der bayerisch-thüringischen Grenze gegen mögliche kommunistische Aktionen stationiert werden. Dafür hatte Kahr Ehrhardt nach München geholt, der sich jedoch weitgehende Eigenständigkeit bewahren wollte. Von einem Putsch in Bayern und der Einsetzung eines Direktoriums in München ausgehend sollte dann im Zusammenspiel mit dem Einmarsch paramilitärischer Truppen nach Thüringen und Sachsen zur Absetzung der dortigen Linksregierungen ein Marsch auf Berlin erfolgen, um dort die aufgrund der provozierten Bürgerkriegszustände überforderte und handlungsunfähige Stresemann-Regierung durch eine autoritäre Reichsregierung abzulösen.

Zeigte sich Seeckt unter den Eindrücken der Ruhrbesetzung im Frühjahr zuerst an solchen Plänen gegenüber Claß interessiert und machte sich die Überlegungen einer Diktaturregierung bis zum September zu eigen, so rückte er vor allem nach der gescheiterten Buchrucker-Aktion von Putschgedanken ab und verfolgte eigene Motive.[127] Dazu trug die Befehlsverweigerung Lossows bei, der als Befehlshaber des Wehrkreises VII in Bayern dem Reichswehrminister Gessler, der die Vollzugsgewalt über Bayern innehatte, den Gehorsam verweigerte, indem er das Verbot des *Völkischen Beobachters* der NSDAP nicht durchsetzte, nachdem das Blatt am 27. September einen diskreditierenden Artikel gegen Seeckt und seine Frau veröffentlicht hatte. Lossow wurde Mitte Oktober aufgrund dieser Befehlsverweigerung seines Amtes enthoben, jedoch zum 20. Oktober von Kahr als Landeskommandant wieder eingesetzt und ihm unter offenkundigem Verfassungsbruch der bayerische Teil der Reichswehr unterstellt.[128] Stresemann wie auch Seeckt scheuten jedoch die offene Provokation, sodass das Vorgehen in Bayern zunächst ohne Folgen blieb.[129] Wenige Tage später besprach sich Lossow bereits mit Vertretern von Kampfverbänden über die Möglichkeiten eines Rechtsputsches in Berlin. Dabei ging es gewissermaßen um eine militärische Nothilfe im Norden durch die bayerische Reichswehr.

Der Eintritt der KPD in die SPD-geführten sächsischen und thüringischen Landesregierungen sowie die Niederschlagung des Aufstandes der Hamburger Führung der KPD am 22. Oktober verschärften die politische Situation weiter. Die Kahr-Regierung in Bayern und die Frölich-Regierung in Thüringen brachten nunmehr Truppen an der gemeinsamen Landesgrenze gegeneinander in Stellung. In den Planungen Kahrs war ein Vorstoß nach Norden über Thüringen angedacht, wo die Reichswehr schwach aufgestellt war, um die Reichsregierung zu stürzen und die Einrichtung einer Diktatur zu ermöglichen.[130]

Nach der endgültigen Absage Seeckts für ein Direktorium Ende September verschob Claß das Personaltableau. Er präferierte nun General Richard von Berendt als Ersatz für

127 Siehe dazu auch Hofmeister (Hrsg.): Heinrich Claß. Politische Erinnerungen, Kapitel 6.14.–6.16.

128 Siehe auch Gessler: Reichswehrpolitik, S. 265–270 und Gordon: Die Reichswehr und die Weimarer Republik, S. 233–235.

129 Mühlberger: Friedrich Ebert, S. 628–632.

130 Brauweiler: Groener-Schleicher-Seeckt, S. 46.

Abb. 17: Hermann Ehrhardt war der Führer der Brigade Ehrhardt, die als paramilitärische Einheit mit 300 Marineoffizieren im Zuge der Novemberrevolution 1918 gegründet und 1919 im Auftrag der Reichsregierung zur Niederschlagung kommunistischer Aufstände in Mitteldeutschland eingesetzt worden war. Im März 1920 besetzte die Brigade Ehrhardt während des Kapp-Putsches das Regierungsviertel in Berlin. Nach der Niederschlagung des Aufstandes erging gegen Ehrhardt ein Haftbefehl. Er floh nach Bayern, wo der Münchener Polizeipräsident Ernst Pöhner die rechtsradikalen Bewegungen unterstützte und förderte. Die Brigade Ehrhardt wurde im März 1921 im Aufstand in Oberschlesien eingesetzt. Die seit dem Frühjahr als Organisation Consul firmierende Geheimorganisation, die Ehrhardt zur Mobilisierung von republikfeindlichen Reservisten der Reichswehr und zur Bekämpfung politischer Gegener anführte, war für die Ermordung von Matthias Erzberger verantwortlich, wurde daraufhin formell aufgelöst, existierte aber weiter und organisierte Attentate wie im Juni 1922 auf Philipp Scheidemann und auf Walther Rathenau, der den tödlichen Schüssen zum Opfer fiel. Die Organisation Consul wurde im Zuge des Republikschutzgesetzes, woraufhin auch der Alldeutsche Verband zeitweise in den Ländern verboten wurde, zerschlagen, konnte aber in Bayern weiter arbeiten. Ehrhardt floh daraufhin zunächst nach Ungarn und gründete den Bund Wiking, der im Zuge der Putsch-Untersuchungen gegen Claß 1926 ebenfalls in die Öffentlichkeit geriet. Unter Pöhner übernahm Regierungsassessor Wilhelm Frick die Leitung der Politischen Polizei. Er war der Verbindungsmann Adolf Hitlers im Münchener Polizeipräsidium und wurde für seine Beteiligung am Hitler-Putsch 1923 verurteilt. Die Strafe wurde zur Bewährung ausgesetzt. Frick wurde 1924 für die DVFP Abgeordneter des Reichstags, 1928 Fraktionsvorsitzender der NSDAP und 1930/31 erster nationalsozialistischer Minister in einer Landesregierung (Minister für Innen- und Volksbildung in Thüringen). Als Reichsinnenminister war Frick der wichtigste Ansprechpartner für Claß bei seinen Versuchen, die Auflösung des Alldeutschen Verbandes sowie die Überwachung durch die Polizeistellen nach 1933 zu verhindern.

Seeckt, wobei dieser „aus dem Kommando gedrückt" werden sollte.[131] Das Direktorium sollte nun den Stinnes-Direktor Friedrich Minoux, den Deutschnationalen Wilhelm von Gayl, Carl Graf von Behr vom Landbund, den Botschafter in Washington und ehemaligen Krupp-Direktor Otto Wiedfeldt sowie Heinrich Karl von Oppen einschließen.[132] Pläne für die Bildung eines personell ähnlich besetzten Direktoriums wurden von Minoux jedoch zuerst unter Einbindung seiner selbst sowie Seeckts und Wiedfeldts ausgearbeitet.[133] Auch der ehemalige Vorstandsvorsitzende von Siemens, Otto Henrich, sollte dem Kreis angehören.[134] Seeckt führte mehrere Gespräche über die Errichtung eines solchen Direktoriums als Ersatz für die Große Koalition unter Reichskanzler Stresemann.

Minoux stand ebenfalls mit Kahr in Verbindung, um Direktoriumspläne in Bayern und Norddeutschland aufeinander abzustimmen.[135] Das Eingreifen der Reichswehr in Sachsen und Thüringen schwächte jedoch die Pläne der Rechten, einen Aufmarsch an der Grenze zu Thüringen zu organisieren, um die Gefahr einer Ausweitung sozialistischer und kommunistischer Macht über die Grenzen Thüringens und Sachsens hinaus durch militärische Gewalt einzudämmen und dann weiter zum Sturz der Reichsregierung nach Berlin zu marschieren. Es folgten weitere konspirative Treffen in München und Berlin mit Absprachen, Planungen und Strategiewechseln. So traf sich auch Theodor Duesterberg vom Stahlhelm am 28. Oktober mit Ludendorff und Lossow, um die Einsetzung einer unabhängigen Regierung und die mögliche Rolle der norddeutschen Reichswehr während eines Putsches in München zu besprechen.

Am 2. November teilte Seeckt Kahr mit, dass er ein umgeändertes Stresemann-Kabinett nicht für geeignet halte, einen anstehenden Bürgerkrieg in der aufgeheizten politischen Situation zu verhindern. Einen Tag später besprach sich Oberst Hans von Seisser als Chef des Bayerischen Landespolizeiamtes mit Seeckt in Berlin. Seisser gewann den endgültigen Eindruck, dass sich Seeckt nicht von der Regierung Stresemann lösen würde, nachdem der Chef der Reichswehr erneut daran festhielt, im Rahmen der Verfassung zu agieren.[136] Ebert, der befürchtete, dass die Minderheitsregierung von Stresemann längerfristig keine parlamentarische Mehrheit nach dem Ausscheiden der SPD erreichen würde, beauftragte am 4. November Seeckt damit, bei Wiedfeldt anzufragen, ob der für eine Übernahme der Kanzlerschaft bereitstehen würde.[137] Eberts Motivationen für eine solche Lösung resultierten einerseits daraus, dass er Wiedfeldt selbst sehr schätzte und andererseits Seeckts Direktoriumsgedanken „wohlwollend

131 Kahr: Lebenserinnerungen, in BHSTA München, NL Kahr, Bl. 1238. Siehe auch Hofmeister (Hrsg.): Heinrich Claß. Politische Erinnerungen, Kapitel 6.2.

132 Hoegner: Der politische Radikalismus, S. 90, Hoffmann: Der Hitlerputsch, S. 79–80, Mommsen: Aufstieg und Untergang, S. 184–185 und Berghahn: Der Stahlhelm, S. 48.

133 Siehe Meier-Welcker: Seeckt, S. 390 und Schröder: Otto Wiedfeldt, S. 142.

134 Longerich: Außer Kontrolle, S. 227–228.

135 Gordon: Hitlerputsch 1923, S. 223.

136 Ebd., S. 224–225 sowie Longerich: Außer Kontrolle, S. 232–234 und Ullrich: Deutschland 1923, S. 193.

137 Hans von Seeckt an Otto von Wiedfeldt, 4.11.1923, in AdR, Die Kabinette Stresemann I/II, Bd. 2, S. 1215.

neutral" gegenüberstand.[138] Seit seinem Ausscheiden aus dem Stinnes-Konzern beriet Minoux Seeckt in wirtschaftspolitischen Fragen, sodass beide seit Anfang Oktober 1923 in einem engeren Verhältnis standen und somit Seeckt wiederum Ebert in solche Planungen für ein Direktorium zumindest in Teilen eingeweiht haben musste.

Solche Interventionen für einen Kanzlerwechsel ohne parlamentarische Mehrheit schürten bei Stresemann Skepsis. Er konsultierte Ebert, der dem Kanzler vom Rücktritt abriet. Als Stresemann einen Tag später in Anwesenheit von Gessler eine Aussprache mit Seeckt suchte, erkannte der Chef der Reichswehr, dass Stresemann als Kanzler doch noch das Vertrauen Eberts besaß und er selbst keine Spielräume für eigene Direktoriumspläne hatte.[139]

Am 6. November entschied sich Hitler in München, wo die Pläne für eine Diktatur am weitesten vorangeschritten waren, für ein Losschlagen unter seiner Führung. Am selben Tag hatte Kahr unter Anwesenheit von Lossow zu einer Versammlung der Wehrverbände wie dem Kampfbund und dem Bund Oberland geladen, um vor eigenmächtigen Aktionen zu warnen. Kahr hatte einerseits versucht, die Nationalsozialisten in Schach zu halten. Mittels seiner durch die bayerische Regierung gewährten Sonderrechte verbot er Ende September Versammlungen der NSDAP. Gleichzeitig wollte er aber die Partei, wie auch schon während seiner Ministerpräsidentschaft zuvor, langsam an sich heranführen und seine Pläne einer „nationalen Regierung" jenseits parlamentarischer Verantwortlichkeit in Form eines Triumvirats Kahr/Lossow/Seisser in Ruhe weiter ausbauen. So wurde das reichsweite Verbot des *Völkischen Beobachters* in Bayern nicht durchgesetzt, und die antisemitische Ausweisung von Ostjuden Mitte Oktober bewies den entschiedenen Rechtscharakter von Kahrs politischer Programmatik, die auch die extreme Rechte einbinden sollte.[140] Auf der Versammlung der Wehrverbände am 6. November unterrichtete Kahr die Anwesenden von den Plänen eines Direktoriums, deren genauer Zuschnitt in Verhandlung sei, sowie von einer militärischen Aktion gegen die Regierung in Berlin in Zusammenarbeit mit Truppen der Reichswehr im Norden. Die anwesenden Seisser und Lossow versicherten Kahr, ihn zu unterstützen.[141]

Dass Hitler im Zusammenspiel mit anderen Wehrorganisationen wie dem Bund Wiking eigenständige Putschpläne für den November hatte, machte in München die Runde. Absprachen für ein Direktorium unter Einschluss seiner Person, wie noch im Frühjahr 1923 verabredet, und die im Laufe des Sommers wechselnden Direktoriumsplanungen auch der Alldeutschen, die zum Schluss Kahr und nicht mehr Hitler in führender Position berücksichtigten, bestärkten ihn in seinen eigenen Putschabsichten. Bereits für den 1. Mai war ein erstes Losschlagen angedacht und abgesagt worden. Hielt Claß Hitlers politische Position zu diesem Zeitpunkt für völlig überschätzt, hatte die Führung des Alldeutschen Verbandes doch ernsthafte Probleme, den eigenen Führungsanspruch in den Putschplanungen der Rechten durch einen entsprechenden

138 Mühlberger: Friedrich Ebert, S. 683.

139 Ullrich: Deutschland 1923, S. 195–196.

140 Pommerin: Die Ausweisung von „Ostjuden" aus Bayern.

141 Longerich: Außer Kontrolle, S. 250–251.

Rückhalt starker paramilitärischer Verbände abzusichern. Die Organisation dieses Rückhalts lief bei den Claß'schen Planungen zu dessen eigener Überraschung am Ende oft ins Leere, wie bei den Gesprächen mit Buchrucker oder den Planungen im Sommer mit verschiedenen anderen Verbänden für die Zusammenfassung eines „Arbeiterheeres".[142]

Gleichzeitig stellte sich die NSDAP als Führungszentrum neu auf und stand bei dem „Deutschen Tag" am 1./2. September in Nürnberg im Zentrum der Aufmerksamkeit. Hier kam es zum Zusammenschluss von Hitler einerseits, der im Zuge eines Putsches die politische Führung übernehmen sollte, und Ludendorff andererseits, dem die militärische Leitung übertragen werden sollte. Die Arbeitsgemeinschaft Vaterländischer Kampfverbände wurde am Rande der Veranstaltung in Deutscher Kampfbund umbenannt. An dessen Spitze rückte der Vertraute Ludendorffs, Hermann Kriebel, der von der Organisation Consul über Escherich zu Hitler gekommen war, während der Ludendorff und Hitler verbundene Max Erwin von Scheubner-Richter den Kampfbund als Geschäftsführer mit Verbindungen zur NSDAP, der SA und den anderen angeschlossenen Organisationen wie dem Bund Oberland und der Reichskriegsflagge leiten sollte.

Die Lager der Rechtsputschisten, die von einer Diktaturregierung in München ausgingen, trennten sich Anfang November 1923 im Wesentlichen entlang der Diktaturvarianten eines Triumvirats Kahr/Lossow/Seisser oder eines Direktoriums mit Hitler an der Spitze. Claß hatte Hitler spätestens im Sommer 1923 aus seinen eigenen Plänen weitgehend entfernt und war nun ganz für Kahr. Die Aussicht auf eine gemeinsame Putschaktion zwischen München und Berlin schwand, als Seeckt am 3. November Seisser gegenüber andeutete, er werde gegen die verfassungsmäßige Regierung nichts unternehmen. Die Absetzung der von SPD und KPD geführten Regierungen in Thüringen und Sachsen durch den Einmarsch der Reichswehr machte Planungen zur Ausweitung eines von München ausgehenden Rechtsputsches durch den Einmarsch von Putschtruppen nach Thüringen obsolet, auch wenn es Seeckt letztlich nicht gelang, die Exekutive Sachsens nach der Ablösung der Landesregierung auf die Reichsregierung zu übertragen. Auf einer Sitzung der Wehrverbände am 6. November erklärte Kahr, dass er einen gewaltsamen Rechtsputsch nicht befürworte.

Hitler, der vermutlich Anfang November von einer Einigung zwischen Claß und Seeckt ausgegangen war, die Kahr mit einschloss, wollte die innenpolitische Krise im Herbst 1923 nutzen, eigenständig losschlagen und Kahr bei der Veranstaltung am 8. November im Bürgerbräukeller für die Zusammenarbeit im Zuge des Putsches gewinnen.[143] Hitler versuchte die Konkurrenzen zwischen den Lagern zu überbrücken, indem er im Bürgerbräukeller Kahr, Lossow und Seisser ausspielte und in einem letztlich erratisch anmutenden Aktionismus das Heft des Handelns in die Hand nahm, um somit alle Seiten zur klaren Positionierung zu seinen Gunsten zu zwingen.

142 Hofmeister (Hrsg.): Heinrich Claß. Politische Erinnerungen, Kapitel 6.6. und 6.14.

143 Hallgarten: Hitler, Reichswehr und Industrie, S. 77.

Nicht nur Kahr und Seeckt schienen den Putsch zumindest in der Nacht vom 8. auf den 9. November nicht erwartet zu haben. Auch Claß wurde davon überrascht. Er erfuhr nach eigenen Aussagen von den Vorgängen, als ihn ein junger Offizier im Auftrag des Kapitänsleutnants a. D. Eberhard Kautter, ehemals bei der Organisation Consul, politischer Sachbearbeiter bei Ehrhardt in München und selbst Mitglied des Alldeutschen Verbandes, in Berlin anrief.[144] Nach einer ersten Besprechung am Vormittag auf der Geschäftsstelle des Alldeutschen Verbandes, an der 15 bis 20 „Gesinnungsgenossen" aus Berlin und Brandenburg teilnahmen, entschied Claß, „sich über die ganz undurchsichtige Lage zu unterrichten" und sich zusammen mit Bang vor Ort ein Bild zu machen.[145] Er fuhr in der Nacht mit dem Zug nach München und wurde von Kautter empfangen, so Claß in seinen Erinnerungen.

> Darüber kam Kautter mit der Nachricht, dass Kahr uns erwarte. Wir begaben uns zu ihm und fanden ihn an einem hufeisenförmigen Tisch im Speiseraum der Unteroffiziere des Regiments, der unordentlich genug aussah. Mein erster Gedanke war: ein gefangener Diktator! Kahr empfing uns sehr freundlich und begrüsste es, dass er uns eine den Tatsachen entsprechende Schilderung dieser unglaublichen Sache geben könne. Er war von den Ereignissen offensichtlich sehr mitgenommen und erregt, verlor aber keinen Augenblick die Selbstbeherrschung; es lag eine grosse Traurigkeit über ihm.
>
> Er erzählte uns von dem Vorgang im Kindlkeller[146], den er einen räuberischen Ueberfall nannte, und wie er zusammen mit Lossow und Seisser im Nebenzimmer des Saales von Hitler mit der Pistole in der Hand zur Erklärung aufgefordert worden sei, ob er mitmache. Gegenüber solcher Gewalt habe es nur ein Mittel gegeben, sich einverstanden zu stellen, um unabsehbares Unheil zu verhindern. Das hätten er und die beiden anderen Herren getan – getan in der sittlichen Ueberzeugung, dass Erklärungen, die unter solchem Zwang abgegeben seien, nicht bindend seien. Er fühle sein Gewissen ganz rein und trage auch keine Verantwortung für den Tod der auf dem Odeonsplatz Erschossenen; die Verantwortung dafür laste auf denjenigen, die den „Propagandamarsch" veranlasst hätten, obwohl sie wussten, dass die Staatsgewalt sich an die erzwungenen Erklärungen im Kindlkeller nicht gebunden halte. Von Pöhners Verhalten sprach er mit grosser Bitterkeit; er fühlte sich von ihm hintergangen. Ich trug ihm nun vor, welchen Eindruck wir während unserer kurzen Anwesenheit in München gewonnen hätten; der gehe dahin, dass infolge des Vorganges am Odeonsplatz die öffentliche Meinung offenbar in wütender Einmütigkeit gegen die Regierung, besonders gegen den Generalstaatskommissar stehe. Wie könne man sich die Wiederherstellung eines ruhigen Zustandes denken? Mir scheine, dass es dazu nur ein Mittel gebe: die möglichst rasche Erklärung der Amnestie. Kahr antwortete – ich möchte sagen mit traurigem Kopfschütteln: Das würden Sie nicht sagen, wenn Sie den ungeheuren Rechtsbruch am Abend des 8. November miterlebt hätten. Wer diese Ruchlosigkeit mitgemacht hat, kann nicht daran denken, ihr Straflosigkeit zu gewähren, weil es ohne meine Schuld am folgenden Morgen Tote gegeben hat.[147]

---

144 Zum Verhältnis von Claß zu Eberhard Kautter siehe auch Hofmeister (Hrsg.): Heinrich Claß. Politische Erinnerungen, Kapitel 4.8.

145 Ebd., Kapitel 9 (Anhang von 1936), S. 888.

146 Gemeint ist der Bürgerbräukeller.

147 Der „Marsch auf die Feldherrenhalle" der Nationalsozialisten wurde am 9.11.1923 durch die bayerische Landespolizei mit Gewalt gestoppt. Durch Schusswechsel gab es insgesamt zwanzig Tote. Davon waren 15 Putschisten.

> Angesichts der Bestimmtheit, mit der Kahr die Amnestie ablehnte, machte ich keinen weiteren Versuch nach dieser Richtung. Wir dankten ihm für seine Mitteilungen und wünschten, dass es ihm gelingen möge, der Schwierigkeiten schnell Herr zu werden. Er seinerseits bat, ihn und seine Schicksalsgenossen Lossow und Seisser vor dem Vorwurf des Wortbruchs in Schutz zu nehmen. Damit war diese Unterredung zu Ende.[148]

Der Hitler-Putsch wurde letztlich niedergeschlagen. Während Hitler zunächst aus München geflohen war, stellte der alldeutsche Verleger Lehmann eines seiner Häuser als Zufluchtsort für versprengte Nationalsozialisten zur Verfügung. Auch Claß' Direktoriumspläne wurden durch den Rückzug Kahrs von Hitlers Putschplänen noch in derselben Nacht obsolet. Hatte Claß noch den Kapp-Putsch im März 1920 als dilettantisches Unternehmen verworfen und Bang, der sich damals als Minister zur Verfügung gestellt hatte, schwere Vorwürfe gemacht, so sah er sich in der Folge von Hitlers Aktionismus schwer getroffen, obwohl er dessen Putsch in dieser Form nicht unterstützt hatte. Schließlich rückten die Alldeutschen durch die Berichterstattung und den folgenden Hitler-Prozess in das Licht der kritischen Öffentlichkeit, während das Scheitern des Hitler-Putsches die konspirative Politik der Planung gewaltsamer Aktionen zur Einsetzung einer Diktaturregierung zunächst im Grundsatz diskreditiert hatte. Die Grundbedingungen für die Errichtung einer nationalen Diktatur unter außerparlamentarischen und gewaltsamen Voraussetzungen des Verfassungsbruchs hatten sich mit dem 9. November geändert. Nicht zuletzt wurde der militärische Ausnahmezustand, der Seeckt die vollziehende Gewalt seit dem 9. November übertragen und jegliche Putschabsichten verhindert hatte, auf Eberts Betreiben erst zum März 1924 aufgehoben.[149]

Der gescheiterte Hitler-Putsch wurde vom Alldeutschen Verband scharf kritisiert. Max Maurenbrecher, seit 1923 Mitglied des Gesamtvorstandes, hielt den Putsch für eine „Charakter-Tragödie", in der Hitler seiner „Primadonnen-Eitelkeit zum Opfer gefallen sei", da er nicht verinnerlicht habe, dass er zwar „Agitator der Massen", aber nicht der „Baumeister des neuen Reiches" sein könne.[150] Auch Gebsattel machte deutlich, dass Hitler „unsere gute Sache in unverantwortlicher Weise zunichte" gemacht habe.[151] Der Putsch schwächte nämlich die Stellung Kahrs, mit dem Claß ein Direktorium errichten wollte, der aber nach dem Ausnahmezustand in Bayern kein Ausgangspunkt mehr für eine alldeutsche Rechtsregierung sein konnte. Schriftwart Roeder hielt für die alldeutsche Geschäftsstelle wenige Tage nach dem Putsch Claß' Einschätzungen und die seiner engsten Mitarbeiter über die Vorkommnisse in Bayern fest. Man habe in den Führungsgremien gewusst,

---

148 Hofmeister (Hrsg.): Heinrich Claß. Politische Erinnerungen, S. 890–891.

149 Mühlberger: Friedrich Ebert, S. 689–699.

150 Deutsche Zeitung 10.11.1923.

151 Konstantin von Gebsattel an Julius F. Lehmann 26.11.1923, in BHStA München, NL Lehmann, Bd. 3, Nr. 22.

> daß das Chaos gekommen wäre, wenn Hitler aus diesem Anlass und bei dieser Gelegenheit sich durchgesetzt hätte, daß es also staatsmännische Pflicht des Herrn von Kahr war, das drohende Chaos zu verhindern. Über die Mittel, wie er das tat, läßt sich streiten. Es erscheint für ein endgültiges Urteil die Sache längst noch nicht genug geklärt. Um nicht mißverstanden zu werden, betonen wir ausdrücklich, daß wir in Kahr nicht den großen Staatsmann und Retter Deutschlands erblicken, aber wir wissen, daß er ein rein großdeutsch gesinnter Mann ist, der es verstanden hat[,] in Bayern wenigstens die Anfänge einer Staatsautorität zu schaffen. Wenn auch Hitler und die übrigen Leute seiner nächsten Umgebung zunächst politisch nicht wieder hervortreten können, so glauben auch wir, daß der national-sozialistische Gedanke, wenn auch nicht durchweg, aber in seinen großen Zügen, ein gutes Stück der Unterlage für einen völkischen Wiederaufbau sein wird. Der ganze Verlauf der bay[e]rischen Angelegenheit hat uns aber wieder von neuem bewiesen, daß von Bayern aus niemals die Rettung des ganzen deutschen Reiches erfolgen kann. Das kann und wird nur von hier aus möglich sein.[152]

Fehlende Richtlinien von Claß für die Ortsgruppen des Alldeutschen Verbandes führten während des Putsches zu Verstimmungen über die unklare Haltung gegenüber der NSDAP.[153] Claß verstand die Kritik und zeigte sich, trotz der alldeutschen Planungen für einen Putsch im Laufe des Jahres 1923, von Hitlers Aktionismus tief enttäuscht. Dessen Anschuldigungen langjähriger Putschplanungen durch den alldeutschen Verbandsführer, die er während des Prozesses vom 26. Februar bis 1. April 1924 erhob, belasteten das Verhältnis der beiden für die Zukunft.[154] Bereits Ludendorff brachte Claß mit in seine Verteidigungsstrategie ein, als er am 29. Februar 1924 im Gerichtssaal eröffnete, dass er von einem Zusammengehen von Kahr und Claß, dem Führer der „mächtigsten politischen Organisation", nach der „Inpflichtnahme der bayerischen Reichswehr durch den bayerischen Staat" überrascht worden sei, obwohl die Brigade Ehrhardt, die er als „Organ des Herrn Claß" bezeichnete, nicht nur in Norddeutschland, sondern auch in Bayern aktiv ganz im Sinne der Schaffung eines „Einheitsstaates" unter Preisgabe der Vormachtstellung Preußens gewesen sei.[155]

Kahr, der als Zeuge geladen und von Rechtsanwalt Karl Kohl, dem Verteidiger Brückners als Führer des SA-Regiments München, auf seine Besprechungen mit Claß zur Bildung eines Direktoriums sowie seine Beziehungen zu Kautter von der Brigade Ehrhard als Claß' Vertrauensmann angesprochen worden war, beschwichtigte mit den Worten: „Meine Beziehungen zu Claß sind lose. Was ich mit ihm besprochen habe, hat mit den Vorgängen vom 8./9. November gar nichts zu tun."[156] Auch als Hitler als Angeklagter Kahr fragte, ob sich unter den Personen, mit denen sich Kahr für die Bildung eines Direktoriums besprach, Claß befunden habe, erwiderte Kahr knapp: „Meines

152 Otto von Roeder an Hermann Meyer 22.11.1923, in BA-Berlin, R 8048, Bd. 209, Bl. 283–284.

153 Siehe auch Ortsgruppe Esslingen des Alldeutschen Verbandes an Heinrich Calmbach 14.12.1923, in BA-Berlin, R 8048, Bd. 209, Bl. 289–290.

154 Siehe Hofmeister (Hrsg.): Heinrich Claß. Politische Erinnerungen, Kapitel 9 (Anhang von 1936).

155 Aussage Erich Ludendorff am Verhandlungstag des 29.2.1924, in Der Hitler-Prozess, Bd. 1, S. 252, 264, 268 und 273.

156 Aussage Gustav von Kahr am Verhandlungstag des 12.3.1924, in Der Hitler-Prozess, Bd. 3, S. 903.

Wissens ist Claß diesem Direktorium, für das ich mich interessiert habe, ablehnend gegenüber gestanden.«[157]

Verteidiger Kohl, der entsprechend der Übernahme der Hauptverantwortung durch Hitler dessen Vorgehen am 8. November als notwendig rechtfertigen wollte, um den Putschplanungen von Kahr und Claß zuvorzukommen, erklärte daraufhin: „So oft das Gespräch oder die Zeugenvernehmung auf den Namen des Justizrat Claß kommt, hüllen sich die Zeugen bewußt ein und erklären, sie geben darauf keine Antwort.“[158] Hitler, der mit Kahr, Lossow und Seisser zuvor den Putsch geplant habe, müsse vor diesem Hintergrund verstanden werden, sonst sei „es auch ganz unmöglich zu verstehen, warum am 8. November Hitler dann gehandelt hat“.[159] Auch Oberst Bauer, Verbindungsmann von Claß zu Ludendorff, sowie Pittinger, Führer des stärksten bayerischen Wehrverbandes Bund Bayern und Reich, wurden zu Claß und dessen Absprachen für ein Direktorium befragt und hielten sich mit Aussagen bedeckt.[160]

Welche Position Claß zwischen Ende Oktober und dem Hitler-Putsch im November 1923 genau eingenommen hatte, bleibt noch genauer zu bestimmen.[161] Die Quellenüberlieferung für das Jahr 1923 und 1924 ist spärlich und erlaubt nur bedingt Einblicke in die Auseinandersetzungen innerhalb der alldeutschen Verbandsgremien über die Ereignisse rund um die eigenen Putschplanungen und die des Hitler-Putsches. Die Akten zum Allgemeinen Schriftverkehr sind für die beiden Jahre kaum oder nur kursorisch überliefert.[162] Die Protokolle der Sitzungen des Geschäftsführenden Ausschusses sind für die Verbandstage, die zwischen September 1922 und Oktober 1924 stattgefunden haben, spätestens vor der Übergabe des Verbandsarchivs an das Reichsarchiv 1942 aus den Akten entfernt worden[163], während die entsprechenden Berichte in den *Alldeutschen Blättern* kein umfassendes Bild über die Verständigungen innerhalb der Gremien zeichnen.[164]

Fest steht, dass Claß den Hitler-Putsch zu diesem Zeitpunkt im November vermutlich nicht voraussah und in der Form, wie er schließlich abgelaufen war, nicht befürwortete. Ein Direktorium, das Seeckt mit einschloss, hatte er letztlich scharf abgelehnt. Mit den Wehrverbänden im Norden, und hier vor allem mit Ehrhardt, traf er enge Abstimmungen für eine Mobilisierung gegen Berlin. Selbst Kahr hielt er als „süddeut-

157 Aussage Gustav von Kahr am Verhandlungstag des 13.3.1924, in ebd., S. 949.

158 Aussage Karl Kohl am Verhandlungstag des 14.3.1924, in ebd., S. 1015.

159 Ebd.

160 Aussage Max Bauer, 15.3.1924 und Aussage Otto Pittinger am Verhandlungstag des 17.3.1924, S. 1086–1087 und 1132, in ebd.

161 Siehe dazu auch Leicht: Heinrich Claß, S. 321–322.

162 Siehe für die Jahrgänge 1923 und 1924: BA-Berlin, R 8048, Bde. 209 und 210.

163 Siehe dazu Hofmeister: Zur Edition, in Ders. (Hrsg.): Heinrich Claß. Politische Erinnerungen, S. 97–98.

164 Sitzungen des Geschäftsführenden Ausschusses, 1.9.1922, 21./22.4.1923, 16./17.2.1924,26./27.4.1924, 29.8.1924, in BA-Berlin, R 8048, Bde. 135, 136, 137, 138 und 139.

schen Bismarck" und Diktator im Nachhinein für überschätzt und dafür Pöhner wiederum für den durchsetzungsfähigeren „Willensmenschen".[165]

Für den Herbst 1923 hielt Claß später in seinen Erinnerungen fest:

> Den letzten Besuch vor dem sogen. Hitler-Putsch machte ich bei Kahr Mitte Oktober 1923 gelegentlich meiner schon erwähnten Münchener Reise.[166] Er veranlasste mich damals, eine Besprechung bei dem Münchener Divisionskommandeur von Lossow nachzusuchen, die ich denn auch in Begleitung von Bang und Pöhner hatte. [...] Damals waren wir mit den wichtigsten unserer bay[e] rischen Mitarbeiter zusammen. Ihre Meinung ging dahin, dass ohne Kahr und die in Bayern vorhandene Reichswehr nichts zu machen sei. Denn die Truppe Ehrhardts stehe, mit Hilfe des Staates verstärkt, an der Nordgrenze Bayerns und werde bei einer grösseren innerpolitischen Auseinandersetzung wohl in Norddeutschland eingesetzt werden. Es waren bestimmte Pläne für ein solches Vorgehen vorhanden, wie denn auch feststand, dass nicht nur die Brigade Ehrhardt, sondern auch alle sonst in Norddeutschland tätigen Wehrverbände sich verstärkten, ja trotz der Niederlage Buchruckers wiederum unweit von Berlin zusammengezogen wurden.[167]

Claß rechnete höchstwahrscheinlich mit einer mit Kahr koordinierten Aktion, die von Bayern ausgehen und dann über die zusammengezogenen Wehrverbände im Norden nach Berlin wirken sollte, um einem Direktorium zur Macht zu verhelfen, dem Kahr angehören sollte. Für solche Besprechungen war Claß im Oktober in München. Kahr erinnerte sich in seinen zwischen 1925 und 1928 verfassten Lebenserinnerungen, dass es Anfang November 1923 wie in einem „Bienenschwarm"[168] bei ihm in München zugegangen sei, da von allen konservativen und nationalistischen Richtungen Abgesandte antichambrierten und ihn entweder für ein Direktorium verpflichten oder ihn vor einem zu frühen Losschlagen von Bayern aus warnen wollten.

Unzweifelhaft war München das Zentrum solcher Pläne und Kahr der Mann der Stunde. Dies war auch Claß klar, der sich bei allen notwendigen Wendungen und erzwungenen Umorientierungen in seinen Diktaturplanungen in letzter Minute entschieden an Kahr wandte, der festhielt:

> Anfang Oktober ließ sich wieder einmal Justizrat Claß [von Berlin] sehen. Er kam ein paarmal im Jahre und immer wenn da oder dort etwas los war, [so] wie eine Art Wettervogel. Er [schien mir] fast radikal national eingestellt, aber von seinen wirklichen Plänen sprach er nie, nur davon, daß er die vaterländischen Machtgruppen des Nordens zum größten Teile hinter sich habe; das nahmen aber auch andere Herren des Nordens, die nicht mit Claß gingen, [bei] ihrer Aussprache mit mir für sich in Anspruch. Claß hatte einen ausgezeichneten Stab von Fachleuten, namentlich auf wirtschaftlichem Gebiete, darum bat ich ihn einmal mir doch das Ergebnis [seiner wirtschaftlichen] „Vorarbeiten"[,] [von denen er sprach,] mitzuteilen, ich bekam nie eine Zeile zu sehen. Wenn er kam, wollte er hören, machte aber dabei immer ganz interessante Mitteilungen, so bei seinem Oktoberbesuch über den eben abgelaufenen Küstriner Putsch Buchru[ck]ers. Den jungen, allgemein auch bei der Reichswehr geschätzten Offizier hatte der politische Ehrgeiz und Größenwahn erfaßt und

165 Hofmeister (Hrsg.): Heinrich Claß. Politische Erinnerungen, Kapitel 6.18., S. 702 und 704.

166 Claß traf Adolf Hitler wohl am 20.5.1923 zum letzten Mal vor dem Putsch am 9.11.1923. Alldeutsche Blätter 19.4.1924.

167 Hofmeister (Hrsg.): Heinrich Claß. Politische Erinnerungen, Kapitel 6.22., S. 713.

168 Kahr: Lebenserinnerungen, in BHSTA München, NL Kahr, Bl. 1304.

> daran ging er zugrunde. Buchru[ck]er habe mit verschiedenen Parteien verhandelt, dann wiederholt mit Seeckt, [habe] diesem die Diktatur „angeboten“ mit dem Vorbehalt, daß er [sich] das Reichswehrministerium und vier andere Ministerien behalten wolle. Seeckt habe Buchru[ck]er ernstlich abgeredet, worauf dieser feierlich versicherte, daß er nichts unternehmen wolle, schlug aber dann doch los und wurde im Lager seiner, wie er meinte, unüberwindlichen Leibgarde festgenommen. [...] Claß sprach sich weiter ganz entrüstet über das Verhalten Hitlers gegenüber dem bayerischen Generalstaatskommissar aus: „Was will denn dieser Mensch noch[,] wenn es ihm nur um die Sache zu tun ist und nicht um seinen persönlichen Ehrgeiz“? Da müsse man an der Möglichkeit, dem deutschen Volke zu helfen, wirklich verzweifeln, wenn sich völkische Kreise gegen ein so tadellos nationales Programm und eine so feste Haltung wie [die] des bayerischen Generalstaatskommissars feindselig einstellen. [...] Bald nachher trieb es Claß nocheinmal [sic] zu mir mit der Mitteilung, daß er mit seinem Anhang ein Diktatorium [sic] im Reiche anstrebe. Die Hoffnung auf Seeckt habe er nun aufgegeben, dieser werde für Ebert gegen rechts schießen lassen. Man müsse daher darnach trachten, Seeckt aus dem Kommando zu drücken, das dann wohl dem sehr geschätzten General Behrendt zufallen werde. Er meinte, den Anstoß gegen Seeckt soll[e] Bayern geben. Ich sagte halb im Scherz[,] halb ernst, daß wir doch keine Hausknechte seien und sein wollten.[169]

Claß hatte den Machtwillen Hitlers im Laufe des Jahres erkannt, nachdem der NSDAP-Führer auch mit Seeckt am 12. März ein Direktorium besprochen hatte, auf dessen Umsetzung mit den Nationalsozialisten sich Seeckt jedoch wohl nicht einließ. Stattdessen brachte er am 22. März einen Erlass an die Truppe in Umlauf, wonach jede „Betätigung von Heeresangehörigen im nationalsozialistischen Sinne als Ungehorsam anzusehen“ sei.[170] Claß hielt sich bis zum Sommer 1923 alle Optionen offen, experimentierte mit eigenen Sammlungsversuchen der Rechten in Norddeutschland und suchte den Hebel zur Aktion letztlich in Bayern, tat jedoch gegenüber Kahr Hitlers Aktionismus, der ursprünglich einen Putsch für den 1. Mai geplant hatte, im April 1923 noch als „Größenwahn“ ab.[171]

Seine weiteren Verstrickungen in die Putschplanungen der Rechten versuchte Claß hinterher angesichts des öffentlichen Wirbels um den Hitler-Prozess tunlichst zu verwischen. Für den letzten Verhandlungstag am 27. März 1924 ließ er ein Telegramm an den Vorsitzenden Georg Neidhardt drahten, das im Gerichtssaal von diesem verlesen wurde und noch einmal alle Pläne für ein Direktorium mit Kahr grundsätzlich zurückwies.[172] „Heutige mich betreffende Ausführungen Justizrat Kohl phantastische Annahmen. Mit General Seeckt kein Wort wegen Direktorium besprochen. Kahrs Rede weder als Signal verabredet noch wirksam. Eingehende Erklärung an Presse erfolgt. Bitte Bekanntgabe.“[173]

Obwohl Claß seine Spuren im Rahmen des Hitler-Putsches halbwegs verwischen konnte und seine eigenen Planungen über Absprachen zur Bildung eines Direktoriums

---

169 Ebd., Bl. 1234–1235 und 1238. Wörtliche Zusätze handschriftlich im Original.

170 Schäfer: Die Militärstrategie Seeckts, S. 166. Siehe auch Meier-Welcker: Seeckt, S. 358–362.

171 Kahr: Lebenserinnerungen, in BHSTA München, NL Kahr, Bl. 1179.

172 Ausführungen Karl Kohl am 23. Verhandlungstag, 26.3.1924, in Der Hitler-Putsch, Bd. 4, S. 1546.

173 Telegramm Claß an Gottfried Neidhardt, 27.3.1924, in ebd., S. 1559.

mit Kahr oder Seeckt nebulös blieben, hinterließ der Hitler-Prozess Spuren. Dass ihn Hitler und seine Mitverschworenen bei ihren Rechtfertigungen gleichsam in den Zeugenstand gezerrt hatten, ohne dass der Richter jedoch Claß zur Klärung seiner Beteiligung in den Gerichtssaal vorgeladen hätte, bestätigte einerseits die politische Unzuverlässigkeit der Nationalsozialisten für strategische Bündnisse, die vornehmlich hinter verschlossenen Türen abgesprochen werden sollten. Andererseits klärten die Ereignisse von 1923 und 1924 den grundsätzlichen Zugang der Alldeutschen zur Diktatur, die eben nicht mehr über Putschplanungen, sondern auf legalem, und das hieß letztlich auf parlamentarischem Weg etabliert werden sollte.

Dass sich Hitler nach einer gewissen Zeit weiter zu einer ernstzunehmenden politischen Kraft auf der Rechten entwickeln würde, stand für Claß außer Frage. Das Parteiprogramm müsse sich jedoch für eine Zusammenarbeit gerade in wirtschaftspolitischer Hinsicht ändern, damit die sozialistischen Anklänge an Verstaatlichung von Industrie und Banken verschwänden.[174] Für Roeder, der seitens der alldeutschen Geschäftsstelle bei der Beantwortung von Briefen auch in Claß' Namen sprach, war zudem Ludendorff für zukünftige Planungen verbrannt. Das „Münchener Ereignis" habe klar gezeigt, dass „eine Rettung von Bayern allein nicht kommen kann, sondern daß der Umschwung sich hier in Berlin, in Preußen und erst dadurch im Reich vollziehen kann", so Roeder. Der „völkische Gedanke" sei durch Hitlers unbedachtes Losschlagen „schwer geschädigt und auf lange Zeit unfähig für größere Handlungen gemacht worden".[175] Als Kern für eine Wiederbelebung des „völkischen Gedankens" von Berlin aus seien der Völkische Reichsausschuss und einzelne bereits völkisch eingestellte Landesverbände der DNVP für die alldeutschen Interessen nutzbar zu machen.[176] Für die Festigung des völkischen Antisemitismus in den Führungsgremien des Alldeutschen Verbandes wurden Otto Fürst zu Salm-Horstmar und Hertzberg-Lottin in die Hauptleitung gewählt, während der nunmehr siebzigjährige Gebsattel im Amt bestätigt wurde.[177] Ein Antrag auf die Einführung eines „Arierparagraphen" in die Satzung des Verbandes erfolgte im August 1924.[178]

Bei aller Ungewissheit über den weiteren Weg Hitlers, der nach dem Prozess, der am 1. April 1924 endete, eine neunmonatige Haftstrafe in Landsberg absitzen musste, wollte sich Claß trotzdem zukünftig für eine Allianz mit der NS-Bewegung alle Türen offen halten. Daher war die Entschließung der Verbandsleitung gegen eine Ausweisung Hitlers nach Österreich im Oktober 1924 nicht auf ein Schwinden von Claß' grundlegendem Misstrauen gegenüber Hitler zurückzuführen, sondern gründete auf der

174 So Otto von Roeder an Freiherrn Haller-Hallerstein, 3.1.1924, in BA-Berlin, R 8048, Bd. 210, Bl. 18. Siehe dazu auch Hofmeister: Programmatische Deutungen und politische Auseinandersetzungen.

175 Otto von Roeder an Freiherrn Haller-Hallerstein, 3.1.1924, in BA-Berlin, R 8048, Bd. 210, Bl. 18.

176 Otto von Roeder an Willi Reith, 15.3.1924, in BA-Berlin, R 8048, Bd. 210, Bl. 40–41.

177 Sitzung des Geschäftsführenden Ausschusses des ADV, 16./17.2.1924, Anlage 3, in BA-Berlin, R 8048, Bd. 137, Bl. 66–69.

178 Sitzung des Gesamtvorstandes des ADV, 30.8.1924, in BA-Berlin, R 8048, Bd. 139, Bl. 9.

Hoffnung, dass die NSDAP als Organisation eine wichtige Rolle bei der Neuformierung der „nationalen Opposition" durch die Einbindung jüngerer Anhänger spielen sollte.[179]

6.7 „Parlamentarisierung" des Alldeutschen Verbandes: Strategische Lernprozesse nach dem Hitlerputsch

Nachdem der „passive Widerstand" im Ruhrgebiet 1923 nicht in einen „aktiven Widerstand" hatte umgelenkt werden können, so Roeder von der Hauptleitung des Alldeutschen Verbandes, und die anfänglichen Hoffnungen auf eine starke Regierung in Bayern seit November 1923 nicht in Erfüllung gegangen seien, hoffte die Verbandsleitung auf Berlin. Aber auch hier fand „sich vorläufig noch nicht der starke Mann, der sich aus dem weichen Brei der Mitte frei zu machen vermag".[180] Mit Seeckt, der bereits Anfang November 1923 vor einem „30jährigen Krieg" warnte und deshalb, wie schon bei dem letzten Gespräch mit Claß am 24. September 1923, sowohl gegen links wie auch gegen rechts vorgehen wollte, konnte Claß für eine Diktatur nicht mehr rechnen.[181] Seeckt gewann jedoch im Zuge des Hitler-Putsches an exekutiver Macht. Als Reichspräsident Ebert nach Aussetzung des passiven Widerstandes im Ruhrgebiet am 27. September durch Notverordnung nicht Seeckt, sondern Reichswehrminister Gessler die Vollzugsgewalt übertrug, stand der Chef der Reichswehr trotzdem als der eigentliche Inhaber

179 Entschließung des Geschäftsführenden Ausschusses des Alldeutschen Verbandes 25./26.10.1924, in BA-Berlin, R 8048, Bd. 140, Bl. 48–49. Gegenüber Gustav Ritter von Kahr hatte Claß bereits unmittelbar nach dem Hitler-Putsch im November 1923 „die möglichst rasche Erklärung der Amnestie" gefordert, die Kahr aber ebenso umgehend mit den Worten abgelehnt hatte: „Das würden Sie nicht sagen, wenn Sie den ungeheuren Rechtsbruch am Abend des 8. November miterlebt hätten." In Hofmeister (Hrsg.): Heinrich Claß. Politische Erinnerungen, Kapitel 9 (Anhang von 1936), S. 890.

180 Otto von Roeder an Alois Pokorny, 14.11.1923, in BA-Berlin, R 8048, Bd. 209, Bl. 274.

181 Zitate in Rundschreiben Hans von Seeckt 4.11.1923, in Brauweiler: Groener-Schleicher-Seeckt, S. 46–48 und Hofmeister (Hrsg.): Heinrich Claß. Politische Erinnerungen, Kapitel 6.15. Im Anschluss an die Ruhrbesetzung und den Hitler-Putsch versuchte Seeckt die politische Bedeutung der Reichswehr für die Exekutive auszubauen und diese Bestrebungen auch außenpolitisch etwa durch Kooperationen mit der Sowjetunion abzusichern. Geyer: Aufrüstung oder Sicherheit, S. 36–38. In geheimen Aufrüstungsplänen Seeckts, die er 1923/1924 vorangetrieben hatte, plante er einen ab 1931 zu erfolgenden Aufbau einer deutschen Armee mit 102 Divisionen (39 Grenzschutzverbände und 63 Felddivisionen), 252 Generälen und insgesamt 2,8 bis 3 Millionen Soldaten. Siehe zu den vier Heften unter der Signatur „WH 808 – Übersicht der Gesamtstärken und -Ausrüstung der Kommandobehörden und Truppeneinheiten des Feldheeres" im Bundesarchiv Freiburg sowie zur kontroversen These der systematischen Aufrüstung der Reichswehr von 1923 bis zur Wehrmacht von 1939, die sich an den Plänen von 1923/1924 als Vorlage orientiert haben, Dirks/Janßen: Der Krieg der Generäle, S. 11–48. Michael Geyer betonte jedoch, dass die Reichswehr solche Planungen auch wieder verwarf beziehungsweise ein gesamtgesellschaftliches Konzept zum Umbau der Reichswehr durch die Einbindung in staatliche Institutionen nach 1923/1924 und verstärkt nach dem Abgang Seeckts 1926 verfolgte. Die gesellschaftliche Stabilisierung war demnach eine Voraussetzung für eine Aufrüstungspolitik der Reichswehr sowie eine Militarisierung der Gesellschaft, die mit der zivilen Exekutive erfolgen sollte. Siehe Ders.: Aufrüstung oder Sicherheit und Wilhelm Deist: Die Reichswehr und der Krieg der Zukunft.

der Macht da.[182] Nach dem Hitler-Putsch erhielt Seeckt dann am 9. November die Vollzugsgewalt und agierte nun offen für die Stärkung der Reichsgewalt unter der Führung der Regierung Stresemann.[183] Als eine seiner Amtsmaßnahmen verbot Seeckt am 23. November die NSDAP und die KPD. Am selben Tag musste Stresemann als Kanzler zurücktreten, nachdem er gegen die Misstrauensanträge von DNVP, KPD und SPD keine Stimmenmehrheit bei den nach dem Ausscheiden der Sozialdemokraten am 2. November verbliebenen Koalitionsparteien erreichen konnte.

Die Aufhebung des Ausnahmezustandes in Bayern am 1. März 1924, die Seeckts Vollzugsgewalt vom 9. November 1923 beendete, sowie die Rückgabe der Vollmachten für die Vollzugsgewalt über Sachsen am 12. Februar 1924 unterstrichen die abschließende Entfremdung zwischen Seeckt und Claß, die im Seeckt-Prozess, der zwischen Mai und Juni 1924 stattfand, für die nächsten Jahre besiegelt wurde.

Seeckt verfolgte im Zusammenspiel mit dem Truppenamt, und hier vor allem mit Kurt von Schleicher, 1923/1924 eine „politische Gesamtregelung“, so Michael Geyer, die flexibel auf politische Konstellationen reagieren konnte, eine Stärkung der Staatsautorität vorsah, die Wehrhaftigkeit wiedererrichten und die Wirtschaft aktivieren sollte, jedoch all dies mit dem Staatsapparat als Instrument durchzusetzen hatte.[184] Endgültigen Putschplänen der Rechten, wie Claß sie 1923 mit verhandelte, entsprach diese „Gesamtregelung“ nicht und demnach ebenso wenig den alldeutschen Vorstellungen einer politisch den Rechtsverbänden dienenden oder sie unterstützenden Reichswehr. Zudem war die Haltung der Reichswehr gegenüber Stresemanns Revisionspolitik nicht eindeutig. Sie bewegte sich 1924 zunehmend auf eine Revisionsstrategie bei der Verhandlung über Reparationen und Fragen der Militärkontrolle unter Einschluss der internationalen Institutionen zu sowie auf eine sich verstärkende Einbindung des Berufsoffiziers der Reichswehr in die staatlichen Strukturen der Weimarer Republik. Dies änderte nicht die Machtstellung der Reichswehr innerhalb der Gesellschaft, stand aber Seeckts Politik der Machtrestauration der Reichswehr ab 1924 zunehmend entgegen.[185]

Der Seeckt-Prozess richtete sich während seiner Verhandlung vom 26. Mai bis zum 5. Juni 1924 gegen Claß und führte den Verbandsvorsitzenden erneut in eine politische Öffentlichkeit, die ihn zusammen mit dem Hitler-Prozess und dem noch folgenden Claß-Prozess 1926/1927 endgültig aus der Konspirativität der Hinterzimmerpolitik herausholte und den Alldeutschen Verband in die offene Konkurrenz innerhalb der „nationalen Opposition“ brachte. Im Oktober 1923 habe Claß, so die Aussage von Gottfried Grandel als Hauptbeschuldigtem, die Ermordung Seeckts geplant, um einen Rechtsputsch „unblutig“ zu vollziehen, indem eine Regierung unter Claß' politischem Vorsitz

182 Geyer: Aufrüstung oder Sicherheit, S. 39, Leicht: Heinrich Claß, S. 324–325 und Ullrich: Deutschland 1923, S. 120–122.

183 Siehe auch Meier-Welcker: Seeckt, S. 387–389 und Guske: Das politische Denken des Generals von Seeckt, S. 199–274 sowie Bracher: Die Auflösung der Weimarer Republik, S. 205–253.

184 Geyer: Aufrüstung oder Sicherheit, S. 40–41.

185 Siehe ebd., S. 58–66, 112–119 und 228–236.

mit General von Below als Diktator errichtet werden sollte.[186] Claß habe mit General von Möhl in Kassel und General von Lossow sowie Kahr in München dahingehend in Verbindung gestanden. Diese Planungen hätten schließlich das Verhalten Kahrs beim Hitler-Putsch bestimmt, so Grandel.

Seeckt wiederum erfuhr von solchen Attentatsplänen auf seine Person durch den Reichskommissar für die öffentliche Ordnung. Oberregierungsrat Hugo Mühleisen erhielt von Grandel ein Schreiben des Sekretärs der DVFP, Horst von Tettenborn, dass der ehemalige Oberleutnant Alexander Thormann ein Attentat auf Seeckt plane.[187] Auch Gerüchte, dass französische Kreise einen Anschlag gegen Seeckt vorhatten, wurden im Gerichtssaal von Zeugen der Angeklagten gestreut.[188]

Die Anklage hielt die losen Verabredungen für ein Attentat für strafwürdig genug, um eine Verurteilung zu rechtfertigen. Generalstaatsanwalt Lindow erklärte noch in seinem Eröffnungsplädoyer, dass Claß der Teilnahme an der Tat verdächtig sei und nach der Verabschiedung des Republikschutzgesetzes eine verschärfte Gesetzeslage für diesen Fall gelte. Im Gegensatz zu den anderen Angeklagten, die als zur Tat Auffordernde und sich zur Tat Verabredete festgestellt worden waren, sollte Claß jedoch nicht vereidigt werden.[189] Die bei Claß beschlagnahmten Briefe, die zeitlich sehr nahe bis an den Zeitpunkt der Verhaftung Thormanns, der zu den Hauptverdächtigen gehörte, am 15. Januar 1924 heranreichten, belegten eine enge Absprache für einen Austausch des Reichswehrministers: „Und aus allen Briefen an Claß geht doch hervor, daß man die friedliche Lösung nicht will, daß man General v. Seeckt seine Legalität zum Vorwurf macht. [...] General v. Seeckt konnte nur durch Gewalt beseitigt werden, und da findet sich in den Briefen an Claß die Stelle, daß Seeckt sich selbst sein Urteil gesprochen habe, eine Ansicht, die in anderen Mordprozessen festgestellt ist. Ganz gereinigt von allem Verdacht ist Herr Claß nicht, und so bitte ich, ihn nicht zu vereidigen“, so Lindow.[190] In einem Brief an Bang führte Claß aus: „Die friedliche Ueberleitung muß unter allen Umständen verhindert werden. Wir wollen den Schweinehunden energisch zu Leibe gehen.“[191] Vor Gericht hielt Claß dann fest, er erstrebe die Diktatur auf legalem Weg und nicht durch Mordaktionen.[192] Dem widersprach Oberregierungsrat Mühleisen energisch und betonte, dass die Alldeutschen die Diktatur errichten und dieses Ziel als „Hochverräter“ auch durch Putschaktionen durchsetzen wollten.[193]

186 Siehe auch Chamberlain: Der Attentatsplan gegen Seeckt und Longerich: Außer Kontrolle, S. 240–241.

187 Aussage Hugo Mühleisen, in Hamburger Nachrichten 3.6.1924.

188 Siehe Aussage Hans Trepte, Sekretär von Major Gilbert, in Deutsche Zeitung 31.5.1924.

189 Hamburger Anzeiger 4.6.1924.

190 Ebd.

191 Claß an Paul Bang, 27.10.1923, zitiert in Hamburger Anzeiger [Juni 1924], in HWWA-Institut für Wirtschaftsforschung Hamburg 162740010000.

192 Aussage Claß, in Hamburger Nachrichten 3.6.1924.

193 Aussage Hugo Mühleisen, in ebd.

Claß, der letztlich wie all die anderen fünf Zeugen doch vereidigt worden war, wurde mit seiner widerlegenden Aussage, es habe nie einen von Thormann und Grandel angeführten Attentatsplan unter seiner Beteiligung gegeben, als einer der Hauptzeugen für die Begründung des Freispruchs der Hauptangeklagten herangezogen. Staatsanwaltsrat Dr. Burchardt forderte für die beiden Hauptangeklagten schließlich nur drei Jahre (unter Anrechnung der vier Monate Untersuchungshaft) Zuchthaus bei einem strafrechtlichen Spielraum von einem bis 15 Jahren.[194] Thormann und Grandel wurden während der Verhandlung bereits ausführlich durch die Argumentationsführung der Verteidigung als seelisch verwirrt, depressiv, gemütskrank und psychisch labil hingestellt, sodass die Verschwörung als Vermutung und assoziatives Hirngespinst deklassiert war.[195] Worum es in dem Prozes jedoch eigentlich gehen sollte, war das Verhältnis Seeckt-Claß.

Mit welchen Absichten Claß das Gespräch mit Seeckt im September 1923 gesucht hatte, soll Seeckt selbst am Ende verborgen geblieben sein:

> Das ist positiv schwer zu sagen, denn mit Bestimmtheit konnte man nicht sagen, was er eigentlich wollte. Er glaubte, er hätte zahlreiche Verbände hinter sich und könnte einen Umschwung der Verhältnisse herbeiführen. Claß gehört zu den Leuten, deren politisches Denken in dem Wort zusammenfließt: „Es muß irgend etwas geschehen.“ Sie suchen den General, der dumm genug ist, auf sie hereinzufallen. […] Justizrat Claß hat mir keine bestimmten Umsturzvorschläge gemacht, aber sein Streben ging doch in dieser Richtung.[196]

Claß wiederum erklärte im Prozess:

> Ich habe mir einen Generalstab geschaffen, der weiß, was er zu tun hat, wenn es darauf ankommt. […] Ich wollte wissen, wie die Reichswehr sich hinter Exz. Seeckt stellt. Die Unterredung ging davon aus, daß ich sagte, Deutschland könne nur durch die Reichswehr gerettet werden und daß alle pflichtbewußten Männer sich an Exz. Seeckt anlehnen müßten. Ich hörte damals, daß etwas in der Luft lag. Ich wollte von Exz. Seeckt hören, ob man die Dinge laufen lassen sollte.[197]

Seeckt vermutete wohl zunächst, Claß spreche ihn auf linke Putschplanungen an, und sagte auf Claß’ eigene Putschideen von rechts schließlich: „Ach, Sie meinen von Rechts, dann würde ich ebenso rücksichtslos schießen, wie gegen die Kommunisten.“ Da Claß nun eigentlich hören wollte, dass bei einem Rechtsputsch seitens der Reichswehr keine Eingriffe zu erwarten sein würden, und mit Blick auf Bayern die Nachrichten über die Haltung Seeckts weiterreichen wollte, habe er dann Kontakt zum Mitangeklagten Grandel aufgenommen, der als Mitbegründer der NSDAP in Augsburg als Mittelsmann des Alldeutschen Verbandes zu den Nationalsozialisten agierte.[198] Für Claß stand fest:

---

194 Siehe Deutsche Zeitung 5.6.1924.

195 Ebd.

196 Aussage Hans von Seeckt, in Deutsche Zeitung 31.5.1924. Siehe auch NL Seeckt MA-1/26, in IfZ München.

197 Aussage Claß, Siehe Deutsche Zeitung 31.5.1924.

198 Ebd.

„Nach meiner Ueberzeugung war es Seeckt möglich, auf legalem Wege einen Umschwung der Verhältnisse herbeizuführen."[199]

Das Gericht sah in den Erklärungen der Angeklagten letztlich keinen hinreichenden Zusammenhang für eine praktische Ausführung einer solchen Tat. Man nahm sogar die äußerst bedenkliche Haltung ein, dass selbst eine mögliche Planung nicht zur Verurteilung ausreichen würde. Auch eine übereinstimmende Verabredung habe den ernstlichen Willen zur Teilnahme als Täter oder Gehilfe nach Beweislage nicht zum Ausdruck gebracht.[200] Oberreichsanwalt Ludwig Ebermayer erklärte, das Claß zwar einen Umsturz geplant haben mochte, jedoch eher über § 48 der Reichsverfassung und nicht über eine gewaltsame Aktion, der eine Ermordung Seeckts vorausgegangen wäre.[201] Für einen solchen Mordversuch gebe es zudem nicht genügend Hinweise.

Diese juristische Interpretation entsprach ganz dem soziologischen Rechtsbegriff Ebermayers, der 1921 den Vorsitz der deutschen Landesgruppe der 1888 von Franz von Liszt mitgegründeten Internationalen Kriminalistischen Vereinigung übernommen hatte und sich für die Erneuerung des Strafgesetzes einsetzte. Demnach sollte die Strafrechtsprechung nicht mehr auf Vergeltung, sondern auf präventive Verbrechensverhütung durch zweckmäßige Erziehung und Besserung des individuellen Täters hinwirken.[202] In seinem Plädoyer für den Strafgesetzentwurf von 1927 erklärte Ebermayer kurze Zeit später, dass nicht die „objektive Schwere der Tat", sondern vielmehr „die Persönlichkeit des Täters, seine Gesinnung und Willensrichtung, seine Beweggründe, de[r] verfolgte Zweck, die Nachhaltigkeit des zur Tat aufgewendeten Willens und die angewendeten Mittel, das Maß der Einsicht, das Vorleben, die wirtschaftlichen Verhältnisse zur Zeit der Tat und der Aburteilung, das Verhalten des Täters nach der Tat, sein etwaiges Bestreben, den Schaden wieder gutzumachen", bei der Tatbewertung und der Strafbemessung berücksichtigt werden müssten.[203]

Die undurchsichtige Beweislast im Seeckt-Prozess war wohl nur eine Komponente bei der Urteilsfindung, die sich im Grundsatz vielmehr auf die Überlegung stützte, dass Claß ein Plan zur Ermordung nicht zuzutrauen sei, obwohl er erwiesenermaßen sein gesamtes politisches Wirken auf einen Umsturz der Republik ausrichtete. Unabhängig von der konkreten Intention, Seeckt umbringen zu lassen oder nicht, deutete sich hier die gewollte Unterschätzung von Claß als zentralem Akteur im Gefüge der radikalen Rechten an. Die Anwendung des soziologischen Rechtsbegriffs übersah somit trotz aller konkreten Einbettung des Angeklagten in den Kontext von Lebensführung und gesellschaftlichen Umständen auf der Ebene des zu verhandelnden Staatsstreichs die Gefährlichkeit der Intention des Angeklagten und verfehlte somit bewusst jedwede Wehrhaftigkeit zum Schutz des Republik. Auch bildungsbürgerliche Rechtsanwälte und

---

199 Ebd.

200 Hamburgischer Correspondent 6.6.1924.

201 Bericht Oberreichsanwalt Ludwig Ebermayer, 9.4.1924, in BA-Berlin, R 3001, Bd. 12008, Bl. 282 sowie Brammer: Attentäter, S. 9–10.

202 Staufer: Ludwig Ebermayer, S. 191–227.

203 Ebermayer: Fünfzig Jahre Dienst am Recht, S. 227–228.

Verbandsführer wie Claß planten eben den gewaltsamen Umsturz und rechneten mit Blutvergießen. Ebermayers Ansatz, Claß sei ein solcher Umsturz nicht zuzutrauen, war somit eine zahme Exkulpation des Angeklagten und eine gefährliche Unterschätzung der Politik des Alldeutschen Verbandes insgesamt.

Für Claß war das Urteil eine glückliche Fügung, da er und die Alldeutschen in der Öffentlichkeit als politisch ungefährlich dargestellt wurden und der Verband nicht weiter in den Sog der Verbote gegen Organisationen der Rechten hineingezogen wurde, wie sie nach dem Republikschutzgesetz 1922 und nach dem Hitler-Putsch folgten. Der Seeckt-Prozess brachte auch die Auseinandersetzungen zwischen Alldeutschem Verband und DVFP in die Öffentlichkeit, die seit ihrer Gründung in dauerhafter Konkurrenz zu den Alldeutschen um den Führungsanspruch vor allem in Norddeutschland stand. Dieser Wettstreit wurde seit dem erhöhten Druck auf die rechten Organisationen durch das Republikschutzgesetz, den konkurrierenden Verhandlungen mit Seeckt im Frühjahr und dem zeitweiligen Verbot der DVFP im Zuge des Hitler-Putsches im November 1923 noch verstärkt.

Darüber hinaus stand die Organisation Consul im Mittelpunkt der Aufmerksamkeit, da sie zentrale militärische Organisationsfunktionen bei einem Umsturz im Norden Deutschlands übernehmen sollte.[204] Tettenborn berichtete im Gericht von Aussagen Thormanns, er sei nach einer Besprechung mit Ludendorff im Auftrag der Nationalsozialisten nach Berlin geschickt worden, um auf die Ausführung des Attentats zu drängen.[205] Weitere Aussagen Tettenborns über einzelne Besprechungen von Claß mit Regierungsrat Hubert von und zu Aufseß über die Bildung eines Direktoriums am 25. September 1923 im Auftrag Kahrs sowie mit Seisser am 2. November 1923 wurden von dem alldeutschen Rechtsanwalt, Dr. Willy Hahn, zurückgewiesen, der für die Geschäftsstelle des Alldeutschen Verbandes rechtsanwaltlich tätig war.[206]

Nach dem Scheitern des Hitler-Putsches war für Claß die Zeit der Putschplanungen an ein Ende gekommen. Statt den Staatsumsturz gewaltsam zu organisieren, gewann die parlamentarische Vertretung über die DNVP zunehmend an Bedeutung, um das Weimarer System von innen heraus auszuhöhlen. Führende Vertreter des Verbandes wie Vietinghoff-Scheel, Freytagh-Loringhoven oder Graef, der 1918 in den Gesamtvorstand des Alldeutschen Verbandes gewählt worden war, waren längst in den Landesverbänden und den Leitungsgremien der DNVP aktiv. Auch Erich Kühn vom Vorstand des Alldeutschen Verbandes und der Schriftleitung der *Deutschen Zeitung* war im Frühjahr 1924 bereits für die DNVP auf Vortragsreisen unterwegs.[207] Zeitgleich ließ sich Claß die mit dem Führerprinzip gewährten Vollmachten vom 28. August 1914 erneut bestätigen, die ihm unter anderem erlaubten, die Gremien des Verbandes im Notfall eigenständig

---

204 Aussage Horst von Tettenborn, in Deutsche Zeitung 31.5.1924.

205 Ebd.

206 Siehe Deutsche Zeitung 31.5.1924.

207 Erich Kühn an Claß, 13.3.1924, in BA-Berlin, R 8048, Bd. 137, Bl. 96.

zusammenzusetzen.[208] Die Bestätigung der Vollmachten gestattete es Claß zudem, größere Spielräume bei der personell auf ihn zugeschnittenen Führung des Verbandes auszunutzen. Als er vom 5. August bis 5. Oktober 1924 Berlin für eine Erholungskur verließ, um „nach der an Arbeit und Kämpfen überreichen Zeit der letzten 18 Monate Erholung zu suchen" und von „Politik und sonstigen Geschäften verschont" zu bleiben, bestimmte er durch Rundschreiben Gebsattel in Bamberg als seinen amtierenden Stellvertreter, Hertzberg-Lottin als Vertreter der Hauptleitung und Vietinghoff-Scheel als Repräsentanten der Geschäftsstelle, während Bang für ihn bei der *Deutschen Zeitung* die Stellung halten sollte. Die laufenden Geschäfte übertrug er Georg Fritz, Geschäftsführer der Neudeutschen Verlags- und Treuhandgesellschaft, sowie Dr. Theodor Kaempf (Geschäftsführer ab 1927).[209]

Im Laufe des Jahres 1924 baute der Alldeutsche Verband die Beziehungen zur DNVP aus und mobilisierte die alldeutschen Gruppen innerhalb der Partei für eine grundlegende Neuausrichtung nach rechts. Die gouvernemental-konservative Richtung der DNVP war jedoch besonders in der Reichstagsfraktion in der Mehrheit und durch den Parteivorsitzenden Oskar Hergt machtvoll vertreten, hinter dem noch drei Viertel der Parteileitung standen.[210] Hergt war als ehemals den Freikonservativen nahestehender Parteiloser und jetziger Vorsitzender der DNVP für die Alldeutschen zu moderat. Er wollte die Partei vom radikalen rechten Flügel wegführen und eher christlich-konservativ ausrichten.

Im Oktober 1924 stellte sich Claß noch die Frage, ob man die DNVP „reinigen" oder eine eigenständige Neugründung einer alldeutschen Partei erwägen sollte.[211] Hergt müsse entmachtet und „unter allen Umständen müßte die Partei an Haupt und Gliedern gereinigt werden". Der Versuch sei gescheitert, mit Westarp als Nachfolger Hergts kurzfristig den Parteiapparat für die „nationale Opposition" zu gewinnen, oder mit Martin Schiele vom agrarischen Flügel, „der uns als der nächstgute erschienen sei", die Partei umzugestalten.[212] Man müsse jetzt pragmatisch von den Landesverbänden aus „auf die Leitung drücken", sodass „brauchbare gesinnungstüchtige Männer" die Partei in Zukunft führen würden, so Claß.[213]

Für Claß war das Ziel des anstehenden Wahlkampfes 1924 die Unterstützung der DNVP, um der Partei genügend Wählerstimmen zu verschaffen, sodass man im Verfahren der Machteroberung über den Reichstag eine autoritäre Regierung in Opposition gegen die „Erfüllungspolitik" aufstellen könnte: „Auch der günstigste Ausgang der

208 Sitzung des Geschäftsführenden Ausschusses des Alldeutschen Verbandes, 16./17.2.1924, in ebd., Bl. 62–63.

209 Rundschreiben Claß, 4.8.1924, in BA-Berlin, R 8048, Bd. 321, Bl. 107.

210 Karl Lohmann auf der Sitzung des Geschäftsführenden Ausschusses des Alldeutschen Verbandes, 25./26.10.1924, in BA-Berlin, R 8048, Bd. 140, Bl. 57–58.

211 Claß auf der Sitzung des Geschäftsführenden Ausschusses des Alldeutschen Verbandes, 25./26.10. 1924, in ebd., Bl. 51–52.

212 Ebd., Bl. 52–53.

213 Ebd., Bl. 53.

Wahlen wird beweisen, daß nur im Wege der Diktatur Deutschland zu retten ist, und so scheint es die nächste Pflicht aller völkisch gerichteten Kräfte zu sein, bei der Wahl dafür zu sorgen, daß eine Volksvertretung zustande komme, deren Mehrheit national genug gesinnt ist, um der Diktatur die Bahn frei zu machen."[214] Claß war daher erleichtert, dass Alfred von Tirpitz nicht als Parteivorsitzender gewählt wurde, denn er wäre „unerträglich gewesen".[215] Claß versuchte den Einfluss des Alldeutschen Verbandes auf die 1924 gegründeten Vereinigten Vaterländischen Verbänden Deutschlands (VVVD) auszudehnen, um die Bestrebungen der Reichswehr um Kurt von Schleicher für eine gouvernementale Ausrichtung der VVVD einzudämmen und stattdessen diese Sammelbewegung der Rechten, die schnell fast sechzig Organisationen vertrat, für einen fundamentaloppositionellen Kurswechsel der DNVP zu nutzen und für weitere Diktaturpläne einzubinden.[216] Führende Alldeutsche, wie Bang als späteres Mitglied des Präsidiums, wurden in die Gremien der VVVD gewählt und bauten dichte Netzwerke zum Stahlhelm und der DNVP aus.

6.8 Alldeutscher Verband und DNVP: 1924–1925

Die Möglichkeiten der Anbindung des Alldeutschen Verbandes an die DNVP waren für Claß 1924 nach den Erfahrungen des Republikschutzgesetzes, des Verbotes des DvSTB und des Alldeutschen Verbandes in zahlreichen Ländern sowie nach dem Hitler-Prozess und dem Seeckt-Prozess die entscheidende Frage. Die Reichstagswahlen vom 4. Mai 1924 machten die DNVP mit 19,5 Prozent der Stimmen zur zweitstärksten Fraktion im Reichstag hinter der SPD. Trotzdem stellte sich Claß die Frage, ob die alldeutschen Mitglieder in der DNVP nach dem Regierungseintritt der Partei zum Austritt aufgefordert werden sollten. Die DNVP hatte schon am 30. November 1923 nicht nur den Sturz der Großen Koalition unter Stresemann erreicht, sondern auch eine Besetzung des Reichsernährungsministeriums bei Eintritt in die unter Wilhelm Marx zu bildende Regierung ernsthaft verhandelt.[217]

Die Maiwahlen 1924 brachten eine Niederlage für die bürgerliche Koalition unter Marx. Die notwendige Erweiterung der Regierung um die SPD oder die DNVP war die entscheidende Herausforderung für den Reichskanzler, der mit Zentrum, DDP und DVP nur eine einfache Mehrheit im Reichstag besaß. Der linke Flügel der SPD und der rechte Flügel der DVP waren jedoch nicht zusammenzubringen und die DNVP beharrte auf ihrem Widerstand gegen den Dawes-Plan und auf der Neubesetzung des Außenministeriums. Der Reichslandbund setzte die DNVP zunehmend unter Druck, bei der Ab-

214 Claß auf dem Verbandstag in Jena, 26./27.4.1924, in Deutsche Zeitung 28.4.1924.

215 Claß auf der Sitzung des Geschäftsführenden Ausschusses des Alldeutschen Verbandes, 25./26.10.1924, in BA-Berlin, R 8048, Bd. 140, Bl. 53. Siehe auch Vogelsang: Reichswehr, Staat und NSDAP, S. 44.

216 Siehe auch Bericht des Reichskommissars für die Überwachung der öffentlichen Ordnung, 17.11.1925, BA-Berlin, R 43/I, Bd. 770, Bl. 75–77 und Rote Fahne, 30.4.1926.

217 Siehe dazu Ohnezeit: Zwischen „schärfster Opposition" und dem „Willen zur Macht", S. 232–247.

stimmung über das Abkommen der Londoner Konferenz zum Dawes-Plan und der Räumung des Ruhrgebietes am 29. August 1924 gegen den Dawes-Plan zu stimmen und nationale Interessen durch eine Regierungsbeteiligung durchzusetzen, während Wirtschaftsverbände für eine Annahme des Dawes-Plans votierten und auch die DVP bei einer Zustimmung der DNVP mit einer möglichen späteren Regierungsbeteiligung lockte.[218] Die Drohung des Reichspräsidenten Ebert, den Reichstag aufzulösen, wenn die DNVP zur Ablehnung der Dawes-Abstimmung beitrage, verunsicherte die Partei umso mehr, nachdem sie bei den Wahlen im Mai 1924 so gut abgeschnitten hatte.[219] Die Abstimmung mit 48 zu 52 Stimmen gegen den Dawes-Plan spaltete die DNVP-Fraktion und eröffnete in dieser offenen Konfliktsituation für den Alldeutschen Verband, der den rechten außenpolitischen Flügel in der Fraktion um Freytagh-Loringhoven unterstützte, Möglichkeiten der Einflussnahme.[220]

Der Parteivorsitzende Hergt geriet am 10. September 1924 für seinen Kurs der Annäherung an die Regierung auf einer Sitzung von zwanzig DNVP-Landesverbänden, die vereinzelt bereits unter Führung von alldeutschen Vorsitzenden standen und seinen Rücktritt forderten, unter Druck. Hergt, der Westarp wegen dessen Ablehnung einer Regierungsbeteiligung und einer damit zusammenhängenden Entscheidung über die Reparationsfrage in seiner wachsenden Machtposition zu verdrängen suchte, trat schließlich am 23. Oktober 1924 zurück. Jedoch wurde nun noch nicht einmal Westarp, sondern der gemäßigtere Fraktionsvorsitzende der DNVP-Fraktion im Preußischen Landtag, Johann Friedrich Winckler, bis zum März 1926 Parteivorsitzender. Westarp wurde von Hugenberg bedrängt, seinen gerade erst von Ernst von Heydebrand und der Lasa übernommenen und äußerst wertgeschätzten Vorsitz des Konservativen Hauptvereins, der aus der Deutsch-Konservativen Partei hervorgegangen war und als Parallelgremium innerhalb der DNVP weiter bestand, aufzugeben, um Hergt als Parteivorsitzenden zu ersetzen. Westarp, der aufgrund seiner eigenen weltanschaulichen Überzeugungen enge Beziehungen zum völkischen Flügel der Partei unterhalten hatte, jedoch die Abspaltung und Gründung der DVFP auch nicht hatte verhindern können, war hingegen innerhalb der DNVP nicht „mehrheitsfähig".[221] Aber auch Winckler sowie der neue Fraktionsvorsitzende im Reichstag, Martin Schiele, konnten im anstehenden Wahlkampf für den erneut aufgelösten Reichstag im Dezember 1924 die Brüche innerhalb der Partei nicht überdecken.

Innerhalb des Reichsverbands der Deutschen Industrie (RDI) mobilisierten darüber hinaus die deutschnationalen Interessenvertreter wie Hugenberg und der Alldeutsche

---

218 Siehe Gasteiger: Kuno von Westarp, S. 258–270.

219 Siehe auch Pyta: Die Präsidialgewalt in der Weimarer Republik, S. 65–95.

220 Siehe Otto von Feldmann: Lebenserinnerungen, in GStA PK VI. HA, NL Feldmann, Bd. 1, S. 289–292. Feldmann notierte in der Rückschau (1944/45): „Immer klarer trat es nun zu Tage, dass es für die Partei nur noch eine rücksichtslose Opposition geben könne, deren Führung [Kuno] Graf Westarp zweifellos nicht die geeignete Persönlichkeit war. So richteten die auf Opposition eingestellten Landesverbände schon seit längerer Zeit das ihr Augenmerk auf den Geheimrat Hugenberg." Ebd., Bl. 292.

221 Gasteiger: Kuno von Westarp, S. 267.

Rudolf Blohm Widerstand gegen die Unterstützung der Regierung für die Annahme des Dawes-Plans. Im Mai 1924 spaltete sich dann eine Gruppe ab und gründete unter anderem mit den Alldeutschen Alfred Möllers, Direktor der Rütgerswerke AG, Walter Bacmeister und Bang die Deutsche Industriellen-Vereinigung, die sich 1926 in Bund für Nationalwirtschaft und Werkgemeinschaft umbenannte.[222]

Die Diskussion über die Stellung des Alldeutschen Verbandes zur DNVP begann zwei Monate vor den erneuten Reichstagswahlen im Dezember 1924, als Claß die Unterstützung der DNVP durch alldeutsche Mitglieder in der Partei nun wieder in Frage stellte.[223] Die klare Ablehnung des außenpolitischen Taktierens der DNVP in der Unterstützung des Dawes-Abkommens und Überlegungen für einen Regierungseintritt führten zu Gesprächen zwischen Claß und verbündeten Abgeordneten des Reichstages über die Frage nach deren Parteiaustritt. Diese Unzufriedenheit konnte jedoch nicht darüber hinwegtäuschen, dass ein solcher Schritt die Isolierung des Verbandes bedeutet hätte, eine alternative Parteibindung nicht in Sicht war und eine eigenständige Parteigründung auch weiterhin nicht ernsthaft erwogen wurde.[224] Vielmehr befürworteten manche wie Lehmann und der führende DNVP-Reichstagsabgeordnete und Hamburger Alldeutsche bei der Blohm&Voss Werft, Carl Gottfried Gok, eine „Reinigung" der DNVP. Führende Alldeutsche sollten sich vielmehr gezielt zur Einflussnahme als Kandidaten für die DNVP-Wahllisten aufstellen lassen. Allerdings wollte man sich bei der Wahlempfehlung von Seiten der Verbandsleitung noch zurückhalten und keine klare Parteipräferenz entsprechend der „Überparteilichkeit" des Verbandes beschließen.[225] Schließlich seien die Landesverbände der Partei sehr verschieden in ihrer politischen Ausrichtung und abhängig von der jeweiligen Führung, so Gok.[226] Claß war letztlich überrascht, „wie günstig" die DNVP bei den Reichstagswahlen „noch einmal abgeschnitten" hatte, nachdem die Partei im Mai 1924 bereits 4,5 Prozent gegenüber den Wahlen vom Juni 1920 hinzugewonnen hatte (19,5 Prozent). Sie steigerte ihr Ergebnis im Dezember 1924 auf 20,5 Prozent.[227] Der folgende Regierungseintritt bestätigte Claß' Ambivalenz gegenüber den Deutschnationalen auf nationaler Ebene.

Der Eintritt der DNVP in das Kabinett von Hans Luther zwischen dem 15. Januar und 25. Oktober 1925 war der gemäßigteren Mehrheit der Partei und dem Einfluss der landwirtschaftlichen und industriellen Interessenverbände innerhalb der DNVP geschuldet und ermöglichte die erste „Bürgerblock"-Regierung mit drei DNVP-Fachmi-

---

222 Siehe auch Bähr/Kopper: Industrie, Politik, Gesellschaft, S. 66 – 72.

223 Claß an die Hauptleitung des Alldeutschen Verbandes, 9.10.1924, in BA-Berlin, R 8048, Bd. 140, Bl. 41.

224 Claß auf der Sitzung des Geschäftsführenden Ausschusses des Alldeutschen Verbandes, 25./26.10. 1924, in ebd., Bl. 54.

225 Claß auf der Sitzung des Geschäftsführenden Ausschusses des Alldeutschen Verbandes, 16./17. 2.1924, in BA-Berlin, R 8048, Bd. 137, Bl. 62.

226 Julius F. Lehmann und Carl Gottfried Gok auf der Sitzung des Geschäftsführenden Ausschusses des Alldeutschen Verbandes, 25./26.10.1924, in BA-Berlin, R 8048, Bd. 140, Bl. 54 und 66.

227 Claß auf der Sitzung des Geschäftsführenden Ausschusses des Alldeutschen Verbandes, 31.1./1. 2.1925, in BA-Berlin, R 8048, Bd. 141, Bl. 37.

nistern. Die Bedingungen an die DNVP waren jedoch klar umrissen. Die Verfassungsordnung und die Stellung des Reichspräsidenten sollten anerkannt und die kompromisslose Opposition gegen die Außenpolitik Stresemanns aufgegeben werden. Die Verhandlungen über einen Sicherheitspakt mit Frankreich und Belgien über die Stellung des Rheinlandes waren neben anderen Kompromisslösungen wie bei der Zollpolitik für die Alldeutschen der Punkt, an dem zur Oppositionskampagne gegen Stresemann mobilisiert wurde.[228] Claß nutzte die Verhandlungen über einen Sicherheitspakt, um die Position des alldeutschen Parteiflügels zu stärken. Er beklagte auf dem Verbandstag Anfang 1925 lautstark, dass über die DNVP im Reichstag keine entscheidende Oppositionspolitik gegen die Außenpolitik Stresemanns zu betreiben sei.[229]

Auch auf dem Verbandstag im März wurden die Forderungen vorgebracht, den Druck auf die DNVP-Minister im Luther-Kabinett zu erhöhen, damit eine geschlossene Front innerhalb der Regierung gegen den Sicherheitspakt mobilisiert werden könne.[230] Daher wurde die Frage nach einer völlig neuen Parteigründung durch den Alldeutschen Verband im Sommer 1925 erneut diskutiert. Claß selbst brachte die Angelegenheit im Geschäftsführenden Ausschuss auf die Tagesordnung, wollte die Unterstützung des Verbandes mit seinen Querverbindungen und Einflüssen in den Landesverbänden und in der Reichstagsfraktion jedoch nicht ernsthaft zur Disposition stellen. Eine überparteiliche Sammlung in einem „Volksbund", wie er im Geschäftsführenden Ausschuss vorgeschlagen wurde, konnte die notwendig zu füllende „Lücke" zwischen Interessenverband und Parteiarbeit ebenfalls nicht schließen und als möglicher „Spitzenverband" die Zusammenführung verschiedener Verbände und deren Führern nicht erreichen.[231]

Die DNVP war für Claß letztlich „nicht zu entbehren", solange der „parlamentarische Zustand bestehe". Man müsse daher alles tun, um die DNVP „brauchbar zu machen".[232] Claß berichtete im September 1925 dem Geschäftsführenden Ausschuss, dass er sich im Juli nach Auseinandersetzungen zwischen alldeutschen Vertretern sowie Repräsentanten der *Deutschen Zeitung* und der Mehrheit des gouvernementalen Flügels der DNVP dafür entschieden habe, die DNVP-Fraktion als Zentrum einer nationalen Opposition innerhalb der Partei über die alldeutschen Mitglieder auszubauen.[233] Claß war jedoch nicht der einzige, der sich um die Sammlung des rechten Flügels der DNVP bemühte, um die Partei zu kontrollieren. Zwischen Winter 1924 und Frühjahr 1925 fanden sich der Stahlhelm, der Jungdeutsche Orden und der Nationalverband Deutscher

228 Siehe auch Jones: The German Right, S. 311–322.

229 Claß auf der Sitzung des Geschäftsführenden Ausschusses des Alldeutschen Verbandes, 31.1./1.2.1925, in BA-Berlin, R 8048, Bd. 141, Bl. 41–44 sowie Jackisch: The Pan-German League, S. 111–131.

230 Siehe Sitzung des Geschäftsführenden Ausschusses des Alldeutschen Verbandes, 21./22.3.1925, in BA-Berlin, R 8048, Bd. 142, Bl. 73–102.

231 Claß auf der Sitzung des Geschäftsführenden Ausschusses des Alldeutschen Verbandes, 4./5.7.1925, in BA-Berlin, R 8048, Bd. 143, Bl. 57 und 60.

232 Claß auf der Sitzung des Geschäftsführenden Ausschusses des Alldeutschen Verbandes, 4./5.7.1925, in ebd., Bl. 55 und 57.

233 Siehe dazu Claß auf der Sitzung des Geschäftsführenden Ausschusses des Alldeutschen Verbandes, 4.9.1925, in BA-Berlin, R 8048, Bd. 144, Bl. 11–16. Siehe auch Jackisch: The Pan-German League, S. 119–123.

Nr. 32. 30. Jahrgang. Sonntag, 13. September 1925

Deutsche Zeitung

Bildbeilage

Ein Kampf ums Reich.

Der Alldeutsche Verband als Warner und Erwecker.

Kgl. Landrat a. D. v. Hertzberg, Mitglied der Hauptleitung des Alldeutschen Verbandes.

Justizrat Heinrich Claß, Vorsitzender des Alldeutschen Verbandes.

Die Kundgebung des Alldeutschen Verbandes vor dem Hermannsdenkmal.

Oberfinanzrat Dr. Bang, Mitglied der Hauptleitung des Alldeutschen Verbandes.

Dr. Ursin, Vorsitzender des Landesverbandes Wien und Nieder-Oesterreich.

Abb. 18: Alldeutscher Verbandstag in Detmold.

Auf der Tagesordnung der Sitzung des Gesamtvorstandes am 5. September 1925 standen die Reden von Heinrich Claß über „Rasse und Staatskunst", von dem Berliner Landrichtgerichtsrat Jenne zu „Rasse und Recht" und von dem Juristen, Nationalökonom und Statistiker Professor Hermann von Schullern-Schrattenhof aus Innsbruck zu „Rasse und Wirtschaft". In seiner Rede über die politische Lage kritisierte Gertzlaff von Hertzberg-Lottin am nächsten Tag zur Eröffnung des Verbandstages unter anderem die politische Haltung der DNVP und des Reichspräsidenten Paul von Hindenburg, die in die „Erfüllungspolitik" Gustav Stresemanns „verstrickt" seien (*Deutsche Zeitung* 7. September 1925). Am Rande der Tagung hielten Claß, Eduard von Liebert und Josef Ursin am Nachmittag des 6. Septembers Reden am Hermannsdenkmal. Abgebildet sind Gertzlaff von Hertzberg-Lottin (oben), Heinrich Claß sowie Paul Bang (unten links) und Josef Ursin (unten rechts). Ursin trat 1919 in den Geschäftsführenden Ausschuss des Alldeutschen Verbandes ein und war Vorsitzender des Landesverbandes Wien und Niederösterreich des Alldeutschen Verbandes in Österreich. Ursin war Rassenantisemit, Mitglied der deutschnationalen Bewegung Georg von Schönerers und Mitbegründer des Deutschen Turnvereins, der mit den Deutschnationalen 1920 in der Großdeutschen Volkspartei aufging. Für die Großdeutschen saß der Nervenarzt aus Tulln von 1920 bis 1923 im Nationalrat wie schon zuvor 1919/20 für die Großdeutsche Vereinigung in der österreichischen Nationalversammlung.

Berufsverbände sowie die Ring-Bewegung in Absprache mit den VVVD zusammen und gründeten einen Nationalausschuss, der eine Massenbewegung zur Unterstützung der Rechten ermöglichen sollte. Diese Bemühungen waren hingegen von kurzer Dauer und die Mobilisierung der Rechten durch die VVVD unter ihrem neuen Vorsitzenden Rüdiger Graf von der Goltz stand einer solchen Sammlungsbewegung zunächst im Wege, da die Bundesführer des Stahlhelms mit Blick auf die Wahl Hindenburgs zum Reichspräsidenten gemäßigter agieren wollten.[234]

Für Claß war Hugenberg nunmehr die zentrale Figur, um den alldeutschen Oppositionsflügel vor allem um Freytagh-Loringhoven, Gok, Lohmann und Ernst Oberfohren für eine Rechtswendung der DNVP zu mobilisieren. In konzertierten und längerfristig angelegten Aktionen für einen Umschwung innerhalb der Partei zugunsten des radikalen Flügels sollte die DNVP zu einer Oppositionspartei umgestaltet und Hugenberg an der Spitze dieser Bewegung platziert werden. Hugenbergs zentrale Funktion bei der Finanzierung der DNVP spielte Claß' Überlegungen für eine neue politische Machtfunktion seiner Person in die Hände. Er nahm seit 1924 eine unersetzliche Rolle bei der Finanzierung der DNVP ein, da der 1909 gegründete Industrielle Wahlfonds, der vornehmlich Finanzierungen vor allem für die Nationalliberale Partei und nach 1918 Gelder für DNVP und DVP bereitstellte, durch das Abtreten des langjährigen Geschäftsführers der leitenden Kommission des Fonds, Johannes Flathmann, in dieser organisierten Form auslief. Hugenberg trat nun von 1924 bis zur Einrichtung der schwerindustriellen Ruhrlade 1928 als wichtiger Organisator von Geldzuwendungen der Schwerindustrie für die DNVP in Erscheinung, was die Unterstützung so manchen Landesverbandes erleichterte, der entweder an der eigenen Liquidität der Parteiarbeit oder der generellen finanziellen Besserstellung der DNVP interessiert war. Hugenberg hatte durch seine weitere „Verfügungsgewalt" über den Finanzierungsfonds des Bergbau- und Zechenverbandes eine „Schlüsselposition im Geflecht des industriellen Parteiensubventionssystems" inne, an der innerhalb der Partei keiner vorbeikommen konnte.[235]

Die Auseinandersetzungen zwischen der gouvernementalen Mehrheit und einem sich langsam formierenden Hugenberg-Flügel hatten zu dem Zeitpunkt jedoch gerade erst begonnen. Hinzu kam, dass unter Westarp die DNVP-Reichstagsfraktion nicht eindeutig gegen die Verträge von Locarno eingestimmt werden konnte, die im Oktober 1925 unter anderem die Westgrenze zwischen Deutschland, Frankreich und Belgien sowie die Entmilitarisierung des Rheinlandes erneut festschrieben.[236] Der Völkische Reichsausschuss verstärkte den Druck auf den Parteivorstand und die Vorsitzenden der Landesverbände, die Verhandlungen von Locarno abzulehnen.[237] Auch Hugenberg warf

234 Siehe dazu Jones: The German Right, S. 300–304.

235 Holzbach: Das „System Hugenberg", S. 80.

236 Claß auf der Sitzung des Geschäftsführenden Ausschusses des Alldeutschen Verbandes, 12.12.1925, in BA-Berlin, R 8048, Bd. 145, Bl. 36.

237 Siehe auch Ohnezeit: Zwischen „schärfster Opposition und dem „Willen zur Macht", S. 319–339.

der Parteiführung öffentlich Opportunismus vor, da sie sich nicht eindeutig gegen Locarno positionierte, um in der Regierung bleiben zu können.[238]

238 Siehe ebd., S. 330 und Gasteiger: Kuno von Westarp 286.

7 Diktaturplanungen und Putschgerüchte 1925/26

7.1 Deutungen der Putschgerüchte um Heinrich Claß

Der alldeutsche Flügel der DNVP konnte einen politischen Umschwung innerhalb der Partei nicht alleine umsetzen. Claß dachte daher statt einer langsamen Eroberung der DNVP durch alldeutsche Anhänger, die für eine Übernahme des Parteivorsitzes durch Alfred Hugenberg mobilisiert werden wollten, an dessen direkte Ernennung zum Reichskanzler. In diesen Überlegungen sollte der neue Reichspräsident für die Absicherung eines politischen Richtungswechsels eingebunden werden. Nachdem Friedrich Ebert am 28. Februar 1925 gestorben war, bot die Wahl Paul von Hindenburgs am 26. April für Claß erstmals einen Spielraum für eine konservative Alternative, zumal Otto von Feldmann die Wahlkampagne des Reichsblocks für Hindenburg leitete und zur persönlichen Verwendung beim zukünftigen Reichspräsidenten im Gespräch war.[1] Leopold von Vietinghoff-Scheel schrieb als Hauptgeschäftsführer in den *Alldeutschen Blättern* zur Wahl des neuen Reichspräsidenten hoffnungsvoll: „Der Tag des Einzugs unseres Hindenburg sei uns daher ein Tag des Gelöbnisses zu nationaler Arbeit. Zu Arbeit, gerichtet auf höchste nationale Ziele."[2]

Claß hatte zuvor noch betont, dass er „den Umweg" über die politische Beeinflussung des Reichspräsidenten „für genau so aussichtslos" halte wie der im Januar 1925 erfolgte Eintritt der DNVP in das „Bürgerblock"-Koalitionskabinett des parteilosen und der DVP nahestehenden Reichskanzlers Hans Luther, dem das Zentrum, die BVP und die DVP angehörten. Auch eine Teilnahme an der preußischen Regierung, wie sie innerhalb der DNVP in Preußen mit Blick auf den erneuten Amtsantritt Otto Brauns als Ministerpräsident im April 1925 diskutiert wurde, hielt der alldeutsche Verbandsführer für zwecklos und verharrte in starrer Grundopposition zu jeglicher Bindung an die Funktionsmechanismen des politischen Systems der Republik.[3] Mit der Wahl Hindenburgs änderte sich seine Perspektive und er sah nun Optionen für eine Indienstnahme des Reichspräsidenten für die Ausdehnung der verfassungsmäßigen Befugnisse des Artikels 48 sowie für die Bearbeitung Hindenburgs für die Unterstützung einer noch aufzubauenden personellen Alternative für die Reichskanzlerschaft, die ab Ende 1925 durch Hugenberg konkrete Gestalt annehmen sollte.

Claß' Hoffnung auf eine innenpolitisch konservativere und außenpolitisch revisionistische Politik des neuen Reichspräsidenten blieb aber zunächst bestehen, auch

1 Siehe zur ersten Wahl Paul von Hindenburgs 1925 Otto von Feldmann: Lebenserinnerungen, in GStA PK VI. HA, NL Feldmann, Bd. 1, Bl. 298–322. Zur politischen Einbindung Feldmanns in das „Sekretariat Hindenburg" siehe Terhalle: Deutschnational in Weimar, S. 151 sowie zu frühen Verbindungen Hindenburgs zu Otto Schmidt(-Hannover) im Zuge der Reichspräsidentenwahl 1925 ebd., S. 129–153.

2 Alldeutsche Blätter 16.5.1925.

3 Claß auf der Sitzung des Geschäftsführenden Ausschusses des Alldeutschen Verbandes 31.1./1.2.1925, in BA-Berlin, R 8048, Bd. 141, Bl. 40.

https://doi.org/10.1515/-009

nachdem Feldmanns Position als Privatsekretär neben Otto Meißner nicht zustande kam.[4] Hindenburg ließ sich aber nicht leicht gegen seine Zustimmung zum Sicherheitspakt mobilisieren, wie Claß im Dezember 1925 feststellen musste. Vielmehr seien die Hoffnungen auf Hindenburg durch dessen Taktieren schwer erschüttert worden. Für Claß war klar, dass „das Regime des Feldmarschalls genauso fürchterlich Schiffbruch [er]leiden werde, wie das des letzten Kaisers".[5] Karl Lohmann vom alldeutschen Flügel der DNVP-Reichstagsfraktion spekulierte im Juli 1925 aber bereits darauf, dass Hindenburg einen, von dem nach seiner im November 1923 erfolgten Demissionierung als Reichskanzler zum Außenminister ernannten Stresemann verhandelten, Sicherheitspakt mit Frankreich und Großbritannien nicht unterschreiben, Luther als Reichskanzler entlassen und sein verfassungsmäßiges Recht nutzen werde, um einen anderen Reichskanzler einzusetzen. Wie Hindenburg zu einer solchen Option stehe, könne man aber noch nicht sagen.[6] Diese Variante wollte Claß Ende 1925 ausloten.

Der sozialdemokratische Präsident Ebert hatte bereits den Notstandsartikel 48 der Weimarer Reichsverfassung gerade im politischen Unruhejahr 1923 extensiv genutzt, jedoch ohne das Gleichgewicht der Verfassungsorgane zu stören.[7] Auf Hindenburg hingegen projizierten sich die Erwartungen der Rechten auf eine konkrete und zeitnahe Machtverlagerung vom demokratisch gewählten Reichstag hin zum autoritär regierenden Reichspräsidenten. Claß hegte zunächst die Hoffnung, dass mit Hindenburg als dem „besten deutschen Mann als Reichspräsident"[8] eine autoritäre Alternative zum demokratischen System ins Reichspräsidentenamt gewählt worden war, der durch die legale Ernennung eines Diktaturkabinetts der radikalen Rechten zum Durchbruch verhelfen könnte. Auch Ebert hatte sein Initiativrecht nach Artikel 53 der Weimarer Reichsverfassung zur Ernennung des Reichskanzlers schließlich seit 1920 genutzt und erneut, als er Wilhelm Cuno als Kandidaten für eine Regierungsbildung forcierte, die mit vier parteilosen Ministern (von insgesamt elf) ab November 1922 als „erstes, aber verdecktes Präsidialkabinett"[9] regierte.

Claß war 1922 im Grundsatz keineswegs gegen ein solches Verfahren und diskutierte vielmehr die notwendige Politik, die ein Cuno-Kabinett gerade mit Blick auf die Reparationsverhandlungen mit den Alliierten verfolgen müsse, um nicht die Erwartungen der Rechten zu enttäuschen.[10] Nachrichten über mögliche Planungen des Reichskanzlers Luther, dieser wolle sich nach dem Austritt der DNVP aus der Regierung im Oktober 1925 nach Artikel 48 der Reichsverfassung von Hindenburg zum Vorsit-

4 Pyta: Hindenburg, S. 482.

5 Claß auf der Sitzung des Geschäftsführenden Ausschusses des Alldeutschen Verbandes 4.9.1925, in BA-Berlin, R 8048, Bd. 144, Bl. 34.

6 Karl Lohmann auf der Sitzung des Geschäftsführenden Ausschusses des Alldeutschen Verbandes, 4./5.7. 1925, in BA-Berlin, R 8048, Bd. 143, Bl. 47.

7 Pyta: Die Präsidialgewalt in der Weimarer Republik.

8 Claß: Umgekehrte Evolution, in Deutsche Zeitung 2.8.1925.

9 Winkler: Weimar, S. 185.

10 Deutsche Zeitung 7.1.1923.

zenden eines Präsidialkabinetts berufen lassen, erreichten die DNVP-Reichstagsfraktion sowie den Geschäftsführenden Ausschuss des Alldeutschen Verbandes, der die Frage entscheiden lassen musste, ob ein solches Diktaturregime vom alldeutschen Flügel der DNVP zu unterstützen sei.[11] Diese konkreten diktatorischen Verfassungsauslegungen inspirierten Claß zu ähnlichen Planungen, nicht zuletzt, weil er von der Regierung Luther I, die vom 15. Januar bis zum 5. Dezember 1925 regierte, weniger erwartete als von dem „mißglückte[n] Versuch“ Gustav Ritter von Kahrs 1923.[12]

Für Claß war längst klar, dass nun alles von der Umgestaltung der „politischen Zentrale“ abhing.[13] Er plante, Hugenberg durch Hindenburg zum Kanzler ernennen zu lassen, nachdem er in der zweiten Jahreshälfte 1925 Gespräche mit Hugenberg über eine führende Rolle in einem solchen Kabinett intensiviert hatte.[14] Es schloss sich am 5. Januar 1926 ein Gespräch zwischen Oskar von Hindenburg, dem einflussreichen Sohn des Reichspräsidenten, sowie dem Repräsentanten des Hauses Hohenzollern und Potsdamer Kreisvereinsvorsitzenden der DNVP, Wilhelm von Dommes, an.[15] Dieses Treffen, in dem Dommes Hugenberg als Reichskanzler empfahl, war vermutlich von Claß angeregt worden. Claß hatte Dommes für die Zusammenkunft den Entwurf eines zusammenfassenden Schreibens als Vorbereitung mitgegeben.[16] Eine Stunde nach dem Gespräch um 11 Uhr berichtete Dommes Claß über das Gesagte.[17] Er fasste die Unterhaltung anschließend nach den Claß'schen Vorgaben in einem Brief zusammen und schickte ihn an Oskar von Hindenburg.[18]

In einem Artikel in der *Welt* hieß es hingegen fälschlicherweise, Claß habe sich am 5. Januar selbst mit Oskar von Hindenburg getroffen, um von einer erneuten Ernennung Luthers zum Kanzlerkandidaten nach dem Bruch der Koalition im Dezember abzuraten und stattdessen Hugenberg als „einen staatsmännischen Kopf großen Formats“ vorzuschlagen. Claß sei überzeugt gewesen, „daß nur die Diktatur nach § 48 der Verfassung uns helfen kann“. Er glaubte diese Auffassung aus Oskar von Hindenburgs „gestrigen

11 Siehe Claß auf der Sitzung des Geschäftsführenden Ausschusses des Alldeutschen Verbandes, 4.9.1925, in BA-Berlin, R 8048, Bd. 144, Bl. 16.

12 Ebd. Siehe Alldeutsche Blätter 9.1.1926 sowie Leicht: Heinrich Claß, S. 338–360. Zur DNVP im Kabinett Luther I siehe Ohnezeit: Zwischen „schärfster Opposition“ und dem „Willen zur Macht“, S. 285–338. Angesichts der Krisen innerhalb der Regierung und einer Mehrheit von KPD, SPD, DNVP und Völkischen im Reichstag, die aber nicht zusammenarbeiten wollten, diskutierten Juristen verstärkt über das Staatsnotstandsrecht. Die Mehrheit von ihnen lehnte die Anwendung ab. Siehe Berthold: Carl Schmitt und der Staatsnotstandsplan, S. 58–61 und Winkler: Weimar, S. 309–318.

13 Claß auf der Sitzung des Geschäftsführenden Ausschusses des Alldeutschen Verbandes, 10.4.1926, in BA-Berlin, R 8048, Bd. 145, Bl. 85.

14 Alfred Hugenberg befürchtete Anfang 1926 selbst, dass der „Geist“ des Parlamentarismus „sein System durch die Diktatur zu krönen“ versuchen könnte. Alfred Hugenberg: Parteien und Parlamentarismus, in Berliner Lokal-Anzeiger 9.1.1926.

15 Siehe Oberreichsanwalt: Strafsache gegen den Justizrat Heinrich Claß aus Berlin wegen Vorbereitung zum Hochverrat, 5.10.1926, in BA-Berlin, R 3001, Bd. 12008, Bl. 19.

16 Schreiben Claß an Wilhelm von Dommes, o. D., in BA-Berlin, R 8048, Bd. 673, Bl. 1/28–1/31.

17 Tagebucheintrag Wilhelm von Dommes, 5.1.1926, in BA-Freiburg, N 512, Bd. 4 f, o. Bl.

18 Wilhelm von Dommes an Oskar von Hindenburg, 6.1.1926, in BA-Berlin, R 8048, Bd. 673, Bl. 1/33–1/36.

Worten herausgelesen zu haben“, obwohl dieser Luther als Reichskanzler favorisierte, der am 20. Januar sein zweites Kabinett berief.[19]

Die späteren polizeilichen Vernehmungen des Studienassessors Heinrich Dietz, der die Vorgänge als Putschpläne öffentlich gemacht hatte, ergaben den Vorwurf, Claß habe bereits im November 1925 eine Erklärung führender Generäle initiiert, die an Hindenburg herantreten sollten, um für die Berufung eines Minderheitskabinetts und für die Auflösung des Reichstags unter Berufung auf Artikel 48 der Reichsverfassung zu werben.[20] Zu den Unterzeichnern gehörten unter anderem die Alldeutschen Georg von Below und Arnold Ritter von Möhl, der Führer der DNVP-Bismarckjugend, Felix Graf von Bothmer, die DNVP-Mitglieder Bruno von Mudra und Max von Gallwitz (1920–1924 Mitglied des Reichstags) sowie August Mackensen und der Vorsitzende des Nationalverbandes Deutscher Offiziere, Admiral Ludwig von Schroeder.[21] Gegebenenfalls sollte der Reichstag auch ein zweites Mal durch den Reichspräsidenten aufgelöst werden, um ein Minderheitskabinett durchzusetzen.[22]

Otto Fürst zu Salm-Horstmar und Elard von Oldenburg-Januschau intensivierten ebenfalls ihre Kontakte zum Reichspräsidenten. Mitte März 1926 war hingegen allen Beteiligten klar, dass Hindenburg Hugenberg nicht zum Reichskanzler berufen würde.[23] Zuvor waren im Februar 1926 Claß und Paul Bang in Kreuth mit Leo Wegener und Hugenberg zusammengekommen, um den Plan einer Unterstützung Hugenbergs zu diskutieren, den Wegener seit der Jahreswende 1925/26 verfolgte und dem sich Claß als einer der ersten anschloss.[24] Claß nahm dann Anfang 1926 Kontakt mit dem Lübecker Bürgermeister Johann Neumann auf, der dem Verband seit frühesten Jahren angehörte, aber für ein Diktaturkabinett als Reichskanzler nicht zur Verfügung stehen wollte. Hugenberg und Neumann waren bereits als Wirtschafts- beziehungsweise Innenminister vorgesehen gewesen, als Claß am 5. Oktober 1917 Ludendorff ein Diktaturkabinett

---

19 Claß an Oskar von Hindenburg 6.1.1926, in Welt 25.6.1927 (in BA-Berlin, R 8034-III, Bd. 64, o. Bl.). Oskar von Hindenburg gab später an, mit Alfred Hugenberg gesprochen, jedoch keine Diktatur diskutiert zu haben. Siehe Friedensburg: Lebenserinnerungen, S. 165 und Aussage Oskar von Hindenburg vor dem Untersuchungsrichter, 8.6.1926, in BA-Berlin, R 8048, Bd. 673, Bl. 358–359.

20 Der Wortlaut der Interpellation ist nicht überliefert. Hermann Martin: Denkschrift, 24.6.1927, in BA-Berlin R 43 I/2733, Bl. 56–73.

21 Ebd., Bl. 57–58. Zu den Kontakten zu Arnold von Möhl und Georg von Below, die Claß zu beiden seit 1923 pflegte, siehe Hofmeister (Hrsg.): Heinrich Claß. Politische Erinnerungen, Kapitel 5.1, 5.7 und 6.11. Möhl war Mitglied des Alldeutschen Verbandes und wurde auf dem Verbandstag in Würzburg am 20.4. 1929 in den Gesamtvorstand gewählt.

22 Siehe dazu die Rede Karl Lohmann im Reichstags, 25.1.1928, in Verhandlungen des Reichstags, III. Wahlperiode 1924, Bd. 394, S. 12400–12404. Demnach sollte Arnold Ritter von Möhl in dem zu berufenen Kabinett Kriegsminister werden. Bereits im November 1925 sollte Möhl eine „Generalsinterpellation“, unterzeichnet von 15 Generälen, „darunter 9 ehemalige Armeeführer“, dem Reichspräsidenten mit dem Ziel überreichen, die Pläne von Claß umzusetzen. Otto Landsberg im Reichstag, 25.1.1928, in ebd. , S. 12388.

23 Siehe Claß an Otto Fürst zu Salm-Horstmar, 24.3.1926, in BA-Berlin, R 8048, Bd. 673, o. Bl. und Oldenburg-Januschau: Erinnerungen, S. 218–219.

24 Siehe dazu auch Holzbach: Das „System Hugenberg“, S. 193–194 und Hofmeister (Hrsg.): Heinrich Claß. Politische Erinnerungen, Kapitel 8.3.

vorgeschlagen hatte. Claß' Überlegungen für ein Kabinett der Persönlichkeiten bezogen sich auf diese früheren Planungen.

Hinzu kamen zwischen Jahresende 1925 und Anfang 1926 Pläne zur losen Vereinigung von Wehrverbänden, wie vor allem der Bünde Wiking und Olympia, die im März für Berlin umgesetzt wurden. Auch der Stahlhelm, der Wehrwolf, der Tannenbergbund, der Jungdeutsche Orden, die Vereinigten Vaterländischen Verbände und der Nationalverband Deutscher Offiziere seien Anfang 1926 zu solchen Gesprächen bereit gewesen, die dann am 24. Februar und 11. März 1926 mit der Ausarbeitung entsprechender Aufmarschpläne stattgefunden hatten. Diese Verbindungen von Wehrverbänden sollten einen erwarteten kommunistischen Putsch niederschlagen, den man im Zuge des Pfingsttreffens des Rotfrontkämpferbundes erwartete.[25] Eine entsprechende Denkschrift des Führers des Jungdeutschen Ordens, Artur Mahraun, erreichte auch das Reichswehrministerium.[26] Der Reichskommissar für die Überwachung der öffentlichen Ordnung berichtete folglich im November 1925 von Putschabsichten rechter Verbände.[27]

Diese Gerüchte über mögliche Diktaturplanungen erstreckten sich auch auf polizeiliche Untersuchungen und Vernehmungen von Claß und erreichten schließlich das Berliner Polizeipräsidium. Es stand zum Zeitpunkt der nunmehr folgenden Hausdurchsuchungen bei Claß (Privatwohnung, Geschäftsstelle des Alldeutschen Verbandes sowie Büroräume der Neudeutschen Verlags- und Treuhandgesellschaft) und anderen Vertretern von Wehrverbänden und der Ruhrindustrie[28] am 11. und 12. Mai 1926 außer Frage, dass Claß eine „völkische Diktatur" mit einem autoritären Diktaturkabinett an der Regierung sehen wollte.[29] Einen einsatzbereiten Plan für einen Putsch hatte Claß hingegen 1925/26 nicht, und es stand ihm für eine Diktaturregierung darüber hinaus

25 Diese Absprachen führten schließlich zum Verbot der Vereine Bund Wiking und Olympia am 12.5. 1926. Das Verbot wurde durch das Innenministerium am 27.7.1926 bestätigt. Der Staatsgerichtshof hob am 13.10.1926 beide Verbote nach Beschwerde zunächst auf. Am 29.4.1927 wurde das Verbot für den Bund Wiking erneut bestätigt und das für Olympia endgültig aufgehoben. Beziehungen zwischen Claß und dem Bund Wiking sowie dem Sportverein Olympia bestanden zwar 1923, jedoch hatte Claß entsprechend der Urteilsbegründung in seinem Fall 1926 auf beide Wehrsportverbände keinen Einfluss mehr. Siehe auch Abschlussbericht Oberreichsanwalt Karl August Werner, 13.7.1927 in IISHA, NL Grzesinski, Bd. 1465, Bl. 32–52.

26 Siehe Deutsche Zeitung 18.5.1926 und Antrag Oberreichsanwalt Karl August Werner 13.7.1927, in IISHA, NL Grzesinski, Bd. 1465, Bl. 36–37.

27 Reichskommissar für die Überwachung der öffentlichen Ordnung an Reichskanzlei, 14. und 17.11.1925, in BA-Berlin, R43/I/770, Bl. 73–75.

28 Siehe dazu ausführlicher die Kommentierungen in Hofmeister (Hrsg.): Heinrich Claß. Politische Erinnerungen, Kapitel 8.4.

29 Bei Alfred Hugenberg konnte aufgrund seiner parlamentarischen Immunität keine Hausdurchsuchung durchgeführt werden. Gustav Stresemann wollte sich unmittelbar in einem vertraulichen Telefonat am 11.5.1926 gegenüber dem Stellvertretenden Berliner Polizeipräsidenten, Ferdinand Friedensburg, für die Aufhebung der Immunität durch die Reichstagsfraktion der DVP einsetzen, da er Hugenberg für den Hauptbeteiligten in den kursierenden Gerüchten über Putschplanungen hielt und eine Hausdurchsuchung befürwortete. Siehe Niederschrift Ferdinand Friedensburg, 5.6.1926, in Politisches Archiv des Auswärtigen Amtes, NL Gustav Stresemann, Bd. 281, Bl. 57–58.

kein Personal zur Verfügung, das sich hätte konkret einspannen lassen. Inwieweit Claß selbst für ein Regierungsamt unter einem vom Reichspräsidenten eingesetzten Reichskanzler zur Verfügung gestanden hätte, ließ er bei seiner späteren Anhörung zu den Putschvorwürfen in Leipzig offen.[30]

Claß' Hoffnung auf die Errichtung einer Diktatur, die durch den Reichspräsidenten als Minderheitenkabinett der Persönlichkeiten bei gleichzeitiger Auflösung des Reichstags nach Artikel 25 der Weimarer Reichsverfassung berufen werden sollte, um daraufhin die Verbände der Rechten zu mobilisieren und zu bewaffnen sowie standgerichtliche Ausführungen der „Notverfassung" von Bang aus dem Jahr 1923 bei Zuwiderhandlung von Amtsträgern durchzusetzen, war 1926 reine Illusion.[31] Das hatte Claß selbst erkannt. Zwar wirkte die Ausrufung des Belagerungszustandes nach Kriegsende in einzelnen Ländern auf die Unterdrückung der Revolution und es kam in Ländern wie Bayern nach 1918/19 zu Verschiebungen des Kriegszustandsrechts von militärischen auf zivile Behörden, die die Schutzhaft als „Instrumentarium des Ausnahmezustandes" zuließen.[32] Jedoch konnte sich Claß trotz einer ausgeprägten Gewaltkultur und fehlender rechtsstaatlicher Normalisierung in den ersten Nachkriegsjahren nicht auf eine juristisch legitimierende Mordkultur des Standrechts, wie sie ihm als Teilinstrumentarium eines erweiterten Ausnahmezustandes unter Bezug auf die Todesstrafe für Hoch- und Landesverrat vorschwebte, beziehen. Nach den politischen Mordexzessen zwischen 1919 und 1922 und dem Hitler-Putsch 1923 herrschten in der Weimarer Republik zunächst ruhigere Verhältnisse, bis die paramilitärischen Verbände ab 1929 die Eskalation der Gewalt vorantrieben.[33] Auch die Schutzhaft wurde nach Aufhebung des militärischen Ausnahmezustandes 1923/24 zunächst nicht mehr angewendet.

Stattdessen verfolgte Claß nach dem gescheiterten Hitler-Putsch einen strategischen Legalitätskurs mit der gezielteren Übernahme von Landesverbänden der DNVP durch führende alldeutsche Parteimitglieder, um mit der Partei der Deutschnationalen die Republik über ihre inneren Institutionen zu zerstören und eine Diktatur über den Weg der Verfassungsmäßigkeit zu errichten. In diesem längerfristig geplanten Machtübernahmeszenario sollte nach der Besetzung der Reichskanzlerschaft durch einen Deutschnationalen der Präsident zugunsten des Reichskanzlers zurücktreten und ihm seine Stellung übertragen. Daraufhin sollte die neue Regierung den Staatsstreich ausrufen und jene Notverordnung in Kraft setzen, wonach die Verfassung des Reiches und der Länder aufgehoben und die Staatsgewalt auf einen Reichsverweser übertragen werden sollte.[34] Es scheint unwahrscheinlich, dass Claß eine solche Zusammenarbeit

30 Siehe Aussage Claß im Reichsgericht Leipzig 21.8.1926, in BA-Berlin, R 3001/21430 (5036, Bd. 8), Bl. 52.

31 Siehe zur „Notverfassung" von 1923 Hofmeister (Hrsg.): Heinrich Claß. Politische Erinnerungen, Kapitel 9 (Anhang von 1936) sowie ebd., S. 939–944.

32 Siehe dazu Keil/Stibbe: Ein Laboratorium des Ausnahmezustandes. Zitat ebd., S. 563.

33 Siehe Jones: Founding Weimar, Schumann: Politische Gewalt in der Weimarer Republik und Wirsching: Vom Weltkrieg zum Bürgerkrieg.

34 Claß erklärte, ihm sei diese Notverordnung zur Zeit des Ruhrkampfes 1923 „vermutlich aus München zugeschickt worden mit dem Begleitschreiben, wonach die Verordnung von einem juristisch gebildeten

nach den gegebenen Verhältnissen zwischen seinem Wunschkandidaten Hugenberg als Reichskanzler und Reichspräsident Friedrich Ebert im Frühjahr 1923, als der Entwurf der „Notverfassung“ mit solchen Mechanismen der Machtübertragung ausgearbeitet worden war, ernsthaft erwartet hätte.[35] Hugenberg war ohnehin nicht für eine Reichskanzlerschaft zu haben, weder 1917 noch 1923 oder unmittelbar 1925.

Nicht zuletzt verweist die im Zuge der Hausdurchsuchungen an die Öffentlichkeit geratene Namensliste für ein zu berufendes Diktaturkabinett auf das strukturelle Problem des Alldeutschen Verbandes, charismatisches Führungspersonal für leitende politische Funktionen zu rekrutieren.[36] Neumann war zwar einflussreiches Mitglied des Alldeutschen Verbandes, im Geschäftsführenden Ausschuss während des Ersten Weltkrieges aktiv tätig und kannte Claß seit 26 Jahren. Jedoch standen die beiden seit 1921 nur entfernt in Kontakt, nachdem Neumann Bürgermeister von Lübeck geworden war. Als Claß Neumann im April 1926 bei einer Zusammenkunft für die Übernahme einer Kanzlerschaft anfragte, hatte Neumann kategorisch abgelehnt. Er sollte in Claß’ Überlegungen eines möglichen Präsidialkabinetts daher lediglich als Ersatz für den von Hindenburg abgelehnten Hugenberg dienen. Claß schrieb in einer Karte an Neumann, dass er noch hoffe, er werde es sich anders überlegen. Auch sei Hugenberg selbst von solchen Gedankengängen angetan. Neumann erklärte am 18. April in einem Brief an Claß unmissverständlich seine Ablehnung. Claß schrieb am 23. April erneut an ihn und gab zu verstehen, dass er hoffe, im äußersten Fall auf ihn zählen zu können.[37] Neumann wiederum teilte kurz nach Eingang des Schreibens am 25. April während eines Aufenthaltes in Karlsbad seine wiederholte Ablehnung mit.[38] Claß erklärte schließlich am 16. Mai im Vorfeld der polizeilichen und juristischen Untersuchungen gegen ihn an Eides statt, dass Neumanns am 15. Mai veröffentlichte Darstellung richtig sei, wonach Neumann sich nicht für den Kanzlerposten eines Diktaturkabinetts zur Verfügung gestellt

---

Auslandsdeutschen herrühre“. Claß habe dies nicht geglaubt und die „verzerrten Vorschläge“ als „Kuriosität“ aufbewahrt. Oberreichsanwalt: Strafsache gegen Justizrat Heinrich Claß aus Berlin wegen Vorbereitung zum Hochverrat, 5.10.1926, in BA-Berlin, R 3001, Bd. 12008, Bl. 10.

35 Siehe auch Bericht Oberreichsanwalt 25.5.1926, in BA-Berlin, R 3001/21430 (5036, Bd. 8), Bl. 96.

36 Die Namensliste beinhaltete die Ressorts: Reichskanzler Johann Neumann, Finanzminister Alfred Hugenberg, Innenminister Leo Wegener, Reichswehrminister Arnold von Möhl und Reichsernährungsminister Hermann Freiherr von Lüninck. Die militärische Absicherung des Kabinetts sollte nach Absprache zwischen den Wehrverbänden Bund Wiking, Sportverein Olympia und dem Nationalverband Deutscher Offiziere durch General Arnold von Möhl, Admiral Ludwig von Schröder, Oberst Walter Nicolai und Major Hans von Sodenstern erfolgen. Die zwölf Mitglieder der Wirtschaftsvereinigung zur Förderung der geistigen Aufbaukräfte, die Alfred Hugenberg aus dem Kreis der Schwerindustrie die entscheidenden Ressourcen für seine Medienunternehmungen zur Verfügung stellten, sollten vermutlich die Finanzierung des Unternehmens über die Ostdeutsche Privatbank sicherstellen. Zu ihnen gehörte Emil Kirdorf, Leo Wegener, Ludwig Bernhard, Hans von und zu Löwenstein, Eugen Wiskott, Bernhard Mann, Hermann Winkhaus, Reichswirtschaftsminister a. D. Johann Becker, Franz Heinrich Witthoefft, Albert Vögler, Neumann und Hugenberg selbst.

37 Siehe zum Schriftwechsel Lübecker Volksbote 14.5.1926 und Deutsche Zeitung 24.5.1926.

38 Siehe 9. Sitzung der Bürgerschaft zu Lübeck, 17.5.1926, in Archiv der Hansestadt Lübeck, 1.2. Neues Senatsarchiv, Nr. 635 und Deutsche Zeitung 16.5.1926.

habe und man bei solchen Gesprächen „nur von dem Fall einer verfassungsmäßigen Neu- oder Umbildung der Reichsregierung ausgegangen sei".[39]

Abb. 19: Der Lübecker Senator Johann Neumann (um 1920).

Angesichts des langen Weges zur Übernahme des DNVP-Parteivorsitzes durch Hugenberg am 20. Oktober 1928, der ab 1925 mit der Übernahme von Landesverbänden durch Hugenberg-Unterstützer konkreter wurde, schien die aufgetauchte Namensliste des Diktaturkabinetts in der Tat von 1923 zu sein, die zwei Jahre später umso mehr nur eine Wunschliste hätte sein können. Hugenberg wäre aber auch 1923 innerhalb der DNVP nicht mehrheitsfähig gewesen und dies hatte sich bis zum Mai 1926 nicht geändert, als die Namensliste weitläufig in der Presse besprochen wurde und sich Claß vor Gericht gegen den Vorwurf einer unmittelbaren Diktaturplanung verteidigen musste. Claß begann gerade erst seit dem Sommer 1925, Hugenberg als Führer der Oppositionsgruppe innerhalb der DNVP zu unterstützen. Dieser erklärte schließlich bei seiner Vernehmung zu den Putschgerüchten, dass er Claß bei Überlegungen für ein Diktaturkabinett nie zur Verfügung gestanden habe.[40]

Zwei briefliche Kontakte zu Wilhelm II. am 15. Dezember 1925 und 26. Januar 1926 wurden ebenfalls für die Beweisführung gegen Claß herangezogen, wonach der alldeutsche Verbandsführer den Exil-Kaiser für eine monarchische Absicherung einer

39 Siehe Erklärung Claß, 16.5.1926, in Archiv der Hansestadt Lübeck 1.2. Neues Senatsarchiv, Nr. 572.
40 Oberreichsanwalt an den Vorsitzenden des 4. Strafsenats, 5.10.1926, in Bundesarchiv-Berlin, R 3001, Bd. 12008, Bl. 23.

Abb: 20: Die monarchische Option für Heinrich Claß' Planungen einer Diktaturregierung zu Beginn der Weimarer Republik. Prinz Friedrich Wilhelm von Preußen und seine Gattin Agatha zu Hohenlohe-Schillingsfürst, Prinzessin zu Ratibor und Corvey. Friedrich Wilhelm von Preußen war der Sohn von Friedrich Wilhelm Nikolaus Albrecht von Preußen und der Enkel von Friedrich Heinrich Albrecht von Preußen, der wiederum der jüngste Bruder von Friedrich Wilhelm IV. von Preußen und Kaiser Wilhelm I. war.

zukünftigen Diktaturregierung habe einbeziehen wollen. Die Briefe konnten aber keine politische Einbindung des Exil-Kaisers nachweisen. Solche Planungen wären ohnehin der Distanzierung von Claß gegenüber Wilhelm II. als Vertreter einer möglichen zukünftigen Kaiserwürde zuwidergelaufen. Der Briefwechsel ging auch vom Kaiser aus. Claß reagierte auf die kaiserliche Einladung nach Doorn sehr zurückhaltend und schlug stattdessen Salm-Horstmar vor, der jedoch über die Bestrebungen des Alldeutschen Verbandes nur berichten konnte, dass man beim Reichspräsidenten für Hugenberg und gegen Luther als Reichskanzler votiere.[41] Der Exil-Kaiser hörte mit Interesse zu und hoffte selbst auf einen politischen Umschwung für eine monarchische Restituion zu seinen Gunsten. Die Prinzessin von Preußen (Kaiserin Hermine) zeigte ebenfalls Interesse an der politischen Lageeinschätzung, die ihr durch Hugenberg später zuging.[42]

Die Sympathie für den Alldeutschen Verband stieg beim unsteten Exil-Kaiser im Nachklang der Putsch-Affäre, als er ein Jahr später am 17. Mai 1927 die DNVP aufgrund

41 Siehe für die Briefe Claß an Wilhelm II. 15.12.1925 und 26.1.1926 die Abdrucke in Vorwärts 15.5.1926, Deutsche Zeitung 15.5.1926 und 9. Sitzung der Bürgerschaft zu Lübeck, 17.5.1926, Sp. 408–409, in Archiv der Hansestadt Lübeck, 1.2. Neues Senatsarchiv, Nr. 635. Wilhelm von Dommes vermittelte auch als Vertreter des Hauses Hohenzollern vorsichtige Kontakte des Kaisers zu Claß. So am Vormittag des 9.12.1925, als er Claß Glückwünsche und ein Porträt des Kaisers aus Doorn überreichte. Tagebucheintrag Dommes, 9.12. 1925, in BA-Freiburg, N 512 Bl. 4f, o. Bl. Es folgten weitere Treffen von Dommes mit Claß zu unterschiedlichen politischen Themen am 19.12.1925 sowie am 2.1., 7.1., 28.1., 17.3. und 24.3.1926. Siehe die entsprechenden Einträge in ebd. Dommes' Anwesenheit bei Treffen in der Geschäftsstelle des Alldeutschen Verbandes ist spätestens seit Februar und März 1923 belegt. Ebd., Bd. 4d.

42 Siehe Leopold von Vietinghoff-Scheel an Carl Röhling 19.5.1926, in BA-Berlin, R 8048, Bd. 212, Bl. 288.

ihrer mehrheitlichen Zustimmung zur Verlängerung des Republikschutzgesetzes und des „Kaiserparagraphen“ § 23, demzufolge ehemaligen Dynastiemitgliedern die Rückkehr nach Deutschland grundsätzlich versagt werden konnte, für zu verfassungstreu hielt und seine Anhänger zum Austritt aus der Partei und den Eintritt in den Alldeutschen Verband aufforderte.[43] Wilhelms Adjutant, Dommes, warf der Parteiführung Verrat vor, immerhin war nun auch Prinz August Wilhelm, Sohn des Exil-Kaisers, 1927 über die Brüder Eitel Friedrich und Oskar in den Stahlhelm eingetreten. Um dem Konzept von Monarchie und Massenmobilisierung zu entsprechen, wurde er im selben Jahr Mitglied der DNVP, die er 1930 aber wieder verließ, um der NSDAP beizutreten.[44]

Bei all diesen Annäherungen an die Alldeutschen und Deutschnationalen galt Wilhelm II. zum Zeitpunkt der Putschuntersuchungen im Frühjahr 1926 den Alldeutschen nicht als Garant einer monarchischen Wiederkehr. Vor allem, nachdem Friedrich Wilhelm von Preußen als ursprünglich von Claß auserwählter Kaiser 1925 gestorben war, verengten sich die Personal-Perspektiven für eine zivil-militärische Diktatur mit symbolischer Absicherung durch die Monarchie. Claß hatte auf Anraten seines alldeutschen Freundes Wilhelm von Müffling im Frühjahr 1919 Kontakt zu dessen Hohenzollern-Freund aufgenommen.[45] Dass Friedrich Wilhelm in Bonn und Königsberg Rechtswissenschaft studiert, Geschichtsvorlesungen nebenbei besucht hatte und anschließend als Landrat des Kreises Frankenstein in den Verwaltungsdienst gegangen war, beeindruckte Claß zusätzlich zu dem Umstand, dass der Hohenzollern-Prinz aufgrund der „Bamberger Erklärung“ 1919 Mitglied des Alldeutschen Verbandes geworden war. Fortan war Friedrich Wilhelm engstens in die politischen Planungen von Claß zur Errichtung einer Diktatur eingeweiht, die der Prinz als kaiserliche Alternative symbolisch ausschmücken sollte. In einem Planspiel im Frühjahr 1922 wies Claß dem Prinzen die Rolle des repräsentativen Vorsitzes einer Diktaturregierung zu, die Friedrich Wilhelm zur vollsten Zufriedenheit von Claß auszufüllen vermochte.[46]

Der frühe Tod des Prinzen im Frühjahr 1925 ließ Claß ohne eine monarchische Option zurück, die politisch unverbraucht war und sich für symbolische Funktionen einer Diktaturregierung einspannen ließ. Insofern war der Exil-Kaiser für Claß weiterhin nicht zu gebrauchen und die im Zuge der Putschanschuldigungen aufgetauchten Briefe ließen keine konkrete politische Verabredung erkennen, wenngleich die monarchische Frage für die Alldeutschen ungelöst blieb. Auch Dommes hielt in seinem Ta-

43 Wilhelm II. an Leopold von Kleist 18.5.1927, zitiert in Ilsemann: Der Kaiser in Holland, Bd. 2, S. 57. Siehe auch Terhalle: Deutschnational, S. 173 und Gasteiger: Kuno von Westarp, S. 314 sowie zum Ersten Republikschutzgesetz von 1922 Gusy: Weimar – Die wehrlose Republik?, S. 128–171.

44 Siehe Gasteiger: Kuno von Westarp, S. 311–312 und Pekelder/Schenk/van der Bas: Der Kaiser und das „Dritte Reich“, S. 53–62.

45 Siehe dazu Hofmeister (Hrsg.): Heinrich Claß. Politische Erinnerungen, Kapitel 4.9.

46 Ebd.

gebuch nüchtern fest: „9[15] ab bei Claß (unsinnige Beschuldigung u. Haussuchung) – hat Kur unterbrochen – bleibt zunächst hier."[47]

Nimmt man schließlich den gesundheitlich angeschlagenen und sich seit 1925 nach Kreuth zurückziehenden Wegener als Mitglied eines solchen Diktaturkabinetts hinzu, dann scheint die veröffentlichte Namensliste für eine Putschregierung kein ausgewiesenes Gespür des Verfassers für die entsprechenden charismatischen Fähigkeiten und physischen Ressourcen der jeweiligen Personen aufzuzeigen. Bei der polizeilichen Vernehmung erwähnte Wegener selbst, dass er „herznerven- und muskelkrank" sei, was man ihm aufgrund von Lähmungserscheinungen im Gesicht ansah, nachdem er zwischen dem 19. und 27. Lebensjahr längere Krankenhausaufenthalte hinter sich hatte.[48] Als Claß Wegener 1928 erneut drängte, in den Geschäftsführenden Ausschuss des Alldeutschen Verbandes einzutreten, musste Wegener unter anderem auch deswegen höflich ablehnen, weil er schwerhörig war und in den Sitzungen nicht von großem Nutzen sein würde.[49] Der als Reichskanzler vorgesehene Neumann starb schließlich 1928 an einem Herzinfarkt.

7.2 Heinrich Claß und Adolf Hitler 1924/26

Letztlich war für das Frühjahr 1926 eine ernsthafte Aktivierung der „Notverfassung" von 1923 durch Claß äußerst unwahrscheinlich. Der folgende Prozess, der gegen ihn nun angestoßen wurde und sich bis zur endgültigen Urteilsverkündung im Frühjahr 1927 hinziehen sollte, sowie die Untersuchungen gegen die Mitglieder der Wirtschaftlichen Vereinigung, die als Förderer des Hugenberg'schen Medienimperiums ebenfalls unter Verdacht standen, konnten lediglich die theoretischen Absichten der beteiligten Personen für die Errichtung einer Diktatur beurteilen. Es blieb am Ende der Untersuchungen unklar, ob Claß selbst die erwähnte Liste erstellt hatte, oder ob sie aus dem weiteren Umfeld des Alldeutschen Verbandes kam. Die „Notverfassung" von 1923, die in ihrem Entwurf vermutlich von Bang im Frühjahr 1923 ausformuliert worden war, wurde während des Putsch-Verfahrens 1926 herangezogen. Sie war den Behörden bereits seit dem Hitler-Putsch am 9. November 1923 bekannt, denn zu diesem Zeitpunkt hatte sie sich in der Aktentasche des vor der Feldherrenhalle erschossenen Theodor von der Pfordtens befunden. Pfordten war bayerischer Oberlandesgerichtsrat und Amtsrichter

47 Tagebucheintrag Wilhelm von Dommes, 22.5.1926, BA-Freiburg, N 512, Bd. 4f, o. Bl. Treffen mit Claß folgten in loser Folge erst wieder am 7.6., 9.8. und 31.8.1926, während Dommes' Sammlung der Landesverbände für Alfred Hugenberg bereits Fahrt aufgenommen hatte und ungeachtet der Putschvorwürfe konzentriert weiterverfolgt wurde. Siehe zu den Treffen die entsprechenden Einträge/Kurznotizen in ebd.

48 Siehe Erinnerungsprotokoll der Vernehmung Leo Wegener durch Untersuchungsrichter Neumann am 9.7.1926, o. D., in BA-Koblenz, N 1003 Wegener, Bd. 69, Bl. 92–95. Zitat Bl. 93 und Bernhard: Der „Hugenberg-Konzern", S. 11–13.

49 Wegener an Claß, 2.9.1928, in BA-Koblenz, N 1003, Bd. 23, Bl. 96.

im bayerischen Justizministerium sowie Mitglied der DNVP und früher Berater Hitlers.[50] Die gefundene Notverordnung enthielt zahlreiche Einfügungen, aber auch Kürzungen sowie eine 14 Paragraphen beinhaltende Standgerichtsverordnung.[51] Karl Alexander von Müller hatte als Studienfreund Pfordtens zu dem kleinen Kreis derer gehört, die diese „Notverfassung" im Sinne des 25-Punkte-Programms der NSDAP umgearbeitet und um eine ausführliche Standgerichtsordnung erweitert hatten.[52] Hitler selbst besuchte Pfordten während dieser Besprechungen, an denen auch der Programmideologie Gottfried Feder teilnahm, in dessen Büro am Lenbachplatz in München.

Im Hitler-Prozess 1924 war diese „Notverfassung" Pfordtens dem bayerischen Volksgericht zwar bekannt gewesen, sie war aber nicht in das Hochverratsverfahren gegen Hitler als Straferschwerungsgrund bei der Verhängung der Mindeststrafe von fünf Jahren Zuchthaus eingeflossen. Abgesehen von dem willkürlichen Urteil vom 1. April 1924, das den staatenlosen Hitler nicht wegen Hochverrats verurteilte und entsprechend den Verordnungen nach Österreich auswies, unterlag Hitler bereits zur Zeit des Putsches am 9. November 1923 einer Bewährungsstrafe. Wegen Landfriedensbruchs wurde er am 21. Januar 1922 zu drei Monaten Gefängnis verurteilt, wovon ihm zwei Monate bis zum 1. März 1926 auf Bewährung erlassen wurden.[53] Die Entscheidung zur Verkürzung der Bewährungsfrist erfolgte durch das Landgericht erst am 8. April 1926 – nur vier Wochen vor den angeordneten Hausdurchsuchungen im Fall Claß.[54] Hitler hatte am 14. September 1921 eine Versammlung Otto Ballerstedts, des „separatistischen" Gründers des Bauernbundes, im Löwenbräukeller in München gesprengt, der zu der Zeit einer seiner wichtigsten Konkurrenten war.[55]

Wenngleich Hitlers Bewährung zur Zeit der Hausdurchsuchungen im Mai 1926 abgelaufen war, so hätte man ihn noch belasten können, wenn die bearbeitete „Notverfassung" aus dem Frühjahr 1923 gerichtlich als Hochverrat bewertet worden wäre. Hitlers Ausweisung wurde nach seiner Verurteilung 1922 vom bayerischen Innenminister Franz Xaver Schweyer erwogen, der selbst während des Hitler-Putsches festgesetzt worden war. Nach Art. 9 Abs. 2 des Republikschutzgesetzes wäre bei Hochverrat die Ausweisung von Ausländern geboten gewesen, jedoch wurde dies nach Protesten der Rechten nicht durchgesetzt.[56] Claß intervenierte mit einer Entschließung des Geschäftsführenden Ausschusses in der Angelegenheit und hielt es bei aller Entfremdung

50 Siehe auch Weissbecker/Pätzold: Adolf Hitler, S. 95.

51 Siehe Hoffmann: Der Hitlerputsch, S. 284 – 294. Siehe auch Berliner Tageblatt 28.10.1927.

52 Müller: Im Wandel einer Welt, S. 151 – 153.

53 Siehe Gritschneder: Das mißbrauchte bayerische Volksgericht. Hitler saß vom 24.6.–27.7.1922 im Gefängnis Stadelheim in München.

54 Siehe auch Gritschneder: Bewährungsfrist für den Terroristen Adolf H., S. 132 – 136.

55 Siehe Gritschneder: Der Hitler-Prozeß und sein Richter Georg Neithardt, S. 49 – 55, Kershaw: Hitler. Hubris, S. 175 – 176 und Ullrich: Adolf Hitler, S. 134 – 135.

56 Longerich: Hitler, S. 104 – 105.

und Konkurrenz für eine „Ehrenpflicht“, bei der bayerischen Staatsregierung gegen Hitlers Ausweisung Stellung zu nehmen.[57]

Hitler selbst spielte politisch im Frühsommer 1926 nach der Wiedergründung der NSDAP für den Alldeutschen Verband zunächst keine wesentliche Rolle. Otto Bonhard von der Hauptgeschäftsstelle attestierte Hitler in seiner Besprechung von „Mein Kampf“ (1925), dass der Autor in der Gesamtschau und historischen Verortung seines Werdeganges doch an intellektuelle Grenzen gestoßen sei, die unter anderem seinem „Bildungsgange“ geschuldet seien. Trotz des „schwankenden Grunde[s] eines ungenügenden Wissens“ müsse ihm aber für dieses Werk ebenso wie für seine Rednergabe „größte Hochachtung“ zugestanden werden.[58] Letztlich erliege Hitler einem „Irrtum“, wenn er an die Massen glaube und dem gesprochenen Wort mehr Bedeutung zumesse als dem schriftlichen.[59] Der Unterschied zwischen alldeutscher und nationalsozialistischer Mobilisierungspolitik sowie charismatischer Führerschaft war damit erneut ausgesprochen. Auch Claß urteilte nach Erscheinen des Buches, „daß demjenigen[,] der sich nach dem Lesen des Buches noch nicht über die politische Unfähigkeit des Herrn Hitler klar wurde, nicht zu helfen sei“.[60] Für ihn seien Hitlers politische Ambitionen zunächst „nicht mehr zu erwecken“ und die „erforderlichen großen Mittel“ seien für die NSDAP ohnehin nicht vorhanden.[61] Kontakt zu Hitler suchte Claß nicht und er sah auch keine „gedeihliche Zusammenarbeit“ mit der NSDAP, wobei er sich einer Annäherung auf sachlicher Grundlage aber nicht gänzlich verschloss, falls der „Wille“ zur Zusammenarbeit von der anderen Seite bekundet und der „lebensgefährliche Angriff“ auf den Alldeutschen Verband eingestellt werde.[62]

Diese distanzierte Nähe von Claß zu Hitler beruhte vor allem auf der Enttäuschung, im Hitler-Prozess für eine bewusste Trennung Hitlers zwischen NSDAP und Alldeutschem Verband vorgeführt worden zu sein. Ein klarer Bruch wurde aber vor allem von Hitler und der wiedergegründeten NSDAP betont. Rudolf Heß, der nach seiner Haftentlassung in der Folge des Hitler-Putsches nun als Privatsekretär Hitlers fungierte, machte am 9. Juni 1925 unmissverständlich deutlich, dass man keine Annäherung an

57 Claß auf der Sitzung des Geschäftsführenden Ausschusses des Alldeutschen Verbandes 25./26.10.1925, in BA-Berlin, R 8048, Bd. 140, Bl. 48 und vom Geschäftsführenden Ausschuss angenommener Entwurf zur Entschließung des Alldeutschen Verbandes, in ebd., Bl. 48–49.

58 Deutsche Zeitung 9.9.1925.

59 Ebd.

60 Claß auf der Sitzung des Geschäftsführenden Ausschusses des Alldeutschen Verbandes 4.9.1925, in BA-Berlin, R 8048, Bd. 144, Bl. 19.

61 Claß auf der Sitzung des Geschäftsführenden Ausschusses des Alldeutschen Verbandes 31.1./2.1.1925, in BA-Berlin, R 8048, Bd. 141, Bl. 53.

62 Claß an Marie Gareis 28.5.1925, in BA-Berlin, R 8048, Bd. 211, Bl. 165–166. Claß schlug Marie Gareis ein Treffen zwischen ihm, Paul Bang mit Adolf Hitler bei seiner Durchreise zum Villacher Verbandstag des Alldeutschen Verbandes in Österreich (13.–14.6.1925) vor, zu dem er am 8.6.1925 von Berlin aus abzufahren und dann vom 9.–10.6.1925 im Gasthof „Marienbad“ in München zu übernachten plante. Eine Reise nach Wien zu Besprechungen über die *Deutschösterreichische Tageszeitung* sollte sich anschließen.

Claß wünsche.[63] Christoph Pickel vom alldeutschen Landesverband Nord-Bayern bestätigte die erneute Konkurrenz. Mit Aufmärschen der Hitlerjugend sei bewusst versucht worden, die Sitzung des Geschäftsführenden Ausschusses des Alldeutschen Verbandes in Bayreuth im September 1926 zu stören.[64] Kontakt zu Hitler wollte man von alldeutscher Seite nicht suchen, Hitlers „Wesensart" und seine Umgebung seien „bedrohlich" für den Verband, so auch Leopold von Vietinghoff-Scheel.[65] Man sei aber offen für ein Entgegenkommen seitens der NSDAP.[66]

7.3 Nachholende politische Kämpfe: Gustav Stresemann und Heinrich Claß

Es lässt sich nicht übersehen, dass die Putschanschuldigungen politischen Interessen dienen konnten und die Skandalisierung der Putschgerüchte auf eine politische Schwächung von Claß und vor allem von Hugenberg zielte. Auch Gustav Stresemann hätte von einer politischen Bloßstellung seiner ehemaligen alldeutschen Weggefährten profitieren können, schließlich stand der alldeutsche Verbandsführer seit Jahren in dem Ruf, die Demokratie mit allen Mitteln zerstören zu wollen. Nicht zuletzt spielte Claß schon drei Jahre zuvor eine zentrale Rolle in der Befeuerung des heißen Sommers 1923, als sich verschiedene Rechtsgruppierungen aufmachten, die Republik über einen Rechtsputsch zu zersetzen, und letztlich zum Fall der Stresemann-Regierung beitrugen. Schließlich führten die politischen Zuspitzungen zwischen links und rechts während Stresemanns Amtszeit als Reichskanzler zwischen dem 13. August und dem 30. November 1923 zur umfassenden Staatskrise, die im Zuge der Hyperinflation, des Abbruchs des Ruhrkampfes, der Ausrufung des Ausnahmezustandes und der Reichsexekution gegen Sachsen und letztlich gegen Bayern den Koalitionsfrieden mit der SPD gefährdet hatte. Stresemanns als Große Koalition angetretene Regierung hatte daraufhin nur noch als „Rumpfkabinett" ohne parlamentarische Mehrheit agieren können. Die Vorgänge hatten ihn am Ende das Amt des Reichskanzlers gekostet.[67]

Die Putscherfahrungen vom November 1923 blieben Stresemann lebhaft in Erinnerung, der nun ein sichtliches Interesse daran hatte, dass sich die Putschgerüchte bestätigten und in einem Hochverratsprozess gegen Claß genutzt werden könnten, um

63 Rudolf Heß an Claß 9.6.1925, in BA-Berlin, R 8048, Bd. 211, Bl. 185. Rudolf Heß beantwortete Marie Gareis' Vermittlungsangebot mit dem Hinweis, dass Adolf Hitler ohnehin zu dem Zeitpunkt von Claß' und Paul Bangs Anwesenheit in München verreist sei und man auch keiner Vermittlung Dritter für Kontakte zum Alldeutschen Verband bedürfe. Von dem Briefwechsel bezüglich eines Treffens habe Hitler auch zum jetzigen Zeitpunkt keine Kenntnis, so Heß.

64 Christoph Pickel auf Sitzung des Geschäftsführenden Ausschuss des Alldeutschen Verbandes, 12./13.2. 1927, in BA-Berlin, R 8048, Bd. 149, Bl. 82.

65 Leopold von Vietinghoff-Scheel an Marie Gareis, o.D., in BA-Berlin, R 8048, Bd. 211, Bl. 158.

66 Mögliche Kontakte zwischen Claß und Hitler wurden durch die NSDAP-Reichsleitung unverzüglich beendet. Rudolf Heß an Claß, 9.6.1926, in BA-Berlin, R 8048, Bd. 211, Bl. 185.

67 Winkler: Weimar, S. 186–243 und Ullrich: Deutschland 1923, S. 106–264.

den Alldeutschen Verband zu isolieren. Claß, der mit seinen alldeutschen Gesinnungsgenossen in all diese Umsturzplanungen führend involviert war, verstärkte die gegenseitige Abneigung. Stresemann kannte seinen alldeutschen Gegenspieler nur allzu gut, denn er war selbst frühes Mitglied des Alldeutschen Verbandes gewesen.[68] Bereits seit 1909 war das Verhältnis zwischen Claß und Stresemann weitgehend zerrüttet. Allerdings wusste Claß Stresemann zu Kriegsbeginn mit seiner fundamentalen Kritik an Bethmann Hollweg auf seiner Seite und Stresemann teilte auch seine Kriegsziele.[69] Jedoch trat dieser bis zu seinem Austritt aus dem Alldeutschen Verband im Frühjahr 1918 nicht für die Alldeutschen öffentlichkeitswirksam in Erscheinung.

Stresemann hatte sich als Landesvorsitzender der Nationalliberalen Partei nach einem Vortrag 1902 der Dresdner Ortsgruppe des Alldeutschen Verbandes angeschlossen.[70] Er geriet aber mit der Ortsgruppe in Pirna in Konflikt um die von den Alldeutschen zunächst gewährte Unterstützung eines deutsch-konservativen Kandidaten für die sächsische Landtagswahl 1909, nachdem er bereits seit 1905/06 an der Ausrichtung der sächsischen Nationalliberalen auf eine Partei für Industrie, Gewerbe und Städte hingearbeitet und die Zusammenarbeit mit den Deutsch-Konservativen aufgekündigt hatte.[71] Stresemann, der im sächsischen Landesverband der Nationalliberalen die Interessen von Industrie und Gewerbe bereits bei den Reichstagswahlen 1903 und 1907 gegen die Deutsch-Konservativen führend vertreten hatte, drohte mit seinem Austritt aus dem Verband.[72]

Claß hatte auf diesen Konflikt in Sachsen mit einer scharfen Zurückweisung von Stresemanns Auftreten reagiert.[73] Dieser Konflikt wurde mit dem „Kaiserbuch" befördert, als Claß Stresemann zusätzlich wegen seiner jüdischen Frau antisemitisch scharf angriff und ihn als Bestandteil eines „zersetzenden" jüdischen Einflusses innerhalb der Nationalliberalen Partei hinstellte, die nach Bismarcks Rücktritt 1890 „moralisch" zusammengebrochen sei.[74] Stresemann geriet nicht zuletzt wegen Angriffen auf ihn und seine Frau Käte in große Distanz zu einer alldeutsch-antisemitischen Propaganda, wie sie Claß befürwortete.[75] Das Zusammengehen des Alldeutschen Verbandes mit dem deutsch-konservativen Bund der Landwirte im Jahre 1913 stand Stresemanns langjähriger Stellung als Syndikus des exportabhängigen Verbandes sächsischer Industrieller (1902–1908) sowie seiner nationalsozialen Sozialisation als früher Anhänger Friedrich

68 Siehe auch Wagner: „Krieg oder Frieden".

69 Claß an Karl Lohmann, 18.3.1915, in BA-Berlin, R 8048, Bd. 199, Bl. 69.

70 Gustav Stresemann trat spätestens 1904/05 der alldeutschen Ortsgruppe Dresden bei. Kolditz: Rolle und Wirksamkeit des Alldeutschen Verbandes in Dresden, S. 147–148.

71 Siehe dazu Wagner: Krieg oder Frieden, S. 37–41 und 70–71.

72 Siehe auch Grießmer: Massenverbände und Massenparteien, S. 130–131 und Pohl: Die Nationalliberalen in Sachsen vor 1914.

73 Siehe Claß an Friedrich Hopf, 19.2.1909, in StA Dresden, 13.1., Bd. 97, Bl. 165. Siehe auch Retallack: Red Saxony, S. 411–434 und 537–546.

74 Siehe Claß: Wenn ich der Kaiser wär', S. 204–206.

75 Wright: Gustav Stresemann, S. 47–48.

Naumanns, seiner Kolonialpolitik sowie seiner Unterstützung des deutschen Flottenausbaus zusätzlich entgegen.

Claß hielt jedoch strategisch Kontakt zu Stresemann, dem er unter anderem seine Kriegszieldenkschrift schickte und der daraufhin um weitere Exemplare zur Verteilung „im Kreise der Industrie" sowie an „führende Herren des sächsischen Ministeriums" bat.[76] Stresemann hatte als nationalliberaler Reichstagsabgeordneter und Vertreter des Verbandes sächsischer Industrieller mit über 5.000 Vertretern von Betrieben immensen Einfluss auf die Partei und die wirtschaftlichen Interessenverbände. Er forderte als Vertreter der exportorientierten sächsischen Textilindustrie vor allem die „restlose Niederwerfung Englands"[77] und war als Repräsentant des Deutsch-Amerikanischen Wirtschaftsverbandes an einer starken Exportindustrie interessiert, die mit Großbritannien und den USA den Wirtschaftskrieg nicht scheuen sollte. Diese Kriegsziele Stresemanns verbanden ihn mit der Kriegszielbewegung. Claß bat daher noch vor der Freigabe der Kriegszieldiskussion um die vereinzelte Verbreitung von Stresemanns Reichstagsreden als Sonderbeilage der *Alldeutschen Blätter*, in denen sich Stresemann inhaltlich ganz auf der Linie der Kriegsziele der Nationalliberalen Partei unter Ernst Bassermann bewegte.[78] Stresemann sagte Claß zu und fragte die Übersendung von Druckexemplaren zur eigenen Verteilung an.[79]

Als sich Stresemann Mitte März 1918 für den vernunftgeleiteten Ausstieg aus dem Alldeutschen Verband entschied, um sich von den imperialen Illusionen der alldeutschen Kriegszielpolitik nach verstärkten Angriffen des Verbandes auf den verständigungsbereiten Flügel der Nationalliberalen Partei zu distanzieren[80], brach der Konflikt zwischen Claß und Stresemann erneut auf. Stresemann wollte nicht nur selbst austreten, sondern rief auch andere Verbandsmitglieder auf, es ihm gleichzutun. Dies führte zu einer scharfen Auseinandersetzung mit Claß, der Stresemanns Verhalten als Beweis dafür sah, dass die Nationalliberale Partei selbst eine grundsätzliche personelle Reform brauche.[81]

Die Neuauflage des „Kaiserbuchs" von 1925 enthielt dann auch die unveränderte antisemitische Passage zu Stresemann. Nach dem Ersten Weltkrieg war auch der Öf-

---

76 Gustav Stresemann an Claß, 29.12.1914, in Politisches Archiv des Auswärtigen Amtes, NL Gustav Stresemann, Bd. 139, Bl. 157.

77 Gustav Stresemann an Kronprinz Wilhelm von Preußen (Begleitschreiben zur Denkschrift des Verbandes Sächsischer Industrieller), 2.10.1915, in Politisches Archiv des Auswärtigen Amtes, NL Gustav Stresemann, Bd. 152, Bl. 165–167.

78 Geschäftsstelle des Alldeutschen Verbandes an Gustav Stresemann, 2.6.1916, in Politisches Archiv des Auswärtigen Amtes, NL Gustav Stresemann, Bd. 153, Bl. 201.

79 Gustav Stresemann an die Hauptleitung des Alldeutschen Verbandes, 10.6.1916, in ebd., Bl. 202.

80 Siehe Erklärung von Wilhelm Blankenburg, Otto Keinath, Friedrich List, Georg Schulenburg, Peter Franz Stubmann und Gustav Stresemann zum Austritt aus dem Alldeutschen Verband, 12.3.1918, in Alldeutsche Blätter 25.3.1918. Siehe auch Hering: Konstruierte Nation, S. 460–465.

81 Siehe Claß auf der Sitzung des Geschäftsführenden Ausschusses des Alldeutschen Verbandes, 29.6.1918, in BA-Berlin, R 8048, Bd. 119, Bl. 9 und Sitzung des Geschäftsführenden Ausschusses des Alldeutschen Verbandes, 13.4.1918, in ebd., Bd. 118, Bl. 11–12

fentlichkeit inzwischen klar, dass sich hinter dem Pseudonym von 1912 (Daniel Frymann) der Verbandsvorsitzende versteckte.[82] Die grundsätzliche alldeutsche Ablehnung der Weimarer Republik und der Verständigungspolitik, die Stresemann als Außenminister in drei Kabinetten zwischen 1923 und 1929 vertrat, war offenkundig. Schon das Kabinett Stresemann mit DVP, Zentrumspartei, DDP und SPD, das schließlich im November 1923 durch das Misstrauen der SPD nach unterschiedlichem Vorgehen der Regierung gegen die Unruhen in Thüringen und Sachsen sowie in Bayern ein Ende fand, war für Claß ein Kabinett der Systemparteien. Claß' staatsgefährdenden Verhandlungen mit Hans von Seeckt um eine Unterstützung der Reichswehr für einen Putsch beziehungsweise für Direktoriumspläne in Norddeutschland und Bayern, die zwischen Februar und September 1923 stattfanden, hatte Stresemann im Frühjahr 1926 nicht vergessen. Die Aufgabe des passiven Widerstandes gegen die Ruhrbesetzung der Franzosen, Belgier und Engländer 1923 und die Beendigung der Inflation durch eine Währungsreform zielten während seiner Kanzlerschaft auf eine Stabilisierung der Weimarer Republik.

Als Außenminister führte er diese Politik fort und verhandelte 1924 den Dawes-Plan zur Reduzierung deutscher Reparationslasten sowie 1925 den Locarno-Pakt zum Verzicht Deutschlands auf eine gewaltsame Änderung seiner Grenzen mit Belgien und Frankreich, was eine Revision der Gebietsabtretungen von 1919 ausschloss.[83] Die DNVP-Vertreter im Luther-Kabinett fühlten sich im Verlaufe der Locarno-Verhandlungen in ihren Bemühungen isoliert, einerseits gouvernementale Politik zu betreiben und andererseits nationalistische Interessen durchzusetzen.[84] Claß kritisierte nicht nur den Dawes-Plan als Ausdruck des „Vernichtungswillens" der Alliierten, sondern forderte nach der Unterzeichnung des Locarno-Pakts die Verurteilung Stresemanns wegen Hochverrats vor dem Staatsgerichtshof in Leipzig.[85]

Die Radikalisierung des völkischen Flügels führte schließlich zu einer systematischen Opposition gegenüber der Verständigungspolitik innerhalb der DNVP.[86] Deren Eintritt in das „Bürgerblock"-Kabinett Luthers zwischen Januar und Oktober 1925 im Nachgang der Reichstagswahlen vom 7. Dezember 1924 forderte die alldeutschen Fraktionsmitglieder heraus. Auch Hugenberg, der bereits seit Stresemanns Kanzlerschaft 1923 zu dessen scharfen Kritikern zählte, trat zunehmend aus seinem parlamentarischen Schatten. Zwischen der Dawes-Abstimmung 1924 und den Locarno-Verträgen 1925 gab er seine politische Zurückhaltung in der DNVP-Reichstagsfraktion allmählich auf. Der Regierungsbeteiligung der DNVP unter der Reichstagsfraktionsführung Westarps,

82 Claß: Daniel Frymann. Das Kaiserbuch, S. 145–146.

83 Siehe auch Deutsche Zeitung 19.4.1925 und Rede Claß auf dem Verbandstag des Alldeutschen Verbandes am 22.3.1925 in Dresden, in Deutsche Zeitung 23.3.1925.

84 Siehe Jones: The German Right, S. 323–330.

85 Alldeutsche Blätter 28.6.1924 und 6.9.1924 sowie 4.4.1925 und 11.7.1925.

86 Siehe Protokoll der Sitzung des Deutschvölkischen Reichsausschusses, 22.4.1932, in BA-Berlin, R 8048, Bd. 223, Bl. 5–6 sowie Entschließung gegen Gustav Stresemann 5.3.1925, in ebd., Bl. 75 und Entschließung gegen den Völkerbundbeitritt Deutschlands, 27.9.1925, in ebd., Bl. 90.

die dieser seit Februar 1925 innehatte, stand Hugenberg zunächst zurückhaltend gegenüber, doch projizierte Claß wirksam seine Hoffnungen auf ihn.[87] Der alldeutsche Verbandsvorsitzende war damit nicht allein. Auch Hugo Stinnes, der im Herbst 1923 als Vertreter der Schwerindustrie innerhalb der DVP das Stresemann-Kabinett gegen eine Diktaturregierung mit Reichswehrunterstützung ausgetauscht sehen wollte, wurde zu einem einflussreichen Unterstützer von Hugenbergs Kampf gegen Stresemann.[88] Solche Hoffnungen auf eine führende Oppositionsrolle Hugenbergs innerhalb der DNVP gegen Stresemann gewannen an Zuspruch, nachdem der neue Reichspräsident Hindenburg Stresemann zunächst nicht im Wege stand.[89] Nicht nur Claß hatte mit dem Amtsantritt Hindenburgs auf eine deutliche Rechtspolitik des Reichspräsidenten gehofft.

Im Sommer 1925 forcierten der Alldeutsche Verband sowie der alldeutsche Flügel innerhalb der DNVP die Propaganda gegen Stresemann und seine Politik der Verständigung vor allem mit Frankreich, wie bei den bevorstehenden Locarno-Verhandlungen. Die *Deutsche Zeitung* wurde zum Leitorgan der alldeutschen Propaganda. Hier begann Claß den „Feldzug gegen Stresemann“ bereits im Frühjahr 1925.[90] Zu dieser Zeit wurden Stimmen innerhalb des Alldeutschen Verbandes laut, die eine eigenständige Reichspräsidentenkandidatur von Claß forderten. Aber die Hauptleitung erkannte, dass die Verbandsmitglieder auch parteipolitisch gebunden waren und ihre Stimmen nicht zwangsläufig auf Claß vereinigen würden und es somit zu einer Zersplitterung der Voten kommen würde. Stattdessen sollte man nach der Reichstagswahl darauf hinarbeiten, die DNVP weiterhin durch die alldeutschen Parteimitglieder für eine Stärkung des radikalvölkischen Flügel zu bearbeiten.[91]

Hinter der verschärften Berichterstattung gegen Stresemann stand nicht nur Claß, sondern der gesamte Alldeutsche Verband, der sich mit einer Reihe von Entschließungen auf den Verbandstagen 1925 gegen Stresemanns Außenpolitik stellte.[92] Führende Kolumnisten waren Axel Freiherr von Freytagh-Loringhoven sowie Ernst Graf zu Reventlow, der bereits 1922 zu den Gründern der DVFP gehört hatte, 1924 für die Nationalsozialistische Freiheitspartei in den Reichstag eingezogen war und 1927 dann in die NSDAP eintreten sollte.[93] Als Stresemann zur Jahreswende 1924/25 eigene Verständi-

87 Siehe Leopold: Alfred Hugenberg, S. 23–31 und Kriegk: Hugenberg, S. 58–68.

88 Siehe Jones: Stabilisierung von Rechts, S. 166–167, Feldman: Hugo Stinnes, Gustav Stresemann, and the Politics of the DVP und Ders.: Hugo Stinnes, S. 901–905.

89 Siehe auch Wright: Gustav Stresemann, S. 307–310 und Turner: Stresemann and the Politics of the Weimar Republic, S. 182–219.

90 Otto von Roeder (Schriftwart der Hauptleitung des Alldeutschen Verbandes) an Karl Reichel, 18.3.1925, in BA-Berlin, R 8048, Bd. 211, Bl. 96.

91 Otto von Roeder (Schriftwart der Hauptleitung des Alldeutschen Verbandes) an Hugo Göring, 30.3.1925, in ebd., Bl. 126.

92 Entschließung des Alldeutschen Verbandes auf der Sitzung des Geschäftsführenden Ausschusses, 21.3.1925, in BA-Berlin, R 8048, Bd. 142, Bl. 78–80 sowie vom 4.9.1925, in ebd., Bd. 144, Bl. 43–44, ebd. 12.12.1925, in ebd., Bd. 145, Bl. 37 und ebd. 10.4.1926, in ebd., Bd. 146, Bl. 86–87.

93 Es erschienen zahlreiche Artikel von beiden und anderen Autoren in der *Deutschen Zeitung*. Ernst Graf zu Reventlow und Axel Freiherr von Freytagh-Loringhoven veröffentlichten 1926 eigene Publika-

Abb. 21: Hans von Seeckt und Gustav Stresemann bei der Hochzeit des österreichischen Gesandten in Berlin (von 1925 bis 1932) Felix Frank und Frau im Jahr 1929. Frank war als promovierter Jurist zuvor bei der Generalstaatsanwaltschaft tätig, von 1922 bis 1924 unter Ignaz Seipel von der Christlichsozialen Partei (1891/93 gegründet von Karl Lueger) Vizekanzler der Republik Österreich, von 1920 bis 1924 Abgeordneter im Nationalrat sowie Mitglied der Parteileitung der Großdeutschen Volkspartei. Die GdVP vertrat vehement einen „großdeutschen" Anschluss an Deutschland. Die Parteiführung stand in engem Kontakt zum Alldeutschen Verband in Berlin sowie zu dessen 1919/20 etablierten Zweiggründung, dem Alldeutschen Verband in Graz (ab 1927 in Wien), und wurde unter anderem durch Claß' *Deutschösterreichische Tageszeitung* (DÖTZ), die im Besitz des Alldeutschen Verbandes von 1921 bis zum Frühjahr 1927 war, politisch gefördert.

gungsinitiativen über einen abschließenden Sicherheitsvertrag unter Anerkennung der Westgrenzen zu verhandeln begann, wollte Claß ihn dann eben auch vor den „Gerichtshof stellen".[94] Er sah den Alldeutschen Verband im Spätsommer 1925 als „das Rück[g]rat dieses Widerstandes gegen Stresemann".[95]

---

tionen gegen Stresemanns Außenpolitik. Siehe Reventlow: Minister Stresemann und Freytagh-Loringhoven: Die Satzung des Völkerbundes.

94 Claß auf der Sitzung des Geschäftsführenden Ausschusses des Alldeutschen Verbandes, 21.3.1925, in BA-Berlin, R 8048, Bd. 142, Bl. 89.

95 Claß auf der Sitzung des Geschäftsführenden Ausschusses des Alldeutschen Verbandes, 4.9.1925, in BA-Berlin, R 8048, Bd. 144, Bl. 10.

Der Austritt der DNVP aus dem Luther-Kabinett im Oktober 1925 bedeutete für Stresemann einen Rückschlag, die „Republik von rechts zu stabilisieren".[96] Mit Blick auf seine Verständigungspolitik in Locarno sowie auf die weiteren Verhandlungen um die Aufnahme Deutschlands in den Völkerbund, die den Wiedereintritt in die internationale Staatengemeinschaft sichern sollten, war diese innenpolitische Entwicklung für Stresemann eine Katastrophe.[97] Im Alldeutschen Verband beklagte man seit langem, dass die DNVP vor einem „Scheideweg" stehe. Eine Parteigeschlossenheit ohne „völkische Grundlage" werde politisch nicht nützen.[98] Der Rücktritt des zweiten Luther-Kabinetts im Mai 1926 ermöglichte neue Verhandlungen Stresemanns mit der DNVP, jedoch waren Stresemann und seine Außenpolitik wesentliche Gründe für die alldeutsche Opposition in der Partei gegen solche Verständigungspläne. Der realpolitische Flügel innerhalb der DNVP, der durch den Einfluss des RdI und des Reichslandbundes sowohl eine Stabilisierung von Wirtschaft, Währung und Handel sowie der Landwirtschaft erreichen wollte, erlangte aber eine Abstimmungsmehrheit, die im Januar 1927 zum Wiedereintritt der DNVP in das Kabinett Marx IV führte, das als „Zweiter Bürgerblock" mit Oskar Hergt als Justizminister und Vizekanzler bis zum Februar 1928 mit brüchigen Kompromissen für die Deutschnationalen wie der Zustimmung zur Verlängerung des Republikschutzgesetzes und zur Einführung der Arbeitslosenversicherung regieren sollte.[99]

Als im Mai 1926 die Putschgerüchte um Claß den Reichstag erreichten, war Stresemann an einem Wiedereintritt einer gemäßigten DNVP in die Regierung interessiert. Die Interventionen des Alldeutschen Verbandes beim Reichspräsidenten für die Förderung des Republikgegners Hugenberg als möglicher Reichskanzlerkandidat mussten Stresemann beunruhigen, nachdem er versucht hatte, die Wahl Hindenburgs als Zeichen einer Konsolidierung der Republik zu deuten. Im Vorfeld der Reichspräsidentenwahl waren nach der gescheiterten Aufstellung des Reichswehrministers Otto Gessler als Einheitskandidat von SPD, DDP, Zentrum und DVP mögliche bürgerliche Kandidaten, die als Repräsentanten des Militärs Stresemanns Außenpolitik hätten gefährden können, verworfen worden. Dies galt auch für Seeckt, der als Nachfolger von Ebert kandidieren wollte. Die DVP, für die Seeckt ab 1930 im Reichstag sitzen sollte, unterstützte den ehemaligen Reichsminister Karl Jarres, der durch einen „Reichsblock" mit DNVP und Wirtschaftspartei unterstützt und vom ehemaligen preußischen Innenminister Friedrich Wilhelm von Loebell organisiert wurden war.[100] Seeckt wurde schließlich im Oktober 1926 auf Druck des Reichswehrministers entlassen.

---

96 Jones: Stabilisierung von Rechts, S. 186.

97 Siehe auch Entschließung des Alldeutschen Verbandes auf der Tagung des Gesamtvorstandes in Bremen, 11. 4. 1925, in Alldeutsche Blätter 17. 4. 1925.

98 Otto von Roeder (Schriftwart der Hauptleitung des Alldeutschen Verbandes) an W. Mauß, 25.11.1925, in BA-Berlin, R 8048, Bd. 211, Bl. 386–387.

99 Ohnezeit: Zwischen „schärfster Opposition" und dem „Willen zur Macht", S. 362–410.

100 Jones: The German Right, S. 241–269.

Hinzu kam, dass Stresemann die Stellung der Parteien gegenüber dem Reichspräsidenten stärken wollte und das Antichambrieren von Hugenberg-Getreuen bei Hindenburg diesem Konzept der Machtkonsolidierung der Parteiendemokratie zusätzlich zuwiderlief. War Claß im Frühjahr 1926 zwar durch Vermittler wie Oldenburg-Januschau und Salm-Horstmar nah am Reichspräsidenten, so weigerte sich Hindenburg jedoch, Hugenberg zum Reichskanzler zu ernennen.

Claß empfand sich 1926 noch als geistiger Führer der radikalen Rechten. Durch deren zunehmende Fragmentierung verlor der Alldeutsche Verband in den sogenannten stabilen Jahren der Weimarer Republik 1924 bis 1928 zunehmend an eigenständiger Bedeutung, die sich bald auf die Funktion als radikaler Propaganda- und Wahlkampfverein für eine zu radikalisierende DNVP unter Hugenbergs Führung verlagern sollte. Er hatte 1923/24 zudem zahlenmäßig seinen Höhepunkt der Mitgliedermobilisierung überschritten. Die Versuche, Hugenberg für eine Übernahme der DNVP-Parteiführung zu gewinnen, sollten daher das Mobilisierungsdilemma der Alldeutschen auflösen, indem die größte konservative Sammlungspartei zur alldeutschen Partei umgewandelt werden sollte.

Stresemann wollte wiederum seine internationale Verständigungspolitik nicht durch eine Radikalisierung der DNVP als Regierungspartei gefährdet sehen. Deutschlands Aufnahme in den Völkerbund gelang schließlich 1926, und Deutschland wurde außerdem ein ständiger Sitz im Völkerbundrat zugestanden. Für die Alldeutschen war der Völkerbund hingegen lediglich ein Machtmittel der Siegermächte, dessen Prinzipien unter anderem die internationale Friedenssicherung, die Beendigung der Geheimdiplomatie und der ethnische Minderheitenschutz waren. All diese Ziele standen einer alldeutschen Machtpolitik entgegen. Zudem entsprang seine Gründung den „14 Punkten“ Woodrow Wilsons und war in den Versailler Vertrag eingeschrieben.

Abb. 22: Paul von Hindenburg und Erich Ludendorff zu Gast bei Elard von Oldenburg-Januschau am 23. April 1925.

Aufgrund dieser Verbindungen zwischen stabiler Regierungsbildung nach rechts und außenpolitischen Ambitionen war für Stresemann der sturköpfige alldeutsche und sich langsam zu einem Machtzentrum für die anti-gouvernementalen Deutschnationalen entwickelnde Hugenberg das eigentliche Ziel der Claß-Untersuchungen zu den Putschplanungen. Hugenberg und der alldeutsche DNVP-Flügel sollten durch die öffentliche Bekanntmachung solcher Absichten als radikale Außenseiter der Partei isoliert werden, was Westarp einen zuverlässigeren gouvernementalen Kurs der DNVP zur Regierungsbeteiligung ermöglicht hätte, wie es bereits die Vertreter des RdI und des Reichslandbundes für die Landwirtschaft gefordert hatten.

Hinzu kamen Konkurrenzen innerhalb der radikalen Rechten, die Stresemann durch fragwürdige Kontakte zu Georg Escherich, Wolfgang Kapp und Walther Freiherr von Lüttwitz sowie Waldemar Pabst, Kommandeur der Garde-Kavallerie-Schützen-Division und wesentlich für die Ermordung von Rosa Luxemburg und Karl Liebknecht 1919 verantwortlich, zu befeuern schien. Stresemann verband vor allem mit Escherich und Pabst „ein seltsames Gemisch aus Erpressung, gemeinsamer antisozialistischer Kumpanei, persönlicher Hochachtung und wohl auch, zumindest partiell, gemeinsamer innen- und außenpolitischer Zielvorstellungen", die bei der „dubiosen Politik" Stresemanns mit Pabst nicht nur den Wiederaufstieg Deutschlands anstrebten, sondern auch die Organisation einer engen Kooperation mit der österreichischen Heimwehr mit Blick auf eine Politik des „Anschlusses" sowie den militärischen Schutz der Brennergrenze vor möglichen Interventionen durch Italien, so Karl Heinrich Pohl.[101] Verdeckte Zahlungen auf Tarnkonten ab dem Frühjahr 1926 belegen die enge Unterstützung für die Aktivitäten sowohl von Pabst als auch von Escherich in Österreich durch Stresemanns eigenen Geheimfonds oder durch Zahlungen über den „Deutschen Schutzbund", der aus dem Reichsfonds des Ministeriums des Innern bezuschusst wurde.[102] Nicht zuletzt wirkte Escherich für Stresemann als Verbindung zu Seeckt, aber ebenso zu Escherichs Freund Hindenburg sowie zu Benito Mussolini.

Die *Deutsche Zeitung* berichtete daher in einem abschließenden Artikel zum Putsch-Verfahren gegen Claß 1927, dass Stresemann am 11. Mai 1926 von den Anfangsuntersuchungen im Reichstag erfahren und den Berliner Polizeipräsidenten Ferdinand Friedensburg angerufen habe. Stresemann habe ihm gesagt: „Wenn die Dinge so liegen, dann greifen Sie nur ordentlich zu".[103] Auch Ministerialdirektor Wilhelm Abegg erklärte in einer Rede im Preußischen Landtag, dass eine „prominente Persönlichkeit einer Rechtspartei" über die anfänglichen Hausdurchsuchungen sehr erfreut gewesen sei und auf eine möglichst weite Ausdehnung der Anschuldigungen gedrängt habe. Dass es sich dabei um Stresemann gehandelt habe, wurde in der Presse im Juni 1926 berichtet, sodass sich Abegg bei Stresemann entschuldigte, dass sein Hinweis auf den Außenminister zurückzuführen war.[104] Stresemann habe sich aber dann im Juni 1926 selbst davon

101 Siehe dazu Pohl: Gustav Stresemann, S. 272–277. Zitate ebd., S. 274 und 277.

102 Ebd., S. 277–280.

103 Zitiert in Deutsche Zeitung 10.11.1927.

104 Siehe Deutsche Zeitung 1.6.1926.

überzeugt, dass die Voraussetzungen für die Untersuchungen der preußischen Regierung letztlich nicht gegeben seien.[105]

7.4 Der Putsch-Prozess als Vabanque-Politik: Die sozialdemokratische Regierung in Preußen, Heinrich Claß und Reichspräsident Paul von Hindenburg

Auch die SPD hatte ein grundlegendes Interesse an einem Putsch-Prozess gegen Claß. Einer der wichtigsten Mitarbeiter des preußischen Ministerpräsidenten Otto Braun war der Berliner Polizeipräsident Albert Grzesinski, der den Kampf gegen die Feinde der Republik als eine seiner Hauptaufgaben und die Polizei als „Hüter der Verfassung" verstand.[106] Zusammen mit seinem Stellvertreter Friedensburg schien Grzesinski seine Politik der strikten Bekämpfung der radikalen Rechten im Zeichen eines wehrhaften Republikschutzes nun vor allem gegen den Alldeutschen Verband weiterführen zu wollen sowie gegen den Bund Wiking, der zu den Nachfolgeorganisationen der Brigade Ehrhardt und der Organisation Consul gehörte.[107] Der Bund Olympia als Gründung des nach dem Kapp-Putsch aufgelösten Freikorpsregiments Groß-Berlin geriet ebenfalls unter besondere Beobachtung.[108] Mit Blick auf den Alldeutschen Verband erschienen die Maßnahmen wie ein nachholender Durchgriff, um das versäumte nachhaltige und reichsweite Verbot des Verbandes im Zuge des Republikschutzgesetzes von 1922 nun vier Jahre später einzulösen. Grzesinski selbst verfolgte zudem eigene Ziele, um sich als Staatsbeamter und Politiker zu „profilieren", indem er die Putschgerüchte zu einem ernsthaft kurz bevorstehenden Staatsstreich ausweiten half und somit in die „große Politik" eingriff.[109] Auch Philipp Scheidemann veröffentlichte im Februar 1926 einen aufsehenerregenden Artikel, der auf Putschvorbereitungen um Oberst Walter Nicolai von den VVVD aufmerksam machen wollte, der dann bei den Hausdurchsuchungen im Mai 1926 ebenfalls im Mittelpunkt der Untersuchungen stand.[110]

---

105 Siehe Jackisch: The Pan-German League, S. 143–144.

106 Rede Albert Grzesinski zur Verfassungsfeier, 1.8.1925, in Krause-Vilmar (Hrsg.): Albert Grzesinski, S. 38–42.

107 Ferdinand Friedensburg erklärte rückblickend, wie sehr ihn das Versagen der Geheimdienste und der Polizeibeamten gerade bei der Bekämpfung der „Schwarzen Reichswehr" und bei Kontaktüberwachungen in Berlin, etwa im Fall Hitlers, bedrückte und er Putschplanungen besonders nach der Erfahrung des Kapp-Putsches von 1920 präventiv aufdecken wollte. Friedensburg: Lebenserinnerungen, S. 160–162.

108 So auch Albrecht: Für eine wehrhafte Demokratie, S. 256–260.

109 Zitate ebd., S. 136.

110 Philipp Scheidemann: Nikolai an der Arbeit, in Kasseler Volksblatt 18. 2. 1926 sowie im Vorwärts 18. 2. 1926. Später, so der Bericht in der *Deutschen Zeitung* am 27.10.1927, habe Philipp Scheidemann seinen Warnruf revidiert und den Artikel lediglich als einen ‚Versuchsballon' verfasst, um die Öffentlichkeit auf die Gefahr eines Rechtsputsches aufmerksam zu machen.

Die Auseinandersetzungen mit Grzesinskis Politik der Verschärfung der Strafverfolgung und der Ausweitung der Schutzhaft spiegelten sich auch in der *Deutschen Zeitung* wider.[111] Die beiden zeitgleich, jedoch unabhängig voneinander stattfindenden Prozesse um Iwan Kutisker sowie Julius und Herschel Barmat waren für die rechtsstehende Presse ein Beispiel für die Korruption führender Sozialdemokraten und die Verdorbenheit des Weimarer „Systems".[112] Zwischen der Verhaftung von Kutisker und Barmat im Dezember 1924 und dem Tod von Kutisker im Juli 1927 sowie der Urteilsverkündung für Barmat im März 1928 mobilisierte der „Kutisker-Barmat-Skandal" die radikale Rechte gegen führende Sozialdemokraten und Mitglieder der Zentrumspartei, denen in reißerischen Parlamentsdebatten und „sensationalistischen Pressekämpfen" vorgeworfen wurde, durch Verbindungen zu Ostjuden zum Zweck der Erschleichung von Wechselkrediten von der Preußischen Staatsbank und der Post korrumpiert worden zu sein.[113] Die Vorwürfe solcher Kontakte waren in der rechten Propaganda gleichbedeutend damit, Hochverrat und Bereicherung zu unterstellen. Diese verleumderischen Kampagnen erstreckten sich auch auf Philipp Scheidemann und dessen Schwiegersohn sowie den Reichspräsidenten Ebert und dessen Sohn.

Im Frühjahr 1925 erreichte die Agitation einen Höhepunkt, hielt aber auch danach durch die entsprechende Berichterstattung in der *Deutschen Zeitung* weiter an. Alfred Roth veröffentlichte unter Pseudonym seine antisemitische Schrift zur Weimarer Demokratie, die er in den Kontext der in der Rechten populären Vorwürfe jüdischer Kriegsgewinne durch die Kriegsrohstoffgesellschaften vor allem unter Walther Rathenau stellte, um Kontinuitäten von Korruption, Sozialismus und jüdischem Finanzkapitalismus zu konstruieren.[114] Der Verdacht der Beamtenbestechung ließ sich bestätigen und führte zu erbitterten Auseinandersetzungen zwischen den Redaktionen der *Deutschen Zeitung* und der *Bergisch-Märkischen Zeitung* von Walter Bacmeister einerseits und dem sozialdemokratischen *Vorwärts* andererseits, der die juristischen Verfahren nutzte, um alldeutsche Vertraute wie Bang, Bacmeister, Gertzlaff von Hertzberg-Lottin und den Schriftleiter der *Deutschen Zeitung*, Hans von Sodenstern, zu desavouieren, die in die Veröffentlichung von geheimen Verfahrensdokumenten involviert gewesen seien.[115] Während Hausdurchsuchungen angeordnet wurden, gingen andererseits Strafanträge gegen den preußischen Chef der Kriminalpolizei, Regierungsdirektor Bernhard Weiß, ein.[116] Gleichzeitig sammelten sich die nationalistischen Verbände. Der Stahlhelm und Erich Ludendorffs Tannenbergbund traten im November 1925 den VVVD bei.[117]

---

111 Deutsche Zeitung 12.8.1925, 13.8.1925, 14.8.1926 und 19.8.1925.

112 Siehe auch Malinowski: Politische Skandale, Geyer: Contested Narratives und Ders.: Kapitalismus und politische Moral.

113 Geyer: Der Barmat-Kutisker-Skandal, S. 56.

114 Alfred Roth: Von Rathenau zu Barmat.

115 Siehe u. a. Deutsche Zeitung 29.7.1925, 12.8.1925, 15.8.1925 und 31.8.1925.

116 Siehe Strafantrag Walter Bacmeister und Bernhard Leopold, in Deutsche Zeitung 19.8.1925.

117 Deutsche Zeitung 4.11.1925.

Erste Gerüchte über einen erneuten Rechtsputsch tauchten in dieser erhitzten Atmosphäre bereits Ende 1925 in Bayern auf.[118]

Am 3. Dezember 1925 wurde im Preußischen Landtag die drohende Gefahr eines Rechtsputsches im Reich zum Gegenstand heftiger Auseinandersetzungen. Der Kommunist Wilhelm Pieck forderte den preußischen Innenminister Carl Severing zur Auskunft über entsprechende Vorbereitungen „konterrevolutionärer Verbände" auf.[119] Pieck befürchtete eine Wiederholung der Ereignisse um den Kapp-Putsch vom März 1920 im Zusammenspiel mit Wehrverbänden wie dem Stahlhelm und der Reichswehr und er vermutete, dass eine militärische Putsch-Mobilisierung bereits im Gange sei. Severing erklärte schließlich, dass die preußische Regierung keine Putschplanungen von rechts oder links dulde, aber es bestehe „zur Zeit kein Anlaß, mehr besorgt zu sein als bisher".[120] Die Gerüchte über einen Putsch hielten über die Jahreswende an. Eine entsprechend ernste Besorgnis über die Radikalisierung der Rechten äußerte auch der Reichstagsabgeordnete Paul Levi, der zum linken Flügel der SPD gehörte und das spätere Putsch-Verfahren gegen Claß als Beweis dafür sah, dass verstärkt juristisch gegen die Rechte vorgegangen werden müsse.[121]

Die sozialdemokratische Regierung von Otto Braun war als demokratisches „Bollwerk" der Weimarer Demokratie entschlossen, im Rahmen aller Möglichkeiten gegen die Rechte entschieden vorzugehen.[122] Die preußische Regierung nahm die Putschgerüchte zum Anlass, mit Hilfe eines Verfahrens gegen Claß gegebenenfalls auch das gescheiterte Verbot des Alldeutschen Verbandes nachholend zu erwirken und auf andere Wehrverbände auszudehnen. Ministerialdirektor Abegg unterstützte dahingehend im Preußischen Landtag das juristische Vorgehen gegen Claß, obwohl die Beweislast für einen geplanten gewaltsamen Umsturz zu gering für eine Hauptverhandlung war.[123] Er hoffte, mit den anfänglichen Hausdurchsuchungen „endlich die Handhabe" zu haben, „um die gefährlichen Widerstandsnester kennenzulernen und auszuräumen", so Friedensburg in seinen Erinnerungen.[124] Der *Vorwärts* machte diese Sicht der Zusammenhänge deutlich: „Die Direktoriumspläne vom Herbst 1923 werden wieder lebendig. Es sind dieselben Männer wie damals, die heute den Putsch der Rechtsradikalen vorbereiten."[125] Damit waren vor allem die Mitglieder der Wirtschaftlichen Vereinigung gemeint, von denen Hugenberg, Neumann und Wegener auf der verbreiteten Liste eines Präsidialkabinetts standen.

---

118 Deutsche Zeitung 11.11.1925.

119 Siehe Sitzungsprotokolle des Preußischen Landtags, 2. Wahlperiode, 5. Bd., Sp. 6869–6881.

120 Deutsche Zeitung 3.12.1925.

121 Siehe Rede Paul Levi im Reichstag, 18.5.1926, 204. Sitzung, in Verhandlungen des Reichstags, III. Wahlperiode 1924, Bd. 390, S. 7306–7310.

122 Siehe auch Rede Otto Braun im Preußischen Landtag 17.5.1926, in Erste Beilage zum Deutschen Reichsanzeiger und Preußischen Staatsanzeiger, Nr. 113, 18.5.1926.

123 Rede Walter Abegg im Preußischen Landtag 1.6.1926, Reichsanzeiger Nr. 125. Siehe auch Deutsche Zeitung 3.11.1927.

124 Friedensburg: Lebenserinnerungen, S. 164.

125 Vorwärts 12.5.1926.

Claß deutete in seinen späteren Erinnerungen darüber hinaus Motive der preußischen Regierung an, den Putsch-Prozess nicht nur gegen ihn, sondern vor allem gegen den Reichspräsidenten zu führen, der mit Absprachen und Konsultationen im Umfeld von Claß zum Putschverdacht im Frühjahr 1926 selbst beigetragen hatte.[126] Hindenburg nahm mit Amtsantritt 1925 in der Tat einen Umbau der Weimarer Reichsverfassung durch den Reichspräsidenten in einer „ganz nüchternen Perspektive“ in den Blick, wonach die Passagen der Verfassung mit Ermächtigungen des Reichspräsidenten als Grundlage für die Konzentration der politischen Willensbildung bei ihm unter Zurückdrängung der Parteien dienen sollten.[127] Die Verfassung sollte nicht umgangen, aber im Sinne des Reichspräsidenten ausgedeutet werden.

Hindenburgs innenpolitische Interventionen kamen schon nach dem Austritt der DNVP aus dem Luther-Kabinett im Oktober 1925 zum Vorschein, als er aktiv in die Regierungsneubildung des am 5. Dezember 1925 zurückgetretenen Kabinetts eingriff. Um mögliche Neuwahlen und somit einen Stimmenzuwachs von KPD und SPD sowie einen Regierungseintritt der SPD bewusst zu verhindern, nutzte Hindenburg aber nicht den Artikel 25 der Weimarer Reichsverfassung zur Auflösung des Reichstags.[128] Vielmehr arbeitete er mit dem Reichstagswahlergebnis vom 4. Dezember 1924 und erteilte dem Fraktionsvorsitzenden der DDP, Erich Koch-Weser, den Auftrag zur Regierungsbildung sowie zur Sondierung einer breiten Koalition, gegebenenfalls auch unter Einschluss der SPD. Dieser Auftrag konnte von vornherein die Bedingungen für eine solche Koalitionsregierung nicht erfüllen. Daher beauftragte Hindenburg wie vorgesehen erneut Luther mit der Bildung einer bürgerlichen Minderheitsregierung. Claß nannte diese Taktik einer breiten Koalitionssondierung nur einen „Bluff“.[129] Der Schein der Verhandlungen blieb gewahrt, jedoch wurde das Ausbooten der SPD durch Hindenburg unmissverständlich deutlich.

Der Volksentscheid zur entschädigungslosen Fürstenenteignung, der im März 1926 von SPD und KPD nach einem zunächst erfolgreichen Volksbegehren eingebracht wurde, machte die Gräben zwischen dem Reichspräsidenten und der SPD, zwischen Hindenburg und Braun sichtbar. Der erste Wahlgang wurde mit einer hohen Wahlbeteiligung ein Erfolg, jedoch lehnte der Reichstag den Gesetzentwurf ab. Hindenburg machte seine Ablehnung des Volksentscheides deutlich, wirkte aber nach dem zweiten, letztlich gescheiterten Abstimmungswahlgang am 20. Juni auch auf die DNVP ein, einer gesetzlichen Regelung zur Fürstenentschädigung zuzustimmen, was die Deutschnationalen ablehnten. Die Zustimmung zum Hissen der schwarz-weiß-roten Handelsflagge nicht nur bei Handelsschiffen, sondern auch, zusätzlich zur schwarz-rot-goldenen Flagge, bei gesandtschaftlichen und konsularischen Vertretungen im Ausland vom 5. Mai

126 Siehe Hofmeister (Hrsg.): Heinrich Claß. Politische Erinnerungen, Kapitel 8.3.

127 Pyta: Hindenburg, S. 486.

128 Siehe dazu auch ebd., S. 489–519.

129 Claß auf der Sitzung des Geschäftsführenden Ausschusses des Alldeutschen Verbandes, 12.12.1926, in BA-Berlin, R 8048, Bd. 145, Bl. 34.

verschärfte den Konflikt mit der SPD, die schließlich mit einem erfolgreichen Misstrauensvotum gegen den Reichskanzler Luther am 12. Mai dessen Rücktritt erwirkte.

Diese innenpolitischen Auseinandersetzungen bestärkten den preußischen Ministerpräsidenten in seinem Selbstverständnis als Bewahrer der Demokratie gerade zu dem Zeitpunkt, als er Ende 1925 durch das Ausscheiden der DVP aus der Koalition zwar eine geringere Machtbasis hatte, aber dafür einen stabileren Regierungskurs fahren konnte.[130] Braun regierte mit den Parteien der Weimarer Koalition aus SPD, Zentrum und DDP, die 1924 durch die Hinzuziehung der DVP ergänzt worden waren.

Der Gegensatz zu Hindenburg zeichnete sich Anfang des Jahres 1926 immer deutlicher ab. Hindenburgs Ablehnung eines deutschen Beitritts zum Völkerbund widersprach der Verständigungspolitik Stresemanns, die Braun wiederum befürwortete. Auch die Unterstützung Hindenburgs für den Reichskanzler Luther während der „Flaggenkrise" verschärfte die Auseinandersetzung mit Braun, der den Reichskanzler scharf für die Abänderung der Flaggenverordnung vom 11. April 1921 angegriffen hatte. Die Fürstenentschädigung wiederum war von Braun bereits 1918 und 1919 im Preußischen Staatsministerium als drängende Frage vorgebracht worden.

Der Claß-Prozess lenkte nun im Mai 1926 zunächst von den geringen Erfolgschancen aufgrund der verfassungswidrigen Forderung nach einer entschädigungslosen Enteignung der Adelshäuser ab, die von der KPD für den Gesetzentwurf vom 25. November 1925 formuliert und von der SPD akzeptiert worden war.[131] Als Abegg am 10. Mai 1926 über die Putsch-Gerüchte um Claß berichtete, ordnete Braun umgehend die Hausdurchsuchungen an.[132] Brauns Interessen blieben mit dem folgenden Skandal um Claß gewahrt, indem einerseits Hugenberg ins Fahrwasser verschworener antirepublikanischer Renegaten gebracht wurde, und andererseits der Zentrumspolitiker Wilhelm Marx, der bei den Reichspräsidentenwahlen 1925 von Zentrum, SPD und DDP als Gegenkandidat zu Hindenburg aufgestellt worden war, sein Regierungskabinett bilden konnte.

Der Putsch-Prozess gegen Claß vereinte im Frühjahr 1926 demnach unterschiedliche Personen und Institutionen, die aber die gleichen politischen Interessen einer Schwächung der radikalen Rechten um Claß und Hugenberg verfolgten. Die Planungen für die Ernennung Hugenbergs zum Reichskanzler durch Hindenburg standen den Interessen der Parteien der Weimarer Koalition grundsätzlich entgegen, da sie die Weimarer Demokratie in eine entsprechend der „Notverfassung" von 1923 formulierte Diktatur geführt hätten. Die sozialdemokratische Preußen-Regierung unter Braun und die Berliner Polizeibehörden unter Grzesinski nutzten in republiktreuer Absicht ihre polizeilichen Möglichkeiten, mit den Putschgerüchten nicht nur Claß als eine Führungsfigur der Rechten für Monate politisch zu paralysieren, sondern auch Vertreter der Ruhrindustrie und Hugenberg durch Hochverratsvorwürfe öffentlich als Putschisten zu diskreditieren.

---

130 Siehe dazu Schulze: Otto Braun, S. 499–515.

131 Winkler: Der Schein der Normalität, S. 270–289.

132 Schulze: Otto Braun, S. 504–509.

Grzesinski, der im Oktober 1926 für das Kabinett Braun III als Nachfolger von Severing zum preußischen Innenminister berufen worden war, äußerte sich im November zu den Untersuchungen im Preußischen Landtag und wehrte sich einen Monat später gegen Angriffe, er habe willkürlich gehandelt:

> Nach der damals gegebenen Sachlage ist den Behörden und Personen, welche die Durchsuchungen für notwendig hielten, und den beteiligten Polizeibeamten, die Durchsuchungen in weiterem Umfange vorgenommen haben, wegen dieses Vorgehens ein Vorwurf [...] auch heute nicht zu machen. Es ist besonders insofern einwandfrei gehandelt worden, als die nach dem pflichtgemäßen Ermessen gebotenen Durchsuchungen ohne Ansehen der Person durchgeführt worden sind. Auf der anderen Seite stehe ich heute nicht an, den Männern, die keinerlei staatsgefährlichen Pläne verfolgt haben, mein Bedauern darüber auszusprechen, dass sie durch polizeiliche Maßnahmen in Mitleidenschaft gezogen worden sind, die durch die Sorge für die Erhaltung der öffentlichen Ruhe, Sicherheit und Ordnung im Staate veranlasst waren.[133]

Während Grzesinski sein Vorgehen gegen die Rechte in diesem sich zur „Justizgroteske"[134] ausweitenden Skandal auf Claß begrenzte und somit auch Hugenberg aus dem Kreis der Verdächtigen herausnahm, kam Stresemann wiederum der Fall Claß gelegen, um eigentlich Hugenberg zu treffen und den alldeutschen Flügel in der DNVP zu schwächen, sodass dieser an den Rand der Rechten gedrängt werden konnte.

7.5 Politische Ausdeutung des „rechtsschöpfenden" Rechts- und Staatsverständnisses von Heinrich Claß

Die äußerst nachsichtige Rechtsprechung am Staatsgerichtshof in Leipzig verhinderte eine ernsthafte Verhandlung nicht nur der „Notverfassung" von 1923, sondern der grundsätzlichen Probleme von Claß' Rechtsverständnis. Die Forderung nach einer diktatorischen Ernennung des Reichskanzlers und eines Kabinetts durch den Reichspräsidenten, der gemäß der Verfassung an die Macht gelangen sollte, hätte einen „rechtsschöpferischen Reichskanzler" in Szene gesetzt, um dann aus dem Notstand heraus für eine Stabilisierung von rechts im Zweifel auch selbst diktatorisch tätig zu werden. So verteidigte Hugenbergs Vertrauter Wegener die Vorwürfe an Claß' Verfassungs- und Staatsverständnis bei seinem Verhör im Polizeipräsidium.[135]

Die Claß-Pläne hätte man sehr wohl als Hochverrat interpretieren können, wenn sie nicht bereits drei Jahre zuvor ausgearbeitet worden wären. Wie die Entwicklung des Einsatzes von Artikel 48 der Weimarer Reichverfassung unter Reichskanzler Heinrich Brüning und den Präsidialkabinetten von Franz von Papen und Kurt von Schleicher

---

133 Rede Albert Grzesinski im Preußischen Landtag, 4.12.1926, in Krause-Vilmar (Hrsg.): Albert Grzesinski, S. 54–55.

134 Albrecht: Für eine wehrhafte Demokratie, S. 137.

135 Erinnerungsprotokoll der Vernehmung Leo Wegener durch Untersuchungsrichter Neumann am 9.7.1926, o. D., in BA-Koblenz, N 1003 Wegener, Bd. 69, Bl. 93.

zeigen sollte, war das eigentliche Problem eine fehlende Ausführungsverordnung zum Notverordnungsartikel, die selbst nach dem Ende des Claß-Prozesses 1927 nicht erarbeitet wurde.[136] Claß beschäftigte sich ausführlich mit den verfassungsrechtlichen Möglichkeiten des Reichspräsidenten und des Reichskanzlers nach dem „Diktatur-Paragraphen" Artikel 48 sowie der Auflösung des Reichstags und der Neuwahl des Parlamentes, um die Ernennung von Hugenberg durch Hindenburg auszuloten und den Reichstag für längere Zeit auszuschalten.[137] Der Reichskanzler sollte dann in einem weitgehend freien Spielraum „rechtsschöpferisch" sein Kabinett der Persönlichkeiten jenseits von Parlament und Parteienkoalitionen etablieren und schließlich diktatorisch die innere Verfassung des politischen Systems umwandeln können. Oberreichsanwalt Karl August Werner, der für seine offene Nachsichtigkeit gegenüber Angeklagten der Rechten bekannt war, fasste diese Überlegungen zusammen:

> Nach seiner nicht widerlegbaren Angabe ist er [Claß] auf Grund seiner Studien zu der Auffassung gelangt, daß sowohl dem Reichspräsidenten, als auch dem Inhaber der vollziehenden Gewalt durch die Verfassung ausreichende Befugnisse an die Hand gegeben seien, einen schädlichen Einfluß des Parlaments auf die Führung der Geschäfte durch eine nach seinen Wünschen zusammengesetzte Regierung so lange auszuschalten, bis das Volk in Anerkennung der das Volkswohl fördernden Tätigkeit der Regierung ein Parlament wählen würde, in dem für die Regierung eine tragfähige Mehrheit vorhanden sei. Er sieht diese Befugnisse hauptsächlich in dem Recht des Reichspräsidenten zur Auflösung des Reichstags und glaubt, daß der Vorschrift des Artikels 25 der Verfassung, wonach der Reichstag aus dem gleichen Grunde nur einmal aufgelöst werden könne, dadurch zu begegnen sei, daß die Regierung den Konfliktfall, der Anlaß zur Auflösung gebe, jeweils selbst und dann immer verschieden von dem vorausgegangenen bestimmen könne. Nach seiner Einlassung ist er weiter der Auffassung, daß wenn der Reichstag die den Wünschen des Angeschuldigten entsprechende Regierung wirklich stürze, nichts im Wege stehe, daß der Reichspräsident eine Mehrheitsregierung bilde, diese Regierung nach kurzer Zeit auf Grund des Artikels 53 R.V. wieder entlasse und ein der ursprünglichen gestürzten Regierung konforme neue berufe, und daß alsdann die Möglichkeit der Auflösung des Reichstages neu gegeben seien.[138]

Die Beziehungen zwischen Richter und Rechtsanwalt waren traditionell wohlwollender, je näher man sich sozial und politisch stand. Mit Claß war nunmehr ein ehemaliger Rechtsanwalt der Alldeutschen der Angeklagte, was den richterlichen Sympathien Werners keineswegs im Weg stand. Ausschlaggebend für die Einstellung des Verfahrens war aber für Oberreichsanwalt Karl August Werner vielmehr die Überzeugung, dass die Einbindung von Verfassungsorganen wie dem Reichspräsidenten letztlich den Vorwurf der Illegalität solcher Diktaturplanungen im Grundsatz ins Leere laufen lassen würde. Es könne demnach „unerörtert bleiben", ob solche Planungen nach der Auflösung des Parlaments noch dem Grundsatz entsprächen, nach dem alle

---

136 Zur den Ressortberatungen für ein „Diktatur-Gesetz" siehe Vossische Zeitung 19.10.1926, Vorwärts 19.10.1926 und Vossische Zeitung 20.10.1926.

137 Siehe auch Leicht: Heinrich Claß, S. 356–360 sowie Abschlussbericht Oberreichsanwalt Karl August Werner, 13.7.1927 in IISHA, NL Grzesinski, Nr. 1465, S. 56.

138 Abschlussbericht Oberreichsanwalt Karl August Werner, 13.7.1927 in ebd., S. 56–57.

Staatsgewalt vom Volke ausgehe. „Es bedarf auch keiner Stellungnahme zu der Frage, ob nicht eine Handlung als Vorbereitung des Hochverrats angesprochen werden müßte, die darauf abzielte, unter mißbräuchlicher Ausnutzung der formalen Verfassungsvorschriften eine verfassungsmäßig berufene Regierung, gestützt auf die ihr gesetzlich zur Verfügung stehenden Machtmittel des Staates, entgegen dem Sinne der Verfassung an der Macht zu erhalten."[139] Schließlich könne das Gericht nicht widerlegen, daß Claß eine solche Verfassungsauslegung in der Tat für legal gehalten habe, so Werner, zumal er bei den Planungen auf die Zusammenarbeit mit dem Reichspräsidenten angewiesen war, was dann den Vorsatz ausschließen würde, wenn es einen „Irrtum über den Inhalt verfassungsrechtlicher Normen" gegeben habe.[140]

Die Beweise für die konkrete Planung eines Putschkabinetts für das Jahr 1926 durch Claß mithilfe der „Notverfassung" von 1923 sowie nach dessen Gesprächen mit Neumann und mittelbar mit Hindenburg blieben letztlich zu vage, um Claß verfassungsrechtlich wegen Hochverrats verurteilen zu können. Bei aller Unterstützung, die Claß beim Staatsgerichtshof in Leipzig durch eine milde Untersuchungsführung und Befragung durch Oberreichsanwalt Ludwig Ebermayer sowie durch die Reichsanwälte Emil Niethammer und Paul Jorns erfuhr, die bereits eine dubiose Rolle beim Prozess gegen die Organisation Consul um den Mord von Walther Rathenau (1922) und der Vertuschung der Morde an Karl Liebknecht und Rosa Luxemburg (1919) gespielt hatten und die nun Claß von jeglicher Unterstellung einer verfassungswidrigen Putschplanung freisprachen, blieb das Urteil für den Putschvorwurf in diesem konkreten Kontext des Jahres 1926 nachvollziehbar.[141] Vier Jahre zuvor, im Sommer 1923, hätte ein solches Putsch-Verfahren anders ausgehen müssen, als Claß konkrete Aktionen geplant hatte.

Darüber hinaus war der Hauptzeuge Heinrich Dietz zu widersprüchlich in seinen Aussagen und zu zurückhaltend in seiner Anklage gegenüber Claß.[142] Dietz war mit Claß über gemeinsame nationalistische Kreise im Ruhrgebiet zusammengekommen. Er sagte aus, er habe zur Zeit des Ruhreinbruchs 1923 in engem Kontakt mit General Oskar Freiherr von Watter gestanden und auch schon nach dem Kapp-Putsch 1920 bei der Niederwerfung der Aufstände mitgearbeitet.[143] Zuletzt nahm er alle Vorwürfe gegen Claß zurück. Die *Deutsche Zeitung* berichtete früh über einen möglichen Racheakt von Dietz, der kurz vor Bekanntwerden der Putschgerüchte am 24. Februar 1926 als Syndikus bei Bacmeisters *Bergisch-Märkischer Zeitung* entlassen worden war.[144] Dietz stand

---

139 Ebd., S. 57–58.

140 Ebd., S. 58.

141 Siehe dazu Hofmeister (Hrsg.): Heinrich Claß. Politische Erinnerungen, Kapitel 8.4.

142 Heinrich Dietz verweigerte letztlich weitere Aussagen, um sich weiteren strafrechtlichen Verfolgungen zu entziehen. Siehe Erklärung Dietz 9./10.11.1926, in BA-Berlin, R 3001, Bd. 12008, Bl. 181.

143 Siehe Deutsche Zeitung 13.4.1929.

144 Siehe Deutsche Zeitung 27.9.1926. Der am 1.9.1926 als Oberreichsanwalt angetretene Dr. Karl August Werner hatte am 2.9.1926 wiederum Heinrich Dietz wegen Landesverrat (Verrat militärischer Geheimnisse) verhaften lassen. Dietz hatte im Juni 1922 für den amerikanischen Botschafter den Kontakt zu dem ihm über die Zentrumspartei bekannten Ballistiker, Studiendirektor und Oberlehrer, Dr. Karl Goldmann, zur Vermittlung eines ballistischen Projekts zur Aufstellung einer „Pulvertabelle" zur Zusammensetzung

Bacmeister, Hugenberg und ebenso Claß in seinen Bemühungen um finanzielle Werbung für den Alldeutschen Verband nahe, blieb jedoch als Zentrumsmitglied auch in gewisser Distanz zu solchen Diktaturplanungen. Der Umstand, dass Assessor Walter Schmidt vorgeworfen wurde, den Putsch-Untersuchungen in seiner Abteilung für Staats- und Verfassungsschutz im Berliner Polizeipräsidium zu lange allein nachgegangen zu sein, um sich zu profilieren, erschwerte den juristischen Kampf gegen Claß.

Der Oberreichsanwalt sprach Claß in seinem abschließenden Bericht sehr wohl das Vorhaben einer Diktatur zu, die er nicht erst seit 1923 geplant, sondern bereits in seinem „Kaiserbuch" formuliert habe.[145] Claß' Überlegungen zur Ernennung Hugenbergs (oder Neumanns) zum Reichskanzler spielten nach Ansicht des Gerichts bei der Bewertung des Hochverrats insofern keine Rolle, als dass Claß letztlich doch entsprechend der Möglichkeiten des Artikels 48 habe vorgehen wollen. Somit waren seine Überlegungen eben „rechtlich zulässig", so Werner, sodass kein Hauptverfahren gegen ihn eröffnet wurde, nachdem bereits im November 1926 die Voruntersuchung abgeschlossen war. Dass Claß auch weiterhin Diktaturpläne verfolgte, wollte das Gericht nicht ausschließen und interpretierte sein gesamtes politisches Wirken auf dieses Ziel einer „völkischen Diktatur" hin ausgerichtet.[146] Eine Verbindung zu paramilitärischen Wehrverbänden zur konkreten Durchführung eines Putsches konnte ihm aber zu dem Zeitpunkt schwer nachgewiesen werden.[147]

Die Doppeldeutigkeit dieser Rechtsauslegung, dass Claß eine Diktatur geplant habe, die aber unter Umständen verfassungskonform habe sein können, legte die Ambivalenz einer politisch zweckgebundenen Interpretation des Verfassungsgefüges der Weimarer Reichsverfassung offen und verwies auf die mögliche missbräuchliche Anwendung des Artikels 48, die wie bei Claß bis zur Ausschaltung des Parlaments zweckentfremdet werden sollte.

Hugo Sinzheimer, Professor für Arbeitsrecht in Frankfurt am Main und zusammen mit Gustav Radbruch und Mitherausgeber der Zeitschrift *Justiz* des Republikanischen Richterbundes, widersprach in seinen dort erschienenen Chroniken zu aktuellen rechtspolitischen Themen bereits während des Verfahrens 1926 entschieden dem Urteil des Staatsgerichtshofes, da sich eine solche Rechtsinterpretation nicht mit der herrschenden Staatslehre decke. Er fragte 1927 besorgt, wann das „Ende der politischen Justiz kommen" würde: „Während auf der einen Seite der Kommunist, der ohne formale

und Art von Schießpulver für europäische Geschosse hergestellt. Goldmann sei zuvor mit einem Lehrbuch bei der Reichswehr abgelehnt worden und versuchte nun die Vermarktung der „Pulvertabelle" in Italien, den USA oder in Russland. Ein Jahr später war die Voruntersuchung im Verfahren gegen Dietz abgeschlossen. Siehe auch Carl von Ossietzky: Der Oberreichsanwalt, in Die Weltbühne 15.3.1927, Kreuzzeitung 28.9.1927, Berliner Tageblatt 29.9.1926, Berliner Tageblatt 27.11.1928, Deutsche Zeitung 13.4.1929 und Vorwärts 13.4.1929. Das Verfahren ging jedoch in die zweite Instanz und das Urteil mit Freispruch erfolgte erst am 13.4.1930. Siehe Friedensburg: Lebenserinnerungen, S. 168.

145 Abschlussbericht Oberreichsanwalt Karl August Werner, 13.7.1927 in IISHA, NL Grzesinski, Nr. 1465, S. 55–56.

146 Ebd., S. 21–23.

147 Ebd., S. 51–53.

Deckung den Sturz der Republik betreibt, mit drakonischen Strafen belegt wird, ist der Rechtsputschist, der dieses offene Bekenntnis nicht ablegt, sondern seine formale Routine dazu benutzt, um sich auf Art. 48 zu berufen, vor jeder Strafe geschützt."[148] Für Sinzheimer lag das eigentliche Problem hingegen nicht bei Claß: „Wir müssen den Ruf erheben, daß endlich das Parlament sich aufrafft, den nötigen Selbstschutz vor jeder ‚Patentlösung' dadurch zu schaffen, daß das im Art. 48 RV. vorgesehene Ausführungsgesetz erlassen wird."[149]

Der Fall Claß wurde im Reichstag immer wieder im Zusammenhang mit der Kritik an einer politischen Justiz behandelt, die gegenüber den rechten Republikgegnern eine mildere Rechtssprechung walten lasse.[150] Die Rechtssprechung des Reichsgerichts in Hochverratsprozessen am Beispiel von Claß wurde vor allem von den Kommunisten und den Sozialdemokraten in den Reichstagsdebatten kritisiert. Der Fall Claß spielte aber auch in den anhaltenden Diskussionen um eine allgemeine Strafrechtsreform eine Rolle. Ein umfassender Entwurf der Strafrechtskommission zur Strafrechtserneuerung war dem Reichstag vom Justizminister Hergt am 14. Mai 1927 zur Beschlussfassung übergeben worden. Der Entwurf enthielt in einem „besonderen Abschnitt" des Ersten Buches über Verbrechen und Vergehen (§ 86 bis 89) klar definierte Strafmaße für den Aufruf zum Hochverrat sowie für die Beteiligung mit bis zu zehn Jahren Zuchthaus und dem

148 Sinzheimer: Chronik in „Die Justiz", S. 131 und 134. Hugo Sinzheimer machte im Zuge des Claß-Prozesses sehr deutlich, dass außerhalb des Reichspräsidenten keine diktatorischen Gremien bestehen und eine Diktatur entsprechend Claß' Plänen „verfassungsmässig nicht bestehen bleiben" könnte, da die Ausschaltung des Reichstags so nicht vorgesehen sei. Hugo Sinzheimer: Rechtsputsch und Reichsgericht, in Frankfurter Zeitung 7.12.1927. Das Problem der „politischen Justiz" war auch für den Staatsanwalt Wilhelm Hoegner dringlich, der im Juli 1924 für die SPD in den bayerischen Landtag gewählt wurde und die ungleiche Verurteilung linker und rechter Straftaten beklagte. Hoegner gab dem von ihm initiierten Untersuchungsausschuss des bayerischen Landtags zum Hitler-Ludendorff-Prozess auch das Exemplar der bei Theodor von der Pfordten gefundenen „Notverfassung"zu den Drucksachen. Der Hoegner-Bericht wurde jedoch nie veröffentlicht. Gritschneder: Bewährungsfrist für den Terroristen Adolf H., S. 137–141.

149 Hugo Sinzheimer: (Chronik, in „Die Justiz", 10. Januar 1926), in ebd., S. 56. In Art. 48 Abs. 5 hieß es „Das Nähere bestimmt ein Reichsgesetz". Zum Referentenentwurf des Reichsinnenministeriums zu einem Ausführungsgesetz zu Art. 48 („Diktaturgesetz") siehe Vossische Zeitung 19.10.1926 und Vorwärts 19.10. 1926. Hugo Sinzheimer, der SPD-Abgeordneter der Weimarer Nationalversammlung war und 1919 an der Ausarbeitung der Weimarer Reichsverfassung mitgewirkt hatte, emigrierte 1933 nach „Schutzhaft" als jüdischer Arbeitsrechtler in die Niederlande, wurde in Amsterdam Professor für Rechtssoziologie und wurde nach der deutschen Besatzung 1940 mehrfach verhaftet und fand Zuflucht bei Freunden in den Niederlanden.

150 Siehe auch den späteren Begriff der „politischen Justiz" des Staats- und Verfassungsrechtlers Otto Kirchheimer, der darunter den Einfluss politischer Ordnungsvorstellungen und die darauf abgestimmte Anwendung von Verfahrensweisen auf die Rechtssprechung für politische Zwecke verstand. Kirchheimer: Politische Justiz. Die vergleichende Analyse Kirchheimers, der 1928 bei Carl Schmitt an der Universität Bonn promovierte, 1933 als jüdischer Sozialdemokrat in die USA emigrierte, als politischer Analyst von 1943/44 bis 1952 beim Office of Stratregic Service, daraufhin beim State Department arbeitete und an die New School of Social Research und an die Columbia University als Professor ging, erschien 1961.

Verlust der Amtsfähigkeit und dem Wahlrecht.[151] Als „Hochverrat“ war hier definiert: „Wer mit Gewalt oder durch Drohung mit Gewalt die Verfassung des Reichs oder eines Landes ändert oder ein zum Reiche oder zu einem Lande gehöriges Gebiet losreißt, wird mit lebenslangem Zuchthaus oder Zuchthaus nicht unter zehn Fahren bestraft.“ Der Schutz der verfassungsmäßigen Befugnisse des Reichspräsidenten vor dem Zugriff Dritter wurde explizit gewährt. „Ebenso wird bestraft, wer den Reichspräsidenten seiner verfassungsmäßigen Gewalt beraubt oder mit Gewalt oder durch gefährliche Drohung nötigt oder hindert, seine verfassungsmäßigen Befugnisse überhaupt oder in einem bestimmten Sinne auszuüben.“[152]

Bei den Reichstagsdebatten am 25. und 26. Januar 1928 wurden die Diskussionen um eine Politisierung der Justiz zwischen links und rechts noch einmal vor dem Hintergrund des Freispruchs von Claß ein halbes Jahr zuvor scharf geführt. So kritisierte Ernst Thälmann im Januar 1928 die ungleiche Behandlung politischer Gefangener der KPD durch den Oberreichsanwalt, während „Claß und Konsorten“ freigesprochen wurden.[153] Auch für Otto Landsberg von der SPD stand fest, dass Claß, wie schon im „Kaiserbuch“ von 1912 gefordert, „einen krassen Staatsstreich, also einen Putsch von oben“ durch die Beeinflussung des Reichspräsidenten durch Interpellationen ehemaliger Generäle sowie durch Beeinflussung des Sohnes des Reichspräsidenten im November 1925 geplant hatte.[154]

Der linksliberale Rechtsanwalt Ludwig Haas, der für die Deutsche Demokratische Partei im Reichstag saß und Mitbegründer des republikanischen Reichsbanner Schwarz-Rot-Gold war, verwies ebenfalls auf das seiner Zeit 1925 in siebter Auflage erschiene „Kaiserbuch“, in dem Claß noch vom notwendigen „Staatssreich“ für die Errichtung der Diktatur sprach, und wunderte sich, dass Claß im Zusammenhang mit den Putsch-Untersuchungen nicht alleine für diese veröffentlichte Forderung als ein „Fanatiker des Hochverrats“ festgenommen worden war.[155] Claß hatte in der nach dem Kriegsende erfolgten Erweiterung des Textes von 1912 auch noch in der siebten Auflage von 1925 weiter daran festgehalten, dass „der Staatsstreich nach meiner Ansicht allerdings das ursprünglichste Notwehrrecht jedes Staates ist, der sich nicht durch papierne Vorschriften zum Selbstmord verurteilen lassen will.“[156] Gerade in der Republik sei seinem Verständnis nach dieses „Notwehrrechts“ nicht an die geltende Staatsform, sondern an

---

151 Entwurf eines Allgemeinen Deutschen Strafgesetzbuches, [1927], durch Oskar Hergt dem Reichstag zur Beschlussfassung vorgelegt am 14.5.1927, in Verhandlungen des Reichstags, III. Wahlperiode 1924, Anlagen Nr. 3390, Bd. 415. Siehe zur Diskussion um die Entwürfe vor dem Ersten Weltkrieg zu „Hochverrat“, „Staatsverrat“ und Majestätsbeleidigung“ auch Kahl/Lilienthal/Liszt/Goldschmidt: Gegenentwurf zum Vorentwurf, S. 162–168.

152 Entwurf eines Allgemeinen Deutschen Strafgesetzbuches, [1927], S. 10.

153 Rede Ernst Thälmann im Reichstag, 20.1.1928, in Verhandlungen des Reichstags, III. Wahlperiode 1924, Bd. 394, S. 12267. Siehe auch die Reichstagsrede von Emil Höllein für die KPD, 28.1.1928, in ebd., S. 12482–12483.

154 Rede Otto Landsberg im Reichstag, 25.1.1928, in ebd. , S. 12388–12392. Zitat ebd., S. 12389.

155 Rede Ludwig Haas im Reichstag, 27.1.1928, in ebd. , S. 12421–12428. Zitat ebd., S. 12424.

156 Claß: Daniel Frymann. Das Kaiserbuch, S. 210.

den interessegeleiteten Zweck seiner Auslegung gebunden: „Die Demokratie fordert den Staatsreich und verteidigt ihn, wenn er zugunsten der demokratischen Entwicklung wäre – sie muß also gelten lassen, daß es auch Leute gibt, die den Staatsstreich gegen sie verlangen.“[157]

Dieses zweckgebundene Rechtsverständnis vom „Notwehrrecht“ des Staates im Zusammenspiel mit von Claß forcierten Avancen gegenüber dem Reichspräsidenten für die Berufung eines Diktaturkabinetts befeuerten angesichts der Begründung des Freispruchs die Debatte um den Schutz der Republik durch eine enge Auslegung der verfassungsrechtlichen Befugnisse des Reichspräsidenten sowie die Diskussion um die Demokratietreue der Richter in den obersten Reichsbehörden. Johannes Bell vom Zentrum, der vom Mai 1926 bis zum Januar 1927 im Kabinett Marx II kurzzeitig Justizminister war, rechtfertigte seine Amtsführung während der Untersuchungen und betonte in seiner Reichstagsrede am 26. Januar 1928 die Unabhängigkeit der Justiz. Er zeigte aber auch Verständnis für eine weitverbreitete Kritik an der Rechtssprechung, die zu einer „Entfremdung“ zwischen „deutschem Recht und deutschem Volk“ geführt habe.[158] Auch er teile die Rechtsauffassung, dass Artikel 48 der Reichsverfassung keinen interpretatorischen Raum für die „Ausschaltung des Reichstags oder der Verfassung“ selbst lasse. Im Fall Claß habe Bell als Justizminister seiner Zeit einen „doppelten Zweck“ verfolgt, nämlich

> mich pflichtgemäß über den Verlauf des Verfahrens genau zu informieren, und weiter, den Herrn Oberreichsanwalt, in dessen volle Verantwortung und Selbständigkeit nicht eingegriffen werden sollte, darin zu stärken, daß auch der besonders schwierige Fall Claß mit strengster Unparteilichkeit und Gründlichkeit ohne jede Rücksicht auf irgendwelche Personen oder Parteien bearbeitet werde. Vor allem habe ich mit dem Herrn Reichsanwalt mich darüber verständigt, daß im Falle Claß angesichts seiner unverkennbaren tatsächlichen und rechtlichen Schwierigkeiten alles daran gesetzt werde, um schon in der Voruntersuchung möglichst vollständige Aufklärung über alle tatsächlichen und rechtlichen Fragen zu erzielen. Bevor die ergänzte Voruntersuchung beendet war, schied ich aus meiner Amtsstellung und kann infolgedessen über den weiteren Verlauf des Verfahrens keine Auskunft geben.[159]

In seiner Reichstagsrede hatte Wilhelm Kahl, Gründungsmitglied der DVP, bis zu seiner Emeritierung an der Berliner Universität 1921 Professor sowie 1924, 1926 und 1928 Präsident des Deutschen Juristentages, am 26. Januar hervorgehoben, dass über Artikel 48 kein Aushebelungsrecht der Reichsverfassung zu begründen sei. Kahl, der bereits Mitglied der ersten vom Reichsjustizministerium einberufenen Strafrechtskommissionen (1906/1909 und 1911/1913) gewesen war, ließ es sich jedoch auch nicht nehmen, die Vorwürfe gegen alldeutschen Verbandsführer im Grundsatz herunterzuspielen und zu erklären, dass das Claß-Verfahren in seinem Ausmaß übertrieben gewesen sei. Selbst der Notverfassungsentwurf, der von Claß selbst nicht verfasst worden war, habe bei ihm

157 Ebd., S. 196.

158 Rede Johannes Bell im Reichstag, 26.1.1928, in ebd., S. 12407–12412.

159 Ebd., S. 12412.

eher „den Eindruck der Lächerlichkeit", der „Dummheit, jedenfalls den Eindruck einer ungewöhnlichen Minderwertigkeit" erweckt, sodass nicht zuletzt aufgrund der Hausdurchsuchungen, die auch seinen Parteikollegen Albert Vögler seiner Zeit erfasst hatten, eine „Kompensation der gegenseitigen Entrüstung angezeigt" sei.[160]

Hergt wiederum warnte in seiner Rede generell vor einer „politischen Justiz von unten her", die durch eine starke Einflussnahme durch die Öffentlichkeit wie im Fall Claß ausgespielt worden sei und den Untersuchungsspielraum der Reichsanwälte jenseits politischer Verdächtigungen nahezu unmöglich gemacht habe.[161] Eine solche Klage verwunderte aus dem Mund des seit Januar 1927 amtierenden Vizekanzlers und Justizministers im Kabinett Marx IV nicht, der auch eine „Politisierung der Justiz von oben her" anprangerte, die sich bei der Strafverfolgung von Claß durch „Anweisungen, Direktiven, die hinter den Kulissen in einer bestimmten politischen Richtung gegeben worden sein sollen", manifestiert habe.[162] Hergt sprang somit Claß zwar bei, der angesichts des Putschverfahrens gegen ihn als Paradebeispiel für eine verfehlte Rechtssprechung war, die sowohl von links wie auch von rechts für politische Argumentationen und eigene Interessen genutzt worden sei. Gleichzeitig suchte Hergt aber durch seine allgemeinen Anklagen gegen vermeintlich ausgespielte politische Interessen von „oben" und „unten" auch den Spagat zwischen einem sich formierenden radikal-oppositionellen Hugenberg-Lager innerhalb der Partei und der Gouvernementalität seiner eigenen Regierungsbeteiligung, die ihn noch knapp ein Jahr zuvor eine Mehrheit der DNVP-Reichstagsfraktion zur Zustimmung einer zweijährigen Verlängerung des Republikschutzgesetztes organisieren ließ.

Das grundsätzliche Problem einer politisierten Rechtssprechung, die letztlich auch durch den Tenor der Urteilsbegründung im Fall Claß zum Ausdruck kam, wurde so nicht behoben, führte im Zuge der weiteren juristischen Arbeiten an einer seit Kriegsende weiter vorangetriebenen Strafrechtsreform aber zu Erweiterungen in den juristischen Vorbereitungstatbeständen bei „Hochverrat". Nun wurde auch die Anwerbung von Persönlichkeiten zur Übernahme von führenden Staatsämtern („Lex Claß") in den Tatbestandskatalog mit aufgenommen.[163] Die Folgen potenzieller Rechtsöffnungen hin zu diktatorischen Planspielen wurden in den kommenden Jahren trotz dieser Strafrechtsdiskussionen verstärkt im Feld der parlamentarischen und außerparlamentarischen Politik ausgetragen. Der alldeutsche DNVP-Abgeordnete Lohmann sollte diese innenpolitischen Verschärfungen in seiner Reichstagsrede im Januar 1928 bereits mit der Aussage andeuten, dass „etwa die Hälfte des deutschen Volkes der republikanisch-demokratischen Staatsform nicht innerlich geneigt, nicht befreundet gegenüber-

---

160 Rede Wilhelm Kahl im Reichstag, 26.1.1928, in ebd., S. 12415.

161 Rede Oskar Hergt im Reichstag, 25.1.1928, in ebd., S. 12382.

162 Ebd. Siehe auch Rede Oskar Hergt im Reichstag, 27.1.1928, in ebd., S. 12453–12456.

163 Siehe dazu Schroeder: Der Schutz von Staat und Verfassung, S. 137–138 und Jasper: Justiz und Politik in der Weimarer Republik, S. 182.

steht".[164] Daher sei es legal und legitim, wenn Claß nach Auswegen aus dem parlamentarischen System über die verfassungsrechtlichen Befugnisse des Reichspräsidenten suche, ohne dass dabei von „Hochverrat" gesprochen werden könne. Zwar müsse sich der Richter im jeweils vorliegenden Fall von seinen politischen Einstellungen bei seinen Untersuchungen und Entscheidungen freimachen und den Fall „objektivieren". Zum Fall Claß sei aber lediglich zusammenfassend zu sagen:

> [...] in all diesen Besprechungen mit Herrn Claß ist nie davon die Rede gewesen, daß irgend etwas mit Gewalt unternommen werden sollte, um die Diktatur herbeizuführen, und es ist ausdrücklich ausgesprochen worden, daß dann, wenn der Herr Reichspräsident nicht auf Grund der ihm zustehenden Befugnisse eingreifen wolle und könne, daß dann nichts geschehen sollte. Herr Claß wollte also alles dem pflichtmäßigen Ermessen des Herrn Reichspräsidenten überlassen. Nun, ich meine, ein klarerer, schlagenderer Beweis dafür, daß Herr Justizrat Claß nichts mit dem Unternehmen eines Hochverrats, wozu doch die Anwendung von Gewalt erforderlich ist, zu tun haben wollte, kann wohl nicht erbracht werden.[165]

Die Arbeit des Strafrechtsausschusses wurde durch die spätere Reichstagsauflösung am 4. Juni 1932 endgültig vertagt. Für die Alldeutschen weitete die Verschiebung des Schutzes der Reichsverfassung durch eine verbindliche Rahmung ihrer Interpretation durch strafrechtliche Bestimmungen bei Hochverrat Räume für eine autoritäre Verfassungsauslegung zum Zweck der Errichtung der Diktatur. Carl Bornhak, der einstige Rechtsberater von Claß bei dem Kampf der Alldeutschen gegen die Zensurmaßnahmen der Regierung im Winter 1914/15, der nach seiner Emeritierung 1924 weiterhin lehrte und wegen republikfeindlicher Äußerungen sowie gegen die Weimarer Reichsverfas-

164 Rede Karl Lohmann im Reichstag, 25.1.1928, in Verhandlungen des Reichstags, III. Wahlperiode 1924, Bd. 394, S. 12399.

165 Ebd, S. 12403. Karl Lohmann führte bezüglich seiner Erkenntnise aufgrund des Polizeiberichts vom 12.5.1926, Claß bewusst vor jeglichen Angriffen in Schutz nehmend, aus, dass Studienassessor Heinrich Dietz davon gesprochen habe, „daß die Demission des Reichspräsidenten erfolgen solle, daß nach Auflösung des Reichstages die Neuwahlen überhaupt nicht ausgeschrieben werden oder die Wahlakte am Wahltage mit bewaffneter Gewalt verhindert werden sollten, daß die Notverordnung, auf die sich angeblich seine Besorgnis vor den gefährlichen Folgen des Unternehmens überhaupt gründete, zur Anwendung gelangen sollte, daß der Reichspräsident nach dem, was in eingeweihten Kreisen gesprochen werde, längere Zeit schwankend gewesen sei, daß er seit der Tagung der Generalstabsoffiziere vom 28. Februar 1926 dem Plane aber sympathischer gegenüberstehe, daß nach den Bekundungen des gleichen Zeugen der Polizei Andeutungen über größere Waffenlager und Waffensendungen und über erhebliche finanzielle Vorbereitungen der Industriellen im westdeutschen Industriegebiet gemacht seien. Nach allen diesen vor der Polizei erhobenen Beschuldigungen gab Dietz in seiner ersten richterlichen Vernehmung am 8. Juni von dem geplanten Unternehmen ein Bild, das sich fast völlig mit der Schilderung des Angeschuldigten Claß selbst deckte. Was Herr Claß darüber ausgeführt hat, hat Herr Dr. Landsberg selbst hier verlesen. Danach war lediglich vorgesehen: Berufung eines Minderheitenkabinetts, Auflösung des Reichstages, eventuell Maßnahmen auf Grund des Artikels 48 der Reichsverfassung, gegebenenfalls wiederholte Auflösung des Reichstages, nicht aber das Marschieren bewaffneter Verbände, Rücktritt des Herrn Reichspräsidenten und auch nicht Erlaß einer Notverordnung." Auch Lohmann betonte, dass die „Notverordnung" von Theodor von der Pfordten stammte und „auf die damaligen bayerischen Verhältnisse von 1923 gemünzt" gewesen sei. Ebd., S. 12402.

sung vom Dienst suspendiert worden war, zeigte sich über das vorläufige Ende der Strafrechtsreform 1933 äußerst zufrieden.[166]

7.6 Zwischenbetrachtung – Staatstheoretische Kontextualisierung der „Notverfassung“: Diskussionen innerhalb der Staatsrechtslehre um die Ausdeutung der Weimarer Reichsverfassung: Hans Kelsen, Rudolf Smend und Carl Schmitt

Die weitergehende juristische Ausarbeitung der Strafrechtsreform sowie die politisch umkämpfte Deutung der Verfassungswirklichkeit des Notverordnungsartikels 48 der Weimarer Reichsverfassung begünstigte Claß’ Planungen für die präsidiale Ernennung eines Diktaturkabinetts. Der „Methodenstreit“ der Weimarer Staatsrechtslehre[167] zwischen führenden Vertretern dieser Diskussion, wie dem Rechtspositivisten Hans Kelsen einerseits und Rudolf Smend und Carl Schmitt als Kritiker des rechtspositivistischen Neukantianismus andererseits, bildete beispielhaft die Auseinandersetzung über das Wesen des Verhältnisses von Staat und Gesellschaft zwischen Republikanern und Republikgegnern ab.[168] Als Claß 1926 wegen seiner Diktaturpolitik unter politischen und öffentlichen Druck geriet, war die Diskussion um die Einheit des Staates auch bei Staatsrechtlern bereits im Gange und setzte sich im 1926 ausbrechenden „Methoden-

166 Schroeder: Der Schutz von Staat und Verfassung, S. 137. Dazu Bornhak: Das Ende des Strafrechtsausschusses und der Staatsrechtsreform sowie bereits Ders.: Der Beruf unserer Zeit zur Strafgesetzgeung. Carl Bornhak unterrichtete von 1928 bis zu seiner Rückkehr nach Deutschland 1931 an der Universität Kairo.

167 Siehe auch Stolleis: Geschichte des Öffentlichen Rechts in Deutschland, Bd. 3, S. 90–124 und 153–186 und Friedrich: Der Methoden- und Richtungsstreit. Zu den Positivisten siehe u. a. auch Anschütz: Die Verfassung des Deutschen Reiches, Ders.: Drei Leitgedanken der Weimarer Reichsverfassung und Thoma: Der Staat sowie Häberle/Kilian/Wolff: Staatsrechtslehrer des 20. Jahrhunderts und zu Österreich und der „Wiener Schule“ die Zusammenfassung bei Stolleis, Geschichte des öffentlichen Rechts in Deutschland, Bd. 3, S. 163–171. Zu den „geisteswissenschaftlichen“ Staatstheoretikern siehe auch Kaufmann: Kritik der neukantianischen Rechtsphilosophie, Triepel: Staatsrecht und Politik, Ders.: Staatsverfassung und politische Parteien, Koellreutter: Integrationslehre und Reichsreform, Holstein: Die Grundlagen des evangelischen Kirchenrechts und, mit einer sozialdemokratisch gebundenen Akzentuierung einer materiellen Staatsrechtsordnung vor allem in Kritik der Trennung von Sein und Sollen im neukantianischen Positivismus, Heller: Hegel und der nationale Machtstaatsgedanke, Ders.: Die Krisis der Staatsrechtslehre und Ders.: Die Souveränität.

168 Zur Diskussion um die Reichsverfassung als Kompromiss sowie die Debatte um die Kompromisslogiken politischer Auseinandersetzungen zwischen Hans Kelsen, Carl Schmitt, Otto Kirchheimer und Rudolf Smend siehe auch Llanque: Die politische Kultur des Kompromisses sowie zur umfassenderen Diskussion um das Verfassungsrecht in der Weimarer Republik Caldwell: Popular Sovereignty and the Crisis of German Constitutional Law.

streit" zwischen der Wiener Schule um die Kelsen-Anhänger und den Antipositivisten fort.[169]

Kelsen verstand Recht entsprechend des Rechtspositivismus[170], angelehnt an die Rechtsphilosophie des 19. Jahrhunderts und deren Vertreter wie Carl von Savigny, als eine inhaltlich mit verschiedenen Normen zu füllende Ordnung, die durch ihren Zwangscharakter der Verbindlichkeit wirksame Geltung erreicht.[171] Er sah den Ruf der politischen Linken und Rechten nach einer Diktatur sowie die Forderung nach einer autoritären berufsständischen Verfassung, die innerhalb der Rechten bis ins konservative Lager hinein artikuliert wurde, als Herausforderung für die zeitgenössische Staatstheorie. Die Entscheidung über den Parlamentarismus mit seinen zwei Prinzipien der Mitbestimmung und des Mehrheitsprinzips sei somit letztlich eine Entscheidung über die Demokratie, da nur im Parlamentarismus „die Idee der Demokratie innerhalb der sozialen Wirklichkeit von heute erfüllt werden kann".[172] Dies setze Kompromissfähigkeit voraus, um die „Fiktion der Repräsentation" des Parlamentes anzuerkennen und sich zu „bescheiden", statt einem „messianischen Heilsversprechen der verschiedenen Diktaturen" mit ihrer jeweiligen „blutigen Gewaltfrohn" zu folgen. Diese komme in den faschistischen Bewegungen zum Ausdruck und repräsentiere mit dem Anspruch, den Besten zur Führung auszuwählen, lediglich eine „nichtssagende Tautologie", da keine Aussage gemacht werde, wie dieser Beste ausgewählt und auf welche Weise er zur Macht gelangen solle.[173]

Der Staat hatte für Kelsen jenseits normativer politischer Ideale eine objektive Rechtsordnung, die auf einer Normenordnung und sich daraus ableitenden Sollensbestimmungen gründete. Die Rechtlichkeit einer Norm war nicht notwendig moralisch

---

169 Entsprechend des Rechtspositivismus gelten rechtliche Normen als gesetzt und somit weitgehend unabhängig von inhaltlichen Werten zunächst als bindend. Vertreter des Rechtspositivismus wie Paul Laband (1838–1918) gingen von Recht als einem geschlossenen Normensystem durch Zurückführung von Regelsätzen auf allgemeine Begriffe aus, das durch seine Gesetzlichkeit formal-logisch angewendet werden kann, ohne seine Legitimität zu hinterfragen oder den „Zweck" im Recht durch Interpretation in der Rechtsauslegung zu deuten. Siehe u. a. Laband: Das Staatsrecht des Deutschen Reiches und Ders.: Die Wandlungen der deutschen Reichsverfassung. Respekt vor dem Gesetz sowie vor der Verfassung lag diesem Deutungsansatz zugrunde, der dann durch die Antipositivisten in der Weimarer Republik durch die angewandte Deutung und Interpretation im Wandel ihrer Auslegung hinterfragt worden ist und zur umfassenden Kritik an der Verfassung aufgrund ihrer vermeintlichen fehlenden Bindungskraft führte.

170 Siehe zu Kelsen Dreier: Rechtslehre, Staatssoziologie und Demokratietheorie, Olechowski: Hans Kelsen und Paulson/Stolleis (Hrsg.): Hans Kelsen. Auch Hermann Heller (1891–1933) gehörte mit seiner Staatslehre zu den bedeutendsten Antipositivisten. Heller: Staatsrechtslehre. Siehe auch Henkel: Hermann Hellers Theorie und Müller/Staff (Hrsg.): Staatslehre. Hier konzentriert sich die „Zwischenbetrachtung" auf Rudolf Smend und Carl Schmitt, da sich Claß vor allem auf die beiden in seinen Aufsätzen 1932 sowie auch in seinen späteren Erinnerungen bezog und mit Smend im Vorfeld der Harzburger Tagung 1931 über Fabian von Schlabrendorff auch in Kontakt stand.

171 Siehe auch Kelsen: Reine Rechtslehre sowie Ders.: Hauptprobleme der Staatsrechtslehre und Ders.: Allgemeine Staatsrechtslehre.

172 Kelsen: Das Problem des Parlamentarismus, S. 5.

173 Ebd., S. 8, 31, 44 und 41.

oder sittlich, sondern erhielt ihre Geltung durch ihre prozesshafte Entstehung innerhalb einer Gesellschaft entsprechend der Ableitung von höheren Normen, an deren Ende eine „Grundnorm“ stand, die nicht durch eine einzelne Autorität gesetzt werden konnte.[174] Es gehe demnach nicht um die Festlegung einer gewünschten idealen Gesellschaft durch Rechtsnormen, sondern um die Überwindung der Willkürlichkeit des Naturrechts, das sich zu sehr in den Dienst von Interessen gestellt und den Widerspruch der gegebenen Rechtsordnung zu einer „irgendwie vorausgesetzten absoluten Ordnung behauptet“ habe.[175] Organische Gesellschafts- und Staatstheorie sei demnach „psychologische Soziologie, die bis ins Mythologische ragende Hypostasierung“ sei.[176] Nach Kelsen bedeutete diese „antiideologische Tendenz“ der Rechtslehre, dass „jeder beliebige Inhalt Recht sein“ konnte.[177] Es ist wenig überraschend, dass Kelsen in seinem Hauptwerk „Allgemeine Staatsrechtslehre“ von 1925 die Machtposition des Reichspräsidenten in der Weimarer Republik zwar als „ausgesprochen monarchisches Element“ ansah, das in einer demokratischen Grundordnung jedoch eigentlich gar keinen Platz haben dürfte.[178] Er hielt grundsätzlich fest, dass staatliche Ordnung nicht die Herrschaft des einen über den anderen sein könne und der Staat immer die Einheit zahlreicher Herrschaftsrelationen sei.[179] Auf einen „metarechtlichen Staatsbegriff“ müsse verzichtet werden und die Staatstheorie müsse aufhören, „Staatstheologie“ zu sein.[180] Die Weimarer Reichsverfassung enthielt trotz des Kompromisscharakters zwischen liberalen und sozialistischen Verfassungselementen in der Tat klare Entscheidungen für Parlamentarismus, Bundesstaat und Rechtsstaat, die auch von der DNVP als konserva-

174 Kelsen: Allgemeine Rechtslehre, 2. Aufl., S. 218–219.

175 Ders.: Kelsen: Reine Rechtslehre, S. 16.

176 Ders.: Der soziologische und juristische Staatsbegriff, S. 37.

177 Ders.: Reine Rechtslehre, S. 17 und 201.

178 Ders.: Allgemeine Staatslehre, S. 363. Andererseits sprach Hans Kelsen beispielsweise Vereinen umso mehr die Legitimität ab, Recht durch die Veränderung der Gesamt-Rechtsordnung neu setzen zu wollen. Schließlich stünden auch Vereine mit ihren Teil-Rechtsordnungen im Gefüge der höheren Gesamt-Rechtsordnung des Staates, der als höchste Instanz die Souveränität der höheren Macht von Rechtsdurchsetzung innehabe. Siehe Kelsen: Allgemeine Staatslehre, S. 100–102. Kelsen wandte sich darüber hinaus gegen jede Wahlrechtsreform, die berufsständisch das allgemeine und gleiche Wahlrecht nach Bildungsgrad, Steuerleistung oder gebunden an bestimmte Berufsgruppen differenzieren wollte. Gesellschaften seien zu komplex für ein Ständewahlrecht, das letztlich nur ein „Machtstreben gewisser Interessenkreise“ repräsentiere und somit „inhaltsleer und unanwendbar“ sei. Ebd., S. 361 und 360. Die Frage nach der letztlichen Entscheidung über Zugehörigkeiten von Wählern zu diesen berufsständischen Gruppierungen könne durch eine Ständeideologie nicht sinnvoll geklärt werden, denn die sei erneut durch eine Autorität zu treffen, die entweder demokratisch gewählt oder autokratisch ernannt worden sei. Siehe ebd., S. 360. Eine solche Wahlrechtsauffassung widersprach ständestaatlichen Gesellschaftsvorstellungen des Alldeutschen Verbandes oder Forderungen nach Wahlrechtsreformen, nach der Bildung und Besitz begünstigt werden sollten, wie sie Claß bereits im „Kaiserbuch“ 1912 vorlegte, 1913 Konstantin von Gebsattel vorschlug oder auch Leopold von Vietinghoff-Scheel ausarbeitete. Siehe Claß (Frymann): Wenn ich der Kaiser wär’, S. 37–53, Vietinghoff-Scheel: Grundzüge des völkischen Staatsgedankens sowie zum Kontext auch Hering: Konstruierte Nation, S. 318–344.

179 Kelsen: Der soziologische und juristische Staatsbegriff, S. 83.

180 Ebd., S. 252 und 253.

tiver Sammlungspartei innerhalb des politischen Regelbetriebs zunächst anerkannt wurden.[181]

Der „Reinen Rechtslehre" stand die Rechtsphilosophie entgegen, der Kelsen die Funktion der Rechtspolitik zusprach. Rudolf Smend, der 1918 Mitglied der DNVP wurde, stellte Kelsen als einer der führenden Vertreter einer „geisteswissenschaftlichen Methode" der Rechtslehre eine soziologische Integrationslehre entgegen.[182] Ihm zufolge befanden sich die Staatstheorie und die Staatsrechtslehre bei Erscheinen seines Hauptwerkes „Verfassung und Verfassungsrecht" von 1928 ähnlich wie die Politik in einer tiefen Krise, die zwischen „unpolitischer Staatsenthaltung und unpolitischer Machtanbetung" schwanke.[183] Gegen Kelsen wandte Smend die Ansicht, dass der Staat keine soziale Realität darstelle, sondern es eine „Wesenseinheit" zwischen „soziologischem Staat" und seinen Angehörigen gebe, die „stetiger Selbsterneuerung" und fortwährender Neuerfassung eben jener Angehörigen unterworfen sei.[184]

Für Smend war der Rechtspositivismus „statisch" und nichts weniger als „geisteswissenschaftlicher Nihilismus", der sich durch die Konzentration auf die juristische Staatstheorie mit den Gegenständen, die nicht vom Verfassungsrecht bestimmt würden, beschäftigen wolle.[185] Dazu zählte die „geistige Wirklichkeit" der Staatsangehörigen, aus welcher der Staat erwachse und die den Staat nicht zu einem ruhenden Gebilde, sondern zu einem „Ausdruck von Lebensäußerungen" seiner Angehörigen in einem „ständigen Prozeß der Erneuerung" mache.[186] Positives Recht sei somit nur zusammen mit einer „Wertgesetzlichkeit des Geistes" mit Blick auf staatliches Leben zu denken.[187]

Die Weimarer Reichsverfassung, so Smend, habe das Problem der „Wertgesetzlichkeit" übersehen, während Bismarcks Verfassung von 1871 ein „vollkommendes Beispiel einer integrativen Verfassung" und seine Politik der Unterscheidung zwischen „staatsbejahenden" und „staatsverneinenden" Parteien richtig gewesen seien. Die Weimarer Reichsverfassung habe aufgrund der geringeren Verbundenheit mit der „Wertegemeinschaft" die notwendige Beteiligung aller Gruppen am politischen Prozess zu oft durch „Obstruktion" vernachlässigt.[188] Staatsgemeinschaft sei ein „Willensverband", eine „Wertegemeinschaft" sowie eine „Erlebnisgemeinschaft", welche die formalen Gemeinschaftsfunktionen wie Rechtsprechung, Verwaltung und Regierung in

181 Siehe auch Gusy: Die Weimarer Reichsverfassung sowie Maik Ohnezeit: Zwischen „schärfster Opposition" und „Willen zur Macht" und Mergel: Das Scheitern des deutschen Tory-Konservatismus.

182 Smend: Verfassung und Verfassungsrecht, S. VII. Siehe auch Schulz: Zwischen Demokratie und Diktatur, Bd. 3, S. 258–263, Lhotta: Die Integration des modernen Staates und Llanque: Die politische Theorie der Integration.

183 Smend: Verfassung und Verfassungsrecht, S. 1 und 3. Siehe auch Ders.: Die politische Gewalt im Verfassungsstaat.

184 Smend: Verfassung und Verfassungsrecht, S. 13–17.

185 Ebd., S. 13 und 17.

186 Ebd., S. 18.

187 Ebd., S. 21.

188 Ebd., S. 24 und 40.

Form von staatlichen Organen zur Sinn- und Werteverwirklichung praktiziere.[189] Als Ausdruck dessen seien Grundrechte auch ein Ergebnis eines „Kultur- und Wertesystems", das wiederum auf „geschichtlicher Wirklichkeit" beruhe, die eine „ideelle Zeitlosigkeit" und somit eine in die „Zukunft weisende" Erwartbarkeit ermögliche.[190]

Verfassungen regelten ungeachtet ihres Anspruchs auf „Totalität der Integration" nur Ausschnitte des Lebens, so Smend, und das Verfassungsleben werde „immer wieder neu hergestellt".[191] Staat, Verfassung und Recht waren demnach Ausdruck einer integrativen Einheit von Staat und Gesellschaft und die Verfassung hatte die Funktion, diese Einheit in den Wechselbeziehungen zwischen den Angehörigen der Gemeinschaft sowie den staatlichen Institutionen als bewegenden Kräften herzustellen. Dieser staatliche Integrationsprozess habe eine eigene Wertgesetzlichkeit, die auf Werten der Sinnstiftung beruhe, die ihre Realität erst durch die sie lebende und verwirklichende Gesellschaft erhielten und die auf das Recht zurückwirkten. Gegenläufige Werthaltungen, wie individuelle Grundrechte und Staatsziele, müssten in ihrem Verhältnis beständig neu interpretiert, ihre Einheit müsse immer neu hergestellt werden. Das Rechtsleben sei letztlich ein werthafter Sinnstiftungsprozess und nicht rechtspositivistische Realität.

Die Diktatur, die nach der Weimarer Reichsverfassung in den präsidialen Vollmachten des Reichspräsidenten vor allem in Artikel 48 und 53 gegeben sei, sei als legitimes Herrschaftsmittel nicht geeignet. Dort, wo der „Kern der staatlichen Wirklichkeit im normalen Verfassungsleben" liege, sei die Diktatur nur eine „vorübergehende Technik, keine Wesensdarstellung".[192] Smend verwies auch auf Reichspräsident Ebert und dessen Ausübung des Initiativrechts zur Ernennung des Reichskanzlers.[193] Das „Problem der Normenkollision" sei aber nicht aufgehoben und der „Formenmissbrauch" durch „Grenzüberschreitung" in der Reichsverfassung nicht hinreichend festgelegt.[194] Die verfassungsmäßigen Rechte des Reichskanzlers ermöglichten eine „Dialektik schöpferischer Initiativen" zur Kanzler- und Kabinettsernennung, die lediglich dem Anspruch unterworfen sei, dass der Reichspräsident tun dürfe, was er entsprechend seiner Interpretation des Amtes und der Amtsausführung für richtig halte.[195] Aufgrund dieser „Ermessensmöglichkeiten" lagen „hier die Möglichkeiten staatsrechtlichen Unrechts" des Reichspräsidenten.[196] Verfassungen hätten somit immer einen „politischen" Charakter, so Smend. Artikel 48 bleibe hingegen eine „Eigentümlichkeit", die sich in die „Totalität des Verfassungsrechts" eingliedern müsse, wonach sich die Legitimität des Systems in seiner Funktionalität mit Blick auf die integrative Herstellung der Einheit von

189 Ebd., S. 34, 43 und 45.

190 Ebd., S. 54 und 164.

191 Ebd., S. 75–88. Zitat S. 81.

192 Ebd., S. 104.

193 Ebd., S. 145–146.

194 Ebd., S. 151 und 157.

195 Ebd., S. 146.

196 Ebd.

Staat und Gesellschaft erst erweisen würde.[197] Auch warnte Smend davor, dass die Rechte des Reichskanzlers wiederum „nicht überspannt“ werden dürften.[198] Die Grundrechte der Verfassung seien als Wertekanon ebenfalls in ihrem Beitrag zur „sachlichen Integration“ zu akzeptieren.[199]

Der Begriff des Politischen, so Smend unter Verweis auf Carl Schmitt, sei demnach nicht zu entbehren.[200] Die Ausdeutung des politischen Aushandelns war bei Smend jedoch offen für Verfahren, die entsprechend der Integrationslehre die Einheit zwischen Staat und Gesellschaft herstellen sollten. Das Mehrheitsprinzip sei somit nicht gesetzte hohe Ordnung, sondern zunächst eine einfache und ursprüngliche Integrationsform zur Beilegung von Kämpfen, die in ihrer Formalisierung oftmals zur „physischen Überwältigung der Minderheit“ geführt habe.[201] Die Aushandlung der legalen und legitimen Verfahren zur Integration war für Smend jener dauernde Prozess, der in der Weimarer Demokratie unter anderem durch die „Sprunghaftigkeit des Parteilebens“, einer zuweilen „schöpferischen Verordnungspraxis von Ministern“ und einer fehlenden Verpflichtung der Parteien zur Koalition oder zur politischen Mitarbeit gekennzeichnet sei.[202] Das Problem der Grundnorm als rechtsetzende Basis für Verfassungsordnungen konnte auch Kelsen nur bedingt lösen, wenn er der Revolution von 1918 eine rechtsschöpfende Kraft und rechtsetzende Legitimation zusprach: „Die Macht ist zu Recht geworden.“[203]

Um diese Frage der „Rechtsschöpfung“ und deren Legitimität ging es bei Claß’ Interpretation der Stellung des Reichspräsidenten, dessen Bestimmung durch Volkswahl Ausdruck eines Volkswillens sein sollte. Claß’ Argumentation im Zuge des Putsch-Prozesses ließ keinen Zweifel, dass er den Ausgleich der Verfassungselemente Reichstag, Reichspräsident und Regierung unter Ausschaltung von Parlament und Wahlen umgehen wollte und darüber hinaus den Zustand der „Notverfassung“ als Übergang zu einer neuen autoritären Rechtsordnung der dauerhaften Diktatur nutzen wollte.

Claß hielt bereits in seinem „Kaiserbuch“ 1912 das allgemeine und gleiche (Männer-)Wahlrecht für „unmoralisch“ und verwarf es als „eine Unwahrheit“, da es „eine Gleichheit der Menschen voraussetzt, die sich niemals verwirklichen läßt“.[204] Der Aufstieg der Sozialdemokratie habe seit dem Wegfall der „Sozialistengesetze“ 1890 die Fragmentierung der deutschen Gesellschaft verschärft und die Reichstagswahlen von 1912 mit dem prozentual größtem Wahlergebnis für die SPD hätten gezeigt, dass die

197 Ebd., S. 83, 133, 137 und 120.

198 Ebd., S. 147.

199 Siehe auch Stolleis: Geschichte des öffentlichen Rechts in Deutschland, Bd. 3, S. 112.

200 Smend: Verfassung und Verfassungsrecht, S. 133. Siehe Schmitt: Politische Romantik, Ders.: Die Diktatur und Ders. Die geistesgeschichtliche Lage des heutigen Parlamentarismus und Ders.: Der Begriff des Politischen.

201 Smend: Verfassung und Verfassungsrecht, S. 38.

202 Ebd., S. 137 und 144.

203 Kelsen: Der soziologische und juristische Staatsbegriff, S. 98.

204 Claß (Frymann): Wenn ich der Kaiser wär’, S. 40.

„Masse, die Massenstimmzahl, die Gebildeten und Besitzenden" entrechte, da sie jede Stimme gleich werte – auch die der „Unwürdigen, Unfähigen, Unreifen".[205] Für Claß war mit der Revolution 1918 dann das „Vorrecht der Verantwortungslosen" zum Prinzip erhoben worden. Man lebe seit dem 9. November „unter der Herrschaft der Massen, der Straße – einer Herrschaft, die weder mit dem landläufigen Begriffe der Demokratie, noch mit dem der Selbstregierung eines Volkes irgendetwas zu tun" habe.[206] Es war in seinen Augen jedoch deutlich, dass sich die „Emanzipation des vierten Standes" in Deutschland „nicht rückgängig machen" lasse, der Arbeiterschaft also das politische „Mündigwerden" nach dem Ende der Bismarck'schen Bekämpfung von Reichsfeinden und dem Untergang des Kaiserreichs nicht einfach entzogen werden könne.[207] Demnach bleibe nur die Diktatur, die dem „Bürgerkrieg durch Schaffung einer mutigen und festen Staatsgewalt ein Ende" mache und der Herrschaft der Massen eine „aristokratische Auffassung vom Staate und von der Mitarbeit an ihm" entgegensetze.[208]

Claß widersprach bis zum Putsch-Prozess 1926/27 den Vorstellungen innerhalb der gemäßigten Rechten, vor allem innerhalb des gouvernementalen Flügels der DNVP, dass nur durch die Stärkung der „vaterländischen Parteien" „verfassungsmäßig die Maßnahmen" getroffen werden könnten, die „Deutschland wieder seine feste Ordnung gäben". Diesem Ansatz der evolutiven Beeinflussung von Politik durch die „vaterländischen Parteien" stellte er die Forderung nach einer „umgekehrten Evolution" entgegen[209], die auch die Diktatur nach der Ernennung eines Reichskanzlers durch den Reichspräsidenten nach Artikel 53 beinhaltete.

Für Claß stand außer Zweifel, dass die Novemberrevolution 1918 Hochverrat war und sowohl der politischen Legitimierung als auch der verfassungsrechtlichen Legitimität einer historisch gewachsenen Grundlage entbehrte. In der Neuauflage seines Buches „Einhart. Deutsche Geschichte" von 1919 machte Claß deutlich, dass die Bismarck'sche Reichsverfasstheit in ihrem staatsrechtlichen Zusammenspiel von Monarchie, Parlament und Bundesrat noch über den 9. November 1918 hinaus Bestand habe, da Wilhelm II. als Staatsoberhaupt zur Abdankung gedrängt, der Kronprinz zum Thronverzicht überredet und letztlich die Abdankung erst am 28. November vom Kaiser im Exil in Amerongen unterzeichnet worden sei.[210] Somit standen sich Monarchie und Reichsverfassung einerseits und Revolutionsregierung und Demokratisierung andererseits in ihrer verfassungsrechtlichen Rivalität gegenüber.

Claß ging in seiner Kritik am „Umsturz" aber weiter und gab die Schuld nicht nur den Arbeitermassen und dem Reichskanzler: „Die alten verfassungsmäßigen Volksvertretungen, der Reichstag und die einzelnen Landtage, ließen sich ebenso zur Seite schieben, wie der Bundesrat. Sonach unterwarfen sie sich der Umwälzung ebenso wi-

205 Ebd.
206 Deutsche Zeitung 26.2.1922.
207 Ebd.
208 Ebd. 12.2.1922 und 27.4.1922.
209 Ebd. 2.8.1925.
210 Siehe Claß: Deutsche Geschichte von Einhart (8. Aufl. 1919), S. 716, 725 und 732.

derstandslos, wie die Landesherren und die Regierungen."[211] Die Kritik an der „Umwälzung" reihte sich ein in die grundlegende politische Kulturkritik an der stetigen Demokratisierung und der Forderung der Massen nach Repräsentation seit dem Abgang Bismarcks 1890, die Claß seit der Übernahme des Verbandsvorsitzes 1908 kontinuierlich in seine radikalen politischen Reformforderungen einbaute und auf die Juden als vermeintliche Agenten der Demokratisierung projizierte. Das deutsche Volk sei unter „den Einfluß Volksfremder und Volksvergessener oder verstiegener Parteiführer geraten", als man „den leichtfertigen und widersinnigen Bruch des deutschen Volkes mit seiner Geschichte" herbeigeführt habe.[212] Jedoch bleibe verfassungsrechtlich die Weimarer Republik einem System verpflichtet, das seine Ordnung aus der Unordnung heraus bezogen und einen Verfassungsbruch initiiert habe, so Claß, aus dem keine Rechtsgrundlage habe erwachsen können, die eine dauerhafte Rechtsordnung geschaffen habe, der man sich zu unterwerfen habe. Dies sei durch den Versailler Vertrag von 1919 zusätzlich der Fall, da Deutschland seine Souveränität „unter die politische, wirtschaftliche und rechtliche Vormundschaft" der Alliierten gestellt habe.[213] Die Weimarer Reichsverfassung sei somit auswärtigen Rechtsordnungen unterworfen und zudem „ein lebloses Gebilde ohne Volkstümlichkeit – mit vollendeter Gleichgültigkeit aufgenommen, als sie am 11. August 1919 verkündet wurde und am 14. in Kraft trat."[214] Die Weimarer Republik war für Claß lediglich das Abbild einer „verzerrten Staatlichkeit".[215]

Einig konnte sich Claß hier vor allem mit Freytagh-Loringhoven wähnen. Der Breslauer Staats- und Völkerrechtler machte deutlich, dass er die Weimarer Reichsverfassung für illegitim und Politiker wie Philipp Scheidemann für Hochverräter hielt sowie das Parlament nicht als Organ der Staatsgewalt anerkannte.[216] Antisemitische Vorwürfe gegen den Verfassungsrechtler Hugo Preuß mischten sich mit Argumentationen eines „auf völkischem Boden stehenden Monarchisten".[217]

Mit Smends Rechtsverständnis gab es so manche potenzielle Überschneidung. Smends Integrationslehre entsprach in gewisser Weise in ihren soziologischen Grundzügen Claß' Verständnis der „rechtsschöpfenden" Machtposition eines diktatorisch agierenden Reichskanzlers, der durch Veränderung des Rechts nicht nur Normen und Sollensbestimmungen veränderte. Smend lehrte seit 1922 an der Berliner Universität und vertiefte bis zur Anti-Young-Plan-Kampagne 1929/30 den Kontakt zu Claß, der nach Konsultation unter anderem mit Smend den Paragraphen 4 des „Freiheitsgesetzes" entwarf, demzufolge bei einer Unterzeichnung des Young-Plans Hindenburg als Reichspräsident wegen Hochverrats an den Interessen des deutschen Volkes juristisch belangt werden sollte. Claß' völkische Interessenpolitik konnte gedanklich in dem Ge-

211 Ebd., S. 732.
212 Ebd., S. 762.
213 Ebd., S. 757.
214 Ebd., S. 768.
215 Ebd., S. 780.
216 Freytagh-Loringhoven: Die Weimarer Verfassung, S. 18–20.
217 Ebd., S. V.

füge einer Integrationstheorie aufgehen, die dem Staat die Aufgabe der Integration der individuellen Staatsbürger zusprach, die Claß wiederum als „Volksgenossen" betrachtete.[218]

Schmitt, auf den sich Claß bei seiner Forderung nach der deutenden Auslegung eines „Staatsnotstandes" 1932 ebenfalls berief, forderte für die Reichsverfassung wiederum einen klaren Wertekanon, der über die Wertefreiheit des Positivismus hinausging und geltendes Recht transzendierte.[219] Schmitt ließ bereits mit seinen frühen Schriften zur Diktatur Smend weit hinter sich und entsprach somit Claß' Diktaturverständnis. Er diskutierte in seinem Werk „Die Diktatur" 1921 bereits die historische Unterscheidung von kommissarischer und souveräner Diktatur, die Claß rezipiert hatte und sich zu eigen machte.[220] Schmitt stellte die Frage, inwieweit der verfassungsmäßig berufene Diktator „beliebig zurückgerufen werden" könne und welche Unterscheidung zwischen den beiden Formen der kommissarischen und der souveränen Diktatur getroffen werden müssten.[221] Während der kommissarische Diktator auf Zeit berufen und mit begrenztem Handlungsspielraum die Wiederherstellung der verfassungsmäßigen Ordnung ermöglichen sollte, sah die souveräne Diktatur „in der gesamten bestehenden Ordnung den Zustand, den sie durch ihre Aktion beseitigen will".[222] „Sie *suspendiert* nicht eine bestehende Verfassung Kraft eines in dieser begründeten, also verfassungsmäßigen Rechts, sondern sucht einen Zustand zu schaffen, um eine Verfassung zu ermöglichen, die sie als wahre Verfassung ansieht. Sie beruft sich also nicht auf eine bestehende, sondern auf eine herbeizuführende Verfassung."[223]

Der Reichspräsident habe in dieser Diktaturauffassung entsprechend der Reichsverfassung und der geringen Beschränkungen durch den Reichstag letztlich die „Ermächtigung zu einer rechtlich nicht begrenzten Aktionskommission", er „kann danach *alle* erforderlichen Maßnahmen treffen, wenn sie nur, seinem Ermessen gemäß, nach Lage der Sache erforderlich sind".[224] Die Möglichkeit der Suspendierung konkreter, aber zahlreicher Grundrechte schränke diese Ermächtigung nicht wesentlich ein und selbst das „Recht über Leben und Tod wird implicite, das Recht zur Aufhebung der Preßfreiheit explicite erteilt".[225] Diese Deutung der präsidialen Rechte entsprach Schmitts Souveränitätsinterpretation des Staates. „Souverän" war für Schmitt, „wer über den Ausnahmezustand entscheidet".[226]

218 Siehe Hofmeister (Hrsg.): Heinrich Claß. Politische Erinnerungen, Kapitel 9 (Anhang 1936).
219 Siehe auch Schmitt: Legalität und Legitimität. Hofmeister (Hrsg.) Heinrich Claß. Politische Erinnerungen, Kapitel 8.7.
220 Schmitt: Die Diktatur sowie Ders.: Die geistesgeschichtliche Lage des heutigen Parlamentarismus.
221 Schmitt: Die Diktatur, S. 29 und 32.
222 Ebd., S. 134.
223 Ebd.
224 Ebd., S. 199.
225 Ebd., S. 200.
226 Schmitt: Politische Theologie, S. 11.

Diese politische Auffassung vom Staat, die darauf hinauslief, eine normative Einheit mit der Gesellschaft herzustellen und hierfür auch diktatorische Mittel auszuschöpfen, war anschlussfähig für Claß' grundlegende Demokratiekritik und Republikfeindlichkeit, die er 1925/26 nicht mehr mit einem gewaltsamen Putsch, sondern auf verfassungsmäßigem Wege unter Ausnutzung der präsidialen Vorrechte zur Ernennung eines Diktaturkabinetts herbeiführen wollte. Der Staat war für Schmitt nicht mehr Ausdruck des Liberalismus des 19. Jahrhunderts, sondern ein zu bändigendes und zu begrenzendes System, in dem der Ausnahmezustand zum „konkreten Ordnungsdenken" innerhalb der Staatsverwaltung dazugehöre und somit zur notwendigen Bestandskategorie der Staatsrechtslehre geworden sei.[227] Für Schmitt war letztlich die Freund-Feind-Unterscheidung das Wesen des Staates, der normativ Ordnung herstellen und in seinem Wesen immer dezisionistisch und somit politisch sein sollte.[228] Identität von Regierenden und Regierten war für Schmitt nur durch die Homogenität des Volkes zu erreichen, und dies schloss das Herausdrängen von Gruppen mit ein, die diese Homogenität störten.

Claß konnte der Interpretation, dass der Staat in seiner Stellung der Gesellschaft übergeordnet sei, nur zustimmen. Sah Schmitt den politischen Kampf zwischen Gegnern als Wesen des Staates, so strebte Claß eine zukünftige Befriedung der politischen Gegensätze in einer autoritären Staatlichkeit an, die durch den „rechtsschöpferischen Staatsnotstand" herbeigeführt und durch die Diktatur abgesichert werden sollte.

Der „Methodenstreit" verstärkte die offene Politisierung der Verfassungsauslegung unter den Staatsrechtstheoretikern. Die Zuspitzungen Schmitts führten ab 1928 zur Distanzierung vieler Kritiker des Positivismus vom radikalen Dezisionismus und nicht zuletzt von Schmitts Unterstützung der späteren Präsidialkabinette Brünings, Papens und Schleichers.[229] Obgleich der Claß-Prozess in der Rechtswissenschaft auffällig wenig diskutiert wurde, so verschränkten sich 1925/27 beispielhaft theoretische Diskussion und politische Diskurse, die zugleich die Krisenhaftigkeit der Weimarer Staatsrechtslehre und der politischen Auseinandersetzungen um die Verfassungsordnung widerspiegeln.

Die Rechtsprechung des Staatsgerichtshofes im Fall Claß bestätigte zudem, dass er als beschützende Verfassungsinstitution einerseits überfordert und andererseits politisch unwillig war, gegen Diktaturplanungen der Rechten entschieden vorzugehen. Das von Schmitt und seinem Kollegen Erwin Jacobi auf der Tagung der Vereinigung der Deutschen Staatsrechtslehrer in Jena 1924 geforderte Ausführungsgesetz zu den verfassungsmäßigen Vollmachten des Reichspräsidenten wurde nicht verabschiedet[230], während innerhalb der Staatsrechtslehre die Positivisten zunehmend seit 1925 und während der Krisenjahre 1930 bis 1933 klar in die Defensive gerieten. Die Auslegung der

227 Siehe auch Kaiser: Konkretes Ordnungsdenken.

228 Carl Schmitt: Politische Theologie und Ders.: Der Begriff des Politischen.

229 Bendersky: Carl Schmitt, S. 145 – 171 und Seiberth: Anwalt des Reiches.

230 Siehe Jacobi/Schmitt: Die Diktatur des Reichspräsidenten sowie Stolleis: Geschichte des öffentlichen Rechts in Deutschland, Bd. 3, S. 112.

Weimarer Reichsverfassung blieb weiterhin im Feld des Politischen und das Ideal der Diktatur inspirierte die antirepublikanische Rechte in zunehmendem Maße zwischen 1928 und 1933 für die Befeuerung der politischen Krise zum Zweck der Berufung eines Präsidialkabinetts unter autoritärer Auslegung der Reichsverfassungsbefugnisse des Reichspräsidenten.

8 Politik der parlamentarischen Legalität

8.1 Politische Strategiewechsel und Lernprozesse

Der Putsch-Prozess, der zwischen Mai 1926 und 1927 stattfand, lähmte den Alldeutschen Verband in seiner Arbeit. Die Geschäftsstelle ging ohnehin mit überschaubarer finanzieller und personeller Ausstattung in die Verhandlungen. Nahezu die gesamte Werbetätigkeit in den Ortsgruppen hatte bereits allein in der Hand von Karl Grube als einzigem hauptamtlichen Werberedner gelegen. Personal war während der Inflation 1923 abgebaut worden und um 1925 war der Alldeutsche Verband in weiten Regionen Deutschlands kaum oder gar nicht aktiv. So blieb der Verband beispielsweise in Bayern bis auf größere urbane Ortsgruppen wie München oder Städte wie Bamberg, in denen einzelne Honoratioren wirkten, von alldeutscher Mobilisierung weitgehend unangetastet. Ländliche Regionen waren für die Alldeutschen seit der Verständigung über eine Arbeitsteilung mit dem BdL 1913 auch weiterhin Räume, in denen kaum mobilisiert werden konnte. Dies traf vor allem auf die ostelbischen Gebiete zu. Schleswig-Holstein und Mecklenburg-Schwerin wurden von der Werbetätigkeit aus finanziellen Gründen weitgehend ausgeschlossen.[1] Hinzu kamen die besetzten Gebiete im Rheinland. Das Ruhrgebiet als Zentrum der Schwerindustrie war für alldeutsche Agitation völlig unzugänglich.[2] Auch in Baden und Württemberg war der Alldeutsche Verband vor allem durch städtische Ortsgruppen vertreten, deren Aktivität gänzlich vom Engagement der einzelnen Ortsgruppenleiter abhing.[3]

Gleichzeitig schottete sich der Verband im Zuge der Putschanschuldigungen nach innen immer weiter ab. Ab September 1926 ließ Claß Erklärungen herumgehen, mit denen jeder Teilnehmer der Sitzungen des Geschäftsführenden Ausschusses vorher versichern musste, keiner weiteren Organisation anzugehören, die wiederum ihre Mitglieder zur Berichterstattung über Sitzungen in anderen Organisationen verpflichtet hätte.[4] Vertrauliche Nachrichten seien an die Öffentlichkeit weitergeleitet worden und bei zweifelhaften Teilnehmern sei eine Anfrage abzulehnen. Man müsse daher die „denkbar größten Sicherungsmaßnahmen" treffen.[5]

Diese Geheimhaltungspolitik bestimmte für die nächsten Jahre die Sitzungen des Geschäftsführenden Ausschusses. Alle Anwesenden einschließlich der Gäste, die vor der Sitzung angemeldet werden mussten, hatten durch Ehrenwort die Geheimhaltung der Verhandlungen zu versichern und selbst in den Ortsgruppen nur über zuvor freigege-

---

1 Siehe Willy Reith an Karl Ernst, 29.5.1931, in HSTA Darmstadt G12 B, Nr. 31, Bd. 1, o. Bl.

2 Siehe Hofmeister: Between Monarchy and Dictatorship, S. 434–452.

3 Siehe auch Rundschreiben Amtsgericht Weber, Dezember 1927, in HSTA Darmstadt G12 B, Nr. 31, Bd. 2, o. Bl.

4 Claß an Mitglieder der Hauptleitung und des Geschäftsführenden Ausschusses des Alldeutschen Verbandes, 11.8.1926, in BA-Berlin, R 8048, Bd. 147, Bl. 36 und 37.

5 Ebd., Bl. 38.

https://doi.org/10.1515/-010

bene Themen Mitteilung machen dürfen. Selbst in den Protokollen wurden „geheime“ Ausführungen nicht aufgenommen, die Claß’ Berichte über die politische Lage betrafen und vertrauliche Informationen über dessen Netzwerkpolitik beinhalteten.

Claß war während der juristischen Untersuchungen gegen ihn nicht nur politisch kaum handlungsfähig, sondern weilte von da ab auch aufgrund seines Alters von fast sechzig Jahren zunehmend mehrere Wochen am Stück und insgesamt mehrere Monate im Jahr auf Kur. Chronische Schlafstörungen, Gallenprobleme und Belastungen wegen der ernsthaften Nervenerkrankung seiner Frau, die am 2. Juli 1927 starb, hatten ihn „völlig zermürbt“ und schränkten ihn psychisch weiter ein.[6] Mathilde Claß hatte ihren Ehemann politisch begleitet, teilte seine Weltanschauung und Ziele. Sie las Manuskripte ihres Mannes Korrektur, ordnete seine Notizen, besprach inhaltliche Dinge mit ihm, entlastete ihn beim Schriftwechsel, übermittelte ihm ihre Eindrücke über zugeschickte Bücher und half bei der Rückantwort an die Autoren. Die enge Verbindung zwischen der alldeutschen Geschäftsstelle, der Redaktion der *Alldeutschen Blätter* und Claß’ privater Wohnung in der Stadthausstraße 11 in Mainz machte eine Nähe von Mathilde Claß, die mit ihrem Mann das obere Stockwerk bewohnte, zu den Mitarbeitern der Verbandskanzlei im unteren Stockwerk von der Übernahme des Verbandsvorsitzes bis zum Umzug der Geschäftsstelle 1916/17 und der gemeinsamen Übersiedlung nach Berlin 1919 ohnehin unausweichlich.[7] Auch die Nutzung des Landhauses in Finthen hatte in den Sommermonaten kurze Wege zur Geschäftsstelle erlaubt, die Claß immer für einen morgendlichen Spaziergang nutzte. Seine Frau hatte zudem lange Jahre die Übersicht über die Zusammenstellung der *Alldeutschen Blätter*, die ihr Claß zur Beschäftigung übertrug, damit die früh an die Bettlägerigkeit gebundene Ehefrau eine Aufgabe hatte, die ihn gleichzeitig entlastete.[8] Mathilde Claß habe ihm „erst die notwendige Bewegungsfreiheit für mein Wirken gegeben“. Gleichwohl ersetzte sie nicht die Verwaltungsgeschäfte ihres Mannes, anders beispielsweise als bei Kuno von Westarp, der die DNVP-Geschäftsstelle während seines Parteivorsitzes wesentlich in der Hand seiner Tochter Adelgunde wusste, die zeitweise dort angestellt war und ihm ohnehin als Privatsekretärin stets zur Seite stand.[9]

Der Tod von Mathilde Claß 1927 hinterließ einen zutiefst trauernden Ehemann, der eine Auszeit nahm, um sich zunächst weitgehend zurückzuziehen. Zweifellos verband

6 Hauptleitung des Alldeutschen Verbandes an Konstantin von Gebsattel 23.10.1926, in BA-Berlin, R 8048, Bd. 212, Bl. 526. Siehe zu Mathilde Claß auch Familienaufstellung Claß, o. D. [1936/37], in BA-Berlin, N 2368, Bd. 7, o. Bl. Beeinträchtigungen durch fragile Gesundheitskonstellationen spielte in der Familie eine zentrale Rolle. Der Bruder von Mathilde Claß, Ernst Manefeld (1880–1904), starb früh an „Lungen- und Kehlkopfschwindsucht“ im Haus der Eltern in Mainz. Er hatte an der Kaiser-Wilhelms-Akademie für das militärärztliche Bildungswesen studiert. Siehe Wätzold: Stammliste, S. 510. Mathilde Claß’ Vater, Johann Manefeld (1844–1923), erbat 1885 „auf sein Nachsuchen bis zur Wiederherstellung seiner Gesundheit“ den Ruhestand als Lehrer am Realgymnasium und der Realschule Mainz. Regierungsblatt Großherzogtum Hessen, Beilage Nr. 4 vom 13.3.1885, S. 31.

7 Siehe z. B. Mathilde Claß an Claß, 12.3.1914, in BA-Berlin, N 2368, Bd. 4, o. Bl.

8 Siehe Claß: Wider den Strom, S. 73–75.

9 Ebd., S. 74 und Gasteiger: Kuno von Westarp, S. 19.

beide eine ausgesprochene Liebe, die sich unter anderem im Briefwechsel durch vertraute Annäherungen mit „tausend Küsse[n]" und Schlussformeln wie „in Liebe und Treue Deine Lilli" offenbarten. Claß sandte ebenfalls regelmäßig „tausend Küsse" in Treue und Dankbarkeit.[10] Sobald er auf Reisen war, schrieben sich beide regelmäßig.[11]

Mit zunehmendem Alter verdichteten sich gesundheitsbedingt die persönlichen Rückzüge.[12] Allein 1927 war er vom 23. Juli bis 20. Oktober aus gesundheitlichen Gründen vom Schriftwechsel der Geschäftsstelle freigestellt.[13] Während dieser Zeiten ärztlich verschriebener Rekonvaleszenz übernahm die Geschäftsstelle um Otto von Roeder und Leopold von Vietinghoff-Scheel das Tagesgeschäft des Verbandes, jedoch könne Claß die tägliche „Arbeit kaum bewältigen".[14] Entscheidungen wurden oft zurückgestellt und nun verstärkt in die alldeutsche Fraktionsgruppe der DNVP, besonders in den Völkischen Reichsausschuss, gleichsam ausgelagert. Die VVVD wurden als zentraler Partner für die Alldeutschen weiterhin aufgewertet, während der Stahlhelm wiederum seine politischen Ambitionen verstärkte und mit einem Verfassungsvolksbegehren ab 1928 die ersten massenwirksamen Aktionen plante, die eine Sammlung der „nationalen Opposition" ermöglichen sollten.

Die Zeit zwischen 1926 und 1927 kennzeichnet den endgültigen Übergang von außerparlamentarischen Diktaturplanungen zur offenen Übernahme der DNVP durch Alfred Hugenberg, um nicht nur auf legalem, sondern auch auf legitimem Weg der Parteienwahl die entsprechende Wählerunterstützung zu gewinnen. Die DNVP war nach den letzten Wahlen vom Dezember 1924 die führende Partei der politischen Rechten, während die NSDAP durch Hitlers zentralisierte Herrschaftsführung noch weitgehend im Wiederaufbau begriffen war und erst am 4. Juli 1926 den ersten Parteitag in Weimar nach Parteineugründung 1925 abhielt. Claß zementierte diesen Strategiewechsel zur strikten Legalität Ende des Jahres im Geschäftsführenden Ausschuss. Im Protokoll ist seine Ansprache festgehalten: „Das Entscheidende sei: wir hätten die Weimarer Verfassung, wir hätten ein parlamentarisches Regime, und es komme darauf an, was am besten daraus gemacht werden könne." Die DNVP sei gar keine „einheitliche Partei, sondern bestände aus etwa fünf Gruppen. Was wir tun könnten, sei, von unserer Stelle aus die Dinge zu fördern [...] und mit den vorhandenen Kräften zu erreichen zu versuchen, was denkbar ist. Alles in allem: solange man nichts Besseres habe und nichts Besseres machen könne, da die hierzu erforderlichen mehrere Mittel nicht zur Verfü-

---

10 Mathilde Claß an Claß, 12.3.1914, in BA-Berlin, N 2368, Bd. 4, o. Bl. und Claß an Mathilde Claß, „Frühjahr 1919", in ebd., Bd. 5, o. Bl.

11 Siehe dazu den überlieferten Briefwechsel Mathilde und Claß, 2.2.1913–18.9.1919, in BA-Berlin, N 2368, Bd. 4, o. Bl.

12 Claß sollte selbst bei zukünftigen wichtigen politischen Ereignissen wie der Kabinettsbildung am 30. Januar 1933 erst auf Kur davon erfahren haben. Hofmeister (Hrsg.): Heinrich Claß. Politische Erinnerungen, Kapitel 9 (Anhang von 1936).

13 Alldeutsche Blätter 17.9.1927.

14 Leopold von Vietinghoff-Scheel an Herrn Schneider 25.5.1926, in BA-Berlin, R 8048, Bd. 212, Bl. 317.

gung stünden, müsse man sich begnügen, und herauszuholen versuchen, was nur irgend herauszuholen sei.“[15]

Die Hinwendung zur Parteiendemokratie und zur Gewinnung von Anhängerschaften durch Wahlen repräsentierte eine neue Form der alldeutschen Radikalisierung, nachdem man die eigene Überparteilichkeit durch die strategische Bindung an die DNVP aufgegeben und sich dem Verfahren der Stimmengewinnung jenseits von Putschplanungen geöffnet hatte. Sollte die DNVP als Mittel zum Zweck der Machtübernahme über Wahlen und Parlamente sichern, so kam dem Reichspräsidenten schließlich die zentrale Funktion zu, Hugenberg als Vorsitzenden der DNVP, die das Führungszentrum der „nationalen Opposition“ sein sollte, angesichts sich zuspitzender wirtschaftlicher und innen- wie außenpolitischer Krisenkonstellationen für die Diktatur zu ernennen.

Das Element des Initiativrechts des Reichspräsidenten zur Ernennung des Reichskanzlers nach Artikel 53 der Weimarer Reichsverfassung sowie die Notverordnungsrechte nach Artikel 48 wurden zum Wesenskern der alldeutschen Planungen, durch Hugenberg die Macht in und mit der DNVP zu erobern. Hugenberg sollte die Rolle des zukünftigen Reichskanzlers zufallen. Claß bescheinigte dem Reichspräsidenten nach seiner Rechtsinterpretation die „Unbegrenztheit seiner Befugnisse“ in Zeiten eines „echten Staatsnotstandes“, der selbst „rechtsschöpferisch“ sei und dem Reichspräsidenten jene Macht verleihe, die „vom Artikel 48 der Reichsverfassung unabhängig ist und über sie hinausgeht“.[16] Dem Reichspräsidenten komme demnach die Schlüsselposition zu, um Hugenberg zum Reichskanzler zu ernennen und den empfundenen „Staatsnotstand“ durch die Diktatur grundlegend zu beseitigen.

Solche Planungen waren 1926 mehr als ambitioniert und warfen zahlreiche Fragen nach deren Umsetzung, einschließlich der Bereitschaft Hugenbergs, sich auf einen Kampf mit Westarp um den Parteivorsitz einzulassen, auf, denn die DNVP war noch weit davon entfernt, alldeutsche Oppositionspolitik zu betreiben. Der Parteitag in Köln vom 8. bis 11. September 1926, an dem Claß auf besondere Einladung Westarps[17] teilnahm, deutete bereits an, dass eine Mehrheit der Partei für einen erneuten Regierungseintritt eintreten könnte, was für Claß „ein höchst unerfreuliches Bild von dem Wirken dieser für die nationale Politik schließlich doch unentbehrlichen stärksten Rechtsgruppe“ abgab.[18] Claß formulierte unmissverständlich zum Neujahrstag 1927 noch vor dem Ende des Putsch-Verfahrens, dass die Rechte an einem „Scheideweg“ stehe und eine „Rechtsregierung“ der DNVP jenseits von Flügelkämpfen gebildet werden müsse, gegebenenfalls auch mit der DVP, der Wirtschaftspartei oder den „Völkisch-Freiheitlichen“:

---

15 Claß auf der Sitzung des Geschäftsführenden Ausschusses des Alldeutschen Verbandes, 4.12.1926, in BA-Berlin, R 8048, Bd. 148, Bl. 40–41.

16 Zitate in Hofmeister (Hrsg.): Heinrich Claß. Politische Erinnerungen, Kapitel 8.7.

17 Siehe Hauptleitung des Alldeutschen Verbandes an Carl Gottfried Gok, 26.8.1926, in BA-Berlin, R 8048, Bd. 212, Bl. 478.

18 Claß auf der Sitzung des Geschäftsführenden Ausschusses des Alldeutschen Verbandes, 4.12.1926, in BA-Berlin, R 8048, Bd. 148, Bl. 23. Siehe auch Bericht Karl Lohmann, ebd., Bl. 25.

Das, worauf es heute ankommt, ist nicht die elende Frage, wie das nächste Kabinett parteimäßig zusammengesetzt ist, sondern die Schicksalsfrage: kann im Deutschen Reich jetzt endlich eine Regierung der sachlichen Arbeit gebildet werden – wollen diejenigen, die dazu berufen sind, mindestens den ernsten Versuch machen, eine solche Regierung zu bilden. [...] Wie die Dinge in diesem unmöglichen aller Staatsgebilde liegen, kommt für die Lösung [...] zunächst maßgebend wesentlich die Deutschnationale Volkspartei in Betracht – sowohl in Bezug auf die Behandlung der Dinge bis zur Lösung der Krisis, wie bei der Lösung selbst, bei der sie sich die Führung sichern muß. Ihre Aufgabe wäre es, aus ihren eigenen besten Männern und aus solchen, die von außerhalb zu holen wären, eine Regierung zu bilden, die willens und fähig wäre, sachliche Arbeit zu leisten. Aber die Leitung der Partei kann diese Aufgabe nach dem geltenden Rechte nur dann in Angriff nehmen, wenn sie dazu von der Stelle berufen oder herangezogen wird, die nach der Verfassung dazu allein berechtigt ist – vom Reichspräsidenten. [...] Fällt die Entscheidung des Reichspräsidenten so aus, wie sie für Deutschlands Rettung ersehnt werden muß, dann findet sich sofort die Führung der größten nationalen Partei an ihrem Scheideweg: sie hat zu wählen, mit welchen Bundesgenossen, mit welchen Hilfskräften sie ans ungeheure Werk herangehen will, ob sie landläufige „Koalitionen" sucht – ein entsetzliches Wort für den bisherigen traurigen Dauerzustand – oder ob sie aus unbeeinflußtem eigenen Urteil, gestützt durch den Entschluß des Reichspräsidenten, eine Regierung der besten Männer bildet und dann den Reichstag vor die Frage stellt, ob er einer Staatskunst der sachlichen Arbeit in die Arme fallen oder sie mitmachen will. Für wirklich sachliche Arbeit kommt ein „Koalitions-Kabinett" nicht in Frage [...].[19]

Die Diktatur sollte auf verfassungsgemäßem Weg erreicht und dem Reichspräsidenten eine größere Unabhängigkeit von den Bestimmungen der Weimarer Reichsverfassung zugestanden werden, damit Hugenberg als zukünftiger DNVP-Vorsitzender der größten konservativen Sammlungspartei zum Reichskanzler ernannt und zum Diktator aufgebaut werden könnte.[20] Die Lehre, die Claß aus dem gescheiterten „Burgfrieden" von 1914, der halbherzigen „Militärdiktatur" der Obersten Heeresleitung zwischen 1916 und 1918, der Abdankung der Monarchie 1918 und den gescheiterten Putschplanungen am Anfang der Weimarer Republik zog, war eine autoritäre Form der Diktatur, die in ihrem Zustandekommen verfassungsmäßig eingebunden sein sollte, um sowohl über den im Weltkrieg angewandten „Belagerungszustand" als auch über die Regierung nach Notverordnungsrecht hinauszugehen und eine neue Verfassungsrealität zu schaffen. Die stärkere Einbindung des Reichspräsidenten und einer auf alldeutschen Kurs zu bringenden Parteiführung der Deutschnationalen waren für die Umsetzung dieses Zieles wesentliche Lernprozesse aus dem Putsch-Verfahren von 1926/27. Die Übernahme des DNVP-Parteivorsitzes durch Hugenberg und der weitere Ausbau der Führungsposition der Deutschnationalen als demokratisch legitimierte Sammlungspartei der konservativen und radikalnationalistischen Rechten waren die nächsten Schritte.

---

19 Claß: Scheidewege, in Deutsche Zeitung 1.1.1927.

20 Der Vorschlag, ein eigenes Volksbegehren für die gänzliche Unabhängigkeit des Reichspräsidenten von der Weimarer Reichsverfassung durch den Verband zu initiieren, wurde von Leopold von Vietinghoff-Scheel vor allem deshalb verworfen, weil man die „hohen Kosten" nicht aufbringen könne und ein letztlicher Rückzug eine „Blamage" bedeuten würde. Vietinghoff-Scheel auf der Sitzung des Geschäftsführenden Ausschusses des Alldeutschen Verbandes, 4./5.12.1926, in BA-Berlin, R 8048, Bd. 148, Bl. 60.

Hugenberg begann, sich angesichts der erneuten Regierungsbeteiligung der DNVP ab Januar 1927 verstärkt gegen das politische System in seinen Grundstrukturen zu positionieren und schaffte somit ein Gegengewicht zum parlamentarischen Flügel der Partei. Er war im Hauptausschuss der DNVP an den Planungen für eine Notstandsverfassung beteiligt, die wesentlich vom Alldeutschen Reinhold Quaatz erarbeitet wurde. Der Entwurf wollte den Dualismus zwischen Preußen und dem Reich durch eine Zusammenlegung der Ämter des Reichskanzlers und des preußischen Ministerpräsidenten autoritär auflösen und die Verantwortlichkeit der Regierung gegenüber dem Parlament abschaffen.[21] Der Alldeutsche Otto Bonhard kommentierte dahingehend in den *Alldeutschen Blättern*, dass „das Register der Weimarer Verfassung ein Loch hat, bzw. mehrere Löcher", und dass es die Deutschnationalen seien, die „sich – bis jetzt als einzige – parteiamtlich auf Richtlinien zur Verfassungsänderung im Rahmen des heutigen Staates festlegten".[22] Die Verfassungsreformvorschläge der DNVP verstärkten die Positionen im rechten Flügel für eine grundlegende Opposition gegen die Weimarer Republik und forderten die gouvernementalen Kräfte der Partei heraus.

8.2 Alldeutscher Verband und DNVP: 1927/28

Dass die Parteiführung unter Westarp den Forderungen Claß' und Hugenbergs auf eine grundlegend oppositionelle Ausrichtung der Partei nicht entsprechen würde, war bei der erneuten Regierungsbeteiligung der DNVP zwischen dem 27. Januar 1927 und dem 15. Februar 1928 deutlich geworden. Nach dem Sturz der Regierung Marx III beteiligte sich Westarp aktiv an der Bildung des Kabinetts Marx IV unter Einschluss der DNVP, in dem nun Oskar Hergt Vizekanzler und Justizminister, Walter von Keudell Innenminister, der Landbundvertreter Martin Schiele Ernährungs- und Landwirtschaftsminister und der Gewerkschafter Wilhelm Koch Verkehrsminister wurden.[23] Claß hatte sich noch in der zweiten Dezember-Hälfte 1926 mehrmals mit Westarp getroffen, der in diesen Gesprächen jedoch keinerlei Andeutungen hinsichtlich einer Regierungsbeteiligung der DNVP machte, sodass Claß den Eindruck gewann, die DNVP wolle sich stattdessen an der

---

21 Siehe Hilpert: Lebenserinnerungen, in BHStA München, NL Hans Hilpert, Bd. 6, Bl. 3157–3164, Paul Bang: Reich und Länder. Bericht im Geschäftsführenden Ausschuss des Alldeutschen Verbandes am 26.11. 1927, in Alldeutsche Blätter 10.12.1927 und Unsere Partei 15.12.1927.

22 Otto Bonhard: Richtlinien, in Alldeutsche Blätter 24.12.1927.

23 Der 1924 vom Parteivorsitz zurückgetretene Oskar Hergt war im vierten Kabinett Marx Vizekanzler und Justizminister. Er stellte sich zwar gegen die weitere juristische Verfolgung von Claß, jedoch blieb die Entfremdung zwischen beiden seit der Gründung der Partei 1918 weiterhin bestehen. Daran änderte auch die Zusammenarbeit zwischen Alfred Hugenberg und Hergt bei der VERA Verlagsanstalt nichts. Hergt konnte als führendes Mitglied bei den Programmausarbeitungen der DNVP von Anbeginn an nicht die Forderungen des völkischen Flügels der Partei erfüllen. Er sollte dann bei der entscheidenden Parteivertreterversammlung im Oktober 1928 zur Wahl des Parteivorsitzenden erneut gegen die alldeutsche Gruppe in der DNVP antreten. Siehe auch Jones: Kuno Graf von Westarp.

Bildung einer zukünftigen Rechtsregierung beteiligen, die vor allem dem Zentrum die politische Schlüsselstellung nehmen würde.[24]

Westarp hatte sich hingegen seit dem Scheitern einer Militärkanzlerschaft Hans von Seeckts 1923 dafür entschieden, seine parlamentarischen Möglichkeiten auszuschöpfen und autoritären oder gar diktatorischen Varianten der Herrschaftsgewinnung zunächst abzusagen.[25] Er rechnete zudem um Silvester 1926/1927 mit der Möglichkeit für eine DNVP-geführte Minderheitsregierung, verhandelte letztlich aber doch mit dem Zentrum, die zur Regierungsbildung am 29. Januar 1927 unter Marx führte.[26] Umso überraschter war man im Alldeutschen Verband über die deutschnationale Regierungsbeteiligung und man suchte nach kurzfristig wirkenden Alternativen für einen deutschnationalen Zugriff auf die Macht.

Im Zuge der Kabinettsbildung nahm Claß nun sogar den Gedanken eines temporären Minderheitenkabinetts unter Westarps Führung in den Blick, um die Regierungsbeteiligung der DNVP noch irgendwie aus koalitionären Zwängen herauszulösen und die Partei nicht zu spalten. Claß selbst war angesichts der Putschanschuldigungen, die sich auch auf Hugenberg erstreckten, ohnehin in einer Lage, die seine politischen Spielräume massiv einengten und einen forcierten Kampf sowohl für Hugenbergs Parteivorsitz als auch dessen Reichskanzlerschaft behinderten. Claß musste in seinen Überlegungen weiterhin mit Westarp und seinen Anhängern rechnen und ihn als Machtfaktor berücksichtigen. Die Erfahrung des Putsch-Prozesses, in dem auch Hugenberg ins Zentrum der Untersuchungen gerückt war, hatte bei Claß den überraschenden und gänzlich pragmatischen Vorschlag im Frühjahr 1927 hervorgebracht, angesichts der momentanen Diskreditierung Hugenbergs zunächst für eine Reichskanzlerschaft Westarps zu werben, dessen Person beim Reichspräsidenten Hindenburg respektiert wurde.[27] Diese Taktik der Ausnutzung des parlamentarischen Verfahrens sollte jedoch nur den erhofften autoritären Staatswechsel ermöglichen.[28] Eine Kanzlerschaft Westarps hätte bei Gelingen daher nur eine „sachliche" Übergangslösung sein sollen, sodass sich Hugenberg innerhalb der Partei für die eigentliche Führungsaufgabe als zukünftiger Parteivorsitzender und als Reichskanzlerkandidat hätte in Stellung bringen können.[29]

24 Siehe Claß auf der Sitzung des Geschäftsführenden Ausschusses des Alldeutschen Verbandes, 12./13.2. 1927, in BA-Berlin, R 8048, Bd. 149, Bl. 42–56.

25 Siehe zu Westarps Diktaturplanungen 1923 Gasteiger: Kuno von Westarp, S. 219–224.

26 Ebd., S. 299–309.

27 Kuno von Westarp glaubte aber nicht an eine baldige politische Änderung des republikanischen Systems und investierte nicht zu viel Vertrauen in Paul von Hindenburg. Er hielt es gegenwärtig für unmöglich, „große Politik" zu betreiben, denn man müsse froh sein, in „Frieden und Anstand regieren zu können, Angriffe auf die Reichswehr zu verhindern, eine ‚Besserstellung' der Beamten zu erreichen, die Justiz zu ‚reinigen' usw.". Zitiert nach Gasteiger: Kuno von Westarp, S. 296.

28 Siehe auch Leicht: Heinrich Claß, S. 360–361, Holzbach: Das „System, Hugenberg", S. 199 und Grathwol: Stresemann and the DNVP, S. 192 und 215.

29 Siehe auch Claß: Der Mantel des Herrgotts, in Alldeutsche Blätter 25.12.1926.

Westarp entsprach hingegen keineswegs den Forderungen nach einer Rechtsregierung, sondern er besprach stattdessen noch Mitte Januar 1927 mit Claß und Vietinghoff-Scheel auf der alldeutschen Geschäftsstelle in Berlin die Pläne des mit der Regierungsbildung beauftragten Wirtschaftsministers Julius Curtius für ein „Kabinett der kleinen Mitte", das mit DNVP, DVP, BVP und Wirtschaftspartei verhandelt und am Ende am Widerstand des Zentrums gescheitert waren.[30] Hielt Westarp bei diesem Gespräch eine solche Kabinettsbildung für ideal, so lehnte er den alldeutschen Vorschlag ab, Verhandlungen seitens der DNVP für ein „Kabinett der kleinen Mitte" aber „zuzüglich des Zentrums" so zu führen, „daß sie scheitern mußten, daß dabei aber der deutschnationale Wille, mitzutun, mit der äußersten Geduld dargetan werde, damit man im Falle der Reichstagsauflösung sagen könne, wir haben das und das tun wollen, es ist aber nicht gegangen, wir stehen schuldlos dar".[31] Bei den daraufhin anstehenden Reichstagswahlen solle die DNVP dann den Wahlkampf entschieden für Reichswehr und Hindenburg führen, um „stärkste nationale Partei" zu bleiben, „die den ersten Anspruch auf Berücksichtigung hat bei der Neubildung der Regierung".[32]

Der Alldeutsche Verband erließ im Februar umgehend eine Entschließung, in der die Regierungsbeteiligung der DNVP scharf kritisiert wurde, da durch diese „Eingliederung eine wirksame nationale Opposition im deutschen Reichstage zu bestehen aufgehört" habe.[33] Claß stellte nun fest, dass er jeglichen Einfluss auf Westarp verloren hatte.[34] Er war vor allem über Westarps Verhandlungsführung enttäuscht, der sein Vorgehen mit der Geschäftsstelle hatte eng absprechen wollen, aber Claß' Forderung, die Verhandlungen gezielt scheitern zu lassen, abgelehnt hatte.[35] Man könne zurzeit keine große Politik betreiben und müsse für die Möglichkeit des Mitregierens dankbar sein, um einzelne Interessen wie die Besserstellung der Beamten und den Schutz der Reichswehr durchzusetzen, so Westarp.[36] Claß sah in den weiteren Verhandlungen die DNVP von einem „krankhaften Wille[n]" zur Regierungsbeteiligung getrieben, die letztlich nur in eine „neue Unterwerfung" durch „äußerste Kurzsichtigkeit" geführt

---

30 Claß auf der Sitzung des Geschäftsführenden Ausschusses des Alldeutschen Verbandes, 12./13. 2. 1927, in BA-Berlin, R 8048, Bd. 149, Bl. 45.

31 Ebd., Bl. 46.

32 Ebd.

33 Entschließung des Alldeutschen Verbandes auf der Sitzung des Geschäftsführenden Ausschusses am 12./13. 2. 1927, in Alldeutsche Blätter 19. 2. 1927.

34 Siehe Leopold von Vietinghoff-Scheel an Rüdiger von der Goltz, 4. 2. 1927, in BA-Berlin, R 8048, Bd. 149, Bl. 6 und Claß auf der Sitzung des Geschäftsführenden Ausschusses des Alldeutschen Verbandes, 12./13. 2. 1927, in BA-Berlin, R 8048, Bd. 149, Bl. 21–28.

35 Siehe dazu Claß auf der Sitzung des Geschäftsführenden Ausschusses des Alldeutschen Verbandes 12./13. 2. 1927, in BA-Berlin, R 8048, Bd. 149, Bl. 45–54.

36 Zur Regierungsbeteiligung der DNVP und zur verstärkt systematischen Einordnung seiner Gouvernementalität in die Wahrnehmung der Weimarer Republik als stabile Republik, in der an der DNVP politisch bei Regierungsbildungen nicht mehr vorbeigegangen werden sollte, siehe Gasteiger: Kuno von Westarp, S. 291–359.

habe.[37] Bei erneuten Reichspräsidentenwahlen müsse sich der Alldeutsche Verband gegen eine Wiederwahl von Hindenburg positionieren und gleichzeitig in die DNVP hineingehen, um die Partei für Hugenberg zu mobilisieren.[38]

Spätestens im Frühjahr 1927 hatte sich Hugenberg endgültig entschieden, für den Parteivorsitz gegen Westarp zu kandidieren.[39] Die Übernahme der Ufa im Frühjahr 1927 durch den Hugenberg-Konzern bildete den Hintergrund seiner politischen Absichten, sich als Wirtschaftsexperte für die Führung der DNVP in Position zu bringen. Die straffe Unternehmensleitung der Ufa durch Hugenbergs engen Vertrauten, den Generaldirektor des Scherl-Verlages Ludwig Klitzsch, ermöglichte in den nächsten Jahren eine Stabilisierung der Aktiengesellschaft, sodass die DNVP von den Gewinnausschüttungen zumindest in begrenztem Maße durch Hugenbergs finanzielle Mittel zehren konnte. Auch der Alldeutsche Verband profitierte von der Wirtschaftsvereinigung durch stetige Zuschüsse für den alldeutschen Wehrschatz.[40] Hugenberg, der in ganz entscheidendem Maße dem Alldeutschen Verband die überlebenswichtigen finanziellen Zuwendungen zukommen ließ, übergab die Geldmittel, die in der Regel um die 10.000 Mark umfassten, über die Privatsekretärin von Hugenbergs engem Vertrauten, Bernhard Mann, immer direkt an Claß, der sie sich bei Hugenberg im Berliner Büro persönlich und in bar abholte.[41]

Gegen Hergt wie auch gegen Westarp brachte sich Hugenberg nun langsam in Stellung. Eine Sammlung von Reden, Briefen und Aufsätzen, die Hugenberg zwischen 1883 und 1926 verfasst hatte, erschien 1926 in erster Auflage und war eine öffentliche Ankündigung seiner politischen Ambitionen. Auch ein früher Aufsatz in den *Alldeutschen Blättern* zur Polenpolitik, ein Brief 1915 an Claß zu dessen Kriegszieldenkschrift und ein Rundschreiben zur Gründung des Alldeutschen Verbandes von 1890 wurden abgedruckt und stellten Hugenberg deutlich in die Nähe von Claß.[42] Die Verbindung zwischen Claß und Hugenberg sowie zwischen Alldeutschem Verband und denjenigen deutschnationalen Ortsgruppen, Landesverbänden und Fraktionsmitgliedern im

---

37 Claß auf der Sitzung des Geschäftsführenden Ausschusses des Alldeutschen Verbandes 12./13. 2. 1927, in BA-Berlin, R 8048, Bd. 149, Bl. 50, 53 und 54.

38 Siehe ebd., Bl. 60–67.

39 Claß berichtete, er habe Alfred Hugenberg bereits zur Jahreswende 1925/26 sowohl für eine Ernennung zum Reichskanzler durch den Reichspräsidenten wie auch zur Übernahme des Parteivorsitzes der DNVP überreden können. Siehe Hofmeister (Hrsg.): Heinrich Claß. Politische Erinnerungen, Kapitel 8.1.

40 Im Frühjahr 1931 wurde auch eine neu zu gründende Holdinggesellschaft für Scherl- und Ufa-Werte geplant, die beide Unternehmen zusammenbinden sollte. Der Alldeutsche Verband erhielt aus den Gewinnen der Wirtschaftsvereinigungsbeteiligungen für den Wehrschatz umfängliche monatliche Zuwendungen wie beispielsweise die Monatsrate von 15.000 Mark im August 1930 und reguläre Nachzahlungen von 8.000 Mark sowie 7.500 Mark im April 1932. Siehe Bernhard Mann an Alfred Hugenberg, 29. 7. 1931 und 18. 2. 1932, in BA-Koblenz, N 1231, Bd. 38, Bl. 65 und 313.

41 Siehe Gesprächsnotiz Klaus-Peter Hoepke über ein Interview mit Frau Gisela von Knobelsdorff (Sekretärin der Auslands GmbH von 1920–1945) in Berlin, 21. 3. 1973, in Archiv des Karlsruher Instituts für Technologie Zugang 08/13, Bd. 14. Ich danke Michael Schellhorn für den Hinweis.

42 Hugenberg: Streiflichter, S. 300–306, 203–205 und 306–308.

Abb. 23: Anzeige zum 60. Geburtstag von Heinrich Claß im Februar 1928. Zu Claß' 60. Geburtstag feierte man ihn auf der Festsitzung der Hauptleitung und des Geschäftsführenden Ausschusses dann im März 1928 zwar noch für die politische Unabhängigkeit des Alldeutschen Verbandes unter seinem Vorsitz. Die Chancen Alfred Hugenbergs auf den Parteivorsitz waren noch offen, aber Claß kokettierte bereits mit verstärktem Rückzug und übte sich schon in Bescheidenheit, wenn er auf der Festsitzung der Hauptleitung des Alldeutschen Verbandes im März 1928 formulierte, eigentlich ein Charakter zu sein, der „die Stille des Hauses und die Zurückgezogenheit aus der Oeffentlichkeit liebt“ (*Alldeutsche Blätter* 17. 3. 1928).

Reichstag, die Hugenberg unterstützten, wurde als Folge des Putsch-Prozesses gegen Claß verstärkt. Ging dieser nach 1923 von seinen Putsch-Plänen ab und sah noch 1925/26 ein Diktaturkabinett durch den Reichspräsidenten mit der Ernennung von Hugenberg als Option, so war es nun seine Hoffnung, dass Hugenberg durch das demokratische Verfahren der Reichstagswahl die DNVP zur stärksten Partei der Rechten machen und gleichzeitig die „nationale Opposition“ führen und einen würde, um schließlich die Regierung unter seiner Führung zu bilden.

8.3 Heinrich Claß, Alfred Hugenberg und der Kampf um den DNVP-Parteivorsitz 1928

Karl Helfferich bestimmte in der frühen Phase der DNVP seit seiner Wahl ins Parlament 1920 die Politik des rechten Flügels der Reichstagsfraktion. Sein Unfalltod im April 1924 hinterließ beim rechten und antisemitischen Flügel der DNVP eine große Lücke. Karl von Einem, ein enger Vertrauter von Claß, hatte nach seiner späteren Erinnerung bereits zu diesem Zeitpunkt gehofft, die Leerstelle mit Hugenberg gefüllt zu sehen.[43] Erst Ende 1925 sollte Hugenberg konkreter als Führer des rechten Flügels der DNVP in Verbindung mit der Übernahme des Parteivorsitzes aufgebaut werden. Claß reklamierte für sich in seinen späteren Erinnerungen eine führende Rolle, Hugenberg seit Dezember 1925 zu diesem Schritt erst überzeugt zu haben, der in der Tat bis dahin im Reichstag wenig in Erscheinung getreten war.[44] Gesundheitliche Gründe, wie chronische Mandelinfektionen und ein dauernder Bronchialkatarrh, die ihn über die schlechte Luft in den Straßen von Berlin schimpfen ließen, sowie die Arbeitsbelastungen unter anderem bei den von ihm mit beaufsichtigten Siedlungsgesellschaften und Siedlungsgenossenschaftsverbänden, der angeschlagenen Roggenbank, der Ostdeutschen Privatbank, dem Scherl-Verlag sowie dem RDI schienen Hugenberg neben seinem Reichstagsmandat genügend zu beschäftigen.[45] Als Vorsitzender des Bergbauvereins und des Zechenverbandes war er nach 13 Jahren Amtszeit erst im Februar 1925 zurückgetreten, blieb aber als Zweiter Vorsitzender im Amt. Anfang 1926 verwarf er die ihm von Claß angetragene Rolle des zukünftigen Parteiführers der DNVP noch als reine „Spekulationen".[46]

Hugenberg erwärmte sich daher erst allmählich für Claß' Pläne, als dieser den Alldeutschen Verband als Wahlkampfverein für Hugenberg anpries und ihm Paul Bang als wirtschaftlichen Berater zur Seite stellen wollte. Bang, der bereits 1919 in die DNVP eingetreten war, sperrte sich zunächst gegen die Aufgabe, neben seiner führenden Rolle im Alldeutschen Verband auch in der DNVP leitende Positionen zu übernehmen, sagte dann aber zu. Claß brachte Bang mit Hugenberg, der Ende Januar 1926 in Kreuth zur Erholung weilte, gezielt in Kontakt, und man verständigte sich innerhalb von drei Wochen engster Beratungen auf eine Zusammenarbeit im Kampf um den Parteivorsitz gegen Westarp.[47] Endgültig entschieden war die Rolle Bangs im Kampf um Hugenbergs Parteiherrschaft auf der Eisenacher Sitzung des Geschäftsführenden Ausschusses am 21. April 1928, als der persönliche Wunsch Claß', Bang in Ost-Sachsen für die DNVP bei

43 Siehe Karl von Einem: Deutschnational!, in Der Tag 11.2.1933.

44 Siehe Hofmeister (Hrsg.): Heinrich Claß. Politische Erinnerungen, Kapitel 8.3.

45 Alfred Hugenberg an Leo Wegener, 7.5.1926, in BA-Koblenz, N 1003, Bd. 65, Bl. 539–541.

46 Alfred Hugenberg an Leo Wegener, 18.1.1926, in ebd., Bl. 551–552. Siehe auch Alfred Hugenberg an Leo Wegener, 7.5.1926, in ebd., Bl. 539–541.

47 So die Schilderung von Claß in Hofmeister (Hrsg.): Heinrich Claß. Politische Erinnerungen, Kapitel 8.3.

den Reichstagswahlen aufstellen zu lassen, vom Geschäftsführenden Ausschuss befürwortet wurde.[48]

Die DNVP war unter Westarps Führung nicht bester finanzieller Verfassung und sie steckte auch im Frühjahr 1926 in chronischen Geldschwierigkeiten. Die finanziellen Rückstände in den Gau- und Landesverbänden verstärkten die politische Führungskrise Westarps nach dem Regierungsaustritt der DNVP im Oktober 1925.[49] Gleichzeitig stärkte der Völkische Reichsausschuss unter dem neuen Vorsitzenden Axel Freiherr von Freytagh-Loringhoven den alldeutschen Flügel, der für Hugenberg eintrat.[50] Die zuvor auf der Tagung des Gesamtvorstandes des Alldeutschen Verbandes am 13. Dezember 1925 beschlossene und zum 12. Januar 1926 gegründete Deutsche Notgemeinschaft unter Vorsitz von Claß und der Geschäftsführerschaft von Alexander Graf Brockdorff war als Zusammenschluss sogenannter national gesinnter Persönlichkeiten gedacht, die dem Alldeutschen Verband eine zentrale Koordinations- und Führungsrolle in den Planspielen für eine alldeutsche Unterwanderung der DNVP sichern sollte. Sie verfehlte allerdings ihr Ziel der Sammlung der „nationalen Opposition" in einem Gremium, das den VVVD ähnlich aufgebaut sein sollte.[51] Neben Oskar Prinz von Preußen und Theodor Duesterberg gehörten auch Reinhold Wulle und Albrecht von Graefe-Goldebee von der DVFP, Theodor Fritsch, Wilhelm Kube, Jürgen von Ramin, Franz Stöhr, Georg Weidenhöfer und Wilhelm Henning von der deutschvölkisch-nationalsozialistischen Listenvereinigung Nationalsozialistische Freiheitspartei sowie Karl Lohmann, Otto von Feldmann, Gottfried Gok, Vietinghoff-Scheel, Otto Kretschmar, Hans von Goldacker, Johannes Wolf und Ferdinand Werner von der DNVP zu den zahlreichen Unterzeichnern des Aufrufs, denen jedoch die Finanzressourcen für die Aufrechterhaltung der Notgemeinschaft fehlten.[52]

Aus dem Kern der Notgemeinschaft ging später die Verbindung der „befreundeten Landesverbände" der DNVP hervor, die unter Führung von Wilhelm von Dommes und unter anderem mit seinem Gehilfen Otto Meesmann auf lokaler Ebene Mehrheiten für Hugenbergs Machtübernahme innerhalb der Partei organisieren sollten. Hugenberg hielt sich noch im Frühjahr 1927 weitgehend mit solchen Ambitionen zurück und wurde nun vor allem durch Bang und Leo Wegener sowie Wilhelm Widenmann von Hugenbergs Deutschem Überseedienst, der zuvor von Hugenberg als Generalsekretär in den führenden Parteigremien platziert worden war, zu einem öffentlich vertretenen

48 Siehe Sitzung des Geschäftsführenden Ausschusses des Alldeutschen Verbandes, 21.4.1928, in BA-Berlin, R 8048, Bd. 154, Bl. 70–76.

49 Max Weiß an Kuno Graf Westarp, 29.4.1926, in PAH Gaertringen, NL Kuno Graf von Westarp, Bestand I, VN 73, Nr. 12.

50 Siehe auch München-Augsburger Abendzeitung 13.11.1927 und Deutsche Zeitung 29.10.1927. Im November 1926 entschied sich Claß zudem für eine engere Zusammenarbeit mit dem Stahlhelm und den VVVD, um eine neue außerparlamentarische Sammlungsbewegung zu formieren. Sitzung des Deutschvölkischen Reichsausschusses, 26.11.1926, in BA-Berlin, R 8048, Bd. 223, Bl. 106.

51 Leopold von Vietinghoff-Scheel an Admiral G. Schmidt, 8.2.1926, in BA-Berlin, R 8048, Bd. 212, Bl. 127.

52 Siehe Alldeutsche Blätter 23.1.1926.

Machtanspruch auf die Parteiführung gedrängt.[53] Die Putsch-Affäre um Claß ein Jahr zuvor ließ Hugenberg zusätzlich zögern, denn sie fand erst 1927 ihren Abschluss und bestärkte Hugenberg in seiner grundsätzlichen Auffassung, öffentlich als ein unabhängig von den Alldeutschen agierender Politiker wahrgenommen zu werden.[54] Auch Claß erkannte die Schwierigkeit an, Hugenberg im Frühjahr 1927 wirkungsvoll als zukünftigen DNVP-Parteivorsitzenden mit Ambitionen für eine Reichskanzlerschaft zu positionieren.

Entscheidend für eine gezielte alldeutsche Mobilisierung war die parteipolitische Organisation einer Mehrheit für Hugenberg als zukünftiger DNVP-Vorsitzender in den Landesverbänden, die durch ihre Repräsentanten zusätzlich zu den anderen Abstimmungsberechtigten der Partei bei einer geordneten Wahl zum Vorsitz entscheiden mussten. Die Mobilisierung der Landesverbände war jedoch nur ein Zugang zur Organisation von Mehrheiten. Die Landesverbände entsandten zwar insgesamt 186 der insgesamt 288 Delegierten zu der satzungsgemäß einmal im Jahr stattfindenden Parteivertretertagung der DNVP, auf der eine Neuwahl des Parteivorsitzenden stattfinden würde. Darunter waren die insgesamt 45 Landesverbandsvorsitzenden sowie weitere 141 Delegierte der Landesverbände. Zahlreiche Landesverbände standen jedoch fest im Westarp-Lager oder schwankten zwischen Westarp und Hugenberg, sodass die Landesverbände nur eine Grundlage für die Beschaffung einer Stimmenmehrheit für Hugenberg sein konnte. Die zusätzlich stimmberechtigten Mitglieder der Parteivertretung, wie der Parteivorstand mit insgesamt 120 Mitgliedern (darunter die 45 Landesverbandsvorsitzenden), die elf nicht bereits im Parteivorstand vertretenden Vorsitzenden der Landtagsfraktionen sowie die sieben DNVP-Minister im Reich und in den Ländern, waren aber eng an ihre Landesverbände gebunden.[55]

Nachdem Sachsen, Berlin, Bremen, Hamburg, Süd-Hannover, Potsdam I, Ostpreußen, Nord- und Süd-Bayern Unterstützung für Hugenberg signalisiert hatten, ließ sich dieser zunehmend auf den Plan ein, obwohl er richtig einschätzte, dass er zu diesem Zeitpunkt gegen das Westarp-Lager im Kampf um die Parteiführung verlieren würde.[56] Im Februar 1927 startete Claß eine Propagandaoffensive für Hugenberg, während Freytagh-Loringhoven die alldeutsche Opposition innerhalb der DNVP-Reichstagsfraktion gegen Westarp anführte. Alldeutsche Parteimitglieder in den Landesverbänden versuchten, Mehrheiten für die Radikalen in der Partei zu organisieren. Claß half bei der Gründung der Schutzvereinigung für die geistigen Güter Deutschlands, die Geld für die Hugenberg-Kampagne sammeln sollte.[57] Im Verlaufe der Jahre 1927 und 1928 kam dann noch größere finanzielle Unterstützung von Blohm & Voss (Rudolf Blohm und Gok), der

53 Siehe Holzbach: Das „System Hugenberg“, S. 192–208.

54 Siehe Alfred Hugenberg: „Putsch und Kabinettskrise“ (Sonderdruck Nr. 26), in Berliner Lokal-Anzeiger 15.5.1926.

55 Siehe dazu ausführlich demnächst Schellhorn: Alfred Hugenberg.

56 Siehe Holzbach: Das „System Hugenberg“, S. 241.

57 Claß auf der Sitzung des Geschäftsführenden Ausschusses des Alldeutschen Verbandes, 12./1.2.1927, in BA-Berlin, R 8048, Bd. 149, Bl. 26–28.

Gelsenkirchener Bergwerks AG (Emil Kirdorf), dem Verein Deutscher Eisen- und Stahlindustrieller (Jakob Wilhelm Reichert) hinzu, während die im Januar 1928 gegründeten Ruhrlade vor allem neben der generellen Wahlkampfunterstützung für die DNVP 1928 sichern sollte, dass Vertreter der großindustriellen Interessen auf die Wahllisten der DNVP kamen. Dies schloss Hugenberg trotz einzelner Zerwürfnisse mit Vertretern des RDI und der Ruhrlade wie Paul Reusch mit ein.[58]

Der Kampf um die Besetzung der DNVP-Wahllisten hatte bereits im Frühjahr 1927 begonnen, nachdem die DNVP in die Regierung unter Westarp gegangen war und ihre Zustimmung zur Verlängerung des Republikschutzgesetzes am 18. Mai für Hugenberg die Gelegenheit bot, sich unter anderem mit Quaatz und Freytagh-Loringhoven demonstrativ von der Abstimmung im Reichstag fernzuhalten.[59] Der Konservative Hauptverein, von dem sich Westarp kurz darauf als Vorsitzender zurückzog, forderte nun zusammen mit den alldeutschen Vertretern der DNVP sowie den VVVD 15 Listenplätze für die Reichstagswahlen im Frühjahr 1928.[60] Nachdem Westarps eigener Wahlkreis Potsdam II zur Wahl eines völkisch-nationalen Blocks aufgerufen und somit Westarp die Unterstützung entzogen hatte, nutzte Hugenberg ab September 1927 die zunehmende Spaltung der Partei für den offenen Schlagabtausch mit Westarp, dem er eine grundlegende Verstrickung „in den Geist des eigentlichen Parlamentarismus" und somit die Verletzung deutschnationaler Grundsätze der Opposition gegen die Republik, wie er sie verstand, vorwarf.[61]

Die Koordinierung dieser Bemühungen zur Sammlung des Hugenberg-Lagers bündelten sich im Spätsommer 1927 in Dommes' Händen, der eine formelle Oppositionsgruppe gegen Westarp vor allem mit einzelnen Vorsitzenden der DNVP-Landesverbände formierte.[62] Dommes war mit Claß befreundet und ab 1927 Gast der Sitzungen des Geschäftsführenden Ausschusses des Alldeutschen Verbandes bevor er auf dem Verbandstag in Potsdam am 18. Mai 1930 in den Gesamtvorstand gewählt und schließlich Mitglied des Geschäftsführenden Ausschusses wurde.[63] Dommes wurde zudem 1928 Vorsitzender des DNVP-Verbandes in Potsdam I und agierte durch seine Sammlungspolitik für Hugenberg gegen den Parteivorsitzenden Westarp, der den altkonservativen Flügel der Partei repräsentierte. Westarp musste sich auch zunehmend in seinem ei-

58 Siehe Holzbach: Das „System Hugenberg", S. 240–253, Turner: Die „Ruhrlade" und Ders.: German Big Business, S. 171–181.

59 Siehe Terhalle: Deutschnational in Weimar, S. 172 und Gasteiger: Kuno von Westarp, S. 314. Die Ja-Stimmen der DNVP zur Arbeitslosenversicherung im Sommer 1927 verstimmten den Hugenberg-Flügel zusätzlich, der wie Elard von Oldenburg-Januschau den Vorwurf formulierte, man wolle lediglich strategisch dem Arbeitnehmerflügel entgegenkommen, um sich in der Regierung zu profilieren.

60 Gasteiger: Kuno von Westarp, S. 317.

61 Alfred Hugenberg an Kuno von Westarp, 17.9.1927, in BA-Koblenz, N 1231, Bd. 113, Bl. 78–83. Siehe dazu auch Jones: The German Right, S. 376–379.

62 Siehe DNVP Berlin an Alldeutscher Verband Berlin, 18.5.1927, in BA-Berlin, R 8048, Bd. 213, Bl. 199 und Otto von Roeder an Kuno Graf Westarp, 28.5.1927, in ebd., Bl. 204.

63 Siehe Alldeutsche Blätter 24. 5. 1930 sowie Hofmeister: Between Monarchy and Dictatorship, S. 258 und 269–297.

genen Landesverband Potsdam II rechtfertigen, der von Werner Steinhoff geleitet wurde. Steinhoff war seit 1924 Mitglied des Preußischen Abgeordnetenhauses, des Völkischen Reichsausschusses der Partei und des Stahlhelms. Er hielt im Zuge des Regierungsaustritts Ende Oktober 1925 noch zu Westarp, der das Ausscheiden der DNVP aus der Koalition vertreten musste, obwohl er entgegen dem Beschluss der DNVP-Landesvorsitzenden und der Parteivertretung für den Fortbestand des Bündnisses eintrat. Steinhoff setzte aber schon früh enge Bedingungen für eine Beteiligung der DNVP an einer Regierung und hatte sich dezidiert gegen den Dawes-Plan sowie gegen die Locarno-Verhandlungen gestellt. Er hatte Westarp bereits im Oktober 1925 zur Rückkehr zu einer Politik gemahnt, die durch eine Aufkündigung der Regierungsbeteiligung wieder zum „großen nationalen Befreiungskampf" zurückfinde.[64]

Die Übernahme des Parteivorsitzes sollte eigentlich noch vor den heranrückenden Reichstagswahlen im Mai 1928 stattfinden.[65] Beständige Angriffe Freytagh-Loringhovens auf die DNVP-Linie in auswärtigen Angelegenheiten oder Dommes' Interventionen bei Westarp für eine schärfere Ablehnung der Verlängerungsanträge zum Republikschutzgesetz signalisierten deutlich die Bereitschaft des alldeutsch-völkischen Flügels, für einen Umschwung in der DNVP zu kämpfen.[66] Besonders musste es den konservativen Monarchisten Westarp getroffen haben, dass selbst Wilhelm II. aus dem Exil in Doorn zum Austritt aus der DNVP unter Westarps Vorsitz aufrief, um sich stattdessen dem Alldeutschen Verband anzuschließen.[67]

Im November 1927 streute der Alldeutsche Verband seine Werbungsbemühungen für Hugenberg. Nun sollten alldeutsche DNVP-Mitglieder gezielt Abgeordnete in ihren Ortsgruppen und Landesverbänden beeinflussen, die in der Vergangenheit nicht zu den moderateren Kandidaten gehört hatten.[68] Hugenberg trat verstärkt als Redner auf DNVP-Veranstaltungen auf und der Alldeutsche Verband beteiligte sich an gemeinsamen Propagandaveranstaltungen des Völkischen Reichsausschusses und der DNVP-Bismarckjugend.[69] Die Verbindungen zwischen Alldeutschen und Deutschnationalen wurden immer enger, als der Verband zusammen mit dem Stahlhelm und den VVVD bei Veranstaltungen auf lokaler Ebene Hugenbergs Anhänger unterstützte.[70] Widerstand gegen den Westarp-Flügel war beispielsweise in Hamburg, Ost-Sachsen oder Thüringen zu spüren, wo die Landesverbände zu Hugenberg neigten. Das geschäftsführende Vor-

---

64 Werner Steinhoff an Kuno Graf Westarp, 24.10.1925, in Gaertringen, NL Kuno Graf von Westarp, Bestand I, VN. 56, Bd. 9. Siehe auch Gasteiger: Kuno von Westarp, S. 283–286.

65 Siehe auch Otto von Roeder an Claß, 13.8.1927, in BA-Berlin, R 8048, Bd. 213, Bl. 241–242.

66 Siehe Axel von Freytagh-Loringhoven an Kuno Graf Westarp, 9.2.1927, in PAH Gaertringen, NL Kuno Graf von Westarp, Bestand I, VN 59, Nr. 26 sowie Wilhelm von Dommes an Kuno Graf Westarp, 26.5.1927, in ebd., VN 59, Nr. 18 und Kuno Graf Westarp an Wilhelm von Dommes, 4.6.1927, in ebd.

67 Wilhelm II. an Leopold von Kleist, 18.5.1927, in Ilsemann: Der Kaiser in Holland, S. 57.

68 Siehe Richtlinien zur dezentralen Beeinflussung der DNVP, in Sitzung des Geschäftsführenden Ausschusses des Alldeutschen Verbandes, 26./27.11.1927, in BA-Berlin, R 8048, Bd. 152, Bl. 23–24.

69 Siehe Otto von Roeder an Oberstleutnant Schroeder, 27.1.1928, in BA-Berlin, R 8048, Bd. 214, Bl. 26 und Deutsche Zeitung 3.4.1928.

70 Siehe auch Alldeutsche Blätter 17.3.1928.

standsmitglied des DNVP-Landesverbandes Thüringen, Oberstleutnant a. D. Ulrich Fleischhauer, der radikaler Antisemit, Mitglied des Alldeutschen Verbandes und ehemaliger Vorsitzender des Nationalverbandes Deutscher Offiziere war, setzte sich beständig dafür ein, dass „die völkische Richtung stramm bleibt, den Kampf nicht aufgibt, sondern stets versucht, Leute ihrer Richtung in massgebenden Parteistellen zu bringen".[71]

Solange Westarp Vorsitzender der Partei war, wollte Claß für die anstehenden Reichstagswahlen am 20. Mai 1928 keine eindeutige Wahlempfehlung für die DNVP abgeben und im Geschäftsführenden Ausschuss sprachen sich einige Teilnehmer dafür aus, nur DNVP-Wahlkreise zu unterstützen, die sich eindeutig hinter Hugenberg gestellt hatten.[72] Das Ergebis der Reichstagswahlen spiegelte die Lagerkämpfe innerhalb der Partei wider, als die DNVP auf 14,2 Prozent zurückfiel. Das Abschneiden der DNVP bestärkte Claß in seiner Forderung nach einer kompromisslos angelegten Oppositionspolitik gegenüber Westarp. Die nächsten fünf Monate bemühten sich die Alldeutschen um eine rigide Isolationspolitik gegenüber moderaten Parteiführern wie Walther Lambach, den auch Bang, neu gewähltes Fraktionsmitglied und Gegner des sozialen gewerkschaftsfreundlichen Flügels, angriff und der letztlich aus den Parteigremien ausgeschlossen wurde.[73]

Im Sommer 1928 stand die DNVP zudem vor einer grundsätzlichen Parteispaltung.[74] Die Politik pragmatischer Regierungsbeteiligung für die Weiterführung der Osthilfe, die innerhalb der DNVP vor allem durch Schiele vom Reichslandbund betrieben wurde, um die ostelbischen Junker mit staatlichen Preisregulierungen, Schutzzöllen und der Förderung von Schuldentilgung vor dem Bankrott ihrer oftmals maroden und dringend modernisierungsbedürftigen Güter zu bewahren, trug dazu wesentlich bei.[75] Hugenberg hingegen verfolgte eine grundsätzliche wirtschaftspolitische Neuordnung, die ohne Steuersubventionierungen der Landwirtschaft auskam und die Abschaffung alliierter Reparationen forderte. Zudem propagierte er immer wieder die Ansiedlung von Bauern und die Verteilung von Siedlungsstellen im Rahmen der inneren Kolonisation zuungunsten großer, unrentabler Güter.[76] Hugenbergs Linie blieb daher für die realpolitisch aufgestellten Agrarvertreter unklar und die Frage stand im Raum, wie man seine

71 Oberstleutnant a. D. Fleischhauer an die Bezirksgruppe Altenburg der DNVP, 13.7.1927, in STA Altenburg, 1–95–0003, Bd. 47, o. Bl.

72 Claß auf der Sitzung des Geschäftsführenden Ausschusses des Alldeutschen Verbandes, 21.4.1928, in BA-Berlin, R 8048, Bd. 154, Bl. 69.

73 Gottfried Treviranus an Kuno Graf Westarp, 7.8.1928, in PAH Gaertringen, NL Kuno Graf von Westarp, Bestand I, VN 91, Nr. 3. Siehe auch Dörr: Deutschnationale Volkspartei, S. 410–418 und Stupperich: Volksgemeinschaft und Arbeitersolidarität, S. 140–145.

74 Kuno Graf Westarp an Gottfried Treviranus, 30.7.1928, in PAH Gaertringen, NL Kuno Graf von Westarp, Bestand I, VN 91, Nr. 5.

75 Merkenich: Grüne Front gegen Weimar.

76 Siehe Hugenberg: Mehr Willen zur Tat, Gayl: Alfred Hugenberg sowie Pauly: Was hat die ländliche Siedlung von Hugenberg zu erwarten?.

schwerindustriellen, landwirtschaftlichen und siedlungspolitischen Ziele zusammenbringen sollte.

Im Zuge der Parteivertretertagung in Berlin am 8. Juli 1928 schlossen sich die Landesverbände des Hugenberg-Lagers offiziell zusammen.[77] Anlass war die Forderung des radikalen Hugenberg-Flügels für einen Ausschluss Lambachs aus der Parteiführung, da er in einem Aufsatz im Juni die Öffnung der Partei für konservative Republikaner gefordert hatte. Somit gab er der sich formierenden Hugenberg-Gruppe einen Grund, die Führungsposition Westarps grundlegend anzugreifen.[78] Auch weil Westarp sich stets „nach unten, zu mandatslosen, bürgerlichen Verbandspolitikern aus der Provinz" wie Claß abzugrenzen versuchte und in Hugenberg gleichsam den „politischen Gegentypus zu dem Berufsparlamentarier", wie Westarp selbst einer war, erkannte, war für ihn trotz seines beständigen Bemühens um den Zusammenhalt der DNVP ein Einschwenken auf die Forderungen der Hugenberg-Gruppe und die Schwächung des Gewerkschaftsflügels durch eine Entlassung Lambachs unmöglich, so Daniela Gasteiger.[79]

Westarp, der am 2. Juli einen Beschluss der Reichstagsfraktion erreichte, in dem Lambachs Vorstoß zwar abgelehnt, sein Ausscheiden aber ebenfalls verworfen wurde, optierte für die Klärung des „Falls Lambach" innerhalb des Landesverbandes Potsdam II, dem Lambach wie auch Westarp angehörten. Hugenberg drängte weiter auf eine klare Entscheidung. Westarp konnte noch einmal ein Vertrauensvotum zu seinen Gunsten erreichen. Jedoch wusste Hugenberg bereits, dass diese Entscheidung lediglich aus Mangel an Alternativen erfolgte. Nicht zuletzt entschied der Landesverband Potsdam II für den Ausschluss Lambachs, was zu tiefen Grabenkämpfen innerhalb der Partei führte.

Treviranus übernahm nun die Führung in den Auseinandersetzungen mit dem Hugenberg-Lager und sammelte die Anhänger des Gewerkschaftsflügels für eine „volkskonservative" Ausrichtung der DNVP. Der moderate Vorsitzende des bayerischen Landesverbandes der Bayerischen Mittelpartei/DNVP, Hans Hilpert, tendierte wiederum nach den Reichstagswahlen vom 20. Mai 1928 mit den Landesverbänden Ostpreußen, Frankfurt an der Oder und Württemberg eher in das Hugenberg-Lager.[80] Führende Alldeutsche der DNVP wie Leo Wegener, Hansjoachim von Rohr, Bang, Otto Kretschmar, Gok, Franziska von Porembsky, Feldmann, Otto Schmidt(-Hannover) und nicht zuletzt

---

77 Siehe Kreisverein Potsdam der DNVP: Anlage 2, o. D., in PAH Gaertringen, NL Westarp, Bestand II, Bd. 30 und auch Kuno Graf Westarp an die Vorsitzenden der Landesverbände der DNVP, 12.7.1928, in ebd. Siehe auch Holzbach: Das „System Hugenberg" , S. 225–240.

78 Werner Lambach: Monarchismus, in Politische Wochenschrift 4/24 vom 14.6.1928. Siehe auch Jonas: Volkskonservative, S. 33–37 und Gasteiger: Kuno von Westarp, S. 342–352.

79 Gasteiger: Kuno von Westarp, S. 92 und 320.

80 Siehe Dörr: Deutschnationale Volkspartei, S. 446–447 und Leopold: Alfred Hugenberg, S. 50 sowie Kiiskinen: Die Deutschnationale Volkspartei. Siehe auch den Gesprächsbericht über ein Treffen mit Kuno Graf Westarp am 8.10.1928 von Martin Blank an Paul Reusch vom gleichen Tag, in RWWA, GHH, 130–4001012024/4b.

Dommes versuchten, die Landesverbandsvorsitzenden weiter davon zu überzeugen, dass Hugenberg die Partei in Zukunft am besten alleine und diktatorisch führen sollte.

Am 8. Oktober 1928 trafen sich die Vertreter der Landesverbände, die Dommes um sich scharen konnte, während Hans von Schlange-Schöningen, Vorsitzender des DNVP-Landesverbandes Pommern, die Vertreter der Landesverbände aus dem Westarp-Lager um sich versammelte. Bei den Anhängern Westarps wurde bei diesem Treffen bereits deutlich, dass die Koalition gegen Hugenberg wackelte. Am 13. Oktober 1928 wurde dann auf der Landesvertretertagung in Nürnberg der Beschluss gefasst, mit Hugenberg die Parteiführung strategisch zu übernehmen.[81] Überlegungen wurden diskutiert, wonach Westarp für die Reichstagsfraktion, Friedrich von Winterfeld für die Fraktion im Preußischen Landtag und Hugenberg für die Parteileitung in einem Triumvirat die Partei führen sollten. Solche Pläne wurden bereits seit der vorangegangenen Landesverbandstagung im Juli von den Hugenberg-Landesverbänden vorgeschlagen und zunächst auch von Hugenberg angenommen.

Der Lagerkampf zwischen Hugenberg und Westarp war nicht durch Kompromisse wie ein Triumvirat mit Winterfeld als Hugenberg-Unterstützer allein zu lösen, wie es Quaatz und Steinhoff im Sinne Hugenbergs in einer Denkschrift zur grundsätzlichen Parteireform am 1. Oktober 1928 noch als trojanisches Pferd für eine spätere Machtübernahme Hugenbergs angedacht hatten.[82] Hugenberg hatte gegenüber Hilpert in einem Gespräch im Sommer 1928 in Kreuth bereits deutlich gemacht, dass er nach einer Übernahme des Parteivorsitzes zunächst seine eigene Machtstellung institutionell stärken werde, indem er die Ämter des Fraktions- und des Parteivorsitzenden wieder trennen wollte, die Westarp im März 1926 zusammengeführt hatte.[83]

Dass der Reichstag zwischen Juli und November 1928 nicht tagte, nutzte Hugenberg für das taktische Ausspielen dieser inneren Spaltung der DNVP und trieb die Teilung in ein Westarp- und sein eigenes Lager weiter voran. Bereits einen Tag vor der Abstimmung über die zukünftige Parteileitung versammelte sich das Hugenberg-Lager noch einmal in Berlin. Eine Mehrheit der Landesverbandsdelegierten schien Hugenberg bereits im Vorfeld sicher. Die Entscheidung fiel auf der Parteivertretertagung am 20. Oktober 1928. Im Reichstagsgebäude in Berlin kamen 249 der satzungsgemäß stimmberechtigten 285 Vertreter zusammen. Darunter waren unter anderem Vertreter der insgesamt 45 Landesverbände im Reich, die Landtagsfraktionsvorsitzenden sowie die

81 Siehe Joseph Krebs an die Reichskanzlei, 16.10.1928, in BA-Berlin, R 43–I, Bd. 2654, Bl. 199.

82 Hier hieß es unter Punkt II/3.: „Bei der Gestaltung der Parteiführung wäre ferner anzustreben, die Einheitlichkeit der Politik zwischen Reichstags- und Landtagsfraktion sicherzustellen. Die Zahl der die Parteiführung bildenden Männer muß auf drei beschränkt bleiben." Werner Steinhoff/Reinhold Quaatz: Denkschrift zur Reform der Parteiorganisation, 1.10.1928, in Landesarchiv Schleswig-Holstein, Abt. 384/II, Nr. 1, o. Bl. Siehe auch Holzbach: Das „System Hugenberg", S. 236.

83 Hilpert: Lebenserinnerungen, in BHStA München, NL Hans Hilpert, Bd. 10, Bl. 3628–3629 und 3660.

DNVP-Minister im Reich und in den Ländern.[84] Hinzu kamen hundert nicht stimmberechtigte Parteimitglieder wie Fraktionsvorsitzende des Reichstags, der Landtage und des Preußischen Staatsrates sowie Landesgeschäftsführer, die nicht im stimmberechtigten Parteivorstand saßen.[85] Zu den stimmberechtigten zugewählten Parteivertretern gehörten beispielsweise auch der Hauptgeschäftsführer, das Geschäftsführende Vorstandsmitglied, der Parteivorsitzende selbst, die zwei Stellvertretenden Parteivorsitzenden, Vertreter aus den jeweiligen Reichsausschüssen der DNVP, die Fraktionsvorsitzenden in den Landtagen und die Vertreter im Reichsrat.

Westarp machte noch kurz vor der Abstimmung deutlich, dass er für ein Triumvirat nicht zur Verfügung stehen werde und gegen die Wahl Hugenbergs „ernste sachliche Bedenken" habe.[86] Das offizielle Abstimmungsergebnis sollte nach vorheriger Absprache geheim gehalten werden, da man eine knappe Entscheidung erwartete. Für Westarp begann der Tag bereits früh um 6 Uhr, als er seiner Tochter seine Rede diktierte, in der er sich „scharf gegen ein Dreimännerkollegium" stellte, das Hugenberg zuvor immer strategisch als Kompromiss lanciert hatte.[87] Bereits früh um 8 Uhr ging das Taktieren gegen Westarp an diesem Tag in die erste Runde, als ein Triumvirat Hugenberg, Winterfeld und Ernst Oberfohren vorgeschlagen wurde, das die Vertreter des Mittelstandes und der deutschnationalen Arbeiter ablehnten. Vor der Abstimmung schlossen sich die Landesverbände, die gegen Hugenberg votieren wollten, unter Führung der beiden Reichstagsmitglieder Gottfried von Dryander und Bergwerksdirektor Bernhard Leopold zusammen.

Hugenbergs Zugriff auf finanzielle Ressourcen machte ihn einerseits gerade bei Landesverbandsführern attraktiv, die sich eine Sanierung der eigenen klammen Parteikassen erhofften. Andererseits erschwerte sein Ruf als Medienzar der Schwerindustrie seine Stellung als seriöser Parteipolitiker. Es war auch Keudell, der Westarp beim Abstimmungskampf unterstützte und als Reichsminister des Innern im Kabinett Marx IV 1927/1928 für eine Regierungsbeteiligung der DNVP gewirkt hatte, und der nun im Vorfeld der eigentlichen Abstimmung Hugenberg vorwarf, die ihn unterstützenden 17

84 Siehe Deutsche Zeitung und Berliner Lokal-Anzeiger 21.10.1928 und Unsere Partei 1.11.1928. Zu vergleichbaren Zahlen von 280 beziehungsweise von 288 stimmberechtigten Mitgliedern siehe auch Holzbach: Das „System Hugenberg", S. 242 sowie demnächst Schellhorn: Alfred Hugenberg.

85 Die *Sächsische Volkszeitung* berichtete am 23.10.1928 wiederum von 400 anwesenden Personen, von denen „285 Stimmführer der einzelnen Bezirke" waren. Siehe auch Berliner Börsen-Zeitung 21.10.1928. Die *Karlsruher Zeitung* berichtete am 22.10.1928, dass „ein beträchtlicher Teil der Delegierten an der Wahlhandlung nicht teilgenommen" habe, der „mit der Entwicklung der Partei, wie sie durch die Wahl Hugenbergs gekennzeichnet wird, nicht einverstanden" gewesen sei.

86 Erklärung Kuno Graf Westarp auf der Parteivertretertagung (vor der Abstimmung und nach der Rede von Walter von Keudell), 20.10.1928, in PAH Gaertringen, NL Westarp, Bestand II, Bd. 30.

87 Adelgunde von Westarp an „Traudchen" (Gertraude Hiller von Gaertringen), 20.10.1928 (21 Uhr), in PAH Gaertringen, NL Westarp, Bestand II, Bd. 30. Adelgunde Gräfin von Westarp war Privatsekretärin und Mitarbeiterin in Westarps Reichstagsbüro, begleitete ihren Vater politisch und schrieb regelmäßig ihrer Schwester Gertraude Hiller von Gaertringen. Siehe dazu Gasteiger: Kuno von Westarp, S. 19.

Landesverbände schlichtweg mit finanziellen Versprechungen bestochen zu haben.[88] Keudell sprach von strategisch eingesetzten „finanziellen Machtergreifungs-Methoden" zur „Besoldung" von Landes- und Geschäftsführern.[89] Hugenberg widersprach natürlich diesen Vorwürfen der finanziellen Einflussnahme, um seine Wählbarkeit nicht zu gefährden.

Die Hoffnungen auf finanzielle Verbesserungen der miserablen Haushalte zahlreicher DNVP-Landesverbände waren angesichts Hugenbergs vorheriger Investitionen nicht unbegründet.[90] Hugenbergs Medienunternehmungen erreichten allein im Zeitungsgeschäft 1930 eine Auflage von 500.000. Die Übernahme der Ufa zuvor erlaubte ihm 1928 die Finanzierung des DNVP-Wahlkampfes mit 900.000 Mark.[91] Über den Arbeitsausschuss Deutschnationaler Industrieller und die Wirtschaftsvereinigung zur Förderung der geistigen Wiederaufbaukräfte ließ Hugenberg der DNVP-Geschäftsstelle in Berlin Sonderzahlungen zukommen, die aus schwerindustriellen Kreisen oder von der Scherl GmbH flossen. Hilpert, der sich erst auf der Parteivertretertagung für Hugenberg ausgesprochen hatte, hatte in Bayern 1929 beispielsweise jährliche Ausgaben von 58.000 Mark zu verwalten, denen lediglich 15.000 Mark an Mitgliedereinnahmen und bescheidene 4.000 Mark an Spenden gegenüberstanden.[92] Auch andere DNVP-Landesverbände wie Danzig beklagten ihre trüben finanziellen Ressourcen und bemühten Claß für dringende Interventionen bei Hugenberg, um damit den dramatischen Stimmenverlust bei der Reichstagswahl 1928 durch einen langsamen Aufbau der Partei in Zukunft kompensieren und überhaupt den Bestand der DNVP sichern zu können.[93]

Die eigentliche Abstimmung erfolgte erst, nachdem Horst von Resstorff als Vorsitzender des ostpreußischen Landesverbandes sowie Hilpert ein Dreier-Direktorium vorgeschlagen hatten, was jedoch Westarp und Schlange-Schöningen, Vorsitzender des DNVP-Landesverbandes Pommern, umgehend ablehnten. Sie brachten stattdessen Hergt als Vorsitzenden ins Spiel, der ebenfalls durchfiel.[94] Hergt schlug daraufhin ein Direktorium mit Hugenberg, Oberfohren und Winterfeld vor, der als Vorsitzender der DNVP-Fraktion im Preußischen Landtag von 1928 bis 1933 Hugenbergs enger Vertrauter werden sollte. Nach diesem Gegenvorschlag, der bereits ein gemeinsames alldeutsch-deutschnationales Lager benannte, zog Hilpert den Vorschlag einer institutionellen

88 Siehe Hilpert: Lebenserinnerungen, in BHStA München, NL Hans Hilpert, Bd. 10, Bl. 3714–3715 sowie Vorwärts 23.10.1928 und Dresdner Neueste Nachrichten 24.10.1928.

89 So später dann Walter von Keudell an Gottfried Treviranus, 9.5.1963, BA-Koblenz, N 1243, Bd. 127, o. Bl.

90 Siehe zu den Investititonen in die DNVP Holzbach: Das „System Hugenberg", S. 102–136.

91 Fulda: Press and Politics, S. 23 und Leopold: Alfred Hugenberg, S. 35–45.

92 Siehe Oberst Krafft auf der Landesausschußsitzung der DNVP Bayern, 16.2.1929, in BHStA München, NL Hans Hilpert, Bd. 15, Bl. 27.

93 Siehe Denkschrift Dr. Hoppenrat an Alfred Hugenberg (Kopie an Claß), 28.3.1929, in BA-Berlin, R 8048, Bd. 219, Bl. 8–9 und Claß an Dr. Hoppenrat, 8.4.1929, in ebd., Bl. 25.

94 Siehe dazu Der Jungdeutsche. Tageszeitung für Volkskraft und Ständefrieden 23.10.1928 (Bericht auch in Vorwärts 23.10.1928) und Hilpert: Lebenserinnerungen, in BHStA München, NL Hans Hilpert, Bd. 10, Bl. 3719–3720.

Machtaufteilung der Parteiführung zurück, die Hugenberg in die konservativ-gemäßigten Flügel um Westarp und Schlange-Schöningen eingebunden hätte.

Hilpert schlug nun Hugenberg als alleinigen Kandidaten vor, der in offener Abstimmung gewählt werden sollte. Dieser Plan wurde ebenfalls abgelehnt. Dommes sprach sich nach nunmehr fünf Stunden Diskussion für eine verdeckte Abstimmung sowie für die Geheimhaltung des Ergebnisses sowohl vor der Parteivertretung als auch vor Hugenberg aus. Dieser Antrag wurde schließlich angenommen. Das Verfahren zog sich insgesamt bis 21 Uhr hin. Die Auszählung erfolgte am Ende durch eine Kommission aus fünf Parteivertretern, die durch Ehrenwort gebunden waren, das genaue Ergebnis auch nicht den anderen auf der Tagung anwesenden Vertretern mitzuteilen.[95]

Die Parteivertreter der bereits von Dommes im Vorfeld gesammelten 17 der insgesamt 45 Landesverbände stimmten ohne Ausnahme für Hugenberg.[96] Die eigentliche knappe Stimmenmehrheit für Hugenberg muss jedoch durch die weiteren stimmberechtigten Parteivertreter zustande gekommen sein, die aus dem Parteivorstand oder den Fraktionen des Reichstags und der Landesparlamente stammten. Schließlich machten die 17 bezeichneten Hugenberg-Landesverbände lediglich zusammen 58 von möglichen 288 Stimmen aus (17 Landesverbandsvorsitzende und 41 Delegierte aus die-

95 Siehe Badischer Beobachter 24.10.1928.

96 Alfred Hugenberg wurde unterstützt durch „die befreundeten" Landesverbände Berlin, Bremen, Grenzmark, Hamburg, Hannover-Ost, Hannover-Süd, Hessen-Darmstadt, Lübeck, Mecklenburg-Schwerin, Oldenburg, Osnabrück, Ostfriesland, Potsdam I, Potsdam II, Thüringen, Westfalen-Ost und Westfalen-West. Kreisverein Potsdam der DNVP: Bericht über die Besprechung in Berlin, 8.10.1928, in PAH Gaertringen, NL Kuno Graf von Westarp, Bestand II, Bd. 30. Siehe dazu auch Dörr: Deutschnationale Volkspartei, S. 444, 448 und 566–568, Holzbach: Das „System Hugenberg", S. 242–243 sowie Bericht Wilhelm von Dommes über die Besprechung in Berlin, Dessauerstraße 14 am 8.10.1928 N.N., in NLA OS, Erw. C1 DNVP, Bd. 16, Bl. 6. Gegen Hugenberg votierten letztlich vermutlich die Landesverbände Mecklenburg-Strelitz, Schleswig-Holstein, Düsseldorf-Ost, Magdeburg, Halle-Merseburg, Mittelschlesien, Niederrhein, Niederschlesien, Oberschlesien und Rheinpfalz. Der Landesverband Pommern war gespalten. Die Danziger Delegierten entschieden sich am 20. Oktober 1928 für Hugenberg, ebenso wie die Landesverbände Mittelrhein, Koblenz-Trier und das Saargebiet. Die „Hilpert Gruppe" mit Bayern-Nord und Bayern-Süd sowie Ostpreußen, Frankfurt/Oder und Württemberg stellten sich bereits vor dem 20. Oktober 1928 in das Hugenberg-Lager. Siehe auch Adelgunde von Westarp an „Traudchen" (Gertraude Hiller von Gaertringen), 20.10.1928, in PAH Gaertringen, NL Kuno Graf von Westarp, Bestand II, Bd. 30 sowie Hilpert: Lebenserinnerungen, in BHStA München, NL Hans Hilpert, Bd. 10, Bl. 3667. Zur Aufstellung der 45 DNVP-Landesverbände siehe Rundschreiben Nr. 21 der Parteizentrale der DNVP, in LA Schleswig-Holstein, Abt. 384-II, Nr. 5, o. Bl. Vermutlich stimmten gegen Hugenberg auch die Landesverbände Arnsberg, Baden, Mittelrhein, Oberschlesien, Sachsen-Ost und Sachsen-West. Die Entscheidungen der zuvor unentschiedenen Landesverbände Anhalt, Dessau und Hessen-Nassau bleiben unklar. Für Hugenberg schienen nach der politischen Stimmungslage vermutlich auch die Landesverbände Braunschweig und Sachsen-Süd mehrheitlich gestimmt zu haben. Der Landesverband Merseburg tendierte eher gegen Hugenberg und das Saargebiet stand ursprünglich eher der gouvernementalen Position Hans-Erdmann von Lindeiner-Wildaus nahe. (Den Landesverband Sachsen-Ost übernahm bis 1931 der Alldeutsche Erich Wöllwarth und Bremen ging in die Führung des Alldeutschen Karl Grunert über.) Ich danke Michael Schellhorn für die zahlreichen Gespräche über die Stimmungs- und Stimmenverhältnisse innerhalb der Landesverbände und Gremien der DNVP 1927/28.

sen Landesverbänden). Zusätzlich zu den sicheren Vertretern der Parteiausschüsse sowie dem Völkischen Reichsausschuss, dem Reichsfrauenausschuss oder der Bismarckjugend müssen in den Monaten seit der Parteivertretertagung im Juli 1928 weitere Stimmen für Hugenberg gewonnen worden sein.[97]

Das *Deutsche Tageblatt* titelte einen Tag später: „50 % Hugenberg – 50 % Westarp“, während die Zeitung des Jungdeutschen Ordens, *Der Jungdeutsche*, eine Hugenberg-Mehrheit von „etwa fünf Stimmen“ ausmachte.[98] Die *Karlsruher Zeitung* berichtete wiederum von „glaubhaft versicherten“ Informationen, wonach Hugenberg nur mit „ein paar Stimmen“ Mehrheit gewählt worden sei, während Keudell später von nur einer Stimme Mehrheit sprach.[99] Das Durchsickern der Information, es habe nur eine Fünf-Stimmen-Mehrheit gegeben, habe Hugenberg umgehend öffentlich dementieren lassen.[100] Bei den Berichterstattungen der DNVP-Vertreter über die Wahltagung in ihren Ortsverbänden ging auch in den folgenden Tagen und Wochen kein Wort über das genaue Stimmergebnis an die Öffentlichkeit. Hilpert erinnerte sich später, wie entschlossen die Hugenberg-Unterstützer ihre Anhänger mobilisierten und wie überfordert und planlos die Westarp-Unterstützer agierten.[101]

Die katholische *Sächsische Volkszeitung* fasste den Charakter der Wahl Hugenbergs einen Tag später kritisch zusammen und wagte weitsichtige Voraussagen über die künftige Entwicklung der DNVP im Parteiengefüge:

> Das ist mehr als ein Personenwechsel, wie ja auch der monatelang geführte Kampf nicht um Personen ging. Der Name Hugenberg bedeutet ein neues Programm, einen neuen Kurs der Deutschnationalen Volkspartei [...]. Hugenbergs Wollen ist bekannt. Er verkörpert die radikalste Richtung

97 Siehe dazu demnächst Schellhorn: Alfred Hugenberg. Schellhorn geht überzeugend von einer Zweidrittelmehrheit der Delegierten der Landesverbände für Hugenberg aus, die bei einer Anwesenheit von 249 Delegierten bereits neunzig Stimmen für eine Mehrheit von 125 Stimmen ausmachten.

98 Deutsches Tageblatt 21.10.1928 und 23.10.1928, Germania, 28.10.1928 und Der Jungdeutsche. Tageszeitung für Volkskraft und Ständefrieden 23.10.1928 (Bericht darüber auch in Vorwärts 23.10.1928).

99 Karlsruher Zeitung 27.10.1928. Walter von Keudell berichtete von einem Ergebnis 301 zu 300. Ders.: Erinnerungen (31.7.1971), in BA-Koblenz, N 1243, Bd. 116, Bl. 3.

100 Der Jungdeutsche. Tageszeitung für Volkskraft und Ständefrieden 23.10.1928. Michael Schellhorn hingegen geht von einer breiteren Mehrheit bei der Abstimmung aus, die sich auch schon vor der Parteivertretertagung abgezeichnet haben musste, da nicht zuletzt Hugenberg aufgrund solcher Abstimmungsunsicherheiten gar nicht erst zur Wahl angetreten wäre. Dazu demnächst Schellhorn: Alfred Hugenberg.

101 Hilpert: Lebenserinnerungen, in BHStA München, NL Hans Hilpert, Bd. 10, Bl. 3703 – 3712. Es half dem alldeutschen Flügel der Hugenberg-Unterstützer sicherlich, dass Ewald von Kleist-Schmenzin nicht nur einflussreicher Vertreter des Konservativen Hauptvereins war, dessen Vorsitzender er von 1929 bis 1933 werden sollte, sondern auch dem Alldeutschen Verband angehörte. Gasteiger: From Friends to Foes, S. 70 – 71. Kleist-Schmenzin sammelte im unentschiedenen Landesverband Pommern Unterstützer für die Wahl Alfred Hugenbergs, was vom Landesgeschäftsführer Karl Passarge als „offene Revolte“ verstanden wurde, während Hans von Schlange-Schöningen als Vorsitzender des Landesverbandes für Kuno von Westarp zu mobilisieren versuchte und, nachdem Passarge bereits von seinem Amt hatte zurücktreten müssen, durch den getreuen Anhänger des neuen Parteivorsitzenden Georg von Zitzewitz abgelöst wurde. Siehe Tagebucheintrag Karl Passarge 14.10.1928, in BA-Koblenz, N 1070, Bd. 1, Bl. 51.

seiner Partei und gehört zu den unversöhnlichsten Gegnern des neuen Staates. [...] Er bekämpft den neuen deutschen Staat, weil der vornehmlich von ihm erstrebte und verkörperte plutokratische Einfluss bisher nicht in dem erstrebten Umfange zur Geltung kam. Er ist Gegner der bisher koalitionsbereiten Haltung seiner Partei, die auch in der Republik zur Mitarbeit bereit war [...]. Der Führerstreit in der Deutschnationalen Volkspartei hat ein formales Ende gefunden. Aber uns will scheinen, als ob die Krise ihren Fortgang nähme. Die Wahl Hugenbergs ist eine Art Gewaltlösung, und der Gegendruck wird kaum ausbleiben.[102]

Das Blatt bemerkte das grundsätzliche Dilemma einer zukünftigen radikalen Oppositionspartei unter Hugenberg, die mit ihrer Grundsatzopposition gegen jegliche Regierungsbeteiligung aus eigener Kraft nie eine parlamentarische Mehrheit würde erreichen können, um zu regieren. Daraus folge: „[...] es müßte denn gerade sein, daß Hugenberg von der Möglichkeit träumt ohne parlamentarische Koalition, das heißt also letztlich auf dem Umwege über einen *Staatsstreich* die Macht gewinnen zu können".[103] Auch Reichskanzler Wilhelm Marx vom Zentrum, der mit der Regierungsbeteiligung der DNVP sein viertes Kabinett bis zum 12. Juni 1928 gebildet hatte, erkannte die Gefahr. Er warnte nach Hugenbergs Wahl und der anstehenden Ausrichtung der DNVP zur kompromisslosen Oppositionspartei vor einer „Bedrohung des inneren Friedens in Deutschland".[104] Der sozialdemokratische *Vorwärts* erklärte die DNVP nun zu einem „Machtinstrument" für die Pläne des „Ueberdiktators" Hugenberg und nannte sie „die Partei des deutschen Faschismus".[105]

Für Claß war die Wahl Hugenbergs zum DNVP-Vorsitzenden ein persönlicher Erfolg. Er hatte direkten Zugang zu Hugenberg und hoffte auf einen forcierten Umbau der Partei in eine radikale Oppositionsbasis der Rechten. Claß war 1928 zwar einer von mehreren Ratgebern Hugenbergs, zu denen unter anderem auch die Alldeutschen Bang und auch Freytagh-Loringhoven als zentrale Persönlichkeiten gehörten. Der Völkische Reichsausschuss blieb ein zentrales Organ der Alldeutschen innerhalb der Partei und auf den Sitzungen des Geschäftsführenden Ausschusses des Alldeutschen Verbandes, dem nun auch die Deutschnationalen Gok, Karl Grunert, Lohmann und Otto Kretschmar angehörten, wurde die Berichterstattung über die Umwandlung der DNVP unter Hugenberg ab 1928 fester Bestandteil.

Auch Wegener konnte als einer der engsten Hugenberg-Vertrauten Claß im November 1928 nicht genug für dessen Einsatz danken, Hugenberg in das Amt des Parteivorsitzenden gebracht zu haben.[106] Trotz aller Bemühungen blieb auch bei Claß bis zuletzt ein Rest Verwunderung, dass Hugenberg letztlich doch gewählt worden war.[107] In den folgenden Bemühungen des alldeutschen Hugenberg-Flügels übte man daher von

102 Sächsische Volkszeitung 23.10.1928.
103 Karlsruher Zeitung 22.10.1928.
104 Zitiert in ebd. 23.10.1928.
105 Vorwärts 21.10.1928.
106 Siehe Leo Wegener an Claß, 1.11.1928, in BA-Koblenz, N 1003, Bd. 23, Bl. 99–100.
107 Claß auf der Sitzung des Geschäftsführenden Ausschusses des Alldeutschen Verbandes, 1./2.12.1928, in BA-Berlin, R 8048, Bd. 156, Bl. 47–48.

Seiten des Verbandes zunächst öffentlich Zurückhaltung, um die Alldeutschen nicht zu sehr mit dem Umbau der Parteigremien in Verbindung zu bringen und damit Hugenberg zu schaden.[108]

Die Richtungsstreitigkeiten setzten sich zudem in den Landesverbänden fort und betrafen alldeutsche DNVP-Mitglieder, die nun die Macht auf regionaler Ebene sichern wollten. Der Landesverband Sachsen-Ost beispielsweise zählte zu den umkämpften Parteigliederungen. Hier wurde Otto Kretschmar als Vorsitzender der DNVP-Ortsgruppe Dresden bei der Listen-Aufstellung für die bevorstehende Landtagswahl in Sachsen übergangen und auch Bang sollte ausgebootet werden.[109] Kretschmar, dessen Überlegungen für eine Übernahme der Ortsgruppe durch den alldeutschen Flügel trotz aller Widerstände danach ausgerichtet waren, „wie erfülle ich am besten die Aufgabe eines nützlichen Gliedes im System Hugo", musste taktisch sehr lavieren, um die Versuche einer Radikalisierung der Ortsgruppe nicht durch frühzeitige Vorsitzkandidaturen zu gefährden.[110]

Der neue DNVP-Parteivorsitzende machte sich umgehend an den Umbau der Parteistruktur und setzte im Dezember 1928 den „Führergedanken" durch, indem er nicht die Parteileitung mit 260 Mitgliedern, sondern den Parteivorstand mit 42 gewählten Mitgliedern zum Zentrum politischer Beratungen und Entscheidungen machte.[111] Gegner wie Treviranus, Keudell, Paul Lejeune-Jung und Lambach wurden im Parteivorstand durch Alldeutsche wie Bang, Freytagh-Loringhoven, Dommes, Quaatz und Oberfohren ersetzt.[112] Hugenberg straffte darüber hinaus die Satzungen der Partei und zentralisierte Entscheidungswege, die ihn von Beratungen mit den Parteigremien weitgehend unabhängig machen sollten.[113] Unerwünschte Mitglieder konnten zudem durch Satzungsänderung im Dezember 1928 ausgeschlossen werden. Dazu zählten auch jüdische Mitglieder. Im Jahr 1930 gab sich Hugenberg selbst schließlich Vetorechte in der Festlegung und Verfolgung politischer Strategien.[114]

Auf der Sitzung des Geschäftsführenden Ausschusses im Januar 1929 legte Claß die Bedeutung Hugenbergs bei dem zu forcierenden diktatorischen Umbau der DNVP offen.

---

108 Siehe Axel von Freytagh-Loringhoven an Leopold von Vietinghoff-Scheel, 24.11.1928, in BA-Berlin, R 8048, Bd. 219, Bl. 3–4.

109 N.N. [Claß]: Zu den Vorgängen im Landesverband Ostsachen, April 1929, in ebd., Bl. 26–28 und Otto Kretschmar an Claß, 5.6.1929, in ebd., Bl. 33–36.

110 Zitat Otto Kretschmar an Claß, 5.6.1929, in ebd., Bl. 34.

111 Siehe Hilpert: Lebenserinnerungen, in BHStA München, NL Hans Hilpert, Bd. 10, Bl. 3739–3740 und die neue Satzung der DNVP von 1928, in BA-Koblenz, N 1231, Bl. 259–268 mit den vorherigen Änderungsvorschlagen Werner Steinhoff und Reinhold Quaatz: Denkschrift zur Reform der Parteiorganisation, 1.10.1928, in ebd., Bl. 235–242 und von 1929, in BA-Berlin, R 8048, Bd. 219, Bl. 156. Siehe auch Beck: The Fateful Alliance, S. 50–53 und Mergel: Das Scheitern des deutschen Tory-Konservatismus.

112 Berliner Lokal-Anzeiger, 9.12.1928 und Vorwärts, 11.12.1928.

113 Siehe Heinsohn: Konservative Parteien, S. 192–219.

114 Siehe Satzung der DNVP (1928), in BA-Koblenz, N 1003, Bd. 31, Bl. 259–267 und Parteiprogramm DNVP (1929), in BA-Berlin, R 8048, Bd. 227, Bl. 47a–55, Deutsche Zeitung 9.12.1928 und Berliner Lokal-Anzeiger 19.9.1931.

Seit der letzten Sitzung des Geschäftsführenden Ausschusses Anfang Dezember 1928 habe Claß demnach berichten können, wie bereits in der Parteivertretertagung der DNVP am 7. und 8. Dezember die Pläne Hugenbergs zum Umbau der Parteigremien mit „großer Mehrheit" einschließlich des „persönlichen Umbaus der Parteileitung" mit einer 4/5-Mehrheit angenommen und somit die vorherigen Gerüchte, Hugenberg habe zwar im Oktober den Parteivorsitz erringen können, stehe aber sonst „auf verlorenem Posten", widerlegt worden sind. [115] Mit diesen Beschlüssen vom Dezember sei Hugenberg „bei Licht betrachtet, zum Diktator der deutschnationalen Volkspartei erhoben" worden, jedoch hieße dies eben nicht, dass Hugenberg „sich politisch vollkommen durchgesetzt habe, da sein Anhang in der deutschnationalen Fraktion des Reichstages bis heute noch nicht die Mehrheit erlangt habe". Daher sei nun die Frage, „von der ungeheuer viel abhänge, ob es gelingen werde, die Reichstagsfraktion dazu zu bringen, sich zu der Politik des Herrn Hugenberg zu bekennen". Claß glaube, dass „mancher von den früheren Gegnern des Herrn Hugenberg bekehrt sei, wie es natürlich auch Leute gebe, die bereit seien, sich nach der anderen Seite festzulegen". Die Partei haben nunmehr über der Fraktion zu stehen und die Fraktion habe die Aufträge der Partei auszuführen, während der Parteivorsitzende „die letzte Entscheidung" mit dem Parteivorstand zu treffen habe, wenn Hugenberg ihn einberufen wolle. „Diese Dinge könnten endgültig erst bei der nächsten Wahl [zum Reichstag] in Ordnung kommen", so die protokollarischen Aufzeichnungen zu den Ausführungen von Claß.[116]

Die diktatorischen Befugnisse innerhalb der Parteien seien die Voraussetzung für eine unangefochtene Machtstellung in der Repräsentation des Parteivorsitzenden gegenüber der entscheidenden Machtinstanz: dem Reichspräsidenten. Hugenberg habe „in seiner Eigenschaft als Parteiführer" demnach das „Recht des Immediat-Vortrages", wie einst der persönliche und unmittelbare Vortrag beim preußischen König oder beim deutschen Kaiser juristisch genannt wurde und von dem auch Claß durch seine zahlreichen Interventionen bei Wilhelm II. während des Krieges, wenngleich ohne Erfolg, meinte Gebrauch machen zu dürfen.[117]

Sollte Hugenberg um dieses Recht „betrogen" werden, so solle er die „allerschärfsten Mittel zur Anwendung" bringen, „um den Reichspräsidentren dazu zu bringen, sich nach dem Vertreter des völkischen und nationalen Deutschland zu richten".[118] Ließe sich ein solches Vorgehen „durchsetzen", so „läge es nicht außerhalb des Bereichs der Möglichkeit, daß wir mit einem scharf national eingestellten Minderheitskabinett rechen dürften". Dies sei sicherlich ein „Abschiedsgruß an die heutige Zeit" und ein „Schritt auf eine neue gefahrvolle Bahn", der trotz der Ungewissheit des weiteren innenpolitischen Verlaufs „bis zum Ende" gegangen werden müsse. Dabei werde es helfen, dass die Erkenntnis auch in breiten Kreisen der öffentlichen Meinung

115 Claß auf der Sitzung des Geschäftsführenden Ausschusses des Alldeutschen Verbandes, 19.1.1929, in BA-Berlin, R 8048, Bd. 157, Bl. 8.

116 Ebd.

117 Ebd.

118 Ebd., Bl. 8–9.

reife, dass es „so nicht mehr weitergehe“ und aufgrund von sinkenden Finanzeinnahmen des Staates und Reparationslasten der wirtschaftliche und landwirtschaftliche „Ba[n]kerott“ da sei. „Diese Dinge“ seien „geeignet, zu einem Wechsel des Regierungssystems zu führen und Neuwahlen erforderlich zu machen.“[119]

Auf dem Verbandstag dankte Claß aber auch mit größten Respekt und wärmsten Worten Bang für seine Bereitschaft, sich nicht nur bei den Wahlen im Mai 1928 „als Gegner des parlamentarischen Unwesens“, für den Reichstag aufgestellt zu haben, und somit dem Ruf des Verbandsvorsitzenden gefolgt sei, „in die Stickluft des Parlamentarismus“ hinabzusteigen, „um dort dasjenige auf sich zu nehmen, was nach reiflicher Prüfung kein anderer leisten konnte“.[120] Das „System der politischen Aushilfe“ habe eine „andere Methode“ verlangt, so Claß, so dass man aus dem „engen Kreis“ des Alldeutschen Verbandes schließlich hinaustreten habe müssen. Bang habe durch sein Wirken in der DNVP-Reichstagsfraktion bereits eine „Saat“ gesät, deren „Ernte aufgehen werde“ und ihn zum „untrennbaren Bestandteil unseres großen Ganzen“ machten.[121]

Bang nahm die Stellvertreterrolle in der DNVP nur zu gerne an. War der Eintritt ins Parlament für ihn auch „das schwerste Opfer seines Lebens“ gewesen, so „trage“ er es, „weil er nichts anderes sein wolle, als der Diener der Ideen, in deren Bann er stehe, und deren Führer nicht er, sondern Justizrat Dr. Claß sei“.[122] „Ob der Versuch gelingen werde, wisse man nicht“, so Bang weiter, „doch hoffe er es, von sich wisse er aber, daß er seine Pflicht zun werde“.[123]

Claß selbst trat der Partei nicht bei, erhielt aber nun die offizielle DNVP-Korrespondenz der unterschiedlichen Parteigremien, verbunden mit entsprechenden Einladungen. Er machte zudem eigene Vorschläge für die Integration der verschiedenen DNVP-Lager. Eine Einbindung des agrarischen Flügels um Schiele sowie ein Zugehen auf die 1928 aus den Protesten um Kredite, Zölle und Güterzwangsversteigerungen heraus gegründete Christlich-Nationale Bauern- und Landpartei (CNBL), die der DNVP bei den Wahlen Stimmen gekostet hatte, nahm Hugenberg jedoch kaum ernst. Er zeigte Claß somit sehr früh, dass er entschieden seinen Weg gehen wollte.[124]

Der Alldeutsche Verband konnte von der Radikalisierung der DNVP unter Hugenberg mit Blick auf die Mobilisierung zusätzlicher Mitglieder selbst nicht profitieren, da ein „Hugenberg-Effekt“ ausblieb. Die Mitgliederzahl sank von 16.500 Personen 1927 auf 15.500 1928 und konnte sich 1929 zunächst auf diesem Niveau stabilisieren.[125] Zwischen

---

119 Ebd., Bl. 9.

120 Ebd., Bl. 3.

121 Ebd.

122 Paul Bang auf der Sitzung des Geschäftsführenden Ausschusses des Alldeutschen Verbandes, 19.1.1929, in ebd., Bl. 7.

123 Ebd.

124 Claß auf der Sitzung des Geschäftsführenden Ausschusses des Alldeutschen Verbandes, 19.1.1929, in ebd., Bl. 10 und Claß auf der Sitzung des Geschäftsführenden Ausschusses des Alldeutschen Verbandes, 6./7.12.1928, in ebd., Bd. 156, Bl. 56.

125 Siehe Hofmeister: Between Monarchy and Dictatorship, S. 495.

Oktober 1928 und März 1929 traten 1.662 Mitglieder in den Verband ein und 1.394 Mitglieder traten aus (443 ohne Angabe von Gründen und 470 wegen Nachnahmeverweigerung, 189 waren verstorben).[126] Auch die DNVP verlor gemäßigte Mitglieder. 1928 hatte sie 695.650 Parteiangehörige. Die Zahl sank nach Schätzungen des *Vorwärts* bis Januar 1930 um 45.000.[127] Hugenbergs Block-Rhetorik, die er als Parole bereits im Sommer 1928 ausgegeben hatte, sorgte sicherlich für eine größere Homogenität der Mitglieder, aber verlor die Partei vor allem jüngere Generationen von Anhängern in der Breite.[128] Weder der Alldeutsche Verband noch die DNVP konnten eine umfassende Sammlungspolitik in ihren Organisationen umsetzen, sodass die DNVP eine Milieupartei und der Alldeutsche Verband ein Milieuverband vornehmlich protestantischer, nationalistisch-völkischer, bürgerlicher und mittelständischer sowie, in abnehmenden Maße, agrarischer Anhängerschichten wurden.[129]

8.4 Sammlungsversuche: „Nationale Opposition“ 1929/31

Bereits vor der Wahl Hugenbergs zum Vorsitzenden der DNVP hatte die *Berliner Börsenzeitung* berichtet, dass der Alldeutsche Verband mit dem Strategiewechsel von der außerparlamentarischen hin zur parlamentarischen Oppositionspolitik einer radikalisierten DNVP den Staffelstab an Hugenberg weitergereicht habe. Diese Kursveränderung vom Theoretisieren über eine zivil-militärische Diktatur zur Praxis einer Übernahme der DNVP für eine legale Machtübernahme markiere einen irreparablen Schaden sowohl für den Alldeutschen Verband wie für die DNVP, so die *Börsenzeitung* weiter.[130] An Claß' 60. Geburtstag im Februar 1928 bemerkte Heinrich Calmbach, führendes Mitglied des Gauverbandes Württemberg und des Geschäftsführenden Ausschusses, in seiner Laudatio, dass Claß „Sisyphosarbeit“ im Verband als „Kern der nationalen Opposition“ zu leisten habe, da der parlamentarische Weg „ungangbar“ sei.[131] Noch im Januar 1927 hatte auch Hugenberg noch bekannt, in „diesem System könne man kein Amt übernehmen“.[132] Roeder hielt den Verband daher nur für den „Sauerteig“, der eine Sammlungsbewegung der Rechten vereinen helfen könnte.[133]

126 Bericht der Mitgliederabteilung des Alldeutschen Verbandes, 27.3.1929, in BA-Berlin, R 8048, Bd. 158, Bl. 146.

127 Siehe Max Weiß: Organisation, in Ders.: Der nationale Wille, S. 363, Dörr: Deutschnationale Volkspartei, S. 432, Büttner: Weimar, S. 100 und Schildt: Konservatismus in Deutschland, S. 140 sowie Vorwärts 3.1.1930.

128 Alfred Hugenberg: Block oder Brei?, in Berliner Lokal-Anzeiger 26. und 28.8.1928.

129 Siehe auch Hofmeister: Realms of Leadership and Residues of Mobilization.

130 Berliner Börsenzeitung 20.10.1928.

131 Alldeutsche Blätter 4.2.1928.

132 Alfred Hugenberg an Otto Schmidt(-Hannover), zitiert in Quaatz: Tagebucheintrag 25.1.1927, in BA-Koblenz, N 1247, Bd. 17, o. Bl.

133 Otto von Roeder an Postdirektor Freymuth, 7.8.1928, in BA-Berlin, R 8048, Bd. 212, Bl. 449.

Hugenberg übernahm im folgenden Kampf für eine geeinte „nationalen Opposition" als neuer Parteivorsitzender die Initiative und präsentierte sich in der Gleichschaltung der DNVP-Parteistrukturen und der Einhegung des Westarp-Flügels als Führer der gesamten Rechten. Die vom Stahlhelm ausgearbeitete Propagandaoffensive für ein Volksbegehren gegen die Weimarer Reichsverfassung sollte ihn dabei unterstützen, eine Sammlungsbewegung aufzustellen, welche die NSDAP einschloss.

Hitler hingegen kämpfte nach dem schlechten Abschneiden seiner Partei bei den Wahlen im Mai 1928 für eine Umstrukturierung der NSDAP, die einen Ausbau der Rednerschulen sowie der Propagandaabteilung und nicht zuletzt die Durchsetzung der alleinigen Entscheidungsbefugnis der Münchener Parteileitung beinhaltete. Somit sollte die Führungsstruktur der NSDAP weiter auf ihn zugeschnitten werden, die er bei zukünftigen Wahlen als Partei für die Massen und als führende Organisation der Rechten präsentieren wollte. Eine Zusammenarbeit mit DNVP, Alldeutschem Verband und Stahlhelm stand seinem Führungsanspruch somit zunächst entgegen.

Hitler hatte bereits im Mai 1926 auf einer NSDAP-Versammlung ausgerufen, man habe nichts mit den Alldeutschen zu tun.[134] Joseph Goebbels kam beim Bayreuther Verbandstag Anfang September 1926 bei der Kranzniederlegung am Grab Richard Wagners mit Claß in Kontakt und staunte nur über die alten Honoratioren, „20 deutsche Männer mit langen Bärten", die so viel intellektuelle Einsicht in die moderne Politik hätten, jedoch so wenig praktisches Handeln daraus ableiten würden.[135] Als er kurz darauf Leiter der Berliner SA wurde, erließ er eine Anweisung, dass alte Mitglieder, die ihre Wiederaufnahme in die neu gegründete NSDAP beantragen wollten, zuvor aus dem Alldeutschen Verband austreten sollten.[136]

Claß hatte diese Interventionen genau registriert und musste nun die Isolation seines Verbandes einordnen, die er 1922 im Zuge des Republikschutzgesetzes zusammen mit einer strikten Geheimhaltung der Besprechungen des Geschäftsführenden Ausschusses selbst ausgerufen hatte, als er Angehörigen der führenden Verbandsgremien Doppelmitgliedschaften in anderen Organisationen in den Fällen verbot verbot, in denen sie die ganze Aufmerksamkeit der Mitglieder erfordern würden.[137] Er beklagte sich 1927 gegenüber Goebbels, dass man sich doch im persönlichen Gespräch ein Jahr zuvor in Bayreuth verständigt habe, dass er „Ihrer Bewegung durchaus freundlich gegenüberstehe und sie für notwendig halte". Auffällige Behinderungen der Verkaufswerbung der *Deutschen Zeitung* auf NSDAP-Veranstaltungen würden gerade einige jüngere Redakteure verunsichern, die sowohl Alldeutsche als auch Nationalsozialisten seien und nun erwägen würden, ihre Parteimitgliedschaft in der NSDAP ruhen zu lassen.[138] Claß

---

134 Siehe Adolf Hitler auf der Generalmitgliederversammlung der NSDAP, 22.5.1926, in Vollnhals: Hitler. Reden, Schriften, Anordnungen, Bd. I, S. 455–456.

135 Tagebucheintrag Joseph Goebbels 8.9.1926, in Heiber: Das Tagebuch von Joseph Goebbels, S. 101.

136 Siehe NSDAP Ortsgruppenführer Laube an H. Jahn, 29.3.1927, in BA-Berlin, R 8048, Bd. 232, Bl. 78.

137 Claß auf der Sitzung des Geschäftsführenden Ausschusses des Alldeutschen Verbandes, 1.9.1922, in BA-Berlin, R 8048, Bd. 135, Bl. 5.

138 Claß an Joseph Goebbels, 3.5.1927, in BA-Berlin, R 8048, Bd. 232, Bl. 80.

wolle sich für die Redefreiheit Hitlers weiterhin einsetzen, aber nicht, wenn die Nationalsozialisten weiter gegen den Alldeutschen Verband vorgingen. Gertzlaff von Hertzberg-Lottin intervenierte bei Goebbels für die Aussetzung des Verbots der Doppelmitgliedschaft, und Artur Dinter erreichte als NSDAP-Gauleiter von Thüringen dahingehend ein zeitlich begrenztes Abkommen.[139]

Claß empfahl Hugenberg daher eine verstärkte Zusammenarbeit mit der NSDAP. Es half bei der Anbahnung dieser neuen Beziehungen, dass Hitler Goebbels vertraute, der den Alldeutschen Verband wohlwollend beobachten wollte und vor allem Bang und Freytagh-Loringhoven für geeignete Experten und Politiker hielt.[140] Bang brachte Hugenberg und Wegener in Kreuth schließlich mit Hitler in der ersten Jahreshälfte 1929 (vermutlich bereits in der zweiten Januar-Woche) zusammen und nutzte dafür seine Berliner Beziehungen.[141]

Claß und Hugenberg hofften, mit einer gemeinsamen Kampagne der Rechten den Reichspräsidenten von einer grundsätzlichen innen- wie außenpolitischen Krise der Republik überzeugen zu können, sodass Hindenburg Hugenberg zum Reichskanzler eines Diktaturkabinetts berufen würde. Hindenburg lehnte ein solches Vorgehen weiter entschieden ab, auch nach hochrangigen Interventionen seines Johanniter-Ordensbruders Otto Fürst zu Salm-Horstmar sowie August von Cramons oder Elard von Oldenburg-Januschaus.[142] Claß kritisierte den Reichspräsidenten für dessen Weigerung, seine verfassungsmäßigen Befugnisse für eine Berufung eines neuen Reichskanzlers zu nutzen, obwohl Hindenburg bereits früh in seiner Amtszeit eine Einschränkung seiner verfassungsmäßigen Sonderrechte zur Wiederherstellung und Durchsetzung der „Staatsautorität" und der „Sicherheit des Staates" durch das Parlament abgelehnt hatte.[143] Er sah jenseits des Artikels 48 der Weimarer Reichsverfassung dazu die Möglichkeit und forderte Hindenburg auf, sich entsprechend des Artikels 53, wonach der Reichskanzler vom Reichspräsidenten ernannt und erlassen wurde, von Rücksichtnahmen auf Parteien oder andere politische Verhältnisse freizumachen.[144]

---

139 Gertzlaff von Hertzberg-Lottin an Joseph Goebbels, 3.5.1927, in ebd., Bl. [80].

140 Siehe Tagebucheintrag Joseph Goebbels 13.6.1928 und 29.11.1929, in Fröhlich: Die Tagebücher von Joseph Goebbels, Teil I, Bd. 1/III, S. 35 und 383.

141 Siehe zur Diskussion um den Zeitpunkt des ersten Treffens zwischen Alfred Hugenberg und Adolf Hitler 1929 auch Hofmeister (Hrsg.): Heinrich Claß. Politische Erinnerungen, Kapitel 9 (Anhang von 1936) sowie Hering: Konstruierte Nation, S. 150. Ich danke Michael Schellhorn für Hinweise auf ein erstes Treffen im Januar 1929.

142 Siehe Hofmeister (Hrsg.): Heinrich Claß. Politische Erinnerungen, Kapitel 8.3. und 9 (Anhang von 1936) sowie Grathwol: Stresemann and the DNVP, S. 171 und Dorpalen: Hindenburg and the Weimar Republic, S. 102–103.

143 Paul von Hindenburg an Wilhelm Marx, 22. 11. 1926, in Hubatsch (Hrsg.): Hindenburg und der Staat, S. 242–246. Zitate ebd., S. 243.

144 Siehe Arthur Müller: Klarheit und Wahrheit! Betr. Claß's Kritik an Hindenburg (Flugblatt Alldeutscher Verband, Ortsgruppe Plauen), September 1928, in BA-Freiburg, N 239, Bd. 80, Bl. 102–103. Dieses Verständnis einer verfassungsmäßigen freien Entscheidung des Reichspräsidenten bei der Auswahl des Reichskanzlers teilte Paul von Hindenburg so nicht und ließ die Alldeutschen weiterhin ins Leere laufen.

Gemeinsame Aktionen gegen die Reichsregierung sollten die „nationale Opposition" vereinen und somit den Druck auf den Reichspräsidenten erhöhen. Der vom Stahlhelm angeregte Reichsausschuss für das deutsche Volksbegehren gegen den Young-Plan wurde zwischen Stahlhelm und Alldeutschem Verband im November 1928 im Nationalen Club in Hamburg und anderen Herrenclubs in Deutschland besprochen, die in engem Verhältnis zu den VVVD standen und von Industriellenkreisen finanziell unterstützt wurden. Dass Bang Mitglied des Geschäftsführenden Ausschuss der Vaterländischen Verbände und zahlreiche andere Alldeutsche neben ihm wie Freytagh-Loringhoven oder der ehemalige Hauptmann Schmidt(-Hannover) im Stahlhelm waren, erleichterte die Absprachen auf nationaler, aber auch auf regionaler Ebene, wo sich diese Überschneidungen weiter auffächerten.[145]

Im Reichsausschuss zum Volksbegehren gegen den Young-Plan, der im Juni 1929 gebildet wurde und am 9. Juli mit einem Aufruf an die Öffentlichkeit ging, waren unter anderem Vietinghoff-Scheel, Hertzberg-Lottin, Karl Klingemann, Julius F. Lehmann, Max Kloss, Otto Heine, Max Wundt und Franz Schwendy als Hauptschriftleiter der *Deutschen Zeitung* führend für den Alldeutschen Verband sowie Oberfohren, Quaatz, Freytagh-Loringhoven, Bang, Feldmann, Wegener und Hugenberg gleichzeitig führend für die DNVP vertreten.[146] Konstantin von Gebsattel ließ sich auch noch gewinnen, jedoch hatte er kurz zuvor seine führenden Ämter, nicht zuletzt aufgrund seines sich verschlechternden Asthmas, aufgegeben. Claß nahestehende Persönlichkeiten wie Otto von Below, Cramon, Dommes und Karl von Einem traten ebenfalls in den Reichsausschuss ein.[147] Claß war zusammen mit Below und Hugenberg im engeren Arbeitsausschuss vertreten, dem auch Hitler, Franz Seldte, Goltz, Schiele, Fritz Thyssen und Albert Vögler angehörten.[148]

Es gründeten sich umgehend lokale Ausschüsse, wo Alldeutsche ebenfalls in den Führungsausschüssen mitarbeiteten. Da die Vorbereitungen der Kampagne mitten in die Ferienzeit fielen, wurde der Aufbau von Ortsausschüssen durch Personalmangel oftmals erschwert. Geldmangel setzte dem Umfang der zu druckenden Flugblätter Grenzen, obgleich insgesamt 28 Millionen davon beim Volksbegehren in Umlauf gebracht werden konnten, während sich an vielen Orten aber gouvernemental ausgerichtete DNVP-Ortsverbände schlichtweg weigerten mitzumachen. Von insgesamt 40 Landesausschüssen hätten am Ende auch angesichts der „gewaltigen Hast" ganze zehn

---

145 Im RDI hingegen war man mehrheitlich, wie schon zuvor 1924 beim Dawes-Plan, für die Annahme des Young-Plans. Siehe Bähr/Kopper: Industrie, Politik, Gesellschaft, S. 90–92.

146 Siehe Namensliste des Reichsausschusses für das deutsche Volksbegehren, in Die Bewegung (Stahlhelm), 1. Beilage, 30.6.1929, S. 5–6.

147 Otto von Below gehörte neben Claß, Ludwig von Gebsattel, Alfred Hugenberg, Fritz Thyssen, Adolf Hitler, Franz Seldte, Theodor Duesterberg. Rüdiger von der Goltz und Martin Schiele zum Hauptausschuss des Reichsausschusses für das Deutsche Volksbegehren. Siehe Aufruf zur Gründung eines Pressedienstes, 31.7.1929, in Lankheit (Hrsg.): Hitler. Reden, Schriften, Anordnungen, Bd. III/2, S. 311.

148 Alldeutsche Blätter 20.7.1929.

„ganz ordentlich“ gearbeitet, so Vietinghoff-Scheel rückblickend.[149] Die Kampagne brachte somit unter unterschiedlichen Voraussetzungen und Bedingungen die DNVP, den Alldeutschen Verband, die VVVD, den Stahlhelm, den Nationalen Club, die Herrengesellschaft und die NSDAP zusammen, wobei Letztere eigene Interessen damit verband und vor allem auf eine breitere Anerkennung in der Öffentlichkeit durch die Kooperation mit der konservativen Rechten sowie den „alten“ Honoratiorenverbänden setzte. Die unterschiedlichen Erwartungen an die Kampagne zeigten sich auch beim Stahlhelm, der bereits vor der Veröffentlichung des Young-Plans am 7. Juni 1929 in Gesprächen mit Hugenberg klarstellte, dass man auf eine legale Änderung der Verfassung durch die Abschaffung des Artikels 54 hinarbeiten sollte, um die Rechte des Reichstags zu begrenzen und die Exekutive zu stärken.[150]

Hugenberg hatte diese unterschiedlichen Interessen nun zusammenzubringen und musste dabei seinen eigenen Führungsanspruch sowohl innerhalb dieser Sammlungsbewegung wie auch innerhalb der DNVP durchsetzen, denn seine Position als Parteivorsitzender war noch nicht abschließend geklärt. Dies zeigte sich unter anderem in Westarps erfolgreichen Bemühungen, im Februar 1929 eine knappe Mehrheit der Reichstagsfraktion, die er noch bis Ende des Jahres als Vorsitzender führen sollte, für die Annahme des im Jahr zuvor von sechzig Staaten unterzeichneten Briand-Kellogg-Paktes überzeugen zu können, der Krieg als legitimes Mittel zur Lösung diplomatischer und völkerrechtlicher Konflikte oder zur territorialen Expansion ächtete.[151] Hugenberg verstärkte angesichts solcher pazifistisch-gouvernementalen Avancen den Kampf gegen Westarp und hielt am 9. April 1929 eine Rede an die Mitglieder der DNVP-Reichstagsfraktion, in der er die Grundsätze seiner Oppositionspolitik gegen die Republik klar umriss. Dabei griff er auf ein „Notprogramm“ zurück, das von der DNVP-Parteileitung im Dezember 1927 als Programm beschlossen wurde. Demnach sollten nach Bismarck'schem Vorbild der Verfassung von 1871 die Ämter des Reichskanzlers und des preußischen Ministerpräsidenten zusammengelegt werden, die Minister nicht mehr dem Parlament verantwortlich und die Länderregierungen unabhängiger von den regionalen Landtagen sein. Vorgesehen war zudem ein umfassendes Ministerium für Arbeit, Wirtschaft und Verkehr.[152]

Hugenberg benötigte für die Durchsetzung solcher konkreten Verfassungsreformen aus seiner Sicht die uneingeschränkte Befugnisgewalt innerhalb der Partei. Dazu versuchte er das Recht der alleinigen Entscheidung über Fragen einer zukünftigen Regierungsbeteiligung und die bindende Wirkung dieser Entscheidung durchzusetzen, um gegenüber der Fraktion, aber auch für seine Führungsrolle der „nationalen Opposition“

149 Leopold von Vietinghoff-Scheel auf der Sitzung des Geschäftsführenden Ausschusses des Alldeutschen Verbandes, 7.12.1929, in BA-Berlin, R 8048, Bd. 161, Bl. 42.

150 Siehe Rundschreiben Stahlhelm, 21.3.1929, in BA-Berlin, R 8048, Bd. 261, Bl. 23 und Stahlhelm Bundesamt Berlin: Rundschreiben an die Landesverbände, 26.2.1929, in ebd., R 72, Bd. 275, Bl. 19.

151 Siehe auch Tagebucheintrag Reinhold Quaatz, 6.2.1929, in Weiß/Hoser (Hrsg.): Die Deutschnationalen, S. 64.

152 Siehe Berliner Lokal-Anzeiger 10.4.1929 und Deutsche Zeitung 14.4.1929.

seine Machtposition auszubauen.[153] Am 15. Juni 1929 wurde der Konflikt in einer konfrontativen Abstimmung der DNVP-Vertreter gelöst, als Westarp eine Mehrheit gegen Hugenbergs Streben nach Vetorechten des Parteivorsitzenden mobilisierte und Hugenberg die Abstimmung mit 34 von 73 Stimmen verlor.[154] Somit stand eine pragmatische Zusammenarbeit zwischen dem Parteivorsitzenden Hugenberg und dem Fraktionsvorsitzenden im Reichstag Westarp weiterhin im Schatten grundsätzlicher Richtungsstreitigkeiten.

Claß musste nun erkennen, dass seine optimistische Einschätzung vom April die Lage innerhalb der Partei nicht realistisch widerspiegelte. Auf der Sitzung des Geschäftsführenden Ausschusses in Essen erklärte er noch, dass es „in verhältnismäßig kurzer Zeit" gelungen sei, Hugenberg „an die Stelle zu bringen, an die er gehöre", da die Partei und „die Mehrheit der Fraktion" hinter ihm stehe und es nun nur noch darum gehe, ihn im Falle einer erneuten Regierungskrise in die Stellung zu bringen, die ihn zur „entscheidenden Persönlichkeit in der Frage der Ministerberufung mache".[155] Die Stahlhelm-Initiative für eine Kampagne gegen den Young-Plan verstärke gerade die „Beziehungen in den Rechtskreisen", zu den neben Alldeutschem Verband und DNVP der Stahlhelm sowie der Reichslandbund und die CNBL gehörten, während die „Hitlerpartei" das „Bedürfnis" habe, „sich an die Politik von Hugenberg anzulehnen, nicht an die Partei".[156] Ahnte Claß hier bereits, dass bei anstehenden Wahlen wieder das Parteiinteresse jegliche Zusammenarbeit überlagern würde, so fasste Claß zusammen: „Alles in allem könne man sagen, daß in diesem Sinne eine nationale Front da ist, daß ihre Verstärkung wohl möglich ist, und daß sie ganz gewiß auf einen Schlag fest dastünde, wenn ein Mann an die Spitze der Reichsgeschäfte gelangte, der die Regierungsmaschine im Sinne ausgesprochener Rechtspolitik handhaben würde."[157]

Während Freytagh-Loringhoven und Bang alldeutsche Interessen in der DNVP-Führung vertraten und Feldmann regelmäßig auf den Sitzungen des Geschäftsführenden Ausschusses des Alldeutschen Verbands Bericht über die DNVP erstattete, verknüpfte die Kampagne gegen den Young-Plan den Alldeutschen Verband weiter mit der DNVP. Die große Hoffnung von Claß war, dass sich die finanzielle und wirtschaftliche Krisenverschärfung zur Staatskrise entwickeln würde, die über die Beeinflussung der öffentlichen Meinung Druck auf den Reichspräsidenten ausüben würde, ein Minderheitenkabinett mit Hugenberg als Führer der größten Rechtspartei zu berufen. „Jeder Tag" könne dahingehend eine „grundstürzende Änderung" bringen, so Claß.[158] Die Forderung nach einem kompromisslosen Ende jeglicher Reparationszahlungen, die nur

153 Siehe auch Walker: Alfred Hugenberg, S. 283–289 und Leopold: Alfred Hugenberg, S. 54.

154 Tagebucheintrag Reinhold Quaatz, 2.5.1929 und 18.6.1929, in Weiß/Hoser (Hrsg.): Die Deutschnationalen, S. 70 und 72.

155 Claß auf der Sitzung des Geschäftsführenden Ausschusses des Alldeutschen Verbandes, 20.4.1929, in BA-Berlin, R 8048, Bd. 158, Bl. 113.

156 Ebd.

157 Ebd.

158 Ebd., Bl. 114.

zusätzlich auf die Finanzlasten des Staates drücken würden, war der Hebel zu der Kampagne, die den Alldeutschen Verband zunehmend von der Partei abhängig machte und ihn in eine Propagandazentrale für Hugenberg und die Deutschnationalen verwandeln sollte.

Die politische Zweckverschmelzung des Alldeutschen Verbandes mit der DNVP band Claß' Schicksal an Hugenbergs Erfolg, die Wahrnehmung einer fundamentalen Staatskrise bis hin zum „Staatsnotstand“ im öffentlichen Bewusstsein voranzutreiben und schließlich auch den Reichspräsidenten davon überzeugen zu können, entweder ihn als Reichskanzler eines zu berufenen Minderheitenkabinetts zu ernennen oder zumindest Neuwahlen zu veranlassen, von denen sich Claß zu diesem Zeitpunkt, als die DNVP das rechte Lager nach den Reichstagswahlen von 1928 aufgrund der parlamentarischen Schwäche der NSDAP anführte, noch erhoffte, dass die DNVP unter Hugenbergs Vorsitz ihre Führung der „nationalen Opposition“ durch entsprechende Wählerzugewinne ausbauen könnte. Diese Gewinne sollten zudem aus dem bürgerlich konservativem Lager stammen, da aufgrund der früheren Unentschiedenheit der DNVP-Führung zahlreiche Wähler, sofern sie ihre Stimme nicht für die NSDAP oder mit ambivalenter Zustimmung der DNVP gegeben hatten, seiner Zeit gar nicht gewählt hatten und nun durch eine kompromisslose Neuausrichtung der Partei mobilisiert werden sollten. Die oft kritisierte und „aufs schärfste“ bekämpfte „Schlaffheit“ sowie die „früheren schweren Verfehlungen der D.N.V.P.“ hoffte Claß mit „Persönlichkeiten“ wie Hugenberg durch einen „völligen Wandel, und zwar in unserem Sinne“ beseitigt zu sehen.[159]

Die Ausführungen, die Claß auf den künftigen Sitzungen des Geschäftsführenden Ausschusses zur Kampagne machte, wurden einer strikten Geheimhaltung unterworfen und im Sitzungsprotokoll nur mit dem Hinweis auf „längere vertrauliche Ausführungen“ angeführt, ohne den Inhalt wiederzugeben. Unter ehrenwörtlicher Verpflichtung jedes einzelnen anwesenden Tagungsteilnehmers durften die Mitteilungen auch nicht in den Ortsgruppen besprochen werden.[160] Dieses Verfahren der Vertraulichkeit durch Ehrenwort wurde in den kommenden Jahren für alle weiteren Sitzungen des Geschäftsführenden Ausschusses beibehalten. Diese Gheimhaltungspolitik entsprach der Bedeutung dieser politischen Kampagne, die das erste Mal den Alldeutschen Verband und die sich im Prozess der Radikalisierung befindende DNVP in die Führungsposition der größeren Bewegung der „nationalen Opposition“ gegen die Weimarer Republik brachte. Denn das Volksbegehren gegen den Young-Plan war nicht nur eine Kampagne gegen die Reparationszahlungen und ihre Neuaufstellung im Zuge der Verhandlungen in Paris und Den Haag, sondern eine umfassende Anklage gegen die Regierung, das System der Parlamentsherrschaft und der Einbindung des Reichspräsidenten in die Kompromisslogiken parteipolitisch gebundener Aushandlungsmechanismen. Zudem sollte

159 So Leopold von Vietinghoff-Scheel an Dr. Grozer, 23.1.1929, in BA-Berlin, R 8048, Bd. 158, Bl. 13.

160 Protokoll der Sitzung des Geschäftsführenden Ausschusses des Alldeutschen Verbandes, 30.8.1929, in BA-Berlin, R 8048, Bd. 159, Bl. 4.

druch die Kampagne nicht weniger als die Kriegsschuldbestimmungen des Versailler Vertrages revidiert und zukünftige Regierungen an nationalen Interessen ausgerichtete Vorstellungen der Geltung von Völkerrecht gebunden sein.

Der eigentliche politische Zweck dieser Kampagne war eine Beeinflussung der öffentlichen Meinung durch die Propagierung eines drohenden Wirtschaftsnotstandes, der durch die Reparationsbelastungen, den folglichen Zusammenfall der Währung und der Zahlungsunfähigkeit Deutschlands vorangetrieben werde. Der drohende wirtschaftliche Kollaps würde mit einer schweren Regierungskrise einhergehen, die sich zur fundamentalen Staatskrise auswachsen sollte. In der politischen Praxis hoffte Claß schließlich auf einen „wahren Staatsnotstand" als Folge einer umfassenden Staatskrise, dem lediglich eine diktatorische Regierung durch einen „rechtsschöpfenden Staatsnotstand" abhelfen könne, indem die Verfassung dynamisch von oben für eine Diktatur geändert werde, um das „Volk" mit seinen widerstrebenden politischen Interessen wieder mit dem Staat politisch zusammenzubringen.[161]

Hugenberg verstärkte den alldeutschen Einfluss in der DNVP über die Zuwahl zahlreicher Mitglieder des Verbandes in den Reichsausschuss.[162] Claß kam im Organisationsgeschäft des Reichsausschusses eine zentrale Bedeutung zu, als er bei der ersten von Hugenberg einberufenen Sitzung des Gremiums im Preußischen Herrenhaus am 9. Juli 1929 als gewähltes Mitglied des Präsidiums den Auftrag erhielt, den Gesetzentwurf der Initiative zu erarbeiten, die über das „verfassungsmä[ß]ige Mittel des Volksbegehrens" organisiert werden sollte.[163] Dieses „Freiheitsgesetz", das Claß daraufhin nach Konsultationen mit Rudolf Smend entworfen hatte, sollte allen Staatsbeamten unter Zuchthausandrohung verbieten, die Implementierung und Durchsetzung der Reparationsbestimmungen des Young-Plans zu ermöglichen.[164] Bang brachte die alldeutsche

---

161 Siehe Hofmeister (Hrsg.): Heinrich Claß. Politische Erinnerungen, Kapitel 9 (Anhang von 1936).

162 Leopold von Vietinghoff-Scheel an Rüdiger von der Goltz, 16.4.1929, in BA-Berlin, R 8048, Bd. 261, Bl. 32. Zunächst gelang auch die Zusammenarbeit mit der CNBL und Martin Schieles Reichslandbund, jedoch kam es immer wieder zu Spannungen mit dem Stahlhelm, der sich darüber beschwerte, dass Hugenberg eigenmächtig Gespräche mit Hitler über die Rolle der NSDAP im Reichsausschuss führte. Siehe Rundschreiben Heinz Brauweiler an Bundesvorstand des Stahlhelms, 2.8.1929, in BA-Berlin, R 72, Bd. 43, Bl. 37–41

163 Siehe dazu ausführlich Hofmeister (Hrsg.): Heinrich Claß- Politische Erinnerungen, Kapitel 8.4.

164 Erklärung des Reichsausschusses für das Volksbegehren und das „Freiheitsgesetz", 11.9.1929 in Deutsche Zeitung 12.9.1929. Das „Gesetz gegen die Versklavung des deutschen Volkes" enthielt folgende Bestimmungen: „§ 1. Die Reichsregierung hat den auswärtigen Mächten unverzüglich in feierlicher Form Kenntnis davon zu geben, dass das erzwungene Kriegsschuldbekenntnis des Versailler Vertrages der geschichtlichen Wahrheit widerspricht, auf falschen Voraussetzungen beruht und völkerrechtlich unverbindlich ist. § 2. Die Reichsregierung hat darauf hinzuwirken, dass das Kriegsschuldanerkenntnis des Artikels 231 sowie die Artikel 429 und 430 des Versailler Vertrages förmlich außer Kraft gesetzt werden. Sie hat ferner daruf hinzuwirken, dass die besetzten Gebiete nunmehr unverzüglich und bedingungslos sowie unter Ausschluss jeder Kontrolle über deutsches Gebiet geräumt werden, unabhängig von Annahme oder Ablehnung der Beschlüsse der Haager Konferenz. § 3. Auswärtigen Mächten gegenüber dürfen neue Lasten und Verpflichtungen nicht übernommen werden, die auf dem Kriegsschuldanerkenntnis beruhen. Hierunter fallen auch die Lasten und Verpflichtungen, die auf Grund der Vorschläge

Haltung bezüglich einer Annahme der Young-Gesetze später mit antisemitischen und antimarxistischen Aufladungen deutlich auf den Punkt, als er vom „Landesverrat als Volksseuche" sprach, die eine „Volksseuche des Marxismus" sei und als „Gesinnung des Selbstverrats" durch Juden über den „internationalen Gedanken" verbreitet werde.[165]

Bereits im Januar 1929 hatte der Alldeutsche Verband eine Erklärung erlassen, in der alle Zahlungen nach dem Dawes-Plan eingestellt sowie die im Versailler Vertrag festgeschriebene deutsche Schuld am Kriegsausbruch 1914 zu „widerrufen".[166] Bang, der den Bericht zur Wirtschaft auf den alldeutschen Sitzungen des Geschäftsführenden Ausschusses hielt, klagte beständig „die Kommerzialisierung, die Legalisierung des bisher unrechtmäßigen, unzulässigen Erfüllungsverfahrens" an und verwies auf hohe Konkursraten und Liquidationen in der Wirtschaft, Zwangsversteigerungen und geringe Kapitalbildung in der Landwirtschaft, hohe Gewinne der Reichsbank infolge von Kapitalknappheit in der Wirtschaft, was alles zu einem zu erwartenden „Zusammenbruch der Währung" führen würde.[167] Eine Entschließung des Verbandes vom August 1929 erklärte bereits, dass eine Annahme der Reparationsverhandlungen „das nationale Deutschland nicht binden" würde und vielmehr mit Berufung auf Artikel 34 der Reichsverfassung die Einberufung eines Untersuchungsausschusses gefordert wurde, der „das Verhalten der Sachverständigen aus dem Kabinett sowie der amtlichen Nachrichtenstellen untersuchen soll".[168]

Mit dieser Erklärung sollte die Regierung für die Folgen des Young-Plans sowie einzelne Personen, die am Zustandekommen des Abkommens mitgewirkt hatten, persönlich verantwortlich gemacht werden. Die Erklärung warf noch einmal ein anderes Licht auf dasselbe Anliegen, das auch im „Freiheitsgesetz" vertreten werden sollte. So vertrat Claß mit Artikel 4, der mit den strafgesetzlichen Zuchthausbestimmungen für die bei einer Annahme des Vertrages Verantwortlichen den Kern des gesamten Vorgehens darstellte, eine dezidierte Abgrenzung der „nationalen Opposition" gegenüber allen Parteien und Regierungsstellen, die sich dem Diktum kompromissloser nationaler Interessenpolitik nicht unterwarfen. Das schloss nicht nur Regierung, Parlament und Parteien ein, sondern erstreckte sich auch auf den Reichspräsidenten. Nachdem die

---

der Pariser Sachverständigen und nach den daraus hervorgehenden Vereinbarungen von Deutschland übernommen werden sollen. § 4. Reichskanzler und Reichsminister sowie Bevollmächtigte des Deutschen Reiches, die entgegen der Vorschrift des § 3 Verträge mit auswärtigen Mächten zeichnen, unterliegen den im § 92, Nr. 3 StGB. vorgesehenen Strafen. § 5. Dieses Gesetz tritt mit seiner Verkündung in Kraft." Die Strafgesetzbestimmungen sahen Zuchthausstrafen nicht unter zwei Jahren und bei mildernden Umständen nicht unter sechs Monaten vor. Hofmeister (Hrsg.): Heinrich Claß. Politische Erinnerungen, S. 945–948.

165 Paul Bang auf der Sitzung des Geschäftsführenden Ausschusses des Alldeutschen Verbandes, 1.9. 1929, in Alldeutsche Blätter 7.9.1929.

166 Abschrift in der Sitzung des Geschäftsführenden Ausschusses des Alldeutschen Verbandes, 19.1.1929, in BA-Berlin, R 8048, Bd. 157, Bl. 7–8.

167 Paul Bang auf der Sitzung des Geschäftsführenden Ausschusses des Alldeutschen Verbandes, 30.8. 1929, in BA-Berlin, R 8048, Bd. 159, Bl. 4–8.

168 Erklärung des Alldeutschen Verbandes, 30.8.1929, in ebd. , Bl. 10.

Verlängerung des Republikschutzgesetzes mit den entsprechenden Zuchthausbestimmungen bei republikfeindlichen Straftaten aufgrund fehlender Mehrheiten im Reichstag zum 22. Juli 1929 außer Kraft getreten war, setzte Claß mit den Zuchthausbestimmungen des „Freiheitsgesetzes“ einen provozierenden Gegenentwurf der Republikgegener in den politischen Raum.[169]

Einigkeit bestand aber über die scharfen strafrechtlichen Bestimmungen des Artikels 4 nicht, da DNVP, NSDAP und Alldeutscher Verband den Text unterstützten, jedoch Stahlhelm, Reichslandbund und die CNBL sich dagegen positionierten. Zudem stand die Frage im Raum, inwiefern das „Freiheitsgesetz“ verfassungsändernde Wirkung habe und somit gegebenenfalls für die Mobilisierung von Gegnern des Young-Plans hinderlich sein könnte, die dann dem Volksbegehren nicht folgen wollten.[170] Die Spaltung des juristischen Ausschusses konnte mit der Annahme des „Freiheitsgesetzes“ am 10. September nicht verhindert werden, sondern erst in einem weiteren Treffen am 19. September, als der Passus zur Durchsetzung des Gesetzes bei einer Unterzeichnung durch Hindenburg ausgenommen wurde, ohne aber die NSDAP in diesen Kompromiss ernsthaft einzubinden, da ihre Vertreter die Versammlung bereits nach einer Stunde verlassen hatten.[171] War Hindenburg in seiner Funktion als Reichspräsident in der letzten Fassung des Gesetzes zwar ausgenommen, um den Kritikern des Reichsausschusses, und vor allem dem Stahlhelm dessen Ehrenmitglied Hindenburg war, entgegenzukommen, so ließ die finale Fassung des Artikels 4 genügend Interpretationsspielraum für eine

169 Die Zuchthausbestimmungen des „Freiheitsgesetzes“ vom 11.9.1929 gegen diejenigen Politiker, Sachverständigen und Repräsentanten der Weimarer Republik, die für die Annahme der Young-Gesetze verantwortlich zu machen seien, verwies auf einen politisierten verfassungsrechtlichen Kampf der Republikgegner, die mit den Verlängerungen der Republikschutzgesetzes vom 21.7.1922 beziehungsweise den Abänderungen am 31.3.1926 und 8.7.1926 und der Verkürzung der Laufzeit von fünf auf zwei Jahre am 2.7.1927 ebenfalls mit Zuchthausstrafen bei Vergehen gegen die Demokratie bestraft werden sollten. Das Republikschutzgesetz trat aufgrund fehlender Mehrheiten im Reichstag für eine weitere Verlängerung zum 22.7.1929 außer Kraft. Erst am 30.11.1929 wurde der Entwurf eines Gesetzes zum Schutze der Republik und zur Befriedung des politischen Lebens von der Regierung dem Reichstag zur Debatte übergeben.

170 Diese Frage der verfassungsändernden Wirkung wurde auch auf der Sitzung des Geschäftsführenden Ausschusses am im Dezember 1929 noch unterschiedlich beantwortet. Während Claß darauf hinwies, dass im Reichsausschuss immer Einigung darüber geherrscht habe, dass das „Freiheitsgesetz“ keine verfassungsänderne Wirkung habe, äußerte Rechtsanwalt Arthur Müller vom Geschäftsführenden Ausschuss ernste Bedenken, da er immer wieder das Gegenteil gesagt bekommen habe. Sitzung des Geschäftsaführenden Ausschusses des Alldeutschen Verbandes, 7./8..12.1929, in BA-Berlin, R 8048, Bd. 161, Bl. 44–45.

171 Siehe Sitzung des Reichsausschusses, 19.9.1929, in BA-Berlin, R 8048, Bd. 263, Bl. 109–114. Paul von Hindenburg verfolgte mit großem Interesse die Kampagne der Gegner des Young-Plans, ließ sich ausführlich von den angedachten Bestimmungen informieren und stellte seine Ablehnung oder Zustimmung Anfang November 1929 noch zurück. Zu diesem Zeitpunkt hatte er jedoch „*nicht* das Bild gewonnen“, das die Kampagne zu zeichnen versuchte. Vielmehr sah er den Young-Plan unter anderem als „politischen Fortschritt“ und als eine „finanzielle Entlastung gegen dem Dawesplan“. Paul von Hindenburg an Ludwig von Schröder, 4.11.1929, in Hubatsch (Hrsg.): Hindenburg und der Staat, S. 294–299. Zitat ebd., S. 294 und 295.

Abb. 24: Alfred Hugenberg am Rednerpult des Berliner Herrenhauses im Preußischen Landtag bei der konstituierenden Sitzung des Reichsausschusses für das deutsche Volksbegehren am 9. Juli 1929. Adolf Hitler, der ebenfalls eine Rede hielt, sitzt oben links auf der Regierungsbank außen links. Im 1936 verfassten Zusatz zu seinen Erinnerungen erklärte Claß, dass es nach Aussage von Julius F. Lehmann am Tag der Sitzung der völkische Verleger gewesen sei, der Hitler die 300 Mark Reisekosten für die Fahrt von

weitgehende Auslegung des Verantwortungsbereiches derjenigen Persönlichkeiten, die neben Reichskanzler und Reichsminister als „Bevollmächtigte des Deutschen Reiches" fungierten.[172] Claß prophezeite daher anhaltende Friktionen im Reichsausschuss bei der CNBL sowie bei Schieles Reichslandbund, der öffentlich das „Freiheitsgesetz" ablehnte und wohl mit einer moderateren Stellung seine Verhandlungsposition für einen zukünftigen Regierungseintritt verbessern wollte.[173]

In der DNVP spitzte sich der Machtkampf Hugenbergs gegen Westarp um uneingeschränkte Führung zu.[174] Westarp gehörte zwar zu den Befürwortern der Anti-Young-Plan-Kampagne, jedoch war auch das „Freiheitsgesetz" mit seinen scharfen Bestimmungen gegen Staatsbedienstete, die zur Annahme oder Durchsetzung des Young-Plans in der Verwaltung oder in der politischen Praxis beitragen würden, auch innerhalb der DNVP nicht unumstritten. Auf dem DNVP Parteitag in Kassel (21.– 23. November 1929) wurde die kompromisslose Linie Hugenbergs besätigt und die Reichstagsfraktion unter

---

172 Gesetz gegen die Versklavung des deutschen Volkes, in Deutsche Zeitung 12.9.1929.

173 Claß an Herrn Kielmansegg, 23.9.1929, in ebd., Bl. 126.

174 Leopold von Vietinghoff-Scheel auf der Sitzung des Geschäftsführenden Ausschusses des Alldeutschen Verbandes, 30.8.1929, in BA-Berlin, R 8048, Bd. 159, Bl. 21.

München nach Berlin habe zukommen lassen, sodass der Führer der NSDAP persönlich habe anwesend sein können, obwohl Hitler eigentlich nur bei Kundgebungen zugegen sein wollte, auf denen er alleine auftrat. Claß sitzt auf der anderen Seite rechts vom Rednerpult innen links. Eröffnet wurde die Veranstaltung durch eine Rede von General Otto von Below.

Westarps Führung für ihre bedenklichen Stimmen kritisiert.[175] Waren zahlreiche Kritiker Hugenbergs erst gar nicht zum Parteitag gekommen, so überdeckte man die parteiinternen Machtkämpfe durch zunehmendes Schweigen des gouvernementalen Flügels und eine scheinbar befriedende Choreographie der Absenz ihrer Fraktionsvertreter im Reichstag bei entscheidenden Abstimmungen. Ungewöhnlich war diese Verschleierung der Flügelkämpfe keineswegs. Auch der kompromisslose alldeutsche Flügel op-

175 Gottfried Treviranus hatte sich zuvor mit einem Brief an Alfred Hugenberg gewandt, den der Parteivorsitzende auf den Parteitag in Kassel in engerem Kreis verlesen hatte und schließlich gegen Treviranus nutzte. Treviranus sprach von einer „Krise" innerhalb der Partei, die durch die „psychologische Einstellung Hugenbergs nach der Seite der Nationalsozialisten" weiter Teile der Anhänger der DNVP in der Industrie, in der Beamten- und Angestelltenschaft entfremde. Vielmehr sei eine „fortschrittliche konservative Politik" notwendig, die nach dem Tod Gustav Stresemanns ein Zugehen auf die DVP ermögliche und dem Zentrum offen gegenüberstehe, sodass der Kampf gegen die SPD geführt und eine „durchgreifende Reichs- und Finanzreform" im Verbund mit den Deutschnationalen durchgeführt werden könnten. „Die Person Hugenbergs und die Tendenz der Alldeutschen gilt, wie beim Reichspräsidenten, als unübersteigbares Hindernis". Gottfried Treviranus an Alfred Hugenberg, 1.11.1929, abgedruckt in Jahrbuch der deutschen Sozialdemokratie 1929, S. 40–41. Siehe auch Jones: The German Right, S. 497–505, Mergel: Das Scheitern des deutschen Tory-Konservatismus und Möller: Gottfried Reinhold Treviranus.

ponierte auf offener Bühne mit anderen Abgeordneten, indem beispielsweise bei der von Westarp geforderten Zustimmung von 72 Fraktionsmitgliedern zur Verlängerung des Republikschutzgesetzes im Reichstag am 17. Mai 1927 Hugenberg, Freytagh-Loringhoven, Lohmann, Quaatz und Friedrich Everling einfach bei der Abstimmung fehlten oder sich wie Gok und Schmidt(-Hannover) „krank" gemeldet hatten.[176]

Das „Freiheitsgesetz" wurde am 29. November 1929 im Reichstag debattiert. Hugenberg hielt sich bei den Aussprachen im Reichstag zurück und ließ stattdessen die alldeutschen Abgeordneten Oberfohren und Axel von Freytagh-Loringhoven öffentlich für die DNVP sprechen.[177] Es zeichnete sich jedoch in der DNVP-Fraktionssitzung am selben Abend ab, dass eine von Hugenberg geforderte einstimmige Annahme des „Freiheitsgesetzes" aller 77 DNVP-Reichstagsabgeordneter, einschließlich des umstrittenen Artikels 4, bei der Abstimmung im Reichstag am nächsten Tag nicht zu erreichen sein würde.[178] Man einigte sich schließlich auf das Fernbleiben bei der entsprechenden Abstimmung von denjenigen DNVP-Fraktionsmitgliedern, die zuvor gegen Artikel 4 Stellung bezogen hatten. Insgesamt waren für den 30. November vier Teilabstimmungen im Reichstag über Artikel 1, Artikel 3, Artikel 4 sowie über die Einleitung und Überschrift des „Gesetzentwurfs gegen die Versklavung des deutschen Volkes" angesetzt. Während am Abstimmungstag fünf Fraktionsmitglieder „beurlaubt" oder „krank" gemeldet waren und weitere vier Fraktionsmitglieder allen Teilabstimmungen ferngeblieben waren, stimmte letztlich kein Fraktionsmitglied mit „nein" bei einer der vier Teilabstimmung.

Bei der Abstimmung zu Artikel 4 hingegen waren 14 Fraktionsmitglieder ohne jegliche Abstimmung verzeichnet, sodass mit den anderen ohnehin nicht anwesenden Fraktionsmitglieder 23 DNVP-Abgeordnete ihre Stimme nicht dem Artikel 4 gegeben hatten, ohne jedoch explizit mit „Nein" zu stimmen.[179] Zu den gemäßigten aber verbannten Abstimmungsverweigerern zählten Treviranus, Schiele, Schlange-Schöningen, Hans-Erdmann von Lindeiner-Wildau und Lejeune-Jung. Westarp selbst stimmte bei allen vier Abstimmungen mit „Ja", was aber die Konfrontationslinien nicht überdecken sollte und auch nicht konnte.

Insgesamt wurde der Gesetzentwurf mit einer überwältigenden Mehrheit des Reichstags am 30. November abgelehnt. Lediglich auf die wenigen Stimmen aus der Fraktion der NSDAP und der CNBL konnte Hugenberg zählen.

Als Westarp schließlich am 4. Dezember vom Fraktionsvorsitz zurücktrat und durch den Alldeutschen Oberfohren ersetzt wurde, verließen zwölf Abgeordnete die

176 Ernst Oberfohren hingegen stimmte mit der Mehrheit. Siehe Namentliche Abstimmung zur Verlängerung des Republikschutzgesetzes, 17.5.1927, in Verhandlungen des Reichstags, III. Wahlperiode 1924, Bd. 393, Bl. 10780.

177 Sitzung des Reichstags, 29.11.1929, in Verhandlungen des Reichstags, IV. Wahlperiode 1928, Bd. 426, Bl. 3285–3322.

178 Siehe dazu auch Mergel: Das Scheitern des deutschen Tory-Konservatismus.

179 Sitzung des Reichstags, 30.11.1929, Namentliche Abstimmung zum § 4 zum „Entwurf eines Gesetzes gegen die Versklavung des Deutschen Volkes", in Verhandlungen des Reichstags, IV. Wahlperiode 1928, Bd. 426, Bl. 3369–3373 (DNVP: Bl. 3370–3371).

DNVP, darunter Keudell, Treviranus, Schlange-Schöningen und Lambach.[180] Die Politik der beständigen Radikalisierung hatte letztlich einen Teil der Anhänger des gemäßigteren Westarp-Flügels aus der DNVP gedrängt.[181] Claß' „Freiheitsgesetz" trug diese Radikalisierung forciert in die Partei und half Hugenberg, die Gremien weiter auf Linie zu bringen. Westarp blieb trotz seiner endgültigen Verdrängung aus den Machtzentren der Partei zunächst noch für ein weiteres halbes Jahr in der DNVP.

Diese Auseinandersetzungen spiegelten auch die grundsätzliche Fragmentierung des Reichsausschusses auf organisatorischem Gebiet. Auch wenn der Alldeutsche Verband seine Redner auf Werbetour schickte und zuweilen über 1.000 Zuhörer versammeln konnte, blieb jede der beteiligten Organisationen letztlich auf die eigenen Anhängerschaften beschränkt. Die DNVP tat sich zudem schwer mit der Bewältigung einer umfassenden modernen Propaganda, da der Parteiapparat bis hinunter in die Landesverbände und Ortsgruppen nicht so strukturiert arbeitete[182], dass er mit den Aktionen der NSDAP hätte mithalten können, die oftmals vor Ort gegen die DNVP als Konkurrentin auftrat. Die NSDAP kämpfte weitgehend unabhängig für ihre eigene Mobilisierungskampagne. Gerade in katholischen Regionen Bayerns und des Rheinlandes blieb die Mobilisierung der DNVP weitgehend hinter den Erwartungen zurück, während auch Werberedner des Stahlhelms aus Sicht Vietinghoff-Scheels oftmals mit dem Auftritt vor großen Zuhörermengen überfordert waren.[183]

Die wirtschaftliche Krise, die sich im Frühjahr 1929 andeutete und mit der Rezession nach dem „Schwarzen Freitag" im Oktober 1929 durchsetzte, schien dem Reichsausschuss in die Hände zu spielen, zumal der Tod Gustav Stresemanns im Oktober 1929 auch bei Claß Hoffnungen auf einen zukünftigen nationalistischen Grundton im Auswärtigen Amt verstärkte. Die „nationale Opposition" konnte hingegen keine ausreichende Unterstützung gegen den Young-Plan mobilisieren. Das Volksbegehren über das „Freiheitsgesetz" erreichte nur knapp die erforderlichen 10 Prozent der Stimmen, sodass es am 22. Dezember 1929 zum Volksentscheid kam, der mit nur 13,8 Prozent aber scheiterte.

Die Kampagne hatte aufgrund des strafrechtlichen Vakuums des im Juli 1929 wegen fehlender Reichstagsmehrheiten außer Kraft gesetzten Verlängerung des Republikschutzgesetzes Auswirkungen auf die Gesetzgeber, die mit Carl Severing, sozialdemokratischer Innenminister der Müller-Regierung, und Theodor von Guérard, Justizmi-

---

180 Siehe dazu auch Gasteiger: Kuno von Westarp, S. 335–355.

181 So hatte sich beispielsweise bereits im August 1928 die Christlich-Soziale Reichsvereinigung formiert, die vor allem DNVP-Arbeiter- und Angestelltenmilieus repräsentierte. Während Kuno Graf von Westarp sich um die Integration des christlich-sozialen Flügels innerhalb der DNVP und um das Halten des zur CNBL neigenden agrarischen Flügels sowie der Vertreter von Martin Schieles Reichslandbund bemühte, standen Alfred Hugenbergs Interventionen gegen die gemäßigten Realpolitiker der DNVP solchen Sammlungsbemühungen entgegen.

182 Tagebucheintrag Reinhold Quaatz, 4.11.1929, in Weiß/Hoser (Hrsg.): Die Deutschnationalen, S. 86.

183 Siehe Leopold von Vietinghoff-Scheel auf der Sitzung des Geschäftsführenden Ausschusses des Alldeutschen Verbandes, 7./8.12.1929, in BA-Berlin, R 8048, Bd. 160, Bl. 42 und Kittel: Provinz zwischen Reich und Republik, S. 574–577.

Abb. 25: Aufruf vom Volksbegehren gegen den Young-Plan (Oktober 1929).

nister der Zentrumspartei, bereits im Juni 1929 ein verschärftes Republikschutzgesetz, das auch verbale Angriffe und Demütigungen der Regierung unter Strafe stellte, ausgearbeitet und letztlich am 30. November im Parlament zur Abstimmung eingereicht hatten.[184] Der Stahlhelm war bereits im Oktober im Rheinland und in Westfalen durch die sozialdemokratische Braun-Regierung in Preußen aufgrund des Vorwurfs illegaler Ausbildungsübungen mit Waffen verboten worden, was den Stahlhelm und Hindenburg als dessen Ehrenmitglied in die Bredouille brachte, die Krise zwischen der Führung des Wehrverbandes und dem Reichspräsidenten erst im Sommer 1930 durch Zugeständnisse des Stahlhelms beilegen zu können. Die Diskussionen um das „Freiheitsgesetz“ hatten das Misstrauen Hindenburgs gegenüber der Kampagne der „nationalen Opposition“ nur verstärkt.

Claß befürchtete bereits vor dem Ergebnis des Volksentscheides, dass schon geringe Angriffe auf die Regierung zur Verhaftung führen könnten und auch Hugenberg resümierte bereits im November 1929, dass das Risiko der Kampagne gegen den Young-Plan

184 Entwurf eines Gesetzes zum Schutze der Republik und zur Befriedung des politischen Lebens, 30.11. 1929, von Innenminister Carl Severing und Justizminister Theodor von Guérard dem Reichstag zur Debatte übergeben. In Verhandlungen des Reichstags. IV.Wahlperiode 1928, Bd. 483, Bd. 438, Anlage Nr. 1441.

bei weitem größer war als erwartet.[185] Dazu trug nicht zuletzt die Haltung Hindenburgs bei, der seine spätere Unterzeichnung der Young-Gesetze im März 1930 mit einem „Gefühl meiner Verantwortung für Deutschland und seine Zukunft" mit Blick die wirtschaftlichen und finanziellen Folgen einer Ablehnung für nicht vertretbar hielt und somit „schwere Krisen mit all ihren Gefahren" abwenden wollte.[186] Dass der Young-Plan eine endgültige Reparationssumme von 112 Milliarden und eine zeitliche Grenze bei geringeren Annuitäten festlegte sowie die vorzeitige Räumung des Rheinlandes (einschließlich der Zone um Mainz) bei Annahme des Planes bereits zu Ende Juni 1930 in Aussicht stellte, wurde durch die kompromisslose Linienführung der Kampagne gegen jegliche Reparationszahlungen, die nur eine Abhängigkeit Deutschlands von den Alliierten bedeute, konsequent verworfen.[187] Eine Entschließung des Alldeutschen Verbandes unterstrich umgehend, dass man sich trotz der Unterzeichnung des „Neuen Plans" durch den Reichspräsidenten nicht an die Bestimmungen der Young-Gesetze gebunden fühle und weiterhin den Kampf gegen das marxistische System fortführen werde.[188]

Die regionalen Ergebnisse des Volksbegehrens bestätigten hohe Zustimmungsraten in den agrarischen Regionen wie Ostpreußen, Mecklenburg und Pommern, während in alldeutschen Mobilisierungszentren wie Magdeburg, Merseburg, Thüringen oder Ost-Hannover die Ja-Stimmen nur gering über dem Durchschnitt des Gesamtergebnisses lagen.[189] Am deutlichsten profitierte die NSDAP politisch von der Kampagne. Nicht nur gingen die Eintrittszahlen von Neumitgliedern der NSDAP in die Höhe. Verzeichnete die Parteiführung noch zwischen Ende 1928 und Ende 1929 insgesamt Neueintritte von ungefähr 55.000 bei einem Anstieg von monatlichen Eintrittszahlen im Jahr 1929 von 5.000, so stieg die Gesamtzahl im Verlauf des Jahres 1930 vor allem ab März auf 170.000 neue Mitglieder bei monatlichen Eintrittszahlen von nunmehr 15.000.[190]

Auch bei den Wahlen in Baden und Lübeck im Oktober 1929 konnten die Nationalsozialisten im Vergleich zu 1925 beziehungsweise 1927 ihre Wahlergebnisse sichtlich verbessern. In Thüringen trat die NSDAP nach den dortigen Wahlen im Dezember 1929 mit Wilhelm Frick als Staatsminister für Inneres und Volksbildung mit dem Thüringi-

---

185 Claß auf der Sitzung des Geschäftsführenden Ausschusses des Alldeutschen Verbandes, 7./8.12.1929, in BA-Berlin, R 8048, Bd. 160, 45–46 und Alfred Hugenberg an Kuno Graf Westarp, 4.11.1929, PAH Gaertringen, NL Kuno Graf von Westarp, Bestand I, VN 122, Nr. 17.

186 Aufruf Paul von Hindenburg an das deutsche Volk nach Unterzeichnung der Young-Gesetze, 18.3.1930, in Hubatsch (Hrsg.): Hindenburg und der Staat, S. 300–301.

187 Siehe Heyde: Das Ende der Reparationen, Knipping: Deutschland, Frankreich und das Ende der Locarno-Ära, Link: Die amerikanische Stabilisierungspolitik in Deutschland und Graml: Zwischen Stresemann und Hitler.

188 Entschließung des Alldeutschen Verbandes, in Deutsche Zeitung 24.3.1930.

189 Siehe dazu Friedenthal: Volksbegehren und Volksentscheid.

190 Falter: Hitlers Parteigenossen, S. 69. Die Gesamtmitgliedszahl der NSDAP betrug Ende 1930 247.000 bei hohen Fluktuationen aufgrund von Austritten und Wiedereintritten. Zwischen 1925 und 1930 waren insgesamt 315.000 Personen der Partei beigetreten. Für das Jahr 1931 verzeichnete die NSDAP 378.000 Neueintritte und für 1932 schließlich 442.000. Ebd., S. 69 und 71.

schen Landbund, der Reichspartei des deutschen Mittelstandes, der DVP und der DNVP in die Landesregierung ein. Als eine seiner ersten Maßnahmen sorgte Frick für die Besetzung eines gegen den Willen der Universität Jena geschaffenen Lehrstuhls für Sozialanthropologie mit dem Rasseforscher Hans Friedrich Karl Günther, der unter anderem im Deutschbund aktiv war, von Lehmann als Verleger aktiv gefördert wurde und dessen Schriften Claß in den 1920er Jahren rezipiert hatte.[191]

Die Nationalsozialisten nutzten den Zugriff auf die politische Macht in Thüringen als Exerzierfeld für eigene Profilierungen und Initiativen sowie zur gleichzeitigen Abgrenzung gegen die Konkurrenten der „nationalen Opposition“. Im Gefolge der Kampagne gegen den Young-Plan kam es zu einem erneuten Umschwung im Verhältnis zum Alldeutschen Verband, der sich in nahezu allen Gremien der NSDAP fortsetzte. Auch Rudolf Heß, frühes Mitglied der Thule-Gesellschaft in München, seit Sommer 1920 Mitglied der DAP und ab 1929 persönlicher SS-Adjutant Hitlers, hielt die Alldeutschen unmittelbar nach dem Kapp-Putsch 1920 noch für äußerst geeignete politische Persönlichkeiten.[192]

Im Frühjahr 1930 bestätigte Heß noch erneut, dass grundsätzlich keine Doppelmitgliedschaften im Alldeutschen Verband und in der NSDAP mehr möglich waren.[193] Diese Regelung wurde ein Jahr später aufgehoben, sodass beispielsweise Lehmann Ende des Jahres 1931 von der DNVP zur NSDAP übertreten konnte. Die Konkurrenzen nahmen um 1930 zwischen beiden Bewegungen jedoch erheblich zu, als die NSDAP ihr politisches Profil zu schärfen begann und sich seit der Neugründung der Partei 1925/26 weiter von den „alten“ Organisationen der Rechten zu lösen versuchte. Als die Baum-Frick-Regierung in Thüringen nach einem Misstrauensvotum der Koalitionspartei DVP im Landtag am 1. April 1931 auseinandergebrochen war, nahmen Hitler wie auch Frick aus der gescheiterten Regierungskoalition die Lehre mit, dass die Nationalsozialisten in kein Regierungskabinett auf nationaler Ebene als Juniorpartner eintreten dürften, sondern durch die Forderung nach der Reichskanzlerschaft die Führung in der Hand behalten müssten.

Aus diesen prozesshaften Machtverschiebungen innerhalb der Rechten musste sich Claß nach der Anti-Young-Plan-Kampagne aus gesundheitlichen Gründen für einige Zeit zurückziehen. Er hatte mit gesundheitlichen Problemen zu kämpfen. Chronische Schlafstörungen waren bereits im Ersten Weltkrieg aufgetreten, zu ihnen gesellten sich ab 1931 Diabetes und Arrythmie, sodass Hertzberg-Lottin, der auf der Tagung des Gesamtvorstandes in Essen im April 1929 als Nachfolger Gebsattels zum Ersten Stellvertretenden Vorsitzenden ernannt worden war, bei Hugenberg um dringende finanzielle Unterstützung der Geschäftsstelle zur Entlastung des Verbandsvorsitzenden bat.[194] Claß hatte auch an Bang als Nachfolger gedacht, jedoch kam er als Führungsreserve aufgrund

191 Siehe Esche: Hitlers „völkische Vorläufer“ sowie Leicht: Heinrich Claß, S. 344.

192 Rudolf Heß an Klara and Fritz Heß, 24.3.1920, in Heß: Rudolf Heß. Briefe, S. 250 – 251.

193 Rudolf Heß an Major Eisenstecken, 25.3.1930, in BA-Berlin, R 8048, Bd. 232, Bl. 85.

194 Siehe Gertzlaff von Hertzberg-Lottin an Claß, 27.2.1930, in BA-Berlin, N 2353, Bd. 1, o. Bl. sowie Alldeutsche Blätter 27. 4. 1929.

seiner parlamentarischen Belastung für die Neuausrichtung der DNVP-Reichstagsfraktion nicht in Frage. Mit Hertzberg-Lottin war Claß hingegen „Tag für Tag" zusammen nicht zuletzt nachdem er zwei Jahre zuvor den Vorsitz im Aufsichtsrat der *Deutschen Zeitung* übernommen hatte.[195] Gebsattel hatte sich bereits seit 1926/27 sukzessive von seinen Ämtern zurückgezogen und im Zuge seines 75. Geburtstages auch sein Amt als Erster Stellvertreter im Frühjahr 1929 abgegeben. Die Amtsgeschäfte wurden neben Hertzberg-Lottin, der auch als Vorsitzender des Gesamtvorstandes fungierte und im Falle einer notwendigen Nachfolgeregelung zum Verbandsvorsitzenden ernannt worden wäre, sowie zentralen Vertretern der Hauptleitung wie Salm-Horstmar oder auch Alfred Möllers als Zweiter Stellvertreter von Claß verstärkt durch den langjährigen Hauptgeschäftsführer Vietinghoff-Scheel und dem Schriftwart der Hauptleitung Roeder sowie dem Vorsitzenden des Wehrschatzes Georg Fritz geführt.

Die Rekrutierung dieser jüngeren Alldeutschen für zentrale Führungsaufgaben des Verbandes, die aus der Generationenlage der in den 1880er Jahren Geborenen stammten und wie Bang und Hertzberg-Lottin im Jahre 1930 gerade ihren noch jungen 50. Geburtstag begingen, sicherten die personelle Zukunft des Verbandes ab und erlaubten die dringend notwendig gewordene Entlastung von Claß, der von Februar bis Anfang März, im Mai, von Mitte August bis zum Wahltag im September und erneut von Anfang November bis Weihnachten weitgehend ausfiel.[196] Nachdem Claß im November eine Blutvergiftung am Fuß erlitten hatte, die unter anderem „das Herz sehr stark in Mitleidenschaft" gezogen und einen „besorgniserregenden Herzkrampf" nach sich gezogen habe, der ihn zeitweise „zu völliger Untätigkeit verurteilte"[197], ging er zum Jahresende auf eine dringend notwendig gewordene Kur ins Glottertal bei Freiburg. Ende des Jahres verbot der Arzt ihm gar das Lesen von Büchern und den Besuch politischer Freunde, um Ruhe zu gewährleisten. Der beständige Kampf gegen die Republik und ihre demokratischen Vertreter, der sich wesentlich auf emotionalisierten Hass gegen das System stützte, richtete sich im Umkehrschluss mit polizeilichen und richterlichen Untersuchungen gegen ihn persönlich und hatte nervliche Rückwirkungen auf Claß selbst.[198] Zwischen 1929 und 1931 ging Claß ungefähr vier Monate im Jahr auf Kur. Im April 1931

---

195 Claß an die Mitglieder der Hauptleitung und des Geschäftsführenden Ausschusses, 3.4.1929, in BA-Berlin, R 8048, Bd. 158, Bl. 101.

196 Siehe Hauptleitung des Alldeutschen Verbandes an Egon von Pflügl, 2.1.1930, in BA-Berlin, R 8048, Bd. 216, Bl. 3, Hauptleitung des Alldeutschen Verbandes an Dr. Schoeneich, 13.2.1930, in ebd., Bl. 47, Konstantin von Gebsattel an Claß, 15.3.1930, in ebd., Bl. 66, Claß an Major von Levetzow, 11.8.1930, in ebd., Bl. 167, Otto von Roeder an Julius F. Lehmann, 13.11.1930, in ebd., Bl. 240, Otto von Roeder an Dr. Bartmann, 13.11.1930, in ebd., Bl. 241, Otto von Roeder an Arnold Ruge, 15.11.1930, in ebd., Bl. 246, Otto von Roeder an Julius F. Lehmann, 23.12.1930, in ebd., Bl. 287, Gustav Pezoldt an Claß, 12.5.1930, in ebd., Bd. 219, Bl. 70, Gustav Pezoldt an Claß, 14.5.1930, in ebd., Bl. 72–73 und Geschäftsstelle des Alldeutschen Verbandes an Arnold von Möhl, 24.11.1930, in ebd., Bd. 163, Bl. 11.

197 Geschäftsstelle des Alldeutschen Verbandes an Arnold von Möhl, 24.11.1930, in BA-Berlin, R 164, Bl. 11.

198 Siehe zum Kontext von Emotion, Krankheit und Politik in der Weimarer Republik Langewand: Die kranke Republik und Fehlemann: Hassen lernen.

verpasste er das erste Mal seit dem Krieg eine Sitzung des Geschäftsführenden Ausschusses wegen Krankheit.[199]

Als im März 1930 das Müller-Kabinett nach dem Verlust der Mehrheit im Reichstag zurücktrat und Hindenburg den konservativen Zentrumspolitiker Heinrich Brüning am 30. März zum Reichskanzler ernannte, schienen sich mit dem Einsatz dieses „Hindenburg-Kabinetts“ und dem folgenden Übergang zum System der Präsidialkabinette für Hugenberg Chancen für eine Regierungsbeteiligung durch Umgehung des Parlaments zu eröffnen.[200] Der Reichspräsident hatte sich bereits am 6. Januar 1930 mit Hugenberg zu Gesprächen getroffen, die seiner Zeit noch vor dem Austritt der Sozialdemokraten aus dem Müller-Kabinett wenige Wochen später von Hugenbergs Gedanken dominiert wurden, dass die Sozialdemokraten weiterhin in der politischen „Verantwortung“ stehen und selbst nach einem Austritt aus der Koalition mit Zentrum, DVP und DDP zur Tolerierung der folgenden Notverordnungen gezwungen werden sollten.[201] Am 17. Februar folgte eine weitere Unterredung zur Ablehnung der Young-Gesetze, in der Hugenberg versuchte den Reichspräsidenten von der Notwendigkeit zu überzeugen, über Artikel 75 der Reichsverfassung ein vom Reichstag beschlossenes Gesetz vor Verkündung zum Volksentscheid zu bringen, wenn der Reichspräsident es so bestimmte.[202] Hindenburg lehnte jedoch ab.

Weder Hugenberg noch Claß sahen daher Möglichkeiten für eine praktische Regierungsbeteiligung der Deutschnationalen. Claß hatte bereits zur Jahreswende 1929/30 Hindenburg bescheinigt, dass dieser in der autoritären Ausübung seines Amtes als Reichspräsident versagt habe und mit Blick auf dessen Einbindung in Diktaturplanun-

---

199 Deutsche Zeitung 27.4.1931. Während keine neuen Angestellten zur Entlastung berufen wurden, dünnte sich die Personaldecke vertrauter Mitarbeiter zunehmend aus. Es starben langjährige Führungspersonen wie Konrad Pogge aus Prenzlau in der Uckermark (1930), der Gründungsvorsitzende des Alldeutschen Verbandes in Österreich, Dr. Josef Hertle (1931), Gustav Pezoldt aus Plauen im Vogtland (1932) und nicht zuletzt Gebsattel (1932), der bereits 1929 seinen Posten als Stellvertreter abgegeben und durch Alfred Möllers, einen der anderen wenigen „nationalen Katholiken“ im Verband, ersetzt worden war. Siehe Alldeutsche Blätter 26.4.1930, 6.6.1931 und 13.8.1932 sowie auch Claß auf der Sitzung des Geschäftsführenden Ausschusses des Alldeutschen Verbandes, 20.4.1929, BA-Berlin, R 8048, Bd. 158, Bl. 114.

200 Kolb/Schumann: Die Weimarer Republik, S. 255. Noch im April 1929 befürchtete Claß, dass es bald zur Ernennung eines „Kabinett Hindenburg“ kommen würde, um angesichts des Scheiterns der Pariser Verhandlungen über die zukünftigen Reparationszahlungen eine Regierung mit eigenen Ministerernennungen einzusetzen. Gerüchte aus dem Reichswehrministerium hätten Claß erreicht wonach Hans Luther als Reichskanzler und für Inneres, Wilhelm Groener für die Reichswehr, Martin Schiele für Ernährung und Landwirtschaft, Ludwig Kaas für Auswärtiges und Hjalmar Schacht für Finanzen berufen werden sollten. Claß sah eine solche Berufung als einen Ausweis dafür, dass die sich zunehmend stärker um Alfred Hugenberg scharende „Front“ nicht zuletzt aufgrund Schieles Ernennung „zerschlagen“ werden sollte. Claß auf der Sitzung des Geschäftsführenden Ausschusses des Alldeutschen Verbandes, 20.4.1929, in BA-Berlin, R 8048, Bd. 158, Bl. 112.

201 Siehe dazu auch Alfred Hugenberg zu Paul von Hindenburg, 1.8.1931, in Aufzeichnung Otto Meißner über den Empfang Alfred Hugenbergs durch Paul von Hindenburg, 1.8.1931, in Hubatsch (Hrsg.): Hindenburg und der Staat, S. 305–307 sowie Conze: Die Krise des Parteienstaates.

202 Schmidt(-Hannover): Umdenken oder Anarchie, S. 255.

gen über die zweckmäßige Ausreizung des Artikels 48 nicht vertrauenswürdig sei.[203] Nachdem Hindenburg schließlich das Zweite Republikschutzgesetz im März 1930 überraschend „eilig" unterzeichnet hatte, war für Claß klar, der Reichspräsident sei „unrettbar in den Händen seiner nächsten Umgebung".[204]

Unsicher war auch der Zusammenhalt des Reichsausschusses. Auf den Sitzungen des Geschäftsführenden Ausschusses am 7. und 8. Dezember 1929 gab Claß bereits zu denken, dass im Zuge der Kampagne gegen den Young-Plan zwar durch die Bildung des Reichsausschusses ein „Bündnis" geschlossen, jedoch noch längst nicht die Frage beantwortet worden sei, „wer die Führung in diesem nationalen Oppositions-Block habe, und wie es zu erreichen sei, daß derjenige, der sie habe, sie nicht behalte, sondern in gesteigertem Maße zum Ausdruck bringe".[205] Damit sei „das Schicksal der deutschnationalen Volkspartei auf das engste verknüpft", so Claß weiter. Dieses „Bündnis" sei „Koalition" in „des Wortes verwegenster Bedeutung", habe den Druck auf den Alldeutschen Verband ungemein verstärkt und „es hätte erreicht werden müssen, die politische Führung auf den Führer der deutschnationalen Volkspartei hinüberzuleiten". Man müsse sich vorstellen, „mit welchen Schwierigkeiten zu kämpfen" gewesen sei, wieviel „grenzenlose Geduld und Selbstbeherrschung" angesichts der verschiedenen Partner von Hugenberg und Hitler bis hin zum Reichslandbund und der CNBL notwendig gewesen sei, „um ein solches Bündnis zusammenzuhalten, und schließlich, wieviel Wünsche hätten zurückgestellt werden müssen, um die Dinge soweit zu führen, wie sie heute sind".[206]

Die rhetorische Abschwächung des Artikels 4 des „Freiheitsgesetzes" auf Wunsch des Stahlhelms war hier sicherlich nur ein Gesichtspunkt. Auch die Flügelkämpfe innerhalb der DNVP wurden durch die Schärfe der Kampagne weiter angefacht. Bang sah zwar Hugenbergs Stellung in der Partei Anfang Dezember ebenfalls „noch nie fester als heute", warnte aber mit Blick auf weitere Abspaltungen und Austritte aus der DNVP aus Opposition zur Kampagne mit den Rechtsverbänden: „Hinter den Kulissen stellen sich die Dinge noch anders dar."[207] Am 3. und 4. Dezember 1929 hatte sich die Deutschnationale Arbeitsgemeinschaft mit zwölf Reichstagabgeordnete der DNVP als Abspaltung von der DNVP gegründet, die sich mit der CNBL vereinigte und 1930 in der Konservativen Volkspartei aufging.[208]

---

203 Siehe Claß: Zum Jahreswechsel, in Alldeutsche Blätter 4.1.1930.

204 Claß auf der Sitzung des Geschäftsführenden Ausschusses des Alldeutschen Verbandes, 22.3.1930, in BA-Berlin, R 8048, Bd. 161, Bl.19. Am 28.3.1930 trat das Zweite Republikschutzgesetz vom 25.3.1930 in Kraft. Reichsgesetzblatt 1930, Teil I, S. 91.

205 Claß auf der Sitzung des Geschäftsführenden Ausschusses des Alldeutschen Verbandes, 7.12.1929, in BA-Berlin, R 8048, Bd. 160, Bl. 36.

206 Ebd.

207 Paul Bang auf der Sitzung des Geschäftsführenden Ausschusses des Alldeutschen Verbandes, 7.12. 1929, in ebd., Bl. 37.

208 Jonas: die Volkskonservativen.

Auch auf der Sitzung des Geschäftsführenden Ausschusses am 22. März 1930, als Claß die baldige Berufung Brünings zum Reichskanzler vorhersah und darauf hoffte, dass die DNVP-Führung entschlossen sei, „gegen ein derartiges unechtes Rechtskabinett rücksichtslos Opposition zu machen", beklagte der Verbandsvorsitzende die unklare Haltung von Reichslandbund und Wirtschaftspartei sowie das schwierige und „sehr unerfreuliche" Verhältnis zwischen DNVP und NSDAP „in vielen Teilen Deutschlands". Hitlers Verhältnis zu Hugenberg sei zwar das „des festen Vertrauens", so Claß zweckoptimistisch, daher sollten die Alldeutschen bei „Reibereien" als „ehrlicher Makler" vermitteln.[209]

Trotz diesen Friktionen plädierte Claß für die Aufrechterhaltung des Reichsausschusses als kontinuierliche Vermittlungsstelle für eine Zusammenarbeit zwischen DNVP und NSDAP.[210] Als die SPD zum 2. April 1930 ein Misstrauensvotum gegen Brüning im Reichstag einbringen wollte, kündigten Abgeordnete des Hugenberg-Flügels ihre Zustimmung an. Hugenberg begründete den Vorstoß gegen Westarps gouvernementale Unterstützung des Reichsernährungsministers Schiele damit, dass Brüning nicht auf seine Forderung nach einer baldigen Beendigung der Zusammenarbeit mit der SPD in Preußen eingegangen sei. Oberfohren, der Westarp mit Hilfe Hugenbergs im Dezember 1929 als Fraktionsvorsitzender abgelöst hatte, konnte noch einen Kompromiss herbeiführen, indem Brüning die erwarteten Vorlagen zur Stützung der Landwirtschaft vor allem im Osten zügig vorlegen wollte. Ein offener Bruch der DNVP über die Frage der Zustimmung zum Misstrauensantrag der SPD war somit zunächst beigelegt.[211]

Der schwelende Konflikt zwischen Hugenberg und Westarp ließ sich damit aber nicht befrieden und beide führten ihren jeweiligen Richtungskampf weiter. Westarp konnte weiterhin seinen Einfluss in der DNVP-Reichstagsfraktion wie bei der Abstimmung über Brüning Steuergesetzgebung zur Sanierung der Reichsfinanzen im April ausspielen, während Hugenberg die ihn unterstützenden Landesverbände gegen Westarp und seine gemäßigten Anhänger weiter in Stellung brachte.[212]

Die Teilung der Ämter von Parteivorsitz und Fraktionsführung im Reichstag zwischen Ende Oktober 1928, als Hugenberg zum Parteivorsitzenden gewählt worden war, und Anfang Dezember 1929, als Westarp als Fraktionsvorsitzender durch den Alldeutschen und Hugenberg-Getreuen Oberfohren abgelöst worden war, hatte im Grunde zur faktischen Spaltung der Partei im Reichstag geführt, die sich aufgrund der Spannungen zwischen den Flügeln an keine Fraktionsdisziplin gebunden fühlte, vor allem solange die Frage der gouvernementalen Regierungsbeteiligung nicht im Grundsatz geklärt worden war. Im Grunde ließ sich dieser Gegensatz zwischen dem gouvernemental-ge-

209 Claß auf der Sitzung des Geschäftsführenden Ausschusses des Alldeutschen Verbandes, 22./23. 3. 1930, in BA-Berlin, R 8048, Bd. 161, Bl. 20 und 21.

210 Ebd., Bl. 21. Siehe auch Hauptleitung des Alldeutschen Verbandes an Heinrich Calmbach, 26. 3. 1930, in ebd., Bd. 216, Bl. 76 – 79 und Alldeutsche Blätter 1. 3. 1930 und 29. 3. 1930.

211 Winkler: Der Weg in die Katastrophe, S. 126 – 131.

212 Siehe Tagebucheinträge Reinhold Quaatz, 12. 4. 1930 und 14. 4. 1930, in Weiß/Hoser (Hrsg.): Die Deutschnationalen, S. 109 – 110.

mäßigten Flügel um Westarp und dem radikalen Oppositionsflügel um Hugenberg zu keiner Zeit praktisch durch Kompromisse lösen, da hier trotz gemeinsamer konservativer Grundüberzeugungen gegensätzliche Machtanprüche sowie unterschiedliche Zielperspektiven politischen Handelns aufeinandertrafen.[213] War Westarp gegebenenfalls für eine pragmatische Unterstützung in der Sache bereit, so wollte Hugenberg nur unter Bedingungen in ein Regierungskabinett eintreten, die vor allem einen rigiden Kampf gegen links voraussetzten, das Zentrum aus seiner „Schlüsselstellung" herauslösten und ihn möglichst selbst zum Reichskanzler machten.[214]

Nach dem Abgang Westarps als Fraktionsvorsitzender wollte Hugenberg daher solche Nachwirkungen der Flügelkämpfe endgültig vermeiden. Nach dem Scheitern von Hugenbergs Vorstößen für die Durchsetzung seiner Autorität auf den Sitzungen der Parteivertreter am 12. und 14. April 1930 forderte er auf einer erneuten Parteivertretertagung am 25. April die vollständige Autorität des Parteivorsitzenden und des Parteivorstandes über die Richtlinien zur Abstimmung im Reichstag. Westarp hingegen zeigte sich unbeeindruckt, behielt sich die „Freiheit der Entschließung" vor und verkündete, dass er zusammen mit 28 Abgeordneten dagegen votieren werde.[215]

Der Alldeutsche Verband verschärfte die Stimmung sowohl gegen Westarp als auch gegen Schiele, der im Brüning-Kabinett erneut das Ministerium für Ernährung übernommen hatte, und hoffte darauf, dass die DNVP den Machtkampf für den „Führer" Hugenberg gewinnen werde und somit der Umbau der Partei im alldeutschen Sinne weitergehen werde.[216] Auch Claß erkannte, dass Hugenberg die DNVP-Flügel innerhalb der Reichstagsfraktion nur schwer zusammenhalten konnte und die „zersetzende Arbeit der Gegner Hugenbergs", vornehmlich der „Flügel Westarp-Wallraff-Dryander" sowie Industrievertreter und die Agrarier um Schiele, die „nationale Opposition" gegen Brüning von innen verwässern würden.[217] Es sei im Grunde das Ziel Brünings gewesen, mit der Kabinettsbildung unter Einschluss Schieles und mit Unterstützung des Reichspräsidenten wie auch der Reichstagsmehrheit der DNVP-Fraktion die „nationale Opposition" zu „zertrümmern".[218] Bezeichnungen des Brüning-Kabinetts als „bürgerliche Regierung" oder „Konservatives Kabinett" seien Etikettenschwindel.[219]

Es zeige sich erneut, so Claß, dass die DNVP keineswegs „unter dem neuen Führer innerlich zu einer einheitlichen Kampfgruppe zusammengeschlosen" sei, so wie auch die anderen Parteien und Verbände ihre Uneinigkeiten in die „nationale Opposition" hineingebracht hätten, in der lediglich der Alldeutsche Verband „eine geschlossene

213 Siehe Gasteiger: Kuno von Westarp und demnächst Schellhorn: Alfred Hugenberg.

214 Siehe auch Schellhorn: „Mit dem Zentrum niemals!".

215 Siehe Claß auf der Sitzung des Geschäftsfüherenden Ausschusses des Alldeutschen Verbandes, 17.5.1930, in BA-Berlin, R 8048, Bd. 162, Bl. 5.

216 Siehe Alldeutsche Blätter 26.4.1930 und 29.4.1930.

217 Claß auf der Sitzung des Geschäftsführenden Ausschusses des Alldeutschen Verbandes, 17.5.1930, in BA-Berlin, R 8048, Bd. 162, Bl. 5.

218 Ebd.

219 Ebd.

Kampfgruppe“ sei. Vor allem sei an eine „loyale Haltung“ Hitlers gegenüber Hugenberg zu denken, wenngleich der Führer der NSDAP auch nicht bei allen Dingen politisch mitgehe und Hugenberg auch immer wieder herabsetze. Eine dringende Aussprache mahnte Claß daher an, während die Alldeutschen diejenigen in der DNVP weiter stützen solle, die einen radikalen Oppositionskurs verfolgten, da man sich sonst sowohl mit dem Alldeutschen Verband als auch mit der DNVP auf den „politischen Isolierschemel zurückziehen“ müsste.[220]

Kritik an Hugenbergs Parteiführung, die zu einer ernsthaften Vertrauenskrise innerhalb der Partei geführt habe, schloss den Alldeutschen Verband mit ein und kam teilweise auch aus den eigenen Reihen. So bezeichnete der Alldeutsche Wilhelm Bazille, ehemaliger Staatspräsident von Württemberg, der von 1924 bis 1928 zusammen mit Zentrum, Bauernbund und Bürgerpartei eine Koalition geschlossen hatte, die forcierte Verbindung der Alldeutschen mit den Deutschnationalen auf einer Sitzung der DNVP-Reichstagsfraktion im Juni 1930 schlichtweg als „Unglück“ und „verurteilte“ die „engstirnige Führung dieser alldeutschen Politik“.[221] Gok gab auf der Sitzung des Geschäftsführenden Ausschusses einen Monat zuvor zu bedenken, dass innerhalb der DNVP-Fraktion im November 1929 das Bild weite Verbreitung gefunden habe, die DNVP sei unter Hugenbergs Führung „ein Anhängsel des A.V.“.[222] Bang verstärkte diese Haltung selbstbewusst, indem er die DNVP-Reichstagsfraktion als ein „krankes Gebilde“ bezeichnete, dass Hugenberg habe übernehmen müssen, und es nun aber darauf ankäme, die Reichstagsfraktion „für wirklich nationale Politik brauchbar zu machen oder etwas Neues zu schaffen“.[223]

In der Frage einer deutschnationalen Oppositionspolitik gegen Brüning mit dem Ziel, die Regierung zu stürzen, wiesen auch der Vorsitzende des Schlesischen Landbundes, Praetorius von Richthofen, der Theologieprofessor Hermann Strathmann und der promovierte Jurist und Vorsitzender der Deutschen-Erdöl-Aktiengesellschaft in Borna, Walther Rademacher, den Parteivorsitzenden schärfstens in seine Schranken und verweigerten ihm in der Fraktionssitzung ebenfalls die Gefolgschaft im Reichstag. Alle drei Abgeordnete waren bei den Wahlen 1920 oder 1924 in den Reichstag eingezogen und gehörten somit zur DNVP-Fraktion, die sich als einigende Vertretung der Partei im Reichstag verstehen wollte. Gottfried von Dryander, Geheimer Regierungsrat und seit 1924 Mitglied des Reichstags, beschwor dann auch die einstige Größe der Parteiführer Hergt und Westarp, während Westarp umgehend erklärte, er werde sich grundsätzlich den „Wünschen der Parteiinstanzen“ nicht beugen, da er einen „schleunigsten‘“ Sturz

220 Ebd., Bl. 5 und 6.

221 Wilhelm Bazille in der Sitzung der Reichstagsfraktion der DNVP am 28.6.1930, in Niederschrift der Sitzung der Reichstagsfraktion der DNVP vom 10.7.1930, in Schulz/Maurer/Wengst (Hrsg.): Politik und Wirtschaft in der Krise, Bd. 1, S. 277.

222 Carl Gottfried Gok auf der Sitzung des Geschäftsführenden Ausschusses des Alldeutschen Verbandes, 17.5.1930, in BA-Berlin, R 8048, Bd. 162, Bl. 9.

223 Paul Bang auf der Sitzung des Geschäftsführenden Ausschusses des Alldeutschen Verbandes, 17.5.1930, in ebd.

der Regierung für falsch und unmöglich halte und stattdessen „Nuancen in der Opposition" kenne.[224] Der offenkundige „Verfall der Partei" habe zudem erst 1928 begonnen.[225] Vielmehr müsse zur Vermittlung innerhalb der Partei ein zusätzlicher Ausschuss eingerichtet werden, der zwischen Parteivorsitzendem und Parteivorstand stehe.[226]

Hugenberg geriet trotz der Unterstützung durch Carl Gottfried Gok, Schmidt(-Hannover) oder der Vorsitzenden des DNVP-Reichsfrauenausschusses, Annagrete Lehmann, in die Defensive und stellte unmissverständlich klar, dass jegliche Kritik an seiner Politik der Opposition gegen die Regierung ungerechtfertigt sei und er weitere Friktionen nicht mehr dulden werde. Das schloss auch jegliche Skepsis gegenüber dem Zusammengehen mit der NSDAP innerhalb der „nationalen Opposition" seit der Anti-Young-Plan-Kampagne 1929 mit ein.

> Es geht nicht an, daß hier in der Fraktion dauernd zwischen uns sachliche Unterschiede stehen. Wir wollen doch eine andere Politik haben als die von 1924–1928. Einen anderen Sinn hat meine Berufung zum Vorsitzenden doch gar nicht gehabt. Es ist auch völlig unpolitisch, mir immer wieder das Bündnis mit den Nationalsozialisten vorzuwerfen. Wer nicht einsieht, daß dieses sogenannte Bündnis zu einer für Deutschlands Zukunft außerordentlich wichtigen Bindung der Nationalsozialisten an positive Ideen führen müßte und geführt hat, dem fehlt das politische Denken. Die Politik der Regierung gründet sich heute nur noch auf die Hoffnung auf unseren Umfall. Ich bin selbstverständlich bereit, mit der Regierung in Verhandlungen einzutreten, aber solange nicht auch nach außen unsere feste Haltung klar und unmißverständlich feststeht, haben solche Verhandlungen keinen Zweck. Die Bewegung des Volksbegehrens hatte wirklich nichts mit einem Mangel an Wirklichkeitssinn zu tun. Die Bewegung des Volksbegehrens bedeutete auch, abgesehen vom Materiellen, einen taktischen Vorstoß gegen Zentrum und Mittelparteien. Die große Masse ist durchaus nicht ausschlaggebend. Der wirkliche Wille einer Anzahl von Menschen ist maßgebend für das Geschick des Ganzen. Man nennt mich stur. Das ist ein unsachlicher und unbegründeter Vorwurf. Was man an mir vermißt, ist in Wahrheit jene Anpassungsfähigkeit der wilhelminischen Zeit. An jener Anpassungsfähigkeit sind wir zugrunde gegangen. Ich habe damals häufig das Empfinden gehabt, als stünde ich sozusagen außerhalb der Zeit. – Das Land draußen hat sich in Scharen von uns abgewendet, weil es diese fortgesetzte Zerrissenheit und den Streit in unserer Fraktion nicht versteht und nicht verstehen will. Wenn nicht endlich ein Wandel eintritt, so müssen eben schließlich Konsequenzen gezogen werden. Der Kampf in der Fraktion kann nicht auf Dauer geführt werden, sonst ist die Partei verloren. Wenn man mir vorhält, ich müsse die Partei zusammenhalten, so erwidere ich ihnen, daß Sie sie ja selbst auseinandertreiben. Das, was sich in der Begründung und der Politik des Kabinetts Brüning abspielt, ist nichts anderes als ein Trauerspiel der bürgerlichen Welt. Wir müssen unbedingt vor der Sommerpause zur Klarheit in dieser Fraktion kommen.[227]

Claß sah angesichts der anhaltenden Flügelkämpfe innerhalb der DNVP die Notwendigkeit, die NSDAP als Ausgleich für den Verlust der Anhänger des gemäßigten DNVP-Flügels noch näher an Hugenberg zu binden. Führte Claß somit die DNVP weiter in ihre interne Radikalisierung, so setzte er sich gleichzeitig von den parteipolitischen

224 Gottfried von Dryander und Kuno von Westarp in der Sitzung der Reichstagsfraktion der DNVP am 10.7.1930, in Schulz/Maurer/Wengst (Hrsg.): Politik und Wirtschaft in der Krise, Bd. 1, S. 279.
225 Kuno von Westarp in der Sitzung der Reichstagsfraktion der DNVP am 10.7.1930, in ebd.
226 Ebd., S. 281.
227 Alfred Hugenberg in der Sitzung der Reichstagsfraktion der DNVP am 10.7.1930, in ebd., S. 278.

Diskussionen innerhalb der Partei rhetorisch ab. Auf einer Versammlung des Alldeutschen Verbandes in Linz im Juni 1930 verkündete er die grundsätzliche Unabhängigkeit des Verbandes von der Parteipolitik, jedoch versicherte er gleichzeitig, dass die Alldeutschen mit jeder Bewegung der Rechten zusammenarbeiten würden, die glaubhaft gegen die Weimarer Republik kämpfe.[228]

Hugenberg machte am 17. Juli einen weiteren Versuch einer Verständigung mit dem Reichskanzler, als er zusammen mit Oberfohren auf deren beider Initiative hin noch am selben Tag von Brüning empfangen wurde. Hugenberg zeigte sich in seinem Anschreiben an den Reichskanzler zu „sofortigen Verhandlungen über die politische Gesamtlage“ bereit und entwickelte im folgenden Gespräch einen umfassenden Gesamtplan, der den Kampf gegen dem Marxismus sowie gegen den Young-Plan, eine Neuausrichtung der Handlespolitik sowie einen Umbau der Reichsregierung und die Ausschaltung der SPD aus der Regierung in Preußen einschloss, da „der Freiheitskampf nur bei geschlossener Haltung des Bürgertums möglich sei“, so Hugenberg.[229] Er beschwerte sich ebenfalls über eine nur ungenügende Konsultation der Regierung mit den Deutschnationalen, die Brüning wie auch alle andere Forderungen Hugenbergs zurückwies. Die Umbildung der Preußen-Regierung liege nicht in seinem Geschäftsbereich und ebenso sei eine Umbildung der Reichsregierung vor dem Herbst unmöglich anzudenken, da einzelne Regierungsparteien dadurch in Unruhe versetzt werden würden.

Das eiligst angefragte Treffen mit Brüning verlief ohne eine grundsätzliche Verständigung in den Punkten, die Hugenberg vorgetragen hatte. Am nächsten Tag stimmte dann auch die Mehrheit der DNVP-Fraktion im Sinne Hugenbergs, als der Antrag der SPD zur Aufhebung der Notverordnungen der Brüning-Regierung über Deckungsmaßnahmen zum Reichshaushalt 1930 und zur Zulassung einer Gemeindegetränkesteuer zur Disposition stand. Die Sozialdemokraten hatten nach dem Bruch der Müller-Regierung im März 1930 zunächst keine Rücksicht mehr auf interne Diskussionen um die gouvernementale Unterstützung der Brüning-Regierung zu nehmen und standen in der Ablehnung der Bürgersteuer geeint gegen die Notverordnungspolitik des Präsidialkabinetts.[230] Auch der Freispruch von Claß nach den Putsch-Untersuchungen wurde durch die Sozialdemokraten erneut im Reichstag aufgenommen und in das argumentative Feld geführt, um die Notverordnungspraxis unter Berufung auf ein „Notverordnungsrecht“ im Grundsatz zu kritisieren.

Der sozialdemokratische Abgeordnete Otto Landsberg, der im Scheidemann-Kabinett Justizminister, Delegationsmitglied in Versailles sowie der Rechtsvertreter der Braun-Regierung war, führte in der einleitenden Erklärung des SPD-Antrags aus, dass die Befugnisse des Artikels 48 der Reichsverfassung offenkundig in beiden Fällen nicht ausreichten, um diese Notverordnungen in ihrer Rechtswidrigkeit überhaupt juristisch

---

228 Alldeutsche Blätter 5.7.1930.

229 Aufzeichnung des Staatssekretärs Hermann Pünder über die Unterredung Heinrich Brünings mit Alfred Hugenberg und Ernst Oberfohren am 17.7.1930 vom 19.7.1930, in Akten der Reichskanzlei. Die Kabinette Brüning I und II, Bd. 1, S. 326–329.

230 Winkler: Der Weg in die Katastrophe, S. 173–178.

begründen zu müssen. Schließlich habe die Frage, ob ein „Notverordnungsrecht" für die Anwendung des Artikels 48 überhaupt gegeben sei, bereits bei den Reichstagsdebatten am 25. und 26. Januar 1928 das Plenum beschäftigt. Damals war die Einstellung des Hochverratsverfahrens gegen „den sattsam bekannten" Claß debattiert worden und eine Diskussion um die Strafrechtsreform sowie die Rechtsprechung der obersten Gerichte und des Reichsgerichts in Leipzig im besonderen in Gang gekommen, die bis heute anhalte. „Herr Claß hatte mit dem Gedanken operiert, daß der Artikel 48 die Möglichkeit geben könnte, im Sinne seiner politischen Pläne zu arbeiten, namentlich also die Ausschaltung der Verfassung oder zum mindesten des Reichstages gestatte. Deshalb war das Strafverfahren gegen ihn geführt worden".[231] Man sei sich jedoch trotz unterschiedlicher Positionen letztlich einig gewesen, dass Artikel 48 nicht zur Aushebelung der Reichsverfassung selbst anzuwenden sei, so Landsberg. Die Notverordnungen Brünings sind nun mit ähnlicher Argumentation eines „Notverordnungsrechts" erlassen worden und seien daher abzulehnen.[232]

Da Brüning auf Hugenbergs Vorschläge des Vortages nicht wirksam eingegangen war und auch Forderungen des DNVP-Vorsitzenden nach zu verschiebenden Abstimmungen zur Handelspolitik noch am Abend abgelehnt hatte, organisierte Hugenberg aus reinem machtpolitischen Kalkül eine Mehrheit der DNVP von 34 zu 21 Stimmen der Fraktion für den SPD-Antrag gegen Brünings Notverordnungen.[233] Entgegen seiner po-

231 Rede Otto Landsberg im Reichstag 18.7.1930, in Verhandlungen des Reichstags, IV. Wahlperiode 1928, Bd. 428, S. 937.

232 Otto Landsberg hielt die Erinnerung an den Fall Claß auch ein halbes Jahr später hoch, als er auf die Begründung des Freispruchs 1927 erneut verwies und bemerkte: „In diesem Falle hatte ein Jurist sich dem Glauben hingegeben, daß man mit dem Artikel 48 nicht bloß den Reichstag, sondern auch die ganze Republik aus den Angeln heben könne, und er hatte Schritte dazu getan, um die Anwendung des Artikels 48 nach dieser Richtung hin herbeizuführen. Der Angeschuldigte war Jurist, ein Justizrat, ein langjähriger Rechtsanwalt! Da haben der Herr Oberreichsanwalt und ein Senat des Reichsgerichts übereinstimmend erklärt: wir können dem Angeschuldigten bei dem Streit über die Bedeutung des Artikels 48 die Behauptung nicht widerlegen, daß er geglaubt hat, diese Gesetzesvorschrift könne vollkommen legal nach der Richtung hin angewendet werden, nach der der Artikel 48 seinem Willen nach funktionieren sollte. Auch das ist kein vereinzelter Fall, auch dieser Fall beweist die politische Einstellung der Männer, die den Beschluß gefaßt haben, die wahrscheinlich, gelinde gesagt, sehr wenig unglücklich gewesen wären, wenn Herr Claß mit seinen politischen Bestrebungen Erfolg gehabt hätte." Rede Otto Landsberg im Reichstag 14.2.1931, in Verhandlungen des Reichstags, V. Wahlperiode 1930, Bd. 444, S. 1053. Für die KPD sprach Willi Münzenberg in der Debatte über das Republikschutzgesetz im März 1930, als er den Freispruch für den „Hochverräter" Claß als Beispiel dafür bezeichnete, dass das erste Republikschutzgesetz von Juli 1922, das 1929 ausgelaufen war, „angeblich gegen die faschistischen Mörder und Monarchisten gerichtet" war, aber im Grunde „nur angewandt" worden sei zur „Niederknüppelung des revolutionären Kampfes der Arbeiter und ihrer Niederhaltung" bei „15.000 strafrechtliche[n] Verfolgungen gegen Arbeiter" und 7.000 Haftstrafen. Rede Otto Landsberg im Reichstag 13.3.1930, in Verhandlungen des Reichstags, IV. Wahlperiode 1928, Bd. 427, S. 4432. Siehe auch die Rede von Peter Maslowski (KPD) im Reichstag am 21.7.1929 zur Verlängerung des Republikschutzgesetzes, in der Claß als „Organisator einer monarchistischen Konterrevolution" angeführt wurde. Verhandlungen des Reichstags, IV. Wahlperiode 1928, Bd. 425, S. 2749.

233 Namentliche Abstimmung der DNVP zum SPD-Antrag 18.7.1930, in Verhandlungen des Reichstags, IV. Wahlperiode 1928, Bd. 428, S. 6525.

litischen Überzeugungen ging Hugenberg hier mit den Sozialdemokraten, schien durch die Abstimmung sogar die grundsätzliche Kritik Landsbergs an Claß' Auslegung eines „Notverordnungsrechts“ über Artikel 48 zu dulden, um Brüning zu desavouieren und gleichzeitig das Feld innerhalb der DNVP-Fraktion für die eigene Machtdurchsetzung zu bestellen.

Der Bruch der Fraktion wurde durch dieses Votum endgültig vollzogen. Am 18. Juli verließ Westarp mit 25 DNVP-Abgeordneten schließlich die Partei und gründete fünf Tage später die Konservative Volkspartei.[234] Somit beendete der ehemalige Partei- und Fraktionsvorsitzende den formalen Prozess der Abspaltungen und Sezessionen, die seit 1928 die DNVP zur radikalen Partei formten und Hugenberg mit nur 38 Abgeordneten der Reichstagsfraktion zurückließen, nachdem auch Schiele am 22. Juli der DNVP für die CNBL den Rücken gekehrt hatte und schließlich am 14. Oktober nach Interventionen der Deutschnationalen durch Eberhard von Kalckreuth als Vorsitzender des Reichslandbundes ersetzt wurde.[235] Die Parteiwahlen zum Vorstand am 18. August 1930 führten durch forcierte „Reinigung“ zum Ausscheiden der Hugenberg-Gegner aus den Leitungsgremien der Partei.[236] Die Parteileitung wurde bereits Ende 1928 abgeschafft. Auf Landesebene war für Claß darüber hinaus in Preußen, wo die DNVP-Fraktion unter anderem Misstrauensanträge gegen den Ministerpräsidenten Braun noch ablehnte, eine durchgreifende „Reinigung“ durch Hugenberg noch notwendig, die der Parteivorsitzende „auf Leben und Tod“ versuchte durchzusetzen.[237]

Nach der mehrheitlichen Zustimmung zum SPD-Antrag gegen Brünings Notverordnungen löste der Reichskanzler den Reichstag auf. Am 27. Juli wurde die Notverordnung des Reichspräsidenten zur Behebung finanzieller, wirtschaftlicher und sozialer Notstände erlassen, die durch „Rückgriff auf Bismarcks Indemnitätsgesetz aus dem Jahr 1866“ den Zusatz „vorbehaltlich der Feststellung eines Reichshaushalts durch Gesetz“ zu einer „unverbindlichen Zusatzerklärung“ machte, so Heinrich August Winkler. Angesichts der Entwicklungen innerhalb des Reichstags vollzog sich damit „der Übergang vom verdeckten zum offenen Präsidialsystem“, das sich bereits seit dem Regierungsantritt Brünings am 30. März abgezeichnet hatte, und die „Diktaturgewalt des Reichspräsidenten war nun nicht mehr bloß eine Drohung, sondern die Grundlage der Staatsmacht im Reich“.[238]

Für Claß und Hugenberg bedeutete diese neue Verfassungswirklichkeit eine endgültige Öffnung zu der Doppelstrategie von parlamentarischer Stärkung der DNVP im Reichstag, um das Führungszentrum der „nationalen Opposition“ auch aufgrund von Wahlerfolgen gegenüber dem Machtanspruch der NSDAP zu legitimieren, und außerparlamentarischen Interventionen beim Reichspräsidenten, um die DNVP in führende

234 Gasteiger: Kuno von Westarp, S. 365–374.

235 Siehe Hiller von Gaertringen: Die Deutschnationale Volkspartei sowie Germania 20.7.1930.

236 Claß auf der Sitzung des Geschäftsführenden Ausschuss des Alldeutschen Verbandes, 19.9.1930, in Alldeutsche Blätter 27.9.1930.

237 Claß an Gustav Pezoldt, 14.5.1930, in BA-Berlin, R 8048, Bd. 219, Bl. 72–73. Zitat ebd., Bl. 72.

238 Winkler: Der Weg in die Katastrophe, S. 178 und 179.

Positionen eines umzubauenden Regierungskabinetts zu bringen und Hugenberg angesichts sich verschärfender Krisen im Reich, gegebenenfalls auch ohne parlamentarische Mehrheiten, direkt zum Reichskanzler zu ernennen. Voraussetzungen für diese Strategie der Machternennung war einerseits die grundsätzliche Bereitschaft des Reichspräsidenten, Hugenberg zum Reichskanzler zu ernennen. Andererseits durfte die NSDAP bei den Wahlen nur beschränkte Zugewinne beziehungsweise geringere Ergebnisse erreichen als die DNVP, damit Hitler seinen Machtanspruch im Kampf um die Führung der „nationalen Opposition" nicht gegen Hugenberg wenden könnte. Beide Bedingungen sollte Hugenberg letztlich nicht wirksam beeinflussen können.

Auch Claß übersah noch nicht die zukünftigen Dynamiken und Machtverschiebungen innerhalb der „nationalen Opposition" und hoffte ebenfalls auf einen Zugriff des Reichspräsidenten auf eine diktatorische Auslegung der Präsidialbefugnisse zugunsten Hugenbergs. Die Reichstagswahlen am 14. September wurden durch die alldeutschen Funktionäre daher mit Verve in den DNVP-Landesverbänden vorbereitet, indem sie zuverlässige Hugenberg-Unterstützer auf den Wahllisten platzierten. In Sachsen waren der Parteivorstand und der Weitere Vorstand weitgehend von Alldeutschen besetzt.[239] Befürchtungen wurden schon im Vorfeld der Wahlen laut, dass die DNVP diesmal vor allem mit der NSDAP um die gleichen Wählerschichten konkurrieren werde.[240] Der zeitweise Rückzug Hitlers aus dem Reichsausschuss für das Volksbegehren im April hatte die Konkurrenz erneut deutlich gemacht.

Der Vorstand des Alldeutschen Verbandes sprach sich daher für eine Wahlempfehlung von Fall zu Fall aus, welche die Entscheidung dem Wähler in seinem Wahlkreis überließ. Es sollte somit sichergestellt sein, dass angesichts der Richtungskämpfe innerhalb der DNVP der letzten zwei Jahre nur Kandidaten gewählt wurden, die gezielt gegen die Weimarer Republik Stellung bezogen. Ob dann von alldeutschen Stimmberechtigten auch NSDAP-Kandidaten gewählt würden, schien in dieser Rechnung wohl das geringere Übel zu sein.[241] Claß erließ dahingehend kurz nach dem Ausscheiden Westarps aus der DNVP ein geheimes Rundschreiben an alle Mitglieder der Hauptleitung und des Geschäftsführenden Ausschusses senden:

> Die in unserem Sinne hocherfreuliche Entwicklung der letzten Tage legt uns die Pflicht auf, alles zu tun, was in unseren Kräften steht, um bei der bevorstehenden Wahl die Listen in den Wahlkreisen so zu gestalten, daß nur im Sinne der nationalen Opposition unbedingt zuverlässige Männer in Vorschlag gebracht werden. Dabei setze ich allgemeines Einverständnis darüber voraus, daß für unsere Bemühungen nur die jetzt bereinigte D.N.V.P. und die Nationalsozialisten Hitlerscher Richtung in Betracht kommen. Ich bitte die Herren, die irgendwie bei einer der beiden Parteien mitarbeiten und Einfluß haben, alles aufzubieten, und zwar unverzüglich, daß die Listen der Wahlbewerber im oben erwähnten Sinne zustande kommen. M. E. ist, ohne daß ich anderer Auffassung

239 Georg Beutel an Claß, 9.9.1930, in BA-Berlin, R 8048, Bd. 216, Bl. 194–195.

240 Gustav Pezoldt an Georg Beutel, 25.7.1930, StA Dresden, 13.1., Bd. 12, Bl. 266.

241 Siehe dazu Alldeutsche Blätter 2.8.1930, Geschäftsstelle des Alldeutschen Verbandes an Käthe Heintz, 16.9.1930, in BA-Berlin, R 8048, Bd. 216, Bl. 200 und Claß auf der Sitzung des Geschäftsführenden Ausschusses des Alldeutschen Verbandes, 19.9.1930, in Alldeutsche Blätter 27.9.1930.

> vorgreifen will, von uns Hauptgewicht darauf zu legen, daß die D.N.V.P. gefördert wird, weil sie nach den Wirren der letzten Jahre und besonders dieser Monate am meisten auf Unterstützung angewiesen ist; bei den Nationalsozialisten wird allgemein angenommen, daß der Auftrieb von selbst vorhanden ist, sodaß eine Unterstützung durch unsere Freunde hier weniger notwendig erscheint.[242]

Die Reichstagswahlen verstärkten im Ergebnis die Blockade zwischen den Reichstagsparteien und führten zu einem Wählerumschwung innerhalb der Rechten. Die NSDAP gewann 18,3 Prozent, während sich das Ergebnis der DNVP von 14,2 Prozent (1928) auf 7 Prozent halbierte. Die Stimmenverluste verteilten sich über die urbanen Zentren wie auch über die ländlichen Wahlkreise. Am auffälligsten war der Rückgang im agrarischen Osten, etwa in Pommern mit 27 Prozent, aber auch in Merseburg mit über zwei Dritteln sowie in Potsdam I, das fest in den Händen der Hugenberg-Vertrauten war, mit über 6 Prozent. Hugenberg schickte immerhin mit 41 Reichstagsabgeordneten drei mehr ins Parlament, als die Fraktion nach den Abspaltungen vor den Wahlen gehabt hatte. Die SPD wiederum stellte trotz Verlusten von über 5 Prozent mit 24,5 Prozent die größte Fraktion im Reichstag, während das Zentrum nur einen leichten Rückgang auf 11,8 Prozent zu verzeichnen hatte. Hindenburg blieb bei seinem Wunsch nach einer Regierung ohne die Sozialdemokraten, jedoch konnte Brüning nicht mehr so eindeutig gegen links regieren und suchte die Tolerierung der SPD bei den künftigen Notverordnungen, die durch ihre Koalition mit dem Zentrum in Preußen an eine Verständigung mit Brüning gebunden waren.

Claß war zunächst mit den Wahlergebnissen der DNVP zufrieden, da die erste Prüfung der Partei unter Hugenberg vor den Wählermassen bestanden worden sei. Um das schlechte Resultat als Erfolg zu deuten, rechnete er die Stimmen der NSDAP einfach hinzu und stellte fest, dass sich die Zustimmung zur „nationalen Opposition“ insgesamt erhöht habe.[243] Gerade für die Alldeutschen sei es eine „Genugtuung und eine Hoffnung, den unerhörten Aufschwung im nationalen Lager festzustellen, der sich durch die Abgabe von 6 ½ Millionen Stimmen für die Nationalsozialisten und von 2 ½ Millionen Stimmen [für die D]eutschnationalen gezeigt hat. Damit haben sich rund 9 Millionen Stimmberechtigte in Deutschland für die nationale Opposition, wie wir sie vertreten, und gegen das heutige System erklärt.“ Addiere man die Stimmen von Landvolk und Wirtschaftspartei hinzu, so zeige sich, „daß der Sieg der nationalen Opposition überwältigend ist“. Man könne „mit gutem Gewissen sagen, daß die nationale und völkische Wählerschaft ihre Pflicht in vollen Maße erfüllt hat, man darf des weiteren nach der

242 Rundschreiben Claß, 22.7.1930, in StA Dresden, 13.1., Bd. 12, Bl. 256–257. Claß sah in der „Reinigung“ der DNVP unter Alfred Hugenberg auch das Ergebnis der jahrelangen Arbeit der Alldeutschen in der Partei und er bat nun, „mit größtem Eifer in die Wahlbewegung einzugreifen und von der Aufstellung der Kandidatenlisten bis zur Wahlhandlung selbst alles aufzubieten, dass die nationale Opposition in Gestalt dieser beiden Parteien gestärkt wird“. Rundschreiben Claß an die Ortsgruppenvorstände des Alldeutschen Verbandes, 24.7.1930, in ebd., Bl. 258–259.

243 Claß auf der Sitzung des Geschäftsführenden Ausschusses des Alldeutschen Verbandes, 19.9.1930, in BA-Berlin, R 8048, Bd. 163, Bl. 17.

bisherigen Haltung der Führer Hugenberg und Hitler erwarten, daß beide auf der Höhe ihrer Aufgaben stehen werden“. Es käme nun „alles darauf an, ob die als Vertrauensmänner der nationalen Opposition in den Reichstag geschickten Abgeordneten der deutschnationalen und nationalsozialistischen Partei ihrer Aufgaben gerecht werden“. Denn es „wäre ein in seinen Folgen nicht absehbares Unglück, wenn auch nur eine der beiden Fraktionen versagte oder enttäuschte, oder wenn es zu neuerlichen Spaltungen käme.[244]

> Damit würde das nationale und völkische Deutschland um die Früchte seines Sieges betrogen. Als den Hauptbesiegten dieses Wahlkampfes müssen wir den Reichspräsidenten betrachten, nachdem er das Minderheitskabinett Brüning mit der Auflösungsordre ausgerüstet hat, nachdem er weiter geduldet hat, daß dieses Kabinett sich vor dem Wahlkampf und in ihm als Hindenburgkabinett bezeichnete und sein Programm als Hindenburgprogramm ausgab. Offenbar ist auch in diesem Falle der Reichspräsident falscher Berichterstattung erlegen und hat denen geglaubt, die ihm versprachen, es werde eine starke Hindenburg-Mitte sich bilden, wogegen die gereinigte DNVP verschwinden werde. Von allem ist das Gegenteil eingetreten, und man sollte annehmen, daß der Reichspräsident endlich Leuten sein Vertrauen versagte, die ihn so falsch unterrichteten. Davon ist freilich nichts zu merken, sodaß wir im Kampf gegen den Reichspräsidenten stehenbleiben müssen.[245]

Zu den Verlierern der Reichstagswahl sei neben Brüning selbst auch die Hintermänner der „Splittergruppen“ wie General Kurt von Schleicher zu zählen, der bereits 1929 mit dem Volkskonservativen Treviranus und Hermann Pünder, Staatssekretär in der Reichskanzlei, ein „Hindenburg-Kabinett“ unter Ausschluss der SPD besprochen hatte, das lediglich vom Vertrauen des Reichspräsidenten abhängig sein sollte. Hinzu kämen auch die „Westarp-Gruppe“ und die „verschiedenen Landvolkparteien“, „nachdem sie im entscheidenden Augenblick ihrem Führer Hugenberg in den Rücken gefallen“ seien. Auch die wirtschaftlichen Gruppen, die den Hugenberg-Gegnern der Volkskonservativen und anderen „Abgesplitterten“ Mittel für den Wahlkampf zur Verfügung gestellt hatten, seien mit ihren Wahlergebnissen „Verlierer“, was „eine reine Genugtuung für die Anhänger sauberer Politik“ sei, so Claß.[246]

> Daß Hitler in ausgesprochenstem Maß Sieger ist, liegt auf der Hand. Es muß aber von uns unterstrichen werden, daß auch Hugenberg mit Fug und Recht als Sieger aus diesem Wahlkampf hervorgegangen ist. Um das richtig würdigen zu können, muß man nur an die Lage erinnern, die unmittelbar vor dem Wahlkampf durch das Ausscheiden so vieler Fraktionsgenossen entstanden war. War doch schließlich die deutschnationale Fraktion auf 38 Abgeordnete zusammengeschmolzen. Wenn dieser Bestand nicht nur erhalten, sondern auf 41 erhöht wurde, so ist dies ein Erfolg, wenn man bedenkt, daß abgesehen von den Nationalsozialisten alle übrigen ernst zu nehmenden Parteien sich mit ausgesprochenem Vernichtungswillen auf Hugenberg und seine Partei stürzten. Das Verdienst Hugenbergs kann garnicht [sic] hoch genug angeschlagen werden, und ich persönlich glaube, daß er die geistigen und staatsmännischen Kosten mit seinem engsten Anhang doch im

244 Ebd.
245 Ebd., Bl. 18.
246 Ebd.

> wesentlichen bestritten hat, der staatsmännische Sieger im höheren Sinne ist. Nun kommt alles darauf an, ob sich eine Zusammenarbeit zwischen DNVP und NSDAP ergibt, die diese beiden bei den Gliederungen der nationale Opposition geschlossen in den Kampf führt. Gelingt das, so hat die Stunde der parteipolitischen und parlamentarischen Umkehr geschlagen. Unter diesem Gesichtspunkt liegt eine ungeheure Verantwortung auf Hitler und seiner Gefolgschaft; nicht weniger aber auf dem Reichspräsidenten, der nach allem von ihm gemachten Erfahrungen mit seinen Beratern doch endlich erkennen müßte, auf welche Seite er gehört. Versagt er auch diesmal, so bleibt nichts übrig als schärfster Kampf.[247]

Legte Claß das Dilemma der Deutschnationalen in Konkurrenz mit den Nationalsozialisten offen, so sind seine Einschätzungen auch ein Ausweis für die ambivalente Politik in den nächsten drei Jahren, die auf eine Einhegung der notwendigerweise als Partner gebrauchten NSDAP setzte, ohne die Mittel und die Überzeugungskraft dafür als Ressourcen der Macht in den Händen zu halten. Bei den Wahlkampfveranstaltungen habe man immerhin „zu unserer Freude" oft gehört, so Claß, dass man die Parole „Nicht Hugenberg oder Hitler, sondern Hugenberg und Hitler!" ausgegeben habe. Schließlich habe Hugenberg „das Erbe an Mißtrauen, mit dem frühere Führer die Partei in den Jahren 1924–28 belastet hatten, mitschleppen" müssen, was ihn nicht davon abhalte, dass er „trotz des Abfalls und der ihm folgenden giftigen Anfeindungen früherer Parteigenossen die ihm treu gebliebene Schar verstärkt in den Reichstag zurückführt". Es sei ein „Glück", dass „in allerschwerster Zeit eine Führerpersönlichkeit vom Range Hugenbergs sich durchzusetzen vermochte" und das „Vertrauen zu seiner Führung sich im nationalen Deutschland in ungemeinem Maße verstärkt" habe.[248]

Die interpretatorische Delusion eines guten Wahlergebnisses für die gesamte „nationale Opposition", die Claß in der zweckoptimistischen Bewertung der Reichstagswahl zugrundelag, war auch den beständigen Machtkämpfen zwischen dem Hugenberg-Flügel und den Westarp-Anhängern geschuldet, die die Machtübernahme der radikalen Kräfte weitaus schwerer machten, als es Claß wohl angenommen hatte. Bereits auf der Sitzung des Geschäftsführenden Ausschusses am 17. Mai stellte Claß die Politik zur Abstimmung, die DNVP „zu einem brauchbaren Instrument der nationalen Politik zu machen".[249] Der Antrag wurde von den Sitzungsteilnehmern, einschließlich Dommes, der in den Gesamtvorstand gewählt wurde, einstimmig angenommen. Auf der Sitzung des Geschäftsführenden Ausschusses in Hannover stellte Claß am 19. September daher erneut die Frage, ob die „seit 1927 von der Hauptleitung vertretene Politik richtig gewesen sei, oder ob diese Politik Schiffbruch gelitten habe". Er kam zu dem Ergebnis: „Bei aller Behutsamkeit könne doch wohl gesagt werden, daß die eingeschlagene Richtung

---

247 Ebd.

248 Claß auf der Sitzung des Geschäftsführenden Ausschusses des Alldeutschen Verbandes, 19.9.1930, in Alldeutsche Blätter 27.9.1930.

249 Claß auf der Sitzung des Geschäftsführenden Ausschusses des Alldeutschen Verbandes, 17.5.1930, in BA-Berlin, R 8048, Bd. 162, Bl. 10.

sich bewährt habe. Der Wahlkampf habe zur Folge gehabt, daß das Ansehen Dr. Hugenbergs im In- und Auslande ungemein gewachsen sei.“[250]

Claß schien im Grunde erleichtert, dass Hugenberg angesichts der Erosionen und Sezessionen der DNVP aus dem Wahlkampf überhaupt mit einem halbwegs ansehnlichem Ergebnis herausgekommen war. Profiteur der Friktionen innerhalb der Deutschnationalen waren auch die Nationalsozialisten, denn Claß übersah schlichtweg, dass die einstigen Hochburgen der DNVP durch die Erfolge der NSDAP innerhalb des potenziellen Wählerspektrums der „nationalen Opposition“ gleichsam kannibalisiert worden waren. Diese Entwicklung war vor allem in den protestantisch-agrarischen Wahlkreisen wie Pommern, Ostpreußen, Schleswig Holstein und Frankfurt/Oder sichtbar.[251] Jeder dritte NSDAP-Wähler von 1930 schien 1928 noch die DNVP gewählt zu haben. Auch aus dem Lager der DVP (4,5 Prozent bei einem Stimmenverlust von 4,2 Prozent) und der DDP beziehungsweise der 1930 umbenanntern Deutschen Staatspartei (3,8 Prozent bei einem Stimenverlust von einem Prozent) kam jeder vierte Wähler der NSDAP, während die Nationalsozialisten jeden siebten Wähler der Partei aus dem Lager der Nichtwähler mobilisieren konnten.[252] Die Wähler der DNVP unter Führung Westarps, die noch im Mai 1928 deutschnational gewählt hatten, gingen angesichts der Radikalisierung der Partei unter Hugenberg nicht in großen Scharen zu den Parteien der gemäßigten Sezessionisten, wie der neu angetretenen Konservativen Volkspartei (0,8 Prozent) oder der CNBL (3,2 Prozent bei einem Zugewinn von 1,3 Prozent), sondern votierten entweder weiterhin für Hugenbergs DNVP oder gingen zu einem Drittel gleich zur NSDAP.

Die Erosion des deutschnationalen Anhängermilieus, die sich nahezu unverändert bis zur nächsten Reichstagswahl im Juli 1932 mit einer Radikalisierung des deutschnationalen Wählermilieus hin zur Unterstützung der NSDAP fortsetzen sollte, lähmte Claß in diesen Auseinandersetzungen um die Führung der Rechten. Auf der Sitzung des Geschäftsführenden Ausschusses am 19. September 1930 verkündete er noch mit drohender Ironie, dass er doch in Zukunft lieber den Alldeutschen Verband auflösen würde, als sich weiterhin mit den kargen Mitteln und einer weiterhin mehrheitlich lethargischen Mitgliederbasis durchschlagen zu müssen.[253]

Die Erosion der Ortsgruppen nahm auch in den einst florierenden westdeutschen Gauverbänden zu. Fritz Kruppa, Vorsitzender der Ortsgruppe Oberhausen, beispiels-

---

250 Claß auf der Sitzung des Geschäftsführenden Ausschusses des Alldeutschen Verbandes, 19.9.1930, in BA-Berlin, R 8048, Bd. 163, Bl. 19.

251 Winkler: Der Weg in die Katastrophe, S. 191.

252 Falter: Hitlers Wähler, S. 158–170. In Pommern blieb die DNVP mit 24,8 Prozent stärkste Partei, verlor dort jedoch gegenüber den Wahlen von 1928 fast 17 Prozent und hatte ihre relative Stimmenmehrheit in Ostpreußen von 1928 zwei Jahre später an die NSDAP abgegeben. Zu den Wahlergebnissen siehe Kolb/Schumann: Die Weimarer Republik, S. 370–371 und Milatz: Wähler und Wahlen in der Weimarer Republik, S. 102–106 sowie die Karten 8, 10 und 13.

253 Claß auf der Sitzung des Geschäftsführenden Ausschusses des Alldeutschen Verbandes, 19.9.1930, in BA-Berlin, R 8048, Bd. 163, Bl. 23.

weise klagte gegenüber Reusch von der Gutehoffnungshütte, dass die „bettelarme" Ortsgruppe nur noch dem Namen nach bestehe und man lediglich Mitglieder, aber keine „Aktivisten" vor Ort habe, die „den Verfall nicht aufhalten" könnten, weil der „zu weit fortgeschritten war".[254] Finanzielle Zuwendungen wurden nach der Machtübernahme der DNVP durch Hugenberg zudem immer schwieriger, da der Radikalisierungskurs innerhalb der Ruhrindustrie umstritten war. Auch Reusch, langjähriges Mitglied des Alldeutschen Verbandes, lehnte eine umfangreiche Unterstützung ab.[255]

Auf der Sitzung des Geschäftsführenden Ausschusses Anfang Dezember 1930 wurde eine erste Bilanz der Politik des parlamentarischen Agierens über die DNVP und über das Parlament gezogen. Zunächst regte Claß eine Entschließung des Verbandes an, die sich gegen die Brüning-Regierung richtete und sie mit Blick auf die Reparationspolitik sowie den Genfer Abrüstungsverhandlungen mit den Alliierten scharf für deren „Kurs schwächlichsten Sichbeugens vor den Fremdmächtigen" kritisierte, aber vor allem angesichts des „Sieges der nationalen Opposition" bei den Reichstagswahlen 1930 und des ignorierten „Willens weitester Teile des nationalen Volkes zum nationalen Widerstand" die Regierung „trotz des Fehlens von Sozialisten im Rechtskabinett" als ein „marxistische[s] Regiment" diffamierte.[256] Daher lehnte Claß auch jede Koalition mit Brüning ab, da es „immer falsch sei, zur Verhütung von Schlimmerem in die Regierung hineinzugehen".[257]

Mit dem Anspruch der Grundopposition forcierte man zu Jahresende die Strategie, der aggressiven Kompromisslosigkeit der NSDAP durch die 41 DNVP-Parlamentarier „Sachlichkeit" entgegensetzen, um der vorwärtsdrängenden NS-Bewegung, die sich nicht wie erhofft benutzen ließ, mit der Nervenstärke und Rationalität der erfahrenen Alldeutschen zu begegnen.[258] Bang, der sich gleichsam als Stellvertreter Claß' in der DNVP-Reichstagsfraktion sowie im engsten Führungskreis um den Parteivorsitzenden Hugenberg verstand, unterstrich die Bedeutung der DNVP für die Interessen der Alldeutschen, das erste Mal in der Geschichte seit Verbandsgründung 1890 „im *Parlament* auf dem Weg über das Parlament das zu tun, was Claß will: sachliche Politik".[259] Noch bis zum Jahre 1923 haber man hoffen können, selbst in die Politik eingreifen zu können. Dies sei aber seitdem nicht mehr möglich: „seitdem ist der Weg über das Parlament

254 Fritz Kruppa an Paul Reusch, 7.9.1930, in RWWA, NL Paul Reusch, 130–400101293/10b.

255 Siehe dazu Paul Reusch an Fritz Kruppa, 11.9.1930, in RWWA, NL Paul Reusch, 130–400101293/10b, Paul Reusch an Claß, 4.3.1935 und Paul Reusch an Alldeutscher Verband Berlin, 5.1.1937, in ebd., 130–400101226/20. Die Führung des RDI unterstützte Heinrich Brünings „Sanierungspläne" vom Oktober 1930 weitgehend als grundlegenden Umschwung in der Finanz- und Sozialpolitik. Bähr/Kopper: Industrie, Politik, Gesellschaft, S. 98–101.

256 Entschließung des Alldeutschen Verbandes (Antrag Claß) auf der Sitzung des Geschäftsführenden Ausschusses des Alldeutschen Verbandes, 6.12.1930, in BA-Berlin, R 8048, Bd. 164, Bl. 19.

257 Claß auf der Sitzung des Geschäftsführenden Ausschusses des Alldeutschen Verbandes, 6.12.1930, in BA-Berlin, R 8048, Bd. 164, Bl. 32.

258 So Paul Bang auf der Sitzung des Geschäftsführenden Ausschusses des Alldeutschen Verbandes, 7.12.1930, in ebd., Bl. 37 und 45. Zitate ebd., Bl. 37.

259 Ebd.

notwendig“, so Bang. Dieser strategische Schritt ins Parlament sei eine „Zäsur“ für die Alldeutschen, die zwei Aufgaben mit sich gebracht habe: „1. das Instrument herzustellen, mit der sachliche Politik möglich ist. 2. mit diesem Werkzeug ins Große zu arbeiten.“[260]

Die DNVP war die einzige Partei, die für solche politischen Aufgaben „in die Hand genommen“ werden sollte, „sie zu reinigen und fähig zu machen, diese Wege mitzugehen“ und „praktisch-parlamentarische Arbeit zu machen“. Die auf der Sitzung des Geschäftsführenden Ausschusses in Eisenach im April 1928 beschlossene Strategie, auf persönlichen Wunsch von Claß, der vom Geschäftsführenden Ausschuss einstimmig gebilligt worden war, Bang gezielt im Wahlkreis Ost-Sachsen für die DNVP als alldeutschen Kandidaten bei den Reichstagswahlen im Mai 1928 aufzustellen, um Hugenberg gleichsam einen Stellvertreter Claß' für die Bearbeitung der Reichstagsfraktion mit dem Ziel der Übernahme des Parteivorsitzes an die Seite zu stellen, sei „gelungen“.[261] Die DNVP sei jedoch „nur ein Mittel zum Zweck“ und „Leuten wie Hugenberg und mir an sich so gleichgültig wie jede andere Partei; eine Schachfigur“. Ins „Große“ wollte man hingegen über die Reichsausschüsse wirken: „Der Zweck war, größere, gesinnungsmäßig nahestehende Kreise heranzuziehen, besonders die Nationalsozialisten, um sie zu sachlicher Arbeit zu erziehen.“[262]

Diese beiden Aufgaben gleichzeitig zu lösen, so Bang, „war vielleicht zu viel für so kurze Zeit“. Während die zweite Aufgabe aufgrund der inneren Friktionen der DNVP mit dem Ausstieg Schieles und seines organisierten Landwirtschaftsflügels „zunächst gescheitert“ sei und somit „alle die Knebel, die wir angesetzt hatten gegenüber anderen Kreisen, sich lockern mußten“, so wolle doch Bang die erste Aufgabe als gelöst ansehen.[263] Die nunmehr 41 DNVP-Reichstagsabgeordneten seien eine „homogene feste und für die Machthaber von heute ein gefährlicher Machtfaktor“.[264] Bang ging soweit zu erklären, dass die Alldeutschen die DNVP als „Machtmittel“ weitgehend bestimmten, bis hinein in die Kommunalpolitik. Das von Claß im Frühjahr ausgerufene „Fernziel“ der Übernahme der DNVP sei erreicht worden.[265]

Angesichts der Tolerierungspolitik der SPD gegenüber der Brüning-Regierung, die in Preußen auf die Zusammenarbeit mit dem Zentrum angewiesen war, kritisierte Bang die Regierung als den beständigen Versuch, die „nationale Opposition“ zu spalten und vor allem Hugenbergs DNVP zu „zerstören“ und gleichzeitig über die Notverordnungspolitik des Reichskanzlers den „Missbrauch der Verfassung“ als politisches Mittel dauerhaft zu

260 Ebd.

261 Siehe die Sitzung des Geschäftsführenden Ausschusses des Alldeutschen Verbandes, 21.4.1928, in BA-Berlin, R 8048, Bd. 154, Bl. 70–76.

262 Paul Bang auf der Sitzung des Geschäftsführenden Ausschusses des Alldeutschen Verbandes, 7.12. 1930, in ebd., Bl. 37.

263 Ebd.

264 Ebd., Bl. 38.

265 Ebd.

nutzen.[266] Bang erwartete in naher Zukunft eine „Diktatur der Mitte", denn die Regierung sei eine „Regierung des verkappten Staatstreichs".[267] Demnach käme es darauf an, dass es der NSDAP und der DNVP gelänge, „diese Entwicklung aufzuhalten", sonst ergäbe sich „aus der verschleierten Diktatur der Mitte die rote Diktatur" mit Direktoriumsplänen, die auch innerhalb der Reichswehr Anhänger finden würden.[268]

Diese Hoffnungen auf ein Zusammengehen der Rechtsopposition blieben bereits 1930 zweckoptimistische Illusionen, denn nicht nur die sprunghafte Unzuverlässigkeit Hitlers während der Planungen der Anti-Young-Plan-Kampagne und die Kämpfe mit der NSDAP-Parteiführung um Doppelmitgliedschaften im Alldeutschen Verband machten die Kooperation schwierig und unberechenbar. Claß sagte daher auch Rüdiger Graf von der Goltz, dem Sohn des gleichnamigen Vorsitzenden der Vereinigten Vaterländischen Verbände, der als Rechtsanwalt in Fememordprozessen auftrat, ab, für den anstehenden Prozess gegen Goebbels wegen Beleidigung der Müller-Regierung als Zeuge für die Verteidigung aufzutreten.[269]

Solche persönlichen Distanzierungen begleiteten grundsätzlichere Entfremdungen zu den Nationalsozialisten, denn auch die programmatischen Unterschiede und Unklarheiten im 25-Punkte-Programm der NSDAP erzeugten zunehmende Irritationen. Die strategischen Pirouetten im NSDAP-Programm von 1920, die sich gerade in weltanschaulich widersprüchlichen Forderungen zur Wirtschaftspolitik zeigten, machten in ihrer Ausdeutung nicht nur großindustrielle Kreise, sondern auch den Alldeutschen seit 1929 zu schaffen.[270] Während man den außenpolitischen Revisionismus der NSDAP ebenso wie die Förderung des Mittelstandes, der Familien, der inneren Kolonisation, der Wiedereinführung der Wehrpflicht und der nationalistischen Hinwendung zur Jugend teilte, warfen die antikapitalistischen Programmpunkte, etwa die Verstaatlichung privater Unternehmen, grundsätzliche Fragen über alldeutsche und nationalsozialistische Konzepte von „Volksgemeinschaft" auf. Das Verhältnis der NSDAP zur Monarchie als Institution symbolischer Repräsentation vergrößerte den Abstand zusätzlich, wie auch

266 Ebd., Bl. 39.
267 Ebd., Bl. 40.
268 Ebd.
269 Siehe Der Angriff 14.12.1929, Dr. Rüdiger Graf von der Goltz (Stettin) an Claß, 11.8.1930, in BA-Berlin, R 8048, Bd. 216, Bl. 168, Hauptgeschäftsstelle des Alldeutschen Verbandes an das Schöffengericht Charlottenburg, Berlin-Moabit, 12.8.1930, in ebd., Bl. 172 und Hauptgeschäftsstelle des Alldeutschen Verbandes an Guidotto Fürst von Donnersmarck, 18.11.1930, in ebd., Bl. 250. Joseph Goebbels wollte den Berliner Prozess gegen ihn als „Angriff auf breiter Grundlage" nutzen. Er wurde im August 1930 zu 600 Reichsmark oder dreißig Tagen Gefängnis verurteilt. Nach dem Berufungsverfahren wurde die Strafe im April 1931 auf 1.000 Reichsmark oder fünfzig Tage Gefängnis erhöht. Siehe Stellung des Reichskabinetts eines Strafantrages gegen Joseph Goebbels, Kabinettssitzung 14.1.1930, in Akten der Reichskanzlei, Das Kabinett Müller II, Bd. 2, S. 1374 und Berliner Lokal-Anzeiger 7.8.1931. Claß zog sich nach dem letzten Prozess gegen ihn 1927 aus nicht unbedingt notwendigen öffentlichen juristischen Unternehmungen zurück und übte auch „schon seit vielen Jahren keine Rechtsanwaltstätigkeit" mehr aus. Hauptgeschäftsstelle des Alldeutschen Verbandes an Louis Kubet, 10.9.1930, in BA-Berlin, R 8048, Bd. 216, Bl. 196.
270 Siehe dazu Hofmeister: Programmatische Deutungen.

die nationalsozialistische Forderung nach nationaler Selbstbestimmung der Völker, die auf die auch von den Deutschnationalen geteilte Revision der territorialen Bestimmungen des Versailler Vertrages zielten, während die DNVP nun jedoch in erster Linie auf den Schutz ethnischer Deutscher im Ausland hinarbeitete und Grenzschließungen gegen Einwanderung verlangte, so Willy Reith von der alldeutschen Geschäftsstelle in einer grundlegenden Analyse der programmatischen Unterschiede zwischen DNVP und NSDAP.[271]

Auch Bang, Hugenbergs wirtschaftspolitischer Vertrauter, der das ständeähnliche Konzept der Werksgemeinschaft für die zukünftigen Betriebsverfassungen vertrat, sah frühzeitig die unvermeidlichen Auseinandersetzungen mit der NSDAP um Fragen von Wirtschafts- und Sozialpolitik kommen, wenn die „marxistisch" eingestellten Flügel der NSDAP in Zukunft dominieren sollten.[272] Um sich diesen inhaltlichen Differenzen mit der NSDAP zu stellen, forderten alldeutsche Mitglieder in den DNVP-Gremien eine völkische Schärfung des Parteiprogramms. Forderungen nach Sterilisationen waren in diesen Entwürfen für eine Satzungsänderung Teil eines umfassenderen Programms zu Rassenhygiene, um die völkischen Grundlagen der NSDAP auszustechen.[273] Die Brechung des „Jüdisch-Marxistischen" Steuersystems konkurrierte nun gar mit der NSDAP-Forderung nach der „Brechung der Zinsknechtschaft" und zeigte statt einer Klärung der inhaltlichen Unterschiede eine gezielte Überbietung radikaler Forderungen, welche die DNVP immer weiter an den rechten Rand manövrierten, ohne dass man die Anhängermassen für den Wettstreit mit der NSDAP zur Verfügung hatte.[274]

8.5 Fragmentierungen: Bad Harzburg 1931

Der Alldeutsche Verband war Anfang des Jahres 1931 in seiner Mobilisierungsstruktur vor allem auf die mitteldeutschen urbanen Zentren beschränkt. Im Norden unterblieb seit den 1920er Jahren auch aus finanziellen Gründen eine ausgedehnte Werbetätigkeit der Geschäftsstelle, während im agrarischen Osten der Verband nach dem Krieg wieder auf seine weitgehend marginale Rolle zurückfiel. In Bayern nahm die Konkurrenz mit der NSDAP und ihren Organisationen bereits seit 1928 wieder zu und verdichtete alldeutsche Aktivitäten auf die größeren Städte. Im Südwesten entfaltete der Verband eine rege Tätigkeit, konnte jedoch nur bedingt die Rechte in Baden und Württemberg dominieren, wie dies zeitweise in Stuttgart der Fall war.

271 Siehe Willy Reith (Geschäftsstelle des Alldeutschen Verbandes): Worin unterscheidet sich, beurteilt nach den Programmen, die Deutschnationale Volkspartei von der Nationalsozialistischen Arbeiterpartei?, 1930, in BA-Berlin, R 8048, Bd. 219, Bl. 158–160.

272 Paul Bang an [Siegfried] von Lüttichau, 8.4.1930, in BA-Berlin, R 8048, Bd. 232, Bl. 91.

273 Diese Programmpunkte reflektierten alldeutsche Positionen, die Leopold von Vietinghoff-Scheel bereits 1919 bzw. 1924 in seiner Schrift „Grundzüge des völkischen Staatsgedankens" ausgearbeitet hatte. Die Schrift wurde bis 1930 mit 15.000 Exemplaren verkauft. Siehe Alldeutsche Blätter 15.3.1930.

274 Siehe DNVP Programmentwurf (Abschrift), 1930, in BA-Berlin, R 8048, Bd. 219, Bl. 176–224.

Das Problem der zunehmenden Lethargie bei den Anhängern und der beschränkten Ressourcen wurde bei der im Juni 1929 erfolgten Wiedergründung des Rhein-Main-Gaus sichtbar, nachdem der Rückzug alliierter Truppen aus dem Rheinland angekündigt worden war. Die Angst vor politischer Verfolgung oder Inhaftierung hinderte zahlreiche Kandidaten, sich als Ortsgruppenvorstände zu engagieren. Paul Alt, Vorsitzender des Rhein-Main-Gaus, war zuvor aus dem Rheinland ausgewiesen worden und beklagte sich, dass das Bürgertum hier untätig und genügsam geworden sei, sich politisch gänzlich fernhalte, sich anderen Organisationen der „nationalen Opposition" angeschlossen habe oder einfach gestorben sei.[275] Claß' Neffe Eduard Lucius konnte erst spät überredet werden, die Wiedergründung der Mainzer Ortsgruppe als Vorsitzender zu übernehmen, da auch er eine Verhaftung durch die Franzosen befürchtete.[276] Die Mitgliederzahl des Gesamtverbandes um 1931 lag noch bei geschätzten 15.000, während sich die Auflage der *Alldeutschen Blätter* zwischen 1928 und 1931 stabil bei 18.000 Exemplaren lag, bevor sie 1933 auf 13.500 Exemplare zurückging.[277]

Während der Alldeutsche Verband mit einem Verlust an Anziehungskraft für seine Mitglieder zu kämpfen hatte, kam Claß wie auch Hugenberg eine neue Initiative des Stahlhelms gelegen. Seldte schlug am 4. Oktober 1930 ein Volksbegehren für die Auflösung des Preußischen Landtages vor, da die Zusammensetzung nicht mehr dem Willen des Volkes entspreche.[278] Preußen galt unter Führung von Ministerpräsident Otto Braun als „Bollwerk" der Sozialdemokratie gegen die Feinde der Republik und nach der Wiederzulassung des Stahlhelms im Sommer 1930 nach vorher ergangenem Verbot für Preußen sollte gegen die Regierung durch diese Initiative vorgegangen werden. Die DNVP-Fraktion hatte bereits am 23. Oktober 1929 einen Misstrauensantrag gegen die Regierung Braun eingebracht. Braun und Innenminister Albert Grzesinski hatten zuvor im Zuge der Anti-Young-Plan-Kampagne am 9. Oktober 1929 Auflösungsverfügungen gegen den Stahlhelm in der Rheinprovinz und in der Provinz Westfalen erlassen. Zudem hatte sich Braun im Landtag ausdrücklich gegen das „Freiheitsgesetz" der Kampagne gestellt.

Der Stahlhelm-Initiative zum Volksbegehren schlossen sich DNVP, DVP, Alldeutscher Verband, VVVD, Reichslandbund, CNBL, Kyffhäuserbund, Ostmarkenverein und NSDAP an. Wie schon zuvor bei der Anti-Young-Plan-Kampagne lavierten die Nationalsozialisten zwischen Zusammenarbeit und Führungsanspruch und entschlossen sich erst kurz

275 Paul Alt an Karl Ernst, 24.1.1930, in HSTA Darmstadt G12 B, Nr. 32, Bd. 3, o. Bl., Paul Alt an Geschäftsstelle des Alldeutschen Verbandes, 28.5.1930, in ebd., Paul Alt an Karl Ernst, 13.8.1930, in ebd. Siehe Paul Alt an Karl Ernst, 10.9.1929, in ebd., Nr. 31, Bd. 1, o. Bl. und Bericht Paul Alt, 7.3.1930, in ebd., Nr. 32, Bd. 4, o. Bl.

276 Siehe Karl Ernst an Hauptgeschäftsstelle des Alldeutschen Verbandes, 9.8.1930, in HSTA Darmstadt G12 B, Nr. 31, Bd. 5, o. Bl.

277 Siehe Hofmeister: Between Monarchy and Dictatorship, S. 495. Seit der Einführung der verpflichtenden Abnahme der *Alldeutschen Blätter* für jedes Verbandsmitglied 1915 lag die Auflage zunächst etwas unter der Mitgliederzahl, jedoch, belegt für den Zeitraum 1926–1929, um die zwei- bis dreitausend Exemplare höher.

278 Siehe auch Schulze: Otto Braun, S. 659–670 und Berghahn: Stahlhelm, S. 143–178.

vor der ersten Sitzung des Ausschusses, sich zu beteiligen. Claß war sich diesmal unsicher, ob die Initiative erfolgversprechend sei, denn ein Scheitern wäre eine öffentliche Demütigung der „nationalen Opposition“.[279] Die Unterstützung der KPD machte die Initiative umso pikanter, die im März 1931 durch den preußischen Innenminister Severing genehmigt wurde. Vietinghoff-Scheel war hingegen klar, dass ohne die Kommunisten dem Unternehmen kein Erfolg beschieden sein könne.[280]

Das Verhältnis der Alldeutschen zum Stahlhelm war nicht zuletzt aufgrund solcher Eigeninitiativen wie dem Volksbegehren gegen den Young-Plan und nun mit dem Volksbegehren für die Auflösung des Preußischen Landtags nicht ohne Probleme. Zwar näherte sich der Stahlhelm seit 1929 dem Alldeutschen Verband, ließ die Stahlhelmkapelle Verbandstage musikalisch eröffnen und schickte ihren stellvertretenden Bundeskanzler Major Siegfried Wagner zur Berichtertsattung in den Sitzungen des Geschäftsführenden Ausschusses.[281] Der Geschäftsführer der alldeutschen Geschäftsstelle, Vietinghoff-Scheel, beklagte sich nach Veröffentlichung des Volksbegehrens über die Eigenmächtigkeit der Stahlhelm-Führung, welche die nationalsozialistische Forderung nach einem weiteren Vorantreiben des zuvor gebildeten Reichsausschusses zunächst mit dem Gedanken eines solchen Volksbegehrens gegen die preußische Regierung für sich beanspruchte, dann aber einige Monate unbeantwortet liegen ließ. Dies habe zu Verstimmungen innerhalb des Reichsausschusses geführt und auch bei den Deutschnationalen und den Alldeutschen den Eindruck verstärkt, dass „die gesamte nationale Bewegung seit ihrem Bestehen“ daran „kranke“, „daß nämlich jedes einzelne nationale Gebilde bestrebt sei, allein für sich seine Fahne zu zeigen“.[282] Die agile Umtriebigkeit der Stahlhelmführung setzte die DNVP unter Hugenberg somit dem Druck aus, sich den Initiativen des Stahlhelms, zuweilen ohne vorherige Absprache, anzuschließen und dann nachträglich die Führung über die Kampagne zu den Volksbegehren für sich reklamieren zu müssen, um das Führungszentrum der „nationalen Opposition“ gegenüber der NSDAP behaupten zu können.

Bei den ersten Gesprächen des Reichsausschusses von Stahlhelm, DNVP, NSDAP, DVP, Alldeutscher Verband, CNBL, Landbund, Wirtschaftspartei und VVVD hätten zudem alle Organisationen erklärt, kein Geld für eine solche Initiative zur Verfügung zu haben und auch keine finanziellen Ressourcen dafür bereitstellen zu wollen, aber sich trotzdem beteiligen zu wollen.[283] Obwohl eine sehr optimistische Prognose für den Ausgang eines solchen Volksbegehrens trotzdem nicht die erforderlichen Stimmen für

---

279 Siehe Claß auf der Sitzung des Geschäftsführenden Ausschusses des Alldeutschen Verbandes, 6./7.12. 1930, in BA-Berlin, R 8048, Bd. 164, Bl. 35–36.

280 Leopold von Vietinghoff-Scheel auf der Sitzung des Geschäftsführenden Ausschusses des Alldeutschen Verbandes, 25.4.1931, in BA-Berlin, R 8048, Bd. 166, Bl. 15–18.

281 Ab 1930 war Siegfried Wagner Bundesführer des Stahlhelm.

282 Leopold von Vietinghoff-Scheel auf der Sitzung des Geschäftsführenden Ausschusses des Alldeutschen Verbandes, 6.12.1930, in BA-Berlin, R 8048, , Bd. 164, Bl. 33.

283 Man rechnete mit Kosten von zunächst 200.000 RM für ein reichsweites Plakat und ein Flugblatt. Ebd., Bl. 34.

einen Erfolg der Initiative ergaben, habe man darauf setzen wollen, dass das Zentrum, „um dem demokratischen Gedanken zu genügen“, für die Auflösung des Landtages plädieren würde.[284]

Claß verurteilte ebenso die unüberlegte Initiative des Stahlhelm, der aus „Prestigegründen“ vorschnell agiert habe in der Annahme, dass man ihn schon nicht in der „Patsche“ sitzen lassen würde, obwohl ein „Nichterfolg des Volksbegehrens eine große Blamage darstelle“.[285] Auch Dommes war zunächst fest davon überzeugt, dass „der Gedanke eines Volksbegehrens wieder in der Versenkung verschwinden“ würde.[286]

Claß hoffte Anfang 1931 auf einen baldigen völligen Zusammenbruch des „marxistisch-demokratischen Systems“, das eine „Rechtsregierung“ ablösen müsste, um „einem schöpferischen Staatsmanne“ die Möglichkeiten an die Hand zu geben, „Aufbaupolitik zu treiben“ für die Industrie, den Großgrundbesitz, der durch entsprechende Entschuldungspläne entlastet werden müsste, sowie für die Rettung der Großbanken, die durch die Politik amerikanischer Reichsanleihepolitik nicht genügend Kapital zur Verfügung hätten.[287] Diese „Rechtsregierung“ wäre aber nur eine „Uebergangs-Regierung“, so Claß, die durch eine „wirklich völkische Regierung abgelöst werden“ müsste, die dann „im ganz große Stile Staatskunst“ betreiben würde.[288]

Davon war die „nationale Opposition“ hingegen weit entfernt. Neben den Eigenmächtigkeiten des Stahlhelm und den Schwierigkeiten, die sich daraus für eine unter Hugenbergs Führung erfolgreich agierende „nationale Opposition“ ergaben, lag ein weiteres Problem für Claß in dem ambivalenten Verhältnis zwischen DNVP und NSDAP. Auch Duesterberg und Seldte befürchteten für den Stahlhelm, dass die gemeinsame Aktion zur Spaltung der Bewegung führen könnte, da sich letztlich zwischen beiden Seiten entschieden werden müsste. Hitler gab solchen Unsicherheiten weiteren Nährboden, als er sich bei einigen Sitzungen des Ausschusses schlichtweg entschuldigen ließ.[289]

Spannungen zwischen Alldeutschem Verband und NSDAP machten die Kooperation auch für Claß immer schwieriger. Nach der Absetzung des Berliner SA-Führers Walter Stennes im März 1931, der Hitler für seine Zusammenarbeit mit der „nationalen Opposition“ kritisiert und seinen Führungsstatus in Frage gestellt hatte, ging der Alldeutsche Verband in der Öffentlichkeit äußerst kritisch mit ihm um und forderte innerhalb der NSDAP ein radikaleres Vorgehen gegen den linken Flügel der Partei, um weiterhin

284 Ebd.

285 Claß auf der Sitzung des Geschäftsführenden Ausschusses des Alldeutschen Verbandes, 6.12.1930, in ebd.

286 Wilhelm von Dommes auf der Sitzung des Geschäftsführenden Ausschusses des Alldeutschen Verbandes, 6.12.1930, in ebd.

287 Claß auf der Sitzung des Geschäftsführenden Ausschusses des Alldeutschen Verbandes, 7.2.1931, in BA-Berlin, R 8048, Bd. 165, Bl. 30.

288 Ebd., Bl. 30–31.

289 Siehe Paul Bang und Claß auf der Sitzung des Geschäftsführenden Ausschusses des Alldeutschen Verbandes, 7./8.2.1931, in ebd., Bl. 33 und 37.

zusammenarbeiten zu können.[290] Claß hatte wenig Respekt für Stennes, nachdem dieser 1919 in einer Sonderabteilung der Berliner Sicherheitspolizei und 1922 in der „Schwarzen Reichswehr“ aktiv gewesen war und sich hier gegenüber Claß als unzuverlässig erwiesen habe. Claß kam vermutlich mit Stennes um 1920 in Kontakt, als die ersten Verbindungen zu Hitler geknüpft wurden und Stennes bereits durch seine Aufstellung des Freikorps „Hacketau“ auf dem Schloss Varlar von Salm-Horstmar in Coesfeld 1919 mit den Alldeutschen in Verbindung stand.[291] Dass Stennes zwei Tage nach dem im Oktober 1923 gescheiterten „Küstriner Putsch“ von Ernst Buchrucker Claß die politische Führung von Buchruckers Truppen angeboten hatte, nachdem Stennes die militärische Führung übernommen hatte, besiegelte die Antipathie gegen den späteren SA-Führer.[292]

Im April 1931 eskalierte der Streit zwischen Claß und Hitler, als der NSDAP-Vorsitzende über Lehmann mitteilte, dass er angesichts der Kritik an den internen Auseinandersetzungen der NSDAP in Zukunft nicht mehr mit Claß über eine Zusammenarbeit verhandeln werde, obwohl es der „nationalen Opposition“ nicht helfen werde, wenn sie in zwei Hälften zerfiele.[293] Lehmann war als Verbindungsmann zur NSDAP in München ein Beispiel für diese Zerrissenheit, da er aus Kritik an Hugenbergs DNVP-Kurs zum Frühjahr 1932 aus der Partei austrat und stattdessen seine ehemalige Mitgliedschaft in der NSDAP (1920 bis 1923) erneuerte. Es gebe ohnehin in den NSDAP-Gremien schon länger Zweifel an der Verschmelzung der Partei mit den bürgerlichen Organisationen der „nationalen Opposition“, so Hitler.[294] Die *Deutsche Zeitung* hatte ausführlich und in scharfem Ton über den Fall Stennes berichtet und so konnte erst im April 1931 nach wochenlangen Auseinandersetzungen der Streit zwischen Claß und Hitler beigelegt werden, jedoch nicht ohne grundlegende Einsichten über den Führungsstil der Nationalsozialisten.[295] Claß schickte Hugenberg zur „angenehmen Abwechslung“ den Brief Hitlers zur Stennes-Auseinandersetzung vom März 1931, um mit dieser „Zeiturkunde“ noch einmal vor Hitlers arrogantem Charakter und dessen unübersichtlichen politischen Taktiken zu warnen.[296]

Auf einer Versammlung des Nationalsozialistischen Deutschen Studentenbundes klärte Hitler Anfang Mai noch einmal die eigenen politisch-weltanschaulichen Grundsätze, die sich immer danach auszurichten hätten, ob sie der eigenen politischen Macht nützten oder nicht. „Bereits 1919 war diese Frage akut. Es gab damals 2 Richtungen: die

290 Siehe auch Longerich: Geschichte der SA und Pomplun: Deutsche Freikorps, S. 238–253.

291 Janßen: Der Haudegen Walther Stennes und Gietinger/Kozicki: Freikorps und Faschismus, S. 382–382.

292 Siehe dazu Hofmeister (Hrsg.): Heinrich Claß. Politische Erinnerungen, Kapitel 6.16.

293 Adolf Hitler an Julius F. Lehmann, 13.4.1931, in Goschler: Hitler: Reden, Schriften, Anordnungen, Bd. IV, Teil 1, S. 290–292. Zu Julius F. Lehmanns Austritt aus der DNVP siehe auch Ders.: Fragebogen NSDAP (1933), in BHStA München, NL Lehmann, Bd. 3, Nr. 23.

294 Adolf Hitler an Julius F. Lehmann, 13.4.1931, in Goschler: Hitler: Reden, Schriften, Anordnungen, Bd. IV, Teil 1, S. 290–292.

295 Siehe Sitzung des Geschäftsführenden Ausschusses des Alldeutschen Verbandes, 25.4.1931, in BA-Berlin, R 8048, Bd. 166, Bl. 16–17.

296 Ebd.

eine völkische, ‚geistig sich vertiefende', und die andere, von der man sagt, daß sie ‚die Gewalt anbetende, geistlose' sei. Letztere habe ich gewählt."[297] Bei den Alldeutschen schärfte hingegen die Wahrnehmung Hitlers als ein selbsternannter „Retter Deutschlands auf dem Gipfel des Größenwahns, aber auch der Ungeheuerlichkeit, Ungezogenheit und Urteilslosigkeit", so Bang.[298]

Diese Kämpfe mit Hitler sah Claß als „sehr ernst" an und hoffte bereits Ende April 1931 auf eine schnelle Abreise nach Bad Kissingen, um im Wittelsbacher Hof seine geplante Kur anzutreten sowie einen „schweren Nacken- und Luftröhrenkatarrh" zu heilen, der ihn kaum sprechen ließ.[299] Bereits im Frühjahr 1930 hatten sich seine Schlafstörungen zu „völliger Schlaflosigkeit und Benommenheit des Kopfes" verstärkt und er musste neben einer Kur in Bad Brambach zusätzlich Sauerstoffbäder gegen diese Zustände nehmen.[300] Die psychische und physische Labilität des Verbandvorsitzenden korrespondierte mit der umkämpften Position der Alldeutschen in den Auseinandersetzungen zwischen den Deutschnationalen und den Nationalsozialisten. Die Fragilität der politischen Zusammenarbeit mit der NSDAP machte die politische Gestaltungsfähigkeit des Alldeutschen Verbandes immer fragwürdiger, andererseits verstärkte diese ambivalente Rolle im Zentrum der Rechten die Bindungen innerhalb der Verbandsführung. Claß schwor die Führungsgremien des Alldeutschen Verbandes erneut auf das „Führerprinzip" ein und forderte, dass „meine Äusserungen die Bedeutung von Dienstanweisungen haben".[301]

Auf der Sitzung des Geschäftsführenden Ausschusses am 25. April 1931 in Düsseldorf fehlte Claß folglich wegen Krankheit. Es war eine der wenigen Sitzungen, an denen er als Vorsitzender nicht teilnehmen konnte und Hertzberg-Lottin den Vorsitz übernehmen musste. Vietinghoff-Scheel, der als Hauptgeschäftsführer mit Claß in Berlin in ständigem Kontakt stand, übernahm für den Verbandsvorsitzenden den Bericht zur politischen Lage und beschwerte sich über die Vertagung des Reichstags am 13. April auf einen Wiederzusammentritt am 13. Oktober. Dieser Schritt sei nichts weniger als die „Selbstausschaltung des Reichstags" und die Notverordnung zur Einschränkung der Versammlungs- und Pressefreiheit vom 28. März ein „glatter Staatsstreich" gewesen, sodass man unter einem „Diktatur-Kabinett" leide.[302] Die Einforderung der „nationalen Opposition", den Reichstags wieder umgehend einzuberufen, sie vom Reichstagspräsidenten Paul Löbe abgelehnt und somit als Vollendung eines „doppelten Staatsstreichs" erfolgt.[303]

297 Adolf Hitler: Rede auf der Führertagung des NSDStB in München, 2.5.1931, in Goschler: Hitler: Reden, Schriften, Anordnungen, Bd. IV, Teil 1, S. 350.
298 Paul Bang an Claß, 21.4.1931, in BA-Berlin, R 8048, Bd. 287, Bl. 302–303. Zitat ebd., Bl. 302.
299 Claß an Paul Bang, 21.4.1931, in ebd., Bl. 304.
300 Claß an Gustav Pezoldt, 14.5.1930, in BA-Berlin, R 8048, Bd. 219, Bl. 72–73.
301 Claß an Julius F. Lehmann, 20.4.1931, in BHStA München, NL Lehmann, Bd. 3, Nr. 25.
302 Leopold von Vietinghoff-Scheel auf der Sitzung des Geschäftsführenden Ausschusses des Alldeutschen Verbandes, 25.4.1931, in BA-Berlin, R 8048, Bd. 166, Bl. 15.
303 Ebd.

„Sehr unerfreulich“ sei aufgrund dieser Herausforderungen für eine geeinte „nationale Opposition“ aus alldeutscher Sicht das Ausscheiden der NSDAP aus der Regierung in Thüringen zu bewerten, nachdem am 1. April ein Misstrauensvotum der SPD gegen den Frick als Innen- und Volksbildungsminister durch den Landtag angenommen worden war, so Vietinghoff-Scheel.[304] Zumindest sei Hitler mit Blick auf die Stennes-Revolte „erfreulicherweise der Sache sehr bald Herr geworden“ und somit eine „Zerreißung der NSDAP“ sowie eine damit einhergehende „Schwächung‘“ der „nationalen Opposition“ verhindert worden war, da Stennes auf „illegalem Weg“ und Hitler auf „legalem Weg“ gehen wollten. Die Zusammenarbeit zwischen Hugenberg und Hitler sei daher „bisher in befriedigender Weise vor sich gegangen“, während eben der Stahlhelm bei der Verkündung des laufenden Volksbegehrens „ungeschickt verfahren“ sei, „weil dadurch alle Anderen in die Zwangslage versetzt worden seien, mitzugehen, ohne daß ihr Rat und ihre Meinung gehört worden sei“.[305]

Das Volksbegehren brachte knapp 6 Millionen Unterschriften und wurde am 8. und 9. Juli 1931 gegen die Stimmen der „Weimarer Koalition“ von SPD, Zentrum und Deutscher Staatspartei im Preußischen Landtag angenommen. Der Volksentscheid sollte am 9. August stattfinden. Der Alldeutsche Verband setzte alle seine verfügbaren Ressourcen ein, um 130 öffentliche Versammlungen und den Druck von 36.000 Broschüren zu organisieren.[306] Die NSDAP hingegen nutzte den Propagandafeldzug, um sich in der öffentlichen Wahrnehmung weiter als führende Organisation der Rechten zu etablieren. Die merkwürdige Kooperation mit der KPD erschwerte der DNVP ihre vermittelnde Rolle bei dieser entgegengesetzten Sammlungsbewegung, die ebenfalls von der Wirtschaftspartei und dem Christlich-Sozialen Volksdienst unterstützt wurde. Die Auszählung des Volksentscheides brachte letztlich nur die Zustimmung von knapp 37 Prozent aller Stimmberechtigten und scheiterte somit an zu geringer Wahlbeteiligung, die insgesamt bei knapp über 39 Prozent lag. Nicht zuletzt fehlten kommunistische Anhänger bei der Wahl, die die KPD zum „roten Volksentscheid“ im Kampf gegen „Sozialfaschismus“, aber in kurzfristiger Einheit mit dem „Nationalfaschismus“ machen wollte.[307]

Das gescheiterte Referendum stärkte sowohl die SPD als auch das Zentrum. Brüning hatte die Tolerierungspolitik durch die SPD mit seinem Versprechen erleichtert, die „Weimarer Koalition“ aus SPD, Zentrum und DDP (ab 1930 Deutsche Staatspartei) nicht durch ein Herausführen der Zentrumspartei zu gefährden. Solche Koalitionsverschiebungen eröffneten Überlegungen für eine Anbindung des Zentrums an die DNVP, um die Partei aus den Kräften der „Weimarer Koalition“ für einen Rechtsruck durch die Organisation neuer parlamentarischer Mehrheiten herauszulösen. Dies blieb jedoch unter einer Kanzlerschaft Brünings für Claß „für längere Zeit ausgeschlossen“ und es war nur „ein Bündnis auf kürzere Sicht zur Überwindung besonderer Schwierigkeiten“ denkbar. Schließlich sei das Zentrum eine Partei der „kleinen Leute“ und somit „kaum“ von der

304 Ebd, Bl. 16.

305 Ebd.

306 Alldeutsche Blätter 18.7.1931.

307 Winkler: Der Weg in die Katastrophe, S. 385–391. Zitate ebd., S. 385.

SPD zu unterscheiden. Von Hugenberg wolle das Zentrum, gerade auch im Preußischen Landtag, ohnehin wenig wissen, deshalb halte die Partei weiterhin an der SPD fest.[308]

Hugenberg war bereits kurz nach der gescheiterten Anti-Young-Plan-Kampagne ein weiteres Mal bei Hindenburg gewesen, um eine Zusammenarbeit zu besprechen. Im März 1930 sagte der Reichspräsident aber ein erneutes Gespräch ab, da er sich nichts davon erhoffte.[309] Anfang Juli wiederholte sich dieses Szenario und es verbreiteten sich im August Gerüchte über einen geplanten Besuch Hugenbergs bei Hindenburg, um mögliche Gespräche mit Brüning zu sondieren, was auf Wunsch der DNVP erfolgt sein soll.[310] Am 6. Oktober kam es zu einem Gespräch Oberfohrens und Winterfelds mit Brüning, in dem die DNVP ihre Bereitschaft, Verantwortung zu übernehmen, noch einmal herausstellte, während wohl auch festgehalten wurde, dass Hugenberg einen umfassenden Umbau des Kabinetts gefordert habe. Dem Treffen folgte am 14. Oktober ein entsprechender Brief von Hugenberg und Oberfohren an Brüning. Zwei Tage später widersprach Hugenberg Verlautbarungen, er habe überhaupt konkrete Regierungsgespräche für eine Kabinettsumbildung geführt.[311] Im November kamen Hugenberg und Brüning erneut zusammen, jedoch mit dem gleichen Ergebnis.[312]

Hugenberg musste sich innerhalb der DNVP für die Nachrichten über mögliche Regierungsbeteiligungen auch noch ein Jahr später rechtfertigen, denn in der Partei war ein gouvernementales Taktieren angesichts der von Hugenberg ausgerufenen Fundamentalopposition gegen die Regierung höchst umstritten. Die Parteileitung veröffentlichte auf dem Parteitag in Stettin (18.–20. September 1931) und in der Presse Gegendarstellungen, Hugenberg habe 1930 nie ernsthaft in Erwägung gezogen, in ein Brüning-Kabinett einzutreten. Vielmehr sei nur von einer möglichen parlamentarischen Mitarbeit bei Gesetzesvorlagen die Rede gewesen.[313] In den nächsten zwei Jahren forderte Hugenberg von Brüning weiterhin eine Klarstellung, der immer behaupte, es habe mit ihm Regierungsgespräche gegeben.[314]

---

308 Claß an Otto Helmut Hopfen, 17.8.1931, in BA-Berlin, R 8048, Bd. 392, Bl. 260.

309 Paul von Hindenburg an Alfred Hugenberg, 8.3.1930, in BA-Berlin, R 601, Bd. 146, Bl. 33.

310 Siehe auch N.N. Bericht über eine Telefonunterredung mit Ministerialdirigent Heinrich Döhle am 2.9.1930, in ebd., R 601, Bd. 4, Bl. 37–38 und Berliner Tageblatt 3.8.1930.

311 Alfred Hugenberg und Ernst Oberfohren an Heinrich Brüning, 14.10.1930, in BA-Berlin, R 43/I, Bd. 2654, Bl. 250–252. Siehe auch Erklärung der DNVP-Parteileitung vom 11.3.1931, in Unsere Partei 15.3.1931 und Unsere Partei 16.10.1930.

312 Aufzeichnung Hermann Pünder, 26.11.1930, in BA-Berlin, R 43/I, Bd. 1021, Bl. 144–147. Am 26.11.1930 forderte Alfred Hugenberg gegenüber Heinrich Brüning auch die Demissionierung des Ministerpräsidenten von Preußen, Otto Braun. Siehe Patch: Heinrich Brüning, S. 112–113 sowie auch Leopold: Hugenberg, S. 80–87.

313 Siehe Der Tag 21.9.1931.

314 Rede Alfred Hugenberg in Kiel 16.4.1932, in Deutsche Zeitung 17.4.1932. Siehe auch Rede Alfred Hugenberg auf dem DNVP-Parteitag in Stettin 19.9.1931, in Deutsche Zeitung 26.9.1931 sowie seine Rede während der Wahlkundgebung in Hessen-Nassau am 8.11.1931, in Germania 9.11.1931. Hugenberg führte schon im August 1931 Gespräche mit Heinrich Brüning darüber, dass solche Behauptungen unwahr seien. Siehe Deutsche Zeitung 28.8.1931.

Die Gespräche verliefen hingegen in der Tat anders. Claß bestätigte auf der Sitzung des Geschäftsführenden Ausschusses Anfang Februar 1931, dass Hugenberg am 17. Juli 1930 zusammen mit Oberfohren bei Brüning gewesen sei „und sich bereit erklärt habe, mitzuwirken und geeignete Männer in das Kabinett zu entsenden, unter der Bedingung, daß in Preußen so regiert werden müßte, wie im Reich".[315] Brüning habe Hugenberg schließlich erwidert, dass er gar keinen Einfluss auf das Zentrum in Preußen habe.[316] Ein Angebot des Reichspräsidenten an Hugenberg, mit der DNVP in die Regierung zu gehen, habe es hingegen nie gegeben, so Claß. Zudem habe er von Informanten „zuverlässig gehört", Hindenburg habe im Umfeld dieses Gesprächs geäußert, „mit Hugenberg sei nichts anzufangen".[317]

Die Oppositionspolitik Hugenbergs vertrug sich nur schwerlich mit Ambitionen für eine quasi-gouvernementale Kooperation mit Brüning, die zwar den diktatorischen Durchgriff zum Ziel hatte, aber letztlich Hugenberg immer weiter weg vom Ziel einer Reichskanzlerschaft brachte. Und nachdem am 10. Februar 1931 die DNVP-Fraktion zusammen mit den Abgeordneten der NSDAP und dem Christlichen Landvolk aus dem Reichstag ausgezogen war, um sich gegen eine Änderung der Geschäftsordnung zu stellen, die eine Behinderung des parlamentarischen Betriebes durch eine erschwerte Misstrauensantragstellung zum Ziel hatte, forderte der Reichspräsident den DNVP-Vorsitzenden zur parlamentarischen Zusammenarbeit mit der Regierung auf.

Claß war überzeugt, dass die Schwierigkeiten, die Hugenberg bewältigen musste, von einem „infernalischem Haß" Hindenburgs und seiner „Kreise" gegen den Führer der DNVP begleitet war.[318] Hindenburg besitze zwar kein politisches Gespür, so Claß, und man wisse nicht was man davon halte solle, wenn sich der Reichspräsident vor Schiele als Minister stelle oder vor Weihnachten sogar die Ernennung von Treviranus als Reichskanzler in Erwägung gezogen hatte, was Claß nur als „schlechter Witz" bezeichnete. Jedoch „hafte" er als „Staatsoberhaupt" für seine Entscheidungen und man könne ihn nicht mit dem Argument entschuldigen, dass seine Umgebung ihn beeinflusse und berate.[319] Zu Hindenburgs „Kreisen" gehöre auch Westarp, der Hugenberg hasse „wie das höllische Feuer".[320] Es sei schade, so Claß, dass persönliche Motive hier die politischen Ambitionen bestimmen würden. Da ohne Hugenberg die „nationale Opposition" schlichtweg „zusammenbreche", müssten die Alldeutschen den DNVP-Vorsitzenden „mit allen Kräften" unterstützen.[321]

315 Claß auf der Sitzung des Geschäftsführenden Ausschusses des Alldeutschen Verbandes, 7.2.1931, in BA-Berlin, R 8048, Bd. 165, Bl. 30.

316 Siehe auch Berliner Lokal-Anzeiger 26.2.1931.

317 Claß auf der Sitzung des Geschäftsführenden Ausschusses des Alldeutschen Verbandes, 7.2.1931, in BA-Berlin, R 8048, Bd. 165, Bl. 30.

318 Ebd., Bl. 31.

319 Ebd., Bl. 30.

320 Ebd., Bl. 31.

321 Ebd.

Gegen Hugenberg stand als zentrale Figur der „Kreise" um den Reichspräsidenten sein Sohn Oskar von Hindenburg, dessen agrarpolitische Positionen zwischen „Dummheit oder grenzenlose[r] Leichtfertigkeit" oszillierten und der Hugenberg für die Krise der Landwirtschaft mitverantwortlich machte.[322] Hindenburg residierte selbst auf Gut Neudeck in Ostpreußen, ein Geschenk zu seinem 80. Geburtstag am 2. Juli 1927, das durch die skandalöse Organisation umfangreicher Spenden unter anderem des Reichslandbunds und der Industrie für das hochverschuldete Familienanwesen der Hindenburgs durch Oldenburg-Januschau ermöglicht wurde.[323]

Die seit 1926 laufenden Kredithilfen für die Landwirtschaft mündeten ab 1929 in weitere Gesetze zur sogenannten Osthilfe, die 1930, ein Jahr nach dem Beginn der Weltwirtschaftskrise, durch Notverordnungen gestärkt und im März 1931 durch ein Osthilfegesetz mit Maßnahmen zur Ansiedlung von Bauern auf bankrotten Gütern erweitert wurden.[324] Hugenberg brachte kurz vor Weihnachten 1930 für die DNVP einen Gesetzentwurf im Reichstag ein, der den gesamten ostelbischen Raum und nicht nur Ostpreußen mit drei Verordnungen zum Vollstreckungsschutz, zur Entschuldung bedrohter Betriebe und zur Regelung der Rechtsverhältnisse der Entschuldungsbetriebe über eine einzurichtende Reichslandgesellschaft (Rentenbankkreditanstalt) neu regeln sollte.[325] Zur Durchsetzung dieser Ziele sei eine starke „Rechtsregierung" in Preußen und im Reich notwendig, so Hugenberg.[326]

Der Alldeutsche Verband unterstützte ein Programm zur umfassenden landwirtschaftlichen Gesamtentschuldung im Umfang von geschätzten 15 bis 16 Milliarden Mark, das nicht nur durch eine staatliche Gläubigerschaft über die Preußenkasse und eine planmäßige Hypothekenabzahlung umgesetzt, sondern durch neue Handelsvertragssysteme, staatliche Preisregulierung und Einfuhrbeschränkungen zur Stabilisierung der

322 Ebd., Bl. 30.

323 Siehe auch Oldenburg-Januschau: Erinnerungen, S. 228–229 und Klein: Korruption und Korruptionsskandale, S. 450–472.

324 Roidl: Die „Osthilfe" und Gömmel: Die Osthilfe sowie Köhler: Genossen, Freunde, Junker, S. 193–266. Diese Siedlungsmaßnahmen entsprachen in weiten Teilen den langjährigen Forderungen Alfred Hugenbergs nach staatlicher Förderung der Binnenkolonisation durch Verteilung von Siedlungsland, die er bereits in seiner Promotion und dann durch seine Arbeit bei der Ansiedlungskommission in Posen vertrat. Hugenberg: Die Besiedlung der norddeutschen Moore und Ders.: Innere Colonisation.

325 Siehe Gesetz betreffend Entschuldung der Landwirtschaft, DNVP-Entwurf Alfred Hugenberg u. a., 23.12.1930, Antrag Nr. 621 und 622, Anlage I–III, in Verhandlungen des Reichstags, V. Wahlperiode 1930, Bd. 449, Berlin 1932. Somit sollte nicht nur der Gütermarkt wie bei der Osthilfe geschützt, sondern durch ein umfangreiches System des Vergleichs zwischen Gläubiger und Landwirt und die Lösung der unmittelbaren Verbindung zwischen Schuldner und Gläubiger sowohl Landwirtschaft als auch das sogenannte Landvolk gestützt werden, damit die völkischen Grundlagen Deutschlands gesichert und beispielsweise Entschuldung durch Landabgabe für Siedlungsstellen verstärkt gefördert würden. Siehe auch Das Großdeutsche Reich (hrsg. von Eduard Stadtler), Nr. 1, 16.1.1931, in BA-Berlin, R 8048, Bd. 398, Bl. 2, Deutsche Zeitung 22.1.1931, Rede Alfred Hugenberg in Bückeburg am 27.4.1931, in Berliner Lokal-Anzeiger 28.4.1931 und Alfred Hugenberg: Ein Grundgedanke der Rettung, in Deutsche Zeitung 29.10.1931.

326 Deutsche Zeitung 23.2.1931.

deutschen Produktion eingerahmt werden sollte.[327] Brüning hingegen entfremdete mit seinem Kurs weiter die Agrarlobby wie den Reichslandbund, den Reichsernährungsminister der Brüning-Regierung, Schiele, und nicht zuletzt auch Hindenburg, der sich für die Interessen der ostpreußischen Großagrarier einsetzte, die überdurchschnittlich von der Osthilfe profitierten. Claß machte auf der Sitzung des Geschäftsführenden Ausschusses im Februar 1931 klar, dass er seit geraumer Zeit hoffe, Brüning sei in seiner Stellung so geschwächt, dass eine „politische Umgruppierung bevorstehe".[328] Hugenberg sollte daher seinen festen Weg weitergehen, auch wenn er schon länger nicht nur durch Brüning und Hindenburg, sondern zudem durch Treviranus und Schiele – dem „Viergespann" – in eine schwierige Lage gebracht wurde und die DNVP-Reichstagsfraktion zu oft nur mit Fraktionszwang geführt und durch weitere personelle Veränderungen erneuert werden müsste.[329]

Die Diktatur blieb für Claß, genauso wie für Hugenberg, im Frühjahr 1931 weiterhin der einzige Ausweg aus dem parlamentarischen System der Weimarer Republik, jedoch warnte er vor konkreten Planungen, da es zum jetzigen Zeitpunkt keinerlei Führungspersönlichkeiten in Regierung und Reichswehr gäbe, die eine Position als Diktator einnehmen könnte. Er erinnere sich noch an das Jahr 1923, als man die Diktatur „vom Vormittage auf den Nachmittag, und von da auf den nächsten Morgen verlegte" und letztlich „überhaupt nichts erfolgt" sei.[330] Seeckt habe weiterhin „weder den Willen noch die Nerven" und auch der immer genannte „Favorit" Schleicher erfülle die Anforderungen an einen Diktator nicht. Ebensowenig erwarte Claß von den Nationalsozialisten oder vom Stahlhelm entsprechende Führungspersönlichkeiten.[331] Vom Stahlhelm erwartete Claß ohnehin eine untergeordnete Rolle bei der zukünftigen Ausgestaltung einer legal an die Macht gekommenen Diktaturregierung, die, „seinem Daseinszweck entsprechend", der einer „Hilfspolizei" gleichkommen sollte.[332] Politisch war demzufolge Hugenberg weiterhin als politischer Führer der „nationalen Opposition" mit allen Mitteln zu unterstützen.

Claß mahnte daher bereits frühzeitig zur dringenden Einigung auf einen Einheitskandidaten der „nationalen Opposition" für die kommende Reichspräsidentenwahl 1932. Bereits im Oktober 1930 hatte er Hugenberg gedrängt, „im engsten Kreise" diese Frage für die Wahl zum höchsten Amt im Staat mit entsprechenden verfassungsrechtlichen Befugnissen zu diskutieren, damit „man nicht im gegebenen Fall wieder über-

327 Siehe Gertzlaff von Hertzberg-Lottin auf der Sitzung des Geschäftsführenden Ausschusses des Alldeutschen Verbandes, 7.2.1931, in BA-Berlin, R 8048, Bd. 165, Bl. 34–35.

328 Claß auf der Sitzung des Geschäftsführenden Ausschusses des Alldeutschen Verbandes, 7.2.1931, in BA-Berlin, R 8048, Bd. 165, Bl. 31.

329 Ebd. Siehe auch zuvor schon Claß an Otto Fürst zu Salm-Horstmar, 9.4.1930, in BA-Berlin, R 8048, Bd. 454, Bl. 29–30.

330 Claß auf der Sitzung des Geschäftsführenden Ausschusses des Alldeutschen Verbandes, 7.2.1931, in BA-Berlin, R 8048, Bd. 165, Bl. 37.

331 Ebd.

332 Ebd, Bl. 39.

rascht und vor vollendete Tatsachen gestellt wird".[333] Damals hatte Claß bereits für Below plädiert, um Hindenburg als Reichspräsidenten zu ersetzen, dessen baldigen Abgang man innerhalb der Rechten vorherzusehen geglaubt hatte. Magnus von Levetzow, Konteradmiral und ab Sommer 1928 im bezahlten Dienst Wilhelms II. in Doorn für die Koordinierung nationalistischer Gruppen im Sinne einer monarchischen Restauration, machte sich 1930 für Wilhelm Cuno als Reichspräsident stark und setzte sich für ihn bei Reusch, Hitler, Goltz, Duesterberg und Seldte sowie auch bei Claß ein.[334] Levetzow war ein enger Vertrauter von Claß, der ihn 1927 zum Eintritt in die Hauptleitung bewegen wollte, obwohl er gar nicht Mitglied des Verbandes war. Bei einem Treffen von Cuno mit Claß am 3. Oktober 1930 schien Claß vom Kandidaten zunächst „ganz begeistert", so Levetzow.[335]

Der seit den Reichstagswahlen im September 1930 beständig steigende Machtanspruch der Nationalsozialisten erschwerte die Initiative Levetzows für Cuno, da Hitler bei der Kandidatenfindung mitsprechen wollte und er sich mit Hugenberg dahingehend „belauerte".[336] Bereits im Frühjahr 1931 war Cuno daher für Levetzow und seine Anhänger keine Option mehr. Die in denselben monarchistisch-konservativen Kreisen diskutierte Alternative einer Aufstellung Herzog Adolf Friedrich zu Mecklenburgs, eines Halbbruders von Johann Albrecht zu Mecklenburg, den Claß 1916 für die Führung des Deutschen Volksrates verpflichten wollte, scheiterte zudem am Veto des Exil-Kaisers im Juli 1931.[337]

Auch Claß blieb am Ende bei seinem Kandidaten und hielt an Below fest. Hjalmar Schacht, der ebenfalls als Kandidat der Rechten im Gespräch war, gab er keine Chance. Rüdiger Graf von der Goltz von den VVVD hatte bereits abgesagt.[338] Claß rechnete zudem mit dem Machtanspruch des Stahlhelms, der Duesterberg nominieren würde. Da man den legalen Weg zur Macht verfolge, müsse man dem Stahlhelm die Rolle einräumen, die ihm als „Hilfspolizei" zukomme. Einzig der Alldeutsche Verband und die DNVP seien aber die „Ruhepole" innerhalb der Rechten, die eine Diktatur errichten könnten, die immer erst nach dem politischen Regimewechsel mehrheitliche Zustimmung erfahren werde, so Claß.[339] Bis dahin müsse man auf dem legalen Weg aushalten und weiter für Hugenberg kämpfen.

Claß sah zu Beginn des Jahres 1931 eine breite Front des „Hasses" gegen Hugenberg am Werk, zu der, neben Paul und Oskar von Hindenburg, Treviranus, der Minister für die besetzten Ostgebiete in der Brüning-Regierung war, Schleicher, der 1929 unter Reichswehrminister Wilhelm Groener die Leitung des Ministeramtes der umgebildeten

333 Claß an Alfred Hugenberg, 29.10.1930, in BA-Koblenz, N 1231, Bd. 36, Bl. 131.

334 Siehe Garnier: Magnus von Levetzow, S. 126–127.

335 Magnus von Levetzow an Eno Hermann, 3.10.1930, in BA-Freiburg, N 239, Bd. 54, Bl. 190–192.

336 Pyta: Hindenburg, S. 616.

337 Ebd., S. 618–627.

338 Claß auf der Sitzung des Geschäftsführenden Ausschusses des Alldeutschen Verbandes, 7.2.1931, in BA-Berlin, R 8048, Bd. 165, Bl. 37.

339 Ebd., Bl. 39–40.

Wehrmachtsabteilung im Reichswehrministerium übernommen hatte, und Schiele gehörten.[340] Hugenberg werde durch eine Phalanx entschiedener Gegner gemieden. Diese reichten vom Reichspräsidenten über den Reichskanzler bis zu Vertretern einer Mitte-Rechts-Koalition, die über enge Kontakte zur Reichswehr verfügte, und zu der auch Treviranus und Westarp von der 1930 zusammengeschlossenen Konservativen Volkspartei zählten.

Eine Erklärung Hugenbergs vom März 1931 richtete sich entschieden gegen die Regierung Brüning, die für ihre Zweite Notverordnung zur Sicherung von Wirtschaft und Finanzen kritisiert wurde, da sie lediglich zur Verschiebung der fundamentalen Krise und nicht zur autoritären Lösung angewendet werde.[341] Hugenberg richtete sich aber auch gegen Hindenburg, der durch seine Autorität unter anderem Maßnahmen wie die Verordnung zur „Bekämpfung politischer Ausschreitungen" vom 28. März 1931 decke, damit das Vertrauen seiner einstigen Wähler von 1925 enttäusche sowie gegen die Mehrheit der Bevölkerung Entscheidungen treffe.[342]

Die Notverordnung hatte politische Auswirkungen auf die Bewegungsfreiheit von Verbänden. Da auch nach den Reichstagswahlen vom September 1930 die politische Gewalt auf den Straßen sowie politisch motivierte Morde nicht abgenommen hatten, sah sich Hindenburg veranlasst, die Anmeldung und Durchführung von Versammlung durch Notverordnung auf der Grundlage seiner verfassungsmäßigen Rechte gemäß Artikel 48 schärfer durch die Polizeibehörden regulieren zu lassen. Politische Versammlungen in der Öffentlichkeit wie auch in geschlossenen Räumen sowie alle Aufzüge und Versammlungen in der Öffentlichkeit waren nun 24 Stunden vorher polizeilich anzumelden.[343] Bei Zuwiderhandlung seien Haftstrafen von 3 Monaten bis zu fünf Jahren möglich. Auch politische Ausflugsfahrten, die in „radikalen Kreisen" gerne am Wochenende unternommen wurden und häufig zu „Raufereien" geführt hatten, wurden denselben Bestimmungen wie bei politischen Zusammenkünften unterworden. Das Führen von Schusswaffen sowie Stoß- und Hiebwaffen wurde nach Artikel 5 der Notverodnung verschärfenden Bedingungen ausgesetzt, da der Missbrauch zu politischen

340 Ebd., Bl. 31.

341 Erklärung Alfred Hugenberg gegen die Erklärung der Reichsregierung vom 30.3.1931, in Deutsche Zeitung 3.4.1931 und Germania 3.4.1931, Zweite Notverordnung zur Sicherung von Wirtschaft und Finanzen, in Reichsgesetzblatt I, Nr. 22, Berlin 1931, S. 279 ff. und Leopold von Vietinghoff-Scheel auf der Sitzung des Geschäftsführenden Ausschusses des Alldeutschen Verbandes, 25.4.1931, in BA-Berlin, R 8048, Bd. 166, Bl. 15–18. Zur Kritik an der Krisenpolitik der Brüning-Regierung kam die ablehnende Haltung der Alliierten gegenüber der am 21. März 1931 von der deutschen Regierung veröffentlichten Absichtserklärung für ein deutsch-österreichisches Zollbündnis, die auch dem „Anschluss"-Gedanken des Alldeutschen Verbandes entgegenlief.

342 Erklärung Alfred Hugenberg gegen die Erklärung der Reichsregierung vom 30.3.1931, in Deutsche Zeitung 3.4.1931 und Germania 3.4.1931.

343 Zum folgenden Verordnung des Reichspräsidenten zur Bekämpfung politischer Ausschreitungen, 28.3.1931, in Reichsgesetzblatt I, Nr. 11, 1931, S. 79 und Verordnung des Reichspräsidenten zur Bekämpfung politischer Ausschreitungen, 28. 3. 1931, in Hamburgische Polizeibeamten-Zeitung, 21. Jg., H. 10, 15. 5.1931, S. 158–160.

Zwecken „außerhalb des befriedeten Besitztums“ wie bei paramilitärischen Übungen mit bis sechs Monaten Gefängnis bestraft werden konnte. Die sichtbare Erkennung politischer Zugehörigkeit durch das Tragen einheitlicher Uniformen und Abzeichen wurde nach Artikel 8 ebenfalls eingeschränkt, um gewaltsamen Ausschreitungen zu vermeiden. Plakate und Flugblätter, gedruckter oder auch handschriftlich verfasster Art, mussten 24 Stunden vor Verbreitung polizeilich angemeldet werden. Vereine, die den Bestimmungen der Notverdnung nicht entsprachen, konnten zukünftig aufgelöst werden.

Zeitungen konnten bis zu acht Wochen verboten werden, andere periodisch erscheinene Druckschriften bis zu sechs Monaten, wenn sie „zum Ungehorsam gegen Gesetze oder rechtsgültige Verordnungen oder die innerhalb ihrer Zuständigkeit getroffenen Anordnungen der verfassungsmäßigen Regierung oder der Behörden aufgefordert oder angereizt“ werde, „Organe, Einrichtungen, Behörden oder leitende Beamte des Staates beschimpft oder böswillig verächtlich gemacht werden“, „eine Religionsgemeinschaft des öffentlichen Rechts, ihre Einrichtungen, Gebräuche oder Gegenstände ihrer religiösen Verehrung beschimpft oder böswillig verächtlich gemacht“ werden. Ein am Reichsgericht einzurichtender Senat für die Entscheidung über die Auflösung von Vereinigungen und über Verbote periodisch erscheinender Schriften sollte im schnellrichterlichen Verfahren für Einsprüche zuständig sein.[344]

Dieser Zugriff auf die Vereine zum Schutz von Staatsinstitutionen, Regierungsvertretern und zivilen Einrichtungen wie religiösen Gemeinden schuf eine verstärkte Rechtssicherheit für die Sicherstellung der öffentlichen Ordnung vor politischer Gewalt, gefährdete jedoch auch den Stahlhelm oder die Bismarck-Jugend der DNVP in ihren paramilitärischen und politischen Aktionen. Die Notverordnung beschränkte darüber hinaus im Grundsatz auch die Versammlungsfreiheit des Alldeutschen Verbandes und seiner antisemitischen Propaganda. Vietinghoff-Scheel verurteilte daher in Claß’ Stellvertretung auf der Sitzung des Geschäftsführenden Ausschusses im April 1931 die Notverordnung vom März in ihrer praktischen Wirkung als „glatten Staatsstreich“. Sie sei nach Artikel 48 der Verfassung nicht gerechtfertigt gewesen und habe die Regierung als „Diktatur-Regiment“ nur „noch fester im Sattel“ platziert.[345] Der Verband sei immer für eine Diktatur gewesen, so Vietinghoff-Scheel, aber nicht in dieser Form, die sich kaum von den „Bolschewisten“ unterscheide.

Die Alldeutschen wollten daher beim Reichspräsidenten direkt intervenieren, um Hindenburg in seiner zentralen verfassungsrechtlichen Stellung zu überzeugen, dass er sich nicht in das System der Notverordnungen zugunsten der Brüning-Regierung einbinden lassen sollte. Salm-Horstmar, der Mitglied der alldeutschen Hauptleitung war,

344 Verordnung des Reichspräsidenten zur Bekämpfung politischer Ausschreitungen, 28. 3. 1931, in Hamburgische Polizeibeamten-Zeitung, 21. Jg., H. 10, 15. 5.1931, S. 158–160 und Erste Verordnung zur Durchführung der Verordnung des Reichspräsidenten zur Bekämpfung politischer Ausschreitungen, 30.3.1931, in Reichsgesetzblatt 1931, Teil I, Nr. 31, S. 150.

345 Leopold von Vietinghoff-Scheel auf der Sitzung des Geschäftsführenden Ausschusses des Alldeutschen Verbandes, 25.4.1931, in BA-Berlin, R 8048, Bd. 166, Bl. 15.

versuchte in Absprache mit Claß eine Annäherung an den Reichspräsidenten zu erreichen, um für Hugenberg als Kandidat für das Reichskanzleramt zu werben. Am 26. Juli 1931 schrieb Salm-Horstmar an den Reichspräsidenten, dass die „nationale Opposition" geeinigt dastehe, um bei den nächsten Reichstagswahlen mit Hitler, Hugenberg, Seldte sowie Eberhard Graf von Kalckreuth vom Reichslandbund die Macht zu erringen. Hugenberg werde alle anderen überragen.[346] Hindenburg überging diesen Hinweis und antwortete, dass er einerseits Brüning nicht als versagenden Reichskanzler und andererseits Hugenberg keineswegs als „überragenden staatsmännischen Kopf, der die Dinge besser meistern könnte", sehe.[347] Zum jetzigen Zeitpunkt in die Regierung einzugreifen, sei für ihn „verhängnisvoll", jedoch begrüße er die Mitwirkung der Rechtsparteien sehr, die sich bisher zu seiner Enttäuschung immer fern gehalten hätten.[348]

Am 1. August empfing Hindenburg schließlich Hugenberg, um mit dem DNVP-Vorsitzenden über die „nationale Opposition" zu sprechen, der sich aus taktischen Gründen auffällig bedeckt hielt.[349] Nach den Aufzeichnungen des Staatssekretärs im Büro des Reichspräsidenten, Otto Meißner, betonte Hindenburg von Beginn an, dass er auf die Beseitigung der Hindernisse hoffe, die noch bei den letzten beiden Treffen im Januar und Februar 1930 bestanden hatten.[350] Der Reichspräsident wollte bei Hugenberg Möglichkeiten der Einbindung der DNVP für eine Wendung der Regierung nach rechts sondieren und fragte ihn, „ob es nicht möglich sei, daß die Deutschnationalen die Regierung Brüning unterstützten und mit ihr zusammen arbeiteten."[351]

Hugenberg eröffnete dem Reichspräsidenten, dass anderthalb Jahre später eine „neue Lage" eingetreten sei, da die „nunmehr eingetretene Krisis" eine „starke nationale Strömung" befördert habe, die zu einer grundlegenden politischen Erneuerung genutzt werden könne, denn „auch eine Diktaturregierung müsse einen Halt im Volke haben". Hugenberg sah sich durch die gegenwärtige Lage in seiner negativen öffentlichen Wahrnehmung als „Katastrophen-Politiker" zu einem „Silberstreifen-Politiker" gewandelt. Unter der Bedingung eines weiterhin strengen Ausschlusses der Sozialdemokraten aus zukünftigen Regierungskonstellationen sei Hugenberg bereit, mit Brüning zusammenzuarbeiten, wenn mit Blick auf die Bekämpfung der Braun-Regierung „klare Verhältnisse in Preußen geschaffen" sind und man sich auf „eine gemeinsame innere Einstellung zu den Dingen" als Voraussetzung für weitere Gespräche einigen könne. Auf den Einwand Hindenburgs, die Nationalsozialisten seien in ihrer politischen Ausrich-

---

346 Otto Fürst zu Salm-Horstmar an Paul von Hindenburg, 26.7.1931, in BA-Berlin, R 8048, Bd. 454, Bl. 132–134.

347 Paul von Hindenburg an Otto Fürst zu Salm-Horstmar, 31.7.1931, in ebd., Bl. 137–138.

348 Ebd.

349 Siehe Aufzeichnung Staatssekretär Otto Meißner, 1.8.1931, über den Empfang Alfred Hugenbergs durch Paul von Hindenburg, 1.8.1931, in Hubatsch (Hrsg.): Hindenburg und der Staat, S. 305–307.

350 Zum folgenden siehe ebd.

351 Siehe auch Alfred Hugenberg zu Paul von Hindenburg, 1.8.1931, in Aufzeichnung Otto Meißner über den Empfang Alfred Hugenbergs durch Paul von Hindenburg, 1.8.1931, in ebd.

tung „mehr sozialistisch als national" und deren gewaltsames Auftreten abzulehnen, entgegnete Hugenberg, er habe zum Zweck der nationalen Einbindung der NSDAP ein Zusammengehen mit den Deutschnationalen angestrebt. Das rechne er sich als „Verdienst" an und glaube zudem, dass die Nationalsozialisten hierdurch „politisch erzogen worden wären", wenngleich auch er die lautstarken Demonstrationen der NSDAP, die Hindenburg kritisierte, „leider [...] auch nicht verhindern" könne.[352]

Hindenburg kritisierte Hugenberg scharf für den Auszug der DNVP-Fraktion aus dem Reichstag, was „Weglaufen der Rechten vor der Verantwortung" bedeutete habe und Brüning in die Lage versetzte, mehr als notwendig mit den Sozialdemokraten zusammenarbeiten zu müssen. Hugenberg wiederum erklärte das Verlassen des Reichstags nach dem gescheiterten Misstrauensvotum gegen Brüning als strategisches Verhalten, das der SPD die Verantwortung für die Notverordnungen der Regierung „zuschieben" sollte.[353] Für ein weiteres Gespräch Hugenbergs mit Brüning, das noch im August stattfinden sollte, erhoffte sich der Reichspräsident eine Annäherung der Deutschnationalen an die Regierung.

Salm-Horstmar sprang noch einmal für Hugenberg in die Presche und wehrte sich in einem Brief an Hindenburg ein paar Tage nach dem Treffen gegen dessen Skepsis gegenüber Hugenbergs Lageeinschätzung, die auf einem Ausnutzen der gegenwärtigen politischen „Krise" für einen Umbau der Regierung beruhte, und er verurteilte stattdessen noch einmal beispielhaft Brünings Reparationspolitik gegenüber den Alliierten auf der Londoner Konferenz der sieben Mächte zur Finanzlage Deutschlands und der Verlängerung von Krediten sowie auch die umstrittene Reichsfinanzreform, die von einer Bankenkrise im Frühjahr und Frühsommer 1931 sowie den Wirkungen von Brünings Deflationspolitik begleitet war.[354] Bereits während der Londoner Konferenz hatten am 21. Juli 1931 DNVP, NSDAP und Stahlhelm erklärt, dass sie sich im Falle einer Regierungsübernahme nicht an die finanziellen Abmachungen Brünings gegenüber den Alliierten halten würden.

Hindenburg versuchte Salm-Horstmars Interventionen für Hugenberg als Reichskanzler herunterzuspielen und erwähnte den DNVP-Vorsitzenden in seiner Antwort gar nicht mehr.[355] Das Ergebnis des für den 9. August angesetzten Volksentscheids zur Auflösung des Preußischen Landtags, das mit knapp 39 Prozent Wahlbeteiligung am notwendigen Quorum von 50 Prozent gescheitert war, schwächte die politische Wirkung der „nationalen Opposition", während es für die Bemühungen von Salm-Horstmar neuen Schwung gab. Hindenburg forderte nun, im Anschluss an sein Treffen mit dem DNVP-Führer Anfang des Monats, Brüning zu einem Sondierungstreffen mit Hugenberg auf. Brüning war selbst von einer Öffnung des Kabinetts für die Einbindung der „nationalen Opposition" überzeugt.

---

352 Ebd., S. 305 und 306.

353 Ebd., S. 306.

354 Otto Fürst zu Salm-Horstmar an Paul von Hindenburg, 7.8.1931, in BA-Berlin, R 8048, Bd. 454, Bl. 169–175.

355 Paul von Hindenburg an Otto Fürst zu Salm-Horstmar, 12.8.1931, in ebd., Bl. 177.

Das für den 27. August angesetzte Treffen wurde durch einen erneuten Brief seitens der Alldeutschen untermalt, der vermutlich zwar erneut von Salm-Horstmar überbracht, aber von Claß initiiert und diktiert worden war. In dem Brief an Hindenburg drängten die Verfasser entschieden auf die Entlassung der Brüning-Regierung, der nichts weniger folgen müsse als ein „Wechsel der bisherigen Regierungsweise“:

> Dieser notwendige Systemwechsel muss unverzüglich vorgenommen werden, sollen die neu berufenen Männer überhaupt noch die Lage retten können. Die hierzu nötigen Kräfte stehen zur Verfügung. Sonach bitten wir als Wortführer der nationalen Kräfte unseres Volkes außerhalb des Parlaments Sie, Herr Reichspräsident, Ihr verfassungsmässiges Recht der Berufung und Entlassung des Reichskanzlers und der Reichsminister dahin auszuüben, dass Sie das Kabinett Brüning durch eine Regierung ersetzen, die Gewähr für die schleunige Durchführung jener Massnahmen bietet […].[356]

Das dreieinhalbstündige Treffen, das am 27. August stattfand und an dem auch Prälat Ludwig Kaas und Quaatz als Begleiter Hugenbergs teilnahmen, verlief ergebnislos. Die Präsenz von Kaas, der im Dezember 1928 zum Vorsitzender des Zentrums gewählt worden war und die Partei seitdem verstärkt von einer einstigen offenen und die SPD mit einschließenden Koalitionsbereitschaft nach rechts führte, machte das Treffen zu einer Besprechung von Parteiführern mit dem Reichskanzler, sodass sich Hugenberg nicht als Führer der „nationalen Opposition“ anerkannt sah.[357] Entsprechend frostig reagierte Hugenberg auf Brünings ablehnende Haltung gegenüber seinen Vorschlägen zu einem innen- und außenpolitischen Kurswechsel.[358] Vor allem Hugenbergs völliges Unverständnis gegenüber Brünings taktischer Reparationspolitik, die durch die sozialen, arbeitsmarktpolitischen und finanziellen Auswirkungen ihrer Erfüllung desavouiert werden sollten, führte zum Scheitern des Gesprächs und vertiefte die Gräben zwischen Hugenberg und Hindenburg, der gerade Brünings Reparationspolitik vollständig unterstützte. Salm-Horstmar zeigte sich in einem erneuten Brief Hindenburg gegenüber „tief erschüttert“ und hoffte, dass sich die Meinungsverschiedenheiten bezüglich Hugenberg bald auflösen würden.[359] Der Reichspräsident antwortete mit einem politischen Rückzug von den Salm'schen Interventionen. Er wolle sich von den Parteistreitigkeiten fernhalten und bitte darum, seine Person aus diesen Diskussionen ganz herauszuhalten sowie den Briefwechsel nicht der Presse zuzuspielen.[360]

---

356 Claß an Paul von Hindenburg (Entwurf), 27.8.1931, in BA-Freiburg, N 239, Bd. 80, Bl. 120–121. Unterstreichungen im Original.

357 Jones: Hitler versus Hindenburg, S. 105. Siehe auch Patch: Heinrich Brüning, S. 185–190. Zum Zentrum siehe Morsey: Die Deutsche Zentrumspartei, Ders.: Die Deutsche Zentrumspartei, in Erich Matthias/Rudolf Morsey (Hrsg.): Das Ende der Parteien 1933, S. 281–453 und Ruppert: Im Dienst am Staat von Weimar.

358 Alfred Hugenberg an Elard von Oldenburg-Januschau, 29.8.1931, in BA-Koblenz, N 1247, Bd. 17, o. Bl. sowie Pressebericht Nr. 198, Pressearchiv der DNVP, 28.8.1931, in ebd.

359 Otto Fürst zu Salm-Horstmar an Paul von Hindenburg, 28.8.1931, in BA-Berlin, R 8048, Bd. 454, Bl. 179.

360 Paul von Hindenburg an Otto Fürst zu Salm-Horstmar, 3.9.1931, in ebd., Bl. 180.

Damit war Claß' Versuch, Hugenberg über Salm-Horstmar beim Reichspräsidenten zu lancieren, erneut gescheitert. In einer Eingabe des Alldeutschen Verbandes, die am 5. September auf der Sitzung des Geschäftsführenden Ausschusses verabschiedet wurde, wurde Hindenburg erinnert, dass Brüning in allen Gebieten der Staatskunst versagt habe, „dumpfe Verzweiflung" sich breit mache, nicht zuletzt, da Hindenburg seinen weltgeschichtlichen Ruhm mit dieser Regierung verspiele.[361] Unmittelbarer Anlass für die Eingabe war das Scheitern der deutsch-österreichischen Zollunion, die vom Verband nicht zuletzt im Sinne des beständig vertretenen Anschlussgedankens gefordert und von Vietinghoff-Scheel daher schlicht als „altes alldeutsches Gedankengut" bezeichnet worden war.[362] Der Name des Reichspräsidenten sei „mit den Taten und Unterlassungen einer beispiellos unglücklichen Regierung belastet worden". Wenn sich Hindenburg entschließe, das „Steuer umzulegen", würden die Alldeutschen ihn unterstützen.[363] Claß, der die Eingabe von führenden Vertretern des Geschäftsführenden Ausschusses zeichnen ließ, aber die Eingabe nicht mit seiner eigenen Unterschrift belasten wollte, machte in der Sitzung des Geschäftsführenden Ausschusses deutlich, dass nun alles darauf ankomme, den Reichspräsidenten von Brüning zu befreien.[364] Hindenburg sei das eigentliche Hindernis zur Umsetzung einer Diktaturpolitik, wie sie die „nationale Opposition" verfolge. Claß beklagte regelrecht, wie seine Politik an der Unwilligkeit Hindenburgs scheiterte und folglich „die kühnsten, umfassendsten Pläne verurteilt" seien, „in der Tischschublade zu bleiben oder im Verbandsarchiv zu verstauben" und „nicht die Gelegenheit geboten sei, sie zu verwirklichen".[365] Der Reichspräsident befinde sich dahingehend in einem regelrechten „Bann" und stehe unter dem Einfluss Brünings.[366]

Eine Zusammenarbeit mit dem „System Brüning", das durch fehlenden Wirtschaftsverstand und fehlenden „politischen Instinkt" gekennzeichnet sei, blieb für Claß dagegen völlig ausgeschlossen, obwohl der Reichskanzler die Unterstützung Schleichers und der Reichswehr sowie des Zentrums und der „ganzen Mitte" habe.[367] Ein „Zusammenkommen" von DNVP und Zentrum sei für Koalitionsbildungen oder politische Kooperationen ohnehin „in sich unmöglich", dazu gleiche die Zentrumspartei zu sehr der Sozialdemokratie.[368]

---

361 Eingabe führender Vertreter des Geschäftsführenden Ausschusses des Alldeutschen Verbandes an Paul von Hindenburg, 5.9.1931, in BA-Berlin, R 8048, Bd. 167, Bl. 1.

362 Leopold von Vietinghoff-Scheel auf der Sitzung des Geschäftsführenden Ausschusses des Alldeutschen Verbandes, 25.4.1931, in BA-Berlin, R 8048, Bd. 166, Bl. 18.

363 Eingabe führender Vertreter des Geschäftsführenden Ausschusses des Alldeutschen Verbandes an Paul von Hindenburg, 5.9.1931, in BA-Berlin, R 8048, Bd. 167, Bl. 1.

364 Claß auf der Sitzung des Geschäftsführenden Ausschusses des Alldeutschen Verbandes, 5.9.1931, in ebd., Bl. 6–7.

365 Ebd., Bl. 6.

366 Ebd., Bl. 7.

367 Ebd.

368 Ebd., Bl. 8.

Umso mehr schienen Claß und Hugenberg auf Hitler angewiesen zu sein, ohne jedoch von der Erwartung abzugehen, dass die DNVP auch weiterhin das Führungszentrum der „nationalen Opposition" darstellte. Hugenberg nahm für sich zudem in Anspruch, die Nationalsozialisten durch Abstimmung mit Hitler auf einen gemeinsamen politischen Kurs festlegen und gleichzeitig kontrollieren und einhegen zu können.[369] Auch bei dem Treffen mit Brüning hatte Hugenberg klargestellt, er sei „nicht töricht genug, sich von den Nazis zu trennen".[370] Jedoch war die Verständigung auf einen gemeinsamen Weg durch die „Intransigenz" Hugenbergs und die taktischen Manöver Hitlers auf dem Weg zur Macht durch heillose Differenzen gekennzeichnet.[371] Am 7. September hatte sich Hitler beispielsweise gegenüber Hugenberg über eine „heimtückische und hinterhältige Abdrosselung" der NSDAP durch die „bürgerlichen Verbände" beschwert, da die DNVP und der Stahlhelm in der thüringischen Landesregierung sowie in Braunschweig gegen einzelne Minister der NSDAP vorgingen.[372] Aus der Regierung in Thüringen war die NSDAP nach dem erfolgreichen Misstrauensvotum gegen Frick am 1. April bereits ausgetreten und bei der neuen Regierungsberufung am 22. April nicht mehr dabe. Beklagten die Alldeutschen die Unzuverlässigkeit der DVP bei diesen Vorgängen gegen die NSDAP, so zog Hitler daraus die Lehre, nur noch in führender Position an Regierungsbeteiligungen zu denken.

Die Rolle des kleinen Koalitionspartners missfiel Hitler nicht nur aufgrund der Machtambitionen der Nationalsozialisten, sondern auch, da sie die Abhängigkeit von den Entscheidungen anderer unterstrichen. Auch in Braunschweig, so Hitler nun im September, habe der deutschnationale Ministerpräsident der Koalition der „bürgerliche[n] Einheitsliste" (DNVP, DVP, Zentrum und Wirtschaftspartei), Werner Küchenthal, nach dem Rücktritt des NSDAP-Ministers für Inneres und Volksbildung, Anton Franzen, aus finanziellen Gründen das Ministeramt generell einsparen wollen. Hitler forderte Hugenberg zum persönlichen Eingreifen auf, um den Posten erneut mit einem NSDAP-Kandidaten zu besetzen. Sollte dies bis zum 15. September nicht geschehen sein, so werde Hitler einen Tag später den Austritt der NSDAP aus der „nationalen Opposition", wie sie eineinhalb Jahre zuvor im Zuge der Anti-Young-Plan-Kampagne geformt worden war, verkünden.[373] Hugenberg zeigte sich über den scharfen Ton Hitlers überrascht, wunderte sich über dessen Aufregung über die Vorgänge in Braunschweig und erklärte, er wolle sich um ein genaueres Bild der Lage bemühen und stehe zu einer persönlichen Aussprache zur Verfügung.[374] Am 15. September 1931, dem letzten Tag von Hitlers Ul-

369 Siehe Leopold: Alfred Hugenberg, S. 84–97.

370 Tagebucheintrag Reinhold Quaatz, 27. 8. 1931, in Weiß/Hoser (Hrsg.): Die Deutschnationalen, S. 143–145. Zitat ebd. , S. 144.

371 Zitat in Pyta: Hindenburg, S. 630.

372 Longerich: Hitler, S. 241.

373 Adolf Hitler an Alfred Hugenberg, 7.9.1931, in Unsere Partei 15.10.1932.

374 Alfred Hugenberg an Adolf Hitler, 9.9.1931 und 11.9.1931, in ebd.

timatum, setzte Küchenthal schließlich den Regierungsrat im Volksbildungsministerium, Dietrich Klagges von der NSDAP, als Nachfolger Franzens ein.[375]

Bei den Kämpfen Hitlers um die Stellung der NSDAP in den beiden Landesregierungen, in denen die Nationalsozialisten mitwirkten, ging es nicht nur um Machtansprüche, sondern auch um die seit 1929 zunächst erfolglos in Bayern, ab 1930 verstärkt durch Frick in Thüringen und dann seit Ende 1930 in Braunschweig betriebenen Bemühungen um Hitlers Einbürgerung, nachdem dieser 1925 aus der österreichischen Staatsbürgerschaft entlassen worden war. Die DNVP hatte gerade in Braunschweig durch Küchenthal die verschiedenen windigen Pläne zur Verbeamtung Hitlers unterstützt, von Klagges' Überlegungen, für ihn eine Professur für „Organische Gesellschaftslehre und Politik" an der Technischen Hochschule Braunschweig zu schaffen, bis hin zum Bürgermeisterposten. Die DNVP-geführte Regierung hatte bereits im November 1930 das Beamtengesetz für Braunschweig geändert, sodass eine freie Berufung in den Beamtenstand möglich war. Vermeintliche Rücksetzungen durch die DNVP machten Hitler zusätzlich nervös und zeigten gleichzeitig sein Machtbewusstsein, wenn er mit Rückzug aus der „nationalen Opposition" drohte.

Claß erkannte zwar, dass die „nationale Opposition" „ebensowenig ein einheitliches Gebilde wie die Brüning-Koalition" darstelle, jedoch sei das „Bündnis" von DNVP und NSDAP fester als je zuvor.[376] Entsprechende Aussprachen hätten dieses Bündnis gestärkt, nachdem seitens der Nationalsozialisten der unbedingte Wille erklärt worden sei: „wir müssen an die Macht".[377] Claß zeigte für diesen Machtanspruch, der in der Vergangenheit zu eigenständigen Propagandafeldzügen der NSDAP bei den Volksbegehren und den Konkurrenzen gegenüber der DNVP zum Ausdruck gekommen war, Verständnis. Man müsse den „Druck", an die Regierung zu kommen, verstehen, da die NSDAP damit auch den drohenden Verboten und folglichen finanziellen Schwierigkeiten für die Parteiorganisation aus dem Weg zu gehen versuche. Man habe sich daher grundsätzlich dafür entschieden, so Claß, eine „Rechtsregierung" aus DNVP und NSDAP bilden zu wollen. Der Alldeutsche Verband, die VVVD, der Stahlhelm und auch der Offiziersbund seien bei der Umsetzung dieses strategischen Ziels im Gefüge der „nationalen Opposition" wichtig und nicht zu ersetzen.[378]

Claß rechnete im September noch bis Ende des Monats, aber spätestens bis Ende des Jahres 1931 mit dem wirtschaftlichen Zusammenbruch. Der Zusammenbruch sowie folgende Neuwahlen ließen sich kaum bis zum Frühjahr 1932 verschieben, auch wenn NSDAP und Stahlhelm immer erklärten, „bei der nächsten Wahl überrenen wir alles!" Wie die DNVP bei diesen Reichstagswahlen abschneiden würde, gab Claß auf der Sitzung

375 Dietrich Klagges war von 1918 bis 1914 Mitglied der DNVP, anschließend Mitglied der DVFP und baute ab 1925 die NSDAP mit auf.

376 Claß auf der Sitzung des Geschäftsführenden Ausschusses des Alldeutschen Verbandes, 5.9.1931, in BA-Berlin, R 8048, Bd. 167, Bl. 8.

377 Ebd.

378 Ebd., Bl. 9.

des Geschäftsführenden Ausschusses zu bedenken, sei „eine Sache für sich".[379] Es sei jedoch davon auszugehen, dass „ein Kabinett – einerlei ob Hitler oder Hugenberg –" politisch durchgreifen würde und sich dafür zunächst drei Wochen nehmen würde, um die politische und wirtschaftliche Situation „sachlich" bewerten zu können, bevor Diktaturmaßnahmen eingeleitet werden würden.[380] Als zweite Machtoption, angesichts eines erwarteten Zusammenbruchs, spielte Claß mit der Möglichkeit, dass die Rechte für Brüning einspringen würde, um drohende „Bürgerkriege" zu vermeiden. Dies setzte wiederum die Kabinettsberufung durch den Reichspräsidenten voraus.

Für Claß schienen im September 1931 die Machtverschiebungen zwischen DNVP und NSDAP, die nicht zuletzt durch die Reichstagswahlen 1930 innerhalb der „nationalen Opposition" verstärkt worden waren, Gedanken für eine „Rechtsregierung" unter Hitlers Führung befördert zu haben. Neben den alldeutschen Bemühungen um ein enges Verhältniss zwischen DNVP und NSDAP gingen die Bemühungen für Hugenbergs Führungsrolle im Kampf der Rechten um die Reichskanzlerschaft weiter. Salm-Horstmar agierte weiterhin als Claß' verdeckter Bote beim Reichspräsidenten, als er nach dem dritten Brief von Hindenburg einen Aufruf unterzeichnete und an führende Politiker, Industrielle und agrarische Interessenvertreter mit der Bitte um eine schriftliche Stellungnahme schickte. Den Wortlaut des Anschreibens und eine umfassende Liste der anzuschreibenden Personen, die unter anderem Thyssen, Hans Louis Ferdinand von und zu Loewenstein, Blohm, Fritz Springorum, Möllers, Albert Vögler, Ewald von Kleist-Schmenzin und Kalckreuth enthielt, legte Claß seinem Brief an Salm-Horstmar gleich bei.[381] Salm-Horstmar zeigte sich, Claß' diktierten Formulierungen zufolge, sehr besorgt um das Schicksal Deutschlands, nachdem er mit einer nicht namentlich genannten hochstehenden Persönlichkeit gesprochen habe, auf die für einen Systemwechsel jedoch alles ankomme. Am 10. September 1931 schrieb er an Hindenburg, dass er bereits mit mehreren Persönlichkeiten politisch zusammenarbeite.

Fünf Tage später ging sein Aufruf in die Post oder wurde, von Claß organisiert, durch verschiedene Vertrauensmänner wie Dommes, der für die Benachrichtigung von Kalckreuth und Fritz Graf von Eulenburg (Prassen) zuständig war, persönlich übergeben.[382] Claß übernahm den Versand an Gok sowie Klingemann selbst und bemühte sich um die Freigabe der folgenden Stellungnahmen zu den angeführten Problemfeldern wie der Osthilfe, der Reichsfinanzreform und Brünings auswärtiger Politik für die Weiterleitung an Hindenburg.

Hindenburg antwortete Salm-Horstmar auf dessen, im Auftrag von Claß erfolgte, erneute Intervention Ende September, nachdem das Verhältnis zwischen beiden zusehends kälter geworden war, dass Hugenberg schlichtweg kein Ersatz für Brüning sei. Eine Hugenberg-Regierung stehe „auf einer schmalen Basis, seine Gegnerschaft bei den

---

379 Ebd.

380 Ebd., Bl. 10.

381 Claß an Otto Fürst zu Salm-Horstmar, 9.9.1931, in BA-Berlin, R 8048, Bd. 454, Bl. 40–42.

382 Otto Fürst zu Salm-Horstmar an Paul von Hindenburg, 10.9.1931 und Rundschreiben Otto Fürst zu Salm-Horstmar, 15.9.1931, in BA-Berlin, R 8048, Bd. 454, Bl. 183 und 200–201.

Parteien und Gruppen der politischen Mitte ist zu groß", als dass sich die von ihm zu bildende Regierung auf das „Vertrauen breiter Schichten stützen könnte". Hugenbergs Autorität reiche nicht über die DNVP hinaus und eine „Diktatur ohne Autorität" sei nicht machbar, wie wohl auch Hugenberg selbst erkannt habe.[383] Seine scharfe Oppositionspolitik sei zudem hinderlich. Vielmehr komme es darauf an, die bürgerliche Mitte und die Rechtsopposition zu einer „Konzentrationsregierung" zusammenzuführen.[384]

Angesichts dieser Sperrungen Hindenburgs gegenüber Hugenberg hielt Claß an den Kräften der „nationalen Opposition", wie sich im Zuge der Anti-Young-Plan-Kampagne herausgebildet hatte, weiterhin fest. Hitler sondierte hingegen bereits im Sinne seiner eigenen Interessen und stellte am 11. September Vertretern der Industrie wie Thyssen, Vögler und Kirdorf in Berlin seine wirtschaftspolitischen Forderungen vor. Nach dem Scheitern einer deutsch-österreichischen Zollunion im September 1931 forcierte Hugenberg den Plan einer Massenversammlung gegen Brüning und Hindenburg, den er bereits seit dem Frühjahr verfolgte. Dem DNVP-Vorsitzenden kam ein zweiter Versuch, die Führung der „nationalen Opposition" zu übernehmen, recht, da man den „Tiefstand" nach den Septemberwahlen von 1930 noch nicht überwunden habe.[385] Claß unterstützte diesen Versuch und Hitler konnte, nach eindringlicher Überzeugungsarbeit Hugenbergs bei einem Treffen in Kreuth am 30. August und der Fürsprache Fricks, von der Teilnahme überzeugt werden. Hitler und Hugenberg besprachen in Kreuth unter anderem ein gemeinsames Vorgehen bei den anstehenden Reichspräsidentenwahlen.[386] Man beschloss eine gemeinsame große Kundgebung im Oktober und schien sich auch zunächst auf einen gemeinsamen Kandidaten, Below, verständigt zu haben. Ein Gespräch im Berliner Haus von Schmidt(-Hannover) im Sommer 1931 ging dieser Einigung auf Below zwischen DNVP, Stahlhelm sowie Frick und Gregor Strasser von der NSDAP bereits voraus.[387] Hitler verkündete im Zuge dieser Verhandlungen, dass er selbst keinerlei Ambitionen für eine Kandidatur hege. Mit diesen Absprachen und den Auseinandersetzungen um die Führung der Rechten ging die „nationale Opposition" an die Organisation einer gemeinsamen Großkundgebung gegen die Brüning-Regierung in Bad Harzburg am 11. Oktober 1931.

Die Kundgebung in Bad Harzburg war lange Zeit vorbereitet worden. Das zuständige Komitee setzte sich aus Schmidt(-Hannover) für die DNVP, Major Siegfried Wagner für den Stahlhelm und Frick für die NSDAP zusammen. Der Alldeutsche Verband, die VVVD und der Reichslandbund schlossen sich einem Treffen an, ebenso wie Schacht, der bereits während der Verhandlungen für den Young-Plan als Vertreter der deutschen Delegation teilgenommen und Hugenberg genauestens den Stand der Besprechungen mitgeteilt und bereits vor den Verhandlungen Quaatz und Hugenberg klargemacht hatte, dass er die auf dem Tisch liegenden Konditionen der Reparationsverhandlungen

383 Paul von Hindenburg an Otto Fürst zu Salm-Horstmar, 29.9.1931, in ebd., Bl. 186–187.

384 Ebd.

385 Siehe DNVP Mitteilungen, Nr. 12, 26 September 1931, in Landesarchiv Schleswig, Abt. 384.2, Bd. 4.

386 Siehe zu dem Treffen am 30.8.1931 auch Longerich: Hitler, S. 240–241.

387 Siehe Treviranus: Das Ende von Weimar, S. 296 und Terhalle: Deutschnational in Weimar, S. 275–276.

grundsätzlich ablehnen werde.[388] Seeckt, seit den Reichstagswahlen 1930 Reichstagsabgeordneter für die DVP, der Hamburger Reeder Blohm, dessen enger politischer Berater der Alldeutsche Gok war, Ernst Brandi vom Bergbauverein und Prinz Eitel Friedrich nahmen ebenfalls teil. Thyssen förderte die Zusammenkunft im Vorfeld, fehlte dann aber aufgrund einer Amerika-Reise.[389]

Die Kundgebung fand letztlich in einem politischen Umfeld statt, das kurz vor der Versammlung Dynamiken unterworfen war, die auf das ohnehin durch Machtkonkurrenzen um das Führungszentrum gekennzeichnete fragile Gefüge der Rechten massiven Einfluss haben sollten. Drei Tage zuvor war zudem die „Dritte Notverordnung des Reichspräsidenten zur Sicherung von Wirtschaft und Finanzen und zur Bekämpfung politischer Ausschreitungen" ergangen. Sie bezog sich auf das Vorgehen gegen Hochverrat und illegale Schriften, das Verbot von Zeitungen, Zuwiderhandlungen gegen Sammlungsverbote und Haft bei Waffendelikten und führte in der Konsequenz zur Schließung von SA-Heimen.[390] Die Notverordnung sah auch die Errichtung von Sondergerichten in Bezirken vor, die als Gerichte der Länder in Absprache mit der Reichsregierung noch gesondert festgelegt werden sollten.

Die Durchführung der Kundgebung der Parteien und Verbände der „nationalen Opposition" wenige Tage nach der Verkündung der „Dritten Notverordnung zur Bekämpfung politischer Ausschreitungen" war somit ein größtmöglicher Affront gegen die Einhegungsversuche der politischen Rechten durch Reichspräsident und Reichsregierung. Das Interesse der Zeitungen war daher, nicht zuletzt aufgrund der für die Harzburger Tagung angekündigten Reden Hugenbergs und Hitlers, weltweit immens. Mit Rücksicht auf die engen Verhältnisse, so hieß es, konnten nur hundert Pressevertreter aus den USA, Großbritannien, Frankreich, der Tschechoslowakei, Schweden, Italien, Norwegen und Dänemark teilnehmen.[391]

Die Versammlung in Bad Harzburg bedeutete für Claß auch einen Wendepunkt für den Zusammenhalt der „nationalen Opposition", da sich hier die zukünftigen Machtverschiebungen innerhalb der Rechten mehr als deutlich abzeichneten. Der Tagung vorausgegangen waren Sondierungsgespräche seitens Hindenburg und Brüning über die politische Einbindungsfähigkeit Hitlers. Am 9. Oktober war Brüning erneut von Hindenburg mit der Regierungsbildung beauftragt worden, dessen Kabinettsbildung jedoch eher „Verlegenheitslösungen" bereithielt, da die meisten Minister in ihren Äm-

388 Siehe Weisbrod: Schwerindustrie in der Weimarer Republik, S. 457–477 und Kopper: Hjalmar Schacht, S. 123–177. Siehe auch Schacht: Das Ende der Reparationen.

389 Siehe de Taillez: Zwei Bürgerleben in der Öffentlichkeit, S. 228.

390 Dritte Verordnung des Reichspräsidenten zur Sicherung von Wirtschaft und Finanzen und zur Bekämpfung politischer Ausschreitungen, 6.10.1931, in Reichsgesetzblatt 1931, Teil I, S. 537 ff. Die vorhergehende Zweite Verordnung des Reichspräsidenten zur Bekämpfung politischer Ausschreitungen wurde am 17.7.1931 erlassen und machte beispielsweise für verantwortliche Schriftleiter periodischer Druckschriften die ungekürzte Wiedergabe von Gegendarstellungen oberster Landes- und Reichsbehörden im zeitnahen Druck verpflichtend. Reichsgesetzblatt 1931, Teil I, S. 371.

391 Siehe Unsere Partei, 17.10.1931.

Abb. 26: Heinrich Claß in Bad Harzburg (1931).
Adolf Hitler spricht auf der Kundgebung der „nationalen Opposition" am 11. Oktober 1931 im Kurhaus in Bad Harzburg. Claß sitzt in der zweiten Reihe rechts hinter ihm. Neben Hitler folgt rechts Alfred Hugenberg, Otto Schmidt(-Hannover) und Theodor Duesterberg. Auf dem Podium sitzen in der Menge unter anderem auch Paul Bang, Reinhold Quaatz, Rüdiger von der Goltz, Franz Seldte und Hjalmar Schacht sowie Wilhelm Frick und Hermann Göring. Hans von Seeckt und August Wilhelm von Preußen waren ebenfalls unter den Anwesenden.

tern blieben.[392] Am Vormittag des 10. Oktober hatte Hitler ein Treffen mit Brüning, und am Abend lud ihn Hindenburg zusammen mit Hermann Göring, Statthalter Hitlers in Berlin und Verbindungsmann der NSDAP zu den Organisationen der „nationalen Opposition", zu einem zweistündigen Gespräch, der ebenfalls klären wollte, inwieweit Hitler mit seinem am 25. September 1930 im Ulmer Reichswehrprozess vor dem Reichsgericht in Leipzig beschworenen Legalitätskurs für eine Neuausrichtung der Brüning-Regierung nach rechts einzubinden sei.[393]

392 Jones: Hitler versus Hindenburg, S. 128.

393 Siehe dazu auch Ullrich: Adolf Hitler. Bd. 1, S. 289–291 sowie Bucher: Der Reichswehrprozess und Heinemann: Rechtsgeschichte der Reichswehr, S. 364–367. Adolf Hitler wurde im Hochverratsprozess gegen drei Reichswehroffiziere, denen eine konspirative Zusammenarbeit mit der NSDAP für eine „Volkserhebung" vorgeworfen wurde, als „Zeuge" geladen. Er nutzte den Auftritt für eine Erklärung, er würde auf „legalem" verfassungsmäßigem Weg an die Macht kommen wollen, nach dem Machtantritt der Nationalsozialisten jedoch gegen „die Novemberverbrecher" vorgehen, wobei „auch Köpfe in den Sand rollen" würden. Oberreichsanwalt Karl August Werner verschleppte die von der preußischen Regierung

Bereits eine Woche vorher hatte Hitler gegenüber Schleicher, Chef des Ministeramts im Reichswehrministerium, von seiner Bereitschaft, an einem Brüning-Kabinett teilzunehmen, gesprochen, wenn daraufhin Neuwahlen stattfinden würden. Das Treffen verlief zwar zunächst ergebnislos, jedoch ließ Hitler die Frage offen, ob er bereit sei, in ein Brüning-Kabinett der „Konzentration" einzutreten. Nach dem zweistündigen Treffen des Reichspräsidenten mit Hitler am 10. Oktober konnte Hitler hingegen einen für Hindenburg hinreichend patriotischen Eindruck hinterlassen, die grundlegenden Verstimmungen mildern und sich beim Reichspräsidenten als Kandidat der „Führungsreserve" empfehlen, so Wolfram Pyta.[394] Die Audienz beim Reichspräsidenten wirkte unmittelbar auf das Selbstbewusstsein Hitlers, der seine Chancen auf die Macht um einiges gestiegen sah. Claß schilderte in seinen späteren Erinnerungen *en détail*, wie diese neue Gewichtung Hitlers beim Reichspräsidenten bereits kurzfristig Auswirkungen auf das gesamte Verhalten der Nationalsozialisten in Bad Harzburg hatte.

Die Repräsentanten der NSDAP, unter ihnen Frick, Strasser und Konstantin Hierl hatten am Abend zuvor bis spät in die Nacht auf Wunsch des noch abwesenden Hitlers versucht, den Entwurf der gemeinsamen Entschließung unter anderem in Anwesenheit von Hugenberg, Schmidt-Hannover, Duesterberg und Seldte in letzter Sekunde mit dem Einschub von mehr „soziale[m] Geist" zu ändern oder bei Widerstand mit Rückzug gedroht und somit allgemeine Unruhe auch bei Claß verursacht, der sich gegen halb drei Uhr morgens mit psychosomatischen Magenproblemen schließlich auf sein Hotelzimmer zurückzog.[395] Hitler schickte während seiner Abwesenheit Frick und Strasser in ein eigens zusammengerufenes Treffen mit den führenden Vertretern von DNVP und Stahlhelm vor, um mit sozialpolitischen Forderungen, die Claß mit seiner grundsätzlichen Abwehr der Macht von Sozialdemokratie und Gewerkschaften so nicht teilen würde, das bürgerliche Lager zu verunsichern und vorzuführen.[396]

Claß wurde noch in der Nacht vom 10. auf den 11. Oktober klar, dass diese Aufwertung Hitlers durch Hindenburg von Hugenberg schwer aufzuholen sein werde. Die Choreographie der Versammlung selbst wurde am nächsten Tag gänzlich dem Machtanspruch Hitlers unterworfen. Eilige Rangeleien um die Rednerfolge, den Umfang der Reden, die Absage Hitlers des gemeinsamen Essens vor der Kundgebung sowie die Absage seiner Teilnahme bei der Abnahme des Marsches der paramilitärischen Formation des Stahlhelms und der SA rückten das eigentliche Motiv, der Öffentlichkeit eine geschlossene Opposition gegen Weimar zu präsentieren, völlig in den Hintergrund. In aufgeheizter Stimmung im Kursaal, die durch lautstarke Machtbekundungen der For-

---

angestrebte Anklageerhebung gegen Hitler aufgrund dieser Aussagen vor dem Reichsgericht. Wilke: Staatsanwälte, S. 111–114.

394 Ebd., S. 637.

395 Siehe dazu im folgenden ausführlich Hofmeister (Hrsg.): Heinrich Claß. Politische Erinnerungen, Kapitel 9 (Anhang von 1936). Zitat Gregor Strasser in ebd., S. 911.

396 Siehe auch die gestrichenen Passagen gegen „Mehrheitssozialdemokratie" und Gewerkschaften in seiner Rede, 11.10.1931, in BA-Koblenz, N 1231, Bd. 124, Bl. 207–209. Abgedruckt (Anhang 2) in Hofmeister (Hrsg.): Heinrich Claß. Politische Erinnerungen, S. 949–952.

mationen der NSDAP und SA einerseits und von Deutschnationalen und des Stahlhelms andererseits angefeuert worden war, ließ Hitler schließlich auf sich warten, tobte hinter verschlossenen Türen gegenüber Hugenberg, drohte mit Rückzug von der Tagung und demonstrierte damit bereits, dass er die Veranstaltung angesichts der veränderten Lage seiner Aufwertung in Berlin nicht mehr nötig zu haben schien.

Nachdem sich Hitler letztlich unter tosendem Jubel seiner Anhänger doch an den Rednertisch begab, eröffnete Küchenthal mit einer kurzen Eröffnungsansprache die Tagung. Es folgte Hugenberg als erster Redner.[397] Hitler folgte mit einer Rede, die auf den alldeutschen Verbandsvorsitzenden hingegen keine charismatische Wirkung gehabt habe.[398] Kurzfristig wurde die Rednerfolge noch umgestellt, da Hitler überraschend forderte, Schacht müsse noch zu Reparationen und Bankenkrise sprechen, woraufhin der Stahlhelm neben Seldte auch Duesterberg auf die Liste setzte und der Reichslandbund zusätzlich Kalckreuth auf das Podium schicken wollte. Claß war somit als ursprünglich vorgesehener vierter Redner auf den siebten Platz gerückt worden und musste ein stark zusammengekürztes Referat über Außenpolitik halten.

Claß sprach sich in seinem kurzen Vortrag gegen ein „wie auch immer gestaltetes Kabinett Brüning“ aus, das die „nationale Opposition“ nicht unterstützen könne, da „ganz andere Wege“ gegangen werden müssten, um Deutschland zu „retten“ und sich vor allem von der „Abhängigkeit“ gegenüber Frankreich freizumachen und gegen die „Gefahr“ des „Bolschewismus“ voranzugehen. Ein zukünftiger Anschluss Österreichs sei mit „schärfster Aufmerksamkeit“ zu verfolgen sowie „die Rettung reichsdeutschen Ostmark im weitesten Sinne“ mit Blick auf Ostpreußen und Danzig unter anderem durch die „Beseitigung des Korridors“ und den „Wiederanschluss der abgetretenen Gebiete Oberschlesiens“ voranzutreiben. In den gekürzten Passagen des kurz zuvor hastig revidierten Redetextes war auch von der „Unterwerfung unter den Zwangsbefehl von Versailles“, „Erfüllungspolitik“ sowie von einer „neuen Einkreisung“ Deutschlands vor allem durch Frankreichs Außenpolitik der Isolation die Rede. Notwendig sei ein „Kampf bis zur vollkommenen Abkehr des heutigen Systems“, sodass eine Regierung der „nationalen Opposition“ eine „deutsche Staatskunst, die auf Selbstbewußtsein, Ehrgefühl und kaltblütigem Mut gegründet sein wird“.[399]

Bevor Hugenberg noch das Schlusswort der Kundgebung hielt, referierte noch Goltz von den VVVD.[400] Die letztlich angenommene gemeinsame Entschließung gegen die Regierung Brüning wurde auch noch verabschiedet.[401] Man kündigte ein Misstrauensvotum gegen Brüning an, forderte das Einfrieren der Notverordnungen und forderte

397 Rede Alfred Hugenberg, 11.10.1931, in Unsere Partei 17.10.1931.

398 Rede Adolf Hitler, 11.10.1931, in Hartmann: Hitler. Reden, Schriften, Anordnungen, Bd. IV, Teil 2, S. 123–127

399 Rede Claß (Manuskript und Kürzungen), 11.10.1931, in BA-Koblenz, N 1231, Bd. 124, Bl. 207–209.

400 Unsere Partei 17.10.1931.

401 Entschließung vom 11.10.1931, in BA-Koblenz, N 1231, Bd. 124, Bl. 193–194.

den Reichspräsidenten auf, den Reichstag aufzulösen und Neuwahlen zum 8. November auszurufen.[402]

Trotz dieser gemeinsamen Forderungen wurde die Tagung in Bad Harzburg zur Zäsur im Verhältnis zwischen Hugenberg und Hitler sowie zwischen DNVP, Stahlhelm, VVVD und Alldeutschem Verband einerseits und NSDAP andererseits. Claß selbst musste erkennen, dass er in diesen Machtkonkurrenzen zwischen Hitler und Hugenberg mit seiner schmalen Rede zur Souveränität Deutschlands und zur Wiederbewaffnung von lediglich fünf Minuten nicht nur symbolisch zurückgestuft wurde, sondern nur noch schmückende Staffage war. Hitler, das wurde Claß mehr als Hugenberg deutlich, ließ sich nicht erziehen, und die NSDAP als jugendhaft-unausgegorene Bewegung würde sich den Honoratioren der DNVP nicht unterordnen.[403] Die gemeinsame „Front" von Bad Harzburg, so Claß, sei bereits in der „schwersten Erschütterung", und die Erfahrung der Tagung zeige, dass diese „weiter fortschreiten werde".[404] Hugenberg hielt an seinem pragmatischen Optimismus an einer weiteren Zusammenarbeit der „nationalen Opposition" fest und erklärte aber kurz darauf, dass in Bad Harzburg im Grunde nur ein „Zweckbündnis zum Sturz eines verderblichen Systems" zustande gekommen sei, dem nun in weiterer Arbeit „ein neues System und Programm und eine neue Macht" folgen müssten, und nicht nur die propagandistische „Negation" der Republik.[405]

Dieser Appell an Hitler blieb zunächst wirkungslos und unterstrich vor allem Hugenbergs Hoffnung auf die weitere Durchsetzung seines Anspruchs auf Führung der Rechten bei gleichzeitiger Kontrolle der Nationalsozialisten. Sowohl Hitler als auch Hugenberg traten in Harzburg an, um als Führer der „nationalen Opposition" für eine Regierungsbildung durch Hindenburg anerkannt zu werden. Beide verließen Harzburg mit der Überzeugung, dass ihnen das jeweils gelungen sei.[406]

Zwischen Hugenberg und Hitler brach der Kontakt zunächst ab. Hitler hatte in Bad Harzburg im Anschluss an die Kundgebung noch den Zug der SA abgenommen, aber dem der Stahlhelm-Truppen demonstrativ nicht mehr beigewohnt. Er war in kalkulierter Überstürzung abgereist. Hitler war nun strategisch bemüht, sich rigoros von Hugenberg abzugrenzen, gleichzeitig die Führung der gesamten Rechten für sich zu

---

402 Winkler: Weimar, S. 431.

403 Auch Otto von Feldmann, Mitglied des Alldeutschen Verbandes und in Bad Harzburg als Vorsitzender des Landesverbandes Hannover-Süd der DNVP anwesend, notierte rückblickend 1944/45: Man konnte „feststellen wie peinlich Hitler jedes Zusammengehen mit anderen Kreisen war. So hatte der Tag keine andere Wirkung, als dass er die Regierung Brüning zweifellos stärkte." Ders: Lebenserinnerungen, in GStA PK VI. HA, NL Feldmann, Bd. 1, Bl. 295.

404 Claß auf der Sitzung des Geschäftsführenden Ausschusses des Alldeutschen Verbandes, 5.12.1931, in BA-Berlin, R 8048, Bd. 168, Bl. 55. Claß' Ausführungen über die Ereignisse „hinter den Kulissen" der Tagung blieben „geheim" und wurden nicht ins Sitzungsprotokoll des Geschäftsführenden Ausschusses, das später satzungsgemäß verteilt und zu den Akten gelegt wurde, übernommen. Siehe ebd. sowie zur Tagung selbst auch Hofmeister (Hrsg.): Heinrich Claß. Politische Erinnerungen, Kapitel 9 (Anhang von 1936).

405 Deutsche Zeitung 9.11.1931.

406 Siehe auch Jones: Hitler versus Hindenburg, S. 130.

beanspruchen, indem er die Bedeutung der NSDAP ausbaute, und letztlich einen taktischen Legalitätskurs zu halten, um sich als regierungsfähig zu präsentieren.

Eine solche Wandlungsfähigkeit war Hugenberg nicht beschieden und auch Claß konnte über so viel radikalen Pragmatismus nur staunen. Zumindest schien sich Hugenberg gegenüber Hitler deutlicher zu positionieren. Quaatz hielt in seinem Tagebuch fest: „Er gibt jetzt klar zu, daß er unter allen Umständen Kanzler werden will – was wohl auch für rechts die einzige praktische Möglichkeit ist. [...] Hugenberg fürchtet ein Zusammengehen des Zentrums mit Nazi [sic!]. [...] Man müsse sich stark von den Nazi[s] absetzen."[407]

Der Briefwechsel zwischen Salm-Horstmar und Hindenburg über die Berufung eines Rechtskabinetts und die Ernennung Hugenbergs zum Reichskanzler ging nach der Harzburger Tagung weiter. Die linke und liberale Presse hatte bereits das Rundschreiben Salm-Horstmars vom September als „unterirdische Wühlarbeit" einer „Werkstatt der Verschwörer" verurteilt, die zu einem Brief- und Telegrammsturm an Hindenburg geführt habe.[408] Salm-Horstmar bat am 20. Oktober erneut um eine Audienz beim Reichspräsidenten, um die „staatsmännische Führung" Hugenbergs, die in Bad Harzburg zum Tragen gekommen sei, erneut zu bewerben, wobei Hitler mit seiner „Beredsamkeit" Hugenberg für die Regierungsarbeit an die Seite gestellt werden sollte.[409] Salm-Horstmar versuchte Hindenburg für die „nationale Opposition" zusätzlich zu umwerben, indem er darauf hinwies, dass auch zahlreiche Katholiken in Bad Harzburg anwesend gewesen waren und die Kundgebung somit eine breitere Unterstützung gefunden habe. Quaatz erhielt zwei Tage später den Entwurf einer Denkschrift Salm-Horstmars an Hindenburg zur Korrektur und hoffte, dass der Reichspräsident nun doch „guten Willens ist".[410]

Zwischenzeitlich hatte Hugenberg ein längeres „streng geheimes" Gespräch mit Schleicher gehabt, in dem sich beide „ausgesprochen" und einen Regierungseintritt von NSDAP und DNVP diskutiert hatten, das aber zu keinem greifbaren Ergebnis führte.[411] Hindenburg antwortete Salm-Horstmar, er habe „mit Interesse" von der Tagung Kenntnis genommen, jedoch ebenfalls gehört, dass die Einigkeit der Tagungsteilnehmer allein in der Gegnerschaft zu Brüning bestanden habe, man habe sich aber nicht über „das Programm einer positiven Zusammenarbeit und über eine einheitliche Führung verständigen können".[412] Von einer weiteren persönlichen Berichterstattung wollte Hindenburg absehen und sich, wie zuvor schon angekündigt, eine „gewisse Zurück-

407 Tagebucheintrag Reinhold Quaatz, 19.10.1931, in Weiß/Hoser (Hrsg.): Die Deutschnationalen, S. 157.
408 Vorwärts 15.10.1931 und Berliner Tageblatt 16.10.1931.
409 Otto Fürst zu Salm-Horstmar an Paul von Hindenburg, 20.10.1931, in BA-Berlin, R 8048, Bd. 454, Bl. 125. Hier: Brief als zusammengefasste Abschrift.
410 Tagebucheintrag Reinhold Quaatz, 22.10.1931, in BA-Koblenz, N 1247, Bd. 17, o. Bl.
411 Tagebucheinträge Reinhold Quaatz, 20.10.1931 und 22.10.1931, in in Weiß/Hoser (Hrsg.): Die Deutschnationalen, S. 157–159. Zitate ebd., S. 158 und 159. Siehe auch Jones: Hitler versus Hindenburg, S. 136–137.
412 Paul von Hindenburg an Otto Fürst zu Salm-Horstmar, 24.10.1931, in BA-Berlin, R 8048, Bd. 454, Bl. 190.

haltung auferlegen“, da sonst der Eindruck entstehe, er konspiriere gegen seinen eigenen Reichskanzler mit Kreisen, die diesen stürzen wollten. Zudem sei die Berufung eines Rechtskabinetts unter den vorgestellten Voraussetzungen „ein Wagnis“.[413]

Claß diktierte Salm-Horstmars Antwortbrief an Hindenburg und gab darin der Hoffnung Ausdruck, dass die Rivalitäten von Bad Harzburg hoffentlich bald zu Ende seien, die wirtschaftliche Lage werde alle Beteiligten ohnehin alsbald dazu zwingen.[414] Claß hoffte zudem auf ein Einlenken des Reichspräsidenten, denn er stand ebenfalls in Kontakt mit dem Staatssekretär im Büro des Reichspräsidenten, Otto Meißner, und besprach im November beim Essen mit Quaatz und der Familie Dommes’ die „augenblicklich völlig hilflos[e]“ Position des Reichspräsidenten, wie Meißner ihm gegenüber habe durchblicken lassen.[415]

Claß schien immerhin zuversichtlich und unterrichtete auf der Sitzung des Geschäftsführenden Ausschusses im Dezember 1931 die Anwesenden über einen „langen und ausführlichen Briefwechsel“, der „immer wärmer geworden war“.[416] Zum 24. November hatte Claß auch Generaloberst Karl von Einem für ein Gespräch bei Hindenburg überreden können, um für Hugenberg zu werben. Einem hatte nach dem Ersten Weltkrieg den monarchistischen Bund der Aufrechten gegründet, dem unter anderem Freytagh-Loringhoven und Schmidt(-Hannover) angehörten. Zudem war Einems Sohn Günther Mitglied des Vorstandes des Alldeutschen Verbandes. Hindenburg habe sich bei dem Gespräch mit Einem dahingehend geäußert, dass er sich bei einem Regierungswechsel auch mit „Hugenberg abfinden werde“, so Claß.[417]

Sowohl eine Ernennung Hugenbergs zum Reichskanzler durch Hindenburg als auch eine Unterordnung Hitlers unter ein Hugenberg-Kabinett lagen faktisch in weiter Ferne. Das erkannte auch Claß und er sagte auf der Sitzung des Geschäftsführenden Ausschusses im Dezember einen weiteren Wahlerfolg der NSDAP bei den Hessenwahlen am 15. November voraus, der den Führungsanspruch der Partei noch steigern werde. Er selbst habe bei seinen öffentlichen Reden in den letzten Wochen sehr wohl Zustimmung von anwesenden Nationalsozialisten für seine Forderungen nach der Rückkehr zur geschlossenen „nationalen Opposition“ erhalten, so Claß, „aber was die oberste Leitung macht, ist nicht abzusehen. Falls das Wahlergebnis in meiner hessischen Heimat ihr einen neuen großen Erfolg bringt, wird der Anspruch auf oberste, ja fast ausschließliche Führung wohl noch gesteigert werden. Nach alledem können Sie sich denken, daß wir in

413 Ebd.

414 Otto Fürst zu Salm-Horstmar an Paul von Hindenburg, 1.11.1931, in ebd., Bl. 125. Hier Brief als zusammengefasste Abschrift. Die Claß’sche Vorabschrift ebd., Bl. 191–195.

415 Tagebucheintrag Reinhold Quaatz, 21.11.1931, in BA-Koblenz, N 1247, Bd. 17, o. Bl.

416 So Claß auf der Sitzung des Geschäftsführenden Ausschusses des Alldeutschen Verbandes, 20.2.1932, in BA-Berlin, R 8048, Bd. 169, Bl. 31. Die Mitteilung von Claß auf der Sitzung des Geschäftsführenden Ausschusses soll am 7. und 8.12.1931 gefallen sein. Das Protokoll überliefert lediglich die Aussprachen vom 5./6.12.1931. Siehe ebd., Bd. 168, Bl. 53–78.

417 Claß auf der Sitzung des Geschäftsführenden Ausschusses des Alldeutschen Verbandes, 20.2.1932, in ebd., Bd. 169, Bl. 31.

einer höchst aufregenden, nervenverbrauchenden Zeit leben, und daß man sich schon zusammenreißen muß, um nicht loszuplatzen."[418]

Die „diplomatischen Beziehungen" zwischen Hitler und Hugenberg seien unterbrochen, so Claß weiter, aber dies sei nicht Hugenbergs Schuld. „Dieser ist nach wie vor der Meinung, daß die äußerste Geduld bewiesen werden muß, hat allerdings in seinen letzten Reden einige Bemerkungen einfließen lassen, die den unerfreulichen Tatbestand durchschimmern lassen."[419] Claß halte sich mit öffentlicher Kritik an der Unzuverlässigkeit Hitlers zurück, „weil wir uns in der Hoffnung, doch noch das Äußerste verhüten zu können, bis zum Totschweigen zurückhalten".[420]

Auch Hugenberg erkannte die Dynamiken, die sich in Bad Harzburg vor den Augen der Öffentlichkeit entfalteten, aber er wollte die dahinterliegenden grundlegenden Machtverschiebungen zu seinen Ungunsten nicht akzeptieren. So beschwor er Harzburg als einen „gemeinsamen Bund", der „der Sache wegen" nicht auseinanderbrechen könne, weil auch die Nationalsozialisten einsehen müssten, dass nur gemeinsam gegen SPD und Zentrum vorgegangen werden könne.[421] Während sich Hitler von Hugenberg fernhielt und selbst auf weitere Verständigungen mit Hindenburg hoffte, erreichte die NSDAP bei den Wahlen in Hessen über 37 Prozent und wurde stärkste Partei im Landtag, während die DNVP im Vergleich zur Wahl von 1927 erneut verlor, von 5 auf 1,4 Prozent absank und damit bedeutungslos wurde.

Am 25. November 1931 wurde Claß in den Strudel des umkämpften Aufstiegs der NSDAP hineingezogen. Werner Best, Leiter der Rechtsabteilung der NSDAP-Gauleitung und designierter Vorsitzender der NSDAP-Landtagsfraktion, der seit Mitte der 1920er Jahre mit Claß, aufgrund gemeinsamer Mainzer Bezüge durch Bests Mitbegründung der Ortsgruppe des DvSTB sowie seiner frühen Mitgliedschaft in der Mainzer DNVP, in Kontakt stand[422], hatte Pläne für einen gewaltsamen Umsturz ausgearbeitet, die als „Boxheimer Dokumente" nun an die Öffentlichkeit gerieten.[423] In vielerlei Hinsicht ähnelten die darin enthaltenen Ausführungsbestimmungen dem „Notverfassungsentwurf" aus dem Sommer 1923, der 1926 im Putsch-Prozess gegen Claß vorgelegt worden war.[424] Der *Vorwärts* legte diesen inhaltlichen Zusammenhang ebenfalls nahe.[425] Best

418 Claß an Otto Helmut Hopfen, 14.11.1931, in BA-Berlin, R 8048, Bd. 392, Bl. 265.

419 Ebd.

420 Ebd.

421 Alfred Hugenberg: Der Sinn von Harzburg, in Unsere Partei 15.11.1931.

422 Siehe zum frühen Kontakt zwischen Claß und Werner Best in Bezug auf den Nationalen Club Werner Best an Claß, 28.3. und 29.12.1926, in BA-Berlin, R 8048, Bd. 212, Bl. 215 und 600. Best suchte auch mitten in der Putsch-Affäre Kontakt zu Claß und erfragte Kommentare zu den Richtlinien des Hessischen Vaterländischen Blocks. Claß ließ jedoch gegenüber Best auf sein Schreiben vom 29.12.1926 ausrichten, er sei vollkommen ausgelastet und könne keine gegenwärtige Stellungnahme abgeben. Hauptleitung des Alldeutschen Verbandes an Werner Best 14.1.1927, in ebd., Bd. 213, Bl. 10.

423 Siehe Herbert: Best, S. 112–119 und Meinl: „Das gesamte bewegliche und unbewegliche Vermögen der in Deutschland aufhältlichen Angehörigen des jüdischen Volkstums ist beschlagnahmt". Der Boxheimer Hof war das Hauptquartier der hessischen SA.

424 Best: „... wird erschossen".

hatte als promovierter Jurist die „Boxheimer Dokumente“ als Grundlage für weitere Planungen mit Hitler ausgearbeitet, dem der Skandal rund um die Veröffentlichung für seinen Legalitätskurs sehr ungelegen kam. Karl August Werner, der bereits im Zuge der Putschvorwürfe gegen Claß 1926/27 als Oberreichsanwalt den Abschlussbericht zu den Untersuchungen im Sinne der Alldeutschen verfasst hatte, stellte im Oktober 1932 das Hochverratsverfahren gegen Best schließlich auch auf Anraten Brünings ein, da sich die Pläne in seiner Einschätzung nur auf eine illegale „Kommuneherrschaft“ der Linken und nicht auf eine legal gewählte und ernannte Regierung bezogen hätten. Bereits in seiner ersten Erklärung vom November 1931 machte Werner deutlich, es sei davon auszugehen, dass sich die Pläne nicht auf einen Sturz der derzeitigen Regierung bezogen.[426]

Zum Jahresende blieb Claß mit seiner Sicht auf Hitler und die NSDAP doch ratlos zurück, da er den Führungsanspruch Hugenbergs nicht in Frage gestellt sehen wollte, andererseits aber die zunehmende Führungsstärke der Nationalsozialisten innerhalb der Rechten sehr wohl erkannte. Über eine mangelnde Regierungsfähigkeit der unzuverlässigen NSDAP waren sich Claß und Hugenberg nach Bad Harzburg im Grunde einig. Hugenberg sah „ganz ausserordentlich schwarz“ nach den „recht trüben“ Erfahrungen mit den Nationalsozialisten, die, wenn sie ohne deutschnationale Kabinettspartner in eine Regierung einträten, eine solche Regierung „zu einem ganz kläglichen Fiasko führen“ würden.[427] Der Drang zur Macht und die Schwäche der DNVP zwangen Claß letztlich einen ambivalenten und im Grundsatz widersprüchlichen Kompromiss auf, dessen Grundbedingungen er jedoch nicht entscheidend mitverhandeln konnte.

So verkündete er auf der Sitzung des Geschäftsführenden Ausschusses Anfang Dezember, dass die Ereignisse in Bad Harzburg den Zusammenbruch der „nationalen Opposition“ herbeigeführt hätten.[428] Er sprach von den auffälligen Machtspielchen der Nationalsozialisten „vor und hinter den Kulissen“, die letztlich dadurch angefeuert worden seien, dass man sich nicht an eine sachliche Dramaturgie der Veranstaltung halten wollte, die zunächst am Vormittag die parlamentarischen Gruppen der teilnehmende Parteien mit den Vertretern der Organisationen der „nationalen Opposition“ zusammengebracht hätte, dem dann getrennte Fraktionssitzungen und eine anschließende große Tagung am Nachmittag gefolgt wäre. Die geplante Heerschau von Stahlhelm und SA hätte der gesamten Veranstaltung eine Dynamik der Machtkonflikte aufgezwungen, die dem Anliegen der Kundgebung von Anfang an entgegengestanden hätte, da die Konkurrenzen zwischen beiden paramilitärischen Gruppen auch auf das Verhältnis der NSDAP zur DNVP eingewirkt und gleichzeitig Ausdruck der Rivalitäten

425 Siehe Deutsche Zeitung 26.11.1931 und 27.11.1931 und Berliner Tageblatt 27.11.1931.

426 Erklärung Oberreichsanwalt Karl August Werner gegenüber der Telegraphen-Union, 26.11.1931, in Vorwärts (Abendausgabe) 26.11.1931.

427 So zitiert Martin Blank Alfred Hugenberg in einem Schreiben an Paul Reusch vom 27.11.1931, in RWWA, NL Paul Reusch, 130–4001012024/9.

428 Claß auf der Sitzung des Geschäftsführenden Ausschusses des Alldeutschen Verbandes, 5./6.12.1931, in BA-Berlin, R 8048, Bd. 168, Bl. 54–56.

zwischen Hitler und Hugenberg gewesen seien.[429] Die „Erschütterungen“, die für Claß in Harzburg sichtbar wurden und die Lage „hoffnungslos“ machten, hätten bereits vorher bestanden und würden auch weiter „fortschreiten“. Trotzdem sei es die Aufgabe der Alldeutschen, diesen Erschütterungen entgegenzuarbeiten, um „die Front allmählich wieder herzustellen“ und dabei aber den „Führungsanspruch“ der DNVP mit ihrem Vorsitzenden Hugenberg stets zu betonen.[430]

Claß hoffte weiterhin auf ein Zusammenfinden mit den Nationalsozialisten in der „nationalen Opposition“, obwohl Hitler zum Jahreswechsel dazu keinerlei Anlass gegeben hatte. Wenn die „wichtigsten Gruppen der Nationalen Opposition wenn irgendmöglich wieder zusammengebracht werden sollen“, so Claß, müsse man denen gegenüber, die den „Nationalsozialisten gern die Hauptschuld aufhalsen würden, besonders vorsichtig sein“. Andererseits wisse er im Umgang mit der NSDAP oft nicht, „was größer ist, der Mangel an Takt oder an Gewissen, an Sachlichkeit oder an Kenntnissen.“[431]

Die Nationalsozialisten kultivierten weiter ihr eigenes jugendhaftes Selbstbild einer neuen Rechtsbewegung, die durch Stil und Propaganda auch auf eine Ablehnung der „alten“ Honoratioren der Rechten zielte. Selbst Best, der wenige Jahre zuvor Claß noch genau für diese Rolle eines Führers der wilhelminischen „nationalen Opposition“ so geschätzt hatte, notierte nach dem Zweiten Weltkrieg über die Harzburger Tagung, wie Hitler in den Kreis um Hugenberg, Duesterberg, Schacht und Claß, die er als „kritische, meist Brillen, Bärte und akademische oder militärische Titel tragende Verstandsmenschen“ bezeichnete, nicht hineinpasste. Gegenüber diesen „reaktionären Petrefakten“ konnte er nicht glänzen: „Man merkte ihm deutlich seine Befangenheit an, die ihm jeden Schwung nahm.“[432]

Auch Goebbels notierte, dass Hitler mit kreidebleichem Gesicht und in sichtbar schlechter Verfassung in Bad Harzburg aufgetreten sei und die ganze Veranstaltung lediglich belege, dass die Nationalsozialisten an solchen Sammlungsveranstaltungen in Zukunft gar nicht erst teilnehmen sollten: „Heilsame Lehre. Nie wieder wird eine gemeinsame Kundgebung der Leute gemacht. Nur Konferenzen der Führungen. Das ist auch sein [Adolf Hitlers] Entschluss. Gottseidank. Ergebnis von Harzburg.“[433]

---

429 Ebd, Bl. 55.

430 Ebd.

431 Claß an Otto Helmut Hopfen, 14.12.1931, in BA-Berlin, R 8048, Bd. 392, Bl. 273. Reinhold Quaatz meinte Claß’ Dilemma bereits ein halbes Jahr zuvor erkannt zu haben, als er ihn im Sanatorium in Bad Kissingen noch vor Ausgang des Preußen-Volksentscheids besucht und Claß’ elitären Honoratiorengeist als Grund für die fehlende Anziehungskraft des Alldeutschen Verbandes für die Massen benannt hatte. Quaatz hielt Claß für eine „tragische Figur“, die seit nunmehr dreißig Jahren die Rolle eines Mahners einnehme, ohne jemals in der Lage gewesen zu sein, unabhängig agieren zu können. Gleichzeitig sei er bei der Linken sowie bei den einstigen wilhelminischen Machteliten und den Repräsentanten des heutigen Weimarer Systems verhasst. Tagebucheintrag Reinhold Quaatz, 22.6.1931, in Weiß/Hoser (Hrsg.): Die Deutschnationalen, S. 137.

432 Zitiert in Herbert: Best, S. 107.

433 Joseph Goebbels Tagebucheintrag vom 12.10.1931, in Fröhlich: Die Tagebücher von Joseph Goebbels, Teil 1, Bd. 2/II, S. 121–123. Zitat ebd., S. 122. Siehe auch Richter: Joseph Goebbels, S. 408–410.

Den alldeutschen Gauführer von Nord-Bayern und Mitglied des Geschäftsführenden Ausschusses, Studienprofessor Christoph Pickel aus Bayreuth, beunruhigten die Machtzuwächse der Nationalsozialisten in Bayern und die ungenügende Mobilisierungskraft des Alldeutschen Verbandes in Konkurrenz zur Massenbewegung der NSDAP bereits vor der Harzburger Tagung in ganz besonderer Weise. Bereits vor der Harzburger Tagung hatte er ein umfassendes Programm zur Reform der Verbandsstruktur vorgelegt. Der Alldeutsche Verband solle demnach zu einer Massenbewegung für die Übernahme der Führung der „nationalen Opposition" ausgebaut werden und sich von der Bindung an die DNVP lösen.[434] Die DNVP, so Pickel, habe „ihre Zeit hinter sich und die Bemühungen Hugenbergs, dem leck gewordenen Schiff wieder einen neuen Anstrich zu geben, werden die verlorene Volkstümlichkeit nicht wieder erwecken".[435] Die NSDAP sei zwischen katholischer Kirche und Linkspartei gefangen und somit nicht zu einem „organischen Wachstum" in Zukunft fähig. Eine neue, „frei angelegte Volksbewegung" unter Führung der Alldeutschen sei nun möglich und notwendig.[436]

Als Reform schlug Pickel eine freie Wahl des Verbandsvorsitzenden aus den in die Hauptleitung zu berufenden „tüchtigsten Gauführern" vor, die gleichzeitig einen engen Führerrat bilden sollten. Die Geschäftsstelle sollte umfassende Organisationsaufgaben zugesprochen bekommen und die Durchführung von Leitsätzen überwachen. Alle Gauführer sollten aktiv zur Mitarbeit bei den *Alldeutschen Blättern* aufgefordert werden und nur dem Vorsitzenden verantwortlich sein. Sie hatten zudem einmal im Jahr alle bestehenden Ortsgruppen ihres Gaus zu besuchen und Mitglieder zu Treuschaften zusammenzufassen. Der Vorsitzende sollte in Zukunft die Aufgaben des Verbandes bestimmen, jedoch in Verbindung mit der Hauptleitung und dem neu einzurichtenden Führerrat.[437]

Inhaltliche Kritik blieb zunächst ebenso unreflektiert, da Pickel nicht weniger als eine thematische Avantgarde-Stellung des Verbandes forderte, die aktuelle Problemlagen in praktische Politik übersetzen sollte. Der Verband habe in allen Wirtschaftsfragen führend in den Diskussionen der Rechten werden und er müsse sich der „brennenden" sozialen Fragen wie der Arbeitslosigkeit seit der 1929 grassierenden Weltwirtschaftskrise annehmen, aber er sollte keine weiteren Vorträge über soziale Fragen halten, sondern zur Tat schreiten und auch die Jugend endlich einbinden, so Pickel.[438]

Die Vorschläge griffen tief in die Struktur des Verbandes ein, da sie Claß' Machtstellung im Grundsatz in Frage stellten und stattdessen die Bedeutung der Gauführer aufwerteten, die Claß durch ein gefälliges System der Zuwahl zum Geschäftsführenden Ausschuss und zum Gesamtvorstand bisher in Anerkennung ihrer wichtigen Funktion

434 Christoph Pickel auf der Sitzung des Geschäftsführenden Ausschusses des Alldeutschen Verbandes, 5.9.1931, in BA-Berlin, R 8048, Bd. 167, Bl. 18–19.

435 Christoph Pickel: Vom Ausbau des Alldeutschen Verbandes, 15.9.1931, in BA-Berlin, R 8048, Bd. 168, Bl. 26–27. Zitat ebd., Bl. 26.

436 Ebd.

437 Ebd.

438 Ebd., Bl. 27.

vernachlässigt hatte. Vielmehr wurde hinzugewählt, wer Claß genehm und zur Wahl bereit war. Dass hier viele lokale Funktionäre aus der zweiten und dritten Reihe satzungsgemäß in die Ausschüsse gewählt wurden, die teilweise der Mehrheit noch unbekannt waren, wurde zuvor schon häufiger angemerkt. Entscheidend für die Ablehnung von Pickels Vorschlägen war hingegen der offene Angriff auf Claß und der damit verbundene Anspruch, den Alldeutschen Verband zur Massenbewegung aufzubauen. Mangel an Ressourcen sowie der Wunsch, den Verband unbedingt kleiner halten zu wollen, waren hauptsächliche Gründe für die Zurückweisung des Vorstoßes.[439]

Als auf der Sitzung des Geschäftsführenden Ausschusses in Berlin am 5./6. Dezember 1931 Pickels Vorschläge besprochen wurden, legte die Diskussion die hierarchische Entscheidungskultur in der Verbandsleitung offen. Claß ließ keinen Zweifel daran, dass er als diktatorisch agierender Verbandsführer im Zentrum der Macht stand. Getreue langjährige und von ihm persönlich ausgesuchte Mitarbeiter hatten ihn vor einer möglichen Auseinandersetzung um Führungsstil und Führungspraxis abgeschottet. Die Dilemmata der Führungsschwäche des Verbandes innerhalb der „nationalen Opposition“ wurden entweder den allgemein drückenden Ressourcenbelastungen der modernen politischen Mobilisierung, dem unsachlichen Konkurrenzkampf mit anderen rechten Bewegungen oder der fehlenden Bereitschaft in den untergeordneten Gliederungen des Verbandes, also den Ortsgruppen selbst, angelastet. Es zeigte sich nach Pickels Interventionen erneut, dass Claß einerseits seine Führungsposition seit dem Ersten Weltkrieg so sehr gefestigt hatte, dass er schwerlich aus dem Amt hätte geputscht werden können, und dass es andererseits seit den Konflikten mit Lehmann im Vorfeld von Claß’ Ernennung zum Verbandsvorsitzenden 1908 zu keiner Zeit eine Persönlichkeit gegeben hatte, die eine entsprechende Hausmacht im Verband gehabt und auch nur im Ansatz probiert hätte, Claß zu beerben.

Bevor Pickel das Wort ergreifen konnte, verteidigte Vietinghoff-Scheel die abnehmenden Mitgliederzahlen (allein 2.388 Austritte seit September 1930, davon 1.000 wegen Erhöhung der Mitgliedsbeiträge) und meinte lediglich, dass es angesichts der wirtschaftlichen Krise nicht überraschend sei, dass der Verband „abbröckelt“.[440] Das Problem sei vielmehr die geringe Aktivität der Mitglieder. Die NSDAP sei zwar stark an Größe gewachsen, was jedoch nicht auf ihre Propaganda auf der Straße, sondern auf die „hingebungsvolle“ Arbeit der einzelnen Mitglieder zurückzuführen sei.[441] Man müsse daher weiterhin in den eigenen Reihen werben und mobilisieren.

Pickel hatte mit seinen Modernisierungsforderungen einen schweren Stand. Er beklagte, dass der Verband seit 1924/25 keine bedeutende Schrift mehr veröffentlicht und stattdessen seit dieser Zeit sich weitgehend auf eine Sanierung der DNVP konzen-

---

439 Siehe Stellungnahmen Arthur Müller, 2.11.1931, und Fritz Schillmann, o. D. [ca. November 1931], in BA-Berlin, R 8048, Bd. 168, Bl. 33 – 36 und 31 – 32.

440 Leopold von Vietinghoff-Scheel auf der Sitzung des Geschäftsführenden Ausschusses des Alldeutschen Verbandes, 5.12.1931, in BA-Berlin, R 8048, Bd. 168, Bl. 71 und 72.

441 Ebd., Bl. 72.

triert habe.[442] Nach Hugenbergs Machtübernahme wüssten die Mitglieder aber nicht, warum sie nicht gleich in die DNVP hätten eintreten sollen. Mit weiterem Mitgliederschwund sei auch aus diesem Grunde in Zukunft zu rechnen. Zudem habe die Harzburger Tagung gezeigt, dass die kleineren Verbände kaum noch eine Rolle innerhalb der Rechten spielten und der Alldeutsche Verband lediglich „infolge seiner persönlichen Verbindungen und Verdienste zugelassen wird".[443] Alldeutsche seien in zahlreichen Organisationen und Herausgebergremien wie bei der Gesellschaft Deutscher Staat oder bei Lehmanns Zeitschrift *Deutschlands Erneuerung* aktiv. Jedoch sei der Alldeutsche Verband selbst nicht an diesen Unternehmungen beteiligt. Wie „wertvoll wäre es" hingegen, „wenn beispielsweise ‚Deutschlands Erneuerung' als alldeutsche Zeitschrift herausgegeben" werden würde?[444] Das System des „mittelbahren Verfahrens", mit dem der Verband Politik versuche zu betreiben, sei seit 1925 infolge der Putschuntersuchungen und im Zuge der Verteilung der Kräfte auf die DNVP weitgehend gescheitert.[445] Pickel forderte im Grundsatz, dass sich der Verband zu einer eigenständigen Partei entwickeln sollte, um mit der NSDAP konkurrieren zu können und nicht in den Sog der Fragmentierung der DNVP zu geraten, aus deren bürgerlichen Anhängermilieus die Alldeutschen letztlich selbst schöpften.

Claß widersprach umgehend. Der Verband habe sich seit 1924 „eingekapselt" und einen gefährlichen Kurs eingeschlagen, der in die Isolation geführt habe.[446] Aber man wolle auch weiterhin der „stille Anreger" bleiben, denn die eigentliche Entscheidung zum Regierungs- und Systemwechsel liege auch nicht bei Hugenberg oder irgendeiner Partei, sondern letztlich allein beim Reichspräsidenten.[447] Der Alldeutsche Verband stehe im Zeichen seiner Gründung und da habe er von Beginn an „planmäßig ins Auge gefasst", eben „keine Massenbewegung aufzubauen, sondern eine politische Führerauslese zu schaffen".[448] Eine neue Organisation in einer Zeit zu bilden, in der Massenorganisationen wie der Stahlhelm oder die NSDAP um Führung konkurrierten, sei ohnehin nicht anzudenken. Zudem sei es mehr als fraglich, ob sich der Stahlhelm in Zukunft neben den Nationalsozialisten behaupten könne. Vielmehr gelte in der politischen Führung das Persönlichkeitsprinzip, für das Claß „lebe und sterbe" und dem sich die Massen dann „fügen werden, wenn diese Persönlichkeit etwas Schöpferisches leistet".[449] Von einer Bindung an die DNVP könne keine Rede sein, vielmehr gehe es immer

442 Christoph Pickel auf der Sitzung des Geschäftsführenden Ausschusses des Alldeutschen Verbandes, 5.12.1931, in ebd., Bl. 73.

443 Ebd.

444 Ebd., Bl. 74.

445 Ebd., Bl. 73.

446 Claß auf der Sitzung des Geschäftsführenden Ausschusses des Alldeutschen Verbandes, 5.12.1931, in ebd., Bl. 75.

447 Ebd., Bl. 76.

448 Ebd.

449 Ebd.

um die Stärkung der „eigenen Sache“. Entscheidend sei ohnehin der Reichspräsident und dessen Wille zur politischen Veränderung.[450]

Die Kontroverse bündelte das gesamte Mobilisierungsdilemma des Alldeutschen Verbandes von der Zustandsbeschreibung über Reformvorschläge bis zur strukturellen Verweigerung von Änderungen der Verbandsstrukturen. So hatte Bang bereits zu Claß’ 60. Geburtstag in einem Aufsatz das Festhalten am elitären Charakter des Verbandes ausdrücklich gelobt. Schließlich habe Claß verstanden, dass nur „Minderheiten Geschichte machen“ und der „deutsche Auslese-Gedanke“ auch für die Alldeutschen zutreffe, die gegen „den Massenwahn unserer Zeit“ angingen.[451] Gegen diesen Ansatz konnte Pickel nicht ankommen, der dann in seinem kurzen Schlusswort bemerkte: „So müssen wir die Dinge laufen lassen und können nur hoffen, daß sie sich zum Besten wenden. Die Fronten werden sich versteifen, die Gegensätze auch, und es ist erschütternd, zu sehen, wie die Widerstände wachsen, wie wir Alldeutschen als unbequem oder überflüssig betrachtet werden.“[452]

Die Verhandlungen Brünings für eine Einbindung der NSDAP in die Regierung waren wenige Tage nach dem alldeutschen Verbandstag gescheitert, nachdem der Reichskanzler in einer Radioansprache am 8. Dezember die Vertrauenswürdigkeit der NSDAP öffentlich in Frage gestellt hatte.[453] In einem Treffen Hindenburgs mit Göring drei Tage danach versicherte Hitlers politischer Beauftragter, dass die Nationalsozialisten einen strikten Legalitätskurs einhalten und im Falle einer Machtübernahme die Reichsverfassung anerkennen würden. Für die anstehende Verlängerung von Hindenburgs Reichspräsidentschaft zeigte sich Göring ebenfalls für eine Unterstützung der NSDAP aufgeschlossen.[454] In den Gesprächen, die seitens Brünings mit Hitler, Hugenberg sowie Seldte und Duesterberg vom Stahlhelm folgen sollten, ging es letztlich um nicht weniger als die Frage, ob die Vertreter der „nationalen Opposition“ die Macht mit dem Reichspräsidenten zu teilen bereit waren, indem sie eine Verlängerung von Hindenburgs Amtszeit über eine notwendige Zweidrittelmehrheit im Parlament unterstützen würden, oder ob vor allem Hitler über eine Volkswahl selbst nach dem Amt greifen würde, um einen Regierungswechsel zu erzwingen.[455]

---

450 Ebd. Bl. 77.

451 Bang: Heinrich Claß, S. 63.

452 Christoph Pickel auf der Sitzung des Geschäftsführenden Ausschusses des Alldeutschen Verbandes, 5.12.1931, in BA-Berlin, R 8048, Bd. 168, Bl. 77.

453 Brüning: Sachlicher Ernst.

454 Jones: Hitler versus Hindenburg, S. 140.

455 Pyta: Hindenburg, S. 649–650.

9 Umgehungen und Entscheidungen 1932

9.1 Die Reichspräsidentenwahl

Zu Jahresbeginn 1932 veröffentlichten die *Alldeutschen Blätter* die Bekanntmachung der Geschäftsstelle, dass der vierteljährliche Beitrag der Mitglieder notwendiger denn je sei und die Überweisungen „trotz aller wirtschaftlicher Not“ möglichst ohne bürokratische Verzögerungen stattfinden mögen, denn: „Das Entscheidungsjahr 1932 ist angebrochen!“[1] Claß erhoffte eine „Schicksalswende“, die bereits in der Vergangenheit „greifbar nahe“ gewesen sei und nur aufgrund der „Führerlosigkeit“ in Deutschland nicht stattgefunden habe.[2] Gemeint war Paul von Hindenburg, dessen Wahl zum Reichspräsidenten 1925 mit falschen Hoffnungen auf eine autoritäre Wende durch die diktatorische Anwendung der verfassungsmäßigen Präsidialrechte verknüpft gewesen sei. Auf Hindenburg komme nun alles an, denn er könne, ohne den Boden der Verfassung zu verlassen, durch Ausnutzung des Artikels 48 „die Rettung Deutschlands durch die Führer der nationalen Opposition einleiten“ und somit nach Jahren der Parteienherrschaft, in der „einander ablösend oder verbunden und sich unterstützend“ regiert worden sei, eine „Regierung der sachlichen Arbeit“ ermöglichen.[3] Hindenburg sei bis jetzt noch nicht der „Retter des Vaterlandes“, auf den seine „Wegbereiter“ 1925 gehofft hatten, jedoch könne er durch Entschlossenheit seine Verantwortung wahrnehmen. Alles liege „in seiner Hand“, er müsse nur seine „Helfer“ rufen, so Claß.[4]

Nachdem Heinrich Brüning am 16. Oktober 1931 ein Misstrauensantrag von NSDAP, DNVP und KPD mit einer schmalen Mehrheit von 295 Nein-Stimmen zu 270 Ja-Stimmen (bei geschlossener Zustimmung aller 41 anwesenden DNVP-Abgeordneten) überstanden hatte, vertagte sich der Reichstag bis zum Februar 1932.[5] Zuvor wurden drei Tage lang verschiedene Anträge der Opposition gegen einzelne Notverordnungen Brünings, wie sie am 6. Oktober zur Einschränkung der Pressefreiheit erlassen worden war, Misstrauensanträge von NSDAP, DNVP und KPD gegen die Regierung, Misstrauensanträge

1 Alldeutsche Blätter 2.1.1932.

2 Heinrich Claß: Schicksalswende?, in Alldeutsche Blätter 2.1.1932. Siehe auch Claß: Ablösung vor!, in Deutsche Zeitung 1.1.1932.

3 Heinrich Claß: Schicksalswende?, in Alldeutsche Blätter 2.1.1932

4 Ebd.

5 Gegen den Mistrauensantrag von NSDAP, DNVP und KPD gegen die Regierung stimmten vor allem die Abgeordneten des Zentrums und der Bayerischen Volkspartei, der SPD, der Reichspartei des Deutschen Mittelstandes, des Christlich-Sozialen Volksdienstes und der Konservativen Volkspartei (einschließlich Kuno von Westarp, Walther Lambach, Hans-Erdmann von Lindeiner-Wildau und Gottfried Reinhold Treviranus), der Staatsparteilichen Fraktionsgemeinschaft, der Volksnationalen Reichsvereinigung, der Deutschen Bauernpartei sowie einige Abgeordnete der DVP (Hans von Seeckt, der seit der Reichstagswahl 1930 für die DVP im Reichstag saß, simmte zu) und bis auf eine Gegenstimme das Deutsche Landvolk (CNBL). Abstimmungsergebnisse in der 56. Sitzung des Reichstags, 16.10.1931, in Verhandlungen des Reichstags, V. Wahlperiode 1930, Bd. 446, S. 2231–2242.

https://doi.org/10.1515/-011

der KPD gegen einzelne Minister sowie Anträge von NSDAP, DNVP und KPD zur Auflösung des Reichstags mit anschließenden Neuwahlen debattiert.[6] In seiner Abschlussrede dankte Brüning für die „Vornehmheit" der vorgebrachten Kritik an seiner Notverordnungspolitik und schloss den „Führer der Nationalsozialisten", der gar nicht Mitglied des Reichstags war, ausdrücklich mit ein, was als eindeutiges Zeichen zu deuten war, dass der Reichskanzler auf Adolf Hitler für eine politische Zusammenarbeit zugehen wollte.[7] Brüning wiederholte somit sein Angebot an die Rechte zur Regierungsbeteiligung, ohne sich dabei jedoch treiben lassen zu wollen. Er ging den Alldeutschen Verband direkt in seiner Rede an, der in den letzten Wochen wohl gedacht habe, man könne wie bei der Kanzlersturzbewegung gegen Theobald von Bethmann Hollweg einst 1917 nach „Schema F" verfahren.[8]

Hindenburg hatte hingegen im Vorfeld der Abstimmung sehr wohl durchscheinen lassen, dass er bei einem erfolgreichen Misstrauensvotum gegen Brüning eine Rechtsregierung berufen werde, wenn sich Hitler und Alfred Hugenberg auf einen gemeinsamen Vorschlag für einen Kanzlerkandidaten gegenüber dem Reichspräsidenten einigen würden.[9] Der gleichzeitige Machtanspruch Hitlers und Hugenbergs stand einer solchen Einigung genauso im Wege wie die Bedingungen, die Hitler an Hindenburg stellte, wenn er wiederholt die Auflösung des Reichstages und Neuwahlen forderte, um die Wählergunst, die die NSDAP seit den Reichstagswahlen 1930 beflügelte, für die Absicherung seiner Machtansprüche zu nutzen.

Die Vertagung des Parlaments, die durch den Ältestenrat sowie, nach dem erneuten Auszug der NSDAP-Fraktion und der DNVP-Fraktion, in einer anschließenden Nachtsitzung am 16. Oktober im Zuge einer Geschäftsordnungsdebatte durch den Reichstag beschlossen worden war, sollte der Hinterzimmerpolitik der Alldeutschen für eine Diktatur auf legalem Weg in die Hände spielen. Claß agierte weiter aus dem Hintergrund für die Errichtung eines Rechtskabinetts unter deutschnationaler Führung Hugenbergs, obwohl ihm die Machtverhältnisse zwischen DNVP und NSDAP seit der Harzburger Tagung kaum Illusionen über Hitlers Fähigkeit zu Zugeständnissen an eine Teilung der Führung der Rechten ließen. Hugenberg gab sich genau diesen Illusionen Anfang des Jahres noch hin, strebte weiterhin nach dem Amt des Reichskanzlers und versuchte, mit Hitler zusammenzugehen und ihn gleichzeitig in seinen Machtambitionen einzuhegen.

Claß empfahl sich in diesem prophetischen Drama als politischer Berater und Strippenzieher durch eine Neuauflage der von Alexander Graf Brockdorff, dem zu-

6 Siehe ebd. Die Anträge von NSDAP und DNVP zur Ausserkraftsetzung von Notverordnungen betrafen alle Notverordnungen, die seit dem 10.2.1931 durch den Reichspräsidenten unter Anwendung von Artikel 42 Absatz 2 der Weimarer Reichsverfassung waren sowie konkret der „Zweiten Verordnung des Reichspräsidenten zur Sicherung von Wirtschaft und Finanzen" vom 5.6.1931 und der „Dritten Verordnung des Reichspräsidenten zur Sicherung von Wirtschaft und Finanzen" vom 6.10.1931.

7 Münchner Neueste Nachrichten 17.10.1931.

8 Rede Heinrich Brüning im Reichstag, 16.10.1931, in Verhandlungen des Reichstags, V. Wahlperiode 1930, Bd. 446, S. 2194.

9 Pyta: Hindenburg, S. 633–634.

sätzlichen Geschäftsführer in der Berliner Geschäftsstelle von 1925 bis 1934, zuerst 1915 herausgegebenen schmalen Zusammenstellung seiner Reden aus den Jahren 1903 bis 1913, die im Januar 1932 unter dem Titel „Führergedanken" erschien.[10] Von der Plauener Rede 1903 bis zum „Einhart" und dem „Kaiserbuch" waren in der Broschüre zur Handreichung Auszüge abgedruckt.[11] Im März 1932 erschienen Teile des Briefwechsels zwischen Claß und Theobald von Bethmann Hollweg über die Kriegszieldenkschrift und die folgenden Zensurmaßnahmen gegen Claß vom Februar und März 1915, um die Oppositionspolitik der Alldeutschen gegen die Regierung Brüning in eine längere Kontinuität zu stellen.[12] Auch Hugenberg wurde in diese historische Traditionslinie einbezogen, da unter anderem der Brief an Claß abgedruckt wurde, in dem er seine unbedingte Unterstützung im Kampf gegen die Zensurbestimmungen beschwor.[13]

Claß und Hugenberg standen in dieser Erzählung auch 1932 noch zusammen. Claß leitete somit bereits seine Selbsthistorisierung ein, die mit der Veröffentlichung seiner Erinnerungen zum Sommer 1932, welche die Jahre bis 1915 behandelten, bereits in vollem Gange war.[14] Paul Bang lobte den ersten Band der Erinnerungen als Dokument der politischen Kontinuität: Was „Claß mit dem ‚Einhart' und dem ‚Kaiserbuch' begann, hat er hier gekrönt. Es ist ein hohes Lied auf den Alldeutschen Verband und seine Arbeit. Es ist eine geschichtliche Urkunde von unermeßlichem Wert."[15]

Die einstige Führungsrolle des Alldeutschen Verbandes innerhalb der „nationalen Opposition" war 1932 aufgrund der Führungskonkurrenzen zwischen Deutschnationalen und Nationalsozialisten am verblassen. Hitler und Hugenberg belauerten sich seit der Harzburger Tagung und verfolgten beide das gleiche Ziel der Ernennung zum Reichskanzler. Die Reichspräsidentenwahl und die unmittelbar folgende Preußenwahl sollten die Brüche zwischen Hugenberg und Hitler, die seit Bad Harzburg sichtbar waren, weiter vertiefen. Während Hugenberg verlässliche Absprachen suchte, ging Hitler eigene Wege und suchte Verständigungen über Machtzugänge, die bis hin zum Zentrum reichen sollten. Er agierte dabei dermaßen taktisch in seinen politischen Verhandlungen um die Macht, dass dieser politische Pragmatismus als Teil einer umfassenden Strategie der Machteroberung sowohl Hugenberg wie auch Claß teilweise ratlos zurückließ.

Ging es Hugenberg und Claß um die zweckgerichtete Zerstörung der Weimarer Republik und die Einführung der Diktatur unter Ausschaltung der Massen und Parteiendemokratie, in deren Prozess auch die DNVP lediglich als Mittel zum Zweck genutzt werden sollte, so spielte Hitler mit der NSDAP und der SA über Bande und suchte über die Akklamation der Massen mittels legaler demokratischer Wahlverfahren Mehrheiten nicht nur für eine legale Machteroberung, sondern auch für eine durch breite Wäh-

---

10 Alexander Graf Brockdorff: Heinrich Claß. Siehe auch Alldeutsche Blätter 16.1.1932.

11 Claß: Führergedanken.

12 Alldeutsche Blätter 30.3.1932.

13 Ebd. 9.4.1932.

14 Claß: Wider den Strom.

15 Paul Bang: „Wider den Strom". Erinnerungen von Heinrich Claß, in ebd. 10.9.1932.

lerunterstützung legitimierte Machtübernahme. Diese Spannung zwischen nationalsozialistischer Massenmobilisierung und den Begrenzungen bildungsbürgerlicher Honoratiorenpolitik der Alldeutschen und Deutschnationalen führte im Wahljahr 1932 zur endgültigen Bestätigung der Umkehr der Machtverhältnisse innerhalb der „nationalen Opposition“, deren Führungszentrum bei Hitlers NSDAP liegen sollte.

Hindenburgs Reichspräsidentschaft endete im Mai 1932 und seine Unterstützer versuchten, über den Reichstag zu sondieren, ob eine Außerkraftsetzung des Artikels 41 der Verfassung, in dem die Wahl des Reichspräsidenten durch das Volk festgelegt war, erreicht werden könne, um die vorzeitige Verlängerung von Hindenburgs Amtszeit zu erreichen. Für eine solche parlamentarische Verlängerung war eine Zweidrittelmehrheit nötig.[16] Brüning erhoffte sich von einer solchen überparteilichen Wiederwahl des Reichspräsidenten auch für die anstehenden Gespräche mit den Alliierten über Reparationen eine stärkere Verhandlungsposition.[17]

Am 5. Januar 1932 übertrug Hindenburg Brüning die Aufgabe, die Unterstützung der politischen Rechten vor allem unter Einschluss der DNVP für eine vorzeitige Verlängerung seiner Amtszeit sicherzustellen.[18] Einen Tag später begannen die Gespräche mit Hitler und Hugenberg, die jedoch Bedingungen stellten. Wollte Hitler eine Reichstagsauflösung mit anschließenden Neuwahlen, die zugunsten der NSDAP ausfallen würde, so forderte Hugenberg die Ernennung eines Reichskanzlers ohne Neuwahlen.[19] Zu solchen Vorbedingungen wollte sich Hindenburg wiederum nicht verpflichten, sodass diese Gespräche letztlich scheiterten.

In der Berliner Wohnung von Hermann Göring fand am 9. Januar 1932 das erste Treffen zwischen Hitler und Hugenberg nach der Harzburger Tagung statt.[20] Vorsichtige Annäherungen hatte es bereits im November 1931 gegeben, als Magnus von Levetzow Görings Zusicherung eingeholt hatte, in Zukunft ein vertrauensvolles persönliches Verhältnis zu Otto Schmidt(-Hannover) herzustellen.[21] Im Januar ging es vor allem um

---

16 Siehe dazu Jones: Hitler versus Hindenburg, S. 136 – 137.

17 Siehe zur Kritik auch Alexander Graf Brockdorff (Lagebericht des Alldeutschen Verbandes), 1.2.1932, in BA-Berlin, R 8048, Bd. 551, Bl. 13 – 22.

18 Diese Hoffnung auf die Unterstützung durch die Rechte ging 1932 jedoch von gänzlich anderen Voraussetzungen aus als noch 1925. Otto von Feldmann sprach später (1944/45) von seiner eigenen Enttäuschung über Paul von Hindenburgs Reichspräsidentschaft, in der das Parteienwesen weiter verankert worden sei, Hindenburg die Sozialdemokratie unterstützt und letztlich den Young-Plan unterschrieben habe. Claß habe bereits 1928 auf dem Plauener Verbandstag vor Hindenburgs Amtsführung gewarnt, so Feldmann, der Hindenburgs Wahlkampf 1925 noch führend mitorganisiert hatte. Ders.: Lebenserinnerungen, in GStA PK VI. HA, NL Feldmann, Bd. 1, Bl. 322 – 324a.

19 Pyta: Hindenburg, S. 653.

20 Siehe Tagebucheintrag Reinhold Quaatz, 14.1.1932, in Weiß/Hoser (Hrsg.): Die Deutschnationalen, S. 170 – 171.

21 Magnus von Levetzow an Guidotto Fürst von Donnersmarck, 16.11.1931, in BA-Freiburg, N 239, Bd. 83, Bl. 156 – 158. Magnus von Levetzow war seit 1931 Mitglied der NSDAP, pflegte bis 1932 engere Kontakte zu Wilhelm II. im Exil und war auch ein Vertrauter von Claß. Hermann Göring soll dann in der Tat Alfred Hugenberg im November/Dezember 1931 aufgesucht haben, jedoch von ihm „hinausgeworfen“ worden sein. Siehe Niederschrift N.N. aus NSDAP-Hauptarchiv, in IfZ MA 737/1, Bl. 8 – 9. Claß erwähnt einen

die Abstimmung eines gemeinsamen Vorgehens in der Frage, ob man dem Anliegen Brünings nachgeben sollte, eine Verlängerung der Reichspräsidentschaft Hindenburgs zu unterstützen. Hugenberg war gegen eine solche Zustimmung und man einigte sich zunächst auf diese gemeinsame Position. Brüning traf sich am 10. Januar mit Hitler, der bei der zuvor mit Hugenberg abgesprochenen Ablehnung blieb, jedoch durchscheinen ließ, er werde eine Verlängerung von Hindenburgs Amtszeit durch das Parlament um ein bis zwei Jahre bei Neuwahlen und einer folgenden Berufung eines Rechtskabinetts gegebenenfalls unterstützen. Dahingehend müsse er sich aber mit Hugenberg zuvor besprechen. In dem Gespräch, das Brüning mit Hugenberg am selben Tag führte, wiederholte Hugenberg seine Ablehnung einer parlamentarischen Amtsverlängerung für Hindenburg und forderte die Berufung eines Rechtskabinetts ohne Neuwahlen.[22]

Die Verständigungsversuche über die anstehende Reichspräsidentenwahl führten zu weiteren Gesprächen zwischen Hitler und Hugenberg. Am 11. Januar 1932 trafen sich die beiden für eine Aussprache, die von 16 bis 19 Uhr dauerte, in Hugenbergs Büro in der Victoriastraße 30.[23] Claß wusste zu berichten, dass Hugenberg „von Adolf die Zusicherung [bekam], daß er unbedingt Hand in Hand mit ihm gehen will".[24] Sie verabredeten, unabhängig voneinander zwei Briefe gleichen Inhalts an Brüning zu schicken, in denen sie die Verlängerung der Reichspräsidentschaft Hindenburgs ablehnten. Um 20 Uhr war eine entsprechende Erklärung an die Presse herausgegangen.[25] Als sich Hugenberg im Anschluss daran zum Abendessen unter anderem mit Theodor Duesterberg und Siegfried Wagner traf, um den Stahlhelm von der gemeinsamen Aktion mit Hitler zu unterrichten, stieß Göring um 21 Uhr dazu und wollte überraschend Hugenberg im Nebenraum sprechen, um die Versendung der Briefe abzusagen. Stattdessen teilte Göring nun mit, Hitler solle mit dem Reichspräsidenten für eine gemeinsame Erklärung gegen Brüning verhandeln, um den Rücktritt des Reichskanzlers herbeizuführen.[26]

Dem erratisch wirkenden Strategiewechsel der Nationalsozialisten war vorausgegangen, dass sich Hindenburg mit Göring bereits am 11. Dezember 1931 über den Legalitätskurs der NSDAP sowie deren Unterstützung für eine Verlängerung der Reichspräsidentschaft verständigt hatten. In weiteren Gesprächen Hitlers, unter anderem mit Reichswehrminister Wilhelm Groener am 7. Januar 1932, hatte sich Hitler weiterhin alle

---

Kontaktabbruch zwischen Hugenberg und Hitler zwischen dem 11.10.1931 und dem 8.12.1931, der aber erst mit dem schriftlichen Kontakt am 7.1.1932 aufgehoben worden sei. So Claß auf der Sitzung des Geschäftsführenden Ausschusses des Alldeutschen Verbandes, 20./21.2.1932, in BA-Berlin, R 8048, Bd. 169, Bl. 32.

22 Jones: Hitler versus Hindenburg, S. 144–145. Siehe Aufzeichnungen über die Besprechung Hans Brosius am 10.1.1932, in BA-Koblenz, N 1231, Bd. 192, Bl. 10–12 und Alfred Hugenberg an Heinrich Brüning, 11.1.1932, in ebd., Bd. 36, Bl. 47–48 (auch in Unsere Partei 15.1.1932).

23 Siehe dazu Tagebucheintrag Reinhold Quaatz, 14.1.1932, in Weiß/Hoser (Hrsg.): Die Deutschnationalen, S. 171–173.

24 Claß an Otto Fürst zu Salm-Horstmar, 11.1.1932, in BA-Berlin, R 8048, Bd. 454, Bl. 84.

25 Aufzeichnungen über die Besprechung Hans Brosius am 10.1.1932, in BA-Koblenz, N 1231, Bd. 192, Bl. 10–12.

26 Jones: Hitler versus Hindenburg, S. 146.

Optionen bezüglich der Verlängerung der Reichspräsidentschaft Hindenburgs offengehalten, aber immer deutlich gemacht, dass er eine Anerkennung der Legalität der NSDAP erwarte. Außerdem forderte er die ordnungsgemäße Durchführung der Preußenwahl, sodass die dortige Regierung so schnell wie möglich ihre Mehrheit verliere, sowie die Auflösung des Reichstags, der nach Neuwahlen dann die Verlängerung der Reichspräsidentschaft beschließen könnte.[27] Diese Angebote Hitlers waren taktisches Kalkül. Hitler wollte seinen Machtanspruch für die Übernahme der Regierung klarstellen. Vor allem wollte er aber die NSDAP in den anstehenden Wahlen zu Erfolgen führen und somit seine Machtbasis erweitern, um das parlamentarische Spiel auf dem Weg zur Regierungsmacht zu Ende spielen zu können. Auch Hugenberg gegenüber verfolgte er eine Taktik des gleichzeitigen Kooperierens und des Distanzierens, der politischen Allianz sowie des Kampfes gegen die DNVP bei gleichzeitigem flexiblem Umwerben politischer Gegner.

Die vorher am Abend getroffene Abmachung, parallel an Brüning wegen der Verlängerung der Reichspräsidentschaft zu schreiben, sei ein „Mißverständnis", so Göring nun zu Hugenberg im Weinhaus Huth.[28] Hitler forderte jetzt ein gemeinsames Schreiben an Hindenburg, woraufhin dieser wiederum an Brüning einen scharfen Brief folgen lassen sollte, um den Reichskanzler zum Rücktritt zu veranlassen.[29] Falls nicht nach Hitlers Wünschen verfahren werde, so Göring, könne dies den sofortigen Abbruch der Beziehungen zwischen DNVP und NSDAP nach sich ziehen. Hugenberg lehnte jedoch ab. Er blieb bei dem zuvor verabredeten Verfahren und ließ Hitler später am Abend ausrichten, dass man den Brief erst am kommenden Morgen abschicken werde und nicht wie geplant noch am Abend um 22 Uhr. Darauf drohte Göring den Bruch Hitlers mit der DNVP an und verließ das Restaurant.[30]

Am nächsten Vormittag ging wie angekündigt der Brief Hugenbergs an Brüning, der in scharfem Ton eine parlamentarische Verlängerung der Amtszeit von Hindenburg ablehnte, nicht zuletzt da sie als Unterstützung der amtierenden Regierung interpretiert werden könnte.[31] Einen Tag später folgte Hitlers Brief an Brüning, in dem er sich auf verfassungsrechtliche Bedenken gegenüber dem Vorschlag einer parlamentarischen Amtsverlängerung beschränkte.[32] Hugenberg traf Hitler dann kurz darauf in einem gemeinsamen Zug nach Bayern.[33] Er trat seine zweiwöchige Kur in Kreuth bei Leo

27 Ebd., S. 141–143.

28 Zur abendlichen Begegnung mit Hermann Göring im Restaurant Huth siehe Tagebucheintrag Reinhold Quaatz, 14.1.1932, in Weiß/Hoser (Hrsg.): Die Deutschnationalen, S. 173.

29 Siehe Bericht Geschäftsstelle des Alldeutschen Verbandes, N.N. an Otto Fürst zu Salm-Horstmar, 21.1.1932, in BA-Berlin, R 8048, Bd. 454, Bl. 90.

30 Siehe Tagebucheintrag Reinhold Quaatz, 14.1.1932, in Weiß/Hoser (Hrsg.): Die Deutschnationalen, S. 173.

31 Alfred Hugenberg an Heinrich Brüning, 11.1.1932, in BA-Koblenz, N 1231, Bd. 36, Bl. 37–38, auch abgedruckt in Der Tag 13.1.1932.

32 Adolf Hitler an Heinrich Brüning 12.1.1932, in Völkischer Beobachter 14.1.1932 sowie in Domarus: Hitler, Bd. 1, S. 64–65.

33 Siehe Otto von Roeder an Otto Fürst zu Salm-Horstmar, 13.1.1932, in BA-Berlin, R 8048, Bd. 454, Bl. 85.

Wegener an, während Hitler nach München reiste, um am nächsten Tag eine Denkschrift über Brünings und Groeners Verfehlungen anzuregen, die der Reichspräsident nach Erhalt jedoch verwarf, während er gleichzeitig auf die Unterstützung der Rechten für die Verlängerung seiner Amtszeit hoffte.[34] Später erfuhr man auf der Geschäftsstelle des Alldeutschen Verbandes, dass Hitler am 11. Januar 1932 zwischen 19 und 21 Uhr ein Treffen mit Staatssekretär Otto Meißner gehabt und hier bereits einen scharfen Brief Hindenburgs an Brüning gefordert hatte.[35]

So sehr Bang Hugenbergs Brief an Brüning vom 11. Januar für einen „ausgezeichneten Vorstoß“ hielt, „Taktik und Strategie in einem!“, so musste er auch feststellen, dass die in „grosse[n] Worte[n] und eitlen Gesten versteckte Unsicherheit und Unklarheit des Müncheners [Hitler] zum ersten [M]ale in den eigenen Reihen Bedenken ausgelöst hat“, die sich „zweifelsfrei“ in Zukunft auszahlen würden.[36] Ein „Frontalangriff gegen die Nazis wäre jetzt das dümmste gewesen, was wir hätten machen können“, riet er Hugenberg. „Wenn es so weiter geht, bringt sich München selbst um […].“ Bang gab dem DNVP-Vorsitzenden zu bedenken, dass es wenige Vertraute gebe, gerade in der DNVP, die „nach der persönlichen und sachlichen Seite die Eignung und Mitarbeit“ besäßen. Vor allem sei da an Claß zu denken, der „als Ihr Mitarbeiter an erster Stelle nicht zu entbehren sein wird“. Auch wenn viele Claß lediglich für einen „Theoretiker halten“, wusste Bang „keinen, der geeigneter wäre als er, beispielsweise das Ministerium des Innern zu leiten“.[37] Die Erwartungen an Hindenburg für einen baldigen Kabinettswechsel waren demnach hoch. Claß schätzte die Chancen für ein Nachgeben angesichts der Reichspräsidentschaftswahlen ebenfalls als gut ein.

Nach diesen ersten Verhandlungen um Hindenburgs Reichspräsidentschaft erneuerte Claß seine Bemühungen, über Karl von Einem bei Hindenburg ein Rechtskabinett unter Hugenbergs Führung durchzusetzen, diesmal als Gegenleistung für eine eventuelle deutschnationale Unterstützung seiner Kandidatur. Günther von Einem hatte im Auftrag seines Vaters dem alldeutschen Verbandsführer zu Jahresbeginn mitgeteilt, dass beide in Mühlheim an der Ruhr ein „politisches Büro“ eingerichtet hätten, mit dem Claß und Hugenberg sehr „zufrieden sein können“.[38] Bereits am 24. November 1931 hatte Karl von Einem ein Gespräch mit dem Reichspräsidenten gehabt und Claß anschließend den Eindruck vermittelt, Hindenburg würde „sich dann auch mit Hugenberg abfinden“, wenn es zu einer Bildung eines Rechtskabinetts kommen sollte.[39] Bis Ende des Jahres

34 Siehe Tagebucheinträge Joseph Goebbels 11. und 12.1.1932, in Fröhlich: Die Tagebücher von Joseph Goebbels, Teil I, Bd. 2/II, S. 193–195.

35 Siehe Bericht Geschäftsstelle des Alldeutschen Verbandes, N.N. an Otto Fürst zu Salm-Horstmar, 21.1.1932, in BA-Berlin, R 8048, Bd. 454, Bl. 90. Als dieser Wunsch scheiterte, verlangte Hermann Göring am Abend von Alfred Hugenberg ein gemeinsames Vorgehen mit einem ähnlichen Brief an Paul von Hindenburg.

36 Paul Bang an Alfred Hugenberg, 21.1.1932, in BA-Koblenz, N 1231, Bd. 36, Bl. 11–12.

37 Ebd.

38 Günther von Einem an Claß, 4.1.1932, in BA-Freiburg, N 324, Bd. 29, Bl. 5.

39 Ebd.

1931 hatte Claß die Hoffnung, Hindenburg würde „doch noch zur Vernunft kommen", denn auch der Briefwechsel mit Otto Fürst zu Salm-Horstmar sei „immer wärmer geworden" und habe den Eindruck verstärkt, der Reichspräsident sei bereit, sich für ein Rechtskabinett unter „Zusammenfassung der nationalen Opposition" gewinnen zu lassen.[40] Salm-Horstmar hatte am 5. Januar „im Einverständnis mit mir", so Claß, Hindenburg einen Neujahrsbrief geschrieben und erneut auf Veränderungen der Regierung gedrängt, worauf Hindenburg fünf bis sechs Tage später eine briefliche Absage zurückschickte, die an Claß weitergeleitet wurde.[41]

Seit Jahresbeginn habe sich die politische Lage jedoch „nach allen Richtungen so zugespitzt", dass Claß ein möglichst vollständiges Erscheinen der Mitglieder des Geschäftsführenden Ausschusses, der Hauptleitung und des Vorstandes für den Verbandstag am 20. Februar 1932 erbat. Nicht nur der Zusammenbruch der „Harzburger Front" und der lange Kontaktabbruch zwischen Hitler und Hugenberg, sondern auch die Bemühungen Brünings für eine „Volkswahl" des Reichspräsidenten machten eine Sondierung der politischen Möglichkeiten für ein geeintes Vorgehen mit den Repräsentanten der „nationalen Opposition" dringend erforderlich, so Claß.[42]

Karl von Einem war am 12. Januar erneut von Hindenburg empfangen worden. Claß zitierte diese Begegnung mit dem Ausspruch Hindenburgs: „Ich kann mir ja denken, sie kommen wieder wegen Ihres Hugenberg." Der Reichspräsident wies dessen Anfrage jedoch gleich ab: „Den Hugenberg nehme ich unter keinen Umständen, der Mann behandelt mich schlecht. Sehen Sie, der Hitler hat mir zu Neujahr gratuliert, Hugenberg nicht."[43] Hugenberg wusste von diesem Empfang und war einverstanden, dass ein erneuter Versuch für die Unterstützung einer möglichen Kanzlerschaft bei Hindenburg unternommen werden sollte, schließlich habe er die Zusicherung Hitlers für ein dahingehendes gemeinsames Vorgehen in der Hand.[44] Die Besprechung sei aber eben „keineswegs erfreulich" verlaufen, so fasste Otto von Roeder von der alldeutschen Geschäftsstelle das Treffen zusammen.[45] Die Lage sei außerordentlich verworren und die „Eitelkeit des Betreffenden zu stark geworden".[46] Hindenburg hatte zudem Otto Fürst zu Salm-Horstmar bereits am 18. Januar mitgeteilt, dass er Brüning als Reichskanzler zum jetzigen Zeitpunkt nicht entlassen werde, da er keinen besseren Verhandlungsführer für die anstehende Reparationskonferenz in Lausanne sehe.[47]

---

40 Claß auf der Sitzung des Geschäftsführenden Ausschusses des Alldeutschen Verbandes 20.2.1932, in BA-Berlin, R 8048, Bd. 169, Bl. 31.

41 Ebd.

42 Ebd, Bl. 27 und 32.

43 So Claß auf der Sitzung des Geschäftsführenden Ausschusses des Alldeutschen Verbandes 20.2.1932, in ebd., Bl. 31. Claß datierte das Treffen in Erwähnung einer ungenauen Erinnerung auf dieser Sitzung ungefähr auf den 10. oder 11. Januar 1932. Siehe zu Treffen auch Tagebucheintrag Reinhold Quaatz 14.1.1932, in Weiß/Hoser (Hrsg.): Die Deutschnationalen, S. 168–170.

44 Siehe Claß an Otto Fürst zu Salm-Horstmar, 11.1.1932, in BA-Berlin, R 8048, Bd. 454, Bl. 84.

45 Otto von Roeder an Otto Fürst zu Salm-Horstmar, 13.1.1932, in ebd., Bl. 85.

46 Ebd.

47 Paul von Hindenburg an Otto Fürst zu Salm-Horstmar, 18.1.1932, in BA-Berlin, R 8048, Bd. 454, Bl. 87–89.

Günther von Einem ließ einen von ihm verfassten Brief an Meißner als Antwort auf das Treffen von Karl von Einem mit Hindenburg von der alldeutschen Geschäftsstelle absegnen. Das Schreiben ging am 20. Januar an das Büro des Reichspräsidenten ab.[48] Meißner ließ über Karl von Einem Hugenberg daraufhin mitteilen, dass Hindenburg unabhängig von Meißners Rat seine eigenen Entscheidungen treffe. Der Reichspräsident hege einen „lebhaften Wunsch“, die Rechte zur Regierungsbildung heranzuziehen, könne eine Entscheidung über Hugenberg aber erst fällen, wenn es darauf ankomme.[49]

In den nächsten Tagen machten, wie auch schon zuvor, auf der Geschäftsstelle des Alldeutschen Verbandes Gerüchte die Runde, Hitler führe zahlreiche Gespräche über eine Kabinettsumbildung mit Kurt von Schleicher als Chef des Ministeramtes im Reichswehrministerium und Reichswehrminister Groener, in der Schleicher Reichskanzler und Groener Reichswehrminister werden solle. Andere Konstellationen sahen Groener als Reichskanzler, Schleicher als Reichswehrminister, Wilhelm Frick als Vizekanzler und Innenminister, Hugenberg als Wirtschaftsminister, Hjalmar Schacht als Finanzminister und Brüning als Außenminister vor.[50] Claß kritisierte die Intrigen Schleichers scharf, da auch Hugenberg solche Planspiele für ein Konzentrationskabinett unter Führung des Deutschnationalen Hermann von Lüninck angeboten worden seien, deren Besprechung Hugenbergs „Selbstlosigkeit“ in diesen „widerwärtigen Verhandlungen“ nur unterstrichen hätten.[51]

Gertzlaff von Hertzberg-Lottin warnte Claß, dass Hitler „ein Spiel spielt, das nur ihm helfen soll“.[52] Göring habe ohne Aufforderung bei Deutschnationalen sondieren lassen, ob Hugenberg interessiert sei, bei einer Kabinettsübernahme durch Hitler „auch einige Posten“ zu erhalten. Diese verspielten Avancen sollten lediglich überdecken, so Hertzberg-Lottin, dass Hitler bereit sei, in ein Kabinett einzutreten, an dessen Spitze Hindenburg einen „Überparteilichen stellen würde, sagen wir Gessler oder Groener, und daß Adolf es mit Freuden begrüßen würde, wenn seine Leute allein mit diesen wären und der DNVP gnädigst einige Posten in der Provinz hinwerfen könnten“.[53] Hindenburg werde für die Interessen der DNVP und des Alldeutschen Verbandes nichts tun und

48 Siehe Günther von Einem an Leopold von Vietinghoff-Scheel, 15.1.1932, in BA-Freiburg, N 324, Bd. 29, Bl. 7 und Karl von Einem an Otto Meißner, 20.1.1932, in ebd., Bl. 13–15. Siehe auch Karl von Einem an Leopold von Vietinghoff-Scheel, 27.1.1932, in ebd., Bl. 20.

49 Otto Meißner an Karl von Einem, 25.1.1932, in BA-Freiburg, N 324, Bd. 29, Bl. 16–17.

50 Siehe Berliner Zeitung 21.1.1932.

51 Claß auf der Sitzung des Geschäftsführenden Ausschusses des Alldeutschen Verbandes 20.2.1932, in BA-Berlin, R 8048, Bd. 169, Bl. 33. Der einflussreiche Funktionär im Reichslandbund, Präsident der Landwirtschaftskammer für die Rheinprovinz und Vorstandsmitglied des Deutschen Landwirtschaftsrats, der sich im Sommer 1932 für die Übertragung der Regierungsgewalt an die NSDAP aussprechen sollte, war eigentlich als Minister für Ernährung und Landwirtschaft bei einer Berufung eines Rechtskabinetts im Gespräch. Siehe Kurt von Schleicher an Otto Meißner (Anlage), 9.6.1932, in Schulz/Maurer/Wengst (Hrsg.): Politik und Wirtschaft in der Krise, Bd. 2, S. 1528–1533.

52 Gertzlaff von Hertzberg-Lottin an Claß, 16.1.1932, in BA-Berlin, R 8048, Bd. 379, Bl. 27.

53 Ebd.

deshalb müsse man „auf ihn losschlagen".[54] Zudem sollte Hugenberg in der Frage der Kandidatenaufstellung für die Reichspräsidentenwahl endlich „Adolf die Daumenschrauben" anlegen, denn Hitler habe „uns jetzt zwei Jahre lang an der Nase herumgezogen und jede Klarstellung abgelehnt mit dem Erfolg, daß er heute in der Vorhand sitzt und wir nach außen hin als restlos abhängig von ihm erscheinen".[55] Stattdessen sollte man einen eigenen Kandidaten für die Reichspräsidentenwahl wie Rüdiger von der Goltz von den VVVD benennen, nicht mehr schweigen und ebenso wenig „unseren Feinden das Feld überlassen", die nur „größte Verwirrung in unseren Kreisen stiften".[56]

Hugenberg besprach sich am 22. Januar kurz mit Hertzberg-Lottin über die weiteren Optionen und ging dann auf Franz Seldte und Theodor Duesterberg vom Stahlhelm zu, bevor er sich mit Schleicher traf, mit dem er nun seine Einbindung als Minister in ein Kabinett Groener diskutierte.[57] Als Claß ihn ein paar Tage später in Kreuth besuchte, fand er einen „aufgekratzten" Hugenberg in seinem Kurdomizil vor, der sich nach den Offerten von Schleicher dann doch Hoffnungen machte, irgendwie in die Regierung zu kommen und wenigstens Vizekanzler zu werden. Hugenberg sah in einem solchen Szenario „einen Ausweg aus dem sonst zum Katzenjammer treibenden Chaos".[58]

Nach den fehlgeschlagenen Bemühungen für ein Rechtskabinett unter seiner Führung, das Hindenburg weiterhin als „Experiment" der „Errichtung einer rein nationalsozialistischen Parteidiktatur" ablehnte[59], hatte sich Hitler Anfang Februar stattdessen für eine eigenständige Kandidatur bei den Reichspräsidentenwahlen entschieden. Er traf sich dafür ebenfalls mit Hugenberg, nachdem sich bereits die breite Front der Unterstützer Hindenburgs formiert hatte, die von der SPD über das Zentrum, die DVP und die CNBL bis hinein in das gemäßigte DNVP-Lager reichte. Um auch die Rechte für Hindenburg zu gewinnen, bot Brüning am 27. Januar und nochmal am 6. Februar seinen Rücktritt an. Jedoch lehnte Hindenburg die vom Reichskanzler vorgeschlagene Begründung ab, dies wegen des Verfahrens zur Reichspräsidentenwahl zu tun, und hielt an ihm fest.[60]

In einem Treffen mit Hugenberg Anfang Februar schlug Schleicher nun ein Rechtskabinett mit dem DNVP-Vorsitzenden als Vizekanzler und Wirtschaftsminister und Brüning als Außenminister vor. Hugenberg suchte schon im Vorfeld den Kontakt zu Hitler, da „nach meinem Eindrucke vielleicht in Kürze möglich" sein werde, „das in Harzburg aufgestellte gemeinsame Ziel des Ersatzes der bisherigen Regierung durch

54 Ebd.

55 Gertzlaff von Hertzberg-Lottin an Claß, 28.1.1932, in ebd., Bl. 30.

56 Ebd.

57 Siehe Protokoll Kurt von Schleicher über die Verhandlungen, 20.5.1932, in BA-Freiburg, N 42, Bl. 62–68.

58 Claß an Gertzlaff von Hertzberg-Lottin, 27.1.1932, in BA-Koblenz, N 2353, Bd. 1, o. Bl.

59 Paul von Hindenburg an August von Mackensen, 25.2.1932, in BA-Freiburg, N 39, Bd. 273, Bl. 1–9. Zitat ebd., Bl. 2.

60 Siehe Jones: Hitler versus Hindenburg, S. 156. Siehe auch Gertzlaff von Hertzberg-Lottin an Claß, 28.1.1932, in BA-Berlin, R 8048, Bd. 379, Bl. 30.

eine wirkliche Rechtsregierung zu verwirklichen".[61] Hitler stellte für Gespräche aber die Bedingung, entweder die Kanzlerschaft selbst zu übernehmen, oder mindestens das Reichswehrministerium nicht Groener, sondern zusammen mit anderen wichtigen Ministerien der NSDAP zuzuweisen.[62]

Am 4. Februar traf sich Hugenberg mit Hitler, der unmissverständlich deutlich machte, dass er eine Wiederwahl Hindenburgs innerhalb einer breiten, bis in die rechten Verbände reichenden Wahlbewegung, wie sie durch das Hindenburg-Komitee des Berliner Bürgermeisters Heinrich Sahm vorbereitet wurde, nicht unterstützen und eine getrennte Aufstellung von Kandidaten auch von Seiten der NSDAP befürworten werde.[63] Hitler wies bei einem Treffen am selben Tag ebenfalls Hugenbergs Vorschlag, eine Kabinettsumbildung zu besprechen, ab.[64] Hugenberg ließ nun kurz darauf den angebotenen Kontakt mit Schleicher über eine Rücksprache verstreichen. Schleicher wiederum erneuerte in einem zweiten Treffen am 8. Februar den Vorschlag einer Kabinettsumbildung und bot die Auflösung des Reichstags für Neuwahlen an.[65] Hugenberg wollte aber weder Brüning noch Groener in einem Kabinett sehen und argumentierte bei seiner Ablehnung für eine solche Konstellation auch mit der Absage Hitlers. Schleichers Angebot einer Vizekanzlerschaft lehnte er ab.[66]

Salm-Horstmar versuchte nach den gescheiterten Gesprächen Karl von Einems mit Hindenburg erneut, beim Reichspräsidenten für einen grundlegenden Richtungswech-

61 Alfred Hugenberg an Adolf Hitler, 28.1.1932, in BA-Berlin, R 8048, Bd. 219, Bl. 123. Hugenberg schlug einen Gesprächstermin zwischen 1. und 4. 2.1931 entweder in München im Hotel Leinfelder, wo er aus Bad Kreuth am Nachmittag hinfahren würde, vor, oder bei Leo Wegener in Bad Kreuth selbst, wo er auf Kur war. Siehe ebd.

62 Siehe auch Berghahn: Harzburger Front.

63 Siehe dazu Schellhorn: Alfred Hugenberg, Jones: Hitler versus Hindenburg, Gasteiger: Kuno von Westarp, S. 415–417 sowie Pyta: Hindenburg, S. 659–660.

64 Siehe Tagebucheintrag Joseph Goebbels 4. 2.1932, in Goebbels: Vom Kaiserhof zur Reichskanzlei, S. 38–40 sowie Tagebucheintrag vom 5. 2.1932, in Fröhlich: Die Tagebücher von Joseph Goebbels, Teil 1, Bd. 2/II, S. 211–212: „Chef konnte [am Donnerstag, den 4. 2.1932] nicht mit, da er noch eine Unterredung mit ‚Hugelberg' hatte. Er hat ihm die Meinung gegeigt. Die Reaktionäre werden uns am Ende doch verraten".

65 Siehe auch Tagebucheintrag Reinhold Quaatz, 8. 2.1932, in Weiß/Hoser (Hrsg.): Die Deutschnationalen, S. 176 sowie die Aufzeichnungen Kurt von Schleichers Ende Februar 1932, in Maurer: Politik und Wirtschaft in der Krise, Bd. II, S. 1299–1302.

66 Siehe dazu auch Tagebucheintrag Reinhold Quaatz, 6. 2.1932 und 8. 2.1932, in Weiß/Hoser (Hrsg.): Die Deutschnationalen, S. 176. Das Angebot Kurt von Schleichers an Alfred Hugenberg erfolgte vermutlich nicht am 6. 2.1932, sondern am 8. 2.1932. Ich danke Michael Schellhorn für diesen Hinweis. Wolfram Pyta fasste die Entscheidung Alfred Hugenbergs so zusammen: „Doch Hugenberg verrannte sich wieder einmal und wollte dem Reichspräsidenten völlig überzogene Bedingungen diktieren. [...] Es bedurfte schon einer gehörigen Portion politischer Sturheit und eines unbändigen Hasses insbesondere auf Brüning und die Zentrumspartei, die als verlängerter Arm des Vatikans angesehen wurde, daß Hugenberg diese Offerte ausschlug und sich zusammen mit Hitler in Fundamentalopposition gefiel. Überdies hat Hugenberg den Zusagen Hindenburgs wohl auch mißtraut und hielt es nicht für ausgeschlossen, daß er um die entsprechenden Gegenleistungen geprellt werden würde, sobald Hindenburg mit seiner Unterstützung nominiert und wiedergewählt worden war." Ders.: Hindenburg, S. 656.

sel zu intervenieren. Er bemühte in einem Brief an den Reichspräsidenten die gemeinsame Verbindung zum Johanniter-Orden, um Hindenburg in eine moralische Verantwortung zu zwingen, dem Reichskanzler endlich das Misstrauen auszusprechen. Salm-Horstmar warnte Hindenburg, dass die Stimmung für eine zweite Amtszeit in rechten Kreisen Berlins gegen ihn sei und man sich gerade im Johanniter-Orden seit Jahren wundere, weshalb Hindenburg die Sozialdemokraten in die Regierung bringe. Er sei am 30. Oktober 1925 bereits bei ihm, Hindenburg, gewesen und habe ihn für einen Reichskanzler Hugenberg gewinnen wollen. Man habe ihn bei der Wahl 1925 weitgehend mit der Hoffnung nach einer Rechtsregierung unterstützt, jedoch frage man sich nun sieben Jahre später, wie es mit dieser Regierungsumbildung aussehe und welche Rolle der Reichspräsident dabei spiele.[67]

Der Brief an Hindenburg wurde von dessen Sohn Oskar einige Zeit zurückgehalten und wirbelte Konflikte mit dem Kanzler des Johanniter-Ordens, Dietlof Graf von Arnim-Boitzenburg, auf, der selbst zum rechten Flügel der Deutschnationalen gehörte. Arnim-Boitzenburg forderte den Kommendator des Johanniter-Ordens, Salm-Horstmar, am 25. Februar 1932 auf, den Brief abzumildern, was dieser aber unterließ. Stattdessen schickte er deutliche Antworten an Arnim-Boitzenburg und Oskar von Hindenburg, die ihm Claß zuvor wortwörtlich formuliert hatte.[68] Die Salm'sche Intervention im Auftrag von Claß war damit erneut gescheitert. Auch die Geschäftsstelle des Alldeutschen Verbandes war sich mit Salm-Horstmar in der Bewertung einig, dass Hindenburg einen grundlegenden Systemwechsel ablehnte und selbst bei einer Entlassung Brünings eher ein „Konzentrationskabinett“ berufen würde, in dem ein „ausgesprochener Parteimann“ wie Hugenberg keinen gebührenden Platz haben würde. Da Hitler selbst eine Kandidatur plane, sei die „Tragödie“ so lange unklar, bis man wisse, was Hitler für einen zweiten Wahlgang der Stichwahl vorhabe.[69]

Am 8. Februar hatte sich Hugenberg erneut mit Schleicher getroffen, der Hindenburgs Absicht mitteilte, ein „Konzentrationskabinett auf breitester Grundlage“ zu ernennen, jedoch nicht unter einer Reichskanzlerschaft Hitlers oder Hugenbergs. Hugenberg hielt hingegen an der unbedingten Einbindung Hitlers fest, damit der NSDAP keine Angriffspunkte gegen eine neue Regierung gegeben werden konnten. Er forderte eine radikale Umbesetzung ohne Brüning und Groener, was Schleicher ablehnte.[70] Zwei Tage später besprach sich Schleicher mit Seldte und Duesterberg und offerierte eine Kabinettsumbildung unter Einschluss Hugenbergs, aber unter der Kanzlerschaft Her-

---

67 Otto Fürst zu Salm-Horstmar an Paul von Hindenburg, 6.2.1932, in BA-Berlin, R 8048, Bd. 454, Bl. 93–94.

68 Otto Fürst zu Salm-Horstmar an Oskar von Hindenburg, 2.3.1932 und Ders. an Dietlof Graf von Arnim-Boitzenburg, 2.3.1932, in BA-Berlin, R 8048, Bd. 454, Bl. 100 und 99 sowie Claß an Otto Fürst zu Salm-Horstmar, 29.2.1932, in ebd., Bl. 97–98. Zur preußisch-konservativen Kritik an der DNVP siehe auch Flemming: Konservatismus als „nationalrevolutionäre Bewegung“ und zu den agrarischen Interessen siehe Pomp: Bauern und Großgrundbesitzer.

69 Geschäftsstelle des Alldeutschen Verbandes an Otto Fürst zu Salm-Horstmar, 10.2.1932, in BA-Berlin, R 8048, Bd. 454, Bl. 95.

70 Protokoll Kurt von Schleicher über die Verhandlungen, 20.5.1932, in BA-Freiburg, N 42, Bl. 62–68.

mann Freiherr von Lünincks, der dem Stahlhelm sehr nahe stand.[71] Der Stahlhelm war daraufhin von ernsthaften Plänen einer Kabinettsumbildung überzeugt und bekräftigte nun seine Unterstützung für Hindenburg, der wiederum von Schleichers Verhandlungen sowohl mit Hugenberg als auch mit dem Stahlhelm keine Kenntnis gehabt haben wollte.

Der Wehrverband befand sich Hindenburg gegenüber in einer zwiespältigen Lage, wie schon zuvor bei den Auseinandersetzungen um das „Freiheitsgesetz" im Zuge der Anti-Young-Plan-Kampagne. Bei einem Treffen mit Hugenberg am 8. Januar in Magdeburg waren sich Seldte und Duesterberg noch einig gewesen, ein parlamentarisches Votum für Hindenburg nur zu unterstützen, falls es zu einem sichtbaren Systemwechsel komme.[72] Zudem habe man Hugenberg den Gedanken einer eigenen Reichspräsidentenkandidatur nahegelegt, was dieser aber zunächst offenließ.[73] Die Stahlhelmführung entschied sich somit zunächst, zusammen mit dem Kyffhäuserbund, Hindenburg als Kandidaten zu unterstützen. Dies sagte sie Brüning auch zu, was Seldte bis Ende Januar jedoch wieder relativierte.[74]

Hugenberg wiederum forderte jetzt vom Stahlhelm, dass die Unterstützung Hindenburgs mit weiterreichenden Forderungen nach einem politischen Systemwechsel durch die Entlassung Brünings und die Berufung eines Rechtskabinetts verbunden werden sollte. In einem Treffen der Stahlhelmführer mit Hindenburg am 10. Februar kam es zu einer Aussprache, aus der Seldte und Duesterberg den Eindruck mitnahmen, Hindenburg sei zu einem Umbau des Kabinetts bereit.[75] Beim Besuch des Reichspräsidenten erfuhren die beiden nunmehr von den genauen Unterredungen Hugenbergs mit Schleicher und dem abgelehnten Angebot Schleichers, Hugenberg in ein Kabinett Brüning einzubauen. Den Stahlhelmführern war somit die Initiative aus der Hand genommen und sie konnten Hindenburg nur noch bitten, lediglich im zweiten Wahlgang anzutreten, was der Reichspräsident ablehnte.[76]

71 Siehe zu diesen Verhandlungen Jones: Hitler versus Hindenburg, S. 160–165.

72 Siehe Rundschreiben an die Landesverbandsvorsitzenden der DNVP, Juni 1932, in BA-Berlin, R 8048, Bd. 219, Bl. 124–154. Hier ebd., Bl. 141–142.

73 Ebd.

74 Siehe Jones: Hitler versus Hindenburg, S. 156–158.

75 Ebd., S. 165–166. Die DNVP-Parteiführung kritisierte ein paar Monate später, dass die Stahlhelm-Bundesführer Paul von Hindenburg in diesem Gespräch gebeten hätten, nicht im ersten, sondern nur im zweiten Wahlgang zu kandidieren, da sowohl DNVP wie auch NSDAP eigene Kandidaten aufstellen und somit einen klaren Wahlsieger im ersten Wahlgang verhindern würden, sodass Hindenburg dann als die Lager einigende Figur im zweiten Wahlgang kandidieren und siegen könnte. Hindenburg lehnte ein solches Vorgehen ab. Misstrauen, dass Alfred Hugenberg den Stahlhelm zuvor nicht ausreichend über seine Verhandlungen mit der Regierung für eine Kabinettsumbildung unterrichtet habe, habe nun wiederum bei Franz Seldte und Theodor Duesterberg dazu geführt, dass sie danach eigene Verhandlungen mit der Regierung für eine Kanzlerschaft Seldtes aufgenommen hätten. Siehe Rundschreiben an die Landesverbandsvorsitzenden der DNVP, Juni 1932, in BA-Berlin, R 8048, Bd. 219, Bl. 142–143.

76 Siehe dazu demnächst Schellhorn: Alfred Hugenberg.

Ebenfalls am 10. Februar traf sich Hugenberg mit den beiden Stahlhelmführern, die sich zuvor mit dem Hugenberg-Vertrauten Schmidt(-Hannover) und dem Hugenberg-Unterstützer und führenden Mitglied des Stahlhelms Siegfried Wagner besprochen hatten. Duesterberg versicherte, dass der Stahlhelm nie gegen Hindenburg Stellung beziehen würde.[77] Es wurde auch eine Kandidatur Hugenbergs besprochen, aber durch Reinhold Quaatz zunächst verworfen. Seldte sollte stattdessen antreten, während man Hindenburg überreden wollte, erst im zweiten Wahlgang teilzunehmen.

Schleicher bot nun dem Stahlhelm und der DNVP am 13. Februar eine Verschiebung der Reichspräsidentenwahl für die Zeit nach den Preußenwahlen im April an.[78] Vor allem Duesterberg war aufgrund seiner Bindung an Hindenburg einverstanden, jedoch drängte Hugenberg auf eine Ablehnung von Schleichers Angebot. Der Alldeutsche Verband stimmte mit Hugenberg überein und forderte einen entscheidenden Regierungswechsel weg von Brüning und Groener, den Hindenburg nicht vollziehen wollte, vor allem jetzt, da sich der Hindenburg-Ausschuss für seine Wiederwahl verstärkt organisierte. Umso bedauerlicher sei es, dass sich die „nationale Opposition" noch nicht auf einen gemeinsamen Kandidaten mit „Fähigkeiten und Charakter" und „unter Zurückstellung aller Sonderwünsche" habe einigen können, so Claß in seinem Wahlaufruf in den *Alldeutschen Blättern.*[79]

Neben den Ambivalenzen des Stahlhelms gegenüber Hindenburg blieb die NSDAP ein äußerst unsicherer Partner. Hugenberg beklagte das schlechte Verhältnis zu Hitler, da er politisch im Grunde in keine Richtung mit den Nationalsozialisten gehen könne und auch die Verhandlungen Einems und Salm-Horstmars für ihn als Reichskanzlerkandidaten bei Hindenburg und Meißner in eine „Sackgasse" geraten seien.[80] Gerade auf Meißner schien Hugenberg gehofft zu haben.

Dieses aussichtslose Vertrauen beklagten frühzeitig Hertzberg-Lottin, Schmidt(-Hannover), Albert Scheibe sowie der Hugenberg-Vertraute Bernhard Mann von der DNVP.[81] Ein Kabinett mit Brüning als Außenminister und Groener als Reichswehrminister, wie von Schleicher zuvor vorgeschlagen, sei für ihn weiterhin undenkbar, so Hugenberg, jedoch beförderten die Verhandlungen für eine Kabinettsumbildung die Abhängigkeit Hitlers vom linken Flügel der NSDAP, ohne den er politisch nichts mehr machen könne. In einer solchen Regierungskonstellation würde die DNVP in beständiger Konkurrenz mit der NSDAP völlig aufgerieben werden, weshalb er, Hugenberg, die Regierungsbeteiligung ablehnen müsse.[82]

Die Uneinigkeit innerhalb der „nationalen Opposition" über den Umgang mit Hindenburg war offenkundig, als dieser am 15. Februar seine Kandidatur öffentlich ankündigte und Duesterberg nach umständlichen Verhandlungen am 17. Februar als al-

77 Jones: Hitler versus Hindenburg, S. 167.
78 Siehe Notizen Siegfried Wagner, 13. 2. 1932, in BA-Berlin, R 72, Bd. 196, Bl. 135a.
79 Alldeutsche Blätter 13. 2. 1932.
80 Alfred Hugenberg an Leo Wegener, 12. 2. 1932, in BA-Koblenz, N 1003, Bd. 66, Bl. 81.
81 Siehe Gertzlaff von Hertzberg-Lottin an Claß, 28. 1. 1932, in BA-Berlin, R 8048, Bd. 379, Bl. 30.
82 Alfred Hugenberg an Leo Wegener, 12. 2. 1932, in BA-Koblenz, N 1003, Bd. 66, Bl. 81.

ternativer Kandidat der nationalen Rechten vorgeschlagen wurde. Zuvor hatte der Stahlhelm auf einer Bundesvorstandssitzung am 14. Februar die Absage an eine Unterstützung Hindenburgs endgültig beschlossen, nachdem Duesterberg bereits zuvor dem Reichspräsidenten mitgeteilt hatte, dass zahlreiche Stahlhelm-Mitglieder gegen seine Wiederwahl seien, da in den letzten sieben Jahren politische Kräfte an Gewicht gewonnen hätten, denen man feindlich gegenüberstehe. Die Dankbarkeit gegenüber dem Ehrenmitglied Hindenburg sei davon hingegen unberührt.[83] Daraufhin verhandelte der Stahlhelm gesondert mit Göring am 14. und 17. Februar über dessen Angebot, Hitler als „Einheitskandidaten" zu benennen, was aber abgelehnt wurde, da man nach der zuvor bereits gescheiterten Verständigung auf einen „Einheitskandidaten" nun einen eigenen Stahlhelm-Kandidaten aufstellen wollte.[84]

Hugenberg fasste mit der sich abzeichnenden Hitler-Kandidatur „angesichts dieser Lage ins Auge", „nötigenfalls selbst zu kandidieren".[85] Als abzusehen war, dass der Stahlhelm erklären würde, Duesterberg unabhängig von einer Kandidatur Hugenbergs als eigenständigen Kandidaten aufzustellen, zog sich Hugenberg aber schnell zurück. Er sah in der Hitler-Kandidatur bereits einen schweren Schaden für die Einheit der „nationalen Opposition", die eigentlich dringend „einen Burgfrieden" brauche.[86] Seldte hingegen hielt ohnehin wenig von Hugenberg: „Ich werde immer besorgter, Herrn Hu. die Führung zutrauen zu können. Wer so in Kurven und absoluten Sicherheiten denken will, der denkt nicht politisch. Und wer so schwerfällig durch die Verhandlungen steigt und sich nicht entschliessen kann, der ist kein Führer. [...] Das ganze System von Hu. ist ein verknotetes System ewiger Bindungen und Abhängigkeit. So wenig wie Hu. selber frei ist, kann er anderen Freiheit bewilligen."[87] Am 16. Februar, einen Tag vor der Stahlhelm-Erklärung für die Kandidatur Duesterbergs, traf sich Bang mit Goebbels und warnte vor einem großen Wahlerfolg Ernst Thälmanns, um von den Nationalsozialisten doch noch die Unterstützung für einen gemeinsamen Kandidaten einer vereint agierenden nationalen Rechten zu erhalten, was Goebbels entsprechend kühl beantwortete.[88]

Am 17. und 18. Februar führten der Stahlhelm und die DNVP Verhandlungen und unterzeichneten eine Abmachung, welche die zukünftigen Strukturen der Zusammen-

83 Theodor Duesterberg an Paul von Hindenburg, 11.2.1932, in BA-Berlin, R 72, Bd. 296, Bl. 119–120.

84 Siehe auch Rundschreiben Stahlhelm Nr. 44, 24.2.1932, in ebd., Bl. 10–14 und Siegfried Wagner an Alfred Hugenberg, 16.2.1932, in ebd., Bl. 136.

85 Rundschreiben an die Landesverbandsvorsitzenden der DNVP, Juni 1932, in BA-Berlin, R 8048, Bd. 219, Bl. 143.

86 Alfred Hugenberg an Herzog Carl Eduard von Sachsen-Coburg, 16.2.1932, in BA-Berlin, R 72, Bd. 296, Bl. 219–220.

87 Franz Seldte an Siegfried Wagner, 19.2.1932, in StA Mönchengladbach, NL Brauweiler, 15713, Bd. 109, o. Bl.

88 Tagebucheintrag Joseph Goebbels 17.2.1932, in Fröhlich: Die Tagebücher von Jospeh Goebbels, Teil 1, Bd. 2/II, S. 220.

arbeit genau festlegte.[89] Demnach war es unerwünscht, dass sich einerseits die DNVP einem anderen Wehrbund als dem Stahlhelm anschloss und sich der Stahlhelm andererseits selbst zu einer Partei entwickelte.[90] Für die anstehenden Landtagswahlen wurden führende Mitglieder des Stahlhelms aufgelistet, die für die DNVP aufgestellt werden sollten. Die DNVP-Parteileitung verpflichtete sich, mindestens vier bis fünf dieser Kandidaten einen aussichtsreichen Listenplatz zu verschaffen und den Parteiapparat für deren Unterstützung einzusetzen.[91] Somit sollte, so die Schlussbestimmung der gegenseitigen Vereinbarung, der Verzicht auf eine eigene DNVP-Kandidatur und die unter Vorbehalt zu empfehlende Überführung der Stimmen auf Hindenburg im zweiten Wahlgang gesichert werden.[92] Mit einem Brief an Hugenberg vom 24. Februar schlossen Duesterberg und Seldte dann zunächst Frieden mit der DNVP, jedoch wurde innerhalb des Stahlhelms wenige Tage darauf kolportiert, dass mit der DNVP über die Reichspräsidentenwahl hinaus keine Abmachungen bestünden. Schmidt(-Hannover) erklärte daraufhin am 27. Februar öffentlich eine Erneuerung der schriftlich festgelegten Übereinkünfte.[93]

Immerhin wäre Goltz in Claß' Augen ein besserer Kandidat für die Reichspräsidentenwahl als Duesterberg gewesen, für den Hugenberg eine eigene Kandidatur bereitwillig verwarf und der vom Stahlhelm für Zusagen der Wahlunterstützung der DNVP in Preußen und im Reich nominiert wurde. Seiner Ansicht nach war Duesterberg keine geeignete Persönlichkeit für die Mobilisierung von Wählermassen. Der Stahlhelm habe nicht die geringste Aussicht auf Erfolg, denn er besitze „politisch keine Anziehungskraft".[94] In dieser Aufstellung werde Duesterberg nicht einmal die Hälfte der Stimmen bekommen, die Hugenberg als Kandidat erhalten würde. Zudem sei Hitler zum jetzigen Zeitpunkt aufgrund seiner fehlenden deutschen Staatsbürgerschaft gar nicht wählbar. Bei der Bewerbung für die Kandidatur sei der Reichswahlleiter unter Umständen noch gar nicht gezwungen, Hitler abzulehnen, sodass bei einer Aufstellung die schätzungsweise zu erwartenden 9 Millionen Stimmen nicht gewertet und dann gleich im ersten

89 Erklärung Alfred Hugenberg, Franz Seldte, Theodor Duesterberg, 18.2.1932, in Rundschreiben an die Landesverbandsvorsitzenden der DNVP, Juni 1932, in BA-Berlin, R 8048, Bd. 219, Bl. 144–145 und StA Mönchengladbach, NL Brauweiler, 15/13/109, o. Bl.

90 Siehe auch Rundschreiben des Stahlhelms, 24.2.1932, in BA-Berlin, R 72, Bd. 296, Bl. 10–14.

91 Für den Stahlhelm bedeute das eine Reduzierung der veranschlagten Kosten für eine alleinige Wahlkampfgestaltung, die auf fast 83.000 Mark für Propaganda und Rednerschulen geschätzt wurden. Siehe Kostenauflisten Reichspräsidentenwahl 1932, o. D. (1932), in BA-Berlin, R 72, Bd. 296, Bl. 88–89. Bei einem Wahlkampf für einen „Einheitskandidaten" der gesamten „Harzburger Front" wurden Kosten von 15.400 Mark im Monat veranschlagt. Siehe ebd. Die Wahl-Listen sollten als „Preußenblock" gekennzeichnet sein. Weitere bekannte Stahlhelm-Kandidaten sollten gegebenenfalls zusätzlich ernannt werden.

92 Erklärung Alfred Hugenberg, Franz Seldte, Theodor Duesterberg, 18.2.1932, in Rundschreiben an die Landesverbandsvorsitzenden der DNVP, Juni 1932, in BA-Berlin, R 8048, Bd. 219, Bl. 145.

93 Siehe Rundschreiben an die Landesverbandsvorsitzenden der DNVP, Juni 1932, in BA-Berlin, R 8048, Bd. 219, Bl. 147.

94 Claß auf der Sitzung des Geschäftsführenden Ausschusses des Alldeutschen Verbandes 20.2.1932, in BA-Berlin, R 8048, Bd. 169, Bl. 34.

Wahlgang Hindenburg oder gar Ernst Thälmann für die KPD gewählt werden würden.[95] Die DNVP, so Claß, habe bisher alles getan, um Hitler die deutsche Staatsbürgerschaft zu verschaffen. Nun müsse ein „zugkräftiger Kandidat aufgestellt werden." Das könne „nur Hugenberg sein, und es ist von ihm zu verlangen, dass er sich zu diesem Opfer zur Verfügung stellt."[96] Durch ihn habe man außerdem eine gewisse Chance, dass der anstehende Wahlkampf zwischen DNVP und NSDAP „anständig geführt wird".

Claß musste seine Interpretation der Kandidatenaufstellung bis zur Unkenntlichkeit dehnen, um aus der gegenseitigen Konkurrenz überhaupt politischen Sinn zu extrahieren und den Vorhang nicht zu weit zu lüften, damit die politischen Gegner nicht hinter die Kulissen dieses Schauspiels sehen konnten. Also hielt Claß angesichts der gescheiterten Einigung auf einen Einheitskandidaten der Rechten die Aufstellung der drei Kandidaten Hitler, Hugenberg und Duesterberg letztlich für zweckmäßig, was „die Einheitlichkeit der Harzburger Front" beweise und gleichzeitig im ersten Wahlgang ein Kräftemessen sowie die Sammlung der größtmöglichen Stimmenzahl im rechten Lager ermögliche.[97] Claß traute Duesterberg nicht nur keinen Mobilisierungserfolg in diesem Wettrennen um die Reichspräsidentschaft zu. Der Stahlhelm führte sich in seinen Augen ohnehin zu sehr als eigenständige Organisation auf, die bei Bedarf auf die Parteistruktur der DNVP zugriff und dabei Interessen von der Aufstellung führender Stahlhelmer auf den Wahllisten der DNVP bis hin zu eigenen Ministerambitionen im Blick hatte. Die Eigenmächtigkeiten im Zuge der Anti-Young-Plan-Kampagne und des Volksbegehrens zur Auflösung des Preußischen Landtags wurden durch die Verständgungen mit Hindenburg noch verstärkt. Claß zeigte sogar Verständnis für die Distanzierung der Nationalsozialisten vom Stahlhelm, der zu oft für Unruhe und Verunsicherung innerhalb der „nationalen Opposition" führe.[98]

Der Stahlhelm warf mit seiner eigenständigen Reichspräsidentschaftskandidatur zusätzlich tiefe Schatten in das Gefüge der „nationalen Opposition", die angesichts von Hitlers Kandidatur ohnehin für jeden sichtbar keine Einigkeit mehr auszustrahlen schien. Es sei auch der Eindruck von Hertzberg-Lottin nach Gesprächen bei der VVVD gewesen, dass der Stahlhelm mit seinem Vorstoß für eine eigene Kandidatur massiv Vertrauen eingebüßt habe und man bei einer Aufstellung von nur zwei Kandidaten eigentlich Hitler und Hugenberg bevorzuge, da man Duesterberg keine Chancen einräume.[99] Der Stahlhelm habe mit seiner unklaren Haltung zu Hindenburg nur Verwirrung gestiftet, wenn man dem Reichspräsidenten auf dessen Kritik der Treuelosig-

95 Ebd.

96 Ebd.

97 Ebd., Bl. 34–35.

98 Ebd.

99 Gertzlaff von Hertzberg-Lottin auf der Sitzung des Geschäftsführenden Ausschusses des Alldeutschen Verbandes 20.2.1932, in BA-Berlin, R 8048, Bd. 169, Bl. 35. Der Stahlhelm betrieb auch in seinen Augen eigensinnige Machtpolitik, die auch Gespräche mit Kurt von Schleicher über eine Kabinett der „führenden Persönlichkeiten jeder Richtung" unter Einschluss der Nationalsozialisten bei weiterer Einbindung von Heinrich Brüning und Wilhelm Groener einschloss. Ebd.

keit ihm gegenüber erklärte, „man wolle ihm die Last des ersten Wahlgangs abnehmen" und Hindenburg „gewissermaßen als Kugelfang dienen, um dann im zweiten Wahlgang geschlosen für ihn einzutreten".[100]

Auch Claß verstand solche taktischen Winkelzüge nicht, denn er sah in der Stellung des Reichspräsidenten die verfassungsmäßige Schlüsselstellung auf dem Weg zur Diktatur und hielt die anstehenden Wahlen daher für so wichtig, dass sie eigentlich keine „Vorläufigkeiten" bei den Auseinandersetzungen um einen gemeinsamen Kandidaten der Rechten erlaubten.[101] Bei einem Duell zwischen Hitler und dem chancenlosen Duesterberg komme es für den Alldeutschen Verband nur noch darauf an, „über diese stürmische Zeit hinwegzukommen".[102]

Hugenberg schien die Wahlchancen Duesterbergs ähnlich einzuschätzen und versuchte in einem letzten Vermittlungsgespräch mit Hitler am 21. Februar Vögler oder Prinz Oskar von Preußen als Kandidaten einer geeinten „nationalen Opposition" vorzuschlagen.[103] Hitler lehnte beide ab und blieb bei seiner eigenständigen Kandidatur für die NSDAP, die er am 22. Februar offiziell verkündete und durch seine erfolgreiche Einbürgerung durch den nationalsozialistischen Braunschweiger Ministerpräsidenten, Dietrich Klagges, über den Winkelzug der Ernennung zum Regierungsrat drei Tage später besiegeln konnte.[104] Quaatz intervenierte im Braunschweiger DNVP-Landesverband im Auftrag Hugenbergs am 19. Februar, als er noch einmal Druck auf Werner Küchenthal für ein beschleunigtes Verfahren in der *Causa* Hitler machte, der seit Oktober 1930 einem Kabinett aus DNVP und NSDAP mit Unterstützung der Bürgerlichen Einheitsliste vorstand.[105] Dieses Treffen zwischen Hugenberg und Hitler am 21. Februar sollte für längere Zeit erneut das letzte gewesen sein, bis sich beide erst wieder im November 1932 für eine Verständigung zusammenfanden.

100 Ebd.

101 Claß auf der Sitzung des Geschäftsführenden Ausschusses des Alldeutschen Verbandes 20.2.1932, in BA-Berlin, R 8048, Bd. 169, Bl. 35.

102 Ebd., Bl. 38.

103 Siehe Tagebucheintrag Joseph Goebbels 22.2.1932 [über den 21.2.1932], in Fröhlich: Die Tagebücher von Joseph Goebbels, Teil 1, Bd. 2/II, S. 224. Oskar von Preußen wurde am 17.2.1932 in den DNVP-Parteivorstand gewählt und Alfred Hugenberg betonte dann erneut die enge Verbindung der DNVP mit dem Hause Hohenzollern. Siehe Berliner Lokal-Anzeiger und Der Tag 18.2.1932.

104 Siehe auch Overesch: Die Einbürgerung Hitlers und Morsey: Hitler als braunschweigischer Regierungsrat. Siehe zur verfassungsrechtlichen Diskussion um Adolf Hitlers Kandidatur im Zusammenhang mit der fehlenden deutschen Staatsbürgerschaft auch Alexander Graf Brockdorff (Lagebericht des Alldeutschen Verbandes), 11.2.1932, in BA-Berlin, R 8048, Bd. 551, Bl. 23–33.

105 Tagebucheintrag Reinhold Quaatz, 19.2.1932, in Weiß/Hoser (Hrsg.): Die Deutschnationalen, S. 180. Claß erklärte ebenfalls, die DNVP habe verschiedenste Möglichkeiten von der Ernennung zum Innenminister über die Ernennung zum Vertreter im Reichsrat bis hin zur Berufung als Professor in Braunschweig erwogen und somit das „Äusserste" aufgeboten, um Adolf Hitler die Staatsbürgerschaft zu verschaffen. Claß auf der Sitzung des Geschäftsführenden Ausschusses des Alldeutschen Verbandes 20.2.1932, in BA-Berlin, R 8048, Bd. 169, Bl. 34. Siehe auch „kurzer Bericht über die Sitzung des Geschäftsführenden Ausschusses des Alldeutschen Verbandes 20./21.2.1932" (N.N., vermutlich Hauptgeschäftsstelle des Alldeutschen Verbandes), in BA-Berlin, R 8048, Bd. 169, Bl. 114–117.

Am 22. Februar entschied sich Hugenberg endgültig gegen eine eigene Kandidatur.[106] Claß wird knapp zwei Monate später dem Geschäftsführenden Ausschuss berichten, dies sei ein taktischer Rückzug gewesen, aufgrund dessen als Gegenzug dem Stahlhelm das Versprechen abgerungen worden sei, bei den anstehenden Preußen-Wahlen „nicht als Wahlbewerber aufzutreten" und erneut eigene Kandidaten aufstellen zu wollen.[107] Die DNVP verkündete daraufhin, dass sie mit dem Stahlhelm die Kandidatur Duesterbergs unterstützen werde.[108] Hugenberg ließ Wegener kurz darauf wissen, dass er bei all dem Hin und Her den „bequemeren Weg gewählt" habe und nicht kandidieren werde. Er wünschte, dass „er den ganzen Krempel los wäre".[109] Drei Tage später machte Hindenburg gegenüber Karl von Einem deutlich, dass die Verhandlungen der letzten Wochen für eine Einbindung der Rechten am unbedingten Machtanspruch Hitlers, ein Kabinett auf der Grundlage einer „reinen Parteidiktatur" zu errichten, sowie seiner unbedingten Ablehnung der Vorschläge Hugenbergs, ein Kabinett auf schmalerer Basis durch persönliche Führung zu leiten, gescheitert seien. Die sogenannte Harzburger Front sei völlig uneinig, so Hindenburg weiter, und stehe lediglich in ihrer Opposition zu Brüning zusammen. Ansonsten werde sie von ehrgeizigen Parteiführern in die Einflusslosigkeit und Selbstzerstörung geführt und sei unfähig zur Regierungsbildung.[110]

In all diesen Verhandlungen um die Aufstellung von Kandidaten für die Reichspräsidentenwahl war Claß in der Defensive. Einerseits verhallten seine Bemühungen, über Einem oder Salm-Horstmar bei Hindenburg für Hugenberg zu werben. Andererseits war Claß weder mit dem Alleingang Hitlers noch mit der Ablehnung Hugenbergs oder der Kandidatur Duesterbergs einverstanden. Er favorisierte nach der beharrlichen Weigerung Hugenbergs, selbst für das Reichspräsidentenamt zu kandidieren, im Frühjahr 1932 weiterhin Otto von Below als alternativen Kandidaten, der sich immerhin als Vorsitzender des Reichsausschusses für das Volksbegehren gegen den Young-Plan bereits weiten Teilen des konservativen und deutschnationalen Lagers vorstellen konnte und den man seitens des Alldeutschen Verbandes seit Jahren für dieses Amt herausgestellt habe.[111] Schließlich hielt Claß nicht nur aus freundschaftlicher Verbundenheit

---

106 Siehe auch Rundschreiben Otto von Roeder an die Mitglieder der Hauptleitung und des Geschäftsführenden Ausschusses des Alldeutschen Verbandes, 24. 2. 1932, in BA-Berlin, R 8048, Bd. 169, Bl. 119.

107 Claß auf der Sitzung des Geschäftsführenden Ausschusses des Alldeutschen Verbandes 7. 5. 1932, in BA-Berlin, R 8048, Bd. 170, Bl. 19.

108 Siehe Erklärung Theodor Duesterberg, 23. 2. 1932, in BA-Berlin, R 72, Bd. 296, Bl. 28.

109 Alfred Hugenberg an Leo Wegener, 23. 2. 1932, in BA-Koblenz, N 1003, Bd. 66, Bl. 84. Goebbels verkündete am Abend im Sportpalast offiziell die Kandidatur Hitlers und notierte in sein Tagebuch: „Wir müssen nun wohl oder übel den ersten scharfen Kampf mit der Reaktion durchführen." Tagebucheintrag Joseph Goebbels 22. 2. 1932, in Fröhlich: Die Tagebücher von Joseph Goebbels. Sämtliche Fragmente, Teil 1, Bd. 2, S. 130 – 131. Zitat ebd., S. 131.

110 Paul von Hindenburg an Karl von Einem, 25. 2. 1932, in BA-Freiburg, N 324, Bd. 29, Bl. 42 – 51.

111 Claß auf der Sitzung des Geschäftsführenden Ausschusses des Alldeutschen Verbandes 20. 2. 1932, in BA-Berlin, R 8048, Bd. 169, Bl. 38. Otto Schmidt(-Hannover) war Otto von Below in ganz besonderer Weise verbunden, war er doch nicht nur der Patenonkel seines zweiten Sohnes, sondern auch dessen ehemaliger „Regimentskommandeur in Schlesien" und „Oberbefehlshaber in Kurland" gewesen, sodass

an Below fest, sondern beklagte, dass auch andere überparteiliche Vertreter wie Goltz von den VVVD letztlich keinen Kompromisskandidaten darstellten.[112] Below war demnach für Claß eine zur politischen Führung sehr wohl geeignete Persönlichkeit, aber zudem ein gefälliger Platzhalter im Schachspiel um die Macht innerhalb der Rechten, der seine Rolle treu ausfüllte, sodass der alldeutsche Verbandsführer bei Personalbedarf zuverlässig auf ihn zurückgreifen und ihn in diesen Ränkespielen um die Reichspräsidentenwahl als möglichen Kandidaten ins Spiel bringen konnte.

Die Reichspräsidentenwahl erwies sich für Claß nach Bad Harzburg als weiterer gescheiterter Versuch, die Rechte zusammenzuführen, um direkt über das Amt des Reichspräsidenten an die Macht zu gelangen. Es bleibt offen, ob Claß wirklich hoffte, dass Hugenberg als einziger Kandidat der Rechten eine Mehrheit gegen Hindenburg hätte gewinnen können. Jedenfalls stand Hugenberg beim ersten Wahlgang am 13. März nicht auf dem Wahlzettel. Der alldeutsche Wahlaufruf umging auch eine deutliche Wahlempfehlung für Hitler oder Duesterberg und gab die Parole aus, für einen der beiden Kandidaten der Rechten und somit gegen Hindenburg als den hauptsächlichen Gegner zu stimmen, der nur von all jenen unterstützt werde, die am „Zusammenbruch des Bismarckreiches Schuld tragen".[113] Der Verband habe alles für die Aufstellung eines gemeinsamen Kandidaten getan. Die Enttäuschung über die misslungene Auswahl eines „bewährten völkischen Mannes" solle aber nicht zur Wahlenthaltung führen. Nach dem Scheitern der „Einheits-Wahlbewerbung" würden nun die alldeutschen Anhänger „zu entscheiden haben, welchem dieser Wahlbewerber sie ihre Stimme geben wollen. Je stärker beide werden, um so größer wird die Aussicht, Hindenburg zu stürzen. Ein zweiter Wahlgang wird wahrscheinlich nötig werden." Für ihn sei dann „die Losung: *einen* Vertrauensmann der ganzen nationalen Opposition herauszustellen."[114] Als Claß den Briefwechsel Einems mit Hindenburg auch Salm-Horstmar zukommen ließ, hielt er

Schmidt(-Hannover) seinen einstigen Vorgesetzten Alfred Hugenberg in seiner Dahlemer Wohnung vorstellen konnte. Die „beiden wortkargen Skeptiker" hätten schnell zueinander gefunden und daraus sei dann die Zusammenarbeit bei der Anti-Young-Plan-Kampagne 1929 entstanden. Schmidt(-Hannover): Umdenken, S. 97. Schmidt(-Hannover) war im Ersten Weltkrieg auch Generalstabsoffizier beim Oberkommando der 8. Armee, die vom November 1914 bis zum Oktober 1916 dem Oberbefehl Belows unterstand. Siehe dazu Terhalle: Deutschnational in Weimar, S. 35 52. Beide traten 1919 aus der Armee aus (Below ging in den Ruhestand) und wurden schließlich Mitglieder des Alldeutschen Verbandes und der DNVP.

112 Der VVVD wiederum waren sowohl hinsichtlich der Pläne für eine Unterstützung Alfred Hugenbergs wie auch Theodor Duesterbergs gespalten. Rüdiger von der Goltz erinnerte auch daran, dass er derjenige gewesen sei, der bereits in Bad Harzburg gegen den Reichspräsidenten gezielt Stellung genommen und auf Einigkeit bei der Reichspräsidentenwahl gedrungen habe, während sowohl Adolf Hitler wie auch Hugenberg immer nur von der grundsätzlichen Einigkeit der „nationalen Opposition" gesprochen hätten, ohne jedoch konkrete Schritte zu verabreden. Rüdiger von der Goltz auf der Sitzung des Gesamtvorstandes der VVVD, 27.2.1932, in BA-Berlin, R 72, Bd. 296, Bl. 146.

113 Alldeutsche Blätter 27.2.1932.

114 Ebd.

Abb. 27: Otto von Below kam 1899 zum Großen Generalstab und wurde im Ersten Weltkrieg zum Oberbefehlshaber der 8. Armee, der deutsch-bulgarischen Truppen (Heeresgruppe „Below"), der 6. Armee, der 14. Armee, der 17. Armee und schließlich der 1. Armee ernannt. Von Oktober bis Dezember 1918 war Below Kommandierender General des XVII. Armee-Korps in Danzig und bis zu seinem Ausscheiden aus der Armee im Juni 1919 Oberbefehlshaber des Heimatschutzes West in Kassel. Below war Mitglied des Alldeutschen Verbandes und der DNVP sowie Kommissionsmitglied im Johanniterorden für die Deutsche Adelsgesellschaft.

fest, „es ist ein Jammer zuzusehen, wie Menschen, die von Rechtswegen Bundesgenossen sein müssten, sich zerfleischen".[115]

Die Rivalitäten rissen nicht ab und erstreckten sich ebenfalls auf die Ressourcen und die Infrastruktur der „nationalen Opposition". Als der Stahlhelm die marode *Kreuzzeitung* Ende Februar 1932 von Kuno Graf von Westarp kaufte und zum eigenen offiziellen Organ umbaute, sah Claß den Bestand der *Deutschen Zeitung* aufgrund der zu erwartenden rückläufigen Bezugszahlen von Stahlhelm-Anhängern in höchster Gefahr und wunderte sich über diese Art von Dank für zehn Jahre Unterstützung.[116] Letztlich verlor die *Deutsche Zeitung* durch den Verlust der Stahlhelm-Abonnements 6.000 Leser und gewann durch aufwendige Werbekampagnen lediglich 2.000 dazu.[117] Hinzu kamen persönliche Querelen, die das Bild der Konkurrenz innerhalb der Rechten begleiteten. Seldte wollte Franz Sontag, der bis in den Ersten Weltkrieg die *Alldeutschen Blätter*

115 Claß an Otto Fürst zu Salm-Horstmar, 9.3.1932, in BA-Berlin, R 8048, Bd. 454, Bl. 103. Der Alldeutsche Verband wollte den Briefwechsel veröffentlichen, um gegen Paul von Hindenburg weiter öffentlich Stimmung zu machen. Siehe Gertzlaff von Hertzberg-Lottin an Karl von Einem, 3.3.1932, in BA-Freiburg, N 324, Bd. 29, Bl. 70. Einem wollte sich die Veröffentlichung jedoch selbst vorbehalten, hatte aber keine Bedenken gegen die weitere politische Verwendung der Briefe durch den Alldeutschen Verband. Karl von Einem an Gertzlaff von Hertzberg-Lottin, 4.3.1932, in ebd., Bl. 81.

116 Claß an Otto Fürst zu Salm-Horstmar, 9.3.1932, in BA-Berlin, R 8048, Bd. 454, Bl. 103.

117 Claß auf der Sitzung des Geschäftsführenden Ausschusses des Alldeutschen Verbandes, 10./11.12. 1932, in BA-Berlin, R 8408, Bd. 172, Bl. 57.

sowie die frühe *Deutsche Zeitung* redaktionell betreut hatte und für Claß als Sekretär angestellt war, als Redakteur der *Kreuzzeitung* anwerben.[118] Sontag arbeitete in Hugenbergs Scherl-Konzern und gab die Zeitung des Stahlhelms redaktionell mit heraus. Er bewarb sich auch, hörte aber nichts mehr von der *Kreuzzeitung* und verließ daraufhin empört nach sieben Jahren Mitgliedschaft den Stahlhelm.[119] Der DNVP-Reichsleitung waren die Bemühungen um eine selbstständige Presse des Stahlhelms ebenfalls unangenehm. Noch im September 1931 hoffte man auf den Ausbau der Parteizeitung *Unsere Partei* mit ihrer bescheidenen Auflage von 14.484 regulären Beziehern und weiteren 15.549 Lesern auf 100.000 Exemplare.[120]

Die enge Verbindung der DNVP mit dem Stahlhelm bei den Mitgliedern vor Ort führte beide Organisationen politisch stärker zusammen, jedoch nur bedingt organisatorisch. Der DNVP-Mitgliederrückgang unter Hugenberg verwies auf das nicht einzuhaltende Versprechen einer konservativen Sammlungsbewegung und verstärkte die Unabhängigkeitsbemühungen des Stahlhelms. In den wichtigen Landesverbänden wie Magdeburg, Ostpreußen, Düsseldorf-Ost und Schleswig-Holstein halbierten sich zwischen 1928 und 1931 die Mitgliederzahlen der Partei, was auch auf den Stahlhelm zurückwirkte. Lediglich in Westfalen-Ost, Württemberg und Oberschlesien konnten mehr Anhänger geworben werden.[121]

Hugenberg rechtfertigte seinen Kandidaturverzicht kurz vor dem ersten Wahlgang unter anderem damit, dass er die geringen Mittel der DNVP zusammenhalten wollte, die nun für Duesterberg eingesetzt werden müssten. Letztlich wollte er aber nicht als aussichtsloser „Zählkandidat" aufgestellt werden und die Nominierung eines dritten Kandidaten neben Hitler und Duesterberg hätte „beinahe etwas Komisches gehabt", während er bei einem zweiten Wahlgang vielleicht „durch meine Vermittlung noch etwas Sachdienstliches" leisten könnte. Das sei aber noch zweifelhaft, so Hugenberg, da die NSDAP bis jetzt eine „gewissenlose und recht törichte Agitation" gegen ihn und die DNVP getrieben habe.[122] Mit „den Nazis komme ich nicht weiter" und die anderen Bemühungen um die Reichskanzlerschaft bei Hindenburg „sind auch auf einem toten Punkt".[123]

Zumindest war man sich in der Gegnerschaft zu Hindenburg einig und die *Alldeutschen Blätter* machten noch einmal deutlich, dass Hindenburg aufgrund der breiten Allianz des Sahm-Komitees, das ihn zur Nominierung führte, durch eine „buntscheckige Gesellschaft" unterstützt werde und ein Erfolg des Reichspräsidenten nur gelingen

118 Franz Seldte an Franz Sontag, 11.4.1932, in BA-Koblenz, N 1064, Bd. 14, Bl. 8.
119 Franz Sontag an Franz Seldte, 16.6.1932, in ebd., Bl. 6–7.
120 DNVP-Mitteilungen Nr. 12, 26.9.1931, in BA-Berlin, R 8408, Bd. 219, Bl. 92.
121 Siehe Mitgliederlisten DNVP 1928 und 1931, in NLA OS, Erw. C1, DNVP, Bd. 23, Bl. 310.
122 Alfred Hugenberg an Karl von Einem, 11.3.1932, in BA-Freiburg, N 324, Bd. 29, Bl. 84–85.
123 Alfred Hugenberg an Leo Wegener, 12.3.1932, in BA-Koblenz, N 1003, Bd. 65, Bl. 81.

werde, wenn ihm die Masse der Stimmen aus dem Lager von SPD, Zentrum und BVP zufielen.[124]

Das Ergebnis der Reichspräsidentenwahl fiel für die Alldeutschen wie von Claß befürchtet aus. Im ersten Wahlgang am 13. März 1932 erhielt Hindenburg 49,6 Prozent der Stimmen, Hitler 30,2 Prozent, Duesterberg 6,8 Prozent und Ernst Thälmann von der KPD 13,2 Prozent.[125] Der zweite Wahlgang wurde für den 10. April festgelegt und stand in engem zeitlichem Zusammenhang zu den anstehenden Landtagswahlen in Preußen, Württemberg, Bayern, Anhalt und Hamburg am 24. April. Duesterbergs Stimmengewinne konnten kaum über das DNVP-Wahlergebnis von 1930 hinausreichen und selbst in einstigen DNVP-Hochburgen wie Frankfurt an der Oder, Ostpreußen und Potsdam II verlor Duesterberg im Vergleich zur DNVP bei den Reichstagswahlen zwei Jahre zuvor fast die Hälfte der Wähler.[126]

Die vorherigen Absprachen zu einer Regierungsumbildung im Zusammenspiel mit Verhandlungen um Hindenburgs Wiederwahl eröffneten Räume für strategische Unklarheiten, die interessenpolitisch genutzt wurden. Kurz nach dem ersten Wahlgang lancierten die Nationalsozialisten, Hugenberg habe sich hinter dem Rücken Hitlers mit Hindenburg zwei Mal getroffen. Nachdem Hindenburg bei einem ersten Treffen um Vorschläge für ein Rechtskabinett gebeten haben soll, habe Hugenberg ein Rechtskabinett ausschließlich mit deutschnational besetzten Ministerien gefordert.[127] Für Hugenberg selbst sei der Posten des Reichskanzlers und des preußischen Ministerpräsidenten vorgesehen gewesen. Auch den Einwand Hindenburgs, dass NSDAP-Mitglieder berücksichtigt werden müssten, habe Hugenberg „schroff abgelehnt", was dann wohl durch Schleicher an Hitler weitergetragen worden sei.[128] Schmidt(-Hannover) sah sich daraufhin genötigt, bei Schleicher ein Protokoll nachzureichen, das sich auf eine Kommandeur-Besprechung bei der Reichswehr am 27. Februar bezog, in der es aber nicht um die Frage der Besetzung des Reichskanzlers oder des preußischen Ministerpräsidenten gegangen sei.[129] Es habe immer Klarheit darüber bestanden, dass Hugenberg „seinerseits den Nationalsozialisten als stärkster Partei die Besetzung des Reichskanzleramtes nicht streitig mache".[130]

All diese Auseinandersetzungen ermüdeten nicht nur Claß, der sich enttäuscht über Hitlers erneute Kandidatur für den zweiten Wahlgang zeigte und lieber einen „Ein-

124 Alldeutsche Blätter 12.3.1932. Zum Sahm-Kommittee siehe Jones: Hitler versus Hindenburg, S. 149–175.

125 Siehe auch Unsere Partei 15.3.1932. Gustav A. Winter (Sparbund für das Deutsche Reich) erhielt 0,3 Prozent der Stimmen.

126 Jones: Hitler versus Hindenburg, S. 275.

127 Siehe zu diesen „von einer ernst zu nehmenden Seite" erklärten Zusammenhängen Paul Bang an Alfred Hugenberg, 15.3.1932, in BA-Berlin, R 8048, Bd. 287, Bl. 308–309.

128 Ebd., Bl. 309.

129 Die Besprechung wurde am 27.2.1932 von General Kurt von Hammerstein-Equord geleitet. Alfred Hugenberg nahm an der Besprechung teil. Siehe Vogelsang: Neue Dokumente zur Reichswehr, hier S. 418–423.

130 Otto Schmidt(-Hannover) an Kurt von Schleicher, [März 1932], in BA-Freiburg, N 42, Bd. 30, Bl. 39–41.

heitskandidaten" von DNVP, Stahlhelm und NSDAP auf dem Wahlzettel gesehen hätte.[131] Brockdorff spekulierte im alldeutschen Lagebericht, dass Hugenberg bei einer Kandidatur bei weitem mehr Stimmen als Duesterberg erhalten hätte.[132] Claß schlug Hugenberg nun die Unterstützung Hitlers vor, um wenigstens bei den anderen Verbänden der geteilten „nationalen Opposition" Führung zeigen zu können.[133] Hugenberg erklärte hingegen am 20. März in einem Brief an Hitler, der sich noch am Wahltag zu einer zweiten Kandidatur entschlossen hatte, er werde im zweiten Wahlgang nicht mehr eingreifen.[134] Quaatz milderte noch einige Formulierungen in dem Schreiben ab, das auch Bang und Claß zuvor zur Korrektur bekamen.[135]

Duesterberg hatte als faktischer Wahlverlierer der nationalen Rechten jenseits der NSDAP einige Tage zuvor erklärt, nicht mehr kandidieren und stattdessen Hindenburg unterstützen zu wollen. Hugenberg schlug Hitler daher bereits einen Tag nach dem ersten Wahlgang vor, Hindenburg nun aufgrund des eindeutigen Ergebnisses doch durch ein gesondertes Votum des Reichstags zum Reichspräsidenten ernennen zu lassen und somit den zweiten Wahlgang abzusagen.[136] Hitlers Kandidatur sei angesichts eines sicheren Wahlsiegs Hindenburgs aussichtslos, so Hugenberg.

Mit grundlegenden Vorwürfen konfrontierte Hugenberg nun Hitler als denjenigen, der durch seine Taktierereien den großen Wurf des Systemumschwungs durch die gesamte „nationale Opposition" aus den Augen verloren habe und lediglich für den eigenen Machtzuwachs kämpfe. Man hätte bei entsprechender Einigkeit innerhalb der „nationalen Opposition" seit Bad Harzburg längst an der Macht sein können, so Hugenberg, aber der „Grundgedanke von Harzburg war in der Woche nach Harzburg bei der praktischen Arbeit verlassen".[137] Die Angriffe gegen die DNVP träfen gerade diejenigen, die Hitler durch die Zusammenarbeit mit der NSDAP erst die Wahlkandidatur ermöglicht hätten, indem sie ihm zur deutschen Staatsbürgerschaft verholfen hätten. Schließlich gehöre zur Klugheit auch „Mäßigung", denn es sei völlig undenkbar, dass Hindenburg die Macht in die Hände einer Partei gelegt hätte. Hugenberg warnte Hitler:

> Wenn Sie alle Machtpositionen in Ihrer Hand, in der Hand Ihrer Partei oder Bewegung vereinigen wollen – eine Sache, die es bisher unter keinem Kaiser und König in Germanischen Landen gegeben hat – so sage ich Ihnen vorher, dass Sie um dieses Ziel das Blut ihrer Besten vergeblich verspritzen

---

131 Siehe Claß an Albert Bongartz, 19.3.1932 in BA-Berlin, R 8048, Bd. 300, Bl. 241 und Otto von Roeder an Konstantin von Gebsattel, 19.3.1932, in ebd., Bd. 375, Bl. 370–371.

132 Alexander Graf Brockdorff (Lagebericht des Alldeutschen Verbandes), 15.3.1932, in BA-Berlin, R 8048, Bd. 551, Bl. 44–51.

133 Claß an Alfred Hugenberg, 18.3.1932, in BA-Koblenz, N 1231, Bd. 36, Bl. 88.

134 Alfred Hugenberg an Adolf Hitler, 20.3.1932, in BA-Freiburg, N 324, Bd. 29, Bl. 114–123. Zu Hitlers Kandidatur für den zweiten Wahlgang siehe Tagebucheintrag Joseph Goebbels 13.3.1932, in Fröhlich: Die Tagebücher von Joseph Goebbels. Sämtliche Fragmente, Teil 1, Bd. 2, S. 140–141.

135 Siehe Tagebucheintrag Reinhold Quaatz, 22.3.1932 und demnächst Schellhorn: Alfred Hugenberg.

136 Siehe dazu Jones: Hitler versus Hindenburg, S. 278–279 sowie Tagebucheintrag Reinhold Quaatz, 14.3.1932, in BA-Koblenz, N 1247, Bd. 17, o. Bl.

137 Alfred Hugenberg an Adolf Hitler, 20.3.1932, in BA-Freiburg, N 324, Bd. 29, Bl. 114–123. Zitat ebd., Bl. 118.

> werden und dass Sie insbesondere mit ‚Legalität' nie zu diesem Ziele kommen werden. Was sich dagegen zusammenballt, wird immer stärker sein als Sie. Mit dem Satze ‚alles oder nichts' ist schwer Politik zu machen.[138]

Ob er, Hugenberg, eine Parole für Hitler ausgeben werde oder nicht, ändere nichts am Wahlausgang. Hitler sei bereits vom 11. auf den 12. Januar ausgeschert und habe die gemeinsame Linie verlassen, Hindenburg auf eine Kabinettsumbildung ohne Brüning und Groener zu drängen. Beim Treffen in München am 4. Februar habe Hugenberg Hitler empfohlen, sich mit Hindenburg zu verständigen, dann jedoch seine eigene Kandidatur ausgerufen.[139] Es sei unmöglich, wenn man den eigenen Anhängern den Eindruck vermittele, dass hinter der „Harzburger Front etwas Rätselhaftes, etwas Lichtscheues und Nichtzuverantwortendes stecke", so Hugenberg.[140]

Für Hitler waren nach diesem Brief Hugenbergs Überlegungen für weitere Vertiefungen der „nationalen Opposition" zunächst hinfällig. Der harsche Ton Hugenbergs schien das konfrontative Verhältnis zwischen DNVP und NSDAP im Sinne Hitlers bereinigt zu haben, denn der Vorwurf des Bruchs der Kooperation, den Hugenberg ja im Grunde in sein Gegenteil verkehren wollte, konnte nun von den Nationalsozialisten propagandistisch den Deutschnationalen zugeschoben werden.

Die Erosion der „nationalen Opposition" setzte sich im Verhältnis zwischen Stahlhelm und DNVP fort. Bei einem Treffen von Seldte, Duesterberg und Wagner einerseits und Hugenberg, Oberfohren, Quaatz und Schmidt(-Hannover) andererseits wurde am 22. März der gemeinsame Beschluss zur Zusammenarbeit vom 18. Februar vom Stahlhelm als aufgelöst bezeichnet. Hugenberg willigte nach den Unstimmigkeiten während des Wahlkampfes für Duesterberg zunächst ein und schlug vor, bis zum Ausgang der Preußenwahl zu warten, um dann zu sehen, ob entsprechend des Wahlausganges eine neue Verabredung möglich sei.[141] Forderungen der DNVP, dass der Stahlhelm in Zukunft bei Volksbegehren oder Wahlen nicht selbstständig in Erscheinung treten solle, lehnte der Wehrverband ab. Die eigenen Kandidaten auf den Wahllisten der DNVP für die Preußenwahl unterstütze er aber weiterhin.

Gleichzeitig nahmen Austritte von führenden Stahlhelm-Mitgliedern aus der DNVP zu.[142] Alldeutsche Vertreter im Stahlhelm, wie Otto Heine, Klostergutsbesitzer, Führer des Harzgaus und Mitglied des Geschäftsführenden Ausschusses des Verbandes, drängten schon nach den von ihm berichteten geradezu chaotischen Abläufen in Bad

---

138 Ebd., Bl. 118.

139 Siehe ebd., Bl. 120–122.

140 Ebd., S. 123.

141 Siehe Gesprächsprotokoll zum Treffen DNVP und Stahlhelm in Berlin, 22.3.1932, in BA-Berlin, R 72, Bd. 296, Bl. 169–170.

142 Siehe Oberst a. D. von Marlowski an Herrn Hepke DNVP Schlesien 13.3.1932, in BA-Berlin, R 8048, Bd. 296, Bl. 201 und Herr Fricke an Herrn Ronneberger, 15.3.1932, in ebd., Bl. 203–204.

Harzburg gegenüber der Stahlhelm-Führung, dass der Stahlhelm weniger durch „Theater und Tamtam“, sondern durch „überlegene, sichere Ruhe“ wirken sollte.[143]

Der zweite Wahlgang stellte alle Organisationen der „nationalen Opposition“ vor Entscheidungen, die in ihrer Wirkung den brüchigen Zustand der „Harzburger Front“ freilegten, denn die alleinige Aufstellung Hitlers für die Rechte führte sowohl zu Konfusionen wie auch zu Klärungen der politischen Sympathien. Goltz sprach sich entschieden für Hitler aus und sammelte Unterschriften für einen entsprechenden Wahlaufruf der VVVD.[144] Er wählte Hitler folglich im ersten und zweiten Wahlgang.[145] Auch August von Cramon wollte Hitler, zumindest im zweiten Wahlgang, seine Stimme geben.[146] Karl von Einem entschloss sich zunächst ebenso, am 10. April Hitler zu wählen, wenngleich er weiterhin eigentlich Hugenberg für den besseren Kandidaten hielt.[147] Daher wollte er seine Unterschrift nicht unter die öffentliche Wahlempfehlung der VVVD setzen, die sich mehrheitlich für Hitler aussprachen. Sein Sohn Günther, der dem Vorstand des Alldeutschen Verbandes angehörte, unterstrich, dass man „getreuer Anhänger Hugenbergs“ bleibe, da seine Ziele „uns bis jetzt immer am klarsten gewesen sind“.[148]

Auch Claß' alternativer Favorit für das Amt, Below, unterschrieb den Aufruf. Ähnlich lautende Wahlempfehlungen kamen von Bang, Eberhard Graf von Kalckreuth vom Reichslandbund, Schacht und dem Hamburger National-Klubs. Hugenberg warnte, Hitler werde sicher verlieren, sodass man eigentlich einen Aufruf gegen diesen veröffentlichen sollte, für den Bad Harzburg bereits drei Tage danach nicht mehr bestanden habe, und der nach der Wahl seine Niederlage „auf uns abwälzen“ werde.[149] Daraufhin zog zumindest Karl von Einem seine Wahlstimme für Hitler zurück, da er „der Hitler-Psychose noch nicht anheimgefallen“ sei.[150]

Während für Hugenberg der zweite Wahlgang zur Reichspräsidentenwahl mit den Kandidaten Hindenburg, Hitler und Thälmann längst im Vorfeld für den Reichspräsidenten im Grunde entschieden war[151] und folglich keine Ressourcen vor der viel ent-

---

143 Bericht Otto Heine über das Treffen in Bad Harzburg, 14.10.1931, in StA Mönchengladbach, NL Brauweiler, 15/3/109, o. Bl. Eine solche Warnung Otto Heines hatte sich ein Jahr zuvor noch auf die Konkurrenz mit der NSDAP bezogen, machte seine Stellung in den Führungskämpfen mit der DNVP aber nicht leichter. Ab Februar 1932 wirkte Heine nicht mehr, nach fast fünf Jahren Arbeit, im Geschäftsführenden Ausschuss des Alldeutschen Verbandes. Anfang März bekräftigte Claß gegenüber Magnus von Levetzow, dass er „keinerlei unmittelbare Beziehungen zu der Stahlhelm-Führung habe“. Claß an Magnus von Levetzow, 8.3.1932, in BA-Freiburg, N 239, Bd. 80, Bl. 147–148.

144 Rüdiger Graf von der Goltz an August von Mackensen, 30.3.1932, in BA-Freiburg, N 39, Bd. 272, Bl. 3 sowie Entschließung der VVVD, 19.3.1932, in ebd., Bl. 12.

145 Rüdiger Graf von der Goltz an Adolf Hitler, 8.7.1933, in BA-Freiburg, N 714, Bd. 6, o. Bl.

146 August von Cramon an August von Mackensen, 28.3.1932, in BA-Freiburg, N 39, Bd. 272, Bl. 4.

147 Karl von Einem an Vereinigte Vaterländische Verbände Deutschlands, 26.3.1932, in BA-Freiburg, N 324, Bd. 29, Bl. 97.

148 Günther von Einem an Wilhelm II., 1.4.1932, in ebd., Bl. 107.

149 Alfred Hugenberg an Karl von Einem, 29.3.1932, in ebd., Bl. 111.

150 Karl von Einem an Alfred Hugenberg, 4.4.1932, in ebd., Bl. 133–134.

151 Siehe auch Berliner Tageblatt 1.4.1932

scheidenderen Preußenwahl ausgegeben werden sollten, war Claß nun bereit, sich offen für Hitler auszusprechen.[152] Auf der Sitzung des Geschäftsführenden Ausschusses am 20./21. Februar 1932 nahm Claß Bezug auf Hugenberg, der meinte, dass die sichere Wiederwahl Hindenburgs „den sicheren Tod Deutschlands" und die Wahl Hitlers „Lebensgefahr" bedeute, Letzteres „aber noch Rettung möglich erscheinen" lasse.[153] Auch Otto Bonhard empfahl in den *Alldeutschen Blättern* am 30. März die Losung „Wählt Hitler", da es keinen Einheitskandidaten der Rechten gebe und es lediglich darum gehe, „wiederum keine Stimme für Hindenburg" abzugeben.[154]

Claß mobilisierte nun alldeutsche Verbindungsmänner wie Quaatz, um sicherzustellen, dass Hugenberg nicht doch noch die Parole für Hindenburg ausgab.[155] In mehreren Briefen erklärte er vor der Ausgabe der Wahlparole für Hitler gegenüber Hugenberg seine Beweggründe, die sich immer auf eine „Lösung" für den zweiten Wahlgang, aus dem keine Stimmen des eigenen Lagers Hindenburg zufließen sollten, konzentrierten.[156] Claß wusste sehr genau, „was dagegen spricht", sah aber unter den „obwaltenden Umständen" eine Parole für Hitler für „geboten".[157] Gegenüber Levetzow machte er deutlich, dass er sich nicht vorstellen könne, dass jemand, „der auf unserem Boden steht, im 1. oder 2. Wahlgang für Hindenburg stimmen könnte". Um zu vermeiden, dass die DNVP in den „Stunk" zwischen Stahlhelm und NSDAP um die verfehlte „Einheitskandidatur" Duesterbergs hineingezogen werde, habe sich Claß damals für Hugenbergs eigenständige Kandidatur ausgesprochen. Als „überzeugter ‚Harzburger' und weil ich unter allen Umständen Hindenburg beseitigt sehen will", sehe er erneute Gefahren für eine geeinigte Rechte im zweiten Wahlgang.[158] Zur Absicherung seiner ambivalenten Position bat Claß Quaatz als Vertrauten Hugenbergs um einen Artikel in der *Deutschen Zeitung*, in dem Quaatz noch einmal darlegte, dass eine „Einheitskandidatur" an der NSDAP gescheitert sei, Hindenburg hingegen so gut wie sicher wiedergewählt sei und deshalb die Preußenwahl doch die eigentliche „Entscheidung" bereit halte.[159]

---

152 Siehe Claß auf der Sitzung des Geschäftsführenden Ausschusses des Alldeutschen Verbandes 7.5. 1932, in BA-Berlin, R 8048, Bd. 170, Bl. 22 und Claß auf der Sitzung des Geschäftsführenden Ausschusses des Alldeutschen Verbandes, 9.9.1932, in ebd., Bd. 171, Bl. 9. Es ist auch möglich, dass Claß Adolf Hitler bereits im ersten Wahlgang gewählt hatte.

153 Die Aussage wurde aber nicht in das zu archivierende und zu verteilende Sitzungsprotokoll übernommen. Claß auf der Sitzung des Geschäftsführenden Ausschusses des Alldeutschen Verbandes 20./21.2. 1932 (angehängtes handschriftliches Originalmanuskript des Sitzungsprotokolls), in BA-Berlin, R 8048, Bd. 169, Bl. 69.

154 Alldeutsche Blätter 30.3.1932.

155 Siehe Tagebucheintrag Reinhold Quaatz, 16.3.1932, in Weiß/Hoser (Hrsg.): Die Deutschnationalen, S. 184.

156 Siehe Claß an Alfred Hugenberg, 20.3.1932, in BA-Koblenz, N 1231, Bd. 36, Bl. 89 – 92.

157 Claß an Alfred Hugenberg, 19.3.1932, in ebd., Bl. 88.

158 Claß an Magnus von Levetzow, 8.3.1932, in BA-Freiburg, N 239, Bd. 80, Bl. 147 – 148.

159 Reinhold Quaatz: Der 24. April 1932, in Deutsche Zeitung 23.3.1932. Siehe auch Tagebucheintrag Reinhold Quaatz 23.3.1932, in BA-Koblenz, N 1247, Bd. 17, o. Bl. Dies war auch Alfred Hugenbergs Sicht, der jedoch nicht zur Wahl Adolf Hitlers aufrufen wollte.

Die formale Unterstützung für Hitler im zweiten Wahlgang entfremdete Claß jedoch von Hugenberg, was in den folgenden Monaten Verständigungsversuche erschwerte. Hugenberg sah hier nichts weniger als einen „Dolchstoß" gegen ihn.[160] Er beklagte sich gegenüber Bang in bitterer Enttäuschung über Claß, den er seit seinen ersten Tagen bei den Alldeutschen wohlwollend unterstützte, aber auch gegen den Verband, dessen finanzielle Grundlage er beständig sichern half und den er zeit seines Lebens als seine Schöpfung angesehen hatte:

> Es ist das erste Mal während unserer langen Zusammenarbeit, dass ich mich mit Class in einer ernsten Differenz befinde. Sozusagen der ganze Alldeutsche Verband steht heute gegen mich, wie es ja natürlich ist, wenn die Deutsche Zeitung so schreibt, wie sie es tut. Ich habe gleich am Montag nach der Wahl die Parole der Bagatellisierung der Wahl ausgegeben. Niemand konnte im Zweifel sein, dass ich unsere Taktik auf die Wiedergewinnung der zu Hindenburg abgeströmten Menschen richten wollte, d. h. derjenigen, durch die allein die nationale Front bei den Preussenwahlen noch vermehr[t] werden kann. Das ist ein Reservoir von 4 bis 5 Millionen Mensche[n]. Ich habe zweimal mit Class über die Dinge gesprochen und musst[e] sein Einverständnis annehmen. Die Folgerungen sind meinerseits nach dem 24. April zu ziehen. [...] Vom 24. April ab fühle ich mich vollkommen frei.[161]

Die Konsequenzen sollte Claß unmittelbar zu spüren bekommen. Bereits im März hatte er Hugenberg um finanzielle Zuwendungen für die *Deutsche Zeitung* gebeten, die Hugenberg nach den Preußenwahlen zunächst rigoros verweigerte und das Blatt in desaströse Zustände bringen sollte.[162] Auch Wegener verstand gegenüber Claß nicht, weshalb „unsere Leute [...] mit Ihrem Eintreten für die Hitler-Wahl den sozialistischen Flügel bei den Nazis stärken, der doch jetzt schon die Führung hat?"[163] Somit gebe man lediglich den Gegnern der DNVP mehr Einfluss.

Das Dilemma der Deutschnationalen und der Alldeutschen, dass sie im ersten Wahlgang zwischen Stahlhelm und NSDAP aufgerieben wurden, während sie im zweiten Wahlgang zwischen einem ungeliebten Hindenburg und einem unberechenbaren Hitler wählen mussten, konnte auch durch Absenz an der Wahlurne nicht gelöst werden. Quaatz sah das aktive Desinteresse Hugenbergs am zweiten Wahlgang schließlich als äußerst hinderlich an für den Zusammenhalt der DNVP: „Wir sind in der Partei zwischen S[k]ylla und Charybdis. [...] Bitter rächt sich, daß Hugenberg die ganzen vier Jahre wenig für den Wiederaufbau der Partei getan hat, die ihn wenig interessiert. Er war hypnotisiert durch die Möglichkeiten, sich in die Regierung hineinzumanövrieren,

160 Siehe Tagebucheintrag Reinhold Quaatz, 23.3.1932, in Weiß/Hoser (Hrsg.): Die Deutschnationalen, S. 185.

161 Alfred Hugenberg an Paul Bang, 28.3.1932, in BA-Koblenz, N 1003, Bd. 73, Bl. 159 und 160.

162 Siehe Claß an Alfred Hugenberg, 22.3.1932, in BA-Koblenz, N 1231, Bd. 36, Bl. 93 sowie Alfred Hugenberg an Claß, 18.6.1932, in ebd., Bl. 80–81.

163 Leo Wegener an Claß, 7.4.1932, in BA-Koblenz, N 1003, Bd. 23, Bl. 142–143, Zitat ebd., Bl. 142.

zuletzt besonders unter Schleichers Einfluß. Dazu der spießbürgerliche und Honoratioren-Charakter der Partei."[164]

Gleichzeitig schauten die Alldeutschen bereits auf die anstehenden Wahlen in den Ländern, für die dann vor allem für Preußen gesonderte Wahllosungen ausgegeben werden sollten.[165] Auch Hugenberg bereitete lieber den Wahlkampf für die Preußenwahlen vor, die er bereits am Neujahrstag zur „Machtentscheidung" des Jahres erklärt hatte.[166] Er sah in der Absetzung der Regierung Otto Brauns in Preußen als „Bollwerk des 9. November" den einzigen Weg, durch grundlegende „Säuberung" letztlich die Übernahme der Reichsregierung zu erreichen.[167] Angesichts dieses eigentlich entscheidenden Wahlkampfes, der sich mit der Reichspräsidentenwahl zeitlich eng verband, wollte er die beständigen Angriffe der NSDAP nicht mit einer Wahlempfehlung für Hitler belohnen. Er gab die Abstimmung beim zweiten Wahlgang frei.[168] Für ihn sei die Wahl im Vorfeld „erledigt", das Wahlrecht sei letztlich gegenstandslos, jedoch sei ein Votum für Hitler oder Hindenburg auch keine klare Stimmenabgabe für oder gegen die „nationale Opposition".[169] Der DNVP-Vorsitzende sah die Gefahr, dass die DNVP weiter „zersetzt und zerrieben und nachher noch zum Sündenbock für die sichere Niederlage gemacht" werde. Mit der nationalsozialistischen „Gefühlspolitik" der dauernden Angriffe sei Politik nicht zu machen. Er hoffe aber irgendwie noch: „die Nationalsozialisten mögen sagen, was sie wollen – nach einer Zeit des Raufens und Lernens werden sie schliesslich genötigt sein, sich an einem neuen Harzburg der gemeinsamen politischen Arbeit zu beteiligen".[170]

In Preußen hoffte Hugenberg nach den Wahlen am 24. April, entsprechend des „Harzburger Postulats" einer Kooperation zwischen Deutschnationalen und Nationalsozialisten, neben zweihundert NSDAP-Abgeordneten hundert DNVP-Abgeordnete in den Landtag entsenden zu können.[171] Er erkannte das Kräfteverhältnis zwischen NSDAP und DNVP an, hielt aber an der Möglichkeit fest, Hitler möge einsehen, dass er auf die DNVP angewiesen sei. Hugenberg war „froh, dass die nationale Bewegung Hitlers so stark in Deutschland geworden ist, dass Rote und Schwarze Angst davor bekommen haben", aber es könne nicht sein, dass die DNVP angegriffen werde. Es komme vielmehr darauf an, „die Mehrheit, die Herrschaft der nationalen Front in richtiger Zusammen-

---

164 Siehe Tagebucheintrag Reinhold Quaatz, 25.3.1932, in Weiß/Hoser (Hrsg.): Die Deutschnationalen, S. 186.

165 Siehe Alldeutsche Blätter 30.3.1932.

166 Alfred Hugenberg: Der Kampf geht um Preußen, in Unsere Partei 1.1.1932. Siehe auch Alfred Hugenberg: Um Preußen und das Reich, in Führer durch den 10. Reichsparteitag der Deutschnationalen Volkspartei in Stettin, 18.–20.9.1931, Berlin 1931, S. 5–6, in BA-Koblenz, N 1231, Bd. 87 und Unsere Partei 1.10.1931.

167 Wahlaufruf Alfred Hugenberg, in Berliner Lokal-Anzeiger 13.4.1932.

168 Siehe Deutsche Zeitung 5.4.1932.

169 Rede Alfred Hugenberg in Nürnberg 5.4.1932, in Berliner Lokal-Anzeiger 6.4.1932.

170 Alfred Hugenberg: Das neue Harzburg (31.3.1932), in Unsere Partei 5.4.1932. Unterstreichung im Original.

171 Alfred Hugenberg: Wohin geht die Jugend (1.4.1932), in ebd.

setzung zu schaffen. Selbstverständlich: da die Nationalsozialisten in ihrer grenzenlosen deutschen Rauflust auch uns angreifen, ja in den *Wahlkämpfen* in erster Linie gerade *uns* die Anhänger wegzuschnappen und mit skrupellosen Behauptungen irrezumachen versuchen – so setzen wir uns zur Wehr!“ Diese Auseinandersetzungen seien „die Einseitigkeiten und Ueberschwenglichkeiten *eines Partners*, mit dem wir weiter gemeinsam arbeiten wollen, der aber nicht *allein* zu sagen haben wird und dessen Schwächen wir ausgleichen werden“, wenn die Wähler den Deutschnationalen „die Macht dazu“ gäben.[172]

Dieser ambivalente Kurs gegenüber der NSDAP zwischen Abwehr, Angriff und Allianz zeigt, dass Hugenberg längst nicht mehr die Initiative in seinen Händen hielt. Er versinnbildlichte vielmehr, wie sehr die Deutschnationalen inzwischen die Getriebenen in der Jagd um die Macht waren. Claß teilte immer noch Hugenbergs Einschätzung, dass ohne die Nationalsozialisten nicht an die Regierung zu kommen war. Jedoch war Claß seit Bad Harzburg zunehmend klar, dass Hitler eben nicht rational in einen gemeinsamen Kurs mit abgesprochenen Prinzipien einzubinden war, der nun einmal taktische Alleingänge der Nationalsozialisten ausschloss.

Bei der alldeutschen Verbandsführung sah man, dass die Situation für Hugenberg aufgrund der Angriffe der NSDAP „unerträglich geworden“ war und er sich sehr überwinden musste, bei den anstehenden Preußenwahlen mit der NSDAP zusammenzugehen.[173] Man hatte auch Verständnis für Hugenberg, der meinte, sich gegenüber Hitler öffentlich distanzieren zu müssen, dessen Abgrenzungen nicht „parteipolitischen oder parteitaktischen Gesichtspunkten“ geschuldet gewesen seien, sondern der Überzeugung, dass „den Nazis erst einmal klargemacht werden muß, welche Rücksichten bei einem Bündnis der eine auf den anderen zu nehmen hat. Nur dann ist eine ehrliche Zusammenarbeit mit den Nazis möglich“, so Otto von Roeder von der alldeutschen Geschäftsstelle.[174]

Claß erkannte die strukturellen Probleme in dem Bündnis mit der NSDAP, die ihn aufgrund fehlender Alternativen „seelisch“ aufrieben und bei ihm größere „Sorgen“ hervorriefen, als er „zur Kriegs- und Revolutionszeit“ gehabt habe. Der Alldeutsche Verband, so illusionierte Claß, sei in einer weniger schweren Lage als die DNVP, da die Gegensätze zur NSDAP „mehr denn je die Notwendigkeit seines Vorhandenseins“ begründen würden.[175] Schwindender Zuspruch für die Alldeutschen widersprach diesen Hoffnungen und brachte nicht zuletzt die *Deutsche Zeitung* in wirtschaftliche Existenznot. Durch Claß' Hitler-Parole verlor sie 2.000 Bezieher, die man nach dem Verlust der Stahlhelm-Abonnenten mühsam neu im deutschnationalen Milieu geworben hatte.

172 Ebd. Joseph Goebbels registrierte diese Absetzungen durch die DNVP und den Stahlhelm von der NSDAP. Siehe Tagebucheinträge 31.3. und 2.4.1932, in Fröhlich: Die Tagebücher von Joseph Goebbels, Teil 1, Bd. 2/II, S. 252 und 253–254.

173 Otto von Roeder (Antwort anstelle von Claß) an Otto Helmut Hopfen, 5.4.1932, in BA-Berlin, R 8048, Bd. 392, Bl. 287.

174 Ebd.

175 So Ebd.

Goebbels verschärfte die Situation, als er gleichzeitig den Nationalsozialisten die Anweisung gab, lediglich parteinahe Veröffentlichungen zu lesen.[176]

Hitler unterlag Hindenburg schließlich am 10. April mit 36,8 Prozent zu 53 Prozent der Stimmen. Auf Thälmann entfielen 10,2 Prozent. Neben Claß hatten auch andere führende Mitglieder des Verbandes Hitler gewählt. Otto von Feldmann notierte später: „10. April der Alldeutsche Verband hat Hitler gewählt!"[177] Julius F. Lehmann und seine Frau Melanie freuten sich über Hitlers Kandidatur für den ersten und den zweiten Wahlgang, nachdem kein „Einheitskandidat" der Rechten habe nominiert werden können, was der „nationalen Opposition" geschadet habe.[178] Quaatz hielt fest, wie die Parteimitglieder schließlich entsprechend den Vorgaben Hugenbergs ihre Stimmen für völlig verschiedene Wahloptionen abgegeben hätten: „Die DNVP hat teils sich enthalten (auch absichtlich ungültige Stimmen abgegeben), der Rest größerenteils Hitler, kleinerenteils Hindenburg gewählt."[179] Für die Stahlhelm-Anhänger hat Volker Berghahn geschätzt, dass ein Drittel für Hindenburg und die große Mehrheit für Hitler stimmte.[180]

Vor allem Frauen und einstige Duesterberg-Wähler wählten nun Hitler, der insgesamt 2,1 Millionen Stimmen bei einer verringerten Wahlbeteiligung von 83,5 Prozent im Vergleich zu 86,2 Prozent im ersten Wahlgang erreichte.[181] Diese Zersplitterung der Voten reflektierte Claß' strategische Unentschiedenheit, die er zuvor versucht hatte zu erklären. Die Einigkeit der „nationalen Opposition" wurde somit auch durch DNVP, Stahlhelm und den Alldeutschen Verband im Vorfeld des entscheidenden Wahlganges aufgekündigt, während Goebbels das Ergebnis des zweiten Wahlgangs, im Gegensatz zum ersten Wahlgang, als großen Erfolg feierte und als „Sprungbrett zu den Preußenwahlen" nutzen wollte.[182]

Claß beunruhigte die öffentliche Berichterstattung der Hindenburg-Unterstützer, die bereits den endgültigen Zerfall der „nationalen Opposition" voraussagten. Der Verbandsvorsitzende bemühte nach der Wahl erneut Salm-Horstmar, um Hindenburg zu sprechen und diktierte ihm einen Artikel für die *Deutsche Zeitung*, in dem er Hindenburg rhetorisch fragen ließ, wer den Jubel der Gegner der „nationalen Opposition" nach

---

176 So Claß auf der Sitzung des Geschäftsführenden Ausschusses des Alldeutschen Verbandes, 10./11.12.1932, in BA-Berlin, R 8408, Bd. 172, Bl. 57.

177 Otto von Feldmann: Lebenslauf 1873–1944, in GStA PK VI. HA, NL Feldmann, Bd. 2, Bl. 5.

178 Siehe Tagebucheinträge Melanie Lehmann, 5.3.1932 und 19.6.1932, in BHStA München, NL Lehmann, Bd. 6, Nr. 45.

179 Siehe Tagebucheintrag Reinhold Quaatz, 10.4.1932, in Weiß/Hoser (Hrsg.): Die Deutschnationalen, S. 187.

180 Berghahn: Der Stahlhelm, S. 217–219.

181 Siehe Jones: Hitler versus Hindenburg, S. 311–312, Falter: Two Hindenburg Elections und Hamilton: Who Voted for Hitler, S. 113–114.

182 Tagebucheintrag Joseph Goebbels 11.4.1932, in Fröhlich: Die Tagebücher von Joseph Goebbels, Teil 1, Bd. 2/II, S. 259.

der Wahl zu verantworten habe. Zudem könne auch die stärkste Gruppierung der Rechten nicht allein den Umschwung bewältigen.[183]

Auch Hugenberg machte das Dilemma zum Abschluss des Wahlkampfes deutlich, als er in seiner Rede in Hannover noch einmal den Verfall der „nationalen Opposition" seit Bad Harzburg nachzeichnete und Hitlers Abkehr von einer gemeinsamen Linie für eine Kabinettsumbildung am 11./12. Januar 1932 als erneuten Vertrauensbruch beschrieb. Von da ab sei „plötzlich in dieser Richtung die Welt mit Brettern zugenagelt gewesen" und alles dann „auf die eine zweifelhafte Karte der Wahl Hitlers" gesetzt worden.[184] Hugenbergs Distanzierung von Hitler blieb in der öffentlichen Wahrnehmung einer nunmehr zutiefst fragmentierten Rechten nicht wirkungslos. Selbst der sozialdemokratische *Vorwärts* schrieb: „Die Mißgeburt von Harzburg war schon nach einer Woche tot, man hat sie aber ausgestopft aufs Pferd gesetzt, um den Anschein zu erwecken, als sei sie noch lebendig."[185]

Claß verarbeitete nach dem Wahlausgang die Rechnung, die ihm auch seine Politik präsentiert hatte. In den letzten Wochen habe er „das Unerfreulichste und Nervenverbrauchendste durchzumachen gehabt, was mir in meinem wahrhaftig nicht leichten Leben vorgekommen ist. Die nationale Menschheit ist wie in einem Fieberdelirium, das sich nicht nur aus der Not der Zeit erklärt, sondern mir psychologisch darin begründet zu sein scheint, daß es den Führern der nationalen Opposition schließlich gelungen ist, die Gefolgschaft zu äußerstem Aktivismus anzufeuern."[186]

Claß wollte unbedingt vermeiden, dass man seine Wahlparolen als „Zickzack-Kurs" verstand. Vielmehr habe er „nach genauem Plan" gehandelt, rechtfertigte sich Claß hinterher. „In Kenntnis der öffentlichen Meinung, die es der Nationalen Opposition gelungen war, aufs Äußerste in ihrem Aktivismus zu steigern, habe ich die Erklärung des ‚Desinteressement' der DNVP im 2. Wahlgang für psychologisch falsch gehalten. Weil ich überzeugt war, dass die Leute auseinanderlaufen würden. Ich habe mir gesagt, daß ich die dringende Unterstützung der DNVP bei den Landeswahlen nur durchsetzen kann, wenn ich im 2. Wahlgang um die Präsidentschaft dem aktivistischem Wollen unserer Freunde Rechnung trage", um sie dann umso engagierter bei den Landtagswahlen für Hugenberg einsetzen zu können. „Das ist meine Generalidee gewesen. [...] Was tatsächlich aus DNVP und NSDAP wird, läßt sich heute nicht absehen, aber ich hoffe doch, daß das Schwergewicht der politischen Notwendigkeit sie zusammenführt, bevor es zu spät ist."[187] Die „paar ehrlich überparteilichen Menschen" seien sehr „zerquält" aus diesen Wahlkämpfen herausgegangen. „Wir sind alle so abgerackert, daß wir uns danach sehnen, daß es allmählich ruhiger wird."[188] Von den „Sünden Hitlers und seiner

183 Claß an Otto Fürst zu Salm-Horstmar, 11.4.1932, in BA-Berlin, R 8048, Bd. 454, Bl. 106–107. Siehe Otto Fürst zu Salm-Horstmar: Harzburger Geist – das Gebot der Stunde, in Deutsche Zeitung 16.4.1932.

184 Berliner Lokal-Anzeiger 12.4.1932.

185 Vowärts 12.4.1932.

186 Claß an Leo Wegener, 13.4.1932, in BA-Koblenz, N 1231, Bd. 23, Bl. 143–144.

187 Claß an Otto Helmut Hopfen, 14.4.1932, in BA-Berlin, R 8048, Bd. 392, Bl. 288.

188 Ebd.

Gefolgschaft" wisse auch die Mehrheit der Alldeutschen aufgrund der Zurückhaltung der Verbandsleitung nichts. Jetzt müssten sich die Alldeutschen in ihrer Unterstützung für die DNVP „austoben".[189]

Während Claß erschöpft aus den Streitigkeiten um die Reichspräsidentenwahl herausging, seine chronischen Schlafstörungen nicht in den Griff bekam und weiterhin mit gesundheitlichen Problemen zu kämpfen hatte, wollte Hertzberg-Lottin nichts von ruhigeren Fahrwassern wissen und dachte bereits an Szenarien, die den alldeutschen Verbandsführer selbst zur eigentlichen Machtposition verhelfen sollten. Hindenburg werde wegen seines hohen Alters jeden Tag „mit dem Tode abgehen" können, so Hertzberg-Lottin gegenüber Levetzow am 18. April. Daher sollte Levetzow sich für diesen Fall bei Hitler doch für Claß als Nachfolger Hindenburgs starkmachen, er sei „der einzige und beste Mann für diesen Posten". Hertzberg-Lottin war sich sicher: „Haben wir die NSDAP dafür, dann werden die anderen schon mitmachen, ob es ihnen paßt oder nicht. Nach meiner Überzeugung muß aber die Anregung und Förderung von den Nationalsozialisten kommen, von uns kann sie nicht ausgehen."[190]

Claß war weit entfernt davon, solchen Gedankenspielen nachzugeben und sich selbst in die erste Reihe zu stellen. Stattdessen dachte er politisch weiter und rief einen Tag vor dem zweiten Wahlgang der Reichspräsidentenwahl zur Vorbereitung auf die Preußenwahl auf, die für Hugenberg eine entscheidende Bedeutung hatte. Claß hielt jedoch an seinem Kurs der geteilten Wahlempfehlung fest. In den *Alldeutschen Blättern* las man daher, um SPD und Zentrum im roten „Bollwerk" Preußen aus der Regierung herauszuwählen, kämen nur DNVP und NSDAP in Frage.[191] Claß erklärte in seinem Wahlaufruf, der Alldeutsche Verband sei ein überparteilicher Verband und wolle deshalb keiner der beiden Parteien „Mitglieder entfremden und sie einer anderen zuführen".[192] Daher erließ er den Aufruf „an diejenigen Freunde, die sich für ihre Person an eine der beiden Parteien gebunden haben, ihnen nicht nur die eigene Stimme zu geben, sondern mit allem Eifer dafür zu sorgen, daß alle ihrem Einfluß zugänglichen Wahlberechtigten zur Wahlurne gebracht werden und sich für die Wahlbewerber aus einer der beiden Gruppen entscheiden". Den zahlreichen anderen Mitgliedern, die keiner der beiden Parteien angehörten, empfahl er

> heute wie in früheren ähnlichen Fällen, *der von Alfred Hugenberg geführten Deutschnationalen Volkspartei alle nur mögliche Wahlhilfe zuteil werden zu lassen.* Nicht nur aus Treue zu Hugenberg,

189 Claß an Leo Wegener, 13.4.1932, in BA-Koblenz, N 1003, Bd. 23, Bl. 143.

190 Gertzlaff von Hertzberg-Lottin an Magnus von Levetzow, 18.4.1932, in BA-Freiburg, N 239, Bd. 80, Bl. 150. Der *Vorwärts* hatte kurz zuvor berichtet, dass bei der Kandidatenkür Adolf Hitler den Kronprinzen oder General von Epp vorgeschlagen habe, während Alfred Hugenberg stattdessen den Prinzen Oskar von Preußen, den Herzog von Coburg oder Claß selbst ins Spiel gebracht habe, sodass man sich letztlich auf Hitler als Kompromiss geeinigt habe. Vorwärts, 16.4.1932 (Abendausgabe).

191 Siehe dazu Alldeutsche Blätter 9.4.1932. Siehe auch Höner: Der nationalsozialistische Zugriff auf Preußen, Orlow: Weimar Prussia und Schulze: Otto Braun sowie Bienert/Lüdicke (Hrsg.): Preußen zwischen Demokratie und Diktatur.

192 Claß: Zu den Länderwahlen!, in Alldeutsche Blätter 9.4.1932.

der – wie bekannt – zu den Gründern des Alldeutschen Verbandes gehört [...]. Sondern auch aus rein sachlichen Erwägungen heraus: Wir haben von je das Zusammenwirken dieser beiden einzig zuverlässigen parlamentarischen Gruppen der nationalen Opposition für unbedingt geboten und allein heilbringend angesehen und waren immer der Meinung, daß überall neben einer möglichst starken Fraktion der Nationalsozialisten eine ebenbürtige Deutschnationale Fraktion stehen müsse, um die ihrer Führung eigene staatspolitische und wirtschaftliche Erfahrung in das durch die Lage unseres Volkes gebotene Bündnis einzubringen und wirken zu lassen. Daraus ergibt sich von selbst die Erkenntnis, daß nicht nur unsere parteilosen Freunde, solange Alfred Hugenberg der Führer der Deutschnationalen Volkspartei ist, ihr dazu helfen, daß sie im Preußischen Landtag – aber auch sonst, wo immer jetzt gewählt wird, jenen Einfluß ausüben könne, der zum Wohle des Vaterlandes notwendig ist.[193]

9.2 Die Preußenwahl

Die 14 Tage, die nach den Reichspräsidentenwahlen für den Preußenwahlkampf zur Verfügung standen, ließen keine Klärung der Auseinandersetzungen innerhalb der „nationalen Opposition“ zu. Claß hatte seine Wahlempfehlung für die Preußenwahl erneut für die DNVP oder die NSDAP freigegeben und hoffte gleichzeitig auf „alle nur mögliche Wahlhilfe“ für die Deutschnationalen.[194] Er erklärte dies damit, dass er für den zweiten Wahlgang zur Reichspräsidentenwahl die Alldeutschen für Hitler stimmen ließ, der ohnehin nicht hätte siegen können, damit er dann „meine Leute fest in der Hand behalten“ konnte, um sie „geschlossen“ und mit „äußerster Tätigkeit“ weniger für die DNVP als für Hugenberg einsetzen zu können. „Nach allem was ich höre, hat sich dieses Verfahren bei dem ADV durchaus bewährt und meine Freunde sind mit dem größten Eifer dabei, im Sinne der gegebenen Losung bei der Preußenwahl sich einzusetzen [...].“[195]

Leopold von Vietinghoff-Scheel erhoffte mit den Wahlen in Preußen, Bayern, Hamburg und Anhalt am 24. April 1932 das Ende eines „langen Zeitabschnitt[s] parlamentarisch-politischer Kämpfe“, was erneut den „Raum für die außerparlamentarisch alldeutsche Arbeit freier werden“ lassen sollte.[196] Auch Hugenberg sah den Preußenwahlkampfes der DNVP als entscheidend für die Partei an. Preußen als größtes Flächenland des Deutschen Reiches und als föderales Zentrum der einstigen Deutschkonservativen aber auch der Nationalliberalen spielte eine zentrale Rolle bei der politischen Machtverteilung in Reich und Republik.[197] Eine Regierungsbeteiligung der DNVP gestaltete sich bereits nach der Verfassungsgebenden Landesversammlung 1919 und nach der ersten Landtagswahl 1921, als die DNVP 11,2 Prozent beziehungsweise 17,9 Prozent

193 Ebd.

194 Ebd.

195 Claß an Leo Wegener, 13.4.1932, in BA-Koblenz, N 1003, Bd. 23, Bl. 143.

196 Alldeutsche Blätter 23.4.1932.

197 Siehe Kühne: Dreiklassenwahlrecht und Wahlkultur in Preußen und Möller: Parlamentarismus in Preußen.

der Stimmen erhalten hatte, als schwierig. Es war den Deutschnationalen zuvor nicht gelungen, Preußen in einen „Ordnungsstaat" umzubauen, da sie bei keinem Bündnis beteiligt waren, das zwischen 1919 und 1932 im Rahmen der „Weimarer Koalition" (SPD, Zentrum und DDP sowie von 1921 bis 1925 durch die DVP erweitert), mit einer kurzen Unterbrechung eines kurzlebigen bürgerlichen Minderheitenkabinetts unter Führung des Zentrumspolitikers Adam Stegerwald, das die Deutschnationalen 1921 tolerierten, regierte.[198]

Quaatz befürchtete bei den anstehenden Preußenwahlen bereits einen herben Verlust bis zur Hälfte der Mandate. Die DNVP verlor seit den Wahlen 1924 beständig an Stimmen und Mandaten. Erreichten die Deutschnationalen am 7. Dezember 1924 noch 23,7 Prozent, der Stimmen und somit 105 der insgesamt 450 Sitze im Preußischen Landtag, so gingen die Zahlen am 20. Mai 1928 auf 17,4 Prozent, und 82 Mandate zurück, während die SPD 1928 ihr bestes Wahlergebnis mit 29 Prozent (137 Sitze) und das Zentrum mit leichten Verlusten gegenüber 1924 noch 15,2 Prozent (68 Sitze) verbuchen konnten.[199] Die Nationalsozialisten, die bei den letzten Wahlen 1928 lediglich 1,8 Prozent erhielten und nur dazugewinnen konnten, organisierten eine umfangreiche Wahlkampagne mit ihrem innerhalb der Partei nicht unumstrittenen Kandidaten Prinz August Wilhelm. Goebbels plädierte intern für einen „Burgfrieden mit den Parteien bis einschließlich der Wirtschaftspartei", denn „uns fehlt das Geld, um eine wirklich großzügige Propaganda zu machen".[200]

Claß hielt eifrig Wahlkampfreden für die DNVP auf alldeutschen Veranstaltungen, fiel aber kurz vor der Wahl wegen eines „schweren Luftröhren- und Nackenkatarrh[s]" aus, den er sich auf einer Reise von Berlin über München nach Linz zugezogen hatte.[201] Er versuchte trotzdem, die alldeutschen Anhänger weitgehend für ein Votum für die DNVP zusammenführen. Hugenberg gab mit seinem Wahlaufruf zur Preußenwahl zu bedenken, dass, je stärker die DNVP werde, „umso gefestigter wird auch das nationale Regiment in Preußen werden".[202] Den programmatischen Unterschieden zur NSDAP, vor allem mit Blick auf die Wirtschaftspolitik[203], werde man nicht aus dem Weg gehen, man hoffe aber auf eine gemeinsame „Machtübernahme" in dem zu „erobernden" Preußen, das als „Hebel zum Sturz des Systems" fungieren sollte.[204]

Die Konkurrenz innerhalb der „nationalen Opposition" sollte mit der anstehenden Wahl zunehmen. Hugenberg erklärte zum Auftakt des Preußenwahlkampfes Ende

198 Trippe: Konservative Verfassungspolitik und Ohnezeit: Zwischen „schärfster Opposition" und dem „Willen zur Macht".

199 Handbuch des Preußischen Landtags 1925 (Anhang) und Preußische Statistik, Bd. 293, S. 130–133.

200 Tagebucheintrag Joseph Goebbels, 15.4.1932, in Fröhlich: Die Tagebücher von Joseph Goebbels. Sämtliche Fragmente, Teil 1, Bd. 2, S. 155–156. Zitat ebd., S. 155

201 Claß an Alfred Hugenberg, 21.4.1932, in BA-Koblenz, N 1231, Bd. 36, Bl. 99–100.

202 Alfred Hugenberg: Wahlaufruf für Preußen, in Mitteilungen der DNVP, 14.4.1932, in BA-Koblenz, N 1231, Bd. 192, Bl. 87–88.

203 Siehe dazu Hofmeister: Programmatische Deutungen und politische Auseinandersetzungen.

204 Alfred Hugenberg: Wahlaufruf für Preußen, in Der Tag 14.4.1932 und Unsere Partei 15.4.1932.

März, dass er eigentlich ein „neues Harzburg“ wolle, die scharfen Angriffe der NSDAP dies aber verhinderten und seine Wahlenthaltung für Hitler bei der Reichspräsidentenwahl ihm von Goebbels den Vorwurf der „Fahnenflucht“ eingebracht habe.[205] Im Gegenzug veröffentlichte die Partei eine Anleitung zur Entlarvung der NSDAP als versteckt sozialistische Partei, die in wirtschaftspolitischen Fragen unklar auftrete oder der DNVP gar diametral entgegenstehe.[206] Der Parteivorstand machte Anfang April deutlich, dass bei einem schwachen Wahlergebnis der DNVP diese gegenüber der NSDAP bedeutungslos werde und dann mit einem Bündnis der NSDAP mit dem Zentrum zu rechnen sei. Die NSDAP erkenne keine Partei neben sich an und verfahre nach der Parole „Ausser uns kein Heil“.[207]

Entsprechend fiel nach dem getrennt geführten Wahlkampf das Wahlergebnis aus. In Preußen wurde die NSDAP mit 162 Mandaten, gegenüber lediglich sechs Mandaten zuvor, stärkste Fraktion mit 36,3 Prozent, die DNVP verlor 51 von 82 Mandaten und verringerte ihren Stimmenanteil auf 6,9 Prozent. Die SPD kam auf 97 Sitze, das Zentrum auf 67, die DStP auf zwei, die DVP auf sieben und die KPD auf 57 Sitze.[208]

Das Ergebnis der Preußenwahl schockierte nicht nur Quaatz. Auch Hugenberg zog sich zunächst auf sein Gut in Rohbraken zurück. Einen Tag nach der Wahl besprach Claß mit Bang, Hertzberg-Lottin und Quaatz die „große Verbitterung gegen Hugenberg“, der noch immer gegen den Alldeutschen Verband wegen der Hitler-Parole beim zweiten Wahlgang der Reichspräsidentenwahlen „sehr zu grollen scheint“.[209] Hugenberg blieb in nächster Zeit „völlig niedergeschlagen, unsicher, mißtrauisch gegen alle“, während „das Hitlertum“ auf der Rechten „alles an sich“ ziehe, so Quaatz.[210] Wegener wiederum musste Hugenberg regelrecht trösten. Man habe im Wahlkampf den Fehler gemacht, dass man sich wegen Bad Harzburg der NSDAP gegenüber „zu anständig benommen“ habe.[211] „Schiffbruch“ habe die DNVP unter Hugenbergs Führung jedoch keineswegs „erlitten, wohl aber Stürme überstanden, wie sie am Kap Horn üblich“ seien.[212]

Auch der ehemalige Alldeutsche Theodor Reismann-Grone beklagte den Verlust an Sitzen der DNVP, sah dies aber wesentlich in der uncharismatischen Honoratiorenhaftigkeit ihrer Parteiführung begründet. Hugenberg „selbst trägt die Schuld: er bleibt ein Tiftler und Spiesser, der nicht mitreisst“.[213] Die Nationalsozialisten gingen nach den

---

205 Alfred Hugenberg: Rumtopf? – Nein, nationale Wiedergeburt! (31.3.1932), in Unsere Partei 5.4.1932.

206 Siehe Unsere Partei 5.4.1932 und 15.4.1932.

207 Aufruf Parteivorstand der DNVP (Entwurf), o. D. [April 1932], in BA-Koblenz, N 1231, Bd. 192, Bl. 89.

208 Siehe Handbuch für den Preußischen Landtag 1933, S. 284–299.

209 Tagebucheintrag Reinhold Quaatz, 25.4.1932, in Weiß/Hoser (Hrsg.): Die Deutschnationalen, S. 188. Gertzlaff von Hertzberg-Lottin wollte am liebsten Claß als Reichspräsident sehen, den man für dieses Amt „lancieren“ müsse. Ebd.

210 Tagebucheintrag Reinhold Quaatz, 8.5.1932, in ebd., S. 189.

211 Leo Wegener an Alfred Hugenberg, 28.4.1932, in BA-Koblenz, N 1231, Bd. 39, Bl. 142–144, Zitat ebd., Bl. 43.

212 Ebd., Bl. 144.

213 Tagebucheintrag Theodor Reismann-Grone 24.4.1932, in StA Essen, NL Reismann-Grone, 652, Bd. 148, o. Bl.

Wahlen erst recht auf strategische Distanz zur DNVP. Goebbels forderte die alleinige Macht in Preußen für die Nationalsozialisten: „Sonst siegen wir uns zu Tode!“[214] Hugenberg komme jetzt ohnehin „als Alliierter garnicht mehr infrage“.[215]

Claß machte auf der Sitzung des Geschäftsführenden Ausschusses Anfang Mai erneut deutlich, dass „die Harzburger Front zerschlagen“ sei und niemand wisse, „ob und wann sie neu aufgerichtet werden könnte“.[216] Er nutzte seine Rede für eine schonungslose Bilanz der Zerfahrenheit der „nationalen Opposition“ und ging sogar soweit, dass sie eigentlich „im Ernst niemals vorhanden gewesen“ sei.[217] Nicht nur die Eigenmächtigkeiten des Stahlhelm und die Machtansprüche der Nationalsozialisten beschäftigten Claß, sondern letztlich die geringen Machtoptionen der Deutschnationalen unter Hugenberg, die seine Führungsrolle innerhalb der „nationalen Opposition“ gerade gegenüber Hitler in Frage stellten: „Es muß gesagt werden, daß wir überzeugt waren[,] die nationale Regierung im Oktober 1931 gehabt zu haben, wenn nicht die Nationalsozialisten so aus der Reihe getanzt hätten. Hugenberg alleine konnte doch keine Regierung bilden. Das ist ein hartes Urteil, aber es mußte ausgesprochen werden.“[218]

Die Verhandlungen im Hintergrund hätten daher in den letzten Wochen nicht verhindern können, dass „die drei Hauptgruppen der nationalen Opposition sich entweder in offener Feindschaft oder in zerbrochener Freundschaft gegenüberstanden“.[219] Claß war immer noch überzeugt, dass eine Aufstellung Hugenbergs für die Reichspräsidentschaft die Zerwürfnisse innerhalb der Rechten zwar nicht behoben, aber doch „eine gewisse Unsicherheit in der Wahlbewegung“ verhindert hätte. Auf eine Eingabe an den Reichspräsidenten hatte er zwischenzeitlich verzichtet, nachdem klar geworden war, dass die Interventionen Einems und Salm-Horstmars bei Hindenburg gescheitert waren. Daraufhin hatte Claß entschieden, dass „es vergebliche Liebesmüh wäre“, bei Hindenburg mit einer offenen Eingabe für Hugenberg einzutreten.[220]

Hugenberg wiederum habe immense Schwierigkeiten auf sich genommen, um nach Bad Harzburg mit Hitler in Kontakt zu kommen, was drei Monate lang bis Anfang Januar 1932 nicht gelungen sei, so Claß weiter. Ohnehin habe Claß nicht verstanden, warum „die Sache in Harzburg so aufgemacht wurde, wie es geschah. Ich hätte es an Stelle der Massenkundgebung mit stark militärischer Betonung für richtiger gehalten, daß zunächst die beiden Fraktionen der Deutschnationalen und Nationalsozialisten zusammen kämen[,] und daß dann die übrigen F[ü]hrer der nationale Opposition zugezogen würden. Wenn das gelang, wäre ein Parlament der führenden Köpfe vorhanden ge-

214 Tagebucheintrag Joseph Goebbels 24.4.1932, in Fröhlich: Die Tagebücher von Joseph Goebbels, Teil 1, Bd. 2/II, S. 268.

215 Tagebucheintrag Joseph Goebbels 26.4.1932, in ebd., S. 268.

216 Claß auf der Sitzung des Geschäftsführenden Ausschusses des Alldeutschen Verbandes, 7.5.1932, in BA-Berlin, R 8048, Bd. 170, Bl. 19.

217 Ebd.

218 Ebd., Bl. 23.

219 Ebd., Bl. 19.

220 Ebd., Bl. 20.

wesen, daß sich mit entsprechender Aufmachung vor der Öffentlichkeit hätte zeigen können."[221] Vielmehr waren die Beziehungen zwischen Stahlhelm und Nationalsozialisten „aufs äußerste gespannt" und zwischen Hugenberg und Hitler „wesentlich unerfreulicher geworden, als sie sein sollten".[222] Die strategischen Rückzüge Hitlers während und nach der Tagung seien eine zusätzliche Belastung gewesen.

Das Ergebnis des zweiten Wahlganges der Reichspräsidentenwahl habe Claß aber dann doch überrascht, da er nicht mit so vielen Stimmen für Hitler gerechnet hatte. Jedoch sei die Abstimmung wiederum eindeutig genug für Hindenburg ausgefallen, um die Präsidentschaftswahl als „endgültig erledigt" anzusehen.[223] Dem „Desinteressement" von Stahlhelm und DNVP an einem zweiten Wahlgang habe man sich aber nicht anschließen wollen und angesichts des langjährigen unbedingten Kampfes gegen die Weimarer Republik stattdessen die Parole gegen Hindenburg und für Hitler als letzten verbliebenen Kandidaten der Rechten ausgegeben. Das habe die DNVP-Parteiführung stark befremdet und sei als ernstzunehmende Störung aufgefasst worden. Er, Claß, verstehe nicht, weshalb man ihn dann beim zweiten Wahlgang und auch bei der Preußenwahl von deutschnationaler Seite dafür angegangen habe. Schließlich habe er schon beim ersten Wahlgang die Wahl der alldeutschen Verbandsmitglieder für Duesterberg oder Hitler freigestellt. Für die Preußenwahl sei er nach dem gleichen Muster verfahren, habe aber die parteilosen Verbandsmitglieder aufgefordert, für die DNVP einzutreten, um den Nationalsozialisten die „staatspolitisch geschulte Gruppe" der DNVP anempfehlen zu können.[224] Claß habe die Parole deshalb so ausgegeben, weil eine überparteiliche Gruppe und ihre Presse wie die *Deutsche Zeitung* „ihren eigenen Gesetzen zu folgen hat und daß sie, wenn sie ihnen nicht folgt, in die Brüche geht".[225]

Claß wehrte sich in seinen Ausführungen auf dem Verbandstag gegen die Gefahr eines Bruchs mit der DNVP, indem er die Unterstützung der Partei strategischen Überlegungen unterordnete, die nicht auf das Bestehen der Deutschnationalen in den Auseinandersetzungen mit der auch von Claß beständig beklagten politischen Unzuverlässigkeit der NSDAP zielten, sondern letztlich die Bekämpfung des politischen Systems der Republik im Blick hatten. Die fehlende Erkenntnis, dass der Hauptgrund für den eigenen Untergang gerade in der propagierten Überparteilichkeit des Verbandes lag, verwies auf die entscheidende Ambivalenz zwischen der Loyalität zu Hugenberg und der pragmatischen Akzeptanz Hitlers als nunmheriger Führer der größten Sammlungspartei innerhalb der „nationalen Opposition" in Claß' Denkhorizont.

Die politischen Auseinandersetzungen zwischen DNVP, Stahlhelm und NSDAP waren viel zu dynamisch und angesichts der eigenen Milieubindungen zu gewichtig, so Claß, als dass „eigene Gesetze" des Alldeutschen Verbandes noch eine entscheidende Rolle gespielt hätten. Claß wollte sich Optionen offenhalten, um bei einer künftigen

221 Ebd., Bl. 20 – 21.
222 Ebd., Bl. 21.
223 Ebd.
224 Ebd.
225 Ebd.

Diktaturregierung auf der Seite der Gewinner stehen zu können. Er erkannte das Potenzial der NSDAP, sprach ihr aber politisches Können ab. Vielmehr sei es die wirtschaftliche Not, die ihr Anhänger und Wähler zutreibe. Dagegen könne die DNVP nicht angehen und müsse zusammen mit den außerparlamentarischen Verbänden „durchhalten".[226]

Diese unentschiedene beziehungsweise abwartende Haltung widersprach einerseits der langjährigen Unterstützung, die Claß Hugenberg für den Umbau der DNVP zur führenden Kraft der radikalen Rechten hatte zukommen lassen. Andererseits war auch die DNVP für Claß vor allem Mittel zum Zweck für die Errichtung der Diktatur auf parlamentarischem Weg. Claß rechtfertigte in seiner Ansprache seine Aufteilung der Wahlempfehlungen für die DNVP oder für die NSDAP damit, dass sie „einem vorher wohlüberlegten Plan entsprungen und keine Maßnahme der Verlegenheit gewesen" sei.[227] Für das Wahlergebnis in Preußen wolle sich Claß nicht in die Verantwortung nehmen lassen, hoffte aber, dass die DNVP in Zukunft stärker werde. Im Grunde habe man im Oktober 1931 eine nationale Regierung bereits gehabt, so Claß".[228] Hindenburg habe seit 1930 versagt, seine verfassungsmäßigen Möglichkeiten auszunutzen und sich vom politischen System zu lösen.

Der Ausgang der Preußenwahl war Claß zufolge „höchst bedauerlich", da die Parteien der „nationalen Opposition" wegen neun fehlender Stimmen keine Mehrheit im Landtag erreicht hätten. Das „System der Aushilfen" habe gewonnen, da es keine klare Mehrheit für einen Systemwechsel gebe. Für Claß waren „Marxismus und Zentrum" die „Urheber unseres Unheils: man kann das deutsche Volk nicht retten, wenn man einen von ihnen zur Rettung heranziehen würde".[229] Einzige Rettung sei die Wiederaufrichtung der Hohenzollern-Monarchie als „naturgegebene Staatsform" eines zukünftigen „völkischen Staates".[230] Mit den Unstimmigkeiten zwischen DNVP und Stahlhelm habe er nichts zu tun gehabt, jedoch könne man in Zukunft nicht mehr für den Stahlhelm uneingeschränkt eintreten, nachdem die *Deutsche Zeitung* derart unter dem Abzug Tausender Stahlhelm-Abonnenten im Frühjahr gelitten habe.[231]

Wie sich die Arbeit der „nationalen Opposition" mit Blick auf die nächste Reichstagswahl gestalten sollte, blieb bei diesen Beschreibungen völlig unklar. Auch die Anregung Erich Stoltes, Claß möge sich doch als Führer „selbst herausstellen", lehnte dieser mit dem Hinweis ab, dass in einer „Zeit, in der die Masse entscheidet", an jemanden wie ihn nicht zu denken sei. Er dankte aber für den „Optimismus".[232]

226 Ebd., Bl. 22.

227 Ebd.

228 Ebd., Bl. 23.

229 Claß auf der Sitzung des Gesamtvorstandes des Alldeutschen Verbandes, 8.5.1932, in Alldeutsche Blätter 21.5.1932.

230 Ebd.

231 Claß auf der Sitzung des Geschäftsführenden Ausschusses des Alldeutschen Verbandes, 7.5.1932, in BA-Berlin, R 8048, Bd. 170, Bl. 27.

232 Ebd., Bl. 29.

Im Bericht zum Verbandstag Anfang Mai war in der *Deutschen Zeitung* von Claß' Abrechnung mit dem Zentrum und seiner Generalanklage gegen Hindenburg die Rede, der durch sein falsches Verständnis von Überparteilichkeit die eigentliche politische Schuld am gegenwärtigen Zustand trage.[233] In tiefer Verbitterung über Hugenbergs Lavieren im Frühjahr empfahl Hertzberg-Lottin nun im kleinen Kreis, dass eigentlich Claß zum Reichspräsidenten lanciert werden müsste.[234] Dieser verbliebene Zweckoptimismus verblasste angesichts der unrealistischen Hoffnung auf ein politisches Amt für den Verbandsführer und litt zusätzlich am schwindenden Mitgliederbestand in den eigenen Reihen.[235]

Während sich die Verbandsstrukturen der Alldeutschen auf fragilem Niveau personell verdichteten, zeigte sich Hugenberg zunehmend nicht als die geeignete parteipolitische Persönlichkeit, um in Claß' Interesse die gesamte Rechte zu führen und die erhoffte bürgerliche Diktatur zu errichten. Der DNVP-Vorsitzende verfiel nach der Preußenwahl zunächst in hilfloses Schweigen: „Man fragte mich in diesen Tagen: Warum schweigen Sie? Ich stellte die Gegenfrage: Warum soll ich reden? Es ist jetzt zunächst einmal Sache der and[e]ren, zu reden und zu handeln. Wir haben im Augenblick das Recht des letzten Wortes."[236] Schließlich sei die DNVP die „einzige wirklich konservative, nationalaufbauende, staatsbürgerliche Partei oder richtiger Bewegung", die „über verwirrende Tagesmeinungen, unklare Gefühlswallungen und Massenpsychose hinweg" arbeite.[237]

Ein Angriff auf die Dynamiken des modernen Massenwahlkampfes war hier offensichtlich und Hugenberg musste in einer Rede vor der Gesellschaft Deutscher Staat eingestehen, dass die Deutschnationalen in den Techniken des Wahlkampfes und der Mobilisierung von Anhängern bei der übermächtigen Konkurrenz durch die NS-Bewegung nicht die Oberhand hatten. Er lobte bei diesem Anlass auch den Alldeutschen Verband als eine Bewegung, die zwar in der Vergangenheit ein „deutsches Staats- und Volksbewusstsein im Volke" zu mobilisieren versucht habe, in ihrer Wirksamkeit jedoch grundlegend dadurch beschränkt worden sei, dass sie in Zeiten eines „satten Bürger-

---

233 Deutsche Zeitung 9.5.1932.

234 Siehe Tagebucheintrag Reinhold Quaatz 25.4.1932, in Weiß/Hoser (Hrsg.): Die Deutschnationalen, S. 188.

235 Seit den frühen 1920er Jahren häuften sich die Todesfälle der ersten Generation alldeutscher Funktionäre in den Ortsgruppen, Gauverbänden und nationalen Führungsgremien. Junge funktionäre rückten hingegen kaum nach und der vertraute Zirkel um Claß wurde immer enger. Um die Jahreswende 1931/32 starben beispielsweise Oberstleutnant a. D. Wilhelm Schröder, Vorsitzender des Gaues Teutoburg, Rechtsanwalt Ludwig Bremer, Vorsitzender des Gaues Uckermark-Barnim, Gustav Kossinna, der lange Jahre Mitglied des Vorstandes war, sowie Gustav Pezoldt, der seit 1900 im Geschäftsführenden Ausschuss saß. Alldeutsche Blätter 2.1.1932 und 13.8.1932. Einer der bekanntesten Verbandsfunktionäre war sicherlich Konstantin von Gebsattel, der am 10. Mai 1932 starb, nachdem er sich bereits 1929 als Stellvertretender Vorsitzender zurückgezogen hatte.

236 Unsere Partei 15.5.1932.

237 Ebd.

tums die Massen nicht zu erfassen vermochte“ und im Grunde nur auf die Schichten wirkte, die „sozusagen in der Jugend Griechisch gelernt hatten“.[238]

Die umfassende strukturelle Krise der DNVP war nach den Preußenwahlen nicht mehr durch die Beschwörung einer einheitlichen „nationalen Opposition“ im Geiste von Bad Harzburg wegzureden. Zu groß war die politische Distanz zwischen DNVP und NSDAP in der Auseinandersetzung um das Führungszentrum der gesamten Rechten, was sich nun auch in den Wahlergebnissen offenbarte. Die Krise der DNVP war letztlich eine Krise Hugenbergs und somit auch Claß’ und des Alldeutschen Verbandes. Hugenberg hatte aufgrund des nationalsozialistischen Wählerzulaufs aus den eigenen Reihen erkennen müssen, dass lediglich die NSDAP von der Strategie des parlamentarischen Kurses zu profitieren schien. Er konnte im Mai nur noch feststellen, dass es bei den Reichspräsidentenwahlen zumindest gelungen sei, einen „roten Reichspräsidenten“ zu verhindern. Jetzt komme es darauf an, dass „gegenüber einem unerprobten, unklaren Nationalsozialismus ein fester Block“ erhalten bleibe.[239]

Die unmittelbar anstehenden Landtagswahlen in Oldenburg, Mecklenburg-Schwerin, Hessen und Thüringen standen ganz im Zeichen der Bekämpfung des Zentrums in seiner „Schlüsselstellung“ für die Verhinderung einer Mehrheit aus NSDAP und DNVP, wie sie zuletzt bei den Wahlen im März in Mecklenburg-Strelitz unter Führung der Deutschnationalen erreicht werden konnte.[240] Hugenberg hielt sich aufgrund seines chronischen Bronchialkatarrhs aus den Wahlkämpfen in Oldenburg und Mecklenburg-Schwerin gezwungermaßen weitgehend heraus, erklärte aber die große Bedeutung der Wahlen für die Stärkung der DNVP, da sich gezeigt habe, dass ein reines Anwachsen der NSDAP in den Ländern 1932 noch zu keinen Veränderungen geführt habe, sondern wie in Braunschweig, Mecklenburg-Strelitz oder Anhalt, wo die NSDAP mit 15 und die DNVP mit zwei Mandaten eine Koalition bildeten, nur aufgrund der DNVP „die Führung des Landes reibungslos in die Hände der Rechten übergegangen ist“.[241]

Zum Wahlkampfauftakt für die Landtagswahlen in Oldenburg am 29. Mai erklärte Schmidt(-Hannover) auf dem Landesparteitag der DNVP, dass das wesentliche Wahlziel die Stärkung der DNVP sei, damit durch die Schwächung des Zentrums nicht mehr die „Handhabe“ gegeben sei, „im Spiel um Richtlinien und Zugeständnisse und unter Einschaltung seiner Querverbindungen das alte Koalitions-System weiterzuschleppen“.[242] Der Kampf gegen das Zentrum wurde auf Reichsebene mit Blick auf die Absetzung der Brüning-Regierung sowie auf Länderebene für eine Mehrheit der „nationalen Opposi-

238 Deutsche Zeitung 19.5.1932.

239 Alfred Hugenberg an Karl von Einem, 20.5.1932, in BA-Freiburg N 324, Bd. 29, Bl. 155.

240 Siehe zu den gemeinsamen Maßnahmen der DNVP-NSDAP-Regierung in Mecklenburg-Strelitz bis hin zum Verbot der Verfassungsfeiern am 11. August und dem forcierten Auszug des Parlamentes aus dem Schloss in Neustrelitz, um „marxistischen Rednern“ diese prunkvolle Bühne nicht zur Verfügung zu stellen, Deutsche Zeitung 22.5.1932 und 8.6.1932.

241 Deutsche Zeitung 25.5.1932.

242 Rede Otto Schmidt(-Hannover) auf dem DNVP-Landesparteitag in Oldenburg, in Deutsche Zeitung 5.5.1932.

tion" geführt. Brockdorff rief als Hauptredner auf dem Gautag des Alldeutschen Verbandes in Württemberg die Parole aus, der Sturz Brünings sei notwendig für eine zukünftige „streng nationale und [z]entrumsfreie Regierung".[243] Auch Hitler erklärte nach einem Gespräch mit dem Vorsitzenden der NSDAP-Fraktion im Preußischen Landtag, Wilhelm Kube, dass es keine Koalition mit dem Zentrum in Preußen geben werde, nachdem Hitler zuvor strategisch offener formuliert hatte, dass eine Regierungsbeteiligung im Reich nur möglich sei, wenn es zu einem grundlegenden Systemwechsel komme.[244]

Gleichzeitig versuchte die DNVP, die mobilisierungstaktischen Angriffe der NSDAP zu parieren, und versteckte sich in diesen Auseinandersetzungen nicht. Die DNVP-Parteizeitung wurde zunehmend zu einem Kampfblatt gegen Ideologie, Strategie und Politik der NSDAP. Während die NSDAP mit ihren wirtschaftspolitischen Zielen, die unter anderem auch die Forderung nach Sozialisationen im 25-Punkte-Programm enthielt, als unklar und im Zweifel sozialistisch aufgestellte Partei dargestellt wurde, verkündete Hugenberg gegenüber seiner deutschnationalen Anhängerschaft, dass die DNVP „die einzige konservative, national-aufbauende, staatsbürgerliche Partei oder richtiger Bewegung unseres armen Vaterlandes" sei.[245] Im Ergebnis der Wahl in Oldenburg vom 29. Mai zeigte sich immerhin ein leichter Stimmengewinn der DNVP von 15.629 gegenüber 12.653 Stimmen (1931), allerdings konnte die Partei mit den Zuwächsen der NSDAP nicht mithalten, die einen Stimmgewinn von 131.525 gegenüber 97.802 (1931) aufwies.[246]

Auf Reichsebene vollzog sich mit dem Abgang Brünings ein Machtwechsel, der die politische Paralyse verschärfte und die Konkurrenzen innerhalb der „nationalen Opposition" letztlich zugunsten Hitlers entscheiden sollte. Nach seiner Wiederwahl zeigte sich der Reichspräsident zunehmend unzufrieden mit Brüning und nahm die Kritik gegen den Reichskanzler, die gerade aus agrarischen Kreisen kam, ernst. Angeführt wurden diese unter anderem von Wilhelm von Gayl, Rohr und Kalckreuth vom Reichslandbund. Die Unzufriedenheit bündelte sich vor allem angesichts der Pläne der Regierung zum Aufkauf bankrotter ostelbischer Güter durch das Arbeitsministerium zur Verteilung von Siedlungsstellen.[247] Auch die *Deutsche Zeitung* attackierte die Enteignungspläne der Regierung als „bolschewistische Maßnahmen" und veröffentlichte entsprechende Leitartikel von Kalckreuth, der sich entschieden dagegen aussprach.[248]

---

243 Siehe Deutsche Zeitung 24.5.1932.

244 Deutsche Zeitung 9.6.1932 und zuvor 27.5.1932.

245 Unsere Partei 15.5.1932. Siehe auch Unsere Partei 1.6.1932.

246 Deutsche Zeitung 30.5.1932.

247 Siehe auch Patch: Heinrich Brüning, S. 256–271.

248 Deutsche Zeitung 12.5.1932 und 25.5.1932. Der Kampf gegen die Ostpolitik der Brüning-Regierung stellte sich jedoch nicht gegen forcierte Siedlungsmaßnahmen. Bei einem Kolonialabend der DNVP im Nationalen Klub, an dem ein ständiger DNVP-Kolonialausschuss gegründet wurde, referierte Paul Leutwein über einen engen Zusammenhang zwischen „Ostsiedlung" und Kolonialsiedlung. Man bräuchte für Siedlungsstellen im Osten hingegen keine Enteignungen, da es genügend Landflächen gebe. Zudem be-

Hindenburg folgte auf seinem Gut Neudeck dem Rat Schleichers, Meißners und seines Sohns Oskar und distanzierte sich von Brüning. Schleicher verfolgte seit den Reichstagswahlen vom September 1930 den Plan, die NSDAP an die Regierung heranzuführen und die SA weitgehend zu tolerieren, damit die Nationalsozialisten gezähmt und gleichzeitig die Massenbasis der NS-Bewegung für ein wahres Präsidialkabinett genutzt werden könnte. Diese Taktik verfolgte Schleicher bis zum Bruch mit Groener, der seit 1931 auch kommissarischer Innenminister geworden war, als der die SA am 13. April 1932 auf Druck der Innenminister der Länder verbieten ließ. Schleicher führte bereits seit Ende April geheime Verhandlungen mit Hitler, der eine Tolerierung einer neuen Regierung zsuagte, wenn es zu Neuwahlen käme und das SA-Verbot aufgehoben würde. Groener musste auf Initiative Schleichers am 12. Mai sein Amt als Reichswehrminister aufgeben und als am 30. Mai das Kabinett Brüning zurücktreten musste, nachdem Hindenburg Brüning einen Tag zuvor sein Misstrauen ausgesprochen hatte, verlor Groener auch das Amt des Innenministers.

Mit dem Sturz Brünings endete einerseit die „gemäßigte Phase des Präsidialregimes“.[249] Andererseits fiel für Hugenberg und Claß die Grundbedingung für einen Eintritt der DNVP in die Regierung weg, dass man auf keinen Fall mit dem Zentrum zusammenarbeiten wollte.[250] Am 31. Mai wurde Hugenberg zusammen mit dem stellvertretenden Fraktionsvorsitzenden der DNVP im Preußischen Landtag, Friedrich von Winterfeld, vom Reichspräsidenten empfangen, der nach Brünings Rücktritt entsprechend der Fraktionsgröße mit allen Fraktionsführern sprach. Hitler hatte zuvor klargemacht, dass er die Macht in Preußen für die Rechte forderte, da die NSDAP sonst zusammen mit der DNVP jede Regierung durch Misstrauensanträge stürzen werde.[251] Hugenberg und Winterfeld bekundeten ebenfalls, bei einer Rechtsregierung „mitzugehen“ und „sich zur Mitarbeit zur Verfügung zu stellen, um aus der schwierigen Lage

---

dürfe es einer weiten öffentlichen Kampagne. Carl Peters habe seinerzeit gezeigt, dass der koloniale Gedanke erfolgreich in das Volk habe getragen werden können, so Leutwein. Deutsche Zeitung 9.6.1932.

249 Winkler: Weimar 1918–1933, S. 472.

250 Alexander Graf Brockdorff zog im Lagebericht des Alldeutschen Verbandes vom 3.6.1932 aus seiner Sicht begründete historische Parallelen zum Rücktritt Heinrich Brünings, der wie Theobald von Bethmann Hollweg 1917 „nicht allein über den Vorstoß der nationalen Opposition, sondern auch über Intrigen sehr anderer Art“ gestürzt sei. Man solle zudem warten, wie sich Franz von Papen als Nachfolger entwickele, so Brockdorff, da auch Georg Michaelis „der Ruf der Ehrenhaftigkeit, Tatkraft und Unabhängigkeit“ vorausgeeilt sei und er dann vor der Friedensresolution „kapitulierte“. In BA-Berlin, R 8048, Bd. 551, Bl. 83–91. Zitate ebd., Bl. 88. Gespräche zur Zusammenarbeit mit der DNVP hatte Brüning bereits im Mai mit Carl Friedrich Goerdeler geführt, der auf Wunsch des Reichskanzlers das Wirtschaftsministerium übernehmen sollte. Siehe auch Deutsche Zeitung 5.5.1932. Goerdeler war DNVP-Mitglied und 1930 durch einen „Vereinigten Bürgerblock“ zum Oberbürgermeister von Leipzig gewählt worden. Hindenburg erhielt von Brüning Ende Mai die Empfehlung, ihn zu seinem Nachfolger zu berufen, und auch Westarp stand zur Diskussion. Siehe Patch: Heinrich Brüning, S. 247–171 und zur Ernennung der Papen-Regierung auch Petzold: Franz von Papen, S. 55–68, Pyta: Hindenburg, S. 701–720, Winkler: Weimar, S. 467–481, Büttner: Die überforderte Republik, S. 464–473 und Bracher: Die Auflösung, S. 455–462.

251 Deutsche Zeitung 31.5.1932.

herauszukommen", so die Notiz Meißners.[252] Den Willen zur Mitarbeit an einer Rechtsregierung machte Hugenberg aber abhängig von der „Persönlichkeit" des Reichskanzlers.[253] Mit Blick auf die „Zusicherungen Hitlers, die neue Regierung zu unterstützen", war Hugenberg gegenüber dem Reichspräsidenten „bezüglich der Dauer dieser Unterstützung etwas skeptischer" und verfolgte bereits die Bildung eines Rechtskabinetts unter Ausschluss der Nationalsozialisten.[254] Zudem müsse es eine „Gesamtbereinigung in Preußen und im Reich" geben.[255]

Am selben Tag war Claß dann mit Quaatz bei Hugenberg und mahnte den DNVP-Führer, der „ja eigentlich auch für Mitmachen" der Deutschnationalen bei der Kabinettsneubildung gewesen sei, erneut, dass auf keinen Fall mit dem Zentrum verhandelt werden sollte.[256] Dies bedeute „Opposition auf lange Sicht", so Quaatz.[257] Die weiteren sich nun ergebenden Verhandlungen über eine mögliche Kabinettsbildung wollte man in Ruhe abwarten, da waren sich Claß und Hugenberg zunächst einig.[258]

252 Aktennotiz Otto Meißner, 31. 5. 1932, über die Besprechung des Herrn Reichspräsidnten betr. Regierungsbildung, 30. und 31. Mai 1932, in Hubatsch (Hrsg.): Hindenburg und der Staat, S. 320–323. Zitat ebd., S. 321.

253 Ebd.

254 Ebd.

255 Deutsche Zeitung 31.5.1932.

256 Siehe Tagebucheintrag Reinhold Quaatz 31.5.1932, in Weiß/Hoser (Hrsg.): Die Deutschnationalen, S. 192.

257 Ebd.

258 Da Alfred Hugenberg zunächst nicht für eine Ernennung zum Reichskanzler in Frage kam, fuhr er dann zunächst zur Erholung auf den 1924 erworbenen kleinen Besitz der Familie im sächsischen Uhsmannsdorf, das zwischen Görlitz und Bad Muskau lag.

10 Staatsrechtliche und politische Positionierungen 1932/33

10.1 Der „Preußenschlag" und das autoritäre Kabinett Franz von Papen als *Modus Operandi*

Am 1. Juni 1932 wurde Franz von Papen auf Betreiben Kurt von Schleichers als Nachfolger Heinrich Brünings zum Reichskanzler ernannt. Zwei Tage später trat Papen aus der Zentrumspartei aus, um einem Parteiausschluss aufgrund der Kabinettsbildung zuvorzukommen und freie Hand zu haben, was die Zentrumsführung als klaren Verstoß gegen ihren Willen deklarierte und eine umgehende Erklärung der SPD gegen die Papen-Regierung zur Folge hatte.[1] Die Regierungsbildung erfolgte über die Tolerierung durch die NSDAP mit zwei Bedingungen: der Festsetzung von Neuwahlen sowie der Aufhebung des SA-Verbots vom März und April, gegen das auch Alfred Hugenberg mehrmals Stellung bezogen hatte.[2] Er hatte zuvor angedeutet, dass er ein Kabinett unterstützen würde, das weniger sozialistisch aufgestellt und mehr auf die präsidiale Autorität Paul von Hindenburgs aufgebaut sei.[3] Nun spielte er gar mit dem Gedanken, als DNVP-Parteivorsitzender zurücktreten.[4]

Am 4. Juni wurde der Reichstag aufgelöst und Wahlen zunächst für den 12. September festgesetzt. Staatssekretär Otto Meißner hatte gegenüber Reinhold Quaatz bereits zuvor deutlich gemacht, dass er für den Eintritt der DNVP in das zu berufende Kabinett sei. Der Alldeutsche Quaatz, der als Reichstagsabgeordneter der DNVP-Führung angehörte und dem Parteivorsitzenden treu ergeben war, verhielt sich im Auftrag Hugenbergs aber zurückhaltend und abwartend.[5] Nach der Berufung Papens traten drei Deutschnationale in das Kabinett ein, die unmittelbar danach die Partei verließen, um den Schein der Überparteilichkeit zu wahren: Wilhelm von Gayl wurde Innenminister, Franz Gürtner Justizminister und Magnus Freiherr von Braun Minister für Ernährung und Landwirtschaft.

Der Eintritt der drei Deutschnationalen in die Regierung war nicht mit Hugenberg im Vorfeld besprochen worden.[6] Gayls Ernennung, dessen mögliche Nachfolge Otto

---

1 Siehe Deutsche Zeitung 2.6.1932.

2 Siehe Deutsche Zeitung 15.4.1932.

3 Siehe Leopold: Alfred Hugenberg, S. 115.

4 Siehe auch Tagebucheintrag Reinhold Quaatz 1.6.1932, in Weiß/Hoser (Hrsg.): Die Deutschnationalen und Leopold: Alfred Hugenberg, S. 116 und 237.

5 Siehe Entwurf Lagebericht Reinhold Quaatz für Alfred Hugenberg vom 1.6.1932, in Weiß/Hoser (Hrsg.): Die Deutschnationalen, S. 192–193.

6 So Leopold: Alfred Hugenberg, S. 116 und Wilhelm von Gayl an Alfred Hugenberg, 10.6.1932, zitiert in ebd., S. 237. Wilhelm von Gayl schrieb in seinen um 1936 verfassten Erinnerungen dazu: „Keine der großen Parteien stand mit dem Herzen hinter der Regierung Papen. Deutschnationale [Volkspartei], [Deutsche] Volkspartei, Wirtschaftspartei und die ihnen nahestehenden Splitterparteien duldeten zunächst das

https://doi.org/10.1515/-012

Meißners im Amt des Staatssekretärs bereits 1926 durch die Presse gegangen war und der als Direktor der Ostpreußischen Landgesellschaft und Vorsitzender der Gesellschaft für innere Kolonisation eng mit den agrarischen Interessen verbunden war, gründete dann auch wesentlich auf den persönlichen Wunsch des Reichspräsidenten.[7] Gayls Wirken als Vorsitzender der Landgesellschaft bei der von Elard von Oldenburg-Januschau organisierten Schenkung des verschuldeten Familiengutes Neudeck an Hindenburg zu dessen 80. Geburtstag im Februar 1927 schien zusätzlich zu Gayls Gunsten gewirkt zu haben.[8] War Gayl zwar dem „Posener Freundeskreis" Hugenbergs verbunden, so stand der DNVP-Vorsitzende im Ergebnis vor vollendeten Tatsachen, die seine Autorität als DNVP-Parteiführer ernsthaft in Frage stellten, aber eben auch gleichzeitig seiner Forderung nach einem überparteilichen Kabinett entsprachen. Papen wollte zudem zu Beginn seiner Kanzlerschaft weitere ihm nahestehende Personen in die Reichskanzlei berufen, jedoch blieb es bei Herbert von Bose, der Ende Juli als persönlicher Nachrichtenagent und Vertrauter von der Informationsstelle der DNVP in die Pressestelle der Regierung wechselte.[9] Bose stand während seiner Tätigkeit in der Parteizentrale in engster Verbindung zu Otto Schmidt(-Hannover).

Für den anstehenden Reichstagswahlkampf erklärte Hugenberg, dass die DNVP bereits nach dem ersten Wahlgang der Reichspräsidentenwahl die Auflösung des Reichstags und Neuwahlen gefordert habe. Deshalb begrüßte er die neue Regierung, stellte aber fest, dass die DNVP am Papen-Kabinett in keiner Weise beteiligt sei, diesem gegenüber „keinerlei Bindungen" bestünden und zukünftige Beurteilungen einzig und allein „von der sachlichen Arbeit abhängen" würden, sodass die Partei im Wahlkampf weder für noch gegen die Regierung arbeiten werde. Eine endgültige Entscheidung über die politische Richtung hänge ohnehin vom Ergebnis der Reichstagswahlen am 31. Juli ab.[10] Auch Rüdiger Graf von der Goltz von den VVVD lobte die Papen-Regierung für ihre ersten Schritte zur Durchsetzung einer rigiden Präsidialpolitik. Man habe selbst Jahre

Kabinett, behielten sich aber die volle Handlungsfreiheit vor. [...] Ihre Mitglieder waren über ein Jahrzehnt so stark mit dem bisherigen parlamentarischen Leben verbunden, daß sie innerlich die Unterstützung eine ihre Machtstellung mindernden, autoritären Regierung verabscheuten, ohne es zunächst auszusprechen. Sie warteten die Entwicklung ab und duldeten die Regierung, ohne sie tatkräftig zu fördern." Wilhelm von Gayl: Erinnerungen, in BA-Koblenz, N 1031, Bd. 4, Bl. 60.

7 Wilhelm von Gayl: Erinnerungen, in BA-Koblenz, N 1031, Bd. 4, Bl. 79. Siehe auch die Zeitungsausschnitte vom Juni 1926, in ebd., Bd. 24. Zur selben Zeit organisierte Wilhelm von Gayl zusammen mit dem Duisburger Oberbürgermeister Karl Jarres einen Arbeitszusammenschluss von DNVP und DVP im Rahmen der Fraktion der Preußischen Arbeitsgemeinschaft im Staatsrat als Zusammenschluss der „staatserhaltenden" Rechtsparteien. Aufruf zum Zusammenschluß!, in Berliner Börsenzeitung, 5.7.1926. Siehe auch den Schriftwechsel in BA-Koblenz, N 1031, Bd. 25.

8 So auch Wilhelm von Gayl: Erinnerungen, in BA-Koblenz, N 1031, Bd. 4, Bl. 31–40. Siehe auch Oldenburg-Januschau: Erinnerungen, S. 222–223. Weßling: Hindenburg, Neudeck und die deutsche Wirtschaft und Pyta: Hindenburg, S. 547.

9 Siehe Orth: „Der Amtssitz der Opposition?", S. 61 und 115–126.

10 Erklärung Alfred Hugenberg, in Deutsche Zeitung 4.6.1932.

dafür gekämpft, jedoch wolle man Papen erst an den zukünftigen Maßnahmen messen.[11]

Claß war sich mit Hugenberg und von der Goltz in der Bewertung Papens einig, wenngleich man diesen im Alldeutschen Verband aufgrund seiner fehlenden „staatsmännischen Begabung“ als Vertreter des rechten Flügels des Zentrums mit kritischer Skepsis betrachtete.[12] Da Hindenburg zu lange auf Brüning vertraut habe, komme dem Reichspräsidenten die „wesentliche Verantwortung“ für die Folgen seiner Politik zu. Papen stehe für die Hoffnung, dass durch die Reichstagsauflösung und die Regierungserklärung nunmehr ein neuer „Geist“ herrsche, der sich von dem der vorherigen Regierungen „wie der Tag von der Nacht“ unterscheide und vom Alldeutschen Verband selbst verfolgt werde. Ob die „nationale Opposition“ nach der Reichstagswahl eine eigene Regierung stellen oder Papen danach unterstützt werden sollte, müsse man erst noch sehen, so Claß.[13] Die Parole für den Reichstagswahlkampf sei die „Herabdrückung des Zentrums zur Bedeutungslosigkeit“. Die politische Strategie heiße auch in Zukunft, den „hart[en] und steinig[en]“ Weg der „nationalen Opposition“ weiterzugehen, da „sie auch ohne ein sichtbares Bündnis de[n] stürmische[n] Angriffsgeist der Nationalsozialisten mit dem zähen, auf weite Sicht [ge]rechneten Verhalten der Deutschnationalen vereinigt hat und weil alle außer diesen Parteien wirkenden völkischen Kräfte, wie die vereinigten vaterländischen Verbände und der Alldeutsche Verband sich in den Dienst der großen gemeinsamen Sache gestellt haben“.[14]

Die Landtagswahl in Mecklenburg-Schwerin am 5. Juni verdeutlichte hingegen die zunehmende Umkehr der Machtverhältnisse auf der Rechten, als die DNVP gegenüber 1929 von über 44,6 Prozent auf 9,1 Prozent abstürzte und die NSDAP von 4 Prozent auf 49 Prozent zulegte. Selbst gegenüber der Reichstagswahl von 1930 gewann die NSDAP über 100.000 Stimmen, während die DNVP 7.000 verlor.[15] Mit knapper Mehrheit konnte die NSDAP fortan alleine regieren. Im Reichstagswahlkampf verstärkte die DNVP ihre Angriffe gegen das Zentrum und übte sich wie Schmidt(-Hannover) in historischer Genugtuung, dass Hugenbergs „Sammelpolitik“ seit 1929 die SPD dezimiert habe, dem Zentrum seine „mittelparteilichen Stützen genommen und damit die Fortsetzung seiner Pendelpolitik verhindert“ habe. Gerüchte um Hugenbergs Rücktritt wurden umgehend dementiert.[16] Paul Bang ging noch weiter und erklärte das Zentrum zum Hauptfeind der DNVP im Wahlkampf, der jetzt als grundlegender „Weltanschauungskampf“ geführt werde, da das Zentrum durch seine Koalitionspolitik mit der SPD dem Marxismus zum „Durchbruch verholfen“ habe. Demnach sei das Ziel der Deutschnationalen die end-

11 Deutsche Zeitung 10.6.1932.

12 Siehe Alldeutsche Blätter 4.6.1932.

13 Claß auf dem alldeutschen Verbandstag in Dürnstein, in Deutsche Zeitung 13.6.1932.

14 Ebd.

15 Siehe Deutsche Zeitung 6.6.1932.

16 Ebd. 12.6.1932.

gültige Entmachtung einer Partei, die seit der Reichsgründung wie „ein Alp auf der deutschen Brust lastet: des Zentrums und seine Hilfstruppen".[17]

Absetzbewegungen des Stahlhelms erschwerten Hugenbergs zunehmend umstrittene Position zusätzlich und eröffneten weitere Räume für eine Fragmentierung der „nationalen Opposition". Im Mai betonte Franz Seldte auf der Reichsführertagung des Stahlhelm in Magdeburg, dass dieser keine Partei sei und gleichzeitig auch von keiner Partei abhängig sein wolle.[18] Volker Berghahn sah den Wehrverband im Sommer 1932 seinen eigenen Führungsanspruch in der „nationalen Opposition" für eine neue Rolle als „Reservearmee der Reichswehr" aufgeben, was letztlich die „politische Selbstliquidierung" einläutete.[19] Zwischen dem ersten Wahlgang zur Reichspräsidentenwahl und der Preußenwahl ließ sich ein Abrücken von der DNVP nicht übersehen, während man weiterhin die Beziehungen zur DNVP nutzte, um bei den kommenden Reichstagswahlen eigene Kandidaten auf den Wahllisten der Partei zu platzieren.

Im Juni 1932 verschickte die DNVP-Parteileitung einen vertraulichen Zwischenbericht über den Kampf Hugenbergs für den Fortbestand der „nationalen Opposition" und die Distanzierung des Stahlhelms seit der Führertagung in Magdeburg im Mai.[20] Während bei der NSDAP „riesige Erfolge der Propaganda zwischen Misserfolgen auf dem Gebiet der staatspolitischen Führung" stünden und Hitlers Taktik, über die Reichspräsidentschaft die „verkündete Machtergreifung" herbeizuführen, gescheitert sei, so stehe die enge Zusammenarbeit zwischen DNVP und Stahlhelm nunmehr vor dem Auseinanderfallen. Allein im Reichstag saßen von 41 DNVP-Abgeordneten 26 zugleich als Mitglieder des Stahlhelms. Im Preußischen Landtag gehörten von 78 Mitgliedern der DNVP-Fraktion 35 dem Wehrverband an.[21] Seit dem Scheitern der Anti-Young-Plan-Kampagne 1929/30 seien es vor allem der Alldeutsche Verband und die VVVD gewesen, die als einige der „wenigen treuen Bundesgenossen" die „Reinigungskrise" der Partei mit erkämpft hätten.[22] Pläne zur Umwandlung des Stahlhelms in eine eigene Partei seien beständig diskutiert, jedoch angesichts des Beispiels der österreichischen Heimwehr immer verworfen worden. Für die DNVP sei die Rolle des Stahlhelms als Hilfsarmee hingegen fraglich, denn die Listenaufstellungen mit Stahlhelm-Kandidaten für die Preußenwahl seien nicht honoriert und zu oft nicht mit den Landesverbänden abgesprochen worden, letztlich habe man sogar auf eine Wahlempfehlung verzichtet, sondern den Mitgliedern freigegeben, für welche Partei sie stimmten.[23] Bereits im Zuge der Septemberwahlen 1930 habe es keine Zusage für eine einheitliche Unterstützung der DNVP durch den Stahlhelm gegeben, was schließlich nur der NSDAP und der SA genützt habe, so die

17 Rede Paul Bang auf einer Kundgebung der DNVP in Leipzig, in Deutsche Zeitung 7.6.1932.

18 Deutsche Zeitung 6.5.1932.

19 Berghahn: Der Stahlhelm, S. 231. Siehe auch „Stahlhelm und DNVP", in Unsere Partei 1.6.1932.

20 Siehe dazu Rundschreiben an die Landesverbandsvorsitzenden der DNVP, Juni 1932, in BA-Berlin, R 8048, Bd. 219, Bl. 124–154.

21 Ebd., Bl. 127.

22 Ebd., Bl. 132.

23 Ebd., Bl. 151–152.

Anklage der DNVP-Führung. Nach dem Scheitern der Stahlhelm-Initiative für vorgezogene Preußenwahlen habe Hugenberg dann die Harzburger Tagung vorbereitet. Die zusätzlichen Konflikte mit Hitler und der NSDAP hätten Hugenberg aber „die andauernden Schwierigkeiten", innerhalb der „Rechten Sammlungspolitik zu treiben", immer wieder aufgezeigt.[24] In Bad Harzburg habe der Stahlhelm die DNVP zwar trotz der Diskussionen um das „Freiheitsgesetz" unterstützt. Die Unentschiedenheit des Stahlhelms sei bei den auseinanderlaufenden Verhandlungen für eine Hindenburg-Unterstützung sowie bei der Ernennung eines „Einheitskandidaten" für die Reichspräsidentenwahl jedoch erneut sichtbar geworden. Die offengelassene Wahlparole des Stahlhelms, die in einem Brief an Hugenberg am 20. März bestätigt wurde, bestimmte auch nach den Reichspräsidentenwahlen die taktische Stahlhelm-Politik gegenüber Hugenberg.[25]

Zu diesen Distanzierungen zwischen DNVP und Stahlhelm kamen im Juni 1932 länger schwelende Konflikte zwischen Hugenberg und der Ruhrindustrie über eine grundlegende politische Richtungsentscheidung, was Hugenbergs Position innerhalb der konservativen Rechten zusätzlich schwächte. Das Verhältnis der Großindustrie zur DNVP war stets mit hohen Erwartungen verbunden, nicht nur agrarische Interessen zu vertreten, sondern sich entsprechend einer Arbeitsteilung auch auf den eher wirtschaftsliberaleren Kurs der DVP einzustellen. Deutschnationale Mitglieder wie Fritz Thyssen, der dann die NSDAP unterstützte, äußerten bereits 1927 eine „tiefe Verbitterung" gegenüber der DNVP.[26] Das Verhältnis zwischen Hugenberg und der Ruhrindustrie wurde ab dem 9. Januar 1928 auf völlig neue Grundlagen gestellt, da an diesem Tag Paul Reusch, Thyssen, Gustav Krupp von Bohlen und Halbach, Ernst Poensgen, Albert Vögler, Fritz Springorum, Peter Klöckner, Paul Silverberg, Erich Fickler, Arthur Klotzbach, Fritz Winkhaus und Karl Haniel in der Villa Hügel bei Krupp in Essen zur ersten Sitzung der Ruhrlade zusammenkamen, die sich satzungsgemäß monatlich mit zwölf Mitgliedern treffen sollte, um Interessen abzustimmen, Kartellabsprachen, Lohn- und Preispolitik, das Verhältnis zur Arbeiterschaft sowie die Unterstützung von Organisationen und Parteien (DVP, DNVP, Zentrum und BVP) zu koordinieren.[27]

Der strikte Machtkurs Hugenbergs hatte bereits zahlreiche industrielle Abgeordnete der DNVP bei seinen Auseinandersetzungen mit Kuno Graf von Westarp entfremdet, dem Hugenberg 1927 im Kampf um den Parteivorsitz eine Mitbestimmung bei der Verteilung von Geldern der Ruhrindustrie für die DNVP verweigert hatte. Bereits im Juli 1928 hatte die Drohung Reuschs im Raum gestanden, dass man so in Zukunft nicht zusammenarbeiten könne.[28] Hinzu kamen bei diesen Konflikten Streitigkeiten um Hugenbergs Beteiligungen für den Zechenverband bei den *Münchner Neuesten Nachrichten*

24 Ebd., Bl. 136.

25 Ebd., Bl. 149.

26 Paul Reusch an Tilo von Wilmowsky, 13.11.1927, in RWWA, GHH, 130–400101290/39.

27 Siehe Turner: Die „Ruhrlade" sowie auch Marx: Reusch, S. 316–325.

28 Martin Blank an Paul Reusch, 10.7.1928, in RWWA, GHH, 130–4001012024/4a. Siehe auch Turner: German Big Business, S. 18–31.

und dem *Fränkischen Kurier*, die in Klagen gegen Haniel von der Gutehoffnungshütte endeten, wobei unter anderem Vögler, Thyssen und Ernst Brandi vermitteln mussten.[29] Entscheidender war hingegen, dass Hugenberg den im Januar 1928 gegründeten Bund zur Erneuerung des Reiches unter Vorsitz des ehemaligen Reichskanzlers Hans Luther ablehnte, dessen Gründungsurkunde von führenden Industriellen wie Krupp, Vögler, Springorum, Carl Friedrich von Siemens, Robert Bosch, Reusch, Thyssen und Hermann Röchling mit unterzeichnet wurde. Hugenberg ging die Satzung mit der wesentlichen Forderung nach einer Stärkung der Stellung des Reichspräsidenten und der Übertragung der Macht Preußens auf das Reich nicht weit genug. Seine Kritik breitete er, sehr zum Missfallen von Reusch, auch noch in der Presse aus.[30]

Der Konflikt mit Hugenberg reichte bis in die Gremien des RDI, der sich zwar vom Brüning-Kurs im September 1931 klar abgrenzte, aber doch mehrheitlich die Harzburger Tagung mit Skepsis beurteilte. Krupp, Hugenbergs ehemaliger Arbeitgeber und von September 1931 bis Juni 1933 RDI-Vorsitzender, war kein Unterstützer des radikalen DNVP-Kurses.[31] Hugenberg brachte zusätzlich mit seiner kompromisslosen Politik eben jene Vertreter des „Industriereviers" auseinander, von denen er sich eine Einheit der bürgerlichen Rechten erhoffte.[32] Während zum Beispiel Brandi, Springorum und Vögler ihn unterstützten und Krupp sich trotz seiner Skepsis oftmals strategisch zurückhielt, sprachen Reusch und sein Vertrauter Tilo Freiherr von Wilmowsky als DNVP-Mitglieder bei Weitem offener über ihre Kritik. Noch bevor Hugenberg den Parteivorsitz 1928 übernahm, urteilte Reusch, dass er in keiner Weise für die DNVP oder für die Industrie „nutzbringend" gewesen sei, sondern viel Schaden für die westdeutsche Industrie angerichtet habe.[33] Obwohl Hugenberg bei seinen Absprachen mit den Industriellen Besserung gelobte, hatte sich Reusch bereits im August 1928 von ihm distanziert, was seiner Zeit die alldeutsche Parole von der Unterstützung Hugenbergs für den Kampf um den Parteivorsitz erschwerte, da Reusch Mitglied des Alldeutschen Verbandes war.[34]

Nach Bad Harzburg spitzten sich diese Auseinandersetzungen zu, als Hugenberg beklagte, dass die DNVP am „Rande ihrer Möglichkeiten" sei. Sie könne aus sich selbst heraus finanziell nichts mehr leisten, während die 1927 erworbene Ufa aber auch der Scherl-Verlag nicht mehr genügend Gewinne abwerfen würden, um die Partei umfassend stützen zu können. Hugenberg drohte nun gar mit seinem Rücktritt, wenn in Zukunft keine gesicherte finanzielle Grundlage durch die Ruhrindustrie zugesagt werde.[35] Andererseits kursierten Ende 1931 bereits bei Reusch, Wilmowsky und dem Bankier

29 Siehe z. B. Paul Reusch an Karl Haniel, 16.12.1927, in RWWA, GHH, 130 – 4001012000/2, Bl. 310.

30 Siehe Alfred Hugenberg an Abraham Frowein, 24.6.1928, in BA-Koblenz, N 1231, Bd. 114, Bl. 137 – 140 und Paul Reusch an Abraham Frowein, 3.7.1928, in RWWA, GHH, 130 – 400101290/82, Bl. 12.

31 Siehe Bähr/Kopper: Industrie, Politik, Gesellschaft, S. 102 – 113.

32 Erich von Gilsa an Paul Reusch, 7.11.1931, in RWWA, GHH, 130 – 400101308/9.

33 Paul Reusch an Fritz Springorum, 11.7.1928, in RWWA, GHH, 130 – 400101255/5.

34 Martin Blank an Paul Reusch, 11.7.1928, in RWWA, GHH, 130 – 400101241/4 und Martin Blank an Paul Reusch, 5.8.1928, in ebd.

35 Siehe Martin Blank an Paul Reusch, 27.11.1931, in RWWA, GHH, 130 – 400101241/1.

Max Warburg Planungen, gegebenenfalls Hjalmar Schacht als Führer einer neuen Partei zu gewinnen oder Carl Friedrich Goerdeler für die Zeit nach den Preußenwahlen im April 1932 als Hugenbergs Nachfolger zu platzieren, um die DNVP zu einer rechten Sammlungspartei umzubauen. Die Weigerung Hugenbergs, bei den Preußenwahlen aktiv einen geeinten Wahlblock zu formen, führte zur erneuten Spaltung der Rechten, und der Kampf des DNVP-Vorsitzenden gegen das Zentrum verstärkte die Forderungen nach seinem Rücktritt.[36]

Im März machte Reusch deutlich, dass eine Einigung der Rechten nur möglich sei, wenn Hugenberg „so rasch wie möglich als Führer der Deutschnationalen Volkspartei von der Bildfläche verschwinden" würde.[37] Wilmowsky unterrichtete Reusch, dass bereits Oldenburg-Januschau deswegen auf Hugenberg einzuwirken versucht habe, wie zudem mehrere Persönlichkeiten aus Schlesien, Ostpreußen und dem Hause Hohenzollern.[38] Reusch selbst war nicht mehr bereit, für die anstehenden Landtagswahlen Mittel an Hugenberg zu geben, und forderte ihn schriftlich zum Rücktritt auf.[39]

Springorum, Vögler und Brandi hielten trotz dieser Rücktrittsforderungen zu Hugenberg als Parteivorsitzendem. Nach dem Ausgang der Preußenwahlen nahmen die Angriffe gegen Hugenberg weiter zu und Reusch plante sogar ganze Pressefeldzüge gegen ihn.[40] Der Druck auf den DNVP-Vorsitzenden verstärkte sich derart, dass er zumindest seinem Unterstützer Vögler trotzig erklärte, er werde zurücktreten, aber nur, wenn „wenigstens 6 prominente Mitglieder der Deutschnationalen Volkspartei ihn zusammen aufsuchen und ihre Forderungen ihm persönlich vortragen" würden.[41] Eine bekannte Persönlichkeit des Westens wolle diese Angelegenheit nun in die Hand nehmen, so Reusch.[42] Eine neue DNVP mit einem jüngeren Parteiführer wie Goerdeler, der bereitstehe und sich bereits mit Hugenberg getroffen habe, werde von der Ruhrindustrie ohne Bedenken gefördert werden.[43] Die Absetzbewegung gegen Hugenberg führte im Juni jedoch zu keinem Ergebnis. Wilmowsky konnte zunächst nur schlussfolgern, dass die Situation innerhalb der DNVP sehr „unerfreulich" sei, aber zum jetzigen Zeitpunkt niemand den Mut für „notwendige Folgerungen" aufbringe.[44]

Den Wahlkampf für die Reichstagswahlen am 31. Juli 1932 führte Hugenberg trotz dieser zunehmenden Isolierungen mit Verve. Auf der Reichsführertagung der DNVP mit 1.500 Delegierten am 26. Juni, auf der auch die alldeutschen Parteifunktionäre Axel Freiherr von Freytagh-Loringhoven und Max Wundt als führende Redner auftraten, gab Hugenberg erneut die Parole aus, das Zentrum zu „zerschmettern", um mit der NSDAP

36 Siehe Tilo von Wilmowsky an Paul Reusch, 22.3.1932, in RWWA, GHH, 130–400101290/39.
37 Paul Reusch an Tilo von Wilmowsky, 23.3.1932, in RWWA, GHH, 130–400101255/5.
38 Siehe Tilo von Wilmowsky an Paul Reusch, 25.3.1932, in RWWA, GHH, 130–400101290/39.
39 Siehe Paul Reusch an Tilo von Wilmowsky, 23.3.1932, in ebd.
40 Siehe Paul Reusch an Tilo von Wilmowsky, 27.4.1932, in ebd.
41 So Paul Reusch an Tilo von Wilmowsky, 8.6.1932, in ebd.
42 Ebd.
43 Siehe Tilo von Wilmowsky an Paul Reusch, 10.6.1932, in ebd.
44 Tilo von Wilmowsky an Paul Reusch, 19.6.1932, in RWWA, GHH, 130–400101255/5.

die „wahre nationale Mehrheit“ herstellen zu können. Die größten Gefahren bei dieser Mehrheit seien weiterhin die wirtschaftspolitischen Gegensätze zwischen DNVP und NSDAP sowie Hitlers Aspirationen für eine Alleinregierung ohne DNVP.[45] In Abgrenzung zur NSDAP stellte Hugenberg für die anstehende Reichstagswahl eine Reihe zentraler Forderungen in den Mittelpunkt des Programms: die Lösung der Arbeitslosigkeit, eine Stärkung des Mittelstandes, die zentrale Rolle der ständestaatlichen Idee einer persönlichkeitsorientierten Werksgemeinschaft, die Bedeutung „deutscher Kultur und christlicher Religion“, die Überwindung der republikanischen Staatsform durch die deutschnationale Staatsidee eines überparteilichen Führers und einer symbolisch repräsentierenden Erbmonarchie, die bedingungslose Streichung der Reparationszahlungen und die Wiederherstellung „deutscher Wehrhoheit“. Alle, die nicht sozialistisch eingestellt seien, sollten daher DNVP wählen.[46]

Es sei entscheidend, so Hugenberg, dass die „nationale Opposition“ einerseits die Mehrheit erhalte, damit vollendet werden könne, „was mit dem Sturz Brüning[s] begann, die endgültige Ausschaltung des parlamentarischen Systems aus Staat und Verwaltung“.[47] Gleichzeitig nahm sich die DNVP-Parteizeitung die „Nazisozis“ mit ihrer weltanschaulichen „Doppelzüngigkeit“ und politischen „Demagogie“ vor und stellte die Deutschnationalen als sachlich arbeitende Partei den Nationalsozialisten gegenüber, die lediglich reden würden.[48]

Bei diesen Auseinandersetzungen mit der NSDAP war die Papen-Regierung eine zunächst genügende Variante einer autoritären Regierung, die als Übergangskabinett den lange erhofften politischen Umschwung einläuten sollte. Eine temporäre Unterstützung der Papen-Regierung galt für Claß im Sommer noch mehr als für Hugenberg, der sich ja nur auf den DNVP-Vorsitz eingelassen hatte, um selbst Reichskanzler zu werden. Hugenberg hingegen kritisierte Papen zunehmend für die Fortführung politischer Kompromisse, wie auf der Konferenz von Lausanne, die zu einer endgültigen Regelung der Reparationsfrage einberufen wurde.[49] Hinzu kam die Notverordnung vom 14. Juni, welche die vorherigen Verordnungen zur öffentlichen Ordnung und hinsichtlich politischer Versammlungen bündeln sollte. Die darin verfügte Aufhebung des SA-Verbots war Grundbedingung für die Tolerierung durch die NSDAP und führte gleichzeitig zu einer Neuregelung der bisherigen Notverordnungen, die abgemildert wurden, indem das Uniformverbot nicht mit aufgenommen, aber Gewalt mit strengeren Strafen versehen wurde. Hindenburg wollte, dass sich die politischen Wahlkämpfe „künftig in ruhigeren Formen abspielen“.[50] Drei Tage später erließ Bayern ein eigenes SA-Verbot, dem Baden folgte und dem sich in den nächsten Wochen einzelne Polizeiaktionen gegen

45 Siehe Deutsche Zeitung 26.6.1932.

46 Unsere Partei 1.7.1932.

47 Wahlaufruf Alfred Hugenbergs, in Der Tag 3.7.1932.

48 Unsere Partei 22.7.1932.

49 Zur alldeutschen Kritik siehe auch Alexander Graf Brockdorff (Lagebericht des Alldeutschen Verbandes), 14.7.1932, in BA-Berlin, R 8048, Bd. 551, Bl. 92–100.

50 Paul von Hindenburg an Wilhelm von Gayl, zitiert in Deutsche Zeitung 16.6.1932.

die SA und die NSDAP in Württemberg, Köln und Leipzig anschlossen. Auch Carl Severing als noch amtierender preußischer Innenminister schloss sich einer einzelstaatlichen Umgehung der allgemeinen Demonstrationsfreiheit im Reich an. Gayl geriet als Reichsinnenminister daher unter zunehmenden Druck, die Einheitlichkeit der Rechtsdurchsetzung zu garantieren. Die Berichterstattung der alldeutschen *Deutschen Zeitung* nahm bis zu der von der Reichsregierung erklärten Unwirksamkeit der Länderentscheidungen am 28. Juni die Gewaltaktionen gegen SA, SS und NSDAP mit reißerischen Überschriften wie „Roter Blutterror" oder „Rotmord ohne Ende" auf und machte zusätzlich Stimmung gegen die Regierung, die keine ordnende Durchsetzungskraft besitze.[51]

Hitler erließ nicht zuletzt aufgrund des Widerstandes gegen den Nazi-Terror eine Erklärung, die eine Zusammenarbeit mit der Zentrumspartei kategorisch ausschloss, die die geschäftsführende Braun-Regierung in Preußen tolerierte.[52] Die Zunahme gewalttätiger Zusammenstöße zwischen Kommunisten und Nationalsozialisten im Juni und Juli hatten die Forderungen des Alldeutschen Verbandes und der DNVP nach einem Reichskommissar für Preußen im Zuge einer Absetzung der Regierung Otto Brauns lauter werden lassen.[53] Nach den Provokationen des „Altonaer Blutsonntags" am 17. Juni, an dem durch den SA-Marsch und die anschließenden Auseinandersetzungen mit Kommunisten 18 Tote und 285 Verletzte zu verzeichnen waren, hatte die Propaganda der *Deutschen Zeitung* gegen die preußische Regierung weiter zugenommen. Dabei ging es nicht nur um das sozialdemokratische „Bollwerk" Preußen, gegen das die Papen-Regierung ihr Programm vom „neuen Staat" nur mit Widerstand hätte einlösen können.

Claß und Hugenberg ernannten das Zentrum zum Hauptgegner der Deutschnationalen, da es der eigentliche Konkurrent um die „Schlüsselstellung" bei zukünftigen Kabinettsbildungen war, seitdem Hitler mit ihm taktierte.[54] Hugenberg betonte zudem in seinen Wahlkampfreden weltanschauliche Unterschiede zu den Alldeutschen und Deutschnationalen, nach denen das Zentrum der eigentliche Feind alldeutscher Weltanschauung sei, der „nicht minder gefährlich als die Marxisten" und unter den besonderen Umständen der Zeit gar noch gefährlicher sei.[55] Auf der DNVP-Führertagung im Juni warnte Hugenberg vor dem Zentrum, dessen Konflikte mit der Reichsregierung leicht zu einer „Staats- und Präsidentenkrisis" werden könnten.[56]

Letztlich müsse eine eindeutige nationale Mehrheit bei den Reichstagswahlen herauskommen, gebildet durch eine starke DNVP, die wiederum vor allem vom Bürgertum gewählt werden und somit die Gefahr einer Alleinherrschaft der NSDAP ver-

51 Deutsche Zeitung 22.6.1932 und 26.6.1932.

52 Siehe Deutsche Zeitung 22.6.1932.

53 Siehe Deutsche Zeitung 9.7.1932 und 13.7.1932. Siehe auch Schumann: Politische Gewalt in der Weimarer Republik.

54 Siehe auch Schellhorn: „Mit dem Zentrum niemals!".

55 Rede Alfred Hugenberg in Münster, in Deutsche Zeitung 13.7.1932 und Wahlaufruf Claß, in Deutsche Zeitung 15.7.1932.

56 Alfred Hugenberg auf der DNVP-Führertagung, in Deutsche Zeitung 27.6.1932.

hindern sollte, wie Hugenberg schrieb.[57] Auch Claß wollte im Wahlkampf eine „völkisch-nationale Mehrheit“ mit einer „möglichst großen staatspolitisch geschulten Gruppe“ erreichen.[58] Die Deutschnationalen hätten daher eine doppelte „Mission zu erfüllen“, so Bang, indem einerseits das Zentrum als „nationaler Zersetzungsfaktor“ bekämpft sowie andererseits die NSDAP begrenzt werde, da die Gefahr eines Zusammengehens des linken Flügels mit dem Zentrum zu einer Zerstörung der alldeutsch-deutschnationalen „Volksidee“ und einer nie da gewesenen „diktatorischen Gewalt“ führen werde.[59] Bang erklärte den Reichstagswahlkampf zum „Endkampf“ gegen jeglichen sozialistischen Gedanken der „mechanische[n] Massenballung“.[60]

Die Gefahr eines zusehenden Verlusts an innenpolitischer Ordnung aufgrund der gewalttätigen Auseinandersetzungen zwischen Nationalsozialisten und Kommunisten im Sommer 1932 erhöhte die Erwartungen von Claß und Hugenberg, dass die Papen-Regierung autoritär durchregieren würde und der Weg zu einer dauerhaften Diktatur beschritten werden könnte. Bereits im Frühjahr 1929 hatte Claß vor der Bedeutung Preußens im Kampf um die Macht gewarnt und erklärt: „Nähme man an, wir setzten uns durch im Reich, dann sei es durchaus denkbar und vielleicht sogar wahrscheinlich, daß einem von Hindenburg nach § 48 Berufenem von Preußen her Schwierigkeiten ernstester Art gemacht würden.“[61]

Trotz der erneut entglittenen Machtoption akzeptierte Hugenberg anfänglich den neuen Reichskanzler und wollte die Papen-Regierung doch pragmatisch zur Durchsetzung des Prinzips der Präsidialregierung bei der politischen Machtübernahme in Preußen nutzen. Verhandlungen mit Papen und Hitler am 6. Juni über eine Regierungsbeteiligung in Preußen scheiterten jedoch, da die Aussprache mit Hugenberg „ziemlich eingehend gewesen“ sei und eine Regierung mit dem Zentrum von vornherein ausgeschlossen wurde.[62] Nach den Preußenwahlen hatten KPD und NSDAP im Landtag eine negative Mehrheit, sodass die Regierung unter Ministerpräsident Braun und seinem Innenminister Severing trotz einer fehlenden Mehrheit zunächst im Amt blieb. Bereits am 8. Juni intervenierte Friedrich von Winterfeld, der als Führer der DNVP-Fraktion im Preußischen Landtag zeitweilig für das Amt des Ministerpräsidenten im Gespräch war, bei Papen für einen baldigen Zugriff auf die preußische Regierung. Am selben Tag wurde er dahingehend zusammen mit dem Geschäftsführer der preußischen DNVP-Landtagsfraktion, Eldor Borck, beim Staatssekretär in der Reichskanzlei, Erwin Planck, vorstellig.[63]

57 Deutsche Zeitung 27.6.1932.

58 Wahlaufruf Claß, in Deutsche Zeitung 15.7.1932.

59 Rede Paul Bang in Chemnitz, in Deutsche Zeitung 26.7.1932.

60 Ebd.

61 Claß auf der Sitzung des Geschäftsführenden Ausschusses des Alldeutschen Verbandes, 20.4.1929, in BA-Berlin, R 8048, Bd. 158, Bl. 114.

62 Ebd.

63 Siehe Friedrich von Winterfeld an Franz von Papen, 8.6.1932, in BA-Berlin, R 43/I, Bd. 2655, Bl. 103–104.

Einen Tag später sprach Gayl mit dem von Papen ins Kabinett berufenen parteilosen Reichswehrminister Schleicher und tags darauf mit Papen.[64] In der Kabinettsitzung vom 11. Juli wurden Gayl und Gürtner beauftragt, eine entsprechende Verordnung auszuarbeiten.[65] Vorgesehen war der 18. Juli, während Gayl auch weiterhin Bedenken wegen fehlender juristischer Gründe für ein Eingreifen hatte.[66] Hindenburg aber hatte am 14. Juli in ein solches Vorgehen eingewilligt. Der eigentliche „Preußenschlag" erfolgte am 20. Juli durch Notverordnung des Reichspräsidenten und führte zur Absetzung der Regierung Braun und der Einsetzung Papens als Reichskommissar sowie zur Übernahme der preußischen Ministerämter durch Kommissare der Reichsregierung.[67]

Die Berufung Papens zum Reichskommissar von Preußen begrüßte Hugenberg als „unerlässlichen Schritt" zur „Lösung" der innenpolitischen Machtfrage. Er hoffte auf engere Fühlungnahme der „Staatsführung", die „ihren Schwerpunkt nicht im Parlament hat", mit der „nationalen Bewegung".[68] Noch in einer Rede in Siegen einen Tag zuvor hatte er die Regierung Papen zu einem schnellen Eingreifen in Preußen gedrängt, um sich „Autorität zu verschaffen" und mit Preußen das „Übel an der Wurzel [zu] packen".[69] Die DNVP trage zwar keine Verantwortung in der Papen-Regierung, so Hugenberg, jedoch sei man „bereit, sie in allem zu unterstützen, was sie zur Ueberwindung der bisherigen unmöglichen Zustände tut".[70] Die Gefahr einer erneuten „Schlüsselstellung" des Zentrums war hingegen längst nicht gebannt. Bereits kurz nach der Preußenwahl hatte die *München-Augsburger-Abendzeitung* des Hugenberg-Konzerns gemutmaßt, dass bei einer Regierungsbildung von NSDAP und Zentrum die Reichsaufsicht Preußens herbeigeführt würde oder die Regierung Braun/Severing dann kommissarisch weiterregieren würde.[71]

Wenngleich durch Papen Innenpolitik im Sinne Hugenbergs und Claß' gemacht und man in der Regierung zudem wohlwollend gehört wurde, wusste Hugenberg nicht

---

64 Siehe Wilhelm von Gayl Aktenvermerk (ca. Ende Juli 1932), in BA-Koblenz, N 1031, Bd. 36, Bl. 8.

65 Siehe Ministerbesprechung 11.7.1932, in Akten der Reichskanzlei. Das Kabinett Papen, Bd. 1, S. 204–208.

66 Siehe Tagebucheintrag Reinhold Quaatz über ein Gespräch mit Gertzlaff von Hertzberg-Lottin und Wilhelm von Gayl, 15.7.1932, in Weiß/Hoser (Hrsg.): Die Deutschnationalen, S. 197 sowie Grund: „Preußenschlag" und Staatsgerichtshof, S. 64.

67 Siehe Verordnung des Reichspräsidenten, betreffend die Wiederherstellung der öffentlichen Sicherheit und Ordnung im Gebiet des Landes Preußen vom 20. Juli 1932, in Reichsgesetzblatt 1932, Teil I, Nr. 48, S. 377–378 und Rundfunkrede Franz von Papen, 20.7.1932, in Wolff's Telegraphisches Büro, Erste Nachtausgabe, 83. Jg., Nr. 1532, in GStA PK VI. HA, NL Braun, Bd. 588, o. Bl.

68 Alfred Hugenberg an Franz von Papen, 23.7.1932 (mit Anlage), in BA-Berlin, R 43/I, Bd. 2655, Bl. 105–119 und abgedruckt in Deutsche Zeitung 27.7.1932.

69 Rede Alfred Hugenberg in Siegen, 19.7.1932, in Der Tag 20.7.1932.

70 Ebd. Auch die DNVP entsandte schließlich vom 30. Oktober 1932 bis zum 30. Januar 1933 Minister in die preußische Kommissariatsregierung. Magnus Freiherr von Braun war Reichsminister für Ernährung und Landwirtschaft und Wilhelm Kähler führte das Preußische Ministerium für Wissenschaft,Kunst und Volksbildung.

71 München-Augsburger-Abendzeitung 27.4.1932, zitiert in Bay: Der Preußenkonflikt, S. 61.

zwingend über den genauen Stand der Kabinettssitzungen Bescheid.[72] Die Vorbereitungen zum „Preußenschlag" wurden zur Geheimhaltung wohl ohnehin nur unter „6 Augen" besprochen.[73] Gayl hatte ein konfliktreiches Verhältnis zu Hugenberg, nachdem dieser von Oldenburg-Januschau als Nachfolger Brünings vorgeschlagen worden war. Bereits Mitte Oktober 1931, als der Reichstag unmittelbar nach der Harzburger Tagung und dem Auseinanderfallen der „nationalen Opposition" zusammengefunden hatte und die Misstrauensanträge gegen Brüning verhandelte, wurde hinter den Kulissen über verschiedene Optionen eines Rechtskabinetts mit Gayl an der Spitze diskutiert. Während die Nationalsozialisten ein Kabinett Frick planten und die Deutschnationalen Schmidt(-Hannover) ins Rennen schicken wollten, wurde Gayl immer wieder als zukünftiger Reichskanzler eines „Kompromisskabinetts" gehandelt.[74] Hinzu kam, dass sich Gayl, der 1924 auch als möglicher Nachfolger Oskar Hergts als DNVP-Vorsitzender gehandelt worden war, für den Rücktritt Hugenbergs ausgesprochen hatte, als sich eine Bewegung innerhalb der Ruhrindustrie gruppierte, die Hugenbergs Radikalisierungskurs kritisierte, da er einer breiteren Sammlungsbewegung entgegenstand.[75]

Insofern besetzten zunächst andere (ehemalige) Deutschnationale Positionen in der Regierung und unterwarfen sich den pragmatischen Kompromissen des politischen Geschäfts, ohne jedoch das große Ziel einer „diktatotorischen Regierung" aus den Augen zu verlieren, nachdem sich keine unterstützende Reichstagsmehrheit für die Papen-Regierung durch Duldung der NSDAP erreichen ließ und der Reichspräsident nicht bereit war, Hitler zum Reichskanzler zu ernennen.[76] Die Festigung der Papen-Regierung sollte über die Länderregierungen führen und Preußen stand hier als wichtigster Staat im Zentrum. Die Entmachtung Brauns nannte Papen in seiner Rundfunkansprache die „Wiederherstellung geordneter Verhältnisse", während die *Deutsche Zeitung* titelte, das „große Aufräumen" habe erst begonnen.[77]

---

72 Siehe auch Wilhelm von Gayl, Erinnerungen (Manuskript), in BA-Koblenz, N 1031, Bd. 4, Bl. 66.

73 Niederschrift Wilhelm von Gayl, zitiert in Trumpp: Franz von Papen, S. 140.

74 Erich von Gilsa an Paul Reusch, 13.10.1931 und Rundschreiben des Jungdeutschen Ordens, 19.10.1931, in Schulz/Wengst/Maurer (Hrsg.): Politik und Wirtschaft in der Krise, Bd. 2, S. 11043–10445 und 1055–1062. Der Jungdeutsche Orden ging davon aus, dass der Alldeutsche Verband ein Kabinett des Deutschnationalen Wilhelm von Gayl unterstützen würde. Claß machte sich trotz der unverbrüchlichen Unterstützung Alfred Hugenbergs im Nachgang von Harzburg frei von einer alldeutschen Abhängigkeit von der Partei: „Von einer Bindung an die Parteien und insbesondere an die DNVP kann in alle Wege nicht die Rede sei." Claß auf der Sitzung des Geschäftsführenden Ausschusses des Alldeutschen Verbandes, 6.12.1931, in BA-Berlin, R 8048, Bd. 168, Bl. 76. Bezüglich Artur Mahrauns Angriffe auf Claß hielt der Verbandsführer unter anderem dagegen: „Er schiesst zwar über das Ziel hinaus, aber er erweist mir doch die Ehre." Claß auf der Sitzung des Geschäftsführenden Ausschusses des Alldeutschen Verbandes, 20.2.1932, in ebd., Bd. 169 Bl. 32. Elard von Oldenbourg-Januschau hatte Gayl hingegen als Alternative beziehungsweise als ein Nachfolger Hugenbergs aufgestellt sehen wollen. Siehe dazu Leopold: Alfred Hugenberg, S. 278–279 und Terhalle: Deutschnational in Weimar, Bl. 311.

75 Siehe dazu auch Leopold: Hugenberg, S. 113 und Terhalle: Deutschnational, S. 315.

76 Wilhelm von Gayl, Erinnerungen (Manuskript), in BA-Koblenz, N 1031, Bd. 4, Bl. 61.

77 Deutsche Zeitung 21.7.1932. Carl Severing, der als preußischer Innenminister abgesetzt wurde, leistete keinen großen Widerstand gegen seine Amtsenthebung, während sich Otto Braun ebenfalls politisch

Die Zentralisierung der preußischen Amtsgeschäfte durch die autoritäre Regierung Papen beschäftigte die nächsten Monate das Reichsgericht in Leipzig. Sie stellte aber auch Hugenberg vor Probleme. Einerseits wollte er den in der Rechten viel verachteten „Dualismus Preußen-Reich" aus politischen Gründen auflösen und begrüßte die folgenden Pläne der Regierung Papen für eine umfassende Verfassungsreform, die letztlich nach der Bismarck'schen Reichsverfassung die Ämter des preußischen Ministerpräsidenten und des Reichskanzlers zusammenlegen wollten. In Preußen habe sich, so Hugenberg, aufgrund des Gegensatzes zwischen Papen-Regierung und der provisorischen Braun-Regierung gezeigt: „Das parlamentarische System hat völlig versagt [...]."[78] Andererseits sollte die traditionelle Eigenständigkeit Preußens bei einer „organischen Verbindung" Preußens mit dem Reich erhalten bleiben.[79]

Dass der „Preußenschlag" die verfassungsrechtlichen Möglichkeiten nicht überschritt, darin waren sich die Alldeutschen und die Deutschnationalen in ihrer Bewertung der Legalität dieser Aktion einig. Hugenberg sprach von einem „Segen", durch den der „Anfang gemacht" sei für die Auflösung des gegenwärtigen Dualismus mit Preußen auf der einen und der Reichsregierung auf der anderen Seite.[80] Otto Bonhard von der Geschäftsstelle des Alldeutschen Verbandes machte in den *Alldeutschen Blättern* deutlich, dass die „Unabhängigkeit" der Braun-Regierung bei der Bekämpfung kommunistischer Unruhen nicht mehr gegeben gewesen sei und somit der Konflikt mit der Reichsregierung zu diesem Schritt Papens aufgefordert habe.[81] Dass die preußische Regierung, die abgesetzten Minister, die Landtagsfraktionen von SPD und Zentrum sowie die Länder Bayern und Baden den Fall zur juristischen Überprüfung beim Staatsgerichtshof in Leipzig eingereicht hatten, sei zu erwarten gewesen, jedoch seien „juristische Machtfragen nicht durch Gerichtsbeschlüsse" zu entscheiden, so Bonhard.[82] Die *Deutsche Zeitung* verwies in einem Leitartikel zwei Tage danach auf Claß' Forderungen in seinem „Kaiserbuch", die sich mit der Vision einer autoritären Regierung in die aktuellen politischen Maßnahmen gegen die preußische Regierung und das Beamtentum einreihten. Im Sinne seiner „Lehren" sollten weitere Schritte zur „völkischen Erneuerung" gegangen werden.[83]

Angesichts der Frontstellung gegen das Zentrum bei gleichzeitiger Konkurrenz der NSDAP ging Hugenberg vor den Reichstagswahlen erneut auf Papen zu und erklärte am 23. Juli, dass die DNVP nicht „parlamentarisch eingestellt" sei und der Wunsch nach

zurückzog. Man rechnete bereits mit einer Koalition von Zentrum und NSDAP sowohl in Preußen wie auch im Reich. Winkler: Weimar, S. 459.

78 Rundfunkrede Alfred Hugenberg, in Deutsche Zeitung 29.7.1932.

79 Rundfunkrede Alfred Hugenberg, in Berliner Lokal-Anzeiger 29.7.1932.

80 Rede Alfred Hugenberg in Koblenz, in Deutsche Zeitung 21.7.1932.

81 Alldeutsche Blätter 30.7.1932.

82 Ebd.

83 Deutsche Zeitung 22.7.1932. Alexander Graf Brockdorff lobte die Papen-Regierung im Lagebericht des Alldeutschen Verbandes vom 27.7.1932 dafür, in Preußen „erlösend" durchgegriffen zu haben. In BA-Berlin, R 8048, Bd. 551, Bl. 100–106. Zitat ebd., Bl. 100. So auch der Leitartikel in der *Kreuzzeitung* des Stahlhelms („Eine erlösende Tat") 21.7.1932.

einem anderen Regierungssystem bestehe, das durch die „Autorität" Papens getragen sein sollte.[84] Hugenberg kritisierte zwar wie schon zuvor die Notverordnung Papens vom 14. Juni sowie den Abschluss der Reparationsverhandlungen mit den Alliierten in Lausanne, der mit der Regelung der Restsumme von drei Milliarden Mark keine Änderung des Kriegsschuldartikels des Versailler Vertrages erreicht habe. Jedoch sollte Papen die Nähe zur „nationalen Opposition" suchen, wenn die Regierung „ihren Schwerpunkt nicht im Parlamente hat", denn das „Vertrauenskapital", auf das sich Papen nun stütze, sei zuvor durch die „nationale Bewegung" erst geschaffen worden.[85] Beim Vorgehen gegen Preußen habe eine gewisse „Fühlung" bestanden, bei der Notverordnung und der Konferenz von Lausanne hingegen nicht.[86] Papen dankte Hugenberg ergebenst für seine Hinweise zur politischen Neugestaltung und versprach eine zukünftige Reform des bisherigen „mehr oder weniger unorganisch und zusammenhängend entstandenen Notverordnungswerk[s]" sowie der In- und Auslandsverschuldung.[87]

Zum Wahlkampfende machte Hugenberg in einer Rundfunkrede Ende Juli erneut seine grundsätzliche Übereinstimmung mit Papens Prinzip der Führung einer Präsidialregierung deutlich.[88] Er bedauerte aber die fortgeführte Notverordnungspolitik der Regierung, die den Schritt zu einer grundlegenden politischen Neuordnung nicht gehe. Durch Papens Reichskommissariat in Preußen habe Hugenberg die Hoffnung, dass doch noch ein grundsätzliches „Durchgreifen" folgen würde. Das Parteiensystem habe völlig versagt und müsse abgeschafft werden. Neben einer „vom Parteibuch" unabhängigen Bürokratie, einer weiteren „Reinigung" des Beamtentums sowie einem Mittelstand als „Bollwerk" des Wohlstandes forderte Hugenberg, dass es weder eine Verstaatlichung großer Gesellschaften noch die Entsendung von Staatskommissaren in Betrieben geben solle. Somit grenzte er sich erneut gegen den linken Flügel der NSDAP ab. Er forderte auch eine neue politische „Führerverantwortlichkeit", die nicht mehr durch das Parlament mitgetragen werden und die es dem Regierungsführer nach eigenem Ermessen erlauben sollte, Minister abzusetzen.[89]

In all diesen Forderungen war Claß mit Hugenberg einig. Eine politische Strategie zur Einhegung Hitlers folgte daraus aber nicht. Claß hegte zudem langsam ernste Zweifel, ob Hugenberg die geeignete Persönlichkeit für einen zukünftigen Diktator sei. Papen war zwar eine willkommene temporäre Lösung für dieses Amt, da man mit Hugenberg nicht weitergekommen war. Aber auch Papen konnte das System der Notverordnungen nicht grundlegend zu einer Diktatur umbauen, wie sich das Claß vorstellte.

84 Alfred Hugenberg an Franz von Papen, 23.7.1932, in BA-Berlin, R 43/I, Bd. 2655, Bl. 105–109.
85 Ebd., Bl. 107.
86 Ebd.
87 Franz von Papen an Alfred Hugenberg, 26.7.1932, in BA-Berlin, R 43/I, Bd. 2655, Bl. 121–125.
88 Rede Alfred Hugenberg aus Königsberg im Rundfunk, in Berliner Lokal-Anzeiger 29.7.1932.
89 Ebd.

Dieser Spagat zwischen kompromissloser Politik für die Diktatur und gleichzeitigem Anspruch auf eine alldeutsch-deutschnationale Führung der „nationalen Opposition" rieb den Alldeutschen Verband zunehmend im Machtkampf zwischen elitär-konservativer DNVP und massenmobilisierender NSDAP auf. Darüber hinaus litten die Verbandsressourcen zunehmend unter diesen Ambivalenzen. Die *Deutsche Zeitung* setzte sich im Wahlkampf „zwischen zwei Stühle", warnte Quaatz den Aufsichtsratsvorsitzenden des Blattes.[90] Claß suchte seit den Reichspräsidentenwahlen dringend finanzielle Unterstützung für die angeschlagene Zeitung und verhandelte dafür auch mit der Commerzbank. Die zweimalige Ausgabe morgens und abends machte einen hohen Redaktionsaufwand notwendig.[91] Die *Deutsche Zeitung* hatte bereits durch die Inflation die Mehrheit des ursprünglichen Stammkapitals von 2 Millionen Mark (1917) verloren und verfügte 1932 nur noch über ein Kapital von 375.000 Mark.[92]

Der drohende Entzug von Finanzhilfen für die von Claß mit Leidenschaft geführte *Deutsche Zeitung* war immer noch weitgehend der Verbitterung Hugenbergs gegenüber Claß seit den Reichspräsidentenwahlen geschuldet. Nach den Preußenwahlen wollte er Claß gegenüber wie angekündigt weitgehend frei von Verpflichtungen agieren. Er löste den Wechsel für diesen politischen Bruch nun ein und ließ Claß seine Abhängigkeit von ihm spüren. Er hatte sich im Mai und erneut im Juni klar gegen eine weitere finanzielle Unterstützung der *Deutschen Zeitung* ausgesprochen und führte an, er habe zudem bereits im Herbst 1931 angemerkt, dass noch einmal eine Fortzahlung der Unterstützung erfolgt sei, Claß aber seit langer Zeit wisse, dass „eigentlich keine Möglichkeit zur Weiterzahlung" vorhanden sei.[93] Quaatz wunderte sich darüber hinaus ohnehin über die schwankende Berichterstattung gegenüber den Nationalsozialisten, die eine klare Parteinahme gegenüber Hugenberg vermissen lasse: „Während die ‚Deutsche Zeitung' für Hitler Propaganda macht, erklärt Claß ihn für den größten Schurken in Deutschland."[94]

90 Tagebucheintrag Reinhold Quaatz 22.7.1932, in Weiß/Hoser (Hrsg.): Die Deutschnationalen, S. 195.

91 Die größeren Werbeanzeigen unter anderem von Wertheim, Persil, Kaiser's, Staatlich Fachingen, Blaupunkt, Telefunken, Henkel, Mercedes-Benz, Warenhaus Tietz, Tack, Leiser oder Peek & Cloppenburg konnten die finanzielle Ausstattung nur bedingt verbessern.

92 Das Stammkapital verteilte sich auf Claß (71.100 Mark), Gertzlaff von Hertzberg-Lottin (75.000 Mark) und Karl Lohmann (91.950 Mark) sowie auf 328 weitere Anteilseigner über die restlichen 136.950 Mark wie Emil Kirdorf, Eva Chamberlain, Ernst Oberfohren, Max Kloss und Dr. Körting. Siehe Aufstellung Reichskanzlei/Reichspressechef, 15.9.1932, in BA-Berlin, R 43/I, Bd. 2480, Bl. 240–241. Aufsichtsratsmitglieder waren 1932: Claß, Hertzberg-Lottin, Paul Bang, Lohmann, Ernst Eschmann, Friedrich Müller, Albert Vowinckel und Heinrich Zaeckel. Geschäftsführer der *Deutschen Zeitung* war Theodor Kaempf. Als Eva Chamberlain dann im November 1932 aus dem Alldeutschen Verband austrat, rührte dies auch am Fundament der *Deutschen Zeitung*. Der Gauvorsitzende des Verbandes in Nord-Bayern, Christoph Pickel, erhielt keine Erklärung von ihr und wusste daher nicht, ob sie aus wirtschaftlichen Gründen austrat oder eine „rettungslos vernazte [sic] Frau" sei. Christoph Pickel an Claß, 6.11.1932, in BA-Berlin, R 8048, Bd. 172, Bl. 5.

93 Alfred Hugenberg an Claß, 18.6.1932, in BA-Koblenz, N 1231, Bd. 36, Bl. 80–81. Zitat ebd., Bl. 80. Siehe auch Verlagsleitung Deutsche Zeitung an Claß, 4.5.1932, in ebd., Bl. 82–84.

94 Tagebucheintrag Reinhold Quaatz 1.8.1932, in Weiß/Hoser (Hrsg.): Die Deutschnationalen, S. 198–199.

Claß’ Doppelstrategie, Hugenberg zu wollen, aber auch Hitler immer zu berücksichtigen und einzuplanen, obwohl man Hitlers Führungsanspruch umgehen wollte und ihn seit Bad Harzburg für unzuverlässig hielt, sowie Hugenbergs politisches Dilemma, selbst der Führer der Rechten sein zu wollen, aber an Hitler nicht vorbeizukommen, führte zu keinen politischen Erfolgen, die den eigentlichen Wünschen weder nach einer geeinten „nationalen Opposition“ noch nach einer aus ihr erwachsenen Diktaturregierung mit Hugenberg in führender Position entsprachen. Der Zwist zwischen beiden lähmte Claß und die Arbeit des Alldeutschen Verbandes, während Hugenberg sich mehr und mehr auf sich selbst konzentrierte und der DNVP als Partei in der unüberwindbaren Konkurrenz mit der NSDAP zunehmend ihre zweckpolitische Wirksamkeit absprach, noch bevor die eigentliche Diktatur erreicht wurde.

Das Wahlergebnis vom 31. Juli verringerte die Zustimmung zur DNVP erneut von 7 Prozent im Jahr 1930 auf nunmehr 5,9 Prozent, während die NSDAP 37,3 Prozent erhielt und auch die KPD ihren Stimmenanteil auf 14,3 Prozent steigern konnte. Somit gab es im Reichstag eine „negative Mehrheit“ der Republikgegner, aber gleichzeitig eine rechnerische Mehrheit von NSDAP und Zentrumspartei, die ihr Wahlergebnis moderat auf 15,7 Prozent steigern konnte. Für den Alldeutschen Verband war die Wahl nach außen hin ein Erfolg, da die alldeutschen DNVP-Abgeordneten ihre Präsenz in der Fraktion halten konnten. Bang, Karl Lohmann, Max Kloss, Alfred Möllers und Wilhelm von Dommes wurden nun auch in den Ehrenrat des Alldeutschen Verbandes gewählt.[95] Walther Graef, Bang, Gottfried Gok, Freytagh-Loringhoven, Ernst Oberfohren, Quaatz und Schmidt(-Hannover) blieben ebenfalls in der DNVP-Reichstagsfraktion, die nun nur noch 38 Mitglieder zählte. Oldenburg-Januschau hingegen, der als enger Vertrauter von Claß und Hugenberg vor allem Verbindungen zum Reichspräsidenten hielt, verließ den Reichstag aufgrund seines Alters von 77 Jahren.

Hugenberg beschönigte das schlechte Wahlergebnis in bemerkenswerter Weise gegenüber seinen Anhängern als einen Zugewinn an Stimmen „gegenüber den letzten Wahlen“.[96] Die DNVP habe „einen erfreulichen Fortschritt gegenüber der Reichstagswahl von 1930 zu verzeichnen, der sich aber wegen der Verluste in einigen östlichen Wahlkreisen nicht auf das Gesamtergebnis auswirken konnte“, so lautete Hugenbergs Analyse der Zahlen, die gegenüber 1930 einen geringen Stimmenverlust von nur 1,1 Prozent auswiesen. In der Tat war der nahezu freie Fall der DNVP von 1930 zunächst gestoppt.[97] In den agrarischen Zentren der DNVP wie Ostpreußen, Pommern und Frankfurt an der Oder sowie Potsdam II und in Breslau verlor die Partei im Durchschnitt aber ein Drittel der Stimmen, während leichte Zugewinne lediglich in wenigen Wahlbezirken wie Magdeburg oder Merseburg zu verzeichnen waren. Nur im Zusammenspiel mit dem Wahlerfolg der NSDAP konnte man, wie schon Claß nach der Reichstagswahl vom September 1930, davon sprechen, dass die „nationale Opposition“ den

95 Alldeutsche Blätter 21.5.1932.

96 Unsere Partei 4.8.1932.

97 Siehe Falter/Lindenberger/Schumann: Wahlen und Abstimmungen, S. 71–75.

Aufstieg „gehalten" habe, so die *Deutsche Zeitung*.[98] Bei den gleichzeitig stattfindenden Landtagswahlen in Thüringen sah man die Dimension des Auseinanderdriftens zwischen NSDAP und DNVP deutlich, da die NSDAP ihren Stimmenanteil gegenüber den Wahlen 1929 von über 11 auf über 42 Prozent steigern konnte, während die DNVP von 3,97 auf 3,18 Prozent zurückfiel.[99] In der *Deutschen Zeitung* war folglich die Schlagzeile zu lesen, die DNVP habe sich „gut behauptet".[100]

Das Wahlergebnis vom Juli bestätigte, dass mit der DNVP der parlamentarische Zugang zur Macht für die Errichtung der Diktatur in führender Rolle nicht möglich war. Hinzu kam der massive Stimmenanstieg der NSDAP, der den Führungsanspruch Hitlers nur zu untermauern schien. Noch drastischer schlug für Hugenberg jedoch zu Buche, dass erneut ein Drittel der DNVP-Wähler zur NSDAP übergelaufen waren.[101] Dasselbe war bereits bei der Reichstagswahl 1930 der Fall, sodass die Wirkung der Zusammenarbeit der DNVP mit der NSDAP innerhalb der „nationalen Opposition" nicht nur keinen Nutzen für Hugenbergs Machtambitionen hatte, sondern Hitler gegenüber den bürgerlich-protestantischen Anhängermilieus der DNVP hoffähig machte. Die DNVP-Anhänger, die im Sommer 1932 längst den post-konservativen Umschwung Hugenbergs mitvollzogen hatten, investierten ihre Wählerstimme nun hingegen gleich in die radikalere Variante der Rechten.

Die DNVP als Vehikel zum legalen Umsturz zu benutzen, wie sich das Claß und Hugenberg ursprünglich 1928 gedacht hatten, funktionierte im Spiel um die Wählergunst demnach nicht, da das städtische, protestantisch-bürgerliche, aber auch das agrarische, deutsch-konservative Milieu aufgrund der starken Hinwendung zur NSDAP zwischen 1930 und 1932 Erosionen ausgesetzt war, die auf den Niedergang der Mittelparteien wirkten und vor allem die Deutschnationalen massiv betrafen.[102] Die NSDAP hatte nun die Schlüsselrolle im Reichstag, da sie aufgrund ihrer Fraktionsstärke jede Regierung politisch lähmen konnte und somit eine gegen den Willen Hitlers gebildete Regierung die Konfrontation mit dem Reichstag als Verfassungsorgan provozieren konnte.[103]

98 Deutsche Zeitung 1.8.1932.

99 Für den Wahlkampf der DNVP bei den Kommunalwahlen in Thüringen im November 1932 wurde die Abgrenzung der Partei noch einmal verschärft. Der Landesverband rief die Leitlinie aus, jegliche „bürgerliche Mischmaschliste", sei es als Einheitsliste oder Ordnungsblock-Liste, zu vermeiden, die von der DVP oder der Wirtschaftspartei angestrebt werde und die deutschnationalen Wähler wegen des „breiigen" Kompromisses entfremden würde. Die Parteivertretung der DNVP in Berlin habe daher beschlossen, dass die Kommunalwahl „politisch aufgezogen werde" und man strengstens auf eigene Kandidatenaufstellungen achten solle. Siehe Rundschreiben Landesverband Thüringen der DNVP Nr. 51, 8.11.1932, in STA Altenburg, 1–95–003 DNVP Altenburg, Bd. 64, Bl. 008–011.

100 Deutsche Zeitung 1.8.1932.

101 Falter: Hitlers Wähler, S. 159–170.

102 Siehe auch Jones: German Liberalism, S. 352–461, Hamilton: Who Voted for Hitler?, S. 229–265, Childers: The Nazi Voter, S. 192–261 und Falter: Hitlers Wähler, S. 118–183.

103 So Pyta: Hindenburg, S. 714.

Letztlich lag dem Zweckoptimismus Hugenbergs in der Interpretation der Wahlergebnisse insofern eine Binnenrationalität zugrunde, als dass die antiparlamentarischen Deutschnationalen und Alldeutschen die Paralyse des politischen Systems als Ergebnis der Reichstagswahlen zur Grundlage ihrer Politik gegen das „Weimarer System“ machten und auf einen sich verdichtenden Staatsnotstand hofften. Der Weg sei nun frei, so die *Deutsche Zeitung*, für eine Regierungsbeteiligung der DNVP, da gegen die „nationale Bewegung“ keine Regierung ernannt werden könne.[104] Papen erklärte die Wahl ebenfalls als Zustimmung zu seiner Regierung, da das Ergebnis zeige, dass die Wähler „das Land von der Parteiherrschaft“ befreit sehen wollten.[105] Das System von Parteienkoalitionen wurde hingegen für die NSDAP aufgrund des eigenen Wahlsieges umso wichtiger, je mehr man den Legalitätskurs weiter ausloten wollte. So kamen unmittelbar nach den Wahlen erste Gerüchte über Verhandlungen zwischen NSDAP und Zentrum für eine Mehrheitsregierung im Reichstag auf, die Hitler weiter offen mit dem Anspruch auf eine Regierungsbeteiligung kommentierte, die „Ausdruck des Volkswillens“ sein müsse.[106] Der Anspruch auf die Reichskanzlerschaft wurde von Hitler somit klar formuliert, während er sich nicht auf eine Koalitionsvariante festlegte.

Auch Hugenberg hielt sich nun verstärkt wieder die Option einer Koalition mit Hitler offen. Quaatz bemerkte, Hugenberg habe „merkwürdige Ideen, eventuell mit Hitler in eine Regierung zu gehen“.[107] Claß, der am Wahlabend zusammen mit seiner Tochter Annelies bei Quaatz zu Besuch war, hatte Hitlers Machtambitionen klar vor Augen und machte sich nach der Wahl Illusionen, die NSDAP werde über interne Machtkämpfe stolpern. Er hoffte auf eine „starke Gärung in der Partei gegen Hitler“ und sprach einige Tage später von einer „Revolte“ der NSDAP-Anhänger mit bereits erfolgter Waffenausgabe in München, da Hitler nach dem Wahlerfolg noch nicht in einer Regierung sei.[108] Dieses Szenario traf letztlich nicht ein, jedoch blieb das gewaltsame Treiben der SA für die Machtübernahme ein wichtiger politischer Faktor.[109]

Parallel zur Legalitätstaktik Hitlers zeigte sich die „Bürgerkriegstaktik“ der SA im schlesischen Potemka, wo in der Nacht vom 9. zum 10. August SA-Mitglieder einen Kommunisten in seiner Wohnung ermordeten, von denen fünf im Sonderverfahren am Landgericht Beuthen zum Tode verurteilt wurden.[110] Der Fall schlug hohe öffentliche Wellen und ging auch am Reichspräsidenten nicht ohne Wirkung vorüber, nachdem Hitler sich öffentlich mit den Tätern solidarisierte und somit die Legalitätsstrategie der

---

104 So die Deutsche Zeitung 1.8.1932.

105 Erklärung Franz von Papen gegenüber Associated Press, in Deutsche Zeitung 2.8.1932.

106 Siehe Deutsche Zeitung 4.8.1932, 5.8.1932 und 9.8.1932. Zitat ebd.

107 Tagebucheintrag Reinhold Quaatz 8.8.1932, in Weiß/Hoser (Hrsg.): Die Deutschnationalen, S. 200.

108 Siehe Tagebucheinträge Reinhold Quaatz 1.8.1932 und 5.8.1932, in ebd., S. 198–199.

109 Am 19.8.1932 meldete das Reichsinnenministerium sowie das Preußische Innenministerium die amtliche Zurückweisung von SA-Putschgerüchten, nachdem die zuvor gescheiterten Verhandlungen Adolf Hitlers mit Paul von Hindenburg um die Reichskanzlerschaft Hitlers am 13.8.1932 am Widerstand des Reichspräsidenten gescheitert waren. Siehe Deutsche Zeitung 19.8.1932. Siehe auch Siemens: Stormtroopers, Longerich: Geschichte der SA und Reichardt: Faschistische Kampfbünde.

110 Kluke: Der Fall Potemka und Bessel: The Potempa Murder.

NSDAP in Frage stellte.[111] Die unruhige politische Lage hatte Papen kurz zuvor für die Ausarbeitung einer Terror-Notverordnung genutzt, die Hindenburg am 9. August unterzeichnete. Sie bestimmte Sondergerichte und Schnellverfahren für Hochverrat und Landesverrat sowie die sofortige Vollstreckung von Todesurteilen ohne Voruntersuchung oder Berufung.[112] Gleichzeitig nahmen die Bemühungen der weiter amtierenden Papen-Regierung zum Umbau des Staates nach dem „Preußenschlag“ mit Verfassungsreformvorschlägen konkrete Formen an. Innenminister Gayl kündigte am Verfassungstag, dem 11. August, eine Änderung der Verfassung an, die zukünftig im Rahmen einer großen Reichsreform ein gestuftes Wahlrecht, für die Stärkung der Regierungsentscheidungen eine erste Kammer und ein engeres Verhältnis Preußens zum Reich durchsetzen sollte.[113]

Die Stärkung einer autoritären Verfassung durch die Entwürfe der Papen-Regierung für einen „neuen Staat“ entsprachen im Grundsatz Claß’ Diktaturforderungen. Jedoch nutzte nun Hitler die Möglichkeit von Regierungssondierungen mit dem Zentrum, um den Druck auf Hindenburg zu erhöhen, der NSDAP in einem zu berufenen Kabinett die Mehrheit der Ministerposten und ihm selbst die Reichskanzlerschaft zu übertragen. Auch Papen besprach sich am 11. August mit dem Zentrum wegen der Kabinettsbildung, während das Zentrum DNVP und NSDAP zur Zusammenarbeit aufforderte, was in der *Deutschen Zeitung* als „Dreistigkeit sondergleichen“ kommentiert wurde.[114] Die folgende Ablehnung Hitlers, mit dem Zentrum zusammenzugehen, erkannte das Blatt zunächst als konsequente Fortschreibung der Wahlparole der NSDAP.[115]

Für die nach einer breiteren Regierungskoalition strebenden Vertreter der Ruhrindustrie wie Reusch sowie Repräsentanten der Landwirtschaft, wie Wilmowsky, waren die Annäherungen des Zentrums an die DNVP und die NSDAP mit der Hoffnung verbunden, dass Hugenberg darauf eingehen würde. Stattdessen, so Wilmowsky, habe sich der DNVP-Vorsitzende „wieder denkbar zurückhaltend und passiv verhalten. Das geht auch aus einer gestrigen Aeusserung im Deutschen Schnelldienst hervor, wo es unter anderem heisst: ‚Ein Kabinett Hitler wäre nur auf parlamentarischen Mehrheitswege und also mit Billigung des Zentrums möglich. Bei einem solchen Rückfall in überlebte Methoden würden die Deutschnationalen nicht nur entbehrlich, sondern auch – uninteressant sein‘. Also wieder einmal vollständige Resignation!“[116] Man müsse nun auf

---

111 Siehe auch Siemens: Stormtroopers, S. 3–74 und Ullrich: Adolf Hitler, Bd. 1, S. 359–360.

112 Deutsche Zeitung 9.8.1932. Es wurden dann die ersten Sondergerichte in Berlin, Elbing, Königsberg, Hamm, Breslau, Kiel und Düsseldorf jeweils beim Landesgericht oder Oberlandesgericht eingerichtet. Siehe Deutsche Zeitung 10.8.1932.

113 Rede Wilhelm von Gayl, in Deutsche Zeitung 11.8.1932. Ulrich Herbert sprach über das Projekt der Papen-Regierung von einer „parlamentsungebundenen Elitendiktatur“. Ders.: Geschichte Deutschlands im 20. Jahrhundert, S. 292.

114 Siehe Deutsche Zeitung 12.8.1932.

115 Ebd. 13.8.1932.

116 Tilo von Wilmowsky an Paul Reusch, 9.8.1932, in RWWA, NL Paul Reusch, 130–400101290/39.

Hugenberg einwirken. Bei einem Scheitern „hätten wir einen weiteren Anlass, auf Wechsel in der Führung zu drängen, ein Ziel, das wir ja wiederholt besprochen hatten".[117]

Zu diesem Zeitpunkt lagen die wesentlichen Entscheidungen hingegen nicht bei Hugenberg, sondern bei Hitler und Hindenburg. Am 13. August kam es zu einem kurzen Treffen Hitlers mit Hindenburg und Papen. Nach der Reichstagswahl hatte der Reichspräsident mit Schleicher eine mögliche Einbindung der NSDAP in ein Regierungskabinett besprochen und sich Anfang August auf die Vergabe der Reichskanzlerschaft, des Innenministeriums, des Erziehungsministeriums und des Landwirtschaftsministeriums an die NSDAP verständigt.[118] Während eines Treffen Schleichers mit Hitler am 5. August konnte der NSDAP-Führer den Reichswehrminister überzeugen, dass Hindenburg ihn zum Reichskanzler ernennen sollte.[119] Fünf Tage später entschied sich Hindenburg auch aufgrund des durch die SA zur Schau gestellten gewaltsamen Machtanspruchs der NSDAP, dass ein Reichskanzler Hitler zu diesem Zeitpunkt nicht ernannt werden könne, jedoch Hitler das Amt des Vizekanzler angetragen werden sollte, um die NSDAP in das Kabinett einzubinden.[120]

Bei dem Treffen am 13. August verwarf Hitler das Angebot umgehend. Einen Tag zuvor hatten ihm Papen und Schleicher zusätzlich zur Übernahme der Vizekanzlerschaft das Amt des preußischen Ministerpräsidenten sowie Strasser als vorgesehenem Innenminister gleichzeitig die Übernahme dieses Amtes in Preußen vorgeschlagen. Hitler forderte nun gegenüber Hindenburg erneut seine Ernennung zum Reichskanzler, was Hindenburg aber ablehnte.[121] Hindenburgs Position, Hitler nicht zum Reichskanzler ernennen zu wollen, und Hitlers Kompromisslosigkeit, genau dieses Amt zu fordern, verstärkten die Opposition der NSDAP gegenüber der Regierung und Hitlers Wut über die Ablehnung seiner Forderungen nach der Reichskanzlerschaft durch Hindenburgs.[122] Papen erklärte später, Hitler habe die ganze Regierungsverantwortung haben wollen, jedoch nach dem Scheitern der Verhandlungen mit Hindenburg erklärt, keine „illegalen Schritte einzuleiten".[123] Die Alldeutschen und die Deutschnationalen konnten diese kompromisslose Taktik Hitlers im Streben nach Alleinherrschaft nicht akzeptieren und sahen in der Absage die erneute Bestätigung der Strategie der NSDAP, die eigene Partei über die Bildung einer autoritären Regierung zu stellen.[124]

---

117 Ebd.

118 Pyta: Hindenburg, S. 714–715.

119 Ullrich: Adolf Hitler, Bd. 1, S. 354–355.

120 Pyta: Hindenburg, S. 718–719.

121 Siehe auch Protokoll des Staatssekretärs Otto Meißner, 13.8.1932, in Hubatsch: Hindenburg und der Staat, S. 338 sowie Deutsche Allgemeine Zeitung 14.8.1932, Deutsche Zeitung 14.8.1932 und Vossische Zeitung 15.8.1932.

122 Ullrich: Adolf Hitler, Bd. 1, S. 357–359.

123 Interview Franz von Papen mit Reuters, in Deutsche Zeitung 18.8.1932.

124 Siehe Alldeutsche Blätter 27.8.1932 sowie Unsere Partei 1.9.1932 und 15.9.1932.

Die Nationalsozialisten sahen sich nach Hitlers Absage umso mehr zu einem „Block zusammengeschweisst" und machten weiter Stimmung gegen die DNVP: „Sollen doch die alten Herren regieren, als ob es kein Volk gäbe", schrieb der *Völkische Beobachter.*[125] Hitler machte in dieser doppelten Oppositionsrolle gegen links und rechts die einzigartige Position der NSDAP innerhalb der „nationalen Opposition" deutlich, da man die Größe der NS-Bewegung nicht der „gönnerhaften Unterstützung seitens überalterter und absterbender Gestalten unseres politischen Lebens" verdanke und sich auch „künftig von diesen nicht ihre Kraft holen" werde.[126] Die zukünftige Diktatur sei hingegen nur denkbar, wenn sie „Träger des Volkswillens" sei und sich aus einer „Volksbewegung" herleiten lasse.[127] Hitler ließ die Öffentlichkeit wissen, dass man „keine Politik der Zaghaftigkeit und halben Maßnahmen" wolle, sondern eine „Politik der Kühnheit und Tat".[128] Ein Ausgleich mit Papen, so teilte Hitler auch Theodor Reismann-Grone, der kurz danach im Oktober in die NSDAP eintreten sollte, mit, sei nicht möglich.[129]

Die Alldeutschen waren über Hitlers Forderungen nach dem uneingeschränkten Zugang zur Macht und die Ablehnung einer Regierungsbeteiligung, nachdem Hindenburg Hitlers Reichskanzlerschaft abgesagt hatte, höchst beunruhigt. Claß machte deutlich, dass „weder Hugenberg, noch sonst einer der führenden Männer seiner Partei irgendwie bei den Vorgängen mitgewirkt haben, die zum Ergebnis des 13. August geführt haben".[130] Er kritisierte Papen in diesen taktischen Machtauseinandersetzungen, in denen die NSDAP auf das Zentrum in Preußen und im Reich zuging. Der auf schwachen parlamentarischen Füßen stehenden Regierung sei zudem vorzuhalten, dass „große Reformtaten noch nicht geschehen sind".[131]

Otto Fürst zu Salm-Horstmar bedrängte nun ebenfalls Papen. Er ließ ihn vermutlich in Claß' Auftrag wissen, dass die Mobilisierungswelle der Nationalsozialisten ihren Höhepunkt erreicht habe und im Westen und Süden die Anhängerschaft der NSDAP bereits zurückgehe. Falls die neuen Maßnahmen der Osthilfe nach einer erneuten Auflösung des Reichstages griffen, dann gingen auch in landwirtschaftlichen Kreisen die Stimmen für die NSDAP zurück. Wenn es im Oktober zu Wahlen komme und die NSDAP Stimmen verliere, dann würde Hitler „billiger spielen".[132] Der DNVP würden dann Stimmen der Splitterparteien und der NSDAP zufallen. Spiele Hitler nach den Wahlen

125 Völkischer Beobachter 16.8.1932.

126 Interview Adolf Hitler, in Der Angriff 16.8.1932 und in Lankheit: Hitler. Reden, Schriften, Anordnungen, Bd. V, Teil 1, S. 306–308.

127 Ebd.

128 Adolf Hitler in Völkischer Beobachter, 17.8.1932.

129 Siehe Tagebucheintrag Theodor Reismann-Grone 7.9.1932 nach einem Treffen mit Adolf Hitler im Braunen Haus in München, in StA Essen, 652, NL Reismann-Grone, Bd. 148, o. Bl. Frech: Wegbereiter Hitlers?, S. 314.

130 Claß (Lagebericht des Alldeutschen Verbandes), 20.8.1932, in BA-Berlin, R 8048, Bd. 551, Bl. 107–110. Zitat ebd., Bl. 110.

131 Ebd., Bl. 107.

132 Otto Fürst zu Salm-Horstmar an Franz von Papen, 14.8.1932, in BA-Berlin, R 8048, Bd. 454, Bl. 111.

im Oktober nicht „billiger“, so solle Papen den Reichstag erneut auflösen.[133] Papen zeigte sich einverstanden und entgegnete, man müsse nun in der Tat Ruhe in die Politik bekommen, aber solche Planungen „decken sich größtenteils mit den Gedankengängen, deren Durchführbarkeit wir in diesen Tagen ernstlich erwägen“.[134]

Hugenberg und Claß mussten seit den Preußenwahlen und den Reichstagswahlen sowie dem „Preußenschlag“ erkennen, dass die DNVP in ihrer einstigen Funktion als Sammlungspartei und Führungszentrum der Rechten im Parteiensystem längst an Bedeutung verloren hatte. Daher konzierte man sich verstärkt auf die Etablierung einer dauerhaften Regierung der Persönlichkeiten, für die Papen mit seinem Übergangskabinett gleichsam die Tür geöffnet hatte. Die Regierungsbildung in Thüringen nach den Landtagswahlen am 31. Juli machte den zunehmenden Bedeutungsschwund der DNVP deutlich, als die Partei mit ihren lediglich zwei Mandaten nicht am Kabinett beteiligt wurde und die NSDAP (26 Mandate) zusammen mit dem Thüringischen Landbund (6 Mandate) eine Koalition bildete. Umso mehr waren die Alldeutschen über erneute Gerüchte wegen Gesprächen der NSDAP mit dem Zentrum beunruhigt.[135] Nicht zuletzt nach dem 13. August war der Führung der NSDAP klar, dass Hindenburg eine Kanzlerschaft Hitlers ablehnen würde, daher müsse man weiterhin mit dem Zentrum verhandeln.[136] Hugenberg befürchtete gegenüber Vögler, dass genau dieses Taktieren seitens Hitlers zum Erfolg führen werde, indem „Hitler und Brüning sich nunmehr finden werden und dass dann davon der Wirtschaft und uns ein furchtbares Regiment droht“.[137]

10.2 „Staatsnotstand“, Diktatur und der Bruch mit der NSDAP

Claß kritisierte diese Machtkämpfe als schwere Hindernisse für eine arbeitsteilige Zusammenarbeit zwischen deutschnationalen Honoratioren und nationalsozialistischen Massenpropagandisten und empörte sich über die taktischen Pirouetten Hitlers: „Das Treiben dieser Leute ist nachgerade eine Lebensgefahr für unser Volk geworden. Die letzten Reste von Sinn und Verstand sind durch Größenwahn und Verfolgungswahn zugleich verschlungen worden. Wer einen Vergleich zu Mussolini wagt, greift eben sehr fehl, ebenso wie diejenigen, die Hitler einen zweiten Luther zu nennen wagen.“[138] Da man gerade eine „Verfassungskrise“ erlebe, die eine umfassende „Staatskrise“ sei, wolle Claß sehen, wie er stattdessen mit „brauchbaren Leuten der Regierung in Verbindung komme“.[139] Er fühle sich als „Mädchen für alles“ und hoffe, dringend nach der Sitzung

133 Ebd.
134 Franz von Papen an Otto Fürst zu Salm-Horstmar, 18.8.1932, in ebd., Bl. 113.
135 Siehe ebd. 15.8.1932.
136 Siehe auch Longerich: Hitler, S. 268–269.
137 Alfred Hugenberg an Albert Vögler, 19.8.1932, zit. in Ullrich: Adolf Hitler, Bd. 1, S. 362.
138 Claß an Otto Helmut Hopfen, 19.8.1932, in BA-Berlin, R 8048, Bd. 392, Bl. 299.
139 Ebd.

des Geschäftsführenden Ausschusses in Rudolstadt im September nach Bad Kissingen auf Kur gehen zu können.[140]

Zu den „brauchbaren Männern“ zählte Claß Innenminister Gayl, der bereits in engem Kontakt mit Gertzlaff von Hertzberg-Lottin vom Alldeutschen Verband stand.[141] Claß traf sich nach seiner politischen Hinwendung zum autoritären Papen-Kabinett im Zuge des „Preußenschlages“ mehrfach mit Gayl in vertraulichen Runden unter anderem durch Vermittlung von Quaatz, in denen man in grundsätzlichen innenpolitischen Fragen „durchaus eine Übereinstimmung der Auffassungen“ habe bemerken können.[142] Dies betraf vor allem die Durchführung des „Preußenschlages“, den man in seiner Ausführung im Grunde als Staatsstreich interpretieren wollte.

Die verfassungsrechtlichen Klagen über die Einsetzung Papens als Reichskommissar und über die kommissarische Leitung der preußischen Ministerien, die durch Antrag auf einstweilige Verfügung der preußischen Regierung sowie der Fraktionen der SPD und des Zentrums beim Staatsgerichtshof in Leipzig eingereicht worden waren, wurden erst am 25. Oktober entschieden.[143] Papen, der in diesem Prozess von Carl Schmitt, Erwin Jacobi, Carl Bilfinger und dem Ministerialdirektor im Innenministerium, Georg Gottheiner, vertreten wurde,[144] entließ zusammen mit dem von ihm bestellten Reichskommissar für das preußische Innenministerium, Franz Bracht, unmittelbar seit dem 20. Juli in umfassendem Maße parteipolitisch unbequeme Beamte aus dem Staatsdienst und ersetzte sie unter anderem mit zahlreichen Deutschnationalen.[145] Dieses autoritäre Eingreifen in die Verfassungshoheit der preußischen Regierung sah Claß als Ausübung notwendiger Vollmachten, die er nicht nur mit Blick auf den Übergang in die Diktatur, sondern unzweifelhaft durch die Verfassung gedeckt sah.

Der „Preußenschlag“ löste in Claß' Augen jedoch nicht das grundsätzliche Problem der von ihm wahrgenommenen innenpolitischen Paralyse, die er durch die Diktatur auf Reichsebene aufgelöst sehen wollte.[146] Die für die Deutschnationalen verfahrene Situation nach den Reichstagswahlen sowie die angreifbare Position Papens durch die Verständigungsversuche Hitlers, gegebenenfalls mit dem Zentrum zu regieren, durchbrach Claß mit kurzen Aufsätzen, in denen er angesichts der politischen Situation den

---

140 Ebd.

141 Siehe Tagebucheinträge Reinhold Quaatz 15.7. und 27.8.1932, in Weiß/Hoser (Hrsg.): Die Deutschnationalen, S. 197 und 201.

142 So Tagebucheintrag Reinhold Quaatz 25.10.1932, in ebd., S. 206.

143 Siehe Die Entscheidung des Staatsgerichtshofs über die Verordnung des Reichspräsidenten vom 20. Juli 1932, in GStA PK VI. HA, NL Braun, Bd. 588, o. Bl. sowie Preußen contra Reich, S. 492–517.

144 Siehe auch Seiberth: Anwalt des Reiches und Pyta: Schmitts Begriffsbestimmung.

145 Siehe auch Petzold: Franz von Papen, S, 89–98 und Schulze: Otto Braun, S. 745–762 sowie Bay: Der Preußenschlag, S. 5–16 und Grund: „Preußenschlag“ und Staatsgerichtshof, S. 60–72.

146 Die schwebende verfassungsrechtliche Konstellation nach dem Preußenschlag wurde beim Staatsgerichtshof weiterverhandelt, ebenso wie die Klage gegen die Reichsregierung. Das Preußische Staatsministerium reichte die Erklärung am 10. August auf die Gegenerklärung der Reichsregierung vom 5. August beim Staatsgerichtshof ein. Erklärung des Preußischen Staatsministeriums und Anlageheft vom 10.8.1932 und vom 29.8.1932, 10.8.1932, in GStA PK VI. HA, NL Braun, Bd. 588/1, o. Bl.

„Staatsnotstand“ realisiert sah, der wiederum die Anwendung eines „Staatsnotstandsrechts“ des Staates notwendig mache.

Erwog Papen noch die Ausrufung des Staatsnotstandes, so war er für Claß im Sommer 1932 längst Realität und der in seinen Augen als ambivalent zu beurteilende Rechtsstatus der kommissarischen Leitung der Ministerien in Preußen bestärkte ihn in seiner Forderung nach einer autoritären Diktatur. Nach der Reichstagswahl war für Claß zudem eine Verständigung zwischen dem Reichspräsidenten und dem Reichskanzler einerseits und dem Parteiführer der NSDAP andererseits nicht mehr möglich, während das Zentrum an einer eigenen Mehrheitskoalition interessiert war und die erneute Auflösung des Reichstages bereits diskutiert wurde. Die Hinwendung zu parlamentarischen Lösungen, wie sie die NSDAP verfolgte, setzte die Regierung unter massiven Druck. Eine erneute Reichstagsauflösung wollte Claß aber verhindern und sah stattdessen die Einrichtung der Diktatur als legitimen und legalen Ausweg, wie er ihn bereits 1912 in seinem „Kaiserbuch“ beschrieben habe.[147]

Claß trat nun gezielt in die Öffentlichkeit, um die Ausrufung des „Staatsnotstandes“ zu fordern. Ende August veröffentlichte Claß eine Reihe von Artikeln in der *Deutschen Zeitung* und in den *Alldeutschen Blättern*, in denen er unter Hinweis auf Rudolf von Jherings Schrift „Der Zweck im Recht“ das Primat des Staates einforderte.[148] Demnach habe das Staatsoberhaupt in einer Konstellation der Gefährdung der Staatsinteressen das Recht, sich als „Souverän“ über die Verfassung zu stellen und im Notstand „rechtsschöpferisch“ über die verfassungsmäßigen Vollmachten hinauszugehen, um die richtige staatliche Ordnung wiederherzustellen.[149] Der Staat habe in diesen Planungen demnach die Vollzugsgewalt zur Behebung der politischen Paralyse und nicht das „Volk“, das durch erneute Wahlen den Zustand der Handlungsunfähigkeit der Regierung nicht würde auflösen können.

Claß sprach somit dem Reichspräsidenten die „rechtsschöpferische“ Vollmacht zu, durch die rigide Auslegung des Artikels 48 der Reichsverfassung die Situation des „Notstandes“ durch „Notwehr“ aufzulösen.[150] Der Reichspräsident wurde zwar wie das Parlament vom „Volk“ gewählt. Jedoch stand er als Souverän für Claß über dem Parlament sowie über dem „Volk“, da er schneller Entscheidungen treffen könne und letztlich Ereignisse, „die mächtiger sind als die Demokratie“, autoritäre Entscheidungen erforderten. Der Reichspräsident würde somit in letzter Instanz einen genaueren überzeitlichen Willen des „Volkes“ widerspiegeln, den auch die gewählte parlamentarische Volksvertretung nicht widerspiegeln könne.[151] Der Reichspräsident nahm gleichsam die Stelle des einstigen Monarchen ein, um seiner transzendenten Legitimation auch politische Legalität zu verleihen. Die diktatorische Ausgestaltung lag die-

147 Claß: Staatsnotrecht, in Alldeutsche Blätter 27.8.1932.

148 Dazu ausführlicher die Diskussion in den Erinnerungen von Claß in Hofmeister (Hrsg.): Heinrich Claß. Politische Erinnerungen, Kapitel 8.7. („Der Staatsnotstand“).

149 Claß: Der Zweck im Staatsnotstand, in Deutsche Zeitung 24.8.1932.

150 Ebd.

151 Claß: Träger und Umfang des Staatsnotrechts, in Deutsche Zeitung 30.8.1932.

sem Konzept des höchsten überzeitlichen Amtes als Wesenskern zugrunde. Quaatz sprang Claß in dieser Argumentation zur Seite und forderte den „verfassungsmäßigen Diktator", den Claß in seinen Aufsätzen herausgearbeitet habe, und der ganz der verfassungsgemäßen Präsidialregierung Papens folge.[152]

Claß' Aufsätze reihten sich in eine grundlegende staatsrechtliche Diskussion um die Mechanismen der Machteroberung und Diktatursicherung durch die Auslegung der Weimarer Reichsverfassung ein, wie sie in der „Durchbrechungslehre" von Schmitt und Jacobi zum Ausdruck kam, die eine Diktatur nicht an Zuständigkeitsvorschriften gebunden sah und eine Verreichlichung der vollziehenden Gewalt wie im „Preußenschlag" zur Wiederherstellung von Ordnung für gerechtfertigt hielt.[153] Schmitt fungierte seit dem Sommer 1930 für Brüning als Gutachter für die Präsidialpolitik des Kabinetts und pflegte zudem besonders enge Beziehungen zu Schleicher und dem Reichswehrministerium.[154]

Bereits im Sommer 1931 hatte Brüning geplant, die Polizei und das preußische Justizministerium dem Reich zu unterstellen sowie dieses Vorgehen der Übertragung von staatlichen Behörden mit Länderzuständigkeit auf Reichsbehörden oder Kommissare im Zuge einer länger diskutierten Verfassungs- und Reichsreform auf die Länder Norddeutschlands auszudehnen.[155] Schmitts zuletzt erschienenes Werk „Legalität und Legitimität" wurde zeitgleich in der *Deutschen Zeitung* als „bedeutende Schrift" zum „inneren Widerspruch der Weimarer Verfassung" beworben, die nicht mehr die Frage der Legalität politischer Entscheidungen stelle, sondern die, wer die Legitimität der Entscheidung besitze.[156] Im laufenden Verfahren vor dem Staatsgerichtshof in Leipzig verteidigte Schmitt als Gutachter nun die Rechtsauslegung Papens und Gayls, die in ihrem politischen Kern eine Machtübernahme der NSDAP nach den Preußenwahlen behindern sollte, indem Papen in seiner Gegenerklärung für den Staatsgerichtshof vom 5. August den „Preußenschlag" unter anderem damit zu rechtfertigen versuchte, dass der Preußische Landtag unfähig sei, eine Mehrheitsregierung zustande zu bringen.[157] Für den *Vorwärts* hingegen waren Claß' Aufsätze nichts anderes als ein klares alldeutsches Programm des Verfassungsbruchs, das letztlich „Staatsstreich-Diktatur-Aufrüstung-Revanchekrieg" bedeute.[158]

Zwischen dem Erscheinen der beiden Aufsätze Claß' über den Staatsnotstand (24. und 30. August) fanden Gespräche zwischen Hitler und Brüning sowie Papen und Schleicher über eine Regierungsbildung mit dem Zentrum statt. Am 29. August teilte

152 Reinhold Quaatz: Der verfassungsmäßige Diktator, in Deutsche Zeitung 5.9.1932.

153 Siehe auch Seibert: Anwalt des Reiches, S. 183–201 und Grund: „Preußenschlag" und Staatsgerichtshof, S. 127–142.

154 Siehe Seibert: Anwalt des Reiches, S. 78–96.

155 Siehe Bay: Der Preußenkonflikt, S. 47–49.

156 Deutsche Zeitung 30.8.1932. Siehe Schmitt: Legalität und Legitimität sowie die im Jahr zuvor erschiene Schrift Der Hüter der Verfassung.

157 Siehe Bay: Der Preußenkonflikt, S. 47–59.

158 Vorwärts 11.9.1932.

Papen Hitler mit, dass man bereit sei, Hitler in die Regierung einzubinden und daher Verhandlungen der NSDAP mit dem Zentrum, „die den Parlamentarismus wieder aufleben ließe[n], der ungeeignetste Weg“ seien.[159] Auch der alldeutsche Hauptschriftleiter der *Deutschen Zeitung*, Franz Schwendy, forderte am selben Tag die ungeteilte Unterstützung für die Regierung und den Aufbau des „neuen Staates“ entsprechend der Regierungserklärung Papens.[160]

Einen Tag später wurde Hermann Göring auf der konstituierenden Sitzung des Reichstags mit Unterstützung des Zentrums zum Präsidenten gewählt. Er berief den Reichstag zum 12. September ein. Am 30. August reisten Papen, Schleicher und Gayl auf Gut Neudeck zu Hindenburg, der dem Reichskanzler eine Blankovollmacht zur Auflösung des Reichstages bei der nächsten Sitzung im September übergab. Die Auflösung sollte durch Papen zudem über die verfassungsmäßige Frist von sechzig Tagen hinaus möglich sein, da ein „staatlicher Notstand“ eingetreten sei, der durch Wahlen nicht behoben werden könne.[161] Die angereisten Regierungsmitglieder stützten sich auf die Argumentation einer vollen Ausschöpfung der Präsidialgewalt, wie sie auch Schmitt vertrat. Er arbeitete schließlich als „Verfassungsberater“ im Auftrag des Reichswehrministeriums unter Schleicher bis zum 5. September verschiedene verfassungsrechtliche Begründungen aus, um je nach politischer Konstellation und juristischer Einwendung auswählen zu können.[162]

Inwieweit Claß im Vorfeld mit seiner Forderung nach einer autoritären Aufhebung des „Staatsnotstandes“ durch die präsidial gestützte Diktatur auf die Delegation einwirkte, bleibt zu klären. Quaatz notierte immerhin am 27. August, dass er mit Claß und Hertzberg-Lottin Ausarbeitungen einer „Denkschrift“ besprochen habe, die an Papen, Schleicher, Gayl und Meißner als Information vor der Abreise nach Neudeck weitergeleitet werden sollte und dort wohlwollend diskutiert worden sei. Dommes, Prinz Oskar, Goltz und der Kronprinz hatten die Denkschrift von Quaatz ebenfalls erhalten, die in wesentlichen Zügen wohl an das „Freiheitsprogramm“ von Quaatz und Bang vom Sommer 1932 angelehnt gewesen sein dürfte.[163]

Während die Alldeutschen Anfang September über die politischen Verhandlungen Hitlers nur spekulieren konnten und die wirtschaftspolitischen Maßnahmen Papens kritisch würdigten, geriet der Verbandstag in Rudolstadt Anfang September zu einer politischen Zwischenbilanz, in der die chronischen Ambivalenzen des Alldeutschen Verbandes gegenüber der NSDAP noch einmal gebündelt wurden, ohne dass man eine klare Richtung festlegen wollte. Auf der Gesamtvorstandssitzung stellte sich Claß hinter Hindenburg, der, „völlig neu“, von seinem verfassungsmäßigen Recht Gebrauch gemacht

159 Deutsche Zeitung 29.8.1932.

160 Ebd.

161 Siehe Niederschrift Otto Meißner zur Unterredung in Neudeck am 30.8.1932, in BA-Freiburg, N 42, Bd. 22, Bl. 148–157 sowie auch in Akten der Reichskanzlei. Das Kabinett Papen, Bd. 1, S. 474–479.

162 Pyta: Hindenburg, S. 727 und 730.

163 Siehe Tagebucheintrag Reinhold Quaatz, 27.8.1932, in Weiß/Hoser (Hrsg.): Die Deutschnationalen, S. 201 und Quaatz/Bang: Das deutschnationale Freiheits-Programm (erschienen am 20.7.1932).

habe, während Papen letztlich doch eine Regierung zusammengestellt habe, die aus „reine[n] Vertrauensmänner[n] des Reichspräsidenten“ bestehe, die durch den 20. Juli gezeigt hätten, dass „der Wille zur Diktatur sich durchgesetzt hatte“.[164] Über „Schönheitsfehler“ der Regierung wolle Claß hinwegsehen und stattdessen Hindenburg, nach langer Kritik durch den Verband, für die „Größe dieser seiner Entschlüsse“ dankbar sein, da die Reichstagswahl gezeigt habe, dass nur der Weg der Diktatur gangbar sei.[165] Bang erklärte in seiner späteren Rede auf dem „Deutschen Abend“ des Verbandstages, dass es nicht relevant sei, ob die Regierung „populär“ sei, sondern dass die „Diktatur des Staatswillens“ gegenüber dem in Wahlen nur augenblicklich zum Ausdruck kommenden „Volkswillen“ regiere und somit das politische „Chaos“ des Frühjahrs durch die „Beseitigung des schwarz-roten Systems“ in Preußen überwunden habe.[166]

Auf der Sitzung des Geschäftsführenden Ausschusses am 9. September sprach Claß rückblickend deutliche Worte über die Machtkämpfe innerhalb der „nationalen Opposition“ und zog eine erneute Bilanz der bisherigen Auseinandersetzungen. Die anwesenden Mitglieder wurden wie immer vor Verhandlungsbeginn auf unbedingte Verschwiegenheit gegenüber der Öffentlichkeit verpflichtet. Es stehe außer Zweifel, so Claß, dass der Verband seinerzeit immer für einen Sturz Brünings habe eintreten müssen, damit eine neue Diktatur-Regierung mit Hindenburgs Unterstützung an die Macht habe kommen können.[167] Die NSDAP habe bei diesen Bemühungen jedoch seit dem Volksbegehren 1929 „den Rahm von der Milch abgeschöpft“.[168]

Hugenberg habe eine „Engelsgeduld“ dabei bewiesen, erklärte Claß weiter, das Bündnis von 1929 zu einer dauerhaften Einrichtung zu formen. Die Krönung dieses Missverhältnisses zur NSDAP sei die Harzburger Tagung 1931 gewesen. Claß stellte, wie bereits bei der letzten Sitzung im Mai, heraus, dass er in Bad Harzburg lediglich einen „deutschen Volkstag“ habe organisiert sehen wollen, eine „Zusammenkunft der ersten Köpfe aus den Lagern, die mitgewirkt hatten bei den Volksbegehren“, um dann ein gemeinsames Programm mit grundsätzlichen Übereinstimmungen bekannt zu geben. Daraus sei „leider Gottes“ nichts geworden. Auch die überwiegend „militärische Aufmachung“ der Veranstaltung habe dies sichtlich verhindert. Ein gemeinsamer Block an Oppositionskräften sei da bereits nicht mehr vorhanden gewesen.[169] Hugenberg habe gedacht, im Zuge der Reichspräsidentenwahlen mit Hitlers Zusammenarbeit rechnen zu können. Er sei aber enttäuscht worden: „Was wir nun seit dieser Präsidentenwahl bei

164 Claß auf der Gesamtvorstandssitzung des Alldeutschen Verbandes, 9.9.1932, in Deutsche Zeitung 10.9.1932.

165 Ebd.

166 Rede Paul Bang auf dem Deutschen Abend des Verbandstages des Alldeutschen Verbandes, in Deutsche Zeitung 11.9.1932.

167 Siehe auch Bericht in Deutsche Zeitung 10.9.1932.

168 Siehe zum Folgenden Claß auf der Sitzung des Geschäftsführenden Ausschusses des Alldeutschen Verbandes, 9.9.1932, in BA-Berlin, R 8048, Bd. 171, Bl. 9.

169 Siehe dazu Hofmeister (Hrsg.): Heinrich Claß. Politische Erinnerungen, Kapitel 9 (Anhang von 1936).

uns in Berlin erlebt haben, ist einfach fürchterlich und verlangt stärkere Nerven, als wir sie vielleicht noch besitzen.“[170]

Die Preußenwahl habe bei ihm, so Claß nun weiter, weniger als bei Hugenberg eine Rolle für die weiteren parlamentarischen Schritte hin zur Machteroberung gespielt. Er habe nie verschwiegen, dass von Preußen aus das Reich nicht zu retten gewesen sei.[171] Die preußische Verfassung sehe keine Mittel vor, auf das Reich überzugreifen, während der Reichspräsident mit bestimmten Befugnissen auf die Länder übergreifen könne. Nach den Reichstagswahlen vom 31. Juli habe Hitler den Anspruch auf die alleinige Macht erhoben und dies bei dem Treffen mit Hindenburg und Papen am 13. August auch deutlich gemacht. Das Angebot an Hitler, ihn zum Vizekanzler mit gleicher Rechtsstellung zum Kanzler sowie zum Ministerpräsidenten von Preußen und zudem Strasser zum Innenminister im Reich und in Preußen zu ernennen, wurde lediglich aufgrund der „Überspannung der Ansprüche“ Hitlers abgelehnt.[172] Strasser wurde sowohl von Claß als auch von Hugenberg geschätzt, die in dem Führer des linken Flügels der NSDAP, trotz der Auseinandersetzungen im Vorfeld der Harzburger Kundgebung 1931, eine der wenigen „brauchbaren Persönlichkeiten“ bei den Nationalsozialisten erkennen wollten.[173]

Während sich Claß im Mai auf der Sitzung des Geschäftsführenden Ausschusses noch mit dem Hinweis auf die bewusste Überparteilichkeit gegen Vorwürfe, seine Wahlparolen für die DNVP und für die NSDAP im Frühjahr seien zu unentschieden gewesen, zu verteidigen versuchte, so sprach er jetzt im September ganz klar davon, dass er den Alldeutschen Verband eigentlich von der NSDAP loslösen wollte. Lieber solle der Verband „auf die Hälfte zurückgehen, als daß ich von unserer geraden Linie abweiche“.[174] Man habe dem Kaiser stets die „Wahrheit“ gesagt, Bülow bekämpft, den Kampf im Krieg weitergeführt, gegen Hindenburg gearbeitet, und nun stehe im Raum, Hitler zu schonen: „Das mache ich nicht mehr mit!“[175]

Claß lavierte hingegen weiter, was den praktischen Umgang mit der NSDAP anging. Er wolle den Bruch mit den Nationalsozialisten noch nicht ausrufen, da erst alle Tatsachen zum Verhältnis zwischen NSDAP und Zentrum vorliegen sollten.[176] Das grundsätzliche Problem liege darin, dass der NSDAP „die Menschen fehlen, die einen Staat aufbauen können“, so Claß. Die DNVP wiederum sei „viel zu schwach, um parteimäßig

---

170 Claß auf der Sitzung des Geschäftsführenden Ausschusses des Alldeutschen Verbandes, 9.9.1932, in BA-Berlin, R 8048, Bd. 171, Bl. 9.

171 Siehe Claß auf der Sitzung des Geschäftsführenden Ausschusses des Alldeutschen Verbandes, 9.9. 1932, in ebd., Bl. 10.

172 Ebd. Die DNVP-Zeitung *Unsere Partei* vom 13.8.1932 schrieb ähnlich, dass die Verhandlungen „an den übersteigerten Forderungen Hitlers gescheitert“ seien.

173 Siehe zu Gregor Strasser Claß auf der Sitzung des Geschäftsführenden Ausschusses des Alldeutschen Verbandes, 10.12.1932, in BA-Berlin, R 8048, Bd. 172, Bl. 43 und Bericht Martin Blank über Äußerungen von Alfred Hugenberg an Paul Reusch, 27.11.1931, in RWWA, NL Paul Reusch, 130 – 400101241/4.

174 Claß auf der Sitzung des Geschäftsführenden Ausschusses des Alldeutschen Verbandes, 9.9.1932, in BA-Berlin, R 8048, Bd. 171, Bl. 11.

175 Ebd., Bl. 12.

176 Siehe ebd.

die Regierung zu stellen". Daher sei die einzige Lösung eine überparteiliche Regierung, die wisse, dass sie parlamentarisch letztlich nicht weiterkomme und daher „auf Grund des Staatsnotrechts diktatorisch zu regieren" bereit sei.[177]

Hoffnungen legte Claß dahingehend noch auf die Papen-Regierung. Die Verhandlungen Hitlers mit dem Zentrum, die nach dem 13. August folgten, hätten der NSDAP den „Genickfang" gebracht, von dem sie sich „nicht mehr erholen" könne. Der Verbandsvorsitzende rechnete zudem mit einem möglichen Auseinanderfallen der „grundverschiedenen Gruppen der NSDAP", die von der DNVP aber nicht aufgefangen werden könnten. Auch eine nationale Massenpartei sei eben immer „Masse", die Geschichte aber lehre, dass „ein Volk nur glücklich sein kann, wenn es von Wenigen zu seinem Glück gezwungen wird". Deutschland habe sich seit 1918 noch nie in so großer Gefahr befunden wie heute. Die hauptsächliche „Gefahrenquelle" sei die NSDAP, die nicht klar zu fassen sei. Die fünf verschiedenen Gruppen der Partei stünden für fünf verschiedene Weltanschauungen.[178] Regionale Unterschiede kämen in der schwierigen Einschätzung der NSDAP hinzu, wenn er, Claß, beispielsweise an die Nationalsozialisten in Stuttgart denke, mit denen die Alldeutschen sehr gut zusammenarbeiten könnten.

Daher stelle sich die Frage der Trennung von der NSDAP nicht, die DNVP solle nun die Massen anziehen und Mitglieder zum Zurückströmen bringen, resümierte Claß in seinen unentschiedenen Handlungsempfehlungen.[179] Vielleicht komme dann die Elite zum Alldeutschen Verband, aber auch das bleibe zweifelhaft. Er könne nur hoffen, dass die weiteren Besprechungen es dem Verband erlaubten, „ohne jede Spur von Nervosität" weiterzuarbeiten.[180] Schließlich sei es nach der Errichtung einer wahren Diktatur gleichgültig, was aus den Parteien und dem Alldeutschen Verband werde.[181]

Der Münchener Verleger Julius F. Lehmann, der seit Ende des Jahres 1931 nach seinem vorherigen Austritt erneut Mitglied der NSDAP war, legte auf dem alldeutschen Verbandstag die Strategie Hitlers offen, die Massen gewinnen zu wollen und hierbei auch auf die Arbeiterschaft und die Katholiken zuzugehen. Die „Schaffung eines einheitlichen deutschen Volkes" sei das Ziel Hitlers und die Mobilisierung von Millionen Anhängern eine Leistung, für die Lehmann nur „Bewunderung" übrig habe und für die die Alldeutschen „von Herzen dankbar" sein sollten, denn Hitler betreibe Politik für etwas, „was wir seit 40 Jahren erstrebt haben, was uns aber nie gelungen ist".[182] Lehmann, der mit seinem politischen Sympathien beständig zwischen der DNVP und der NSDAP oszillierte und auch erst vor kurzem die Deutschnationalen für die NSDAP verlassen hatte, weckte nun Misstrauen bezüglich des politischen Standpunktes des Verlegers. Claß bat darum, die Angelegenheit nicht vom nationalsozialistischen oder

177 Ebd.
178 Ebd., Bl. 16.
179 Ebd., Bl. 17.
180 Ebd., Bl. 13.
181 Ebd., Bl. 17.
182 Julius F. Lehmann auf der Sitzung des Geschäftsführenden Ausschusses des Alldeutschen Verbandes, 9.9.1932, in BA-Berlin, R 8048, Bd. 171, Bl. 13.

deutschnationalen Standpunkt aus zu betrachten, sondern „mit alldeutschen Augen“.[183] Um Hitlers Verdienste für völkische Politik wisse auch er, jedoch habe Hitler seinen Kampf gegen den Parlamentarismus aufgegeben, indem er den „wahnwitzigen Versuch“ mache, statt als Vizekanzler in das Kabinett Papen eingebunden zu werden, das „verpflichtet ist, eine nationale Politik zu betreiben“, diese Regierung zu stürzen, um mit dem Zentrum ein neues Kabinett zu formen.[184]

Bang widersprach ebenfalls der harmonisierenden Darstellung Lehmanns und erinnerte an die Enttäuschung über Hitler, dem er früher geholfen habe und von dessen NSDAP nur „Zersetzung und Haß“ gegenüber den Alldeutschen zu sehen sei.[185] Leopold von Vietinghoff-Scheel rief den Anwesenden hingegen ins Gedächtnis, dass die NS-Bewegung in ihrer breiten Volksgemeinschaftspropaganda übersehe, dass der Kern des „völkischen Gedankens“ immer „Auslese“ gewesen sei und die Nationalsozialisten somit zeigten, dass sie die „ganze Bedeutung“ völkischer Politik nicht verstanden hätten.[186]

Claß' Kritiker wie Christoph Pickel vom Gau Nord-Bayern waren über „die klare Linie“ des Vorsitzenden gegenüber Hitler und der NSDAP nun sehr erfreut und erwarteten klare Anweisungen, um den Verband gegen die Nationalsozialisten „draußen an der Front“ zu führen.[187] Claß wehrte sich erneut, den Verband zu einer führenden Massenbewegung zu machen. Das sei nie die Aufgabe gewesen. Vielleicht könne man in Zukunft auf die Aufnahme der „Elite“ der NSDAP rechnen, wenn die Partei in ihre Lager auseinandergefallen sein werde.[188]

Die folgende Abstimmung erbrachte eine fast einstimmige Mehrheit (75:2) für die weitere Verschiebung der Entscheidung, ob sich der Alldeutsche Verband von der NSDAP trennen solle.[189] Die letztlich verabschiedete Erklärung forderte einen „ehrlichen“ Austausch der Nationalsozialisten mit den Deutschnationalen über die Verhandlungen mit dem Zentrum. Hier liege die „große alldeutsche Zukunftsaufgabe“, zwischen beiden Parteien für die gemeinsame Sache „zu vermitteln“.[190] Claß wandte sich zusätzlich an die evangelische Kirche, die sich mehr als bisher im Sinne Luthers in

183 Claß auf der Sitzung des Geschäftsführenden Ausschusses des Alldeutschen Verbandes, 9.9.1932, in ebd., Bl. 14.

184 Ebd. Claß widersprach auch der Darstellung Julius F. Lehmanns, Paul von Hindenburg habe Adolf Hitler im Zuge der Sondierungen im Sommer 1932 abschätzig einen „Böhmaken“ genannt, dem er die Reichskanzlerschaft nicht anvertrauen wolle. Dies könne sich Claß nicht vorstellen. Ebd.

185 Paul Bang auf der Sitzung des Geschäftsführenden Ausschusses des Alldeutschen Verbandes, 9.9.1932, in ebd., Bl. 17.

186 Leopold von Vietinghoff-Scheel auf der Sitzung des Geschäftsführenden Ausschusses des Alldeutschen Verbandes, 9.9.1932, in ebd., Bl. 19.

187 Christoph Pickel auf der Sitzung des Geschäftsführenden Ausschusses des Alldeutschen Verbandes, 9.9.1932, in ebd., Bl. 16.

188 Claß auf der Sitzung des Geschäftsführenden Ausschusses des Alldeutschen Verbandes, 9.9.1932, in ebd., Bl. 17.

189 Siehe ebd., Bl. 19. Alle 18 anwesenden Mitglieder des Geschäftsführenden Ausschusses sowie alle anderen bis auf zwei Anwesende stimmten dafür.

190 Erklärung Alldeutscher Verband, in Deutsche Zeitung 12.9.1932.

die völkischen und nationalen Kreise einbringen sollte, um mit dem Zentrum für die eigentliche „Volksgemeinschaft" zu kämpfen.[191]

Im Anschluss an die Tagung lobte Lehmann, dass Claß die kritischen Fragen mit „sehr viel Takt" behandelt habe, sodass er sich auf der Tagung, auch als Mitglied der NSDAP, eher zurückgehalten habe. Trotzdem hielt er den Grundkonflikt der Alldeutschen mit der NSDAP für unüberwindbar: „Der Standpunkt von Claß ist an sich ja richtig. Der ganze Verband übersieht nur eines, dass das was Hitler erstrebt, etwas wesentlich anderes ist, als die Alldeutschen gerne wieder hätten." Sie verkrallten „sich so sehr in die zahllosen kleinen Fehler und grossen Taktlosigkeiten der Nazis, dass ich ihnen nicht beibringen kann, dass ein Arbeiter eben mehr verlangt, wie das Reich von 1914".[192]

Die großen politischen Fragen in den Auseinandersetzungen mit den Nationalsozialisten erkannte Claß sehr wohl und sah im Machtanspruch der Nationalsozialisten die eigentliche Blockade auf dem Weg zu einer Rechtsregierung, die sich in seinen Vorstellungen eben nicht an Parteiinteressen orientieren sollte. Die Zurückweisung der Vizekanzlerschaft durch Hitler und der Übernahme des Innenministeriums durch Strasser am 13. August war dann für Claß in längerer Perspektive eine günstige Fügung dahingehend, dass eine solche Regierung „den Deutschen erspart geblieben ist", da Hitler mit den Verhandlungen mit dem Zentrum allen gezeigt habe, dass er sich nicht fügen könne und immer nur die ganze Macht wolle.[193] Papen habe für Hitler nur die Funktion, den Reichstag und die Macht an ihn auszuliefern, während Claß wegen der Übernahme des Amtes des Reichskommissars für Preußen durch Papen den „völkischen Staat" kurz vor der Errichtung sah.[194]

Auch Günther von Einem, Mitglied des Vorstandes des Alldeutschen Verbandes, unterstützte die Papen-Regierung „gegen den Wahnsinn des Nationalsozialismus und gegen die Gemeinheit der früheren inneren Feinde Deutschlands".[195] Über Salm-Horstmar ließ er anonym von „einem Mann [Claß, d. A.] aus dem Volke, der mit Leidenschaft seit Jahrzehnten die politische Entwicklung im Vaterlande verfolgt", Papen ausrichten, dass dieser Mann dem Reichskanzler von einer Einbindung der NSDAP in die Regierung abrate, da die Unterstützung für die NSDAP zurückgehen werde.[196] Sei das mit Hitler nach den Novemberwahlen nicht der Fall, dann solle Papen den Reichstag erneut auflösen. Zumal die DNVP, so Salm-Horstmar in seinem Brief, von den Splitterparteien und von bisherigen Nazi-Wählern Stimmenzuwächse zu erwarten habe.

Claß hatte bereits in Rudolstadt erklärt, dass man „den Reichstag nur dann auflösen sollte, wenn die unbedingte Notwendigkeit dazu gegeben ist – daß aber dann, wenn die

191 Ebd.

192 Julius F. Lehmann an Melanie Lehmann, 10.[9.]1932, in BHStA München, NL Lehmann, Bd. 3, Nr. 25

193 Claß auf der Sitzung des Geschäftsführenden Ausschusses des Alldeutschen Verbandes, 9.9.1932, in BA-Berlin, R 8048, Bd. 171, Bl. 10–11.

194 Ebd.

195 Günther von Einem an Claß, 22.9.1932, in BA-Freiburg, N 324, Bd. 29, Bl. 177–178. Zitat ebd., Bl. 177.

196 Otto Fürst zu Salm-Horstmar an Franz von Papen, 14.9.1932, in BA-Berlin, R 8048, Bd. 454, Bl. 111.

Auflösung vollzogen werden müßte, von Neuwahlen abgesehen wird, bis die Diktatur die Rettung des Vaterlandes im weitesten Sinne durchgeführt hat." Schließlich gelte: „An dem Rechte des Reichspräsidenten und der von ihm beauftragten Regierung zu solchem Verfahren ist auf Grund des übergesetzlichen Notstands nicht zu zweifeln. [...] Denn wer den völkischen Staat will, muß die Diktatur als seinen Wegbereiter wollen."[197]

Der Verbandsvorsitzende wollte also unbedingte Arbeitsfreiheit für Papen, die diesen für eine weitgehende Ausführung einer Verfassungsreform vom Parlament unabhängig machen sollte. Die Einzelheiten von Parlamentsauflösung und -einberufung interessierten Claß nur bedingt und sollten die Regierung nicht beeinflussen, daher war er gegen Neuwahlen, die möglicherweise zu neuen Mehrheitsverhandlungen der NSDAP führen und die labile Grundlage der isolierten Präsidialregierung Papen gefährden würden.

Am 12. September trat genau diese Gefährdung ein. Beim Zusammentritt des Reichstages, den Göring nach der Papen'schen Notverordnung zur Belebung der Wirtschaft vom 4. und 5. September zur Entgegennahme einer Regierungserklärung einberufen hatte, gingen die Anträge der KPD auf Aufhebung der Notverordnung sowie ein Misstrauensvotum gegen Papen ohne Widerstand zunächst durch. Das durch Notverordnung verkündete Wirtschaftsprogramm („Papen-Plan"), das unter anderem weitreichende Einschnitte in der Sozialpolitik vorsah, sollte das Kabinett eigentlich stabilisieren.[198] Doch die Nationalsozialisten nutzten den scharfen Widerstand sowohl der KPD als auch der SPD für eigene parlamentarische Winkelzüge. Göring ignorierte bei der nach einer Sitzungspause umgehend einberufenen Abstimmung über die Anträge Papens Wortmeldung, mit der dieser die Auflösungsorder Hindenburgs, die er zuvor als Blankovollmacht in Neudeck ausgestellt bekommen hatte, zur Anwendung bringen wollte.[199] Die Abstimmung mit 512 Nein-Stimmen bei 561 abgegebenen Stimmzetteln brachte ein klares Misstrauensvotum gegen Papen und war die „höchste Niederlage einer Regierung in der deutschen Parlamentsgeschichte", so Andreas Wirsching.[200] Neben der DVP stimmte die DNVP geschlossen dagegen, darunter auch die alldeutschen Reichstagsmitglieder Bang, Quaatz, Oberfohren, Freytagh-Loringhoven und Gok.

Claß war vom parlamentarischen Zusammengehen der NSDAP mit dem Zentrum gegen die vom Alldeutschen Verband und von der DNVP unterstützte Regierung Papen entsetzt und zweifelte nun erstmals öffentlich an seiner Wahlparole, die es den all-

---

197 Claß auf der Sitzung des Gesamtvorstandes des Alldeutschen Verbandes, 10.9.1932, in Alldeutsche Blätter 24.9.1932.

198 Der *Vorwärts* nannte das Programm unter anderem aufgrund der Lockerung des Tarifrechts und möglicher weiterer Ermächtigungen zum Eingriff der Regierung in die Sozialpolitik ein „großkapitalistisches Programm des Klassenkampfs von oben". Vorwärts 8.9.1932. Siehe auch Orth: „Der Amtssitz der Opposition?", S. 74, Kluge: Die Weimarer Republik, S. 427–451 und Schildt: Militärdiktatur mit Massenbasis?, S. 87–97.

199 Siehe dazu auch Winkler: Der Weg in die Katastrophe, S. 730–734.

200 Siehe auch Sitzung des Reichstags am 12.9.1932, in Verhandlungen des Reichstags, VI. Wahlperiode, Bd. 454, S. 13–16 sowie das namentliche Abstimmungsergebnis ebd., S. 17–21. Zitat Wirsching: Die Weimarer Republik, S. 39.

deutschen Mitgliedern überlassen hatte, entweder für die DNVP oder die NSDAP zu stimmen. Die „starke Linksschwenkung" der NSDAP, die durch Unterstützung des KPD-Antrages für das Misstrauensvotum am 12. September erfolgt sei, sei nichts anderes als die „Preisgabe der Grundsätze". Die NSDAP sei „schließlich mit wehenden Fahnen ins parlamentarische-demokratische Lager übergegangen – alles im schärfsten Widerspruch zu der Haltung, die sie bisher eingenommen, zu den Grundsätzen, die sie bisher vertreten hatte". Dieser „vollkommene Frontwechsel" sei eine „politische Tatsache von ungeheurer Tragweite" und werde noch Folgen haben.[201]

Die DNVP erklärte daraufhin, dass die Nationalsozialisten zusammen mit dem Zentrum im Reichstag „zur offenen Revolte gegen die Staatsführung" übergegangen seien.[202] Hugenberg forderte die „Bundesgenossen" in der NSDAP auf, weiterhin mit den Deutschnationalen zusammenzuarbeiten, wie dies seit der Anti-Young-Plan-Kampagne 1929 angedacht gewesen sei.[203] Es sollte jede Möglichkeit, die „dieses System gegen sich selbst bietet – auch der Stimmzettel selbst", genutzt werden.[204] Hugenberg ging nun in die Offensive. Er präsentierte die DNVP bei all den taktischen Manövern der NSDAP als einzige legitime Vertreterin der „nationalen Opposition" und rief die Deutschnationalen als den eigentlichen „Träger der ersehnten Volksgemeinschaft" aus. Angesichts des anstehenden „Endkampfes" wolle die DNVP auch nur noch sehr begrenzt Partei sein und nur so lange diese Organisationsform politisch nutzen, bis das Wahl- und Parteiensystem der Weimarer Republik überwunden sei.[205]

Hatte Hugenberg zuvor bereits klare Forderungen an Papen formuliert, wie die Kontingentierung der Importe zur Förderung einheimischer Produktion, die Herabsetzung der Zinsen für private Auslandsschulden und die Einhegung des inländischen Zinsproblems[206], so notierte Quaatz doch auch Kritik an dieser Quasi-Stellung als Schattenminister in Wartestellung auf die Vizekanzlerschaft: „Hugenberg laviert nach allen Richtungen und wird wohl unsere recht erheblichen Chancen zunichte machen. Er ist besessen von der Idee, selbst noch an die Macht zu kommen."[207]

Trotz dieser drängenden Interventionen Hugenbergs rief der Fraktionsvorsitzende der DNVP im Reichstag, Oberfohren, zur Unterstützung der Papen-Regierung bei ihrer „programmatischen Arbeit" auf. Bei wesentlichen außenpolitischen Fragen, wie der Verhandlung der Wehrhoheit und Gleichberechtigung Deutschlands bei der Abrüstungskonferenz, der Arbeitsbeschaffung und der Import-Kontingentierung landwirtschaftlicher Erzeugnisse zugunsten der einheimischen Produktion, seien die Deutsch-

201 Claß: Nachwort zur Rudolstädter Tagung, 18.9.1932, in Alldeutsche Blätter 24.9.1932. Siehe auch Leopold von Vietinghoff-Scheel (Lagebericht des Alldeutschen Verbandes), 15.9.1932, in BA-Berlin, R 8048, Bd. 551, Bl. 111–119.

202 Deutsche Zeitung 13.9.1932.

203 Aufruf Alfred Hugenberg, in ebd. 14.9.1932.

204 Ebd.

205 Rede Alfred Hugenberg bei einer DNVP-Veranstaltung, in Deutsche Zeitung 18.9.1932.

206 Alfred Hugenberg an Franz von Papen, in Deutsche Zeitung 5.9.1932.

207 Tagebucheintrag Reinhold Quaatz 11.9.1932, in Weiß/Hoser (Hrsg.): Die Deutschnationalen, S. 203.

nationalen mit der Regierung einig. Deshalb unterstützten sie den am 12. September eingebrachten Antrag der KPD zur Auflösung des Reichstages, so Oberfohren, da die Regierung bis zu den festgelegten Reichstagswahlen am 6. November 1932 drei Monate Zeit „zur sachlichen Arbeit“ habe.[208]

Für die *Deutsche Zeitung* war der 12. September nichts anderes als der „Selbstmord“ des Reichstags, der jedoch Papen Handlungsfreiheit und „schon jetzt alle Vorteile“ dieser Regierungsform, gestützt auf den Reichspräsidenten, verschaffe.[209] Papen und Gayl beriefen daraufhin einen Untersuchungsausschuss zu Görings Abstimmungsleitung ein, der kurz darauf mit von Nationalsozialisten gestreuten Gerüchten beantwortet wurde, Papen habe während des Ersten Weltkrieges an Depressionen gelitten und bei seinem Einsatz als Generalstabsoffizier 1916 an der Somme nicht kämpfen können.[210] Dommes sprang Papen bei diesen Angriffen bei und widerlegte solche Verleumdungen, die ganz im Sinne der von Hitler am 13. September ausgegebenen Wahlparole standen: „Gegen Papen und die Reaktion“.[211] Goebbels notierte in sein Tagebuch, wer die „reaktionären“ Gegner waren: „Die Deutschnationalen sind saufrech. Denen werden wir im Wahlkampf [sic!]. Armer Hugenberg!“[212]

Die DNVP stellte ihre Position öffentlich klar. Die NSDAP sei mit ihren Verleumdungen der Deutschnationalen, ihrer „Verlogenheit“ und „Klassenkampfhetze“, ihren „bolschewistischen Methoden“ und der systematischen Störung von DNVP-Wahlveranstaltungen auf politischen „Irrwegen“.[213] Goebbels selbst sei mit dem „Mittel der Demagogie“ einer „der übelsten Hetzer“, der als „Bonze“ im Berliner Luxus lebe.[214] Goebbels griff wiederum Hugenberg, wie schon zuvor im Wahlkampf im Sommer, öffentlich an und hielt die DNVP nur noch für „unausstehlich frech und arrogant“.[215]

Die Alldeutschen machten in ihren verbandsinternen Diskussionen aus ihrer Verständnislosigkeit für Hitlers Taktiken kein Geheimnis. In den regelmäßig erscheinenden Lageberichten der Hauptgeschäftsstelle erklärte Vietinghoff-Scheel, die NSDAP hätte „besser getan, am 13. August die Beteiligung an der Regierung Papen anzunehmen und durch den Druck ihrer Zahl, durch ihre bewunderungswürdige Stoßkraft und Frische sich einen starken Einfluß auf die Regierung zu sichern, als mit dem Zentrum eine

208 Ernst Oberfohren in Deutsche Zeitung 20.9.1932.

209 Deutsche Zeitung 13.9.1932.

210 Siehe dazu Petzoldt: Franz von Papen, S. 23–24 und Orth: „Der Amtssitz der Opposition“, S. 131–132 sowie Papen: Der Wahrheit eine Gasse, S. 85–87.

211 Siehe zu den Verleumdungen Deutsche Zeitung 29.9.1932 und zur ausgegebenen Wahlparole Adolf Hitlers Tagebuch Joseph Goebbels 14.9.1932, in Fröhlich: Die Tagebücher von Joseph Goebbels, Teil 1, Bd. 2/II, S. 363–364. Zitat ebd., S. 363.

212 Tagebucheintrag Joseph Goebbels 14.9.1932, in ebd.

213 Unsere Partei 15.9.1932, 1.10.1932 und 8.10.1932.

214 Unsere Partei 8.10.1932.

215 Tagebucheintrag Joseph Goebbels 24.9.1932, in Fröhlich: Die Tagebücher von Joseph Goebbels, Teil 1, Bd. 2/II, S. 369.

Regierung zu bilden oder auch nur zusammenzugehen". [216] Die *Deutsche Zeitung* versuchte sich in ihrer Unterstützung für die DNVP gegen die NSDAP abzugrenzen, was Goebbels registrierte und auf die „grotesken Verhältnisse" bei der Zeitung nach dem Ausschluss aus der Bezugsliste zahlreicher NSDAP-Organisationen zurückführte: „Claß stark gegen Hitler. Der Boykott hat sie mächtig geschlagen."[217] Auch in der SA, etwa der von Wolf-Heinrich Graf von Helldorf vertretenen Gruppe Berlin-Brandenburg, wurde die Auslieferung der *Deutschen Zeitung* an den Gruppenstab aufgrund der „bedauerlichen Kursänderung" der Zeitung zurückgewiesen.[218]

In der Tat orientierte sich die *Deutsche Zeitung* angesichts ihrer desaströsen Finanzlage und der fehlenden Unterstützung durch Hugenberg neu, um das finanzielle Überleben als wichtigste Tageszeitung der alldeutschen Mitglieder sicherzustellen.[219] Im August sprach Claß davon, dass die „Lebensgefahr" des Blattes noch andauere und deren Überwindung letztlich einzig und allein „durch mein persönliches Eingreifen" gelingen werde.[220] Mitte September stieß er eine „Hilfsaktion" an, die mit Möllers, Hertzberg-Lottin und Quaatz besprochen und somit nicht gänzlich hinter Hugenbergs Rücken ausgeführt wurde.[221] Der Geschäftsführer der *Deutschen Zeitung*, Theodor Kaempf, versuchte im September beim Leiter des Inlandsreferates der Pressestelle, Regierungsrat Walther Heide, die offizielle Berichterstattung der Papen-Regierung zu übernehmen, sodass alle anderen Zeitungen auf das Abonnement der *Deutschen Zeitung* angewiesen sein sollten. Salm-Horstmar hatte sich für diese Kontaktanbahnung erneut bei Papen vermutlich im Auftrag von Claß verwendet.[222] Man stehe „politisch zwischen der NSDAP und den Deutschnationalen" und wolle nun Papens „Regierungskurs vertreten".[223] Ein erforderlicher Kredit von 250.000 bis 300.000 Mark sollte den Ausbau der *Deutschen Zeitung* und die Erhöhung der Auflage von 25.000 auf 150.000 bei gleichzeitiger Verringerung des monatlichen Abonnementpreises von 3,75 auf 3 Mark ermöglichen.

---

216 Leopold von Vietinghoff-Scheel (Lagebericht des Alldeutschen Verbandes), 15.9.1932, in BA-Berlin, R 8048, Bd. 551, Bl. 111–119. Zitat ebd., Bl. 116.

217 Tagebucheintrag Joseph Goebbels 29.9.1932, in Fröhlich: Die Tagebücher von Joseph Goebbels, Teil 1, Bd. 2/II, S. 373.

218 Wolf-Heinrich Graf von Helldorf an Verlag der Deutschen Zeitung, 22.9.1932, in BA-Berlin, R 43/I, Bd. 2480, Bl. 244. Siehe auch Erklärung Nationalsozialistischer Preußischer Pressedienst zur Parole „Wer die ‚Deutsche Zeitung' liest, unterstützt den Kampf gegen Adolf Hitler und den Nationalsozialismus", 24.9.1932, in ebd., Bl. 245.

219 „Kein Alldeutscher ohne die ‚Deutsche Zeitung'" war die übliche Werbelosung. Siehe Alldeutsche Blätter 26.6.1927.

220 Claß an Otto Helmut Hopfen, 19.8.1932, in BA-Berlin, R 8048, Bd. 391, Bl. 299.

221 Siehe Tagebucheintrag Reinhold Quaatz 14.9.1932, in Weiß/Hoser (Hrsg.): Die Deutschnationalen, S. 204.

222 Siehe Franz von Papen an Otto Fürst zu Salm-Horstmar, 3.10.1932 [verfasst 29.9.1932], in BA-Berlin, R 43/I, Bd. 2480, Bl. 246–247.

223 Siehe Gesprächsnotiz Walther Heide, 23.9.1932, in BA-Berlin, R 43/I, Bd. 2480, Bl. 242–243.

Die Anfrage Kaempfs reihte sich vermutlich in die seit der Reichstagsauflösung am 12. September forcierten Bemühungen der Papen-Regierung ein, durch die Gründung einer „Werbezentrale Volksdienst", die als privates Propagandabüro wesentlich durch Schwerindustrie und Bankenwesen gefördert wurde, und die im Juni und Juli 1932 eingerichteten Landesstellen des privaten Nachrichtendienstes (PSND) der Regierung die Programmatik des „Neuen Staates" in die Öffentlichkeit zu tragen.[224] Papen selbst scheute letztlich eine solche „Subventionierung" der *Deutschen Zeitung.*[225] Er begründete dies mit zu geringen Ressourcen des „Wahlgeldfonds" der Regierung und der Hoffnung, dass sich die Zeitung bei der „sicher zu erwartenden Gesundung der politischen Verhältnisse" von selbst finanziell restaurieren werde.[226] Papen wollte nicht bei den deutschnationalen und alldeutschen Kämpfen mit den Nationalsozialisten zusätzlich unter die Räder geraten, indem er die *Deutsche Zeitung* inmitten dieser Auseinandersetzungen zum Regierungsblatt ausbaute. Nach der Absage Papens für die finanzielle Unterstützung der *Deutschen Zeitung* suchten Vertreter des Alldeutschen Verbandes trotz alledem weiter das Gespräch mit ihm in dieser Sache.[227]

Hindenburgs Geburtstag am 2. Oktober bot den Anlass, Loyalitätsbekundungen wegen seiner Unterstützung des autoritären Präsidialregimes der Papen-Regierung abzugeben und zu veröffentlichen. Hugenberg etwa dankte Hindenburg dafür, dass er den Parlamentarismus in die Schranken gewiesen und somit den Neuaufbau des Reiches ermöglicht habe, der weiterhin „eine starke, stetige, wirklich autoritäre Staatsführung" erfordere.[228] Auch Karl von Einem versöhnte sich mit dem Reichspräsidenten. Zu Jahresanfang habe man noch in „verschiedener politischer Auffassung gegenübergestanden", aber nun könne er „Ihre jetzige Politik mit allen Kräften unterstützen".[229] Selbst die *Deutsche Zeitung* mit dem Hauptschriftleiter Schwendy feierte Hindenburgs Geburtstag in großer Aufmachung. Man habe in der Vergangenheit viel Kritik an Hindenburg geübt und sei gegen dessen Wiederwahl im Frühjahr eingetreten, Der Reichspräsident habe aber nicht nur die autoritäre Papen-Regierung unterstützt, sondern sich als „entscheidender Träger der deutschen Politik" erwiesen.[230]

Der Pressechef der DNVP, Hans Brosius, stellte klar, dass jeder Erfolg der DNVP ein Erfolg für die Regierung Papen sei, da die DNVP die einzige Partei sei, die die Regierung stütze.[231] Gleichzeitig sei die DNVP wiederum die einzige Partei, welche die politischen Auseinandersetzungen mit der NSDAP „in einer für die Zukunft der Nation notwendigen

224 Siehe auch Orth: „Der Amtssitz der Opposition?", S. 67–69 und 217–219.

225 Franz von Papen an Otto Fürst zu Salm-Horstmar, 3.10.1932 [verfasst 29.9.1932], in BA-Berlin, R 43/I, Bd. 2480, Bl. 246–247.

226 Ebd., Bl. 247.

227 Siehe Alfred Möllers (über das Treffen mit Staatssekretär Planck am 5.10.1932) an Otto Fürst zu Salm-Horstmar, 6.10.1932, in BA-Berlin, R 8048, Bd. 454, Bl. 118–119.

228 Alfred Hugenberg an Paul von Hindenburg, in Deutsche Zeitung 2.10.1932.

229 Karl von Einem an Paul von Hindenburg, in Deutsche Zeitung 2.10.1932.

230 Deutsche Zeitung 2.10.1932.

231 Ebd. 5.10.1932.

Weise durchzuführen" in der Lage sei, so Hugenberg.[232] In der Entschließung zur Reichsvertretertagung hieß es dann, dass die DNVP eine Sammlungspartei der „Volksgemeinschaft aller Deutschen" sein wolle, ohne jedoch ein „bürgerliches Mischmasch" zu repräsentieren.[233] Zur Stärkung der Organisationsstruktur wurde Dommes zum zweiten Stellvertreter Hugenbergs (neben Annagrete Lehmann, Hans Hilpert, Oberfohren und Winterfeld) ernannt und in das Präsidium gewählt, um die gleichzeitige „Volksbewegung", welche die DNVP lagerübergreifend sein wollte, in die alldeutschen, völkischen und monarchistischen Milieus hinein zu stärken.[234]

Der Alldeutsche Verband hatte sich selbst durch persönliche Kontakte an die Papen-Regierung gebunden. Claß diskutierte mit Hertzberg-Lottin und Innenminister Gayl die juristischen Möglichkeiten einer weiteren „Reinigung der preußischen Verwaltung". Salm-Horstmar organisierte „in dieser Zeit gefahrvollsten Staatsnotstandes" aktiv Wahlbündnisse über einen Ende Oktober gegründeten Ausschuss, der die Papen-Regierung unter „Vermeidung weiterer Zersplitterung" der DNVP bei den anstehenden Reichstagswahlen unterstützen sollte. Möllers wiederum besprach mit dem Staatssekretär der Reichskanzlei, Erwin Planck, Möglichkeiten der Wahlfinanzierung über diesen Ausschuss bei gleichzeitigem Regierungseinfluss auf die Aufstellung der Wahllisten der DNVP.[235]

Die Papen-Regierung rechnete mit einem Rückgang der Stimmen für die NSDAP im November, sodass eine Koalition mit dem Zentrum keine Mehrheit für Hitler bringen würde. Papen plante dann ein größeres Reformprogramm, nach dessen Kenntnisnahme durch den Reichstag das Parlament erneut vertagt werden sollte.[236] Die DNVP verlangte zwar beständig eine radikalere Durchsetzung der Diktaturpolitik und weitergehende politische Schritte unter anderem bei der Entschuldung der Landwirtschaft. Jedoch ließ die Parteiführung keinen Zweifel daran, dass die Papen-Regierung „die erste Regierung" sei, „die, frei vom Parteiwesen, an die Lösung der brennenden Fragen herangehen will".[237]

Die engere Anbindung der Alldeutschen an die Papen-Regierung eröffnete Spielräume für die Distanzierung von Hitlers parlamentarischen Taktiken. Die öffentliche Distanzierung des Alldeutschen Verbandes mit Hitler und der NSDAP erfolgte am 10. Oktober 1932 auf einer Tagung des Landesverbandes Baden, die als Vertretertagung Badens, Württembergs, Hessens und der Pfalz stattfand. Es war zugleich der Vorabend

232 Rede Alfred Hugenberg auf DNVP-Reichsführertagung, in Deutsche Zeitung 6.10.1932.

233 Erklärung des DNVP-Vorstandes 6.10.1932, in Unsere Partei 8.10.1932.

234 Siehe Rede Alfred Hugenberg auf DNVP-Reichsführertagung, in Deutsche Zeitung 8.10.1932.

235 Siehe Tagebucheintrag Reinhold Quaatz, 25.10.1932, und Bericht an Alfred Hugenberg der Besprechung vom 24.10.1932, 26.10.1932, in BA-Koblenz, N 1247, Bd. 17, o. Bl., Alfred Möllers (über das Treffen mit Staatssekretär Planck am 5.10.1932) an Otto Fürst zu Salm-Horstmar, 6.10.1932, in BA-Berlin, R 8048, Bd. 454, Bl. 118–119 und Otto Fürst zu Salm-Horstmar (Aufruf) an Claß, 21.10.1932, in ebd., Bl. 121.

236 Alfred Möllers (über das Treffen mit Staatssekretär Planck am 5.10.1932) an Otto Fürst zu Salm-Horstmar, 6.10.1932, in BA-Berlin, R 8048, Bd. 454, Bl. 118–119.

237 Rundschreiben Oberstleutnant a. D. Fleischhauer (Vorstand DNVP Landesverband Thüringen), Oktober 1932, in STA Altenburg, 1–95–0003, Bd. 53, o. Bl.

zum Jahrestag der Harzburger Tagung 1931. Aus diesem Anlass schrieb Hugenberg warnend, auch die NSDAP diene nur und habe im letzten Jahr eine Reihe verpasster Gelegenheiten zu verantworten.[238] In einer einstündigen Rede legte Claß auf der Vertretertagung dar, dass der Alldeutsche Verband jetzt gegenüber der NSDAP Stellung beziehen müsse. Der öffentliche Distanzierung von der NSDAP vollzog sich nicht zufällig auf der Tagung im südwestdeutschen Raum, da hier enge Verbindungen zwischen Alldeutschen und Nationalsozialisten bestanden und die grundlegende Kritik an Hitlers politischer Taktik durch die Doppelmitgliedschaft führender Badener und Württemberger Alldeutscher in der NSDAP, beispielsweise des Ortsgruppenleiters von Stuttgart, Dr. Wolter, ein stärkeres Gewicht erhielt.[239]

Mit 88 gegen sieben Stimmen wurde eine Erklärung angenommen, die das Bedauern ausdrückte, dass die NSDAP so weit von den Grundsätzen abgerückt sei, dass „man von ihrer Preisgabe sprechen kann".[240] Sie sei auf das parlamentarische System eingeschwenkt und lasse durch taktische Verhandlungen dem Zentrum erneut eine „Schlüsselstellung" zukommen, was in dieser Partei zu einem „Anwachsen der marxistischen Strömung" führe, wodurch ein Zusammengehen mit der NSDAP über eine gemeinsame Flügelbildung immer möglicher werde. Der Verband könne daher nicht mehr empfehlen, die NSDAP „weiterhin zu fördern". Allein die DNVP sei „übrig geblieben" und bei den Wahlkämpfen zu unterstützen. Man habe umfassendes Vertrauen in Hugenberg.[241]

In einer Erklärung in den *Alldeutschen Blättern* fünf Tage später machte Claß deutlich, dass Hitler dem Marxismus im linken Flügel der Partei immer mehr Raum gegeben habe.[242] Auch prominente Fürsprecher für eine Abwendung von der NSDAP wie Ewald von Kleist-Schmenzin drängten schon länger auf eine klare Distanzierung von Hitler.[243] Hugenberg, der zwischen der sachlichen Beschwörung einer Allianz mit Hitler einerseits und einem zunehmend erbittert geführten deutschnationalen Wahlkampf gegen die NSDAP andererseits hin und her pendelte, bemerkte zum „Jahrestag von Harzburg", es sei „schmerzlich", gegen diejenigen schreiben zu müssen, mit denen man 1931 einen „Treubund" habe knüpfen wollen, während im laufenden Wahlkampf „planmässige Terrorakte gegen deutschnationale Versammlungen" stattfänden.[244] Der entscheidende Punkt der Auseinandersetzung mit der NSDAP, der bis zu den Preußenwahlen noch in der Heranführung der Nationalsozialisten an die bürgerliche Rechte

---

238 Alfred Hugenberg: Am Jahrestag von Harzburg, in Deutsche Zeitung 11.10.1932.

239 Dr. Wolter kritisierte Mitte November ebenfalls die Politik der NSDAP der letzten Monate, v. a. Hitlers fundamentale Opposition zur Papen-Regierung, und warnte vor der Gefahr einer Koalition der NSDAP mit dem Zentrum nach den Reichstagswahlen. Rede Dr. Wolter auf der Sitzung der Ortsgruppe Stuttgart des Alldeutschen Verbandes 14.11.1932, in Deutsche Zeitung 14.11.1932.

240 Erklärung des Landesverbandes Baden des Alldeutschen Verbandes 10.10.1932, in Deutsche Zeitung 11.10.1932.

241 Ebd.

242 Erklärung Claß 15.10.1932, in Alldeutsche Blätter 21.10.1932.

243 Siehe auch Baranowsky: The Sanctity of Rural Life, S. 162.

244 Alfred Hugenberg: Am Jahrestag von Harzburg, in Unsere Partei 15.10.1932.

unter Hugenbergs Führung bestanden hatte, war nunmehr die Konkurrenz der DNVP mit dem Zentrum. Dieser Kampf um die „Schlüsselstellung“ sei die eigentliche Herausforderung für die DNVP. Die Partei musste nun ihren Wahlkampf einerseits gegen das „parlamentarische Einschwenken“ einer NSDAP führen, die angesichts von Hitlers Verhandlungen um eine parlamentarische Mehrheit jenseits der Deutschnationalen unzuverlässiger denn je erschien, und andererseits einen grundsätzlichen Weltanschauungskampf gegen das katholische Zentrum liefern.[245]

Claß dankte nun auf dem badischen Vertretertag dem Reichspräsidenten, dass er der Parteiherrschaft ein Ende bereitet habe, und hoffte, dass die Papen-Regierung ihrer Aufgabe als autoritäre Regierung gerecht werde. Der Alldeutsche Verband werde „die Politik dieses Kabinetts in jeder Weise fördern“, solange sie die Grundsätze der Regierungserklärung für einen „Neuen Staat“ einhalte.[246] Mit scharfer Kritik am „Wirtschaftsprogramm“ der Papen-Regierung hielt sich der Alldeutsche Verband hingegen nicht zurück und stellte sich somit auf die Seite der DNVP, die über Hugenberg und auch Bang unter anderem die Lohnpolitik und das ungeklärte Arbeitsbeschaffungsprogramm massiv missbilligte.[247]

Für Claß war nun Mitte Oktober die einzig denkbare Wahlparole eine alleinige Unterstützung der DNVP.[248] Das Dilemma der nicht vorhandenen Massenbasis in der Werbung um die Wähler verstärkte im Grundsatz die fehlenden Machtoptionen der Deutschnationalen. Die *Karlsruher Zeitung* berichtete über den Verbandstag, dass für Claß „nur die Diktatur Deutschlands aus der Not herausführen könnte. Nicht die Masse, sondern die Persönlichkeit mache die Geschichte.“[249] Das öffentliche Vertrauen der Alldeutschen liege damit im Wahlkampf noch nicht einmal mehr bei der DNVP, sondern nur noch bei der „Persönlichkeit“ Hugenberg.[250]

10.3 Der Kampf um das Papen-Kabinett und die „Schlüsselstellung“ der DNVP

Gleich nach seiner Kur in Bad Kissingen ging Claß auf eine ausgedehnte Redereise, um die „alldeutsche Gesinnungsgemeinschaft“ für die DNVP zu stärken.[251] Er sprach sich dahingehend auch mit Vertretern der Ruhrindustrie wie Martin Blank, dem Berliner Verwaltungsleiter der Gutehoffnungshütte, ab, um die generelle Frage eines Zusam-

245 Siehe Claß auf Vertretertagung der badischen Landesvereine, in Deutsche Zeitung 11.10.1932.
246 Erklärung des Landesverbandes Baden des Alldeutschen Verbandes 10.10.1932, in ebd.
247 Siehe Alexander Graf Brockdorff (Lagebericht des Alldeutschen Verbandes), 12.10.1932, in BA-Berlin, R 8048, Bd. 551, Bl. 124–136.
248 Claß auf Vertretertagung der badischen Landesvereine, in Deutsche Zeitung 11.10.1932.
249 Karlsruher Zeitung 11.10.1932.
250 Ebd.
251 Claß an Ludwig Schemann, 15.10.1932, in Universitätsarchiv Freiburg, NL L. Schemann, N 12, Bd. 1669, o. Bl.

mengehens mit der NSDAP und der Rolle Hugenbergs dabei auszuloten.[252] Diskutiert wurde in diesen Runden auch, welche Funktion Hugenberg bei der Öffnung der DNVP für eine mögliche Regierungskoalition einnehmen könnte, die die NSDAP zur Basis hatte, jedoch breiter aufgestellt sein konnte, wie es Reusch oder Krupp wollten. Auch die Rolle der DNVP als flexible Sammlungspartei stand im Mittelpunkt bei der Beurteilung Hugenbergs als Parteiführer. Paul Silverberg, der sich für eine gouvernementale Linie des RDI einsetzte und die Einbindung der SPD in die Regierung befürwortete, brachte mit dieser Haltung die Ruhr-Industriellen wie Reusch, Thyssen und Hugenberg gegen sich auf.[253] Er wollte beispielsweise die DNVP zur Aufnahme „aller politisch heimatlosen Angehörigen des Bürgertums" befähigen, während Ende September der DVP-Parteirat den Vorschlag zu einem überparteilichen Wahlblock des „rechtsstehenden Bürgertums" machte, den Hugenberg bisher immer abgelehnt hatte.[254]

Im September sprachen sich immer mehr führende DNVP-Anhänger der Ruhrindustrie wie Reusch gegen Hugenberg aus, der mit seinem starren Politikverständnis einer breiten bürgerlichen Sammlungsbewegung der DNVP als „Kristallisationspunkt" eines „Zweckblocks" im Wege stehe, so Blank.[255] Das werde auch Oberfohren anerkennen müssen.[256] Am 28. September berichtete Reusch, dass die letzten Bemühungen gescheitert seien, Hugenberg von der Niederlegung des DNVP-Parteivorsitzes zu überzeugen.[257] Mitte Oktober schien Hugenbergs Stellung als Parteivorsitzender derart gefestigt, dass die Absetzbemühungen von Reusch und Krupp, der sich ebenfalls gegen Hugenberg ausgesprochen hatte, nicht zum gewünschten Ergebnis führten.[258]

Claß wurde zu diesen Besprechungen hinzugezogen, um die generelle Frage des Zusammengehens mit der NSDAP und der Rolle Hugenbergs als Parteivorsitzender zu besprechen.[259] Innerhalb der Ruhrindustrie war man sich uneinig, wie mit Hugenberg zu verfahren sei. Dieser hatte nicht zuletzt durch Ruhrindustrielle wie Springorum und Vögler immer noch gewichtige Unterstützer. Krupp war nun Anfang Oktober bereit, selbst beim DNVP-Vorsitzenden vorzusprechen und diesen mit Blick auf die Novemberwahlen vom Rücktritt zu überzeugen. Jedoch erreichte man keine Entscheidung, und auch Krupp sagte sein Ansinnen ab, sich für den Rückzug des DNVP-Vorsitzenden zu verwenden.[260]

Hugenberg ging derweil beharrlich seinen Weg durch den Reichstagswahlkampf weiter und erklärte beständig, er werde den „neuen Kurs" der autoritären Papen-Re-

252 Siehe Martin Blank an Paul Reusch, 24.10.1932, in RWWA, GHH, 130–4001012024/10.

253 Siehe Jones: The German Right, S. 343–345.

254 Paul Silverberg an Paul Reusch, 5.9.1932, in RWWA, GHH, 130–400101255/5 und zum DVP-Vorschlag ebd., 130–241–4. Zu Paul Silverberg siehe Stegmann: Die Silverberg-Kontroverse.

255 Bericht Martin Blank an Paul Reusch, 17.9.1932, in RWWA, GHH, 130–4001012004/10.

256 Bericht Martin Blank an Paul Reusch, 9.9.1932, in ebd.

257 Paul Reusch an Robert Lehr, 28.9.1932, in RWWA, GHH, 130–400101262/3.

258 Siehe Paul Reusch an Otto Fürst zu Salm-Horstmar, 13.10.1932, in ebd.

259 Martin Blank an Paul Reusch, 24.10.1932, in ebd.

260 Siehe Gustav Krupp von Bohlen und Halbach an Paul Reusch, 17.9.1932 und 3.10.1932, in RWWA, GHH, 130–400101290/27b, Bl. 74–75 und Bl. 79.

gierung unterstützen, deren Ziel es war, eine umfassende Verfassungsreform durchzusetzen. Eingerichtet werden sollte entsprechend dieser Reformpläne der Regierung eine Erste Kammer als eigentliches politisches Entscheidungszentrum neben dem Reichstag. Zudem war vorgesehen, die Ministerämter in Preußen und im Reich (bis auf das Innen- und Finanzministerium) zusammenzulegen und die Mitglieder des Preußischen Landtages gleichzeitig zu Abgeordneten des Reichstages zu machen. Zudem sollte das Wahlrecht verändert werden, mit heraufgesetztem Wahlalter und gestufter Stimmenabgabe.[261]

Die angekündigten Erhöhungen der Wohlfahrtsausgaben durch die Papen-Regierung unterstützte Hugenberg ebenfalls angesichts der massiven Ausgabenkürzungen der vergangenen Monate und der hohen Arbeitslosigkeit von über 5 Millionen, die durch ein umfassendes Gesamtprogramm für eine „klare Nationalwirtschaft" im Zusammenspiel mit der Landwirtschaft und grundsätzlich neuen Finanzierungsverhältnissen mit dem Ausland stehen sollten.[262]

Der Arbeiter solle „entproletarisiert" werden, so Hugenberg in seinem ständestaatlichen, an der Ideologie der „Werksgemeinschaft" orientierten Programm. Dies sollte durch verschiedene Maßnahmen erreicht werden: Dezentralisierung der Industrie, Entwicklung „menschenleerer Räume" bei gleichzeitiger Erweiterung von „Lebensraum", Bekämpfung des Marxismus, Reduzierung der Gewerkschaften auf eine für jedes Gewerbe in engem Verbund mit dem Unternehmer, Dezentralisierung des Sozialsystems und der Tarifsysteme, die an die wirtschaftliche Selbstverwaltung anknüpfen sollten. Zusätzlich solle der Arbeiter „Leistungslohn" erhalten und Eigenbesitz aufbauen können, der mehr wert sei als die Geldrente. Als gleichsam moral-politisches Korrektiv sollten Ehrengerichte institutionalisiert werden, die den unehrenhaften Unternehmer bestrafen und ihm die Unternehmertätigkeit absprechen können sollten.[263] Papen habe als erster Reichskanzler die Arbeitslosigkeit aber insgesamt bisher erfolgreich bekämpft, so Hugenberg, und in Wehrfragen gegenüber den Alliierten Deutschlands Gleichberechtigung gut vertreten.[264]

Auch die Alldeutschen klärten ihre Positionen zugunsten der Papen-Regierung. Am 15. Oktober gingen Rundschreiben der Hauptleitung des Alldeutschen Verbandes an die Ortsgruppen, in denen festgelegt wurde, dass die NSDAP nicht mehr im Wahlkampf zu unterstützen sei. Die VVVD schwenkten ebenfalls auf diesen Kurs ein, jedoch ohne die

---

261 Siehe Rede Alfred Hugenberg zum Wahlkampfauftakt in Stendal, 13.10.1932, in Deutsche Zeitung 14.10.1932 und zur Verfassungsreform der Regierung Franz von Papens, in ebd. 15.10.1932.

262 Siehe auch Rede Alfred Hugenberg auf der sozialpolitischen Tagung der DNVP 16.10.1932, in Berliner Lokal-Anzeiger 17.10.1932 und Deutsche Zeitung 17.10.1932. Zitat aus der Rede Alfred Hugenberg in Lübeck 17.10.1932, in ebd., 18.10.1932.

263 Rede Alfred Hugenberg auf der sozialpolitischen Tagung der DNVP 16.10.1932, in Berliner Lokal-Anzeiger 17.10.1932.

264 So die Rede Alfred Hugenberg in Bünde 21.10.1932, in Deutsche Zeitung 21.10.1932.

NSDAP zu erwähnen. Der Gesamtvorstand gab am selben Tag die Parole aus, die Papen-Regierung mit dem Vorhaben der umfassenden Verfassungsreform zu unterstützen.[265]

Abb. 28: Heinrich Claß in Bad Kissingen mit Alfred Hugenberg, Paul Bang und Reinhold Quaatz (4. Oktober 1932).

Hitler erklärte hingegen, dass er sich nun mit jedem verbinden werde, wenn er nur die Führung habe, und schrieb Papen in einem offenen Brief, dass er seine Politik für falsch halte.[266] Die Arbeitsbeschaffungsmaßnahmen sowie der Arbeitsdienst seien „armselig" und außenpolitisch sei die Regierung auf der Abrüstungskonferenz in Lausanne nur Kompromisse eingegangen.[267] Auf einer „Redeschlacht" zwischen DNVP und NSDAP in der Berliner „Neuen Welt", die vom deutschnationalen Landesverband Berlin organisiert wurde, erklärte Helldorf dann gegenüber den beiden DNVP-Reichstagsabgeordneten Schmidt(-Hannover) und Werner Steinhoff, dass die zahlreichen Vorwürfe gegen die DNVP nur die Möglichkeiten eines „Wiederzusammengehens" ausloten sollten und die NSDAP als Mittel der NS-Weltanschauung sich eben auch der parlamentarischen „Gepflogenheiten" bediene, da sie heute die beste Möglichkeit zur Machtübernahme böten. Es sei zudem unmöglich, dass sich die nationalsozialistische Bewegung „am

265 Siehe Alldeutsche Blätter 21.10.1932.
266 Siehe dazu Rede Adolf Hitler in Königsberg 18.10.1932, in Deutsche Zeitung 18.10.1932 und Adolf Hitler an Franz von Papen, in ebd. 20.10.1932.
267 Ebd.

Grünen Tisch einige". Die Träger einer Weltanschauung müssten immer alles verlangen, auch wenn sie dabei „herrisch und unduldsam" aufträten.[268]

Das Wahlziel für Hugenberg blieb dennoch bestehen, nämlich eine Mehrheit zusammen mit der NSDAP bei gleichzeitiger Bekämpfung des Zentrums als „Treiber der Fronde gegen Papen" zu erreichen, der selbst kurz vor den Wahlen seine arbeits- und wirtschaftspolitischen Pläne verstärkt in der Öffentlichkeit ankündigte.[269] Für Claß war nach seiner Distanzierung von der NSDAP der Wahlkampf zwar lediglich für die DNVP zu führen, jedoch letztlich doch mit dem Plan, in eine Mehrheitsregierung mit der NSDAP gehen zu können.

Diese Ambivalenzen lösten sowohl Claß als auch Hugenberg im Wahlkampf nicht auf. In den Ortsgruppen des Alldeutschen Verbandes wie in Darmstadt traf die Absage an Hitler auf eine ohnehin lethargische Mitgliederlandschaft, die sich einem einheitlichen Vorgehen für die DNVP widersetzte und von der Hauptgeschäftsstelle daraufhin zurechtgewiesen wurde, gefälligst keine eigenmächtigen Gegenerklärungen im Sinne der NSDAP auszugeben.[270] Schließlich sei die NSDAP eben nicht „in jeder Beziehung auf der Höhe staatsmännischer Einsicht".[271]

Andere Ambivalenzen kamen mit dem Urteil des Staatsgerichtshofes vom 25. Oktober 1932 zum „Preußenschlag" hinzu.[272] Bei den vorhergehenden Verhandlungen wurde auch vor Gericht über mögliche Vorlagen zum Eingreifen der Regierung in Preußen gesprochen, die Claß mit seiner früheren Diktaturpolitik erneut in die Öffentlichkeit brachten. Der Ministerialdirektor im preußischen Innenministerium unter Braun, Hermann Badt, erklärte vor dem Staatsgerichtshof in Leipzig, dass es einen Plan für den 20. Juli sowie vorherige Absprachen mit bestimmten Parteien nicht gegeben habe. Aus den Untersuchungen gegen Claß im Jahre 1926 habe man hingegen bereits ersehen können, dass schon damals „eine gleiche Linie" zur Anwendung des Artikels 48 der Reichsverfassung aufgeführt gewesen sei, um eine Reichsreform hin zur Diktatur umsetzen zu können.[273]

Das Leipziger Urteil legte letztlich fest, dass der Eingriff der Reichsregierung am 20. Juli insofern verfassungsrechtlich gedeckt gewesen sei, als dass der Reichspräsident durchaus das Recht habe, den Reichskanzler zum Reichskommissar für Preußen zu ernennen sowie ihn zu ermächtigen, den preußischen Ministern ihre amtlichen Befugnisse zu entziehen und selbst zu übernehmen oder auf Kommissare des Reiches zu übertragen. Dieses Recht bestand hingegen nicht in Bezug auf die kommissarische

268 Rede Wolf-Heinrich Graf Helldorf, Deutsche Zeitung 20.10.1932.

269 Rede Alfred Hugenberg in Lippe, in Deutsche Zeitung 22.10.1932 und Rede Alfred Hugenberg in Gelsenkirchen, in ebd. 24.10.1932.

270 Leopold von Vietinghoff-Scheel an Professor G. Ruge, 29.10.1932, in HStA Darmstadt, G12 B, Nr. 31, Bd. 3, o. Bl. und Entschließung Ortsgruppe Darmstadt, o. D., in ebd.

271 Hauptgeschäftsstelle des Alldeutschen Verbandes an Professor G. Ruge, 12.12.1932, in ebd.

272 Alexander Graf Brockdorff (Lagebericht des Alldeutschen Verbandes), 3.11.1932, in BA-Berlin, R 8048, Bd. 551, Bl. 137–148.

273 Aussage Hermann Badt vor dem Staatsgerichtshof in Leipzig, in Deutsche Zeitung 11.10.1932.

Übernahme des Preußischen Staatsministeriums sowie der Reichsvertretung des Landes Preußen im Reichsrat gegenüber dem Reich, dem Staatsrat oder den Ländern. In der Stellungnahme der Regierung hieß es dann, man habe die rechtliche Frage der Vertretung Preußens seit dem 20. Juli immer als eine offene Frage anerkannt und die früheren Minister Preußens müssten die Vertretung im Reichsrat wieder garantieren.[274]

Diese unentschiedene Anerkennung des Leipziger Urteils durch die Regierung war für die *Deutsche Zeitung* „schwer verständlich“, da Papen wohl die Dinge „auf sich zukommen“ lassen und die ersten Beschlüsse der bereits am nächsten Vormittag tagenden „Regierung Braun-Severing“ abwarten wolle, anstatt eine Notverordnung zur Beseitigung der „Unklarheiten“ zu erlassen.[275] Während Braun die Anerkennung der Zweiteilung der Gewalten durch das Leipziger Urteil bestätigt sah, urteilte Hugenberg, dass vielmehr der „Staatsnotstand“ durch die Entscheidung „gerechtfertigt“ sei und er immer die Haltung verfochten habe, dass das „Notstandsrecht“ des Staates der Regierung das Recht zum Vorgehen gegen die preußische Regierung „in vollem Umfang“ zugestanden habe.[276]

Die Papen-Regierung plante in ihrer Verfassungsreform, das Innen-, Finanz- und Kultusministerium in den Händen der preußischen Regierung zu belassen. Gayl erklärte, man werde keine „umstürzenden Neuerungen“ durchführen, während Hugenberg die Beseitigung bürokratischer Hindernisse für die „Rettung der Landwirtschaft“ forderte und für eine neue Mittelstandspolitik den „Mut zu einem kühnen großen Wurf“ verlangte.[277] Die *Deutsche Zeitung* sah in dem „verschärften Konflikt um Preußen“ mit der „Gegenregierung“ Braun/Severing, die wiederum ihre rechtlichen Möglichkeiten auslotete, um Hoheitsrechte zurückzubekommen, eine schwelende Staatskrise, die auch Hindenburg durch seine Anerkennung des Leipziger Urteils und den Aufruf zur Zusammenarbeit aus alldeutscher Sicht nun zu fördern schien.[278] Dass aus Bayern ebenfalls Stimmen gegen die „Verpreußung des Reiches“ laut wurden und der bayerische Ministerpräsident Heinrich Held nun Braun in seinen Bemühungen zur Wiederaufnahme der Regierungsgeschäfte unterstützte, war für Bang Ausweis für die Gegnerschaft des Zentrums gegenüber einer „völkisch deutschen“ Staatsführung. Vielmehr wollte auch Bang die Position des Zentrums als Regierungsmacher verhindern, um ein „Reich von ultramontanen Gnaden“ abzuwenden. Das „Verfassungswehgeschrei des Zentrums und der Sozialdemokratie“ verdecke ohnehin den „Haß gegen Preußen“ und somit im Grunde eine „Gegenreformation“ des Zentrums zur autoritären Präsidialre-

274 Siehe Stellungnahme der Reichsregierung, in Deutsche Zeitung 25.10.1932.

275 Deutsche Zeitung 26.10.1932.

276 Ebd. 27.10.1932.

277 Siehe Deutsche Zeitung 28.10.1932 sowie Erklärung Wilhelm von Gayl, in Deutsche Zeitung 29.10.1932, Rede Alfred Hugenberg in Weimar 27.10.1932, in ebd. 28.10.1932 und Rede Alfred Hugenberg in Leipzig 28.10.1932, in ebd. 29.10.1932.

278 Deutsche Zeitung 31.10.1932 und 30.10.1932.

gierung als Ideal deutschnationaler Politik und somit als Repräsentation des wahren „Volkswillens".[279]

Abb. 29: Das Minderheitskabinett Papen (01. Juni 1932 – 17. November 1932) nach der Vereidigung im Palais des Reichspräsidenten Paul von Hindenburg. 1. Reihe: Reichskanzler Franz von Papen, Außenminister Konstantin Freiherr von Neurath, Reichsminister für Ernährung Magnus Freiherr von Braun. Dahinter: Reichsjustizminister Franz Gürtner, Reichswehrminister General Kurt von Schleicher, Reichsinnenminister Wilhelm Freiherr von Gayl, Staatssekretär Erwin Planck und Wirtschafts- und Arbeitsminister Hermann Warmbold. Gayl schrieb in seinen um 1936 verfassten Erinnerungen: „Papens Regierung stand zwischen zwei Welten. Sie schloss das Weimarer Zeitalter ab und läutete das neue ein."

Claß hielt genauso wie Hugenberg das Papen-Kabinett zwar weiterhin für unvollkommen, in seiner ministeriellen Zusammensetzung gerade in Wirtschaftsfragen für zu uneinheitlich und eben nur als eine „Übergangsregierung" zur Diktatur für geeignet. Angesichts der fehlenden Alternativen einer Mehrheitsregierung von DNVP und NSDAP unterstützte Claß bei aller Kritik grundsätzlich die Präsidialregierung Papens, forderte aber zur Absicherung gegen das Parlament, und letztlich auch gegen den gesteigerten Machtanspruch der NSDAP, eine erweiterte Praxis der Notverordnungspolitik.

In den Staatsnotstandsüberlegungen von Claß erhielt Hindenburg die entscheidende verfassungsrechtliche Funktion für die Errichtung einer Diktatur. Dies sahen

279 Rede Paul Bang in Berlin-Steglitz auf DNVP-Wahlversammlung, in Deutsche Zeitung 1.11.1932. Am Vorabend des Reformationstages rief die *Deutsche Zeitung* am 30.10.1932 zu einer protestantischen Mobilisierung auf, die sich letztlich zur Wahl am 6.11.1932 mit deutschnationalen Plänen für eine parteiübergreifende Sammlungsbewegung verbinden sollte: „Luthergeist in Lutherzeit".

selbstverständlich auch Quaatz, Vietinghoff-Scheel und Hertzberg-Lottin so, die für die Alldeutschen einen engen Kontakt zum Innenminister hielten und sich am 25. Oktober 1932 mit Gayl über die Notwendigkeit der Vermeidung von „halben Lösungen“ in der zukünftigen politischen Struktur vertrauensvoll aussprachen. Demnach dürfe weder eine „Parlamentsregierung“ noch eine „Präsidentenregierung“ und auch kein „Dualismus“ von beiden verfolgt werden.[280] Eine weitere „Reinigung“ der Verwaltung in Preußen sei notwendig. Bei einem zukünftigen Regierungsumbau sollte man dem Reichsrat „ein absolutes Veto“ geben, „und zwar in allen Fragen, nicht nur in Finanzfragen, und gegenüber allen Beschlüssen des Reichstags (nicht der Reichsregierung)“, so Quaatz. Die unmittelbare Einrichtung eines Ständestaates und eines Ständeparlamentes wurde zunächst abgelehnt, da „den Berufskreisen mehr Staatsgesinnung“ erst nach der Errichtung einer wahren Diktatur noch erwachsen müsse.[281]

Zum Wahlkampfende spitzten sich jenseits solcher verfassungsrechtlicher Diktaturplanungen die politischen Gegensätze noch einmal zu. Alexander Graf Brockdorff warnte in den „Lageberichten“ des Alldeutschen Verbandes, die vor allem für die interne Verteilung zwischen Geschäftsstelle und Ortsgruppen herausgegeben wurden, vor den zunehmenden Auseinandersetzungen:

> Fünf Wahlgänge nacheinander haben manche ständig herumgehetzten Massenagitatoren in einen Zustand chronischer Nervenüberreizung und Unfähigkeit zu urteilen und zu sehen versetzt [...]. Ueber all dem Wahllärm und Parteikram, der die Köpfe seit 8 Monaten ständig erfüllt, sind die grossen Sachaufgaben beinahe vergessen worden. [...] Die NSDAP kämpft heute an falscher Front und auf der falschen Seite; unsere Aufgabe ist nicht, sie darin zu bestärken, sondern alles aufzubieten, um sie aus der falschen Front herauszuführen. [...] Wie stets, so kämpfen wir auch heute wider den Strom. [...] Die Regierung Papen hat nicht mehr unbegrenzte Zeit vor sich.[282]

Strategische Allianzen zwischen Nationalsozialisten und Kommunisten trieben schließlich für die Alldeutschen und Deutschnationalen die taktischen Spielchen der NSDAP zur gewaltsamen Paralyse der Politik in ungeahnte Höhen. Den Streik der Berliner Verkehrsgesellschaft (BVG) vom 3. bis 7. November 1932 nahmen die Alldeutschen als „groteske[n] Widerspruch“ wahr, da sich die NSDAP auf Wahlplakaten einerseits als einziger Schutz gegen den Bolschewismus anpries und gleichzeitig mit der KPD die Arbeitsniederlegung organisierte.[283]

Auch Hugenberg, der am 3. November im vollen Berliner Sportpalast zum Wahlkampfausklang sprach, sah die Nationalsozialisten und die Kommunisten „in gemeinsamer Front“, was letztlich nur zu den „Verwirrungen“ der NSDAP im letzten Jahr hinzugerechnet werden müsse. Hugenberg ging auf den linken Flügel der NSDAP zu und

---

280 Tagebucheintrag Reinhold Quaatz 25.10.1932, in Weiß/Hoser (Hrsg.): Die Deutschnationalen, S. 206.
281 Ebd.
282 Alexander Graf Brockdorff (Lagebericht des Alldeutschen Verbandes), 3.11.1932, in BA-Berlin, R 8048, Bd. 551, Bl. 137–148. Zitat ebd., Bl. 145, 146 und 148.
283 Alexander Graf Brockdorff (Lagebericht des Alldeutschen Verbandes), 17.11.1932, in ebd., Bl. 149–158. Zitat ebd., Bl. 155.

kritisierte die „anonymen Kapitalmächte“ und das „vagabundierende Kapital“, die durch eine neuartige Form des Kapitalismus, eine deutsche Nationalwirtschaft, verändert werden müssten. Diese Forderung ließ sich mit der Ideologie von Werksgemeinschaft, Ständestaat und Unternehmerverantwortung „höherer Ordnung“ verbinden und war somit weniger revolutionär, als diese Terminologien vermittelten. Hugenberg verlangte schließlich nochmals von den Nationalsozialisten, die „Feindschaften“ mit der DNVP niederzulegen.[284] Deren Wahlaufruf forderte an diesem Abend eine „unabhängige Staatsführung“, die man im Reich eigentlich längst habe. Wer einen „vom Sozialismus freien Staat“ wolle, der müsse DNVP wählen, auch um die „Rückkehr schwarzroter Machthaber“ in Preußen zu verhindern.[285] Wilhelm Laverrenz, Vorsitzender des DNVP-Landesverbandes Berlin, erklärte abschließend, man werde die Papen-Regierung „immer unterstützen“, wenn sie den Mut habe, „auf dem beschrittenen Weg fortzufahren“.[286]

Unmittelbar vor den Reichstagswahlen ging Claß in seiner Unterstützung für das Papen-Kabinett einen symbolisch wichtigen Schritt weiter, als er nun sogar in den Ende Oktober gegründeten „Deutschen Ausschuss. Mit Hindenburg für Volk und Reich“ eintrat, dem sich bei Gründung 250 Professoren anschlossen, die eine überparteiliche Regierung mit autoritärer Amtsführung und präsidialer Deckung forderten. Claß sah in diesem Kreis seine Vision einer „Reichsverweserschaft“ durch den Reichspräsidenten zu dem Zeitpunkt am besten erfüllt. Demnach lag das Gestaltungszentrum für die Errichtung einer Diktatur bei Hindenburg, dessen Befugnisse ausgedehnt und dem das Reich gleichsam „treuhänderisch anvertraut“ werden sollte, sodass er sich über die Reichsverfassung „hinwegsetzen und die Staatsform ändern konnte“, so Wolfram Pyta.[287] Entsprechend dem Aufruf war Hindenburg die einzige Institution „deutscher Staatlichkeit“. Hindenburg sei „dem deutschen Volke vom Schicksal als Staatsoberhaupt gegeben“, was durch kein Wahlergebnis geändert werden könne.[288] Daher bekannten sich die Unterzeichner zu Hindenburg, der bei allen Dissonanzen letztlich die einzige Autorität jenseits des Parlaments verkörpere und somit der entscheidende Ansatzpunkt für die autoritäre Diktatur sein sollte. „Man mag seinen einzelnen Taten widerstehen, aber man kann ihn nicht absetzen“, so der Aufruf des Ausschusses.[289]

Salm-Horstmar war federführend an der Ausarbeitung des Aufrufs und der Gewinnung weiterer Unterzeichner beteiligt. Das Ziel des Aufrufes war die Unterstützung einer „unabhängigen und tatkräftigen Regierung“ sowie die Vermeidung einer erneuten Parteigründung für die parlamentarischen Auseinandersetzungen in den anstehenden Reichstagswahlen: „Wir treten daher zur Vermeidung weiterer Zersplitterung für die

---

284 Rede Alfred Hugenberg in Berlin 3.11.1932, in Deutsche Zeitung 4.11.1932.
285 Wahlaufruf DNVP 3.11.1932, in ebd.
286 Rede Wilhelm Laverrenz in Berlin 3.11.1932, in ebd.
287 Pyta: Hindenburg, S. 621.
288 Otto Fürst zu Salm-Horstmar an Rudolf Smend, 21.10.1932, in NSUB Göttingen, NL Smend, A 721.
289 Aufruf (Entwurf), Oktober 1932, in Otto Fürst zu Salm-Horstmar an Rudolf Smend, 21.10.1932, in ebd.

Wahl der Deutschnationalen Volkspartei ein."[290] Otto Lubarsch, Reinhold Seeberg, Max Wundt und Hans Scupin gehörten zu den ersten, die unterschrieben, ebenso wie Albert Vowinckel und die Hugenberg-Unterstützer der Ruhrindustrie, Vögler und Springorum.[291] Lubarsch, der bereits 1890 den Gründungsaufruf „Deutschland wach auf!" des Alldeutschen Verbandes (Allgemeiner Deutscher Verband) mitverfasst hatte, hielt den Appell für viel „zu matt" und „farblos" und für eine „eigentlich Hochschullehrern nicht gerade sehr würdige Erklärung". Er unterschreibe ihn nur, weil er sich an die Studenten richte.[292] Unmittelbar darauf folgten Anfang November neben Claß auch die führenden Alldeutschen Hertzberg-Lottin, Karl Klingemann, Ludwig Schemann, Möllers, August Gebhard sowie der Claß-Vertraute August von Cramon und Ludwig Klitzsch von der Ufa.[293]

Die funktionale Interessengemeinschaft mit Hindenburg als Reichspräsident konnte kurz vor den Wahlen nicht klarer zum Ausdruck gebracht werden, wenngleich sich die Politik der Alldeutschen, der Deutschnationalen, des Reichskanzlers und des Reichspräsidenten nicht immer deckten. Papen sprach jedoch ganz im Sinne Claß' und Hugenbergs, als er in einer Rundfunkrede am 4. November von einer Regierung der Sammlung sprach und vor allem die Nationalsozialisten scharf angriff, die einen revolutionären „gottesleugnerischen Bolschewismus" als klassenkämpferische Wahlkampfmethode propagierten und das Papen-Programm aus „Parteiegoismus" sabotieren würden, das „Brot und Arbeit" als erste Aufgabe sowie „Ruhe und Ordnung" in Preußen sichern wolle.[294] Hugenberg verurteilte Hitler auch öffentlich dafür, dass die NSDAP bis zum 13. August die Papen-Regierung im Grunde gestützt habe und seit den gescheiterten Forderungen nach der Macht die „großen Verdienste" in Preußen nicht anerkenne.[295] Für die DNVP sei der Kampf gegen die Weimarer Verfassung ebenfalls ein „Grundsatz", und man habe geholfen, dass das Parlament, das nie über das deutsche Volk „herrschen" könne, „mattgesetzt" sei.[296]

Das Reichstagswahlergebnis vom 6. November bescherte Hugenberg einen leichten Zuwachs an Stimmen von 2,4 Prozent auf insgesamt 8,3 Prozent, während die NSDAP nicht zuletzt aufgrund ihrer zur Schau gestellten Gewalt auf der Straße 4,2 Prozent verlor und 33,1 Prozent erreichte. Auch die SPD und das Zentrum mussten leichte Verluste hinnehmen. Neben der DNVP wuchs der Stimmenanteil der DVP um 0,7 Prozent auf insgesamt 1,9 Prozent. Die KPD gewann 2,6 Prozent dazu und schnitt mit 16,9 Prozent ab.

---

290 Siehe Otto Fürst zu Salm-Horstmar an Rudolf Smend, 21.10.1932, in ebd.

291 Deutsche Zeitung 22.10.1932 und 29.10.1932. Auch Carl Schmitt, Hans von Seeckt, Heinz Brauweiler, Rudolf Smend, Hans Grimm und Stefan George sollten von Beginn an gewonnen werden. Siehe Anhang zum Aufruf (Entwurf), in Otto Fürst zu Salm-Horstmar an Rudolf Smend, 21.10.1932, in NSUB Göttingen, NL Smend, A 721.

292 Otto Lubarsch an Rudolf Smend, 24.10.1932, in NSUB Göttingen, NL Smend, A 532.

293 Deutsche Zeitung 4.11.1932.

294 Rundfunkrede Franz von Papen 4.11.1932, in Deutsche Zeitung 5.11.1932.

295 Rede Alfred Hugenberg in Braunschweig, 3.11.1932, in ebd.

296 Ebd.

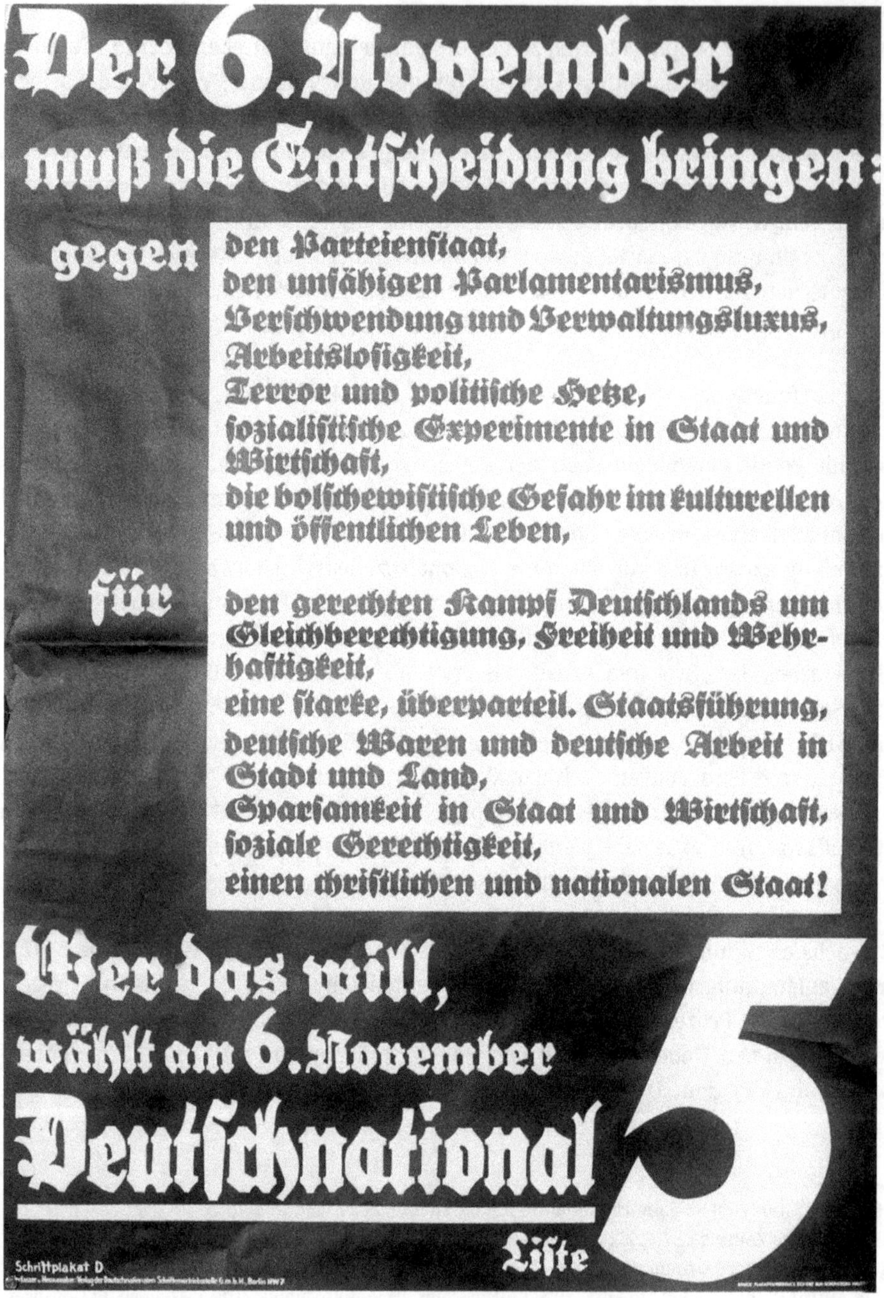

Abb. 30: Wahlplakat der DNVP zu den Reichstagswahlen am 6. November 1932 mit der grundsätzlichen Forderung nach der Überwindung von Parlamentarismus und Parteiensystem. In dem von der DNVP und dem Stahlhelm mit immensem Aufwand geführten Wahlkampf wurden zudem Plakate mit der Forderung nach einer Stärkung der verfassungsrechtlichen Stellung des Reichspräsidenten Paul von Hindenburg verbreitet. Auch Angriffe gegen die Nationalsozialisten und deren taktische Kooperationen mit dem Zentrum standen im Mittelpunkt des Wahlkampfes.

Hugenberg hatte sich als DNVP-Parteivorsitzender, gemessen am Wahlergebnis und dem aufgehaltenen Fall der DNVP in der Wahlunterstützung, auf bescheidenem Niveau gegenüber den Kritikern und Befürwortern seines Rücktritts scheinbar bewährt und gleichzeitig den Wahlkampf gegen Zentrum und Sozialismus sowie gegen den Machtanspruch der NSDAP als Erfolg verbuchen können. Immerhin konnten die Deutschnationalen einige Hochburgen gegen die NSDAP zurückgewinnen, die sie bei den Juli-Wahlen an die Nationalsozialisten verloren hatten. Das änderte jedoch nichts an dem Umstand, dass die Hochburgen von NSDAP und DNVP korrelierten und der Kampf um Wählerstimmen von der NSDAP im selben politischen Lager und im selben sozial-moralischen Milieu geführt wurde, aus dem Hugenberg schöpfte.[297] Immerhin sei jedoch eine „schwarz-braune Mehrheit" von Zentrum und NSDAP im Reichstag verhindert worden, verkündete Hugenberg in seiner ersten Erklärung.[298]

Das sahen auch die Alldeutschen so und erkannten im Wahlergebnis der NSDAP „Hitlers Aspern", in allegorischer Anlehnung an die den Feldzug nicht entscheidende, aber doch verzögernde Niederlage Napoleons im Jahre 1809. Eine ungeschickte NSDAP-Parteiführung habe ihre Niederlage nun „selbstverschuldet" herbeigeführt und somit den Mythos des stetigen Aufstiegs Hitlers preisgegeben.[299] Brockdorff von der alldeutschen Geschäftsstelle folgerte zuversichtlich aus dem „erfreulichen" Stimmenzuwachs für die DNVP von fast einer Million sogar, dass weitaus mehr Voten dazugekommen wären, wenn die „kleinere Parteipresse" sich nicht zu sehr vor die Regierung Papen gestellt hätte.[300] Letztlich gewann die DNVP in nahezu allen 35 Wahlbezirken hinzu mit den größten Zuwächsen in ihren traditionellen Einzugsgebieten mit jeweils über 100.000 Stimmen in Ostpreußen, Berlin, Potsdam I, Potsdam II, Frankfurt an der Oder, Pommern, Magdeburg und Merseburg.[301]

Die Reichstagswahl ergab zwar erneut keine Mehrheit für die Papen-Regierung, aber auch keine deutliche Mehrheit für eine Regierung von NSDAP und Zentrum. Die *Deutsche Zeitung* titelte deshalb euphorisch „Nie wieder Parteienstaat", da mit diesem Reichstag nicht zu regieren beziehungsweise keine Koalition gegen die Papen-Regierung zu bilden sei.[302] Unter parteipolitischen Gesichtspunkten sei die DNVP also der eigentliche Gewinner dieser Wahl, da sie einen „großen moralischen Sieg" errungen habe und

297 Falter: Hitlers Wähler, S. 165–170. In den DNVP-Hochburgen erzielte die NSDAP bei den Reichstagswahlen vom November 1932 mit 38 Prozent überdurchschnittliche Wahlergebnisse gemessen am Gesamtergebnis der NSDAP bei den Reichstagswahlen von 33,1 Prozent Bei den Reichstagswahlen vom Juli 1932 lagen die überdurchschnittlichen Wahlergebnisse der NSDAP in DNVP-Hochburgen noch bei 44 Prozent gemessen am Gesamtwahlergebnis der NSDAP bei den Reichstagswahlen von 37,3 Prozent. Jürgen Falter berechnete die „Hochburgen" der DNVP anhand der 124 Kreise mit den besten Wahlergebnissen der Partei. Ebd, S. 168.

298 Erklärung Alfred Hugenberg, in Deutsche Zeitung 6.11.1932.

299 Alldeutsche Blätter 19.11.1932. Siehe dazu auch Kruck: Geschichte des Alldeutschen Verbandes, S. 206.

300 Alexander Graf Brockdorff (Lagebericht des Alldeutschen Verbandes), 17.11.1932, in BA-Berlin, R 8048, Bd. 551, Bl. 149–158. Zitat ebd., Bl. 149.

301 Siehe Deutsche Zeitung 6.11.1932.

302 Ebd.

jetzt „das Zünglein an der Waage" sei. Denn auch mit diesem Reichstag sei es nicht möglich, gegen die Regierung zu regieren. Die DNVP habe sich immer vor die Papen-Regierung gestellt und alle Angriffe ausgehalten, nun müsse man sich jedoch mit der NSDAP zusammenfinden, da „diese Bewegung für Deutschland notwendig ist". Der „Staatsnotstand" sei durch die Wahl nur noch gesteigert worden, und dem müsse man mit geeigneten Mitteln „Rechnung tragen".[303] Neuwahlen seien für die DNVP und auch für die KPD nicht von Interesse und die NSDAP müsse verstehen, dass das Zentrum grundsätzlich bei Verhandlungen über Regierungsbeteiligungen nur „parlamentarische Spielchen" für eine „Rückkehr zum Parlamentarismus" betreibe.[304]

Auch Papen versicherte Hindenburg, der ihm die erneute Regierungsbildung anvertraut hatte, keine parlamentarischen Planspiele zu betreiben und den Grundcharakter der Regierung dahingehend nicht zu verändern. Eine Kabinettsumbildung stand für ihn außer Frage. Hingegen wollte er die Grundlagen ausbauen und eine wahre Regierung der „nationalen Konzentration" erreichen.[305] Im Kabinett wurde beschlossen, dass Papen sich erneut offiziell von Hindenburg mit der Regierungsbildung beauftragen lassen sollte, während Schleicher gleichzeitig mit Hitler um die Unterstützung oder Tolerierung durch die NSDAP verhandeln sollte.[306] Am 13. November traf sich Papen schließlich mit Hugenberg, worüber strenges Stillschweigen vereinbart wurde.[307] Ein paar Tage später empfing Papen ebenfalls die Vertreter der Mittelparteien. Die Redakteure der *Deutschen Zeitung* fragten hingegen „Verhandlungen mit wem und wozu?" und wunderten sich darüber, dass Papen die Verfassungsreform, durch die zuletzt mit der Verordnung vom 29. Oktober der weitere Umbau des Verhältnisses Preußen/Reich vorangetrieben werden sollte, nicht autoritär von oben durch Zwang ausführen wollte.[308]

Die erneute Zulassung des DvSTB in Preußen im November durch die Aufhebung des Verbotes vom 1. Juli 1922 im Zuge des auslaufenden Republikschutzgesetzes löste bei den Alldeutschen Hoffnungen aus, dass eine autoritäre Verwaltung Preußens auch die verfassungsrechtlichen Hürden für die eigene Verbandsarbeit abbauen würde.[309] Ermöglicht wurde dies durch die Mehrheit im Reichstag von NSDAP und KPD, die zum Auslaufen des Gesetzes führte.[310] Der Reichskommissar für das Innenministerium,

303 Ebd.

304 Siehe Deutsche Zeitung 8.11.1932. Zitate ebd. 9.11.1932 und 11.11.1932.

305 Ebd. 8.11.1932 und 10.11.1932.

306 Siehe auch Tagebucheintrag Johann Ludwig (Lutz) Graf Schwerin von Krosigk 9.11.1932, in IfZ, ZS/A 20, Bd. 4, Bl. 4–5.

307 Deutsche Zeitung 14.11.1932.

308 Ebd. 15.11.1932.

309 Ebd. 13.11.1932.

310 Siehe auch Alexander Graf Brockdorff (Lagebericht des Alldeutschen Verbandes), 5.1.1933, in BA-Berlin, R 8048, Bd. 552, Bl. 7.

Abb. 31: Drei Alldeutsche der DNVP auf dem Weg ins Parlament: Paul Bang, Alfred Hugenberg und Otto Schmidt(-Hannover) vor dem Reichstag (1932). Der Jurist und Geheime Finanzrat Hugenberg war bereits 1919/20 für die DNVP Mitglied der Verfassungsgebenden Nationalversammlung und seit 1920 Mitglied des Reichstags. Der ehemalige Assessor und Hilfsrichter am Amtsgericht und Landgericht in Freiberg (1906–1911) sowie Mitarbeiter im sächsischen Finanzministerium (1911–1919) Bang trat auf Wunsch von Claß und Hugenberg als DNVP-Kandidat bei den Reichstagswahlen 1928 an, um Hugenberg auf dem Weg zum Parteivorsitz und zur Reichskanzlerschaft auch als Verbindungsmann zu Claß zu unterstützen. Schmidt(-Hannover) gehörte seit den Reichstagswahlen 1924 der DNVP-Fraktion an und übernahm im April 1933 das Amt des DNVP-Fraktionsvorsitzenden von Ernst Oberfohren.

Bracht, erließ diesbezüglich am 8. November 1932 eine knappe Verfügung.[311] Die *Deutsche Zeitung* rief sofort Interessenten für eine Mitgliedschaft auf, sich bei Alfred Roth in Hamburg-Bergedorf zu melden, der 1925 noch für die DNVP in den Reichstag eingezogen und dann bereits 1928 in die NSDAP eingetreten war.[312] Claß musste indes aber unmissverständlich klarstellen, dass an eine Wiedergründung des Bundes aufgrund fehlender Ressourcen überhaupt nicht zu denken sei, schließlich konnte Roth „aus Mangel

311 Bekanntmachung betreffend die Aufhebung der Verfügung vom 1. Juli 1922, betreffend die Auflösung der in Preußen bestehenden Gruppen des Deutschvölkischen Schutz- und Trutzbundes, Sitz in Hamburg, vom 8. November 1932, in Deutscher Reichsanzeiger und Preußischer Staatsanzeiger Nr. 266, 11.11.1932.
312 Deutsche Zeitung 17.11.1932.

an Mitteln“ bereits 1930 noch nicht einmal als Redner für den Alldeutschen Verband bezahlt werden.[313]

Papen versuchte nun einerseits weiterhin, seine Verfassungsreform durchzusetzen und auch seine Notverordnungspolitik auszubauen, indem er beispielsweise die zuletzt erlassene Verordnung zur Sicherung des inneren Friedens vom 2. November über den 17. November bis zum 2. Januar 1933 verlängerte.[314] Andererseits wollte er Hitler näher an die Regierung binden, da Hindenburg nicht zum Verfassungsbruch bereit war, was eine solche Reform ohne parlamentarische Mehrheiten im Reichstag jedoch bedeutet hätte.[315]

Gescheiterte Verständigungen um eine breitere Unterstützung für eine Rechtsregierung führten am Ende zur Demission Papens am 17. November, dessen Regierung noch geschäftsführend im Amt blieb. Entscheidend war der Vertrauensverlust Schleichers und somit der Reichswehr, die Papen als reaktionär wahrgenommenen Reichskanzler bereits während des Streiks der Berliner Verkehrsgesellschaft die Integrationskraft absprachen. Schleicher, der Hindenburg zuvor Brüning als Kanzler empfohlen und entscheidend zu dessen Rücktritt beigetragen hatte, wiederholte diesen Mechanismus manipulativer Suggestion nun durch Interventionen beim Reichspräsidenten für die Absetzung Papens, der wiederum bei Hindenburg wie bereits am 13. August eine Kanzlerschaft Hitlers vorschlug. Der Reichspräsident empfing am 18. November Hugenberg sowie Ludwig Kaas vom Zentrum und Eduard Dingeldey von der DVP für Gespräche und schließlich am 19. November Hitler und den Vorsitzenden der BVP, Fritz Schäffer. Die SPD hatte bereits im Vorfeld abgesagt.[316]

Über das Gespräch Hugenbergs mit Hindenburg hielt Meißner fest, dass Hugenberg dem Reichspräsidenten zunächst dafür dankte, dass dieser im Sommer des Jahres ein „überparteiliches Präsidialkabinett“ berufen hatte, denn die Berufung eines Präsidialkabinetts jenseits des Einflusses der Parteien „ist und bleibt der richtige Weg“.[317] Die DNVP sei grundsätzlich antiparlamentarisch eingestellt. Man gehe den parlamentarischen Weg nur, „um mehr Parteimacht zu erreichen“, so Hugenberg. „Vor zwei Jahren“ sei er noch der Auffassung gewesen, dass „sich durch eine Zusammenarbeit der Na-

313 Claß auf der Sitzung des Geschäftsführenden Ausschusses des Alldeutschen Verbandes, 11.12.1932, in BA-Berlin, R 8048, Bd. 172, Bl. 62 und Hauptgeschäftsstelle des Alldeutschen Verbandes an Alfred Roth, 5.2.1930, in ebd., Bd. 216, Bl. 37. Siehe auch Lohalm: Völkischer Radikalismus, S. 279–281. Ende 1930 betrugen die Rücklagen des Wehrschatzes nach Auskunft von Claß gerade noch 55 Mark. Siehe Otto von Roeder an Julius F. Lehmann, 13.11.1930, in ebd., Bd. 216, Bl. 240.

314 Verordnung des Reichskanzlers zur Sicherung des inneren Friedens 2.11.1932 und 18.11.1932, in Reichsgesetzblatt 1932, Teil I, Nr. 72, Bl. 517 und 529.

315 Siehe auch Jasper: Die gescheiterte Zähmung, S. 115–116.

316 Siehe zum folgenden Aufzeichnungen Otto Meißner über den Empfang Alfred Hugenbergs, Ludwig Kaas' und Eduard Dingeldeys beim Reichspräsidenten, 18.11.1932 sowie Aufzeichnungen Otto Meißner über den Empfang Adolf Hitlers und Fritz Schäffers beim Reichspräsidenten, 19.11.1932, in Akten der Reichskanzlei. Das Kabinett Papen, Bd. 2, S. 973–974, 975–977, 977–979, 984–986 und 987–988.

317 Zum folgenden: Aufzeichnung Otto Meißner über den Empfang Alfred Hugenbergs beim Reichspräsidenten, 18.11.1932, in Hubatsch (Hrsg.): Hindenburg und der Staat, S. 345–347.

tionalsozialisten mit den Deutschnationalen die Grundlage für eine autoritäre Regierung schaffen ließe." Er habe die Erwartung aufgegeben, mit der NSDAP eine autoritäre Regierung zu bilden, seitdem sie sich „zu einer radikalen Partei" entwickelt habe.[318]

Vor Bad Harzburg habe Hitler weder Reichskanzler noch Reichspräsident werden wollen, doch dann sei er „umgeschwenkt". Daher habe er, Hugenberg, nach den Erfahrungen des letzten Jahres wenig Vertrauen in die „Vertragstreue" Hitlers und „sehr große Bedenken" gegen dessen Ernennung zum Reichskanzler. Doch wolle er zu einem späteren Zeitpunkt darauf zukommen, „wenn die Dinge weiter geklärt geklärt sind" und ihm der Reichspräsident „noch einmal Gelegenheit gibt, darüber zu sprechen".[319] Den Reichstag empfahl der DNVP-Vorsitzende erst wieder aufzulösen, nachdem er getagt und somit seine politische Unfähigkeit bewiesen habe. Das Papen-Kabinett war, so Hugenberg, vornehmlich aus wirtschaftspolitischen Gründen gescheitert, trotz eines im Grundsatz zu unterstützenden Wirtschaftsprogramms, das ihn zwar mit der Bekämpfung der Arbeitslosigkeit und Maßnahmen zur Belebung der Konjunktur seit der Bankenkrise 1931 optimistischer in die Zukunft blicken ließ, jedoch sei die grundsätzliche Sanierung der Wirtschaft nur durch ein umfassendes System der Neustrukturierung der deutschen Auslandsschulden zu erreichen.

In seiner Rücktrittserklärung musste Papen feststellen, dass eine Regierung der „nationalen Konzentration" von der DNVP, der DVP und der BVP gestützt, aber von der SPD, dem Zentrum und der NSDAP nicht angenommen worden sei.[320] Für die *Deutsche Zeitung* waren all die Verhandlungen im Vorfeld von Papens Rücktritt bereits ein „Rückfall in den Parlamentarismus" und auch der „Deutsche Ausschuss für Hindenburg" forderte den Reichspräsidenten auf, eine „Wiederauslieferung der Staatsbürokratie an die Parteibürokratie" zu verhindern.[321] Am 18. November veröffentlichte der Ausschuss, dem Claß angehörte, einen Aufruf, der Reichspräsident möge eine „Wiederauslieferung" der Staatsführung an die „Parteibürokratie" verhindern und erneut eine unabhängige Regierung einsetzen.[322]

Zahlreiche Bemühungen um eine Verständigung auf eine Regierung bestimmten nun auch das Handeln des Reichspräsidenten, der Hitler am 19. November mit Frick und Strasser bei sich empfing und ihn mit der Bildung einer parlamentarisch gestützten Mehrheitsregierung beauftragte.[323] Im Vergleich zu dem kurzen Gespräch am 13. August dauerte diese Unterredung nun knapp über eine Stunde. Hindenburg wolle, so Quaatz, neben Hitler als Reichskanzler und Strasser als Innenminister weiterhin Hugenberg als Wirtschaftsminister (oder nach Papens Wunsch als „Wirtschaftsdiktator"), Frick als

318 Ebd, S. 346

319 Ebd., S. 347.

320 Erklärung Franz von Papen, in Deutsche Zeitung 18.11.1932.

321 Deutsche Zeitung 18.11.1932.

322 Ebd. Auch der Stahlhelm drängte Paul von Hindenburg auf eine parteiunabhängige und autoritäre Staatsführung. So Franz Seldte und Theodor Duesterberg an Paul von Hindenburg 18.11.1932, in Deutsche Zeitung 19.11.1932.

323 Siehe auch Tagebucheintrag Reinhold Quaatz 19.11.1932, in BA-Koblenz, N 1247, Bd. 17, o. Bl.

Justizminister und Joseph Joos vom Zentrum als Arbeitsminister. Außerdem wünsche der Reichspräsident, aus dem jetzigen Papen-Kabinett Konstantin Freiherr von Neurath als Außenminister, Magnus Freiherr von Braun als Landwirtschaftsminister, Johann Ludwig Graf Schwerin von Krosigk als Finanzminister und Schleicher als Reichswehrminister erneut zu berufen.[324] Somit wäre eine überparteiliche Regierung gebildet worden, die Hitler nur bedingt Spielräume für eine Parteiendiktatur am Reichspräsidenten vorbeigelassen hätte. Hitler hingegen hoffte auf eine Unterstützung durch Hindenburg für ein Ermächtigungsgesetz zur Sicherung der Unabhängigkeit der Regierung vom Parlament, um nicht weiter mit Notverordnungen regieren zu müssen. Er befürchtete nicht ohne Grund den Zerfall der NS-Bewegung bei einem derartig eng definierten Eintritt der NSDAP in eine Regierung.[325]

Es folgten briefliche Auseinandersetzungen zwischen Hitler und Meißner, während sich Göring umgehend mit Meißner sowie Kaas und Adam Stegerwald vom Zentrum und mit Schäffer von der BVP besprach, um mögliche parlamentarische Mehrheiten für Hindenburgs Verhandlungsauftrag zu sondieren.[326] Hugenberg lehnte angesichts dieser Vorstöße der NSDAP sowie der Vorgänge der letzten Wochen eine Einladung Hitlers für den 20. November ab.[327] Vielmehr befürchtete er die Berufung eines Kabinetts Schacht/Strasser oder die Ernennung Hitlers zum Reichskanzler, die Schleicher mit dem Angebot der Vizekanzlerschaft nun versuchte, Hitler auszureden.[328] Während sich Hitler erneut am 21. November mit Hindenburg besprach und den ihm angebotenen Auftrag der Bildung eines Mehrheitskabinetts überdenken wollte, versuchten Schacht sowie Carl Eduard Herzog von Sachsen-Coburg und Gotha wiederum Hugenberg für Hitler zu gewinnen.[329] Schacht, der die Industriellen-Eingabe an Hindenburg vom 19. November mit der Forderung der Berufung Hitlers zum Reichskanzler wesentlich vorangetrieben hatte, verhandelte am 22. November auf Wunsch Hitlers mit Hugenberg, der Schacht jedoch eine Absage erteilte. Er schlug hingegen Schacht vor, zusammen mit Hitler als Minister ohne Portfolio in die Regierung zu gehen.[330]

Hindenburgs Angebot an Hitler einer parlamentarisch gestützten Mehrheitsregierung war zu diesem Zeitpunkt wenig aussichtsreich, denn Hitler hätte nicht, wie Brüning oder Papen zuvor, als Präsidialkanzler mit den Notverordnungsrechten des Artikels 48 regieren können.[331] Hitler lehnte das Angebot Hindenburgs am 23. November ab und machte den Gegenvorschlag an den Reichspräsidenten, stattdessen ein Präsidial-

324 Siehe Gesprächsnotiz Reinhold Quaatz über ein Gespräch mit Otto Meißner über das Treffen Paul von Hindenburgs mit Adolf Hitler am 19.11.1932, in BA-Koblenz, N 1247, Bd. 17, o. Bl.

325 Siehe Longerich: Hitler, S. 275–277.

326 Deutsche Zeitung 19.11.1932, 20.11.1932 und 21.11.1932.

327 Deutsche Zeitung 21.11.1932.

328 Siehe Tagebucheinträge Reinhold Quaatz 15.11.1932 und 17.11.1932, in Weiß/Hoser (Hrsg.): Die Deutschnationalen, S. 201 und 211 sowie Deutsche Zeitung 21.11.1932.

329 Deutsche Zeitung 23.11.1932.

330 Siehe Hentschel: Weimars letzte Monate, S. 85, Turner: German Big Business, S. 302–304 und Kopper: Schacht, S. 201–202.

331 Siehe Hentschel: Weimar letzte Monate, S. 71 und Pyta: Hindenburg, S. 753–759.

kabinett mit Ministern einzusetzen, die lediglich auf der Basis von Hindenburgs Vertrauen berufen und nicht von Parteien bestellt sein sollten.[332] Hindenburg lehnte Hitlers Vorschlag in dieser Form am nächsten Tag ab und erklärte weitere Verhandlungen mit Hitler in dieser Frage für zwecklos.[333] Am selben Tag traf sich Hugenberg noch mit Hitler, nachdem der NSDAP-Führer in einem Aufruf nach der Absage Hindenburgs seine Ablehnung der Regierungsbeteiligung am 13. August rechtfertigte, da er damals lediglich gerufen worden sei, um die Regierung Papen zu retten.[334] Auch Hugenberg, der sich am 25. November mit Kaas traf, um dessen Anliegen einer „Not-Arbeitsgemeinschaft“ im Reichstag zu besprechen und letztlich abzulehnen, versuchte, den Rückzug der DNVP aus Planungen für einen mittleren Weg der Regierungsbildung damit zu rechtfertigen, dass es immer die Politik der Deutschnationalen gewesen sei, keine parteitaktischen Kompromisse mehr zu schließen, sondern sich an Sachfragen zu orientieren.[335]

In der Ministerbesprechung der Regierung am 25. November machte Papen unmissverständlich deutlich, dass Hugenberg gegenüber Hindenburg sowie ihm selbst erklärt habe, dass die DNVP nur ein Präsidialregime unterstützen werde. Gayl bestärkte in der Besprechung diese Variante zugunsten der noch bestehenden Papen-Regierung, indem er Befürchtungen aussprach, dass auch Hitler und Hugenberg selbst im Falle des Zusammengehens von NSDAP und DNVP keine parlamentarische Mehrheit hätten und sich die KPD für den Fall einer Reichskanzlerschaft Hitlers „rüsten“ würde.[336]

Für die *Deutsche Zeitung* waren die Verhandlungen im November wie die Regierungsbildungen der letzten Jahre wie ein „Kreuzworträtsel“ zu einem Sport mit „tagelangem Hin und Her, planlosen Verhandlungen, taktischen Spielereien“ geworden, und auch der Auftrag Hindenburgs an Hitler, eine Mehrheitsregierung zu bilden, habe letztlich scheitern müssen.[337]

Inzwischen verstärkte Schleicher seine Bemühungen, mit seinem Konzept einer „Querfront“ vom linken Flügel der NSDAP bis hin zu den sozialdemokratischen Gewerkschaften eine Regierung unter seiner Kanzlerschaft zu sondieren.[338] Um den 26./27. November sprach er mit Kaas vom Zentrum über eine Regierungsbeteiligung. Hugenberg schickte den Vorsitzenden der Bismarckjugend, Herbert Fürst von Bismarck, zu Regierungsmitgliedern wie Finanzminister Schwerin von Krosigk, um stattdessen für eine Regierung Papen zu werben, während der Stahlhelm mitteilen ließ, dass man

332 Siehe Völkischer Beobachter 23.11.1932.

333 Otto Meißner an Adolf Hitler 24.11.1932, in Akten der Reichskanzlei. Das Kabinett Papen, Bd. 2, S. 998–1000. Siehe auch den Schriftwechsel Adolf Hitler und Paul von Hindenburg bzw. Otto Meißner 21.–24.11.1932, in Deutsche Zeitung 25.11.1932.

334 Siehe Ministerbesprechung vom 25.11.1932, in Akten der Reichskanzlei. Das Kabinett Papen, Bd. 2, S. 1014 und Deutsche Zeitung 25.11.1932.

335 Siehe Erklärung der DNVP-Pressestelle, in Deutsche Zeitung 26.11.1932.

336 Franz von Papen und Wilhelm von Gayl in der Ministerbesprechung am 25.11.1932, in AdR, Das Kabinett Papen, Bd. 2, S. 1016 und 1017.

337 Deutsche Zeitung 27.11.1932 und 28.11.1932.

338 Siehe dazu Schildt: Militärdiktatur mit Massenbasis?, S. 109–150.

Papen und nicht Schleicher als Reichskanzler sehen wolle.[339] Bismarck und Edward Jenö von Egan-Krieger vom Stahlhelm suchten Schwerin von Krosigk am 30. November auf und baten um Unterstützung für ein zweites Papen-Kabinett.[340]

Die *Deutsche Zeitung* erwartete bereits am 29. November eine mögliche Ernennung Schleichers zum Reichskanzler und hielt ihn von vornherein aufgrund seiner Interventionen bei Brüning und Papen aufgrund eines „Mangels an staatsmännischem Blick" für ungeeignet.[341] Claß hatte dahingehend bereits im Frühjahr 1931 vor Schleicher gewarnt, der aufgrund des wachsenden Einflusses der Reichswehr selbst nach der Kanzlerschaft greifen werde, genauso wie Hans von Seeckt 1923/24, als die Macht der Reichswehr aufgrund des Ausnahmezustandes am größten war.[342] Mit der Gründung der Wehrmachtsabteilung 1926, einem von Schleicher geleiteten und direkt dem Reichswehrminister unterstehenden Führungsstab, hatte Schleicher seinen Einfluss über den ein Jahr zuvor gewählten Reichspräsidenten beständig ausgebaut.[343] Die DNVP-Führung wartete öffentlich noch ab und erklärte einen Tag vor Schleichers Ernennung, dass sie weder für noch gegen diesen sei, jedoch wäre man mit einem Umbau der Papen-Regierung zu einem einheitlicher zusammengesetzten Kabinett zufrieden gewesen.[344]

Die Enttäuschung über Papen wog trotz aller Unterstützung bei den Alldeutschen wie bei den Deutschnationalen schwer, da Papen den Staatsnotstand letztlich mehr diskutiert zu haben schien, als ihn ausgeführt zu haben, und somit seine eigene Demontage zugelassen hatte. Am Tage von Papens Rücktritt fasste Brockdorff das Ende der Regierung emotionslos zusammen:

> Die Regierung Papen hat bei aller persönlichen Tapferkeit und Ehrenhaftigkeit ihres Kanzlers doch als ganzes nicht die Kraft des Charakters, der Erkenntnis und des Willens aufgebracht, welche die Lage erforderte. [...] Trotz allem wäre es ein Unglück, wenn jetzt auf Papen eine Regierung der „nationalen Konzentration" folgte, in der wieder verschiedene Parteigruppen zu einer unnatürlichen Vereinigung zusammengeklebt würden. Der Versuch einer halben Diktatur ist immer erträglicher, als der Rückfall in Koalitionskuhhandel. Beides kann eine Rettung nicht bringen; allein die autoritäre Volldiktatur auf völkischer Grundlage könnte die entscheidende Wendung bringen.[345]

---

339 Siehe Tagebucheinträge Johann Ludwig (Lutz) Graf Schwerin von Krosigk, 27. und 28.11.1932, in Johann Ludwig (Lutz) Graf Schwerin von Krosigk: Tagebuch, in IfZ, ZS/A 20, Bd. 4, Bl. 8 und 9.

340 Siehe Tagebucheintrag Johann Ludwig (Lutz) Graf Schwerin von Krosigk, 30.11.1932, in ebd., Bl. 10.

341 Deutsche Zeitung 30.11.1932.

342 Claß auf der Sitzung des Geschäftsführenden Ausschusses des Alldeutschen Verbandes, 7./8.2.1931, BA-Berlin, R 8048, Bd. 165, Bl. 30–32.

343 Schildt: Militärdiktatur mit Massenbasis?, S. 46.

344 Pressemitteilung der DNVP, in Deutsche Zeitung 1.12.1932. Siehe auch Alfred Hugenberg in Berliner Lokal-Anzeiger 13.12.1932.

345 Alexander Graf Brockdorff (Lagebericht des Alldeutschen Verbandes), 17.11.1932, in BA-Berlin, R 8048, Bd. 551, Bl. 149–158. Zitat ebd., Bl. 158.

10.4 Kurt von Schleichers „Querfront“ als „Rückfall in den Parlamentarismus“

Am 1. Dezember wollte Hindenburg eigentlich Papen erneut zum Reichskanzler ernennen. Der Reichspräsident hatte sich während der geschäftsführenden Amtsperiode Papens verstärkt mit den Staatsnotstandsplänen, wie sie Gayl und Papen bei ihrem Besuch in Neudeck am 30. August vorgestellt hatten, angefreundet. Zu diesem Zeitpunkt war die Regierung vor den letzten Schritten zur Umsetzung des Staatsnotstandes noch zurückgeschreckt, doch Hindenburg scheute den Verfassungsbruch nun nicht mehr, den die Berufung der Papen-Regierung als ein „Kampfkabinett“ gegen die Mehrheit des Reichstages nach den Wahlen vom 6. November bedeutet hätte.[346] Am 2. Dezember wollte Papen dann am Morgen sein „Kampfkabinett“ formieren, jedoch fielen seine Minister von ihrer Bindung an den Reichskanzler reihenweise ab. Selbst Gayl intervenierte nicht zugunsten Papens und ließ die Zweifel, die auch er gegenüber Papen hatte, unwidersprochen im Kabinett zu.[347]

Schleicher hatte an diesen Distanzierungen von Papen einen entscheidenden Anteil, als das sogenannte Planspiel Ott für mögliche Reaktionen der Reichswehr auf ein potenziell erneuertes Zusammengehen von NSDAP und KPD, wie zuvor beim Streik der Berliner Verkehrsgesellschaft, in der Ministerbesprechung vorgestellt wurde und unzureichende Mittel für die Bekämpfung eines solchen Szenarios unterstellte. Eine Durchsetzung der geplanten Verfassungsreform von Papen und Gayl, unter Umständen auch durch die Ausrufung des militärischen Ausnahmezustandes, war unter solchen Umständen nicht möglich. Das schwache „Kampfkabinett“ wurde durch den Vortrag von Eugen Ott, Chef der Wehrmachtsabteilung, in seinem Zusammenfall nur bestätigt.[348] Die Bedrohungsszenarien eines Bürgerkrieges hatte Claß selbst beständig genährt, als er nach der Reichstagswahl im Sommer von einer zu erwartenden „Revolte“ der SA in München gesprochen hatte, wenn Hitler nicht zum Reichskanzler ernannt werde.[349] Schleicher wollte einsolches Bürgerkriegsszenario vermeiden und hielt den dauerhaften Staatsnotstand weder für wünschenswert, noch sei ein Kampf gegen SA und KPD zu gewinnen.[350]

Diese Bedrohungsszenarien verstärkten den Abfall der Minister von Papen in der Kabinettsbesprechung. Dieser schlug schließlich Schleicher als seinen Nachfolger vor, der großen Rückhalt in der Reichswehr besaß und am selben Tag von Hindenburg zum Reichskanzler ernannt wurde. Noch am 2. Dezember empfing Hindenburg Hugenberg, jedoch erst nach der Berufung Schleichers. Schleichers Ambitionen, selbst Reichs-

346 Siehe dazu Pyta: Hindenburg, S. 759–761.

347 Trumpp: Franz von Papen, S. 217–218.

348 Siehe Kolb/Pyta: Die Staatsnotstandsplanung, Heinemann: Rechtsgeschichte der Reichswehr, S. 379–388, Blasius: Weimars Ende, S. 136–142, Plehwe: Reichskanzler Kurt von Schleicher, S. 271–273 und Winkler: Weimar, S. 554–556.

349 Tagebucheintrag Reinhold Quaatz 5.8.1932, in Weiß/Hoser (Hrsg.): Die Deutschnationalen, S. 199.

350 Siehe auch Schildt: Massendiktatur mit Massenbasis?, S. 51–60.

kanzler zu werden, nachdem Papen ausgedient hatte, waren offenkundig, denn er hatte bereits eigenständig für Kabinettsbildungen sondiert. Einen Tag zuvor hatte er Kontakt zu Hitler aufgenommen, der seine Regierungsbeteiligung aber absagte, wenn er nicht die vollständige Macht erhalte. Hitler warnte Schleicher zudem, selbst die Kanzlerschaft anzunehmen. Allerdings schwächte Göring den Hinweis mit der Aussage ab, dies sei sicherlich nicht Hitlers letztes Wort, zumal dann, wenn Schleicher, Göring, Ministerpräsident in Preußen und Reichsluftfahrtminister werden könne.[351] In der nächsten Woche versuchte Schleicher daraufhin durch die Einbindung Strassers die NSDAP mit ins Kabinett zu holen, die Partei so zu spalten und eine mögliche Machtübernahme durch Hitler zu vermeiden.[352]

Schleicher schien mit seiner „Querfront" auch Forderungen der Gewerkschaften nachzugeben, indem er Gayl durch Bracht ersetzte. Gayl als stärkster Vertreter der Verfassungsreform und des Staatsnotstandes passte nicht in Schleichers Konzept, da er keine Priorität in der umstrittenen Verfassungsreform sah und auf breiterer politischer Grundlage Mehrheiten organisieren wollte, ohne einen andauernden militärischen Notstand aufrechtzuerhalten. Die DNVP konnte immerhin ihre Forderung durchsetzen, dass Gürtner als Justizminister bleiben konnte. Schleicher hielt jedoch eine strategische Erweiterung seines Kabinetts gerade für die Ministerien Wirtschaft, Arbeit und Ernährung offen und verzichtete auch auf eine unmittelbare Auflösung des Reichstages, was für die Alldeutschen wiederum Ausweis für das Fehlen eines klaren Konzeptes und ein Vorantreiben des „Krisenspiels" war.[353]

Auf dem „Grenzlandabend" des Alldeutschen Verbandes in Berlin erklärte Claß Anfang Dezember, dass er seit dem Ende des Ersten Weltkrieges keine so großen politischen Gefahren mehr erlebt habe wie zur gegenwärtigen Zeit. Dies beziehe sich nicht nur auf das Auslandsdeutschtum, besonders in den neuen Nationalstaaten im Osten Europas, sondern auch auf die politischen Spaltungen. Die Deutschen seien „Märtyrer der Glaubenskriege", wie im Dreißigjährigen Krieg, gegenwärtig jedoch gegenüber dem „weltbürgerlichen und sozialistisch-marxistischen Gedanken".[354] Claß sah in Schleichers „Querfront" schließlich den endgültigen „Rückfall in den Parlamentarismus", der die „Fortschritte, die im Sommer erzielt wurden", mit neuer „Verwirrung" verwischen und zudem Preußen, „das schon gerettet schien", wieder in Gefahr bringe.[355]

Bereits Papens Rücktritt sei wenig überraschend gekommen, so Claß weiter, da seine Verhandlungsversuche mit dem Zentrum bis hin zur SPD ein „Rückfall in parla-

351 Siehe auch Carsten: The Reichswehr and Politics, S. 384–386 und Vogelsang: Reichswehr, Staat und NSDAP, S. 329–330.

352 Schildt: Militärdiktatur mit Massenbasis?, S. 159–166, Kissenkötter: Gregor Straßer und die NSDAP, S. 162–177, Stachura: Der Fall Strasser, Jones: Taming the Nazi Beast sowie zuletzt die thesenhafte Interpretation einer „Straßer-Schleicher-Option" von Pyta/Orth: Nicht alternativlos.

353 Deutsche Zeitung 3.12.1932.

354 Rede Claß in Berlin, 3.12.1932, in ebd.

355 Claß auf der Gautagung des Alldeutschen Verbandes Groß-Berlin, 4.12.1932, in Deutsche Zeitung 5.12.1932.

mentarische Gepflogenheiten“ gewesen seien und Papen nicht nach den „Erfordernissen des Staatsnotstandes aus dem eigenen Rechte des Reichsoberhauptes zu regieren“ gewagt habe. Das Kabinett habe sich dann immer weiter von der autoritären Regierungspraxis und dem staatsrechtlichen Notstand, wie sie am 20. Juli mit dem „Preußenschlag“ zum Ausdruck gekommen seien, entfernt und sei dann auch noch wie eine „Privatperson als Prozeßpartei“ in Leipzig aufgetreten, obgleich „autoritäre Regierung und Staatsgerichtshof“ zwei Dinge seien, die sich nicht vertragen würden. Der „Preußenschlag“ sei mit Artikel 48 der Reichsverfassung nicht vollständig zu rechtfertigen gewesen, wenn in der juristischen Begründung nicht auf das Notstandsrecht und die letztliche Entscheidungsbefugnis durch den Reichspräsidenten Bezug genommen worden wäre, so Claß nun.[356]

Schließlich sei Schleicher mit großen Bedenken zu begegnen, da er für die Berufung und Abberufung Brünings und Papens sowie für die uneinheitliche Zusammensetzung des Papen-Kabinetts verantwortlich gewesen sei. Zudem stehe er in enger Beziehung zum „Tat“-Kreis, der die Papen-Regierung und deren autoritäre Staatsführung beständig kritisiert habe.[357] Schleichers Politik, in Zukunft aufgrund einer fehlenden einheitlichen Linie von Fall zu Fall zu regieren, werde „verhängnisvoll“ wirken, und Hindenburg setze das Vertrauen aufs Spiel, das auch Claß ihm zuletzt entgegengebracht habe. Nicht zuletzt dürfe jede autoritäre Regierung keinen „Rest von Parteiwesen“ übriglassen. Auch die NSDAP, die von Hindenburg nicht mit den von Hitler geforderten Vollmachten und somit auch nicht für ein Bündnis mit der DNVP für eine Regierungsbildung ausgestattet worden sei, werde erneut mit dem Zentrum die Verhandlungen suchen. Daher, so Claß, blieben erneut lediglich Hugenberg und die DNVP als „Hoffnung“ übrig. Da Papen nicht den „Kampf um die autoritäre Staatsführung“ gesucht habe und stattdessen abgetreten sei, müssten die Alldeutschen als „Vorkämpfer“ für die Durchsetzung „entschlossener Männer“ mit einem „einheitlichen Gesamtplan“ auftreten.[358] Claß glaubte daher nicht, dass „das neue Kabinett wieder gut machen könnte, was das alte versäumt hat“.[359]

Brockdorff fasste in seinem Lagebericht der alldeutschen Geschäftsstelle zusammen, dass die vergangene „wochenlange Quälerei mit der Regierungsbildung“ den taktischen Manövern der NSDAP, die strategisch mit dem Zentrum verhandele, um „in den Sattel“ zu kommen, sowie auch des Zentrums, das Kompromisse versucht habe „zusammenzukleistern“, wieder zum Durchbruch verholfen habe, während Hugenbergs Ablehnung „erfreulich“ gewesen sei. Schleicher hingegen sei „gewiß ein kluger und gewandter Herr, der die Künste der parlamentarischen Kulissenpolitik ausgezeichnet

356 Ebd. Siehe auch Otto Bonhard: Die Dauerkrisis und das „unzulängliche Ereignis“, in Alldeutsche Blätter 3.12.1932.

357 Der „Tat“-Kreis war für die Alldeutschen die Grundlage einer „3. Front“, die nicht nur Kurt von Schleichers Konzept der „Querfront“, sondern auch den „Bolschewismus“ befördert und die „Verlogenheit“ Schleichers aufgezeigt habe. So die Deutsche Zeitung 17.12.1932 und 23.12.1932.

358 Claß auf der Gautagung des Alldeutschen Verbandes Groß-Berlin, 4.12.1932, in Deutsche Zeitung 5.12. 1932.

359 Claß auf der Gautagung des Alldeutschen Verbandes Groß-Berlin, 4.12.1932, in Germania 6.12.1932.

beherrscht und eine besondere Gabe besitzt, nach sehr vielen und verschiedenartigen Richtungen zugleich auswertbare Beziehungen zu knüpfen". Jedoch sei er kein „Staatsmann" und die neue Regierung „als Ganzes in jeder Richtung eine Verschlechterung der Regierung Papen". [360]

Die DNVP erklärte vorsichtiger, dass die Unterstützung der Schleicher-Regierung davon abhängig gemacht werde, ob „der Weg vom Parlamentarismus von Weimar zum autoritären Staat" entschlossen weitergegangen, der „Dualismus" zwischen Preußen und dem Reich endgültig beigelegt und die Wirtschaftspolitik nach einem einheitlichen Plan angegangen werde.[361] Schleicher war dahingehend eine ambivalente Figur, da er in der Vergangenheit einerseits diejenigen Kräfte in der DNVP wie Martin Schiele und Friedrich Graf von der Schulenburg gefördert hatte, die Brüning nahestanden, und trotz zusammen mit Wilhelm Groener ausgearbeiteter Pläne für eine Militärdiktatur an Brüning festgehalten hatte.[362] Andererseits hatte er bereits 1923 in einer eigenen Denkschrift die Zerschlagung Preußens als Machtgrundlage der Sozialdemokraten angedacht.[363]

Schleicher stützte sich auf die Autorität des Reichspräsidenten sowie auf die starke Unterstützung durch die Reichswehr, die sich in Absprache mit dem Reichskanzler auf die bewaffnete Übernahme der Exekutivgewalt vorbereitet hatte.[364] Bei der schwachen politischen Stellung des Reichskanzlers im Parlament übernahmen andere Kräfte die politische Führung im Kampf um die Macht. Der Reichstag wurde durch die parlamentarischen Manöver der NSDAP zum zentralen Schauplatz, da die Partei zusammen mit der KPD über eine negative Mehrheit verfügte. Die verstärkt angewandte Taktik der NSDAP, parlamentarische Verfahren zu missbrauchen, um die Machteroberung legal durch strategische Bündnisse und Gesetzesanträge zur legislativen Machtverschiebung im politischen System der Republik herbeizuführen, bestätigte Claß und Hugenberg in der Kritik der nationalsozialistischen Pirouetten, mit allen taktischen Mitteln strategisch an die Macht zu kommen. Dies zeigte sich auch im parlamentarischen Verfahren, als Hugenberg bei der Wahl des Reichstagspräsidenten und seiner Nachfolger Anfang Dezember eine Abstimmungsniederlage einstecken musste, nachdem die NSDAP sich entgegen vorherigen Absprachen nicht für den langjährigen deutschnationalen Vizepräsidenten Walther Graef eingesetzt hatte und durch die Unterstützung von Otto Hugo vom rechten Flügel der DVP die Wahl Paul Löbes von der SPD ermöglichte. Angesichts

---

360 Alexander Graf Brockdorff (Lagebericht des Alldeutschen Verbandes), 8.12.1932, in BA-Berlin, R 8048, Bd. 551, Bl. 159–168. Zitat ebd., Bl. 159 und 160.

361 So Hans Brosius von der DNVP-Pressestelle in den parteiamtlichen Mitteilungen der DNVP, in Deutsche Zeitung 6.12.1932.

362 Schildt: Militärdiktatur mit Massenbasis?, S. 52.

363 Ebd., S. 55. Axel Schildt verweist auf den Plan aus den Führerbriefen Nr. 82 vom 21.10.1932.

364 Pyta: Vorbereitungen auf den militärischen Ausnahmezustand.

dieser Demütigung im Wahlverfahren erklärte die DNVP den Reichstagspräsidenten Göring öffentlich in seinem Amt als „ungeeignet".[365]

Die Rivalitäten der DNVP mit der NSDAP hatten auch Rückwirkungen auf die verfassungsrechtliche Stellung Hindenburgs, als die NSDAP ein neues Stellvertretergesetz forderte. Demnach sollte der Reichspräsident nicht mehr wie üblich durch den Reichskanzler oder durch nähere Klärung durch ein Reichsgesetz, sondern in Zukunft vom Präsidenten des Reichsgerichts vertreten werden. Während Freytagh-Loringhoven vor diesen Änderungen warnte, machte die DNVP deutlich, dass der Reichspräsident von einer Person seiner Wahl entsprechend eines von ihm verfassten politischen Testamentes vertreten werden solle.[366]

Die Abstimmung über den NSDAP-Antrag brachte eine Mehrheit von 488:127 Stimmen. Somit war die erforderliche Zweidrittel-Mehrheit erreicht. Dem für Claß' Staatsnotstandsplanungen so zentralen Amt des Reichspräsidenten war in Zukunft eine konkurrierende öffentliche Institution in der Person des Reichsgerichtspräsidenten beigestellt. Für Claß war klar, dass das Stellvertretergesetz lediglich den Zweck haben sollte, Hitler nach der nächsten Reichspräsidentenwahl, bei der dieser vermutlich spätestens in einem zweiten Wahlgang „unvermeidbar" zum Nachfolger Hindenburgs gewählt werden würde, institutionell als Präsidial-Diktator durch die Ausschaltung des Reichskanzlers als Stellvertreter abzusichern.[367] Der Umstand, dass am 17. Dezember 1932, als Absatz 1 und 2 des Artikels 51 der Weimarer Reichsverfassung entsprechend geändert wurden, Erwin Bumke als Reichsgerichtspräsident fungierte, der bis zu seinem Amtsantritt am 1. April 1929 noch Mitglied der DNVP gewesen war und das Staatsgerichtsurteil zum „Preußenschlag" vom 25. Oktober mit zu verantworten hatte, machte das Gesetz für die Alldeutschen und Deutschnationalen zusätzlich unannehmbar.[368] Friedrich Everling von der DNVP-Reichstagsfraktion kritisierte diese Verfassungsänderung als einen Schritt in die Demokratie, der letztlich eine „wirklich autoritäre Regierung", wie sie Hugenberg vorgeschlagen hatte, verhindern und eine „weiterwirkende Autorität" Hindenburgs untergraben sollte.[369]

---

365 Siehe Abstimmung im Reichstag 7.12.1932, in Verhandlungen des Reichstags, VII. Wahlperiode 1932, Bd. 455, S. 19, und Deutsche Zeitung 7.12.1932.

366 Sie Deutsche Zeitung 7.12.1932.

367 Claß auf der Sitzung des Geschäftsführenden Ausschusses des Alldeutschen Verbandes, 10./11.12. 1932, in BA-Berlin, R 8048, Bd. 172, Bl. 48.

368 Erwin Bumke war von 1929 bis 1945 Präsident des Reichsgerichts in Leipzig, seit 1933 „Förderndes Mitglied der SS" und ab 1937 Mitglied der NSDAP, Vorsitzender des 3. Strafsenats und Präsident des „Besonderen Strafsenats" des Reichsgerichts. Siehe Kaul: Geschichte des Reichsgerichts, Bd. IV, S. 59–60 und 216–217 und 233 sowie Kolbe: Reichsgerichtspräsident.

369 Deutsche Zeitung 13.12.1932. Friedrich Everling war seit Dezember 1919 als Rechtsanwalt tätig, nachdem er den Amtseid auf die Weimarer Verfassung verweigert hatte. Everling war zuvor Referent im Auswärtigen Amt gewesen, wurde zum 1. November 1933 Oberverwaltungsgerichtsrat und zum 15. Dezember 1941 Reichsgerichtsrat in Leipzig. Er war nach Auflösung der DNVP ab November 1933 auf der Liste der NSDAP verzeichnet und seit 1934 Mitglied der SA/Reserve II. Siehe Kaul: Geschichte des Reichsgerichts, Bd. IV, S. 267 und Der Großdeutsche Reichstag 1938. IV. Wahlperiode, S. 199.

Diese verfassungsrechtlichen Entwicklungen und politischen Ausgrenzungen der DNVP schwächten zusätzlich Schleichers Ansehen bei den Alldeutschen. Claß berichtete auf der Sitzung des Geschäftsführenden Ausschusses Mitte Dezember aufgrund „detailliertester Berichte", die ihm zugetragen worden seien, über die Verhandlungen zur Regierungsbildung mit Papen und Schleicher Anfang Dezember.[370] Durch Taktiken sei Schleicher an die Macht gekommen, der nicht nur Papen in den Rücken gefallen sei, sondern auch die Einbindung Hugenbergs in die Regierung verhindert habe. Stattdessen sei Schleicher bei Amtsantritt „mit fliegenden Fahnen in das Lager des Parlamentarismus" zurückgekehrt.[371] Die ersten Maßnahmen der Regierung mit einem erneuten Amnestiegesetz unter anderem für Hoch- und Landesverrat und der Rücknahme der sozialpolitischen Notverordnungen bestätigten lediglich die grundsätzliche Kritik an Schleicher.[372]

Zudem war Claß überzeugt, dass Schleicher mit seinen taktischen Avancen und flexiblen Koalitionsspielchen entscheidend verantwortlich für die Entfremdung zwischen Hugenberg und Hitler seit der Harzburger Tagung 1931 war, um die Brüning-Regierung vor einer einheitlichen Rechtsbewegung zu schützen. Schleicher sei als Reichskanzler schlichtweg „verhängnisvoll", da er nach der Young-Plan-Kampagne nur die Schwächung Hugenbergs verfolgt und das Treffen zwischen Hitler und Hindenburg kurz vor Harzburg eingefädelt habe. Nicht zuletzt sei Schleicher auch zunächst für Brüning als Reichskanzler und 1932 dann für dessen Absetzung sowie für die Einsetzung und die Absetzung Papens gewesen. Im Grunde regiere Schleicher schon seit dem 1. April 1930 durch die Kabinette Brüning und Papen.[373] Die Papen-Regierung sei eher als

370 Am 1. Dezember fand demnach bei Paul von Hindenburg eine zweistündige Aussprache zwischen Franz von Papen und Kurt von Schleicher statt, in der beide ihre gegenseitigen Bedenken dem jeweils anderen darlegten. Hindenburg erklärte die Konflikte zwischen beiden für geklärt und nachdem Schleicher sein Wort für die Unterstützung Papens gegeben hatte, stand der erneuten Beauftragung Papens zur Regierungsbildung zunächst kein Hindernis entgegen. In diesem Gespräch habe Papen auch die Berufung Alfred Hugenbergs zum Reichswirtschaftsminister und Paul Bangs zum Reichsfinanzminister vorgeschlagen. Hindenburg habe Hugenberg jedoch erneut abgelehnt und man habe sich auf Alfred Möllers als Reichsarbeitsminister verständigt. Papen rief dann umgehend zum nächsten Morgen eine Kabinettssitzung zusammen. Am 2. Dezember rief Schleicher bei Papen früh um 9 Uhr an und erklärte, dass die Unterstützung der Reichswehr nicht so einfach garantiert sei. In der Sitzung wurde das Planspiel Ott erläutert. Hier wurde „nun ein Bild schwarz in schwarz entworfen" und die „ganze Richtung des Vortrages war so, vor einer Politik der starken Hand abzuschrecken", worauf „sich ein Minister nach dem anderem erhoben und dem Herrn von Papen die Absage erklärt" habe, bis auf den Verkehrs- und Postminister Paul Freiherr von Eltz-Rübenach. So Claß auf der Sitzung des Geschäftsführenden Ausschusses des Alldeutschen Verbandes, 10.12.1932, in BA-Berlin, R 8048, Bd. 172, Bl. 39–40. Zitat ebd., Bl. 40.

371 Ebd., Bl. 40.

372 Ebd., Bl. 42. Siehe auch Alexander Graf Brockdorff (Lagebericht des Alldeutschen Verbandes), 20.12. 1932, in BA-Berlin, R 8048, Bd. 551, Bl. 169–178. und Deutsche Zeitung 10.12.1932.

373 Claß auf der Sitzung des Geschäftsführenden Ausschusses des Alldeutschen Verbandes, 10.12.1932, in BA-Berlin, R 8048, Bd. 172, Bl. 49.

„Zufallskabinett" von Persönlichkeiten berufen worden, wofür ebenfalls Schleicher verantwortlich gewesen sei, so Claß.[374]

Die letzten Tage waren Claß zufolge dann auch nur die Fortführung des „Kuhhandels" des Parlamentarismus gewesen. Die Durchsetzung der Diktatur nach dem „Preußenschlag" sei verfehlt worden, da die Schleicher-Regierung nicht erklärt habe, dass sie das Reichsgericht beziehungsweise den Staatsgerichtshof einfach nicht anerkenne. Eine „gründliche Säuberung" des preußischen Beamtentums sei ebenfalls unterblieben.[375] Hitler habe wiederum erkannt, dass er mit dem Zentrum nicht fertig werden könne, deshalb habe er verstärkt den parlamentarischen Kurs gewählt, um an die Macht zu kommen. In diesem taktischen Szenario sei für Hitler der Staatsnotstand keine Option mehr und die Alldeutschen würden von den Nationalsozialisten als „schlimmste Reaktionäre" verschrien.[376]

Strasser, der für Claß der „wichtigste und einflussreichste Mitarbeiter Hitlers" war,[377] habe Berlin bereits verlassen, nachdem er den Richtungsstreit für eine moderatere Einbindung der NSDAP in eine Koalitionsregierung unter Schleicher bei gleichzeitigem Verzicht auf die Reichskanzlerschaft Hitlers gegen den radikalen Flügel um Goebbels und Göring verloren und am 8. Dezember seine Funktion als Reichsorganisationsleiter der NSDAP aufgegeben habe.[378] Während Strasser unter anderem einen möglichen Rückgang der Wählerunterstützung für die NSDAP im Blick hatte und auf einen günstigen Augenblick zur Regierungsteilnahme unter Schleicher hoffte, war sein Rücktritt für Claß lediglich Ausweis für die Unfähigkeit Hitlers, die NSDAP zusammenzuhalten. Otto Helmut Hopfen, Repräsentant für die *Deutsche Zeitung* in Italien, berichtete aus Rom, der dort weilende Strasser meine, dass Hitler seine „hochverdienstvolle Periode überschritten" habe und ohnehin über zu beschränkte Führungseigenschaften verfüge, um die stetig wachsende Partei zusammenzuhalten.[379]

Vergleichbare Kritik, was den Führungsstil anging, hatte Claß auch schon für den DNVP-Vorsitzenden nach den Abspaltungen der DNVP bereitgehalten. Die folgenden Entfremdungen zwischen Claß und Hugenberg hatten unterschiedliche Zugänge zur Partei als Vehikel für die legale Errichtung der Diktatur bestätigt. Nach den Wahlen 1932 hatte Claß verstärkt auf die DNVP als Machthebel in den parlamentarischen Verfahren

374 Ebd., Bl. 41.

375 Siehe ebd., Bl. 40–42.

376 Ebd., Bl. 43.

377 Ebd., Bl. 43.

378 Gregor Strasser hielt Adolf Hitlers kompromisslose Forderungen nach der ganzen Macht für fatal und war auch von Hitlers Absage enttäuscht, sich mit Kurt von Schleicher am 30. November zu Gesprächen über eine realpolitische Regierungseinbindung zu treffen. Siehe dazu auch Kissenkoetter: Gregor Straßer, S. 166–170. Er wollte die NSDAP an einem Schleicher-Kabinett beteiligen, da Hindenburgs Ablehnung die Partei bei zukünftigen Reichstagswahlen geschwächt hätte. Hitler hätte durch diese Regierungsvariante an den „Staat herangebracht" werden können, um eine breite Front zu schaffen, Erfahrungen zu sammeln und seine Kanzlerschaft langsam durchzusetzen. So Gregor Strasser an Julius F. Lehmann, 11.2.1933, in BHStA München, NL Lehmann, Bd. 3, Nr. 25.

379 Otto Helmut Hopfen an Claß, 18.12.1932, in BA-Berlin, R 8048, Bd. 392, Bl. 316.

der Republik gehofft, nachdem er sich von einer flexiblen Kooperation mit der NSDAP im Oktober öffentlich distanziert hatte. Der potenzielle Zerfall der NSDAP infolge der Strasser-Krise hatte dann bei ihm die Genugtuung geweckt, dass Hitlers Machteinfluss beschränkt war. Diese Einschätzung war keineswegs weit hergeholt. Goebbels befürchtete ebenfalls das völlige Auseinanderfallen der NSDAP nach dem Rückzug Strassers, und für Hitler war klar: „Wenn die Partei einmal zerfällt, dann mache ich in drei Minuten mit der Pistole Schluß."[380] Trotz dieser Flügelkämpfe in der NSDAP verblieb auch Claß in der schon seit den Preußenwahlen bestehenden Ambivalenz, da über die Parteien auf dem Weg in die Diktatur im Grunde nicht weiterzukommen war. Die DNVP-Reichstagsfraktion erließ hingegen am 10. Dezember eine Erklärung, dass der Reichstag erneut handlungsunfähig sei, die NSDAP, die aufgrund der Auseinandersetzungen mit dem Strasser-Flügel eigene „Zersetzungserscheinungen" zeige, ihre Opposition verkündet habe und jeder Konflikt mit der Regierung „ängstlich" vermieden werde.[381]

Nach den Erfahrungen, die Claß seit September 1932 gemacht habe, „können die Akten über die Führereigenschaften des Herrn Hitler und die Eignung der Nationalsozialisten zur Staatsführung als geschlossen angesehen werden, und man habe sich darauf einzurichten, dass „ein grosser Teil der nationalsozialistischen Gefolgschaft sich woanders finden wird".[382] Er sei „überzeugt, dass die N.S.D.A.P. das Todesgift in sich hat, und dass sie dies Gift nicht mehr ausscheiden kann. Ich bin weiter überzeugt, das[s] im wesentlichen die Rolle der N.S.D.A.P. ausgespielt ist, auch wenn sie noch auf Jahre hinaus über Millionen von Anhängern verfügen sollte. Man mag es bedauern, dass eine so grosse Bewegung, die so viel Idealismus hat, aber auch Nutzniesser, die es verstehen, den Idealismus sich dienstbar zu machen, offenbar zum Scheitern verurteilt ist, dass ihr sittlich und seelisch die Flügel gebrochen sind, und dass ihr nur noch der Übergang in das landläufige Parteigetriebe möglich ist."[383] Den Nationalsozialisten blieb in diesen Erwartungen trotzdem eine wichtige Rolle als ein „Träger des Schicksals", wenngleich sie zur „Staatsführung" nicht taugten.[384]

Claß glaubte und hoffte erneut, dass dieser erratische Kurs Hitlers, der zwischen taktischem Lavieren und strategischer Kompromisslosigkeit bei der Machteroberung changierte, letztlich zu einer Zerreissprobe für die NS-Bewegung werde, die zumindest eine Bereinigung der unklaren Zustände befördern und Hugenberg als den einzigen Politiker in diesem Spiel um die Macht herausstellen werde, der rationalen programmatischen Motiven und klaren politischen Strategien folge. „In Bezug auf die deutschnationale Volkspartei kann man sagen, dass sie die einzige Partei ist, die Rechtsgefühl und Sachlichkeit besitzt und Männer in Sicht hat, denen man das Geschäft des Regierens

380 Tagebucheintrag Joseph Goebbels 8.12.1932, in Fröhlich: Die Tagebücher von Joseph Goebbels. Sämtliche Fragmente, Teil 1, Bd. II, S. 295–298. Zitat ebd., S. 296.

381 Siehe Erklärung DNVP-Reichstagsfraktion 10.12.1932, in Deutsche Zeitung 10.12.1932.

382 Claß auf der Sitzung des Geschäftsführenden Ausschusses des Alldeutschen Verbandes, 10.12.1932, in BA-Berlin, R 8048, Bd. 172, Bl. 44.

383 Ebd., Bl. 43.

384 Ebd., Bl. 43 und 44.

überlassen könnte."[385] In dieser politisch verfahrenen Situation kam für Claß dem Reichspräsidenten die entscheidende politische Führungsposition zu, der sich mit seinem Eid auch über die Verfassung für die „echte Diktatur" hinwegsetzen sollte.[386]

10.5 Der Kampf um den Staatsnotstand: Das „Sofortprogramm" des Alldeutschen Verbandes vom Dezember 1932

In diesen Machtkonstellationen suchte Claß einen eigenen Ausweg und stellte in der Verbandsführung am 11. Dezember ein alldeutsches „Sofortprogramm" zur Diskussion. Das Programm war bereits im Sommer auf Anregungen der Ortsgruppenführer, die praktische Anweisungen von der Verbandsführung für die lokale politische Arbeit angefragt hatten, angedacht worden. Erst im November wurde die Ausarbeitung in Angriff genommen.[387]

Claß stellte auf dem Verbandstag nun zuerst die Frage, ob es sinnvoll sei, ein solches Programm zu veröffentlichen, oder „ob nicht einem grossen Teil von unseren Gesinnungsgenossen im Lande ein blasser Schrecken in die Glieder fahren wird, wenn sie etwas derartiges lesen".[388] Mit verschiedenen Begründungen lehnten zahlreiche Vertreter zunächst einen solchen Vorstoß ab, darunter Georg Beutel, Gebhard, Hans Fischer, Karl Friedrich Walbaum, Fritz Schillmann, Salm-Horstmar sowie Oberst a. D. Rudolf Frantz. Letztlich ging die Abstimmung mit 21:6 Stimmen für die Veröffentlichung aus.[389] Der Publikation des politischen Teils, den Claß übernahm, sowie des Abschnitts zur Kultur wurde jeweils mit 20:1 zugestimmt. Claß hatte zuvor gewarnt, dass er „nicht mehr mitmachen würde", wenn der kulturelle Teil ausgeklammert werde.[390] Für die Überarbeitung der ersten Version des Programms wurden Lohmann (Rechtsreform), Bang, Vowinckel, Möllers und Hertzberg-Lottin (Wirtschaft) sowie Schillmann (Kultur) berufen. Claß selbst arbeitete die politischen Maßnahmen aus.[391] In seinen Augen drängte die Zeit, da Deutschland „noch nie in größerer Gefahr war[,] seitdem General von Schleicher an die Spitze der Reichsgeschäfte gestellt worden ist", da Schleicher mit allen Mitteln außerhalb von Ämtern und Parteistrukturen ein Kabinett zusammenzustellen werde.[392]

---

385 Ebd., Bl. 43.

386 Ebd.

387 Siehe Klaudius Kupka an Hauptleitung des Alldeutschen Verbandes, 9.7.1932, in BA-Berlin, R 8048, Bd. 172, Bl. 4, Claß an Christoph Pickel, 11.11.1932, in ebd., Bl. 6, Willy Reith auf der Sitzung des Geschäftsführenden Ausschusses des Alldeutschen Verbandes, 10./11.12.1932, in BA-Berlin, R 8048, Bd. 172, Bl. 51.

388 Willy Reith auf der Sitzung des Geschäftsführenden Ausschusses des Alldeutschen Verbandes, 10./11.12.1932, in BA-Berlin, R 8048, Bd. 172, Bl. 49.

389 Ebd., Bl. 52.

390 Ebd.

391 Siehe ebd., Bl. 54.

392 Claß an Ludwig Schemann, 14.12.1932, in UAF, N 12, NL Ludwig Schemann, Bd. 637, Bl. 23.

Das „Sofortprogramm“ synthetisierte in dem in den *Alldeutschen Blättern* am 31. Dezember veröffentlichten ersten Teil grundlegende Forderungen zu Wirtschaft, Finanz- und Handelspolitik sowie Landwirtschaft.[393] Die alldeutschen Verfasser für diese Abschnitte entstammten dem engsten Führungskreis um Hugenberg. Aber auch für Claß war die Wirtschaft Grundlage völkischer Staatspolitik. Er hatte schon im August herausgestellt, dass die politische „Staats- und Verfassungskrise“ in Preußen und im Reich lediglich bei einer effizienten Wirtschaft beseitigt werden könne.[394] Die betreffenden Passagen enthielten letztlich keine Überraschungen, denn sie deckten sich mit der Oppositionspolitik Hugenbergs gegen die Regierung Brüning sowie mit seiner Kritik am Papen-Kabinett. Hugenberg hatte seit Jahren dieselben Forderungen gegen Kollektivierung und Zwangswirtschaft in Reden dargelegt. Sie nahmen mit der Vision eines deutsch-dominierten „Mitteleuropas“ und dem Ausbau „völkischer Siedlung“ klassische Elemente alldeutscher Programmatik auf.

Auch Bang hatte diese Punkte als Vertreter der Werksgemeinschaft in den letzten Jahren vorgestellt. Im Jahr 1924 hatte er die Deutsche Industriellen-Vereinigung sowie den Bund für Nationalwirtschaft gegründet, in denen er die Idee prominent vertrat.[395] Seine politische Einbindung in die DNVP hatte ihn längst zum Berufspolitiker gemacht. Seine langjährige Privatsekretärin und Bürovorsteherin im Bund für Nationalwirtschaft beklagte, dass er durch den immer enger werdenden Terminkalender kaum mehr erreichbar sei.[396] Bangs beständige Lobbyarbeit für eine ständestaatliche Wirtschaftspolitik zahlte sich jedoch aus. Die Konzepte wurden von der DNVP in weiten Teilen übernommen und tauchten nun in den von Bang mitverfassten Passagen im alldeutschen „Sofortprogramm“ auf.

Die Auseinandersetzungen um den Arbeitsbeschaffungsplan von Günther Gereke, bis zum Übertritt 1929 zur CNBL Mitglied der DNVP und unter Schleicher Reichskommissar für Arbeitsbeschaffung, sowie um weitere Agrarnotverordnungen veranlassten Hugenberg und den Parteivorstand, ein DNVP-Aufbauprogramm mit „Richtlinien zur Behebung der deutschen Not“ zu verabschieden. Darin wurde das „Freiheitsprogramm“ von Bang und Quaatz, das Anfang Juli 1932 veröffentlicht worden war, neu aufgelegt und es wurden ein vorübergehendes „Sofortprogramm“ zur Arbeitsbeschaffung, eine umfassende Förderung des Mittelstandes, eine unabhängige Staatsführung, ein christlicher Staat, deutsche Wehrhoheit und die Sicherung deutscher Rohstoffeinfuhr gefordert.[397]

---

393 „Sofortprogramm“ des Alldeutschen Verbandes (Erster Teil), 31.12.1932, in Alldeutsche Blätter 31.12.1932. Vollständiger Abdruck in Hofmeister (Hrsg.): Heinrich Claß. Politische Erinnerungen, S. 953–973.

394 Claß (Lagebericht des Alldeutschen Verbandes), 20.8.1932, in BA-Berlin, R 8048, Bd. 551, Bl. 107–110. Zitat ebd., Bl. 109.

395 Siehe u. a. Bang: Organische Wirtschaft, Ders.: Grundsätzliche Wirtschafts- und Sozialfragen und Ders.: Werksgemeinschaft, Berufsstand und Ständestaat sowie Niederstadt: Rechtsradikale Wirtschafts- und Gesellschaftsvorstellungen.

396 Siehe u. a. Frau Hammacher an Paula von Wüstemann, 7.12.1931, 19.12.1931 und 30.12.1931, in STA Altenburg, 1–95–0003, Bd. 53, o. Bl.

397 Siehe Deutsche Zeitung 28.12.1932, 29.12.1932 und 30.12.1932.

Das „Sofortprogramm“ des Alldeutschen Verbandes deckte sich mit diesen Punkten, daher müssen beide Programme im Zusammenhang gelesen werden.

Die alldeutsche Initiative zum Jahresende 1932 sollte die „Unbrauchbarkeit“ Schleichers aufzeigen, alldeutsche und deutschnationale Alternativentwürfe für eine umfassende Reform von Staat, Wirtschaft und Gesellschaft vorstellen sowie eine einheitliche Programmatik verdeutlichen, die sich einerseits seit Jahren nicht wesentlich verändert hatte und somit sachliche Weitsichtigkeit und andererseits gerade gegenüber der NSDAP umfassende Expertise andeuten sollte. Hugenberg sah das genauso. Die Parteien könnten die politischen Probleme nicht mehr lösen, während die Schleicher-Regierung eben nur ein „Übergangskabinett“ sei.[398]

Lohmanns Abschnitt zum Rechtswesen verdichtete die Kritik am weitgehenden Amnestiegesetz Schleichers und erweiterte die ausführlich diskutierten Forderungen zur „Unschädlichmachung von Gewohnheitsverbrechern“ sowie zur Erleichterung der Todesstrafe, die bereits in der „Notverfassung“ von 1923 zentrale Maßnahmen gewesen waren. Die Forderung nach Auswechslung von führendem Personal im Reichsjustizministerium und in den Justizministerien der Länder schloss nahtlos an den beständig geforderten weiteren Beamtenaustausch nach dem „Preußenschlag“ an. Die sichtbar von Vietinghoff-Scheel ausgearbeiteten oder zumindest an seine Schriften angelehnten völkischen Maßnahmen führten die rechtlichen Forderungen in den eugenischen Diskurs um Sterilisation von „Minderwertigen“ und „asozialen Bevölkerungs-Bestandteilen“ sowie die Diskussionen um die „Unfruchtbarmachung des Bevölkerungsballastes, um ihn im Erbgange auszuschalten und die Entstehung unwerten Lebens zu verhüten“, ein.[399] Die „Maßnahmen zur Rettung und Förderung der deutschen Kultur“ konkretisierten schließlich wesentliche Forderungen, die Claß bereits im „Kaiserbuch“ für eine durchgreifende „Reform“ des Bildungs- und Kulturlebens veröffentlicht hatte. Hier ging es nun um eine gezielte Förderung von „deutscher“ Kultur und Wissenschaft: im Schulwesen, in Museen, Akademien, öffentlichen Konservatorien, auf Schau- und Lichtspielbühnen sowie in der Forschungsförderung der Notgemeinschaft der Deutschen Wissenschaft. Dem sollte im Wesentlichen ein Umbau mit national zuverlässigem Personal vorausgehen.[400]

Das „Sofortprogramm“ lief zur Jahreswende völlig ins Leere. Claß erlitt in den Weihnachtstagen einen „schweren Grippeanfall“ und fuhr anschließend bis zum 23. Februar 1933 auf ärztliche Verordnung zur Kur in das Sanatorium Schwarzeck in Thüringen.[401] Die politische Vertretung übernahm Hertzberg-Lottin. Der für den 12. Februar angesetzte Verbandstag wurde noch Ende Januar auf den 26. Februar verscho-

398 Berliner Lokal-Anzeiger 15.12.1932.

399 „Sofortprogramm“ des Alldeutschen Verbandes, 31.12.1932, in Hofmeister (Hrsg.): Heinrich Claß. Politische Erinnerungen, S. 962–963.

400 Ebd.

401 Geschäftsstelle des Alldeutschen Verbandes an Hans Rieß, 17.2.1933, in BA-Berlin, R 8048, Bd. 326, Bl. 133.

ben.[402] Mit dieser Begründung erschien in der letzten Ausgabe der *Alldeutschen Blätter* für das Jahr 1932 nur der erste Teil des „Sofortprogramms", der zweite Teil mit Forderungen nach sofort zu ergreifenden politischen Maßnahmen sollte im Januar 1933 folgen.

Dazu kam es jedoch nicht mehr. Claß stellte dem ersten Teil noch einen Leitartikel zur politischen Kontextualisierung voran, der bis Ende Februar 1933 eine seiner letzten überlieferten Wortmeldungen sein sollte. Seit dem Rudolstädter Verbandstag im September 1932 „ging es abwärts", so Claß, denn nach der Ernennung eines Reichskommissars für Preußen habe das Papen-Kabinett es versäumt, die Politik einer „echten Diktatur" weiterzuführen.[403] Die Chancen für den Ausbau der autoritären Regierung Papens zur Diktatur auf der Grundlage des „übergesetzlichen Notstandes" seien in der zweiten Amtshälfte ausgeblieben. Schleicher habe die „Parlamentsherrschaft" wiederhergestellt und lasse jegliche „diplomatische Begabung" vermissen.[404] Claß rechne, wie im vorherigen Jahr, immer noch mit Hindenburg, der erkennen sollte, dass die „schöpferische Ausübung der Diktatur" bei „geltendem Recht" planmäßig ausgeübt werden müsse. Daher lege er zum Jahresende nun den ersten Teil dieses „Sofortprogramms" vor, das nur die ersten Schritte des „Aufräumens und Reinigens" darstelle.[405]

Der unveröffentlichte Teil zu den „politischen Maßnahmen" blieb schließlich ganz in der Schublade.[406] Claß, der diesen Abschnitt sehr wahrscheinlich allein ausgearbeitet hatte, stellte in seinen verfassungsrechtlichen Umbauplanungen für den Staatsnotstand den Reichspräsidenten in den Mittelpunkt, der ausführliche innen- und außenpolitische Verfügungsgewalten erhalten und durch einen „Großrat" beraten werden sollte. Die Reichregierung und die preußische Regierung sollten „nach völlig freiem Ermessen" des Reichspräsidenten eingesetzt werden. Reichskanzler und preußischer Ministerpräsident sollten wieder in einer Person verschmelzen. Der Reichstag sollte aufgelöst und zunächst nicht wieder einberufen werden. Das Volk habe durch sein Wahlverhalten das Parlament aufgrund fehlender Mehrheiten „selbst den einen Teil der verfassungsmäßigen Staatsleitung ausgeschaltet", daher sei diese Maßnahme auch „keine Beeinträchtigung wahrer Freiheitsrechte".[407] Der Notstand, der als Grundlage für die Diktatur ausgerufen werden sollte, habe sich aus den Ergebnissen der Reichstagswahlen bereits sichtbar ergeben, da kein „verfassungsmäßiges Hauptstück der Gesamtregierung" seit Jahren „immer wieder in einer verhandlungsunfähigen Zusammensetzung zustande gekommen" sei, sodass der „Parlamentarismus" zusätzlich zu den wirtschaftlichen und außenpolitischen Krisen zum Staatsnotstand wesentlich beigetragen habe.[408]

---

402 Siehe Alldeutsche Blätter 14.1.1933 und 28.1.1933.

403 Heinrich Claß: Ins Jahr 1933, in Alldeutsche Blätter 31.12.1932.

404 Ebd.

405 Ebd.

406 „Sofortprogramm" des Alldeutschen Verbandes, 31.12.1932, in Hofmeister (Hrsg.): Heinrich Claß. Politische Erinnerungen, S. 969 – 973.

407 Ebd.

408 Ebd., S. 969.

Daher sei eine „nationale" und „echte" Diktatur mit Sicherungsmaßnahmen notwendig, die nicht nur die Polizei mit Hilfstruppen verstärken, sondern nun auch Klagen beim Staatsgerichtshof gegen die „Organe des Reiches und seiner Regierung" verbieten sollten.[409] Der preußische Landtag sollte ebenfalls aufgelöst werden, während die anderen Länderparlamente weiterhin tagen sollten. Der Reichspräsident sollte zudem, wie bereits im Zuge des „Preußenschlages" weitgehend praktiziert, alle Beamten entlassen, die ihre „Stellung nur auf Grund gewisser Parteizugehörigkeiten erhielten oder ihrem Geiste oder Fähigkeiten nach nicht geeignet erscheinen". Ebenso vorgesehen waren ein Streikverbot, die Beschränkung der Versammlungsfreiheit und Pressezensur. Claß forderte darüber hinaus das sofortige Verbot der KPD, hielt die Parteien sonst aber weiterhin für die politische Ausgestaltung jenseits des Reichstags noch für notwendig. Die restlichen Parteien sollten durch den Reichspräsidenten aufgefordert werden, Pläne für die Beseitigung der Wirtschaftskrise auszuarbeiten. Um die Diktatur als Übergangszustand hin zum autoritären Staat abschließen zu können, sollten unter Aufsicht des Reichspräsidenten Vorschläge zur Ausarbeitung einer neuen und „von echt organischem und völkischem Geist" getragenen Verfassung auf der Grundlage der Bundesstaatlichkeit vorgebracht werden.[410]

Der Alldeutsche Verband wollte mit dem „Sofortprogramm" eigentlich noch in den politischen „Tageskampf" eingreifen. Theodor Kaempf forderte daher, Claß solle die *Deutsche Zeitung* durch eigene Finanzmaßnahmen und verpflichtende Abonnements für die Ortsgruppen sowie vermögende Mitglieder unbedingt vor dem Ruin retten.[411] Schließlich seien geschätzt nur 10 Prozent aller Mitglieder des Alldeutschen Verbandes auch Leser des Blattes. Der Verlust von 6.000 Lesern aufgrund der Absagen von Stahlhelm und DNVP im Frühjahr 1932 im Zuge der Reichspräsidentenwahlen sowie aufgrund des unklaren Kurses gegenüber der NSDAP könne nur durch Selbstverpflichtungen der Mitglieder gedeckt werden. Auch Claß wollte die *Deutsche Zeitung* unbedingt retten, sonst werde der Alldeutsche Verband „auf eine kleine Sekte zurückgedrückt", der mit den nur 14-tägig erscheinenden *Alldeutschen Blättern* nicht in die große Politik würde eingreifen können.[412] In der Berichterstattung wolle man daher weiterhin überparteilich arbeiten, so Claß, und es sei ja nicht Aufgabe der *Deutschen Zeitung*, einzig für die DNVP zu berichten oder alle „nationalsozialistischen Fehler bis in die letzten Einzelheiten" aufzudecken.[413] Dieses Lavieren bei der Ausrichtung der Zeitung entsprach keineswegs Claß' Distanzierung von der NSDAP im Oktober. Über die eigenen Sachzwänge der begrenzten finanziellen Ressourcen des Verbandes war durch die Entfremdung von der NSDAP wohl nicht hinwegzukommen, die bereits 1927 von den All-

409 Ebd., S. 971.
410 Ebd., S. 973.
411 Dr. [Theodor] Kaempf auf der Sitzung des Geschäftsführenden Ausschusses des Alldeutschen Verbandes, 11.12.1932, in BA-Berlin, R 8048, Bd. 172, Bl. 61.
412 Claß auf der Sitzung des Geschäftsführenden Ausschusses des Alldeutschen Verbandes, 11.12.1932, in ebd., Bl. 58.
413 Ebd., Bl. 59.

deutschen in Österreich die klamme *Deutschösterreichische Tageszeitung* übernommen hatten.

Hugenberg hingegen führte nun öffentlich einen Kurs der Kompromisslosigkeit. Die DNVP-Fraktion im Preußischen Landtag lehnte eine mit der NSDAP verhandelte Regierungsbeteiligung in Preußen ab, da die Partei kein Vertrauen in die Bereitschaft der Nationalsozialisten zur endgültigen Aufhebung des „Dualismus Preußen-Reich" aufgrund ihres ungeklärten Verhältnisses zur Schleicher-Regierung habe.[414] Hindenburg hatte am 12. Dezember Göring als preußischen Ministerpräsidenten bereits zurückgewiesen. Hugenberg machte auf der DNVP-Jugendführertagung in Berlin erneut deutlich, dass die politischen Blockaden längst überwunden wären, wenn die Nationalsozialisten nicht über ein Jahr lang versucht hätte, die DNVP „mit allen Mitteln auszuschalten", womit ein „nationaler Mehrheitsblock" verhindert worden sei.[415]

Der Empfang Hugenbergs bei Schleicher am 16. Dezember änderte an dessen Distanzierung von Schleichers „Querfront" wenig. Zumindest erbat Schleicher bei diesem Treffen die Empfehlung einer geeigneten Persönlichkeit für die Ernennung zum Staatssekretär im preußischen Innenministerium, die gegebenenfalls später auch zum preußischen Ministerpräsidenten ernannt werden könnte. Hugenberg empfahl Schleicher daraufhin am 21. Dezember Herbert Fürst von Bismarck.[416] Schleicher ging gleichzeitig auf die NSDAP zu. Drei Tage nach dem Gespräch hob Schleicher die Verfügung zur Errichtung von Sondergerichten auf, um die NSDAP wohlwollend zu stimmen. Zwei Tage danach trat das Amnestiegesetz mit einer Mehrheit von NSDAP, KPD und SPD im Reichstag in Kraft. Dagegen stimmten DNVP, Zentrum, BVP, DVP und der Christlich-Soziale Volksdienst.

Hugenberg betrieb seine Politik der Reformforderungen beharrlich weiter, während außenpolitisch die Schleicher-Regierung im Grunde wesentliche Forderungen der DNVP erfüllte. Nach dem Rückzug der Papen-Regierung von den Genfer Abrüstungsverhandlungen im Sommer 1932 wollte Schleicher das diplomatische Parkett nutzen, um die Beziehungen zu Frankreich und zur Sowjetunion zu verbessern. Nach langen Verhandlungen erreichte die Regierung am 10. Dezember in Genf die Anerkennung Deutschlands als gleichberechtigten Staat und einen Tag später die Einigung mit Frankreich, Großbritannien und den USA über gleiche Konditionen bei Rüstungsbeschränkungen. Nach der Festlegung einer Restzahlung von drei Milliarden Mark als Ersatz für die Streichung der Reparationszahlungen Deutschlands, die in Lausanne im Juni und Juli bereits vereinbart worden war, waren die Übereinkommen von Genf eine erneute Bestätigung für den „allgemeine[n] Trend zum Abbau des Versailler Systems".[417]

---

414 Erklärung des Vorsitzenden der DNVP-Fraktion im Preußischen Landtag, Friedrich von Winterfeld, in Deutsche Zeitung 15.12.1932.

415 Rede Alfred Hugenberg in Berlin 15.12.1932, in Deutsche Zeitung 16.12.1932.

416 Siehe Alfred Hugenberg an Kurt von Schleicher, 21.12.1932, in BA-Koblenz, N 1231, Bd. 38, Bl. 254–255.

417 Niedhart: Die Außenpolitik der Weimarer Republik, S. 39.

Innerhalb der DNVP-Führung wusste man hingegen nicht, wie Hugenbergs Machtchancen für die Zukunft aussahen, da die Entscheidungen im wesentlichen bei der Schleicher-Regierung, beim Reichspräsidenten und letztlich bei Hitler lagen. Hugenberg war für alle drei Akteure nicht der Wunschkandidat für eine Regierungsbildung. Auch im eigenen Kreis blieb er ein Rätsel. Quaatz traf sich an seinem Hochzeitstag kurz vor Weihnachten zum „Dämmerschoppen" mit Claß, Bang und Möllers und hielt die politische Unentschiedenheit aller Beteiligten gegenüber Hugenberg fest: „Dabei gute Bemerkung über Hugenberg erzählt: Er habe kein politisches sex appeal! – Claß lebt doch sehr in der Vergangenheit. Möllers ohne rechten Mut, im Grunde gegen Hugenberg."[418]

Claß erklärte Mitte Januar 1933 gegenüber Ludwig Schemann, dass Deutschland „noch nie in größerer Gefahr war, seitdem General von Schleicher an die Spitze der Reichsgeschäfte gestellt worden ist".[419] Das „Querfront"-Konzept Schleichers, mit wechselnden Mehrheiten zu regieren, war für Claß lediglich eine Fortsetzung der unentschiedenen „Politik der Diagonalen" Theobald von Bethmann Hollwegs am Vorabend des Weltkrieges, jedoch mit weitaus besorgniserregenderen Mitteln, da Schleicher auch bis in das rechte Lager der Sozialdemokratie Kompromisse schließen wolle. Dauerhaft sei so der Staatsnotstand nicht zu erreichen und durch wechselnde Abstimmungsmehrheiten werde die politische Unklarheit nur verstärkt. Papen sah man hingegen als „Reserve", da Schleicher „abgewirtschaftet" habe, so Hopfen.[420] Zum Jahresende nahm Hugenberg das Gespräch mit Hitler wieder auf und fragte vorsichtig, ob eine „Einheit der nationalen Bewegung" nicht wiederhergestellt werden könne. Dabei war er getrieben von der Befürchtung, das Zentrum könnte erneut die „Schlüsselstellung" erhalten, die den Deutschnationalen den Zugang zur Macht versperren würde.[421]

418 Tagebucheintrag Reinhold Quaatz, 23.12.1932, in Weiß/Hoser (Hrsg.): Die Deutschnationalen, S, 219. Dass Ewald von Kleist-Schmenzin nun auch gegen Hugenberg Anhänger sammelte, um den Kurs des Parteiführers zu unterminieren, beunruhigte Quaatz, der hier fast eine Verschwörung des Adels innerhalb der DNVP auszumachen glaubte, der seinesgleichen in die Führung bringen wolle. Siehe Ewald von Kleist-Schmenzin an Alfred Hugenberg, 17.12.1932, in BA-Koblenz, N 1231, Bd. 37, Bl. 72–74 und den späteren Tagebucheintrag Reinhold Quaatz 22.1.1933, zitiert in Jones: Die Tage vor Hitlers Machtübernahme, S. 769. Kleist-Schmenzin, der als langjähriges führendes Mitglied der DNVP seit 1929 auch Vorsitzender des Konservativen Hauptvereins der Partei war, versuchte durch persönliche Interventionen bei Papen und Hugenberg die Einbeziehung Hitlers in eine Regierung im Januar 1933 mit allen Mitteln zu verhindern. Scheurig: Ewald von Kleist-Schmenzin.

419 Claß an Ludwig Schemann, 14.12.1932, in Universitätsarchiv Freiburg, NL L. Schemann, N 12, Bd. 637, o. Bl.

420 Otto Helmut Hopfen an Claß, 12.12.1932, in BA-Berlin, R 8048, Bd. 392, Bl. 314–315. Zitat ebd., Bl. 314.

421 Alfred Hugenberg an Adolf Hitler 28.12.1932, in BA-Koblenz, N 1231, Bd. 37, Bl. 29–31. Siehe auch Schellhorn: „Mit dem Zentrum niemals!"

11 Das Hitler-Hugenberg-Papen-Seldte-Kabinett 1933

11.1 Machtkämpfe, Machtkompromisse, Machtübertragung

Alexander Graf Brockdorff nutzte in seinem Lagebericht für den Verband die politischen Zusammenstöße zu Neujahr für eine Generalabrechnung vor allem mit den Kommunisten, die durch das Amnestiegesetz zu politischen Unruhen geradezu angestiftet worden seien. Auch die Annäherung Kurt von Schleichers an die SPD sei lediglich eine Wiederholung der politischen Illusionen, die das Entgegenkommen der Reichsregierung bereits 1917/18 gekennzeichnet hätten.[1] Die neue Gefahr bestehe im „Paktieren" der NSDAP mit dem Zentrum sowie in der Bildung einer „gemeinsamen Front" von NSDAP, SPD und KPD im „Wetteifer" um die größtmögliche Radikalität, wie es in Beschlüssen und Anträgen im Reichstag zu sehen gewesen sei.[2] Die *Deutsche Zeitung* warnte, dass der politische „Weihnachtsburgfrieden" nun vorbei sei, vor allem nachdem Schleicher erneut mit Gregor Strasser über eine „3. Front" von den Nationalsozialisten über die christlichen Gewerkschaften bis hin zu „Edelbolschewisten" verhandeln wolle und sich hierbei vom Tatkreis Hans Zehrers und der Schleicher zur Seite stehenden *Täglichen Rundschau* stützen ließ.[3] Diese „Kulissenspiele" Schleichers, die Gespräche mit Adolf Hitler und Franz von Papen zu Jahresbeginn einschlossen, seien demnach nur „Spiele um die Macht" mit „dunklen Hintergründen", anstatt die von Claß geforderte „schöpferische Ausübung der Diktatur" zu vollziehen.[4]

Claß war in die kommenden politischen Kämpfe um die Absetzung Schleichers und die Bemühungen um eine Regierungsbildung Papens, Hitlers und Alfred Hugenbergs nur aus der Ferne eingebunden. Anfang Januar 1933 klagte er über einen schweren Rückfall nach einer Darmgrippe mit Fieber, die seine chronischen Schlafstörungen derart verstärkte, dass er auf ärztliche Anweisung in ein Sanatorium gehen musste, um sich strukturiert auszuschlafen.[5] Bis zum 20. Februar wurde er von Gertzlaff von Hertzberg-Lottin als erstem stellvertretenden Vorsitzenden vertreten. In den *Alldeutschen Blättern* bat die Hauptleitung, von brieflichem Kontakt in dienstlichen Dingen Abstand zu nehmen und sich direkt an Berlin zu wenden.[6] In seinem Weihnachtsgruß an Hugenberg schrieb Claß, er habe „für 7 Stunden in einem Zuge geschlafen – ein Wunder, das seit vielen Jahren bei mir nicht mehr vorgekommen ist".[7]

---

1 Alexander Graf Brockdorff (Lagebericht des Alldeutschen Verbandes), 5.1.1933, in BA-Berlin, Bd. 552, Bl. 4–7.

2 Ebd., Bl. 12 und 13.

3 Deutsche Zeitung 2.1.1933 und 3.1.1933.

4 Ebd. 3.1.1933 und 5.1.1933.

5 Siehe Claß an Alfred Hugenberg, 2.1.1933, in BA-Koblenz, N 1231, Bd. 36, Bl. 67.

6 Alldeutsche Blätter 14.1.1933.

7 Claß an Alfred Hugenberg, 26.12.1932, in BA-Koblenz, N 1231, Bd. 36, Bl. 76.

https://doi.org/10.1515/-013

In Kontakt mit Hugenberg stand Claß auch weiterhin, denn zu Jahresbeginn trieb ihn der desolate Zustand der *Deutschen Zeitung* um, und er versuchte erneut, über den DNVP-Vorsitzenden Mittel der Ruhrindustrie zu erhalten. Hugenberg machte ihm zu Jahresbeginn zunächst wenig Hoffnungen auf Zuwendungen durch „den Westen“, stellte aber ein Abkommen mit der DNVP in Aussicht. Die Zeitung könne dem „Drängen der eigentlichen Parteikrise“ entsprechen, indem sie für finanzielle Unterstützung offizielle Darstellungen der Partei druckte.[8] Die letzten Briefe zwischen Claß und Hugenberg in diesem Monat datieren vom 2. und 4. Januar. Danach verlagerte Hugenberg seine Kommunikation mit Claß zunehmend auf seinen Vertrauensmann Bernhard Mann, auch da er befürchtete, dass Schleicher seine Telefonkonversation überwachen ließ.[9]

Während Claß um seine gesundheitlichen und finanziellen Ressourcen kämpfte und Hugenberg zu Neujahr einer ungewissen politischen Zukunft entgegenging, sicherte sich Papen den Zugang zur Macht. Am 4. Januar wurde im Haus des Bankiers Kurt Freiherr von Schroeder in Köln, der als ehrgeiziger Nationalsozialist im November 1932 die Industrielleneingabe für die Ernennung Hitlers zum Reichskanzler zusammen mit Hjalmar Schacht vorangetrieben hatte, das Ende der Schleicher-Regierung eingeleitet, als sich Papen und Hitler trafen, um die Eingliederung der NSDAP in das Kabinett zu besprechen, „gleichviel, was vorher gewesen ist“, so Papen.[10]

Hugenberg warnte Papen vor einem erneuten Scheitern seiner Machtpläne, wenn die DNVP nicht berücksichtigt werden sollte, denn Papens Sturz sei vor allem wegen dessen Nichtbeachtung der inhaltlichen Vorschläge der Deutschnationalen zur Landwirtschaftssanierung und zur Reform der Arbeitsbeschaffungsmaßnahmen erfolgt. Wäre die NSDAP zudem 1932 in der „nationalen Oppositionsfront“ geblieben, wäre eine „klare und restlose Herrschaft“ möglich gewesen.[11] Die Alldeutschen erinnerten die Nationalsozialisten daran, dass „vieles, ja das Meiste, ebenfalls das Beste im Programm der NSDAP schon Anfang dieses Jahrhunderts, also lange vor 1918, auf das hingebendste und sachkundigste“ von den Alldeutschen gepflegt worden sei.[12]

Eine Erklärung für eine gemeinsame „nationale Einheitsfront“ verkündeten Papen und Hitler nach dem Treffen in Köln. Papen sondierte weiterhin seine eigenen Machtoptionen, besprach sich mit Albert Vögler und Fritz Springorum von der Ruhrindustrie und informierte Schleicher erst fünf Tage, nachdem das Treffen in Köln stattgefunden hatte.[13] Zu einer Zusammenkunft Hitlers mit Hugenberg kam es vorerst nicht. Im Wahlkampf in Lippe beschäftigte sich Hugenberg in seiner Rede noch mit den verpassten Chancen der Papen-Regierung, während Hitler eine Wahlkampfveranstaltung nach der anderen besuchte und für die Nationalsozialisten alle möglichen Ressourcen für den Kampf um die Macht mobilisierte. Hugenberg beklagte nun in seinen Wahl-

8 Alfred Hugenberg an Claß, 4.1.1933, in ebd., Bl. 64–66.

9 Ebd.

10 Deutsche Zeitung 6.1.1933.

11 Rede Alfred Hugenberg in Lippe, in ebd.

12 Deutsche Zeitung 7.1.1933 sowie Otto Schmidt-Gibichenfels: ADV-NSDAP, in ebd.

13 Siehe Deutsche Zeitung 9.1.1933 und 10.1.1933.

kampfreden, dass die DNVP nie in die offene Opposition zu Papen gegangen sei, obgleich eine direkte Verbindung in das Kabinett gefehlt habe und man keinen Einfluss auf die Art und Weise der Umsetzung der autoritären Regierung gehabt habe.[14]

Seine gegenwärtige Kritik an Schleicher konnte er diesem in einem fast dreistündigen Gespräch am 13. Januar vor allem zur Wirtschaftspolitik darlegen.[15] So sprach Hugenberg mit Schleicher unter anderem über die Idee eines „Krisenministeriums", das Wirtschaft und Landwirtschaft im Reich und in Preußen unter der Leitung eines Wirtschaftsdiktators vereinen sollte.[16] Amtliche Berichte folgten dem Treffen nicht, ebenso wenig wie dem Gespräch Hugenbergs mit Paul von Hindenburg einen Tag später. Vor den Wahlen in Lippe am 15. Januar 1933 hielten sich alle mit Berichten über diese Sondierungen zurück.

Die Ergebnisse der Wahlen verwiesen auf den vorangeschrittenen Stimmenverlust der DNVP in Lippe. Die DNVP verzeichnete einen Rückgang von 9.414 Stimmen, die sie im November erreicht hatte, auf 5.923 Stimmen, während die NSDAP ihren Anteil von 33.038 auf 38.844 Stimmen erhöhte.[17] Mit dem Wahlausgang beendete Hitler in der unmittelbar anberaumten Gauleitersitzung in Weimar am 16. Januar endgültig die Diskussionen um Strassers mögliche Regierungsbeteiligung und fuhr am nächsten Tag nach Berlin, um seine Machtoptionen zu forcieren.[18] Schleicher hielt in der Kabinettsbesprechung am 16. Januar nun explizit eine Regierungsbeteiligung Hitlers und Hugenbergs am sinnvollsten. Sollte beim angedachten Zusammentritt des Reichstags am 24. Januar ein Misstrauensvotum eingebracht werden, wollte Schleicher das Parlament umgehend auflösen.[19] Am 17. Januar verhandelte Hugenberg mit Hitler in Hermann Görings Wohnung, dem ein Brief Hugenbergs an Hitler vom 28. Dezember 1932 vorausgegangen war. Joseph Goebbels hielt über das gescheiterte Gespräch fest, dass Hugenberg ein „neutrales Kabinett" gefordert habe, was Hitler aber strikt abgelehnt hatte.[20] Am selben Tag besprach sich auch Ludwig Kaas mit Hindenburg, um die Haltung des Zentrums zur Regierungsbildung auszuloten. Am 19. Januar, als Papen auf der Reichsgründungsfeier des Stahlhelms auftrat, mahnte er bereits dazu, für das „neue Reich" und den „neuen Staat" keine Zeit mehr zu verlieren.[21]

Die Deutschnationalen gingen am 21. Januar in die Offensive, als sich die Parteiführung einschließlich Hugenbergs nach der Verschiebung der Reichstagseröffnung durch den Ältestenrat einen Tag zuvor darauf verständigte, ein „Ultimatum" an

14 Rede Alfred Hugenberg in Bad Salzuflen, in Deutsche Zeitung 12.1.1933.

15 Deutsche Zeitung 13.1.1933 und 14.1.1933. Siehe auch Petzold: Franz von Papen, S. 119–148.

16 Siehe Leopold: Alfred Hugenberg, S. 133.

17 Deutsche Zeitung 16.1.1933.

18 Siehe Tagebucheinträge Joseph Goebbels 17.1.1933, 20.1.1933, 12.1.1933, 22.1.1933 und 25.1.1933, in Fröhlich: Die Tagebücher von Joseph Goebbels, Teil 1, Bd. 2/III, S. 107–108, 111–112 und 114–115.

19 Siehe Vogelsang: Reichswehr, Staat und NSDAP, S. 364–365.

20 Tagebucheintrag Joseph Goebbels 18.1.1933, in Fröhlich: Die Tagebücher von Joseph Goebbels, Teil 1, Bd. 2/III, S. 108–109.

21 Deutsche Zeitung 19.1.1933.

Schleicher für einen grundlegenden Umbau der Regierung zu senden, nachdem Schleicher Hugenberg das Wirtschafts- und Ernährungsministerium angeboten hatte.[22] Hugenberg traute dem Angebot nicht, da er die Bedenken Hindenburgs kannte, ihn als Parteiführer in ein Kabinett zu holen.[23] Otto Meißner legte Hugenberg dann am Abend des 21. Januar dar, dass Schleicher sehr wohl Prokura gehabt habe, jedoch ein Kabinett Schleicher/Hugenberg die gleichen Schwierigkeiten einer fehlenden Mehrheit haben würde wie Schleicher, der nur von Gewerkschaften und Zentrum gestützt werde. Hugenberg konnte die DNVP-Fraktion ebenfalls nicht für Schleicher mobilisieren. Er besprach mit Meißner weitere Konstellationen für eine Regierungsbildung, die eine Mehrheit im Parlament haben und auch von Stahlhelm und Reichslandbund unterstützt werden sollte. Der Parteivorsitzende blieb weiterhin skeptisch und hegte Bedenken bezüglich einer Hitler-Regierung, da Hitler als Reichskanzler dann „mühelos" in die Stellung des Reichspräsidenten kommen könne.[24]

Die Gespräche nahmen in der darauffolgenden Woche rasant an Fahrt auf. Die Konstellationen einer Einbindung Hitlers und Hugenbergs in eine mit Papen zu ernennende Regierung wurden mehrfach und nicht zuletzt aufgrund der Unentschiedenheit Hugenbergs und der ambivalenten Haltung Hindenburgs ihm und Hitlers Machtansprüchen gegenüber mit noch relativ offenem Ausgang verhandelt. Über das Ziel einer neuen Rechtsregierung ohne Schleicher schien man sich im Büro des Reichspräsidenten, bei Papen, der NSDAP und der DNVP einig zu sein. Dieses Ziel war aber lediglich die Grundlage für erneute Sondierungen, die im Grunde erst in letzter Minute am 30. Januar ihren Abschluss finden sollten.

Am 22. Januar trafen sich Papen, Hitler, Wilhelm Frick, Göring, Meißner und Oskar von Hindenburg, da der Reichspräsident nicht mehr gegen ein Hitler-Kabinett war, sofern es eine parlamentarische Mehrheit habe.[25] Auch Papen akzeptierte nach diesem Treffen eine Reichskanzlerschaft Hitlers, die der Reichspräsidentensohn am nächsten Tag aber noch ablehnte und erst am 24. Januar akzeptierte, sofern die DNVP ebenfalls beteiligt werde. Die Partei war somit einzubinden, jedoch blieb weiterhin klar, dass Hugenberg als Parteiführer für ein zukünftiges Kabinett kein Wunschkandidat Hindenburgs und seines Sohnes Oskar sein würde.

Am 23. Januar hatte Schleicher ein Gespräch bei Hindenburg, der ihm jedoch die gewünschte Auflösungsorder für den Reichstag, der am 31. Januar tagen und sehr wahrscheinlich ein Misstrauensvotum gegen Schleicher einbringen würde, sowie eine Aussetzung von Neuwahlen für einige Monate versagte. Hindenburg wollte stattdessen eine nationale Regierung unter Konzessionen zustande bringen. Papen besprach sich nun mit Theodor Duesterberg vom Stahlhelm wegen eines möglichen Regierungseintritts und konservative Agrarier wie Elard von Oldenburg-Januschau intervenierten für

22 Siehe Entschließung der Reichstagsfraktion der DNVP, 21.1.1933, in Akten der Reichskanzlei. Das Kabinett von Schleicher, Bd. 1, S. 282–283 und in BA-Koblenz, N 1247, Bd. 17, o. Bl.

23 Siehe dazu Tagebucheintrag Reinhold Quaatz 21.1.1933, in BA-Koblenz, N 1247, Bd. 17, o. Bl.

24 Ebd.

25 Leopold: Alfred Hugenberg, S. 135.

ein Zugehen auf Hitler.[26] Am selben Tag ging Schleicher auf Hugenberg zu und sorgte für die Ernennung Herbert Fürst von Bismarcks zum Staatssekretär im preußischen Innenministerium, wie im Dezember miteinander besprochen.[27] Eine Zusammenarbeit war mit Hugenberg aber nicht so einfach zu erreichen. Neben den immer von Hugenberg angeführten „sachlichen" Gründen spielten hier sicherlich auch persönliche Distanzierungen des unnahbaren „Silberfuchses"[28] eine Rolle. Johann Ludwig Graf Schwerin von Krosigk erinnerte sich später, dass Papen schon während seiner Reichskanzlerschaft Hugenberg im Grunde nicht habe leiden können, was hingegen auf Gegenseitigkeit beruht habe.[29] Sehr viel anders sah das auch bei Schleicher nicht aus, der mit Hugenberg ebenfalls „nicht kann", wie Meißner berichtete.[30]

Der Stahlhelm spielte nun verstärkt eine zentrale Rolle bei den Sammlungsversuchen für eine Rechtsregierung. Am 24. Januar erfuhr Hugenberg von der Führungskrise im Stahlhelm, als Duesterberg Otto Schmidt(-Hannover) mitteilte, dass Franz Seldte zusammen mit den Stahlhelm-Führern Franz von Stephani und Elhard von Morozowicz zu Hitler übergegangen sei und mit diesem über eine Regierungsbeteiligung verhandele.[31] Am nächsten Tag besprach sich Hitler mit Papen und Schacht, während Hugenberg sich mit Frick und Göring sowie Seldte und Duesterberg traf.

Am 25. Januar ging die endgültige Absage der DNVP-Reichstagsfraktion an Schleicher durch die Presse. Die DNVP forderte eine vollständige Umbildung des Kabinetts, da es einer einheitlichen Regierung bedürfe, um den seit Papens Abgang entstandenen Vertrauensverlust rückgängig zu machen und die Wirtschaftsprobleme zu lösen.[32] Hans Brosius von der Pressestelle der DNVP stellte klar, dass Schleicher den „autoritären Staatsgedanken" gefährdet und bei einer einheitlichen Wirtschafts- und Sozialpolitik versagt habe. Die DNVP werde nun die „Entscheidung erzwingen", die aus einem „verschleierten Parlamentarismus" heraus zur „sachlichen Arbeit" führe.[33]

Am 25. Januar ließ Oskar von Hindenburg bei Joachim von Ribbentrop, der Papen aus gemeinsamen Zeiten in der Deutschen Botschaft in Konstantinopel kannte, die Nachricht durchscheinen, dass eine Hitler-Kanzlerschaft eine Möglichkeit sein könnte. Noch bei einen durch Ribbentrop vermittelten Treffen von Papen und Hitler am 10. Januar in dessen Dahlemer Villa hatte Hitler auf die Reichskanzlerschaft gepocht, die

26 Siehe Vogelsang: Reichswehr, Staat und NSDAP, S. 374–375.

27 Siehe Sitzung der Kommissare für Preußen, 23.1.1933, in Akten der Reichskanzlei. Das Kabinett von Schleicher, Bd. 1, S. 289.

28 Zitat der zeitgenössischen Beschreibung von Alfred Hugenbergs charakterlicher Rätselhaftigkeit in Turner: Thirty Days, S. 137. Siehe auch Tagebucheintrag Joseph Goebbels 28.1.1933, in Fröhlich: Die Tagebücher von Joseph Goebbels, Teil I, Bd. 2/III, S. 117.

29 Johann Ludwig (Lutz) Graf Schwerin von Krosigk Anmerkungen zum Schäffer-Tagebuch zum 21.10. 1932, o. D., in IfZ, ZS/A 20, Bd. 8, Bl. 280.

30 So der Vermerk zu einem Treffen mit Otto Meißner am 20.1.1933, in Tagebucheintrag Reinhold Quaatz 20.1.1933, in BA-Koblenz, N 1247, Bd. 17, o. Bl.

31 Siehe Schmidt(-Hannover): Umdenken oder Anarchie, S. 328–329.

32 Deutsche Zeitung 25.1.1933.

33 Ebd. 26.1.1933.

Papen nach Gesprächen mit Hindenburg über eine Regierungsbildung von „nationalen“ Politikern ohne Parteibindung aber ablehnte. Bei einem weiteren Treffen am 18. Januar scheiterten die Gespräche erneut und Papen zeigte sich erst am 22. Januar Hitler gegenüber bereit, die Vizekanzlerschaft zu übernehmen.[34]

Am 27. Januar trafen sich Hugenberg und Schmidt(-Hannover) mit Hitler, Frick und Göring. Die beiden Deutschnationalen gingen auf den Vorschlag einer Reichskanzlerschaft Hitlers ein und man besprach die Ressortverteilung eines künftigen Kabinetts.[35] Es bleibt unklar, ob Hugenberg nun doch schon vor diesem Treffen zu einer Regierungsbeteiligung unter Hitler als Reichskanzler bereit war. Hugenberg machte Hitler gegenüber nun jedenfalls die unannehmbare Forderung, Schmidt(-Hannover) zum Staatssekretär und Brosius zum Pressechef der Regierung zu ernennen.[36] Die Antwort auf die Frage, die Verfügungsgewalt über die preußische Polizei Göring anzuvertrauen, hielt Hugenberg bis zuletzt in der Schwebe, da er das Amt des Ministerpräsidenten nicht an die NSDAP ausliefern wollte und den Zugriff Hitlers auf das Innenministerium befürchtete. Goebbels notierte über das Gespräch am 27. Januar, Hitler habe eine „Sauwut“ nach dem Treffen mit Hugenberg gehabt, der auch die Unterstellung der preußischen Polizei unter die Reichswehr gefordert habe. Hugenberg sei schlichtweg „intransigent“ und stelle „unverschämte Forderung[en]“, sodass sich Goebbels mit Hitler, Göring und Frick auf eine „Taktik“ festlegen wollte, um den „Silberfuchs“ für die eigenen Interessen einzubinden. Falls Papen doch Kanzler werde, so Goebbels, dann gebe es „in 2 Monaten Revolution“.[37]

Kurz nachdem Schleicher die gewünschte Auflösungsorder für den Reichstag von Hindenburg verweigert worden war und Papen stattdessen den Auftrag zur Regierungsbildung erhalten hatte, traf sich Papen am 28. Januar mit Hugenberg, der Schmidt(-Hannover) im Anschluss resigniert mitteilte, dass Papen für Hitler als Reichskanzler eintrete, jedoch dessen Befugnisse weitgehend einzuschränken gedachte.[38] Hugenberg gab an diesem Tag schließlich seinen Widerstand gegen Hitlers Forderung auf, dass das Innenministerium im Reich und in Preußen von Nationalsozialisten besetzt werden sollte.

Für eine Papen-Hugenberg-Hitler-Regierung gab es starken Gegenwind vom RDI. Das Geschäftsführende Präsidialmitglied Ludwig Kastl und das Geschäftsführende Präsidiumsmitglied des Deutschen Industrie- und Handelstages, Eduard Hamm, schickten am 28. Januar einen entsprechenden Brief an Meißner, in dem sie allgemein vor weiteren „politischen Beunruhigungen in der Wirtschaft“ warnten und somit in die

---

34 Michalka: Ribbentrop und die deutsche Weltpolitik, S. 36–38, Vogelsang: Reichswehr, Staat und NSDAP, S. 375–376 und Görtemaker: Rudolf Hess, S. 268–273.

35 Siehe Terhalle: Deutschnational in Weimar, S. 349.

36 Siehe Ebd.

37 Tagebucheintrag Joseph Goebbels 28.1.1933, in Fröhlich: Die Tagebücher von Joseph Goebbels, Teil 1, Bd. 2/III, S. 117.

38 Schmidt(-Hannover): Umdenken oder Anarchie, S. 334 und Vogelsang: Reichswehr, Staat und NSDAP, S. 380–388.

Regierungsbildung eingriffen.[39] Gemeint war mit diesen Besorgnissen unter anderem die Ernennung Hugenbergs zum Wirtschaftsminister, gegen die der RDI im Januar bei Staatssekretär Erwin Planck angesichts von Plänen für eine Umbildung des Schleicher-Kabinetts interveniert hatte.[40] Auch die von Papen am 28. Januar parallel zu den Verhandlungen mit Hitler betriebenen Bemühungen, ein eigenständiges Kabinett mit deutschnationalen Ministern wie Ewald von Kleist-Schmenzin für Inneres zu organisieren, wäre bei einer Beteiligung Hugenbergs für den RDI schwierig gewesen.[41] Kleist-Schmenzin bestürmte Papen, ein konservatives „Kampfkabinett" unter Ausschluss der NSDAP zu bilden, lehnte aber die angetragene Ministerposition ab.[42] Bereits vor den Wahlen am 6. November 1932 stellte sich der RDI auf eine intensivere Regierungsunterstützung durch die Einrichtung eines Wahlfonds ein. Über den Fonds sollte die Papen-Regierung Gelder an die DNVP, die DVP, das Landvolk und die Wirtschaftspartei überweisen, um dann einen „gewissen Einfluss auch auf die Aufstellung der Kandidatenliste" der DNVP zu erhalten. Dort sollten Kandidaten ohne allzu enge Parteibindung aufgestellt werden, um den kompromisslosen Kurs Hugenbergs wenigstens abzufedern, wenn man eine breite Sammlungspolitik über Hugenberg auch aufgrund seiner Fürsprecher wie Albert Vögler und Fritz Springorum nicht erreichen konnte.[43] Der Vorsitzende des RDI-Präsidiums, Gustav Krupp von Bohlen und Halbach, sah die aktuellen Pläne für eine Regierungsbildung Papens mit Hugenberg und Hitler ebenfalls als „höchst verhängnisvoll" und ließ dies über Kastl auch Meißner mitteilen, der das Schreiben Hindenburg vorlegte.[44] Die Entscheidungen waren zu diesem Zeitpunkt im Reichspräsidentenpalais aber längst gefallen.

Am 29. Januar traf sich Papen zu konkreten Vorverhandlungen mit Hitler und Göring. Es folgte ein weiteres Treffen mit Hugenberg sowie Seldte und Duesterberg. Papen machte bei diesem Gespräch deutlich, dass er als Vizekanzler, Hugenberg als Wirtschaftsminister und Seldte als Arbeitsminister eine Zähmung der Nationalsozialisten ermöglichen sollten. Duesterberg hielt fest: „Wir rahmen also Hitler ein [...]."[45] Duesterberg und Seldte waren bis dahin von einer Kanzlerschaft Papens ausgegangen, daher warnte Duesterberg vor Hitlers grundsätzlicher Unzuverlässigkeit. Diese Kritik an der NSDAP sollte nicht abreißen. Seldte hingegen war längst im Hitler-Lager.[46] Hugenberg äußerte zusätzliche Bedenken gegen Neuwahlen zum Reichstag, jedoch wurde diese Frage zunächst zurückgestellt. Gleichzeitig verhandelten noch Schmidt(-Hannover) und

39 Ludwig Kastl/Eduard Hamm an Otto Meißner, 28.1.1933, in BA-Berlin, R 601, Bd. 405, Bl. 517.

40 Siehe Neebe: Großindustrie, Staat und NSDAP, S. 152.

41 Siehe Vogelsang: Reichswehr, Staat und NSDAP, S. 386–387.

42 Siehe Scheurig: Ewald von Kleist-Schmenzin, S. 118–120 und Vogelsang: Reichswehr, Staat und NSDAP, S. 386.

43 Alfred Möllers (über das Treffen mit Staatssekretär Planck am 5.10.1932) an Otto Fürst zu Salm-Horstmar, 6.10.1932, in BA-Berlin, R 8048, Bd. 454, Bl. 118–119. Zitat ebd., Bl. 118.

44 Siehe Bähr/Kopper: Industrie, Politik, Gesellschaft, S. 112–113.

45 So die Erinnerung von Duesterberg: Der Stahlhelm und Hitler, S. 39, der fälschlich den 26.1.1933 für dieses Treffen nannte. Siehe auch Schmidt(-Hannover): Umdenken oder Anarchie, S. 329.

46 Siehe Berghahn: Der Stahlhelm, S. 247–250.

Kleist-Schmenzin mit Hans von Wedemeyer, Papens Büroleiter, und Maria von Bredow, Papens Sekretärin, um eine „Hitlerlösung zu konterkarieren", wie Schmidt(-Hannover) es später formulierte.[47]

Papen unterrichtete seinen ehemaligen Finanzminister, der auch von Schleicher für dieses Amt in seine Regierung berufen worden war, Schwerin von Krosigk am Nachmittag des 29. Januar, dass er nur zwei Varianten einer Regierungsbildung sehe: 1. eine Regierung mit Hitler als Reichskanzler, Papen als Vizekanzler, Hugenberg als „Krisenminister", Seldte als Arbeitsminister und Frick als Innenminister, oder 2. ein „Kampfkabinett Papen-Hugenberg".[48] Nicht nur Schwerin von Krosigk betrachtete lediglich die erste Variante als mögliche Voraussetzung für seinen Regierungseintritt, auch Papen tendierte zu der Hoffnung, dass Hindenburg diese Konstellation unterstützen werde, schließlich habe er in den letzten Tagen im Auftrag Hindenburgs mit den Nationalsozialisten für eine „nationale Front" verhandelt und Schleichers Interventionen gegen diese Versuche hätten den Reichspräsidenten endgültig von Schleicher entfremdet.[49] Verhandlungen des Reichsinnenministers und Reichskommissars für Preußen, Franz Bracht, um ein „Kampfkabinett" unter Papens Führung scheiterten am 29. Januar unter anderem am Widerstand Hugenbergs, der sich nun „entschieden" gegen die „kleine Lösung" ausgesprochen hatte.[50]

Papen informierte Hindenburg, der erst an diesem Tag seine grundsätzliche Opposition zur Reichskanzlerschaft Hitlers aufgegeben hatte, über die Kabinettsbildung, bei der Hugenberg die Ministerien für Wirtschaft, Landwirtschaft und Ernährung erhalten sollte. Als Reichswehrminister war mit Werner von Blomberg, Befehlshaber des Wehrkreises I (Königsberg), kein Nationalsozialist vorgesehen. Die Klärung der Frage nach der Verfügungsgewalt über die preußische Polizei lag auch in Hugenbergs Interesse, und so gelang Papen erst am 29. Januar mit Hugenberg eine Einigung. Dass Hindenburg nun ausdrücklich auf Hugenbergs Übernahme der drei Ministerien bestand, schien Hugenberg überzeugt zu haben, Papen eine grundsätzliche Zusage zur Regierungsbeteiligung unter Verzicht auf die Reichskanzlerschaft zu geben.[51]

Schmidt(-Hannover) fügte in seinen Erinnerungen hinzu, dass Hugenberg gegebenenfalls auf eine baldige Abberufung Hitlers durch Hindenburg spekuliert haben könnte, die ihn nach einer gut geführten Wirtschaftspolitik in eine Schlüsselstellung für die Kanzlerschaft gerückt hätte. Selbst bei einem geregelten Regierungsalltag könnte Hugenberg als Minister und DNVP-Parteiführer dann wenigstens eine Radikalisierung der Gewalt auf der Straße durch die NSDAP und ihre Organisationen verhindern.[52]

47 Schmidt(-Hannover): Umdenken oder Anarchie, S. 334.
48 Tagebucheintrag Johann Ludwig (Lutz) Graf Schwerin von Krosigk 29.1.1933, in IfZ, ZS/A 20, Bd. 4, Bl. 15.
49 Ebd.
50 Siehe auch Tagebucheintrag Johann Ludwig (Lutz) Graf Schwerin von Krosigk über den 29.1.1933 vom 5.2.1933, in IfZ, ZS/A 20, Bd. 4, Bl. 16.
51 Siehe Schmidt(-Hannover): Umdenken oder Anarchie, S. 334.
52 Ebd., S. 335.

Hinzu kamen die als ernsthafte Bedrohung wahrgenommenen Gerüchte über einen Putsch Schleichers, die Hugenberg zusätzlich bewogen, ins Kabinett hineinzugehen, denn eine Papen-Hugenberg-Regierung hätte der Reichswehr, die das Rückgrat von Schleichers fragiler Kanzlerschaft war, in keinem Fall etwas entgegenzusetzen gehabt. Nicht zuletzt herrschte in der DNVP-Führung noch am 30. und sogar am 31. Januar die Befürchtung, dass bei Neuwahlen, die man aufgrund der Befürchtung weiterer Verluste für die DNVP bei gleichzeitigem Stimmenzuwachs der NSDAP vermeiden wollte, Hitler doch noch auf das Zentrum zugehen könnte, weil die NSDAP eine eindeutigere parlamentarische Mehrheit für die Verabschiedung eines Ermächtigungsgesetzes suchen könnte.[53] Hugenberg zog auch die „Unterdrückung der KPD" für eine erleichterte Annahme des Ermächtigungsgesetzes aufgrund sich folglich verschiebender Stimmenverhältnisse im Reichstag der Option von Neuwahlen vor.[54] Insofern drängten die Deutschnationalen auf einen schnellen Regierungsbeginn, damit Hugenberg in kürzester Zeit sein Gesamtprogramm für einen Wirtschaftsumbau umsetzen konnte, um somit noch vor den von Hitler zur Bedingung gemachten Wahlen Erfolge vorzeigen zu können.

Claß wurde von der Kabinettsbildung und vom Regierungseintritt Hugenbergs nach eigenen Aussagen überrascht, da er sich im Januar noch auf Kur im Sanatorium Bad Schwarzeck im thüringischen Bad Blankenburg nahe dem Schwarzatal aufhielt.[55] Vermutlich setzte er bis zuletzt auf ein Papen-Hugenberg-Kabinett. So berichtete auch die Presse über ein gerüchteweise kolportiertes „Kampfkabinett Papen-Hugenberg" und nannte eine solche Variante eines weiteren Präsidialkabinetts die „Lösung Heinrich Claß".[56] In einem solchen Kabinett unter Ausschluss Hitlers und ohne parlamentarische Mehrheit sollte Hugenberg das Wirtschaftsministerium zugesprochen bekommen. Auch Schacht sollte in ein solches Kabinett eintreten. Paul Freiherr von Eltz-Rübenach war als Minister für Post und Verkehr und Konstantin Freiherr von Neurath als neuer Außenminister vorgesehen.[57]

Inwieweit Claß über die abschließenden Gespräche Hugenbergs informiert gewesen war, bleibt offen, jedoch vollzogen sich die zahlreichen Verhandlungen unter Einschluss führender Alldeutscher, sodass Claß keineswegs derart im Dunkeln gelassen worden sein konnte, wie er im Nachhinein behauptete.[58] Immerhin war es unter anderem Oldenburg-Januschau, der in der letzten Januarwoche wesentlich zur Umstimmung Hin-

53 Siehe dazu Schellhorn: „Mit dem Zentrum niemals".

54 Alfred Hugenberg in der ersten Kabinettssitzung im Januar 1933, in Auszug aus dem Protokoll der Kabinetts-Sitzung, 30.1.1933, in Hubatsch (Hrsg.): Hindenburg und der Staat, S. 369–371.

55 Siehe Hofmeister (Hrsg.): Heinrich Claß. Politische Erinnerungen, Kapitel 9 (Anhang 1936) sowie Claß an Ludwig Schemann, 28.1.1933, in UAF, N 12, NL Ludwig Schemann, 1669, Bl. 17. Das Sanatorium von Sanitätsrat Dr. Karl Leonhard Paul Wiedeburg warb unter anderem für Abhärtung, Ernährungskuren sowie die Rekonvaleszenz von Nerven-, Magen-, Darm- und Stoffwechselkrankheiten. Anzeige in Der Kunstwart 27 (2/1914).

56 Neue Mannheimer Zeitung 1.2.1933.

57 Ebd. 30.1.1933.

58 Siehe dazu Hofmeister (Hrsg.): Heinrich Claß. Politische Erinnerungen, Kapitel 9 (Anhang von 1936).

denburgs beigetragen hatte, nun doch ein Kabinett der „nationalen Front" zu berufen, für das sich auch andere wie Blomberg, Befehlshaber des Wehrkreises I (Königsberg), gegenüber dem Reichspräsidenten aussprachen.[59]

Andererseits zogen sich die Verhandlungen um eine Regierungskonstellation mit oder ohne parlamentarische Mehrheit bis zuletzt hin. So wusste Schwerin von Krosigk am Morgen des 30. Januars noch nicht, weshalb er zum Reichspräsidenten gerufen worden war, und vermutete eine Verpflichtung auf ein erneutes Papen-Kabinett, dem er eigentlich nicht angehören wollte.[60] Stattdessen saßen in der Reichskanzlei, die Hindenburg während des Umbaus seines Palais bezogen hatte, als er um 10:30 Uhr dort eintraf, bereits Hitler, Hugenberg und Papen bei Meißner im Nachbarzimmer und „handelten die letzten Bedingungen aus".[61] Um 11 Uhr fanden sich im Zimmer des Reichspräsidenten die zukünftigen Kabinettsmitglieder zusammen: Papen, Hugenberg, Frick, Göring, Seldte, Neurath und Hitler, den Schwerin von Krosigk als designierter Finanzminister hier das erste Mal sah. Eltz-Rübenach war durch Krankheit verhindert. Das Amt des Justizministers war noch unbesetzt.

Schwerin von Krosigk wusste „nun bei diesem Eiltempo" noch nichts über das Programm der zukünftigen Regierung. Unmittelbar vor seiner Vereidigung durch Hindenburg stellte ihm Papen rasch Hitler vor, dem er seine Bedingungen dann erst einmal kurz darlegte (unter anderem Sicherung des Haushaltsetats und stabile Währungspolitik), die Hitler weitestgehend zusagte. „Da begann bereits die Vereidigung", und Hitler bat abschließend in einer kurzen Erklärung Hindenburg um Vertrauen für diese Regierung. Schwerin von Krosigk hielt über die „immer rätselhafter" wirkenden Begebenheiten am Morgen abschließend fest, dass es unter anderem die kursierenden Drohungen eines Staatsstreichs Schleichers gewesen seien, welche diese Regierung zusammengebracht hätten. Jedoch: „Es wird schwer sein, festzustellen, wie sich die Dinge wirklich zugetragen haben."[62]

Kurz vor seiner Vereidigung verlangte Hugenberg von Hitler die klare Zusage, dass es zu keinen Neuwahlen kommen werde. Hitler wollte sich nach der Regierungsbildung von den Wählern ein erneutes Votum für die NSDAP holen und durch eine erhoffte klare Mehrheit der Regierungsparteien ein Ermächtigungsgesetz durch den Reichstag bringen, für das verfassungsrechtlich eine Zweidrittelmehrheit notwendig war. Also beharrte er auf Wahlen, während Hugenberg entschieden dagegen war, da er weitere Stimmenverluste für die DNVP befürchtete und das System von Parteien und demokratischen Wahlen endlich abgeschafft sehen wollte. Duesterberg berichtete später, dass Hugenberg an diesem Tag um 11:15 Uhr durch seine formale Weigerung in der Frage der

---

59 Siehe Oldenburg-Januschau: Erinnerungen, S. 218, Pyta: Hindenburg, S. 780 und Mües-Baron: Heinrich Himmler, S. 516.

60 Siehe dazu Tagebucheintrag Johann Ludwig (Lutz) Graf Schwerin von Krosigk über den 30.1.1933 vom 5.2.1933, in IfZ, ZS/A 20, Bd. 4, Bl. 17–18.

61 Ebd., Bl. 17.

62 Ebd.

Reichstagswahlen im Grunde „auf dem Höhepunkt seines politischen Wirkens“ stand.[63] Erst als Hitler zusagte, dass sich nach Neuwahlen die Zusammensetzung des Kabinetts nicht ändern werde, und Papen Hugenberg gegenüber bemerkte, dass er dessen Zweifel am „Ehrenwort“ Hitlers doch für unredlich halte, ließ sich Hugenberg durch die dringende Mahnung Meißners bitten, einzulenken. Man habe die Vereidigung der neuen Regierung eigentlich für 11 Uhr angesetzt, nun sei es schon 11:15 Uhr, man könne den Reichspräsidenten schließlich nicht länger warten lassen.[64]

Hugenbergs Zweifel an einer Reichskanzlerschaft Hitlers blieben auch nach seiner Vereidigung bestehen und wirkten nach. Gegenüber Carl Friedrich Goerdeler sprach Hugenberg einen Tag später davon, dass er „die größte Dummheit meines Lebens gemacht“ habe, denn er habe sich „mit dem größten Demagogen der Weltgeschichte verbündet“.[65] Hugenbergs grimmiges Abseitsstehen bei der Versammlung des neuen Kabinetts für die Presse verlieh jedenfalls seiner Ambivalenz gegenüber Hitler sichtbaren Ausdruck.

Nach der letzten Kabinettssitzung unter Kanzler Schleicher um 13:30 Uhr fand sich die neue Regierung um 17 Uhr zusammen. Hitler besprach zuerst die Frage, ob man die KPD auflösen und Neuwahlen abhalten solle. Während Hitler gegen die Auflösung war, da sich die neue Regierung nicht direkt durch „Kampfmaßnahmen“ unbeliebt machen sollte, sprach sich Hugenberg erneut entschieden gegen Neuwahlen aus, wie er dies kurz vor der Vereidigung fünf Stunden zuvor bereits gefordert hatte.[66] Hitler machte allen Beteiligten deutlich, dass er unbedingt Neuwahlen wollte, da die besprochene Möglichkeit der Selbstauflösung des Reichstags für mindestens ein Jahr nicht durchzuführen sei. Hugenberg willigte schließlich ein, nachdem Hitler erneut versprochen hatte, dass es für mindestens ein Jahr keine weitere Reichstagswahl geben und das Ergebnis die Zusammensetzung des Kabinetts nicht verändern würde.[67] Am 31. Januar notierte Goebbels: „Weiter kämpfen. Hugenberg Krisen[ministerium], Papen Vizekanzler. Seldte Arbeitsminister. Das sind Schönheitsfehler. Müssen ausradiert werden.“[68]

Die *Deutsche Zeitung* kommentierte die Regierungsbildung mit Verwunderung darüber, wie „überraschend schnell“ sie erreicht worden sei. Die Besprechungen zwischen NSDAP und DNVP hätten ein „befriedigenden Ergebnis“ gebracht.[69] Joachim Nehring urteilte in seinem Leitartikel überschwenglicher: „Die Bahn ist frei!“ Dieses Kabinett „der geeinten Rechten“ sei von der *Deutschen Zeitung* seit Jahren herbeigesehnt

---

63 Duesterberg: Der Stahlhelm und Hitler, S. 41.

64 Ebd.

65 Vermerk Carl Friedrich Goerdeler Manuskript vom 9.7.1937 zum 30.1.1933, in Gillmann/Mommsen: Politische Schriften, S. 252. Siehe auch Jones: „The Greatest Stupidity of my Life“ und Terhalle: Deutschnational in Weimar, S. 355.

66 Siehe Tagebucheintrag Johann Ludwig (Lutz) Graf Schwerin von Krosigk über den 30.1.1933 vom 5.2.1933, in IfZ, ZS/A 20, Bd. 4, Bl. 18.

67 Ebd.

68 Tagebucheintrag Joseph Goebbels 31.1.1933, in Fröhlich: Die Tagebücher von Joseph Goebbels, Teil 1, Bd. 2/III, S. 120.

69 Ebd. 30.1.1933.

Abb. 32: Das Hitler-Papen-Hugenberg Kabinett (30. Januar 1933)
Erste Reihe sitzend: Hermann Goering, Adolf Hitler und Franz von Papen. Zweite Reihe von links nach rechts: Franz Seldte, Günter Gerike, Johann Ludwig Graf Schwerin von Krosigk, Wilhelm Frick, Werner von Blomberg und Alfred Hugenberg. Aus den einstigen konkurrierenden Einzelorganisationen der „nationalen Opposition" DNVP, NSDAP und Stahlhelm wurden nun durch Einschluss Papens, der bereits am 3. Juni 1932 aus dem Zentrum ausgetreten war, propagandistisch die „Regierung der nationalen Konzentration". Nach der Annahme des Ermächtigungsgesetzes durch den gleichgeschalteten Reichstag sprach der *Völkische Beobachter* am 24. März 1933 von der „Regierung der nationalen Revolution".

worden. Nun sei der „Geist der Parteidogmatik" nicht mehr relevant, Hugenberg als „Krisenminister" werde die Einheit von Wirtschaft und Landwirtschaft herstellen und durch gemeinsame Arbeit werde man im Kabinett „zusammenwachsen".[70] Hugenbergs Aufruf zum „gemeinsamen Kampf" für die „praktische Arbeit" traf die Hoffnungen seiner Anhänger, etwa die des von Paul Bang führend mitgeleiteten Bundes für Nationalwirtschaft und Werksgemeinschaft, die Hugenberg nun in der entscheidenden Schlüsselstellung im Kabinett sahen.[71]

---

70 Ebd. 31.1.1933.
71 Ebd.

11.2 Regierungspraxis: Gleichschaltung und Terror

Die Regierungserklärung vom 1. Februar nahm mit der Forderung nach Ausschaltung des Kommunismus als Voraussetzung für eine Sicherstellung „nationaler Einheit", der Bekämpfung der Arbeitslosigkeit und der außenpolitischen Revision des Versailler Vertrags auch von Hindenburg geforderte Programmpunkte mit auf. Die sich annähernden Interessen führten schnell in eine „Partnerschaft" Hitlers mit dem Reichspräsidenten, die „Konturen einer Arbeitsteilung" aufwies.[72] Hindenburg, der sich zunehmend zurückzog und Zweifel an Hitlers Reichskanzlerschaft nun rigoros zurückdrängte, öffnete somit Spielräume für eine verfassungsrechtliche Aufweichung seiner von Claß 1932 noch so zentral herausgestellten Stellung zugunsten des Reichskanzlers und der NSDAP mit ihren Gliederungen, die wie die SA durch eigene Gewaltdynamiken gegen politische Gegner verstärkt an die Macht drängten. Hugenberg fand sich im Regierungsprogramm mit der Forderung nach einer Reorganisation der Wirtschaft und der „Rettung des deutschen Arbeiters" wieder, einerseits durch eine auch von den Alldeutschen vertretene Arbeitsdienstpflicht, andererseits durch umfassende Siedlungsprogramme. Zudem war im Regierungsprogramm von der „Rettung des deutschen Bauern" mit der Landwirtschaft als „Lebensgrundlage der deutschen Nation" die Rede, die zum Kern von Hugenbergs gesamter Wirtschaftspolitik 1933 werden sollte.[73] Auf Hugenberg konzentrierten sich nun die alldeutschen und deutschnationalen Hoffnungen auf eine wirksame Regierungsbeteiligung des neuen Ministers. Die Hugenberg'schen Wirtschaftsgrundsätze waren ohnehin längst durch Bang und Alfred Möllers in die Programmatik des Verbandes eingeflossen.

Hugenbergs Antritt als Minister hielt jedoch strukturelle Probleme bereit. Oskar Hergt bemerkte kurze Zeit später, Hugenberg wirke mit seinen „5 1/2 Ministerien" körperlich sehr angeschlagen, und Reinhold Quaatz notierte bereits einen Tag nach der Kabinettsbildung, man habe „die Verantwortung für die Wirtschaft allein abgestellt auf den 67-jährigen Hugenberg, flankiert von Schmidt[-Hannover] und Bang", die beide als Staatssekretäre im Wirtschaftsministerium vorgesehen waren.[74] Zu einer Ernennung Schmidt(-Hannovers) kam es nicht, auch weil Hitler ihn als seinen „persönlichen Feind" ansah, wie er Hugenberg am 2. Mai gesagt haben soll.[75] Während Bang zum Staatssekretär berufen wurde, wurden andere alldeutsche Parteimitglieder enttäuscht. Quaatz hoffte (letztlich vergeblich) auf die Zusage Hugenbergs, zum Staatssekretär im Arbeitsministerium berufen zu werden, das nun Seldte leitete.[76]

Während Claß sich noch in Thüringen auskurierte, fasste Brockdorff von der Geschäftsstelle in den Lageberichten des Verbandes die Regierungsbildung mit einer Mi-

---

72 Pyta: Hindenburg, S. 803 und 804.

73 Magdeburgische Zeitung 2.2.1933.

74 So die Tagebucheinträge Reinhold Quaatz 11.2.1933 (Oskar Hergts Bemerkung) und 1.2.1933, in BA-Koblenz, N 1247, Bd. 17, o. Bl.

75 Siehe Terhalle: Deutschnational in Weimar, S. 356 und 371.

76 Siehe Tagebucheintrag Reinhold Quaatz 1.2.1933, in BA-Koblenz, N 1247, Bd. 17, o. Bl.

schung aus Genugtuung über Schleichers Ablösung und Hoffnung auf Hugenbergs Durchdringen im Kabinett zusammen. Allein die letzten Tage seien nicht nur eine Regierungskrise, sondern auch eine Staatskrise gewesen, die zu einer Präsidentenkrise hätte werden können, so Brockdorff. Der von Claß popularisierte Begriff des „Staatsnotstandes" sei nun vermehrt in der öffentlichen Diskussion. Der Notstand müsse aber nicht erst proklamiert werden, da er bereits seit eineinhalb Jahren bestehe.[77] Als erste „Sofortmaßnahme" sei die KPD aufzulösen. Im Kabinett sei Hugenberg möglichst viel Spielraum zu gewähren, damit er die erforderlichen Maßnahmen auch durchführen könne. Hugenberg habe unter Zurückstellung „aller Bitterkeiten" alles für die Regierungsbildung getan und Papen sei zudem als „ehrlicher Makler" aufgetreten.[78] Das Kabinett müsse noch eine Einheit werden, jedoch seien vor den Wahlen am 5. März keine wesentlichen Maßnahmen zu erwarten.[79] Dass sich die NSDAP nicht in einer endgültigen „Koalitionsregierung" mit DNVP und Stahlhelm sehe, zeige sich in den ausgerufenen Wahlen, von denen sich die Nationalsozialisten eine Mehrheit erhoffen würden. Ein entsprechender Wählerzuwachs könne sich weder aus der „bürgerlichen Mitte" speisen, so Brockdorff, denn die sei „so gut wie zertrümmert", noch aus der DNVP, die mit Hugenberg „jetzt ziemlich festgefügt" dastehe.[80] Der NSDAP würden zudem auch die Stimmen wegfallen, die ihr vormals aus Verbitterung über die Wirtschaftskrise noch zugefallen seien, und „eine stattliche Anzahl" an Wählern könnte am 5. März mit der „neuen Regierung ungeduldig geworden sein" und andere Parteien wählen. Es sei zudem nicht sicher, ob die Regierungsparteien zusammen eine absolute Mehrheit erreichen würden. Dies sei aber ohnehin irrelevant, da man sich von dem Prinzip der 51 Prozent nicht mehr abhängig machen solle.[81] Die Verlässlichkeit des Reichspräsidenten für die neue Regierung sei bei Weitem entscheidender. Sehr zügig sei die Arbeit in Hugenbergs Arbeitsbereich angefangen worden und zusammen mit Bang und weiteren Mitarbeitern würden Fragen des Mittelstandsschutzes, der Entschuldung, der Kartelle und des Arbeitsrechts angegangen.

Die unmittelbar nach der Regierungsbildung angesetzten Reichstagswahlen am 5. März konnte Hugenberg nicht verhindern, aber er versuchte, sich und die DNVP zunächst abzugrenzen, als er Papens Vorschlag noch Anfang Februar ablehnte, ein Wahlbündnis mit der DVP und dem Christlich-Sozialen Volksdienst sowie auf lokaler Ebene mit der national-konservativen aber separatistisch-preußenunabhängigen Deutsch-Hannoverschen Partei zu bilden.[82] Um ein rechtes Wahlbündnis kam Hugenberg aber nicht herum, wollte er eine potenzielle Blamage der DNVP verhindern und seine ohnehin fragile Machtstellung im Kabinett nicht noch zusätzlich schwächen. Am

77 Alexander Graf Brockdorff (Lagebericht des Alldeutschen Verbandes) 1.2.1933, in BA-Berlin, R 8048, Bd. 552, Bl. 19.

78 Ebd., Bl. 15.

79 Alexander Graf Brockdorff (Lagebericht des Alldeutschen Verbandes) 24.2.1933, in ebd., Bl. 20.

80 Ebd.

81 Ebd., Bl. 21.

82 Siehe Deutsche Zeitung 8.2.1933.

10. Februar waren die Verhandlungen zwischen Hugenberg, Papen und Seldte für die Bildung der „Kampffront Schwarz-Weiß-Rot“ abgeschlossen. Die *Deutsche Zeitung* erließ daraufhin den Wahlaufruf, dass diese „Kampffront“ zwar an der Seite der NSDAP stehen werde, aber die Notwendigkeit einer Sammlung „bürgerlich-konservativer Kräfte“ mit einem guten Wahlergebnis zum Ausdruck gebracht werden sollte. Gemeinsam werde man gegen einen gemeinsamen Feind kämpfen.[83] Der folgende Wahlkampf wurde mit immensem Aufwand mit der Parole „Hugenberg-Papen-Seldte“ geführt, die mit Stahlhelm und DNVP im Grunde ein Rumpfbündnis der bürgerlichen Organisationen der einstigen „nationalen Opposition“ der „Harzburger Front“ darstellte und sich nun auf ihren Wahlkampfplakaten auch auf Hindenburg als Garant ihrer Politik bezog.

Abb. 33: Alfred Hugenberg, Franz von Papen und Adolf Hitler – Karikatur aus dem Vorwärts (1. Februar 1933).

83 Ebd. 3.3.1933.

Goebbels, der sich aus der Regierungsbildung im Januar heraushalten wollte, um für den anstehenden Wahlkampf ungehindert für die NSDAP eintreten und unmittelbar danach sein Propagandaministerium aufbauen zu können, machte aus seiner Angriffsstimmung gegenüber dem neuen Block mit Hugenberg, Papen und Seldte als Hauptkandidaten nach deren ersten Rundfunkreden keinen Hehl: „Alles Mist. Alles Quatsch. Aber Hugenberg ist ein raffinierter Intrigant […].“[84] Die NSDAP benötigte umfassende finanzielle Ressourcen für den Wahlkampf. Bei einem Treffen von 28 Vertretern der Wirtschaft mit Hitler am 20. Februar drängte Schacht auf eine Spende von drei Millionen Mark zugunsten der Regierungsparteien für die Märzwahlen, nachdem er die Sicherung des Privateigentums und den Verzicht der Regierung auf Wirtschaftsexperimente erklärt hatte.[85] Goebbels hatte zuvor ebenfalls über die fehlenden Gelder für den Wahlkampf geklagt und notierte nach dem von Schacht initiierten Geldsegen: „Heute macht die Arbeit Spaß. Geld ist da. Also los!“[86] Hugenberg versprach sich ein Viertel der Summe für die DNVP, jedoch wies Schacht ihn zurecht und versprach nur ein Fünftel, während 80 Prozent der NSDAP zufallen sollten.[87] Die Aufteilung von Wahlkampfhilfen, die Hugenberg zusätzlich zu den 587.000 Mark aus dem Industriewahlkampffonds für die DNVP erhalten hatte, enthielten auch 20.000 Mark für den Wehrschatz des Alldeutschen Verbandes.[88]

Bei einer hohen Wahlbeteiligung von 88,7 Prozent erreichte die NSDAP nicht den erhofften überwältigenden Wahlsieg, sondern 43,9 Prozent. Die „Kampffront Schwarz-Weiß-Rot“ erhielt 8,0 Prozent. Somit hatte die Regierung eine knappe parlamentarische Mehrheit. Die bereits verfolgten Kommunisten errangen noch 12,3 Prozent, deren Mandate später einfach eingezogen wurden. Auf die SPD entfielen 18,3 Prozent, das Zentrum 11,2 Prozent und die BVP 2,7 Prozent. In den *Alldeutschen Blättern* zeigte man sich erstaunt über „das außerordentliche, in diesem Maße wohl nirgends erwartete Anschwellen der nationalsozialistischen Stimmen“.[89] Zumindest habe das Zentrum das erste Mal seit dem Kaiserreich seine numerische Schlüsselstellung im Parlament verloren. Auch Brockdorff von der Geschäftsstelle des Verbandes musste seine skeptischen Erwartungen nach der Wahl korrigieren und sah in der Mehrheit der Stimmen für die

84 Tagebucheintrag Joseph Goebbels 12.2.1933, in Fröhlich: Die Tagebücher von Joseph Goebbels, Teil 1, Bd. 2/III, S. 127–128. Zitat ebd., S. 127. Nach der Wahl notierte Joseph Goebbels am 21.3.1933 aber auch: „Mit Papen und Seldte stehe ich gut“. Ebd., S. 152. Für Goebbels war hingegen Franz von Papen auch ein „Pfaffendiener“ und er traute ihm bei den Verhandlungen mit dem Vatikan für ein Konkordat nicht. Dass., 5.7.1933, in ebd., S. 221.

85 Siehe Leopold: Alfred Hugenberg, S. 141–143.

86 Siehe Tagebucheinträge Joseph Goebbels 10.2.1933, 14.2.1933, 15.2.1933, 16.2.1933, 18.2.1933 und schließlich 21.2.1933 (Zitat), in Fröhlich: Die Tagebücher von Joseph Goebbels, Teil 1, Bd. 2/III, S. 125–126, 128–129, 130, 131 und 133.

87 Alfred Hugenberg an Hjalmar Schacht, 2.3.1933, in BA-Koblenz, N 12131, Bd. 38, Bl. 233, Hjalmar Schacht an Alfred Hugenberg, 3.3.1933, in ebd., Bl. 232 und Alfred Hugenberg an Hjalmar Schacht, 19.3.1933, in ebd., Bl. 230–231.

88 Siehe zu Alfred Hugenbergs Memorandum vom 20.4.1933 Leopold: Alfred Hugenberg, S. 251–252.

89 Alldeutsche Blätter 11.3.1933.

Regierungsparteien die Voraussetzung für die „nationale Aufbauarbeit", die ohne Verfassungsänderung, für die eine Zweidrittelmehrheit notwendig war, durchgeführt werden könne.[90] Von diesen verfassungsrechtlichen Vorgaben solle man sich freimachen. Das Wahlergebnis der NSDAP sei zwar „wohlverdient", jedoch vor allem deshalb, weil „in meisterhafte[r] Weise die Künste der Massenbearbeitung" zu „grösster Opferbereitschaft" hinzugekommen seien. Die NSDAP habe sich im Wahlkampf weitgehend von Theorien ferngehalten und durch „ihre Willenssuggestion die Massen förmlich hypnotisiert", die „Revolution" vom Januar weiterzuführen. Verglichen mit dem politischen Stil der DNVP resignierte Brockdorff erneut mit der Erkenntnis: „Der fanatische Wille ist im politischen Kampf stets stärker, als gebildete Mässigung [...]."[91] Das niedrigere Wahlergebnis der DNVP sei vor allem auf den Verlust derjenigen Wählerstimmen zurückzuführen, die der DNVP im November 1932 noch zwei Millionen Wähler aus dem rechten Lager eingebracht hatten, denen Hitlers Verhandlungen mit dem Zentrum missfallen hätten. Nachdem Hitler seine Annäherungen für eine Regierungsbildung aufgegeben habe, seien diese Stimmen wieder an die NSDAP gegangen.[92] Das zu erwartende Ermächtigungsgesetz der Regierung sei notwendig, um frei vom Parlament regieren zu können. Selbst mit „brauchbarer Mehrheit" sei der Reichstag nur hinderlich.[93] In Preußen sollten schnell ein Ministerpräsident und eine Regierung gewählt werden, die den Übergangszustand seit dem „Preußenschlag" beendeten.

Hatte Quaatz noch auf dem DNVP-Parteitag Mitte Februar gemahnt, dass der Reichstag auch in Zukunft als Gegengewicht zur Bürokratie sowie für Kontroll- und Gesetzgebungsverfahren notwendig sei, so forderte Bang nach den Wahlen, dass „nun aber Schluss mit wählen und reden" sein müsse.[94] Hertzberg-Lottin sah den Weg für „Alldeutschland" frei und forderte „die reinliche Scheidung der Geister: national-international, völkisch-widervölkisch" für ein zukünftiges „völkisches Kaiserreich". Möllers sah den „Durchbruch der Rechten" durch das Ergebnis bestätigt, während Schmidt(-Hannover) das Ende der „legalen Gegenrevolution" forderte.[95] Hugenberg war froh, als der Wahlkampf endlich vorbei war und er sich danach wieder in Akten und Gesetzesvorlagen vertiefen konnte. Noch am Wahltag hielt er mit seiner Ablehnung der Wählerwerbung, die nur Ressourcen binde, nicht hinterm Berg: „Niemand hat sehnlicher den Wunsch, in Ruhe arbeiten zu können, als ich, der die Last für die Wirtschaftsministerien im Reich und in Preußen zu tragen hat [...]."[96]

Mit dem „Tag von Potsdam", der als feierlicher Akt zur Eröffnung des Reichstages am 21. März stattfand, übernahm Hitler die politischen und die symbolischen Traditi-

90 Alexander Graf Brockdorff (Lagebericht des Alldeutschen Verbandes) 8.3.1933, in BA-Berlin, R 8048, Bd. 552, Bl. 29.

91 Ebd., Bl. 31.

92 Ebd., Bl. 32.

93 Ebd. 33 und 34. Siehe auch später Claß: Deutsche Geschichte von Einhart (19. Aufl. 1941), S. 505–506.

94 Ebd. 14.2.1933 und 6.3.1933.

95 Ebd. 6.3.1933.

96 Berliner Lokal-Anzeiger 5.3.1933.

onslinien, welche die Alldeutschen und Deutschnationalen eigentlich für sich beanspruchten: von Preußen und den Hohenzollern bis hin zu Bismarck, der den Reichstag während seiner Amtszeit als Reichskanzler mit dem Kaiser eröffnet hatte. In dieser Kontinuität sollte Hitler in den kommenden Jahren durch die NS-Propaganda inszeniert werden. In der mit über 2.600 Gästen voll besetzten Garnisonkirche blieb bei dem Zeremoniell die mit Blumen geschmückte Kaiserloge frei, während der Kronprinz anwesend war und Hindenburg auf einem Ledersessel Platz nahm, dessen Rückenlehne das Wappen Wilhelms II. zierte. In seiner Erklärung nahm Hitler Bezug auf Bismarck, der zwar das Deutsche Reich 1871 gegründet habe, jedoch die einsetzende „weltanschauliche Auflösung der deutschen Volksgemeinschaft" nicht habe aufhalten können, die nun eine „neue Erhebung" und ein „neues Reich" erfordere, um die „Einigkeit des Geistes und des Willens der deutschen Nation" wiederherzustellen.[97]

Mit 14 Kameras übertrugen die Ufa und die Deulig-Tonwoche die Veranstaltung, in der Hugenberg am Rande zuschauen musste. Immerhin verwies der *Berliner Lokal-Anzeiger* aus seinem Verlagshaus auf ihn als „weiteren Helfer" dieser Regierung und charakterisierte den „Krisenminister" als „de[n] Werkmann, de[n] fanatische[n] Arbeiter".[98] In dem Moment, als Hugenberg vom Gottesdienst in St. Nikolai in Begleitung von Bang und Seldte an den Besuchermassen zur Garnisonkirche vorbeiging, sollen die Zuschauer ein wenig mehr gejubelt haben.[99] Die *Deutsche Zeitung* ließ es sich schon im Vorfeld nicht nehmen, darauf hinzuweisen, dass schon Claß' „Kaiserbuch" zahlreiche politische Maßnahmen der Regierung vorgesehen habe, die, wie die Ausweisung sozialdemokratischer Funktionäre, sich die Regierung 1912 noch nicht getraut habe, die nun aber mit der Verfolgung der KPD und der Einschüchterung der SPD im Wahlkampf vor der Umsetzung stünden.[100] Auf der Grundlage der Reichstagsbrandverordnung vom 8. März wurden die Mandate der KPD annulliert.

Hindenburg hatte längst seine Unterstützung für ein Ermächtigungsgesetz zugesichert, das als parlamentarische Diktaturabsicherung vom Reichstag befürwortet werde sollte. Das am 23. März lediglich gegen die Stimmen der SPD im Reichstag verabschiedete Ermächtigungsgesetz (Gesetz zur Behebung der Not von Volk und Reich) beunruhigte Hugenberg mit Blick auf die Zukunft der DNVP als organistorisches Residuum deutschnationaler Anhänger nun dann doch im Vorfeld, obwohl er gleich nach dem Reichstagsbrand am 28. Februar die forcierte Verfolgung der Kommunisten unterstützt hatte.[101] Die Regierung habe hier „fest zugepackt" gegen „Mordbuben und Brandstifter".[102] Nun suchte er aber den Kontakt über Heinrich Brüning zum Zentrum. Er hoffte wohl noch auf später einzuziehende Sicherheitsmaßnahmen, die zur Machtbeschränkung der NSDAP führen würden, und wollte einen Änderungsvorschlag im Reichstag

---

97 Berliner Lokal-Anzeiger 21.3.1933.

98 Ebd.

99 Ebd. Siehe auch Deutsche Zeitung 21.3.1933.

100 Deutsche Zeitung 19.3.1933.

101 Gesetz zur Behebung der Not von Volk und Reich, 23.3.1933, in Reichsgesetzblatt I, Nr. 25, 1933, S. 141.

102 Rede Alfred Hugenberg in Bielefeld 1.3.1933, in Der Montag 2.3.1933.

einbringen, der nun doch noch generell individuelle und politische Rechte sicherstellen sollte.[103] Schmidt(-Hannover) war bei den Gesprächen mit Brüning über die Änderungsvorschläge von Fricks Gesetzentwurf zur „Behebung der Not von Volk und Reich" ebenfalls dabei, die von Kleist-Schmenzin stammten. Kleist-Schmenzin, der bereits am 13. Februar in einem offenen Brief an Hugenberg seinen Austritt aus der DNVP erklärt hatte, dachte an die Verhinderung einer Staatspolizei mit Schutzhaftbefugnissen, die Beibehaltung der Meinungsfreiheit und die Trennung von NSDAP und Staat.[104] Er konnte letztlich Schmidt(-Hannover) überzeugen und verhandelte dann im Auftrag Hugenbergs mit Brüning für eine gemeinsame Initiative gegen das Ermächtigungsgesetz. Noch einen Tag vor der Abstimmung wurde die Beratung der DNVP-Reichstagsfraktion ohne Beschluss abgebrochen. Auch das Zentrum wollte einen Antrag auf Vertagung im Reichstag einbringen. Hitler drohte bei Nichtzustimmung mit Konsequenzen und erklärte eine Ablehnung als „Kampfansage".[105] Hugenbergs Bemühungen wurden nicht zuletzt durch eine erodierende DNVP-Reichstagsfraktion geschwächt. Martin Spahn und Eduard Stadtler hatten bereits am 20. März den Antrag zur Selbstauflösung der DNVP gestellt, um geschlossen zur NSDAP überzutreten. Die Hälfte der Fraktion stand hinter den beiden. Somit sei Hugenberg letztlich für die Annahme des Ermächtigungsgesetzes gewesen, schrieb Brüning später in seinen Erinnerungen.[106]

Das Ermächtigungsgesetz bedeutete in der Praxis einen „uneingeschränkten Belagerungszustand", der einen „klassisch-kriegstypischen inneren Ordnungszustand" schuf.[107] Nur wenige Tage vor der Annahme des Gesetzes hatte Heinrich Himmler, Reichsführer SS und Polizeipräsident von München, die Eröffnung des Konzentrationslagers Dachau bekanntgegeben. Das neue Gesetz übertrug die Gesetzgebungsbefugnis vom Reichstag auf die Reichsregierung. Es erlaubte dem Reichskanzler, Gesetze auszufertigen und zu verkünden, und die Regierung durfte von der Verfassung abweichende Gesetze beschließen.

Für Brockdorff von der alldeutschen Geschäftsstelle war diese „Blankovollmacht, mit der alles Notwendige gemacht werden kann", jedoch enthusiastisch zu begrüßen.[108] Er erklärte in den Lageberichten des Verbandes die vorbereitenden Übernahmen von Exekutivrechten in einzelnen Ländern, wie der Polizeigewalt in Hamburg, Hessen, Bremen, Sachsen, Württemberg, Baden und Schaumburg-Lippe sowie in Bayern durch

---

103 Leopold: Alfred Hugenberg, S. 145.

104 Siehe Scheurig: Ewald von Kleist-Schmenzin, S. 127–128 und Terhalle: Deutschnational in Weimar, S. 362–364. Im Zuge des Attentats vom 20.7.1944 wurde Ewald von Kleist-Schmenzin, der über seinen Sohn Ewald-Heinrich von Kleist-Schmenzin ab 1943 Kontakte zur national-konservativen Verschwörergruppe um Claus Schenk Graf von Stauffenberg hatte, verhaftet und im April 1945 in Plötzensee hingerichtet. Scheurig: Ewald von Kleist-Schmenzin, S. 171–195.

105 Siehe Berliner Lokal-Anzeiger 23.3.1933.

106 Brüning: Memoiren, S. 655–657.

107 Hachtmann: Unter rassistischen und bellizistischen Vorzeichen, S. 19.

108 Alexander Graf Brockdorff (Lagebericht des Alldeutschen Verbandes) 29.3.1933, in BA-Berlin, R 8048, Bd. 552, Bl. 40.

General Franz Ritter von Epp, als „Meisterwerk“ der Regierung.[109] Die Verfolgung des sozialdemokratischen Reichsbanners und die Verhaftung von Kommunisten und Sozialdemokraten habe bis zum Ermächtigungsgesetz die endgültige „Zertrümmerung“ des „Weimarer Systems“ fortgeführt.[110] Vor allem die scheinbare Widerstandslosigkeit der „Pappkulisse“ Demokratie überraschte Brockdorff. Weimar habe sich somit „selbst ad absurdum geführt“ und eine förmliche Abschaffung der Reichsverfassung sei im Grunde nicht mehr notwendig.[111] Der nationalsozialistische „Doppelstaat“ eines gleichzeitig bestehenden juristischen Normenstaates und eines zweckgerichteten Maßnahmenstaates kündigte sich in dieser Einschätzung bereits an.[112]

Die letzte KPD-Kundgebung fand am 24. Februar statt. Zu den Märzwahlen war es Kommunisten und Sozialdemokraten unmöglich, frei politisch tätig zu sein. Zahlreiche Mitglieder vor allem der KPD und auch der SPD saßen in „wilden“ Konzentrationslagern oder Gefängnissen. Carl Severing wurde beispielsweise auf dem Weg zur Abstimmung über das Ermächtigungsgesetz verhaftet. Sah Hugenberg den Rechtsstaat nun schwinden, so setzte der NS-Staat alte Forderungen der Alldeutschen um, hatte doch der Gesamtvorstand des Alldeutschen Verbandes bereits 1927 öffentlich die Forderung nach einer Auflösung der kommunistischen Parteien und die Unterdrückung ihrer Presse gestellt sowie die Auflösung „aller von den kommunistischen Gruppen gegründeten oder geleiteten Verbände, insbesondere des ‚Roten Frontkämpferbundes‘, der ‚Roten Fahne‘ und der ‚Roten Hilfe‘, endlich das Verbot jeglicher kommunistischen Kundgebungen“ verlangt.[113] Bang beschwor als Zweck dieser weltanschaulichen und politischen „Entproletarisierung des deutschen Volkes“ die Schaffung einer „Volksgemeinschaft“ und nicht einer Klassengesellschaft der Massen.[114]

Die am 28. Februar verabschiedete Verordnung zum Schutz von Volk und Staat hatte bereits zentrale Grundrechte der Verfassung wie die Freiheit der Person, die Unverletzlichkeit der Wohnung, das Post- und Telefongeheimnis, die Versammlungsfreiheit und den Schutz des Eigentums außer Kraft gesetzt. Für Brockdorff ging diese Verordnung in Bezug auf die Verfolgung der KPD, die den „offenen Bürgerkrieg vorbereitet“, noch nicht weit genug.[115] Die SPD verfolge „dieselbe revolutionäre Taktik“ und stehe im Gegensatz zum Ende des Kaiserreichs nun einer geschlossenen Regierung gegenüber, die Generalstreik und Revolution unterdrücke, denn „Hitler, Hugenberg und Seldte sind keine Bethmann, Hertling und Max von Baden“.[116]

---

109 Ebd., Bl. 38.

110 Ebd., Bl. 39.

111 Ebd.

112 Fraenkel: Der Doppelstaat.

113 Erklärung des Gesamtvorstandes des Alldeutschen Verbandes 3.9.1927, in Alldeutsche Blätter 17.9.1927.

114 Paul Bang: Was wir wollen, in Deutsche Zeitung 26.2.1933.

115 Alexander Graf Brockdorff (Lagebericht des Alldeutschen Verbandes) 8.3.1933, in BA-Berlin, R 8048, Bd. 552, Bl. 30.

116 Ebd., Bl. 30 und 31.

Die Zerschlagung der Gewerkschaften am 2. Mai war in diesem Szenario der Unterdrückung von Kommunismus und Sozialismus zentral für einen Funktionswandel organisierter Arbeitnehmerinteressen im alldeutschen Konzept eines berufsständischen Aufbaus der gesamten Wirtschaft, in dem Gewerkschaften das „Monopol des Klassenkampfes“ genommen werden sollte.[117] Durch den zusätzlichen Kampf gegen Syndikate und Kartelle sollte dann die Kapitalmarktbildung vor allem durch den gewerblichen Mittelstand gefördert werden, so Claß' *Deutsche Zeitung.*[118]

Die gewaltsame Gleichschaltung in der NS-Diktatur hatte nun massive Rückwirkungen auf die DNVP. Hugenberg berichtete an Hitler gewalttätige Übergriffe auf DNVP-Mitglieder sowie die systematische Verdrängung von DNVP-Abgeordneten in kommunalen Vertretungen durch NSDAP-Abgeordnete.[119] Er wehrte sich gegen breit gestreute Gerüchte, die Regierung stehe kurz vor der Auflösung, weil er als Minister ausscheide, und beschwerte sich öffentlich über anhaltende Zurücksetzungen seiner Mitarbeiter durch nationalsozialistische Funktionäre, die eine einheitliche Wirtschaftsführung behinderten.[120] Zugleich betonte Brockdorff, dass über Erlasse und Verfügungen Fricks versucht werde, zahlreiche „disziplinwidrige Dummheiten und Exzesse“ der Nationalsozialisten wie Verhaftungen und Haussuchungen durch die SA einzuhegen.[121] Auch Zusagen von Goebbels, die deutsche Presse nicht einzuschränken, zielten darauf ab, bei „revolutionären Umschwüngen“ Disziplin zu garantieren, so Brockdorff. Gegen Maßnahmen zur Unterdrückung „der roten Presse“ sei hingegen nichts einzuwenden.[122]

Hugenberg hatte am 11. April vor der DNVP-Reichstagsfraktion gewarnt: „Alle Revolutionen tragen die Gefahr in sich, dass sie sich überschlagen, dass sie in Radikalismus, Geschichtslosigkeit und damit in geistiger und materieller Zerstörung enden. [...] Wo gehobelt wird, fliegen Späne. Aber jeder Mitwirkende, jeder Führer – und zwar umsomehr, je höher er steht, und je rückhaltloser er als Führer anerkannt wird – ist vor der Geschichte dafür verantwortlich, dass Ziel und Ergebnis nicht ein Trümmerhaufen, sondern ein neuer Frühling des Volkes ist [...].“[123] Zwei Wochen später warnte er: „Ruhe und Glaube an den Rechtsstaat sind die Grundlagen des wirtschaftlichen Lebens.“ Dies reklamierte er auch für die DNVP-Mitglieder, deren gleichberechtigte Stellung mit den Nationalsozialisten er erneut anmahnte. Er sicherte zu, die Rechte der seiner Parteimitglieder kompromisslos zu verteidigen.[124] Gegen die Zurücksetzung oder Entlassung

---

117 Zitat zu den Gewerkschaften in Deutsche Zeitung 18.2.1933.

118 Siehe Deutsche Zeitung 17.2.1933.

119 Alfred Hugenberg an Adolf Hitler, 19.4.1933, in BA-Koblenz, N 1213, Bd. 94, Bl. 94–111 und Dass. 12.4. 1933, in ebd., Bl. 188–189. Siehe auch Beck: The Fateful Alliance und Ders.: Konflikte.

120 Nationaler Wille 22.4.1933 und Deutsche Zeitung 5.5.1933.

121 Alexander Graf Brockdorff (Lagebericht des Alldeutschen Verbandes) 20.4.1933, in BA-Berlin, R 8048, Bd. 552, Bl. 50.

122 Alexander Graf Brockdorff (Lagebericht des Alldeutschen Verbandes) 12.5.1933, in ebd., Bl. 63.

123 Zitiert in Alexander Graf Brockdorff (Lagebericht des Alldeutschen Verbandes) 20.4.1933, in ebd., Bl. 51.

124 Alfred Hugenberg vor der DNVP-Reichstagsfraktion am 24.4.1933, zitiert in Alexander Graf Brockdorff (Lagebericht des Alldeutschen Verbandes) 12.5.1933, in ebd., Bl. 64.

von DNVP-Beamten in den Verwaltungsbehörden setzte er sich ganz persönlich bei Hitler ein.[125]

11.3 Das Scheitern Alfred Hugenbergs als Minister für Wirtschaft, Landwirtschaft und Ernährung und die Auflösung der Deutschnationalen Volkspartei

Als „Krisenminister" machte sich Hugenberg ab dem 3./4. Februar umgehend an die Neustrukturierung der deutschen Wirtschaftspolitik, wie er sie in seinen Programmen zwischen 1929 und 1932 ausgearbeitet hatte. Am 4. Februar berief er zu seiner Unterstützung Bang zum Staatssekretär im Wirtschaftsministerium sowie Hansjoachim von Rohr vom Reichslandbund als Staatssekretär im Landwirtschaftsministerium. Während Bang wenig Empathien beim RDI hatte und auf antisemitische Gesetzesinitiativen drängte, hatte Rohr Schwierigkeiten, mit Hugenberg eng zusammenarbeiten, und machte sich gleichzeitig bei Richard Walther Darré unbeliebt, der sich zunehmend durch politische Initiativen zu Anleiheplänen und Zinspolitik sowie zu Hugenbergs Entschuldungsvorhaben für die Landwirtschaft für die Übernahme von Ministerposten selbst empfahl. Zudem pochte Darré darauf, dass die längst von der NSDAP unterwanderten agrarischen Interessenverbände verstärkt eingebunden werden sollten.[126]

Bis Ende Juni erließ Hugenberg zahlreiche Gesetze für einen generellen landwirtschaftlichen Vollstreckungsschutz sowie Zollerhöhungen für ausländische Agrargüter, Sperren von Gerste-Einfuhren, zur Förderung einheimischer Fette und für die Bezuschussung der Landwirtschaft. Er veranlasste die Kündigung oder den Ablauf von Handelsverträgen wie mit Jugoslawien, Holland oder Schweden ohne neue Bindungen. Dazu kamen zahlreiche wirtschaftspolitische Gesetze vor allem für den Mittelstand wie das zum „Schutz des Einzelhandels" und „zum Schutze des selbstständigen Handwerks", zusätzlich zur frühen Einsetzung eines Reichskommissars für den Mittelstand, Gesetzen zur Devisenbewirtschaftung, einer Bankenaufsicht und Kreditabkommen.[127]

Insgesamt stand für Hugenberg die Landwirtschaft im Mittelpunkt. Er begründete dies in der Rückschau so: „Abgesehen von Spielereien hat es weder in der Baukunst noch in der Politik bisher ein Gebäude gegeben, dessen Errichtung nicht bei den Fundamenten begonnen hätte. So konnte ich auch nach dem 30. Januar nur mit der Land-

125 Alfred Hugenberg vor der DNVP-Reichstagsfraktion am 28.4.1933, zitiert in Alexander Graf Brockdorff (Lagebericht des Alldeutschen Verbandes) 12.5.1933, in ebd., Bl. 64–65.

126 Siehe auch Aussprache Alfred Hugenberg mit Walther Darré über die Entschuldungsfrage, in Nachrichtendienst Mitteilung 9. Jg., Nr. 106, 2. Bl., 11.5.1933, in BA-Koblenz, N 1003, Bd. 34, Bl. 12–13 und Alexander Graf Brockdorff (Lagebericht des Alldeutschen Verbandes) 27.5.1933, in BA-Berlin, R 8048, Bd. 552, Bl. 74 sowie Leopold: Alfred Hugenberg, S. 145–148, Gies: Walther Darré, S. 648–664 und Schlie: Das Reichsministerium für Ernährung und Landwirtschaft, S. 112–116.

127 Der Tag 15.3.1933 und Nationaler Wille 17.6.1933.

wirtschaft beginnen. Ohne gesunde Landwirtschaft gibt es keine gesunde Wirtschaft."[128] Hugenberg musste sich daher von Anbeginn dem Vorwurf stellen, er bevorzuge die Landwirtschaft. Er entgegnete immer wieder, dass erst über eine effiziente Landwirtschaft auch die Stadtbevölkerung profitieren und letztlich in Arbeit kommen werde.[129] Sozial handele demnach nur der, der Arbeit schaffe.[130]

Dieser Ansatz führte zu Verwerfungen im Verhältnis zur Industrie, das ohnehin durch die Interventionen von Paul Reusch und Krupp von Bohlen und Halbach für Hugenbergs Absetzung als DNVP-Vorsitzender belastet war. Da sich Hugenberg zunehmend aus der Öffentlichkeit zurückzog, indem er weniger öffentliche Auftritte absolvierte und „für Sterbliche unsichtbar geworden" war, nahmen andere die Gleichschaltung des RDI in Angriff.[131] Am 24. April wurde Möllers zusammen mit dem Nationalsozialisten Otto Wagener zum Reichskommissar des RDI und für die übrige Wirtschaft (außer Landwirtschaft) ernannt. Wagener bestimmte Hans von Lucke zu seinem Stellvertreter im RDI, der als Deutschnationaler den Bund für Nationalwirtschaft 1924 mitgegründet hatte und bis September 1932 Mitarbeiter von Wagener in der Wirtschaftspolitischen Abteilung der Reichsparteileitung II der NSDAP in München war.[132] Beide hatten noch kurz zuvor am 1. April in der Geschäftsstelle des RDI ein gemeinsames Vorgehen von DNVP und NSDAP vorgeführt, als Möllers noch als DNVP-Reichstagsabgeordneter und Wagener als Leiter des Wirtschaftspolitischen Amtes der NSDAP die Selbstverwaltung des RDI durch Forderungen nach Entlassungen unter anderem Kastls, eines Präsidiumsmitglieds des RDI, sowie dreier jüdischer Mitarbeiter herausforderten.[133]

Im Alldeutschen Verband begrüßte man diese Art der vermeintlichen Selbstgleichschaltung der wirtschaftlichen Organisationen und unterstrich die Bedeutung von Möllers als Reichskommissar in der Geschäftsleitung des RDI.[134] Der RDI habe bisher „allzu sehr die reinen Industrieinteressen vertreten" und müsse die Möglichkeit zur Beeinflussung allgemeiner Wirtschaftspolitik mit den Ausfuhrinteressen bestimmter Industriezweige für ein neues „Gleichgewicht zwischen Landwirtschaft und Industrie" nach „gesunden Grundsätzen der berufsständischen Vertretung" in den Blick nehmen, hieß es nun in der *Deutschen Zeitung*.[135] Hugenberg hatte bereits vorgeschlagen, den Reichswirtschaftsrat aufzulösen, neu aufzustellen und von sechzig auf fünfzig Mitglie-

128 Nationaler Wille 17.6.1933.

129 Siehe auch Alfred Hugenberg: Stadt und Land – ein Schicksal!, in Deutsche Zeitung 21.5.1933 sowie Rede Alfred Hugenberg vor der Internationalen Landwirtschaftlichen Kommission, in Deutsche Zeitung 19.5.1933.

130 Rede Alfred Hugenberg in Kassel 26.2.1933, in Der Montag 27.2.1933.

131 Otto Hoffmann an Gustav Hagen, 13.4.1933, in NLA OS, Erw. C1, Bd. 11, Bl. 79.

132 Siehe Wengst: Der Reichsverband der Deutschen Industrie, S. 101–102 und Bähr/Kopper: Industrie, Politik, Gesellschaft, S. 124.

133 Siehe Bähr/Kopper: Industrie, Politik, Gesellschaft, S. 117–118.

134 Alexander Graf Brockdorff (Lagebericht des Alldeutschen Verbandes) 20.4.1933, in BA-Berlin, R 8048, Bd. 552, Bl. 49.

135 Deutsche Zeitung 3.4.1933 und 7.3.1933.

der zu verkleinern sowie durch zusätzliche Nominierungen für Ausschüsse durch weitere Fachexperten von Fall zu Fall zu erweitern.[136]

Die Aktion gegen den RDI leitete vor allem Wagener. Auch er wollte ein berufsständisches Modell für den Aufbau der Wirtschaft umsetzen, das jedoch nicht als Repräsentation aristokratischer Oligarchien gemeint war und somit nicht im Widerspruch zu Hitlers Konzept von Berufsständen als „Forum des Volkswillens" neben dem Parlament stand.[137] Auch Wagener hielt den gesteigerten Außenhandel und die wachsende industrielle Produktion für eine der schwerwiegendsten Belastungen der Landwirtschaft seit dem Kaiserreich.[138] Der Alldeutsche Verband teilte eine solche Kritik am „Exportwahn" und an „einer sinnlos gewordenen Mehrproduktion für den Export", wie sie nach der Bankenkrise 1929 in Amerika stetig zugenommen habe.[139] Börsenspekulationen durch „Hysteriker, Nurspekulanten, wirtschaftliche Landesverräter und Hochstapler" hoffte man durch Hugenbergs Börsenverordnung in Zukunft vermeiden zu können.[140] Die deutsche Zahlungsbilanz sei aufgrund der hohen Verschuldung mit rein wirtschaftlichen Mitteln nicht mehr zu ordnen, so Hertzberg-Lottin.[141] Daher plädierte Bang für eine Loslösung vom Goldstandard, der durch einen Durchschnittswert der lebenswichtigen Güter als neue Grundlage für die Währungseinheit ersetzt werden sollte.[142] In diesem Konzept hatte die Landwirtschaft ihren zusätzlichen zentralen Stellenwert in der Wirtschaftspolitik, um die Zahlungsbilanz Deutschlands als rohstoff- und devisenarmes Land auf neue Deckungsgrundlagen jenseits der Gold- und Devisenvorräte zu stellen.[143] Brockdorff hielt demnach fest: „Man kann Landwirtschaft und Industrie nur miteinander retten [...]."[144]

Hugenberg fasste seine programmatischen Forderungen für eine grundlegende Neuausrichtung internationaler Finanzströme sowie für eine revisionistische Großraumpolitik des Deutschen Reiches als Voraussetzung für Großmachtstatus und Anerkennung deutscher Souveränität in seiner Denkschrift für die Londoner Wirtschaftskonferenz zusammen, die im Juni in London stattfand. Er wollte die „internationale Schuldverfilzung" durch gegenseitige staatliche Kredite eindämmen und eine umgehende „Befriedung und Entwicklung der inneren Märkte" durch „Wiederherstellung der Binnenmärkte" erreichen. Deutschland sollten wieder ein „Kolonialreich in Afrika" für

136 Siehe ebd. 30.3.1933 und 31.3.1933.

137 Siehe auch Wagener: Hitler aus nächster Nähe, S. 123–130 und 397. Dahingehend verstand er sich mit Alfred Möllers und Hans von Lucke sowie mit Gustav Krupp von Bohlen und Halbach.

138 Siehe ebd., S. 202–212 und 327–336.

139 Alexander Graf Brockdorff (Lagebericht des Alldeutschen Verbandes) 8.3.1933, in BA-Berlin, R 8048, Bd. 552, Bl. 35.

140 Ebd., Bl. 55.

141 Gertzlaff von Hertzberg-Lottin (Lagebericht des Alldeutschen Verbandes) 15.6.1933, in ebd., Bl. 85.

142 Bang: Geld und Währung und Alexander Graf Brockdorff (Lagebericht des Alldeutschen Verbandes) 12.7.1933, in ebd., Bl. 91.

143 Siehe Gertzlaff von Hertzberg-Lottin (Lagebericht des Alldeutschen Verbandes) 15.6.1933, in ebd., Bl. 84.

144 Alexander Graf Brockdorff (Lagebericht des Alldeutschen Verbandes) 20.4.1933, in ebd., Bl. 54.

weitere „grosse Arbeiten und Anlagen" auf „diesem ganzen neuen Kontinent" zugestanden werden sowie als einem „Volk ohne Raum" Ansprüche auf Gebiete, „in denen es seiner tatkräftigen Rasse Siedlungsraum schaffen und grosse Werke des Friedens aufbauen könnte".[145]

Die Denkschrift, deren Inhalt sich am 16. Juni in London verbreitete, irritierte nicht nur Russland, Polen und Frankreich, sondern auch Hitler, der zu diesem Zeitpunkt außenpolitisch keine Konfrontationen auf diesen Gebieten ausfechten wollte.[146] Hugenberg hatte zudem sein Konzept von Zöllen und Einfuhrquoten seit Anfang März im Kabinett vorgestellt und drängte mit Blick auf die anstehende Konferenz in London auf eigene Vorschläge der Regierung, damit man nicht wieder „die Rolle des Geschobenen spielen" müsse.[147] Er verlangte vor der Konferenz eine Vorbesprechung im Kabinett, da er bisher weitestgehend mit Maßnahmen für die Landwirtschaft beschäftigt gewesen war, die längere Zeit für ihre Wirkung in Anspruch nähmen. Er betrachtete zudem die Ressortverteilung seines Ministeriums noch nicht als abgeschlossen, da die angedachte Übertragung der Zuständigkeit für Arbeitslosenfürsorge und Sozialpolitik aus dem Reichsarbeitsministerium auf das Wirtschaftsministerium noch nicht erfolgt sei. Zudem sei eine abgestimmte Finanzpolitik erst halbwegs möglich, seit Schacht im März zum Reichsbankpräsidenten ernannt worden sei.[148]

Darüber hinaus war Hugenberg eigentlich für eine Verschiebung der deutschen Teilnahme an der Konferenz, da man erst eine grundsätzliche „Klärung der internationalen Schuldverhältnisse" erreicht haben wollte.[149] Hugenberg befürchtete, dass die USA auf eine internationale Vereinbarung zur Verlängerung des Verzichts auf Zollerhöhungen in der Handelspolitik drängen könnte, während er selbst mit Schacht nicht ohne Konflikte noch über Entschuldungsinitiativen verhandelte und ein neues Bankengesetz ausarbeiten ließ. Auch sollte beispielsweise der „Fettplan" Hugenbergs erst Wirkung zeigen und die im Plan bevorzugten Importe aus Nachbarländern sollten mit einer aktiven deutschen Zahlungsbilanz etwa die Niederlande von der Richtigkeit deutscher Zollpolitik überzeugen. Dies könne aber erst im Herbst der Fall sein. Erst dann könnte nach Hugenbergs Wünschen die Weltwirtschaftskonferenz stattfinden.

Auseinandersetzungen um seine Politik für eine „autonome Wirtschaftspolitik der einzelnen Nationalwirtschaften" mit dem Auswärtigen Amt bündelten sich in den Kabinettssitzungen im Konflikt mit Außenminister Neurath, der für einen „Zollfrieden" mit den USA plädierte, anstatt die einzelnen Wirtschaftssektoren wie den deutschen Weizenanbau zu stützen. Hugenberg witterte hier die Beibehaltung „Stresemann'scher Methoden" in der Diplomatie des Auswärtigen Amtes, was bis zur Konferenz im wei-

145 Rede Alfred Hugenberg auf der Weltwirtschaftskonferenz in London, 16.6.1933 (Wolffs Telegraphisches Büro), in BA-Koblenz, N 1231, Bd. 711, Bl. 11–20, Berliner Lokal-Anzeiger 17.6.1933 und Deutsche Zeitung 17.6.1933.

146 Siehe auch Berliner Lokal-Anzeiger 17.6.1933.

147 Alfred Hugenberg an Adolf Hitler, 16.4.1933, in BA-Koblenz, N 1231, Bd. 711, Bl. 2–10. Zitat ebd., Bl. 3.

148 Ebd., Bl. 2–3.

149 Erklärung Alfred Hugenberg, 7.7.1933, in ebd., Bl. 88–105. Zitat ebd., Bl. 88.

teren „Geplänkel“ mit Hugenberg nicht geklärt wurde.[150] Für Hugenberg war jedoch die Voraussetzung, dass er trotz fehlender „besonderer Neigung“ überhaupt nach London fahren musste, da er nicht Bang stellvertretend schicken wollte, dann aber auch das gesamte Zeremoniell unter seiner Führung sein sollte.[151] Ernst Posse, den Hugenberg als Leiter der Abteilung II (Handels- und Zollpolitik) im Wirtschaftsministerium von Beginn an ersetzt wissen wollte, bei dem er sich aber auf Bangs Versicherungen über seine Zuverlässigkeit verließ, sagte ihm die Führung der Delegation auch zu.

Hugenbergs Vorschläge trafen jedoch bereits in der Kabinettsitzung am 24. April auf Widerstand bei Hitler, Papen, Schacht und Neurath, die Gegenmaßnahmen der Handelspartner, die Gefahr internationaler Vertragsbrüchigkeit und letztlich eine staatliche Planwirtschaft befürchteten. Immer wieder geriet Hugenberg in Bedrängnis, und so notierte Goebbels, der begehrlich auf die Medien- und Filmwirtschaftsunternehmungen des Ministers blickte, Anfang April dessen Außenseiterstellung auch in Aufrüstungs- und Heeresfragen: „Alles einmütig. Nur Hugenberg muß wieder einmal gerupft werden [...].“[152]

Ende April war die „Frage Hugenberg“ zwischen Hitler und Goebbels erneut besprochen worden und Goebbels ahnte ein baldiges „Desaster“.[153] Anfang Mai musste Hugenberg nach dem „Zollfrieden“ im Vorfeld der Wirtschaftskonferenz, den die USA angemahnt hatten, klar sein, dass er nicht als „Wirtschaftsdiktator“ die internationalen Wirtschaftsbeziehungen Deutschlands bestimmen konnte.[154] Der Boykott deutscher Waren in Ländern Südosteuropas habe nach der Einschätzung Tilo Freiherr von Wilmowskys, der sich mit Neurath im Vorfeld der Konferenz besprach, ebenfalls Gründe, die mit Hugenbergs landwirtschaftlicher Zollpolitik zu tun hatten und nicht nur mit dem gewalttätigen antisemitischen Boykott jüdischer Geschäfte am 1. April erklärt werden könnten.[155] Hugenberg sollte nun lediglich wirtschaftliche Interessen vertreten und wurde innerhalb der Delegation zurückgestuft, die nun Neurath protokollarisch leitete. Bang wurde für die Konferenz dann auch nicht als Staatssekretär, sondern nur als Sachverständiger angemeldet. Das Manuskript, das Hugenberg am 16. Juni in schriftlicher Form verbreiten ließ, wollte Neurath eigentlich zurückhalten lassen. Es wurde letztlich als Hugenbergs private Ausarbeitungen deklariert.[156]

Die Konferenz geriet für Hugenberg zum Desaster. Seine Beschwerden über seine Isolierung innerhalb der deutschen Delegation wurden auf der Kabinettssitzung am

---

150 Ebd., Bl. 95 und 96.

151 Ebd., Bl. 99.

152 Tagebucheintrag Joseph Goebbels 5.4.1933, in Fröhlich: Die Tagebücher von Joseph Goebbels, Teil 1, Bd. 2/III, S. 162. Siehe auch zur zunehmenden Dringlichkeit der Ufa für Goebbels Dass., 22.4.1933, ebd., S. 173.

153 Tagebucheintrag Joseph Goebbels 26.4.1933, in ebd., S. 174–175. Zitat ebd., S. 174.

154 Siehe Leopold: Alfred Hugenberg, S. 152–153.

155 Ebd., S. 153.

156 Siehe zu diesen Auseinandersetzungen mit Konstantin von Neurath auch die Stellungnahme von Hjalmar Schacht, 23.6.1933 und die Replik von Alfred Hugenberg, 25.6.1933, in BA-Koblenz, N 1231, Bd. 711, Bl. 77–78 und 80–81.

23. Juni als unwesentlich abgetan.[157] Sein Rücktritt als Minister, den er am 26. Juni bei Hindenburg einreichen wollte, aber aufgrund weiterer Besprechungen im Zusammenhang mit seinem Rückzug erst am 27. Juni vollzog, war letztlich zu erwarten, denn seine Entscheidung fiel auf der Kabinettssitzung und er teilte dies auch einen Tag später „12–15“ Teilnehmern in der DNVP-Geschäftsstelle mit.[158] Nach der bereits am 21. Juni erfolgten Auflösung der DNVP-Jugendverbände und der Selbstauflösung einzelner Landesverbände und Kreisvereine hatte Hugenberg auch in der Partei politischen Rückhalt verloren.[159]

Nach dem Zerwürfnis mit Neurath auf der Londoner Weltwirtschaftskonferenz sowie der Ablehnung seiner Forderung nach Entlassung von Ministerialdirektor Posse sei sein Verbleib im Kabinett „unhaltbar“ gewesen, so Schwerin von Krosigk.[160] Goebbels notierte die „furchtbare Niederlage“ Hugenbergs über die verweigerte Entlassung im Kabinett: „Dann wird er wegen seines Kolonialmemorandums abgeseift. Alles nimmt an, er tritt zurück [...].“[161] Auch Papen und Werner von Blomberg, den Hindenburg als alter preußischer Militär mit Blick auf die Einbindung skeptischer Stahlhelm-Anhänger gegenüber einer Hitler-Regierung im Januar zum Reichswehrminister und drei Monate später zum Oberbefehlshaber der Reichswehr ernannt hatte, äußerten gegenüber Goebbels, dass Hugenberg nun abtreten müsse. Als das Rücktrittsgesuch am 27. Juni eingereicht wurde, schien Erleichterung im Kabinett aufgekommen zu sein: „Niemand weint. Etat angenommen [...].“[162]

Nachfolger im Wirtschaftsministerium wurde Kurt Schmitt, Generaldirektor der Allianz-Versicherung, den Goebbels sofort für ein umfassendes Programm zur Wirtschaftspropaganda einband.[163] Am 1. Juli wurde Gottfried Feder neben Posse zum Staatssekretär und ein Jahr später zum Reichskommissar für das Siedlungswesen ernannt. Claß' enger Vertrauter Bang, der Hugenberg nach London begleitet hatte, wurde am 30. Juni als Staatssekretär entlassen. Ende Juni musste auch Wagener aufgrund einer Intrige Görings gehen und kam somit nicht mehr als Nachfolger des kurz zuvor zu-

157 So Alfred Hugenberg an Paul von Hindenburg, 26.6.1933, in BA-Koblenz, N 1231, Bd. 711, Bl. 27–34. Zitat ebd., Bl. 31.

158 Siehe Rücktrittsgesuch Alfred Hugenberg an Paul von Hindenburg, 26.6.1933, in BA–Koblenz, N 1231, Bd. 711, Bl. 27–34 und Erklärung Alfred Hugenberg (geheim, abgezeichnet am 5.7.1933 von seiner Sekretärin Irene von Bucholtz), o. D., in BA-Koblenz, N 1231, Bd. 711, Bl. 65.

159 Im Oktober 1932 zählte die DNVP achthundert Kreisvereine und 1.400 Ortsgruppen und im Februar 1933 insgesamt 856 Kreisvereine. Siehe Rundschreiben DNVP Landesverband Thüringen Nr. 44, 13.10.1932 (betreffend Rundschreiben Hauptgeschäftsstelle DNVP über die Arbeitsüberlastung der Hauptgeschäftsstelle im Briefverkehr mit den Gliederungen der Partei vom 10.10.1932), in STA Altenburg, 1–95–003, Bd. 64, Bl. 019 und Rundschreiben der DNVP Schriftenvertriebsstelle Nr. 7, 22.2.1933, in ebd., Bd. 32, o. Bl.

160 Johann Ludwig (Lutz) Graf Schwerin von Krosigk: Aufzeichnungen und Korrespondenzen, Bd. 3, B. Aufzeichnungen zur NS–Zeit, in IfZ, ZS/A 20, Bd. 3, Bl. 92–93.

161 Tagebucheintrag Joseph Goebbels 24.6.1933, in Fröhlich: Die Tagebücher von Joseph Goebbels, Teil 1, Bd. 2/III, S. 214.

162 Tagebucheintrag Joseph Goebbels 26.6.1933 und 28.6.1933, in ebd., S. 215 und 217.

163 Tagebucheintrag Joseph Goebbels 8.7.1933, in ebd., S. 220–221.

rückgetretenen Hugenberg in Betracht. Mit Wagener entfielen die berufsständischen Konzeptionen Anfang Juli 1933 zugunsten einer „organischen" NS-Wirtschaftspolitik. Am 24. Februar 1934 folgte das Gesetz zur Vorbereitung des organischen Aufbaus der deutschen Wirtschaft, das dem Wirtschaftsministerium nun weitreichende Eingriffe in die Wirtschaftsverbände sicherte.[164] Darré übernahm schließlich am 29. Juni das Ministerium für Landwirtschaft und Ernährung im Reich und in Preußen. Staatssekretär von Rohr wurde von Darré im September entlassen.

Hugenbergs Politik des Ausgleichs zwischen Export und Import sowie zwischen Preisen der Industrie und Landwirtschaft bei gleichzeitiger Förderung der Landwirtschaft als Voraussetzung für eine steigende Kaufkraftentwicklung war letztlich „konservative" Agrarpolitik, in der die Landwirtschaft als Grundlage der Wirtschaft angesehen wurde, aber zahlreiche Widersprüche und Widerstände bereithielt.[165] Im Ergebnis führten Hugenbergs finanzpolitische Pläne zur Kredit- und Schuldenwirtschaft zum Unmut der Gläubiger, während die Verbesserung der Einkommen in der Landwirtschaft durch eine neu justierte Handels- und Zollpolitik und durch den „Fettplan" zur Förderung einheimischer Fette sowie von Ölimporten aus Nachbarländern mit einer aktiven deutschen Handelsbilanz deutlich höhere Preise bei den Verbrauchern verursachte.[166] Auch Mittelstand und Zuliefererbetriebe protestierten gegen Hugenbergs Landwirtschaftsschutz. Der Reichsverband des Deutschen Handwerks oder der Getreide- und Düngemittelverband waren über Hugenbergs Vollstreckungsschutz für die Landwirtschaft besorgt, da sie befürchteten, ihre Rechnungen mit der Verordnung von Mitte Februar nicht mehr bezahlt zu bekommen.[167] Zudem widersprachen sich Hugenbergs Staatssekretäre, wenn Bang einerseits gegen Subventionen und politisch motivierte Preis- und Lohnbildung in der Wirtschaft war, die durch die Steuergutscheinpolitik Papens sowie staatliche Zuschüsse für den Erzbau durch die Hitler-Regierung beispielsweise bereits unterlaufen wurden, und Rohr andererseits für die Landwirtschaft Zuschüsse forderte.[168]

Somit scheiterte Hugenberg letztlich an seiner Wirtschaftspolitik, welche die Interessen der Landwirtschaft und des Mittelstandes unter den Vorzeichen nationaler Autarkie und Entschuldung des Agrarsektors vor die der Industrie stellte.[169] All dies sollte nach Hugenberg in der Gesamtorganisation im Zusammenspiel mit Finanz-, Sozial- und Arbeitspolitik umgesetzt werden, die jedoch in ihrer ministeriellen Verwaltung

---

164 Siehe ebd., Bl. 131–132.

165 Gies: Walther Darré, S. 650–653.

166 Siehe ebd., S. 655.

167 Siehe Magdeburgische Zeitung 16.2.1933.

168 Siehe ebd. 24.2.1933.

169 Siehe auch Rundfunkrede Hansjoachim von Rohr-Demmin 22.2.1933, in Magdeburgische Zeitung 23.2.1933. Siehe auch Schlie: Das Reichsministerium für Ernährung und Landwirtschaft sowie zur langfristigen Autarkiepolitik und NS-Rüstungswirtschaft für den Krieg u.a. Petzina: Autarkiepolitik im Dritten Reich, Herbst: Der totale Krieg und die Ordnung der Wirtschaft, Eichholtz: Geschichte der deutschen Kriegswirtschaft, 3 Bde., Tooze: Wages of Destruction, Schanetzki: „Kanonen statt Butter" und Boldorf/Scherner (Hrsg.): Handbuch Wirtschaft im Nationalsozialismus.

eben nicht Hugenberg unterstanden. Eine ständestaatliche Organisation der Betriebe und Forderungen nach einer forcierten deutschen Siedlungs- und Kolonialpolitik in Afrika, wie in London angemahnt, nahmen erneut Kernpunkte alldeutscher Programmatik auf, die für das NS-Regime zu diesem Zeitpunkt vor allem auf internationalem Parkett nicht diskutiert werden sollten.[170] Hitler waren solche offensiv geäußerten Ansprüche zu diesem Zeitpunkt aus strategisch-diplomatischen Gründen hinderlich. Er forderte zwar auch „Lebensraum im Osten" für eine völkische Siedlungspolitik und den generellen Aufstieg Deutschlands zur Kontinentalmacht, jedoch vermied er zu diesem Zeitpunkt noch die Isolation des neuen Regimes durch die Alliierten. Die strategische Politik einer schnellen Aufrüstung sowie die territoriale Revision von Versailles mit Verweis auf das Selbstbestimmungsrecht der Völker wollte er um jeden Preis nicht gefährden.

Hugenberg wusste, dass imperiale Konzeptionen wie die „Bildung eines mittel-europäischen Wirtschaftsgebietes" unter „Verwirklichung unserer mitteleuropäischen Pr[ä]ferenzpläne" im Sommer 1933 noch nicht zu erzielen sei. Neue Handelsbeziehungen wie mit den Niederlanden und der „Fettplan" mit neuen Importregulierungen mit den Nachbarstaaten sollten diesem Vorhaben dienen.[171] Hugenberg nahm in seiner Wirtschaftspolitik die Mitteleuropa-Pläne aus Claß' Kriegszieldenkschrift von 1914 sowie seiner eigenen von 1915 auf, die seinerzeit durch Claß' deutsch-österreichische Gespräche für den Alldeutschen Verband forciert und von Hugenberg für die Ruhrindustrie unterstützt worden waren.[172]

Zusätzlich zu den Schwierigkeiten, in kürzester Zeit das seit Jahren in der Schublade liegende Programm umsetzen zu wollen, geriet Hugenberg schlichtweg an Grenzen, sowohl bei seinen eigenen Ressourcen als „Krisenminister" als auch hinsichtlich der Gegensätzlichkeiten zu den Einflussbereichen der anderen Fachminister. Einen Tag nach Regierungsbildung ahnte Theodor Reismann-Grone, der wenige Monate Oberbürgermeister von Essen werden sollte, dass Hugenberg zwar „Sieger" der Kabinettsbildung war, sich jedoch mit dem Anspruch, auch alle anderen Ministerien zu „kommandieren", sehr bald „totlaufen" werde.[173] Die folgenden Blockaden kosteten Hugenberg zu viel Zeit, sodass er keine schnellen Ergebnisse vorweisen konnte. Brockdorff kritisierte in den alldeutschen Lageberichten Ende Mai, dass Hugenbergs zentraler Entschuldungsplan für die Landwirtschaft dem Kabinett schon seit einem

170 Siehe auch Gies: Walther Darré, S. 651. Hjalmar Schacht war mit seiner Kritik an Alfred Hugenberg taktischer vorgegangen, denn auch er war ein Anhänger deutscher Kolonialpolitik und plädierte nach seiner späteren Ernennung zum Geschäftsführenden Wirtschaftsminister 1934 angesichts der deutschen Devisennot für Einfuhrbeschränkungen und neu regulierte Verrechnungsabkommen, die letztlich zu Konflikten mit Adolf Hitlers Aufrüstungspolitik und 1937 zu seinem eigenen Rücktritt führten. Schacht: Neue Kolonialpolitik und Kopper: Hjalmar Schacht, S. 294–329.

171 Erklärung Alfred Hugenberg, 7.7.1933, in BA-Koblenz, N 1231, Bd. 711, Bl. 88–105. Zitat ebd., Bl. 105.

172 Siehe Hofmeister (Hrsg.): Heinrich Claß. Politische Erinnerungen, Kapitel 2.2.

173 Tagebucheintrag Theodor Reismann-Grone 31.1.1933, in StA Essen, NL Reismann-Grone, 652, Bd. 148, o. Bl.

Monat vorliege, aber noch nicht angenommen sei.[174] Diskutiert wurde der Plan seit Februar und kam erst zum 1. Juni zum Abschluss, da er mit den geltenden Finanzregeln nicht vereinbar war.[175] Der Fettverordnung zur Förderung einheimischer Fette würden noch die Ergänzungsmaßnahmen im Wirtschafts- und Finanzministerium fehlen, um die industrielle Rente und „gesunde Wirtschaftsverhältnisse“ durch eine Reichsfinanzreform und die Reform der Sozialgesetzgebung sicherzustellen. Es gebe hier keinen „umfassenden und einheitlichen Plan“ und leider sei es eben nicht so, „als ob Hugenberg oder Bang von sich einfach die erforderlichen Maßnahmen anordnen könnten“.[176]

Hugenbergs Scheitern war zudem einer im ersten Halbjahr 1933 sich noch weitgehend neuordnenden Wirtschafts- und Finanzpolitik des NS-Staates geschuldet, die sich erst allmählich zu interministeriellen Verständigungen zusammenfand.[177] Bereits im April 1933 beschloss das Kabinett beispielsweise die weitgehende Auslagerung der Finanzinteressen der Wehrmacht aus dem Finanzministerium. Die Nationalsozialisten brachten einer ausgeglichenen Finanzpolitik zunächst wenig Interesse entgegen, da vielmehr Rohstoffe, Nahrungsmittel und Arbeitskräfte sowie die nächste Kriegsplanung zentrale Säulen ihrer Politik waren.[178] Die Alldeutschen kritisierten ebenfalls, dass das Finanzministerium generell mehr für ein Zusammenspiel mit Hugenbergs Ministerien, die „Lichtung des Steuerdschungels“, die steuerliche Belastung „des Entbehrlichen“ und die „Erleichterung von Kapitalbildung“ hätte unternehmen können. Die Sanierung der Wirtschaft sei letztlich ein Umbau des gesamten Staates.[179] Auch die Arbeitsbeschaffungsprogramme der Regierung seien dauerhaft nur sinnvoll, wenn sie im Verbund von Wirtschafts-, Finanz- und Sozialpolitik mit einer Staats- und Verwaltungsreform organisiert würden. Anleihen zur Finanzierung kurzfristiger Arbeitsprogramme seien daher bei „Kapitalknappheit“ der deutschen Wirtschaft nur künstliche „Verschiebung[en] von Geldsummen“, die im Grunde „Kreditmanipulation“ sei, so Brockdorff. Stattdessen sollten die Mittel direkt in die Wirtschaft anstatt durch Ministerien fließen.[180]

Diese beharrliche Kritik trieb auch Hugenberg an, der unbeirrt bei seinen Überzeugungen blieb. So verteidigte er nach der Londoner Konferenz sein Vorgehen, dass „es taktisch notwendig und richtig war, den deutschen Standpunkt zur grundsätzlichen Beurteilung der schwebenden Fragen“ von vornherein klarzumachen, „um sich gegen

---

174 Alexander Graf Brockdorff (Lagebericht des Alldeutschen Verbandes) 27.5.1933, in BA-Berlin, R 8048, Bd. 552, Bl. 79.

175 Siehe Gies: Walther Darré, S. 651–652.

176 Alexander Graf Brockdorff (Lagebericht des Alldeutschen Verbandes) 27.5.1933, in BA-Berlin, R 8048, Bd. 552, Bl. 79.

177 Siehe für die Finanzpolitik Banken: Hitlers Steuerstaat, S. 94–112 oder für das Reichsarbeitsministerium auch Klimo: Im Dienste des Arbeitseinsatzes, S. 71–126. Siehe für den Ansatz einer „neuen Staatlichkeit“ im Nationalsozialismus auch Hachtmann: Elastisch, dynamisch und von katastrophaler Effizienz.

178 Kilian: Krieg auf Kosten anderer, S. 24–64.

179 Alexander Graf Brockdorff (Lagebericht des Alldeutschen Verbandes) 12.5.1933, in BA-Berlin, R 8048, Bd. 552, Bl. 58.

180 Alexander Graf Brockdorff (Lagebericht des Alldeutschen Verbandes), 27.5.1933, in ebd., Bl. 78.

die Verstrickung in die machtpolitischen Gedankengänge anderer Staaten von vornherein zu schützen".[181] Beschwerden Russlands, Polens und Frankreichs hatte er wohl erwartet und nahm sie schlichtweg nicht ernst. Vielmehr sei die Konferenz entgegen den Berichten der deutschen Delegation, vor allem Schachts und Neuraths, aus seiner Sicht gut verlaufen.[182]

Den Alldeutschen blieb nach Hugenbergs Rücktritt nur, ihn für diejenigen Initiativen und Gesetze zu loben, die am Ende „Bruchstücke" bleiben mussten, da er auf das Arbeits-, Finanz- und Verkehrsministerium keinen Einfluss gehabt habe, so die Bilanz von Brockdorff in den alldeutschen Lageberichten.[183] Die Besserung der Arbeitslosenzahlen sei hingegen Hugenbergs Verdienst gewesen und dieser habe immerhin „Grundmauern" für einen neuen Wirtschaftsaufbau errichten können. Die „Rettung des Landvolks" durch die agrarpolitischen Initiativen sei „eine staatsmännische Leistung ersten Ranges". Hugenberg war schließlich nicht der „Wirtschaftsdiktator", für den ihn „Ununterrichtete" hielten.[184] Schrieb Claß an Hugenberg zu dessen 67. Geburtstag am 19. Juni noch, dass, „wer es mit Deutschland gut meint", wünschen müsse, „dass Alfred Hugenberg die Kraft behält, sein Werk zu vollenden – zum Wohle des gequälten Volkes", so trat am Ende ein isolierter Hugenberg zurück, der im Kabinett von Beginn an aus machtstrategischen Gründen eher geduldet worden war.[185]

Hugenbergs Ausscheiden bedeutete das Ende alldeutscher Bemühungen, über den DNVP-Vorsitzenden Macht auszuüben und die von Claß angestrebte Diktatur auszugestalten. War das Ziel der Reichskanzlerschaft von Anfang an nicht zu erreichen gewesen, so beendete der Rückzug auch den Zugang zur geteilten Macht in der Hitler-Regierung. Viel einschneidender war hingegen, dass die politische Legitimation des Alldeutschen Verbandes in Frage stand und mit der drohenden Auflösung der DNVP auch die des Verbandes wahrscheinlicher wurde. Brockdorff warnte, dass angesichts der Umstände der Verband jetzt vorwärtsblicken müsse. Nach der „Zertrümmerung Weimars" bestehe für die Alldeutschen beim „Neubau des völkischen Staates" kein Anlass, ihre Tätigkeit einzuschränken oder einzustellen. Der wichtigste Ratgeber und das „gegenwärtigste Buch dieser Monate" für die alldeutsche Selbstvergewisserung und Selbstmobilisierung in der gegenwärtigen Umbruchphase sei weiterhin Claß' „Kaiserbuch", denn der neue Staat sei „nicht zum kleinsten Teil ein Erfolg unserer Arbeit", so die *Deutsche Zeitung*.[186]

Der Rücktritt Hugenbergs hatte ganz konkrete finanzielle Rückwirkungen auf die Infrastruktur des Alldeutschen Verbandes, denn Hugenbergs Zuschüsse zum Wehrschatz aus den Gewinnen seiner Medienunternehmen hingen nun umso mehr von der

---

181 Erklärung Alfred Hugenberg, o. D. [vermutlich 1933], in BA-Koblenz, N 1231, Bd. 711, Bl. 74–76. Zitat ebd., Bl. 76.

182 Ebd.

183 So Alexander Graf Brockdorff (Lagebericht des Alldeutschen Verbandes) 12.7.1933, in BA-Berlin, R 8048, Bd. 552, Bl. 88–89.

184 Ebd.

185 Deutsche Zeitung 18.6.1933.

186 Ebd., Bl. 95.

Geneigtheit des ehemaligen Wirtschaftsministers ab. Die *Deutsche Zeitung* war erst kurz zuvor durch einen doch noch zustandegekommenen Vertrag mit der DNVP finanziell gerettet worden, als sich Claß und der Aufsichtsrat, dem unter anderem Hertzberg-Lottin angehörte, verpflichteten, Nachrichten der DNVP-Geschäftsstelle zu drucken.[187] Eine solche Verbindung war keineswegs unüblich. Auch *Deutschlands Erneuerung* war im Frühjahr 1925 vertraglich durch ein Abkommen näher an den Völkischen Reichsausschuss der DNVP gebunden worden und Erich Kühn hatte sich als Herausgeber verpflichtet, Vorträgen, Arbeiten und Kundgebungen des Ausschusses in Zukunft genügend Raum zu geben.[188] Claß hatte noch im Dezember 1932 im Geschäftsführenden Ausschuss gedroht, dass ein Zusammengehen der *Deutschen Zeitung* mit der DNVP unterstützt werden sollte, sonst mache er „den Laden zu", denn es seien geschätzt nur 10 Prozent der Leser Mitglieder des Alldeutschen Verbandes.[189]

Die Finanzkrise von Claß' journalistischem Herzensprojekt ließ sich nicht aufhalten. Die *Deutsche Zeitung* wurde im Januar 1934 schließlich dem Reichsnährstand zugeschlagen.[190] Die *Alldeutschen Blätter* mussten aufgrund geringerer Zuwendungen ab Januar 1934 bis zur Einstellung 1939 14-tägig erscheinen.[191] Auch beim Verbandstag musste gekürzt werden, der nur noch zweimal im Jahr stattfand.

Für die DNVP waren die Folgen ebenfalls unmittelbar zu spüren. Hugenberg hielt in einer geheim gehaltenen Erklärung fest, dass er nach der Einreichung seines Abschiedsgesuches bei Hindenburg mit Hitler kurz gesprochen und ihm erklärt habe, dass sicherlich der „Pakt vom 30. Januar" einerseits als gelöst angesehen werden könne, andererseits er aber nicht die Intention hege, in die Opposition zu gehen. Es widerspreche nicht zuletzt seinen „Grundauffassungen" und denen seiner politischen „Freunde", sich in „irgendeine Gemeinschaft mit Marxisten und Kommunisten" zu begeben.[192]

Hitler habe ihn daraufhin gebeten, die Entscheidung zu überdenken und im Kabinett zu bleiben, jedoch unter Verzicht auf „die bisherige Vielfalt der Ämter". Er forderte darüber hinaus die Entlassung Rohrs als Staatssekretär im Landwirtschaftsministerium sowie die Auflösung der DNVP. Hugenberg hielt fest: „Wenn ich unter diesen Bedingungen im Kabinett bliebe, so könne ich seiner dauernden Freundschaft sicher sein [...]."[193] Hitler wollte dann alle DNVP-Gefangenen der letzten Monate, die durch die SA verhaftet worden waren, freilassen und sämtliche Angriffe aus den eigenen Reihen

187 Siehe Vertrags-Entwurf zwischen der DNVP und der Neudeutschen Verlags- und Treuhandgesellschaft nach gemeinsamer Besprechung vom 15.1.1933, 27.3.1933, in BA-Koblenz, N 1231, Bd. 38, Bl. 125–129.

188 Siehe Rundschreiben DNVP Hauptgeschäftsstelle an die Völkischen Reichsausschüsse bei den Landesverbänden und deren Mitglieder, 21.3.1925, in BA-Berlin, R 8048, Bd. 223, Bl. 72.

189 So Claß auf der Sitzung des Geschäftsführenden Ausschusses des Alldeutschen Verbandes, 10./11.12.1932, in BA-Berlin, R 8408, Bd. 172, Bl. 57 und 59.

190 Siehe Leicht: Heinrich Claß, S. 398.

191 Siehe Ankündigung in Alldeutsche Blätter 13.1.1934.

192 Erklärung Alfred Hugenberg (geheim, abgezeichnet am 5.7.1933 von seiner Sekretärin Irene von Bucholtz), o. D., in BA-Koblenz, N 1231, Bd. 711, Bl. 55–77.

193 Ebd., Bl. 59.

„abwehren". Hugenberg eröffnete gegenüber Hitler die Perspektive einer weiteren Zusammenarbeit in ein paar Monaten, wenn Hitler die NSDAP vom linken Flügel der Partei lösen würde. Hitler habe darauf sehr verärgert reagiert, so Hugenberg, und gesagt, dass nach einem Scheitern des Nationalsozialismus nur noch der Kommunismus komme, aber keine deutschnationale Regierung.[194] Die weitere Diskussion führte zu ersten Drohungen als Hitler bemerkte, nachdem er Hugenberg zwei Mal gebeten hatte, im Kabinett zu bleiben, dass bei Hugenbergs Ausscheiden automatisch eine Oppositionsrolle gegeben sein werde und Tausende von deutschnationalen Beamten ihre Stellung verlieren würden, die zuvor bei der Neubesetzung nach einem Schlüssel berücksichtigt worden waren.[195] Auf Hugenbergs Einwand, wie er denn Minister bleiben solle, wenn gleichzeitig seine Partei aufgelöst werde, erwiderte Hitler lediglich: „Nein. Sie haben die vaterländische Verpflichtung weiter mitzuarbeiten. Wenn Sie das nicht tun, so wird sich daraus der Kampf und das Unglück für die Kreise ergeben, die bisher hinter ihnen gestanden haben."[196]

Innerhalb der DNVP herrschte bereits nach Hugenbergs Rückkehr von der Londoner Konferenz eine völlige Orientierungslosigkeit, da bereits zu diesem Zeitpunkt Forderungen nach einer Auflösung der DNVP durch die Nationalsozialisten geäußert wurden. Goebbels notierte Anfang Juni über sein Gespräch mit Hitler: „Wir sprechen die ganze Lage durch. Armer Hugenberg! Alle Parteien müssen vernichtet werden. Wir bleiben allein übrig."[197] Noch am 23. Juni ließ die Parteileitung in die Landesverbände telegraphieren, dass jeder „voreilige Schritt unterbleibt. Führerentscheidung ist maßgebend und abzuwarten."[198]

Am 27. Juni, dem Tag von Hugenbergs Rücktritts als Minister, kam die Diskussion um die Stellung der Partei zur Entscheidung. Axel Freiherr von Freytagh-Loringhoven war am Vormittag bei Frick, um die politische Lage und die damit verbundene Frage der Auflösung der DNVP zu besprechen. Über den genauen Termin und die Absicht zur Selbstauflösung der DNVP war Hugenberg wohl nicht im Einzelnen informiert, wusste aber von Freytagh-Loringhovens guten Beziehungen zu Frick und der Prokura, die ihm für Verhandlungen vom Parteivorstand erteilt worden war.[199] Hugenberg ließ nach den Verhandlungen ausrichten, dass er der Meinung sei, man habe allen Grund, sich „stumm nach Hause zu begeben und in unsere Klause oder in unsern Wald zu verkriechen".[200] Er habe in den letzten Tagen versucht, „anständig zu bleiben", das sei ihm gelungen. In

---

194 Ebd., Bl. 60.

195 Ebd., Bl. 61–62.

196 Ebd., Bl. 63.

197 Tagebucheintrag Joseph Goebbels 3.6.1933, in Fröhlich: Die Tagebücher von Joseph Goebbels, Teil 1, Bd. 2/III, S. 199–200. Zitat ebd., S. 200.

198 Hauptleitung der Deutschnationalen Front (Telegramm), 23.6.1933, in Deutschnationale Front. Landesverband Thüringen, Rundschreiben Nr. 45, 23.6.1933, in STA Altenburg, 1–95–0003, Bd. 55, o. Bl.

199 Erklärung Alfred Hugenberg (geheim, abgezeichnet am 5.7.1933 von seiner Sekretärin Irene von Bucholtz), o. D., in BA-Koblenz, N 1231, Bd. 711, Bl. 64.

200 Ebd., Bl. 73.

Erwartung möglicher gewalttätiger Angriffe durch das NS-Regime warnte er die versammelten sechzig bis achtzig Teilnehmer, die sich am 27. Juni in der Parteizentrale zusammenfanden, dass zukünftige Gerüchte, er habe Selbstmord begangen, falsch seien: „Ich würde das nicht tun und sei überhaupt nicht dafür, dass man Selbstmord begehe [...].“[201] Er bezog sich auf den Tod Ernst Oberfohrens Anfang Mai, der nach dem Ermächtigungsgesetz von der Gestapo überwacht und dann in Kiel tot aufgefunden worden war.[202] Es blieb umstritten, ob es sich um Mord oder Suizid handelte. Jedenfalls war Oberfohren in starke Bedrängnis geraten, nachdem sein Berliner Büro polizeilich durchsucht worden war und seine Sekretärin zwei Rundschreiben Oberfohrens gegen Hugenberg zu Protokoll gegeben hatte, die zur Entlassung aus seinen Parteiämtern beziehungsweise zur Neuwahl des DNVP-Reichstagsfraktionsvorsitzenden geführt hatten.[203] Hugenberg, der noch mit dem Beschluss des Parteivorstandes vom 3. Mai zur Umbenennung der DNVP in Deutschnationale Front als Zeichen des beendeten Parteiensystems und mit der Übergabe des Fraktionsvorsitzes an Schmidt(-Hannover) das „Führerprinzip“ eingeführt hatte[204], verließ nach dieser letzten Sitzung am 27. Juni die Geschäftsstelle der DNVP und zog sich wenige Tage später nach Rohbraken zurück.[205]

Freytagh-Loringhoven führte daraufhin die Verhandlungen für die DNVP und wusste, dass „die Herren im grauen Hause“, wie die Geschäftsstelle des Alldeutschen Verbandes am Lützowufer 5a auch genannt wurde, die Vorgänge „scharf beurteilten“.[206] Gegenüber Schmidt(-Hannover), der die Geschehnisse aufgrund eigener Krankheit nicht selbst miterlebt und bis Ende August nicht korrespondiert hatte, sagte Freytagh-Loringhoven, wie „schlecht“ es ihm bei diesen schnell zu führenden Verhandlungen gegangen sei. Hugenberg habe sich kurz vor seinem Rücktritt als „Eisfuchs“ in „vollkommene Passivität“ begeben und sich geweigert, mit der ganzen DNVP-Führung oder einzelnen führenden Parteivertretern zu sprechen. Der Führerstab der DNVP habe Verhandlungen mit der NSDAP beschlossen, so Freytagh-Loringhoven weiter, da Hugenbergs Passivität nur zu einem „ruhmlosen Untergang“ führen werde, die Jugendverbände der DNVP bereits aufgelöst seien, die Mitgliederstellung des Stahlhelms zur DNVP neu geregelt worden sei und in weiten Teilen des Landes, wie im Landesverband Mittelschlesien, die Parteiorganisation durch Mitgliederschwund ohnehin kaum mehr aufrechtzuerhalten sei. Nach Verhandlungen mit Frick sei ein Übertritt zur NSDAP jedoch nicht in Frage gekommen.

201 Ebd.

202 Siehe Hiller von Gaertringen: Deutschnationale Volkspartei, S. 592–596 und Beck: The Fateful Alliance, S. 219–228.

203 Siehe auch Deutsche Zeitung 8.5.1933.

204 Ebd., 12.4.1933, 4.5.1933 und 7.5.1933.

205 Zum Rücktritt Hugenbergs siehe auch Ritthaler: Eine Etappe sowie demnächst ausführlichst Schellhorn: Alfred Hugenberg.

206 Zum folgenden Axel Freiherr von Freytagh-Loringhoven an Otto Schmidt(-Hannover), 6.8.1933, in BA-Koblenz, N 1003, Bd. 14, Bl. 48–56.

Freytagh-Loringhoven wurde daraufhin unmittelbar zu Hitler gerufen und ihm wurde mitgeteilt, dass Hugenberg sein Rücktrittsgesuch eingereicht habe und die DNVP somit zur Opposition übergegangen sei. Nachdem Freytagh-Loringhoven dieser Interpretation widersprach, sagte Hitler lapidar: „Morgen werden tausende deutschnationaler Beamten auf der Strasse sitzen; ich kann es nicht hindern und was sonst geschehen wird, kann ich auch nicht hindern [...].“ Hitler wollte aber zwei bis drei Deutschnationale in das Kabinett aufnehmen und durch „Großzügigkeit“ weitere für die zu besetzenden Posten in Erwägung ziehen, denn die NSDAP habe nicht genügend Personal für den Staatsumbau. Eine zweite Revolution, die Hitler wohl befürchtet hatte, werde er „nicht dulden“.[207]

Die Selbstauflösung der DNVP vollzog sich teilweise bereits vor Hugenbergs Rücktritt und führte auf verschiedenen Ebenen auch zum Übertritt in die Parteigliederungen der NSDAP. Neben der Bismarckjugend waren zuvor der Deutschnationale Bund, der Deutschnationale Kampfring und die DNVP-Betriebsorganisationen aufgelöst worden. Der Landesverband Baden trat Anfang Mai geschlossen zur NSDAP über, nachdem sich Braunschweig als erster Landesverband den Nationalsozialisten angeschlossen hatte.[208] Spahn wurde wie Stadtler bereits im Juni NSDAP-Mitglied, wobei beide ihre Reichstagsmandate erhielten.[209] Goebbels genoss das beginnende Ende der DNVP: „Hugenberg schäumt. Aber aus der Traum [...]. Deutschnationale ganz im Zerfall [...].“[210]

Die Erosion der DNVP wurde begleitet von der Erosion ihrer Anhängermilieus, die unübersehbar von den Nationalsozialisten umworben in nun in großen Teilen aufgefangen wurden. Der Alldeutsche Otto Bonhard redete das forcierte Ende der DNVP schön und kommentierte die Auflösung der Partei schließlich als einen längerfristigen Prozess, der mit der Sammlung gegensätzlicher Flügel 1918 begonnen, sich mit einer zu späten „Reinigung“ nach 1928 fortgesetzt habe und letztlich in der Unentschiedenheit begründet gewesen sei, dass die DNVP sich nie vollständig als völkische Partei verstanden habe. Auch der Völkische Reichsausschuss sei nur „ein ungenügender Ersatz hierfür“ gewesen.[211]

Der Stahlhelm übte weiteren Druck auf die Deutschnationalen aus, nachdem Duesterberg im April aus dem Wehrverband ausgeschieden war, der den neuen Arbeitsminister Seldte in der Bundesführung zusätzlich vertreten hatte. Die „schroffe Form seiner Absetzung wird man mit einiger Verwunderung verzeichnen“, kommentierte die *Deutsche Zeitung* die diktatorische Selbstgleichschaltung des Stahlhelms durch Seldte, der den bereits während der Reichspräsidentenwahl 1932 in einer großen Propagandakampagne von der NSDAP als „Vierteljude“ diskreditierten Duesterberg auf dem Weg

---

207 Adolf Hitler zu Axel Freiherr von Freytagh-Loringhoven, 28.6.1933, zitiert in ebd., Bl. 51.

208 Deutsche Zeitung 4.5.1933.

209 Siehe auch Martin Spahn an Alfred Hugenberg, 8.6.1933, in Das Großdeutsche Reich, 3. Ausgabe des Juni, Nr. 24 (1933), Münchner Augsburger Abendzeitung 19.6.1933.

210 Tagebucheinträge Joseph Goebbels 22.6.1933 und 23.6.1933, in Fröhlich: Die Tagebücher von Joseph Goebbels, Teil 1, Bd. 2/III, S. 212 und 213.

211 Alldeutsche Blätter 15.7.1933.

zur Konsolidierung seiner eigenen Macht im Regierungsgefüge schlichtweg loswerden wollte.[212] Seldte verkündete eine Mitgliedersperre für den Stahlhelm, nachdem zahlreiche konservative und monarchistische Mitglieder anderer Vereinigungen eingetreten waren. Er verhandelte schon frühzeitig die Einrichtung eines Stahlhelm-Museums in Magdeburg und plante bereits im April 1932 die Überführung des Stahlhelms in die Organisationen der NSDAP, was Hugenberg zum Anlass nahm, ihn zur Abgabe seines DNVP-Reichstagsmandates aufzufordern.[213] Rudolf Heß war dieser Schritt sehr willkommen und als Stellvertreter Hitlers erließ er erneut ein Verbot von Doppelmitgliedschaften, um somit Neueintritte in den Stahlhelm zu verhindern, der in den nächsten beiden Jahren sukzessive in die SA eingegliedert werden sollte.[214]

Das „Freundschaftsabkommen" vom 27. Juni, das Freytagh-Loringhoven, Friedrich von Winterfeld und Ernst Poensgen für die DNVP unterzeichneten, erkannte die „Überwindung des Parteienstaates" an.[215] Im Gegenzug wollte Hitler DNVP-Parteibeamte in entsprechende Stellen bringen, DNVP-Mitglieder als „voll- und gleichberechtigte Mitkämpfer des nationalen Deutschland" anerkennen, eine Amnestie für in Haft sitzende Mitglieder der DNVP erlassen und nachträgliche Verfolgung unmöglich machen.[216] Der Deutschnationalen Front „nahestehende" Einrichtungen wie Presse und die Ufa dürften ihre Tätigkeit „unverändert im Geiste des heutigen Deutschland fortsetzen".[217]

Eine gemeinsame Erklärung von NSDAP und DNVP sollte diese Vereinbarungen sichern. Otto von Feldmann kommentierte später lapidar: „Dem Vertrage ist später keinerlei Bedeutung beigemessen worden [...]."[218] In einer „dramatischen Sitzung der Parteivertretung" sei dann das Abkommen „mit großer Mehrheit" beschlossen worden.[219] Auch Feldmann hoffte, dass dadurch DNVP-Mitglieder „vor Verfolgungen und anderen Unannehmlichkeiten" geschützt werden könnten.[220] Feldmann, der seinen Landesverband Hannover-Süd aufgrund einer günstigen Finanzlage noch bis zum 1. September in Ruhe auflösen konnte, war Hugenbergs vollständiger politischer Rückzug nach der Auflösung der Deutschnationalen Front am 27. Juni völlig unverständ-

212 Deutsche Zeitung 27.4.1933.

213 Siehe Erklärung Franz Seldte, in Deutsche Zeitung 22.4.1933 und Alfred Hugenberg an Franz Seldte [April 1933] in ebd. 30.4.1933.

214 Siehe Erklärung Rudolf Heß, in Deutsche Zeitung 30.4.1933.

215 Freundschaftsabkommen Deutschnationale Front und NSDAP (Adolf Hitler), 27.6.1933, in STA Altenburg, 1–95–0003, Bd. 55, o. Bl. Siehe auch Otto von Feldmann: Lebenserinnerungen, in GStA PK VI. HA, NL Feldmann, Bd. 1, Bl. 295–296 und auch Berliner Lokal-Anzeiger 28.6.1933.

216 Siehe dazu Beck: The Fateful Alliance und Ders.: Konflikte zwischen Deutschnationalen und Nationalsozialisten.

217 Freundschaftsabkommen, 27.6.1933.

218 Otto von Feldmann: Lebenserinnerungen, in GStA PK VI. HA, NL Feldmann, Bd. 1, Bl. 296–297.

219 Ebd., Bl. 297.

220 Ebd.

lich,[221] da der Parteivorsitzende damit im Grunde nur sein Desinteresse an der DNVP und ihren Mitgliedern unterstrichen habe.

Die ehemaligen Mitglieder der Deutschnationalen Front wurden von der Hauptgeschäftsstelle sich selbst überlassen. Die NSDAP sei „grundsätzlich als zur Aufnahme geeignet anzusehen“. Jedoch solle die Möglichkeit einer Mitgliederanmeldung bei der NSDAP jeder „völlig selbständig entscheiden“.[222] Frick erstellte schließlich aufgrund des „Freundschaftsabkommens“ eine „Einheitsliste“ von Abgeordneten sowie 22 „Gästen“ der NSDAP-Reichstagsfraktion.[223] Unter ihnen waren die Alldeutschen Claß, Hugenberg, Bang, Feldmann und Gottfried Gok. Claß erklärte seine Mitwirkung an der „Einheitsliste“ wenige Monate später als passive und nur teilweise erfolgte Identifikation mit dem NS-Staat: „Ich habe auf Anfrage nach Beratung mit unseren hier anwesenden Herren meine Zustimmung erteilt, da es sich um den Ausdruck der nationalen Geschlossenheit in Bezug auf die heutige Außenpolitik handelte. Eine parteimäßige Bindung oder eine Festlegung auf innerpolitische Fragen ist dabei ausgeschlossen. Außer mir sind noch acht andere Alldeutsche aufgestellt und etwa 30 außerhalb der NSDAP Stehende im nationalen Vorkampf bewährter Männer [...].“[224]

Bei den NS-Reichstagswahlen im November gewannen Freytagh-Loringhoven, Gok und Feldmann Sitze in ihren Wahlkreisen Breslau, Hamburg beziehungsweise Süd-Hannover, während Claß, Hugenberg und Bang durch „Reichswahlvorschlag“ „Gäste“ der NSDAP-Fraktion wurden.[225] Brockdorff betonte, dass Claß, Bang, Gok und Feldmann „ohne Bindung und Verpflichtung“ in den Reichstag gegangen seien.[226] Die *Alldeutschen Blätter* erklärten im Vorfeld, es sei „selbstverständlich“, dass Claß’ Aufnahme auf die „Einheitsliste“ „keine Bindung auf ein politisches Parteiprogramm“ bedeute. Schließlich, so die gezielt falsche Bekanntmachung, habe Claß noch „nie einer Partei angehört“.[227] Damit wurden sowohl seine Wahlkämpfe für die Nationalliberalen 1902 und 1903 als auch seine Mitgliedschaft in der Deutschen Vaterlandspartei verschwiegen. Mitglied der

221 Siehe ebd. sowie auch Rundschreiben Alfred Hugenberg, Anfang Juli 1933 und Rundschreiben Major Nagel (Deutschnationale Front. Hauptleitung/Abwicklungsstelle), 10.7.1933, in STA Altenburg, 1–95–0003, Bd. 55, o. Bl.

222 Mitteilung der Hauptgeschäftsstelle siehe Deutschnationale Front. Landesverband Thüringen: Abwicklungs-Rundschreiben Nr. 3, 8.7.1933, in STA Altenburg, Bd. 55, o. Bl.

223 Im Auflösungsabkommen hieß es dahingehend zunächst unter Punkt C nur: „Die Fraktionen des Reichstags und des Landtags der N.S.D.A.P. und der bisherigen D.N.F. sichern eine einheitliche Stellungnahme durch Abordnung von einem oder mehreren Mitgliedern der vormaligen D.N.F. in die Vorstände der Fraktionen der N.S.D.A.P. (Reichstag und Preußischer Landtag je 2). Sinngemäß wird in den gemeindlichen Selbstverwaltungskörpern verfahren.“ Freundschaftsabkommen Deutschnationale Front und NSDAP (Adolf Hitler), 27.6.1933, in STA Altenburg, 1–95–0003, Bd. 55, o. Bl.

224 Claß an Otto Helmut Hopfen, 31.10.1933, in BA-Berlin, R 8048, Bd. 392, Bl. 348.

225 Siehe auch Verzeichnis der Mitglieder des Reichstags, 12.12.1933, in BA-Berlin, NS 46, Bd. 47, Bl. 23–30 sowie Reichstags-Handbuch, IX. Wahlperiode, S. 149.

226 Alexander Graf Brockdorff (Lagebericht des Alldeutschen Verbandes) 30.11.1933, in BA-Berlin, R 8048, Bd. 552, Bl. 144–145.

227 Alldeutsche Blätter 4.11.1933.

NSDAP wurde Claß auch nach der Novemberwahl nicht.[228] Blieb Claß parteilos, so verhielten sich zahlreiche Mitglieder aus einem Claß-Familienzweig aus dem Südwesten Deutschlands sowie ein 14 Jahre jüngerer entfernter Verwandter aus Blödesheim, der in Kontakt mit Claß stand, anders: Oberregierungsrat Friedrich Claß saß von 1931 bis 1933 für die Nationalsozialisten im Hessischen Landtag.[229]

Der *Völkische Beobachter* gedachte nach Hugenbergs Rücktritt noch einmal seiner „Verdienste", sortierte ihn aber als bürgerlichen Kleingeist in die größeren Zusammenhänge der nationalsozialistischen „Revolution" ein.[230] Während Hitlers Regierung wirtschaftspolitische Initiativen wie das Arbeitsbeschaffungsgesetz vom 1. Juni oder das Straßenbauprogramm vom 24. Juni hervorgebracht habe und Hitler vom Gesamtbild aus die Einzelfragen lösen wollte, sei Hugenberg wiederum als Fachmann für Einzelfragen für die Lösung der Wirtschaftskrise eingetreten. Daher sei Hugenberg eine „tragische Figur", auf ihm laste „der Fluch jener unschöpferischen Generation, die das Reich verspielt hat". Er sei nur ein „Patriot der guten Stube, die nicht auf die Straße hinausgegangen sind", und er werde noch dankbar sein, dass er die „Befreiung" durch das „neue Reich" erleben dürfe.[231]

Die *Deutsche Zeitung* wiederum bemerkte, dass Hugenbergs Person zwar umstritten sei. Man werde aber bald in der Rückschau erkennen, dass er „eine[r] der stärksten Begabungen seit Bismarcks Weggang" gewesen sei.[232] Hindenburg wiederum dankte Hugenberg für seine Arbeit als Minister, er habe „in langjähriger vaterländischer Arbeit" für die Verbreitung des „nationalen Gedankens" letztlich „große Verdienste" und in der „leider nur kurzen Tätigkeit" in der Regierung besonders der Landwirtschaft „wertvolle Dienste" geleistet.[233]

Am 6. Juli verkündete Hitler das Ende der „Revolution" und den Beginn der „Evolution".[234] Am 14. Juli wurde das Gesetz gegen die Neubildung der Parteien verabschiedet, das von Gürtner als Reichsjustizminister zusammen mit Reichsinnenminuster Frick und Hitler unterzeichnet wurde.[235] Am 22. Juni war bereits die SPD verboten worden, die DVP löste sich am 27. und die DDP am 28. Juni auf. Die BVP sowie das Zentrum als letzte Partei kamen am 4. beziehungsweise 5. Juli einer Zwangsauflösung zuvor. Zum 1. Dezember wurde die NSDAP zur Staatspartei erklärt, ohne jedoch klare Kompetenzabgrenzungen zwischen Partei und Staat gesetzlich festzulegen.[236]

---

228 Claß: Eidesstattliche Erklärung 26.10.1947, in BA-Berlin, N 2368, Bd. 8, o. Bl.

229 Siehe National Archives Washington DC, 242 foreign record seized collection, BDC microfilm, NSDAP Zentralkartei, A 3340-MFKL-D136 (Einträge „Claß"/„Class") und Ruppel/Groß: Hessische Abgeordnete, S. 81.

230 Siehe Völkischer Beobachter 30.6.1933.

231 Ebd.

232 Deutsche Zeitung 2.7.1933.

233 Alldeutsche Blätter 15.7.1933. Siehe auch Berliner Lokal-Anzeiger 30.6.1933.

234 Rede Adolf Hitler auf der Reichsstatthalterkonferenz, 6.7.1933, in Domarus: Hitler, Bd. 1, S. 286.

235 Gesetz gegen die Neubildung der Parteien, 14.7.1933, in Reichsgesetzblatt I, Nr. 81, 1933, S. 479.

236 Gesetz zur Sicherung der Einheit von Partei und Staat, 1.12.1933, in Reichsgesetzblatt I, Nr. 135, 1933, S. 1016.

Somit war die DNVP zwar als Partei verschwunden, wie es Hugenberg und auch Claß bereits Ende 1932 für eine Institutionalisierung der Diktatur über den Staatsnotstand hinaus vorhergesagt hatten. Jedoch blieb ihnen im „Dritten Reich" die institutionelle Macht versagt, als die rivalisierende NSDAP deren alleinige Trägerin im nationalsozialistischen Einparteienstaat wurde. Dass die NSDAP als Vehikel zur Sammlung der „Volksgemeinschaft" sowie als Exekutive des Staates fungierte, offenbarte das zentrale Missverständnis der Alldeutschen und Deutschnationalen, die dem ausdifferenzierten Parteiensystem grundsätzlich die Notwendigkeit absprachen, auf Dauer breite soziale Milieus zu mobilisieren und in verschiedenen Parteien zu repräsentieren. Stattdessen sahen sie im Medium der Partei lediglich ein Instrument zur Zerstörung des Weimarer Parteiensystems und unterschätzten die sozialen und kulturellen Mobilisierungseffekte moderner Parteien, über die nicht nur begrenzte sozio-ökonomische Klassen und kulturelle Teilmilieus, sondern breite Massen erreicht werden konnten.

Die NSDAP führte durch den diktatorischen Einparteienstaat und die Gleichschaltung des Parlaments sowie des außerparlamentarischen Vereins- und Verbandswesens das Konzept der Partei im Grunde *ad absurdum*. Sie ging jedoch über die Abschaffung des Parteiensystems hinaus und nutzte ihre eigenen Strukturen mitsamt ihrer Gliederungen als eine der zentralen Säulen für den Umbau des Staates und der Verschmelzung mit staatlichen Institutionen.[237] Die Deutschnationalen wären bei gleicher Machtstellung genauso verfahren. Angesichts zahlreicher Angriffe durch die SA und der zunehmenden Beobachtung durch die Staatspolizei der Länder wurde die DNVP zunehmend zu einem Refugium verbliebener Mitglieder, die nun in der NS-Diktatur um ihre Parteistrukturen kämpfen wollten. Hugenberg setzte sich immer wieder dafür ein, dass die DNVP ein „lebendiges Mitglied der nationalen und sozialen Gemeinschaft" bleibe und niemand aus seiner Partei „angetastet" werde, denn die Gefahr aller Revolutionen sei eben, dass sie sich „überschlagen und radikalisieren".[238]

Mit dem Rücktritt Hugenbergs und der Auflösung der DNVP sei nun ein „totaler Staat" erreicht, schrieb die *Deutsche Zeitung*.[239] Auch der jüdische Romanist Victor Klemperer meinte in Hugenbergs Reden im Märzwahlkampf noch einen „sachlicheren und menschlicheren" Ton erkannt haben zu können. Er sah in der Regierungsbeteiligung der DNVP wenigstens noch den Schein gewahrt, dass der NS-Staat über die Deutschnationalen irgendwie einzuhegen sein könnte.[240] „Seit gestern ohne allen Widerstand Hugenberg gegangen ist und die Deutschnationale Partei ‚sich selbst aufgelöst' hat, habe ich allen Mut verloren."[241] Selbst Goebbels wurde „ganz ehrfürchtig vor dem Geschehen" und der „unheimlichen Dynamik" der „Revolution" auf dem „Weg zum Totalstaat" und freute sich, dass er Hugenbergs Dienstwohnung als abgetretener Er-

237 Hachtmann: „Neue Staatlichkeit".

238 Alfred Hugenberg auf der Sitzung der DNVP-Parteiführer, in ebd. 11.4.1933.

239 Deutsche Zeitung 28.6.1933.

240 Tagebucheintrag Victor Klemperer 31.3.1933, in Ders.: Ich will Zeugnis ablegen, Bd. 1, S. 15.

241 Tagebucheintrag Victor Klemperer 29.6.1933, in ebd. S. 28. Siehe auch die Tagebucheinträge vom 12.4.1933 und 30.4.1933, in ebd., S. 19 und 22.

nährungsminister, eine Villa im Garten des Landwirtschaftsministeriums in der Wilhelmstraße 72, erhielt.[242]

Die Auflösung der DNVP-Institutionen folgte der seit Jahren währenden Erosion des deutschnationalen Milieus, dessen Zersplitterung mit der Radikalisierung der Partei durch Hugenbergs Übernahme im Oktober 1928 beschleunigt wurde. Die versuchte Einbindung der NSDAP führte letztlich durch den raschen Wählerzuspruch der Nationalsozialisten ab 1930 zur Einengung der DNVP in ihrem Anspruch auf das Führungszentrum der Rechten, da sie sich nun nicht mehr, wie noch nach den Wahlen im Mai 1928, als größte Rechtspartei verstehen konnte. Das strukturelle Problem der Deutschnationalen lag aber tiefer und berührte die Grundlagen ihrer eigenen parteipolitischen Verfasstheit im demokratischen System der Weimarer Republik. Während Hugenberg die DNVP zunehmend als Vehikel zur Machtübernahme verstand, machte Hitler den unbedingten Bindungszusammenhang innerhalb der NSDAP und ihrer Gliederungen wie der SA zum politischen, weltanschaulichen und kulturellen Sozialisationspunkt.

Und während Hugenberg auf die traditionelle Führungsrolle des bildungsbürgerlichen Experten vertraute, propagierten die Nationalsozialisten ein breiter angelegtes Konzept von „Volksgemeinschaft" jenseits von „Bildung und Besitz". Die Praxis des Nationalsozialismus verwirklichte hingegen trotz aller Propaganda keine egalitäre „Volksgemeinschaft", sondern eine „Gesellschaft der Ungleichen"[243], die durch Rüstungswirtschaft und Kriegserfahrung noch verstärkt wurde, während an den Hochschulen Studenten aus dem Bürgertum und dem Mittelstand im Nationalsozialismus weiterhin dominierten.[244] Während bildungsbürgerliche Akademiker und vor allem Juristen führend in den polykratischen Lenkungsapparaten des Nationalsozialismus Karriere machten, wurde das bürgerliche Konzept der „Persönlichkeit" auf die gesamte Führungsschicht des „Dritten Reiches" übertragen. Die Nationalsozialisten der ersten Stunde verstanden sich ohnehin als „Persönlichkeiten", die sich durch Kampf, Gewalt und Aufopferung im soldatischen Sinn zur Führung empfohlen hätten.[245]

Mit dem Rücktritt Hugenbergs am 27. Juni 1933 kam Claß' Unternehmen, das er seit 1925 verfolgt und ihn in den Putschprozess von 1926 geführt hatte, zu einem endgültigem Ende. Der Rücktritt Hugenbergs war umso mehr ein Scheitern von Claß, nachdem er zwar bereits nach der Harzburger Tagung 1931 erkannt hatte, dass mit Hugenberg in Konkurrenz mit Hitlers NSDAP keine Massen zu gewinnen seien, er aber noch stärker an diesem festhielt, nachdem er selbst sich im Oktober 1932 zunächst von Hitler losgesagt hatte. Diese Entscheidung für den DNVP-Vorsitzenden verlängerte Hugenberg mit seinem Regierungsantritt dann noch bis zum Juni 1933.

---

242 Tagebucheinträge Joseph Goebbels 28.6.1933, 29.6.1933 und 30.6.1933, in Fröhlich: Die Tagebücher von Joseph Goebbels, Teil 1, Bd. 2/III, S. 217–218.

243 Süß/Süß: „Volksgemeinschaft" und Vernichtungskrieg, S. 81.

244 Grüttner: Studenten im Dritten Reich.

245 Siehe auch Frei (Hrsg.): Wie bürgerlich war der Nationalsozialismus? und Römer: Bürgerlichkeit, Militär und Gewaltkultur.

Abb. 34: Bei der Feier zu 25 Jahre Ufa am 4. März 1943 in Berlin wurde Alfred Hugenberg mit dem Adler-Schild des Deutschen Reiches ausgezeichnet. Daneben stehen Reichsleiter Robert Ley, Propagandaminister Joseph Goebbels, Wirtschaftsminister und Reichsbankpräsident Walther Funk, und dahinter Ufa-Generaldirektor Ludwig Klitzsch. Im zweiten Band seiner Erinnerungen (1915 – 1933/36, Kapitel 9) kritisierte Claß die Berufung von Klitzsch zum Generaldirektor des Scherl-Konzerns Anfang 1919 durch Hugenberg, der nicht national, sondern überwiegend wirtschaftlich agiert habe. Dessen durch kaufmännische Interessen bestimmte Anzeigenpolitik der Scherl-Zeitungen habe es nicht zugelassen, so behauptete Claß in überspannter Kritik, dass „in irgend einem Teile der Zeitung die Judenfrage auch nur gestreift wurde". Klitzschs Geschäftspolitik habe sich auch auf dessen Position bei der Ufa ausgewirkt, als zunehmend „unerträgliche Filme – besonders jüdisch-amerikanischer Herkunft" herausgebracht wurden.

Nach Hugenbergs Rücktritt übernahm Goebbels sukzessive dessen Medienunternehmungen. Bereits kurz nach Gründung des Reichspropagandaministeriums im März 1933 musste nun Hugenberg mit dem Generaldirektor der Ufa Ludwig Klitzsch über die Förderung der Filmproduktion verhandeln. Die Gespräche mündeten Anfang Mai in die Gründung der mit zunächst zehn Millionen Mark ausgestatteten Filmbank GmbH, in der

Klitzsch neben Walter Funk als Stellvertretendes Aufsichtsratsmitglied fungierte.[246] Bis 1935 wurden die Presseunternehmen, 1937 die Ufa und dann 1944 der Scherl-Verlag an NS-Verlage oder Goebbels' Reichspropagandaministerium verkauft.

246 Siehe Tagebucheinträge Joseph Goebbels 7.5.1933, 14.5.1933, 21.5.1933 und 27.5.1933, in Fröhlich: Die Tagebücher von Joseph Goebbels, Teil 1, Bd. 2/III, S. 181, 186, 190 und 194 sowie Deutsche Zeitung 1.6.1933.

12 Im Nationalsozialismus 1933/39

12.1 Marginalisierungen, Rückzüge und Deutungskämpfe

Die Krise des Alldeutschen Verbandes in den hochgradig personalisierten Machtkämpfen 1932/33 zeigte sich im Bedeutungsverlust der alldeutschen Akteure in diesen Verhandlungsszenarien. Fehlende konkrete Handlungsstrategien im Umgang mit Hitlers NSDAP sowie die nicht funktionierenden Zähmungstaktiken führten zu einer dauerhaften Machtverschiebung hin zu den Nationalsozialisten sowie zur immer größeren Relevanz eines Entscheidungstriumvirats Adolf Hitler, Paul von Hindenburg und Franz von Papen. Alfred Hugenberg wurde in den Verhandlungen um eine Kabinettsbildung letztlich an die Wand gespielt und hatte vor allem für Hitler zwei praktische Funktionen: Die Anhängermilieus der konservativen Rechten der verbliebenen Deutschnationalen zur Unterstützung einer unter Hitlers Führung geeinten „nationalen Opposition" einzubringen und dieser politischen Sammlung die Honoratiorenhaftigkeit zu verleihen, die auch die bürgerlichen Bewunderer der „alten" Rechten sowie die monarchistischen Anhänger des Kaiserreichs mit dem „Dritten Reich" versöhnen könnte.

Claß' Sprachlosigkeit zu Beginn der Hitler-Regierung ist sicherlich nicht nur der vergleichsweise schlechten Quellenlage sowie seiner Abwesenheit von Berlin geschuldet. Folgt man seinen späteren Ausführungen zur Regierungspolitik Hitlers, ist ein ernsthaftes Staunen sowohl über das Tempo wie über den umfassenden Zugriff auf nahezu alle Bereiche des politischen, sozialen und gesellschaftlichen Lebens herauszulesen.[1] Erste ausführliche Äußerungen Claß' sind erst für Mitte April überliefert.[2] Bis dahin hatte er Zeit, die neue Regierung zu beobachten. Er selbst hatte einen Eintritt Hugenbergs in ein Hitler-Kabinett für unmöglich gehalten und sich zudem eigentlich Mitte Oktober 1932 öffentlich von Hitler distanziert. Insofern entsprach die Regierungsbildung nicht seiner Wunschkonstellation.

Jedoch gab es für einen Umbau der Republik hin zur Diktatur auf verfassungsmäßigem Weg keine Alternative zur Bildung einer Regierungskoalition. Für einen Reichskanzler Hugenberg gab es keine Mehrheiten, daher hatte auch Claß keine politischen Möglichkeiten zur Verfügung, die Aufstellung eines Diktaturkabinetts ohne Hitler zu unterstützen. Der elitäre Weg einer Diktaturregierung bildungsbürgerlicher Experten war durch die Berufung Hitlers zum Reichskanzler im Grunde gescheitert. Diese Ambivalenz, einerseits ein autoritäres Rechtskabinett als Mittel für die Zerstörung der Republik zur Verfügung zu haben, aber andererseits selbst dem Anspruch der NS-Bewegung nach Macht und Zuspruch der „Massen" zu unterliegen, ließ sich aus Sicht der Alldeutschen nur pragmatisch durch Mitregieren auflösen. Der Ärger über die Degra-

1 Siehe u. a. Claß: Deutsche Geschichte von Einhart (19. Aufl. 1941), S. 505–514.

2 Claß: Deutsche Ostern, in Deutsche Zeitung 16.4.1933 und Alldeutsche Blätter 22.4.1933.

https://doi.org/10.1515/-014

dierung auf die Statistenrolle und die Reduzierung der eigenen Bedeutung auf politische Symbolik aber blieben bestehen.

Nicht nur die Regierungsbildung durchkreuzte ursprüngliche Planungen vom Anfang des Jahres, bereits seit Längerem bestehende Überlegungen für eine Jubiläumsfeier zu Claß' 25-jährigem Verbandsvorsitz in die Tat umzusetzen, die im Februar stattfinden und sich an den 65. Geburtstag anschließen sollte. Die Hauptleitung teilte bereits Ende Januar mit, dass die Feier „an der Erkrankung des Herrn Justizrats gescheitert" sei, der immer noch auf Erholung zur Kur war.[3] Bis zum 20. Februar ließ sich Claß durch Gertzlaff von Hertzberg-Lottin vertreten.[4] Am 9. Februar erschien in den *Alldeutschen Blättern* ein Artikel mit dem Titel „Unserm Führer", in dem Hertzberg-Lottin Claß als „Schöpfer der nationalen Opposition" pries, der seit seiner Plauener Rede 1903 „in stiller, zäher Arbeit unter Zurückstellung seiner Person in einer Selbstverleugnung ohnegleichen Waffen geschmiedet und Pläne entworfen" habe.[5] Auch die *Deutsche Zeitung* widmete Claß einen großen Leitartikel zum 25-jährigen Jubiläum der Übernahme durch die Neudeutsche Verlags- und Treuhandgesellschaft.[6] Die Feier sollte eigentlich am 12. Februar stattfinden, um sie mit dem 25-jährigen Jubiläum von Claß' Übernahme des Verbandsvorsitzes zusammenzulegen.

Claß vermied zunächst ausgedehnte Reisen und große Versammlungen. Er ließ sich Zeit mit dem Dankestelegramm für die Zuschriften und entschuldigte sich am 17. Februar, dass er „hier in meiner gesuchten Abgeschlossenheit" nicht allen persönlich antworten könne, „zumal da ich mich von der Arbeit noch fernhalten soll".[7] Nachdem er am 23. Februar wieder in Berlin eingetroffen war, konnte die Verbandsführung die wochenlangen Vorbereitungen zur Feier seines Geburtstags abschließen.[8] Der Verband feierte in einer Festveranstaltung am 26. Februar im Hotel Prinz Albrecht das Jubiläum und ernannte Claß nach Bismarck, Ernst Hasse und Carl Peters bei dieser Gelegenheit zum vierten Ehrenmitglied.[9] Der Vorschlag dazu ging sehr kurzfristig Anfang Januar von Heinrich Calmbach in Cannstatt aus.[10] Zahlreiche Gratulanten fanden sich morgens bei Claß ein, darunter auch Reinhold Quaatz, der jedoch festhielt, Claß mache noch „einen sehr müden Eindruck".[11] Die Verlobung seines Sohnes Wilhelm, „an dem er sehr hängt", so Quaatz, hatte kurz zuvor in München stattgefunden. Nach seiner Kur besuche Claß gerade eine Feier nach der anderen.[12]

3 Alldeutsche Blätter 28.1.1933.

4 Ebd. 14.1.1933.

5 Ebd. 9.2.1933.

6 Deutsche Zeitung 9.2.1933.

7 Ebd. 18.2.1933.

8 Siehe auch Gertzlaff von Hertzberg-Lottin an Heinrich Calmbach, 10.1.1933, in BA-Berlin, R 8048, Bd. 331, Bl. 7 und Rundschreiben der Hauptleitung an die Ortsgruppen des Alldeutschen Verbandes, 17.1.1933, in ebd., Bl. 9.

9 Berliner Illustrierte Nachtausgabe 28.2.1933.

10 Heinrich Calmbach an Gertzlaff von Hertzberg-Lottin, 5.1.1933, in BA-Berlin, R 8048, Bd. 331, Bl. 6.

11 Tagebucheintrag Reinhold Quaatz 28.2.1933, in BA-Koblenz, N 1247, Bd. 17, o. Bl.

12 Ebd.

Die Berliner Festveranstaltung fand unter völlig anderen politischen Vorzeichen statt als noch im Januar von der Geschäftsstelle geplant. Auch die Liste der Gratulanten verschob sich angesichts der neuen politischen Bedingungen. Hertzberg-Lottin versuchte nun Magnus von Levetzow dafür zu gewinnen, Hitler zu einer persönlichen Festrede auf Claß zu überreden. Damit wäre der neue Reichskanzler aufgefordert worden, Claß und dessen Selbstbild als Führer der Avantgarde der radikalen Rechten zwischen Kaiserreich und Nationalsozialismus die Ehre zu erweisen. Hertzberg-Lottin wollte sich aber zusätzlich beim Kaiser im Exil absichern. Er ging auch auf Wilhelm von Dommes zu, der wiederum Wilhelm II. zu einem Grußwort an Claß als „Vater der Nationalen Opposition" auffordern sollte.[13] Während Wilhelm II. ein „Kaisertelegramm" zum Jubiläum von Claß' Übernahme des Verbandsvorsitzes vor 25 Jahren abschickte,[14] das in den *Alldeutschen Blättern* als Aufmacher abgedruckt wurde, hatte Hitler kein Interesse daran, Claß persönlich zu gratulieren. Statt seiner sagte zunächst Wilhelm Frick zu, Claß an seinem Geburtstag um 10 Uhr in seiner Wohnung in der Kurfürstenstraße kurz zu beglückwünschen. Aber auch Frick ließ Claß wissen, dass er keine Zeit habe, wie gewünscht im Anschluss noch der festlich ausgerichteten Vorstandssitzung des Alldeutschen Verbandes beizuwohnen.[15] Zudem sei er nicht in der Funktion, während einer ganzen Sitzung präsent zu sein. Den vorgeschlagenen Besuchstermin Fricks musste wiederum die Geschäftsstelle absagen, da Claß sonst seine eigene Festsitzung verpasst hätte.[16] Frick suchte Claß letztlich einen Tag vor der alldeutschen Festsitzung zu einem noch früheren morgendlichen Termin auf. Die *Alldeutschen Blätter* kommentierten, Frick habe durch seinen Besuch bekundet, „daß auch die größte nationale Partei sich der Bedeutung seiner Lebensarbeit dankbar bewußt" sei.[17]

Die Auseinandersetzungen um die politische Urheberschaft von Diktatur und völkischem „Rassenstaat" konnten die Nationalsozialisten im Wettlauf um die Geschichte nur verlieren. Die Alldeutschen waren sich ihrer geistigen Führungsrolle der ehemaligen „nationalen Opposition" sehr bewusst und nutzten ihre Vordenkerschaft zu der Klarstellung, dass sie im neuen NS-Staat auch weiterhin eine anerkannte Position beanspruchten. Zugleich machten sie deutlich, dass Hitler nicht die endgültige Antwort auf die Frage nach der eigentlichen Führerschaft des Volkes sei. Um das ständische Gesellschaftskonzept weiterhin einzufordern, war der Rückgriff auf die Monarchie nun das Mittel, um die Grenzen der NS-Bewegung aufzuzeigen. In der Jubiläumsausgabe der *Alldeutschen Blätter* schrieb Hertzberg-Lottin daher zu „Unserm Führer", dass Claß „unstreitig der Schöpfer der nationalen Opposition" sei, ohne den als „Vorkämpfer der Diktatur das Geschehen von heute nicht zu denken" sei. Alles, „was jetzt wird", beruhe auf der „schöpferischen Arbeit des Meisters des völkischen Staatsgedankens", dessen

13 Gertzlaff von Hertzberg-Lottin an Magnus von Levetzow, 4.2.1933, in BA-Berlin, R 8048, Bd. 331, Bl. 12 und Ders. an Wilhelm von Dommes, 8.2.1933, in ebd., Bl. 13.

14 Alldeutsche Blätter 25.2.1933.

15 Wilhelm Frick an Gertzlaff von Hertzberg-Lottin, 15.2.1933, in BA-Berlin, R 8048, Bd. 331, Bl. 23.

16 Gertzlaff von Hertzberg-Lottin an Wilhelm Frick, 17.2.1933, in ebd., Bl. 25.

17 So die Alldeutschen Blätter vom 11.3.1933.

„Lebenswerk“ mit dem „völkischen Kaiserreich unter den Hohenzollern“ noch zu „krönen“ sei.[18]

Der Kaiser konnte von solchen symbolischen Umgarnungen nur geschmeichelt sein, da er selbst den Anspruch auf die Wiedererrichtung der Hohenzollern-Monarchie nie aufgegeben hatte und seit Jahren engste Verbindungen in die monarchistischen Kreise der DNVP hinein unterhielt. Er nutzte daher, wie die Jahre zuvor, die ihm zuvor angetragene Gelegenheit für ein Glückwunschtelegramm, das Dommes auf der Festsitzung verlas, in dem er den Verbandsvorsitzenden „dankbar Ihrer unermüdlichen weitschauenden nationalen Arbeit“ pries.[19]

Hugenberg kam nicht persönlich vorbei, wobei das weniger damit zu tun hatte, dass er seine Freunde nicht leiden konnte, wie es Axel Freiherr von Freytagh-Loringhoven formulierte, sondern dass er wohl noch an einer Darm-Grippe litt.[20] Seine geplante Rede für den Aufmarschtag der „Kampffront Schwarz-Weiß-Rot“ in Kassel musste er von seinem Berliner Arbeitszimmer aus über den Rundfunk übertragen lassen. Paul Bang verlas die telegraphischen Wünsche seines Ministers an Claß für ein „völkisches Großdeutsches Reich der Zukunft, unter den schwarzweißroten Fahnen der ruhmreichen Vergangenheit“.[21]

Hertzberg-Lottin stellte in seiner Rede die historische Vorläuferschaft des Alldeutschen Verbandes unter Claß’ Führung ausführlich in den Vordergrund. Der 30. Januar 1933 könne aufgrund der langen Geschichte des Verbandes daher auch nicht als „Zeitenwende“ beschworen werden. Das sei vielmehr der „Umsturz“ von 1918 gewesen, der für die Alldeutschen den Beginn der eigentlichen Zeitenwende dargestellt habe.[22] Für seine „historischen“ Leistungen von der Plauener Rede 1903 über die Verbandsübernahme 1908, die Gründung des Wehrvereins 1911, das „Kaiserbuch“ 1912, die Kriegszieldenkschrift 1914, die Bamberger Erklärung und die Gründung des DvSTB 1919, die Beteiligung an der Anti-Young-Plan-Kampagne 1929 bis hin zur Harzburger Tagung 1931 verlieh er Claß die Ehrenmitgliedschaft. Damit wurde Claß endgültig zur Ikone der Alldeutschen, aber auch gleichzeitig zur lebenden Reliquie des Verbandes. Die vom Verband herausgegebene Geschenkmedaille mit Claß auf der einen und dem Motiv Ritter, Tod und Teufel auf der anderen Seite machte den Verbandsvorsitzenden dann zur mythischen Verkörperung der Spannung zwischen Heldentum und Untergang.[23]

Auf der Festveranstaltung sprachen auch Rüdiger Graf von der Goltz für die VVVD, Dommes als Vertreter des Hauses Hohenzollern, Julius Neukirch für den Alldeutschen Verband in Österreich, Major Siegfried Wagner für den Stahlhelm sowie Vertreter des

18 Siehe ebd., 9.2.1933.

19 Telegramm Wilhelm II. an Claß, 15.2.1933, in BA-Berlin, R 8048, Bd. 331, Bl. 31 und in Alldeutsche Blätter 25.2.1933.

20 Siehe Tagebucheinträge Reinhold Quaatz 23.2.1933 und 28.2.1933, in BA-Koblenz, N 1247, Bd. 17, o. Bl.

21 Alfred Hugenberg an Claß, 26.2.1933, in Deutsche Zeitung 27.2.1933 und Alldeutsche Blätter 11.3.1933.

22 Rede Gertzlaff von Hertzberg-Lottin, 26.2.1933, in BA-Berlin, R 8048, Bd. 331, Bl. 32–37.

23 Die Medaille wurde vor allem als Auszeichnung von „besonders verdienten Mitglieder“ in den Ortsgruppen beworben. Siehe Alldeutsche Blätter 30.11.1935.

Nationalverbandes Deutscher Offiziere, der Gesellschaft Deutscher Staat, des Bundes für Nationalwirtschaft, der *Deutschen Zeitung*, der Geschäftsstelle und des Gesamtvorstandes des Alldeutschen Verbandes sowie aus Österreich Abgeordnete des Sudetendeutschen Heimatbundes, des Alldeutschen Turnvereins und des Deutschen Turnerbundes 1919.[24]

Dass Claß mit 65 in die Jahre gekommen war, blieb den anwesenden Honoratioren der Rechten dabei nicht verborgen. Goltz gab die psychosomatischen Gebrechlichkeiten eines sich beständig aufopfernden Claß zu bedenken, die zum Ressourcenverschleiß geführt hatten: „Herr Justizrat, Sie haben in den langen Nächten des Denkens und Sorgens um unser deutsches Volk das Schlafen verlernt. Wir wünschen Ihnen, daß Sie wieder Nächte des Schlafens erhalten, damit ihnen Tage des Denkens und Arbeitens für dieses Volk und des Ratgebens für die übrige vaterländische Bewegung folgen."[25]

Claß bedankte sich in gewohnt jovialem Ton und mit geschmeidigen Redewendungen, die seine Beliebtheit so lange getragen hatten, nachdem er sich anfänglich mit seiner Einforderung einer klaren Verbandshierarchie durchgesetzt hatte. Er konnte aber nicht umhin, seine politischen Warnungen an bestimmten Eckpunkten seiner sehr frühen Verbandsarbeit herauszustellen. Bereits 1902 habe er gegen den Verbandsvorstand den Empfang der Burengenerale durchgesetzt und dann 1903 die „Bilanz des neuen Kurses" ausgearbeitet. Da hätten „fast allen die Haare zu Berge" gestanden.[26] Kurz darauf sei dann seine „Autorität nicht mehr zu erschüttern gewesen".[27]

Der Grundton war deutlich und sollte in den neuen Staat weisen: Claß hatte sich in seinem Leben nie etwas vorschreiben lassen und gegen alle Widerstände in der Verbandsleitung entscheidende Radikalisierungsschübe durchgesetzt. Mit Abreisen von Verhandlungen oder Rücktritt vom Vorsitz habe er öfters gedroht, um seinen Willen durchzusetzen. Er verwies auf seine lange Dienstzeit und die Notwendigkeit, im Verband weiterhin „eine nun einmal geschichtlich unter schweren Umständen geschaffene politische, sittliche, kulturelle Überlieferung aufrecht zu erhalten".[28] Damit meinte Claß den Anspruch des Alldeutschen Verbandes, den er weiterhin als „politischen Generalstab" von „zuverlässigen Gesinnungsgenossen" verstand, die nicht den „Gefahren" der „Demokratisierung, ja Ochlokratisierung" ausgesetzt sein dürften. Den Verband wollte er auch in Zukunft nicht zu einer Partei umgewandelt sehen. Vielmehr sei er in ihm immer noch ein Rekrutierungsreservoir für den zukünftigen „geistigen Generalstab" einer Diktaturregierung.[29]

---

24 Festprotokoll vom 26.2.1933, in BA-Berlin, R 8048, Bd. 331, Bl. 27–29.

25 Rede Rüdiger Graf von der Goltz, 26.2.1933, in ebd., Bl. 39–41. Zitat ebd., Bl. 41.

26 Rede Claß (Manuskript mit handschriftlichen Änderungen), 26.2.1933, in ebd., Bl. 49–60. Zitat ebd., Bl. 57.

27 Ebd., Bl. 58.

28 Ebd., Bl. 49–60. Zitat ebd., Bl. 50.

29 Ebd., Bl. 52 und 53. Beim anschließenden Festessen nahmen „mehrere Hundert" Gäste teil. Paul Bang verlas ein Grußtelegramm von Alfred Hugenberg. Bertha Schemann sprach abschließend für die Frauen des Alldeutschen Verbandes. Siehe Festprotokoll vom 26.2.1933, in BA-Berlin, R 8048, Bd. 331, Bl. 29. Siehe

Hertzberg-Lottin durfte am Sonnabendnachmittag des 11. Februar vorab im Rundfunk eine Festrede auf Claß halten, die dessen politische Stationen als „Schöpfer und Wegbereiter der nationalen Opposition“ der Öffentlichkeit mitteilte.[30] Der „Tag der Erfüllung“ nahe nun. Man stehe im „Endkampf“ und Claß sei hier erneut „Wegbereiter“ und „Vorkämpfer“ gewesen.[31] Paul Dehn, einstiges Mitglied im Gesamtvorstand und Vorstandsmitglied der Hamburger Ortsgruppe, feierte Claß in Theodor Fritschs *Hammer* als einen „Bahnbrecher des nationalen Gedankens“.[32]

Abb: 35: Heinrich Claß bei der Ehrung zu seinem 65. Geburtstag auf der Festsitzung des Gesamtvorstandes des Alldeutschen Verbandes im Hotel „Prinz Albrecht“ in Berlin am 26. Februar 1933. Gertzlaff von Hertzberg-Lottin hält die Festrede mit anschließender Verleihung der Ehrenmitgliedschaft an Claß.

Wenige Tage nach der Feier suchte Claß das „dringende“ Gespräch mit Quaatz, um die Vorgänge am 30. Januar nachvollziehen zu können, denn als er von der Regierungsbildung in Schwarzeck „gehört habe, habe er sich geschämt“.[33] Gemeint war damit nicht die Regierungsbildung selbst, sondern die Reichskanzlerschaft Hitlers und die untergeordnete Ministerrolle Hugenbergs. Otto Meesmann, Sohn des Syndikus Paul Mees-

zum Telegramm Hugenbergs auch Der Tag 27.2.1933. Prinz Oskar von Preußen ließ durch Wilhelm von Dommes auf der Veranstaltung ebenfalls einen Gruß übermitteln, der an dem Tag an einer Stahlhelm-Veranstaltung teilnahm. Siehe Telegraphen-Union/Nachm.-Dienst, Nr. 222, 27.2.1933, in BA-Berlin, R 8048, Bd. 332, Bl. 73 und Alldeutsche Blätter 11.3.1933.

30 Siehe Deutsche Zeitung 12.2.1933.

31 Ebd.

32 Dehn: Ein Bahnbrecher und Deutsche Zeitung 9.2.1933. Siehe zu Dehn auch Hering: Konstruierte Nation, S. 307.

33 Tagebucheintrag Reinhold Quaatz 7.3.1933, in BA-Koblenz, N 1247, Bd. 17, o. Bl.

mann, eines Vertrauten Claß' aus Mainz, berichtete Alfred Kruck 1951 wiederum das Gegenteil: Claß sei „nicht über den Schritt Hugenbergs bestürzt" gewesen, „sondern darüber, dass es überhaupt zu dieser Regierungsbildung gekommen ist".[34] Claß schrieb letztlich in seinen Erinnerungen, dass er von den letzten Verhandlungen zur Regierungsbildung keine Kenntnis gehabt und Hugenberg dringend vor einem Eintritt in dieses Kabinett gewarnt habe.[35] Inwieweit er über die genauen Vorgänge informiert war, bleibt offen. Fabian von Schlabrendorff erinnerte sich später ebenso, dass Claß Hugenberg vor einem Eintritt in ein Hitler-Kabinett gewarnt habe, Hugenberg aber letztlich auf seinem Standpunkt beharrt habe.[36] Es sei für Hugenbergs Entscheidung auch entscheidend gewesen, dass es im Vorfeld der Kabinettsbildung Gerüchte über Kurt von Schleichers Pläne gegeben habe, Hindenburg und seinen Sohn Oskar verhaften zu lassen.[37] Als Quaatz dieses Argument Hugenbergs bei Claß vorbrachte, erklärte Claß entschieden, dass Hitler Hugenberg betrogen und die Geschichte frei erfunden habe.[38] Über diese Vorgänge wollte sich Claß nun in Ruhe aussprechen. Dafür hatte er sich für den 8. oder 9. März mit Hugenberg verabredet. Ob es zu dieser Aussprache kam, bleibt unklar.

Mitte April äußerte sich Claß ausführlicher zur neuen Regierung und griff seinen Plan für die Veröffentlichung des zweiten Teils des „Sofortprogramms" im Januar 1933 noch einmal auf. Er erkannte die erfolgreiche Propagandatätigkeit Hitlers für die Mobilisierung der Massen seiner Anhänger an, hinter der die Deutschnationalen unter Hugenberg zurückgeblieben waren, da sie der „draufgängerischen Rücksichtslosigkeit" der NSDAP nicht viel entgegenzusetzen hätten.[39] Immerhin sei Hugenberg mit „seiner zahlenmäßig wesentlich schwächeren Gefolgschaft" und „staatsmännischen Persönlichkeit" für Hitler „unentbehrlich". Die Diktatur, für die die Alldeutschen gekämpft hätten, sei nun erreicht, jedoch sei dies erst der Anfang eines längeren Reichsumbaus. Es hänge vom „Geist" der Regierung ab, ob sie den weiteren Ausbau erreichen könne. Die Alldeutschen hätten sich die Etablierung der Diktatur anders vorgestellt, nämlich als

---

34 Otto Meesmann an Alfred Kruck, 27.3.1951, in BA-Koblenz, N 1231, Bd. 173, Bl. 357.

35 Siehe Hofmeister (Hrsg.): Heinrich Claß. Politische Erinnerungen, Kapitel 9 (Anhang von 1936).

36 Schlabrendorff: Offiziere gegen Hitler, S. 22.

37 Siehe Turner: Thirty Days, S. 148–152 und Plehwe: Reichskanzler Kurt von Schleicher, S. 317–319. Kurt von Schleicher sah sich in der Berufung Werner von Blombergs durch Hindenburg in seinem verfassungsmäßigen Recht, Ministerberufungen als Reichskanzler vorzuschlagen, verletzt. Schleicher, der auch am 29. Januar noch davon ausging, dass Franz von Papen anstatt Adolf Hitler berufen und somit Schleicher auch als Reichswehrminister abgesetzt werde, verständigte sich mit Generälen im Reichswehrministerium, wie man auf die Entwicklungen reagieren sollte. Unklare Nachrichten nach Gesprächen mit Hitler, Joseph Goebbels und Hermann Göring über den Stand der Verhandlungen provozierten Werner von Alvensleben zu Bemerkungen, die Reichswehr stehe bereit und die Potsdamer Garnison in Alarmbereitschaft, falls es zu einer Kabinettsbildung komme, die nicht den Wünschen der Reichswehr entspräche. Siehe Tagebucheintrag Joseph Goebbels 30.1.1933, in Fröhlich: Die Tagebücher von Joseph Goebbels, Teil 1, Bd. 2/III, S. 119. Hitler alarmierte daraufhin die Berliner SA und Göring informierte in der Nacht noch Otto Meißner und Papen über mögliche Putschabsichten der Reichswehr, die auch eine Kanzlerschaft Hitlers vereiteln könnten. Vogelsang: Reichswehr, Staat und NSDAP, S. 393–396.

38 Ebd.

39 Claß: Deutsche Ostern, in Deutsche Zeitung 16.4.1933 und Alldeutsche Blätter 22.4.1933.

„Einführung von oben, gestützt auf die überkommenen Machtmittel des Staates". Er meinte die zivil-militärische Diktatur mit dem verfassungsmäßigen Recht des Reichspräsidenten, den Reichskanzler zu ernennen.

Hitler sei nun den gegenteiligen „Weg über die äußerste Demokratie gegangen", während die Alldeutschen Politik immer als ein „aristokratisches Geschäft" verstanden hätten, so Claß. Er hoffe, dass Hitler die Diktatur fest im Griff habe. Die Ausgrenzung von Juden aus dem „geistigen und kulturellen Leben" sei genauso notwendig wie die Unterdrückung von „Marxisten und Kommunisten". Dem Reichspropagandaministerium begegnete Claß mit Interesse, hielt hingegen den Anspruch, „alle Deutschen für dieselbe politische Einstellung zu gewinnen", letztlich für „undurchführbar". Zudem sei die Gleichschaltung des politischen Denkens und Handelns gefährlich, wenn dies in die Errichtung eines „Polizeistaates" führe, um die „Freiheit der Anschauungen" zu beschränken. Der Individualismus des Einzelnen müsse ebenso bestehen bleiben wie bürokratischer Zentralismus abzulehnen sei. Beim Aufbau des völkischen Staates wollten die Alldeutschen aber „getreue Helfer der nationalen Regierung sein".[40]

Der von der Regierung angegangene umfassende Staatsumbau übertraf bei weitem die Diktaturplanungen und „Sofortmaßnahmen" Claß'. Insofern folgte das Regime nicht nur mit einer Welle von Notverordnungen, Bestimmungen und Gesetzen im Grundsatz den Plänen für den Staatsnotstand, wie sie auch die Alldeutschen umgesetzt hätten. Die Sorge war aber, dass es zur weiteren Verdrängung der „bürgerlichen Rechten" im Staat kommen würde, die sich angesichts der gegenwärtigen „Konjunktur" zur radikalen Umgestaltung zunehmend von den Deutschnationalen weg und hin zur NSDAP orientieren würden. Auch Rudolf Smend beklagte im März 1933 Claß gegenüber ähnliche Tendenzen für die gegenwärtige Hochschulpolitik, die durch eine „völlige Preisgabe des Kulturressorts an die Nationalsozialisten" gekennzeichnet sei. Es zeichne sich „die drohende Besetzung der wichtigsten Stellen in der Hochschulverwaltung mit Studienräten und Vertretern der radikalen Studentenbewegung statt mit ernst zu nehmenden Gelehrten oder doch wirklichen Kennern der Hochschule" ab.[41]

Die umgehend erlassene Serie von Regierungsverfügungen beeindruckte unzweifelhaft die Alldeutschen. Die verschiedenen Notverordnungen, die Reichstagsbrandverordnung, das Ermächtigungsgesetz, das Gesetz über die Verhängung und den Vollzug der Todesstrafe, das Gesetz zur Abwehr politischer Gewalttaten, die Selbstausschaltung des Reichsrats, die Gleichschaltung des Reichstags durch die Auflösung der Parteien und die Verfolgung politischer Gegner sowie die Gesetze zur Gleichschaltung der Länder verknüpften sich mit machtvoller Dynamik zu einer Legislative der Diktatur, die über die Aufhebung von Grundrechten, die Verschärfung der Todesstrafe sowie der polizeilichen und richterlichen Machtbefugnisse bis hin zur Absetzung von Beamten in

40 Ebd.
41 Rudolf Smend an Claß, 15.3.1933, in Sammlung Schellhorn – Alfred Hugenberg (Rohbraken).

Reich und Ländern die Forderungen in Claß' „Kaiserbuch" von 1912 zwanzig Jahre später in den Schatten stellten.[42]

Im Alldeutschen Verband war man mit dieser Welle an Diktaturgesetzen weitestgehend einverstanden.[43] Der alldeutsche Entwurf der „Notverfassung" vom Sommer 1923 war im Grunde ein Vorgriff auf die Aufhebung von Pressefreiheit, Versammlungsfreiheit, Vereinsrecht und Streikrecht sowie die später erfolgte Beschlagnahmung jüdischen Vermögens und die Segregation von Juden.[44] Das „Sofortprogramm" vom Dezember 1932 erweiterte diese Planungen für einen Diktaturstaat und deckte sich in vielen Punkten mit den Gesetzen und Maßnahmen der Hitler-Regierung. Zum Ermächtigungsgesetz vom 23. März, dem auch die Deutschnationalen zugestimmt hatten und das die Regierung ermächtigte, ohne Zustimmung durch Reichstag und Reichsrat sowie ohne Gegenzeichnung durch den Reichspräsidenten Gesetze zu erlassen, hieß es in der *Deutschen Zeitung*, es wehe jetzt ein „frischer Wind durch die deutschen Lande", und angesichts der „Zielklarheit und Straffheit, vor allem aber der Entschlussfreudigkeit" der Maßnahmen sei man an Claß' „Kaiserbuch" erinnert, das vergleichbare Forderungen gestellt habe, die nun „beherzigt" würden. Die Zeiten des „Kuhhandels" seien vorbei.[45]

Als Anfang Februar die Regierungsgewalt in Preußen auf die Kommissare übergegangen und Otto Braun somit die „Dienstausübung" untersagt worden war, schien der ungeklärte Dualismus zwischen Preußen und dem Reich endgültig beendet zu sein.[46] Die Klage Brauns beim Staatsgerichtshof in Leipzig wurde in ihrer Entscheidung immer weiter hinausgezögert, bis Braun und Carl Severing ihre Klage im März zurückzogen und Braun bereits einige Tage zuvor in die Schweiz ins Exil gegangen war.[47] Die Wahlen zum Preußischen Landtag und die Kommunalwahlen bestätigten im März für die Alldeutschen die Ergebnisse der Reichstagswahl. Für die Alldeutschen war die Gleichschaltung Preußens und des Reichs „überall reibungslos" verlaufen, was durch die Abhaltung der Gemeindewahlen nur unterstrichen worden sei.[48] Mit dem Zweiten Ausführungsgesetz zur Gleichschaltung der Länder vom 7. April wurden auf Vorschlag des Reichskanzlers durch den Reichspräsidenten elf Statthalter eingesetzt, die die Landesregierung ernannten und entließen. Hitler übernahm die Statthalterschaft für Preußen, die Göring in der Praxis ausführte. Für Alexander Graf von Brockdorff vom

42 Zum Zusammenhang von Kaiserbuch und Regierungspolitik siehe auch Alldeutsche Blätter 1.7.1933.

43 Siehe die Lageberichte des Alldeutschen Verbandes von 1933 und die Berichte in der Deutschen Zeitung sowie auch Claß: Deutsche Geschichte von Einhart (19. Aufl. 1941), S. 505–509.

44 Siehe Handbuch des Alldeutschen Verbandes, 16. Aufl., S. 71–72 und Kuller: Bürokratie und Verbrechen, S. 307–309.

45 Deutsche Zeitung 16.3.1933.

46 Franz von Papen an Otto Braun, 10.2.1933, in GStA PK VI. HA, NL Braun, Bd. 588/I, o. Bl. und Paul von Hindenburg: Verordnung zur Herstellung geordneter Regierungsverhältnisse in Preußen, 6.2.1933, in ebd.

47 Deutsche Zeitung 15.3.1933.

48 Alldeutsche Blätter 25.3.1933.

Alldeutschen Verband war damit „der Sache nach eine vollständige Diktatur der Reichsregierung in allen Länderfragen geschaffen".[49]

Dies hatte auch Rückwirkungen auf die Deutschnationalen. Am 10. April wurde Hermann Göring, der unter anderem als Minister ohne Geschäftsbereich und Reichskommissar für das preußische Innenministerium in das Kabinett eingetreten war, zum preußischen Ministerpräsidenten gewählt, nachdem Franz von Papen als kommissarischer Ministerpräsident zurückgetreten war. Die Ernennung Görings führte durch die Heranziehung wirtschaftspolitischer Kompetenzen zur weiteren Schwächung von Hugenbergs Position. Denn Göring sicherte vor allem die Macht der Nationalsozialisten in Preußen. Mit der Entlassung von Tausenden Beamten kam es aber immerhin zu einem umfassenden „Personalschub", der nach einem Verteilungsschlüssel mit Nationalsozialisten und Deutschnationalen besetzt werden sollte, wie die *Deutsche Zeitung* schrieb.[50]

Der antisemitische Boykott gegen jüdische Geschäfte, Ärzte und Rechtsanwälte am 1. April entsprach ebenfalls langjährigen Forderungen des Alldeutschen Verbandes nach einer antisemitischen Ausgrenzung von Juden und deren staatsbürgerlicher Entrechtung. Entsprechend fiel die alldeutsche Berichterstattung aus. Die Einberufung der Boykottausschüsse, die „Abwehrmaßnahmen jüdischer Greuelpropaganda" gegenüber der deutschen Regierung „bis ins kleinste Dorf hinein!" sei notwendig gewesen.[51] Man sah in der *Deutschen Zeitung* im Vorfeld des Boykotts noch „alles im Rahmen der Gesetzmäßigkeiten", lobte den „disziplinierten Ablauf" im ganzen Lande und deutete gleichzeitig eine dynamische Radikalisierung der weiteren antisemitischen Politik des Regimes an, denn die „Lösung der Judenfrage wird sich aus der nationalen Bewegung ergeben".[52] Über die Gewalttaten und die angezündeten Synagogen erfuhr der bürgerliche Leser hingegen nichts. Die Ordnung sei „nirgends gestört" worden.[53]

Brockdorff hatte noch kurz zuvor beschwichtigend bemerkt, die „nationale Revolution" habe sich „erfreulich ruhig vollzogen", mit „kleinen Unruhen, Dummheiten und Ausschreitungen Einzelner", ohne dass Geiseln in Kellern „zusammengeschossen", „missliebige Leute" etwa „ertränkt oder auf der Strasse abgeschlachtet", Warenhäuser geplündert worden oder „Häuser linker Leute" möglicherweise „in Flammen" aufgegangen seien.[54] Nach den Exzessen am 1. April interpretierte er dann regierungskonform in einer offiziellen Lagebericht-Darstellung des Alldeutschen Verbandes, der Boykott sei lediglich eine Gegenmaßnahme gegen Boykotte deutscher Waren im Ausland gewesen. Immerhin seien „hier und da Missgriffe und auch Ausschreitungen vorge-

---

49 Alexander Graf Brockdorff (Lagebericht des Alldeutschen Verbandes) 20.4.1933, in BA-Berlin, R 8048, Bd. 552, Bl. 47.

50 Deutsche Zeitung 16.2.1933.

51 Siehe ebd. 28.3.1933, 29.3.1933, 31.3.1933 und 1.4.1933.

52 Ebd. 28.3.1933 und 29.3.1933.

53 Ebd. 1.4.1933.

54 Alexander Graf Brockdorff (Lagebericht des Alldeutschen Verbandes) 29.3.1933, in BA-Berlin, R 8048, Bd. 552, Bl. 42.

kommen; aber doch, gemessen an dem Umfang der Gesamtaktion und an dem revolutionären Zustande Deutschlands, nur in geringem Umfang".[55]

Die Radikalisierung des Staatsnotstandes durch Brandstiftung und Mord wurde heruntergespielt und gerechtfertigt. Auch sei eine „jüdische Greuelpropaganda" zurechtzuweisen, die auf die „mittelalterliche Barbarei" verweise und einen „Pogrom in Permanenz" sowie weitere Judenverfolgung und „unmenschliche Grausamkeit" wie den „Hungertod" vorhersage. Der Boykott sei hingegen nur begrenzt sinnvoll gewesen, um die Deutschen davon zu überzeugen, nicht mehr bei Juden einzukaufen. Da bedürfe es noch einer „langen, geduldigen Erziehungsarbeit, die nachhaltiger wirkt, als eine Tagesaktion", so Brockdorff.[56]

Während die SA den antisemitischen Boykott mit Terror und Gewalt durchsetzte, inszenierte sich das nationale Bürgertum mit gediegenen Feierlichkeiten. Ebenfalls am 1. April fand die jährliche Bismarck-Feier des DNVP-Landesverbandes Berlin zum 118. Geburtstag des Reichsgründers am Fuß des Bismarck-Denkmals auf dem Königsplatz vor dem Reichstag statt. Für die Eingliederung der deutschnationalen und völkischen Organisationen in den neuen Diktaturstaat schien der Anlass genauso geeignet wie für die NS-Organisationen. Auf Bismarck bezogen sich sowohl die Deutschnationalen als auch die Nationalsozialisten. Der Aufmarsch von Hitlerjugend und bündischer Jugend im Lustgarten begleitete die Reden von Joseph Goebbels und Prinz August Wilhelm. SA, Stahlhelm, Bismarckjugend und Abordnungen der Studentenschaft marschierten ebenfalls an der Bismarck-Warte am Müggelsee in Berlin auf.

Der Alldeutsche Verband hielt sich bei diesen Veranstaltungen zurück und feierte in bescheidenerem Rahmen den jährlichen Umzug zum Mausoleum in Friedrichsruh, für den die Hamburger Ortsgruppe seit 1898 gleichsam das Monopol durch die Bismarck-Familie verliehen bekommen hatte.[57] Gottfried Gok, der in diesem Jahr die Ansprache hielt, versuchte den Terror mit dem Reichsgründer zu verbinden, indem er argumentierte, dass einerseits Gewalt „am Platze und allein gerechtfertigt" sei, „solange der Kampf dauert", und andererseits dieser „Kampf" in Kontinuität zu „Bismarcks Erbe" stehe, als dessen „Sachwalter" sich der Alldeutsche Verband weiterhin verstehe.[58]

Die Umsetzung von Claß' antisemitischen Forderungen wurde am 7. April mit dem Gesetz zur Wiederherstellung des Berufsbeamtentums viel schneller realisiert, als Claß sich das vorgestellt hatte, und ging letztlich über sein „Kaiserbuch" und die Kriegszieldenkschrift von 1914 hinaus. Die Radikalisierung der Gewalt wurde begleitet von der Beschleunigung der Entscheidungsprozesse infolge von Reichstagsbrand und Ermächtigungsgesetz. Die Alldeutschen begrüßten die folgende Beschränkung des Zugangs von Juden zum Studium und zu akademischen Berufen genauso wie die „Ausmerzung jüdischer Kräfte aus dem Beamtenkörper".[59]

55 Alexander Graf Brockdorff (Lagebericht des Alldeutschen Verbandes) 20.4.1933, in ebd., Bl. 51.
56 Ebd. Siehe auch Otto Bonhard: Falsche Freunde, in Alldeutsche Blätter 8.4.1933.
57 Siehe Deutsche Zeitung 2.4.1933 und 4.4.1933.
58 Ebd. 4.4.1933.
59 Alldeutsche Blätter 8.4.1933.

Auch Hugenberg begann, antisemitische Maßnahmen in seinen ministeriellen Verantwortungsbereichen nicht nur als bürokratischen Sachzwang umzusetzen. Er war zwar selbst kein ausgewiesener Antisemit, hielt sich aber im Kabinett mit Kritik am Boykott zurück, da er wie Papen „in Judenfragen die Opposition den Fachministern" überlasse, so Johann Ludwig Graf Schwerin von Krosigk.[60] Hugenberg nutzte die antisemitische Propaganda im Zusammenspiel mit der Entlassung von Sozialdemokraten zur Neubesetzung von Verwaltungsratsposten mit Deutschnationalen und Nationalsozialisten in den Geschäftsstellen öffentlicher und halböffentlicher Gesellschaften wie der Deutschen Getreidehandelsgesellschaft, der Getreide-Industrie & -Commissions AG und der Deutschen Bodenkultur AG.[61] Der Funktionswandel des Antisemitismus vom Weltanschauungselement, Vorurteil und politischem Ideologem zum Instrument des „Sachzwangs" für begünstigende Stellenbesetzung und Karrierebeschleunigung eigener Anhänger fand in Hugenbergs ministeriellen Häusern schnell Niederschlag.

Das Tempo, das die Nationalsozialisten bei der Machtsicherung an den Tag legten, verunsicherte die Alldeutschen aber genauso wie die Deutschnationalen, da sie gleichzeitig wichtige politische Forderungen gefährdet sahen. Dies betraf nicht nur die berufsständische Wirtschaftsordnung, die mit dem Rücktritt Hugenbergs und der Entlassung Bangs und Alfred Möllers' bald keine Rolle mehr spielte. Es betraf auch die Selbstverwaltung der Kommunalpolitik und letztlich die Eigenstaatlichkeit Preußens.[62] Daneben führte der forcierte Zugriff auf eine vereinheitlichte evangelische Kirche in Deutschland und die Politik der Deutschen Christen zu Abwehrtendenzen, die vor allem Karl Klingemann in kritischen Aufsätzen zu einer Reichskirche anführte, gegen die er die Vielfältigkeit der Kirche verteidigte.[63] Auch Brockdorff mahnte im Mai 1933 einen überdehnten Begriff von „Gleichschaltung" an. Die Schaffung einer „evangelischen Reichskirche" sei zwar im Interesse der Alldeutschen, jedoch nicht durch ein Diktat des Staates zu erreichen.[64]

Ein Werbeaufruf des Verbandes Ende April mahnte zum Ausbau der „nationalen Einigung" nach innen sowie „nach vollendeter Säuberung" zur Aufrichtung des „völkischen Staates", der „unter Führung des Judentums" weiter bedroht sei.[65] Leopold von Vietinghoff-Scheel schaltete große Anzeigen in den *Alldeutschen Blättern* mit der Empfehlung, seine zuerst 1924 erschienene Schrift „Grundzüge des völkischen Staatsgedankens" sowie Otto Bonhards Pamphlet „Jüdische Geld- und Weltherrschaft" von 1926 kostengünstig zu bestellen, da die Flugschriften „durch die Ereignisse der letzten Wochen" erneut an Bedeutung gewonnen hätten.[66] Bonhard, Schriftleiter der *Alldeutschen*

60 Zitiert in Kuller: Bürokratie und Verbrechen, S. 252.

61 Siehe Deutsche Zeitung 5.4.1933.

62 Siehe ebd. 25.2.1933 und 12.3.1933.

63 Siehe ebd. 14.5.1933 und 4.6.1933.

64 Siehe Alexander Graf Brockdorff (Lagebericht des Alldeutschen Verbandes) 12.5.1933, in BA-Berlin, R 8048, Bd. 552, Bl. 66–67.

65 Alldeutsche Blätter 22.4.1933.

66 Ebd. 8.4.1933. Vietinghoff-Scheel: Grundzüge und Bonhard: Jüdische Geld- und Weltherrschaft.

Blätter, stellte klar, dass es Claß gewesen sei, der die „Judenfrage“ im Alldeutschen Verband durchgesetzt habe, die auf „die kürzeste Formel gebracht“ laute, „das jüdische Blut überhaupt aus dem deutschen Volkskörper im Rahmen des irgend Möglichen wieder auszuscheiden“. Das „Kaiserbuch“ habe dann die wesentlichen Maßnahmen vorgeschlagen, „die auch für den heutigen und künftigen Gesetzgeber Bedeutung haben“.[67]

Nachdem Claß seinen Leitaufsatz „Deutsche Ostern“ Mitte April als erste Stellungnahme zur neuen Regierung veröffentlicht hatte, zog er sich erneut aus der immer enger werdenden politischen Öffentlichkeit zurück. Er besuchte Anfang Mai seine Schwester und seinen Sohn Wilhelm in Garmisch-Partenkirchen, der wohl schwer an Angina erkrankt war, während seine zukünftige Frau Irmgard gerade aus dem Krankenhaus entlassen worden war.[68] Danach wollte Claß gleich weiter zur Kur nach Bad Kissingen, um sich auf dem Verbandstag im September wieder sehen zu lassen. Er setzte sich in diesem Sommer bereits an die ersten Ausarbeitungen für den zweiten Teil seiner 1932 erschienenen Erinnerungen. Im Frühjahr lag das Manuskript, das bis zur ersten Manuskriptfassung 1936 mit einem Anhang zu seinem Verhältnis zu Hitler fast 1.000 großzügig beschriebene Schreibmaschinenseiten umfassen sollte, bereits zu einem Drittel vor.[69] War die Drucklegung des ersten Bandes von „Wider den Strom“ im Sommer 1932 bereits dem Kampf gegen einen zunehmenden Bedeutungsverlust des Alldeutschen Verbandes geschuldet gewesen, so stellte der zweite Teil, der die anschließende Zeit von 1915 bis zur Machtübernahme von 1933 umfassen sollte, nun ein Aufbäumen gegen den Untergang der Alldeutschen im neuen NS-Staat dar. Kurz vor dem Verbandstag klagte Claß, er „habe recht arbeitsreiche Wochen“ hinter sich.[70]

Auf dem Verbandstag in Chemnitz im September 1933 versuchte Claß die abwartende Kommentierung des neuen Staates durch die Beobachtung zu rechtfertigen, das NS-Regime trete in der diktatorischen Praxis als erstaunlich effizient auf. Immerhin habe Hitler die Folgen der „Führerlosigkeit“ nach dem Untergang des Bismarckreiches als Lehre für sein Politikverständnis verstanden.[71] Zudem stehe der Alldeutsche Verband in „innerer Verbundenheit“ mit den entscheidenden Fragen des NS-Staates. Der „völkische Gedanke“ habe sich nach zwölf Jahren endlich durchgesetzt, nachdem die „unvollkommene Diktatur“ Papens und Schleichers durch die „echte und umfassende“ Diktatur ersetzt worden sei.[72] Die Begrenzungen der Papen-Regierung wogen im Nachhinein für Claß doch schwerer als die forcierte Durchsetzung der Diktatur durch die Hitler-Regierung. Die „Gesamtreform“ mit dem Ende des Parteiensystems, der Neubesetzung der Beamtenstellen, der Errichtung von Statthalterschaften im Reich, der

---

67 Alldeutsche Blätter 1.7.1933.

68 Claß an Otto Helmut Hopfen, 5.5.1933, in BA-Berlin, R 8048, Bd. 392, Bl. 326.

69 Siehe dazu Hofmeister: Einleitung. Zur Quelle, in Ders. (Hrsg.): Heinrich Claß. Politische Erinnerungen.

70 Claß an Otto Helmut Hopfen, 31.8.1933, in BA-Berlin, R 8048, Bd. 392, Bl. 340.

71 Claß auf dem Verbandstag des Alldeutschen Verbandes, 3.9.1933, in Alldeutsche Blätter 9.9.1933.

72 Rede Claß auf dem Verbandstag, in Alldeutscher Verband: Reden und Vorträge (3.9.1933), S. 14.

Schaffung eines Staatsrates für Preußen, der Bekämpfung der Arbeitslosigkeit, der Reform des Rechts, der Ausgrenzung der Juden, der NS-Erziehungspolitik an den Schulen sowie der Durchsetzung der „Erbgesundheitslehre" mit dem Sterilisationsgesetz vom 14. Juli zielten allesamt auf alldeutsche Forderungen, so Claß.[73]

Im Februar 1934 zog Claß erneut Bilanz, nachdem er selbst als Wahlvorschlag im November 1933 zusammen mit den Alldeutschen der einstigen DNVP-Fraktion Hugenberg, Bang, Freytagh-Loringhoven, Otto von Feldmann, Gok sowie Papen als „Gast" der NSDAP-Reichstagsfraktion ernannt worden war.[74] Nach einem Jahr Hitler-Regierung und deren „Gesamtarbeit, die sich sehen lassen kann", war Claß äußerst zufrieden.[75] „Der Kampf gegen die Eigenbrötelei der Länder, gegen das Parteiunwesen und den Parlamentarismus wurde mit stärkstem Willen aufgenommen und siegreich durchgeführt." Die Parteien waren abgeschafft, der Parlamentarismus mit der Auflösung des Reichstags beendet, die Einheitlichkeit der politischen Führung in den Ländern durch die Reichsstatthalter gesichert, die „unbeschränkte Diktatur" durch das Ermächtigungsgesetz garantiert, die „bürgerlichen Parteien starben ab und lösten sich auf", KPD und SPD wurden verboten und das Gesetz zur Einheit von Partei und Staat vom 1. Dezember 1933 sei lediglich die Konsequenz aus dem Parteienuntergang.[76] Das Gesetz zum Neuaufbau des Reiches vom 30. Januar 1934 wurde vom Alldeutschen Verband als „Fortschritt" für eine „deutsche Staatsangehörigkeit" begrüßt, da hier der „Schlußstein" gesetzt worden sei, dem sich der Verband seit Jahrzehnten gewidmet habe.[77] Das Gesetz vom Januar 1934 bilde letztlich das „Grundgesetz" des Deutschen Reiches, da es die „Voraussetzungen zum Einheitsreich" mit „starker Reichsgewalt" geschaffen habe, dem auch Preußen als Einzelstaat geopfert werden müsse.[78]

Die Gleichschaltung hatte aber wie schon zuvor mit der Auflösung des DNVP-Parteiapparates im Sommer 1933 Folgen für die Arbeit der Alldeutschen und sie erreichte auch Claß, als die *Deutsche Zeitung* zusammen mit der Neudeutschen Verlags- und Treuhandgesellschaft zum Januar 1935 vom Reichsnährstand-Verlag übernommen wurde, der in die Redaktionsräume in der Hedemannstraße 30 in Berlin einzog.[79] Verlag und Schriftleitung der *Deutschen Zeitung* teilten der Leserschaft Mitte Dezember 1934 die Entscheidung des Aufsichtsrates mit, dass zum Jahresende das Erscheinen eingestellt

73 Ebd. Siehe zum Sterilisationsgesetz Alexander Graf Brockdorff (Lagebericht des Alldeutschen Verbandes), 4.8.1933, in BA-Berlin, R 8048, Bd. 552, Bl. 101–102 sowie zur völkischen Rassepolitik Leopold von Vietinghoff-Scheel auf dem alldeutschen Verbandstag 3.9.1933, in Alldeutsche Blätter 9.9.1933 und Ders.: Rassepflichten, in Alldeutsche Blätter 2.12.1933.

74 Siehe Reichstags-Handbuch IX. Wahlperiode 1933, S. 107–112.

75 Claß: Nach Jahr und Tag, in Alldeutsche Blätter 10.2.1934.

76 Ebd.

77 Otto Bonhard: Reichsangehörigkeit, in Alldeutsche Blätter 24.2.1934. Siehe auch bereits zum Gesetz über den Widerruf von Einbürgerungen und die Aberkennung der deutschen Staatsbürgerschaft Deutsche Zeitung 14.7.1933. Zum Kontext Gosewinkel: Einbürgern und Ausschließen, S. 369–382.

78 Claß auf dem alldeutschen Verbandstag, 6.1.1935, in Alldeutsche Blätter 12.1.1935.

79 Reichsnährstand Verlags-G.m.b.H. an Otto Helmut Hopfen, 17.4.1935, in BA-Berlin, R 8048, Bd. 392, Bl. 362 und Otto Helmut Hopfen an Claß, 23.4.1935, in ebd., Bl. 364.

werde.[80] Die Leserzuschriften schwangen zwischen Titeln wie „unsäglich schwerer Abschied" und der Charakterisierung der Zeitung als „Wegbereiter für den Führer", die „überzeugend in die nationalsozialistischen Gedankengänge eingeführt" habe, hin und her.[81] Auf dem Abschiedsphoto, für das sich insgesamt 38 Personen von der Schriftleitung bis zu den Sekretärinnen zusammenfanden, sah man bereits einzelne Redakteure mit NSDAP-Parteiabzeichen oder in SA-Uniform.[82] E. Fritz Baer, der seit den 1920er Jahren für die *Deutsche Zeitung* schrieb und nach den Putschanklagen 1926 eine Rechtfertigungsschrift für Claß herausgegeben hatte, gab in seinem Leitartikel am 30. Dezember 1934 zu bedenken: „Wir nehmen nichts für uns in Anspruch, was uns nicht gebührt, wie behaupten nicht, daß die ‚Deutsche Zeitung' schon immer nationalsozialistisch' gewesen sei. Es hat gewiß nach heutigem Richtstab auch Abirrungen gegeben. Aber wo findet sich außerhalb der NS.-Parteipresse ein Blatt, das sich ebenso oder auch nur ähnlich wie wir rühmen darf, geradliniger Bereiter des Weges zum Dritten Reich gewesen zu sein?"[83]

Andere, die für eine Zusammenarbeit zwischen Alldeutschen und Nationalsozialisten gekämpft hatten, verloren nun ihre Einkommensquellen. Dem langjährigen Auslandsredakteur und ständigen Vertreter der *Deutschen Zeitung* in Italien, Otto Helmut Hopfen, wurde nach langwierigen Verhandlungen die finanzielle Unterstützung versagt, die Claß schon seit geraumer Zeit durch Sonderzahlungen aus alldeutschen Mitteln wie dem Wehrschatz und nicht aus der Neudeutschen Verlags-und Treuhandgesellschaft abgezweigt hatte.[84] Die Vermögensverwaltung des Alldeutschen Verbandes wurde schließlich im Frühjahr 1934 zur Löschung beim Amtsgericht freigegeben.[85]

Im Frühjahr 1934 saß Claß an der Überarbeitung des „Einhart" für die 15. Auflage, die nach den Vorgaben des Koehler-Verlages jedoch um zweihundert Seiten gekürzt und umgearbeitet werden sollte. Dem Autor fiel dies sichtlich schwer. Es sei eine „grausame Amputation" gewesen und der neue Teil, der auf Wunsch des Verlages bis zum 30. Januar 1934 reichen sollte, sei „natürlich in allerknappster Form" ausgefallen.[86] Hertzberg-Lottin münzte die Kürzungen in die Notwendigkeit um, wegen der „Verarmung unseres Volkes" den Ladenpreis von 9,80 Mark auf 6,80 Mark reduzieren zu müssen. Letztlich habe das Buch aber durch die Kürzungen vor allem im Kapitel zum Ersten Weltkrieg nur gewonnen, da mehr Raum für die Heranführung bis zur Gegenwart frei geworden sei.[87] Claß wollte Mitte Februar mit der Neuausgabe fertig sein. Kurz danach hatte er einen schweren Unfall. Er wurde von einem Lastkraftwagen angefahren. Noch im April waren

80 Deutsche Zeitung 16.12.1934.
81 Ebd.
82 Ebd. 30.12.1934.
83 E. Fritz Baer: Im Dienst der Nation, in ebd. Siehe auch Baer: Putschgefahr und Hochverrat!
84 Siehe Claß an Verlagsleitung Deutsche Zeitung, 18.10.1933, in BA-Berlin, R 8048, Bd. 392, Bl. 342–343 und Claß an Richard Kusserow, 27.11.1933, in ebd., Bl. 356–357.
85 Siehe Leicht: Heinrich Claß, S. 396–397.
86 Claß an Otto Helmut Hopfen, 12.2.1934, in BA-Berlin, R 8048, Bd. 392, Bl. 361.
87 Alldeutsche Blätter 24.3.1934.

die Folgen der Gehirnerschütterung akut und die Behandlung mit „starken Mitteln" notwendig, was ihn „leider restlos" erschöpfte, so Hertzberg-Lottin.[88] Die Tagung des Gesamtvorstandes in Wiesbaden am 6. Mai konnte er nicht besuchen und überließ erneut Hertzberg-Lottin als Stellvertretendem Vorsitzenden die Leitung.[89] Im Sommer ging Claß wieder in das Sanatorium Schwarzeck in Bad Blankenburg im Thüringer Wald. Paul Reusch hoffte Mitte Juli, dass er bald entlassen werden könne.[90]

Aber bereits im August war Claß' Anwesenheit als Gast der NSDAP-Fraktion im Reichstag gefordert. Der Tod Hindenburgs am 2. August 1934 bedeutete nicht nur für die „alte" Rechte eine tiefe Zäsur, da der Reichspräsident dem nationalistischen und monarchistischen Bürgertum den Übergang in die NS-Diktatur erleichtert hatte. Hindenburg gab nach 1933 zunehmend Machtbefugnisse an Hitler ab und konnte ohnehin nicht mehr als Gegengewicht zum Reichskanzler agieren. Sein Tod beendete endgültig das verfassungsrechtliche Doppelsystem von Reichspräsident und Reichskanzler. Die Übernahme der Posten durch Hitler löste schließlich die verfassungsrechtliche Konstruktion in der Praxis auf. Die Alldeutschen kommentierten diesen Vorgang jedoch als weiteren Weg in die Verfestigung der Diktatur. Brockdorff schrieb, die Zusammenlegung entspreche dem „Totalitätsgedanken", dem ein „Nebeneinander zweier voneinander unabhängiger höchster Staatsstellen" im Grunde entgegenstehen würde.[91] In einer gelenkten Volksabstimmung zu „Führer und Reichskanzler" ließ sich Hitler am 19. August in seiner Machtfülle als Staatsoberhaupt, Regierungsführer, Oberbefehlshaber der Reichswehr und oberster Gerichtsherr gleichsam durch öffentliche Akklamation bestätigen, ohne aber in der Regierungspraxis die Interessen rivalisierender Machtgruppen von Partei und Staat sowie die Kompetenzzuschreibung konkurrierender Herrschaftsinstitutionen im polykratischen NS-Regime klar abzugrenzen. [92]

Die Trauersitzung für Hindenburg fand am 6. August statt. Wie sehr Claß als Verbandsvorsitzender an Bedeutung bereits eingebüßt hatte, zeigte sich in den Zurechtweisungen, die seiner Anwesenheit im Reichstag folgten. Claß kam mit seinem Begleiter Feldmann zu spät zur Sitzung, da er immer noch mit den Folgen des Unfalls zu kämpfen hatte, die Strecke vom Hotel langsam ging und Feldmann ihn überdies zu spät abgeholt hatte. Durch zahlreiche Absperrungen verzögerte sich der Weg in den Reichstag zusätzlich. Feldmann musste sich daraufhin Verleumdungen stellen, er sei mit Claß bewusst zu spät gekommen, um sich der Führerbegrüßung zu entziehen. Feldmann be-

88 Gertzlaff von Hertzberg-Lottin an Ludwig Schemann, 13.4.1934, in UAF, N12, NL.Ludwig Schemann, Bd. 737, o. Bl.

89 Alldeutsche Blätter 19.5.1934.

90 Paul Reusch an Claß, 16.7.1934, in RWWA, NL Paul Reusch, 130–400101226/20.

91 Alexander Graf Brockdorff (Lagebericht des Alldeutschen Verbandes), 14.8.1934, in BA-Berlin, R 8048, Bd. 553, Bl. 131.

92 Siehe Thamer: Die Zerstörung des Rechtsstaates und generell zu den Volksabstimmungen im Nationalsozialismus Jung: Plebiszit und Diktatur sowie zum „polykratischen Führerstaat" Neumann: Behemoth und Fraenkel: Der Doppelstaat sowie u. a. Broszat: Der Staat Hitler, Hüttenberger: Nationalsozialistische Polykratie, Reichardt/Seibel (Hrsg.): Der prekäre Staat, Hachtmann/Süß (Hrsg.): Kommissare im NS-Herrschaftssystem und Gotto/Steber (Hrsg.): Visions of Community.

schwerte sich bei Frick, der die Angelegenheit schnell für erledigt erklärte, während für Feldmann erneut deutlich wurde, „wie unangenehm vielen Herren der Partei die Anwesenheit von Nichtparteimitgliedern im Reichstage war".[93] Während Feldmann die „Nacht der langen Messer" als Reaktion auf den Röhm-Putsch noch als Maßnahme zur Wiederherstellung der Ordnung für notwendig hielt, so spürte er nun selbst Angst durch die zunehmenden Folgen des Gewaltregimes der Nationalsozialisten, das durch Verleumdungen und Propagandataktiken politische Gegner ausgrenzte.[94] Auch Hugenberg nahm die Gefahren ernst, die sich aus dem Röhm-Putsch ergaben, wenngleich er nie Ziel von Mordaktionen gewesen war.[95]

Claß zog sich zunehmend ins Private zurück. Seine Tochter Annelies half ihm im Haushalt und war in die politischen und privaten Netzwerke ihres Vaters stets eingebunden. Im Sommer 1934 kam zudem seine Enkeltochter zur Welt.[96] Ein Jahr zuvor hatte sein Sohn Wilhelm Irmgard Rasberger in München geheiratet.[97] Wilhelm, der seinem Vater sehr nahestand, war ab 1940 ebenfalls in Berlin gemeldet. Treue private Kontakte pflegte Claß weiterhin zu Quaatz, mit dem er den Jahreswechsel mit einem Opernbesuch an Neujahr feierte.[98]

Der Verbandstag wurde Ende 1934 wegen Claß' anhaltender gesundheitlicher Probleme in das nächste Jahr verschoben.[99] Als die Veranstaltung Anfang Januar 1935 schließlich in Hannover stattfand, strukturierte der Verband seine Organisation neu. Die Anwesenden nahmen den Antrag für eine umfassende Satzungsänderung an, die das Claß'sche Führerprinzip endgültig durchsetzen sollte. Auf dem Verbandstag in Chemnitz im September 1933 war beschlossen worden, Claß das satzungsgemäße Recht zuzugestehen, Ortsgruppen- und Gauvorsitzende, die den Ansprüchen der Verbandsarbeit nicht genügten, abzuberufen und darüber hinaus bis zur Neuwahl eigenständig Vertreter zu ernennen.[100] Anstelle des Geschäftsführenden Ausschusses und des Gesamtvorstandes sollte Claß fortan nur noch den Engeren und den Weiteren Rat einberufen. Er wurde zugleich ermächtigt, die Satzung nach eigenem Ermessen zu ändern und in Kraft zu setzen.[101]

Während Claß seine Stellung innerhalb des Verbandes zementierte, dünnte das Personal weiter aus. Langjährige Mitglieder wie Julius F. Lehmann, Calmbach oder Paul Winter traten aus den Führungsgremien aus. Lehmanns Tod im März 1935 veränderte

93 Otto von Feldmann: Lebenserinnerungen, in GStA PK VI. HA, NL Feldmann, Bd. 1, Bl. 350.
94 Siehe Vortrag Otto von Feldmann in Pforzheim, 6.7.1934, in Bericht Gestapo Pforzheim, STA Moskau, Fond 500, opis 3, Bd. 568, Bl. 97.
95 Siehe dazu demnächst Schellhorn: Alfred Hugenberg.
96 Siehe auch Tagebucheintrag Reinhold Quaatz, 16.6.1934, in BA-Koblenz, N 1247, Bd. 17, o. Bl.
97 Einladung Dr. iur. Wilhelm Claß/Irmgard Rasberger, 1933, in BA-Koblenz, N 1003, Bd. 23, Bl. 154.
98 Tagebucheintrag Reinhold Quaatz, Sylvester 1934, in BA-Koblenz, N 1247, Bd. 17, o. Bl.
99 Siehe auch Leicht: Heinrich Claß, S. 398.
100 Siehe Bekanntmachung der Hauptleitung zur Satzungsänderung am 3.9.1933, in Alldeutsche Blätter 23.9.1933.
101 Siehe Alldeutsche Blätter 12.1.1935 und Satzung des Alldeutschen Verbandes 6.1.1935, in ebd. 26.1.1935.

die verbliebenen publizistischen Möglichkeiten des alldeutschen Milieus grundlegend, wie Claß durch einen weiten Rückblick auf Lehmanns Verlegertätigkeit für die völkische Weltanschauung und die „Rassenpolitik" in seinem umfassenden Kondolenzschreiben an Melanie Lehmann bestätigen musste.[102] Feldmann verstärkte nun die Hauptleitung und fuhr als zukünftiger Werberedner für den Verband in die Ortsgruppen, die wiederum stagnierende Mitgliederzahlen von ungefähr 10.000 verzeichneten.[103] Zahlreiche Ortsgruppen verfielen wie bereits im Zuge des Ersten Weltkrieges, während der Rheinlandbesetzung oder der Inflation. Ende des Jahres war die Kasse der Ortsgruppe Darmstadt beispielsweise völlig ausgeschöpft und „wichtige Vorträge (Erblehre mit Lichtbildern u-A.)" zogen kaum mehr Teilnehmer an.[104] Das System des finanziellen Selbstbeitrags der einzelnen Mitglieder führte die Ortsgruppen endgültig an ihre Ressourcengrenzen. Man fasse die Beiträge lokal zu oft als „Almosen" auf, „die man gibt oder unterläßt, deren Höhe man beliebig festsetzt".[105] Hinzu kam eine zunehmende Vorsicht vor der Verbandsmitgliedschaft, da die Alldeutschen längst durch die Geheime Staatspolizei unter Beobachtung standen.[106]

Andererseits stabilisierte sich durch die Verdichtung der Anhängerschaft auch das Mitgliedermilieu. Die geringen Eintrittszahlen junger Mitglieder verstärkten die Dominanz der Claß-Generation der in den 1860er und 1870er Jahren Geborenen. Dennoch blühten Ortsgruppen vereinzelt wieder auf. Gerade im Rheinland, wo der Verband bis 1930 nicht aktiv sein und danach nur schwer Ortsgruppen wiedergründen konnte, sowie in Mecklenburg oder Schleswig-Holstein vermerkte die Staatspolizei vor allem ab 1935 rege Aktivitäten.[107]

Bereits im August 1933 sollte auf Claß' Antrag Hugenberg zum fünften Ehrenmitglied des Alldeutschen Verbandes ernannt werden. Er hatte nichts gegen eine Ehrenmitgliedschaft einzuwenden, hielt es jedoch für fraglich, ob sie im „sachlichen Interesse" liege: „Vielleicht wird dadurch ihre Arbeit nur erschwert und ein Verbot ausgelöst. Ich habe aus dem Verlauf der letzten Zeit den Eindruck gewonnen, dass für mich grosse Schwierigkeiten bevorstehen, die sich dann automatisch auf sie übertragen."[108] Claß meinte zu wissen, dass Hugenberg in seiner Arbeit keine Dankbarkeit erwarte und auch keine zeige.[109] Hugenberg verwies mit seiner Ablehnung aber auch auf seinen Rücktritt als Minister einen Monat zuvor und mögliche weitere Konsequenzen, die er befürchtete. Zugleich blieb er sich treu, den Alldeutschen Verband nicht in vorderster Linie zu

102 Claß an Melanie Lehmann, 26.3.1935, in BHStA München, NL Lehmann, Bd. 2, Br. 2.
103 Siehe Anhang 2.
104 Otto Casius an Karl Ernst, 23.12.1933, in HStA Darmstadt, G12 B, Nr. 31, Bd. 3, o. Bl.
105 Hauptgeschäftsstelle des Alldeutschen Verbandes an Karl Ernst, 21.1.1933, in ebd., o. Bl.
106 Siehe Paul Alt an Geschäftsstelle des Alldeutschen Verbandes, 31.12.1937, in STA Moskau, Fond 500, opis 3, Bd. 563, Bl. 19.
107 Siehe u. a. Politischer Lagebericht Staatspolizeistelle Kiel, 5.3.1936, in Landesarchiv Schleswig, Abt. 410, Bd. 290, Bl. 505.
108 Alfred Hugenberg an Claß, 28.8.1933, in BA-Koblenz, N 1231, Bd. 36, Bl. 52.
109 Siehe Tagebucheintrag Reinhold Quaatz 27.3.1931, in BA-Koblenz, N 1247, Bd. 17, o. Bl.

vertreten. Seine Ablehnung, Hasses Wunsch zu folgen und statt Claß Verbandsvorsitzender zu werden, hatte er seinerzeit damit begründet, lieber im Geheimen für den Verband wirken zu wollen. Die Ehrenmitgliedschaft wurde ihm dann erst zwei Jahre später durch Beschluss des Verbandsvorstandes zum 70. Geburtstag verliehen.[110] Feldmann nahm im Mai 1935 an der „Sternfahrt" nach Rohbraken für den Alldeutschen Verband teil. Hugenberg hatte sich zu diesem Zeitpunkt vom Verband bereits weitestgehend zurückgezogen. Er dankte immer noch freundlich für die Einladungen zu den Verbandstagen, die ihm Claß schickte. Leo Wegener gegenüber machte er seinen Widerwillen aber unmissverständlich deutlich, wenn er schrieb, „doch gehe ich natürlich nicht hin".[111]

Hugenberg hing lange Jahre am Alldeutschen Verband und sah in ihm auch seine Gründung. Der Verband war für ihn aber, wie die DNVP, letztlich nur politisches Mittel zum Zweck. Das galt ebenso für sein Reichstagsmandat. Die „Einheitsliste", auf die Frick Claß neben Bang, Gok, Feldmann und Freytagh-Loringhoven sowie Hugenberg gesetzt hatte, erklärte Frick als „Reichswahlleiter der NSDAP" so: „Bei der außenpolitischen Bedeutung, die diese Wahl als Ausdruck des deutschen Volkswillens hat, hat man es für richtig gehalten, in unserem Wahlvorschlag auch Leute mit aufzunehmen, die zwar außerhalb des Parteiensystems stehen, aber als führende Persönlichkeiten im öffentlichen Leben Bedeutung haben und eine Rolle spielen."[112] Die Schriftleitung der *Alldeutschen Blätter* stellte klar: „Unter diesen Persönlichkeiten befindet sich auch Justizrat Claß [...]. Es ist selbstverständlich, daß die Aufnahme von Justizrat Claß, der nie einer Partei angehört hat, in die Einheitsliste keine Bindung auf ein politisches Parteiprogramm bedeutete."[113] Bonhard fügte nach der Reichstagswahl am 12. November in seinem Leitartikel hinzu: „Für die Nationalsozialistische Bewegung bedeutet ja die Aufnahme von 50 Außenseitern keine praktisch ins Gewicht fallende Minderung ihres Totalitätsanspruchs, hingegen aber sicher bei der politischen Erfahrung und der Bedeutung dieser Männer eine Bereicherung in dem Sinne, daß sich erst in dem Widerspiel der geistigen Kräfte die besten Gedanken entzünden, auf die sich dann die Aufbaumaßnahmen für das kommende völkische Reich gründen sollen."[114] Während Bonhard noch auf Einbindung bei der Gestaltung des Regimes hoffte, erinnerte Hertzberg-Lottin daran, dass die alldeutsche Bundesführung des DvSTB nach seiner Auflösung 1922 durch die Eintrittsempfehlung in die NSDAP dieser den „Zugang an besten völkischen Kräften" ermöglicht habe.[115]

Mit der Aufnahme in den Reichstag durch „Wahlvorschlag" wurde Claß wie auch Hugenberg zum symbolischen Repräsentanten der „alten" Honoratioren der „nationalen

---

110 Urkunde der Ehrenmitgliedschaft des Alldeutschen Verbandes für Alfred Hugenberg, 19.5.1935, in BA-Berlin, R 8048, Bd. 396, Bl. 221. Siehe auch Alldeutsche Blätter 29.6.1935.

111 Alfred Hugenberg an Leo Wegener, 19.8.1935, in BA-Koblenz, N 1003, Bd. 66, Bl. 395–396.

112 Zitiert in Alldeutsche Blätter 4.11.1933. Siehe auch Lilla: Der uniformierte Reichstag, S. 108–109.

113 Alldeutsche Blätter 4.11.1933.

114 Ebd. 18.11.1933.

115 Alldeutsche Blätter 16.12.1933.

Opposition“. An welchen Reichstagssitzungen Claß nach dem November 1933 teilnahm, ist aufgrund fehlender Anwesenheitslisten nicht eindeutig zu bestimmen. Jedoch sollte davon ausgegangen werden, dass er bei der überschaubaren Anzahl an Sitzungen des gleichgeschalteten Reichstags, die bis zur letzten Sitzung am 26. April 1942 als Akklamationsveranstaltungen für Hitlers ausschweifende Propagandareden missbraucht wurden, weitestgehend versucht haben wird, anwesend zu sein.[116] Er blieb aber nachweislich den Einladungen der NSDAP-Reichstagsfraktion zum geselligen Bierabend, der immer zu Jahresanfang stattfand, fern, und entschuldigte sich mit Kur-Aufenthalten in Sanatorien wie Bad Kissingen.[117]

Auch Hugenberg schien sich gleichsam pragmatisch verhalten zu haben, was seine Präsenz im Reichstag anging.[118] Bei den Reichstagssitzungen am 13. Juli unmittelbar nach dem Röhm-Putsch sowie auch bei der Trauerfeier für Hindenburg war er jedoch zugegen. Als Hugenberg zur Reichstagssitzung am 21. Mai 1935 in Zivil zusammen mit Papen und dem Alterspräsidenten Karl Litzmann erschien, soll er Presseberichten zufolge durch seine demonstrative Enthaltsamkeit bei den Huldigungszeremonien der anderen über 660 Abgeordneten für Hitlers ausschweifende Propagandarede aufgefallen sein.[119] Der Ton von Hitlers Rede deutete erneut auf eine scharfe symbolische Abgrenzung zu den bürgerlichen Nationalisten hin, zu denen Hugenberg und die Alldeutschen um Claß zählten. Für Hitler war seine bisherige Regierungszeit eine „Revolution“, „die größer ist, als dies dem Durchschnitt der Menschheit zur Zeit noch zum Bewußtsein kommt“. Das „neue Deutschland kann daher nicht in Vergleich gebracht werden mit dem Deutschland der Vergangenheit. Seine Ideen sind ebenso neu wie seine Handlungen. Der Geist des bürgerlichen Hurra-Patriotismus ist als politisch bestimmender Faktor genauso überwunden wie die Tendenzen des marxistischen Internationalismus.“[120] So wie die Kommunisten und Sozialisten ihr revolutionäres Momentum nicht hätten ausschöpfen können, sei auch die Zeit der bürgerlichen Rechten mit dem Aufstieg des Nationalsozialismus abgelaufen, so Hitler.

Diese antibürgerlichen Effekte der NS-Propaganda, in der weltanschauliche Anleihen bei der radikalen bürgerlichen Rechten verwischt wurden, nahm Claß deutlich wahr. Während Claß mit Mühe den Verband aufrechterhalten wollte, entfernte sich Hugenberg immer weiter von der Organisation. Nachdem Lehmann im Frühjahr 1935 gestorben war, kündigte er zu Jahresbeginn 1936 sein Abonnement von *Deutschlands*

116 Siehe dazu Verhandlungen des Reichstags, IV. Wahlperiode 1939, Bd. 460. Stenographische Berichte 1939–1942.

117 Siehe Rudolf Bang an Wilhelm Frick, 8.2.1938, BA-Berlin, NS 46, Bd. 28, o. Bl. und Claß [an Wilhelm Frick], 16.2.1938, in ebd.

118 Alfred Hugenberg an Wilhelm Frick, 27.1.1939, BA-Berlin, NS 46, Bd. 28, o. Bl. und NSDAP-Reichstagsfraktion Einladungsliste, o. D. [Januar 1939], in ebd. und Alfred Hugenberg an die NSDAP-Reichstagsfraktion, 4.5.1942, in ebd., Bd. 44/1, Bl. 120.

119 Neue Zürcher Zeitung, 23.5.1935, zitiert in Pariser Tageblatt, 24.5.1935.

120 Rede Adolf Hitler im Reichstag, 21.5.1935, in Verhandlungen des Reichstags, IX. Wahlperiode, Bd. 458, S. 41–42.

Erneuerung sowie der Zeitschrift *Volk und Rasse* aus dem Lehmanns Verlag.[121] Er zog sich auf sein Gut zurück und kümmerte sich um seine Geschäfte und seine Hausarchiv.[122] Claß wiederum konzentrierte sich 1936 auf die erneute Überarbeitung des „Einhart", der zwischen 1934 und 1941 insgesamt fünf Neuauflagen erfuhr. Er setzte sich zudem weiter an die Fortführung des zweiten Teils seiner Erinnerungen, „Wider den Strom II". Im Herbst 1936 hinterlegte er sein vorläufig abgeschlossenes Manuskript in einem Bankschließfach in der Schweiz.[123]

Claß wurde bei den Reichstagswahlen am 29. März 1936 mit Bang und Hugenberg erneut auf die insgesamt 17 Namen umfassende Liste des Reichswahlvorschlages gesetzt und nahm diesen Vorschlag für einen erneuten nominellen Sitz im politisch völlig marginalisierten Reichstag mit nunmehr insgesamt 740 Abgeordneten an.[124] Die Alldeutschen zogen sich nach 1935/36 aus der öffentlichen Diskussion innenpolitischer Belange immer weiter zurück. Die *Alldeutschen Blätter*, die ab 1934 ohnehin nur noch alle zwei Wochen erschienen, wurden im Inhalt weiter gekürzt. Da die Sitzungsprotokolle des Geschäftsführenden Ausschusses ab 1933 sowie der allgemeine Schriftwechsel nach 1930 nicht überliefert sind, erlauben lediglich die monatlich erscheinenden Lageberichte einen Einblick in die Diskussionen innerhalb des Verbandes über die NS-Politik. Die Lageberichte verfasste Claß nicht selbst, aber ab 1937 unterzeichnete er sie als verantwortlicher Redakteur. Die Berichte konzentrierten sich zunehmend auf Wirtschaftspolitik und Außenpolitik und waren nur für die Verteilung innerhalb des Verbandes gedacht. Mit innenpolitischen Äußerungen hielt man sich nun fast vollständig zurück und kommentierte verhalten vor allem die Außenpolitik des NS-Staates.

Die seit Ende 1933 forcierte deutsche Aufrüstung unterstützte der Verband, jedoch spielte bis zum Überfall Polens im September 1939 die Begeisterung für eine offensive Kriegspolitik, wie sie nicht zuletzt Claß durch seine Kriegszielpolitik im Ersten Weltkrieg propagiert hatte, keine entscheidende Rolle mehr im alldeutschen Programm, solange das NS-Regime den Versailler Vertrag überwinden wollte und die abgetretenen Gebiete zurückforderte. Selbst die kolonialen Revisionsforderungen Hugenbergs gehörten innerhalb des Verbandes eher zum Traditionsbestand der Alldeutschen, als dass es dezidierte imperiale Großraumplanungen gegeben hätte. Der Breslauer Rechtsprofessor Axel Freiherr von Freytagh-Loringhoven, 1933 zum Preußischen Staatsrat berufen und Mitglied der Akademie für Deutsches Recht sowie des Ständigen Schiedshofes in

---

121 Alfred Hugenberg an den Verlag Julius F. Lehmann, 10.1.1936, in BHStA München, NL Lehmann, Bd. 3, Nr. 24.

122 Seine „Privatakten" aus der Zeit beim Vorstand von Krupp (1909–1918) ließ sich Alfred Hugenberg um 1926/27 zum größten Teil bereits in sein Haus nach Uhsmannsdorf schicken. Siehe Otto Schmidt(-Hannover) an Ewald Loeser, 1938, in Krupp Archiv Essen, WA 56, Bd. 151, o. Bl. Der Rest im Umfang von insgesamt elf Kisten („Pakete"), davon drei Kisten mit je zehn Aktenstücken des allgemeinen Briefwechsels, ließ sich Hugenberg dann über Schmidt(-Hannover) zwischen 1938 und November 1940 aus dem Archiv in der Villa Hügel nach Rohbraken übersenden. Leiter des Krupp'schen Werks- und Familienarchivs an Alfred Hugenberg, 26.11.1940, in Krupp Archiv Essen, WA 56, Bd. 151, o. Bl.

123 Siehe Schlabrendorff: Begegnungen, S. 150.

124 Siehe Kölnische Zeitung 4.4.1936.

Den Haag, gehörte nun zu den exponiertesten alldeutschen Vordenkern einer aggressiven imperialen Außenpolitik, die dem NS-Regime treu zuarbeiteten.[125] Vielmehr war man aber bei den Alldeutschen zunächst von der „Friedenspolitik" Hitlers fasziniert, die den Austritt aus dem Völkerbund 1933, die Saarabstimmung 1935, die Wiedereinführung der Wehrpflicht, das Münchener Abkommen und den „Anschluss" Österreichs von 1938 ermöglicht habe.[126] Rohstoffknappheit und Devisenmangel waren zentrale Problemfelder, die diskutiert wurden. Kurz vor der Verbandsauflösung berichtete die Geschäftsstelle noch über den notwendigen Ausfuhrüberschuss zur Deckung der Auslandsschulden, die drängende Aufgabe der Arbeitsbeschaffung in der Landwirtschaft und die „Rüstungspsychose" Großbritanniens und Frankreichs.[127]

Der „Anschluss" Österreichs an das Deutsche Reich am 12. März 1938 war für Claß einerseits die Einlösung seiner völkischen Weltanschauung wie auch andererseits eine notwendige Folge der fehlenden wirtschaftlichen Überlebensfähigkeit des Nachbarstaates, der eher ein in „Spiritus schlecht erhaltener Kopf eines Staates" sei. Für Deutschland sei der „Anschluss" trotz passiver Handelsbilanz, hoher Arbeitslosigkeit, wachsenden Geldumlaufs und einer zu stützenden Kohle- und Nahrungsversorgung ein „gewaltiger Erfolg".[128] Claß teilte im Sommer 1938 nun mit, „kein Volk will heute den Krieg".[129] Die Vereinigung mit Österreich war Bestandteil der Satzungen des Alldeutschen Verbandes und setzte eine der zentralen Forderungen Claß' um, die er mit seiner Hinwendung zu Österreich-Ungarn gegen zuweilen großen Widerstand in den eigenen Reihen zur alldeutschen Politik gemacht hatte.[130]

Im Februar 1938 wurde Claß noch die Unbedenklichkeit seiner Schriften durch die Reichspressekammer bestätigt.[131] Politische Wirkung hatte er jedoch zu diesem Zeitpunkt nicht mehr. Die Schlagzeilen zu seinem 70. Geburtstag fielen ein paar Tage später daher im Vergleich zum 65. Geburtstag bescheiden aus, sofern überhaupt berichtet wurde. Als „Rufer deutscher Einheit" wurde er geehrt. Er habe als Schüler Heinrich von Treitschkes, Otto Böckels und Friedrich Langes eine große Lebensleistung vorzuweisen, schrieb der *Völkische Beobachter*, von der Plauener Rede 1903, seiner Verbandsüber-

---

125 Siehe vor allem Freytagh-Loringhoven: Deutschlands Außenpolitik 1933–1941 und Ders.: Kriegsausbruch und Kriegsschuld 1939.

126 Siehe Sitzung des Geschäftsführenden Ausschusses des Alldeutschen Verbandes, 9.9.1933, in BA-Berlin, R 8048, Bd. 171, Bl. 16, Aufruf Claß, 15.10.1933, in Alldeutsche Blätter 21.10.1933, Claß auf der Tagung des Weiteren Rates 19.5.1933, in Alldeutsche Blätter 1.6.1935, Alldeutsche Blätter 15.6.1935, und Alexander Graf Brockdorff (Lageberichte des Alldeutschen Verbandes), 22.7.1938, 26.10.1938 und 23.11.1938, in BA-Berlin, R 8048, Bd. 557.

127 Claß (Lageberichte des Alldeutschen Verbandes), 6.2.1939 und 3.3.1939, in BA-Berlin, R 8048, Bd. 558.

128 Claß (Lagebericht des Alldeutschen Verbandes), 8.4.1938, in ebd., Bd. 557, Bl. 38.

129 Claß (Lagebericht des Alldeutschen Verbandes), 22.6.1938, in ebd., Bl. 68.

130 Siehe dazu Hofmeister: Einleitung: Der Alldeutsche Verband in Österreich, in Ders. (Hrsg.) Heinrich Claß. Politische Erinnerungen und ebd. Kapitel 7 sowie Chamberlain: The Pan-German League in Austria.

131 Präsident der Reichspressekammer an Claß, 5.2.1938, in BA-Berlin, R 8048, Bd. 321, Bl. 108a.

nahme 1908, der Kriegszieldenkschrift 1914, als Mitbegründer des DvSTB bis hin zur Herausgabe des *Deutschen Zeitung*.[132]

Auf der Festveranstaltung, die im Zuge der Tagung des Weiteren Rates des Verbandes in Berlin am 6. März 1938 stattfand, wurden die Glückwunschtelegramme Hitlers, Fricks und Wilhelms II. verlesen. Frick kam nicht mehr zum Gratulieren vorbei. Nach Hertzberg-Lottin übernahm Claß' Vetter August Gebhard die lange Festrede, die in ihrem umfangreichen politischen Abriss mit der Gründung des DvSTB 1919 schloss. Statt seine politische Rolle innerhalb der Weimarer Rechten zu thematisieren, betonte er den geselligen, humorvollen und glaubensfesten Charakter Claß'.[133]

In Bezug auf die „Schicksal[s]gestaltung seines Volkes" sei Claß ein „Besessener". „Hier kennt er kein Nachgeben, kein Verhandeln; hier steht ihm alles unter dem zwingenden *Entweder – Oder* klaren Bekenntnisses: *deutsch* oder *undeutsch*." Trotz Enttäuschungen gehe Claß „immer wieder hinein in den Kampf", wenngleich er „gar nicht zu den Naturen" gehöre, „die als geborene Raufbolde im Kampf schlechthin Befriedigung finden". Die Scheu vor öffentlichem Auftreten stehe dem ohnehin entgegen, so Gebhard.[134]

Die gemeinsame Studienzeit habe beide auch mit Treitschke an der Berliner Universität zusammengebracht, so Gebhard weiter. Claß habe dank Treitschke endgültig den „verderblichen Einfluß" der Juden erkannt und sei fortan der Politik „verfallen" gewesen, jedoch nicht „der Politik, wie die Zeit sie begriff, dem inhaltleeren Schacher um parteipolitische Vorteile, dem Kampf um die nährende Futterkrippe". Beim Wahlkampf für Böckel habe Claß die „kleinbürgerliche Enge" der antisemitischen Splitterbewegung erkannt, die ihn in den parteiunabhängigen Deutschbund von Lange und schließlich in den Alldeutschen Verband geführt habe. Von der Plauener Rede 1903 und der Übernahme des Verbandsvorsitzes 1908 bis zum Einhart und dem „Kaiserbuch" habe Claß den „Neubau eines völkischen Staates" vorgezeichnet. „All das, was heute dank dem Umbruch des Jahres 1933 verwirklicht ist, wird hier bereits im Jahre 1912 gefordert und die Begriffsbestimmung des Juden im wesentlichen schon im Sinne der Nürnberger Gesetze gegeben", so Gebhard.[135]

Die Historisierung von Claß als völkischer Vordenker auch für den Nationalsozialismus durch die Alldeutschen selbst war voll im Gange und Claß vergaß dabei den eigentlichen Förderer nach seiner Übernahme des Verbandsvorsitzes nicht. Er dankte in seiner Rede vor allem Hugenberg, der an diesem Tag doch persönlich anwesend war. Er habe mit gerade einmal 25 Jahren als junger Referendar durch seine Mitarbeit an der Gründung des Alldeutschen Verbandes den Grundstein für die „nationale Opposition" nach dem Abgang Bismarcks gelegt. Klingemann, August Keim und Alfred Breusing wurden als wichtigste frühe Unterstützer erwähnt. Auch Otto Fürst zu Salm-Horstmar, Hertzberg-Lottin, Konstantin von Gebsattel, Lehmann und Karl Lohmann wurden als

132 Völkischer Beobachter 4.3.1938 und 5.3.1938. Siehe auch Der Reichswart 10.3.1938.
133 Alldeutsche Blätter 20.3.1938.
134 Ebd.
135 Ebd.

spätere Vertraute in seiner Verbandsführung genannt. Er verwies auf wichtige weltanschauliche Lehrer wie Ludwig Schemann und Dietrich Schäfer sowie auf österreichische Verbündete wie Medizinalrat Dr. Josef Titta, Edmund Steinacker und Hans Knirsch, die den Aufbau des Alldeutschen Verbandes in der Republik Österreich nach dem Ersten Weltkrieg mit ermöglicht hatten.[136] Zuletzt erinnerte er an seine Frau Mathilde, ohne die er den „Einhart" seinerzeit nicht habe schreiben können und die ihm beständig bei der Arbeit zur Hand gegangen sei. Auch die frühen politischen Enttäuschungen habe er vor allem mit seiner Frau durchgestanden. Besonders seine gescheiterte Reichstagskandidatur 1903 habe ihm die Unzuverlässigkeit der Nationalliberalen und des Bundes der Landwirte vor Augen geführt, da ihm nur dreißig Stimmen zur Stichwahl gefehlt hätten und er sich nicht durch die Kartellparteien unterstützt gefühlt habe.

Das Scheitern von Bismarcks Kartellpolitik beschäftigte Claß noch bis weit in das „Dritte Reich" hinein und machte für ihn auch mit Blick auf innenpolitischen Kämpfe zwischen Reichskanzler und Reichstag im Kaiserreich die gänzliche Abschaffung des Parteienwesens notwendig. Bismarck habe es verstanden, schrieb er in seinem Neujahrsartikel in den *Alldeutschen Blättern* im Januar 1937, „den Parteigeist niederzuringen und für einige Jahre eine brauchbare Volksvertretung zu schaffen", bis das Kartell der „Parteien der Rechten" zusammengebrochen sei. Es sei daher Hitler zu verdanken, daß „das Parteiwesen im Reiche zertrümmert wurde, und daß endlich und glücklicherweise im letzten Augenblick der Parlamentarismus durch die Schaffung des Führerstaates abgelöst wurde".[137]

Aufgrund der Abschaffung des Parlamentarismus war Claß neben der antisemitischen Rassenpolitik des Regimes längst versöhnt mit der durchherrschten NS-Diktatur, deren forcierte Machtpolitik angesichts der personellen Erneuerung im Staat er nun lobend herausstellte. Vor allem der Kontakt mit vielen Parteiführern habe ihm vor Augen geführt, so Claß weiter auf der Festveranstaltung, dass die „hohe Beamtenschaft" des Staates zur Führung nicht befähigt sei, denn „dem Reich fehlte nach meiner Erkenntnis die Schicht, die das Volk führen, und die den Staat tragen kann". Er habe den „Grundirrtum erkannt, daß die Bürokratie den Staat allein tragen kann". Auch die Mitwirkung des Heeres sei nicht zu erreichen gewesen, da die Nachfolger Bismarcks das Amt des Reichskanzlers nicht ausfüllten. Insofern habe Bismarck „ein verhängnisvolles Erbe hinterlassen", indem er „der Masse der Besitzenden und Gebildeten und Halbgebildeten, die überhaupt staatsfreundlich waren, die Ueberzeugung geschaffen hatte, daß der Staat auf unerschütterliche Grundlagen ruhe". Claß hingegen wollte nun die „Schicht" schaffen, „die ähnlich wie in England den Staat tragen und das Volk führen kann". In England sei sie sehr „dünn", aber „in Deutschland hätte diese Schicht sich schaffen lassen". Das Bürgertum sei dazu aber nicht zu gebrauchen gewesen. Zu sehr

136 Hofmeister: Der Alldeutsche Verband in Österreich, in Ders. (Hrsg.): Heinrich Claß. Politische Erinnerungen, S. 44–73 und Chamberlain: The Pan-German League in Austria.

137 Claß: Vor 50 Jahren – und heute, in Alldeutsche Blätter 9.1.1937.

habe es sich im Staat eingerichtet, um „auch nur eine Spur von Selbständigkeit zu zeigen". Demnach betrachtete Claß „es als ein wesentliches Verdienst des Alldeutschen Verbandes, daß er zögernd, aber schließlich doch mir vollkommen folgend, sich auf den Gedanken eingestellt hat, daß nur die ‚*nationale Diktatur*', […] getragen von der nationalen Opposition im Bunde mit der Krone, das Vaterland retten könnte".

Claß nahm in seiner Rede die öfters gefallene Bemerkung von der „Tragik meines Lebens" auf, die auf die weitgehende Umsetzung seiner wesentlichen politischen Forderungen durch die Nationalsozialisten verweisen sollte. Die Forderung nach der Diktatur habe er zwar als erster erhoben, jedoch sei es bemerkenswert, wenn es als „Schöpfungstat" gelte, dass man alte Gedanken, die einige Zeit „verschüttet" gewesen seien, ausgrabe und sie für sich reklamiere. Da alle auf den „Schultern ihrer Vorfahren" stünden, sei kein politischer Gedanke mehr grundsätzlich neu zu denken, so Claß.[138] „Wenn ich die Diktatur nach unserer Ueberlegung vertreten habe, dann ist das keine Erfindung von mir, sondern es ist eine Nutzanwendung auf die Verhältnisse des eigenen Vaterlandes, die Nutzanwendung für eine Einrichtung, die vor Jahrtausenden im Alten Rom unter gewissen Voraussetzungen notwendig war und sich bewährt hat. So geht das mit allen Dingen." Seine „Gedanken der Diktatur", die in den „Begriff der Staatsnotwendigkeit" mündeten und die er 1932 in zwei Aufsätzen näher ausgeführt hatte, seien lediglich Weiterentwicklungen gewesen. Er habe versucht, „der Lehre, die im Staatsrecht gang und gäbe ist, die Gestalt zu geben, die die Zeit, die der Augenblick erfordert". Somit reihte sich Claß selbst in die größeren Diskussionen um autoritäre Staatskonzepte ein und verwies indirekt auf seine gedankliche Schülerschaft der soziologischen Rechtslehre. Rudolf von Jhering hatte zwar nicht die Diktatur zum Ziel der Rechtsentwicklung erhoben, löste sich aber von der historischen Methode, erklärte den Kampf um Macht und Interessen zum Kern individuellen und kollektiven Handelns und ließ den Ausgang dieser Interessenskämpfe offen.

Die symbolische Bedeutung der Alldeutschen für das NS-Regime verblasste weiter bis zu den sogenannten Reichstagswahlen vom 29. März 1938, die ganz im Zeichen des „Anschlusses" Österreichs an das Reich und die entsprechende Erweiterung der Mandatszahlen des neuen „Großdeutschen Reichstages" auf nunmehr 819 Mitglieder standen. Die ehemaligen Deutschnationalen mussten jetzt vier ihrer Reichstagssitze durch Verfügung von Frick an die NSDAP abgeben. Auch Feldmann verlor sein Mandat und beschwerte sich bei Frick, dass es ihn als Alldeutschen gerade nach dem „Anschluss" Österreichs „seelisch sehr stark" belaste, aus dem Reichstag ausgeschlossen zu sein.[139] Er teilte Claß mit, dass er mit dem Verlust der steuerfreien Diäten und der Reichsbahn-Freifahrtkarte nicht mehr ehrenamtlich im Verband arbeiten könne. Claß stellte Feldmann daraufhin als hauptamtlichen Funktionär an.

138 Ebd.

139 Otto von Feldmann an Wilhelm Frick, 16.4.1938, in Ders: Lebenserinnerungen, in GStA PK VI. HA, NL Feldmann, Bd. 1, Bl. 353.

Für den „Großdeutschen Reichstag“ wurde Claß erneut im April 1938 als Gast der NSDAP-Reichstagsfraktion aufgestellt. Er war namentlich auf der „Liste des Führers“ genannt und sollte bis 1945 Mitglied im Parlament bleiben.[140] Dazu stieß nun der alte Weggefährte Alfred Krauss, der nach dem Ersten Weltkrieg Mitglied der Hauptleitung und im Putschjahr 1923 für Claß ein wichtiger Verbindungsmann nach Österreich gewesen war und darüber hinaus den Alldeutschen Verband bis zu seiner Ablösung von 1927 bis 1929 in Wien geführt hatte.[141] Claß erhielt die zugewiesene Platznummer 263 und rückte gegenüber der Platzordnung von 1936 knapp dreißig Platznummern nach hinten. Verdiente Nationalsozialisten rahmten ihn nun ein. War er 1936 noch zwischen SS-Standartenführer Hans Dietrich, der 1923 in die NSDAP eingetreten war, und dem Kreisleiter von Hoyerswerda, Max Wockatz, seit 1932 für die NSDAP Reichstagsmitglied, beide Jahrgang 1898, platziert gewesen, so fand er sich nun neben Oberstarbeitsführer Hermann Kretzschmann und SS-Gruppenführer Wilhelm Reinhardt wieder. Kretzschmann, Jahrgang 1886, wurde unter anderem als langjähriges NSDAP-Mitglied (seit 1922) und Reinhardt, Jahrgang 1869, als von Hitler ernannter Reichsführer des Reichskriegerbundes (Kyffhäuser) in den Reichstag berufen.[142] Claß zählte nun mit Hugenberg (geboren 1865) und Krauss (geboren 1862) zu den acht ältesten Reichstagsmitgliedern.[143]

Der Gästestatus auf der „Einheitsliste“ der NSDAP verlieh ihm wie auch den Unternehmern Fritz Springorum und Albert Vögler, beide getreue Claß-Unterstützer, keine Beratungsbefugnis, sondern war lediglich symbolisch als geduldete Anerkennung der Verdienste einzelner Vertreter der Rechten gedacht. Diese Gäste kamen nicht nur aus der DNVP, sondern auch aus dem Zentrum oder der BVP. Andere wie Friedrich Everling traten schließlich von der DNVP in die SA und die NSDAP über.

Zusätzlich zur andauernden Selbstgleichschaltung des Parlaments, die mit dem Erlass Hitlers vom Januar 1943 zur Verlängerung der Wahlperiode um weitere vier Jahre bis zum 30. Januar 1947 den Reichstag endgültig in seiner symbolischen Funktionalität bedeutungslos machte[144], lichteten sich die Reihen von Claß’ langjährigen politischen Freunden, die vor allem sein antisemitisch-rassistisches Weltbild geprägt hatten. Darunter war vor allem Fritsch, der bereits im September 1933 starb und den Alfred Roth in seinem Nachruf als „Altmeister der völkischen Bewegung“ pries.[145] Schemann, den Claß immer als zentrale Figur bei der Verbreitung der Rassentheorie Arthur de Gobineaus finanziell gefördert hatte, starb im Februar 1938 mit 85 Jahren und wurde von Claß in seinem Nachruf als „der Erzieher und Führer zu grundlegender Erkenntnis“ für die Alldeutschen anerkannt.[146] Auch Karl von Einem starb bereits 1934. Wichtige Alldeut-

140 Siehe Kölnische Zeitung 8.4.1938.

141 Siehe auch Hofmeister (Hrsg.): Heinrich Claß. Politische Erinnerungen, Kapitel 7.1.

142 Der Deutsche Reichstag 1936, S. 458 und Der Großdeutsche Reichstag 1938, S. 567.

143 So wurden sie auch im Reichstagshandbuch ausgewiesen in: Der Großdeutsche Reichstag, S. 463.

144 Gesetz zur Verlängerung der Wahlperiode des Großdeutschen Reichstags, 25.1.1943, in Reichgesetzblatt Teil 1, Nr. 10, 29.1.1943, S. 65.

145 Alldeutsche Blätter 7.10.1933.

146 Nachruf Claß auf Ludwig Schemann, in ebd. 5.3.1938.

Abb: 36 a und b: Claß (oben links) bei der Rede Adolf Hitlers am 19. Juli 1940 im „Großdeutschen Reichstag" in der Krolloper. Paul Bang sitz eine Reihe vor ihm. Entsprechend der Sitzverteilung des Reichstages nach dem „Anschluss" Österreichs 1938 erhielt Claß die Platznummer 263, Alfred Hugenberg die 75, Paul Bang die 247, Axel von Freytagh-Loringhoven die 261 und Friedrich Everling, von 1924 bis 1933 für den völkisch-alldeutschen Flügel der DNVP Mitglied des Reichstags, die 333. Der 1938 hinzuberufene österreichische Alldeutsche Alfred Krauß aus Wien, Platz 34, verstarb bereits am 29. September 1938. Er war seit 1920 Vorsitzender des Nationalverbandes Deutscher Offiziere, 1927 bis 1929 Hauptgeschäftsführer des 1919/20 gegründeten Alldeutschen Verbandes in Österreich und seit 1927 Mitherausgeber von Deutschlands Erneuerung.

sche aus den Verbandsgremien fielen ebenfalls durch Tod weg, so 1933 Otto Kretschmar vom Gau Sachsen, Franz Schwendy, langjähriges Mitglied des Gesamtvorstandes und ehemaliger Hauptschriftleiter der *Deutschen Zeitung*, und Erich Stolte, der zwanzig Jahre im Gesamtvorstand gesessen und die Berliner Ortsgruppe geführt hatte, zwei Jahre später. Alfred Geiser, bereits von 1900 bis 1907 Mitglied des Geschäftsführenden Ausschuss und Hauptgeschäftsführer des Alldeutschen Verbandes in Österreich von 1919/20 bis 1927, starb 1937, Emil Junghans, der 34 Jahre im Verband und zuletzt als Kanzleivorsteher der Geschäftsstelle tätig gewesen war, 1938 mit 65 Jahren, und Emil Kirdorf, der den Gründungsaufruf des Verbandes 1890 unterzeichnet und die Finanzen immer wieder sichergestellt hatte, 1938 hochbetagt mir 92 Jahren. Krauss, ehemaliges Mitglied der Hauptleitung und führend im Alldeutschen Verband in Österreich, erlitt 1938 einen Schlaganfall und Dehn, der die *Alldeutschen Blätter* beständig mit antisemitischen und rassistischen Aufsätzen versorgt hatte, wurde im selben Jahr beerdigt.

12.2 Widersprüche und Machtansprüche: Alldeutscher Verband und Gestapo

Claß musste seit der Machtübernahme nicht zuletzt aufgrund seines guten Verhältnisses zu Frick keine ernsthaften Schwierigkeiten für seine Person im NS-Staat befürchten. Der Verband stand somit zwar noch unter dem wohlwollenden Schutz der Ministerialbürokratie, geriet jedoch bereits ab 1933 immer weiter ins Visier von Sondergewalten wie lokalen SA-Verbänden, die Ortsgruppenveranstaltungen gezielt störten. Er wurde systematisch von den Staatspolizeistellen überwacht und geriet in ein Spannungsverhältnis zwischen Duldung und Abwehr der Behörden und politischen Organisationen, die die Gleichschaltung im Vereinswesen durchsetzen sollten.[147]

Das Führerprinzip Hitlers wurde als Verwaltungs- und Herrschaftspraxis des NS-Regimes fest etabliert. Als ab 1938 auch die Kabinettsitzungen ausblieben, wurde die seit dem Ermächtigungsgesetz eingeführte Praxis, vom Ressortminister eingebrachte Gesetze durch Hitler beschließen zu lassen, beendet. Stattdessen entwickelte sich eine „Polykratie vertikal nebeneinander stehender Fachressorts, die der Führungsgewalt einzeln unterstanden und mit ihren jeweiligen Behördenapparaten der Durchführung des souveränen Führerwillens dienten".[148]

Diese Herrschaftsstruktur beförderte Konkurrenzen innerhalb des NS-Machtgefüges, das sich mit einem gesteigerten Anspruch der Gestapo zur gewaltsamen Ordnungsdurchsetzung und Ausschaltung politischer Konkurrenten und Gegner auch gegen den Alldeutschen Verband richtete. Für den Sicherheitsdienst (SD) waren die alldeutschen Versammlungen nichts weiter als „Biertischpolitikasterei".[149] Daher mussten sich die Verbandsfunktionäre mit den lokalen Behörden arrangieren. So hoffte der Vertrauensmann des Verbandes für Hessen, Baden und Pfalz, Karl Ernst, auf ein gutes Zusammenspiel mit dem Staatspräsidenten in Darmstadt, Ferdinand Werner, der als ehemaliges Mitglied des Verbandes die Wahlparole gegen Hitler im Oktober 1932 verurteilt und dem Verband ähnliche Aufrufe untersagt hatte, der sonstigen Vereinsarbeit jedoch tolerant gegenüberstand.[150]

Kritik an der Regierung war aber ausgeschlossen. Irmgard Wrede wurde beispielsweise wegen kritischer Äußerungen über Hitler am 9. Juni 1933 in Breslau denunziert und von der Staatspolizei festgenommen. Nur durch persönliche Interventionen von Hugenberg, Freytagh-Loringhoven und Annagrete Lehmann wurde sie freigelassen.[151] Wrede war nicht nur führendes Mitglied im Reichsfrauenausschuss und Führerin des Landesfrauenausschusses für Mittelschlesien der DNVP gewesen, sondern auch ehrenamtliche Gauleiterin des Alldeutschen Verbandes in Ober- und Niederschlesien. Sie war somit neben der glühenden Hugenberg-Anhängerin Franziska von Porembsky vom Gau Thüringen und Hertha Schemmel aus Berlin eine der drei wichtigsten jüngeren Frauen im Verband, die 1931 Mitglieder der Geschäftsleitung ohne Portefeuille wurden und im Völkischen Reichsausschuss der DNVP aktiv waren.[152]

---

147 Siehe auch Seibel: Polykratische Integration und Hachtman: Neue Staatlichkeit.

148 Gruchmann: Justiz im Dritten Reich, S. 749.

149 Bericht SD-Oberabschnitt Nord, 9.1.1937, STA Moskau, Fond 500, opis 3, Bd. 568, Bl. 9.

150 Karl Ernst an Hauptleitung des Alldeutschen Verbandes, 31.5.1933, in Hessisches Staatsarchiv Darmstadt, G12 B, Nr. 31, Bd. 3, o. Bl.

151 Siehe Vermerk Gestapo Abteilung III, 9.2.1934, STA Moskau, Fond 500, opis 3, Bd. 567, Bl. 90; SD-Bericht Berlin, 23.7.1937, in ebd., Bd. 567, Bl. 1 und Gertzlaff von Hertzberg-Lottin (Lagebericht des Alldeutschen Verbandes), 15.6.1933, in BA-Berlin, R 8048, Bd. 522, Bl. 81 sowie Scheck: Mothers of the Nation, S. 171–172.

152 Siehe auch Süchting-Hänger: Das „Gewissen der Nation", S. 271. Franziska von Porembsky wurde von der DNVP für die Landtagswahl am 31.7.1932 auf Platz 7 der Landesliste sowie auf Platz 4 der Kandidatenliste aller vier Wahlkreise aufgestellt. Auf der Wacht. Wahlsondernummer (DNVP), Thüringer Beilage,

Brockdorff mahnte als Lehre aus Wredes Verhaftung die Verbandsmitglieder zu „unbedingte[r] Sachlichkeit“, damit solche Vorwürfe nicht mehr ungerechtfertigt erhoben werden könnten, um dem Verband zu schaden.[153]

Ende 1933 bestätigte Frick gegenüber Claß, dass der Verband vom Verbot zur Neubildung von Parteien vom 14. Juli nicht betroffen sei.[154] Im Dezember leitete Claß ein Rundschreiben an die Ortsgruppen und Gaue weiter, in dem stand, dass mit Frick das Weiterbestehen des Verbandes geklärt sei.[155] Vietinghoff-Scheel verbreitete darüber hinaus an die Ortsgruppen, dass die Verfügung Röhms gegen Doppelmitgliedschaften in SA und SS den Verband nicht berührten.[156] Frick wies Claß aber bei aller Rücksicht auf den Verband darauf hin, dass sich die Ortsgruppen „von jeder monarchistischen Propaganda fernhalten“ müssten.[157] Die Bestätigungsschreiben von Frick, dass der Verband nicht verboten sei, waren auch in den folgenden Jahren notwendig, um Veranstaltungen bei lokalen Behörden anmelden zu können.[158] Die polizeiliche Überwachung des Verbandes wurde jedoch ab 1934 intensiviert und beruhte unter anderem auf dem Erlass Rudolf Heß', dass die weltanschauliche Schulung nur noch von NSDAP-Organisationen vorgenommen werden sollte.[159] Das bedeutete auch, dass keine politischen Veranstaltungen anderer Organisationen stattfinden sollten.

Die Mordaktionen im Zuge des Röhm-Putsches der SA am 30. Juni 1934 betrafen im weiteren Umfeld politische Kontaktpersonen des Verbandes. Sie führten nicht nur zur Ermordung „alter Kämpfer“, sondern auch ehemaliger Rivalen wie Schleicher. Der 30. Juni bedeutete auch einen Wendepunkt in der Zusammenarbeit mit den verbliebenen Konservativen im Umfeld Papens, der sich durch seine Zustimmung zum Ermächtigungsgesetz bereits weitgehend selbst entmachtet hatte. Papen wurde gleichsam zum Fürsprecher einer konservativen Opposition und nutzte die Vizekanzlei zuneh-

---

7. Jg., Nr. 21, 15.7.1932, in STA Altenburg, 1–95–003, Bd. 64, Bl. 037–038. Als Rednerin war Porembsky hingegen außerhalb Thüringens für völkische Themen gefragter als in Thüringen selbst, weshalb der Landesverband die eigenen Ortsgruppen aufrief, die Vorsitzende des DNVP-Landesfrauenausschusses häufiger anzufragen. Rundschreiben der DNVP Landesverband Thüringen Nr. 30, 22.7.1932, in ebd., Bl. 051. Porembsky wurde jedoch nicht von der DNVP-Hauptgeschäftsstelle als Rednerin vermittelt, sodass Fahrt-, Verpflegungs- und Unterbringungskosten vom Veranstalter bezahlt werden mussten. Siehe Rundschreiben DNVP Landesverband Thüringen Nr. 24, 28.6.1932, in ebd., Bl. 061–063. Zum Führerprinzip Alfred Hugenbergs und der Doppelmitgliedschaft zahlreicher DNVP-Mitglieder des Landesfrauenausschusses Thüringen im Alldeutschen Verband siehe Franziska von Porembsky an Paula von Wüstemann, 3.11.1932, in ebd., Bd. 54, o. Bl.

153 Gertzlaff von Hertzberg-Lottin (Lagebericht des Alldeutschen Verbandes) 15.6.1933, in BA-Berlin, R 8048, Bd. 552, Bl. 86.

154 Wilhelm Frick an die Landesregierungen, 12.12.1933, in Hessisches Staatsarchiv Darmstadt, G12 B, Nr. 31, Bd. 3, o. Bl.

155 Claß an Vorsitzende der Gaue und Ortsgruppen des Alldeutschen Verbandes, 15.12.1933, in ebd.

156 Leopold von Vietinghoff-Scheel an Ortsgruppen des Alldeutschen Verbandes, 8.12.1933, in ebd.

157 Wilhelm Frick an Claß, 26.1.1934, in STA Moskau, Fond 500, opis 3, Bd. 567, Bl. 38–39.

158 Wilhelm Frick an Werner von Blomberg, 4.6.1935, in ebd., Bl. 42 und Rundschreiben Claß an Hauptleitung, Engerer Rat, Gaue und Ortsgruppen, 24.6.1935, in ebd., Bl. 43.

159 Adam Weiß an Karl Ernst, 28.1.1934, in HSTA Darmstadt G12 B, Nr. 32, Bd. 5, o. Bl.

mend als Schaltstelle für Beschwerden über das Regime sowie zur Beeinflussung konservativer und vor allem studentischer Kreise. Zu den Informanten der Vizekanzlei gehörten Springorum und Reusch, der als Mitglied des Alldeutschen Verbandes auch noch im Frühjahr 1934 mit Claß in Kontakt stand und sich persönlich mit ihm traf.[160] In seiner Rede vor Marburger Studenten am 17. Juni fasste Papen ein letztes Mal seine Kritik am umfassenden Machtanspruch der Nationalsozialisten zusammen. Am 1. Juli trat er aus der Regierung aus und wurde zunächst Außerordentlicher Gesandter an der Deutschen Botschaft in Wien. Herbert von Bose, Papens Pressechef und Mitorganisator der Harzburger Tagung 1931 sowie von 1931 bis 1932 Leiter der Informationsstelle bei der Pressestelle der DNVP, wurde am 30. Juni erschossen.[161] Er war mit Schmidt(-Hannover) befreundet gewesen. Zahlreiche Mitarbeiter von Papens Kanzleistelle, die unter Verdacht standen, stammten aus dem Kreis von Carl Werner von Jordans, der sich 1932 für die Einsetzung eines „Kampfkabinetts“ mit Hugenberg, Ewald von Kleist-Schmenzin und Schmidt(-Hannover) ausgesprochen hatte.[162]

Claß hatte aus dem Röhm-Putsch jedoch keine Folgen zu befürchten. Er war zu diesem Zeitpunkt noch von seinem Unfall im Frühjahr 1934 geschwächt, bei dem er derart verletzt worden war, dass er sich Mitte Juli noch in Bad Blankenburg im Sanatorium Schwarzeck auskurierte.[163] Der Alldeutsche Verband wurde aber ab 1934 in den regionalen Gestapo-Berichten systematisch unter der Rubrik Monarchisten, Freimaurer und Reaktionäre aufgeführt.[164] Diese Einstufung als politischer Gegner machte nun Claß vorsichtiger, der von 1934 bis 1937 und erneut 1939 mit seinen jeweiligen Adressen in der Kurfürstenstraße 124 und 126 sowie Keithstraße 19/20 nicht in den öffentlich zugänglichen Berliner Adressbüchern geführt wurde.[165]

Die Staatspolizeistellen deuteten die generelle Arbeitsweise der Alldeutschen als einen Rückzug des Verbandes aus der Öffentlichkeit. Die Sitzungen der Verbandsleitung in der Geschäftsstelle sowie die Vermeidung öffentlicher Verbandstage verstärkten die Wahrnehmung der Sicherheitsbehörden, dass die Alldeutschen sich zu konspirativen Treffen zusammenfinden und im neuen Staat das Licht der politischen Öffentlichkeit scheuen würden. In der Tat verengte der Verband den Zugang zu seinen Leitungssitzungen, zu denen nur noch Mitglieder der Gremien und vorher angekündigte Gäste zugelassen wurden. Diese Praxis galt bereits seit dem Ersten Weltkrieg, als Claß die

160 Martin Blank an Paul Reusch, 29.10.1934, Paul Reusch an Martin Blank, 27.10.1934, Claß an Paul Reusch 26.10.1934 und Paul Reusch an Claß 27.10.1934, in RWWA, NL Paul Reusch, 130 – 4001012024/11. Zu Paul Reusch und Fritz Springorum siehe Orth: „Amtssitz der Opposition?“, S. 383.

161 Siehe dazu Orth: „Amtssitz der Opposition?“, S. 89 – 128.

162 Siehe ebd., S. 163 – 180.

163 Paul Reusch an Claß, 16.7.1934, in RWWA 130 – 400101226/20.

164 Siehe Ribbe: Die Lageberichte der Geheimen Staatspolizei über die Provinz Brandenburg und die Reichshauptstadt Berlin 1933 bis 1936, Faust/Rusineck: Lageberichte rheinischer Gestapostellen 1934 – 1936 und Rupieper/Sperk: Die Lageberichte der Geheimen Staatspolizei zur Provinz Sachsen 1933 – 1936, 3 Bde.

165 Siehe Berliner Adreßbücher 1933 – 1939. Die Geschäftsstelle am Lützowufer 5a II blieb hingegen bis 1939 für Besucher Montags bis Freitags 9 – 16 Uhr und Samstags 9 – 14 Uhr geöffnet.

Zensurbehörden fürchtete. Nach dem Republikschutzgesetz von 1922 wurde die Auswahl der Teilnehmer noch einmal restriktiver gehandhabt. Bei Verbandstagen galt nach 1933 nur noch der Mitgliederausweis als Eintrittsberechtigung, während die Ortsgruppenversammlungen von der Polizei durch Informanten beobachtet wurden und nur unter offizieller polizeilicher Überwachung stattfinden konnten.

Eine aktive Mitgliederwerbung war durch die Exklusivität des Zugangs zum Verband somit zusätzlich erschwert und verstärkte den persönlichen Zusammenhalt der verbliebenen Mitglieder. Der auffällige Anstieg der Mitgliederzahlen von 10.000 im Jahr 1936 auf 13.500 ein Jahr später nährte zusätzlich den Verdacht, dass nach der endgültigen Liquidation des Stahlhelms zahlreiche Mitglieder sich nicht in die SA eingliedern lassen, sondern den Verband als Refugium für die „alte" Rechte nutzen wollten.[166] Diese Deutung der Polizeibehörden war richtig. Schemmel sah genau darin die Aufgabe des Alldeutschen Verbandes. In einer Versammlung bezeichnete sie ihn als Rückzugsort für diejenigen Bildungsbürger, die sich bewusst vom Nationalsozialismus distanzieren wollten, denn „wir sind alldeutsch, völkisch, konservativ".[167]

Die Berichte der 1936 durch Heinrich Himmler als „Chef der deutschen Polizei" in der Gestapo zusammengeführten Politischen Polizeidienste der Länder fassten die Ressentiments gegenüber den Honoratioren der Rechten pointiert zusammen. Die Abgeschlossenheit des zahlenmäßig überschaubaren Mitgliederbestandes sei ein wesentliches Merkmal der „Methoden" des Verbandes, der von einer „ausgesprochen bürgerlich-intellektuellen Schicht vertreten" werde, in der Monarchie „noch heute die einzige mögliche Staatsform" sei und Kritik an der Regierung „unter dem Deckmantel der reinen Sachlichkeit" gewagt werde.[168] Die offene Kritik an der Verhaftung Martin Niemöllers und die Unterstützung der Bekennenden Kirche durch den Alldeutschen Verband beispielsweise wurden genauestens dokumentiert.[169] Dass der Verband in Sachsen zur aktiven Mitgliedschaft in der „Bekenntnisfront" der Evangelischen Kirche aufgerufen hatte, machte die Alldeutschen zusätzlich suspekt. Klingemann wurde nun sogar als Gegner der nationalsozialistischen Weltanschauung geführt.[170]

Der Verband geriet in der Wahrnehmung der Gestapo zunehmend ins gegnerische Lager. Ihm wurde bescheinigt, lediglich eine „getarnte Fortsetzung der Deutschnationalen Volkspartei" zu sein, in der sich „sämtliche reaktionären, den Nationalsozialismus ablehnenden, Elemente" zusammengefunden hätten.[171] Ehemalige Stahlhelm-Mitglieder, Vertreter des Adels, ehemalige Offiziere und alte Herren mit noch aktiven studen-

166 Siehe Bericht SD/ II 123, Alldeutscher Verband, 28.1.1937, in STA Moskau, Fond 500, opis 3, Bd. 568, Bl. 202–216.

167 Siehe Lagebericht SD-Oberabschnitt Ost, 20.10.1936, in ebd., Bd. 567, Bl. 90.

168 Bericht über den Alldeutschen Verband Gestapo Berlin Abt. II/1, 5.4.1938, in ebd., Bd. 563, Bl. 90–98.

169 So die Aussagen der Gäste auf der Feier zum 70. Geburtstag von Leopold von Vietinghoff-Scheel in Vermerk Gestapo Berlin Abt. II 123, 15.6.1938, in ebd., Bd. 566, Bl. 4.

170

171 Gestapo Berlin Abt. II/123, Sonderlagebericht Alldeutscher Verband, 6.4.1936, in ebd., Bd. 567, Bl. 58–60. Zitat ebd., Bl. 59.

tischen Verbindungen seien vornehmliche Besucher der Ortsgruppenveranstaltungen, denen die jüngeren Zuhörer völlig fehlten.[172] In der Provinz Hessen-Nassau stellte Franz Pfeffer von Salomon als Polizeipräsident in Kassel und Leiter der dortigen Staatspolizeistelle 1935 fest, dass „Reaktionäre und frühere Freimaurer für die Veranstaltungen Interesse zeigten und daß in Einzelfällen die Reden mit der Politik des Führers nicht zu vereinbaren waren".[173]

Auch langzeitige Entfremdungen einzelner Alldeutschen von den Nationalsozialisten führten zu Konflikten. Rechtsanwalt Walbaum beispielsweise geriet bei den Ortspolizeibehörden des Staatspolizeibezirkes Hildesheim unter Druck, obwohl eine „rege Werbetätigkeit" der alldeutschen Ortsgruppe in Göttingen mit gerade einmal 47 Mitgliedern, der Walbaum vorstand, „nicht wahrgenommen" wurde und die Veranstaltungen ohnehin von nicht mehr als zwanzig Personen besucht wurden.[174] Hatte Walbaum die NS-Bewegung vor 1933 noch unterstützt und sich 1925 für deren Wiederzulassung als Partei eingesetzt, so war er nun bei der Gestapo-Stelle Hildesheim 1936 geführt, weil er jüdische Mandanten vertrat, nicht im NS-Juristenbund war, die Bekennende Kirche befürwortete und als ehemaliges Stahlhelm-Mitglied zusätzlich verdächtig war, ein „Reaktionär" zu sein. Drei Jahre später sollte er seine Zulassung als Rechtsanwalt nach „Schutzhaft" und Ehrengerichtsverfahren verlieren, weil er Ablehnung gegen den „Anschluss" Österreichs geäußert hatte.[175]

Im November 1936 hatte Claß Frick erneut um die Zusicherung gebeten, dass der Verband vor Verfolgung geschützt werde. Diesmal zeigte sich Frick weniger verständig, nicht zuletzt, da ungeklärte Machtrivalitäten zwischen Innenministerium und Polizei Zuständigkeiten und Entscheidungsbefugnisse in dieser Sache zunächst in der Schwebe ließen, nachdem Heinrich Himmler Reichsführer SS und Chef der Deutschen Polizei geworden war. Himmler machte sich mit der Zusammenlegung von Kriminalpolizei und Gestapo zum SD sowie mit der Ausdehnung des Machtbereichs der Polizei durch das auszubauende Konzentrationslagersystem immer unabhängiger vom Innenministerium, dem sein neues Amt noch angegliedert war, bevor er die nun zentralisierte Polizei mit der SS zu verschmelzen begann.[176] Der Gewalt- und Terrorapparat von Polizei und SS wurde gebündelt und auch die Schutzhaft immer stärker gegen verdächtige Personen angewandt. Frick versprach noch einmal, die Situation für den Verband zu klären, legte

172 Gestapo Berlin Abt. II/123.1, Bericht Alldeutscher Verband, 18.4.1936, in ebd., Bd. 567, Bl. 61–68.

173 Lagebericht Gestapo Provinz Hessen-Nassau (gez. von Pfeffer), 11.1.1935, in Die Lageberichte der Geheimen Staatspolizei über die Provinz Hessen-Nassau 1933–1936, Teilband II: C, S. 703.

174 Kriminalabteilung Göttingen an die Staatspolizeistelle Hildesheim, 17.3.1936, in Stadtarchiv Göttingen, Polizeidirektion 153.1, Bl. 361.

175 Siehe dazu Tollmien: Nationalsozialismus in Göttingen 1944–1945, S. 236–237 und Thieler: „Volksgemeinschaft" unter Vorbehalt, S. 329–330.

176 Longerich: Heinrich Himmler, S. 157–210.

nun Claß aber die Auflösung nahe, die vom SD schon seit 1935 gefordert wurde. Auch Heß schloss sich dem an.[177]

Der ungeklärte Status wirkte sich unmittelbar auf den Verband aus. Wilhelm Reith von der Geschäftsstelle bekam den neuen Zugriff durch ein Redeverbot zu spüren, nachdem er die Außenpolitik Hitlers öffentlich kritisiert hatte.[178] Gerd Horenkohl und Brockdorff waren die einzigen verbliebenen Werberedner des Verbandes, die sich bei ihren Vortragsreisen zunehmend mit gewaltsamen Übergriffen durch die lokale SA konfrontiert sahen. Reith zog sich gänzlich von der Verbandsarbeit zurück und Horenkohl übernahm seine Stelle als Schriftführer der Geschäftsstelle. Lokale Redeverbote für einzelne Verbandsfunktionäre legten die Aktivitäten von Ortsgruppen jetzt völlig lahm, da die Zahl der aktiven Mitglieder immer weiter abnahm. Um solchen Eingriffen auszuweichen, gab man die Mitgliederversammlungen als Stammtische aus, um die notwendige polizeiliche Anmeldung zu umgehen.[179]

In der Gestaltung der Mitgliedertreffen ging man nun einen Mittelweg. Man hielt geplante Reden, die alldeutsche Inhalte präsentierten, und nahm sich Freiräume, die Formelhaftigkeit der NS-Symbolik zu ignorieren. So fiel der „Deutsche Gruß" zu Beginn der Veranstaltung weg. Oftmals wurde das Hitler-Porträt im Veranstaltungssaal einer Gastwirtschaft verdeckt, stattdessen wurden Bismarck-Bilder aufgestellt und eigene Devotionalien ausgelegt. Diese Taktiken, symbolische und habituelle Eigenständigkeiten zu wahren, fielen den Behörden auf und konnten den Verband nicht vor dem Vorwurf schützen, einen verschwörerischen Charakter zu haben. Denn die der Überwachung choreographisch angepassten Sitzungen riefen umso größere Skepsis bei den Behörden hervor, weil nun interpretiert wurde, was nicht gesagt, warum welche Lieder nicht gesungen oder welche Grußformeln zu Beginn der Veranstaltung nicht angewendet wurden.[180] Unmittelbare Reaktionen gab es vor Ort, wenn lokale SA-Truppen die Veranstaltung sprengten, das Horst-Wessel-Lied anstimmten, den „Deutschen Gruß einforderten" oder den Gastredner mit Gewalt vom Podium drängten.

Die Überwachung durch die Gestapo fand nach üblichen geheimdienstlichen Mustern statt und provozierte entsprechende Ausweichmanöver. Dass der Verband seit 1918 keine Handbücher mehr veröffentlichte, machte die Identifikation der Mitglieder in den Ortsgruppen, aber auch in den Führungsgremien umso schwieriger. Ab Winter 1937 wurden alle Telefonanschlüsse der Geschäftsstelle überwacht. Ab Februar 1938

---

177 Siehe Reichssicherheitshauptamt Abteilung II 123 an Stab des Stellvertreters des Führers Munich, 23.9.1937, STA Moskau, Fond 500, opis 3, Bd. 568, Bl. 221–222 und Bericht SD Berlin, 23.7.1937, in ebd., Bd. 569, Bl. 23. Siehe Bericht Reichssicherheitshauptamt Abteilung II 123, 22.12.1937, STA Moskau, Fond 500, opis 3, Bd. 568, Bl. 45 und Stellvertreter des Führers (c/o Witt) an Reichsführer SS, 4.2.1938, in ebd., Bd. 569, Bl. 97.

178 Bericht Reichssicherheitshauptamt Abteilung II 123, 7.2.1938, in ebd., Bd. 568, 221–222 und Bericht SD Berlin, 23.7.1937, in ebd., Bd. 562, Bl. 71.

179 Siehe Bericht Gestapo Berlin-Mitte, 23.5.1934, in ebd., Bd. 563, Bl. 84, Bericht Gestapo Oberabschnitt Mitte, Januar-Juni 1935, in ebd., Bd. 567, Bl. 23 und Bericht SD Abt. II 123, 24.3.1938, in ebd., Bd. 563, Bl. 84.

180 Lagebericht Gestapo Oberabschnitt Mitte, Januar-Juni 1935, inebd., Bd. 567, Bl. 22.

wurde auch das Telefon von Claß' und Bangs Privatsekretärin, Jutta von Stopf, abgehört, die schon vor der Machtergreifung für Claß in der Geschäftsstelle tätig gewesen war.[181] Deckadressen der Geschäftsstelle wurden bei Hertzberg-Lottin oder Emil Junghans oder der Alldeutschen Elisabeth Sula vermutet, da sie vermehrt Post bekämen.[182] Auch Claß' Feier zu seinem 70. Geburtstag im Rathaus Schöneberg wurde überwacht und die Teilnehmerliste, auf der unter anderem Hugenberg und seine Frau Gertrud vermutet wurden, im Vorfeld kritisch ausgewertet.[183]

Zu diesem Zeitpunkt mussten neben der Telefonüberwachung zahlreiche Informanten im Umfeld der Geschäftsstelle platziert gewesen sein, da ganze Gesprächsverläufe in den Aufzeichnungen überliefert sind. Detailgetreue Berichte über volle Gespräche bei Abendessen in Claß' privater Wohnung lassen auf weitergehende Abhörtechniken schließen.[184] Die Überwachung öffentlicher Versammlungen verlief bürokratischer und durch offenkundige Anwesenheit der Polizei. Vereinzelt sollen dabei selbst die jüngeren Überwachungsbeamten, die von der SA zur Kriminalpolizei gewechselt waren, bei den Ortsgruppenvorträgen eingeschlafen sein.[185] Die Gestapo hatte sogar Zugang zum Engeren Rat des Verbandes, wie beispielsweise in der Ortsgruppe Jena, wo junge Hochschullehrer mit entsprechendem bürgerlichen Habitus als Informanten angeworben wurden.[186] Etwas unbeholfener waren Versuche der Gestapo, eigene Informanten als Mitglieder in den Verband einzuschleusen, da die Anwärter aufgrund des fehlenden bürgerlichen Stils zumeist noch vor Eintritt aufflogen.

Mit den Überwachungsberichten machte die Gestapo Politik und gab entsprechende Empfehlungen für die Einschränkung alldeutscher Aktivitäten ab. So sollten Claß, Bang und Feldmann 1938 am besten „in den neuen Reichstagslisten nicht wieder erscheinen".[187] Kurz nachdem Claß erneut als Wahlvorschlag in den „Großdeutschen Reichstag" aufgenommen worden war, wurde sein Name zusammen mit Bang und Feldmann hingegen in einem Gestapo-Bericht mit einer „Liste der Persönlichkeiten" aufgeführt, „die im Zuge einer Aktion festzunehmen sind". Der Hinweis bezog sich auf zukünftige Säuberungswellen durch die SS, jedoch sollten die entsprechenden SD- und SS-Ab-

---

181 SD-Führer SS-Oberabschnitt Ost an Sicherheitshauptamt Abt. II/123, 20.11.1937, in ebd., Bd. 563, Bl. 2–4. Siehe auch Jutta von Stopf an Claß, 9.7.1932, in BA-Freiburg, N 239, Bd. 80, Bl. 157.

182 Gestapo Berlin Abt. II/123 Vermerk (Geheim), 8.2.1938, in STA Moskau, Fond 500, opis 3, Bd. 563, Bl. 44, Gestapa Berlin Abt. II/123 Berichte Januar-Februar 1938, in ebd., Bl. 63–100 und Gestapa Abt. I 132 an Abt. II/1, April 1938, in ebd., Bl. 88.

183 Gestapo Berlin Abt. II/123 Vermerk (Geheim), 22.3.1938, 23.3.1938 und 24.3.1938, in STA Moskau, Fond 500, opis 3, Bd. 563, Bl. 74, 75–77 und 79–82.

184 Siehe z. B. Bericht Gestapo Berlin Abt. II/123, 6.5.1938, in ebd., Bl. 119–120.

185 Siehe Bericht Alexander Graf Brockdorff über seinen Vortragsabend in Worms, 21.10.1933, in HSTA Darmstadt, G12 B, Nr. 31, Bd. 3, o. Bl..

186 Siehe Bericht SD, Abt. II 123, 28.1.1938, in STA Moskau, Fond 500, opis 3, Bd. 569, Bl. 90–91 und SD-Oberabschnitt Elbe an SD-Aussenstelle Jena, 25.10.1937, in BA-Berlin, R 58, Bd. 2487, Bl. 159.

187 Bericht Gestapo Berlin Abt. II/1, 5.4.1938, in STA Moskau, Fond 500, opis 3, Bd. 563, Bl. 89.

schnitte darüber informiert sein, dass es sich hierbei um Reichstagsmitglieder handele.[188]

Der Verband fand sich mit seiner verbliebenen Infrastruktur zu dem Zeitpunkt bereits in den letzten Zügen und erodierte schnell. Der Wehrschatz war 1938 in Auflösung.[189] Der Verbandstag, zu dem 1936 und 1937 immer noch zwischen 400 und 550 Teilnehmer erschienen waren, fand zuletzt im August 1938 in Bad Harzburg statt.[190] Anfang Juni 1939 wurde die Liquidation der Vermögensverwaltung des Alldeutschen Verbandes beantragt. Claß' letzte und achte Auflage des „Kaiserbuchs" war bereits 1935 mit geringen Mitteln aus der Vermögensverwaltung selbst finanziert worden. Hertzberg-Lottin, der 1922 schon die Auflösung des DvSTB organisiert hatte, vertrat nun die juristische Abwicklung der Vermögensverwaltung.[191]

Die Zusammenlegung von Staatspolizei und Sicherheitspolizei verschärfte nicht nur die Überwachung, sondern mittelfristig auch die Auflösungsforderungen gegen den Verband. Himmler unterzeichnete am 8. März 1939 die entsprechende Verfügung. Feldmann deutete Claß gegenüber nach der Auflösung an, dass institutionelle Rivalitäten zwischen Innenministerium und Reinhard Heydrich als Chef der Sicherheitspolizei (Gestapo und Kriminalpolizei) beschleunigend gewirkt haben könnten, denn Frick habe Feldmann berichtet, dass er, dem Heydrich eigentlich formal unterstand, von der Auflösungsorder erst zwei Monate danach erfahren habe.[192] Heydrich, selbst seinerzeit Mitglied des DvSTB, war mit der Zentralisierung der Polizeigewalten und der Ausweitung von Sonderkompetenzen des im September 1939 gegründeten Reichssicherheitshauptamts um unabhängigere Machtsicherung im polykratischen Gefüge des NS-Regimes miteinander konkurrierender Herrschaftssäulen bemüht.[193]

Himmler ließ in der Anordnung zur Auflösung des Verbandes festhalten, dass mit dem „Anschluss" Österreichs die eigentlichen Ziele des Alldeutschen Verbandes erreicht worden seien.[194] Auch die *Alldeutschen Blätter* notierten im März 1938 voller Zustimmung: „Das Hauptwerk ist getan."[195] Der Hinweis im Auflösungsbescheid ein Jahr später enthielt insofern eine gewisse Ironie, als dass der Alldeutsche Verband im austro-faschistischen Österreich unter Kurt Schuschnigg als diktatorisch regierender Bundeskanzler eines sich gegen das Deutsch Reich abgrenzenden „Ständestaates" im Dezember

188 Ebd. Der gesamte Bericht Gestapo-Berlin Abt. II/1 an SD-Führer des SS-Oberabschnitts Donau, z. Hd. SS-Obersturmbannführer Dr. Six vom 5.4.1938 ebd., Bl. 89–98.

189 Bericht Gestapo Abt. II/123, 8.2.1938, in ebd., Bd. 563, Bl. 125–127.

190 Alldeutsche Blätter 5.9.1938.

191 Siehe Leicht: Heinrich Claß, S. 407.

192 Feldmann: Lebenserinnerungen, in GStA PK VI. HA, NL Feldmann, Bd. 1, Bl. 329.

193 Siehe auch Gerwarth: Reinhard Heydrich, S. 111–191.

194 Reichsführer-SS/Chef der Deutschen Polizei an Claß, 8.3.1939, in GStA PK VI. HA, NL Friedrich Solger, Bd. 110.

195 Alldeutsche Blätter 20.3.1938. Siehe auch Hans Hartmeyer: Ein Volk! – Ein Reich! – Ein Führer!, in ebd., 5.4.1938.

1935 wiederum mit der Erklärung aufgelöst worden war, dass er den „Anschluss“ an das Deutsche Reich vertrete.[196]

12.3 „Volksgemeinschaft“: Alldeutscher Verband und NSDAP

Die Gesetze gegen Juden, die Rassengesetze und die Neuformulierung deutscher Staatsbürgerschaft standen im Einklang mit den langjährigen Forderungen des Verbandes für eine deutsche „Volksgemeinschaft“.[197] Für Claß blieb vor allem die Auseinandersetzung mit den Juden ein „Schicksalskampf“. Die im Dezember 1933 und November 1934 erfolgte Erneuerung des 1924 in die Satzung des Verbandes eingeführten „Arierparagraphen“ machte die Exklusion von Juden aus den eigenen Reihen weiterhin verbindlich.[198] Die im September 1935 erlassenen „Nürnberger Rassengesetze“ wurden vom Verband als Maßnahme gegen „Überfremdung“ und „Entartung“ voll unterstützt.[199] Die systematische Ausgrenzung, Isolation und Entrechtung von Juden erhielt mit einer eng aufeinander bezogenen Folge von Gesetzen und Verfügungen einen umfassenden Charakter, der sich mit seiner kompromisslosen Exklusionspolitik auch auf die von Claß lange beschworene jüdische „Verwüstung und Korruption unseres öffentlichen Lebens“ beziehen konnte: „Publizistik, Theaterwesen, Journalistik wurden erobert; die Advokatur, die Hochschulprofessuren, die ärztliche Laufbahn wurden ein besonderes Feld jüdischer Betätigung und jüdischen Einflusses“, hatte Claß bereits in seinem „Kaiserbuch“ behauptet.[200]

Die antisemitische Ausgrenzung durch die nationalsozialistischen Rassengesetze betraf auch die Profession von Claß’ Vater und seinen eigenen Berufsstand, den er zwar 1920 verlassen hatte, in den er aber jederzeit hätte wieder eintreten können: den der Notare und Rechtsanwälte. Insgesamt waren Anfang April 1933 11.814 Anwälte zugelassen, von denen 3.370 als „nichtarisch“ galten. Deren Zahl verringerte sich aufgrund des Gesetzes über die Zulassung zur Rechtsanwaltschaft vom 7. April 1933 um 1.084.[201] Von den 6.226 zugelassenen Notaren galten nun 2.051 als „nichtarisch“. 266 wurden aufgrund

196 Bundeskanzleramt an ADV (Wien), 5.12.1935, in Wiener Stadt- und Landesarchiv. M.Abt. 119, A 32, o. Bl. und Claß: Gruß zur Jahreswende aus Neu-Oesterreich, in Alldeutsche Blätter 11.1.1936. Siehe zur Auflösung in Österreich auch Claß auf dem alldeutschen Verbandstag 28.8.1938, in Alldeutsche Blätter 5.9. 1938.

197 Siehe auch Claß: Deutsche Geschichte von Einhart (19. Aufl. 1941), S. 505–509 und 511.

198 Siehe Claß auf der Sitzung des Geschäftsführenden Ausschusses des Alldeutschen Verbandes, 2.9. 1933, in Alldeutsche Blätter 9.9.1933, Claß auf der Sitzung des Weiteren Rates des Alldeutschen Verbandes, 10.5.1936, in Alldeutsche Blätter 16.5.1936, Satzung des Alldeutschen Verbandes, Dezember 1933, in BA-Berlin, R 8048, Bd. 4, Bl. 93a sowie Antrag auf Satzungsänderung auf der Sitzung des Gesamtvorstandes, 30.8.1924, in ebd., Bd. 139, Bl. 9 und Satzung des Alldeutschen Verbandes, November 1934, in ebd., Bd. 4, Bl. 101.

199 Alldeutsche Blätter 24.2.1934 und 30.11.1935.

200 Claß (Pseudonym Daniel Frymann): Wenn ich der Kaiser wär’, S. 36, 37 und 32.

201 Gruchmann: Justiz im Dritten Reich, S. 151.

des Rechtsanwaltszulassungsgesetzes von der Ausübung ihres Berufes ausgeschlossen und noch einmal 789 aufgrund des Berufsbeamtengesetzes.[202] Das Gesetz bestätigte das durch Hans Frank kurz zuvor erlassene Vertretungsverbot (außer für ehemalige jüdische Frontkämpfer) und es führte Passierscheine für jüdische Rechtsanwälte beim Betreten von Gerichtsgebäuden ein.[203] Das durch die fünfte Verordnung zum Reichbürgergesetz erlassene Zulassungsverbot jüdischer Rechtsanwälte zum 30. November 1938 führte dazu, dass sich unter den 17.360 zugelassenen Rechtsanwälten noch 1.753 jüdische befanden (mit Übergangsbestimmungen für Österreich).[204]

Mit Blick auf die rechtsanwaltliche Vertretung hatte Claß bereits 1912 Juden als „artfremd" charakterisiert, da sie in ihrem Denken und Handeln durch ihre Religion bestimmt seien, die nicht nur eine eigene Kulturform sei, sondern auch eine eigene Rechtsform hervorgebracht habe und somit untergeordneter Ausdruck einer eigenen Rasse sei. Im „Kaiserbuch" hieß es in der antisemitischen Generalkritik an seinen jüdischen Anwaltskollegen:

> Und dem Gesetze seines Wesens entsprechend – keiner kann aus seiner Haut, das gilt auch für alles rassenmäßig Ererbte – ist der Jude in allem, was er angreift Jude. Treibt er Politik, so kann er sie nur als Jude betreiben, d. h. ohne Sinn und Verständnis für das Sich-Einfügen, für Unterordnung, ohne Liebe für das geschichtlich und organisch Gewordene; wird er Anwalt, so wirkt er zersetzend, weil seine angeborenen Rechtsbegriffe im Widerspruch stehen zu denen, die dem eingeschriebenen deutschen Rechte innewohnen, und es kommt zu talmudschen Praktiken, die Unrecht zu Recht verdrehen wollen und umgekehrt; wirkt er sich auf die Kunst, so fehlt ihm die Innerlichkeit, die doch der Mutterboden jeder selbstschöpferischen Leistung ist.[205]

Persönlichkeit sei demnach wie Religion lediglich „ein Ausfluß der Rasse".[206]

Der Ausschluss jüdischer Anwälte geschah im größeren Zusammenhang der Gleichschaltung der Justiz, die nur noch ausführendes Organ der bestehenden „Rechtspflege" sein sollte. Mit dem nationalsozialistischen Gesetz zum Schutze des Deutschen Volkes vom 4. Februar, dem Gesetz zum Schutz von Volk und Staat vom 28. Februar im Anschluss an den Reichstagsbrand und dem Ermächtigungsgesetz vom 24. März 1933 wurden nicht nur essenzielle Grundrechte außer Kraft gesetzt. Mit der diktatorischen Anmaßung der Regierung, Reichsgesetze weitgehend alleine zu beschließen, von denen die Rechte von Reichstag, Reichsrat und Reichspräsident noch ausgenommen waren, wurden die Grundlagen für den staatlichen Eingriff in die Gewaltenteilung gelegt.

Mit dem Gesetz über die Zulassung zur Rechtsanwaltschaft vom 7. April 1933 wurden kommunistische, sozialdemokratische und auch jüdische Rechtsanwälte von der Anwaltschaft ausgeschlossen. Juden durften ab 1935 nur noch jüdische Mandanten ver-

---

202 Ebd., S. 152.

203 Siehe Weber: Das Schicksal der jüdischen Rechtsanwälte, S. 56–92.

204 Gruchmann: Justiz im Dritten Reich, S. 174.

205 Claß (Pseudonym Daniel Frymann): Wenn ich der Kaiser wär', S. 32–33.

206 Ebd., S. 38 und 36.

treten, bis mit der Fünften Verordnung zum Reichsbürgergesetz vom 27. September 1938 die letzten jüdischen „Frontkämpfer“ von der Rechtsvertretung in Deutschland und Österreich ausgeschlossen wurden.[207] Somit war im Frühjahr 1933 die von Claß geforderte „Fremdengesetzgebung“ auch in seinem Berufsfeld umgesetzt, während die Rechtsanwälte nun „Erfüllungsgehilfen der staatlichen Rechtspflege“ im totalen Staat wurden und die Richter die „konkrete völkische Gesellschaftsordnung“ zu wahren hatten.[208] Die neue Reichs-Rechtsanwaltsordnung vom Dezember 1935 beseitigte die Selbstverwaltung der Anwaltskammern und machte sie zu weisungsgebundenen Organen der übergeordneten Reichs-Rechtsanwaltskammer.[209] Die freie Advokatur, die Claß noch seine anwaltliche Berufsunabhängigkeit vom Staatsbeamtentum ermöglicht hatte und die 1878 reichsweit durchgesetzt worden war, war nun wieder beseitigt.

Dass Franz Gürtner wie in den Kabinetten Papen und Schleicher erneut 1933 Justizminister wurde und bis zu seinem Tod 1941 blieb, verlieh dem Übergang vom Verfassungsumbau des Jahres 1932 zur nationalsozialistischen Rechtspraxis nach 1933 personelle Kontinuität. Gürtner sprach sich gegen SA-Gewalt und Gestapo-Willkür aus und versuchte Elemente einer unabhängigeren Richterschaft zu sichern. Rechtsstaatlichkeit hieß für Gürtner zwar noch ein gesetzmäßiges Agieren der Staatsorgane und eine gewisse Unabhängigkeit der Gerichte, jedoch eben nur so lange, bis die „Staatsräson“ nicht angetastet worden sei, die konkrete Inhalte der autoritären Staatsgewalt vorgab, so Lothar Gruchmann.[210] Letztlich gewann gerade die Geheimpolizei an Macht und Gürtner, der 1937 in die NSDAP eintrat, verlor an Einfluss und sicherte die Maßnahmen-Gesetze des NS-Staates ab.

Fehlte der nationalsozialistischen Diktatur letztlich eine einheitliche Rechtstheorie, die über neu gesetzte und oftmals konkurrierende Rechtsquellen sowie über die funktionale Indienstnahme der Rechtsinstitutionen als Instrument der NS-Weltanschauung hinausging, so basierte das völkische Rechtsdenken im Nationalsozialismus auf einer politischen Umsetzung weltanschaulicher Überzeugungen, die in eine zweckgebundene „Rechtsordnung“ des totalitären Führerstaates mündeten. Es ist nicht überraschend, dass sich in der Richterschaft des NS-Regimes führende Juristen wiederfanden, die schon vor 1933 subjektive Interessen zur Norm erhoben hatten, beispielsweise Karl August Werner, der Claß beim Putschverfahren 1926 äußerst nachsichtig behandelt hatte und als Oberreichsanwalt im Reichstagsbrandprozess vom September bis Dezember 1933 die Anklage führte.[211]

Die Verabschiedung der Notverordnung zum Schutz von Volk und Staat, die zentrale Grundrechte aushebelte, und die Verordnung des Reichspräsidenten zum Schutze des Deutschen Volkes vom 4. Februar 1933, die die Versammlungs- und Pressefreiheit

207 Siehe Ostler: Die deutschen Rechtsanwälte, S. 241–263.

208 Siegrist: Anwalt, Bürger und Staat, S. 683 und Richter-Leitsätze von Hans Frank, 14.1.1936, zit. in Angermund: Deutsche Richterschaft, S. 1.

209 Königseder: Recht und nationalsozialistische Herrschaft, S. 62–63.

210 Siehe auch Gruchmann: Justiz im Dritten Reich, S. 69.

211 Kaul: Geschichte des Reichsgerichts, Bd. IV, S. 81–113.

bereits eingeschränkt hatte, sowie das Ermächtigungsgesetz vom 4. März 1933, das die Gesetzgebung vom Parlament auf die Regierung übertrug, stellen die Grundsäulen der NS-Diktatur dar.[212] Hinzu kam die Einrichtung von Sondergerichten bei den 36 Oberlandesgerichtsbezirken durch Verordnung vom 21. März 1933, die wiederum die Befugnisse des Reichsgerichts grundsätzlich durch Entzug der Revision beschränkte.[213] Die Bildung des Volksgerichtshofes im April 1934 übertrug die Befugnis zur erstinstanzlichen Rechtsprechung bei „Hoch- und Landesverrat" schließlich auf die Richter der Senate, die von Hitler auf Vorschlag des Justizministers ernannt wurden.

Diese politisch motivierten Vereinheitlichungen in der NS-Rechtsprechung gingen einher mit der Eingliederung der berufsständischen Richtervereine in die „Deutsche Rechtsfront", vertreten durch den Bund Nationalsozialistischer Deutscher Juristen, die bis Ende 1933 abgeschlossen war.[214] Walter Luetgebrune rechtfertigte den Prozess der juristischen Gleichschaltung. Luetgebrune war bekannt als Anwalt der radikalen Rechten und genoss einen entsprechenden Ruf als überzeugter Verteidiger seiner zahlreichen Mandanten, die auch an Fememorden beteiligt waren. Er hatte bei vielen Prozessen der Rechten, unter anderem zusammen mit dem alldeutschen Rechtsanwalt Willy Hahn im Rathenau-Prozess für den angeklagten Ernst Werner Techow, die Rechtsvertretung übernommen, war bis 1931 Mitglied der DNVP und wechselte dann als Rechtsberater der SA und SS zur NSDAP.[215] Luetgebrune übernahm unter anderem das Mandat für Hermann Ehrhardt nach dessen Verhaftung Ende November 1922, um ihn bei den Untersuchungen wegen seiner Teilnahme am Kapp-Putsch 1920 zu verteidigen. So lautete die offizielle Anklage des Reichsgerichts in Leipzig, aber Ehrhardt hätte zu diesem Zeitpunkt vor allem wegen seiner Verwicklungen in die Ermordung Rathenaus im Juni 1922 durch Mitglieder der Organisation Consul vor Gericht stehen müssen. Dies wusste Claß, der Ehrhardt seine Rechtsvertretung vor dem Reichsgericht anbot und dafür auch seine erneute Zulassung als Rechtsanwalt beantragt hätte. Ehrhardt entschied sich letztlich für Luetgebrune als Anwalt.

Auf dem Deutschen Juristentag im Oktober 1933 fasste Luetgebrune nun die neue Rechtsauffassung über die Funktion des Rechtsanwaltes zusammen:

> Das römische Recht ist für Deutschland eine Errungenschaft der Ich-Zeit, und in diesem Zeitabschnitt hat es sich bis zur Überschlagung im Positivismus und in der Begriffsjurisprudenz unheilvollst für das deutsche Volk auswirken können und ausgewirkt. Denn dieser Zeitabschnitt nahm sich wegen seiner Eigensüchtigkeit gar keine Zeit, einmal ein junges, eigenes Recht aufwachsen zu

212 Siehe Hett: Burning the Reichstag, S. 140–180.

213 Angermund: Deutsche Richterschaft, S. 137–157.

214 Sunnus: Der NS-Rechtswahrerbund.

215 Siehe Heydeloff: „Staranwalt der Rechtsextremisten". Walter Luetgebrune studierte Rechtswissenschaft in Tübingen, Berlin und Göttingen. Er wurde 1903 in Freiburg promoviert. Luetgebrune verteidigte 1921 unter anderem Traugott von Jagow in seinem Prozess zur Teilnahme am Kapp-Putsch, Hermann Ehrhardt im Prozess zur Ermordung Matthias Erzbergers 1922/23 und Erich Ludendorff im Hitler-Prozess 1924. Er setzte sich auch für die Organisation Consul und den DvSTB sowie in den Feme-Prozessen für die Schwarze Reichswehr ein.

> lassen. [...] Nun ist es an der Zeit und an der Pflicht des neuen Anwalts im neuen Staat, hier Mit-Rechts-Schürfer und Rechtsschöpfer zu sein. Das Recht im neuen Staat wird nicht von der Ministerialbürokratie gemacht, das Recht des neuen Deutschlands trägt der SA-Mann im Tornister und hat der Bauer in der ererbten Truhe seiner Hofstelle.[216]

Der Anwalt habe die Interessen seiner beruflichen „Standesgemeinschaft“ immer den Interessen der „Volksgemeinschaft“ unterzuordnen, deren „Rechtsstoff“ auch aus den Anordnungen Hitlers und seines Stellvertreters hervorgehe. Für Luetgebrune als politischen Anwalt der radikalen Rechten in der Weimarer Republik stand die Legitimation des Staates zur Anwendung gewalttätiger Mittel zum Zweck der Verteidigung gegen seine liberalen und kommunistischen Gegner immer über dem positiven Recht.

Auch Claß forderte: „Recht und Gericht müssen deutsch gemacht werden, gehandhabt von Männern mit deutschem Instinkt und Herzen –, nicht von Aktenmenschen ohne inneren Anteil am Schicksal derer, über die sie befinden sollen.“[217] Für ihn hing die Durchdringung aller gesellschaftlichen Bereiche in der Diktatur von einem hohen Maß an Gleichschaltung ab, jedoch sollte das sogenannte Prinzip der Persönlichkeit gewahrt bleiben. Diese Spannung zwischen Gleichschaltung und Individualität ließ sich nicht auflösen, wenn das Privileg der Individualität nicht nur einer exklusiven Elite von Herrschaftsträgern von „Bildung und Besitz“, sondern ebenso den Massen zugestanden werden sollte. Und so passte auch Claß langsam sein Diktaturkonzept dem Regime an und begrüßte nicht nur im Rechtswesen die umfassenden Maßnahmen der Regierung Hitlers, der nun „der Träger und Vollzieher des unverfälschten Gedankens und Willens der Diktatur“ sei und die „Einheitlichkeit“ politischer Führung durchsetze.[218] Daher habe anstelle einer Verfassung, „die in wichtigen Teilen fremden Einflüssen entwachsen“ sei, eine „gereinigte deutsche Staatseinrichtung zu treten“, und die „Stellung des Staatsoberhauptes“ sei vom „römisch-byzantinischen Einschlag zu befreien“.[219]

Zur völkischen Diktatur gehörte für Claß darüber hinaus ethnische Homogenität. Die rassische Ausgrenzung von „Fremdvölkischen“ sowie die rassische Eingrenzung der „Volksgemeinschaft“ entsprach den Prinzipien der Deutschtumspolitik, wie sie die Alldeutschen seit Gründung des Verbandes durch die biologistische Erweiterung kultureller Zuschreibungen von Gemeinschaft vertraten.[220] Die „Polyvalenz“ des alldeutschen Volksbegriffs, in dem Staatsvolk und ethnische Abstammungsgemeinschaft zusammengeführt werden sollten, bezog sich auf das Konzept einer „organischen, vor- und überstaatlichen Gemeinschaft“, die jedoch als utopisches Ideal durch radikale Umwandlung der Gesellschaft und durch imperiale Reichserweiterung erst noch erreicht werden sollte.[221] Claß hatte daher bereits 1912 anklingen lassen, dass Bismarck mit

216 Luetgebrune: Die Stellung des Rechtsanwalts im neuen Staat, S. 9.
217 Claß auf dem alldeutschen Verbandstag 20.9.1935, in Alldeutsche Blätter 3.10.1936.
218 Claß: Zum Jahreswechsel und Ders.: Nach Jahr und Tag, in Alldeutsche Blätter 30.12.1933 und 10.2.1934.
219 Claß auf dem alldeutschen Verbandstag 20.9.1935, in Alldeutsche Blätter 3.10.1936.
220 Claß (Pseudonym Daniel Frymann): Wenn ich der Kaiser wär', S. 230.
221 Walkenhorst: Nation – Volk – Rasse, S. 87.

historischem Abstand sehr wohl der Vorwurf gemacht werden könne, er habe „trotz der Fülle seiner Macht nichts gegen die Folgen der Judenemanzipation getan".[222]

Bei aller behaupteten Objektivität des biologistischen Gemeinschafts- und Staatsbegriffs bedeutete dessen Durchsetzung zweckmäßige Willkür und die forcierte Realisierung von Normen sowie gleichzeitig ein beständiges Bemühen um eine Setzung von Recht, die einem objektiven Rechtsbegriff entsprechen sollte. Die Öffnung des bürgerlichen Prinzips des Rechtsstaates und der Sicherung des Privateigentums für Staatsnotstand, Diktatur und Ausgrenzung von „Reichsfeinden" und „Fremdstämmigen" machte die Alldeutschen wie auch weite Kreise des völkischen Bürgertums für die Praxis des Nationalsozialismus anschlussfähig.[223]

Grundsätzlich andere Zugänge zum autoritären und rassischen Staat hatten die Alldeutschen bei der politischen Führungsfrage, die nach 1933 weiterhin immer eine Machtfrage blieb. Trotz der Überschneidung bei völkischen Zielsetzungen und dem letztlich elastischen Verständnis politischer Notwendigkeiten in der Sammlungsbewegung der „nationalen Opposition" blieb der alldeutsche Begriff von „Volksgemeinschaft" bei aller Anerkennung der Bedeutung der „Massen" in der Moderne immer hierarchisch-ständisch definiert. Die Gewalt und Kompromisslosigkeit der NSDAP-Gliederungen machte diesen Konkurrenzkampf in der Mittelanwendung sowie im Stil für die Alldeutschen zuweilen schwer erträglich, vor allem, sobald der Verband und seine Mitglieder selbst betroffen waren. Everling mahnte auf der alldeutschen Bismarckfeier in Dresden 1933 vor der „Gleichschaltung des neuen Regimes", dass am Ende nur „Gleichmacherei" der Massen sein könne, wenn nicht mit dem Taktgefühl agiert werde, das Bismarck besessen habe.[224]

So sehr der Alldeutsche Verband die „Einzigartigkeit der nationalsozialistischen Revolution" anerkennen musste, so sehr sahen sich die Alldeutschen in ihrer bürgerlichen Expertenrolle verdrängt und mussten sich für die ideologische Anschlussfähigkeit führender NSDAP-Mitglieder an alldeutsche Konzepte rechtfertigen. So wehrte sich Hertzberg-Lottin im Frühjahr 1934 gegen Angriffe der *Deutschen Wochenschau*, er habe doch keineswegs bereits bei Gründung des Trutzbundes 1920 den „deutschrechtlichen" Grundsatz „Gemeinnutz geht vor Eigennutz" geprägt.[225] Die *Wochenschau* schrieb diesen Grundsatz Gottfried Feder zu und unterstellte Hertzberg-Lottin, in seiner Erinnerung Geschichte umschreiben und sich zum Stichwortgeber stilisieren zu wollen.[226]

222 Claß (Pseudonym Daniel Frymann): Wenn ich der Kaiser wär', S. 36.

223 Siehe zum Bürgertum auch Struve: Elites against Democracy, Mergel: Führer, Volksgemeinschaft und Maschine, Beck: The Antibourgeois Character of National Socialism, Rauh: Das Eigentum der Anderen und Freimüller: Bürgertum, Rasse und Eugenik.

224 Dresdener Zeitung, 29.3.1933.

225 Siehe Gertzlaff von Hertzberg-Lottin: Aus völkischer Kampfzeit. Eine Richtigstellung, in Alldeutsche Blätter 13.1.1933. Siehe auch Deutsche Wochenschau 23.12.1933.

226 Gottfried Feder gründete 1919 den Deutschen Kampfbund zur Brechung der Zinsknechtschaft. Der Begriff „Gemeinnutz geht vor Eigennutz" wurde 1920 als Punkt 24 in das NSDAP-Programm aufgenommen. Siehe Feder: Das Programm der NSDAP.

Hertzberg-Lottin erinnerte daran, dass nicht nur er beim Deutschen Tag im Oktober 1920 die Begriffe verwendet habe, sondern Claß bereits 1909 in der Erstauflage des „Einhart“ das Prinzip „gemeiner Nutz geht vor sonderlichem Nutz“ als „Wesen des deutschen Rechts“ benannt habe.[227] Solche Deutungskämpfe um Begrifflichkeiten verwiesen nicht nur auf zentrale Säulen radikalnationalistischer und völkischer Gesellschafts- und Rechtsvorstellungen, sondern reihten sich in die programmatischen Konkurrenzen um Konzepte von Diktatur und „Volksgemeinschaft“ ein.[228] Hinzu kam, dass die Ausdeutung des Volksgemeinschaftsbegriffs bereits lange vor der Gründung der NSDAP gerade im Zusammenhang mit dem Kampf um den „Burgfrieden“ im Ersten Weltkrieg vor allem in der Rechten umkämpft war.[229]

Der Untergang der DNVP als Vehikel des Verbandes reduzierte die Alldeutschen 1933 wieder auf einen schlichten Interessenverband, dessen Forderungen nunmehr wahlweise als eingelöst oder regimefeindlich interpretiert wurden. Hinter beiden Argumentationen stand das gleiche Prinzip. Der Verband störte die Nationalsozialisten, die sich mit ihrem revolutionären Selbstverständnis zwar in konservative und völkische Traditionslinien einordneten, jedoch ihr Narrativ der einzig richtigen Führung des politischen Kampfes anders gestalteten: Neben weltanschaulichen Anleihen, die Hitler unter anderem bei der alldeutschen Schönerer-Bewegung, aber nicht bei den wilhelminischen Alldeutschen verortete[230], begann der eigentliche Führungskampf mit der Gründung der Deutschen Arbeiterpartei 1919, der Führerschaft Hitlers ab 1920 sowie der Einlösung der Versprechungen der „Volksgemeinschaft“ mit der Diktatur des „Dritten Reiches“ 1933.

Aus dieser Erzählung wurden die Alldeutschen immer mehr entfernt. Dies hatte auch mit einem grundsätzlich anderen Verständnis von Führung und der dazu berufenen Eliten zu tun. Für die Alldeutschen blieben Bildungsbürger die eigentliche Führungsschicht der Moderne, die elitäres Selbstverständnis mit Expertise zusammenbrachten und zur politischen Führung nutzen sollten. Claß hatte dahingehend ein zweckmäßiges Verhältnis zur Monarchie, die vor allem verfassungsrechtlich das aristokratische Prinzip als Spitze des autoritär verfassten bürgerlichen Expertenstaates symbolisch absichern sollte, das aber bei Unfähigkeit des Regierenden eben auch die Abdankung für die Auswahl eines besseren Thronfolgers ermöglichen sollte. Der Alldeutsche Verband verstand sich in diesem Szenario als leitendes Beratungsgremium und gratulierte, auch in symbolischer Disinktion zu Hitler, 1934 in großer Aufmachung Wilhelm II. zum 75. Geburtstag mit dem Hinweis, der „Kaisergedanke“ sei „fest im deutschen Volke verwurzelt“.[231] Claß hielt vor allem über alldeutsche Mittelsmänner

227 Siehe Claß: Deutsche Geschichte von Einhart (19. Aufl. 1914), S. 99–100.

228 Siehe Hofmeister (Hrsg.): Heinrich Claß. Politische Erinnerungen, Kapitel 9 (Anhang von 1936). Siehe auch Herbst: Das nationalsozialistische Deutschland, S. 25–58, Raphael: Pluralities of National Socialist Ideology und Herbert: Echoes of the Volksgemeinschaft.

229 Siehe auch Wildt: Die Ungleichheit des Volkes.

230 Siehe Hartmann u. a. (Hrsg.): Hitler. Mein Kampf, 1. Bd., Kapitel 3.

231 Karl Klingemann: Zum 75. Geburtstag des Kaisers, in Alldeutsche Blätter 27.1.1934.

aus der Distanz Kontakt zur kaiserlichen Familie.[232] Er wollte Wilhelm II. allerdings zu keiner Zeit erneut auf dem Thron sehen. Er blieb aber den monarchischen Verbänden engstens verbunden und wusste auch um die monarchistische Gesinnung zahlreicher Honoratioren im Alldeutschen Verband. Im April 1933 nahm er am Vorabend der Reichsvertretertagung des Nationalverbandes Deutscher Offiziere an einer Versammlung teil und unterzeichnete eine Entschließung der anwesenden Verbände, darunter die VVVD, der Deutsche Offizier-Bund, der Reichs-Offizierbund und der Kyffhäuserbund, zur „Wiedererrichtung der Monarchie unter der ruhmvollen Regierung der Hohenzollern", die mit dem entsprechenden Huldigungstelegramm an die „Bundesfürsten" und an den Exil-Kaiser ging.[233] Ende des Jahres nahm der Verband die Formel einer „Aufrichtung des deutschen Kaisertums" in die Satzung auf.[234]

Dem monarchischen Prinzip entsprach das Prinzip einer „Geistesaristokratie", die aufgrund von Stand, Bildung und Leistung zu Expertise und Führung bestimmt sei.[235] Der meritokratische Zugang zur Macht verband in gewisser Weise die gänzlich anders gelagerten Aufsteigerbiographien Claß' und Hitlers, wenngleich Claß sich keineswegs mit Hitler auf eine Stufe stellte, da er seinen eigenen Aufstieg über Generationen erzählen konnte und Hitlers Weg zur Macht mit der gleichen habituellen Distanz beobachtete, wie sie in weiten Kreisen des Bürgertums zu finden war, wo man Hitler als sozialen Außenseiter verstand. Als der Druck für Parlamentarisierung und Friedensschluss kurz vor Ende des Ersten Weltkrieges auch Claß endgültig vor Augen führte, dass die revolutionäre Demokratisierung nicht aufzuhalten war, bezog er sich in seiner Kritik an einer fehlenden gegenrevolutionären Bewegung des Bürgertums auf seine eigene bürgerliche Herkunft: „Ich habe mich immer mit Genugtuung, ja Stolz als der Spross eines in fester Überlieferung ruhenden Bürgerhauses empfunden – nun sah ich mit Grimm und Verachtung, wie dieses Bürgertum einfach nicht kämpfen wollte, geschweige denn, dass es bereit gewesen wäre, dies gegen den Willen einer elenden Regierung zu tun." Gesinnungsgenossen wie Kirdorf, Hertzberg-Lottin oder auch Salm-Horstmar standen für Claß exemplarisch für einen radikalisierten Bürgerlichkeitsbegriff. Wie auch er selbst seien sie „nach ihrer Lebensstellung über das Bürgertum (im landläufigen Sinne genommen) weit hinausgewachsen" und somit „vorbildliche Vertreter des Bürgersinnes geworden, wie ich ihn verstehe".[236]

Claß nutzte nach dem Zusammenbruch des Kaiserreichs die Spannung zwischen bürgerlicher Ordnungswelt und radikalem Renegaten, um das Anhängermilieu des Alldeutschen Verbandes in die Radikalisierung zu führen und nach 1918 anschlussfähig an die „neuen" paramilitärischen Organisationen der Rechten zu machen. Während Claß weiterhin kompromisslos an der sozialen Herkunft als Zugang zur politischen und

232 So bestand beispielsweise wohl auch noch 1938 Kontakt zu Prinzessin Friedrich Wilhelm von Preußen. Bericht Gestapo Berlin Abt. II/123, in STA Moskau, Fond 500, opis 3, Bd. 563, Bl. 119–120.

233 Deutsche Zeitung 24.4.1933.

234 Satzung des Alldeutschen Verbandes, Dezember 1933, in BA-Berlin, R 8048, Bd. 175, Bl. 26.

235 Siehe auch Gerstner: Neuer Adel.

236 Hofmeister (Hrsg.): Heinrich Claß. Politische Erinnerungen, Kapitel 3.12.

kulturellen Macht festhielt, so waren „Besitz und Bildung" letztlich auch Ressourcen, die sich durch Entbehrung, Leistung und Glück aneignen ließen. Seine Familie war dafür ein gutes Beispiel. So pflegte Claß stets Sympathien für Nonkonformisten der Rechten, die sich durch ebenso kompromisslose Politik empfahlen und sich den Normen des geregelten politischen Systems entzogen, so wie Hitler, dem der Zugriff auf die „Massen" seinen eigenen Aufstieg ermöglichte und der allein in kleinen Zirkeln und hinter verschlossenen Türen nie möglich gewesen wäre.

Die Einbindung der „Massen" in moderne Konzepte von Politik blieb der wesentliche Unterschied zwischen Alldeutschen und Nationalsozialisten. Während Hitler das Selbstbild des einfachen Mannes aus dem Volk propagierte, konnte sich Claß aus seinem Selbstbild des Bildungsbürgers, berufen zur Macht durch Bildung und Besitz, nie lösen und verharrte in der Rolle des geistigen Anführers. Auf dem alldeutschen Verbandstag im September 1935 im schwäbischen Wildbad sprach er der NS-Bewegung seine Anerkennung als moderne Mobilisierungspartei aus, ohne eine gewisse Verbitterung über die Notwendigkeit der Massenmobilisierung für die breite Unterstützung der Diktatur zu verbergen: „Der nationalsozialistischen Partei, die unter ihrem Begründer, dem heutigen Führer und Reichskanzler, Massen deutscher Volksgenossen für die völkische Bewegung gewann, blieb es vorbehalten, zugleich den Sieg der nationalen Opposition und der völkischen Bewegung an ihre Banner zu heften."[237]

Gegen die Massenpolitik des Nationalsozialismus setzte Claß die Erziehung des „stolzen und unabhängigen Staatsbürgers" und meinte die Individualität des Einzelnen, der sich ohne nivellierende Volksgemeinschaftsversprechen und lediglich aufgrund von Talent und Bildung in Führungspositionen hineinarbeite.[238] Das Problem der politischen Führung war damit keineswegs gelöst und führte die Alldeutschen in die permanente Suche nach einer Lösung für die Besetzung des Führerpostens in der zukünftigen Diktatur. Dass die Alldeutschen bei aller Bildung nicht in der Lage waren, die „Massen" zu überzeugen und den eigenen Machtanspruch, für das gesamte „Volk" zu sprechen, jenseits der Gewaltoptionen einer autoritären Diktatur auch über das Votum der Wähler umzusetzen, führte den eigenen Machtanspruch letztlich *ad absurdum* und ebnete den Nationalsozialisten den Weg auch zu jüngeren Anhängern des radikalen Nationalismus innerhalb des Bürgertums.

In seiner Reichstagsrede zum 30. Januar erinnerte Hitler 1939 daran, dass die bürgerlichen Parteiführer seiner Zeit nicht in der Lage gewesen seien, ihre „Ignoranz" zu ändern, und dass im Nationalsozialismus die von einer „überheblichen, verkalkten, abgeschlossenen Gesellschaftsschicht" in der Vergangenheit übersehenen „wirklichen Revolutionäre von Weltformat" nur außerhalb dieser geschlossenen Machtzirkel rekrutiert würden.[239] Das hier aufscheinende Ressentiment gegen die politische Vorherrschaft des Bürgertums verwies auf einen sozialen Machtkampf der NS-Bewegung,

237 Claß auf dem alldeutschen Verbandstag 8.9.1935, in Alldeutsche Blätter 21.9.1935.

238 Der Montag 27.2.1933.

239 Rede Adolf Hitler im Reichstag, 30.1.1939, in Verhandlungen des Reichstags. IV. Wahlperiode, Bd. 460, S. 6.

der durch forcierte Einbindung in das NS-Regime, Versuche der Gleichschaltung und massive Verdrängung bürgerlicher Honoratioren der nationalen Rechte als weltanschauliche Vordenker entschieden werden sollte. Als Alfred Rosenberg bei Gebhard einen Artikel über Claß zu dessen 70. Geburtstag für den *Völkischen Beobachter* vom 1. März 1938 einwarb, war dies für den Verbandsvorsitzenden eine letzte Geste des neuen Regimes.[240] Rosenberg wünschte, dass Claß' Kampf gegen „jüdisch-liberale Verseuchung" besonders hervorgehoben werde, jedoch sollte jegliche Äußerung über ein „Vorläufertum" der Alldeutschen für den NS-Staat unterbleiben.[241]

240 August Gebhard: Zum 70. Geburtstag von Justizrat Claß (Manuskript), in BA-Berlin, R 8048, Bd. 334, Bl. 8–14.

241 Völkischer Beobachter an Dr. Hecht, 17.1.1938, in ebd., Bl. 6.

13 Zwischen Zweitem Weltkrieg, Nachkriegsordnung und deutscher Teilung 1939–1953

13.1 Krieg und Kriegsende. Von Berlin nach Jena

Mit der Auflösung des Alldeutschen Verbandes durch Verfügung Heinrich Himmlers vom 8. März 1939 ging Claß gleichsam in den politischen Ruhestand.[1] Die letzte und 19. Auflage des „Einhart" ließ ihn noch einmal zu Wort kommen. Dem Alldeutschen Verband hatte er bereits in der 16. Auflage von 1936 eine zentrale Rolle bei der Organisation der „nationalen Opposition" in dem als „Hausbuch" der Deutschen beworbenen Geschichtsbuch zugesprochen.[2] Zum Kriegsverlauf schrieb er nun im Vorwort vom 18. Januar 1941, die „deutsche Einkreisung" des erneuten „englischen Krieges" gegen Deutschland sei vor allem mit der Niederlage Frankreichs und Polens durchbrochen und neben territorialen Gewinnen sei der Beginn einer Siedlungspolitik erreicht worden, die mit dem im Dezember 1939 geschlossenen Abkommen mit Italien zur Umsiedlung von Deutschen in Südtirol in das „Großdeutsche Reich" begonnen habe und mit weiteren Ansiedlungsmaßnahmen in Polen forciert werden müsse.[3]

Nach dieser Anerkennung der imperialen Kriegsführung des NS-Regimes im „Einhart" bekam Claß die Folgen des Krieges am Ende selbst zu spüren. Im August 1942 wurde sein Haus in der Stadthausstraße 11 in Mainz durch alliierte Fliegerangriffe zerstört. Sein Haus in Finthen war bereits an die Gemeinde vermietet und somit nicht für die Familie beziehbar. Während der Bombenangriffe auf Berlin verlor Claß in der Nacht vom 22. zum 23. November 1943 seinen Hausstand in seiner Wohnung in der Keithstraße 42.

Die Vermögensaufstellung der zerstörten Wohnungseinrichtung in den sieben bewohnten Zimmern gibt den geschätzten Wertverlust wieder und dokumentiert gleichzeitig den großbürgerlichen Stil von Claß' Lebensführung. Verzeichnet sind der Verlust von Silber-Besteck, Porzellan, eines Renaissanceschrankes aus dem 17. Jahrhundert, einer Barockkommode, eines Kleiderschrankes aus dem 18. Jahrhundert, eines Kaffee- und Teeservices im Wert von geschätzten 4.500 Mark, eines Pechstein-Flügels seiner Tochter, eines vergoldeten Kronleuchters von 1790, einer Schmucktruhe aus den 1720er Jahren, eines Christusbildes aus dem 17. Jahrhundert, weiterer Gemälde aus dem 17. Jahrhundert, einer Büste Friedrichs II. und einer Claß-Büste des Bildhauers Günther Martin, der vor 1933 in die NSDAP eingetreten war und unter anderem von Hitler und Albert Speer Büsten angefertigt hatte. Zuletzt wurde Claß' Bibliothek mit einem ge-

1 Reichsführer-SS/Chef der Deutschen Polizei an Claß, 8.3.1939, in GStA PK, VI. HA, Nl Friedrich Solger, Bd. 110.

2 Siehe zur Historisierung des Alldeutschen Verbandes, des DvSTB sowie Alfred Hugenbergs als DNVP-Vorsitzender Claß: Deutsche Geschichte von Einhart (16. Aufl. 1936), S. 494–505.

3 Claß: Deutsche Geschichte von Einhart (19. Aufl. 1941), S. 533.

https://doi.org/10.1515/-015

schätzten Wert von 45.500 Mark in die Aufstellung mit aufgenommen. Insgesamt verlor Claß 5.000 Bücher, darunter die jeweiligen Ausgaben seiner eigenen Werke.[4] Insgesamt seien aufgrund der Ausbombung 230.407 Mark Schadensersatzforderung zu stellen, schrieb der Notar.[5]

Claß unterhielt bis dahin jedoch weitere Geschäftsbeziehungen. Als Mitunternehmer bei Alfred Hugenbergs August Scherl-Verlag hielt Claß entsprechend der Vermögensauflistung bis dahin einen Anteil von 20.000 Mark mit einem Wert von 64.312 Mark, außerdem besaß er Anteile an der Gewerbehaus AG von 20.000 Mark mit einem Wert von 25.000 Mark, eine Kriegsanleihe des Ersten Weltkrieges, aufgewertet auf 3.337 Mark, sowie eine Hypothek auf die Wohnung seiner verstorbenen Frau in der Mainzer Drususstraße von fast 3.000 Mark.

Von den Räumlichkeiten des Alldeutschen Verbandes blieb nach dem Zweiten Weltkrieg wenig übrig. Neben der ehemaligen Hauptgeschäftsstelle in der Stadthausstraße in Mainz (1909 – 1917) wurden auch die alte Berliner Geschäftsstelle in der Lützowstraße 85b (bis 1903) und in der ehemaligen Steglitzer Straße 77 (1903 – 1909) sowie Am Karlsbad 28 I (1916/17 – 1919) und am Lützowufer 5a/II (1919 – 1939) im Krieg zerstört, ebenso die von 1932 bis 1935 sowie von 1935 bis 1937 bezogenen Wohnungen in der Kurfürstenstraße 124/126. Somit blieben von Claß' einstigen Lebensstationen lediglich das Familienhaus in Finthen bei Mainz, die ehemaligen Redaktionsräume der *Deutschen Zeitung* mit dem Arbeitsraum des Aufsichtsrates, die Büros der Neudeutschen Verlags- und Vermögensverwaltung des Alldeutschen Verbandes in der Hedemannstraße 30 in Berlin sowie das Gebäude der Tschechischen Gesandtschaft in der Rauchstraße 27 in Berlin erhalten. Die dortige Zwölfzimmerwohnung hatte Claß nach vier Jahren aufgrund einer richterlichen Verfügung vom November 1928 mit einer Räumungsfrist von drei Monaten wegen einer Mietklage und folgenden Anklagen wegen Hauszinssteuervergehen verlassen müssen.[6]

In der Nacht der Berliner Ausbombung im November 1943 war Claß noch kurzzeitig in Zehlendorf gemeldet.[7] Vermutlich war die Adresse die Starkenburger Straße 26. Dorthin war seine Tochter Annelies unmittelbar nach Claß' Tod gezogen, bevor sie 1955 erneut umzog.[8] In der Bombennacht vom November 1943 muss Annelies Claß verletzt worden sein, jedenfalls führte ein achtwöchiger Krankenhausaufenthalt der Tochter in

4 Claß an Hans Grimm, 2.3.1944, in DLA Marbach, NL Grimm A 83.2., o. Bl.

5 Notar Arthur Reinhold Aufstellung der Wohnungseinrichtung von Claß, 10.12.1942, in BA-Berlin, N 2368, Bd. 8, o. Bl.

6 Ebd. Berliner Tageblatt 23.11.1928. Claß zahlte zwischen 1924 und 1928 lediglich eine Miete von 195 Mark, während die Wohnung bereits vor 1914 für 7.000 Mark vermietet war. Claß blieb jedoch bis 1931 dort wohnen und zahlte vermutlich die angemessene Miete.

7 Leicht: Heinrich Claß, S. 409.

8 Annelies Claß an Bezirksamt Tiergarten, 11.11.1953, in BA-Berlin, N 2368, Bd. 8, o. Bl.

Jena Claß zur Jahreswende 1943/44 in diese Stadt. Er vermied schon seit Längerem größere Zugreisen wegen der Überfüllungen.[9] Nun zwang ihn der Krieg dazu.

Er stand seit Jahren in Kontakt zu Professor Wolfgang Veil, der 1926 für Innere Medizin nach Jena berufen worden war und dort als Direktor der medizinischen Poliklinik einen Ruf als Rheumatologe und Spezialist für Stoffwechselkrankheiten sowie Herz- und Nierenkrankheiten hatte. Veil überließ Claß und seiner Tochter zunächst seine Villa im Oberen Philosophenweg 22a, da er selbst in einer etwas außerhalb der Stadt gelegenen Wohnung im Ziegenhainer Weg 6 in Lobeda lebte.[10] Seinen Vater, Gymnasialdirektor Heinrich Veil, brachte er im Oberen Philosophenweg 34 unter. Veil kümmerte sich nicht nur um Claß' Tochter. Auch Claß selbst wurde nun sein Patient. Im August 1944 litt Claß beispielsweise an ernsthaften Schwindelanfällen. Veil diagnostizierte eine chronische „Blutarmut", die zu einer Unterversorgung des Gehirns mit Sauerstoff führte, und er verordnete die Einnahme blutbildender Ergänzungsmittel.[11] Vermutlich entstand die Verbindung zu Veil über Winifred Wagner, die ihre Tochter Friedelind 1931 an die Universitätsklinik nach Jena schickte und dort Veil kennenlernte. Sie selbst war 1935 bei Veil in Behandlung und sandte ihre Tochter ein Jahr später erneut zum „cholerischen" Veil.[12]

Veil war eine äußerst umstrittene Persönlichkeit und seine politische Biographie ebenso fragwürdig wie erratisch. Er trat noch 1933 in den Stahlhelm ein, distanzierte sich aber zunächst von der NSDAP und folgte 1935 auch nicht der Eingliederung des Stahlhelms in die SA, um aber 1943, nicht zuletzt durch den Gauleiter von Thüringen Fritz Sauckel, für die Aufnahme geworben zu werden. Diese blieb ihm durch die Intervention von Joseph Goebbels versagt, der Veil unter anderem das dreiste Plagiat der Veröffentlichung über „Schillers Krankheit" 1936 übelnahm, deren Manuskript eigentlich eine zurückgesetzte Promovendin von Veil angefertigt hatte.[13]

Veil wusste von den Sektionen der Pathologen der Universität Jena für die SS im Konzentrationslager Buchenwald, die 1937 begannen, verwies bei seinen Befragungen durch die Alliierten nach 1945 ausschließlich auf das Pathologische Institut, das für diese Zusammenarbeit zuständig gewesen sei.[14] Wären die ursprünglichen Planungen der SS für ein Konzentrationslager in Magdala für die Zusammenführung der kleineren Lager für Mitteldeutschland 1936/37 unter anderem nicht am Einspruch des Reichsernährungsministeriums gescheitert, sodass die KZ-Planung für Buchenwald bei Weimar für

9 Claß an Alfred Hugenberg, 28.5.1941 und 22.8.1944, in Sammlung Schellhorn – Alfred Hugenberg (Rohbraken).

10 Siehe Adreßbuch der Stadt Jena 1941/42, S. 394 und 418.

11 Claß an Alfred Hugenberg, 22.8.1944, in Sammlung Schellhorn – Alfred Hugenberg (Rohbraken).

12 Siehe Weissweiler: Erbin des Feuers, S. 68–69 und 103–108 und Wagner: Nacht über Bayreuth, S. 99–101, 161 und 238–247.

13 Veil: Schillers Krankheit (1936 und 1945). Siehe auch Hoßfeld/John/Lemuth/Stutz: „Kämpferische Wissenschaft". Zum Profilwandel der Jenaer Universität im Nationalsozialismus, in Diess. (Hrsg.): „Im Dienst an Volk und Vaterland", S. 110–119 und Hendel: Wege der Wissenschaft im Nationalsozialismus, S. 287–288.

14 Siehe dazu auch Hoßfeld/John/Lemuth/Stutz: „Im Dienst an Volk und Vaterland", S. 151–159.

diesen Zweck beschlossen wurde, dann wäre in Magdala nur neun Kilometer von Jena entfernt das größte Konzentrationslager in Mitteldeutschland im Mai 1937 errichtet worden.[15] Auch Veil wäre dann exponierter in die Massenverbrechen involviert gewesen. Im Dezember 1945 wurde er nun unter den sowjetischen Besatzern zum Dekan der Medizinischen Fakultät Jena ernannt und stieg im August 1946 sogar zum Direktor der Medizinischen Klinik der Universität Jena auf.[16]

Der durch den völkischen Autor und ehemaligen Präsidialrat der Reichsschrifttumskammer Hans Grimm unmittelbar nach Claß' Ankunft in Jena vermittelte Kontakt zur Schriftstellerin Helene Voigt-Diederichs ermöglichte noch vor Kriegsende den vorläufigen Bezug der Villa des Verlegers Peter Diederichs durch Claß und seine Tochter.[17] Peter war der Sohn von Eugen Diederichs und Helene Voigt-Diederichs und wohnte im Oberen Philosophenweg 17. Im Jahr 1933 trat er in die SA und vier Jahre später in die NSDAP ein. 1942 wurde er nach der Denunziation von materiellen Zuwendungen an französische Kriegsgefangene seiner Frau Suzanna zur Wehrmacht eingezogen und war bei Claß' Ankunft in Jena noch in Brüssel stationiert.[18] Claß kam zunächst bei Diederichs Frau, einer geborenen Belgierin, und den drei Kindern unter. Suzanna Diederichs pflegte auch enge Beziehungen zu der im Oberen Philosophenweg 72 wohnenden Ricarda Huch, die 1936 nach Jena gezogen war.[19]

---

15 Siehe Mitteilung Hellmut Gommlich (Sonderbeauftragter Reichsführer SS) an die Geschäftsabteilung IIIa [Thüringisches Innenministerium], 11.1.1937, H. Gommlich an das Thüringische Wirtschaftsministerium, 31.3.1937, Niederschrift über die Besprechung im SS-Hauptamt am 23.4.1937 (SS-Gruppenführer und Leiter der Inspektion der Konzentrationslager Theodor Eicke, SS-Gruppenführer und Verwaltungschef der SS Oswald Pohl, SS-Oberführer [Leo] Petri, Ministerialrat Rademacher und drei Vertreter des Reichsfinanzministeriums, Oberregierungsrat Siegert vom Staatspolizeiamt und SS-Oberführer Ministerialrat Werner Best), 24.4.1937 und H. Gommlich an die Thüringische Landesuntersuchung Jena, 24.4.1937, in HStA Weimar, Bestand KZ Buchenwald, Nr. 19, Bl. 110, 117, 118 und 119.

16 Wolfgang Veil setzte sich letztlich für die kampflose Übergabe der Stadt Jena 1945 an die amerikanischen Truppen ein und half noch bei der Rettung der Dichtersärge von Goethe und Schiller, die auf Befehl gesprengt werden sollten. Er wurde zu Kriegsende von einem seiner ehemaligen Schüler, Luftschutzsanitätsarzt Dr. Werner Knye, gebeten, die im Dezember 1944 aus Weimar nach Jena verbrachten Sarkophage aus dem Luftschutzbunker, der als Sanitätsrettungsstelle und als Lagerungsort für die Sarkophage diente, gegen den Widerstand des Polizeidirektors zu evakuieren und in seiner Wohnung in Lobeda heimlich unterzustellen. Veil sprach sich dagegen aus und befürwortete die weitere Sicherstellung im Luftschutzbunker. Thüringen war seit dem 1.4.1945 von amerikanischen Truppen im Raum Eisenach besetzt Am 10.4.1945 bat Knye Veil erneut um Hilfe, als die Sarkophage auf Befehl des Reichsverteidigungskommissars gesprengt werden sollten. Jena wurde am 13.4.1945 besetzt. Am 12.5.1945 wurden die beiden Sarkophage wieder nach Weimar überführt. Siehe Wahl: Die Rettung der Dichtersärge, S. 25 – 33 und 101 – 102.

17 Siehe zu Hans Grimm auch Gümbel: „Volk ohne Raum" und Vordermayer: Bildungsbürgertum und völkische Ideologie.

18 Siehe Diederichs: Hinter den Nullpunkt, S. 320 – 321.

19 Peter Diederichs führte zusammen mit seinem Bruder Niels seit 1930 den Diederichs Verlag. Nachdem Peter Diederichs zu Kriegsende in amerikanische Kriegsgefangenschaft geriet, stand für ihn fest, dass er nicht nach Jena zurückkehren würde. Er führte noch bis 1946 mit Niels Diederichs und dem Prokuristen

Peter und Suzanna Diederichs vermittelten auch der in Mainz geborenen Malerin Clarissa Kupferberg nach der Ausbombung ihres Berliner Ateliers 1943 eine Wohnung in Jena und nahmen sie im Sommer 1944 im Oberen Philosophenweg 17 auf.[20] Sie gehörte der Sektdynastie aus Mainz an, die mit ihrem Vater, Ober-Medizinalrat Dr. Heinz Kupferberg, als Vorsitzendem der Ortsgruppe Mainz bis in die 1920er Jahre sowie als Zeichner der Gründung der Neudeutschen Verlags- und Treuhandgesellschaft 1916 prominent im Alldeutschen Verband vertreten war.[21] Zunächst pendelte die Kunstmalerin Clarissa Kupferberg zwischen Jena und Mainz, wo ihr Vater in Mainz-Kastel wohnte und noch einige Jahre zuvor als Arzt im Ruhestand praktiziert hatte.[22] Im Prinzessinnenschlösschen richtete sie sich nun in Jena ein Atelier ein und unterrichtete nach dem Krieg bis 1949 an der Volkshochschule. Clarissa Kupferberg war kurzzeitig mit dem Dramaturgen Günther Weisenborn liiert, der 1942 von der Gestapo wegen seiner Mitarbeit bei der „Roten Kapelle" verhaftet worden war. Sie war unter anderem mit Ricarda Huch befreundet, die ihre Freundeskreise im Oberen Philosophenweg 72 in einer Villa empfing, die ihr Schwiegersohn und nach dem Krieg in Westdeutschland einflussreiche Wirtschaftswissenschaftler Franz Böhm 1939 von einem Professor gemietet hatte, der nach Südamerika emigrierte.[23]

In dem noblen bildungsbürgerlichen Viertel im Oberen Philosophenweg kamen in den letzten Kriegsjahren verschiedene Persönlichkeiten auf engem Raum zusammen. Ob Claß im Oberen Philosophenweg Huch auf ihrem täglichen Spaziergang getroffen und gesprochen hat, bleibt nur zu vermuten.[24] Auch Kupferberg war oft Gast bei Huchs geselligen Runden, die politisch gewagt gewesen sein mögen. Kontakte zum Kreisauer Kreis und zu Carl Friedrich Goerdeler hielt Huch geheim. Ihr Eintreten für die Bekennende Kirche war hingegen bekannt. Huch pflegte auch Verbindungen, die indirekt in das Führungszentrum des ehemaligen Alldeutschen Verbandes führten. So stand sie vom Vorabend des Ersten Weltkrieges bis in die 1930er Jahre hinein in brieflichem Kontakt mit Viktor von Gebsattel, dem Sohn des 1932 verstorbenen Gebsattels, der noch im Ersten Weltkrieg von „Siegfrieden" und dem „absoluten Primat des Machtgedan-

Max Linke (der im September 1946 zu zehn Jahren Straflager verurteilt wurde) den Verlag in der SBZ weiter, um ihn nach Erhalt der Lizenz in Düsseldorf dann 1948 neuzugründen. Siehe ebd., S. 331–332.

20 Siehe Schwiedrzik: Ricarda Huchs Jenaer Jahre, in Huch: In einem Gedenkbuch zu sammeln ..., S. 53.

21 Friedrich Jakob Heinrich [Heinz] Kupferberg war der Sohn des Unternehmensgründers Christian Albert Kupferberg (1824–1876). Siehe StA Mainz, Mainzer Familienregister Nr. 28963 und Familienregister Nr. 11397. Clarissa Kupferberg hieß eigentlich Klara Martha Franziska Kupferberg. Ihre Schwester Meta Klara Kupferberg war von 1917–1931 mit Leopold Schilling von Cannstatt verheiratet, der später Vorsitzender der Ortsgruppe des Alldeutschen Verbandes Baden-Baden war. Siehe auch Heiratsregister 273/1917 sowie Adreßbuch Baden-Baden 1938, S. XIX.

22 Siehe Peter Diederichs an Clarissa Kupferberg, 6.9.1944, in DLA Marbach A: Diederichs 2003.61.6 und Adreßbuch Mainz 1940, S. 213. Heinz Kupferberg wohnte in der Eleonorenstraße 8.

23 Schwiedrzik: Ricarda Huchs Jenaer Jahre, in Huch: In einem Gedenkbuch zu sammeln..., S. 22.

24 Zur Übereinstimmung zwischen beiden mit Blick auf bestimmte weltanschauliche Ideen siehe auch Hering: Konstruierte Nation, S. 350.

kens" gesprochen hatte.[25] Vom Militarismus seines Vaters schien sich Gebsattel später distanziert zu haben. Er studierte nach der Promotion in Philosophie Nervenheilkunde und Psychologie. Seine Charlottenburger Wohnung in der Sophienstraße wurde bei einem Bombenangriff im November 1943 vollständig zerstört. Er bezog später das elterliche Haus in Bamberg, von dem aus sein Vater in Funktion als Erster Stellvertreter Claß im Ersten Weltkrieg so oft vertreten hatte.[26]

Claß konnte immerhin bis Kriegsende an einigen materiellen Gütern festhalten, die Ausweis des sozialen Aufstiegs seiner Familie ins rheinhessische Bürgertum waren und sich mit zahlreichen Auflagen und Einschränkungen, wie bereits nach dem Ersten Weltkrieg, erneut unter französischer Besatzung im nunmehr geteilten Deutschland befanden. Er besaß immer noch seine Villa in Finthen sowie sein Haus in der Stadthausstraße 11, wo sein Neffe, der Notar Eduard Lucius, gemeldet war und noch mindestens bis 1938 sein Büro hatte. Hinzu kam das Haus seiner Frau in der Drususstraße 4, das jedoch bereits seit zwanzig Jahren durch die Reichsvermögensverwaltung verwaltet wurde und mit einer Hypothek belastet war.[27]

Claß blieb daher in Jena gemeldet und sorgte sich mit seinen 76 Jahren um den „Einhart", mit dem er sich 1909 als neuer Verbandsvorsitzender mit seiner Neigung zum popularisierenden Historiker einer breiteren Öffentlichkeit vorgestellt und den er seiner Mutter zum 70. Geburtstag gewidmet hatte. Das Werk hatte ihn durch die Regimewechsel begleitet und ihm zuletzt das 171.000. Exemplar in der letzten 19. Auflage von 1941 beschert. So traf es ihn zutiefst, dass im Frühjahr 1944 die restlichen 1.900 Exemplare aus dieser Auflage durch die Bombardierung des Verlages Koehler & Amelang in Leipzig vernichtet wurden. Claß regte aufgrund des Verlustes dieser Restexemplare, und in der Hoffnung auf weitere Tantiemen, eine 20. Auflage des „Einhart" an.[28] Der Vertrag mit dem Verlag ist nicht überliefert, aber Claß wird über die Jahrzehnte für die großen Auflagen des „Einhart" bessere Bedingungen ausgehandelt haben als die sonst weitgehend üblichen hundert Reichsmark Pauschalhonorar, hundert Freiexemplare und 50 Prozent Autorenrabatt, wie sie beispielsweise Historiker wie Wilhelm Schüßler für seinen „Prinz Eugen", Wilhelm Mommsen für sein Bismarck-Buch oder Rudolf Stadelmann für seinen „Moltke im 19. Jahrhundert" im Dezember 1942 vertraglich zugesichert bekamen. Diese Werke sollten im Rahmen der Reihe kleiner Feldpostausgaben mit Förderung der Deutschen Forschungsgemeinschaft veröffentlicht werden.[29]

---

25 Viktor Emil von Gebsattel an Konstantin von Gebsattel, 12. 2. 1916, zitiert in Scheible: Viktor Emil von Gebsattel, S. 70.

26 Viktor von Gebsattel ging jedoch nicht gleich nach Ueberlingen in das Haus der Familie, sondern übernahm bis März 1945 noch die Leitung der Wiener Zweigstelle des 1936 gegründeten Berliner Deutschen Instituts für psychologische Forschung und Psychotherapie unter Leitung von Heinrich Göring. Scheible: Viktor Emil von Gebsattel, S. 113 – 114.

27 Mainzer Adreßbuch 1940, S. 464. und 602

28 Claß an Hans Grimm, 2. 3. 1944 und 9. 3. 1944, in DLA Marbach, NL Grimm A 83.2, o. Bl.

29 Siehe Verträge Koehler&Amelang mit Wilhelm Schüssler, 1. 12. 1942, Wilhelm Mommsen, 17. 12. 1942 und Rudolf Stadelmann, 17. 12. 1942, in STA Leipzig, 22378 Koehler & Amelang Leipzig, Nr. 119, o. Bl.

Der Verlag wollte eine Neuauflage des „Einhart" herausbringen. Jedoch wurde das umgehend von der Wirtschaftsstelle des deutschen Buchhandels, die im Oktober 1939 von Goebbels mit der Papierbewirtschaftung der Buchverlage beauftragt worden war und bei der unter restriktiveren Bedingungen seit 1942 alle Verlage eine Genehmigung für den Papiererwerb einholen mussten, „aus grundsätzlichen Erwägungen" im März 1944 abgelehnt.[30] Claß zeigte sich gegenüber Hugenberg bestürzt über die Zurückstellung seines „Einhart", an dem er festhielt, als sei es sein *opus magnum:* „Zur Zeit ist keiner meiner Einhar[ts] zu haben! Das trägt nicht zur Erholung meiner Lebensfreude bei. Womit haben wir es verdient, ein so schweres Leben führen zu müssen??"[31]

Ein anderer Alldeutscher erhielt hingegen schon länger offizielle Weihen vom NS-Regime, indem er für die NS-Kolonialbewegung vereinnahmt wurde. Carl Peters wurde von Walter Frank, dem Leiter des Reichsinstituts für Geschichte des neuen Deutschland, als Vorreiter der deutschen Kolonialbewegung mit einer dreibändigen Werkausgabe geehrt, die bei der C. H. Beck'schen Verlagsbuchhandlung zwischen 1943 und 1944 erschienen.[32] Dieser NS-Ruhm für Peters hatte Folgen für die Überlieferung der Akten des Alldeutschen Verbandes, denn das Reichsarchiv bemühte sich im Vorfeld um die forcierte Übergabe des gesamten Bestandes, den Claß nach der Verbandsauflösung in seiner Berliner Wohnung hütete. Das Reichsarchiv hatte bereits im August 1939 über Lutz Korodi die Überführung von zwei Aktenschränken angefordert, der in der Angelegenheit auf Claß verwies.[33]

Claß zögerte eine Übergabe des alldeutschen Verbandsarchivs in das Reichsarchiv so lange wie möglich heraus, da er selbst noch mindestens bis Ostern an der Überarbeitung seiner Erinnerungen „Wider den Strom II" arbeite, wie er Korodi in seinem Auftrag im Frühjahr 1941 dem Reichsarchiv mitteilen ließ.[34] Die geplante Peters-Edition verstärkte den Druck zur Abgabe der Verbandsarchivalien. Bereits am 21. März 1941 kam der Film „Carl Peters" in die deutschen Kinos, begleitet vom Epos über den Buren-Führer „Ohm Krüger", das zwei Wochen später folgte.[35] Im Frühjahr 1942 erfolgte schließlich die Überführung der Akten. Claß vernichtete Akten im Umfang von mehreren Panzerschränken und behielt für sich selbst zwei Panzerschränke an Material zurück. Vor der Vernichtung sortierte er Dokumente aus den betreffenden Beständen aus und führte sie zusammen. Da das Verbandsarchiv im Keller seiner Berliner Privatwohnung untergebracht war, fiel die Vorsortierung der Dokumente für die Übergabe an das Reichsarchiv nicht schwer, die vor allem die Machtkämpfe mit Hitler und der NSDAP aussparen sollten. Dies betraf vor allem Unterlagen für die Verbandsarbeit nach

---

30 Siehe zur vom Reichsministerium für Aufklärung und Propaganda kontrollierten Wirtschaftsstelle des deutschen Buchhandels auch Bühler: Der Frontbuchhandel 1939–1945.

31 Claß an Alfred Hugenberg, 22.8.1944, in Sammlung Schellhorn – Alfred Hugenberg (Rohbraken).

32 Frank (Hrsg.): Carl Peters. Gesammelte Schriften, 3 Bde. Zu Walter Frank siehe Heiber: Walter Frank.

33 Siehe Lutz Korodi an Direktor des Reichsarchivs, 15.1.1942, in BA-Berlin, R 1506, Bd. 198, Bl. 3.

34 Lutz Korodi an Direktor des Reichsarchivs, 28.2.1941, in ebd., Bl. 2.

35 Linne: Deutschland jenseits des Äquators?, S. 88.

1932. Auch der Bestand zum „Allgemeinen Schriftwechsel" ist daher für die Jahre ab 1930 nicht überliefert.[36]

Während sich Claß über die abnehmende Bereitschaft des Regimes beschwerte, wenigstens seinen „Einhart" weiter aufzulegen, gelangte Peters im „Dritten Reich" zu Ruhm. Claß hatte Peters immer als führenden Kolonialpolitiker anerkannt, der unter anderem zum Erwerb Deutsch-Ostafrikas beigetragen hatte, die Gesellschaft für Deutsche Kolonisation mitgegründet hatte und Gründungsmitglied des Alldeutschen Verbandes war. Jedoch sperrte er sich, Peters noch zu Lebzeiten eine Ehrenmitgliedschaft des Verbandes nach Bismarck und Ernst Hasse zukommen zu lassen.[37] Diese erhielt Peters erst nach seinem Tod 1918, aber Claß hielt kurz zuvor noch fest, dass er Peters für die Entwicklung des Verbandes für überschätzt hielt, da er sich um die eigentliche Arbeit nicht gekümmert habe und Hasse es gewesen sei, der die Organisation vor dem Zerfall kurz nach Gründung „gerettet" habe. Der aufgrund öffentlicher Skandale um seine brutale Amtsführung als Reichskommissar für das Kilimandscharogebiet 1891 unehrenhaft entlassene Vorreiter der kolonialen Bewegung war für Claß ein grundsätzlich „beklagenswerter" Charakter mit „grossen menschlichen Schwächen" und einem „Mangel an Selbstzucht".[38] Für die Nationalsozialisten war Peters die einzige führende Persönlichkeit des aufgelösten Alldeutschen Verbandes, die für imperiale und koloniale Traditionsbildungen genutzt wurde.

Stattdessen mobilisierte der Reichskolonialbund unter Franz Ritter von Epp für eine symbolische Kolonialsehnsucht, die an das Kaiserreich anknüpfte. Nach dem forcierten Zusammenschluss der Kolonialgesellschaften im Jahr 1936 verfügte der Reichskolonialbund über 850.000 Mitglieder.[39] Eine aktive Politik des Kolonialrevisionismus stand

36 Claß ließ das Reichsarchiv wissen, man habe gleich nach Auflösung des ADV am 8.3.1939 acht von zehn Schränken „eingestampft". Siehe Wolfgang Lesch über einen Besuch bei Claß, 2.2.1942, in BA-Berlin, R 1506, Bd. 198, Bl. 5. Bei anderen führenden Alldeutschen wurden die Verbandsdokumente aus politischen und pragmatischen Gründen aus dem Haus gebracht. Die Auflösung des Verbandes 1939 überraschte Otto von Feldmann, als bei ihm am 13.3. um 8 Uhr morgens die Gestapo vor der Tür stand, seine Wohnung durchsuchte und die Mitgliederlisten der alldeutschen Ortsgruppe Hannover und des Gaues Hannover-Braunschweig, denen Feldmann bis zuletzt vorsaß, beschlagnahmte. Otto von Feldmann: Lebenserinnerungen, in GStA PK VI. HA, NL Feldmann, Bd. 1, Bl. 329. Nach der Verbandsauflösung holte der Altstoffhändler die restlichen Verbandsakten bei ihm zu Hause ab und entsorgte wohl auch die Akten, die Feldmann als Mitglied des Geschäftsführenden Ausschusses (seit Januar 1929) und der Hauptleitung (seit Januar 1935) sowie nach dem Verlust seines Reichstagsmandates zum April 1938 als hauptamtlicher Verbandsredner angelegt hatte. Feldmann fiel die Weggabe der Akten vermutlich leichter, als er sie dem Altstoffhändler übergab, der „sie in einen Sack stopfte, diesen mit altem Eisen und Lumpen zusammen auf einen klapperigen Karren lud und davonfuhr". Ebd. Zu den Daten siehe Lebenslauf Otto von Feldmann 1873 – 1944, in ebd., Bd. 2, Bl. 1 – 6.

37 Siehe Hofmeister (Hrsg.): Heinrich Claß. Politische Erinnerungen, S. 429 – 433.

38 Claß an Professor Dr. G. Liebich (Heidelberg), 25.9.1915, in BA-Berlin, R 8048, Bd. 199, Bl. 263.

39 Krumbach: Franz Ritter von Epp, S. 268 – 270. Die Deutsche Kolonialgesellschaft, die 1936 im Massenverband des Reichskolonialbundes aufging und sich zunehmend der nationalsozialistischen Politik vom „Lebensraum im Osten" anschloss, zählte im September 1933 lediglich 28.016 Mitglieder: Hartwig: Deutsche Kolonialgesellschaft, S. 725.

den strategischen Interessen der Nationalsozialisten gegenüber den Alliierten jedoch lange Zeit entgegen. Das musste Hugenberg als Minister auf der Londoner Wirtschaftskonferenz 1933 erfahren. Erst um 1935 sprach auch Hitler von den verlorenen Kolonien des Kaiserreichs, stellte gleichzeitig aber klar, dass „Mitteleuropa" das eigentliche Ziel des Regimes war. Die „Kolonialeuphorie" erreichte 1941 im Reichskolonialbund mit Blick auf die Mitgliederzahl ihren Höhepunkt, jedoch wurden Pläne für ein eigenes Kolonialministerium verworfen. Auch die im Sommer 1936 zusätzlich zum Kolonialpolitischen Amt der NSDAP im Zuge des Vierjahresplans eingerichtete Gruppe Deutscher Kolonialwirtschaftlicher Unternehmungen (Deko-Gruppe) konnte mit ihren Kriegszielen für einen kolonialen Ergänzungsraum nicht mehr wirken.[40] Mit dem Überfall auf die Sowjetunion im Sommer 1942 wurden dann vorherige Überlegungen zur Wiederaufnahme einer Strategie für den Erwerb eines deutschen „Mittelafrika" zugunsten des „Osteinsatzes" endgültig verworfen.[41] Im Frühjahr 1943 wurde der Reichskolonialbund aufgelöst und mit der Gesamtausgabe von Peters' Schriften gleichsam ein Abschluss einer vor allem symbolischen nationalsozialistischen Kolonialpolitik inszeniert, die neben Weltherrschaft und Konkurrenz mit Kolonialreichen wie Großbritannien oder Frankreich im „Lebensraum im Osten" endgültig den eigentlichen Kern imperialer Kolonial- und Ressourcenpolitik sowie rassischer Siedlungspolitik sah.[42]

Nachdem diese Illusionen nationalsozialistischer Großraumpolitik nicht zuletzt an der Realität der imperialen Überdehnung der nationalsozialistischen Weltmachtfantasien scheiterten und der Krieg durch alliierte Luftangriffe verstärkt Deutschland erreichte, sorgte Claß für den geordneten Übergang seines Nachlasses. Im Dezember 1944 hatte er eine Generalvollmacht für seine Tochter Annelies erlassen, der er die Verwaltung seines mit 160.000 Mark geschätzten Besitzes übertrug. Die langjährigen Anteile an Hugenbergs 1937 gegründeter Opriba sowie am Scherl-Verlag sollten die Tochter absichern. Im März 1945 setzte Claß sein Testament auf.[43]

Jena wurde im Frühjahr 1945 schwer bombardiert, denn die Stadt war aufgrund der Industrieanlagen von Zeiss und der Schott-Werke für Spezialglas Standort für zentrale Rüstungstechnologien. Das Kriegsende erlebte Claß vermutlich ebenfalls in Jena. Die Stadt mit ihrer reichen Kultur und Geschichte muss seinem bildungsbürgerlichen Ideal entsprochen haben. Mit seinen 80.000 Einwohnern lag die protestantische Universitätsstadt nicht weit entfernt von Gotha, wohin Claß den Alldeutschen Verband 1919 hatte verlegen wollen. Bismarck war seit 1895 Ehrenbürger der Stadt und auf dem alldeutschen Verbandstag 1924 hatte Leopold von Vietinghoff-Scheel hier seine Planungen für eine völkische Diktatur vorgestellt. Der alldeutsche Diktaturpolitiker erlebte nun per-

---

40 Linne: Deutschland jenseits des Äquators?, S. 70–117 und Ders.: Afrika als wirtschaftspolitischer Ergänzungsraum.

41 Siehe dazu auch Wächter: Die Macht der Ohnmacht, S. 203–223.

42 Siehe Hildebrand: Vom Reich zum Weltreich, Herbst: Das nationalsozialistische Deutschland und Herbert: Deutsches Europa und Großgermanisches Reich.

43 Generalvollmacht Claß, 4.12.1944, in BA-Berlin, N 2368, Bd. 8, o. Bl., Generalvollmacht gez. Max Tunze für Annelies Claß, 4.12.1944, in ebd. und Testament Claß, 26.3.1945, in ebd.

sönlich die säkular-sozialistische DDR und den radikalen Umbau zur klassenlosen Gesellschaft mit dem forcierten antibürgerlichen Aufbau eines Kaderapparates mit neuen Bildungseliten für den deutschen „Arbeiter- und Bauernstaat", der sich ebenfalls als Avantgarde der Geschichte begriff.

Ende 1946 war Claß mit seiner Tochter noch im Oberen Philosophenweg 17 gemeldet.[44] Bis Annelies einige Jahre später in Berlin-Dahlem bei Freunden eine Unterkunft bezog, regelte sie für Claß den Haushalt in der Villa. Die Aufteilung zwischen dem sowjetisch besetzten Jena und West-Berlin hatte strategische Gründe. Die Vermögenslage der Familie schien unmittelbar nach Kriegsende trotz Claß'scher Finanzanteile und Hausbesitzungen unsortiert. Die „Villa Claß" in Finthen war bereits seit 6. Oktober 1919 durch die Gemeinde vermietet.[45] Der Vertrag war äußerst zuvorkommend gegenüber dem Besitzer gestaltet, da alle öffentlichen Abgaben und Lasten von der Gemeinde übernommen wurden und die jährlichen Mieteinnahmen oftmals noch nicht einmal die an Claß vertraglich zu überweisende Summe deckten. Trotzdem beschwerte sich Lucius als Generalbevollmächtigter der Erbengemeinschaft Claß gegenüber der Gemeinde bereits 1920 über die „Massenvermietung" und die „ungeheure Abnutzung" des Hauses.[46] Nachdem zwischen Oktober 1922 und Sommer 1923 Mietzahlungen aufgrund der Inflation unregelmäßig und mit entsprechender Geldentwertung erfolgten, flossen die Mietüberweisungen in den nächsten Jahren trotz vereinzelter Rückstände durch die Gemeinde in geregelten Abständen. Zwischen Januar 1924 und März 1936 nahm Claß bei ausgewiesenen Mieteinnahmen durch die Gemeinde von 11.678 Mark ganze 16.321 Mark ein und machte gegenüber der Gemeinde Finthen einen signifikanten Gewinn.[47]

Der Besitz im verlassenen Finthen hielt für Claß aber auch zahlreiche Streitigkeiten bereit. 1933/34 standen erneut Zahlungen der Gemeinde aus, auf deren Begleichung Lucius mit Nachdruck drängte. Diesmal antwortete der Bürgermeister mit dem Hinweis, dass man zahllose Arbeitslose und Arme aus eigenen Mitteln zu versorgen habe, da Finthen traditionell eine Gemeinde mit vielen ungelernten Arbeitern sei, die mit ihren Familien 70 Prozent der Einwohner ausmachten und die unterzubringen immer schon schwierig gewesen sei. Daher bitte man um Rücksicht bei der Einforderung von Mietrückständen.[48] Lucius ließ sich in seinen Mahnungen nicht beirren, da im Mietvertrag die Übernahme öffentlicher Lasten wie Steuern durch die Gemeinde festgelegt worden war. Lucius forderte beständig die Zahlung der Rückstände oder aber die Übernahme

---

44 Siehe notarielle Auskunft von Max Tunze, Jena, 21.11.1946, in BA-Berlin, N 2368, Bd. 7, o. Bl.

45 Mietvertrag zum 1.10.1919, gez. 6.10.1919, in StA Mainz, VOA 9/345. Der Vertrag war durch die „Geschwister Claß" mit sechsmonatiger Kündigungsfrist auflösbar. Die jährliche Miete sollte zunächst 1.500 Mark betragen. Das Mietverhältnis wurde durch Eduard Lucius rechtsanwaltlich vertreten. Umbauten waren durch die Gemeinde Finthen zu finanzieren. Bei Rückbauten nach Vertragskündigungen musste Claß die Hälfte der Kosten übernehmen.

46 Eduard Lucius an Bürgermeisterei Finthen, 4.10.1920, in StA Mainz, VOA 9/345.

47 Aufstellung Einnahmen/Ausgaben Rechnungsjahre 1.1.1924–31.3.1936 und 1936–1949 Haus Class, N.N., in ebd.

48 Bürgermeisterei Finthen an Eduard Lucius, 20.11.1934, in ebd.

von Claß' Steuerschuld auf das Anwesen. Schließlich sei Claß nie für die Ausräumung des Mobiliars und der Einrichtung einer Küche in dem Haus im Zuge der französischen Besatzung entschädigt worden und er habe schließlich Vermögen durch die Anlagen in Kriegsanleihen sowie durch die Inflation verloren.[49] Der Bürgermeister wiederum wollte eine Entlastung der Steuerforderungen für die Gemeinde Finthen, die mit über hundert Wohlfahrtsempfängern bei viertausend Einwohnern als „Notstandsgemeinde" geführt wurde, beim Finanzamt erreichen, indem er um eine Stundung und Ratenzahlung bat.[50] Daher focht die Gemeinde die Bestimmungen des Mietvertrages nun an und hielt die Mietzahlungen für zu hoch, die nach Auffassung des Bürgermeisters gegen die „guten Sitten" verstießen. Die Gemeinde könne sich nicht „den Luxus erlauben", alte Verträge zu bedienen, die dringend „revisionsbedürftig" seien.[51] Schließlich stünden, zusätzlich zur Übernahme von Steuerleistungen und der Einhaltung von Instandhaltungsklauseln, den vertraglich vereinbarten Mietzahlungen an Claß von jährlich 1.470 Mark lediglich reale Mieteinnahmen von 828 Mark gegenüber.[52]

Anfang 1936 antwortete der Deutsche Gemeinde- und Städtetag auf die Eingabe des Bürgermeisters, dass die Einwände gegen den Mietvertrag von 1919 gerechtfertigt und die Bestimmungen einseitig zuungunsten des Mieters und somit als „Mietwucher" zu bezeichnen seien.[53] Man solle eine außergerichtliche Einigung erzielen oder im Falle der Klage vor Gericht den Standpunkt der Gemeinde darlegen. Die Verhandlungen für eine Neufassung des Mietvertrages zogen sich, da Lucius auf die Zahlung aller ausstehenden Mietrückstände sowie auf die Übernahme der Steuerschulden drängte und mit Klage beim Amtsgericht drohte. Claß wollte die Angelegenheit im April 1936 selbst mit dem Bürgermeister besprechen, der Gutachten für die notwendige Vertragsneufassung anführte und selbst mit Feststellungsklage drohte, falls es zu keiner Einigung komme und man nicht von der Zahlung der Steuerlasten befreit werde.[54]

Die Auseinandersetzungen endeten erst im Sommer 1937 nach der Ankündigung einer Zwangsversteigerung durch das Finanzamt Mainz und der Übernahme der Steuerschulden durch die Kanzlei Lucius mit einem neuen Mietvertrag, der rückwirkend zum 1. Oktober 1936 in Kraft trat.[55] Zwischenzeitlich wollte Claß das Haus und den

---

49 Eduard Lucius an Bürgermeisterei Finthen, 23.10.1935, in ebd.

50 Eduard Lucius an Bürgermeister Mainz, 25.7.1935 sowie Bürgermeister Mainz an Finanzamt Mainz-Innenstadt, 23.8.1935, in ebd.

51 Bürgermeisterei Finthen an Landesdienststelle Hessen/Hessen-Nassau des Deutschen Gemeindetages Frankfurt/M., 10.12.1935, in ebd.

52 Bürgermeisterei Finthen an Eduard Lucius, 11.10.1935, in ebd.

53 Deutscher Gemeindetag Landesdienststelle Hessen/Hessen-Nassau Frankfurt/M. an Bürgermeisterei Finthen, 22.2.1936, in ebd.

54 Eduard Lucius an Bürgermeisterei Finthen, 15.4.1936 und Bürgermeister Finthen an Eduard Lucius, 6.5.1936, in ebd.

55 Mietvertrag zum 1.10.1936, gez. 31.5.1937, in ebd. Als Eigentümer wurden neben Claß auch seine Schwestern Frieda Claß und Paula Roesener genannt. Die jährliche Miete sollte 900 Mark betragen und wurde durch Eduard Lucius verwaltet. Die laufenden Instandsetzungs- und Unterhaltungskosten hatte die Gemeinde zu übernehmen. Bei Kündigung der Mietverhältnisse durch Claß hatte die Gemeinde auf

Abb. 37: Straßenszene in Finthen mit der Villa Claß im Hintergrund (um 1920).

Garten der Gemeinde verkaufen und ließ Lucius ein Angebot von 15.000 Mark übermitteln.[56] Der Bürgermeister lehnte dieses Angebot als „indiskutabel" ab, da die Finanzierung durch die Gemeinde ausgeschlossen sei und das Angebot mindestens 3.000 Mark über Wert liege.[57] Er drängte daher auf einen neuen Mietvertrag im „nationalsozialistischen Geiste" und hielt nach Abschluss fest, dass nun „sämtliche Klauseln" entfallen seien, die als Verstoß gegen die „guten Sitten" gedeutet werden könnten. Somit sei ein „unerträglicher" Zustand für die Gemeinde beendet worden.[58]

Die Gemeinde Finthen nahm die Vertragserneuerung zum Anlass, auf eine halbwegs gedeckte Bilanz des Hauses zu achten, damit die Gewinne der Familie nicht aus dem Ruder liefen. Die Mietüberweisungen an Claß waren bereits nach 1930 verringert worden. Statt jährlich 1.575 Mark gingen die Beträge auf 1.050 Mark im Jahr 1936 zurück.

---

eigene Kosten die eingerichteten sechs Wohnungen auf den Zustand vom Oktober 1919 zurückzubauen, jedoch fiel nur noch die Hälfte der Kosten für die Gemeinde an. Weitere Arbeiten wie die Wiedererrichtung des abgerissenen Balkons wurden ebenfalls nicht von der Gemeinde übernommen. Gemeinde-, Grund- und Sondergebäudesteuern wurden von der Gemeinde gezahlt, jedoch nicht die Staatssteuern.

56 Eduard Lucius an Bürgermeisterei Finthen, 12.6.1936 und 7.7.1936, in ebd.

57 Bürgermeister Finthen an Eduard Lucius, 26.6.1936, in ebd.

58 Bürgermeister Finthen an Eduard Lucius, 17.10.1936 und Bürgermeister Finthen an den Deutschen Städtetag Frankfurt/M., 31.5.1937, in ebd.

Die jährlichen Zahlungen von 900 Mark zwischen 1937 und 1942 entsprachen dann der Ausführungsverordnung des Reichskommissars für Preisbildung zur Verordnung über das Verbot von Preiserhöhungen. Für die Jahre 1943 und 1947 wurden Claß insgesamt 4.322 Mark gutgeschrieben, sodass er zwischen 1936 und 1948 insgesamt 10.772 Mark verrechnet bekam, während die Ausgaben für das Haus im gleichen Zeitraum 12.535 Mark betrugen. Für den Zeitraum von 1924 bis 1948 musste die Gemeinde Finthen einen Gesamtverlust der Vermietung der „Villa Claß" von über 11.100 Mark verbuchen.[59]

Die Villa war nach dem Zweiten Weltkrieg weiterhin von Mietern bewohnt, bis die Gemeinde das Arrangement mit entsprechenden Mietüberweisungen, nach Abzug der laufenden Kosten, an die Familie Claß 1950 zunächst aufheben wollte. Im Frühsommer 1946 wurde Claß wegen der Mietzahlungen beim Bürgermeister von Finthen per Brief vorstellig und beantragte die Überweisung der Gelder auf das Mainzer Stadtsparkassenkonto seiner Nichte, Luise Lucius, da er selbst über kein Konto in Mainz mehr verfügte.[60] Claß ließ seine Interessen in dieser Angelegenheit zunächst von Rechtsanwalt Dr. Fritz Gaßner vertreten, der im Herbst 1947 für die Überweisung der Zahlungen ein „Unterkonto Class" bei der Rheinischen Kreditbank Mainz „mit Sparvermerk" einrichten ließ. Später übernahm dann der Mainzer Rechtsanwalt Ludwig Jacob die Rechtsvertretung.

Die Überweisungen konnten nicht unmittelbar erfolgen, da Gaßner die Anfrage des Landrats des Landkreises Mainz vom Oktober 1946, ob Claß als ehemaliger Reichstagsabgeordneter nicht unter das Gesetz 52 der Militärregierung vom 1. August des Jahres falle, nicht hinreichend beantwortete. Nach dem Gesetz zur Sperre und Kontrolle von Vermögen wurden Konten eingefroren und finanzielle Bezüge von Personen unter Verwaltung gestellt, die in entsprechenden Kategorien von NS-Belastungen aufgeführt waren. Darunter konnten auch Personen fallen, die einerseits der NSDAP und ihren Formationen und Organisationen angehört hatten oder aber andererseits in diesen Organisationen von der NSDAP betreut worden waren sowie „deren Beamte und diejenigen ihrer leitenden Mitglieder oder Anhänger". Dazu zählte auch die Mitgliedschaft in „Organisationen, Klubs oder andere[n] Vereinigungen, die von der Militärregierung verboten oder aufgelöst" wurden. Hinzu kamen Personen, die von der Militärregierung durch Veröffentlichung in Listen oder auf andere Weise bezeichnet wurden.[61] Gaßner reichte im Auftrag seines Mandanten Claß lediglich eine „beglaubigte Abschrift einer Verhandlung vom 21. November 1946, wonach Herr Claß eidesstattlich versichert, daß er nie Mitglied der NSDAP gewesen sei", ein.[62]

59 Aufstellung Einnahmen/Ausgaben Rechnungsjahre 1.1.1924–31.3.1936 und 1936–1949 Haus Class, N.N., in ebd.

60 Claß an Bürgermeister Finthen, 10.4.1946 und 21.6.1946, in StA Mainz, VOA 777.

61 Militär-Regierung Deutschland. Kontroll-Gebiet des Obersten Befehlshabers: Gesetz Nr. 52, 1.8.1945, in HSTA Stuttgart, J 151, Nr. 2670.

62 Eidesstattliche Erklärung Heinrich Claß, 21.11.1946, gez. Notar Max Tunze (Jena) sowie Bürgermeister Finthen an Fritz Gaßner, 19.10.1946, in StA Mainz, VOA 777.

Dies schien dem zuständigen Landrat nicht auszureichen, um die Mietzahlungen zu überweisen, die seit Oktober 1943 ausstanden.[63] Eine weitere Erklärung Claß' ist in dieser Angelegenheit nicht überliefert. Sein Vermögen stand ab Januar 1948 unter Kontrolle, als sich die Gemeinde zur Zahlung der ausstehenden Mieten bereiterklärte. Die Mietzahlungen sowie das Anwesen in Finthen wurden bis April 1953 durch den Mainzer Treuhänder Jakob Lüft und die Hausverwaltung Betty Lüft verwaltet, die vom Amt für kontrollierte Vermögen eingesetzt worden waren und entsprechende Verwaltungsberichte an die französischen Kontrollbehörden einzureichen hatten.[64] Auch das für die Mietzahlungen eingerichtete Treuhandkonto wurde durch den Treuhänder Lüft verwaltet. Für Claß wurden Mieteinnahmen verbucht, die nach der Währungsreform 1948 zunächst jährlich 270 Mark betrugen.[65] Diese Unterhaltszahlungen schwankten in den folgenden Jahren. So wurden Claß 1949 720 Mark, ein Jahr später 480 Mark, 1951 dann 240 Mark und 1952 290 Mark zugesprochen.[66] Das Haus erwirtschaftete auch nach Kriegsende in manchen Jahren signifikante Verluste wie 1951 von fast 390 Mark. In der Endabrechnung für den Unterhalt der Immobilie waren von 1924 bis 1953 „Auszahlungen Class (einschl. Nachforderungen)" von 31.594 Mark vermerkt.[67]

Nachdem die Gemeinde den Mietvertrag wegen der hohen Verluste aufgrund überschaubarer Mieteinnahmen und der Kosten für die Bewirtschaftung des Hauses gegenüber der Treuhänderin zum Juni 1950 kündigen wollte, ließ Claß einen befreundeten Notar aus Berlin in Finthen sein Interesse an den ausstehenden Mietüberweisungen vortragen. Der Notar verstarb ein Jahr später.[68] Ein Familienmitglied, Landrat Dr. Roesener aus Usingen, vermittelte für die Familie 1951 noch ein Verkaufsangebot an die Gemeinde, das jedoch nicht realisiert wurde.[69] Auch Claß' ehemaliger Bürogehilfe, Ferdinand Andres, der mit ihm in jungen Jahren 1919 in die Hauptgeschäftsstelle des Alldeutschen Verbandes nach Berlin gezogen und nun bei der Stadtverwaltung Mainz beschäftigt war, half in der Sache, indem er Gutachten für die Villa vermittelte.[70] Vor Claß' Tod sollte keine grundlegende Klärung mehr erfolgen.

Nach Claß' Beisetzung in Mainz nahm Annelies Claß die Verhandlungen wieder auf. Schließlich kam es im April 1956 nach einem Vergleich mit der Gemeinde Finthen zum Verkauf der Immobilie für 28.000 Mark. Vom Gewinn profitierte Annelies Claß durch

---

63 Landrat des Landkreises Mainz Oppenheim am Rhein an Fritz Gaßner, 6.8.1947, in ebd.

64 Siehe Amt für kontrollierte Vermögensfragen an Bürgermeister Finthen, 10.1.1948, in ebd., VOA 314.

65 Siehe Jakob Lüft an Gemeindekasse Finthen, 17.2.1948 sowie Rechtsanwalt Dr. Ludwig Jacob an die Gemeinde Finthen, 13.10.1953, in ebd., VOA 9/345.

66 Hausverwaltung Betty Lüft Mainz: Abrechnungen Haus Claß 1948 bis 1. Halbjahr 1953, 5.10.1953, in ebd.

67 Bürgermeister Finthen: Aufstellung der Einnahmen und Ausgaben von Haus Class, 1.12.1953, in ebd., VOA 314.

68 Rudolf Jacoby and Landgericht Mainz, 13.6.1955, in ebd.

69 Bürgermeister Finthen an Ludwig Jacob, 18.2.1953, in ebd.

70 Otto Scheuer an Ludwig Jakob, 8.5.1951, in ebd.

Überweisung der jeweiligen Raten bis zum Juli 1960 auf ihr Berliner Konto.[71] Das Haus war bereits ab Frühjahr 1939 nicht mehr auf die Erbengemeinschaft mit Claß' beiden Schwestern, sondern allein auf Claß eingetragen. Zuvor hatte Annelies Claß über ihren Rechtsanwalt eine Verjährung der Mietbestimmungen von 1937 zu bewirken versucht und wollte eine Unwirksamkeit der Mietkürzungen sowie der Instandsetzungsklauseln geltend machen.[72] Durch den Kaufvertrag wurden dann jegliche Ansprüche gegenüber der Gemeinde Finthen sowie die nunmehr auf erhebliche Summen aufgelaufenen Baumaßnahmen an der Villa erledigt.

Nicht nur die Villa in Finthen gehörte zu den materiellen Werten, die durch Eigentum und Erbrecht als Institutionen bürgerlicher Vergesellschaftung den wirtschaftlichen Aufstieg „in der Generationenfolge"[73] für Claß abgesichert hatten. Das Anfang der 1870er Jahre für das Notariat von August Claß erworbene Gebäude in der Stadthausstraße 11 im Zentrum von Mainz fiel der Bombardierung im August 1942 zum Opfer. Hierher hatte Claß seinerzeit die Hauptgeschäftsstelle des Alldeutschen Verbandes bis zum Umzug nach Berlin verlegt, hier hatte er seine eigene Rechtsanwaltskanzlei betrieben, ab 1912 zusammen mit seinem Neffen Eduard Lucius. Auch nach Claß' Abmeldung von seiner einstigen großherzoglich-hessischen Zulassung zu den Gerichten 1920 blieb Lucius noch bis zu seinem krankheitsbedingten Ruhestand 1942 dort, nunmehr als Notar, gemeldet. Nach Kriegsende begutachtete ein Ingenieurbüro die zerstörte Liegenschaft und stellte für die fünf Geschosse mit den 17 Räumen sowie einem Ladengeschäft im Erdgeschoss einen Schaden der Stufe I von 90 Prozent fest. Zuletzt waren dort acht Personen gemeldet, die nach dem Richtwert von 1935 eine Jahresmiete von 3.240 Mark zahlten. Das Gebäude war nicht durch eine Hypothek belastet. Die Brandversicherung war über den Gesamtwert des Hauses, als dessen Eigentümer 1942 Lucius eingetragen war, von fast 34.000 Mark abgeschlossen worden.[74] Ob die Familie Claß oder Lucius Entschädigungsansprüche für den Gebäudeverlust geltend gemacht haben, ist nicht abschließend zu ermitteln.[75]

Das Geburtshaus der Ehefrau Mathilde in der Drususstraße 4, in dem der Schwiegervater Johann Manefeld noch bis 1921/22 selbst gewohnt hatte, war seit 1924 durch eine Hypothek der Reichsvermögensverwaltung, ab 1932 der Deutschen Bau- und Bodenbank AG in Frankfurt am Main und ab 1957 der Deutschen Bau- und GrundstücksAG in Berlin belastet. Das Gebäude mit sechs Wohnungen und 36 Räumen für 29 dort zu Kriegsende

71 Erklärung Bürgermeister Finthen an Ludwig Jacob (Vertrag vom 4.4.1956), 5.4.1956, Karl Schnaibel (Bevollmächtigter Erbengemeinschaft Claß) an Bürgermeister Finthen, 21.3.1956 und Annelies Claß an Gemeindevertretung Finthen, 18.7.1956, in ebd.

72 Rudolf Jacoby an Landgericht Mainz, 23.1.1956, in ebd.

73 Lepsius: Bürgertum als Gegenstand der Sozialgeschichte, S. 302.

74 Einstufung/Begutachtung Führmann und Schön, Mai 1947 (Stadthausstraße 11, Mainz), in StA Mainz 1980/47.

75 Der vom Landesarchiv Speyer an das Stadtarchiv Mainz 1989 abgegebene Bestand von Entschädigungsakten ist noch nicht systematisch erschlossen und daher auch nicht einsehbar. Auskunft vom Stadtarchiv Mainz (Frank Teske) vom 8.11.2022.

gemeldete Personen wurde im März 1945 mit einem Schaden von 16 Prozent zerstört.[76] Seit 1926/27 war Claß auch als Eigentümer der Drususstraße 8 eingetragen. Das Haus mit sechs Wohnungen und 13 Räumen für zuletzt 14 gemeldete Mieter wurde vermutlich Ende Februar 1945 wiederum zu 80 Prozent zerstört.[77]

Claß' Einlagen bei Hugenbergs Unternehmungen der Opriba, die als Nachfolgeorganisation der August Scherl Handels- und Verwaltungskommanditgesellschaft gegründet worden war, waren schon vor Kriegsende überschaubar und durchliefen mit dem forcierten Eigentümerwechsel des Scherl-Verlages 1944 an die Max Winkler & Co. KG, einer Tochtergesellschaft des Eher-Verlages der NSDAP, komplizierte Besitzverhältnisse. Bei Scherl selbst hielt Claß entsprechend des Gesellschaftsvertrages vom 30. Oktober 1940 eine Hafteinlage von 20.000 Mark und eine zusätzliche Pflichteinlage von 29.000 Mark. Das Gesellschaftskapital, das insgesamt 62 Kommanditisten (darunter Paul Bang und August Roesener) sowie Hugenberg als Komplementär gehörte, betrug zusammen stattliche 16 Millionen Mark.[78] Im September 1944 verkaufte Hugenberg wohl auf politischen Druck den Scherl-Verlag für 64.150.000 Mark, wofür er unter anderem Industrieaktien als „Ersatzwerte" von dreißig Millionen Mark der Vereinigten Stahlwerke erhielt. Dieses Aktienpaket war bei einer niederländischen Bank in Rotterdam für ein Darlehen hinterlegt, jedoch von einem „deutschen Devisenschutzkommando wegen Verdachts auf Devisenvergehen beschlagnahmt und nach Berlin in ein Depot der Reichsbank gebracht worden".[79]

Ende Mai 1945 betrug Claß' Einlagenanteil 20.000 Mark sowie Werte von 44.300 Mark an nicht ausgeschütteten Gewinnen oder sonstigem Gesellschaftsvermögen. Der Gesamtanteil der Einlagen der 61 Kommanditisten betrug zu Kriegsende nominell 13,8 Millionen Mark, eine Gewinnaufstellung lautete auf weitere 14,2 Millionen Mark.[80] Bis zum November 1949 erweiterte sich die Liste der Gesellschafter auf 77 Personen, von denen mit Claß nur noch zwei weitere Kommanditisten in der Sowjetischen Besatzungszone (SBZ) beziehungsweise in der DDR gemeldet waren, sodass Claß die Gesellschafterverzeichnisse auch nicht über den regulären Postweg zugesandt bekam.[81]

Im April 1950 stimmte die Opriba mit Fritz Thyssen schließlich einem Vergleich zur Herausgabe von Aktien der Vereinigten Stahlwerke im Wert von 15 Millionen Mark zu, während die niederländische Regierung noch auf Restitution drängte und diesen Anspruch erst am 15. März 1951 aufgab, fünf Wochen nach Thyssens und vier Wochen vor

---

76 Einstufung/Begutachtung Führmann und Schön, Januar 1947 (Drususstraße 4, Mainz), in StA Mainz 1980/47.

77 Einstufung/Begutachtung Führmann und Schön, Januar 1947 (Drususstraße 8, Mainz), in ebd. Als Eigentümer war in der Begutachtungskartei „R. Class, Berlin" eingetragen.

78 Anlage 1 zum Gesellschaftsvertrag vom 30. Oktober 1940, in BA-Koblenz, N 1231, Bd. 230, Bl. 134 – 138.

79 Bundesministerium für Wirtschaft an den Chef des Bundeskanzleramtes, 12. 3. 1970, in BA-Koblenz, B 126, Bd. 48855, o. Bl.

80 Liste der Gesellschafter der Opriba und ihrer Beteiligungen, 28. 5. 1945, in BA-Koblenz, N 1231, Bd. 630, Bl. 66 – 72.

81 Siehe Verzeichnis der Gesellschafter der Opriba Handels- und Verwaltungs-Kommanditgesellschaft, 19. 11. 1949, in BA-Koblenz, N 1231, Bd. 631.

Claß' Tod.[82] Die Opriba machte seit 1961 gegenüber der einstigen Reichsbank die Herausgabe von geklärten Aktien im Wert von 15 Millionen geltend, da sie in der Summe ihrer Restitutionsverpflichtung nachgekommen sei. Insgesamt beanspruchte die Opriba bis 1970, als die Vergleichsverhandlungen mit der Bundesregierung durch einen Vergleichsvorschlag des Bundesgerichtshofs aufgenommen wurden, einen Kurswert aller Aktien der Nachfolgeinstitutionen der Vereinigten Stahlwerke über 180 Millionen D-Mark.[83] Am 29. April 1970 erhielt die Opriba 45 Millionen D-Mark.[84] Friederun Bang hielt die Beteiligung ihres Ende 1945 verstorbenen Mannes von nunmehr 16.850 D-Mark und Annelies Claß verwaltete die mit 32.150 D-Mark ausgewiesenen Anteile ihres Vaters, die einem Anteil von 0,28 Prozent des Gesellschaftskapitals von 11.513.081 Millionen D-Mark entsprachen, das zu diesem Zeitpunkt insgesamt 74 beschränkt haftenden Gesellschaftern gehörte. Hinzu kamen zwei voll haftende Gesellschafter der Hugenberg-Familie, die zusätzliche Beteiligungen von 1,85 Millionen D-Mark hielten.[85]

Von diesen Auszahlungen hatte Claß zu Lebzeiten vermutlich keine Anteile liquidieren können. Auch die Villa in Finthen war ja noch um 1950 für 60 D-Mark im Monat vermietet, während Claß um Einnahmen aus den ehemaligen Beteiligungen der Opriba bemüht war. Die Wirtschaftsgesellschaft war nach dem Krieg wiedergegründet worden, um die einstigen Gesellschafteranteile zu sichern und zu verwalten. Ab Oktober 1949 war Claß dann auf Zuwendungen angewiesen, wie sie ihm vor allem Albert Vowinckel mit 100 D-Mark im Monat zukommen ließ, die Annelies dann zum damals üblichen Schwarzmarktkurs umtauschte und mit allen D-Mark-Einnahmen im Monat September 1950 beispielsweise 480 Mark (Ost) für den Lebensunterhalt ihres Vaters in Jena und für sich zur Verfügung hatte.[86] Ganz so ungewöhnlich war die Finanzierung des eigenen Auskommens über den Umweg des Hin- und Hertauschens zwischen den Währungen der beiden deutschen Nachkriegsstaaten hingegen nicht. Auch der Geologe Friedrich Solger, langjähriges Mitglied des Gesamtvorstandes des Alldeutschen Verbandes, erhielt nach Kriegsende noch für einige Jahre Lehraufträge für Heimatkunde an der Humboldt-Universität zu Berlin. Als Angehöriger der „merkwürdigen Gruppe der Grenzgänger" konnte er seine Professorenbiographie an der einstigen Berliner Universität, an die er 1921 berufen wurde, auf diesem Weg fortsetzen.[87] Dadurch musste er „von Ostgeld in Westberlin leben".[88]

---

82 Siehe zu den Hintergründen das Protokoll Deutsche Reichsbank gegen Opriba vom 22.12.1966, in BA-Koblenz, N 1231, Bd. 631, o. Bl. Zu den Vereinigten Stahlwerken siehe Donges: Die Vereinigten Stahlwerke AG im Nationalsozialismus.

83 Bundesministerium für Wirtschaft an den Chef des Bundeskanzleramtes, 25.3.1970, in ebd.

84 Annahme des Vergleichsvorschlags Philipp Möhring an Bundesgerichtshof II. Zivilsenat, 21.4.1970 und Protokoll des Vergleichs 29.4.1970, in ebd.

85 Liste der Gesellschafter der Opriba Privatverwaltung, Stand 31.12.1967, in ebd.

86 Anna Elisabeth Claß an Hertha Baeske (Privatsekretärin von Alfred Hugenberg), 17.9.1950, in Sammlung Schellhorn – Alfred Hugenberg (Rohbraken).

87 Friedrich Solger an Siegfried Passarge, 18.11.1953, in GStA PK, NL Solger, Bd. 17.

88 Friedrich Solger an Otto Reche, 17.6.1962, in ebd. Otto Reche gehörte zum rassistisch-antisemitischen Kern des Alldeutschen Verbandes, war führendes Mitglied im DvSTB und trat in die NSDAP ein. Der

Während die Tochter in West-Berlin Claß' Finanzangelegenheiten regelte und wegen der Opriba, Steuerstundungen beim Finanzamt in Lemgo und finanzieller Unterstützungen weiterhin in engem Kontakt mit Hugenberg stand, war Claß für das Jahr 1948/49 bereits alleine in der Diederichs-Villa gemeldet und lebte auf der großzügig angelegten ersten Etage.[89] Im Haus wohnte er zusammen mit einer Harfinistin, die im Erdgeschoss gemeldet war, sowie einem Kaufmann und einer Drechsler-Meisterin auf der zweiten Etage.[90] Seine Tochter fungierte gegenüber den Behörden weiterhin als Vertrauens- und Kontaktperson für die Villa.[91] Im hoch gelegenen und sich etwas versetzt von der Straße befindlichen Haus ließ es sich weitgehend abgeschottet in Jena leben.

Die Jahre nach Kriegsende müssen in dem von Bombardierungen weitgehend verschont gebliebenen bürgerlichen Viertel mehr als nur eine „Überwinterung" in der SBZ gewesen sein, wenngleich Claß keine großen Geldsummen oder auch nur ein Auto für Reisen zur eigenen Verfügung hatte. Vielmehr wünschte er sich, besucht zu werden, wie von Hertha Baeske, der langjährigen Privatsekretärin von Hugenberg. Dieser war nach seiner am 12. Dezember 1947 erfolgten Einstufung als „Minderbelasteter" (Kategorie III) noch bis zu seinem Tod 1951 mit Berufungsverfahren beschäftigt, in denen ihn der Rechtsanwalt Joseph Borchmeyer, ein ehemaliger deutschnationaler Reichstagsabgeordneter, vertrat.[92] Hugenberg schien in der Entnazifizierungspolitik der unmittelbaren Nachkriegszeit zunächst vergessen worden zu sein, bis ihn die britische Militärregierung aufgrund des Drucks durch die Presse am 27. September 1946 verhaftete und bis zum 17. Juni 1947 im Internierungslager Staumühle inhaftierte. Im Ergebnis verlor Hugenberg durch die Einstufung von 1947 seine Pension und die Möglichkeit, in Privatunternehmen leitende Funktionen wahrzunehmen oder öffentliche Ämter zu bekleiden. Am 18. Juli 1949 erfolgte im Berufungsverfahren gegen den wegen Krankheit abwesenden Hugenberg die Einstufung als „Mitläufer" (Kategorie IV), da er keine „verfassungs- und gesetzeswidrige[n] politische[n] Ziele verfolgt" habe und auch kein „Steigbügelhalter" Hitlers gewesen sei, schließlich habe das Wahlvolk die Regierung ins Amt gebracht.[93] Hier folgte man im Grundsatz der Verteidigungslinie der Familie Hugenberg und ein Jahr später wurde Hugenberg im Entnazifizierungsausschuss Detmold am 1. Juli 1950 noch als „Entlasteter" (Kategorie V) eingestuft. Hugenberg starb an den Folgen eines Sturzes mit Kopfverletzung ein Jahr später am 12. März 1951.

---

ehemalige Professor für Anthropologie und Ethnologie an der Universität Leipzig und u. a. Vorstandsmitglied der Deutschen Gesellschaft für Rassenhygiene lebte zu dem Zeitpunkt in Hamburg. Geisenhainer: Rasse ist Schicksal.

89 Siehe Alfred Hugenberg an Anna Elisabeth Claß, 23.9.1950 und Opriba an Anna Elisabeth Claß, 27.9. 1950, in Sammlung Schellhorn – Alfred Hugenberg (Rohbraken).

90 Adreßbuch der Stadt Jena 1948/49, S. 84 und 138.

91 Siehe StA Jena, Meldekarte Oberer Philosophenweg 17.

92 Claß an Hertha Baeske (Privatsekretärin von Alfred Hugenberg), 1.10.1948, in Sammlung Schellhorn – Alfred Hugenberg (Rohbraken). Siehe auch Borchmeyer: Hugenbergs Ringen.

93 Ebd., S. 52.

Das Urteil war Ausdruck der Verdrängungsleistung der nationalsozialistischen Vergangenheit und ihrer Vorgeschichte in der westdeutschen Nachkriegsgesellschaft, die im Grunde parallel mit dem ersten Einstufungsurteil gegen Hugenberg 1947 einsetzte.[94] In den 1950er Jahren breitete sich dann in Westdeutschland eine „Vergangenheitspolitik" in der Rechtsprechung und öffentlichen Wahrnehmung aus, die Rassismus, Terror und Kriegsverbrechen einer kleinen Minderheit zuschrieb und stattdessen einen „Schlussstrich" unter die Entnazifizierung ziehen wollte.[95] Während Hugenberg als Figur der konservativen Rechten doch immer wieder zum Sinnbild des bürgerlichen „Steigbügelhalters" für Hitler avancierte[96], verschwanden Claß und der Alldeutsche Verband in der westdeutschen Erinnerung bis zur Fischer-Kontroverse um die Kriegsziele Deutschlands im Ersten Weltkrieg weitestgehend in der Bedeutungslosigkeit.

Claß verstarb schließlich am 16. April 1953 in Jena.[97] Entsprechend seinem Testament vom März 1945 sollten eigentlich sein Sohn Wilhelm und seine Tochter Annelies jeweils die Hälfte des Vermögens erben. Im Falle des Todes seines Sohnes sollte der Anteil an seine Enkelin Frieda Elisabeth in München gehen.[98] Dieser Fall trat ein, als Wilhelm in München 1947 von einem amerikanischen GI überfahren wurde, der ihn in den Straßengraben schieben und Unfallflucht begehen wollte, aber von Passanten aufgehalten wurde.[99] Nach Claß' Tod unterlag das in der DDR befindliche Vermögen für seine Enkelin Frieda Elisabeth der Verwaltung durch die Organe der DDR entsprechend der im Juli 1952 erlassenen Verordnung über die „Sicherung von Vermögenswerten".[100]

13.2 „Entnazifizierungen", Nachwirkungen und Deutungen

Am 1. Juni 1953 wurde Claß nicht in Jena, sondern in der Familiengruft in Mainz in kleinem Kreis bestattet.[101] Am Grab wurden auch drei Kränze im Namen von Hugenbergs Opriba, des Hauses Rohbraken der Familie Hugenberg und der Familie Meesmann niedergelegt. Meesmanns ältester Sohn Einhart war Claß' Patenkind. Meesmanns Vater, Handelskammersyndikus Paul Meesmann, war nicht zuletzt als ehemals führendes Mitglied des Verbandes Rheinhessischer Weinhändler der Weinverwertung sehr ver-

94 Siehe dazu auch Ullrich: Der Weimar-Komplex, S. 156–164.

95 Frei: Vergangenheitspolitik in den fünfziger Jahren.

96 Siehe dazu sowie zu den Verhandlungen von Angehörigen der Familie Hugenberg und anderen Anteilseignern über Schadensersatz für die Veräußerung des Scherl-Verlages von 1944: SPIEGEL vom 4.11. 1964.

97 Traueranzeige Heinrich Claß, 16.4.1953, in BA-Freiburg, N 512, Bd. 35, o. Bl.

98 Testament Claß, 26.3.1945, in BA-Berlin, N 2368, Bd. 8, o. Bl.

99 Im gleichen Jahr starb auch sein Jugendfreund Oberstudienrat August Gebhard in Friedberg. Dessen Frau Emma (1872 geborene Vogt), die Gebhard 1901 geheiratet hatte, starb 1954. Sein fünf Jahre jüngerer Bruder Friedrich Ludwig war bereits 1951 gestorben.

100 Gemeinschaftlicher Erbschein 1. Ausfertigung, 11.12.1953 (beglaubigt Berlin 19.12.1953 und Mainz 16.3.1959), in BA-Berlin, N 2368, Bd. 8, o. Bl.

101 Leicht: Heinrich Claß, S. 411.

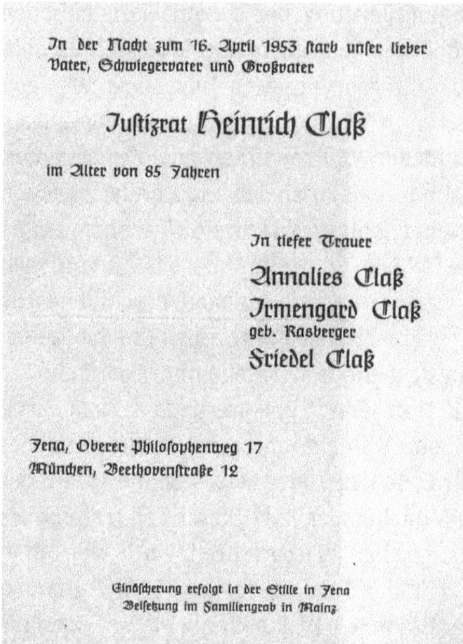

In der Nacht zum 16. April 1953 starb unser lieber Vater, Schwiegervater und Großvater

Justizrat Heinrich Claß

im Alter von 85 Jahren

In tiefer Trauer

Annalies Claß

Irmengard Claß
geb. Rasberger

Friedel Claß

Jena, Oberer Philosophenweg 17
München, Beethovenstraße 12

Einäscherung erfolgt in der Stille in Jena
Beisetzung im Familiengrab in Mainz

Abb. 38: Private Traueranzeige für Heinrich Claß (1953).

bunden, der sich Claß' Großvater in seinem letzten Lebensabschnitt hauptberuflich gewidmet hatte.[102] Auch zu Annelies hielt der innige Kontakt in den 1950er Jahren in West-Berlin, wo beide hingezogen waren.[103]

Meesmann hielt die Trauerrede bei der Urnenbestattung, die einen weiten Bogen von der Bedeutung der Familie bis in die politische Gegenwart spannte, die nur eine Verortung der Alldeutschen als elegische Honoratioren längst vergangener Zeiten des autoritären Machtstaates Bismarcks zuzulassen schien. Er sprach noch einmal von Mathilde Claß als einer „verständnisvolle[n] Förderin seines geistigen Schaffens" und bedauerte, dass man an diesem Tag auf den „Trümmern des Bismarck-Reiches" stehe.[104]

Claß hatte bis zuletzt Anhänger, die ihn verehrten, wenngleich der Kreis der noch lebenden Verbandsaktivisten nach dem Zweiten Weltkrieg überschaubar geworden war. Die Reihen der ehemaligen führenden Alldeutschen seiner Generation hatten sich schon zuvor gelichtet. Otto Fürst zu Salm-Horstmar war bereits 1941 gestorben, Axel Freiherr von Freytagh-Loringhoven ein Jahr später und Bang, der nach seiner eigenen Ausbombung in Berlin 1943 nach Hohenfichte bei Chemnitz gezogen war, erlag schließlich

102 Siehe auch Meesmann: Eine Studie über den Weinbau und den Weinhandel und Ders.: Der rheinhessische Weinhandel, in Volk und Scholle 7 (1929), S. 141 – 143.

103 Otto Meesmann war nach Claß' Tod 1953 für Annelies Claß ein „guter treuer Freund, auf [den] man sich verlassen kann". Annelies Meesmann an Wilhelm von Dommes, 6.3.1955, in BA-Freiburg, N 512, Bd. 35, o. Bl.

104 Ansprache Otto Meesmann am Grab von Heinrich Claß in Mainz am 1. Juni 1953, in BA-Berlin, N 2368, Bd. 8, o. Bl.

Ende 1945 einem sich bereits seit Jahresbeginn hinziehenden Leberleiden. Gottfried Gok verstarb im August 1945, Otto von Feldmann bereits kurz nach Kriegsende im Mai 1945.

Für Claß' Anhänger hatte Feldmann noch vor seinem Tod eine Charakterbeschreibung verfasst, die ihn nicht mehr hätte hochstilisieren können, aber die Spannung zwischen bildungsbürgerlichem Charisma und fehlender politischer Massentauglichkeit zwischen den Zeilen deutlich machte. Er beschrieb Claß in seinen Erinnerungen von 1944/45 als eine ihn besonders „fesselnde" Persönlichkeit, die er hoch verehre, seitdem er ihr das erste Mal auf dem Verbandstag in Bayreuth im September 1926 persönlich begegnet sei.[105] Man habe über Claß gesagt, er sei „der beste Typ des politischen Gentleman", was in „hervorragendem Masse zutreffend" sei.[106] „Einfach und vornehm" sei er gewesen, habe ein „umfangreiches Wissen, ein fabelhaftes Gedächtnis und eine ausgesprochene prophetische Gabe" gehabt. Trotz politischer Enttäuschungen habe Claß immer „sein nie versagender prachtvoller rheinischer Humor" getragen und seine „Arbeitsliebe" habe ihn zur Führung des Alldeutschen Verbandes befähigt. Während Feldmann über den störrischen Parteivorsitzenden und Reichsminister Hugenberg bereits 1933 in Verzweiflung geraten war, erinnerte er sich an Claß umso mehr in „treuer Dankbarkeit und Verehrung".[107] Claß schien in Feldmanns Erinnerung, zwischen den aktenversessenen Hugenberg und den ebenso kompromisslosen und machtversessenen Hitler gestellt, als die zugänglichere Persönlichkeit eines Triumvirats der Demokratiefeinde auf der radikalen Rechten. Er galt in alldeutschen und deutschnationalen Kreisen in der Tat als gelehrt, fleißig, charmant und gesellig. Sein strategisches Machtbewusstsein wiederum setzte er in seinem Amt als Verbandsvorsitzender von Anfang ein und erreichte letztlich die diktatorische Führung, die er auch für den Staat forderte. Das Staatsamt des Diktators hingegen wollte er nie selbst übernehmen.

Die Abwesenheit charismatischer Machtzuschreibungen an Claß und ebenso das Fehlen eines Drängens nach politischer Führung beförderten den Umstand, dass Claß in den Prozessen der Entnazifizierung in der Nachkriegszeit weitgehend unentdeckt blieb. Er hielt sich in beiden deutschen Staaten als Vertreter einer bürgerlich-elitären Honoratiorenpolitik zunächst im Hintergrund der unmittelbaren Aufarbeitungspolitik des Nationalsozialismus, des Judenmordes und der Kriegsverbrechen in den besetzten Ländern. Nicht zuletzt schützten ihn wohl auch die durch die Nationalsozialisten bereits nach 1933 erfolgte Zurückstufung des Alldeutschen Verbandes als Repräsentant des „alten" Nationalismus und die damit verbundene Bedeutungslosigkeit der Alldeutschen. Die forcierte Auflösung des Verbands im Frühjahr 1939 noch vor Kriegsbeginn erleichterte nach 1945 die Verdrängung weltanschaulicher Vorleistungen und politischer Kooperationen mit der NSDAP, sodass eine Zuschreibung unmittelbarer politischer Verantwortlichkeit für die erfolgten Verbrechen des Nationalsozialismus gerade in Westdeutschland zunächst aus dem Blick geriet.

---

105 Otto von Feldmann: Lebenserinnerungen, o.D., in GStA PK VI. HA, NL Feldmann, Bd. 1, Bl. 325. Siehe auch ebd., Bl. 326.

106 Ebd.

107 Ebd. Zu Alfred Hugenberg siehe ebd., Bl. 297.

Die den Alldeutschen Verband dominierende Generation der 1860er und 1870er Jahrgänge war bei Hitlers Machtantritt bereits im Ruhestandsalter, was auch eine unmittelbare Anschlussfähigkeit für rechte Organisationen nach 1945 erschwerte. Im Gegensatz zu Neugründungsversuchen des Stahlhelms 1951, der 1950 in Hameln wiedererrichteten DNVP oder der von Otto Schmidt(-Hannover) zusammen mit Hans Zehrer 1946 initiierten Gründung der Deutsch-Konservativen Partei/Deutschen Rechtspartei gab es keine nennenswerten Versuche, den Alldeutschen Verband in Westdeutschland wiederzubeleben.[108] Einige Alldeutsche und Deutschnationale gingen in die konservativen Parteien der Nachkriegszeit, so wie Meesmann und Schmidt(-Hannover), die in der Konservativen Vereinigung/Konservativen Partei in West-Berlin aktiv blieben.[109] Wilhelm von Dommes wiederum übernahm nach dem Krieg von Mai 1945 bis 1947 erneut die Stellung des Generalbevollmächtigten des preußischen Königshauses und verhandelte in dieser Funktion Restitutionsansprüche der Hohenzollern.[110] Bei Dommes' „Improvisationen" für die Hohenzollern stand er auch nach 1945 mit Claß in Kontakt.[111]

Fabian von Schlabrendorff wiederum, Vertreter der jüngeren Generation von Alldeutschen, der Claß Ende der Weimarer Republik den Kontakt zu Rudolf Smend vermittelt hatte, machte im Nachkriegsdeutschland nach seiner im März 1946 erfolgten Zulassung am Amts- und Landgericht Wiesbaden Karriere als Rechtsanwalt. Er machte sich für die Rehabilitation vor allem des militärischen Widerstandes in der Erinnerungskultur Westdeutschlands stark, verteidigte sowohl Verfolgte des NS-Regimes wie auch überzeugte Nationalsozialisten und arbeitete mit NS-belasteten Kollegen zusammen.[112] Schlabrendorff stellte sich nicht zuletzt durch sein Amt als Bundesverfassungsrichter in Karlsruhe von 1967 bis 1975 in den Dienst der Nachkriegsordnung Westdeutschlands.[113] Er gehörte zu den wenigen jüngeren Vertrauten Claß'. Er hatte bis 1938 als Rechtsanwalt in Berlin gearbeitet und unterhielt zu den Kreisen um Hans Oster, Goerdeler, Ludwig Beck, Erwin von Witzleben und Wilhelm Canaris Kontakt. Anfang 1941 trat er in den Dienst bei seinem Vetter, Henning von Tresckow, Generalstabsoffizier im Hauptkommando der Heeresgruppe Mitte, ein und organisierte ein Netzwerk oppositioneller Mitarbeiter des Militärs, zu dem Ulrich von Hassell gehörte, der als Verbindungsmann zwischen Goerdeler, Beck und dem Kreisauer Kreis wirkte.[114] Als Be-

108 Siehe dazu Schmollinger: Deutsche Konservative Partei/Deutsche Rechtspartei und Terhalle: Deutschnational in Weimar, S. 389–403.

109 Siehe Hans-Günther Stabenow an Otto Meesmann, 22.10.1950, in BA-Koblenz, N 1231, Bd. 716, o. Bl. und Otto Meesmann an Hans-Günther Stabenow, 1.11.1950, in ebd., o. Bl.

110 Siehe dazu den NL Dommes, in GStA in Berlin.

111 Malinowski: Die Hohenzollern und die Nazis, S. 515.

112 Müller: Fabian von Schlabrendorff, S. 220–274.

113 Ebd., S. 275–287.

114 Siehe Tagebucheintrag Ulrich von Hassell, 4.10.1941, in Hiller von Gaertringen: Die Hassell-Tagebücher, S. 276–278. Als sich bei Henning von Tresckow die Berichte über die Massenmorde an Juden der Einsatzgruppe B, die der Heeresgruppe Mitte an der Ostfront folgte, häuften, wurde Schlabrendorff als Ordonnanzoffizier im Oberkommando zum geheimen Verbindungsmann zwischen Tresckow und der Gruppe um Goerdeler und Beck sowie Oster als Chef des Amtes Ausland/Abwehr und Friedrich Olbricht

rater des Chefs des amerikanischen Office of Strategic Services (OSS), General William Donovan, machte er schließlich wichtige Aussagen über den militärischen Widerstand gegen Hitler und beriet somit über Donovan auch Robert H. Jackson, den Hauptankläger bei den Nürnberger Kriegsverbrecherprozessen.[115]

Jackson war von Franz L. Neumanns 1942 erschienenem „Behemoth“ beindruckt und stellte ihn für die Leitung der Central Europe Division innerhalb der Research & Analysis Branch des OSS an. Neumann war ein Schüler Hugo Sinzheimers und sah im Alldeutschen Verband eine wichtige Institution im Machtgefüge des Nationalsozialismus, da sie als Interessenorganisation der Industrie für einen aggressiven imperialen Nationalismus geworben habe. Entsprechend seiner Strukturanalyse der Verflechtung verschiedener Interessen zu einem Machtkartell identifizierte Neumann vier Herrschaftszentren des Nationalsozialismus. Wirtschaft, Partei, Bürokratie und Militär hätten demnach für die planmäßige Vorbereitung und Durchführung eines Angriffskrieges zusammengearbeitet. Im Ergebnis habe dieses „monopolkapitalistische“ Interessenkartell einen polykratischen Staat geschaffen, der keinen Grundsätzen von Staatlichkeit mehr entsprochen habe. Dieses Bild vom „Un-Staat“ platzierte auch die Alldeutschen als wirkungsmächtigste Vertreter radikaler Gruppen des Bürgertums, die sich gegen Liberalismus und Demokratie stellten und stattdessen Imperialismus und Krieg für die Erweiterung des Reiches sowie die Machtfestigung gegen den Aufstieg der Sozialdemokratie nutzen wollten.[116]

Trotz der Deutung des Alldeutschen Verbandes als zentrale Propagandaorganisation alter Eliten innerhalb dieses Machtkartells wurde Claß von den Alliierten nicht als

als Chef des Allgemeinen Heeresamtes. Schlabrendorff sprach auch in vertrauten Kreisen über das koordinierte System der Vernichtungslager zur Ermordung der Juden in den besetzten Ländern. Scheurig: Ewald von Kleist-Schmenzin, S. 180. Siehe v. a. Müller: Fabian von Schlabrendorff, S. 87–175. Henning von Tresckow war seit 1926 mit Erika von Falkenhayn verheiratet. Sie war eine jüngere Cousine von Karoline Franziska Olga von Falkenhayn, der Ehefrau von Konstantin von Gebsattels Sohn, Viktor Emil von Gebsattel.

115 Siehe Salter: Nazi War Crimes, S. 125 und 369. Im August 1945 empfahl Allen W. Dulles als Leiter der OSS Mission Germany Fabian von Schlabrendorff der US-Militärregierung für die Liste des „German Government Personell“, der somit als möglicher Kandidat für den Posten eines Staatssekretärs oder Ministers gehandelt wurde. Siehe Mauch: Schattenkrieg gegen Hitler, S. 284–285. Bevor er von 1967 bis 1975 Bundesverfassungsrichter wurde, hatte er im Gutachterausschuss der Bundeswehr gesessen und war auch vom Bundesnachrichtendienst in dieser Funktion beobachtet worden. Müller: Fabian von Schlabrendorff, S. 219–287.

116 Der Alldeutsche Verband war „zweifellos der aggressivste und widerwärtigste“ mit einem „außergewöhnlichen Propagandaapparat“, der letztlich den „Interessen der Großindustrie diente“, so Neumann. Neumann: Behemoth, S. 255 und 256. Dieser Ansatz bestimmte auch seine weiteren Strukturanalysen sowie die von Otto Kirchheimer und Herbert Marcuse für die strategischen Ausarbeitungen des OSS, das mit Kriegsende auch die Anklageerhebung für den Nürnberger Prozess vorbereitete. Neumann: Behemoth, Neumann/Marcuse/Kirchheimer: Im Kampf gegen Nazideutschland und Söllner: Zur Archäologie. Siehe auch Marquardt-Bigman: Geheimdienstanalysen, Katz: Foreign Intelligence, Mauch: Schattenkrieg, Müller: Krieger und Gelehrte und Priemel: The Betrayal. Siehe auch Hofmeister: Strukturanalyse des Nationalsozialismus.

Kriegsverbrecher verfolgt. Er war jedoch als führender Repräsentant der Nationalsozialisten unter anderem auf der Liste von „Key Nazis“ aufgeführt, die John Franklin Carter als geheimdienstlicher Berater von Franklin D. Roosevelt während des Krieges erstellt hatte.[117] Auf Carters Liste standen auch Bang, Hugenberg, Albrecht von Graefe-Goldebee, Feldmann oder Freytagh-Loringhoven, der im Nationalsozialismus weiterhin eine Professur in Breslau innegehabt hatte, Preußischer Staatsrat geworden und 1934 als deutscher Vertreter an den Ständigen Schiedshof in Den Haag berufen worden war.

Claß schien in seinen letzten Lebensjahren trotzdem regelrecht durch die politischen Systeme gerutscht zu sein. Hatte die Reichspressekammer ihm noch im Frühjahr 1938 bescheinigt, dass „hinsichtlich Ihrer Person in politischer Beziehung keine Tatsachen festgestellt wurden, aus denen sich ergibt, dass Sie die für die Ausübung Ihrer verlegerischen Tätigkeit erforderliche Zuverlässigkeit und Eignung nicht besitzen“, so unterstand er nach Kriegsende in seinem Wohnort in Jena bis zu seinem Tod keiner Überwachung durch die sowjetischen Sicherheitsbehörden oder des Ministeriums für Staatssicherheit (MfS).[118] Dies ermöglichte dem hochbetagten Claß die Fortsetzung seines bürgerlichen Lebensstils im Residuum des Philosophenwegs in relativer Autonomie gegenüber dem im Aufbau befindlichen sozialistischen Arbeiter- und Bauernstaat.

Die Entnazifizierung in Thüringen, die durch Gesetz am 14. Oktober 1946 beschlossen und zum 28. Januar 1947 wirksam wurde, konzentrierte sich mit Spruchkammern in Erfurt, Gera und Weimar vor allem auf die Entfernung belasteter Personen aus Verwaltung und Wirtschaft und wurde zum 10. März 1948 eingestellt. Von 155.000 überprüften Personen wurden 106.000 entlassen. Die Sowjetische Militäradministration in Deutschland (SMAD) richtete im August 1947 insgesamt 35 Untersuchungsbehörden auf Landes- und Kreisebene ein, die bis zum März 1950 gegen 11.623 Personen Untersuchungen einleiteten und gegen 3.902 Personen staatsanwaltliche Anklagen erhoben.[119] Ab April 1950 sollten weitere Verdachtsfälle durch die Polizei ermittelt und gegebenenfalls an die Staatsanwaltschaft weitergegeben werden. Für die Übermittlung war die 1950 mit zunächst nur sechshundert angestellten Mitarbeitern gegründete Staatssicherheit zuständig, die sich jedoch für Claß nicht zu interessieren schien.[120] Der Ausbau des MfS wurde mit einer Verdoppelung der hauptamtlichen Mitarbeiter auf 8.800 innerhalb des Jahres 1952 forciert, die Unruhen des 17. Juni 1953 stellten die innenpolitische Überwachung unter andere Vorzeichen.[121] Zum Zeitpunkt der Unruhen in der DDR war Claß bereits zwei Monate tot.

117 President Franklin D. Roosevelt’s Office Files. Part 5. The John Franklin Carter Files on German Nazi Party Members (Heinrich Claß Reel 4, Nr. 0248).

118 Präsident der Reichspressekammer an Claß, 5.2.1938, in BA-Berlin, R 8048, Bd. 321, Bl. 108a und Auskunft BA-Berlin/Stasi-Unterlagen-Archiv vom 7.6.2022.

119 Boblenz: Zur Überlieferung aus dem Bestand „NS-Archiv des MfS“ im Thüringischen Hauptstaatsarchiv Weimar, S. 30.

120 Betts: Within Walls, S. 26–27.

121 Siehe Gieseke: Die hauptamtlichen Mitarbeiter der Staatssicherheit, S. 85–90.

Konzentrierte sich die Entnazifizierung vor allem auf „aktive“ Mitglieder der NSDAP und ihrer Gliederungen sowie auf exponierte Kriegsverbrecher, so erklärte Erich Mielke, der als Vizepräsident der Deutschen Verwaltung des Innern für die Durchführung des SMAD-Befehls 201 und somit für die Entnazifizierung in der SBZ zuständig war, bereits Ende 1947, dass die allgemeine Mobilisierung der Bevölkerung sowie der Polizei und der „Untersuchungsorgane“, belastete Personen zu melden und zu überprüfen, nicht ausreichend sei.[122] Die systematische Rekrutierung von V-Leuten setzte erst nach Gründung des MfS ein. Deren Einsatz konzentrierte sich zunächst auf politisch aktive „Reaktionäre“ und Saboteure in der neu gegründeten DDR und weniger auf ehemalige Parteibuch-Nationalsozialisten oder deren konservative Unterstützer in der Weimarer Republik.[123] Zu den letzten beiden Kategorien schien Claß aufgrund seiner nicht vorhandenen NSDAP-Mitgliedschaft sowie seiner fehlenden offiziellen Funktion im NS-Regime formal aber nicht gehört zu haben. An einem Entnazifizierungsprozess gegen den alldeutschen Rechtsanwalt aufgrund seiner Verbindungen zum Nationalsozialismus waren die Behörden offenkundig nicht interessiert.

Die Entnazifizierungspolitik verlief auch in der SBZ politisch zweckorientiert und folgte nicht durchgehend einheitlichen Prinzipien, wie sie beispielsweise die Direktive Nr. 38 des Kontrollrates vom 12. Oktober 1947 vorgegeben hatte.[124] Demnach seien Personen, die „der nationalsozialistischen Gewaltherrschaft außerordentliche politische [...] Unterstützung gewährt“ hätten, als „Hauptschuldiger“ anzusehen, und Personen, die „das Leben des deutschen Volkes auf eine Politik der militärischen Gewalt hinzulenken versucht“ hätten oder „für die Beherrschung fremder Völker, ihre Ausbeutung und Verschleppung eingetreten“ seien, als „Belastete“ einzustufen.[125] Claß’ formale Mitgliedschaft im Reichstag von 1933 bis 1945 und seine Kriegszielschriften zur Umsiedlungspolitik, seine rassistischen Auslassungen sowie seine Forderungen nach systematischer Entrechtung von Juden hätten als Belastungsgründe juristisch in solchen Verfahren gegen ihn herangezogen werden können. Nicht zuletzt die nach 1933 immer wieder vorgetragene historische Vordenkerposition innerhalb der „nationalen Opposition“, die Claß für den Alldeutschen Verband in Anspruch genommen hatte, entsprachen der späteren Interpretation der alten Honoratiorenverbände der radikalen Rechten und ihrer führenden Persönlichkeiten als „Wegbereiter“ und „Steigbügelhalter“ Hitlers.

122 Erich Mielke auf einer SED-Diskussion zur Durchführung des Befehls 201 am 30.10.1947, in Rößler: Entnazifizierungspolitik der KPD/SED, S. 196–211.

123 Müller-Engbers: Inoffizielle Mitarbeiter des Ministeriums für Staatssicherheit, Teil 1, S. 19–26.

124 Siehe Leide: NS-Verbrecher, S. 35–57.

125 Beilage zum Zentralverordnungsblatt Berlin (18/1947), 9.10.1947, S. 203–215. Siehe auch Direktive Nr. 24 vom 12.1.1945, in der sehr umfassend definierte Unterstützungen des NS-Regime definiert wurden, die zu Entlassung aus dem Dienst führen sollten. InAmtsblatt des Kontrollrats in Deutschland, Nr. 5, 31.5. 1946, S. 98–115. Zum Dezember 1948 hatte das Land Thüringen mit 36,63 Prozent jedoch die höchste NSDAP-Mitgliedschaftsrate unter allen 108.347 Angestellten in der öffentlichen Verwaltung in der SBZ. Siehe Zusammenstellung zur Demokratisierung der Verwaltung, 25.1.1949, in Rößler: Entnazifizierungspolitik der KPD/SED, S. 270–273.

Es mag Claß bei seiner nach 1945 anhaltenden Überwinterung in der politischen Bedeutungslosigkeit geholfen haben, dass der Alldeutsche Verband bereits 1939 aufgelöst worden war, denn Mitglieder des Reichskolonialbundes, des NS-Reichskriegerbundes (Kyffhäuserbund) und des Volksbundes für das Deutschtum im Ausland waren entsprechend der Direktive des Kontrollrats als „Personengruppen" „anderer nationalsozialistischer Organisationen" aufgrund der Gleichschaltung unbedingt zu überprüfen.[126] Im Sinne des Antifaschismus der SBZ und der 1949 gegründeten DDR wurden jedoch umgehend zahlreiche Publikationen aus dem Umfeld des Alldeutschen Verbandes unmittelbar nach Kriegsende von der sowjetischen Besatzungsverwaltung verboten und aus den Bibliotheken entfernt. Der „Einhart" war neben Büchern von Bang, Walther Bacmeister, Houston Stewart Chamberlain, Karl von Einem, Freytagh-Loringhoven, Theodor Fritsch, Friedrich Lange, Karl Lohmann, Peters, Friedrich Ratzel (Mitbegründer des Alldeutschen Verbandes 1890/91), Max Wundt und Alfred Roth sowie ebenfalls von Bismarck, Franz von Papen, Hjalmar Schacht und Heinrich von Treitschke gleich in der ersten Liste auszusondernder Literatur von 1946 vermerkt.[127] Die *Alldeutschen Blätter* und die *Deutschbundblätter* wurden ebenfalls aus den Bibliotheken entfernt. Ein Jahr später folgten die alldeutschen Autoren Fritz Bley, Alexander Graf Brockdorff, Artur Dinter, Max von Gruber, Hans von Liebig und Philipp von Heck.[128] Heck hatte in der Funktion des Richters einen Diener des Gesetzgebers gesehen, der in der Auslegung von Recht an die Bewertungsmaßstäbe und Interessen des Gesetzgebers gebunden sei und vor Gericht dem Recht innewohnende verschieden gelagerte Lücken in der Rechtswirklichkeit durch praktische Rechtsgewinnung im Urteil fällen müsse.[129]

---

126 Alldeutsche jüngerer Generationen, wie der 1889 geborene Ernst Boepple, der 1918 in den Alldeutschen Verband eintrat, Gründungsmitglied der DAP 1919 war und mit seinem Deutschen Volks-Verlag unter anderem Bangs und Roths antisemitische Schriften, aber auch Paul Tafel, Anton Drexler und Alfred Rosenberg verlegt hatte, machten nach 1933 Karriere und wurden nach Kriegsende verurteilt. Siehe Bang (Pseudonym Wilhelm Meister): Judas Schuldbuch, Roth (Pseudonym Otto Arnim): Die Juden im Heere, Ders.: Die Juden in den Kriegsgesellschaften, Tafel: Das neue Deutschland, Drexler: Mein politisches Erwachen und Rosenberg: Die Spur der Juden. Boepple trat 1934 in die SS ein und wurde 1933 Oberregierungsrat im Staatsministerium für Unterricht und Kultus, 1934 Staatsrat und 1941 Stellvertreter von Staatssekretär Josef Bühler im Generalgouvernement. Er wurde 1949 als „Belasteter" eingestuft und in Krakau zum Tode verurteilt. Schenk: Hans Frank, S. 172 – 175, 411 und 421.

127 Liste auszusondernder Literatur (1946), Nr. 1834 und 2605 (Claß).

128 Siehe Liste auszusondernder Literatur (1947).

129 Siehe zur Richterstellung und zur Rolle im Nationalsozialismus Heck: Begriffsjurisprudenz, Ders.: Interessenjurisprudenz und Ders.: Interessenjurisprudenz und ihre Gegner. Siehe auch Heck: Gesetzesauslegung und Interessenjurisprudenz und Ders.: Begriffsbildung und Interessenjurisprudenz. Siehe auch Manegold: Methode und Zivilrecht bei Philipp Heck (1858 – 1943), in Rückert/Seinecke (Hrsg.): Methodik des Zivilrechts, S. 177 – 202. Philipp von Heck gilt als Mitbegründer der „Interessenjurisprudenz", der sich auf Rudolf von Jherings „Geist des römischen Rechts" berief und die juristische Methodenlehre auch während seiner Professuren in Halle/Saale von 1892 bis 1901 und dann bis 1928 in Tübingen entscheidend prägte. Im Nationalsozialismus bezog er sich auf die „Nürnberger Rassengesetze" für die Begründung der Stellung des Richters. 1936 wurde er Mitglied der Akademie für Deutsches Recht, dem u. a. auch Axel Freiherr von Freytagh-Loringhoven ab 1933 leitend für den Ausschuss Kolonialrecht an-

Beim zweiten Nachtrag der auszusondernden Literatur waren dann 1948 auch Claß’ „Kaiserbuch“ sowie seine Erinnerungen „Wider den Strom“ aufgelistet.[130] Auch einzelne Publikationen von Georg Fritz, Walther Ilges, August Keim, Julius F. Lehmann, Heinrich Pudor, Otto Reche, Paul Tafel und Vietinhgoff-Scheel sowie Reinhold Wulle waren jetzt verboten. Mit den weiteren Auflistungen von Titeln 1952 waren dann nahezu alle Werke von Bang, Chamberlain, Lange, Freytagh-Loringhoven, Wulle und Wundt aus den Bibliotheken entfernt worden. Carl Caesar Eiffe, Max Kloss, Erich Kühn und Reinhold Quaatz wurden nun ebenfalls ausgesondert.[131] Darüber hinaus wurde Paul de Lagarde zensiert, dessen Kulturpessimismus sowie dessen Verständnis des Deutschen Reichs als Übergangsreich mit Anspruch auf kulturelle Dominanz in „Mitteleuropa“, was er vor allem in den „Deutschen Schriften“ 1878 entfaltet hatte, Claß für seine eigenen und zuweilen an zyklische Denkbilder angelehnten Geschichtsinterpretationen rezipiert hatte.[132]

Die Politik des Alldeutschen Verbandes entsprach in ihrer kritischen Deutung für den Aufstieg des Nationalsozialismus der wissenschaftlich ausgerichteten Weltanschauung des Marxismus, demnach er strategische Machtallianzen des Bürgertums mit Industrie und Armee gesucht hatte, um die Arbeiterklasse als Objekt der Geschichte auszubeuten und andere Völker durch imperialistische Eroberungskriege zu unterwerfen. Diese alten „bürgerlichen Herrschaftsträger“ wurden nun systematisch durch eine „regimeeigene“ Führungsschicht ersetzt, die als ausgebildete Spezialisten eine neue soziale Kader-Elite bilden sollten.[133] Anders als in Westdeutschland wurde dem Alldeutschen Verband daher in der SBZ gleich nach Kriegsende in den öffentlichen Darstellungen eine wesentliche Schuld als Vorläuferorganisation der NS-Bewegung zugesprochen.

Alldeutscher „Chauvinismus“ habe seit der Kriegszielbewegung „Sentenzen“ hervorgebracht, „für die wir heute zahlen müssen“, schrieb die *Berliner Zeitung* bereits im Juli 1945. Gebsattels Propaganda für eine Herauslösung der baltischen Staaten sowie Finnlands aus dem Russischen Reich, aber auch schon das Buch „Berlin-Bagdad“ des alldeutschen Wanderredners Albert Ritter von 1913, hätten durch die aggressiven Pläne für ein deutsch-dominiertes Mitteleuropa die Russen von Deutschland entfremdet.[134]

Die politische Allianz zwischen Alldeutschen und Nationalsozialisten war der wesentliche Kern der Interpretation vom Aufstieg des Nationalsozialismus, in dem

---

gehörte. Heck war bis 1917 zunächst in Halle/Saale und dann in Tübingen Vorsitzender der dortigen Ortsgruppe des Alldeutschen Verbandes. Siehe Alldeutsches Werbe- und Merkbüchlein 1899, S. 15 und 1902/03, S. 9 sowie Handbuch des Alldeutschen Verbandes 1908, S. 19, Dass. 1913, S. 33 und Dass. 1917, S. 39. Siehe auch Schoppmeyer: Juristische Methode.

130 Liste auszusondernder Literatur (1948), Nr. 1113–1115 und 2200 (Claß).

131 Siehe Liste auszusondernder Literatur (1952).

132 Siehe Lagarde: Deutsche Schriften sowie Sieg: Deutschlands Prophet, Schemann: Paul de Lagarde und Claß: Wider den Strom, S. 87.

133 Boyer: Kaderpolitik und zentrale Planbürokratie, S. 11.

134 Berliner Zeitung 22.7.1945. Gemeint ist Ritter (Pseudonym Karl von Winterstetten): Berlin-Bagdad.

„kleinbürgerliche Verzagtheit und alldeutscher Übermut" eine Verbindung eingegangen seien, so das *Neue Deutschland.*[135] Gestützt wurde diese Deutung im Grundsatz von der Anklage Jacksons in den Nürnberger Prozessen, dessen Eröffnungsplädoyer am zweiten Verhandlungstag am 21. November 1945 in der *Neuen Zeit* falsch beziehungsweise ungenau übersetzt zitiert wurde. Er habe von der Machtübernahme 1933 als einem „lasterhaften Bund" zwischen „den extremsten Naziverschwörern, den ungezügeltsten deutschen Reaktionären und den alldeutschen Militaristen" gesprochen.[136]

Die Interpretation einer Machtallianz alter Honoratioren aus dem Kaiserreich und den aufstrebenden Nationalsozialisten stellte den Kern der marxistischen Geschichtsinterpretation in der neu gegründeten DDR dar. Die Kontinuitätslinien zwischen Kaiserreich und Nationalsozialismus sowie zwischen Erstem und Zweitem Weltkrieg wurden hier wesentlich durch die Alldeutschen vermittelt. In Claß' Schriften und „zahlreichen anderen alldeutschen Pamphleten" sei „bereits die direkt faschistische Verbindung barbarischer Rassentheorien mit schärfster Ausbeutung einer unterjochten proletarischen Bevölkerung deutlich" geworden, schrieb Jürgen Kuczinsky in seiner Darstellung von 1950.[137] Der Verbandsvorsitzende Claß sei einer der „geschicktesten Verbrecher", der im Zuge der „kühl[en] und sachlich[en]" Auflösung des Verbandes 1939 durch den „würdige[n] Nachfolger von Claß und ein[en] noch größer[en] Verbrecher", Heinrich Himmler, „erledigt" worden sei, weil er „mit der Zeit nicht mehr" mitgekommen sei.[138]

In Westdeutschland wiederum erschien mit der Dissertation von Alfred Kruck 1954 die erste westdeutsche Gesamtdarstellung zum Alldeutschen Verband, wobei der Autor solche weltanschaulichen und politischen Kontinuitätslinien, die auf eine Verortung des Nationalsozialismus und seiner Verbrechen in Denktraditionen des Kaiserreichs zielten, verwischte.[139] Diese Aussonderung historischer Kontinuitätslinien entsprach einer po-

135 Neues Deutschland 9.6.1946. Siehe auch Neues Deutschland 24.1.1947 und 24.4.1947, Berliner Zeitung 21.8.1946 und Neue Zeit 10.12.1948.

136 So das Zitat in Neue Zeit 23.11.1945. Robert Jackson sagte am 21.11.1945 wörtlich: „We know that the Nazi Party was not put in power by a majority of the German vote. We know it came to power by an evil alliance between the most extreme of the Nazi revolutionists, the most unrestrained of the German reactionaries, and the most aggressive of the German militarists." The Trial of German Major War Criminals, Bd. 1, S. 52.

137 Klein: Deutschland 1897/98 – 1917, S. 293.

138 Kuczynski: Studien zur Geschichte des deutschen Imperialismus, Bd. II, S. 116.

139 Kruck: Die Geschichte des Alldeutschen Verbandes. Alfred Kruck konnte mit Claß' Tochter Annelies noch zu Lebzeiten ihres Vaters Kontakt aufnehmen und erreichen, dass sie ihm den unveröffentlichten zweiten Teil der Erinnerungen von Claß für seine Dissertation zur Ansicht überließ, der den Zeitraum von 1915 bis 1933 umfasste. Vereinbart war jedoch, dass Kruck den um 1936 im Grundsatz von Claß abgeschlossenen Erinnerungstext nicht öffentlich auswerten sollte. Kruck schrieb letztlich nahezu den gesamten Dissertationstext für die Zeit von 1915 und 1933 in enger Anlehnung an die Erinnerungen, ohne eine einzige Fußnote über die Quelle anzubieten. Dies führte zu einem Bruch zwischen Kruck und Annelies Claß, nachdem ihr Vater 1953 gestorben und ein Jahr später Krucks Dissertation mit den offenkundigen Anlehnungen an die Erinnerungen veröffentlicht wurde. Der folgende Erwerb des Gesamtmanuskripts der Claß'schen Erinnerungen seitens des Bundesarchivs wurde durch diesen Bruch

litischen Vergangenheitsbewältigung in der Adenauer-Ära, die vor allem in der Abgrenzung des Nationalsozialismus als historische Epoche in einem längeren Betrachtungszeitraum der deutschen Geschichte gründete.[140] Eine Verdrängungskultur bestimmte in vielen Bereichen den westdeutschen Zeitgeist von Wiederaufbau und Demokratisierung und ermöglichte nach dem Zweiten Weltkrieg auch in der juristischen Verwaltung eine Elitenkontinuität, die unter anderem dem Leipziger Oberreichsanwalt Emil Niethammer, der Claß im Zuge der Putsch-Untersuchungen 1926 von jeglicher Intention zum verfassungswidrigen Rechtsputsch im Grundsatz freisprach und im Nationalsozialismus unter anderem als Reichsgerichtsrat sowie als Gutachter für die Reichsregierung tätig war, die Berufung zum Präsidenten des Staatsgerichtshofes für das Land Württemberg-Hohenzollern ermöglichte.[141] Kruck zeichnete Claß und seine Anhänger als Propagandisten, die als elitäre Gruppe die Massen mit einem aggressiven Nationalismus manipuliert und somit vom rechten Weg des Bismarckreiches abgebracht habe.[142] Demnach blieb der Zusammenhang zwischen alldeutschem Nationalismus und Nationalsozialismus ein geradezu rätselhafter Mechanismus, der von westdeutschen Historikern erst Jahre später im Zuge der Fischer-Kontroverse um die Schuld Deutschlands am Ausbruch des Ersten Weltkrieges kritisch hinterfragt und schließlich im Zusammenhang mit der These einer aggressiven und planmäßigen Kriegspolitik der gesamten Reichsleitung wiederum in den Vordergrund gestellt werden sollte.[143]

In der ostdeutschen marxistisch geprägten Geschichtsinterpretation war der Ansatz einer beständigen Radikalisierung der öffentlichen Meinung vom Kaiserreich bis in den Nationalsozialismus zur Generalthese erhoben worden, die über 1945 hinaus die Systemkonkurrenz zwischen BRD und DDR bestimmte. Der Alldeutsche Verband war in der DDR-Propaganda nicht nur der Vorläufer des Nationalsozialismus, sondern auch der BRD unter Konrad Adenauer. Der Verband sei in einer längeren Tradition der „aggressivste Flügel des deutschen Imperialismus und Militarismus und wurde bald zur Brut-

---

zwischen Autor und Tochter auf Jahre verschoben und erfolgte erst im November 1967. Siehe dazu Hofmeister: Zur Quelle. Zur ersten Auswertung der Erinnerungen von Heinrich Claß durch Alfred Kruck (1954), S. 73–78. Bis 1977 blieb eine rechtlich vereinbarte Benutzungssperre für die Erinnerungen in Kraft. Ein Jahr später verstarb Annelies Claß. Siehe Bundesarchiv-Koblenz an Annelies Claß, 8.11.1967 und Archivalienzugang 10.11.1967, in Erwerbungsakte VA Claß, BA-Koblenz, o. Bl.

140 Frei: Vergangenheitspolitik.

141 Raberg, Frank, „Niethammer, Emil" in: Neue Deutsche Biographie 19 (1999), S. 246–247. Die Verfassung des unter französischer Besatzung stehenden Württemberg-Hohenzollern wurde von 1946 bis 1947 nach einem „extrem konservativen Entwurf" von Emil Niethammer, der von der Militärregierung als undemokratisch zurückgewiesen und auch von der SPD, KPD und DVP scharf kritisiert worden war, von der Beratenden Landesversammlung ausgearbeitet und 1947 angenommen bis sie 1953 durch die Verfassung Baden-Württembergs abgelöst wurde. Henke: Politische Säuberung, S. 153.

142 Siehe auch Chickering: We Men, S. 8.

143 Fischer: Deutsche Kriegsziele, Ders.: Krieg der Illusionen und Ders.: Griff nach der Weltmacht. Siehe auch Kracht: Zankende Zunft, S. 40–57, Jarausch: Der nationale Tabubruch und Mombauer: The Fischer Controversy.

und Keimzelle chauvinistischer Hetz- und Haßpolitik" bis in die Gegenwart, schrieb das *Neue Deutschland* im Frühjahr 1954.[144] Auch der „Panther-Sprung" nach Agadir während der Marokkokrise 1911, den Claß als Provokateur der „deutschen Imperialisten" mit zu verantworten gehabt habe, galt als Szenario für gegenwärtige Spekulationen kolonialer Interessen des faschistischen Spaniens unter Franco, der nicht nur Anspruch auf Gibraltar, sondern auch auf Französisch-Marokko erhoben habe.[145] Claß wurde in der DDR zur Chiffre für aggressiv-imperialistische Kontinuitätslinien vom Kaiserreich bis in die Bundesrepublik.

13.3 Biographische Asymmetrien. Heinrich Claß und die DDR

Die DDR war politisch das Gegenmodell zur bürgerlich-ständestaatlichen Expertendiktatur, wie sie Claß erstrebt hatte. Der sozialistische Klassencharakter der DDR-Gesellschaft sowie die proklamierte Vorherrschaft der Arbeiterklasse standen einer Vorherrschaft des Bürgertums fundamental entgegen. So hatte Claß im November 1933 einerseits die „durch den Liberalismus entfesselte Selbstsucht", aber andererseits auch die kommunistische Lösungen, in denen langfristig „jede Diktatur zu einer künstlichen Wirtschaftsgestaltung gezwungen wird, die unrettbar in Staatswirtschaft mündet", kritisiert. Der Sozialismus müsse damit „zur Vernichtung jeder Individualität und damit zur Vernichtung alles staatlichen Lebens" führen.[146]

Mit gänzlich unterschiedlicher Zielsetzung wirkten beide Gesellschaftsmodelle hingegen auf die Auflösung der Gewaltenteilung des bürgerlichen Rechtsstaates. Arbeitete Claß zeit seines politischen Lebens für die Errichtung einer zivil-militärischen Rechtsdiktatur unter bürgerlicher Führung, so gründete die DDR-Rechtswissenschaft ihr Ressentiment gegen den bürgerlichen Rechtsstaat auf das Gesellschaftsbild des historischen Materialismus, wonach Rechtsbegriffe ein zeitgebundener Ausdruck von Machtverhältnissen seien, die letztlich ungerechte Klassenverhältnisse widerspiegelten und ein Mittel zum Zweck der Herrschaftssicherung des bürgerlichen Kapitalismus darstellten. Der „demokratische Zentralismus" der DDR band den Rechtsbegriff jedoch ebenfalls an den Staatswillen.

Die Gesetzgebungspraxis, die zunehmend an die SED-dominierten Staatsorgane überging, stand der Gewaltenteilungslehre entgegen. So verstand man in der DDR-Strafrechtswissenschaft in den 1950er Jahren beispielsweise das Strafrecht grundsätzlich als eine „historische Erscheinung", die als „spezifische Form des bürgerlichen Objektivismus" lediglich der „Leugnung des Klassencharakters der strafrechtlichen Erscheinungen" diene. In der DDR sei hingegen nun der „Klassenwille" zum „Staatswillen" erhoben worden, da „jedes Strafrecht Klassencharakter" besitze und sich hier „die

144 Oswald Neumann: Von den Alldeutschen bis Adenauer, in Neues Deutschland 12.1.1954.

145 Neues Deutschland 5.2.1954.

146 Claß: Deutschland in der Weltkrise des Liberalismus, in Alldeutsche Blätter 18.1.1933. Siehe auch Paul Bang: Völkische Wirtschaft, in Alldeutsche Blätter 2.12.1933.

Rechtsansicht der herrschenden Klasse" zeige. Die Anerkennung des Menschen „mit natürlichen Interessen, Instinkte[n] und Leidenschaften", wie sie die soziologische Rechtsschule vertrat, sei wiederum abzulehnen, da Ausnahmegerichtsbarkeit, Zwangsgewalt der Polizei sowie Terror gegen andere Völker, Minderheiten und nicht zuletzt gegen die Arbeiterbewegung nur als „Kehrseite des bürgerlich-rechtsstaatlichen Verfahrens" verstanden werden könnten. Daher sei die soziologische Rechtsschule, wie sie Franz von Liszt mitbegründet hatte, in weiten Teilen als eine „reaktionär-imperialistische Strafrechtslehre" zu deuten, die im Terror- und Vernichtungsregime des Nationalsozialismus letztlich „verwirklicht wurde".[147] Liszt stand auf ausgeprägt nationalem Boden, nutzte sozialdarwinistische Argumentationsmuster und begründete zunehmende Eingriffe des Verwaltungsstaates mit gezielten Zwecksetzungen im vermeintlichen Interesse der gesamten Gesellschaft.[148]

Diese Rechtsdeutung wurde auch Grundlage der neuen Rechtsausbildung in der DDR, als Ende 1952 die Deutsche Verwaltungsakademie mit der Hochschule für Justiz zur Deutschen Akademie für Staats- und Rechtswissenschaft „Walter Ulbricht" in Potsdam-Babelsberg zusammengelegt wurde, die als juristische Kaderschmiede der zukünftigen DDR-Elite von Staatsfunktionären eng an die SED angebunden war.[149] Der erste Präsident, Arthur Baumgarten, hatte noch 1909 bei dem einstigen Alldeutschen Liszt in Berlin promoviert, als sein Doktorvater bereits für die Freisinnige Volkspartei im Preußischen Landtag saß und drei Jahre später für die Fortschrittliche Volkspartei in den Reichstag einziehen sollte. Baumgarten ging 1933 in die Schweiz und kam zwei Jahre später in der Sowjetunion mit der KPD in Kontakt.[150] Er versuchte den Sozialismus mit den Idealen von Freiheit und Gleichheit zu verbinden, blieb damit aber in der DDR ein rechtsphilosophischer Außenseiter. Die methodische Grundsatzkritik an Liszt nahm in der DDR in den 1950er Jahren Gestalt an, als die bürgerliche Strafrechtslehre in den Kontext imperialer Weltpolitik sowie einer Abkehr von bürgerlicher Rechtsstaatlichkeit gestellt und als Gesinnungsstrafrecht abgelehnt wurde, das sich auf die individuelle, der Straftat vorgelagerte Gesinnung des Täters konzentrierte, die durch Erziehung geändert werden müsse.[151] Der normative Erziehungsansatz zur „sozialistischen Persönlichkeit" in der DDR war letztlich nicht so weit vom grundsätzlichen Erziehungsparadigma der Alldeutschen entfernt. Die paternalistische Führung der „Massen" durch eine bildungsbürgerliche Elite war hier jedoch in seinen Gegensatz verkehrt und stellte die proletarischen „Massen" in den Mittelpunkt eines sozialistischen Gesellschaftsmodells, das als

---

147 Lehrbuch des Strafrechts der Deutschen Demokratischen Republik, S. 22, 23, 81 und 125.

148 Siehe Stäcker: Die Franz von Liszt-Schule, S. 19–25.

149 Bernhardt: Die Deutsche Akademie für Staats- und Rechtswissenschaft und Glaeßner: Herrschaft durch Kader, S. 301–341.

150 Irrlitz: Rechtsordnung und Ethik der Solidarität.

151 Zur Kritik siehe Renneberg: Die Lehren der Strafrechtsreformvorschläge Liszts und Baumgarten: Zur Methodologie der Rechtswissenschaft. Zum Kontext der Liszt-Rezeption in der DDR siehe Stäcker: Die Franz von Liszt-Schule, S. 285–332.

Übergang hin zur Utopie eines klassenlosen Kommunismus noch politische und soziale Ungleichheit zwischen Führung und den Massen dulden wollte.[152]

Die DDR verstand sich zudem als „antifaschistisch-demokratische Ordnung", in der die sozialistische Gesetzlichkeit zur Verwirklichung des sozialistischen Bewusstseins systematisch umgesetzt werden sollte.[153] Neben einer strengen Entnazifizierung des Richterstandes und der Staatsanwälte, die 95 Prozent des akademisch geschulten Personals der Justiz ausmachten, wurde die Anzahl der Anwälte in der DDR verringert. Im Mai 1953 entstanden Kollegien, in denen die meisten Anwälte zusammengefasst wurden.[154] Von den Ende 1952 zugelassenen 781 Anwälten in der DDR waren 22,7 Prozent ehemalige NSDAP-Mitglieder, die zunächst nur als Hilfsjuristen und dann in den Kollegien wieder tätig werden durften.[155] Nachdem die West-Berliner Rechtsanwaltsordnung 1952 die Abweisung politischer Anwälte aus der DDR verfügt hatte, verloren im April 1953 alle in West-Berlin ansässigen Rechtsanwälte wiederum ihre Zulassung für Ost-Berlin. Das DDR-Justizministerium verfügte durch die Ost-Berliner Zulassungsverordnung von 1953 eine Treuepflicht gegenüber den Zielen der DDR.[156] Der Berufsstand des Rechtsanwalts war nun den Zielen des sozialistischen Gesellschafts- und Rechtsumbaus unterworfen. Der Anwalt war trotz seiner Beratungs- und Vertretungstätigkeit für Mandanten in der DDR, in der Claß im beschaulichen Jena seinen Lebensabend verbrachte, nun ein „Organ der sozialistischen Rechtspflege".[157]

---

152 Einschätzungen von Claß, wie er dieses sozialistische Regime der SBZ/DDR selbst deutete und erlebte, sind nicht überliefert.

153 Siehe Stolleis: Sozialistische Gesetzlichkeit und Wentker: Justiz in der SBZ/DDR. Die DDR-Kampagnen gegen NS-Richter und gegen die westdeutsche Justiz nahmen dann erst Ende der fünfziger Jahre Fahrt auf und standen im Zeichen einer zunehmenden vergangenheitspolitischen Abgrenzungsstrategie, die den ostdeutschen Gegenstaat als vom Faschismus befreit darstellen sollte. Bästlein: „Nazi-Blutrichter als Stützen des Adenauer-Regimes", Leide: NS-Verbrecher und Staatssicherheit und Weinke: Die Verfolgung von NS-Tätern im geteilten Deutschland.

154 Stolleis: Geschichte des öffentlichen Rechts in Deutschland, Bd. 4, S. 101.

155 Booß: Im goldenen Käfig, S. 43.

156 Otterbeck: Das Anwaltskollektiv der DDR, S. 111.

157 Siehe dazu auch Rottleuthner u. a.: Steuerung der Justiz in der DDR und Booß: Im goldenen Käfig. Zitat in Luther/Wolff: Das Recht auf Verteidigung im sozialistischen Strafverfahren, S. 145.

Schlussbetrachtungen

Heinrich Claß stand mit Blick auf die Geschichte des Alldeutschen Verbandes wie kein anderer Vorsitzender einer Organisation der radikalen Rechten für die Brüche und Kontinuitäten des bürgerlichen Nationalismus zwischen Kaiserreich und Nationalsozialismus. Claß kann daher als Übergangsfigur vom Avantgardismus des „alten“ Nationalismus der Jahrhundertwende zu den gewaltbereiten und kompromissloseren Organisationen des „neuen“ Nationalismus der radikalen Rechten nach 1918 verstanden werden. Er hatte bereits vor dem Ersten Weltkrieg einen der radikalsten Gegenentwürfe zur liberalen Moderne und zur politischen Demokratisierung vorgelegt, dem unter anderem die Perspektive der Diktatur als Übergang zum völkischen Staat durch Verfestigung bildungsbürgerlicher Macht über ein ungleiches Wahlsystem, Verfolgung politischer „Reichsfeinde“, rechtliche Ausgrenzung von Juden sowie ethnischer Minderheiten zugrunde lag.

Biographie, Bürgerlichkeit und Diktatur

Die Diktatur war in Claß' politischem Ordnungsdenken Bedingung und Ziel zugleich, um den autoritär-völkischen Staat errichten zu können. Sie sollte einerseits innenpolitisch autoritäre „Reformen“ und außenpolitisch imperiale Expansion ermöglichen, indem nicht mehr auf die politische Vielfalt von Interessen Rücksicht genommen werden musste. Andererseits stellte sie einen Idealzustand gesellschaftlicher Ordnung dar, wie sie Claß aus seiner nationalistischen und rassistischen Weltanschauung sowie aus dem Machtinteresse derjenigen radikalen Schichten des Bürgertums ableitete, die ihren Einfluss in einem autoritären ständestaatlichen Gesellschaftsmodell am besten gesichert sahen. Nationalismus und Antisemitismus waren weltanschauliche Elemente, die er bereits in seinem Elternhaus, wenngleich nicht in der von ihm vertretenen Radikalität, übernommen hatte und die somit seinem Diktaturbegriff vorgelagert waren.

Die Studie betonte den Zusammenhang der biographischen Dimensionen Sozialisation, Weltanschauung und politisches Handeln, die darüber hinaus durch Claß' spezifisches Rechtsdenken geprägt und bestimmt wurden. Die soziale Herkunft aus einer Juristenfamilie im Staatsdienst verstärkte den Anspruch, Deutungsfragen sozialer und politischer Realität immer auch als einen Kampf um Interessen und Macht zu erkennen. Rechtsanwalt und Verbandspolitiker waren für Claß zwei Berufe mit der gleichen Mission.

Nachdem Claß sich früh festgelegt hatte, als politischer Rechtsanwalt das altliberale Prinzip der Regierungskritik durch das immer kompromisslosere Diktum der „nationalen Opposition“ zu ersetzen, brach er auch mit der Aufstiegserzählung seiner Familie, die erst durch den Staatsdienst ihren sozialen Status der Bürgerlichkeit erreicht hatte. Stattdessen machte sich Claß nach dem Studium der Rechtswissenschaft frei von der engen Anbindung an den Staat seines Vaters und seiner beiden Großväter, indem er

https://doi.org/10.1515/-016

zunächst den Beruf des Rechtsanwalts ergriff. Bedingung und Motiv für die sich anschließende Laufbahn als radikal-nationalistischer Politiker und Vorsitzender des Alldeutschen Verbandes blieb die Sicherung des eigenen Obenbleibens, die Fortführung des bildungsbürgerlichen Aufstiegs und die Bekämpfung der eigenen politischen und sozialen Abstiegsängste. Dieser Kampf war den alten und jungen bildungsbürgerlichen Honoratioren gemeinsam und wurde durch die rapide Industrialisierung, die Entstehung einer „Massengesellschaft", die damit einhergehende Forderung nach einer Ausweitung politischer und kultureller Mitbestimmung sowie die damit einhergehende Infragestellung bürgerlicher Deutungshoheit und kultureller Hegemonie verstärkt. Politisch manifestierten sich diese Entwicklungen im Kaiserreich mit dem Aufstieg der Sozialdemokratie und der Forderung nach Demokratisierung.

Weltanschauung und Rechtsanschauung

In der historischen Forschung zum radikalen Nationalismus in Deutschland gilt Claß vor allem aufgrund seiner antisemitischen Propaganda sowie aufgrund seiner expansiven Kriegszielforderungen als einer der führenden und einflussreichsten Akteure der nationalistischen Interessenverbände des Kaiserreichs. Bei aller kompromisslosen Radikalität seiner Forderungen war Claß in den Themenfeldern der frühen antisemitischen Bewegung, der Kolonialbewegung und der völkischen Bewegung nur bedingt ein geistiger Vordenker.[1] Generationell hat er eine solche Rolle auch nur bedingt spielen können, waren doch die Konzepte von Rassenantisemitismus, rechtlicher Ausgrenzung von Juden sowie kolonialer und imperialer Expansion bereits um die Jahrhundertwende von anderen völkischen Denkern, Kolonialagitatoren sowie führenden Alldeutschen der ersten Generation wie Ernst Hasse gelegt worden.[2] Hatten Funktionäre wie Konstantin von Gebsattel die Organisation des Antisemitismus als Mobilisierungsstrategie des Verbandes im Ersten Weltkrieg forciert, so vertraten schließlich in der Weimarer Republik jüngere Alldeutsche wie Paul Bang und Gertzlaff von Hertzberg-Lottin, die beide im Jahre 1919 zum Alldeutschen Verband gefunden und zentrale Stellvertreterpositionen von Claß innerhalb der DNVP sowie in der Verbandsführung eingenommen hatten, einen rigiden Antisemitismus und lösten Claß in der Wirkmächtigkeit seiner radikalen antisemitischen Propaganda ab.

Claß' historische Bedeutung und politische Wirkmächtigkeit lagen vielmehr in seiner beständigen Forderung nach der konkreten Umsetzung dieser Konzepte in praktische Politik. Er synthetisierte die verschiedenen Ideologiestränge wirkungsvoll in seinen Schriften und destillierte aus ihnen politische und vor allem juristische Forderungen für eine nahezu alle Bereiche des gesellschaftlichen Lebens umfassende

1 Hofmeister: Radikaler Nationalismus und Weltanschauung und Leicht: Heinrich Claß.

2 Puschner: Die völkische Bewegung im wilhelminischen Kaiserreich, Breuer: Die Völkischen in Deutschland und Walkenhorst: Nation – Volk – Rasse.

„Reichsreform", wie er sein Programm im „Kaiserbuch" von 1912 nannte, die bereits vor dem Ersten Weltkrieg auf eine autoritäre Rechtsdiktatur hinauslief. Es war vor allem die Diktaturpolitik, die ihn auf dem Feld konkreter Politik zum sogenannten Vordenker für die radikale Rechte zwischen Kaiserreich und Nationalsozialismus machten.

Sein „radikales Ordnungsdenken"[3] ist daher nicht nur in den Aufstieg von Rassismus, Antisemitismus und aggressivem Nationalismus um die Jahrhundertwende einzuordnen, so eine zentrale Theses dieser Biographie, sondern muss in einer erweiterten Perspektive seines Rechtsbegriffs vom kompromisslosen Kampf um Interessen als Wesenskern moderner Gesellschaften verstanden werden. Für die weltanschauliche Radikalisierung der völkischen Bewegung um die Jahrhundertwende war insgesamt eine fundamentale Veränderung des politischen Denkens über Ziele, Zwecke und Mittel zur Durchsetzung der eigenen Interessen kennzeichnend. Das macht- und interessegeleitete Rechtsdenken des ausgebildeten Juristen Claß war wesentlich geprägt durch den soziologischen Rechtsbegriff des „Theoretikers des Übergangs", Rudolf von Jhering, der trotz seiner eigenen Wirkmächtigkeit für die gesamte moderne Rechtswissenschaft unauflöslich auch mit jener völkisch-alldeutschen Indienstnahme verbunden ist. Claß folgte einem rationalen Rechtsverständnis, das den Kampf um Interessen als das wesentliche Interpretationsschema sozialer Wirklichkeit und die zweckgerichtete Auseinandersetzung um Recht als entscheidende Triebkraft gesellschaftlicher Entwicklung und ihrer Herrschaftsordnung begriff.[4] Nicht nur Rasse und „Volk" galten für Claß, wie auch in der völkischen Bewegung und den radikalen nationalistischen Bewegungen der Jahrhundertwende, als normative Rechtsquellen, sondern der sozial grundierte Machtanspruch elitärer Führung durch akademische Experten von „Bildung und Besitz".

Claß war daher ein politischer Jurist, der ab der Jahrhundertwende den soziologischen Rechtsbegriff in seinem methodischen Erneuerungsgehalt für die politische Anwendung radikal weiterentwickelte und aufgrund überlappender Zielsetzungen wie der Ausschaltung des Parlaments, der Verfolgung von politischen Gegnern, der Entrechtung von Juden und einer territorialen Revisionspolitik seinen Diktaturgedanken für die radikale Rechte der Weimarer Republik und letztlich auch für das totalitäre Gesellschaftskonzept der Nationalsozialismus anschlussfähig machte. Recht war für Claß immer die Grundlage des Schutzes übergeordneter Interessen des Staates (Primat des Staates) sowie ein zweckgerichtetes Mittel zur Machtausübung der zur legitimen Herrschaft bestimmten bürgerlichen Schichten. Diese Zweigleisigkeit von Recht macht Claß sowohl als politischen Rechtsdenker als auch als „rechtsschöpfenden" Politiker im Übergang vom Kaiserreich zum Nationalsozialismus erkennbar.

3 Raphael: Radikales Ordnungsdenken.

4 Rüthers/Fischer/Birk: Rechtstheorie, S. 340.

Kompromisslosigkeit und Gewalt

Die Indienstnahme des soziologisches Rechtsverständnisses für die Legitimation eigener autoritärer bürgerlicher Interessen gegen den Aufstieg von Massenparteien, Parlamentarismus und Demokratie erlaubt es schließlich, Claß nicht nur politisch und weltanschaulich, sondern eben auch rechtsanschaulich als *„missing link"* zwischen dem „alten" Radikalnationalismus der Honoratioren des Kaiserreichs einerseits und der kühlen Sachlichkeit jüngerer Nationalsozialisten andererseits zu fassen. Hinzu kam die praktische Umsetzung eigener Interessen in Politik, die bei Claß die Radikalisierung eigener Vorstellungen von Staat und Gesellschaft sowie die zunehmende Kompromisslosigkeit bis hin zur Gewaltanwendung sichtbar machen.

So gewann der umfassende diktatorische Grundentwurf des noch unter Pseudonym veröffentlichten „Kaiserbuchs" von 1912 nach dem verloren Ersten Weltkrieg mit den Putschplanungen der Alldeutschen bis zur „Notverordnung" von 1923 erste konkrete Konturen für eine gewaltsame Durchsetzung der Diktatur, die nach der Erfahrung des gescheiterten Hitler-Putsches zur legalen Machtübernahme über das Parteiensystem gelingen sollte. Die Mobilisierung einer geeinten Rechten über eine radikalisierte DNVP als Führungszentrum, an die Claß den Alldeutschen Verband ab 1928 als Propagandaorganisation band, hatte immer die Zerstörung der Weimarer Republik und die Errichtung einer autoritären Rechtsdiktatur zum Ziel.

Bei allem Vorbehalt gegen den gewaltsamen Terror der NS-Bewegung waren Gewalt und Terror auch inhärente Bestandteile alldeutscher Ordnungskonzeptionen für den Übergang von einer zivil-militärischen Diktatur in den autoritären Staat. So beinhaltete die „Notverordnung" von 1923 die Einrichtung von Standgerichten und das „Freiheitsgesetz", das Claß im Zuge der Kampagne gegen den Youngplan 1929 in einer ersten Fassung entwarf, sah ursprünglich die Inhaftierung des Reichspräsidenten bei Unterzeichnung des Plans vor. Als sich eine Allianz zwischen DNVP und NSDAP unter Alfred Hugenbergs Führung und somit seine Ernennung zum Reichskanzler bis zum Jahresende 1932 als Illusion erwies, entwickelte Claß darüber hinaus sein konkretes „Sofortprogramm", das in zahlreichen Zügen den Terror der Nationalsozialisten, vor allem gegen die Kommunisten wenige Wochen später, vorwegnahm.

Auch der radikale Antisemitismus wurde von Claß in seiner Grundsätzlichkeit immer als politische Forderung gedacht, die in ihrer Durchsetzung nicht nur Rechtsstaatlichkeit verletzte und jüdische Emanzipation rückgängig machen sollte, sondern in seiner Konsequenz, bei aller Ablehnung des „Radauantisemitismus" im Kaiserreich, Gewalt und Unrecht beinhaltete. Die Gründung des radikal-antisemitischen Deutschvölkischen Schutz- und Trutzbundes gab diesem Spannungsverhältnis zwischen radikaler Kompromisslosigkeit und bürgerlicher Distanzierung von Gewalt wirksam Ausdruck. Hielten sich die Alldeutschen trotz beständiger antisemitischer Propaganda in ihren Reden und Pamphleten von der offiziellen Vertretung antisemitischer Politik noch bis 1917/18 zurück, so kam es im Zuge von Kriegsniederlage, Revolution und Demokratisierung zum Durchbruch des Antisemitismus innerhalb des Verbandes, der durch die Zweiggründung des DvSTB das Thema gleichsam auslagerte und somit Massenmobilisierung und Rekrutierung gewaltbereiter Mitglieder auch jenseits des bürgerlich-elitären Alldeutschen Verbandes erlaubte.

Generation und Rechtsanschauung

Claß' Idealisierung seiner eigenen Kompromisslosigkeit, die im ersten Band seiner Erinnerungen 1932 veröffentlicht wurde, ist viel zitiert worden. Demnach gab er bei seiner heroischen Selbsthistorisierung zu bedenken, „daß drei Worte über dem Denken und Trachten von Häusern, wie dem unserigen standen – drei Fremdworte: Patriotismus, Toleranz, Humanität. Das waren die politischen und menschlichen Ideale jener beiden Geschlechterfolgen, die ganz unter liberalen Einflüssen standen und auf die Gleichberechtigung aller Staatsangehörigen schwuren." Ein solcher Liberalismus habe seine Generation nicht mehr ansprechen können und er sei angesichts der modernen Dynamiken des aufstrebenden Kaiserreichs mit seinen gesellschaftlichen Ausdifferenzierungen, seinen sozialen und politischen Kämpfen ins radikale Lager des deutschen Bürgertums übergegangen, dem das „Volk" als Grundlage von Recht und Macht galt. „Wir Jungen waren fortgeschritten: wir waren national schlechthin; wir wollten von Toleranz nichts wissen, wenn sie Volks- und Staatsfeinde schonte; die Humanität im Sinne jener liberalen Auffassung verwarfen wir, weil das eigene Volk dabei zu kurz kommen mußte."[5] Diese Verve sei ein Signum seiner Generation gewesen. „Für uns Jüngere" habe jedoch mehr „heiliger Eifer für die deutsche Sache" gegolten sowie „unbedingte[n] Selbstlosigkeit". Eine solche Leidenschaft sei auch bei den Alldeutschen erdrückt worden, als er 1897 in den Verband eintrat und die erste Generation der vor 1850 geborenen Funktionäre noch den wilhelminischen Geist der Kaisertreue atmeten, dem Claß mit der Sammlung einer außerparlamentarischen „nationalen Opposition" entkommen wollte. Sein Vorgänger Ernst Hasse war für Claß in der Rückschau ein Mann ohne „Schwung und Phantasie", der immer die „Anlehnung an die Regierenden" gesucht und Schwierigkeiten darin gesehen habe, als „wir Jüngeren zur ‚nationalen Opposition' drängten".[6]

In dieser Weiterführung der alldeutschen Politik der ersten Generation steckte ein zentrales Thema von Claß' Biographie. Zu jung, um die Reichseinigung 1871 mitgestaltet zu haben, und schließlich zu alt, um 1914 am Ersten Weltkrieg teilnehmen zu können, blieb Claß wesentlichen Denkstilen des in den 1880er und 1890er Jahren aufkommenden radikalen Nationalismus verhaftet, der sich mit scharfer Kritik an dem als unstet wahrgenommenen Wilhelm II. und mit der Verehrung der autoritären Politik Bismarcks hervortat. Seit den Studien zum Rechtsdenken und radikalen politischen Handeln der jüngeren, Claß nachfolgenden völkischen „Generation der Sachlichkeit" der um 1900 Geborenen wird in der Forschung der spezifische Zusammenhang zwischen juristischer

---

5 Claß: Wider den Strom, S. 17.

6 Ebd., S. 43 und 45.

Ausbildung und kühlem, sachlich-rationalen Denken herausgearbeitet, das der Organisation von Vernichtung und Terror zugrunde lag. Damit ist ein entscheidendes Mobilisierungsmotiv zahlreicher Juristen für den Nationalsozialismus freigelegt worden.[7] An Claß' Beispiel lässt sich für die Generation radikaler Vertreter des „alten Nationalismus" der „nationalen Opposition" davor, die „Reichsgründergeneration" der um 1871 Geborenen, feststellen, dass hier erste Fixpunkte dieser rationalen, kühlen Sachlichkeit im Rechtsdenken für Reich und Diktatur vorhanden und somit dem Rechtshandeln der Nationalsozialisten vorgelagert waren.[8]

Die „Generation der Sachlichkeit"[9] juristisch geschulter nationalsozialistischer Gewalteliten hatte wiederum ihre politischen sowie welt- und rechtsanschaulichen Vordenker, die sowohl im völkischen Rassedenken der Jahrhundertwende als auch in jener soziologischen Rechtserneuerung zu suchen sind, für deren politisierte Anwendung eine generationelle Kohorte davor Claß steht. Die oft konstatierte Kontinuität von den Alldeutschen zu den Nationalsozialisten ist auch in dieser spezifischen Rechtsanschauung zu suchen, in welche die Propagierung eines radikalen Antisemitismus und Rassismus, die Kriegsverherrlichung und die Unterdrückung innenpolitischer Feinde einzubetten sind.

Neben seinem Rechtsdenken lassen sich weitere Elemente von Claß' professioneller Prägung heranziehen, um seinen Aufstieg als Verbandspolitiker, seinen ausgeprägten Deutungsanspruch, sein Selbstverständnis und schließlich seine politische Radikalität zu erschließen. Claß verstand den juristischen Anwaltsberuf nicht mehr nur als Organ der Rechtspflege, sondern, in seiner politischen Wendung als Interessenpolitiker, vielmehr als ein Organ der schöpferischen Rechtserneuerung. Claß inszenierte durch diesen Totalitätsanspruch von Legislative, Judikative und Exekutive einen Alleinvertretungsanspruch über die wahre Ordnung. Die Wendung dieses Anspruchs ins Politische erfolgte durch seine Politik als Vorsitzender des Alldeutschen Verbandes zwischen 1908 und 1939, den er als elitäres Führungszentrum der „nationalen Opposition" ansah. Schließlich sei „keine Opposition als Selbstzweck" zu betreiben, sondern „als Mittel, um eine Änderung des gemeingefährlichen Zustandes zu erreichen".[10] Somit war Claß' allseits bekannte Hybris im Deutungsanspruch seiner Programmatik und im Duktus seiner Pamphlete auch immer in der Anmaßung begründet, Ankläger, Anwalt und Richter zugleich sein zu wollen. Die bürgerliche Diktatur sollte diese Positionen in einer aus „Bildung und Besitz" zu rekrutierenden Experten-Regierung vereinen und in eine autoritäre Ordnung überführen.

7 Herbert: Best und Wildt: Generation des Unbedingten.

8 Zum Generationenmodell siehe Peukert: Die Weimarer Republik, S. 25–31.

9 Herbert: „Generation der Sachlichkeit".

10 Claß: Wider den Strom, S. 97.

Radikalisierungen

Der radikalen Konkretisierung des zunächst sehr offen von seinen ursprünglichen Vordenkern vertretenen soziologischen Rechtsbegriffs, der seit der Mitte des 19. Jahrhunderts zur Erneuerung der Rechtswissenschaften beigetragen hatte und der Claß in seinem Studium gelehrt wurde, entsprach nicht nur Claß' Ruf nach einer zivil-militärischen Diktatur, die er als eine seiner frühesten innenpolitischen Forderungen in seiner Plauener Rede von 1903 vorgestellt hatte. Der Errichtung einer Diktatur ließen sich auch alle weiteren Reformen unterordnen, deren Umsetzung Claß in seinem „Kaiserbuch" 1912 verlangt hatte.

Die Diktatur war in Claß' politischem Denken die innenpolitische Voraussetzung für eine umfassende Ordnungsidee des zukünftigen Deutschen Reiches. Sie sollte die politischen Kämpfe mit Liberalen, Katholiken und Sozialdemokraten auflösen, während gleichzeitig die systematische Unterdrückung ethnischer Minderheiten und vor allem der Juden durch staatsbürgerliche Entrechtung umgesetzt werden sollte. Die autoritäre Unterdrückung politischer Gegner, die sich nicht nationalistisch einbinden ließen oder aus einer ethnisch-völkischen Weltanschauung heraus als „Fremdvölkische" ausgeschlossen werden sollten, entsprach im Grundsatz den praktischen Spielräumen eines in der Praxis auszudeutenden soziologischen Rechtsbegriffs, der Recht als zweckgerichteten Kampf um Interessen verstand.

Die Paralyse des Reichstags, die im Gefolge des Aufstiegs der Sozialdemokratie nach den Reichstagswahlen 1912 Reichskanzler Theobald von Bethmann Hollweg zur „Politik der Diagonale" veranlasste, war für Claß das sichtbarste Zeichen für einen politischen und kulturellen Verfall bürgerlicher Ordnung und der Beweggrund, im „Kaiserbuch" entsprechende autoritäre „Reformen" zu fordern. Lediglich die Alldeutschen hätten in diesem Szenario von Untergang und Wiedergeburt die richtige Einsicht und den Willen zur Normdurchsetzung. Im Kern dieser Kulturkritik stand die Ablehnung einer fundamentalen Demokratisierung, die sich mit dem gleichen (Männer-)Wahlrecht für den Reichstag politisch durchzusetzen begann und in der Massenkultur der Jahrhundertwende grundlegende Wandlungen gesellschaftlicher Normen und Werte repräsentierte. Außenpolitisch sollte die Ausweitung des Reiches in einem erhofften Krieg zu einem deutsch-dominierten „Mitteleuropa" Deutschland Weltstellung garantieren und gleichzeitig die ethnische Zusammenfassung aller Deutschen in Europa ermöglichen. Befreit von parlamentarischer Mitbestimmung und ambivalenter Weltpolitik von Kaiser und Reichskanzler sollte der zukünftige Krieg die geopolitischen und völkischen Limitierungen der kleindeutschen Reichsgründung beseitigen und die gesellschaftlichen Modernisierungs- und Demokratisierungsprozesse einer sich ausdifferenzierenden Gesellschaft in der gemeinsamen Kriegsanstrengung aufhalten und durch die „Wiedergeburt" der Nachkriegsgesellschaft umkehren.

Der Radikalisierungsschub des Alldeutschen Verbandes, der unter dem Vorsitz von Claß ab 1908 die Alldeutschen ins Zentrum der „nationalen Opposition" führte, machte den Verband am Vorabend des Ersten Weltkrieges zur Avantgarde der radikalen und völkischen Rechten. Dieser Führungsanspruch erodierte hingegen zum Ende des Ersten

Weltkrieges, als die radikale Kriegszielpolitik des Verbandes angesichts der zunehmenden Friedensforderungen im Reichstag und in der Gesellschaft nicht mehr verfing und die Alldeutschen bei den rechten Sammlungsbemühungen des Bürgertums wie der Gründung der Deutschen Vaterlandspartei in die hinteren Reihen verbannt wurden. Dieser Prozess gewann bereits angesichts der Zensur der Kriegszieldiskussion, demokratischer Reformforderungen und Revolution neue Dynamik und forderte die Sammlungsbemühungen der nationalistischen Rechten für einen „Siegfrieden“ fundamental heraus. Der Alldeutsche Verband musste sich schließlich einem völlig veränderten Milieu nationalistischer Mobilisierung und sich rapide wandelnder Deutungskulturen des Nationalen seit dem Ersten Weltkrieg stellen.[11]

Der Untergang des Kaiserreichs im Angesicht der Kriegsniederlage eröffnete zunächst keine Möglichkeitsräume für eine „Wiedergeburt“ im alldeutschen Sinn, sondern schuf die Grundlage für Deutschlands erste Demokratie. Die gescheiterten Planungen für einen Rechtsputsch führten Claß zu Beginn der Weimarer Republik wieder in das Zentrum einer sich neu ausrichtenden radikalen Rechten, die sich gegen Demokratisierung und Parlamentarisierung formierte. Die erneute Paralyse des Reichstags unter den Präsidialkabinetten zwischen 1930 und 1932/33 erschien für Claß wie eine Wiederholung der innenpolitischen Konstellation nach den Reichstagswahlen von 1912, die jedoch dieses Mal durch einen forcierten innenpolitischen Zugriff auf die Macht durch die Rechte aufgelöst werden sollte. Die „Desintegration des politischen Systems“ während der Präsidialkabinette erleichterte diesen Zugriff auf die durch permanente krisenhafte Herausforderungen erodierende Position des Reichskanzlers bei gleichzeitiger Paralyse des Reichstags und politischer Machtstärkung des Reichspräsidenten.[12]

Claß reihte sich mit seiner Rechtsdeutung am Ende der Weimarer Republik in die antipositivistischen Vertreter wie Carl Schmitt ein, die Recht, im Gegensatz zu den republikanischen Rechtspositivisten, als zweckgerichtet veränderbar und interessengebunden ausdeutbar verstanden.[13] Sei der Staat nicht mehr in der Lage, seine eigenen Interessensgrundlagen zu sichern, so sei der Staatsnotstand die Situation, aus der heraus das Staatsoberhaupt berechtigt und gezwungen sei, das „höhere Daseinsrecht“ des „Staates im Notstand über das geschriebene Verfassungsrecht“ zu stellen, so Claß im Spätsommer 1932, als er den „echten Staatsnotstand“ gekommen sah.[14]

Unter Rückgriff auf das Agieren Otto von Bismarcks im preußischen Verfassungskonflikt (1861–1864) hielt er ein „Notwehrrecht“ des Staates für den einzigen Ausweg aus der grundsätzlichen politischen Paralyse des Reichstages und der Notverordnungspolitik der Präsidialregierung Heinrich Brünings: „Gegenüber dem echten Staatsnotstand ist die Staatsgewalt souverän; sie steht dann über der Verfassung.“[15] So

11 Siehe u. a. Mommsen (Hrsg.): Formenwandel der Politik, Wirsching: Vom Weltkrieg zum Bürgerkrieg und Schumann: Politische Gewalt in der Weimarer Republik.

12 Kolb/Schumann: Die Weimarer Republik, S. 130.

13 Siehe Kapitel 1.3, 7.6, 10.2 und 10.4.

14 Hofmeister (Hrsg.): Heinrich Claß. Politische Erinnerungen, Kapitel 8.7.

15 Claß: Der Zweck im Staatsnotstand.

hoffte Claß 1932 auf die Entscheidung des Reichspräsidenten Paul von Hindenburg, über die verfassungsrechtlichen Maßnahmen des Artikels 48 hinauszugehen: „Der Zweck des staatlichen Notstandsrechts ist unbedingt die Rettung des Staates und damit des Volkes aus einer Lage, die beide in Lebensgefahr bringt, und die – mit [J]hering zu reden – die rettende Tat der Staatsgewalt verlangt."[16]

Parlament, politische Milieus und Machtoptionen

Politische Praxis setzte politische Mobilisierung im Zeitalter der Massen voraus. Der Alldeutsche Verband konnte und wollte in seiner außerparlamentarischen Position vor allem über die Beeinflussung der öffentlichen Meinung und über Doppelmitgliedschaften in anderen Interessenverbänden und Parteien wirken. Auch Claß wollte sich traditionell im parlamentarischen Geschäft beweisen, scheiterte jedoch früh 1902 und 1903 mit seinem nationalliberalen Intermezzo sowohl auf rheinhessischer Landesebene wie auch bei der Reichstagswahl. Die Festsetzung im Alldeutschen Verband und die Beschränkung auf die Verbandsleitung ab 1908 schränkte Claß jedoch nicht in seinem Führungsanspruch ein, für die gesamte „nationale Opposition" zu sprechen.

Claß' Verhältnis zur parlamentarischen Repräsentation blieb trotz der Parteibindung führender Alldeutscher, vor allem zu den Nationalliberalen und Deutschkonservativen, distanziert und mit einer grundsätzlichen Verachtung belegt. Die Abneigung gegen parlamentarische Verantwortung bestimmte auch die Episode der Deutschen Vaterlandspartei 1917/18 sowie Claß' Einschätzung der politischen Bedeutung der DNVP als größte konservative Sammlungspartei in den Anfangsjahren der Weimarer Republik. Die Anerkennung des Parlaments als der entscheidende Ort strategischer Machtpolitik über den legalen Weg der Parteipolitik erfolgte erst, nachdem die Phase gewaltsamer Umsturzversuche Ende 1923 nach dem Hitler-Putsch auch für Claß zu ihrem Ende gekommen war.

Die Annäherung an die DNVP als Mittel zum Zweck der legalen Machtübernahme im Reich wurde angesichts des Regierungseintritt der DNVP in das Kabinett Luther I ab 1925/26 aus strategischen Gründen betrieben, geriet jedoch durch die Putsch-Untersuchungen gegen Claß, die sich auch Hugenberg erstreckten und ihn für eine Führungsposition innerhalb der DNVP bis zum Frühjahr 1927 weitgehend disqualifizierte, unter Druck. Mit dem erneuten Eintritt der DNVP in das Kabinett Marx IV wurde die Durchsetzung einer alldeutschen Unterwanderung innerhalb des Verbandes seit 1927/28 forciert und spannte seit der Übernahme des Parteivorsitzes durch Hugenberg im Oktober 1928 den Einfluss der Alldeutschen über ein ausdifferenziertes und in seiner Struktur sehr fragiles Anhängermilieu der Deutschnationalen.

16 Ebd. Siehe auch seine dezidierten Bezüge auf Rudolf von Jhering in Claß: Der Zweck im Staatsnotstand, Ders.: Staatsnotrecht und Ders.: Träger und Umfang des Staatsnotstandes.

Gelangte das protestantisch-deutschnationale Parteimilieu der DNVP nicht nur wegen Alfred Hugenbergs Radikalisierung an seine Grenzen, sondern vor allem wegen seiner fehlenden Abgrenzung zum Nationalsozialismus und seiner „mangelnden organisatorischen Kohärenz“[17], so unterlag der Alldeutsche Verband in den Machtkämpfen innerhalb der politischen Rechten um die Führung der „nationalen Opposition“ der Weimarer Republik nicht nur aufgrund der engen Bindung der Alldeutschen an die Deutschnationalen, sondern auch wegen seiner elitären politischen Führung.[18]

Claß selbst wollte nie in hohe politische Ämter eintreten und delegierte die Führungsrolle des kommenden Diktators beständig an andere Führungspersönlichkeiten. Der entschiedene Wille zur Diktatur bestimmte sein Denken und Planen und bei der personellen Auswahl möglicher Führungsfiguren für das Amt des Diktators zeigte er angesichts sich dynamisch verschiebender Machtoptionen zwischen Kaiserreich und Nationalsozialismus eine erstaunliche Anpassungsbereitschaft.

Es fehlte Claß jedoch am Willen zur Übernahme von Verantwortung in führenden politischen Ämtern in Regierung oder Parlament, dem er sich seit seiner Reichstagswahlniederlage für die Nationalliberalen 1903 beständig entzog. Die Idee des Alldeutschen Verbandes als „Generalstab“ war daher politische Selbstermächtigung und politische Ohnmacht zugleich, da letztlich die Parteien als Träger politischen Handelns bestimmend blieben. Ohne Hugenberg und dessen Übernahme des DNVP-Vorsitzes 1928 wäre der Alldeutsche Verband lange vor 1933 in der Bedeutungslosigkeit eines radikalnationalistischen Milieuverbandes versunken, der in seiner Verbandsstruktur auch nach 1928 nicht mehr expandieren konnte und dessen Mitgliederbestand einer beständigen personellen und generationellen Verdichtung unterworfen war.[19] Lediglich die enge institutionelle Bindung der Alldeutschen an die Deutschnationalen ermöglichte nach dem gescheiterten Hitler-Putsch 1923 das politische Überleben des Verbandes, als der Legalitätskurs zur bestimmenden Strategie aller rechten Organisationen wurde. Selbst bei dem von Claß auserwählten Führer Hugenberg war der anfängliche Wille zur Macht überschaubar ausgeprägt, da er Ende 1925 zum Vorsitz zunächst regelrecht überredet werden musste.[20]

---

17 Gasteiger: Kuno von Westarp, S. 467. Siehe auch Heilbronner: Der verlassene Stammtisch, Koshar: Social Life, Local Politics, and Nazism, Szejnmann: Nazism in Central Germany und Bösch: Das konservative Milieu.

18 Hofmeister: Realms of Leadership and Residues of Social Mobilization.

19 Die alten, von den Alldeutschen verehrten „Helden“ wurden längst von der gesamten Rechten beansprucht. Während die Alldeutschen noch die Ruhestätte Bismarcks in Friedrichsruh für ihre jährlichen Weihefeiern in engerem Kreis durch die Hamburger Ortsgruppe nutzten, zogen bereits Tausende mit Fackeln am Bismarck-Denkmal in Hamburg vorbei, das nun auch vom Stahlhelm und der NSDAP vereinnahmt wurde. Siehe z. B. Hamburger Nachrichten 1.4.1926 und Hamburger Volkszeitung, 27.3.1929 sowie Schilling: „Distanz halten“.

20 Siehe Hofmeister (Hrsg.): Heinrich Claß. Politische Erinnerungen, Kapitel 8.3. Auch Otto von Feldmann notierte in der Rückschau (1944/45) zur Kandidatur Alfred Hugenbergs: „Leider hatte sich dieser immer wieder unserem Drängen entzogen, bis durch fortgesetzte Reibereien innerhalb der Partei die

Diese strukturelle Ambivalenz gegenüber dem Parteiensystem und gegenüber der Übernahme von Verantwortung im politischen System lag in der Ablehnung des Parlamentarismus und der Forderung nach einer autoritären Ordnung begründet. Das Prinzip der Zweckmäßigkeit aller politischen Entscheidungen, Bindungen und Kooperationen im Verbund mit der Weigerung von Claß, selbst der Diktator zu sein, führte nach dem Ersten Weltkrieg bei Planungen für die Diktatur je nach Konstellation zu völlig ungeklärten Führungsszenarien, in denen Vertreter der Hohenzollern, führende Vertreter des Militärs, gegebenenfalls Hitler als aufstrebender „Trommler" der NSDAP und schließlich Hugenberg als DNVP-Vorsitzender zum Diktator ernannt werden sollten.

Auf dem legalen Weg zur Diktatur wurde die DNVP zwischen 1928 und 1933 mit der Radikalisierung der Partei hin zur Fundamentalopposition schließlich Mittel zur zweckgerichteten Mobilisierung der Massen und zur parlamentarischen Zerstörung der Weimarer Republik. Glaubte Hugenberg vermutlich noch bis in das Jahr 1932 hinein an eine „sachliche" Zusammenarbeit mit den Nationalsozialisten bei gleichzeitiger Anerkennung des Führungsanspruchs der Deutschnationalen, so erkannte Claß spätestens mit dem sichtbaren Scheitern einer abgestimmten und gemeinsam agierenden „nationalen Opposition" in Bad Harzburg im Oktober 1931, dass Hitler und die NSDAP in ihrem Machtanspruch nicht einzuhegen waren und auch Hugenberg nicht der Führer der Rechten war, den sich Claß noch 1925 erhofft hatte.

Bereits nach den Reichstagswahlen im September 1930, als sich die Führungsverhältnisse zwischen DNVP und NSDAP innerhalb der „nationalen Opposition", zu der die NSDAP kurz zvor im Zuge der Anti-Young-Plan-Kampagne eingetreten war, fundamental zum Nachteil Hugenbergs verschoben hatten, öffnete sich Claß gegenüber der gedanklichen Möglichkeit, dass eine zukünftige „Rechtsregierung" unter Hitlers Reichskanzlerschaft, jedoch im alleinigen Verbund mit der DNVP Hugenbergs, möglich sein könnte.[21] Die Erfahrung der respektlosen Zurschaustellung des eigenen Machtanspruchs der Nationalsozialisten in Bad Harzburg sowie auch des persönlichen Umgangs mit Claß und Hugenberg im Laufe der Veranstaltung schienen diesen Gedanken umgehend durch die Befürchtung ersetzt zu haben, dass die Deutschnationalen und die Alldeutschen nicht die Nationalsozialisten erziehen und Hitler zähmen, sondern selbst durch die kompromisslose und geeint agierende NS-Bewegung überrant werden würden.

Aber auch Hugenberg selbst beförderte Claß' Ambivalenzen, was die Führungsfrage zwischen Reichstagswahl im September 1930 und Harzburger Tagung im Oktober 1931 anging. Einerseits brachte er mit allen Mitteln nach der Übernahme des Parteivorsitzes im Oktober 1928 die DNVP auf einen kompromisslos anti-gouvernementalen Kurs und riskierte durch die folgenden Sezessionen seiner Gegner, dass die Deutschnationalen an

Dinge dann endlich zur Entscheidung reif waren." Ders.: Lebenserinnerungen, in GStA PK VI. HA, NL Feldmann, Bd. 1, S. 292.

21 So sprach Claß noch im September 1931 kurz vor der Harzburger Kundgebung einen Monat später von einem Rechtskabinett „einerlei ob Hitler oder Hugenberg". Claß auf der Sitzung des Geschäftsführenden Ausschusses des Alldeutschen Verbandes, 5.9.1931, in BA-Berlin, R 8048, Bd. 167, Bl. 10.

den Rand einer Splitterpartei gebracht wurde. Claß befürwortete zwar eine solche „Reinigung“ von den innerparteilichen Gegnern Hugenbergs, aber er erkannte auch die Gefahren für die DNVP, für Hugenberg und nicht zuletzt für Claß' Ambitionen, die Partei als Mittel zum Zweck der Machteroberung und der Errichtung einer Diktatur zu nutzen. Hugenberg blieb zwar unverrückbar in seiner mit Claß geteilten Fundamentalopposition gegen das politische System der Weimarer Republik, ging aber bereits 1930 auf erste Verständigungen über eine noch näher zu bestimmende politische Zusammenarbeit mit dem Brüning-Kabinett zum Zweck eines auch in Preußen verstärkt durch Notverordnungen regierendes autoritäres Kabinett ein.

Hugenbergs Persönlichkeit eines aktenbesessenen Organisators, eines hochgebildeten Finanz-, Wirtschafts- und Siedlungsexperten sowie eines sturen Honoratiorenpolitikers, der dem Kaiserreich nachhing und gleichzeitig durch seine radikale alldeutsche Politik aus der Enge des Wilhelminismus hinausdrängen wollte, machte eine massentaugliche Vermittlung für die Weimarer Öffentlichkeit genauso schwierig wie eine persönliche Verbindung zum alten Reichspräsidenten Paul von Hindenburg. Die Abneigung Hindenburgs gegenüber Hugenberg, das lange Festhalten des Reichspräsidenten an Brüning und die Aufrechterhaltung der Bedingung, dass die amtierende Regierung einen entsprechenden mehrheitsfähigen Rückhalt im Parlament haben sollte, verhinderten Hugenbergs Machtambitionen und somit auch die Hoffnungen von Claß, dass der Doyen des Alldeutschen Verbandes von Hindenburg zum Reichskanzler eines Diktaturkabinetts berufen werde.

Die Voraussetzung für eine solche Zustimmung wurde zusätzlich durch die sich grundlegend umkehrenden Machtverhältnisse innerhalb der „nationalen Opposition“, wie sich mit der NSDAP ab 1929 im Zuge der Anti-Young-Plan-Kampagne herauskristallisierte, unterlaufen, nachdem nicht nur die NSDAP einen massiven Zulauf seit den Reichstagswahlen im September 1930 zu verzeichnen hatte, sondern gleichzeitig die DNVP kein konservativ-bürgerliches Lager der radikalen Republikgegner mit eigenen Zugewinnen organisieren konnte. Während mit den Wahlzuläufen der NSDAP das rechte Lager zwar beständig zulegte, gingen diese Zugewinne für Hitler auch auf Kosten von Hugenbergs DNVP, die durch die zahlreichen Sezessionen aus ihrem einstigen gouvernementalen Flügel ohnehin ab 1929/30 den Charakter einer rechten Sammlungspartei verloren hatte.

Wenn Paul Bang auf dem Verbandstag im Dezember 1930 betonte, dass die DNVP lediglich „Mittel zum Zweck“ und ihm wie auch Hugenberg „an sich so gleichgültig wie jede andere Partei“ sei, so sprach er auch im Namen von Claß, der diese Strategie der parlamentarischen Politik einige Jahre zuvor ausgerufen hatte.[22] Bang kam jedoch nicht umhin hinzuzufügen: „leider ist das bei den Nationalsozialisten nicht der Fall“. Die pragmatische Nutzung der DNVP als parlamentarisches Mittel zum Zweck der politischen Machteroberung übersah die kulturelle Milieuverankerung der Gruppierungen,

22 Paul Bang auf der Sitzung des Geschäftsführenden Ausschusses des Alldeutschen Verbandes, 7.12. 1930, in BA-Berlin, R 8048, Bd. 164, Bl. 37.

die sich 1918 in die neu gegründete Sammlungsaprtei einbrachten und breiter angelegte Interessenpolitik verfolgten, als das unter Hugenberg ab 1928 der Fall war. Auch Hitler verstand die NSDAP als Mittel zum Zweck ohne jedoch die Partei als Organisation mit identitätsstiftender Ausstrahlung auf die Mitglieder auszublenden. Zog sich Bang am Ende immer auf den elitären und exklusiven Alldeutschen Verband als Vergemeinschaftungsort zurück, den Claß als „Generalstab" verklärte, so war bei den Nationalsozialisten die NSDAP die entscheidende Bezugsgröße von Vergemeinschaftung und politischem Handeln.[23]

Bang, den Claß vor dessen Wahl in den Reichstag 1928 zur Verstärkung des alldeutschen Flügels der DNVP-Reichstagsfraktion um Hugenberg als seinen Nachfolger als Vorsitzender des Alldeutschen Verbandes gesehen hatte, erkannte selbst das Dilemma, über die Massen Wahlen gewinnen und parlamentarische Politik bestimmen zu wollen, ohne jedoch das „Hitlersche Organisations-Instrument" einer geschlossenen Partei zur Verfügung zu haben.[24] Auch Claß staunte nach den Reichstagswahlen 1930 zunehmend über die Mobilisierungserfolge der NSDAP: „Unsere Leute sind zwar gut gesinnt, aber schwer in Bewegung zu setzen." Die Nationalsozialisten hingegen brächten „Opfer, die ganz außerordentlich hoch seien im Vergleich zu unserigen".[25]

Die Überbrückung dieser Mobilisierungslücke sollte für die Honoratioren der „nationalen Opposition" der bildungsbürgerliche Erziehungsanspruch leisten, indem die aufstrebende Massenbewegung der Nationalsozialisten zu „sachlicher Politik" „erzogen" werden sollte, während man gleichzeitig davon ausging, dass die Nationalsozialisten ihre Anhängerschaft für die Machtübernahme zur Verfügung stellen sollten, ohne die Führung selbst zu beanspruchen. Das Konzept der „Zähmung" lag dem gesamten Kooperationsmodell der „nationalen Bewegung" zu Grunde und führte nicht erst am 30. Januar 1933 zur Desillusionierung von Hitlers bürgerlichen Regierungspartnern.

Auch Hugenberg konnte bereits zur Jahreswende 1931/32 nur schwerlich ignorieren, dass angesichts des Aufstiegs der NSDAP, der Erosion der unter seiner Führung radikalisierten DNVP und den somit schlichtweg fehlenden Machtoptionen seine Reichskanzlerschaft ausgeschlossen war. Das autoritäre Papen-Kabinett sowie das kurze Zwischenspiel von Schleicher schürten bei den Alldeutschen und den Deutschnationalen 1932 die Hoffnung auf eine überparteiliche Regierung jenseits der Nationalsozialisten und mit Hugenberg in führender Ministerposition. Die Ernennung Papens als Nachfolger Brünings markierte im Sommer 1932 im Grunde das Ende jeglicher Chancen Hugenbergs, von Hindenburg als Reichskanzler ernannt zu werden. Hindenburg ernannte lieber Papen und folglich Schleicher, als Hugenberg ernsthaft für das Amt zu erwägen. Die Hoffnung auf die Reichskanzlerschaft versiegte bei Claß und auch bei Hugenberg trotzdem nicht, rechnete man doch mit der Zuspitzung der wirtschaftlichen Krise und der politischen Paralyse, die Hindenburg von der Notwendigkeit der Ausru-

23 Ebd.

24 Ebd.

25 Claß auf der Sitzung des Geschäftsführenden Ausschusses des Alldeutschen Verbandes, 19.9.1930, in BA-Berlin, R 8048, Bd. 163, Bl. 29.

fung des Staatsnotstandes und zur Ernennung eines Diktaturkabinetts unter Ausschluss des Reichstags überzeugen sollte. Hugenberg war in diesen Szenarien letztlich nur noch für eine ministerielle Einbindung in ein Rechtskabinett zu denken.

Angesichts der sichtbar begrenzten Machtoptionen Hugenbergs kam auch Claß in die politische Lage, flexibel zu taktieren, um den eigentlichen Zweck seines politischen Handelns, nämlich die Errichtung einer Diktatur, zu erreichen. Das Scheitern von Hugenbergs DNVP bei der Mobilsierung von Wählermassen bei gleichzeitiger Überdehnung der eigenen Ressourcen angesichts der massiven Wahlerfolge der Nationalsozialisten stelle die Vision einer Diktaturregierung bildungsbürgerlicher Experten bereits seit 1930 grundlegend in Frage. Der klar formulierte Machtanspruch Hitlers und der taktische Pragmatismus der Nationalsozialisten, eigene Machtkonstellationen auszuloten, brachten das alldeutsche Duumvirat Claß-Hugenberg ins Wanken. Claß wollte Hugenberg als Reichskanzler eines Diktaturkabinetts sehen, jedoch schwanden die Spielräume seit den DNVP-Sezessionen und den Reichstagswahlen 1930 massiv. Die öffentliche Demütigung Hugenbergs durch Hitler auf der Harzburger Tagung im Oktober 1931 und die eigenwillige Selbstaufstellung Hitlers als Kandidat für die Reichspräsidentenwahlen im Februar 1932 stellten die „nationale Opposition“ als Sammlungsbewegung der Rechten endgültig in Frage. Claß erkannte den Zusammenfall der Rechten deutlicher als Hugenberg und sah sich gezwungen, neben der Unterstützung des ebenfalls eigensinnigen Hugenberg alternative Machtoptionen für den Fall des Ausscherens oder Versagens des DNVP-Vorsitzenden zu denken.

So schwankte Claß bei den Reichspräsidentenwahlen im Frühjahr 1932 zwischen Hugenberg als Kandidat der Rechten, der schließlich nicht antreten wollte, und General Otto von Below, auf den man sich wiederum nicht einigen konnte. Der Kandidat Theodor Duesterburg war aus Sicht der Alldeutschen von vornherein völlig ungeeignet, wollte man den Stahlhelm doch ohnehin nur als „Hilfstruppe“ und nicht als eigenständige politische Kraft sehen. Im zweiten Wahlgang wollte Claß schließlich Hitler und nicht Hindenburg gewählt sehen, was bereits zu massiven Verstimmung mit Hugenberg führte.

Die Verluste der DNVP bei den Preußenwahlen und der unaufhaltsame Aufstieg der NSDAP unterstrichen bei Claß und Hugenberg die Einsicht, dass nur über den Staatsnotstand das Ziel einer Diktaturregierung erreicht werden könne, die überparteilich, aber möglichst unter Ausschluss Hitlers und dafür mit Hugenberg in führender Verantwortung aufgestellt, vom Reichspräsidenten ernannt und unter Ausschluss des Reichstags regieren sollte.

Daher wollte Claß 1932 das Papen-Kabinett als Übergangslösung hin zu einer solchen Diktaturregierung verlängert sehen und band in der zweiten Jahreshälfte mit Verve sogar öffentlich Hindenburg als das nun mit allen Mitteln zu stützende Staatsoberhaupt in die Verantwortung ein, „rechtsschöpferisch“ über die Verfassung hinaus eine Diktaturregierung zu ermöglichen. Die Ausschaltung des Parlamentarismus schien für Claß wie für Hugenberg nur über die Verdrängung der Zentrumspartei aus ihrer

„Schlüsselstellung" bei zukünftigen Regierungsbildungen operationalisierbar zu sein.[26] Daher stellten die strategischen Avancen Hitlers, beim Zentrum mögliche Koalitionsoptionen zu sondieren, einen schwerwiegenden Vertrauensbruch dar, der bei Claß im Oktober 1932 zur öffentlichen Distanzierung von Hitler führte.

Die Berufung Kurt von Schleichers als Reichskanzler einer „Querfront" war für Claß lediglich ein „Rückfall in den Parlamentarismus" und ließen die Hoffnungen auf ein Hugenberg-Kabinett endgültig schwinden. Das „Sofortprogramm" vom Dezember 1932 stellte dann den letzten Versuch der Alldeutschen dar, mit eigenen Staatsnotstandsmaßnahmen die Diktatur nach alldeutschen Vorstellungen wenigstens auf dem Papier zu fordern, wenn schon nicht der Reichspräsident bereit war, unter Berufung auf den „Staatsnotstand" die Ernennung eines Minderheitenkabinetts unter Ausschluss der Nationalsozialisten und mit den Deutschnationalen Hugenbergs in führenden Positionen „rechtsschöpferisch" für die Errichtung der Diktatur zu wirken und letztlich den Verfassungsbruch zu wagen.

Mit dieser Flexibilität der praktischen Mittelerwägung agierte Claß immer im Rahmen festgesteckter Zwecke und Ziele. Sie waren jedoch auch Ausdruck der eigenen Optionslosigkeit, mit eigenen Ressourcen Massen und Eliten zu überzeugen, die im schwierigen verfassungsrechtlichen Zusammenspiel von Parlamentarismus und präsidialer Macht letztlich folgenreich über die politische Zukunft Deutschlands bestimmten. Die Kooperation der Alldeutschen und der Deutschnationalen mit den Nationalsozialisten ab 1929 beförderte letztlich den Aufstieg der NSDAP und die Erosion der DNVP, die am Ende nur durch den Eintritt Hugenbergs in die Hitler-Regierung am 30. Januar 1933 ihrer politischen Entbehrlichkeit für den Preis der eigenen politischen Einhegung und der Parteiauflösung entging.[27]

Politischer Stil

Claß verkehrte angesichts seiner taktischen Flexibilität bezüglich des Diktatur-Personals mit führenden Figuren aus Regierung, Militär, Parteien und Organisationen der radikalen Rechten in einem dichten Netzwerk persönlicher Verbindungen. Er selbst aber

---

26 Siehe auch Schellhorn: „Mit dem Zentrum niemals".

27 Die von Claß selbst kolportierte Aussage, er sei über die Kabinettsbildung am 30. Januar 1933 überrascht gewesen und hätte Alfred Hugenberg von einem Eintritt in die Regierung abgeraten, bezog sich letztlich wohl vor allem auf die Überraschtheit, dass Paul von Hindenburg letztlich kein weiteres Präsidialkabinett unter Ausrufung des „Staatsnotstandes" ernannt hatte, sondern mit Blick auf die parlamentarischen Mehrheitsverhältnisse die Ernennung Adolf Hitlers zum Reichskanzler vollziehen wollte, die mit dem Hineingehen in die Regierung von Deutschnationalen und Stahlhelm sowie des ehemaligen Mitglieds des Zentrums, Franz von Papen, im Gegensatz zu den vorhergegangenen Präsidialregierungen eine breitere Wählerabdeckung widerspiegeln sollte. So die Interpretation von Otto Meesmann an Alfred Kruck, 27.3.1951, in BA-Koblenz, NL 1231, Bd. 172, Bl. 357. Zu Claß siehe Hofmeister (Hrsg.): Heinrich Claß. Politische Erinnerungen, Kapitel 9 (Anhang 1936) sowie Claß an Ludwig Schemann, 28.1.1933, in UAF, N 12, NL Ludwig Schemann, 1669, Bl. 17.

blieb letztlich ein Mann der zweiten Reihe, der zur schwungvollen Propagandarede wenig geeignet und sich dieser Begrenzungen des eigenen Charismas seit seinem Berufsantritt als Rechtsanwalt auch bewusst war. Selbst in seinen veröffentlichten Erinnerungen wies Claß deutlich auf seine rednerischen Beschränkungen hin, denn „das öffentliche Auftreten lag mir gar nicht", daher „mußte [ich] mich dazu zwingen, rednerisch aus mir herauszugehen".[28] Diese charismatische Lücke, die Claß repräsentierte, war ein zentrales Dilemma der Alldeutschen im Kampf um die Diktatur und ihre Führung, das er nur bedingt durch seinen autoritären Führungsstil innerhalb des Verbandes oder durch schriftstellerische und journalistische Begabung sowie geselligen Charme kompensieren konnte.

Claß vertrat mit Verve den historistischen Ansatz, dass „Männer nach Treitschkes ewigwahrem Wort Geschichte machen", jedoch blieb er selbst in den beständigen Auseinandersetzungen um den Übergang zum Parlamentarismus und die gesellschaftliche Repräsentation der „Massen" in der Moderne als ihr autoritärer Gegenspieler gefangen.[29] Er suchte die heilsbringende Führungsfigur beständig bei anderen Akteuren der militärischen oder politischen Rechten. Den eigenen Anspruch, den geeigneten Diktator stellen zu können, erfüllte er durch seine eigene Persönlichkeit nicht, sondern legte diese Verantwortung auf andere Schultern.

Als sich Claß im Oktober 1932 zunächst öffentlich von der NSDAP distanziert hatte und die Möglichkeiten für ein Diktaturkabinett unter Hugenbergs Führung Ende des Jahres grundsätzlich zweifelhaft waren, nahm die Presse noch einmal die Arbeitsweisen und politischen Methoden von Claß und dem Alldeutschen Verband näher ins Visier und legte die Spannung zwischen autoritärer Politik, radikaler Weltanschauung und limitierten Führungsressourcen offen. Die liberale *Frankfurter Zeitung* erkannte im „neuen Nationalismus" des Kaiserreichs eine antiliberale Richtung, deren „Rücksichtslosigkeit" in der Sprache auch beim Alldeutschen Verband auffiel, den wiederum Claß „in seinem Charakter" geprägt habe.[30] „Ergrimmte Bismarckianer" hätten demnach den Verband gegründet, die dem „Treitschkismus" verpflichtet seien. Dieser Nationalismus sei „unter der Studierlampe entstanden und unser Jingo brauchte, bevor Herr Hitler das änderte, das Reifezeugnis eines humanistischen Gymnasiums, um die Feinde mit wissenschaftlicher Vertiefung hassen zu können".[31] Claß sei ein „hervorragender Organisator, ein vorzüglicher Regisseur der öffentlichen Propaganda, gleichzeitig äußerst kundiger Drahtzieher und Puppenspieler hinter der Szene". Was er hingegen eigentlich wolle, bleibe selbst nach seinem „Kaiserbuch" weitgehend unklar.

Vor allem bleibe hier der Antisemitismus und die „Rassenfrage" Kern seiner Weltanschauung und der Ausarbeitungen. Aber auch hier habe Hitler „nur geerntet, was sein Vorgänger säte". Der „neue Nationalismus" der Alldeutschen sei nicht mehr durch „romantische Heimatliebe und herzliche Zuneigung zu deutscher Art und Kunst" ge-

28 Claß: Wider den Strom, S. 22 und 29.

29 Ders. (Pseudonym Daniel Frymann): Wenn ich der Kaiser wär', S. 55 und 54.

30 Siehe dazu Bernhard Guttmann: Der Führer der Alldeutschen, in Frankfurter Zeitung 27.11.1932.

31 Ebd.

prägt, sondern er „wolle unterjochen, erobern, das eroberte Land menschenleer in Besitz nehmen, damit die eigenen Siedler nicht in Rasseverderb geraten". Mit dieser „Denkweise, daraus macht Claß keinen Hehl, sind Kompromisse nicht möglich. Es gibt nur ein ganzes Dafür oder Dagegen."[32]

Das *Berliner Tageblatt* fügte vorausschauend hinzu, dass trotz aller bildungsbürgerlicher Fassade Claß' „geistige Welt der Stammtisch" bleibe und alles, was er schreibe und rede, „Kannegießerei" sei. Man warnte, der „Typus" Claß werde aber weiterhin politisch Einfluss nehmen und „Deutschland noch in viele Gefahren stürzen".[33] Zu diesem Zeitpunkt war Hertzberg-Lottin bereits sein Stellvertreter und hätte als Vertreter einer etwas jüngeren Generation der um 1880 Geborenen im Fall einer notwendigen Nachfolgeregelung als Vorsitzender den Alldeutschen Verband weiter in die kompromisslose völkische Radikalisierung getrieben.

Eliten und Massen

Die eigentliche Herausforderung vom Kaiserreich bis in den Nationalsozialismus blieb für die Alldeutschen, wie die „Massen" mit den Forderungen nach politischer Teilhabe in die elitären Diktaturplanungen und ständestaatlichen Wirtschaftsprogramme einzubinden waren.[34] Sie sollten durch ein deutsches Weltreich nicht nur patriotisch integriert werden, sondern auch wirtschaftlich von der imperialen Ausdehnung und Unterdrückung anderer Nationen profitieren.

Nicht der demokratisch erfasste Volkswille, sondern die Durchsetzung eines normativen Rechtsbegriffs waren für Claß die Grundlage seines Politik- und Rechtsverständnisses, in denen sich ein Machtanspruch ausdrückte, den er in Stellvertretung von Bürgern mit „Bildung und Besitz" für sich in Anspruch nahm. Die Selbstermächtigung der Alldeutschen richtete sich einerseits auf den Herrschaftsanspruch ihrer sozialen Anhänger und andererseits auf den Anspruch, die weltanschauliche Wahrheit zu vertreten und somit für das ganze kulturell und ethnisch gedachte deutsche „Volk" zu sprechen.

Die Forderung nach autoritärer Integration der Bevölkerung war aber im Grunde bereits am Vorabend des Ersten Weltkrieges nicht mehr durch das Versprechen auf paternalistische Führung durch bildungsbürgerliche Experten, sondern angesichts von zunehmenden Reformforderungen vor allem der Arbeiterbewegung nur über die Gewährung politischer Teilhabe zu erreichen. Stefan Breuer hat dahingehend betont, dass sich die nach außen als „Rechtsnationalismus" präsentierende radikale Rechte „nach innen" mit ihrem Verlangen nach Beschränkungen politischer Partizipation und Errichtung einer autoritären elitär-ständischen Diktatur letztlich einen „alten Nationa-

32 Ebd.

33 Rudolf Olden: Geschichte eines Typs, in Berliner Tageblatt 2.11.1932.

34 Siehe dahingehend für die wilhelminische Rechte Retallack: The German Right.

lismus“ repräsentierte, „lag doch der Akzent mehr auf Exklusion als auf Inklusion“.[35] Die Alldeutschen waren somit Teil der völkischen Bewegung mit ihrer „eigentümlichen Zwischenstellung zwischen Progression und Regression“.[36]

Die Auseinandersetzung mit dem aufsteigenden Nationalsozialismus bestätigte in der Weimarer Republik, dass das enge Politikverständnis der Alldeutschen sich nicht mehr auf eine Hierarchisierung von Machtausübung stützen konnte, die der Bevölkerung Zugang zu politischer und gesellschaftlicher Macht im großen Stil verweigerte und in den nationalistisch eingestellten Bildungsbürgern eine natürliche gesellschaftliche und politische Führungsklasse sah. Der nur begrenzt durch Leistungszugänge flexibilisierte ständische Gesellschaftsentwurf der Alldeutschen konnte die konstitutive Widersprüchlichkeit nicht mehr auflösen, für das „Volk“ stellvertretend sprechen zu wollen, ohne es mitregieren zu lassen. Die Verschärfung des Klassenwahlrechts, für das Claß sich noch vor dem Ersten Weltkrieg aussprach, stand dem ebenso entgegen wie die strategische Bekämpfung des Weimarer Parlamentarismus durch gewaltsame Putschplanungen oder durch eine strategische Unterhöhlung der Parteiendemokratie im Zuge der Übernahme des DNVP-Vorsitzes durch Hugenberg und der folgenden Kooperationen mit der NSDAP, die auf eine Diktatur hinauslaufen sollten.

Die Überforderung durch die „neue“ Massenmobilisierung der NS-Bewegung, die Partizipation an der „Volksgemeinschaft“ nicht nur rassisch und politisch, sondern auch durch die Propaganda des sozialen Aufstiegs durch meritokratische Beteiligung versprach, war ein Ergebnis grundsätzlicher Beschränkungen der Alldeutschen, die individuelle Leistung entsprechend des Prinzips der „Persönlichkeit“ als Aufstiegsvoraussetzung ins Bürgertum und in die politische Führung sehr wohl anerkannten, aber nicht als Angebot an die Massen umgesetzt sehen wollten. Selbst noch nach der Erfahrung der Harzburger Tagung, als der Machtanspruch der Nationalsozialisten den Zähmungsanspruch der Alldeutschen und Deutschnationalen *ad absurdum* geführt hatte, hielt Claß nicht nur an Hugenbergs Führungsanspruch der „nationalen Opposition“, sondern auch an dem bildungsbürgerlichen Erziehungsideal in der eigenen Pfadabhängigkeit auf dem Weg zur Diktatur fest, als er im Dezember 1931 erklärte: „Ich lebe und sterbe darauf, daß der Schwerpunkt auch heute noch in der Persönlichkeit des Führers liegt und daß die Massen sich fügen werden, wenn diese Persönlichkeit etwas Schöpferisches leistet.“[37]

Diese Spannung zwischen elitärer Führung und Massenpropaganda führte die Alldeutschen und die Deutschnationalen in beständige Konflikte um das Führungszentrum der „nationalen Opposition“, das nach dem bürgerlichen Selbstverständnis nur den Deutschnationalen und nicht den Nationalsozialisten zustand. Der legale Weg zur Diktatur im Zusammenspiel mit der Illusion, Hitler in einem Diktaturkabinett „zähmen“ zu können, zerrieb letztlich die Deutschnationalen und ihr Anhängermilieu, da sie den

35 Breuer: Die radikale Rechte, S. 34.

36 Ebd., S. 262.

37 Claß auf der Sitzung des Geschäftsführenden Ausschusses des Alldeutschen Verbandes, 6.12.1931, in BA-Berlin, R 8048, Bd. 168, Bl. 76.

Auseinandersetzungen mit den Nationalsozialisten um die Macht innerhalb der radikalen Rechte kaum gewachsen waren.[38]

Nationalsozialismus

Dass sich das NS-System in seiner rigiden Ausschaltung politischer Gegner auch gegen die alldeutschen Residuen des Verbandes richtete, besorgte Claß und führte zu grundlegenden Widersprüchen zwischen den alldeutschen Honoratioren und ihrem Anspruch auf Führung einerseits und dem Machtanspruch der NS-Bewegung andererseits. Letztlich war das „Dritte Reich“ ungeachtet der Überwachung, der Repressionen und des Verbotes des Alldeutschen Verbandes auch eine Einlösung grundlegender alldeutscher Forderungen nach Diktatur, völkischem Staat und territorialer Expansion, die Claß mit der Kriegszielforderung „Land frei von Menschen“ im Ersten Weltkrieg bereits wegweisend radikalisierte. Er wurde somit zu einem der Vordenker völkischer Siedlungs- und Umsiedlungspolitik der Nationalsozialisten, die im Zweiten Weltkrieg als Instrument imperialer „Großraumverwaltung“ bis zur Vernichtung radikal weitergedacht und umgesetzt werden sollte.[39]

Die Konkurrenz mit den politischen Taktiken Hitlers und den strategischen Versprechungen der Volksgemeinschaftspropaganda der NS-Bewegung konnte Claß mit seinem elitären Machtkonzept schwerlich bestehen. Dieser Ansatz war die tragende Säule des Stellvertretungsanspruchs des Alldeutschen Verbandes, der sich als außerparlamentarische Opposition gründete, um Interessenpolitik frei von den Bedingungen des parlamentarischen Raumes öffentlich vertreten und von außen wieder ins Parlament wirken zu können. Die Ambivalenz im Umgang mit moderner Massenmobilisierung und der offenen Konkurrenz mit politischen Gegnern ließ das alldeutsche Volksgemeinschaftskonzept in ständiger Erklärung verharren und wurde von den Nationalsozialisten lediglich als eine Taktik zur Sicherung der Macht traditioneller Eliten gesehen.

Das frühe Drängen der Gestapo auf Auflösung des Alldeutschen Verbandes unmittelbar nach der Machtübernahme verwies auf die Kämpfe um politische Deutungshoheit nach 1933, die in der forcierten Auflösung der Parteien einschließlich Hugenbergs DNVP im Sommer den NS-Staat zu einem diktatorischen Einparteienstaat umwandelten. Das bildungsbürgerliche Konzept der alldeutschen Erziehung der Na-

38 Ziblatt: Conservative Parties und Bösch: Das konservative Milieu.

39 Zu dem juristisch geschulten Führungspersonal des Reichssicherheitshauptamtes gehörte eben auch der promovierte hessische Jurist Werner Best, der mit Claß in den zwanziger Jahren in Kontakt stand. Zum Ansatz der „Großraumverwaltung“ siehe Best: Grundfragen einer deutschen Großraum-Verwaltung und Ders.: Großraumordnung und Großraumverwaltung sowie Herbert: Best und Wildt: Generation des Unbedingten und auch Madajcyk (Hrsg.): Vom Generalplan Ost zum Generalsiedlungsplan, Rössler/Schleiermacher (Hrsg.): Der „Generalplan Ost“, Wasser: Himmlers Raumplanung im Osten, Heinemann: Rasse, Siedlung, deutsches Blut und Schwartz: Ethnische „Säuberungen“ in der Moderne.

tionalsozialisten zum Zwecke ihrer Einbindung in die „nationale Opposition“ mit den Deutschnationalen als Führungszentrum war nicht nur seit der Harzburger Tagung im Oktober 1931 sichtbar gescheitert, sondern kehrte sich mit dem Regierungseintritt Hugenbergs am 30. Januar 1933 um. Hugenberg ließ sich bis zu seinem Rücktritt als Minister für Wirtschaft, Ernährung und Landwirtschaft Ende Juni 1933 zwar nicht erziehen oder zähmen.

Hugenberg hatte bereits 1931 die Führung der „nationalen Opposition“ in Konkurrenz mit der aufstrebenden NSDAP auf dem Weg zur Macht verloren und konnte eine Ernennung zum Reichskanzler beim Reichspräsidenten Paul von Hindenburg auch aufgrund seiner erodierenden Parteibasis nicht erreichen. Insofern waren Claß' Ambitionen, über Hugenberg eine Diktaturregierung zu erreichen, im Grunde bereits 1931/32 gescheitert.

Die Zerstörung der Weimarer Republik und die Errichtung der Diktatur hingegen gelangen durch Hugenbergs Eintritt in die Hitler-Regierung. Insofern hatten die DNVP und Hugenberg ihren Zweck zumindest teilweise erreicht, wenngleich die Errichtung einer bildungsbürgerlichen Expertendiktatur aufgrund des wirksamen Machtanspruchs der NS-Massenbewegung und ihrer Wählerunterstützung nicht gelang. Claß arrangierte sich jedoch mit dem NS-Regime und unterstützte die politischen und antisemitischen Maßnahmen und Verfügungen auf dem Weg in den nationalsozialistischen Rassestaat, da sie seinen langjährigen Forderungen entsprachen. Er lieh der NS-Diktatur schließlich auch sein Gesicht, als er sich durch seine Ernennung zum parteilosen „Gast“ der NSDAP-Reichstagsfraktion ab November 1933 wirksam in die Repräsentation der bürgerlichen Honoratioren der einstigen „nationalen Opposition“ als Unterstützer des NS-Staates bis zum Untergang 1945 einbinden ließ.

Als „Anwalt für die Diktatur“ war Claß einer der wichtigsten Vordenker für die antiparlamentarische radikale Rechte sowie einer zentralen Organisatoren der „nationalen Opposition“ in der Weimarer Republik, deren Parteien und Verbände von den Deutschnationalen und Alldeutschen bis zu den Nationalsozialisten Deutschlands erste Demokratie mit allen Mitteln zerstören wollten. Claß nahm mit seinem radikalen Antisemitismus und seiner praktischen Politik für die Errichtung einer Rechtsdiktatur als Vorstufe zum „völkischen Staat“ jene destruktiven Entwicklungen des 20. Jahrhunderts vorweg, die in der antisemitischen und völkischen Bewegung um die Jahrhundertwende formuliert, von ihm im Alldeutschen Verband mit konkreten politischen Forderungen nach Diktatur und völkischen Rassestaat konkretisiert wurden und im „Dritten Reich“ mit einer beschleunigten und radikalisierten Dynamik eine totalitäre und mörderische Durchsetzung erfuhren.

Die radikalen Kriegszielforderungen für eine völkische Neuordnung Mitteleuropas im Ersten Weltkrieg, der Kampf für die Umsetzung des Konzepts einer autoritär-bürgerlichen Ordnung in der Weimarer Republik und die Propaganda für eine antisemitisch-rassistisch definierte „Volksgemeinschaft“ machten das „Dritte Reich“ mit einer auf „Volk und Rasse“ ausgerichteten Weltanschauung und einer dem politischen Zweck unterworfenen Legislative und Exekutive sowie den Folgen von Terror und Vertreibung im Zuge von totaler Kriegsführung und völkischem Ordnungsdenken auch zu Claß' Diktatur.

Anhang 1

Familienstammbaum Heinrich Claß[1]

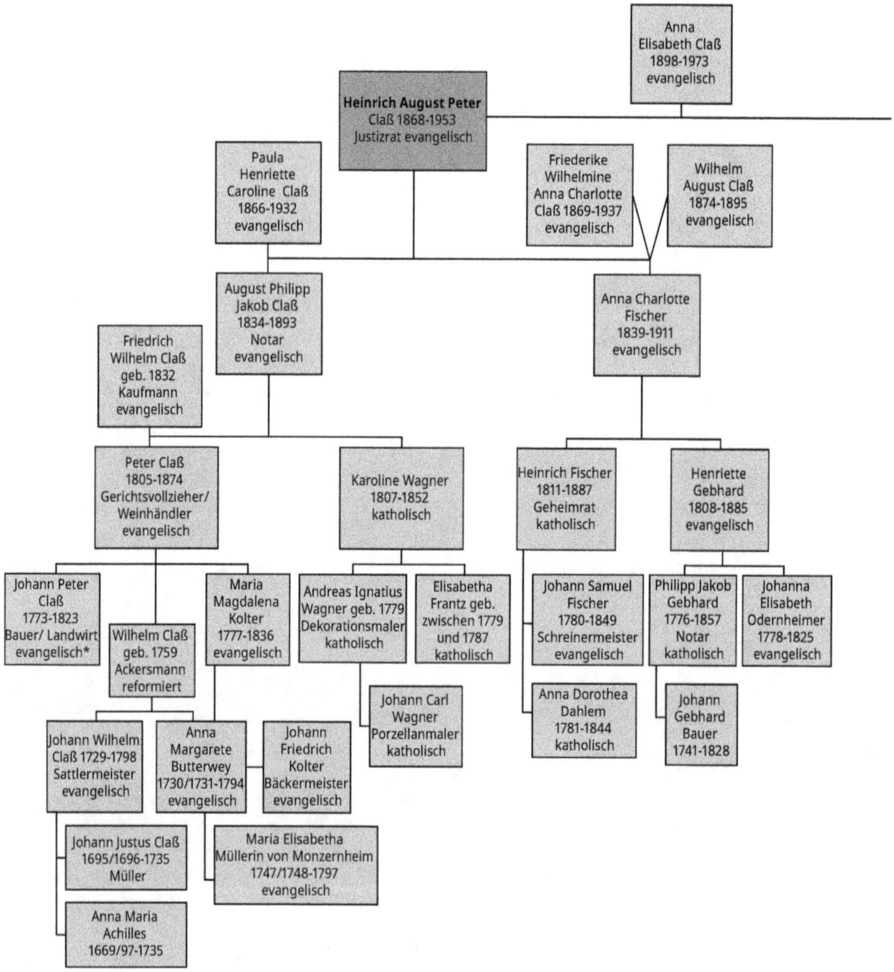

1 Zusammengestellt nach „Stammbaum/Ahnentafel" entsprechend „Anordnung zur Wahrung der Unabhängigkeit des Zeitschriften-Verlagswesens vom 30.4.1936, Art. IV", erstellt durch Heinrich Claß, 28.2.1937, sowie den gesammelten Dokumenten der Familie Claß in BA-Berlin, N 2368, Bd. 7. Aus den jeweiligen Eheverhältnissen sind bis auf Heinrich und Mathilde sowie August und Anna Claß u. U. nicht alle Kinder aufgeführt.

https://doi.org/10.1515/-017

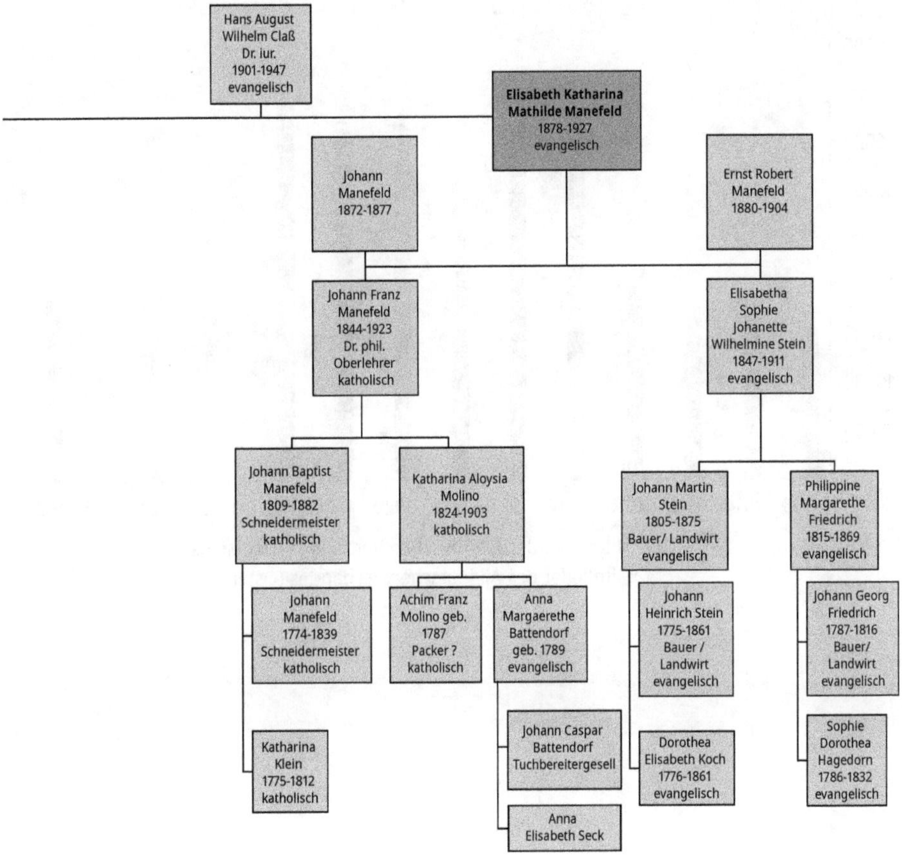
Hans August Wilhelm Claß Dr. iur. 1901-1947 evangelisch
Elisabeth Katharina Mathilde Manefeld 1878-1927 evangelisch
Johann Manefeld 1872-1877
Ernst Robert Manefeld 1880-1904
Johann Franz Manefeld 1844-1923 Dr. phil. Oberlehrer katholisch
Elisabetha Sophie Johanette Wilhelmine Stein 1847-1911 evangelisch
Johann Baptist Manefeld 1809-1882 Schneidermeister katholisch
Katharina Aloysia Molino 1824-1903 katholisch
Johann Martin Stein 1805-1875 Bauer/ Landwirt evangelisch
Philippine Margarethe Friedrich 1815-1869 evangelisch
Johann Manefeld 1774-1839 Schneidermeister katholisch
Achim Franz Molino geb. 1787 Packer ? katholisch
Anna Margaerethe Battendorf geb. 1789 evangelisch
Johann Heinrich Stein 1775-1861 Bauer / Landwirt evangelisch
Johann Georg Friedrich 1787-1816 Bauer/ Landwirt evangelisch
Johann Caspar Battendorf Tuchbereitergesell
Katharina Klein 1775-1812 katholisch
Dorothea Elisabeth Koch 1776-1861 evangelisch
Sophie Dorothea Hagedorn 1786-1832 evangelisch
Anna Elisabeth Seck

Anhang 2

Mitglieder des Alldeutschen Verbandes in Deutschland und Österreich [1913–1926][1]

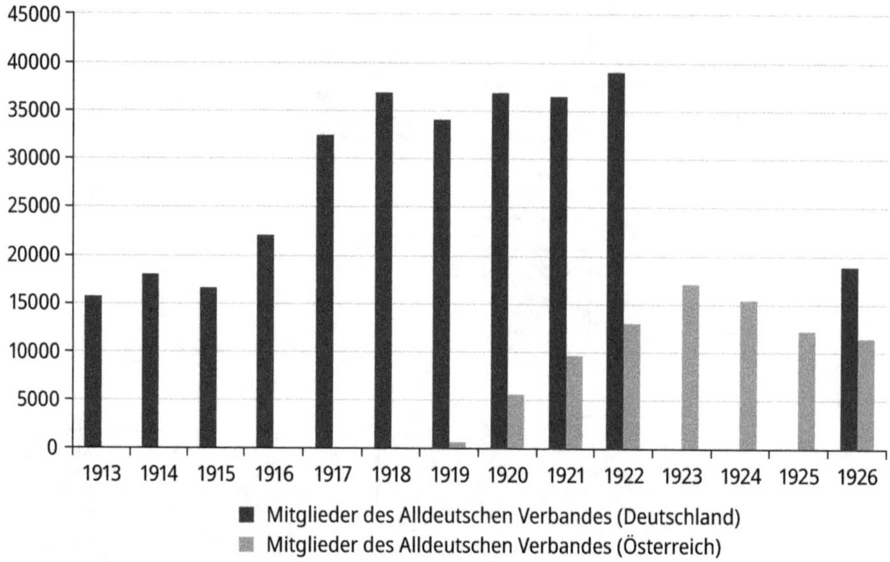

1 Zusammengestellt nach Hofmeister: Between Monarchy and Dictatorship, S. 485 und 495 sowie 1919: BA-Berlin, R 8048, Bd. 125, Bl. 14, 1920: StA Friedberg NL August Gebhard, Nr. 8, Bd. 5, Bl. 20, 1921: BA-Berlin, R 8048, Bd. 133, Bl. 20, 1922: ebd., Bd. 135, Bl. 20, 1923 und 1924: Deutschösterreichische Tageszeitung, 25.10. 1924, 1925: Deutschösterreichische Tageszeitung, 20.6.1925, 1926: BA-Berlin, R 8048, Bd. 148, Bl. 41 und Deutschösterreichische Tageszeitung, 15.6.1926 sowie Alldeutsche Blätter, 29 May 1926.

https://doi.org/10.1515/-018

Abkürzungsverzeichnis

ABBAW	Archiv der Berlin-Brandenburgischen Akademie der Wissenschaften
Abt.	Abteilung
a. D.	außer Dienst
ADAV	Allgemeiner Deutscher Arbeiterverein
ADV	Alldeutscher Verband
AdR	Akten der Reichskanzlei
AG	Aktiengesellschaft
ALA	Allgemeine Anzeigen GmbH
BA	Bundesarchiv
Bd.	Band
BdI	Bund der Industriellen
BdL	Bund der Landwirte
Bl.	Blatt
BOB	Bayerischer Ordnungsblock
BRD	Bundesrepublik Deutschland
BVG	Berliner Verkehrsgesellschaft
BVP	Bayerische Volkspartei
CDI	Centralverband Deutscher Industrieller
CDU	Christlich Demokratische Union
CNBL	Christlich-Nationale Landvolk- und Bauernpartei
CSP	Christlichsoziale Partei
CSU	Christlich-Soziale Union
DAG	Deutsche Adelsgenossenschaft
DAP	Deutsche Arbeiterpartei
DDP	Deutsche Demokratische Partei
DDR	Deutsche Demokratische Republik
DFP	Deutsch-Freisinnige Partei
DIENATAG	Dienst nationaler Tageszeitungen mbH
DKG	Deutsche Kolonialgesellschaft
DkP	Deutsch-Konservative Partei
DNSAP	Deutsche Nationalsozialistische Arbeiterpartei
DNP	Deutschnationale Partei
DNVP	Deutschnationale Volkspartei
DÖTZ	Deutschösterreichische Tageszeitung
DRP	Deutsche Reichspartei
DSP	Deutschsozialistische Partei
DStP	Deutsche Staatspartei
DVFB	Deutschvölkische Freiheitsbewegung
DVFP	Deutschvölkische Freiheitspartei
DVLP	Deutsche Vaterlandspartei

https://doi.org/10.1515/-019

DVP	Deutsche Volkspartei
DvSTB	Deutschvölkischer Schutz- und Trutzbund
EWG	Europäische Wirtschaftsgemeinschaft
FDP	Freie Demokratische Partei
FkP	Freikonservative Partei
FVP	Fortschrittliche Volkspartei
FZH	Forschungsstelle für Zeitgeschichte Hamburg
GdVP	Großdeutsche Volkspartei
GG	Geschichte und Gesellschaft
GHH	Gutehoffnungshütte
GmbH	Gesellschaft mit beschränkter Haftung
HAPAG	Hamburg-Amerikanische Packethfahrt-Actien-Gesellschaft
HStA	Hauptstaatsarchiv
i. R.	im Ruhestand
KG	Kommanditgesellschaft
Kgl.	Königlich
KPD	Kommunistische Partei Deutschlands
KPÖ	Kommunistische Partei Österreichs (1918 KPDÖ)
k.u.k.	kaiserlich und königlich
KWG	Kaiser-Wilhelm-Gesellschaft zur Förderung der Wissenschaften
LDPD	Liberal-Demokratische Partei Deutschlands
MAN	Maschinenfabrik Augsburg-Nürnberg
MfS	Ministerium für Staatssicherheit
MSPD	Mehrheitssozialdemokratische Partei Deutschlands/Mehrheits-SPD
N/NL	Nachlass
NLP	Nationalliberale Partei
Nr.	Nummer
NOB	Norddeutscher Ordnungsblock
NS	Nationalsozialismus
NSDAP	Nationalsozialistische Deutsche Arbeiterpartei
NSDAPÖ	Nationalsozialistische Deutsche Arbeiterpartei Österreichs (Hitlerbewegung)
NSDAV	Nationalsozialistischer Deutscher Arbeiterverein e.V.
NSFB	Nationalsozialistische Freiheitsbewegung
OHL	Oberste Heeresleitung
OPRIBA	Ostdeutsche Privatbank AG
OSS	Office of Strategic Services
PH	Pädagogische Hochschule
RDI	Reichsverband der Deutschen Industrie
RFkP	Reichs- und Freikonservative Partei
RGBL	Reichsgesetzblatt
RLB	Reichslandbund
SA	Sturmabteilung (der NSDAP)

SAPD	Sozialistische Arbeiterpartei Deutschlands
SBZ	Sowjetische Besatzungszone
SD	Sicherheitsdienst (des Reichsführers SS)
SDAP	Sozialdemokratische Arbeiterpartei
SED	Sozialistische Einheitspartei Deutschlands
SMAD	Sowjetische Militäradministration in Deutschland
SPD	Sozialdemokratische Partei Deutschlands
SS	Schutzstaffel (der NSDAP)
StA	Stadtarchiv
STA	Staatsarchiv
UADF	Unabhängiger Ausschuss für einen Deutschen Frieden
Ufa	Universum Film AG
USPD	Unabhängige Sozialdemokratische Partei Deutschlands
VDA	Verein für das Deutschtum im Ausland
VERA	Verlagsanstalt GmbH
VfZ	Vierteljahrshefte für Zeitgeschichte
VKP	Volkskonservative Partei
VKV	Volkskonservative Vereinigung
VRA	Völkischer Reichsausschuss (der DNVP)
VVVB	Vereinigte Vaterländische Verbände Bayerns
VVVD	Vereinigte Vaterländische Verbände Deutschlands
WRV	Weimarer Reichsverfassung
ZfG	Zeitschrift für Geschichtswissenschaft
ZRG	Zeitschrift der Savigny-Stiftung für Rechtsgeschichte
ZRGG	Zeitschrift für Religions- und Geistesgeschichte

Bibliographie

Archive

Bundesarchiv-Berlin (BA-Berlin)

R 43 Reichskanzlei
R 58 Reichssicherheitshauptamt
R 601 Präsidialkanzlei
R 1506 Reichsarchiv
R 1507 Reichskommissar zur Überwachung der Öffentlichen Ordnung
R 3001 Reichsjustizministerium
R 8048 Alldeutscher Verband
N 2089 NL Konstantin von Gebsattel
N 2165 NL Friedrich Lange
N 2353 NL Gertzlaff von Hertzberg-Lottin
N 2368 NL Heinrich Claß
NS 46 NSDAP Reichstagsfraktion

Bundesarchiv-Koblenz (BA-Koblenz)

B 126/48855 (Opriba)
N 1003NL Leo Wegener
N 1031NL Wilhelm von Gayl
N 1070NL Karl Passarge
N 1211NL Otto Schmidt(-Hannover)
N 1231NL Alfred Hugenberg
N 1243NL Wilhelm von Keudell
N 1247NL Reinhold Quaatz

Bundesarchiv/Militärarchiv-Freiburg (BA-Freiburg)

N 42 NL Kurt von Schleicher
N 239 NL Magnus von Levetzow
N 247 NL Hans von Seeckt
N 254 NL Alfred von Tirpitz
N 266 NL August von Cramon
N 324 NL Karl von Einem
N 512 NL Wilhelm von Dommes
N 714 NL Rüdiger Graf von der Goltz

Politisches Archiv des Auswärtigen Amtes (PAAA)

IA Deutschland 169 R 2558
NL Gustav Stresemann

https://doi.org/10.1515/-020

Bayerisches Hauptstaatsarchiv (BHSTA München)

NL Maximilian von Dziembowski
NL Hans Hilpert
NL Julius F. Lehmann
NL Gustav Ritter von Kahr

Bayerisches Hauptstaatsarchiv/Kriegsarchiv (BHSTA/Kriegsarchiv München)

OP 24718 Konstantin von Gebsattel

Geheimes Staatsarchiv Preußischer Kulturbesitz Berlin (GSTA)

NL Otto Braun
NL Wilhelm von Dommes
NL Otto von Feldmann
NL Wolfgang Kapp
NL Friedrich Solger
I HA, Rep. 89, Geheimes Zivilkabinett, Militaria 11c, Bd. 32425

National Archives Washington D.C.

242 foreign record seized collection, BDC microfilm, NSDAP
Zentralkartei, A 3340-MFKL-D136 (Claß/Class)

Staatsarchiv Moskau (Sonderarchiv)

Fond 500/Opis 3 Reichssicherheitshauptamt Abt. II 123, Alldeutscher Verband 1932/33–1939, Bde. 474 und 562–569

Archiv der Berlin-Brandenburgischen Akademie der Wissenschaft (ABBAW)

NL Dietrich Schäfer
NL Eduard Meyer

Institut für Zeitgeschichte München (IfZ)

MA 1 The Collected Papers of Hans von Seeckt (National Archives Records)
MA 737 NSDAP Hauptarchiv
ZS/A 20 NL Johann Ludwig (Lutz) Graf Schwerin von Krosigk

Hessisches Staatsarchiv Darmstadt (HSTA Darmstadt)

G 12 B, Nr. 919 Heinrich Claß 1891–1920
G 18, Nr. 28/1 August Claß 1893
G 31, Nr. 4354 Heinrich Fischer 1875

Hauptstaatsarchiv Stuttgart (HSTA Stuttgart)

J 151 Gesetze der französischen und amerikanischen Militärregierung

Thüringisches Hauptstaatsarchiv Weimar

Bestand KZ Buchenwald Nr. 18, 18/1, 19, 19/1

Nationalarchiv Bayreuth

NL Houston Stewart Chamberlain

Landesarchiv Thüringen – Staatsarchiv Altenburg

1–95–0003 DNVP Altenburg 1918–1933

Staatsarchiv Leipzig (STA Leipzig)

22378 Koehler&Amelang Leipzig

Landesarchiv Berlin

B-Rep. 021 Einwohnermeldekartei (EMK) 1875–1960

Niedersächsisches Landesarchiv/Staatsarchiv Osnabrück (NSLO)

Erw. C1 Deutschnationale Volkspartei

Landesarchiv Schleswig-Holstein

Abt. 384-II Deutschnationale Volkspartei
Abt. 410 Staatspolizei

Wiener Stadt- und Landesarchiv

M. Abt. 119

Archiv der Hansestadt Lübeck

NL Johann Neumann

Stadtarchiv Dresden (STA Dresden)

13.1. Alldeutscher Verband, Ortsgruppe Dresden und Oberelbegau

Stadtarchiv Essen (STA Essen)

N 625 NL Theodor Reismann-Grone

Stadtarchiv Friedberg (STA Friedberg)

NL August Gebhard

Stadtarchiv Göttingen (STA Göttingen)

Polizeidirektion 152–7, 11/1–2
Polizeidirektion 153–1/1–2, 2, 20

Stadtarchiv Ingelheim (STA Ingelheim)

Genealogie Familie Gebhard O IG 39, O IG 44 und O IW 41

Stadtarchiv Jena (STA Jena)

Meldekarteien

Stadtarchiv Mainz

17–15200 Alldeutscher Verband Ortsgruppe Mainz 1897
ZGS D7/4, 15, 18 Nationalliberale Partei Hessen 1903
Diverse Familienregister (Claß, Fischer, Gebhard, Struve)
VOA 9/314 Finthen. Grundstücke

VOA 9/345	Finthen. Mietshaus Claß
VOA 9/387	Finthen
VOA 9/777	Finthen. Mietwohnhaus Claß
1980/47	Begutachtung Kriegsschäden, Häuserkartei. Provenienz: Ausgleichsamt Stadt Mainz 1947 (Drususstraße und Stadthausstraße)

Stadtarchiv Mönchengladbach (STA Mönchengladbach)

15/13 NL Heinz Brauweiler

Stadtarchiv Pirna (STA Pirna)

F.V-XVII, Nr. 1 Alldeutscher Verband Ortsgruppe Pirna 1901–1904

Archiv für Christlich-Demokratische Politik der Konrad-Adenauer-Stiftung e.V.

I-220 NL Hugo Stinnes

Archiv des Karlsruher Instituts für Technologie

08/13 NL Klaus-Peter Hoepke

Bergbaumuseum/Archiv Bochum

BBA 55 NL Kirdorf

Deutsches Literaturarchiv Marbach (DLA Marbach)

A 83.2 NL Hans Grimm

Forschungsstelle für Zeitgeschichte Hamburg (FZH)

C11/2, 3, 4	NL Heinrich Claß „Wider den Strom II“
11/R 28	NL Alfred Roth
412–1	Deutschvölkischer Schutz- und Trutzbund

International Institute of Social History Amsterdam (IISHA)

NL Albert Grzesinski

Krupp Archiv Essen

HA Krupp WA (Werksarchiv/Unternehmensarchiv)

Leibniz-Institut für Länderkunde Leipzig (IfL)

NL 437 Ernst Hasse
K 425–430 Centralverein für Handelsgeographie und Kolonialpolitik, Zweigverein Leipzig (Handakten Ernst Hasse 1879–1896)
K 431–434 Deutsche Kolonialgesellschaft, Abteilung Leipzig 1881–1930

PAH Gaertringen

NL Kuno Graf Westarp

Niedersächsische Staats- und Universitätsbibliothek Göttingen

Cod. MS. R. Smend A-S NL Rudolf Smend

Rheinisch-Westfälisches Wirtschaftsarchiv Köln

NL Paul Reusch

Universitätsarchiv Freiburg (UAF)

B 0044 0019 – Studien- und Sittenzeugnis Heinrich Claß Sommer-Semester 1889
19–999 – Abgangszeugnis Heinrich Claß – 19.10.1889
126–588 – Abgangszeugnis August Gebhard – 19.10.1890
126–588 – Abgangszeugnis August Gebhard – 08.11.1890
N 12 NL Ludwig Schemann

Universitätsarchiv Gießen

Jur O 9_Index Candidatorum 1820–1937, 1891
Heinrich Claß Matrikelakte 3318 (1891)

Universitätsarchiv Göttingen

Abschlusszeugnisse 102/1884
Prom. 9404 Conrad Bornhak 1885

Universitätsarchiv Humboldt-Universität zu Berlin

Rektor und Senat 01, Abgangszeugnis, Nr. 868–1 (Heinrich Claß 1888/89)

Sammlung Alfred Hugenberg Rohbraken

NL Alfred Hugenberg (Sammlung Michael Schellhorn)

Zeitungen

Alldeutsche Blätter
Badischer Beobachter
Bergisch-Märkische Zeitung
Berliner Börsen-Zeitung
Berliner Illustrierte Nachtausgabe
Berliner Lokal-Anzeiger
Berliner Tageblatt
Bismarck-Bund
Das Buch für alle
Das Deutsche Koloniale Jahrbuch
Das Volk. Organ der SPD Badens
Der Jungdeutsche
Der Kunstwart
Der Reichswart
Der Panther
Der Tag
Der Montag
Deutschbund-Blätter
Deutsche Allgemeine Zeitung
Deutsche Erde
Deutsche Kolonialzeitung
Deutsche Zeitung
Deutschlands Erneuerung
Deutschösterreichische Tageszeitung
Die Bewegung (Stahlhelm)
Die Literatur. Monatsschrift für Literaturfreunde
Die Weltbühne
Dresdener Zeitung
Dresdner Neueste Nachrichten
Frankfurter Zeitung
Germania

Hakenkreuzbanner. Das Nationalsozialistische Kampfblatt Nordwestbadens
Hamburger Anzeiger
Hamburger Nachrichten
Hamburger Volkszeitung
Hamburgischer Correspondent
Hamburgische Polizeibeamten-Zeitung
Hammer. Blätter für deutschen Sinn
Karlsruher Zeitung
Kasseler Volksblatt
Kölnische Zeitung
Kunstchronik. Wochenschrift für Kunst und Kunstgewerbe
Lübecker Volksbote
Mittheilungen des Allgemeinen Deutschen Verbandes
Musikales Wochenblatt
Nationaler Wille
Neue Mannheimer Zeitung
Neue Preußische Zeitung (Kreuzzeitung)
Neue Zeitschrift für Musik
Pariser Tageblatt
Sächsische Volkszeitung
SPIEGEL
Unsere Partei
Völkischer Beobachter
Vorwärts
Vossische Zeitung

Zeitgenössische Publikationen und Quelleneditionen

Adreßbuch der Stadt Mainz, Mainz 1872–1957/58.

Adreßbuch der Stadt Jena 1941/42, Jena 1941.

Adreßbuch der Stadt Jena 1948/49, Jena 1948.

Afflerbach, Holger (Hrsg.): Kaiser Wilhelm II. als Oberster Kriegsherr im Ersten Weltkrieg. Quellen aus der militärischen Umgebung des Kaisers 1914–1918, München 2005.

Akten der Reichskanzlei. Weimarer Republik. Die Kabinette Stresemann I/II: 13.8.1923–30.11.1923, 2 Bde., hrsg. von Karl Dietrich Erdmann/Martin Vogt, Boppard/Rhein 1978.

Akten der Reichskanzlei. Weimarer Republik. Das Kabinett Müller II: 28.6.1928–27.3.1930, 2 Bde., hrsg. von Martin Vogt, Boppard/Rhein 1970.

Akten der Reichskanzlei. Weimarer Republik. Die Kabinette Brüning I und II: 30.3.1930–10.10.1931 und 10.10.1931–1.6.1932, 3 Bde., hrsg. von Tilmann Koops, Boppard/Rhein 1982.

Akten der Reichskanzlei. Weimarer Republik. Das Kabinett von Papen: 1.6.–3.12.1932, 2 Bde., hrsg. von Karl-Heinz Minuth, Boppard/Rhein 1989.

Akten der Reichskanzlei. Weimarer Republik. Das Kabinett von Schleicher: 3.12.1932–30.1.1933, hrsg. von Anton Golecki, Boppard/Rhein 1986.

Alldeutscher Verband: Zwanzig Jahre alldeutscher Arbeit und Kämpfe, Leipzig 1910.

Alldeutscher Verband: Reden und Vorträge vom Alldeutschen Verbandstage in Chemnitz 3. September 1933, Berlin o. D.

Alldeutsches Werbe- und Merkbüchlein 1899, München 1899.

Alldeutsches Werbe- und Merkbüchlein 1901 und 1902, München 1901.

Alldeutsches Werbe- und Merkbüchlein 1902 und 1903, München 1902.

Amtsblatt des Kontrollrats in Deutschland, Nr. 5, 31.3.1946.
Ankündigung der Vorlesungen Albert-Ludwigs-Universität Freiburg Sommer-Halbjahr 1889, Freiburg 1889.
Anschütz, Gerhard: Die Verfassung des Deutschen Reiches. Ein Kommentar für Wissenschaft und Praxis, Berlin 1921.
Anschütz, Gerhard: Drei Leitgedanken der Weimarer Reichsverfassung, Tübingen 1923.
Archiv für das Civil- und Criminal-Recht der königlich-preußischen Rheinprovinzen, 30. Bd., I. Abt., Köln 1840.
Baer, Fritz E.: Putsch-Gefahr und Hochverrat. Die Geschichte einer Polizei-Aktion auf Grund amtlicher Feststellungen, Berlin 1927.
Bang, Paul: (Pseudonym Wilhelm Meister): Judas Schuldbuch. Eine deutsche Abrechnung, 7. und 8. Aufl., München 1921 [1919].
Bang, Paul: Organische Wirtschaft, Langensalza 1929.
Bang, Paul: Grundsätzliche Wirtschafts- und Sozialfragen, Langensalza 1930.
Bang, Paul: Werksgemeinschaft, Berufsstand und Ständestaat, Berlin 1931.
Bang, Paul: Geld und Währung, München 1932.
Bang, Paul: Heinrich Claß, in Hammer 27 (Februar 1928), S. 62 – 65.
Baumgarten, Otto: Das Echo der Alldeutschen in Amerika, Jena 1917.
Baumgarten, Otto: Meine Lebensgeschichte, Tübingen 1929.
Berger, Karl: Schiller. Sein Leben und seine Werke, 2 Bde., München 1905.
Berger, Karl: Vom Weltbürgertum zum Nationalstaatsgedanken. Zwölf Bilder aus Schillers Lebenskreis und Wirkungsbereich, München 1918.
Berliner Adreßbuch 1919 – 1943, Berlin 1919 – 1943.
Bernhard, Ludwig: Der Hugenberg-Konzern. Psychologie und Technik einer Großorganisation der Presse, Berlin 1928.
Best, Georg: Die hessischen Gesetze, Verordnungen und Dienstanweisungen zur Ausführung des Bürgerlichen Gesetzbuches und seiner Nebengesetze, Mainz 1916.
Best, Werner: „… wird erschossen“. Die Wahrheit über das Boxheimer Dokument, Mainz 1932.
Best, Werner: Rechtsbegriff und Verfassung, in Deutsches Recht 9 (1939), S. 1201 – 1203.
Best, Werner: Grundfragen einer deutschen Großraum-Verwaltung, in Festgabe für Heinrich Himmler, Darmstadt 1941, S. 33 – 60.
Best, Werner: Großraumordnung und Großraumverwaltung, in Zeitschrift für Politik 32 (1942), S. 406 – 412.
Bismarck, Otto von: Gesammelte Werke. Neue Friedrichsruher Ausgabe, hrsg. von Holger Afflerbach/Konrad Canis/Lothar Gall/Eberhard Kolb, Abteilung III: 1871 – 1898, Schriften Bd. 8: 1888 – 1890, Paderborn 2014.
Böhme, Klaus (Hrsg.): Aufrufe und Reden deutscher Professoren im Ersten Weltkrieg, Stuttgart 1975.
Bonhard, Otto: Geschichte des Alldeutschen Verbandes, Leipzig 1920.
Bonhard, Otto (Pseudonym Otto Kernholt): Vom Ghetto zur Macht. Die Geschichte des Aufstiegs der Juden auf deutschem Boden, Leipzig/Berlin 1921.
Bonhard, Otto (Pseudonym Otto Kernholt): Deutschlands Schuld und Sühne, Leipzig 1923.
Bonhard, Otto (Pseudonym Otto Kernholt): Jüdische Geld- und Weltherrschaft, Berlin 1926.
Bornhak, Conrad: Geschichte des Preußischen Verwaltungsrechts, 3 Bde., Berlin 1884 – 1886.
Bornhak, Conrad: Der Beruf unserer Zeit zur Strafgesetzgebung, Berlin 1931.
Bornhak, Conrad: Die Entwicklung der konstitutionellen Theorie, in Zeitschrift für die gesamte Staatswissenschaft 51 (4/1895), S. 597 – 617.
Bornhak, Conrad: Wandlungen der Reichsverfassung, in Archiv des öffentlichen Rechts 26 (3/1910), S. 373 – 400.
Bornhak, Conrad: Das Ende des Strafrechtsausschusses und der Strafrechtsreform, in Der Gerichtssaal 102 (1933), S. 89.
Brammer, Karl: Verfassungsgrundlagen und Hochverrat. Beiträge zur Geschichte des neuen Deutschlands, Berlin 1922.

Brammer, Karl: Attentäter, Spitzel und Justizrat Claß. Der Seeckt- und Harden-Prozeß, Berlin 1924.
Borchmeyer, Joseph: Hugenbergs Ringen in deutschen Schicksalsstunden. Tatsachen und Entscheidungen in den Verfahren zu Detmold und Düsseldorf 1949/50, Detmold 1951.
Brauweiler, Heinz: Groener-Schleicher-Seeckt. Generäle in der deutschen Regierung, Berlin 1932.
Brockdorff, Alexander Graf: Heinrich Claß. Führergedanken, Berlin 1932.
Brüning, Heinrich: „Sachlicher Ernst. Rundfunkrede vom 8. Dezember 1931", in Ders.: Zwei Jahre am Steuer des Reichs. Reden aus Brünings Kanzlerzeit, Köln 1932, S. 47 – 50.
Brüning, Heinrich: Memoiren 1918 – 1934, Stuttgart 1970.
Brunck, Helma: Otto von Brentano di Tremezzo. Ein hessischer Politiker im Kampf gegen rechts und links, Darmstadt 2019.
Buchrucker, Bruno Ernst: Im Schatten Seeckts. Die Geschichte der „Schwarzen Reichswehr", Berlin 1928.
Bülow, Bernhard von: Denkwürdigkeiten, Bd. 1: Vom Staatssekretariat bis zur Marokkokrise, Berlin 1930.
Bumm, Ernst: Eklampsie. Symptome, Verlauf, Pathogenese, Prognose, Therapie, in Ders.: Grundriss zum Studium der Geburtshülfe, 2. verb. Aufl., Wiesbaden 1903, S. 638 – 649.
Chronik der Universität Gießen 1607 – 1907, hrsg. von Hermann Haupt, Gießen 1907.
Claß, Heinrich (Hrsg.): Die Reichsfestspielstätte bei Mainz. Denkschrift des Ortsausschusses für deutsche Nationalfeste, Mainz 1897.
Claß, Heinrich: Die Bilanz des neuen Kurses. Vortrag von Rechtsanwalt Claß in Mainz, Mitglied der Hauptleitung des „Alldeutschen Verbandes", gehalten auf dem alldeutschen Verbandstag in Plauen i.V. am 12. September 1903, Berlin 1903.
Claß, Heinrich: Die Besitzergreifung Westmarokkos. Der Anfang und die Voraussetzung praktischer deutscher Weltpolitik, Leipzig 1904.
Claß, Heinrich: Marokko verloren? Ein Mahnruf in letzter Stunde, München 1904.
Claß, Heinrich/Ernst Graf zu Reventlow: Reinertrag der Reichspolitik seit 1890, Berlin 1909.
Claß, Heinrich: (Pseudonym Einhart) Deutsche Geschichte, Leipzig 1909.
Claß, Heinrich: West-Marokko deutsch!, München 1911.
Claß, Heinrich (Pseudonym Daniel Frymann): Wenn ich der Kaiser wär'. Politische Wahrheiten und Notwendigkeiten, Leipzig 1912.
Claß, Heinrich: Deutsche Geschichte von Einhart, 5. Aufl., Leipzig 1914.
Claß, Heinrich: Zum deutschen Kriegsziel. Eine Flugschrift von Heinrich Claß, München 1917.
Claß, Heinrich: Deutsche Geschichte von Einhart, 8. Aufl., Leipzig 1919.
Claß, Heinrich: Daniel Frymann. Das Kaiserbuch. Politische Wahrheiten und Notwendigkeiten, 7. Aufl., Leipzig 1925.
Claß, Heinrich: Führergedanken. Aus Reden und Schriften des Justizrat Heinrich Claß 1903 – 1913, hrsg. von Alexander Graf Brockdorff, Berlin 1932.
Claß, Heinrich: Wider den Strom. Vom Werden und Wachsen der nationalen Opposition im alten Reich, Leipzig 1932.
Claß-Frymann: Das Kaiserbuch, 8. Aufl., Berlin 1935.
Claß, Heinrich: Deutsche Geschichte von Einhart, 16. Aufl., Leipzig 1936.
Claß, Heinrich: Deutsche Geschichte von Einhart, 19. Aufl., Leipzig 1941.
Claß, Heinrich: Der Alldeutsche Verband, in Panther 3 (10/1915), S. 1137 – 1147.
Claß, Heinrich: Deutsche Staatskunst, in Deutschlands Erneuerung 1/1 (1917), S. 27 – 34.
Claß, Heinrich: Die Wahrheit über das alldeutsche Kriegsziel, in Handbuch des Alldeutschen Verbandes, 21. Aufl., Mainz 1917, S. 54 – 60.
Claß, Heinrich. Volk und Krone, in Deutschlands Erneuerung 2/2 (1918), S. 81 – 87.
Claß, Heinrich: Der Zweck im Staatsnotstand, in Deutsche Zeitung 24. 8. 1932.
Claß, Heinrich: Staatsnotrecht, in Alldeutsche Blätter 27. 8. 1932.
Claß, Heinrich: Träger und Umfang des Staatsnotstandes, in Deutsche Zeitung 30. 8. 1932.
Claß, Heinrich: Julius Friedrich Lehmann und der Alldeutsche Verband, in Deutschlands Erneuerung 19/5 (1935), S. 258 – 260.

de Lagarde, Paul: Deutsche Schriften. Gesamtausgabe letzter Hand, 4. Abdruck, Göttingen 1892.
de Lagarde, Paul: Deutsche Schriften, hrsg. von Wilhelm Rössle, Jena 1944.
Dehn, Paul: Ein Bahnbrecher des nationalen Gedankens, in Hammer 32 (März 1933), S. 76–77.
Der Alldeutsche Verband im Jahre 1901, Berlin 1902.
Der Hitler-Prozess 1924. Wortlaut der Hauptverhandlung vor dem Volksgericht München, 4 Bde., hrsg. von Lothar Gruchmann/Reinhard Weber, München 1997.
Der Deutsche Reichstag 1936, hrsg. von Ernst Kienast, Berlin 1936.
Der Großdeutsche Reichstag 1938, hrsg. von Ernst Kienast, Berlin 1938.
Der Großdeutsche Reichstag 1938. Nachtrag, hrsg. von Ernst Kienast, Berlin 1939.
Der Johannesberger Grund im Rheingau. Sechs Ansichten nach der Natur, J. Manefeld, Text Max Heckmann, hrsg. vom Rheinischen Touristen-Club Mainz, Mainz 1885.
Deuerlein, Ernst (Hrsg.): Der Hitler-Putsch. Bayerische Dokumente zum 8./9. November 1923, Stuttgart 1962.
Deutscher Reichsanzeiger und Preußischer Staatsanzeiger 1926.
Deutscher Reichsanzeiger und Preußischer Staatsanzeiger 1932.
Die Deutschnationalen und die Zerstörung der Weimarer Republik. Aus dem Tagebuch von Reinhold Quaatz 1928–1933, hrsg. von Hermann Weiß/Paul Hoser, München 1989.
Die Entscheidungen des Ehrengerichtshofs für deutsche Rechtsanwälte 1880/84–1931, hrsg. vom Deutschen Anwaltsverein, Berlin 1885–1932.
Die Entscheidungen des Ehrengerichtshofs für deutsche Rechtsanwälte 1932–1933, hrsg. Vom Reichsfachgruppenleiter der Berufsgruppe Rechtsanwälte des Bundes Nationalsozialistischer Deutscher Juristen, Berlin 1933–1934.
Die Entscheidungen des Ehrengerichtshofs für deutsche Rechtsanwälte in Leipzig und des Reichs-Rechtsanwalts-Kammer 1934, hrsg. vom Präsidium der Reichs-Rechtsanwalts-Kammer, Berlin, 1935.
Die Entscheidungen des Ehrengerichtshofs der Reichs-Rechtsanwalts-Kammer 1934–1937, hrsg. vom Präsidium der Reichs-Rechtsanwalts-Kammer, Berlin, 1935–1938.
Die Rheinweine Hessens. Eine Beschreibung der einzelnen Weinbaumarkungen, hrsg. Vom Weinbau-Verein der Provinz Rheinhessen, Geschäftsstelle Oppenheim am Rhein, Mainz 1910.
Diehl, Wolfgang: Ingelheimer Chronik 1899–1950. Auszüge aus Ingelheimer Zeitungen, Offenbach 1974.
Dinter, Artur: Die Sünde wider das Blut, Leipzig 1917.
Domarus, Max: Hitler. Reden und Proklamationen 1932–1945, Bd. 1: 1932–1938, Wiesbaden 1962.
Drexler, Anton: Mein politisches Erwachen. Aus dem Tagebuch eines sozialistischen Arbeiters, München 1919.
Duesterberg, Theodor: Der Stahlhelm und Hitler, Wolfenbüttel/Hannover 1949.
Ebermayer, Ludwig: Fünfzig Jahre Dienst am Recht. Erinnerungen eines Juristen, Leipzig/Zürich 1930.
Einem, Günther von: Otto von Below. Ein deutscher Heerführer, München 1929.
Ewald, Walter: Soziale Medizin. Ein Lehrbuch für Ärzte, Studierende, Medizinal- und Verwaltungsbeamte, Sozialpolitiker, Behörden und Kommunen, Bd. 1, Berlin 1911.
Falter, Jürgen/Thomas Lindenberger/Siegfried Schumann: Wahlen und Abstimmungen in der Weimarer Republik. Materialien zum Wahlverhalten 1919–1933, München 1986.
Faust, Anselm/Bernd A. Rusineck (Hrsg.): Lageberichte rheinischer Gestapostellen, Bd.1: 1934, Düsseldorf 2012.
Faust, Anselm/Bernd A. Rusineck (Hrsg.): Lageberichte rheinischer Gestapostellen, Bd. 2/1: Januar–Juni 1935, Düsseldorf 2014.
Faust, Anselm/Bernd A. Rusineck (Hrsg.): Lageberichte rheinischer Gestapostellen, Bd. 2/2: Juli–Dezember 1935, Düsseldorf 2015.
Faust, Anselm/Bernd A. Rusineck (Hrsg.): Lageberichte rheinischer Gestapostellen, Bd. 3: Januar–März 1936, Düsseldorf 2016.
Feder, Gottfried: Das Programm der NSDAP und seine weltanschaulichen Grundlagen, München 1927.

Fraenkel, Ernst: Der Doppelstaat. Recht und Justiz im „Dritten Reich“, Frankfurt/M. 1984 [1941].
Frank, Reinhard: Über den Aufbau des Schuldbegriffs, in Ders. (Hrsg.): Festschrift für die Juristische Fakultät in Gießen zum Universitätsjubiläum, Gießen 1907, S. 519–547.
Frank, Walter (Hrsg.): Carl Peters. Gesammelte Schriften, 3 Bde., München/Berlin 1943–1944.
Freytagh-Loringhoven, Axel Freiherr von: Politik: Eine Einführung in Gegenwartsfragen, München 1919.
Freytagh-Loringhoven, Axel Freiherr von: Die Weimarer Verfassung in Lehre und Wirklichkeit, München 1924.
Freytagh-Loringhoven, Axel Freiherr von: Kriegsausbruch und Kriegsschuld 1939, Essen 1940.
Freytagh-Loringhoven, Axel Freiherr von: Deutsche Außenpolitik 1933–1941, 11. Aufl., Berlin 1943.
Freytagh-Loringhoven, Axel Freiherr von (Hrsg.): Die Satzung des Völkerbundes, Berlin 1926.
Friedensburg, Friedrich: Lebenserinnerungen, Frankfurt/M. 1969.
Fritz, Georg: Die Ostjudenfrage: Zionismus und Grenzschluß, München 1915.
Fröhlich, Elke (Hrsg.): Die Tagebücher von Joseph Goebbels. Sämtliche Fragmente, Teil 1, Aufzeichnungen 1924–1941, Bd. 2, 1.1.1931–31.12.1936, München 1987.
Fröhlich, Elke (Hrsg.): Die Tagebücher von Joseph Goebbels, Teil 1, Aufzeichnungen 1923–1941, Bd. 1/3, Juni 1928–November 1929, München 2004.
Fröhlich, Elke (Hrsg.): Die Tagebücher von Joseph Goebbels, Teil 1, Aufzeichnungen 1923–1941, Bd. 2/2, Juni 1931–September 1932, München 2004.
Fröhlich, Elke (Hrsg.): Die Tagebücher von Joseph Goebbels, Teil 1, Aufzeichnungen 1923–1941, Bd. 2/3, Oktober 1932–März 1934, München 2004.
Führer durch Mainz. Festschrift zur 58. Generalversammlung der Katholiken Deutschlands zu Mainz 6.–10.8.1911, Mainz 1911.
Fürst Bismarck-Gedenkbuch, zusammengestellt durch Horst Kohl, fortgeführt bis zum Tode Bismarck 1890 durch Johannes Penzler, 2 Teile, Chemnitz 1899.
Gaertringen, Friedrich Freiherr Hiller von (Hrsg.): Die Hassel-Tagebücher 1938–1944, Berlin 1988.
Gayl, Wilhelm Freiherr von: Alfred Hugenberg: Zum 60. Geburtstag, in Archiv für innere Kolonisation 17 (1925), S. 58–59.
Gessler, Otto: Reichswehrpolitik in der Weimarer Republik, hrsg. von Kurt Sendner, Stuttgart 1958.
Giese, W.: Die Judenfrage am Ende des XIX. Jahrhunderts. Nach den Verhandlungen des V. allgemeinen Parteitags der Deutsch-Sozialen Reformpartei zu Hamburg am 11.9.1899, Berlin 1899.
Gillmann, Sabine/Hans Mommsen (Hrsg.): Politische Schriften und Briefe Carl Friedrich Goerdelers, Bd. 1, München 2003.
Goebbels, Joseph: Vom Kaiserhof zur Reichskanzlei. Eine historische Darstellung in Tagebuchblättern (1.1.1932–1.5.1933), 4. Aufl., München 1934.
Grimm, Hans: Volk ohne Raum, 2 Bde., München 1926.
Großherzoglich Badisches Staats- und Regierungsblatt, 28. Jg., Karlsruhe 1830.
Großherzoglich Hessisches Regierungsblatt, 1834, 1837, 1839, 1841, 1848, 1849, 1850, 1859, 1860, 1864, 1867–1875, 1885, 1895, 1918.
Grzesinski, Albert: Politische Reden 1919–1933, hrsg. von Dietfrid Krause-Vilmar, Stuttgart 2022.
Güntter, Otto/Georg Wittkowski (Hrsg.): Schillers sämtliche Werke. Historisch-kritische Ausgabe in 20 Bänden, Leipzig 1909–1911.
Gürten, Hubert: Um Deutschlands Zukunft. Wir deutschen Katholiken, die Papstnote und das deutsche Kriegsziel, Leipzig 1918.
Handbuch des Alldeutschen Verbandes, 9. Aufl., München 1905.
Handbuch des Alldeutschen Verbandes, 12. Aufl., München 1908.
Handbuch des Alldeutschen Verbandes, 15.–22. Aufl., München/Mainz 1911–1918.
Handbuch für den Preußischen Landtag. Ausgabe für die 2. Wahlperiode ab 1925, Berlin 1925.
Handbuch für den Preußischen Landtag. Ausgabe für die 5. Wahlperiode ab 1933, Berlin 1933.
Hänsch, Felix: An der Schwelle des größeren Reiches. Deutsche Kriegsziele, München 1917.
Hannover, Heinrich/Elisabeth Hannover-Rück: Politische Justiz 1918–1933, Berlin 2019 [1966].

[Hasse, Ernst]: Großdeutschland und Mitteleuropa um das Jahr 1950. Von einem Alldeutschen, 2. veränd. Aufl., Berlin 1895.
Hasse, Ernst: Das Deutsche Reich als Nationalstaat, München 1905.
Hasse, Ernst: Die Besiedelung des deutschen Volksbodens, München 1905.
Hasse, Ernst: Deutsche Grenzpolitik, München 1906.
Hasse, Ernst: Die Zukunft des deutschen Volkstums, München 1907.
Hasse, Ernst: Weltpolitik, Imperialismus und Kolonialpolitik, München 1908.
Hasse, Ernst: Die statistische Ermittlung der Deutschen, in Die Erde 1 (1902), S. 65–68.
Hasse, Ernst: Die Sprachverhältnisse im deutschen Reiche am 1. Dezember 1900, in Die Erde 2 (1903), S. 97–99.
Hasse als Politiker. Reichstagswahl 1898, hrsg. von der Wahlvereinigung zur Wiederwahl Hasses in den Reichstag 1898, Leipzig 1898.
Heck, Philipp: Gesetzesauslegung und Interessenjurisprudenz, Tübingen 1914.
Heck, Philipp von: Begriffsbildung und Interessenjurisprudenz, Tübingen 1932.
Heck, Philipp von: Interessenjurisprudenz, Recht und Staat in Geschichte und Gegenwart, Tübingen 1933.
Heck, Philipp von: Begriffsjurisprudenz und Interessenjurisprudenz, in Günter Ellscheid/Winfried Hassemer (Hrsg.): Interessenjurisprudenz [1929], Darmstadt 1974, S. 88–108.
Heck, Philipp von: Interessenjurisprudenz und ihre Gegner, in Archiv für die civilistische Praxis 142 (1936), S. 129–202.
Hegel, Gottfried Wilhelm Friedrich: Vorlesungen über die Philosophie der Geschichte, Werke Bd. 7, Frankfurt/M. 1986.
Hegel, Gottfried Wilhelm Friedrich: Grundlinien der Philosophie des Rechts, Werke, Bd. 12, Frankfurt/M. 1986.
Heiber, Helmut (Hrsg.), Das Tagebuch von Joseph Goebbels 1925/26, Stuttgart 1960.
Heinz, Friedrich Wilhelm: Die Nation greift an. Geschichte und Kritik des soldatischen Nationalismus, Berlin 1933.
Heinze, Wolfgang: Ostjüdische Einwanderung, in Preußische Jahrbücher 162 (1916), S. 98–117.
Heller, Hermann: Hegel und der nationale Machtstaatsgedanke in Deutschland, Leipzig/Berlin 1921.
Heller, Hermann. Staatslehre, hrsg. von Gerhard Niedermeyer, Berlin 1934.
Heller, Hermann: Die Krisis der Staatsrechtslehre (1926), in Ders.: Gesammelte Schriften, Bd. 2, hrsg. von Martin Draht u. a., Leiden 1972, S. 3–30.
Heller, Hermann: Die Souveränität. Ein Beitrag zur Theorie des Staats- und Völkerrechts, Berlin/Leipzig 1927.
Hendel, Joachim u. a. (Hrsg.): Wege der Wissenschaft im Nationalsozialismus. Dokumente zur Universität Jena 1933–1945, Stuttgart 2007.
Herkner, Heinrich: Die sociale Reform als Gebot des wirtschaftlichen Fortschritts, Leipzig 1891.
Herkner, Heinrich: Die Arbeiterfrage, Berlin 1894.
Herzl, Theodor: Der Judenstaat, hrsg. als: Wenn ihr wollt ist es kein Märchen. Altneuland/Der Judenstaat von Julius H. Schoeps, Bodenheim 1985.
Heß, Wolf Rüdiger (Hrsg.): Rudolf Heß. Briefe 1908–1933, München 1987.
Hessisches Regierungsblatt für das Jahr 1918, Darmstadt 1918.
Hitler. Reden, Schriften, Anordnungen. Februar 1925 bis Januar 1933, Bd. I, Die Wiedergründung der Partei, Februar 1925 bis Juni 1926, hrsg. von Clemens Vollnhals, München 1992.
Hitler. Reden, Schriften, Anordnungen. Februar 1925 bis Januar 1933, Bd. III, Zwischen den Reichstagswahlen Juli 1928 bis September 1930, Teil 2, März 1929 bis Dezember 1929, hrsg. von Klaus Lankheit, München 1994.
Hitler. Reden, Schriften, Anordnungen. Februar 1925 bis Januar 1933, Bd. IV, Von der Reichstagswahl bis zur Reichspräsidentenwahl Oktober 1930 bis März 1932, Teil 1, Oktober 1930 bis Juni 1931, hrsg. von Constantin Goschler, München 1994.
Hitler. Mein Kampf. Eine kritische Edition, hrsg. von Christian Hartmann u. a., 2 Bde., München/Berlin 2016.
Hobohm, Martin/Paul Rohrbach (Hrsg.): Chauvinismus im Weltkrieg, Bd. 2, Die Alldeutschen, Berlin 1919.

Hof- und Staatshandbuch des Großherzogtums Hessen für 1859, Darmstadt 1859.
Hof- und Staatshandbuch des Großherzogtums Hessen für 1865, Darmstadt 1865.
Hof- und Staatshandbuch des Großherzogtums Hessen für 1867, Darmstadt 1867.
Hof- und Staatshandbuch des Großherzogtums Hessen für 1869, Darmstadt 1869.
Hof- und Staatshandbuch des Großherzogtums Hessen für 1870, Darmstadt 1870.
Hof- und Staatshandbuch des Großherzogtums Hessen für 1876, Darmstadt 1876.
Hof- und Staatshandbuch des Großherzogtums Hessen für 1879, Darmstadt 1879.
Hof- und Staatshandbuch des Großherzogtums Hessen für 1890, Darmstadt 1890.
Hof- und Staatshandbuch des Großherzogtums Hessen für 1896, Darmstadt 1896.
Hof- und Staatshandbuch des Großherzogtums Hessen für 1897, Darmstadt 1897.
Hof- und Staatshandbuch des Großherzogtums Hessen für 1900, Darmstadt 1900.
Hof- und Staatshandbuch des Großherzogtums Hessen für 1902, Darmstadt 1902.
Hof- und Staatshandbuch des Großherzogtums Hessen für 1904, Darmstadt 1904.
Hof- und Staatshandbuch des Großherzogtums Hessen für 1905, Darmstadt 1905.
Hof- und Staatshandbuch des Großherzogtums Hessen für 1907, Darmstadt 1907.
Hof- und Staatshandbuch des Großherzogtums Hessen für 1909/10, Darmstadt 1909.
Hof- und Staatshandbuch des Großherzogtums Hessen für 1912/13, Darmstadt 1912.
Hof- und Staatshandbuch des Großherzogtums Hessen für 1914, Darmstadt 1914.
Hofmeister, Björn (Hrsg.): Heinrich Claß. Politische Erinnerungen des Vorsitzenden des Alldeutschen Verbandes 1915–1933/36, Berlin 2022 (ND 2023).
Hohorst, Gerd/Jürgen Kocka/Gerhard A. Ritter (Hrsg.): Sozialgeschichtliches Arbeitsbuch. Materialien zur Statistik des Kaiserreichs 1871–1914, 2. Aufl., München 1978.
Holstein, Günther: Die Grundlagen des evangelischen Kirchenrechts, Tübingen 1928.
Hubatsch, Walther: Hindenburg und der Staat. Aus den Papieren des Generalfeldmarschalls und Reichspräsidenten von 1878 bis 1934, Göttingen 1966.
Huber, Rudolf (Hrsg.): Dokumente zur deutschen Verfassungsgeschichte, Bd. 2, DeutscheVerfassungsdokumente 1851–1918, Stuttgart 1964.
Huch, Ricarda: In einem Gedenkbuch zu sammeln… Bilder deutscher Widerstandskämpfer, hrsg. von Wolfgang Schwiedrzik, Leipzig 1998.
Hugenberg, Alfred: Die Besiedlung der norddeutschen Moore, Hannover (Druck der Kaiser- Wilhelm Universität Straßburg) 1888.
Hugenberg, Alfred: Innere Colonisation im Nordwesten Deutschlands, Strasburg 1891.
Hugenberg, Alfred: Streiflichter aus Vergangenheit und Gegenwart, Berlin 1927.
Hugenberg: Mehr Willen zur Tat, in Max Weiß (Hrsg.): Der nationale Wille, Leipzig 1928, S. 260–268.
Husmann, Josefine: Der Alldeutsche Verband und die Flottenfrage, Diss. Freiburg 1945.
Ilsemann, Sigurd von: Der Kaiser in Holland: Aufzeichnungen des letzten Flügeladjutanten
Kaiser Wilhelms II. Bd. 2. Monarchie und Nationalsozialismus 1924–1941, hrsg. von Harald von Koenigswald, München 1968.
Jacobi, Erwin/Carl Schmitt: Die Diktatur des Reichspräsidenten, in VVDStRL 1924, S. 63–126.
Jahrbuch der deutschen Sozialdemokratie 1929, hrsg. vom Vorstand der Sozialdemokratischen Partei Deutschlands, Berlin 1929.
Jhering, Hermann/Paul Langhans: Das südliche Kolonialgebiet von Rio Grande do Sul, in Petermanns Geografische Mitteilungen 33 (1887), S. 328–343.
Jhering, Rudolf von Jhering: Der Geist des römischen Rechts auf den verschiedenen Stufen seiner Entwicklung, Teil 1, Leipzig 1852.
Jhering, Rudolf von Jhering: Der Geist des römischen Rechts auf den verschiedenen Stufen seiner Entwicklung, Teil 2, 2 Abteilungen, Leipzig 1854 und 1858.
Jhering, Rudolf von Jhering: Der Geist des römischen Rechts auf den verschiedenen Stufen seiner Entwicklung, Teil 3, 2 Abteilungen, Leipzig 1865.
Jhering, Rudolf von: Der Kampf im Recht [1872], in Ders.: Recht und Sitte, München 1924, S. 7–61.

Jhering, Rudolf von: Der Zweck im Recht, 2 Bde., Leipzig 1877 und 1883.
Jhering, Rudolf von: Scherz und Ernst in der Jurisprudenz, Leipzig 1884.
Jörs, Paul: Untersuchungen zur Gerichtsverfassung der römischen Kaiserzeit, in Festgabe für Rudolf von Jhering von der Gießener Juristischen Fakultät, Leipzig 1892, 72 S.
Jubiläums-Festzug des Mainzer Carnevalls-Vereins 1838–1888. Am Fastnacht-Montag des 13. Februar gezeichnet von J. Manefeld, Mainz 1888.
Jung, Dietrich: Der Alldeutsche Verband und die Marokkofrage, Diss. Bonn 1934.
Kahl, Wilhelm/Karl von Lilienthal/Franz von Liszt/James Goldschmidt: Gegenentwurf zum Vorentwurf eines Deutschen Strafgesetzbuches, Berlin 1911.
Kalkoff, Hermann: Nationalliberale Parlamentarier 1867–1917 des Reichstages und der Einzellandtage, Berlin 1917.
Kaufmann, Erich: Kritik der neukantianischen Rechtsphilosophie, Tübingen 1921.
Keim, August: Geschichte des Infanterie-Leibregimentes Großherzogin (3. Großherzogl. Hessisches) Nr. 117 und seiner Stämme 1677–1902, Berlin 1903.
Keim, August: Erlebtes und Erstrebtes, 1926.
Kelsen, Hans: Hauptprobleme der Staatsrechtslehre, Tübingen 1911.
Kelsen, Hans: Das Problem des Parlamentarismus, Wien/Leipzig 1925.
Kelsen, Hans: Allgemeine Rechtslehre [2. Aufl. der Erstauflage von 1925], Wien 1960.
Kelsen, Hans: Reine Rechtslehre (Nachdruck der Erstauflage von 1934), Aalen 1994.
Kelsen, Hans: Der soziologische und juristische Staatsbegriff. Kritische Untersuchung des Verhältnisses von Recht und Staat, Tübingen 1928 [1922].
Kienitz, Ernst: Zeittafel zur deutschen Kolonialgeschichte, München 1941.
Klein, Thomas (Hrsg.): Die Lageberichte der Geheimen Staatspolizei über die Provinz Hessen-Nassau 1933–1936, Teilband 2: C, Köln/Wien 1986.
Koellreutter, Otto: Integrationslehre und Reichsreform, Tübingen 1929.
Könnemann, Erwin/Gerhard Schulze (Hrsg.): Der Kapp-Lüttwitz-Ludendorff-Putsch. Dokumente, München 2002.
Kössler, Franz: Register zu den Matrikeln und Inscriptionsbüchern der Universität Gießen WS 1807/08 –WS 1850, Gießen 1976.
Kössler, Franz: Register zu den Matrikeln und Inscritpionsbüchern der Universität Gießen SS 1851 – WS 1900/01, Gießen 1979.
Krieger, Karsten: Der „Berliner Antisemitismusstreit" 1879–1881. Eine Kontroverse um die Zugehörigkeit der deutschen Juden zur Nation. Kommentierte Quellenedition, 2 Bde., München 2003.
Kriegk, Otto: Hugenberg, Leipzig 1932.
Krumbach, Joseph H. (Hrsg.): Franz Ritter von Epp, München 1939.
Kürschners Deutscher Reichstag. Biographisch-statistisches Handbuch 1912–1917, XIII. Legislaturperiode, hrsg. von Hermann Hilger, Berlin/Leipzig 1912.
Kuhlenbeck, Ludwig: Das Einführungsgesetz zum Bürgerlichen Gesetzbuche, Berlin 1901.
Kuhlenbeck, Ludwig: Natürliche Grundlagen des Rechts und der Politik. Ein Beitrag zur rechtsphilosophischen und kritischen Würdigung der sog. Deszendenztheorie, Eisenach/Leipzig 1904.
Kuhlenbeck, Ludwig: Rasse und Volkstum, München 1905.
Kunz, Josef Laurenz: Das Problem von der belgischen Neutralität, Wien 1920.
Laband, Paul: Das Staatsrecht des Deutschen Reiches, 3 Bde, Tübingen 1876–1882.
Laband, Paul: Die Wandlungen der deutschen Reichsverfassung, Dresden 1895.
Lange, Friedrich: Aus deutschem Herzen. Lyrische Dichtungen ausgewählt vom Deutschbund, Norden 1898.
Lange, Friedrich: Reines Deutschtum. Grundzüge einer nationalen Weltanschauung mit einem Anhange: Nationale Arbeit und Erlebnisse, 5. verm. Aufl., Berlin 1904.
Lehmann, Melanie (Hrsg.): Verleger J. F. Lehmann. Lebensbild und Briefe, München 1935.
Lehrbuch des Strafrechts der Deutschen Demokratischen Republik. Allgemeiner Teil, hrsg. von Hans Gerats/John Lekschas/Joachim Renneberg, Berlin 1957.

Lemmel, Herbert: Ludwig Kuhlenbeck. Ein Beitrag im Kampf um ein lebensgesetzliches Recht, München 1938.
Lemmel, Herbert: Die Volksgemeinschaft, ihre Verfassung im werdenden Recht, Stuttgart 1941.
Lepsius, Johannes (Hrsg.): Die große Politik der europäischen Kabinette 1871–1914, Bd. 11, Berlin 1923.
Liebert, Eduard von: Aus einem bewegten Leben, München 1925.
Liebig, Hans von: Die Politik von Bethmann Hollweg. Eine Studie. Teil 1: Das B-System vor dem Kriege. Teil 2: Das B-System im Kriege, (Handschrift) 1915.
Liebig, Hans von: Die Politik von Bethmann Hollweg. Eine Studie, 3 Teile, München 1919.
List, Friedrich: Das nationale System der politischen Ökonomie, 6. Aufl., Stuttgart 1877 [1841].
Liste auszusondernder Literatur, hrsg. von der Deutschen Verwaltung für Volksbildung in der sowjetischen Besatzungszone (1.4.1946), Berlin 1946.
Liste auszusondernder Literatur. Erster Nachtrag, hrsg. von der Deutschen Verwaltung für Volksbildung in der sowjetischen Besatzungszone (1.1.1947), Berlin 1947.
Liste auszusondernder Literatur. Zweiter Nachtrag, hrsg. von der Deutschen Verwaltung für Volksbildung in der sowjetischen Besatzungszone (1.9.1948), Berlin 1948.
Liste auszusondernder Literatur. Dritter Nachtrag, hrsg. von der Deutschen Verwaltung für Volksbildung in der sowjetischen Besatzungszone (1.4.1952), Berlin 1953.
Liszt, Franz von: Ein Mitteleuropäischer Staatenverband als nächstes Ziel der deutschen auswärtigen Politik, Leipzig 1914.
Liszt, Franz von: Aufsätze und kleinere Monographien, 3 Bde., hrsg. von Hinrich Küping, Hildesheim/Zürich/New York 1999–2000.
Liszt, Franz von: Der Zweckgedanke im Strafrecht (1882/83), Baden Baden 2002.
Ludendorff, Erich: Auf dem Weg zur Feldherrenhalle, München 1937.
Lüdtke, Gerhard: Nekrolog zu Kürschners Literatur-Kalender 1901–1935, Berlin/Leipzig 1936.
Luetgebrune, Walter: Die Stellung des Rechtsanwaltes im neuen Staat, München 1933.
Mainzer Adreßbuch 1940.
Mainzer Journal 1871.
Mainzer Wegweiser, Mainz 1870.
Manefeld, Johann: Mentor. Erfahrungen eines alten Landschafters, wie man nach der Natur malen lernt, Leipzig 1913.
Maurer, Ilse (Hrsg.): Politik und Wirtschaft in der Krise. Quellen zur Ära Brüning, Bd. 2, Düsseldorf 1980.
Meesmann, Otto: Eine Studie über den Weinbau und den Weinhandel in Rheinhessen, Diss. Gießen 1922.
Meesmann, Paul: Der rheinhessische Weinhandel, in Volk und Scholle 7 (1929), S. 141–143.
Miles Standish's Brautwerbung von H.W. Longfellow, übersetzt von J. Manefeld, Mainz 1867.
Minde-Pouet, Georg (Hrsg.): Heinrich von Kleist. Germania und ihre Kinder (1809), Leipzig 1918.
Mommsen, Wilhelm/Günther Frantz (Hrsg.): Die deutschen Parteiprogramme. Heft 2: Im Deutschen Kaiserreich 1871–1918, Leipzig/Berlin 1932.
Müffling, Wilhelm von: Wegbereiter und Vorkämpfer für das neue Deutschland, München 1933.
Müller, Karl Alexander von: Im Wandel einer Welt. Erinnerungen Band drei 1919–1932, München 1966.
Münchener Jahres-Ausstellung im Glaspalast 1894, München 1894.
Neumann, Franz L.: Behemoth. Struktur und Praxis des Nationalsozialismus 1933–1944, hrsg. von Gert Schäfer, Frankfurt/M. 1993 [Erstausgabe 1942/1944 sowie seitengleiche Neuauflage hrsg. von Alfons Söllner/Michael Wildt, Hamburg 2018].
Neumann, Franz L./Herbert Marcuse/Otto Kirchheimer: Im Kampf gegen Nazideutschland. Die Berichte der Frankfurter Schule für den amerikanischen Geheimdienst 1943–1949, hrsg. von Raffaele Laudani, Frankfurt/M. und New York 2016 [engl. 2013].
Oldenburg-Januschau, Elard von: Erinnerungen, Leipzig 1936.
Opitz, Reinhard (Hrsg.): Europastrategien des deutschen Kapitals 1900–1945, 2. Aufl., Bonn 1994.
Papen, Franz von: Der Wahrheit eine Gasse, München 1952.

Pauly, Geheimrat Dr.: Was hat die ländliche Siedlung von Hugenberg zu erwarten?, in Archiv für innere Kolonisation 25 (3/1933), S. 129 – 132.
Peth, Jakob: Geschichte des Theaters und der Musik zu Mainz, Mainz 1879.
Poschinger, Heinrich von: Jhering und Bismarck. Aufzeichnungen und Briefe, Berlin 1908.
President Franklin D. Roosevelt's Office Papers 1933 – 1945. Part 5. The John Franklin Carter Files on German Nazi Party Members, Bethesda/MD 1994.
Preußen contra Reich vor dem Staatsgerichtshof, Berlin 1933.
Preußische Statistik, Bd. 293, Berlin 1928.
Programm der Großherzoglichen Realschule I. und II. Ord. Zu Mainz für das Schuljahr 1876/77.
Programm des Großherzoglich Hessischen Gymnasiums zu Mainz. Schuljahr 1870/71, Mainz 1870.
Programm des Großherzoglich Hessischen Gymnasiums zu Mainz. Schuljahre 1883 – 1900, Mainz 1883 – 1900.
Quaatz, Reinhold/Paul Bang (Hrsg.): Das deutschnationale Freiheits-Programm, Berlin 1932.
Quidde, Ludwig: Caligula. Eine Studie über römischen Cäsarenwahn, Leipzig 1894.
Radbruch, Gustav: Rechtsphilosophie, 2. Aufl., Heidelberg 2003.
Rabenau, Friedrich von: Hans von Seeckt. Aus seinem Leben 1918 – 1936, Leipzig 1940.
Ratzel, Friedrich: Politische Geographie, München/Leipzig 1897.
Ratzel, Friedrich: Der Lebensraum. Eine biogeographische Studie, Tübingen 1901.
Reche, Otto (Hrsg.): Woltmanns Werk, 3 Bde., Leipzig 1936.
Reden des Fürsten von Bismarck. Fünfter Band, Reden aus den Jahren 1884 – 1885, hrsg. von Otto de Grahl (W. Wohlgemuth), Cöthen 1886.
Regierungsblatt Großherzogtum Hessen, Beilage Nr. 4 (1885).
Reichsanzeiger, Nr. 125 (1926).
Reichsgesetzblatt 1922.
Reichsgesetzblatt 1926.
Reichsgesetzblatt 1927.
Reichsgesetzblatt 1929.
Reichsgesetzblatt 1931.
Reichsgesetzblatt 1933.
Reichsgesetzblatt 1943.
Reichstags-Handbuch, IX. Wahlperiode 1933, Berlin 1934.
Reismann-Grone, Theodor: Der Erdenkrieg und die Alldeutschen, Mühlheim/Ruhr 1919.
Reuth, Ralf Georg (Hrsg.): Joseph Goebbels. Tagebücher, Bd. 2, 1930 – 1934, 3. Aufl., München/Zürich 2003.
Reventlow, Ernst Graf zu: Kaiser Wilhelm II. und die Byzantiner, München 1906.
Reventlow, Ernst Graf zu: Minister Stresemann als Staatsmann und Anwalt des Weltgewissens, München 1927.
Ribbe, Wolfgang (Hrsg.): Die Lageberichte der Geheimen Staatspolizei über die Provinz Brandenburg und die Reichshauptstadt Berlin 1933 bis 1936, Teil 1: Der Regierungsbezirk Potsdam, Köln/Weimar/Wien 1998.
Rieder, Josef: Behandlung der Eklampsie und ihre Erfolge, Diss. Universität Heidelberg 1927.
Ritter, Albert (Pseudonym Karl von Winterstetten): Berlin-Bagdad. Neue Ziele mitteleuropäischer Politik, München 1913.
Ritter, Gerhard A. (Hrsg.): Wahlgeschichtliches Arbeitsbuch. Materialien zur Statistik des Kaiserreichs 1871 – 1918, München 1980.
Ritthaler, Anton: Dokumentation: Eine Etappe auf Hitlers Weg zur ungeteilten Macht/Hugenbergs Rücktritt als Reichsminister, in VfZ 8 (2/1960), S. 193 – 219.
Rößler, Ruth-Kristin (Hrsg.): Entnazifizierungspolitik der KPD/SED 1945 – 1948. Dokumente und Materialien, Goldbach 1994.
Rohrbach, Paul: Die alldeutsche Gefahr, Jena 1918.
Rosenberg, Alfred: Die Spur des Juden im Wandel der Zeiten, München 1920.

Rosenberg, Alfred: Die Tagebücher von 1934 bis 1944, hrsg. von Jürgen Matthäus und Frank Bajohr, Frankfurt/M. 2015.
Roth, Alfred (Pseudonym Otto Arnim): Die Juden im Heere. Eine statistische Untersuchung nach amtlichen Quellen, München 1919.
Roth, Alfred (Pseudonym Otto Arnim): Die Juden in den Kriegsgesellschaften und in der Kriegswirtschaft, München 1921.
Roth, Alfred (Pseudonym Otto Arnim): Von Rathenau zu Barmat, München 1925.
Roth, Alfred: Aus der Kampfzeit des Deutschvölkischen Schutz- und Trutzbundes, Hamburg 1939,
Rupieper, Hermann-Josef/Alexander Sperk (Hrsg.): Die Lageberichte der Geheimen Staatspolizei zur Provinz Sachsen 1933 – 1936, Bd. 1: Regierungsbezirk Magdeburg, Halle/Saale 2003.
Rupieper, Hermann-Josef/Alexander Sperk (Hrsg.): Die Lageberichte der Geheimen Staatspolizei zur Provinz Sachsen 1933 – 1936, Bd. 2: Regierungsbezirk Merseburg, Halle/Saale 2004.
Rupieper, Hermann-Josef/Alexander Sperk (Hrsg.): Die Lageberichte der Geheimen Staatspolizei zur Provinz Sachsen 1933 – 1936, Bd. 3: Regierungsbezirk Erfurt, Halle/Saale 2006.
Sammlung der Entscheidungen des Großherzoglich-Hessischen Cassationshofs in Civil- und Strafsachen 1860, Bd. 1, hrsg. von A. Emmerling, Darmstadt 1860.
Sammlung der Entscheidungen des Großherzoglich-Hessischen Cassationshofs in Civil- und Strafsachen 1867, Bd. 1, hrsg. von Dr. Dernburg/Dr. Röder, Darmstadt 1868.
Schacht, Hjalmar: Neue Kolonialpolitik, Berlin 1926.
Schacht, Hjalmar: Das Ende der Reparationen, Berlin 1931.
Schäfer, Dietrich: Mein Leben, Berlin/Leipzig 1926.
Schemann, Bertha (Hrsg.): Cosima Wagner. Briefe an Ludwig Schemann, Regensburg 1937.
Schemann, Ludwig: Gobineaus Rassenwerk. Aktenstücke und Betrachtungen zur Geschichte und Kritik des Essai sur l'inegalite des races humaines, Stuttgart 1910.
Schemann, Ludwig: Gobineau. Eine Biographie, 2 Bde., Straßburg 1913 und 1916.
Schemann, Ludwig: Fünfundzwanzig Jahre Gobineau-Vereinigung 1894 – 1919, Straßburg/Berlin 1919.
Schemann, Ludwig: Paul de Lagarde. Ein Lebens- und Erinnerungsbild, Leipzig 1919.
Schemann, Ludwig: Lebensfahrten eines Deutschen, Leipzig 1925.
Schemann, Ludwig: Die Rasse in den Geisteswissenschaften. Studien zur Geschichte des Rassegedankens, München 1928 – 1931.
Schlabrendorff, Fabian von: Offiziere gegen Hitler, Frankfurt/M. 1960 [1946].
Schlabrendorff, Fabian von: Begegnungen in fünf Jahrzehnten, 2. Aufl., Tübingen 1979.
Schmidt(-Hannover), Otto: Umdenken oder Anarchie, Göttingen 1959.
Schmitt, Carl: Die Diktatur. Von den Anfängen des modernen Souveränitätsgedankens bis zum proletarischen Klassenkampf, München 1921 (hier 8. Aufl., Berlin 2015).
Schmitt, Carl: Politische Romantik, München/Leipzig 1919.
Schmitt, Carl: Die geistesgeschichtliche Lage des heutigen Parlamentarismus, München/Leipzig 1923.
Schmitt, Carl: Der Begriff des Politischen, in Archiv für Sozialwissenschaft und Sozialpolitik 58 (1927), S. 1 – 33 [erweitert als: Der Begriff des Politischen. Text von 1932, Berlin 1963].
Schmitt, Carl: Politische Theologie. Vier Kapitel zur Lehre von der Souveränität, München 1922.
Schmitt, Carl: Der Hüter der Verfassung, München 1931.
Schmitt, Carl: Legalität und Legitimität, München 1932.
Schulz, Gerhard/Ilse Maurer/Udo Wengst (Hrsg.): Politik und Wirtschaft in der Krise 1930 – 1932. Quellen zur Ära Brüning, 2 Bde, Boppard/Rhein 1980.
Severing, Carl: Mein Lebensweg, Bd. 1, Köln 1950.
Sinzheimer, Hugo: (Chronik in „Die Justiz", Anfang Dezember 1927), in Thilo Ramm (Hrsg.): Hugo Sinzheimer/Ernst Fraenkel, Die Justiz in der Weimarer Republik. Eine Chronik, Neuwied/Berlin 1968.
Sitzungsprotokolle des Preußischen Landtags, 2. Wahlperiode, 5. Bd., Berlin 1926.
Smend, Rudolf: Verfassung und Verfassungsrecht, München 1928.
Smend, Rudolf: Die politische Gewalt im Verfassungsstaat und das Problem der Staatsform, Tübingen 1923.

Söllner, Alfons (Hrsg.): Zur Archäologie der Demokratie in Deutschland, 2 Bde., Analysen von politischen Emigranten im amerikanischen Geheimdienst 1943–1945 und 1946–1949, Frankfurt/M. 1982.
Sontag, Franz (Pseudonym Junius Alter): Nationalisten. Deutschlands nationales Führertum der Nachkriegszeit, Leipzig 1930.
Sontag, Franz: Wir Alldeutschen und der Weltkrieg, in Der Panther 3 (10/1915), S. 1147–1177.
Steitz, Walter (Hrsg.): Quellen zur deutschen Wirtschafts- und Sozialgeschichte von der Reichsgründung bis zum Ersten Weltkrieg, Darmstadt 1985.
Stenographische Berichte über die Verhandlungen des Reichstags, IX. Legislaturperiode, II. Session 1893/94, 2. Bd, Berlin 1894.
Stenographische Berichte über die Verhandlungen des Reichstags, X. Legislaturperiode, II. Session 1900/1902, 1. Bd, Berlin 1901.
Tafel, Paul: Das neue Deutschland. Ein Rätestaat auf nationaler Grundlage, München 1920.
The Trial of Major War Criminals. Proceedings of the International Military Tribunal sitting at Nuremberg, Germany 20th November to 1st October 1946, Bd. 1, H.M. Stationary Office 1946.
Thoma, Richard: Der Staat, in Handwörterbuch der Staatswissenschaften, Bd. 7, 4. Aufl., Jena 1926, S. 724–756.
Toepke, Gustav/Paul Hintzelmann (Bearb.): Die Matrikel der Universität Heidelberg, 6. Teil, 1846–1870, Heidelberg 1907.
Treitschke, Heinrich von: Deutsche Geschichte im 19. Jahrhundert. 5 Bde., Leipzig 1879–1894.
Treitschke, Heinrich von: Politik. Vorlesungen gehalten an der Universität zu Berlin, hrsg. von Max Cornicelius, Leipzig 1918.
Treitschke, Heinrich von: Der Sozialismus und seine Gönner, in Preußische Jahrbücher, Bd. 34 (1874), S. 67–110 und 248–301.
Treitschke, Heinrich von: Unsere Aussichten, in Preußische Jahrbücher 44 (1879), S. 559–576.
Treitschke, Heinrich von: Noch einige Bemerkungen zur Judenfrage, in Preußische Jahrbücher 45 (1880), S. 85–95.
Treviranus, Gottfried Reinhold: Das Ende von Weimar. Heinrich Brüning und seine Zeit, Düsseldorf 1968.
Triepel, Heinrich: Staatsrecht und Politik, Berlin 1926.
Triepel, Heinrich: Staatsverfassung und politische Parteien, Berlin 1927.
[Veil, Wolfgang]: Schillers Krankheit, Leipzig 1936.
[Veil, Wolfgang]: Schillers Krankheit, Naumburg 1945.
Verhandlungen des Reichstags, XIII. Legislaturperiode, II. Session, Bd. 310, Berlin 1917.
Verhandlungen des Reichstags, XIII. Legislaturperiode, II. Session, Bd. 321, Berlin 1914/18.
Verhandlungen des Reichstags, III. Wahlperiode 1924, Bde. 387–395, Berlin 1926–1928.
Verhandlungen des Reichstags, III. Wahlperiode 1924, Anlagen zu den Stenographischen Berichten (Strafrechtskommission: Entwurf eines allgemeinen Strafgesetzbuches), Bd. 415, Berlin 1927.
Verhandlungen des Reichstags, IV. Wahlperiode 1928, Bde. 423–428, Berlin 1930.
Verhandlungen des Reichstags, V. Wahlperiode 1930, Bde. 444–446, Berlin 1931–1932.
Verhandlungen des Reichstags, VI. Wahlperiode 1932, Bd. 454, Berlin 1932.
Verhandlungen des Reichstags, VII. Wahlperiode 1932, Bd. 455, Berlin 1933.
Verhandlungen des Reichstags, VIII. Wahlperiode 1933, Bd. 457, Berlin 1934.
Verhandlungen des Reichstags, IX. Wahlperiode 1933, Bd. 458, Berlin 1936.
Verhandlungen des Reichstags, III. Wahlperiode 1936, Bd. 459, Berlin 1938.
Verhandlungen des Reichstags, IV. Wahlperiode 1939, Bd. 460, Berlin 1942.
Verzeichnis der Vorlesungen Friedrich-Wilhelms-Universität zu Berlin SS 1888, Berlin 1888.
Verzeichnis der Vorlesungen Großherzoglich Hessische Ludewigs-Universität zu Gießen WS 1889/90–WS 1890/91, Gießen 1889–1890.
Vietinghoff-Scheel, Leopold: Die Sicherheiten der deutschen Zukunft, Leipzig 1915.
Vietinghoff-Scheel, Leopold: Grundzüge des völkischen Staatsgedankens, Berlin 1924.
Vietinghoff-Scheel, Leopold: Vom Wesen und Aufbau des völkischen Staates, Berlin 1933.

Wagener, Otto: Hitler aus nächster Nähe. Aufzeichnungen eines Vertrauten 1929–1932, hrsg. von Henry A. Turner, Frankfurt/M. 1978.
Wagner, Friedelind: Nacht über Bayreuth, 4. Aufl., Berlin 2010.
Wätzold, Paul: Stammliste der Kaiser-Wilhelms-Akademie für das militärische Bildungswesen, Berlin 1910.
Walther, Ph: Großherzogtum Hessen nach Geschichte von Geschichte, Land, Volk, Staat und Obrigkeit, Darmstadt 1854.
Weber, Max: Gegen die alldeutsche Gefahr. Rede vom 5. November 1917, in Wolfgang J. Mommsen/Gangolf Hübinger (Hrsg.): Max Weber: Zur Politik im Weltkrieg. Schriften und Reden 1914–1918 (MWG I/15), Tübingen 1984, S. 720–735.
Weber, Max: Wahlrecht in Deutschland (Dezember 1917), in Ders.: Gesammelte politische Schriften, hrsg. von Johannes Winckelmann, 5. Aufl., Tübingen 1988, S. 245–291.
Weiß, Max (Hrsg.): Der nationale Wille. Werden und Wirken der Deutschnationalen Volkspartei 1918–1928, Leipzig 1928.
Weiß, Hermann/Paul Hoser (Hrsg.): Die Deutschnationalen und die Zerstörung der Weimarer Republik. Aus dem Tagebuch von Reinhold Quaatz 1928–1933, München 1989.
Wenck, Martin: Alldeutsche Taktik, Jena 1917.
Werbe- und Merkbüchlein des Alldeutschen Verbandes, 8. Aufl., München 1904.
Wolf, Erik: Große Rechtsdenker der deutschen Geistesgeschichte, Tübingen 1939.
Zangemeister, Wilhelm: Die Lehre von der Eklampsie, Leipzig 1926.
Zentralverordnungsblatt Jahrgang 1947, hrsg. von Zentralverwaltungen der Deutschen Justizverwaltung der sowjetischen Besatzungszone in Deutschland, Berlin 1947.

Sekundärliteratur

Afflerbach, Holger: Auf Messers Schneide. Wie das Deutsche Reich den Ersten Weltkrieg verlor, München 2018.
Afflerbach, Holger/David Stevenson (Hrsg.): An Improbable War? The Outbreak of World War I and European Political Culture before 1914, Oxford/New York 2007.
Albertin, Lothar: Die Auflösung der bürgerlichen Mitte und die Krise des parlamentarischen Systems von Weimar, in: Eberhard Kolb/Walter Mühlhausen (Hrsg.): Demokratie in der Krise. Parteien im Verfassungssystem der Weimarer Republik, München 1997, S. 59–111.
Albrecht, Thomas: Für eine wehrhafte Demokratie. Albert Grzesinski und die preußische Politik in der Weimarer Republik, Bonn 1999.
Aly, Götz/Susanne Heim: Vordenker der Vernichtung. Auschwitz und die deutschen Pläne für eine neue europäische Ordnung, Frankfurt/M. 1991.
Anderson, Benedict: Imagined Communities. Reflections on the Origins and Spread of Nationalism, London 1983 (2. Aufl. 1991).
Anderson, Lavinia: Practicing Democracy. Elections and Political Culture in Imperial Germany, Princeton 2000.
Angermund, Ralph: Deutsche Richterschaft 1919–1945. Krisenerfahrung, Illusion, politische Rechtsprechung, Frankfurt/M. 1990.
Angress, Werner T.: Das deutsche Militär und die Juden im Ersten Weltkrieg, in Militärgeschichtliche Mitteilungen 19 (1/1976), S. 77–146.
Angress, Werner T.: The German Army's „Judenzählung" of 1916. Genesis-Consequences- Significance, in Leo-Baeck-Yearbook 23 (1978), S. 117–138.
Aschmann, Birgit/Gerhard Justenhoven Heinz (Hrsg.): Dès le début. Die Friedensnote Papst Benedikts XV. von 1917, Paderborn 2019.
Auerbach, Hellmut: Hitlers politische Lehrjahre und die Münchner Gesellschaft 1919–1923, in VfZ 25 (1977), S. 1–44.

Austermann, Philipp: Der Weimarer Reichstag. Die schleichende Ausschaltung, Entmachtung und Zerstörung eines Parlaments, Wien/Köln/Weimar 2020.

Bähr, Johannes/Christoph Kopper: Industrie, Politik, Gesellschaft. Der BdI und seine Vorgänger 1919 – 1990, Göttingen 2019.

Bästlein, Klaus: „Nazi-Blutrichter als Stützen des Adenauer-Regimes". Die DDR-Kampagnen gegen NS-Richter und -Staatsanwälte, die Reaktionen der bundesdeutschen Justiz und ihre gescheiterte „Selbstreinigung", in Helge Grabitz/Klaus Bästlein/Johannes Tuchel (Hrsg.): Die Normalität des Verbrechens. Bilanz und Forschung zu den nationalsozialistischen Gewaltverbrechen, Berlin 1994, S. 408 – 443.

Bajohr, Frank/Michael Wildt: Einführung, in Diess. (Hrsg): Volksgemeinschaft. Neue Forschungen zur Gesellschaft des Nationalsozialismus, Frankfurt/M. 2009, S. 7 – 23.

Banken, Ralf: Hitlers Steuerstaat. Die Steuerpolitik im Dritten Reich, Berlin 2018.

Baranowsky, Shelley: The Sanctity of Rural Life. Nobility, Protestantism, and Nazism in Weimar Prussia, New York Oxford 1995.

Baranowsky, Shelley: Zentrumspartei, Konservative und Radikale Rechte, in: Benjamin Ziemann/Nadine Rossol (Hrsg.): Aufbruch und Abgründe. Das Handbuch der Weimarer Republik, Darmstadt 2021, S. 417 – 464.

Barth, Boris: Dolchstoßlegenden und politische Desintegration. Das Trauma der deutschen Niederlage im Ersten Weltkrieg 1914 – 1933, Düsseldorf 2003.

Bauer, Kurt: Nationalsozialismus, Köln/Weimar/Wien 2008.

Bauerkämper, Arnd: National Security and Humanity. The Internment of Civilian „Enemy Aliens" during the First World War, in German Historical Institute London Bulletin XL/1 (2018), S. 61 – 85.

Bauerkämper, Arnd: Der Faschismus in Europa, Stuttgart 2006.

Baumgart, Winfried: Deutsche Ostpolitik 1918. Von Brest-Litowsk bis zum Ende des Ersten Weltkrieges, Wien/München 1966.

Baumgarten, Arthur: Zur Methodologie der Rechtswissenschaft, in Deutsche Zeitschrift für Philosophie (1953), S. 314 – 327.

Bavaj, Ricardo: Die Ambivalenz der Moderne im Nationalsozialismus, München 2003.

Bay, Jürgen: Der Preußenkonflikt 1932/33. Ein Kapitel aus der Verfassungsgeschichte der Weimarer Republik, Diss. Erlangen 1965.

Beck, Hermann: The Fateful Alliance. German Conservatives and Nazis in 1933. The Machtergreifung in a New Light, New York/Oxford 2010 [2008].

Beck, Hermann: Before the Holocaust. Antisemitic Violence and the Reaction of German Elites and Institutions during the Nazi Takeover, Oxford 2022.

Beck, Hermann: Konflikte zwischen Deutschnationalen und Nationalsozialisten während der Machtergreifungszeit, in Historische Zeitschrift, Bd. 292 (3/2011), S. 645 – 680.

Beck, Hermann: The Antibourgeois Character of National Socialism, in Journal of Modern History 88 (2016), S. 572 – 609.

Behrends, Okko (Hrsg.): Rudolf von Jhering. Beiträge und Zeugnisse, Göttingen 1998.

Behrens, Reinhard: Die Deutschnationalen in Hamburg 1918 – 1933, Diss. Hamburg 1973.

Beller, Steven: Theodor Herzl, 2. Aufl., London 2004.

Bendersky, Joseph E.: Carl Schmitt. Theorist for the Reich, Princeton 1983.

Berding, Helmut: Moderner Antisemitismus in Deutschland, Frankfurt/M. 1988.

Berding, Helmut: Wilhelm Oncken (1838 – 1905), in Gießener Gelehrte in der ersten Hälfte des 20. Jahrhunderts, 2. Bd., hrsg. von Hans Georg Gundel/Peter Moraw/Volker Press, 1982, S. 696 – 703.

Berger, Peter L./Thomas Luckmann: Die gesellschaftliche Konstruktion der Wirklichkeit. Eine Theorie der Wissenssoziologie, Frankfurt/M. 2003 [1966].

Berghahn, Volker: Der Stahlhelm. Bund der Frontsoldaten 1918 – 1935, Düsseldorf 1966.

Berghahn, Volker: Die Harzburger Front und die Kandidatur Hindenburgs für die Reichspräsidentenwahlen 1932, in VfZ 13 (1965), S. 64 – 82.

Berghahn, Volker/Simone Lässig: Biography between Structure and Agency. Central European Lives in International Historiography, New York 2008.
Berman, Sheri: Civil Society and the Collapse of the Weimar Republic, in World Politics 49 (3/1997), S. 401–429.
Bermbach, Udo: Houston Stewart Chamberlain. Wagners Schwiegersohn – Hitlers Vordenker, Stuttgart/Weimar 2015.
Bernd, Hans Dieter: Die Beseitigung der Weimarer Republik auf „legalem Weg". Die Funktion des Antisemitismus in der Agitation der Führungsschicht der DNVP, Diss. Hagen 2004.
Bernhardt, Ulrich: Die Deutsche Akademie für Staats- und Rechtswissenschaft „Walter Ulbricht" 1948–1971, Frankfurt/M. 1997.
Berthold, Lothar: Carl Schmitt und der Staatsnotstandsplan am Ende der Weimarer Republik, Berlin 1999.
Bessel, Richard: The Potempa Murder, in Central European History 10 (1977) , S. 241–254.
Bettermann/Karl: Rudolf von Jhering über seinen Besuch bei Otto von Bismarck [geheime Erinnerungen von Rudolf von Jhering vom 5.6.1885], in Gießener Universitätsblätter 30 (1991), S. 140–164.
Betts, Paul: Within Walls. Private Life in the German Democratic Republic, Oxford 2010.
Bielefeld, Jörg/Alfred Büllesbach: Bismarcktürme. Architektur – Geschichte – Landschaftserlebnis, München 2014.
Bienert, Michael C./Lars Lüdicke (Hrsg.): Preußen zwischen Demokratie und Diktatur. Der Freistaat, das Ende der Weimarer Republik und die Errichtung der NS-Herrschaft 1932–1934, Berlin 2018.
Blackbourn, David/Geoff Eley: The Peculiarities of German History. Bourgeois Society and Politics in Nineteenth Century Germany, Oxford 1984.
Blackbourn, David: Demagogie in der Politik des Kaiserreichs, in Ders.: Landschaften der deutschen Geschichte. Aufsätze zum 19. und 20. Jahrhundert, Göttingen 2016, S. 135–167.
Blasius, Dirk: Weimars Ende. Bürgerkrieg und Politik 1930–1933, Göttingen 2005.
Boblenz, Frank: Zur Überlieferung aus dem Bestand „NS-Archiv des MfS" im Thüringischen Hauptstaatsarchiv Weimar, in Archive in Thüringen 2/2006, S. 29–36.
Bösch, Frank: Das konservative Milieu. Vereinskultur und lokale Sammlungspolitik in ost- und westdeutschen Regionen 1900–1960, Göttingen 2002.
Boldorf, Marcel/Jonas Scherner (Hrsg.): Handbuch Wirtschaft im Nationalsozialismus, Berlin/Boston 2023.
Booß, Christian: Im goldenen Käfig. Zwischen SED, Staatssicherheit, Justizministerium und Mandant – die DDR-Anwälte im politischen Prozess, Göttingen 2016.
Botsch, Gideon/Christoph Kopke/Karsten Wilke: Protagonisten und Protagonistinnen der „nationalen Opposition" in der Bundesrepublik Deutschland, in Diess. (Hrsg.): Rechtsextrem. Biographien nach 1945, Berlin/Boston 2023, S. 1–14.
Bourdieu, Pierre: Die biographische Illusion, in BIOS. Zeitschrift für Biographieforschung und Oral History (1/1990), S. 76–81 [franz. 1986].
Boyer, Christoph: Kaderpolitik und zentrale Planbürokratie in der SBZ/DDR 1945–1961, in Stefan Hornborstel (Hrsg.): Sozialistische Eliten. Horizontale und vertikale Differenzierungsmuster in der DDR, Opladen 1999, S. 11–30.
Bracher, Karl Dietrich: Die Auflösung der Weimarer Republik. Eine Studie zum Problem des Machtzerfalls, Düsseldorf 1984 [1955].
Brake, Ludwig: Auf dem Weg zur modernen Stadt: 1850–1914, in Ders./Heinrich Brinkmann (Hrsg.): 800 Jahre Gießener Geschichte 1197–1997, Gießen 1997, S. 182–214.
Brakelmann, Günther: Protestantische Kriegstheologie im Ersten Weltkrieg. Reinhold Seeberg als Theologe des deutschen Imperialismus, Bielefeld 1974.
Brenner, Michael: Geschichte des Zionismus, München 2002.
Breuer, Stefan: Grundpositionen der deutschen Rechten 1871–1945, Tübingen 1999.
Breuer, Stefan: Ordnungen der Ungleichheit. Die deutsche Rechte im Widerstreit ihrer Ideen 1871–1945, Darmstadt 2001.
Breuer, Stefan: Die Völkischen in Deutschland. Kaiserreich und Weimarer Republik, Darmstadt 2008.

Breuer, Stefan: Die radikale Rechte in Deutschland 1871 – 1945, Stuttgart 2010.
Broberg von Seggern, Christina: The Alldeutsche Verband and the German Nationalstaat, Ph.D. Minnesota 1974.
Broszat, Martin: Der Staat Hitlers. Grundlegung und Entwicklung seiner inneren Verfassung, München 1969.
Broszat, Martin: Die Machtergreifung: Der Aufstieg der NSDAP und die Zerstörung der Weimarer Republik, 3. Aufl., München 1990.
Bruch, Rüdiger vom: Wissenschaft, Politik und öffentliche Meinung. Gelehrtenpolitik im Wilhelminischen Deutschland 1890 – 1914, Husum 1980.
Bruch, Rüdiger vom: Universitätsreform als soziale Bewegung. Zur Nicht-Ordinarienfrage im späten Deutschen Kaiserreich, in Björn Hofmeister/Hans-Christoph Liess (Hrsg.): Gelehrtenpolitik, Sozialwissenschaften und akademische Diskurse in Deutschland im 19. und 20. Jahrhundert, Stuttgart 2006, S. 186 – 204 [1984].
Bruch, Rüdiger vom: Bürgerliche Sozialreform im deutschen Kaiserreich, in Ders. (Hrsg.): Weder Kommunismus noch Kapitalismus. Bürgerliche Sozialreform in Deutschland vom Vormärz bis zur Ära Adenauer, München 1985, S. 61 – 179.
Bruendel, Steffen: Volksgemeinschaft oder Volksstaat. Die „Ideen von 1914" und die Neuordnung Deutschlands im Ersten Weltkrieg, Berlin 2003.
Bucher, Peter: Der Reichswehrprozeß. Der Hochverratsprozeß der Ulmer Reichswehroffiziere 1929/30, Boppard 1967.
Budde, Gunilla: Blütezeit des Bürgertums. Bürgerlichkeit im 19. Jahrhundert, Darmstadt 2009.
Bühler, Hans-Eugen: Der Frontbuchhandel 1939 – 1945. Organisationen, Kompetenzen, Verlage, Bücher, Frankfurt/M. 2002.
Büttner, Ursula: Die überforderte Republik 1918 – 1933. Leistung und Versagen in Staat, Gesellschaft, Wirtschaft und Kultur, Stuttgart 2008.
Bulisch, Jens: Evangelische Presse in der DDR. „Die Zeichen der Zeit" 1947 – 1990, Göttingen 2006.
Caldwell, Peter: Popular Sovereignty and the Crisis of German Constitutional Law. The Theory and Practice of Weimar Constitutionalism, Durham 1997.
Canis, Konrad: Konstruktiv gegen die Revolution. Strategie und Politik der preußischen Regierung 1848 – 1950/51, Paderborn 2022.
Carsten, Francis L.: The Reichswehr and Politics 1918 to 1933, Berkeley/London 1973 [1966].
Caruso, Amerigo: „Blut und Eisern auch im Innern". Soziale Konflikte, Massenpolitik und Gewalt in Deutschland vor 1914, Frankfurt/M. 2021.
Chamberlain, Brewster Searing: The Enemy on the Right. The „Alldeutsche Verband" in the Weimar Republic 1918 – 1926, Diss. University of Maryland 1972.
Chamberlain, Brewster Searing: The Pan-German League in Austria, in Studies in Modern European History and Culture (2/1977), S. 37 – 74.
Chamberlain, Brewster Searing: Der Attentatsplan gegen Seeckt 1924, in VfZ 25 (1977), S. 425 – 440.
Chanady, Attila: The Disintegration of the German National People's Party, 1924 – 1930, in: Journal of Modern History 39 (1967), S. 65 – 91.
Chickering, Roger: We Men Who Feel Most Germany. A Cultural History of the Pan-German League 1884 – 1914, Boston 1984.
Chickering, Roger: Der Deutsche Wehrverein und die Reform der deutschen Armee, in Ders.: Krieg, Frieden und Geschichte, Stuttgart 2007, S. 31 – 64.
Chickering, Roger: Die Alldeutschen erwarten den Krieg, in Ders.: Krieg, Frieden und Geschichte, Stuttgart 2007, S. 84 – 92.
Childers, Thomas: The Nazi Voter. The Social Foundations of Fascism in Germany 1919 – 1933, Chapel Hill/London 1983.
Clark, Christopher: Sleepwalkers. How Europe went to War in 1914, New York 2012.
Clark, Christopher: Revolutionary Spring. Fighting for a New World 1848 – 1849, London/New York 2023.

Coetzee, Marilyn Shevin: The German Army League. Popular Nationalism in Wilhelmine Germany, New York/Oxford 1990.
Conrad, Sebastian: Globalisierung und Nation im Deutschen Kaiserreich, München 2006.
Conze, Werner: Polnische Nation und deutsche Politik im Ersten Weltkrieg, Köln/Graz 1958.
Conze, Werner/Jürgen Kocka (Hrsg.): Bildungsbürgertum im 19. Jahrhundert, 4 Bde., Stuttgart 1985 – 1992.
Conze, Werner: Die Krise des Parteienstaates in Deutschland 1929/30, in Historische Zeitschrift 178 (1/1954), S. 47 – 84.
Deist, Wilhelm: Die Reichswehr und der Krieg der Zukunft, in Militärgeschichtliche Mitteilungen 1/45 (1989), S. 81 – 92.
Deist, Wilhelm: Verdeckter Militärstreik im Kriegsjahr 1918?, in Wolfram Wette (Hrsg.): Der Krieg des kleinen Mannes. Eine Militärgeschichte von unten, München 1992, S. 146 – 167.
Depkat, Volker: Lebenswenden und Zeitenwenden. Deutsche Politiker und die Erfahrungen des 20. Jahrhunderts, München 2007.
Depkat, Volker: Autobiographie und die soziale Konstruktion von Wirklichkeit, in Geschichte und Gesellschaft 29 (2003), S. 441 – 476.
Diederichs, Ulf: Hinter den Nullpunkt geblickt. Die erste Verlegerzeit von Niels und Peter Diederichs, in Justus H. Ulbricht/Meike G. Werner (Hrsg.): Romantik, Revolution und Reform. der Verleger Eugen Diederichs, Göttingen 1999, S. 292 – 346.
Diestelkamp, Bernhard: Die Rechtshistoriker der Rechtswissenschaftlichen Fakultät der Johann Wolfgang Goethe-Universität Frankfurt am Main 1933 – 1945, in Michael Stolleis/Dieter Simon (Hrsg.): Rechtsgeschichte im Nationalsozialismus, Tübingen 1989, S. 79 – 106.
Diestelkamp, Bernhard/Michael Stolleis (Hrsg.): Juristen an der Universität Frankfurt am Main, Baden-Baden 1989.
Dirks, Carl/Karl-Heinz Janßen: Der Krieg der Generäle. Hitler als Werkzeug der Wehrmacht, Berlin 1999.
Diziol, Sebastian: „Deutsche, werdet Mitglieder des Vaterlandes!“ Der Deutsche Flottenverein 1898 – 1934, Kiel 2015.
Dörr, Manfred: Die Deutschnationale Volkspartei 1925 bis 1928, Diss. Marburg 1964.
Doerry, Martin: Übergangsmenschen. Die Mentalität der Wilhelminer und die Krise des Kaiserreichs, Weinheim/München 1986.
Dohm, Heinz: Die Weinstadt Mainz, Mainz 1985.
Donges, Alexander: Die Vereinigten Stahlwerke AG im Nationalsozialismus. Konzernpolitik zwischen Marktwirtschaft und Staatswirtschaft, Paderborn 2014.
Dolderer, Winfried: Deutscher Imperialismus und belgischer Nationalitätenkonflikt. Die Rezeption der Flamenfrage in der deutschen Öffentlichkeit und deutsch-flämische Kontakte 1890 – 1920, Kassel 1989.
Dorpalen, Andreas: Hindenburg and the Weimar Republic, Princeton 1964.
Douma, Eva: Deutsche Anwälte zwischen Demokratie und Diktatur 1930 – 1950, Frankfurt/M. 2015 [1998].
Dreier, Horst: Rechtslehre, Staatssoziologie und Demokratietheorie bei Hans Kelsen, Baden-Baden 1986.
Dreier, Horst: Staatsrecht in Demokratie und Diktatur. Studien zur Weimarer Republik und zum Nationalsozialismus, Tübingen 2016.
Duchhardt, Heinz: Der alte Ranke. Politische Geschichtsschreibung im Kaiserreich, Berlin 2023.
Echternkamp, Jörg (Hrsg.): Das Deutsche Reich und Zweite Weltkrieg, Bd. 9/2. Die deutsche Kriegsgesellschaft, München 2005.
Eckhardt, Albrecht: Arbeiterbewegung und Sozialdemokratie im Großherzogtum Hessen 1860 – 1900, Darmstadt 1976.
Eddie, Scott M.: The Prussian Settlement Commission and Its Activities in the Land Market 1886 – 1918, in Robert L. Nelson (Hrsg.): Germans, Poles, and Colonial Expansion to the East, New York 2009.
Eichholtz, Dietrich: Geschichte der deutschen Kriegswirtschaft 1939 – 1945, 3 Bde., Berlin 1969 – 1996.
Eley, Geoff: Reshaping the German Right. Radical Nationalism and Political Change after Bismarck, Ann Arbor 1991 [1980].

Eley, Geoff: Origins, Post-Conservatism, and 1933. Nazism as a Breach, in Ders.: Nazism as Fascism. Violence, Ideology, and the Ground of Consent in Germany 1930 – 1945, London/New York 2013, S. 1 – 12.

Engelberg, Ernst: Bismarck. Sturm über Europa. Biographie, München 2014 [1985/1990].

Epkenhans, Michael: Der Erste Weltkrieg, Paderborn 2015.

Epkenhans, Michael: Horst Kohl. Ein „bienenfleißiger" Hagiograph Bismarcks, in Lothar Gall/Ulrich Lappenküper (Hrsg.): Bismarcks Mitarbeiter, Paderborn 2009, S. 189 – 203.

Erbar, Ralph: Dr. Heinrich Claß – ein Wegbereiter des Nationalsozialismus?, in Hans-Georg Meyer/Hans Berkessel (Hrsg.): Die Zeit des Nationalsozialismus in Rheinland-Pfalz, Bd. 1, Mainz 2000, S. 41 – 49.

Esche, Alexandra: Hitlers „völkische Vorläufer". Die Entwicklung nationalsozialistischer Kultur- und Rassenpolitik in der Baum-Frick Regierung 1930 – 1931, Frankfurt/M. 2017.

Etzemüller, Thomas: Biographie schreiben, Frankfurt/M. 2012.

Etzemüller, Thomas: Auf der Suche nach dem nordischen Menschen. Die deutsche Rassenanthropologie in der modernen Welt, Bielefeld 2015.

Fahlbusch, Michael: „Wo der deutsche ... ist, ist Deutschland". Die Stiftung für Deutsche Volks- und Kulturbodenforschung in Leipzig 1920 – 1933, Bochum 1994.

Fairbairn, Brett: Elections in the Undemocratic State. The Reichstag Elections of 1897 and 1903, Toronto 1987.

Falk, Ulrich: Ein Gelehrter wie Windscheid. Erkundungen auf den Feldern der sogenannten Begriffsjurisprudenz, Frankfurt/M. 1989.

Falter, Jürgen: Hitlers Wähler. Die Anhänger der NSDAP 1924 – 1933, Frankfurt/M. 2020.

Falter, Jürgen: Hitlers Parteigenossen. Die Mitglieder der NSDAP 1919 – 1945, Frankfurt/M. 2020.

Falter, Jürgen: The Two Hindenburg Elections of 1925 and 1932. A Total Reversal of Voter Coalitions, in Central European History 23 (1990), S. 225 – 241.

Fehlemann, Silke: Hassen lernen. Hetze und Beleidigung in der politischen Kultur der Weimarer Republik, in Martin Sabrow (Hrsg.): Gewalt gegen Weimar. Zerreißprobne der frühen Republik 1918 – 1923, Göttingen 2023, S. 285 – 299.

Feldman, Gerald L.: Hugo Stinnes, Gustav Stresemann, and the Politics of the DVP in the Early Weimar Republic, in Wolfram Pyta/Ludwig Richter (Hrsg.): Gestaltungskraft des Politischen, Berlin 1998, S. 421 – 442.

Feldmann, Gerald L.: Hugo Stinnes. Biographie eines Industriellen 1870 – 1924, München 1998.

Fetz, Bernhard (Hrsg.): Die Biographie – Zur Grundlegung ihrer Theorie, Berlin/New York 2009.

Fetz, Bernhard: Biographisches Erzählen zwischen Wahrheit und Lüge, Inszenierung und Authentizität, in Christian Klein (Hrsg.): Handbuch Biographie. Methoden, Traditionen, Theorien, Stuttgart 2009, S. 54 – 60.

Figes, Orlando: A People's Tragedy. The Russian Revolution 1891 – 1924, London 1996.

Fischer, Christopher J.: Alsace to the Alsatians? Visions and Divisions of Alsatian Regionalism 1870 – 1939, Oxford/New York 2010.

Fischer, Fritz: Krieg der Illusionen. Die deutsche Politik von 1911 – 1914, Düsseldorf 1987 [1969/1978].

Fischer, Fritz: Griff nach der Weltmacht. Die Kriegszielpolitik des kaiserlichen Deutschland 1914/18, Düsseldorf 1994 (1961/1967).

Fischer, Fritz: Bündnis der Eliten. Zur Kontinuität der Machtstrukturen in Deutschland 1871 – 1945, 2. Aufl., Düsseldorf 1987.

Fischer, Fritz: Deutsche Kriegsziele. Revolutionierung und Separatfriede im Osten 1914 – 1918, in Historische Zeitschrift, Bd. 188 (1959), S. 473 – 518.

Flasch, Kurt: Die geistige Mobilmachung. Die deutschen Intellektuellen und der Erste Weltkrieg, Berlin 2000.

Flemming, Jens: Konservatismus als „nationalrevolutionäre Bewegung". Konservative Kritik an der DNVP 1918 – 1933, in Dirk Stegmann/Bernd-Jürgen Wendt/Peter-Christian Witt (Hrsg.): Deutscher Konservatismus im 19. und 20. Jahrhundert, Bonn 1983, S. 295 – 331.

Föllmer, Moritz: Die Verteidigung der bürgerlichen Nation. Industrielle und hohe Beamte in Deutschland und Frankreich 1900–1930, Göttingen 2001.

Förster, Stig: Der doppelte Militarismus. Die deutsche Heeresrüstungspolitik zwischen Status quo Sicherung und Aggression 1893–1913, Stuttgart 1985.

Frech, Stefan: Wegbereiter Hitlers? Theodor Reismann-Grone. Ein völkischer Nationalist 1863–1949, Paderborn 2009.

Frei, Norbert: Vergangenheitspolitik in den fünfziger Jahren, in Wilfried Loth/Bernd A. Rusinek (Hrsg.): Verwandlungspolitik. NS-Eliten in der westdeutschen Nachkriegsgesellschaft, Frankfurt am Main/New York 1998, S. 79–91.

Frei, Norbert: Vergangenheitspolitik. Die Anfänge der Bundesrepublik und die NS-Vergangenheit, München 2012 [1996].

Frei, Norbert (Hrsg.): Wie bürgerlich war der Nationalsozialismus? Göttingen 2018.

Freimüller, Tobias: Bürgertum, Rasse und Eugenik, in Norbert Frei (Hrsg.): Wie bürgerlich war der Nationalsozialismus?, Göttingen 2018, S. 144–153.

Frevert, Ute: Ehrenmänner. Das Duell in der bürgerlichen Gesellschaft, München 1991.

Freisel, Ludwig: Das Bismarckbild der Alldeutschen. Bismarck im Bewusstsein und in der Politik des Alldeutschen Verbandes von 1890 bis 1933, Diss. Würzburg 1964.

Fricke, Dieter (Hrsg.): Die bürgerlichen Parteien in Deutschland. Handbuch der Geschichte der bürgerlichen Parteien und anderer bürgerlicher Interessenorganisationen vom Vormärz bis zum Jahre 1945, Bde. 1–2, Berlin 1968.

Fricke, Dieter: Deutschbund 1894 – etwa 1943, in Ders. (Hrsg.): Lexikon zur Parteiengeschichte 1789–1945, Bd. 1, Leipzig 1983, S. 517–525.

Fricke, Dieter: Der „Deutschbund“, in Uwe Puschner/Walter Schmitz/Justus H. Ulbricht (Hrsg.): Handbuch zur „Völkischen Bewegung“ 1871–1918, München 1999, S. 328–340.

Friedenthal, Elisabeth: Volksbegehren und Volksentscheid über den Young-Plan und die deutschnationale Sezession, Diss. Tübingen 1957.

Friedrich, Manfred: Der Methoden- und Richtungsstreit. Zur Grundlagendiskussion der Weimarer Staatsrechtslehre, in Archiv des öffentlichen Rechts 102 (1977), S. 161–209.

Fritz, Sven: Rassenwahn und Welterlösung. Houston Stewart Chamberlain. Biographie, Leiden/Paderborn 2021.

Fritzsche, Peter: Rehearsals for Fascism. Populism and Political Mobilization in Weimar Germany, New York 1990.

Fritzsche, Peter: Germans into Nazis, Cambridge/Mass. 1998.

Fulda, Bernhard: Press and Politics in the Weimar Republic, Oxford /New York 2009.

Funck, Marcus/Stephan Malinowski: Geschichte von oben. Autobiographien als Quelle einer Sozial- und Kulturgeschichte des deutschen Adels in Kaiserreich und Weimarer Republik, in Historische Anthropologie 7 (1999), S. 236–270.

Funck, Marcus/Stephan Malinowski: The Strategic Use of Memory in Autobiographies of the German Nobility, in Alon Confino/Peter Fritzsche (Hrsg.): Memory Work in Germany. New Directions in the Study of German Society and Culture, Urbana 2002, S. 86–103.

Gailus, Manfred/Hartmut Lehmann (Hrsg.): Nationalprotestantische Mentalitäten in Deutschland 1870–1970, Göttingen 2005.

Gassert, Philipp/Daniel Mattern (Hrsg.): The Hitler Library. A Bibliography, Westport, Conn./London 2001.

Gasteiger, Daniela: Kuno von Westarp 1864–1945. Parlamentarismus, Monarchismus und Herrschaftsutopien in deutschen Konservatismus, München 2018.

Gasteiger, Daniela: From Friends to Foes. Count Kuno von Westarp and the Transformation of the German Right, in Larry Jones (Hrsg.): The German Right in the Weimar Republic. Studies in the History of German Conservatism, Nationalism, and Antisemitism, New York/Oxford 2014, S. 48–78.

Gatrell, Peter: A Whole Empire Walking. Refugees in Russia during World War I, Bloomington 2005.

Gehmacher, Johanna/Elisa Heinrich/Corinna Hoesch: Käthe Schirrmacher. Agitation und autobiographische Praxis zwischen radikaler Frauenbewegung und völkischer Politik, Wien/Köln/Weimar 2018.

Geisenainer, Katja: Rasse ist Schicksal. Otto Reche 1879–1966, Leipzig 2002.

Geiss, Imanuel: Der polnische Grenzstreifen 1914–1918. Ein Beitrag zur deutschen Kriegszielpolitik im Ersten Weltkrieg, Lübeck/Hamburg 1960.

Geiss, Imanuel: Zur „Fischer-Kontroverse" – 40 Jahre danach, in: Martin Sabrow/Ralf Jessen/Klaus Große-Kracht (Hrsg.): Zeitgeschichte als Streitgeschichte. Große Kontroversen der Zeitgeschichte, München 2003, S. 41–57.

Gemein, Gisbert: Die DNVP in Düsseldorf 1918–1933, Diss. Köln 1969.

Gerhard, Thomas: Heinrich von Treitschke. Wirkung und Wahrnehmung eines Historikers im 19. und 20. Jahrhundert, Paderborn 2013, S. 74–139.

Gerstner, Alexandra: Neuer Adel. Aristokratische Elitekonzeptionen zwischen Jahrhundertwende und Nationalsozialismus, Darmstadt 2008.

Gerwarth, Robert: Reinhard Heydrich. Biographie, München 2011.

Gessner: Agrarverbände in der Weimarer Republik. Wirtschaftliche und soziale Voraussetzungen agrarkonservativer Politik vor 1933, Düsseldorf 1976.

Gestrich, Andreas/Peter Knoch/Helga Merkel (Hrsg.): Biographie – sozialgeschichtlich, Göttingen 1988.

Geulen, Christian: Wahlverwandte. Rassendiskurs und Nationalismus im späten 19. Jahrhundert, Hamburg 2004.

Geyer, Martin H.: Der Barmat-Kutisker-Skandal und die Gleichzeitigkeit des Ungleichzeitigen in der politischen Kultur der Weimarer Republik, in Ute Daniel u. a. (Hrsg.): Politische Kultur und Medienwirklichkeiten in den 1920er Jahren, München 2010, S. 48–80.

Geyer, Martin H.: Contested Narratives of the Weimar Republic. The Case of the „Kutisker- Barmat Scandal", in Kathleen Canning/Kerstin Barndt/Kristin McGuire (Hrsg.): Weimar Publics/Weimar Subjects, New York/Oxford 2010.

Geyer, Martin H.: Kapitalismus und politische Moral in der Zwischenkriegszeit. Oder: Wer war Julius Barmat?, Hamburg 2018.

Geyer, Michael: Aufrüstung oder Sicherheit. Die Reichswehr in der Krise der Machtpolitik 1924–1936, Wiesbaden 1980.

Gies, Horst: Richard Walter Darré. Der „Reichsbauernführer", die nationalsozialistische „Blut und Boden"-Ideologie und Hitlers Machteroberung, Wien/Köln/Weimar 2019.

Gieseke, Jens: Die hauptamtlichen Mitarbeiter der Staatssicherheit. Personalstruktur und Lebenswelt 1950–1989/90, Berlin 2000.

Gietinger, Klaus/Norbert Kozicki: Freikorps und Faschismus, Stuttgart 2020.

Glaeßner, Gert-Joachim: Herrschaft durch Kader. Leitung der Gesellschaft und Kaderpolitik in der DDR am Beispiel des Staatsapparates, Opladen 1977.

Görtemaker, Manfred: Rudolf Hess. Der Stellvertreter, München 2003.

Götz, Hannelore/Klaus-Dieter Rack: Hessische Abgeordnete 1820–1933. Ergänzungsband, Darmstadt 1995.

Goffman, Erving: Rahmen-Analyse. Ein Versuch über die Organisation von Alltagserfahrungen, Frankfurt/M. 1980 [1974].

Goldberg, Ann: Honor, Politics, and the Law in Imperial Germany 1871–1914, Cambridge 2010.

Gordon, Harold J.: Die Reichswehr und die Weimarer Republik 1919–1926, Frankfurt/M. 1959.

Gordon, Harold J.: Hitlerputsch 1923. Machtkampf in Bayern 1923–1924, Frankfurt/M. 1971.

Goschler, Constantin: Rudolf Virchow. Mediziner – Anthropologe – Politiker, Köln/Weimar/Wien 2002.

Gosewinkel, Dieter: Einbürgern und Ausschließen. Die Nationalisierung der Staatsangehörigkeit vom Deutschen Bund bis zur Bundesrepublik, Göttingen 2001.

Gossler, Ascan: Friedrich Lange und die „völkische Bewegung" des Kaiserreichs. Archiv für Kulturgeschichte 83 (2001), S. 377–411.

Gossweiler, Kurt: Ökonomie und Politik in Deutschland 1914–1932, Berlin 1971.

Gossweiler, Kurt: Kapital, Reichswehr und NSDAP 1919–1924, Köln 1982.

Graf, Rüdiger: Die Zukunft der Weimarer Republik. Krisen und Zukunftsaneignungen in Deutschland 1918 bis 1933, München 2008.

Graml, Hermann: Zwischen Stresemann und Hitler. Die Außenpolitik der Präsidialkabinette Brüning, Papen und Schleicher, München 2001.

Grathwol, Robert: Stresemann and the DNVP. Reconciliation or Revenge in German Foreign Policy 1924 – 1928, Kansas 1980.

Grießmer, Axel: Massenverbände und Massenparteien im wilhelminischen Kaiserreich. Zum Wandel der Wahlkultur 1903 – 1912, Düsseldorf 2000.

Gritschneder, Otto: Das mißbrauchte bayerische Volksgericht, in Der Hitler–Prozess 1924, Teil 1: 1.–4. Verhandlungstag, hrsg. von Lothar Gruchmann/Reinhard Weber, München 1997, S. XVII–XLI.

Gritschneder, Otto: Bewährungsfrist für den Terroristen Adolf H. Der Hitler-Putsch und die bayerische Justiz, München 1990.

Gritschneder, Otto: Der Hitler-Prozeß und sein Richter Georg Neithardt. Skandalurteil von 1924 ebnet Hitler den Weg, München 2001.

Große-Kracht, Klaus (Hrsg.): Die zankende Zunft. Historische Kontroversen nach 1945, Göttingen 2005.

Gruchmann, Lothar: Justiz im Dritten Reich. Anpassung und Unterwerfung in der Ära Gürtner, 3. Aufl., München 2001.

Grund, Henning: „Preußenschlag" und Staatsgerichtshof im Jahre 1932, Baden-Baden 1976.

Gründer, Horst: Walter Simons als Staatsmann, Jurist und Kirchenpolitiker, Neustadt/Aisch 1975.

Gümbel, Annette: „Volk ohne Raum". Der Schriftsteller Hans Grimm zwischen national-konservativem Denken und völkischer Ideologie, Darmstadt 2003.

Guratzsch, Dankwart: Macht durch Organisation. Die Grundlegung des Hugenbergschen Presseimperiums, Düsseldorf 1974.

Guske, Claus: Das politische Denken des Generals von Seeckt, Lübeck/Hamburg 1971.

Gusy, Christoph: Die wehrlose Republik? Verfassungsschutzrecht und Verfassungsschutz in der Weimarer Republik, Tübingen 1991.

Gusy, Christoph: Die Weimarer Reichsverfassung, Tübingen 1997.

Gutsche, Willibald/Fritz Klein/Joachim Petzold: Von Sarajevo nach Versailles. Deutschland im Ersten Weltkrieg, Berlin 1974.

Haardt, Oliver: Bismarcks ewiger Bund. Eine neue Geschichte des Deutschen Kaiserreichs, Darmstadt 2020.

Hachtmann, Rüdiger: Vom Wilhelminismus zur Neuen Staatlichkeit des Nationalsozialismus. Das Reichsarbeitsministerium 1918 – 1945, 2 Bde., Göttingen 2023.

Hachtmann, Rüdiger/Winfried Süß (Hrsg.) Hitlers Kommissare. Sondergewalten in der nationalsozialistischen Diktatur, Güttingen 2016.

Hachtmann, Rüdiger: Elastisch, dynamisch und von katastrophaler Effizienz – Anmerkungen zur Neuen Staatlichkeit des Nationalsozialismus, in Sven Reichardt/Wolfgang Seibel (Hrsg.): Der prekäre Staat. herrschen und Verwalten im Nationalsozialismus, Frankfurt/M. 2011, S. 29 – 73.

Hachtmann, Rüdiger: Unter rassistischen und bellizistischen Vorzeichen – die Wissenschaften 1933 – 1945, in Wolfgang A. Herrmann/Winfried Nerdinger (Hrsg.): Die Technische Hochschule München im Nationalsozialismus, München 2018, S. 12 – 33.

Häberle, Peter/Michael Kilian/Heinrich Wolff (Hrsg.): Staatsrechtslehrer des 20. Jahrhunderts. Deutschland–Österreich–Schweiz, Berlin/Boston 2015.

Haferkamp, Hans-Peter: Die historische Rechtsschule, Frankfurt/M. 2018.

Hagenlücke, Heinz: Deutsche Vaterlandspartei. Die nationale Rechte am Ende des Kaiserreichs, Darmstadt 1997.

Hahn, Hans-Werner/Tobias Kaiser: Die Arbeitsgruppe zur Geschichte der bürgerlichen Parteien 1962 – 1990. Ein geistesgeschichtliches Großprojekt, in: Uwe Hohlfeld/Tobias Kaiser/Heinz Mestrup (Hrsg.): Hochschule, Sozialismus, Studium: Zur Geschichte der Friedrich-Schiller-Universität Jena 1945 – 1990, Köln/Weimar/Wien, 2007, S. 1686 – 1713.

Hallgarten George W.F.: Hitler, Reichswehr und Industrie. Zur Geschichte der Jahre 1918–1933, 3. Aufl., Frankfurt/M. 1962.

Hamilton, Richard: Who Voted for Hitler, Princeton 1982.

Hardtwig, Wolfgang (Hrsg.): Die Revolution in Deutschland und Europa 1848/49, Göttingen 1998.

Hardtwig, Wolfgang (Hrsg.): Ordnungen in der Krise. Zur politischen Kulturgeschichte Deutschlands 1900–1933, München 2007.

Hardtwig, Wolfgang: Von Preußens Aufgabe in Deutschland zu Deutschlands Aufgabe in der Welt. Liberalismus und borussianisches Geschichtsbild zwischen Revolution und Imperialismus, in Historische Zeitschrift 231 (1980), S. 265–324.

Hartmann, Peter C.: Kleine Mainzer Stadtgeschichte, Regensburg 2005.

Hartwig, Edgar: Zur Politik und Entwicklung des Alldeutschen Verbandes 1891–1914, Diss. Jena 1966.

Hartwig, Edgar: Deutsche Kolonialgesellschaft 1887–1936, in Dieter Fricke (Hrsg.): Lexikon zur Parteiengeschichte. Die bürgerlichen und kleinbürgerlichen Parteien und Verbände in Deutschland 1789–1945, Bd. 1, Leipzig 1983, S. 724–748.

Hase, Friedrich-Wilhelm von: Zur Frühgeschichte des Römisch-Germanischen Zentralmuseums. Forschungsinstitut für Vor- und Frühgeschichte in Mainz und der Römisch-Germanischen Kommission des Deutschen Archäologischen Instituts in Frankfurt am Main, in Heinrich Beck u. a. (Hrsg.): Zur Geschichte der Gleichung „germanisch-deutsch“. Sprache und Namen, Geschichte und Institutionen, Berlin/New York 2004, S. 577–628.

Heiber, Helmut: Walter Frank und sein Reichsinstitut für Geschichte des neuen Deutschlands, Stuttgart 1966.

Heidler, Irmgard: Der Verleger Eugen Diederichs und seine Welt 1896–1930, Wiesbaden 1998.

Heilbronner, Oded: Der verlassene Stammtisch. Vom Verfall der bürgerlichen Infrastruktur und dem Aufstieg der NSDAP am Beispiel der Region Schwarzwald, in: Geschichte und Gesellschaft 19 (1993), S. 178–201.

Hein, Dieter: Die Revolution von 1848/49, 6. Aufl., München 2019.

Heinemann, Isabel: Rasse, Siedlung, deutsches Blut. Das Rasse- und Siedlungsamt der SS und die rassenpolitische Neuordnung Europas, Göttingen 2007.

Heinemann, Patrick Oliver: Rechtsgeschichte der Reichswehr 1918–1933, Paderborn 2018.

Heinemann, Ulrich: Die verdrängte Niederlage. Politische Öffentlichkeit und Kriegsschuldfrage in der Weimarer Republik, Göttingen 1983.

Henke, Klaus-Dietmar: Politische Säuberung unter französischer Besatzung. Die Entnazifizierung in Württemberg-Hohenzollern, Stuttgart 1981.

Henkel, Michael: Hermann Hellers Theorie der Politik des Staates, Tübingen 2011.

Hentschel, Volker: Weimars letzte Monate. Hitler und der Untergang der Republik, Düsseldorf 1978.

Henz, Günter Johannes: Leopold von Ranke in Geschichtsdenken und Forschung, 2 Bde., Berlin 2014.

Herbert, Ulrich: Best. Biographische Studien über Radikalismus, Weltanschauung und Vernunft 1903–1989, Bonn 1996.

Herbert, Ulrich: Geschichte Deutschlands im 20. Jahrhundert, München 2014.

Herbert, Ulrich: Traditionen des Rassismus, in Ders.: Arbeit, Volkstum, Weltanschauung. Über Fremde und Deutsche im 20. Jahrhundert, Frankfurt/M. 1995, S. 11–29.

Herbert, Ulrich: „Generation der Sachlichkeit“. Die völkische Studentenbewegung der frühen zwanziger Jahre, in Ders.: Arbeit, Volkstum, Weltanschauung. Über Fremde und Deutsche im 20. Jahrhundert, Frankfurt/M. 1995, S. 31–58.

Herbert, Ulrich: Echoes of the Volksgemeinschaft, in Martina Steber/Bernhard Gotto (Hrsg.): Visions of Community in Nazi Germany. Social Engineering and Private Lives, Oxford 2018, S. 60–69.

Herbert, Ulrich: Woher kam der Judenhass?, in Ders.: Wer waren die Nationalsozialisten?, München 2021, S. 57–81.

Herbert, Ulrich: Deutsches Europa und Großgermanisches Reich, in Ders.: Wer waren die Nationalsozialisten?, München 2021, S. 157–183.

Herbst, Ludolf: Der totale Krieg und die Ordnung der Wirtschaft. Die Kriegswirtschaft im Spannungsfeld von Politik, Ideologie und Propaganda 1939 – 1945, Stuttgart 1982.

Herbst, Ludolf: Das nationalsozialistische Deutschland 1933 – 1945, Die Entfesselung der Gewalt: Rassismus und Krieg, Frankfurt/M. 1996.

Herbst, Ludolf: Komplexität und Chaos. Grundzüge einer Theorie der Geschichte, München 2004.

Herbst, Ludolf: Hitlers Charisma. Die Erfindung eines deutschen Messias, München 2010.

Hering, Rainer: Konstruierte Nation. Der Alldeutsche Verband 1890 – 1939, Hamburg 2003.

Hering, Rainer: Antisemitismus in der populären Geschichtsdarstellung von Heinrich Claß, in Werner Bergmann/Ulrich Sieg (Hrsg.): Antisemitische Geschichtsbilder, Essen 2009, S. 193 – 210.

Hering, Rainer: „Dem besten Steuermann Deutschlands". Der Politiker Otto von Bismarck und seine Deutung im radikalen Nationalismus zwischen Kaiserreich und „Drittem Reich", in Ulrich Lappenküper (Hrsg.): Otto von Bismarck und das „lange 19. Jahrhundert", Paderborn 2017, S. 582 – 615.

Hett, Benjamin: Burning the Reichstag, Oxford 2014.

Hettling, Manfred/Stefan-Ludwig Hoffmann (Hrsg.): Der bürgerliche Wertehimmel. Innenansichten des 19. Jahrhunderts, Göttingen 2000.

Heyde, Philipp: Das Ende der Reparationen. Deutschland, Frankreich und der Youngplan 1929 – 1932, Paderborn 1998.

Heydeloff, Rudolf: „Staranwalt der Rechtsextremisten". Walter Luetgebrune in der Weimarer Republik, in VfZ 32 (4/1984), S. 373 – 421.

Hildebrandt, Armin (Bearb.): Generalstaatsanwalt beim Oberlandesgericht Darmstadt, Darmstadt 1998.

Hildebrand, Klaus: Vom Reich zum Weltreich. Hitler, NSDAP und die koloniale Frage 1919 – 1945, München 1969.

Hiller von Gaertringen, Friedrich Freiherr: Die Deutschnationale Volkspartei, in Erich Matthias/Rudolf Morsey (Hrsg.): Das Ende der Parteien 1933. Darstellung und Dokumente, Düsseldorf 1984 (1960), S. 543 – 652.

Hirschmüller, Tobias: Die Revolution von 1848/49 in völkischen Geschichtsbildern zwischen Kaiserreich und Nationalsozialismus, in Julien Reitzenstein/Dirk Rupnow/Bernd A. Rusinek (Hrsg.): Völkisches Denken 1848 bis 1948. Von der Paulskirche über Weimar zum Petersberg, Berlin/Boston 2023, S. 109 – 19.

Hoegner, Wilhelm: Der politische Radikalismus in Deutschland 1919 – 1933, München/Wien 1966.

Höner, Sabine: Der nationalsozialistische Zugriff auf Preußen. Preußischer Staat und nationalsozialistische Machteroberungsstrategie 1928 – 1934, Bochum 1984.

Hoepke, Klaus-Peter: Alfred Hugenberg. Teil 1: 1865 – 1914, Habilitationsschrift TH Karlsruhe 1979.

Hoffmann, Hanns Hubert: Der Hitlerputsch. Krisenjahre deutscher Geschichte 1920 bis 1924, München 1961.

Hoffmann, Peter: Claus Schenk Graf von Stauffenberg. Die Biographie, München 2007 [1992].

Hofmeister, Björn: Between Monarchy and Dictatorship. Radical Nationalism and Social Mobilization of the Pan-German League 1914 – 1939, Diss. Georgetown 2012.

Hofmeister, Björn: Realms of Leadership and Residues of Mobilization. The Pan-German League 1918 – 1933, in Larry Eugene Jones (Hrsg.): The German Right in the Weimar Republic. Studies in the History of German Conservatism, Nationalism, and Antisemitism, New York/Oxford 2014, S. 134 – 165.

Hofmeister, Björn: Weltanschauung, Mobilisierungsstrukturen und Krisenerfahrungen. Antisemitische Radikalisierung des Alldeutschen Verbandes als Prozess 1912 – 1920, in Jahrbuch für Antisemitismusforschung 24 (2015), S. 119 – 153.

Hofmeister, Björn: Protestantismus, deutsche Kriegsgesellschaft und Mobilisierungspolitik zwischen Erstem Weltkrieg und Weimarer Republik 1914 – 1933, in Richard Faber/Uwe Puschner (Hrsg.): Luther – zeitgenössisch, historisch, kontrovers, Frankfurt/M. 2017, S. 47 – 71.

Hofmeister, Björn: Programmatische Deutungen und politische Auseinandersetzungen. Alldeutscher Verband und NSDAP 1919 – 1932, in Michel Grunewald/Olivier Dard/Uwe Puschner (Hrsg.): Auseinandersetzungen mit dem Nationalsozialismus im deutsch- und französischsprachigen Europa 1919 – 1949, Bd. 4, Brüssel u. a. 2020, S. 189 – 209.

Hofmeister, Björn: Die Alldeutschen erfahren den Krieg, in Daniel Bordiehn u. a. (Hrsg.): Ausgrenzende politische Ideologien. Akteure, Organisationen und Programmatiken, Berlin u. a. 2022, S. 249 – 275.
Hofmeister, Björn: Der Alldeutsche Verband in Österreich (1919 – 1935), in Ders. (Hrsg.): Heinrich Claß. Politische Erinnerungen des Vorsitzenden des Alldeutschen Verbandes 1915 – 1933/36, Berlin 2022, S. 44 – 73.
Hofmeister, Björn: Zur Quelle und zur Edition, in Ders. (Hrsg.): Heinrich Claß. Politische Erinnerungen des Vorsitzenden des Alldeutschen Verbandes 1915 – 1933/36, Berlin 2022, S. 73 – 104.
Hofmeister, Björn: Radikaler Nationalismus als Weltanschauung – Ordnungskonzeptionen und politische Mobilisierung des Alldeutschen Verbandes 1891 – 1939, in Winfried Löffler (Hrsg.): Weltanschauung. Konturierung eines umstrittenen Themas, Paderborn 2023, S. 73 – 94.
Hofmeister, Björn: Strukturanalyse des Nationalsozialismus und amerikanische Kriegspolitik. Die Berichte von Franz L. Neumann, Herbert Marcuse und Otto Kirchheimer für das amerikanische Office of Strategic Services 1943 – 1949, Michel Grunewald/Olivier Dard/Uwe Puschner (Hrsg.): Auseinandersetzungen mit dem Nationalsozialismus im deutsch- und französischsprachigen Europa 1919 – 1949, Bd. 6, Brüssel 2024 (i.E.).
Hofmeister, Björn: Belgien in den imperialen und völkischen Mitteleuropa-Plänen des Alldeutschen Verbandes zwischen Jahrhundertwende und Erstem Weltkrieg, in Christoph Jahr u. a. (Hrsg.): Belgien, Deutschland und die Anderen. Bilder, Diskurse und Praktiken von Diskriminierung, Ausgrenzung und Verfolgung, Münster/New York 2024 (i.E.).
Hofmeister, Björn: Rezension zu Johannes Leicht: Heinrich Claß. Die politische Biographie eines Alldeutschen [2012], in German History 1/31 (2013), S. 132 – 133.
Hoffstadt, Anke: Frontgemeinschaft? Der Stahlhelm. Bund der Frontsoldaten und der Nationalsozialismus, in: Gerd Krumeich (Hrsg.): Nationalsozialismus und Erster Weltkrieg, Essen 2010, S. 195 – 206.
Holdenried, Michael: Biographie vs. Autobiographie, in Christian Klein (Hrsg.): Handbuch Biographie. Methoden, Traditionen, Theorien, Stuttgart 2009, S. 37 – 43.
Hollerbach, Alexander: Jurisprudenz in Freiburg, Tübingen 2007.
Hollerbach, Alexander: Heinrich Rosin (1855 – 1927). Pionier des Allgemeinen Verwaltungs- und Sozialversicherungsrechts, in Helmut Heinrich u. a. (Hrsg.): Deutsche Juristen jüdischer Herkunft, München 1993, S. 369 – 384.
Holzbach, Heidrun: Das „System Hugenberg“. Die Organisation bürgerlicher Sammlungspolitik vor dem Aufstieg der NSDAP, Stuttgart 1981.
Holzmann, Michael E.: Die österreichische SA und ihre Illusion von „Großdeutschland“. Bd. 1: Völkischer Nationalismus in Österreich bis 1933, Berlin 2011.
Hoßfeld, Uwe/Jürgen John/Oliver Lemuth/Rüdiger Stutz (Hrsg.): „Im Dienst an Volk und Vaterland“. Die Jenaer Universität in der NS-Zeit, Köln 2005.
Hubatsch, Walther: Hindenburg und der Staat, Göttingen 1966.
Huber, Andreas/Linda Erker/Klaus Taschwer: Der Deutsche Klub. Austro-Nazis in der Hofburg, Wien 2020.
Hubert, Peter: Uniformierter Reichstag. Die Geschichte der Pseudo-Volksvertretung 1933 – 1945, Düsseldorf 1992.
Hueck, Ingo J.: Der Staatsgerichtshof zum Schutze der Republik, Tübingen 1996.
Hüttenberger, Peter: Nationalsozialistische Polykratie, in Geschichte und Gesellschaft 2 (1976), S. 417 – 442.
Hufenreuter, Gregor: Völkisch-religiöse Strömungen im Deutschbund, in Uwe Puschner/Clemens Vollnhals (Hrsg.): Die völkisch-religiöse Bewegung in Deutschland. Eine Beziehungs- und Konfliktgeschichte, Göttingen 2012, S. 219 – 232.
Hufenreuter, Gregor: Friedrich Lange, in Wolfgang Benz (Hrsg.): Handbuch des Antisemitismus, Bd. 2/2, München 2009, S. 452 – 453.
Huffmann, Helga: Der Kampf um die freie Advokatur, Essen 1967.
Huffmann, Helga: Geschichte der rheinischen Rechtsanwaltschaft, Köln/Wien 1969.
Hull, Isabel V.: Absolute Destruction. Military Culture and the Practices of War in Imperial Germany, Ithaca/London 2005.

Imhoff, David: Becoming a Nazi Town. Culture and Politics in Göttingen between the World Wars, Ann Arbor 2013.
Irrlitz, Gerd: Rechtsordnung und Ethik der Solidarität. Der Strafrechtler und Philosoph Arthur Baumgarten, Berlin 2008.
Jackisch, Barry: The Pan-German League and Radical Nationalist Politics in Interwar Germany 1918–1939, London/New York 2012.
Jade, Christian (Hrsg.): Rudolf von Jherings Pandekten-Vorlesung (nach Puchta). Ein Kollegheft (von Paul Angelus Schlippe) aus dem Wintersemester 1859/60, Göttingen 2008.
Janßen, Karl-Heinz: Der Haudegen Walther Stennes, in Ders.: Und morgen die ganze Welt ... Deutsche Geschichte 1871–1945, Bremen 2003, S. 155–176.
Jarausch, Konrad: The Unfree Professions. The German Lawyers, Teachers, and Engineers 1900–1950, New York/Oxford 1990.
Jarausch, Konrad: The Enigmatic Chancellor. Bethmann Hollweg and the Hubris of Imperial Germany, New Haven 1973.
Jarausch, Konrad: Die Alldeutschen und die Regierung Bethmann Hollweg, Eine Denkschrift Kurt Rietzlers vom Herbst 1916, in VfZ 21/4 (1973), S. 435–468.
Jarausch, Konrad: Universität und Hochschule, in Christa Berg (Hrsg.): Handbuch der deutschen Bildungsgeschichte. Bd. 4. 1870–1918. Von der Reichsgründung bis zum Ende des Ersten Weltkriegs, München 1991, S. 313–345.
Jarausch, Konrad: Der nationale Tabubruch. Wissenschaft, Öffentlichkeit und Politik in der Fischer-Kontroverse, in Sabrow, Martin/Ralph Jessen/Klaus Große-Kracht (Hrsg.): Zeitgeschichte als Streitgeschichte. Große Kontroversen seit 1945, Göttingen 2003, S. 20–40.
Jasper, Gotthard: Die gescheiterte Zähmung. Wege zur Machtergreifung 1930–1934, Frankfurt/M. 1986.
Jasper, Gotthard: Justiz und Politik in der Weimarer Republik, in Vierteljahrshefte für Zeitgeschichte 30 (2/1982), S. 167–205.
Jensen, Uffa: Gebildete Doppelgänger. Bürgerliche Juden und Protestanten im 19. Jahrhundert, Göttingen 2005.
Jochmann, Werner: Gesellschaftskrise und Judenfeindschaft in Deutschland 1870–1945, Hamburg 1988.
Jochmann, Werner: Die Ausbreitung des Antisemitismus in Deutschland 1914–1932, in Werner E. Mosse/Arnold Pauker (Hrsg.): Deutsches Judentum in Krieg und Revolution, Tübingen 1971, S. 409–510.
Jonas, Erasmus: Die Volkskonservativen 1928–1933. Entwicklung, Struktur, Standort und staatspolitische Zielsetzung, Düsseldorf 1965.
Jones, Larry Eugene: German Liberalism and the Dissolution of the Weimar Party System 1918–1933, Chapel Hill/London 1988.
Jones, Larry Eugene: Hitler versus Hindenburg. The 1932 Presidential Elections and the End of the Weimar Republic, Cambridge 2016.
Jones, Larry Eugene: The German Right 1918–1930. Political Parties, Organized Interests, and Patriotic Associations in the Struggle against Weimar Democracy, Cambridge 2020.
Jones, Larry Eugene/Wolfram Pyta (Hrsg.): „Ich bin der letzte Preuße“. Der politische Lebensweg des konservativen Politikers Kuno Graf von Westarp 1864–1945, Köln/Weimar/Wien 2006.
Jones, Larry Eugene: Die Tage vor Hitlers Machtübernahme. Aufzeichnungen des Deutschnationalen Reinhold Quaatz, in VfZ 37 (4/1989), S. 761–774.
Jones, Larry Eugene: „The Greatest Stupidity of My Life“. Alfred Hugenberg and the Formation of the Hitler Cabinet, January 1933, in: Journal of Contemporary History, 27 (1992), S. 63–87.
Jones, Larry Eugene: Stabilisierung von Rechts. Gustav Stresemann und das Streben nach politischer Stabilität 1923–1929, in Karl Heinrich Pohl (Hrsg.): Politiker und Bürger. Gustav Stresemann und seine Zeit, Göttingen 2002, S. 162–193.

Jones, Larry Eugene: Kuno Graf Westarp und die Krise des deutschen Konservatismus in der Weimarer Republik, in Ders./Wolfram Pyta (Hrsg.): „Ich bin der letzte Preuße“. Der politische Lebensweg des konservativen Politikers Kuno Graf Westarp (1864–1945), Köln/Weimar/Wien 2006, S. 109–146.
Jones, Larry Eugene: Nationalists, Nazis, and the Assault against Weimar. Revisiting the Harzburg Rally of October 1931, in: German Studies Review 29/3 (2006), S. 483–494.
Jones, Larry Eugene: Taming the Nazi Beast. Kurt von Schleicher and the End of the Weimar Republic, in Hermann Beck/Ders. (Hrsg.): From Weimar to Hitler. Studies in the Dissolution of Weimar Republic and the Establishment of the Third Reich 1932–1934, New York 2019, S. 23–51.
Jones, Mark: Founding Weimar. Violence and the German Revolution of 1918–1919, Cambridge 2016.
Jones, Mark. 1923. Ein deutsches Trauma, Berlin 2022.
Jordan, Stefan: Theorien und Methoden der Geschichtswissenschaft, 2. Aufl., Paderborn 2013.
Judson, Pieter M.: Guardians of the Nation. Activists on the Language Frontiers of Imperial Austria, Cambridge/Mass. 2006.
Jung, Otmar: Plebiszit und Diktatur: Die Volksabstimmungen der Nationalsozialisten, Tübingen 1995.
Jungcurt, Uta: Alldeutscher Extremismus in der Weimarer Republik. Denken und Handeln einer einflussreichen Minderheit, Berlin 2016.
Jureit, Ulrike: Das Ordnen von Räumen. Territorium und Lebensraum im 19. und 20. Jahrhundert, Hamburg 2012.
Jureit, Ulrike/Michael Wildt (Hrsg.): Generation. Zur Semantik eines sozialwissenschaftlichen Grundkonzepts, Hamburg 2005.
Jureit, Ulrike/Patricia Chiantera-Stutte (Hrsg.): Denken im Raum. Friedrich Ratzel als Schlüsselfigur geopolitischer Theoriebildung, Baden Baden 2021.
Kachel, Steffen: Ein rot-roter Sonderweg? Sozialdemokraten und Kommunisten in Thüringen 1919–1949, Köln/Weimar/Wien 2009.
Kaiser, Joseph: Konkretes Ordnungsdenken, in Helmut Quaritsch (Hrsg.): Complexio Oppositorum. Über Carl Schmitt, Berlin 1988, S. 319–331.
Kasten, Bernd: Herren und Knechte. Gesellschaftlicher und politischer Wandel in Mecklenburg-Schwerin, 1867–1945, Bremen 2011.
Kater, Michael H.: Weimar. From Enlightenment to the Present, New Haven 2014.
Katz, Barry M.: Foreign Intelligence. Research and Intelligence in the Office of Strategic Service 1942–1945, Cambridge/Mass. 1989.
Kaul, Friedrich Karl: Geschichte des Reichsgerichts, Bd. IV. 1933–1945, Glashütten/Ts. 1971.
Keil, André/Matthew Stibbe: Ein Laboratorium des Ausnahmezustandes. Schutzhaft während des Ersten Weltkriegs und in den Anfangsjahren der Weimarer Republik – Preußen und Bayern 1914 bis 1923, in VfZ 68 (4/2020), S. 535–573.
Kellerhoff, Sven Felix: Der Putsch. Hitlers erster Griff nach der Macht, Stuttgart 2023.
Kershaw, Ian: Hitler. Hubris 1889–1936, London 1998.
Kershaw, Ian: Der Hitler-Mythos. Führerkult und Volksmeinung, München 2018.
Keupp, Jan: Die erste Hühnerfarm zu Mainz – zur Ökonomie und Logistik der Hoffeste, in: Alfried Wieczorek, Bernd Schneidmüller/Stefan Weinfurter (Hrsg.): Die Staufer und Italien. Drei Innovationsregionen im mittelalterlichen Europa, Darmstadt/Mannheim 2010, S. 276–282.
Kilian, Jürgen: Krieg auf Kosten anderer. Das Reichsministerium für Finanzen und die wirtschaftliche Mobilisierung Europas für den Krieg, München 2017.
Kirchheimer, Otto: Politische Justiz, Neuwied/Berlin 1965.
Kissenkoetter, Udo: Gregor Straßer und die NSDAP, Stuttgart 1978.
Kisskinen, Elina: Die Deutschnationale Volkspartei (Bayerische Mittelpartei) in der Regierungspolitik des Freistaats während der Weimarer Zeit, München 2005.
Kittel, Manfred: Zwischen völkischem Nationalismus und gouvernementaler Taktik. DNVP- Vorsitzender Hans Hilpert und die bayerischen Deutschnationalen, in: Zeitschrift für Bayerische Landesgeschichte 59 (1996), S. 849–901.Kittel, Manfred: „Steigbügelhalter“ Hitlers oder „stille Republikaner“? Die

Deutschnationalen in neuerer politikgeschichtlicher und kulturalistischer Perspektive, in: Hans-Kristof Kraus/Thomas Nicklas (Hrsg.): Geschichte der Politik. Alte und neue Wege, München 2007, S. 201–235.
Kläger, Michael: Mainz auf dem Weg zur Großstadt 1866–1914, in Franz Dumont/Ferdinand Scherf/Friedrich Schütz (Hrsg.): Mainz. Die Geschichte der Stadt, Mainz 1998, S. 429–473.
Klein, Annika: Korruption und Korruptionsskandale in der Weimarer Republik, Göttingen 2014.
Klein, Friedrich: Bernhard Windscheid 1817–1892. Leben und Werk, Berlin 2014.
Klein, Fritz: Deutschland 1897/98–1917, 3. überarb. Aufl., Berlin 1972.
Klein, Jonas: „Der Prophet des Staatsgedankens". Hans Delbrück und die „Preußischen Jahrbücher" (1883–1919), Göttingen 2023.
Klimo, Alexander: Im Dienste des Arbeitseinsatzes. Rentenversicherungspolitik im „Dritten Reich", Göttingen 2018.
Kluge, Ulrich: Die Weimarer Republik, Paderborn 2006.
Kluke, Paul: Der Fall Potemka, in VfZ 5 (3/1957), S. 279–297.
Knipping, Franz: Deutschland, Frankreich und das Ende der Locarno-Ära 1928–1931, München 1987.
Kocka, Jürgen: Klassengesellschaft im Krieg. Deutsche Sozialgeschichte 1914–1918, Göttingen 1973.
Köck, Julian: Ludwig Schemann und die Gobineau-Vereinigung, in ZfG 59/9 (2011), S. 723–740.
Köhler, Volker: Genossen, Freunde, Junker. Die Mikropolitik personaler Beziehungen im politischen Handeln der Weimarer Republik, Göttingen 2018.
König, Stefan: Vom Dienst am Recht. Rechtsanwälte als Strafverteidiger im Nationalsozialismus, Berlin/New York 1987.
Königseder, Angelika: Recht und nationalsozialistische Herrschaft. Berliner Anwälte 1933–1945, Bonn 2001.
Kohlrausch, Martin: Der Monarch im Skandal. Die Logik der Massenmedien und die Transformation der wilhelminischen Monarchie, Berlin 2005.
Kolb, Eberhard: Gustav Stresemann, München 2003.
Kolb, Eberhard: Otto von Bismarck. Eine Biographie, München 2014.
Kolb, Eberhard/Dirk Schumann: Die Weimarer Republik, 9. Aufl., Berlin/Boston 2022.
Kolb, Eberhard/Wolfram Pyta: Die Staatsnotstandsplanung unter den Regierungen Papen und Schleicher, in Heinrich August Winkler (Hrsg.): Die deutsche Staatskrise 1903–1933. Handlungsspielräume und Alternativen, München 1992, S. 155–181.
Kolbe, Dieter: Reichsgerichtspräsident Dr. Erwin Bumke. Studien zum Niedergang des Reichsgerichts und der deutschen Rechtspflege, Karlsruhe 1975.
Kolditz, Gerald: Rolle und Wirksamkeit des Alldeutschen Verbandes in Dresden zwischen 1890 und 1918, Diss. Dresden 1994.
Kopper, Christoph: Hjalmar Schacht. Aufstieg und Fall von Hitlers mächtigstem Bankier, München 2010.
Korinman, Michael: Deutschland über alles. Le Pangermanisme 1890–1945, Paris 1999.
Koselleck, Reinhard: Vergangene Zukunft. Zur Semantik geschichtlicher Zeiten, Frankfurt/M. 2010.
Koshar, Rudi: Social Life, Local Politics, and Nazism 1880–1945, Chapel Hill/London 1986.
Kraus, Hans-Christof: Ursprung und Genese der „Lückentheorie" im preußischen Verfassungskonflikt, in Der Staat 29 (1990), S. 209–234.
Krause, Hans-Thomas: Karl Lamprecht und der Alldeutsche Verband, in Comparativ 1 (1992), S. 7–26.
Krebs, Willi: Der Alldeutsche Verband in den Jahren 1918–1939. Ein politisches Instrument des deutschen Imperialismus, Diss. Humboldt Universität zu Berlin 1970.
Kretschmann, Carsten: Biographie und Wissen, in Christian Klein (Hrsg.): Handbuch Biographie. Methoden, Traditionen, Theorien, Stuttgart 2009, S. 71–78.
Krill, Hans-Heinz: Die Ranke-Renaissance. Max Lenz und Erich Marcks, Berlin 1962.
Kröger, Philipp: Das vermessene Volk. Nationalitätenstatistik und Bevölkerungspolitik in Deutschlands östlichen Grenzländern 1860–1945, Göttingen 2023.
Kruck, Alfred: Die Geschichte des Alldeutschen Verbandes 1890–1939, Wiesbaden 1954.

Krug, Günther: Die Advokat-Anwälte der Großherzoglich-Hessischen Provinzialhauptstadt Mainz. Geschichte der Mainzer Rechtsanwaltschaft von 1916 bis 1879, Mainz 1998.

Kuczynski, Jürgen: Studien zur Geschichte des deutschen Imperialismus, Bd. 2, Berlin 1954, S. 9–116.

Kühne, Thomas: Dreiklassenwahlrecht und Wahlkultur in Preußen 1867–1914. Landtagswahlen zwischen korporativer Tradition und politischem Massenmarkt, Düsseldorf 1993.

Kuhlemann, Frank-Michael: „Protestantische Traumatisierungen". Zur Situationsanalyse nationaler Mentalitäten in Deutschland 1918/19 und 1945/46, in Manfred Gailus/Hartmut Lehmann (Hrsg.): Nationalprotestantische Mentalitäten in Deutschland 1870–1970, Göttingen 2005, S. 45–80.

Kuller, Christiane: Bürokratie und Verbrechen. Antisemitische Finanzpolitik und Verwaltungspraxis im nationalsozialistischen Deutschland, München 2013.

Kunze, Wilhelm: „Lieber in Gießen als irgendwo anders…" Rudolf von Jherings Gießener Jahre, Baden Baden 2018.

Lahusen, Benjamin: Alles Recht geht vom Volke aus. Friedrich Carl von Savigny und die moderne deutsche Rechtswissenschaft, Berlin 2012.

Langer, Ulrich. Heinrich von Treitschke. Politische Biographie eines deutschen Nationalisten, Düsseldorf 1998.

Langewand, Kurt: Die kranke Republik. Körper- und Krankheitsmetaphern in politischen Diskursen der Weimarer Republik, Frankfurt/M. 2016.

Lapp, Benjamin: Revolution from the Right. Politics, Class, and the Rise of Nazism in Saxony 1919–1933, Boston 1997.

Laquer, Walter: Der Weg zum Staat Israel. Geschichte des Zionismus, Wien 1972.

Ledford, Kenneth F.: From General Estate to Special Interest. German Lawyers 1878–1933, Cambridge 1996.

Lehnert, Detlef/Klaus Megerle: Problems of Identity and Consensus in a Fragmented Society: The Weimar Republic, in: Dirk Berg-Schlosser/Ralf Rytlewski (Hrsg.): Political Culture in Germany, London 1993, S. 80–95.

Leicht, Johannes: Heinrich Claß 1868–1953. Die politische Biographie eines Alldeutschen, Paderborn 2012.

Leicht, Johannes: Biopolitik, Germanisierung und Kolonisation. Alldeutsche Ordnungsutopien einer ethnisch homogenen „Volksgemeinschaft", in Jahrbuch für Antisemitismusforschung 19 (2010), S. 151–177.

Leicht, Johannes: Otto Bonhard 1893–1979, in Wolfgang Benz (Hrsg.): Handbuch des Antisemitismus, Bd. 8, Berlin/Boston 2015, S. 46–47.

Leicht, Johannes: Heinrich Claß, in Michael Fahlbusch/Ingo Haar/Alexander Pinwinkler (Hrsg.): Handbuch der völkischen Wissenschaften, Bd. 1, 2. erw. und überarb. Aufl., Berlin/Boston 2017, S. 129–131.

Leide, Henry: NS-Verbrecher und Staatssicherheit. Die geheime Vergangenheitspolitik der DDR, Göttingen 2005.

Leonhard, Jörn: Der überforderte Frieden. Versailles und die Welt 1918–1923, München 2018.

Leopold, John A.: Alfred Hugenberg. The Radical Nationalist Campaign against the Weimar Republic, New Haven/London 1977.

Lepsius, M. Rainer: Kulturelle Dimensionen der sozialen Schichtung, in Ders.: Interessen, Ideen und Institutionen, Opladen 1990, S. 96–116.

Lepsius, M. Rainer: Modernisierungspolitik als Institutionenbildung. Kriterien institutioneller Differenzierung, in Ders.: Interessen, Ideen und Institutionen, Opladen 1990, S. 53–62.

Lepsius, M. Rainer: Zur Soziologie des Bürgertums und der Bürgerlichkeit, in Ders.: Interessen, Ideen und Institutionen, Opladen 1990, S. 153–169.

Lepsius, M. Rainer: Bildungsbürgertum als ständische Vergesellschaftung, in Ders.: Demokratie in Deutschland, Göttingen 1993, S. 303–313.

Lepsius, M. Rainer: Bürgertum als Gegenstand der Sozialgeschichte, in Ders.: Demokratie in Deutschland, Göttingen 1993, S. 289–302.

Lepsius, M. Rainer: Demokratie in Deutschland als historisch-soziologisches Problem, in Ders.: Demokratie in Deutschland, Göttingen 1993, S. 11–24.

Lepsius, M. Rainer: Parteiensystem und Sozialstruktur. Zum Problem der Demokratisierung, in Ders.: Demokratie in Deutschland, Göttingen 1993, S. 25 – 50.
Lerman, Katharie Anne: Wilhelm's War. A Hohenzollern in Conflict 1914 – 1918, in Frank
Lorenz Müller/Heidi Mehrkens (Hrsg.): Sons and Heirs. Succession and Political Culture in Nineteenth-Century Europe, Basingstoke 2015, S. 247 – 262.
Levy, Richard S.: The Downfall of Anti-Semitic Parties in Imperial Germany, New Haven/London 1975.
Lhotta, Roland (Hrsg.): Die Integration des modernen Staates. Zur Aktualität der Integrationslehre von Rudolf Smend, Baden Baden 2005.
Lilla, Joachim (Hrsg.): Statisten in Uniform: Die Mitglieder des Reichstags 1933 – 1945. Ein biographisches Handbuch, Düsseldorf 2004.
Lilla, Joachim: Der Reichskommissar für das Land Preußen 1932 bis 1933, in Forschungen zur Geschichte zur brandenburgischen und preußischen Geschichte, N.F. 19 (2009), S. 91 – 118.
Link, Werner: Die amerikanische Stabilisierungspolitik in Deutschland 1921 – 1932, Düsseldorf 1970.
Linne, Karsten: Deutschland jenseits des Äquators? Die NS-Kolonialplanungen für Afrika, Berlin 2008.
Linne, Karsten: Afrika als wirtschaftspolitischer Ergänzungsraum. Kurt Weigelt und die kolonialwirtschaftlichen Planungen im „Dritten Reich", in Jahrbuch für Wirtschaftsgeschichte (2006), S. 141 – 162.
Lipp, Martin: Rudolf von Jhering. Die Begründung der modernen Rechtswissenschaft in Gießen, in Horst Carl u. a. (Hrsg.): 400 Jahre Universität Giessen. Akteure, Schauplätze, Erinnerungskultur, Gießen 2007, S. 92 – 96.
Liulevicius, Vejas G.: Kriegsland im Osten. Eroberung, Kolonisierung und Militärherrschaft im Ersten Weltkrieg, Hamburg 2002.
Llanque, Markus: Demokratisches Denken im Krieg. Die deutsche Debatte im Ersten Weltkrieg, Berlin 2000.
Llanque, Markus: Die politische Theorie der Integration. Rudolf Smend, in André Brodocz/Gary S. Schaal (Hrsg.): Politische Theorie der Gegenwart I, Opladen 2002, S. 317 – 343.
Llanque, Marcus: Die politische Kultur des Kompromisses in der Weimarer Republik, in Dirk Schumann/Christoph Gysi/Walter Mühlhausen (Hrsg.): Demokratie versuchen. Die Verfassung in der politischen Kultur der Weimarer Republik, Göttingen 2021, S. 297 – 322.
Lohalm, Uwe: Völkischer Radikalismus. Die Geschichte des Deutschvölkischen Schutz- und Trutz-Bundes 1919 – 1923, Lübeck 1970.
Lohalm, Uwe/Martin Ulmer: Alfred Roth und der Deutschvölkische Schutz- und Trutzbund. „Schrittmacher für das Dritte Reich", in Daniel Schmidt/Michael Sturm/Massimiliano Livi (Hrsg.): Wegbereiter des Nationalsozialismus. Personen, Organisationen, Netzwerke der extremen Rechten zwischen 1918 und 1933, Essen 2015, S. 21 – 35.
Lohr, Eric: Nationalizing the Russian Empire. The Campaign against Enemy Aliens during the World War I, Cambridge/Mass. 2003.
Longerich, Peter: Geschichte der SA, München 2003.
Longerich, Peter: Heinrich Himmler. Biographie, München 2010 [2008].
Longerich, Peter: Hitler. Biographie, München 2015.
Longerich, Peter: Antisemitismus. Eine deutsche Geschichte, München 2021.
Longerich, Peter: Außer Kontrolle. Deutschland 1923, Wien/Graz 2022.
Luhmann, Niklas: Funktion und Folgen formaler Organisation, 5. Aufl., Berlin 1999.
Luther, Horst/Friedrich Wolff: Das Recht auf Verteidigung im sozialistischen Strafverfahren, in Staat und Recht 27 (2/1978), S. 144 – 152.
Mack, Rüdiger: Otto Böckel und die antisemitische Bauernbewegung in Hessen 1887 – 1894, in Wetterauer Geschichtsblätter 16 (1967), S. 113 – 147.
Madajcyk, Czeslaw (Hrsg.): Vom Generalplan Ost zum Generalsiedlungsplan, München 1994.
Mai, Gunter: Thüringen in der Weimarer Republik, in Detlev Heiden/Gunter Mai (Hrsg.): Thüringen auf dem Weg ins Dritte Reich, Erfurt o. D., S. 11 – 40.

Malinowski, Stephan: Vom König zum Führer. Sozialer Niedergang und politische Radikalisierung im deutschen Adel zwischen Kaiserreich und NS-Staat, 2. Aufl., Berlin 2003.
Malinowski, Stephan: Die Hohenzollern und die Nazis. Geschichte einer Kollaboration, Berlin 2021.
Malinowski, Stephan: Politische Skandale als Zerrspiegel der Demokratie. Die Fälle Barmat und Sklarek im Kalkül der Weimarer Rechten, in Jahrbuch für Antisemitismusforschung 5 (1996), S. 46 – 64.
Mallmann, Klaus-Michael/Gerhard Paul (Hrsg.): Karrieren der Gewalt. Nationalsozialistische Täterbiographien, Darmstadt 2004.
Mann, Michael: The Dark Side of Democracy. Explaining Ethnic Cleansing, Cambridge 2005.
Mantz, Stefan: Constructing a German Diaspora. The „Greater German Empire" 1871 – 1914, New York/London 2014.
Maser, Werner: Sturm auf die Republik. Die Frühgeschichte der NSDAP, Düsseldorf 1994.
Matthias, Erich/Rudolf Morsey (Hrsg.): Das Ende der Parteien 1933. Darstellung und Dokumente, Düsseldorf 1984.
Matthiesen, Helge: Bürgertum und Nationalsozialismus in Thüringen. Das bürgerliche Gotha von 1918 bis 1930, Frankfurt/M. 1994.
Mauch, Christof: Schattenkrieg gegen Hitler. Das Dritte Reich im Visier der amerikanischen Geheimdienste, Stuttgart 1999.
McClelland, Charles: Inszenierte Weltgeltung einer prima inter pares? Die Berliner Universität und Ihr Jubiläum 1910, in Rüdiger vom Bruch (Hrsg.): Die Berliner Universität im Kontext der deutschen Universitätslandschaft nach 1800, um 1860 und um 1910, München 2010, S. 243 – 254.
McClelland, Charles: Öffentlicher Raum und politische Kultur, in Heinz-Elmar Tenorth/Ders.: Geschichte der Universität Unter den Linden, Bd. 1, Gründung und Blütezeit der Universität zu Berlin 1810 – 1918, Berlin 2012, S. 589 – 612.
Mecke, Christoph-Eric: Begriff des Rechts und Methode der Rechtswissenschaft bei Rudolf von Jhering, Göttingen 2018.
Mehnert, Gottfried: Der Verein zur Abwehr des Antisemitismus in Marburg 1891/92, in Zeitschrift des Vereins für hessische Geschichte und Landeskunde 108 (2003), S. 215 – 230.
Mehring, Reinhard: Rechtsidealismus zwischen Gemeinschaftspathos und kirchlicher Ordnung. Zur Entwicklung von Erik Wolfs rechtsdenken, in ZRGG 44 (2/1992), S. 140 – 156.
Meier-Welcker, Hans: Seeckt, Frankfurt/M. 1967.
Meinl, Susanne: „Das gesamte bewegliche und unbewegliche Vermögen der in Deutschland aufhältlichen Angehörigen des jüdischen Volkstums ist beschlagnahmt". Antisemitische Wirtschaftspropaganda und völkische Diktaturpläne in den ersten Jahren der Weimarer Republik, in Irmtrud Wojak/Peter Hayes (Hrsg.): „Arisierung" im Nationalsozialismus. Volksgemeinschaft, Raub und Gedächtnis, Frankfurt/M. 2000, S. 31 – 58.
Mergel, Thomas: Zwischen Klasse und Konfession. Katholisches Bürgertum im Rheinland 1794 – 1914, Göttingen 1997.
Mergel, Thomas: Parlamentarische Kultur in der Weimarer Republik. Politische Kommunikation, symbolische Politik und Öffentlichkeit im Reichstag, Düsseldorf 2002.
Mergel, Thomas: Das Scheitern des deutschen Tory-Konservatismus. Die Umformung der DNVP zu einer rechtsradikalen Partei 1928 – 1932, in Historische Zeitschrift, Bd. 275 (2002), S. 323 – 368.
Mergel, Thomas: Überlegungen zu einer Kulturgeschichte der Politik, in Geschichte und Gesellschaft 28 (2002), S. 574 – 606.
Mergel, Thomas: Führer, Volksgemeinschaft und Maschine. Politische Erwartungsstrukturen in der Weimarer Republik und im Nationalsozialismus 1918 – 1936, in Wolfgang Hardtwig (Hrsg.): Politische Kulturgeschichte der Zwischenkriegszeit 1918 – 1939, Göttingen 2005, S. 91 – 127.
Mergel, Thomas: High Expectations – Deep Disappointments. Structures of the Public Perception of Politics in the Weimar Republic, in: Kathleen Canning/Kerstin Barndt/Kristin McGuire (Hrsg.): Weimar Publics/Weimar Subjects. Rethinking Political Culture of Germany in the 1920s, New York/Oxford 2010, S. 192 – 210.

Mergel, Thomas: Wahlen, Wahlkämpfe und Demokratie, in: Nasine Rossol/Benjamin Ziemann (Hrsg.): Aufbruch und Abgründe. Das Handbuch der Weimarer Republik, Darmstadt 2021, S. 198 – 225.

Merkenich, Stephanie: Grüne Front gegen Weimar. Reichs-Landbund und agrarischer Lobbyismus 1918 – 1933, Düsseldorf 1998.

Michalka, Wolfgang: Ribbentrop und die deutsche Weltpolitik 1933 – 1940, München 1980.

Milatz, Alfred: Wähler und Wahlen in der Weimarer Republik, Bonn 1965.

Miller, Susanne: Einleitung, in Dies./Erich Matthias (Hrsg.): Das Kriegstagebuch des Reichstagsabgeordneten Eduard David 1914 bis 1918, Düsseldorf 1966, S. XI–XXIV.

Möller, Horst: Parlamentarismus in Preußen 1919 – 1932, Düsseldorf 1985.

Möller, Horst: Gottfried Reinhold Treviranus. Ein Konservativer zwischen den Zeiten, in: Ders. Aufklärung und Demokratie, hrsg. von Andreas Wirsching, München 2003, S. 226 – 245.

Mombauer, Annika (Hrsg.): The Fischer Controversy after 50 Years. Special Issue, in Journal of Contemporary History 2/48 (2013).

Mommsen, Hans: Aufstieg und Untergang der Weimarer Republik 1918 – 1933, 2. Aufl., Berlin 2004.

Mommsen, Hans: Die Auflösung des Bürgertums im 19. Jahrhundert, in: Ders. (Hrsg.): Der Nationalsozialismus und die deutsche Gesellschaft, Frankfurt/M. 1991, S. 11 – 38.

Mommsen, Wolfgang J.: Max Weber and German Politics 1859 – 1920, Chicago/London 1990 [1959].

Mommsen, Wolfgang J.: War der Kaiser an allem schuld? Wilhelm II. und die preußisch- deutschen Machteliten, Berlin 2002.

Moraw, Peter: Geschichte der Universität Gießen 1607 – 1982, Gießen 1982.

Moraw, Peter: Die Universität von den Anfängen bis zur Gegenwart 1607 – 1995, in Ludwig Brake/Heinrich Brinkmann (Hrsg.): 800 Jahre Gießener Geschichte 1197 – 1997, Gießen 1997, S. 446 – 484.

Morsey, Rudolf: Die Deutsche Zentrumspartei 1917 – 1923, Düsseldorf 1966.

Morsey, Rudolf: Hitler als braunschweigischer Regierungsrat, in VfZ 8/4 (1960), S. 419 – 448.

Mües-Baron, Klaus: Heinrich Himmler. Aufstieg des Reichsführers SS (1910 – 1933), Göttingen 2011.

Mühlberger, Detlef: Hitler's Voice. The Völkischer Beobachter 1920 – 1933, 2 Bde., Bern 2004.

Mühlhausen, Walter: Friedrich Ebert 1871 – 1925. Reichspräsident der Weimarer Republik, 2. durchges. Aufl., Bonn 2007.

Müller, Christoph/Ilse Staff (Hrsg.): Staatslehre in der Weimarer Republik, Frankfurt/M. 1985.

Müller, Frank Lorenz: Die Revolution von 1848/49, 4. Aufl., Darmstadt 2011.

Müller, Jakob: Die importierte Nation. Deutschland und die Entstehung des flämischen Nationalismus 1914 – 1945, Göttingen 2020.

Müller, Tim B.: Krieger und Gelehrte. Herbert Marcuse und die Denksysteme im Kalten Krieg, Hamburg 2010.

Müller, Sven Oliver: Die Nation als Waffe und Vorstellung. Nationalismus in Deutschland und Großbritannien im Ersten Weltkrieg, Göttingen 2002.

Müller, Thomas: Imaginierter Westen. Das Konzept des „deutschen Westraums“ im völkischen Diskurs zwischen politischer Romantik und Nationalsozialismus, Bielefeld 2009.

Müller, Mario H.: Fabian von Schlabrendorff. Ein Leben für den Widerstand gegen Hitler und für Gerechtigkeit in Deutschland, Berlin 2023.

Müller-Engbers, Helmut (Hrsg.): Inoffizielle Mitarbeiter des Ministeriums für Staatssicherheit. Teil 1, Richtlinien und Durchführungsbestimmungen, 3. Aufl., Berlin 2001.

Mulligan, William: The Creation of the Modern German Army. General Walther Reinhardt and the Weimar Republic 1914 – 1930, New York/Oxford 2005.

Neebe, Reinhard: Großindustrie, Staat und NSDAP 1930 – 1933. Paul Silverberg und der Reichsverband der Deutschen Industrie in der Krise der Weimarer Republik, Göttingen 1981.

Neitzel, Sönke: Weltmacht oder Untergang. Die Weltreichslehre im Zeitalter des Imperialismus, Paderborn 2000.

Nerdinger, Winfried/Ekkehart Mai: Wilhelm Kreis. Architekt zwischen Kaiserreich und Demokratie 1873 – 1955, München 1994.

Neugebauer, Wolfgang: Der Kampf ums politische Telos, in Ders. (Hrsg.): Preußische Geschichte als gesellschaftliche Veranstaltung, Paderborn 2005, S. 271 – 300.

Niederstedt, Dieter: Rechtsradikale Wirtschafts- und Gesellschaftsvorstellungen in der Weimarer Republik zwischen Spann-Schule und Nationalsozialismus unter besonderer Berücksichtigung von Paul Bang, Diss. Münster 1970.

Niedhart, Gottfried: Die Außenpolitik der Weimarer Republik, 2. Aufl., München 2006.

Niess, Wolfgang: Der Hitlerputsch 1923. Geschichte eines Hochverrats, München 2023.

Nolte, Paul: Die Ordnung der deutschen Gesellschaft. Selbstentwurf und Selbstbeschreibung im 20. Jahrhundert, München 2002.

Nordalm, Jens: Historismus und moderne Welt. Erich Marcks (1861 – 1938) in der deutschen Geschichtswisenschaft, Berlin 2003.

Ohnezeit, Maik: Zwischen „schärfster Opposition" und dem „Willen zur Macht". Die Deutschnationale Volkspartei (DNVP) in der Weimarer Republik 1918 – 1928, Düsseldorf 2006.

Olechowski, Thomas: Hans Kelsen. Biographie eines Rechtswissenschaftlers, Tübingen 2020.

Orlow, Dietrich: Weimar Prussia 1925 – 1933. The Illusion of Strength, Pittsburgh 1991.

Orlow, Dietrich: The Nazi Party 1919 – 1945, New York 2008.

Ormond, Thomas: Richterwürde und Regierungstreue. Dienstrecht, politische Betätigung und Disziplinierung der Richter in Preußen, Baden und Hessen 1866 – 1918, Frankfurt/M. 1994.

Orth, Rainer: „Amtssitz der Opposition"? Politik und Staatsumbaupläne im Büro des Stellvertreters des Reichskanzlers in den Jahren 1933 – 1934, Köln /Weimar/Wien 2016.

Ostler, Fritz: Die deutschen Rechtsanwälte 1871 – 1971, 2. Aufl., Essen 1982.

Otterbeck, Franz: Das Anwaltskollektiv der DDR. Über die rechtliche Struktur und politische Funktion genossenschaftlicher Advokatur unter den Bedingungen sozialistischer Gesetzlichkeit, Köln 2000.

Overesch, Manfred: Die Einbürgerung Hitlers 1930, in VfZ 4/40 (1992), S. 543 – 566.

Pätzold, Kurt/Manfred Weißbecker: Hakenkreuz und Totenkopf. Die Partei des Verbrechens, Berlin 1982.

Pätzold, Kurt/Manfred Weißbecker: Geschichte der NSDAP 1920 – 1945, Köln 1998.

Pätzold, Kurt/Manfred Weißbecker: Geschichte der NSDAP 1920 bis 1945, 3. Aufl., Köln 2009.

Palatschek, Sylvia: Geisteswissenschaften in Freiburg im 19. Jahrhundert. Expansion, Verwissenschaftlichung und Ausdifferenzierung ihrer Disziplinen, in Bernd Martin (Hrsg.): 550 Jahre Albert-Ludwigs-Universität Freiburg, Bd. 3, Freiburg 2007, S. 44 – 71.

Patch, William L.: Heinrich Brüning and the Dissolution of the Weimar Republic, Cambridge 1998.

Paul, Ina Ulrike: Paul Anton de Lagarde, in Uwe Puschner/Walter Schmitz/Justus H. Ulbricht (Hrsg.): Handbuch zur „Völkischen Bewegung" 1871 – 1918, München 1999, S. 45 – 93.

Paul, Ina Ulrike: Paul Anton de Lagardes Rassismus, in Dies./Sylvia Schraut (Hrsg.): : Rassismus in Geschichte und Gegenwart. Eine interdisziplinäre Analyse, Berlin u. a. 2018, S. 81 – 111.

Paul, Ina Ulrike: Paul Anton de Lagarde und „die Juden", in: Heike Behlmer/Thomas L. Gertzen/Orell Witthuhn (Hrsg.): Der Nachlass Paul de Lagarde. Orientalistische Netzwerke und antisemitische Verflechtungen, Berlin/Boston 2020, S. 9 – 29.

Paulson, Stanley L./Michael Stolleis (Hrsg.): Hans Kelsen. Staatsrechtler und Rechtstheoretiker des 20. Jahrhunderts, Tübingen 2005.

Paxton, Robert O.: The Anatomy of Fascism, New York 2004.

Peal, David: Anti-Semitism and Rural Transformation in Kurhessen. The Rise and Fall of the Böckel Movement, Diss. Michigan 1985.

Pekelder, Jacco/Joep Schenk/Cornelis van der Bas: Der Kaiser und das „Dritte Reich". Die Hohenzollern zwischen Restauration und Nationalsozialismus, Göttingen 2021.

Perras, Arne: Carl Peters and German Imperialism 1856 – 1918. A Political Biography, Oxford 2004.

Peters, Michael: Der Alldeutsche Verband am Vorabend des Ersten Weltkrieges 1908 – 1914, Frankfurt/M. 1992.

Peters, Michael: Konstantin von Gebsattel 1854 – 1932, in Fränkische Lebensbilder, Bd. 19, Neustadt/Aisch 1996, S. 173 – 187.

Petzina, Dietmar: Autarkiepolitik im Dritten Reich. Der nationalsozialistische Vierjahresplan, Stuttgart 1968.

Petzold, Joachim: Wegbereiter des deutschen Faschismus. Die Jungkonservativen in der Weimarer Republik, Köln 1983.

Petzold, Joachim: Franz von Papen. Ein deutsches Verhängnis, München/Berlin 1995.

Petzold, Joachim: Parteinahme wofür? DDR-Historiker im Spannungsfeld von Politik und Wissenschaft, Potsdam 2000.

Petzold, Joachim: Claß und Hitler. Über die Förderung der frühen Nazibewegung durch den Alldeutschen Verband und dessen Einfluß auf die nazistische Ideologie, in Jahrbuch für Geschichte 21 (1980), S. 247–288.

Petzold, Joachim: Die Demagogie des Hitlerfaschismus, Berlin 1982.

Peukert, Detlev J.K.: Die Weimarer Republik. Krisenjahre der klassischen Moderne, Frankfurt/M. 1987.

Pfahl-Traughber, Armin: Antisemitismus, Populismus und Sozialprotest. Eine Fallstudie zur Agitation von Otto Böckel, dem ersten Antisemitem im Reichstag, in Aschkenas. Zeitschrift für Geschichte und Kultur der Juden 10 (2/2000), S. 389–415.

Pflanze, Otto: Bismarck. Der Reichsgründer, München 2008 [1997].

Plehwe, Friedrich-Karl von: Reichskanzler Kurt von Schleicher, Berlin 1990.

Pötzsch, Hansjörg: Antisemitismus in der Region. Antisemitische Erscheinungsformen in Sachsen, Hessen, Hessen-Nassau und Braunschweig 1870–1914, Wiesbaden 2000.

Pogge von Strandmann, Hartmut: Unternehmenspolitik und Unternehmensführung. Der Dialog zwischen Aufsichtsrat und Vorstand bei Mannesmann 1900 bis 1919, Düsseldorf/Wien 1978.

Pogge von Strandmann, Hartmut: Staatsstreichpläne, Alldeutsche und Bethmann Hollweg, in Imanuel Geiss/Ders.: Die Erforderlichkeit des Unmöglichen, Frankfurt/M. 1965, S. 7–45.

Pohl, Karl Heinrich: Gustav Stresemann. Biographie eines Grenzgängers, Göttingen 2015.

Pohl, Karl Heinrich: Sachsen 1923. Das linksrepublikanische Projekt – eine vertane Chance für die Weimarer Demokratie?, Göttingen 2022.

Pohl, Karl Heinrich: Die Nationalliberalen in Sachsen vor 1914. Eine Partei der konservativen Honoratioren auf dem Weg zur Partei der Industrie, in Lothar Gall/Dieter Langewiesche (Hrsg.): Liberalismus und Region. Zur Geschichte des deutschen Liberalismus im 19. Jahrhundert, München 1995, S. 195–216.

Pommerin, Rainer: Die Ausweisung von „Ostjuden" aus Bayern 1923. Ein Beitrag zum Krisenjahr der Weimarer Republik, in VfZ 34 (3/1986), S. 311–314.

Pomp, Rainer: Bauern und Großgrundbesitzer auf ihrem Weg ins Dritte Reich. Der Brandenburgische Landbund 1919–1933, Berlin 2011.

Pomplun, Jan-Philipp: Deutsche Freikorps. Sozialgeschichte und Kontinuitäten (para-)militärischer Gewalt zwischen Weltkrieg, Revolution und Nationalsozialismus, Göttingen 2023.

Priemel, Kim C.: The Betrayal. The Nuremberg Trials and German Divergence, Oxford 2016.

Puhle, Hans-Jürgen: Agrarische Interessenpolitik und preussischer Konservatismus im Wilhelminischen Reich, 1893–1914. Ein Beitrag zur Analyse des Nationalismus in Deutschland am Beispiel des Bundes der Landwirte und der Deutsch-Konservativen Partei, Bonn 1975.

Puschner, Uwe: Die völkische Bewegung im wilhelminischen Kaiserreich. Sprache – Rasse – Religion, Darmstadt 2001.

Puschner, Uwe: Sozialdarwinismus als wissenschaftliches Konzept und politisches Programm, in Gangolf Hübinger (Hrsg.): Europäische Wissenschaftskulturen und politische Ordnungen der Moderne 1890–1970, München 2014, S. 99–121.

Puschner, Uwe: Wissenschaft und Weltanschauung: Max von Gruber, in: Ina Ulrike Paul/Sylvia Schraut (Hrsg.): Rassismus in Geschichte und Gegenwart. Eine interdisziplinäre Analyse. Festschrift für Walter Demel, Berlin u.a. 2018, S. 45–80.

Pyta, Wolfram: Dorfgemeinschaft und Parteipolitik 1918–1933. Die Verschränkung von Milieu und Parteien in den protestantischen Landgebieten Deutschlands in der Weimarer Republik, Düsseldorf 1996.

Pyta, Wolfram: Hindenburg. Herrschaft zwischen Hohenzollern und Hitler, Berlin 2009.

Pyta, Wolfram: Vorbereitungen für den militärischen Ausnahmezustand unter Papen/Schleicher. Dokumentation, in Militärgeschichtliche Mitteilungen 51 (1992) , S. 385 – 428.

Pyta, Wolfram: Schmitts Begriffsbestimmung im politischen Kontext, in Reinhard Mehring (Hrsg.): Carl Schmitt. Begriff des Politischen, Berlin 2003, S. 219 – 235.

Pyta, Wolfram: Die Präsidialgewalt in der Weimarer Republik, in Marie-Luise Recker (Hrsg.): Parlamentarismus in Europa. Deutschland, England und Frankreich im Vergleich, München 2004, S. 65 – 95.

Pyta, Wolfram/Rainer Orth: Nicht alternativlos. Wie ein Reichskanzler Hitler hätte vermieden werden können, in Historische Zeitschrift, Bd. 312 (1/2021), S. 400 – 444.

Radkau, Joachim: Max Weber: A Biography, Cambridge 2009.

Raberg, Frank, „Niethammer, Emil“ in: Neue Deutsche Biographie 19 (1999) , S. 246 – 247[Online-Version]; URL: https://www.deutsche-biographie.de/pnd117017744.html#ndbcontent.

Raphael, Lutz: Radikales Ordnungsdenken und die Organisation totalitärer Herrschaft. Weltanschauungseliten und Humanwissenschaftler im NS-Regime, in: Geschichte und Gesellschaft 27 (2001), S. 5 – 40.

Raphael, Lutz: Ordnungsmuster der „Hochmoderne? Die Theorie der Moderne und die Geschichte der europäischen Gesellschaften im 20. Jahrhundert, in Ute Schneider/Ders. (Hrsg.): Dimensionen der Moderne, Frankfurt/M. u. a. 2008, S. 73 – 91.

Raphael, Lutz: Pluralities of National Socialist Ideology. New Perspectives on the Production and Diffusion of National Socialist Weltanschauung, in Martina Steber/Bernhard Gotto (Hrsg.): Visions of Community in Nazi Germany. Social Engineering and Private Lifes, Oxford 2018, S. 73 – 86.

Rauh, Cornelia: Das Eigentum der Anderen, in Norbert Frei (Hrsg.): Wie bürgerlich war der Nationalsozialismus?, Göttingen 2018, S. 127 – 143.

Rebenich, Stefan: Theodor Mommsen. Eine Biographie, München 2002.

Reibel, Carl-Wilhelm: Handbuch der Reichstagswahlen 1890 – 1918. Bündnisse, Ergebnisse, Kandidaten, 2 Bde., Düsseldorf 2007.

Reichardt, Sven: Faschistische Kampfbünde. Gewalt und Gemeinschaft im italienischen Squadrismus und in der deutschen SA, Köln/Weimar/Wien 2002.

Reichardt, Sven/Wolfgang Seibel (Hrsg.): Der prekäre Staat. Herrschen und Verwalten im Nationalsozialismus, Frankfurt/M. 2011.

Renneberg, Joachim: Die kriminalsoziologischen und kriminalbiologischen Lehren und Strafrechtsreformvorschläge Liszts und die Zerstörung der Gesetzlichkeit im bürgerlichen Strafrecht, Berlin 1956.

Retallack, James: Notables of the Right. The Conservative Party and Political Mobilization in Germany 1878 – 1918, Boston 1988.

Retallack, James: The German Right 1860 – 1920. Political Limits of the Authoritarian Imagination, Toronto 2006.

Retallack, James: Red Saxony. Election Battles and the Spectre of Democracy in Germany 1860 – 1918, Oxford/New York 2017.

Richter, Simone: Joseph Goebbels – der Journalist. Darstellung seines journalistischen Werdegangs 1923 bis 1933, Stuttgart 2010.

Röhl, John C.G.: Wilhelm II., Bd. 2. Der Aufbau der persönlichen Monarchie 1888 – 1900, München 2001.

Röhl, John C.G.: Wilhelm II., Bd. 3. Der Weg in den Abgrund 1900 – 1941, München 2008.

Röhl, John C.G.: Kaiser, Hof und Staat. Wilhelm II. und die deutsche Politik, München 2007.

Röhl, John C.G. (Hrsg.): Der Ort Wilhelms II. in der deutschen Geschichte, München 1991.

Rohe, Karl: Wahlen und Wählertraditionen in Deutschland. Kulturelle Grundlagen deutscher Parteien und Parteiensysteme im 19. und 20. Jahrhundert, Frankfurt/M. 1992.

Römer, Felix: Bürgerlichkeit, Militär, Gewaltkultur, in Norbert Frei (Hrsg.): Wie bürgerlich war der Nationalsozialismus?, Göttingen 2018, S. 192 – 205.

Rössler, Mechthild/Sabine Schleiermacher (Hrsg.): Der „Generalplan Ost". Hauptlinien der nationalsozialistischen Planungs- und Vernichtungspolitik, Berlin 1993.
Roidl, Angelika: Die „Osthilfe" unter der Regierung der Reichskanzler Müller und Brüning, Weiden 1994.
Rosenberg, Hans: Große Depression und Bismarckzeit, Berlin 1967.
Rosenthal, Jakob: Die Ehre des jüdischen Soldaten. Die Judenzählung im Ersten Weltkrieg und ihre Folgen, Frankfurt/M. 2007.
Rottleuthner, Hubert u. a.: Steuerung der Justiz in der DDR.Einflussnahme der Politiker auf Richter, Staatsanwälte und Rechtsanwälte, Köln 1994.
Rückert, Joachim: Idealismus, Jurisprudenz und Politik bei Friedrich Carl von Savigny, Ebelsbach 1984.
Rückert, Joachim/Ralf Seinecke (Hrsg.): Methodik des Zivilrechts – von Savigny bis Teubner, 3. erw. Aufl., Baden Baden 2017.
Rüthers, Bernd/ Christian Fischer/Axel Birk: Rechtstheorie mit Juristischer Methodenlehre, 10. überarb. Aufl., München 2018.
Rüthers, Bernd: Methodenfragen als Verfassungsfragen?, in Ders.: Wider den juristischen Zeitgeist. Ausgewählte Schriften, Tübingen 2017, S. 357–384.
Ruge, Wolfgang: Weimar – Republik auf Zeit, 2. Aufl. 1980 [Erstausgabe 1969].
Ruge, Wolfgang: Hindenburg. Porträt eines Militaristen, Berlin 1974.
Ruppel, Hans Georg (Hrsg.): Historisches Ortsverzeichnis für das Gebiet des ehem. Großherzogtums und Volksstaats Hessen mit Nachweis der Kreis- und Gerichtszugehörigkeit von 1820 bis zu den Veränderungen im Zuge der kommunalen Gebietsreform, Darmstadt 1976.
Ruppel, Hans Georg (Hrsg.): Prüfungskommission für das Justiz- und Regierungsfach (Justizprüfungskommission), Darmstadt 1976/2007.
Ruppel, Hans Georg/Birgit Groß (Hrsg.): Hessische Abgeordnete 1820–1933, Darmstadt 1980.
Ruppert, Karsten: Im Dienst am Staat von Weimar. Das Zentrum als regierende Partei in der Weimarer Republik 1923–1930, Düseldorf 1992.
Ryback, Timothy: Hitler's Private Library. The Books that Shaped his Life, London 2009.
Sabrow, Martin: Die verdrängte Verschwörung. Der Rathenau-Mord und die deutsche Gegenrevolution, Frankfurt/M. 1998.
Sabrow, Martin: Der Rathenaumord und die deutsche Gegenrevolution, Göttingen 2022.
Salter, Michael: Nazi War Crimes, US Intelligence, and Selective Prosecution at Nuremberg. Controversies Regarding the Office of Strategic Services, New York 2007.
Schäfer, Karen: Die Militärstrategie Seeckts, Berlin 2016.
Schanetzki, Tim: „Kanonen statt Butter". Wirtschaft und Konsum im Dritten Reich, München 2015.
Scheck, Raffael: Alfred von Tirpitz and German Right-Wing Politics 1914–1930, Atlantic Highlands 1998.
Scheck, Raffael: Mothers of the Nation. Right-Wing Women in Weimar Germany, Oxford/New York 2004.
Scheible, Burkhard Stefan: Viktor Emil von Gebattel (1883–1976). Leben und Werk, Diss. Tübingen 2008.
Schell, Stefan: Die Entwicklung des politischen Antisemitismus in Deutschland zwischen 1881 und 1912, Berlin 1999.
Schellhorn, Michael: Alfred Hugenberg (1865–1951). Biographie (Diss. Potsdam, in Bearb.).
Schellhorn, Michael: „Mit dem Zentrum niemals!". Alfred Hugenberg und die Deutsche Zentrumspartei in der Endphase der Weimarer Republik 1928–1933, in Historisch-Politische Mitteilungen 26 (2019), S. 27–63.
Schenk, Dieter: Hans Frank. Hitlers Kronjurist und Generalgouverneur, Frankfurt/M. 2008.
Scheurig, Bodo: Ewald von Kleist-Schmenzin. Ein Konservativer gegen Hitler, Berlin 1994.
Schieder, Wolfgang: Ein faschistischer Diktator. Adolf Hitler – Eine Biographie, Darmstadt 2023.
Schieffer, Rudolf: Wilhelm von Giesebrecht (1814–1889), in Katharina Weigand (Hrsg.): Münchner Historiker zwischen Politik und Wissenschaft. 150 Jahre Historisches Seminar der Ludwig-Maximilians-Universität, München 2010, S. 119–136.
Schildt, Axel: Militärdiktatur mit Massenbasis? Die Querfrontkonzeption der Reichsführung um General von Schleicher am Ende der Weimarer Republik, Frankfurt/M. 1981.

Schildt, Axel: Konservatismus in Deutschland, München 1998.
Schildt, Axel: Der Putsch der „Prätorianer, Junker und Alldeutschen". Adel und Bürgertum in den Anfangswirren der Weimarer Republik, in: Heinz Reif (Hrsg.): Adel und Bürgertum in Deutschland, Bd. II, Entwicklungslinien und Wendepunkte im 20. Jahrhundert, Berlin 2001, S. 103–125.
Schilling, Jörg: „Distanz halten:" Das Hamburger Bismarck-Denkmal und die Monumentalität der Moderne, Göttingen 2006.
Schilling, Konrad: Beiträge zu einer Geschichte des radikalen Nationalismus der wilhelminischen Ära 1890–1914, Diss. Köln 1968.
Schlabrendorff, Fabian von: Begegnungen aus fünf Jahrzehnten, 2. Aufl., Tübingen 1979.
Schlabrendorff, Fabian von: Offiziere gegen Hitler, Frankfurt/Main 1961 [1946].
Schlie, Ulrich: Das Reichsministerium für Ernährung und Landwirtschaft in der Zeit des Nationalsozialismus, in Horst Möller u. a. (Hrsg.): Agrarpolitik im 20. Jahrhundert, Berlin/Boston 2020, S. 105–261.
Schmid, Julia: Kampf um das Deutschtum. Radikaler Nationalismus in Österreich und dem Deutschen Reich 1890–1914, Frankfurt/M./New York 2009.
Schmollinger, Horst W.: Deutsche Konservative Partei/Deutsche Rechtspartei, in Richard Stöss (Hrsg.): Parteien-Handbuch. Die Parteien der Bundesrepublik Deutschland 1945–1980, Bd. 2, Opladen 1983, S. 982–1024.
Schnädelbach, Herbert: Philosophie in Deutschland 1881–1933, Frankfurt/M. 1983.
Schopmeyer, Heinrich: Juristische Methode als Lebensaufgabe. Leben, Werk und Wirkungsgeschichte Philipp Hecks, Tübingen 2001.
Schröder, Ernst: Otto Wiedfeldt. Eine Biographie, 2. Aufl., Neustadt 1981.
Schroeder, Friedrich-Christian: Der Schutz von Staat und Verfassung im Strafrecht, München 1970.
Schröder, Jan: Zur Geschichte der juristischen Methodenlehre zwischen 1850 und 1933, in Rechtsgeschichte – Legal History 13 (2008), S. 160–175.
Schultz, Hans-Dietrich: Friedrich Ratzel. Bellizistischer Raumtheoretiker mit Naturgefühl oder Vorläufer der NS-Lebensraumpolitik?, in: Claus Deimel/Sebastian Lentz/Bernhard Streck (Hrsg.): Auf der Suche nach Vielfalt. Ethnographie und Geographie in Leipzig, Leipzig 2009, S. 125–142.
Schulz, Gerhard: Zwischen Demokratie und Diktatur. Bd. 3. Von Brüning zu Hitler, Berlin/New York 1992.
Schulze, Hagen: Otto Braun oder Preußens demokratische Sendung, Frankfurt/M. 1977.
Schulze, Winfried (Hrsg.): Ego-Dokumente. Annäherung an den Menschen in der Geschichte, Berlin 1996.
Schumacher, Karl: Das Römisch-Germanische Central-Museum von 1901 bis 1926, in Festschrift zur Feier des Fünfundiebzigsten Bestehens des Römisch-Germanischen Central-Museums zu Mainz, Mainz 1927, S. 53–96.
Schumann, Dirk: Politische Gewalt in der Weimarer Republik. Kampf um die Straße und Furcht vor dem Bürgerkrieg, Essen 2001.
Schuman, Dirk/Andreas Wirsching (Hrsg.): Violence and Society after the First World War, München 2003.
Schumann, Dirk: Gewalt als Methode der nationalsozialistischen Machteroberung, in: Andreas Wirsching (Hrsg.): Das Jahr 1933. Die nationalsozialistische Machteroberung und die deutsche Gesellschaft, Göttingen 2009, S. 135–155.
Schwabe, Klaus: Wissenschaft und Kriegsmoral. Die deutschen Hochschullehrer und die politischen Grundfragen des Ersten Weltkrieges, Göttingen 1969.
Schwabe, Klaus: Ursprung und Verbreitung des alldeutschen Annexionismus in der deutschen Professorenschaft im Ersten Weltkrieg, in VfZ 14 (1966), S. 105–138.
Schwartz, Michael: Ethnische „Säuberungen" in der Moderne. Globale Wechselwirkungen nationalistischer und rassistischer Gewaltpolitik im 19. und 20. Jahrhundert, München 2013.
Schwartz, Michael: Entleerte Räume. „Ethnische Säuberungen" in Grenz- und Großregionen, in Ulrike Jureit (Hrsg.): Umkämpfte Räume. Raumbilder, Ordnungswille und Gewaltmobilisierung, Göttingen 2016, S. 93–116.

Seibel, Wolfgang: Polykratische Integration: Nationalsozialistische Spitzenbeamte als Netzwerker in der deutschen Besatzungsverwaltung in Belgien 1940 – 1944, in: Sven Reichardt/Ders. (Hrsg.): Prekärer Staat. Herrschen und Verwalten im Nationalsozialismus, Frankfurt/Main/ New York 2011, S. 241 – 273.

Seiberth, Gabriel: Anwalt des Reiches. Carl Schmitt und der Prozess „Preußen contra Reich" vor dem Staatsgerichtshof, Berlin 2001.

Sieferle, Rolf Peter: Rassismus, Rassenhygiene, Menschenzuchtideale, in Uwe Puschner/Walter Schmitz/Justus H. Ulbricht (Hrsg.): Handbuch zur „Völkischen Bewegung" 1871 – 1918, München 1999, S. 436 – 448.

Sieg, Ulrich: Deutschlands Prophet. Paul de Lagarde und die Ursprünge des modernen Antisemitismus, München 2007.

Sieg, Ulrich: Die Sakralisierung der Nation. Paul de Lagardes „Deutsche Schriften", in Werner Bergmann/Ders. (Hrsg.): Antisemitische Geschichtsbilder, Essen 2009, S. 103 – 120.

Siegrist, Hannes: Advokat, Bürger und Staat. Sozialgeschichte der Rechtsanwälte in Deutschland, Italien und der Schweiz (18.–20. Jahrhundert), 2 Bde., Frankfurt/M. 1996.

Siegrist, Hannes: Bürgerliche Berufe. Die Professionen und das Bürgertum, in Ders. (Hrsg.): Bürgerliche Berufe. Zur Sozialgeschichte der freien und akademischen Berufe im internationalen Vergleich, Göttingen 1988, S. 11 – 48.

Siegrist, Hannes: Public Office or Free Profession? German Attorneys in the Nineteenth and Early Twentieth Centuries, in Konrad Jarausch/Geoffrey Cocks (Hrsg.): German Professions 1800 – 1945, New York 1990, S. 46 – 65.

Siemens, Daniel: Stormtroopers. A New History of Hitler's Brownshirts, New Haven 2017.

Smith, Bradley F.: The Shadow Warriors. OSS and the Origins of the CIA, New York 1983.

Smith, Iain R.: The Origins of the South African War 1899 – 1902, London 1996.

Stachura, Peter: Der Fall Strasser. Gregor Strasser, Hitler, and National Socialism, in Ders. (Hrsg.): The Shaping of the Nazi State, London 1978, S. 88 – 130.

Stäcker, Therese: Die Franz von Liszt-Schule und ihre Auswirkungen auf die deutsche Strafrechtsentwicklung, Baden Baden 2012.

Staufer, Andreas Michael: Ludwig Ebermayer. Leben und Werk des höchsten Anklägers der Weimarer Republik, Leipzig 2010.

Steber, Martina/Bernhard Gotto (Hrsg.): Visions of Community in Nazi Germany. Social Engineering and Private Lifes, Oxford 2018.

Stedman Jones, Gareth: Karl Marx. Greatness and Illusion, London 2016.

Stegmann, Dirk: Die Erben Bismarcks. Parteien und Verbände in der Spätphase des wilhelminischen Deutschland. Sammlungspolitik 1897 – 1918, Köln/Berlin 1970.

Stegmann, Dirk: Die Silverberg-Kontroverse 1926. Unternehmerpolitik zwischen Reform und Restauration, in Hans-Ulrich Wehler (Hrsg.): Sozialgeschichte heute, Göttingen 1974, S. 594 – 610.

Stegmann, Dirk: Vom Neokonservatismus zum Proto-Faschismus. Konservative Partei, Vereine und Verbände 1893 – 1920, in Bernd-Jürgen Wendt/Peter-Christian Witt (Hrsg.): Deutscher Konservatismus im 19. und 20. Jahrhundert, Bonn 1983, S. 199 – 230.

Stegmann, Dirk: Between Economic Interests and Radical Nationalism, in Larry E. Jones/James Retallack (Hrsg.): Between Reform, Reaction, and Resistance. Studies in the History of German Conservatism from 1789 to 1945, Providence/Oxford 1993, S. 157 – 185.

Stegmann, Dirk: Die „Deutsche Zeitung" 1917 – 1918. Präfaschistische Öffentlichkeit am Ende des Kaiserreichs, in Dagmar Bussiek/Simona Göbel (Hrsg.): Kultur, Politik und Öffentlichkeit, Kassel 2009, S. 266 – 288.

Stegmann, Dirk: Die Deutsche Vaterlandspartei in Schleswig-Holstein 1917/18. Konservative Sammlungspolitik in der Provinz, in Demokratische Geschichte, Bd. 20 (2009), S. 41 – 75.

Stegmann, Dirk: Radikalisierung des Lübecker Bürgertums nach rechts. Alldeutscher Verband und Deutsche Vaterlandspartei 1912 – 1918, in Demokratische Geschichte, Bd. 24 (2013), S. 39 – 62.

Stibbe, Matthew: Civilian Internment and Civilian Internees in Europe 1914–1920, in Ders. (Hrsg.): Captivity, London 2013, S. 49–81.

Stienen, Daniel Benedikt: Verkauftes Vaterland. Die moralische Ökonomie des Bodenmarktes im östlichen Preußen 1886–1914, Göttingen 2022.

Stöckel, Sigrid (Hrsg.): Die „rechte Nation“ und ihr Verleger. Politik und Popularisierung im J.F. Lehmanns Verlag 1890–1979, Köln 2002.

Stolleis, Michael: Geschichte des Öffentlichen Rechts in Deutschland. Weimarer Republik und Nationalsozialismus [Bd. 3, Staats- und Verwaltungsrechtswissenschaft in Republik und Diktatur 1914–1945], München 2002.

Stolleis, Michael: Sozialistische Gesetzlichkeit. Staats- und Verwaltungsrechtswissenschaft in der DDR, München 2009.

Stolleis, Michael: Geschichte des öffentlichen Rechts in Deutschland, Bd. 4, Staats- und Verwaltungsrechtswissenschaft in West und Ost 1945–1990, München 2012.

Striesow, Jan: Die Deutschnationale Volkspartei und die Völkisch-Radikalen 1918–1922, Frankfurt/M. 1981.

Struve, Walter: Elites against Democracy. Leadership Ideals in Bourgeois Political Thought in Germany, 1890–1933, Princeton 1973.

Stupperich, Amrei: Volksgemeinschaft und Arbeitersolidarität. Studien zur Arbeitnehmerpolitik in der Deutschnationalen Volkspartei 1918–1933, Göttingen/Zürich 1982.

Süchting-Hänger, Andrea: Das „Gewissen der Nation“. Nationales Engagement und politisches Handeln konservativer Frauenorganisationen 1900 bis 1937, Düsseldorf 2002.

Süß, Dietmar: Die deutsche Gesellschaft im Dritten Reich, München 2017.

Süß, Dietmar/Winfried Süß: „Volksgemeinschaft“ und Vernichtungskrieg. Gesellschaft im nationalsozialistischen Deutschland, in Diess. (Hrsg.): Das „Dritte Reich“, München 2008, S. 78–100.

Suval, Stanley: Electoral Politics in Wilhelmine Germany, Chapel Hill/London 1985.

Sweeney, Dennis: Pan-German Conceptions of Colonial Empire, in Bradley Naranch/Geoff Eley (Hrsg.): German Colonialism in a Global Age, Durham 2015, S. 265–282.

Sywotteck, Arnold: Die „Fischer-Kontroverse“. Ein Beitrag zur Entwicklung des politisch-historischen Bewusstseins in der Bundesrepublik, in: Imanuel Geiss/Bernd-Jürgen Wendt (Hrsg.): Deutschland in der Weltpolitik des 19. und 20. Jahrhunderts, Düsseldorf 1987, S. 19–47.

Szejnmann, Claus-Christian: Nazism in Central Germany. The „Brownshirts“ in Red Saxony, Oxford/New York 1999.

Szemérdy, Julia: Ludwig Kuhlenbeck. Ein Vertreter sozialdarwinistischen und rassentheoretischen Rechtsdenkens um 1900, Zürich 2003.

de Taillez, Felix: Zwei Bürgerleben in der Öffentlichkeit. Die Brüder Fritz Thyssen und Heinrich Thyssen-Bornemisza, Paderborn 2017.

Tebbe, Jason: Landscapes of Remembrance. Home and Memory in the Nineteenth-Century Bürgertum, in Journal of Family History 2/33 (2008) , S. 195–215.

Terhalle, Maximilian: Deutschnational in Weimar. Die politische Biographie des Reichstagsabgeordneten Otto Schmidt(-Hannover) 1888–1971, Köln/Weimar/Wien 2009.

Thaden, Edward C. (Hrsg.): Russification in the Baltic Provinces 1855–1914, Princeton 1981.

Thamer, Hans-Ulrich: Die Zerstörung des Rechtsstaates und die Legalisierung der Diktatur. Ausnahmezustand, politische Gewalt und Selbstmobilisierung, in Michael C. Bienert/Lars Lüdicke (Hrsg.): Preußen zwischen Demokratie und Diktatur. Der Freistaat, das Ende der Weimarer Republik und die Errichtung der NS-Herrschaft 1932–1934, Berlin 2018, S. 129–148.

Thieler, Kerstin: „Volksgemeinschaft“ unter Vorbehalt. Gesinnungskontrolle und politische Mobilisierung in der Herrschaftspraxis der NSDAP-Kreisleitung Göttingen, Göttingen 2014.

Thoss, Bruno: Der Ludendorff-Kreis 1919–1923. München als Zentrum der mitteleuropäischen Gegenrevolution zwischen Revolution und Hitler-Putsch, München 1977.

Titze, Hartmut: Der Akademikerzyklus. Historische Untersuchungen über die Wiederkehr von Überfüllung und Mangel in akademischen Karrieren, Göttingen 1990.

Tollmien, Cordula: Nationalsozialismus in Göttingen 1933–1945, in Rudolf von Thadden/Günter J. Trippel (Hrsg.): Göttingen. Geschichte einer Universitätsstadt, Bd. 3, Göttingen 1999, S. 127–274.

Tooze, Adam: The Wages of Destruction. The Making and Breaking of Nazi Economy, New York 2007.

Torp, Cornelius/Sven Oliver Müller: Das Bild des Deutschen Kaiserreichs im Wandel, in: Sven Oliver Müller/Cornelius Torp (Hrsg.): Das Deutsche Kaiserreich in der Kontroverse, Göttingen 2009, S. 9–27.

Trippe, Christian F.: Konservative Verfassungspolitik 1918–1923. Die DNVP als Opposition in Reich und Ländern, Düsseldorf 1995.

Trumpp, Thomas: Franz von Papen, der preußische Dualismus und die NSDAP in Preußen. Ein Beitrag zur Vorgeschichte des 20. Juli, Diss. Tübingen 1963.

Turner, Henry Ashby: Stresemann and the Politics of the Weimar Republic, Princeton 1963.

Turner, Henry Ashby: German Big Business and the Rise of Hitler, New York/Oxford 1985.

Turner, Henry Ashby: Hitlers's Thirty Days to Power. January 1933, New York 2003 [1996].

Turner, Henry Ashby: Die „Ruhrlade“. Geheimes Kabinett der Schwerindustrie in der Weimarer Republik, in Ders.: Faschismus und Kapitalismus in Deutschland, 2. Aufl., Göttingen 1980, S. 114–156.

Turner, R. Steven: Universitäten, in Karl-Ernst Jeismann/Peter Lundgreen (Hrsg.): Handbuch der deutschen Bildungsgeschichte, Bd. III, 1800–1870, München 1987, S. 221–249.

Tyrell, Albrecht: Vom „Trommler“ zum „Führer“. Der Wandel von Hitlers Selbstverständnis zwischen 1919 und 1924 und die Entwicklung der NSDAP, München 1975.

Ulbricht, Justus H.: „Wege nach Weimar“ und „deutsche Wiedergeburt“. Visionen kultureller Hegemonie im völkischen Netzwerk Thüringens zwischen Jahrhundertwende und „Drittem Reich“, in Wolfgang Bialas/ Burkhard Stenzel (Hrsg.): Die Weimarer Republik zwischen Metropole und Provinz, Weimar/Köln/Wien 1996, S. 23–35.

Ullrich, Sebastian: Der Weimar-Komplex. Das Scheitern der ersten deutschen Demokratie und die politische Kultur der frühen Bundesrepublik, Göttingen 2009.

Ullrich, Volker: Adolf Hitler. Bd. 1. Die Jahre des Aufstiegs, Frankfurt/M. 2013.

Ullrich, Volker: Deutschland 1923. Das Jahr am Abgrund, Frankfurt/M. 2022.

Vermeiren, Jan: The First World War and German National Identity. The Dual Alliance at War, Cambridge 2016.

Vogelsang, Tilo: Reichswehr, Staat und NSDAP 1930–1932, Stuttgart 1961.

Vogelsang, Tilo: Neue Dokumente zur Reichswehr 1930–1933, in VfZ 2 (4/1953), S. 397–436.

Vogt, Stefan: Subalterne Positionierungen. Der deutsche Zionismus im Feld des Nationalismus 1890–1945, Göttingen 2016.

Voigt, Carsten/Michael Rudloff: Die Reichsexekution gegen Sachsen 1923 und die Grenzen des Föderalismus. in: Michael Richter/Thomas Schaarschmidt/Mike Schmeitzner (Hrsg.): Länder, Gaue und Bezirke. Mitteldeutschland im 20. Jahrhundert, Halle/Saale 2007, S. 53–72.

Volkmann, Hans-Erich: Die Polenpolitik des Kaiserreichs. Prolog zum Zeitalter der Weltkriege, Paderborn 2016.

Volkov, Shulamit: Antisemitismus als kultureller Code, München 2000.

Vondung, Klaus (Hrsg.): Das wilhelminische Bildungsbürgertum. Zur Sozialgeschichte seiner Ideen, Göttingen 1976.

Vordermayer, Thomas: Bildungsbürgertum und völkische Ideologie. Konstitution und gesellschaftliche Tiefenwirkung eines Netzwerks völkischer Autoren (1919–1959), Berlin/Boston 2016.

Wächter, Katja-Maria: Die Macht der Ohnmacht. Leben und Politik des Franz Xaver Ritter von Epp 1868–1946, Frankfurt/M. 1999.

Wagner, Gerhard: Rudolf von Jherings Theorie des subjektiven Rechts und der berechtigenden Reflexivwirkung, in Archiv für die civilistische Praxis 193 (4/1993), S. 319–347.

Wagner, Thomas H.: „Krieg oder Frieden. Unser Platz an der Sonne“. Gustav Stresemann und die Außenpolitik des Kaiserreichs bis zum Ausbruch des Ersten Weltkriegs, Paderborn 2007.

Wahl, Volker: Die Rettung der Dichtersärge. Das Schicksal der Sarkophage Goethes und Schillers bei Kriegsende 1945, Weimar 1991.

Walkenhorst, Peter: Nation – Volk – Rasse. Radikaler Nationalismus im Deutschen Kaiserreich 1890–1914, Göttingen 2007.
Walker, Dennis Paul: Alfred Hugenberg and the Deutschnationale Volkspartei 1918 to 1930, Diss. Cambridge 1976.
Walther, Martina: Ärzte und Zahnärzte im Alldeutschen Verband und in dessen Tochterorganisationen 1890–1939, Diss. Mainz 1988.
Wasser, Bruno: Himmlers Raumplanung im Osten. Der Generalplan Ost in Polen 1940–1945, Basel 1994.
Weber, Reinhard: Das Schicksal der jüdischen Rechtsanwälte in Bayern nach 1933, München 2006.
Weeks, Theodore R.: Nation and State in late Imperial Russia. Nationalism and Russification on the Western Frontier 1863–1914, DeKalb 1996.
Wehler, Hans-Ulrich: Elsaß-Lothringen von 1870–1918. Das „Reichsland" als politisch-staatsrechtliches Problem des zweiten deutschen Kaiserreichs, in Zeitschrift für die Geschichte des Oberrheins 109 (1961), S. 133–199.
Wehner, Siegfried: Der Alldeutsche Verband und die deutsche Kolonialpolitik der Vorkriegszeit, Diss. Greifswald 1935.
Weingart, Peter/Jürgen Kroll/Kurt Bayertz: Rasse, Blut und Gene. Geschichte der Eugenik und Rassenhygiene in Deutschland, 2. Aufl., Frankfurt/M. 1996.
Weinke, Annette: Die Verfolgung von NS-Tätern im geteilten Deutschland: Vergangenheitsbewältigungen 1949–1969 oder: Eine deutsch-deutsche Beziehungsgeschichte im Kalten Krieg, Paderborn 2002.
Weisbrod, Bernd: Schwerindustrie in der Weimarer Republik. Interessenpolitik zwischen Stabilisierung und Krise, Wuppertal 1978.
Weisbrod, Bernd: Gewalt in der Politik. Zur politischen Kultur in Deutschland zwischen den beiden Weltkriegen, in: Geschichte in Wissenschaft und Unterricht 43 (1992), S. 391–405.
Weissbecker, Manfred /Kurt Pätzold: Adolf Hitler, Leipzig 1995.
Weissweiler, Eva: Erbin des Feuers. Friedelind Wagner, München 2013.
Weitz, Eric: A Century of Genocide. Utopias of Race and Nation, Princeton N.J. 2003.
Wengst, Udo: Der Reichsverband der deutschen Industrie in den ersten Monaten des Dritten Reiches. Ein Beitrag zum Verhältnis von Großindustrie und Nationalsozialismus, in VfZ 28 (1/1980), S. 94–110.
Wentker, Hermann: Justiz in der SBZ/DDR 1945–1953. Transformation und Rolle ihrer zentralen Institutionen, München 2001.
Werberg, Dennis: Der Stahlhelm – Bund der Frontsoldaten, Berlin/Boston 2023.
Werle, Gerhard: Justiz-Strafrecht und polizeiliche Verbrechensbekämpfung im Dritten Reich, Berlin/New York 1989.
Wernecke, Klaus/Peter Heller: Der vergessene Führer. Alfred Hugenberg. Pressemacht und Nationalsozialismus, Hamburg 1982.
Werner, Lothar: Der Alldeutsche Verband 1890–1918, Berlin 1935.
Wertheimer, Mildred: The Pan-German League 1890–1914, Diss. University of New York 1924.
Weßling, Wolfgang: Hindenburg, Neudeck und die deutsche Wirtschaft, in Vierteljahreshefte für Sozial- und Wirtschaftsgeschichte 64 (1/1977), S. 41–73.
White, Dan S.: The Splintered Party. National Liberalism in Hessen and the Reich 1867–1918, Cambridge/Mass. 1976.
Wieacker, Franz: Rudolf von Jhering, in ZRG 86 (1969), S. 1–36.
Wildt, Michael: Die Generation des Unbedingten. Das Führungskorps des Reichssicherheitshauptamtes, Hamburg 2002.
Wildt, Michael: Die Ungleichheit des Volkes. „Volksgemeinschaft" in der politischen Kommunikation der Weimarer Republik, in Frank Bajohr/Ders. (Hrsg): Volksgemeinschaft. Neue Forschungen zur Gesellschaft des Nationalsozialismus, Frankfurt/M. 2009, S. 24–40.
Wilke, Malte: Staatsanwälte als Anwälte des Staates? Die Strafverfolgungspraxis von Reichsanwaltschaft und Bundesanwaltschaft vom Kaiserreich bis in die frühe Bundesrepublik, Göttingen 2016.

Winkler, Heinrich August: Von der Revolution zur Stabilisierung. Arbeiter und Arbeiterbewegung in der Weimarer Republik 1918 bis 1924, Berlin/Bonn 1984.

Winkler, Heinrich August: Der Schein der Normalität. Arbeiter und Arbeiterbewegung in der Weimarer Republik 1924 bis 1930, Berlin/Bonn 1985.

Winkler, Heinrich August: Der Weg in die Katastrophe. Arbeiter und Arbeiterbewegung in der Weimarer Republik 1930 – 1933, 2. Aufl., Bonn 1990.

Winkler, Heinrich August: Weimar. Deutschlands erste Demokratie, München 1993.

Wippermann, Wolfgang: Der „Deutsche Drang nach Osten". Ideologie und Wirklichkeit eines Schlagwortes, Darmstadt 1981.

Wirsching, Andreas: Vom Weltkrieg zum Bürgerkrieg. Politischer Extremismus in Deutschland und Frankreich 1918 – 1933/39. Berlin und Paris im Vergleich, München 1999.

Wirsching, Andreas: Die Weimarer Republik, München 2000.

Wischmeyer, Thomas: Zwecke im Recht des Verfassungsstaates, Tübingen 2015.

Wright, Jonathan: Gustav Stresemann. Weimar's Greatest Statesman, Oxford 2002.

Zechlin, Egmont: Die deutsche Politik und die Juden im Ersten Weltkrieg, Göttingen 1969.

Ziblatt, Daniel: Conservative Parties and the Birth of Democracy, Cambridge 2017.

Zirlewagen, Marc (Hrsg.): Biographisches Lexikon der Vereine deutscher Studenten, Bd. 1, Norderstedt 2014.

Zmarzlik, Hans-Günther: Die Geschichtswissenschaft an der Universität Freiburg in der zweiten Hälfte des 19. Jahrhunderts, in Beiträge zur Geschichte der Freiburger Philosophischen Fakultät, hrsg. von Clemens Bauer/Ernst Walter Zeeden/Hans-Günther Zmarzlik, Freiburg 1957, S. 168 – 173.

Abbildungsnachweis

Bild 1	August Claß [ohne Datum]: Stadtarchiv Mainz BPSF/9977 A (C. Hertel Mainz)
Bild 2	Otto Böckel: Hammer. Blätter für den deutschen Sinn 1. 9. 1928
Bild 3	Rudolf von Jherin: SZ Photo Bild-ID: 00068366 (Blanc Kunstverlag)
Bild 4	Haus Claß in Finthen [um 1904]: Postkarte Privat
Bild 5	Mathilde Claß [ohne Datum] : Nachlass Friedel Dürrschmidt (Wolfrathshausen)/Sammlung Johannes Leicht – jetzt in Bundesarchiv-Berlin, N 2368, Bd. 4, o. Bl.
Bild 6	Plan für die Errichtung einer Mainzer Festspielstätte auf der Rheinebene bei Kastel [1897]: Die Reichsstäte bei Mainz. Denkschrift des Ortsauschusses für Deutsche Nationalfeste, 1897, Zeichnung Kgl. Baurat Rettig
Bild 7	Heinrich Claß und August Gebhard (rechts) am Niederwalddenkmal in Rüdesheim (24. Mai 1893): Stadtarchiv Friedberg (Hessen), NL August Gebhard
Bild 8	Alldeutscher Verband Burenagitation [1901]: Postkarte Privat
Bild 9	SPD-Postkarte zur Reichstagswahl 1903: Archiv der sozialen Demokratie der Friedrich-Ebert-Stiftung Postkartensammlung 6/CARD000258
Bild 10	Anzeige zur Einweihung des Bismarck-Denkmals in Waldeck [1912]: Stadtarchiv Ingelheim (StAI), Rep. II/441
Bild 11	Ernst Hasse mit Familie [um 1906]: Kunstdruck Privat (Reclams Universum Leipzig)
Bild 12	Herzog Johann Albrecht zu Mecklenburg und Wilhelm II. zur Jahrhundertfeier der Berliner Universität [1910]: SZ Photo Bild-ID: 00488210 (Scherl)
Bild 13	Theobald von Bethmann Hollweg auf dem Weg zur Stimmenabgabe bei der Reichstagswahl am 12. Januar 1912: SZ Photo Bild-ID: 00032670 (Scherl)
Bilder 14a und 14b	Heinrich Claß' Kriegsziele (drei Landkarten) 1914 und 1917: Denkschrift Privat
Bild 15	Deutschvölkischer Schutz- und Trutzbund [1921]: SZ Photo Bild-ID: 00317327
Bild 16	Postkarte Alldeutscher Verband Österreich [ca.1924]: Postkarte Privat
Bild 17	Hermann Ehrhardt [ohne Datum]: SZ Photo Bild-ID: 00225705
Bild 18	Alldeutscher Verbandstag in Detmold [1925]: Deutsche Zeitung 13. 9. 1925
Bild 19	Johann Neumann [um 1920]: Photograph Johannes Maas. Bild aus Vaterstädtische Blätter, Jahrgang 1920/21, Nr. 6, Ausgabe vom 19. Dezember 1920, S. 21 (in Archiv der Hansestadt Lübeck Signatur L I 45 1921)
Bild 20	Friedrich Wilhelm von Preußen [ohne Datum]: SZ Photo Bild-ID: 00824713 (Scherl)
Bild 21	Hans von Seeckt und Gustav Stresemann [1929]: SZ Photo Bild-ID: 00030627 (Scherl)
Bild 22	Paul von Hindenburg und Erich Ludendorff bei Elard von Oldenburg-Januschau [1925]: SZ Photo Bild-ID: 00011938 (Scherl)
Bild 23	Anzeige zum 60. Geburtstag von Heinrich Claß [Februar 1928]: Bundesarchiv-Berlin, R 8048, Bd. 323, Bl. 24
Bild 24	Alfred Hugenberg und Heinrich Claß bei der konstituierenden Sitzung des Reichsausschusses für das deutsche Volksbegehren [9. 7. 1929]: SZ Photo Bild ID: 00590341
Bild 25	Aufruf zur Kampagne gegen den Youngplan [1929]: Bundesarchiv Plak 002 – 015 – 042
Bild 26	Heinrich Claß in Bad Harzburg [1931]: SZ Photo Bild-ID: 00021600 (Scherl)
Bild 27	Otto von Below [ohne Datum] SZ Photo Bild-ID: 00272198 (Scherl)
Bild 28	Heinrich Claß in Bad Kissingen mit Alfred Hugenberg, Paul Bang und Reinhold Quaatz [1932]: Bundesarchiv-Koblenz, NL 1247 Reinhold Quaatz, Bd. 17: Tagebücher, o. Bl.
Bild 29	Das Papen-Kabinett [1932]: SZ Photo Bild ID: 00011938 (Scherl)
Bild 30	Wahlplakat der DNVP zur Reichstagswahl [6. 11. 1932]: SZ Photo Bild ID: 00296642
Bild 31	Alfred Hugenberg, Paul Bang und Otto Schmidt(-Hannover) auf dem Weg zum Reichstag [1932]: Bundesarchiv Bildarchiv B 145 Bild-P046297
Bild 32	Das Hitler-Papen-Hugenberg Kabinett [30. 1. 1933]: SZ Photo Bild ID: 00250518

https://doi.org/10.1515/-021

Bild 33	Alfred Hugenberg, Franz von Papen und Adolf Hitler – Karikatur [1933]: Der Vorwärts 1. 2. 1933, Archiv der sozialen Demokratie der Friedrich-Ebert-Stiftung
Bild 34	Alfred Hugenberg und Joseph Goebbels [1943]: Bundesarchiv Bildarchiv 183-J05502
Bild 35	Heinrich Claß und der Alldeutsche Verband [1933]: Deutsche Zeitung 27. 2. 1933
Bild 36a und 36b	Heinrich Claß im „Großdeutschen Reichstag" in der Krolloper [1940]: SZ Photo Image ID: 00297387 (Scherl)
Bild 37	Villa Claß in Finthen [um 1920]: Stadtarchiv Mainz BPSF / 23017 A (Photograph unbekannt)
Bild 38	Private Traueranzeige für Heinrich Claß [1953]: Bundesarchiv-Militärarchiv Freiburg, N 512, Bd. 35, o. Bl.

Personenregister

https://doi.org/10.1515/-022

www.ingramcontent.com/pod-product-compliance
Lightning Source LLC
LaVergne TN
LVHW060620300926
849162LV00008B/1660